르네상스의 주역

# 메디치 가문 이야기

현대지성 클래식 **14**

르네상스의 주역

# 메디치 가문 이야기

The Medici

G. F. 영 지음 | 이길상 옮김

현대
지성

현재 피렌체의 전경

몬테알라 크로치에서 바라본 피렌체
(조반니 시뇨리니, 옛 피렌체 박물관 소장)

메디치 가의 코시모 1세 기마상. 피렌체 광장 중앙에 서 있다.

〈마리아 찬가의 성모〉, 보티첼리 작(p. 154 참조)

〈동방 박사들의 경배〉, 보티첼리 작(p. 154-156 참조)

〈유딧〉, 보티첼리 작(p. 153 참조)

위: 〈견인(fortitude)〉, 보티첼리 작(p. 156 참조)
아래: 〈중상(Calumny)〉, 보티첼리 작(p. 289 참조)

〈동방 박사들의 행차〉, 베노초 고촐리 작(p. 169 이하 참조)

메디치 가 로렌초 도서관. 희귀 서적과 원고와 가치있는 수집품뿐만아니라 미켈란젤로의 천재적인 작품 중의 하나로 유명하다(p. 94 참조).

〈비너스의 탄생〉, 보티첼리 작(p. 190 참조)

〈봄의 귀환(프리마베라)〉, 보티첼리 작(p. 193 참조)

메디치 가문의 문장

국부 코시모 데 메디치의 조각상

〈교황 레오 10세와 추기경들〉, 라파엘로 작
왼쪽은 뤼지 데 로시, 오른쪽은 줄리오 데 메디치(클레멘스 7세 교황)이다.

피렌체 우피치 미술관 전경(좌, 우). 중앙은 베키오 궁이다.

네무르 공작 줄리아노의 영묘, 미켈란젤로 작

우르비노 공작 로렌초의 영묘, 미켈란젤로 작

"지도자의 행위와 노역이 인생을 빛나게 만든다.
화장(火葬)되고도 남는 것은 이것뿐이다."
— 오비디우스(Ovid)


"나기 전에 발생한 사건들을 모른다면
늘 아이로 있을 수밖에 없다."
— 키케로(Cicero)


"현실에 파묻혀 지내느라
그 위대한 과거를 구석에 처박아 놓아서는 안 된다."
— 앤드루 랭(Andrew Lang)

# 차례 Contents

§ 제 1 부 §

## ❦ 제 2 부 ❧

# ⊛ 머리말

영어권에는 메디치가의 주요 인물 서넛의 역사를 다룬 저서는 여러 권 있지만, 가문 전체를 다룬 저서는 영어권뿐 아니라 이탈리아권을 통틀어도 한 권도 없다. 열세 세대 가운데 아홉 세대의 역사가 지금까지 기록되지 않은 셈이다. 메디치가의 역사는 읽는 이들의 마음을 설레게 한다. 그들의 역사 자체로도 그렇거니와, 학문과 예술의 재생, 유럽사에서 아마 가장 중요한 시대의 역사, 그리고 피렌체에 보존된 엄청난 분량의 예술품들에 대해서 다른 데서 얻을 수 없는 풍성한 지식을 얻게 해준다는 점에서도 그렇다. 이런 주제들에 본격적으로 파묻히기 전에는 메디치가의 진면목을 이해할 수 없다.

필자는 그들을 하나의 가문으로 쓰는 데 목표를 두었다. 그들이 어떻게 일어났고 "어떤 경로로 권력의 정상에 오르게 되었으며" 어떻게 몰락하여 막을 내렸는지를 쓰되 항상 전체를 염두에 두고서 각론을 쓰고자 했다. 그 가문의 한두 사람은 다른 사람들보다 길게 다뤄야 하지 않았느냐고 말할 분들이 계실지 모르겠으나, 몇몇 개인을 너무 자세히 다루다 보면 부피도 커지려니와 전체적인 관점도 흐려질 것이다. 이 사기(史記)는 이전까지 널리 통용되던 관점과 조금 다른 관점에서 메디치가를 바라본다. 한 가지 이상한 사실은 당대 사가(史家)들을 지배한 격렬한 파당심이 이 시대까지 그대로 이어져, 그 시대든 이 시대든 그 가문을 다루는 저자들이 극단적인 두 진영으로 갈라져 있다는 것과[1], 그런 이유 때문에 올바른 평가가 힘들다는 것이다. 한 쪽 진영은 메디치가에서 아무런 잘못도 발견하지 않으며, 그 가문에 쏟아진 연속된 찬사

---

1) 이 맹목적인 대립에서 초연한 입장을 견지하고 있는 저자들은 하이트(Mr. Hyett)와 암스트롱(Mr. Armstrong)뿐이다.

에 파묻혀 현실과 자못 거리가 있는 듯한 평가를 내놓는다.[2] 다른 쪽 진영에게는 메디치가라는 단어가 마취제 같은 역할을 한다. 자기들이 소개하는 사실들 그 자체가 역설하는 것을 보지 못하고, 그 사실들이 관련 인물들에 관해 썩 유리하게 말하는 것조차 불온한 목적에서 비롯된 교묘한 정책으로 해석한다. 메디치가에 관한 저서로 세상에 가장 잘 알려진 저자들은 후자 쪽으로서,[3] 후대에 피렌체의 미술과 역사 입문서에서 메디치가를 인용한 저자들은 그들의 관점을 그대로 따랐다. 피렌체 고문서 보관소를 제대로 연구한 그곳의 저명 인사들(지금은 다 작고했지만)은 누구나 과거의 공문서들을 들춰만 봐도 그런 식으로 형성된 메디치 가에 대한 해묵은 견해가 상당 부분 사실과 거리가 멀다는 것을 발견하게 된다고 말한다. 그러나 이 말은 그다지 경청되지 않았다.

역사 인물들을 '미화'하는 것은 헐뜯는 것만큼이나 역사를 욕되게 하는 짓이다. 필자가 메디치가에 대해서 점차 갖게 된 견해도 처음부터 호의라는 비뚤어진 잣대에서 비롯되지 않았다. 오히려 그와 정반대였다. 필자는 앞서 말한 해묵은 견해를 정설로 굳게 믿고서 연구를 시작했다가, 공인된 사실들이 그런 해묵은 견해와 일치하지 않는 것을 거듭 확인하는 과정에서 점차 다른 견해를 받아들이게 되었다. 선의의 행위를 저급한 동기로 평가하거나 자체 모순 때문에 성립 불가능할 지경까지 곡해하는 견해보다, 공인된 행위에 근거한 견해를 더 좋아하게 되었다.[4] 미리 방향을 정해 놓고 메디치가를 그리로 해석하려는 시도를 접어둔 채 '전설들'을 피하고 증거가 있는 사실들만 진술하려고 했다. 메디치가에게 혐의가 돌려진 어떠한 범죄도 누락하거나 희석하지 않았다. 이렇게 하여 나온 결과로 메디치가의 모습이 이전보다 한층 밝아졌다면, 그것은 그 가문을 '미화'하려고 애썼기 때문이 아니라, 그 가문에 대

---

2) 예를 들면 로스코우(Roscoe).

3) 균형을 잃지 않은 저자 하이트는 "먼저 펜을 담즙에 담그지 않고는 메디치가라는 이름을 쓸 수 없는 것처럼 보이는" 저자들 군에 카발칸티(Cavalcanti), 시스몬디(Sismondi), 페렌스(Perrens), 네이피어(Napier), 트롤로프(Trollope)를 포함시키며, 시몬즈(Symonds)도 거의 이 부류에 포함시킨다.

4) 예를 들어 코시모가 1434년에 권력을 되찾았을 때 자기 목숨을 노리고 자기 가문을 멸하려 했던 자들 중 한 사람도 처형하지 않은 일이나, 피에로가 단 한 사람도 죽이지 않은 채 무장 반란을 진압하고 오히려 원수들을 친구들로 만든 일이나, 로렌초가 방금 자신을 살해하려 한 추기경 리아리오를 살려준 일은 모두 그러한 견해에서 한발짝 떨어져서 볼 때 그 진정한 의미를 이해할 수 있다.

한 전통적인 모습에 그늘진 구석들을 제공해 온 그 범죄 혐의들이 상당 부분 증거가 없는 것들이기 때문이다. 아울러 필자는 사실(史實)들이 스스로 말하게 하고, 설명하기보다 진술하여 독자들이 스스로 결론을 내릴 수 있게 하려고 노력했다. 이런 식으로라야 메디치가가 어떤 가문이고 어떤 일을 했는지 더 명확히 이해할 수 있겠다는 확신이 들었기 때문이다.

이 책은 메디치가의 구세대에서 조반니 디 비치(Giovanni di Bicci), 피에로 일 고토소(Piero il Gottoso), 로렌초(Lorenzo. 우르비노의 공작)의 역사를 최초로 소개한 다. 그리고 국부(國父) 코시모(Cosimo Pater Patriae)와 관련하여 지금까지 알려지지 않은 사실들과 '국부'라는 칭호가 붙게 된 경위, 그리고 그의 독특한 묘에 관해서 소개하며, 위대한 자 로렌초(Lorenzo the Magnificent)의 인품과 행위에 관해 몇 가지 새로운 사실을 소개한다. 교황 레오 10세(Leo X), 카테리나 데 메디치(Catherine de' Medici), 불행자 피에트로(Pietro the Unfortunate)에 관해서 지금까지 소개된 것과 사뭇 다른 견해를 내놓는다. 그리고 교황 클레멘스 7세(Clement VII)의 역사 중 알려지지 않은 부분과 그가 수립한 계획과 그것을 실행한 방법, 그리고 카를 5세(Charels V), 프랑수아 1세(Francis I), 헨리 8세(Henry VIII)에게 사용한 정치 전략에 깔려 있던 동기들을 처음으로 세상에 밝힌다.

그 가문의 후세대를 다룬 저서는 이 책이 처음이다. 이 부분에서 가장 두드러지는 점들은 코시모 1세와 페르디난도 1세(Ferdinand I)의 크고 다양한 업적, 엘레오노라 디 톨레도(Eleonora di Toledo)의 인품과 중요성, 누구보다도 기록으로 남을 가치가 있으면서도 유난히 적게 알려진 안나 마리아 루도비카(Anna Maria Ludovica)의 역사를 밝힌 점과, 메디치가의 거점 도시에서 그 가문에 대해 형성된 정서에 관해 오랫동안 풀리지 않은 문제를 해결하고, (최근의 연구 결과를 통해) 코시모 1세와 그 아들들에 관한 여러 가지 오해를 불식하고, 피티 궁전을 건축한 가문이 메디치가가 아니라 피티가였다는 잘못된 생각과 그 점과 관련된 오류들을 밝히고, 메디치가가 근대 과학의 탄생과 맺고 있는 독특한 관계를 증명하고, 메디치가의 마지막 사람이 피렌체에 남긴 막대한 유증(遺贈)을 자세히 소개한 점이다.

지금까지는 메디치가의 이 부분에 대한 역사가 알려지지 않았기 때문에 그 가문의 차자 계열이 문학, 예술, 과학의 영역에서 끼친 영향이 비록 성격은 다르지만 장자 계열에 조금도 못지 않았다는 점을 다들 인식하지 못했다. 장자 계열은 선각자적 혜안을 가지고 학문과 예술을 후원하고 자신들의 예술적 취향을 충족시키는 데 막대한 재산을 들여 그 두 분야를 진척시켰다. 그러나 그런 과정에서 수집한 예술품들은 사방으로 흩어졌다. 차자 계열은 장자 계열이 학문에 쏟아부었던 열정을 과학에 쏟아부었다. 아울러 오늘날 수많은 관광객들을 피렌체로 끌어들이는 예술품들을, 한때 흩어진 것들은 다시 수집해들이고 거기다 새로운 예술품들을 첨가한 이들도 바로 그들이었다.[5] 그러므로 역사의 이 부분이 지금까지 피렌체에 소장된 예술품들에 관해서 까맣게 모르던 상당한 양의 정보를 제공하는 것은 당연한 일이다.

마지막으로 예술 분야에서, 이 책은 지금까지 무슨 의미인지 도무지 알 수 없던 몇몇 그림들의 의미를 밝혀낸다. 이것도 메디치가의 역사를 철저히 연구한 데서 얻어낸 수확이다. 그중 중요한 몇 점을 소개하자면, 리카르디 궁전(메디치 궁전)에 있는 고촐리(Gozzoli)의 프레스코들(이 벽화들은 한 장 전체를 할애하여 다룰 것이다), 보티첼리(Botticelli)의 그림들인 "동방박사들의 경배"(The Adoration of the Magi), "견인"(堅忍, Fortitude), "비너스의 탄생"(The Birth of Venus), "봄의 귀환"(Primavera), "중상"(重傷, Calumny) 등이다.

아울러 이 책은 여태까지 알려지지 않은 "메디치가의 천재성"(The Genius of the Medici)이라는 지안 다 볼로냐(Gian da Bologna)의 조각상과, 클라리체 스트로치(Clarice Strozzi)라는 유명인의 초상화(지금까지는 그의 초상화가 존재하지 않은 것으로 알려졌다)와, 역시 알려지지 않은 공작 부인 비올란테 베아트리체(Biolante Beatrice)의 초상화(그녀의 초상화도 지금까지는 존재하지 않는 것으로 알려졌다)를 소개하며, 위대한 자 로렌초의 맏딸 마달레나의 유실된 초상화의 최초의 복사품, 최근에 발견된 위대한 자 로렌초의 셋째 아들 줄리아노를 그린 라파엘로(Raphael)의 초상화(350년간 유실되었음)와 지금까지 알려지지 않은 메디치가 성원들의 초상화 아홉 점을 소개한다. 그리고 최근에 보티첼리의 대표작들에 대해 제기된 학설들이

---

5) 프레스코들은 거기서 제외된다.

오류임을 입증한다.

메디치가 장자 계열을 다룬 장들에서는 당대의 유력한 예술가들을 간략히 논평했다. 이렇게 한 데에는 메디치가가 착실한 진보를 통한 더 큰 업적 성취에 얼마나 관심이 컸는지를 보여 주려는 뜻도 있었지만, 그보다는 메디치가를 올바른 배경에 넣고서 보려면 이런 작업을 빠뜨릴 수 없었기 때문이었다. 사가들은 당대 역사를 그 시대의 예술과 따로 구분하여 다루는 방식을 선호하지만, 이런 방식을 메디치가 역사에 대입한다면 매우 파괴적인 결과가 생긴다. 그렇게 하면 메디치가의 수장들이 가장 중요하게 간직하고 살아간 관심사를 그들의 전기에서 도려내게 되기 때문이다. 예술 부분을 권말에 따로 소개하더라도 결과는 마찬가지이다. 필자가 택한 방법은 이 책에 빠져서는 안 될 예술 세계와의 밀접한 관계를 더 탄탄히 유지하면서, 아울러 예술에 관한 사건들의 차서를 올바로 정리하는 데 도움이 된다. 예술가들에 대한 언급은 대공위(大空位) 시대(Interregnum, 1494-1512) 뒤에는 그친다. 그후로는 그토록 오랫동안 예술을 주도해 온 토스카나 학파(the Tuscan school)가 이탈리아 전역으로 융합되기 시작했기 때문에, 예술가들을 계속해서 언급하다 보면 메디치가의 역사에서 더 이상 중요한 요인으로 존재하지 않게 된 문제를 가지고 그들의 역사를 모호하게 만들 가능성이 있다.

처음 몇 장은 동시대에 다른 나라에서 발생한 사건들을 간간이 짧게 소개한다. 흔히 쓰이는 방법은 아니긴 하지만, 이런 유의 역사 진술에는 보편사와 행보를 나란히 유지하는 게 도움이 되리라 판단했기 때문이다. 다른 나라 역사를 비교 소개하는 횟수는 그 가문의 역사가 진전되면서 점차 줄어든다.

주(註)를 다는 일에 관해서는 진술 하나하나에 원전의 장 절을 인용하는 방법과(학자들은 이 방법을 좋아하지만, 일반 독자들은 딱 질색이다) 출처를 아예 생략하는 방법을 놓고 중용을 견지하려고 노력했다. 어느 방법을 취하든 양쪽에서 비판을 받겠지만, 대다수 독자들이 이 중간 방법을 선호한다고 생각했다.

동시대 예술가들을 다루는 부분에서는 다양한 화가들과 조각가들의 예술 특성을 상술할 때 다른 저자들의 글을 자유롭게 간추려 사용했다. 그런 주제에 대해서는 필자보다 훨씬 더 비중이 큰 분들의 의견을 인용하는 것이 더 유익하다고 판단했다.

국부 코시모와 위대한 자 로렌초에 관해서는 하이트(F. A. Hyett)의 「피렌체」(Florence), 코시모 1세 때 토스카나의 행정에 관해서는 암스트롱(E. Armstrong)의 「케임브리지 근대사」(The Cambridge Modern History) 제3권, 로렌초의 인품과 저서들에 관해서는 암스트롱의 「로렌초 데 메디치」(Lorenzo de' Medici), 메디치가 후세대들의 걸출한 여자 선조에 관해서는 파솔리니 백작(Count Pasolini)의 「카테리나 스포르차의 생애」(Life of Catherine Sforza)에서 각각 도움을 받았다. 미술의 거장들에 대해서는 호프 리(Miss Hope Rea)의 「도나텔로」(Donatello), 에디 부인(Mrs. Ady)의 「프라 안젤리코」(Fra Angelico), 랭턴 더글라스(Langton Douglas)의 「프라 안젤리코」(Fra Angelico), 윌리엄슨 박사(Dr. Williamson)의 「페루지노」(Perugino)에 도움을 입었다.

이 책을 준비하면서 처음에는 주로 그 가문의 마지막 여섯 세대의 역사에 초점을 맞춰 연구했다(물론 그것이 전부는 아니었지만). 필자는 건물과 무덤, 그림, 조각상, 기념비에서 심지어 책과 문서에서 얻을 수 있는 것보다 훨씬 방대한 정보를 수집했는데, 이렇게 수집된 정보가 고문서 보관소에 소장된 자료만큼이나 값진 정보의 맥이라는 것은 이미 공인된 사실이다. 그밖에도 필자는 고(故) 살티니(G. E. Saltini) 교수의 연구에 큰 도움을 입었다. 그의 연구는 메디치가 차자 계열의 역사에 대단히 귀중한 정보를 제공해 준다.

이 책은 일반 독자를 염두에 두고 썼지만, 반드시 그들만을 위해 쓰지는 않았으며, 학문에 몸담고 있는 분도 이 책에서 역사와 예술 분야에서 전에 알려지지 않은 새로운 내용을 적지 않게 발견하리라 확신한다. 아울러 필자는 이 책이 메디치가라는 흥미로운 가문을 다룬 어설픈 기념서 수준을 넘어선다고 자부하지 못한다. 이 책의 미비한 점들은 누구보다 필자 자신이 잘 안다.

G. F. Y.
1910년 10월 12일, 피렌체에서

# ✹ 글을 시작하며

　5세기에 어두운 유럽 북부에서 형성된 태풍이 야만이라는 거대한 비구름을 몰고 내려와 로마 제국의 서방쪽 절반을 강타했다. 지중해에서 콘스탄티노플까지, 라인 강과 도나우 강에서 아프리카 사막까지, 학문과 문명의 빛을 쪼인 모든 것이, 예술적이고 아름다운 모든 것이 닥치는 대로 파괴하는 그 거대한 태풍에 휩쓸렸다. 수 세기 동안 고등 문명이 이룩해 놓은 건축과 문학과 예술의 업적뿐 아니라 그런 업적을 이룩할 수 있는 사람들마저 송두리째 그 사나운 태풍에 휩쓸려 사라졌다.

　그 뒤 칠흑 같은 밤이 임하여 2백년간 서유럽 전체가 어둠에 묻혔다. 그동안 로마 제국의 시체를 놓고 서로 차지하려는 야만족들의 치열한 투쟁이 있은 뒤 8세기에 샤를마뉴(Charlemagne)가 등장하여 40년이라는 잠깐의 기간 동안 불을 환히 밝혔다. 그러나 그가 죽자마자 어둠이 다시 엄습하여 모든 것을 흑암으로 내리깔았다. 그리고는 다시 "야만과 혼돈이 150년간 서유럽 전역을 지배했다"고 사가들은 전한다. 그러는 동안 아라비아에서 또다른 거대한 태풍이 닥쳐왔다. 이슬람교였다. 이 태풍은 제국의 동쪽 절반을 구성하고 있던 나라들을 차례로 휩쓸면서 그곳도 폐허로 만들어 놓았다. 예술과 문학 분야에서 파괴를 면한 모든 것이 점차 콘스탄티노플로 피신했고, 그곳에서 사방으로 창궐한 홍수에 고립된 채 남아 있게 되었다.

　오랜 세월이 흐른 뒤 12세기에 로마 시에서 로마 법전이 재발견된 것을 계기로 서방은 다시 문명의 길로 접어들었다. 그러다가 13세기에 니콜로 피사노(Niccolo Pisano)와 14세기에 단테(Dante), 조토(Giotto), 페트라르카(Petrarch)가 등장하여 미(美)와 문화에 대한 의식을 다시 일깨워 주었다. 사막으로 변해 버린 고향 서방에 그때부터 예술과 문학의 물줄기가 다시 흐르기 시작했다. 그리하여 9백 년이나 말없이 앉아 있던 로마 문화라는 그 무덤에서 새로운 영감 곧 재생(Re-birth)이 솟아나게 되었다.

그러나 아직까지는 이런 노력들을 충분한 결실로 이끌 실력자가 없었다. 오랫동안 파묻혀 있던 보물들을 발굴하고, 그 보물들에 대한 지식을 서방 전역에 보급하고, 그토록 오랫동안 죽어 누워 있던 자들의 음성을 다시 울려퍼지게 할 능력을 지닌 사람이 아직은 없었다. 위에 언급한 네 명의 르네상스 조부들의 시대가 지난 뒤 예술과 문학은 다시 한 번 죽을 고비를 맞이했고, 그로써 그 운동은 국지적이고 일시적인 성격을 띠기 시작했다.

그리고는 그 네 사람 중 셋을 배출한 도시에서 문학과 예술에 대한 뜨거운 사랑과 그것을 뒷받침할 만한 재력을 겸비한 가문이 일어나 학문을 무덤에서 일으키고, 그 지식을 유럽 전역에 퍼뜨리고, 예술에 아낌없는 후원을 베풀어 최상의 업적을 내놓게 하고, 그 도시를 서방의 아테네로 만들었다.

---

1) 니콜로 피사노. 근대 예술의 아버지(1278년 죽음); 단테. 서방 유럽에 지적 생명을 다시 일으킨 불멸의 시인(1321년 죽음); 조토. 근대 회화의 아버지. "죽은 회화에 생명을 불어 넣은 이"(1337년 죽음); 페트라르카. 근대 학문의 아버지. 로마의 고전 저작들을 연구하도록 가르친 최초의 인물.

# 제1장
# 피렌체

"인간이 내다버린 영광을 주워 기른 유모여,
그 대모(大母) 아테네가 광채를 잃고 주저앉은지 오래일 때,
당신은 이야기 속의 그 거대한 형상을 어렴풋이 드러낸다.
대양이 거칠고도 부드럽게 그 난파선들을 비쳐주듯,
빛을 입은 천사, 시(詩)가 어슴프레한 세계에서 당신을 반기러 나온다."
— 셸리(Shelly)


지난 시대 많은 사람들이 그랬듯이 산 미니아토 언덕에 올라서서 발 아래를 내려다보면, 일찍이 다른 어떤 도시도 흉내 낼 수 없을 만큼 인류에게 큰 유익을 끼친 도시가 펼쳐져 있다. 이곳은 오늘날 유럽의 모든 지적 존재의 혈관을 흐르는 혈액을 만들어 낸 곳이다. 이리어트(Yriarte)의 말과 같다: "우리는 피렌체를 소중히 사랑해야 한다. 피렌체는 생각으로 사는 모든 이의 어머니이므로."

피렌체의 외면적 아름다움은 누구나 한눈에 알아볼 수 있다. 공해 없는 도시에 햇살을 가득 받고 서 있는 둥근 지붕들과 뾰족탑들, 성벽에까지 내려오다시피한 아펜니노 산 자락, 그곳을 가득 덮고 있는 포도원과 대규모 올리브 농장, 정원들, 셀 수 없이 많은 호화로운 별장들, 저 멀리 골짜기에서 휘돌아 들어오는 아름다운 아르노 강의 은빛 물결, 토스카나에서도 아름답기로 손꼽히는 풍광을 이루어내는 '은은한' 색채, 이 모든 것이 한 편의 아름다운 꿈을 이룬다.

그러나 봐야 할 것은 이것만이 아니다. 피렌체의 매력은 외면의 아름다

아르노 강에서 바라본 피렌체의 두 정경. 아래 그림에서는 팔라초 베키오와 브루넬레스키의 돔과 조토의 종루를 쉽게 알아볼 수 있다.

움이 전부가 아니다. 이곳은 르네상스를 일으킨 도시라서 그렇다.[1] 르네상스는 시들지 않는 영광으로 영원히 피렌체를 두를 업적이다. 피렌체는 르네

---

1) 새로운 유행어를 좇느라 '르네상스'(Renaissance)라는 단어를 사어로 만들어서는 안 된다. 특정 학파의 저자들이 영어라는 이유로 '리네슨스'(Renascence)라는 단어를 선호하지만, 이것은 현학적인 데다 부정확하다. 영어에는 '네이슨스'(nascence)라는 단어가 없다.

상스를 일으킨 힘으로 온 세계의 주목을 받았다. 피렌체가 현대 세계에서 갖고 있는 가장 큰 매력은 두말할 나위 없이 급하고 각박하게 돌아가는 20세기 도시들에서는 찾아볼 수 없는 조용하고 숭고한 분위기이다. 이곳에서는 마음 먹고 바라만 보면 과거 역사가 우리 앞에 되살아나며, 예술의 걸작들이 우리의 정신을 시시하고 천하고 평범한 것들의 저급한 수준에서 높이 끌어 올린다. 누가 말했던가? "예술품들은 인간 정신이 그 숭고한 경계로 날아오르게 하는 수단이다"라고. 이 말이 사실이라면 세계 어느 도시보다 피렌체에서만큼은 그 말을 실감해야 마땅하다. 단테(Dante), 페트라르카(Petrarch), 기베르티(Ghiberti), 브루넬레스키(Brunelleschi), 도나텔로(Donatello), 미켈란젤로(Michelangelo), 조토(Giotto), 오르카냐(Orcagna), 마사초(Masaccio), 프라 안젤리코(Fra Angello), 보티첼리(Botticelli), 레오나르도 다 빈치(Leonardo da Vinci)가 살던 이 도시에서는 적어도 네 사람 이상이 인간 정신으로 하여금 가 닿을 수 있는 데까지 날아오르도록 했기 때문이다.

우리는 이들의 정신에 잠시 몰두할 것이다. 그러므로 아름다운 피렌체를 바라볼 때는 주로 그 외면의 아름다움보다는 피렌체가 언제나 그 이름과 결부지어 예술과 역사와 문학으로써 나타내 보일 수 있는 관심사들을 먼저 생각하려고 노력하자. 앞으로 우리가 살펴볼 모든 것을 태어나게 한 숭고한 사상들을 생각하자. 회화와 조각과 건축과 시에서, 그리고 당대의 학문과 과학에서 자기들의 도시를 어떤 도시보다 탁월하게 만들어 낸 지식인들이 품었던 그 사상들을.

그러므로 우리는 산 미니아토에서 피렌체를 내려다보면서 맨 처음 저 장엄한 돔[2]을 건축할 생각을 품고서 "호방한 마음에 합당하게끔" 설계하도록 지시한 이들을 생각할 것이다. 모든 회화의 아버지이면서도 대성당 곁의 아름다운 종탑[3]을 설계할 정도로 건축의 대가일 수 있었던 이의 구상을 생각할 것이다.

---

2) 피렌체 대성당인 '두오모' 성당.
3) 조토의 종탑.

시의회를 스스로의 격렬한 정신에서 지키기 위해 도시에 견고한 요새[4]를 건축할 정도로 자유를 사랑한 피렌체인들의 강인한 기질, 저 작은 첨탑 아래 모여 예술의 르네상스의 여명기에 관해 말해 주는 모든 것들,[5] 강에서 요새까지 길게 늘어선 열주(列柱)들[6] — 피렌체의 '발할라'(Valhalla, 북유럽 신화에 나오는, 살해된 전사들의 저택) — 에 늘어선 조각상들에 깃든 숭고한 사상의 세계, 시와 예술과 학문과 과학 분야에 모인 기라성 같은 무리를 생각할 것이다. 이 무리에는 브루넬레스키, 기베르티, 마사초, 프라 안젤리코, 보티첼리가 빠져 있지만, 그래도 다른 도시 같았으면 혼자서도 그 도시를 유명하게 하고도 남았을 열두 명이 넘는 사람들이 들어 있다. 단테, 조토, 오르카냐, 도나텔로, 레오나르도, 미켈란젤로, 갈릴레오가 포함된 이 무리는 벽감(壁龕)에서 우리를 내려보면서, 우리도 그들이 걸었던 거리를 함께 거닐면서 그들의 사상이 거하는 세계로 끌어올림을 받아 잠시나마 '불멸자들 가운데' 거하지 않겠느냐고 권유한다.

마지막으로 생각할 것은, 그토록 여러 세대에 걸쳐 피렌체에서 뭇 관광객의 관심을 끄는 모든 것이 형성되는 데 주된 역할을 맡은 가문이다. 그 가문이 학문과 예술에 아끼지 않은 후원이 그러한 광범위한 결과를 이루어냈다. 그 가문은 오늘날 우리가 구경하러 피렌체를 방문하는 그런 예술의 보고(寶庫)를 세계를 위해 고스란히 보존했다. 그리고 이들은 모두 산 로렌초 성당[7]에 묻혔다. 이 성당은 멀리서 볼 때 작은 돔으로 구별되는 건물이다. 이 건물의 뒷부분에 이들이 가문의 대가 끊길 때쯤 해서 대공을 지낸 조상들의 묘로 건축한 건물이 있는데, 이 건물은 그들이 남긴 예술의 걸작들과 그 웅장함으로 인해 온 세계 사람들의 발길이 끊이지 않는 명소가 되었다.

이 도시는 이곳에서 살던 사람들이 만든 도시이다. 이들이 남기고 간 자신들의 기념비들을 바라볼 때 이들을 그렇게 만든 민족을 생각하고 넘어가지

---

4) 팔라초 델라 시뇨리아(베키오 궁전).
5) 산타 마리아 노벨라(조토와 오르카냐의 프레스코들과 스페인의 예배당이 있다).
6) 우피치 궁전의 주랑.
7) 신 성구실과 메디치가 영묘가 있음.

않을 수 없다. 그들은 에트루리아인들이었다. 에트루리아인들은 초기부터 늘 이탈리아를 주도했고, 중세에도 "그들의 천재성의 눈부신 광채가 빛나 미래의 수없이 많은 세대에게 인간이 무엇까지 될 수 있고 무엇까지 할 수 있는지를 보여 준다"는 찬사를 들은 위인들이 끊이지 않고 일어난 민족이었다. 그래서 이 피렌체의 과거 유물들은 지나간 시대의 죽은 기록들로 남지 않고, 오늘날 우리에게 가장 강력한 영감을 불어넣어 준다.

피렌체의 시뇨리아(시의회)는 13세기에 대성당을 착공할 때 설계자 아르놀포 디 캄비오(Arnolfo di Cambio)에게 지침을 전달한 문서에서 "시민 하나하나의 영혼으로 구성된 그 고결한 도시의 영혼에 합당하게 원대한 정신을 담아 설계하기를" 바라는 심정을 적었다. 이런 심정을 감안한다면, 피렌체의 그 거대한 돔(따라서 이것은 훗날 로마에 있는 경쟁 건축물이라 불린 돔과 사뭇 다른 목적으로 설계된 셈이다)은 멀리서 보는 사람에게든 가까이서 보는 사람에게든 숭고하고 고상한 목표를 일깨워 주는 낭랑한 클라리온(나팔) 소리 역할을 제대로 해낼 수 있다. 대규모 공공 사업을 지시하는 단순한 정부 문서에 그런 높은 차원의 정신을 담아낸 그들은 그냥 평범한 사람들이 아니었다. 월터 스케이프(Mr. Walter Scaife)는 그 문

피렌체 시공화국의 백합. 대공의 왕관이 얹혀져 있다.

서의 글귀를 평가하면서 정당하게 반문한다: "지난 6백 년 동안 그토록 큰소리치며 진행되어온 문명화 과정이 과연 이들의 정조(sentiment)나 업적을 훨씬 뛰어넘는 것이었던가?"

그러나 피렌체가 현대 세계에 갖고 있는 매력에는 또 한 가지가 있다. 그것은 과거를 되살려내는 활력이다. 20세기가 15세기를 육안으로까지 볼 수 있으며, 급류처럼 흘러내려간 네 세기가 도로 역류하여 올라온다. 바르젤로 궁전과 베키오 궁전, 그리고 심지어 사방에 들어선 보통 건물들에 감도는 웅장

한 힘이 이 좁은 거리들에서 수없이 벌어졌던 격렬한 투쟁을 회고하지 않을 수 없게 만든다. 다른 도시들은 각자가 배출한 역사, 문학, 예술의 탁월한 사람들을 하나로 엮을 고리가 없는데 반해, 예술과 문학에서 아테네를 제외한 다른 어느 도시도 넘볼 수 없는 지도력을 발휘해온 피렌체는 그 지도력을 갖게 한 사람들의 기념물들로 가득하다.

대성당의 돔을 보면 브루넬레스키가 생각나고, 신랑(身廊)은 사보나롤라(Savonarola)의 우레 같은 연설로 다시 진동하는 듯하고, 신랑에서 아름다운 자태로 떨어져 서 있는 종탑은 조토(Giotto)를, 로지아 데 란치(란치 개랑〈開廊〉)는 오르카냐(Orcagna)를, 세례당은 기베르티를, 토레 델 갈로(Torre del Gallo, 갈로의 종탑)는 여전히 "별처럼 빛나는 갈릴레오"의 기억을 되살려 놓는다. 우리는 단테가 살았던 집을 본다. 조토, 보티첼리, 안드레아 델 사르토(Andrea del Sarto)가 일하던 작업실들 곁을 지나간다. 베로키오, 기를란다요(Ghirlandajo), 미켈란젤로가 일상의 업무를 보러 가던 그 거리를 지나간다. 루카 델라 로비아(Luca della Robbia)가 그림으로 아름답게 장식된 교회 현관들 앞에 선다. 오르 산 미켈레(Or San Michele) 주위에 둘러 선 조각상들을 응시하면서 도나텔로의 음성을 듣는다. 프라 안젤리코와 사보나롤라의 정신이 깃든 산 마르코 성당의 주랑(柱廊)과 회랑(回廊)을 거닌다. 고색창연한 수많은 프레스코 벽화는 르네상스 시대 사람들의 얼굴과 복장과 생활 방식을 놀라우리 만큼 생생하게 되살려 낸다.

그러나 피렌체가 이렇게 과거를 우리 앞에 생생하게 되살려 놓는 효과는 피렌체를 위대한 경쟁 도시 베네치아와 비교할 때 가장 확연히 드러난다. 올리펀트 부인(Mrs. Oliphant)은 베네치아에 관해서 이렇게 언급한다:

"첫눈에 매료되고 난 질문자에게 한기가 임한다. 우리가 아무데서나 만나도 금방 알아볼 수 있고, 온 세상이 다 알고 있는 그 시인, 그 예언자, 그 왕자들, 그 학자들, 그 사람들은 다 어디 갔는가? 그들은 이곳에 있지 않다. 햇볕 가득한 피아차 광장에도, 산 마르코의 장엄한 그늘에도, 한때 분주한 정치인들로 북적대고 온 시민의 이목이 집중되었던 공작 궁전의 웅장한 시의회 회의실들에도, 모두가 알아볼 수 있는, 정신으로 만날 수 있는 인물이 하나도 없다. 거닐면서 그 흔적들을 바라볼 수 있는, 혹은 그 개별적인 발자취들을 찾아 낼 수 있는 사람이 하나도 없다. 우리가 가는 곳마다 발견하게 되는 것은 베네 치아를 그렇게 만들고 그렇게 위엄있게 다스린 사람들 대신 베네치아 자체의 거대한 이미지이다 … 베네치아의 기록들에는 도시 자체가 전부이며 개인은 아무것도 아니다. 베네치아는 개별적인 베네치아인들의 소산일 뿐 개인들의 위대한 이름들이 아니다."

그 뒤에 이어지는 올리펀트 부인의 언급은 베네치아가 유력한 사람들을 배출하지 못한 중요한 이유가 돈을 지나치게 밝혔기 때문이었음을 보여 준다. 돈을 벌고 쓰는 게 유일한 관심사인 인종은 "정신이 그 지고한 경계에 솟아오를 때 힘입는 방법들"을 이해할 수 없다. 피렌체도 돈을 사랑했으나 그것이 주된 관심사는 아니었다. 그렇기 때문에 예술과 학문을 열정적으로 좋아하고 이 분야들에 불후의 이름들이 오랫동안 끊이지 않은 데 힘입어 유럽 문화를 이룩하는 데 앞장선 위대한 결과를 이루어 냈다. 반면에 베네치아는 그런 유에 버금가는 것을 하나도 이룩하지 못한 까닭에, 경쟁 도시가 150년간 그 분야를 주도하면서 수많은 인재들을 배출해 낸 동안 위대한 시인도 위대한 학자도 위대한 조각가도 온 세계에 알려진 위대한 정치가도 위대한 화가도 배출하지 못했고, 자신의 드높은 이름밖에는 아무것도 남기지 못했으며, 자신의 영화가 사라져 버린 지금도 인류를 조금도 끌어 올리지를 못한다.

엄청난 대조가 아닌가! 베네치아가 질문자에게 '한기'를 느끼게 만든 것이 인간에 대한 관심의 부족이었다고 한다면, 거꾸로 피렌체가 큰 매력을 지니고 있는 이유는 인간에 대한 풍부한 관심 때문이다. 피렌체에서 그 열매가 자라나게 한 요인은 한편으로는 돈에 대한 사랑이었고, 다른 한편으로는 예술에 대한 사랑이었다.

제2장
# 메디치가

피렌체를 이렇게 대강 살펴보았으니 3백년이 넘도록 그 도시에서 가장 유력한 시민 가문이었던 사람들에게 시선을 돌려 보자.

메디치가의 역사는 약 350년간 이어지는데(1400-1748), 그중 두 세기에 해당하는 15세기와 16세기는 역사와 예술 두 분야에서 가장 흥미로운 시기였다. 이 두 세기는 중세에서 근대로 이행하는 시기(프랑수아 1세, 카를 5세, 헨리 8세의 긴 삼각 대립으로 시작된 시기)로서, 봉건 제도와 작고 고립된 국가들이 이루어낸 결과들에서 정규군과 조세를 요구하는 강력한 국가들이 이루어낸 결과들로 이행한 시기였고, 유럽의 정치 권력이 이탈리아의 큰 독립 국가들(베네치아, 밀라노, 피렌체, 나폴리)로부터 프랑스, 영국, 독일 같은 북부 국가들로 옮겨간 시기였다. 종교개혁에 불씨가 된 원인들과 종교개혁으로 비롯된 결과들을 망라하는 시기였고,(기독교) 동방 제국이 몰락하고 그곳에 (이슬람교) 투르크 제국이 들어서고, 아메리카 신세계가 발견되고, 스페인에서 무어족이 축출되고, 전반적으로 몇 세기에 걸친 이주 끝에 유럽의 여러 나라들이 각자 새로 차지한 지역들에 정착한 일들이 발생한 시기였다.

예술의 관점에서는 훨씬 더 중요한 시기였다. 1400년으로 접어들면서 예술의 르네상스가 탄생하는 위대한 15세기가 시작되었고, 그 진행 과정에서 예술 각 분야에서 전무후무한 기라성 같은 인물들을 배출해 냈기 때문이다.

메디치가가 비교적 초라한 환경에서 점차 일어서되, 군사 정복에 힘입지 않고서 그렇게 위대하게 일어선 것은 역사에서 대단히 괄목할 만한 일로 꼽힌다. 그들은 은행가와 상인의 신분에서 숱한 방해와 부침을 극복하고 일어서더니, 마침내 유럽에서 가장 유력한 가문이 되었고, 거의 모든 주요 국가의 핵심부에 메디치가 사람이 포진할 정도가 되었다.

이들은 여러 가지 관점에서 흥미를 자아내는 가문이다. 이들은 역사에서 너무 중요한 자리를 차지하기 때문에 그 가문의 이야기가 때로는 유럽의 이야기가 되기도 한다. 다른 사람들은 언급하지 않더라도 국부 코시모(Cosimo Pater Patriae), 위대한 자 로렌초(Lorenzo the Magnificent), 교황 레오 10세(Leo X), 교황 클레멘스 7세(Clement VII), 그리고 카테리나 데 메디치(Catherine de' Medici)는 역사에서 메디치가의 이름을 여느 가문이 감히 넘볼 수 없는 큰 자리를 차지하게 만들었다.

### 학문과 예술에 대한 후원.

이 분야에서 인류의 다른 어떤 군주들도 메디치가를 필적하지 못했다. 당대의 로트실트가(the Rothschild)라고 할 만한 메디치가는 학문 부흥과 예술 장려에 막대한 재산을 쏟아부었다. 회화에서는 프라 안젤리코, 리피, 고촐리, 기를란다요, 보티첼리, 로렌초 디 크레디, 레오나르도 다 빈치, 라파엘로, 조각에서는 기베르티, 도나텔로, 베로키오, 미켈란젤로, 건축에서는 브루넬레스키, 미켈로초, 브라만테가 비교적 덜 중요한 수많은 예술가들과 함께 그 가문으로부터 후원을 받았다. 회화 분야에서는 이 점이 특히 더 중요한 결과를 빚어냈다. 아테네의 페리클레스(Pericles) 시대가 조각 미술의 '고전기' 혹은 지극히 숭고한 발전기가 되었듯이, 메디치가의 시대도 회화 예술의 고전기가 되었다.

### 메디치가와 종교개혁의 관계.

이 거대한 운동이 16세기 내내 온 유럽을 뒤흔들 때 이 가문이 배출한 두 명의 교황, 즉 루터의 큰 정적이었던 레오 10세(Leo X)와 재위 기간 동안 영국 교회로부터 수장권을 배척당한 클레멘스 7세(Clement VII)가 이 운동에 관련되었다.[1] 이 점으로 인해 메디치가의 이야기는 자연스럽게 더욱 관심을 끈다.

마지막으로, 이 가문은 다방면에 걸친 활동에 힘입어 삶의 여러 각도에 손을 댔다. 정치력과 경제력, 학문성과 예술적 취향, 시 행정과 시민 정서에 대한 공감도, 상업과 농업 지식 등 이 상이한 분야들에서 비범한 능력을 드러냈다. 게다가 탁월한 예절, 경우바른 대인 관계, 거만과 거리가 먼 태도, 자유롭고 후한 성향을 겸비했는데, 이것은 그들이 접촉했던 사람들에게 훨씬 더 큰 영향력을 행사하도록 만들어 주었다. 그러나 그들은 외모에서는 출중하지 못했다. 그들의 초상화를 보면 인물이 준수한 가문이 아니었음을 금방 알 수 있다. 이목구비 중 봐줄 만한 부분은 격언이 될 만큼 아름다운 눈뿐이다. 다른 측면들을 제외하더라도 이런 다양한 특성만 봐도 참 흥미로운 가문이다.

그 가문은 비판도 받았는데, 두 가지 비판이 두드러진다. 첫째는 오랜 세월이중적인 태도를 취함으로써 시민들의 자유를 박탈하고 시민들 위에 군림하는 독재자들이 되었다는 비판이고, 둘째는 살인 죄를 포함한 수많은 악을 저질렀다는 비판이다. 이런 비판들이 얼마나 공정한 것인가 하는 것은 그들의 역사를 추적하는 과정에서 잘 드러날 것이다. 그러나 둘째 비판에 관해서는 약간의 일반적인 평가가 요구된다.

그 비판은 동시대 다른 나라들의 역사에 비추어 보면 이상한 비판이다. 이 가문의 역사는 13세대로 구성되는데, 그중 10세대 이상이 그런 죄에 관해 의혹조차 받지 않았기 때문이다. 일곱째 세대에 가서야 비로소 메디치가 일원이 자행한 최초의 살인 사건을 접하게 된다. 심지어 그 사건도 가문의 이름에

---

1) 메디치라는 이름을 지닌 교황이 그들 말고도 두 명이 더 있었지만, 그들은 이 가문 사람들이 아니었다. 한 사람은 1559~1565년에 재위한 피우스 4세(밀라노의 요한네스 앙젤루스 메디치)이고, 다른 한 사람은 1605년 한 달간 재위한 레오 11세(알레산드로 메디치)이다. 전자는 밀라노의 미미한 가문 출신으로서 나중에 이 이름을 취했고, 후자는 나폴리의 메디치가 출신으로서, 역사적인 메디치가의 후손이 아니다. 하지만 조반니 디 비치의 종조부의 혈통을 이어받았으므로 메디치가의 먼 친척이라고 할 수 있다.

합법적인 권리가 없는 사람에 의해 자행되었다.[2] 반면에 이 가문이 주로 비판을 받은 주된 원인이 된 이런 일련의 비판들은 8대와 9대에 가서야 비로소 접하게 된다.[3] 한 가문 전체에 대해 그런 비판을 하려면 다른 가문과의 비교가 선행되어야 한다. 그런데 메디치가에 돌려진 모든 비판 사례들을 이탈리아뿐 아니라 프랑스, 영국, 스페인의 동시대 가문들이 자행한 사례들과 비교해 보면 메디치가가 그런 범죄들에 유난히 두드러진다고 보는 항간의 신념은 정보 부족이나 균형 감각 결여에서 비롯된 것임이 자명해진다. 당대의 지배 가문들치고 이런 범죄에 대해 메디치가보다 더 많은 비판을 받지 않은 가문은 없었다. 아울러 우리는 13세대 가운데 고작 3세대가 이런 성격의 범죄를 저질렀다는 이유로 영국이나 프랑스의 왕가를 싸잡아 비판하지는 않는다.

어떤 저자들은 메디치가에 가해진 비판의 이런 불공정성을 인정하고 메디치가가 유능하고 지적이고 애국적인 가문이었음을 흔쾌히 인정하면서도, 다른 한편으로는 그들이 그들 당대에 만연했던 악들에 오염되었고, 욕심 많고 잔인하고 권모술수에 능했다고 주장한다. 바라건대 이 사기(史記)가 메디치가가 다른 가문들보다 유난히 탐욕스럽지도 잔인하지도 않았음을 입증해 주었으면 한다. 그들이 권모술수에 능했다고 말하는 것은 그들이 그 시대의 사람들이었다고 말하는 것에 지나지 않는다.

네 번째 점을 생각하자면, 물론 그들이 그들 시대에 만연한 악들에서 초연하지는 않았다. 그러나 그런 비판은 메디치가가 다른 가문들보다 더 악했다는 뜻이 실린 과장인데 반해, 증거들은 한결같이 그들이 이 점에서 같은 시대 다른 가문들에 비해 퍽 선량했음을 보여 주는 경향을 띤다. 이것은 현대의 역사서들이 굳이 사족을 붙이지 않고서 인정하고 넘어가는 사실이므로 이 정도의 일반적인 진술로도 족할 것이다. 그러나 그 점은 메디치가의 여러 성원들의 생애에서 살펴볼 다양한 사실들로써 사실로 입증될 것이다.

---

2) 이폴리토 데 메디치가 이른바 그의 사촌인 '무어인' 알레산드로에게 살해된 사건. 알레산드로는 서자에게서 난 서자였거나, 아니면 아예 메디치가와 무관한 사람이었다(참조. 제18장).

3) 8대는 코시모 1세의 세대이고, 9대는 그의 아들들의 세대이다. 오늘날은 이런 비판들이 대부분 정치적 반감에서 비롯된 것으로 알려져 있으며, 좀 더 충분한 정보로 인해 현대 사가들에게 거짓으로 배제된다.

시몬즈(Symonds)는 메디치가가 '부르주아'였다고 불평한다. 물론 그들은 부르주아였다. 그것이 그들 역사의 정곡을 찌르는 평가이다. 그리고 이 점은 그들을 조롱할 근거가 되기보다는 드높이는 데 크게 기여한다. 그들이 전적으로 시민들에게 속했고, 그들의 기원이 귀족들에 맞서 시민들을 보호하는 데서 시작되었으며, 그들이 시행한 통치의 정체(政體)가 출생 신분에 뿌리를 두지 않고 재능과 문화에 뿌리를 둔 귀족정이었다는 것이 그들 역사의 진수이다.

이 가문의 역사를 살펴보노라면 노력과 행운이라는 양면에서 극단적인 사례들을 많이 보게 된다. 입신 과정이 경이롭고, 숱한 부침(浮沈)이 애처롭고, 인류의 항구적 유익을 위한 사업에 후했던 점에서 위대하고, 그 장도(長途)에서 겪은 많은 사건들은 비극적이고, 쇠퇴와 몰락이 비루한(전성기에 버금가는 마지막 한 행동을 제외하고는) 이 가문의 역사는 3백 년이 넘는 시간 동안 광활한 무대에서 공연된 대 드라마와 같다.

# 제3장
# 조반니 디 비치(Giovanni di Bicci)

1360년 출생.1428년 죽음.

1400년에 메디치가는 피렌체의 평범한 중산층 가문이었다. 이 가문의 뿌리는 잠부오노 데 메디치(Giambuono de' Medeci)의 장남이자 시의회 의원인 키아리시모(Chiarissimo)가 베키오 시장(the Mercato Vecchio)의 여러 가옥과 탑들의 소유자로 알려진 1201년으로 거슬러 올라가 찾을 수 있다. 그러나 우리가 관심이 있는 그 가문의 계열은 그 이름을 역사에 위대하게 만든 가문으로서, 350년이나 계속되는 파란만장한 길을 지나게 될 운명을 갖고 있었다.[1]

1400년경 이 계열의 수장은 조반니 데 메디치(Giovanni de' Medici)였다. 그의 아버지 아베라르도 데 메디치(Averardo de' Medici)는 이런저런 이유로 동료들에게 '비치'(Bicci)라는 별명을 얻었다. 메디치가 사람들 중에서는 동일한 세례명이 자주 반복되므로 사기(史記)에서 각 사람은 직함이나 별명으로 알려지며, 따라서 그 가문의 역사적 계열의 수장 조반니는 항상 조반니 디 비치(Giovanni di Bicci, 즉, 비치의 아들 조반니)로 알려진다. 이 때 그는 마흔살의 중년 남성으로서 인

---

1) 그 역사는 1400년부터 '메디치가의 마지막 사람' 안나 마리아 루도비카가 죽은 1743년까지 계속된다. 그녀가 죽을 때 조반니 디 비치의 혈통을 물려받은 사람은 한 사람도 남지 않았다. 오늘날 이탈리아에 메디치라는 이름을 지니고 사는 사람들이 있으나, 그들은 역사적 메디치가의 후손이 아니라 위에 언급한 방계친(傍系親)의 후손이다.

격과 사업 수완으로 큰 존경을 받았다.

은행가 가문이었던 이들은 이미 상당한 부를 소유하고 있었는데,[2] 조반니가 탁월한 사업 수완으로 가문의 부를 늘려 놓았다. 그의 조상 가운데 여러 명이 공직에 몸담았다. 무역에 성공하여 가문을 부유하게 만들기 시작한 증조부 아베라르도(Averardo)는 1314년에 곤팔로니에레(Gonfaloniere, 시 공화국 수반)를 지냈고, 조부 살베스트로(Salvestro)는 1336년에 베네치아와 조약을 맺을 때 파견된 피렌체 공화국 사절단 일원이었으며, 아버지의 친사촌들 중 두 명이 각각 1349년과 1354년에 곤팔로니에레(도시 장관)를 역임했다.

그러나 조반니 디 비치 데 메디치[3]의 선조들은 이런 공직 생활보다는 다

른 면에서 더 명성을 얻었다. 평민의 권익을 옹호하기 위해 여러 번에 걸쳐 그란디(grandi, 귀족들)와 맞서 투쟁했던 것이다. 1343년 아버지의 먼 친척(아버지와 똑같은 이름인 조반니)은 당시 피렌체 군주였던 아테네 공작 발터 데 브리엔(Walter de Brienne)에 의해 포폴라니(popolani, 평민들) 중 가장 위험한 분자로 지목되어 처형되었다. 그리고 조반니 디 비치는 열여덟살이 되던

조반니 디 비치 데 메디치 1360–1428.
브론치노 작

---

2) 메디치가 사람들이 원래 의사들 혹은 약제사들(medici)이었다는 설에는 근거가 없다. 그 설이 발생한 연원은 두 가지로 보인다. 첫째, 조반니의 장남 코시모가 언어유희를 즐기던 중세의 풍을 따라 자기와 자기 가문의 수호성인들을 의사 성인들인 성 코스모(St. Cosmo)와 성 다미아누스(St. Samian)로 정했고, 이들이 그의 대에 그의 주문을 받아 혹은 그를 기리기 위해 제작된 그림들에 등장했다. 둘째, 카테리나 데 메디치(부르주아 출신이라는 이유로 프랑스에서 항상 멸시를 받음) 시대에 파리의 지식인들이 그녀를 깎아내릴 의도로 메디치가가 원래 약제사들(medici)이었고, 그 가문의 문장인 유명한 팔레(구球)가 그들이 만든 환약을 상징한다는 설을 유포시켰다. 이 설은 완전한 날조이다. 메디치가는 조반니 디 비치보다 2백 년 더 거슬러 올라가 그 뿌리를 찾을 수 있는데, 이들은 내내 의사들(혹은 약제사들)이 아니라 상인들과 은행가들이었다. 일례로 그들은 의사 조합에 속하지 않고 상인 조합에 속했다. 메디치가 문장(금바탕에 붉은 구球들)의 정확한 의미는 알려지지 않는다.

3) 데(de')로 표기하는 데이(dei)는 메디치가와 피렌체의 다른 가문들의 경우에는 프랑스어의 드(de)와는 달리 상류 혹은 귀족 가문 출신을 가리키지 않고 다만 토스카나어의 꼼꼼한 언어 습관에서 유래한 듯하다. 특별한 지위와도 상관 없이 쓰였다. 따라서 비에리 데이 케르키, 로렌초 데 메디치, 알레산드라 데 모치라는 용례도 있는 반면에, 필리포 스트로치, 바초 발로리, 프란체스코 귀차르디니라는 용례도 발견하게 된다.

해인 1378년에 조부의 먼 친척(살베스트로라는 이름을 가진 또다른 사람)이 시뇨리아 (Signoria, 시의회)에서 강경한 연설을 하여 촘피(Ciompi. 방직, 염색, 모직 길드의 하급 노동 자들)의 난(亂)으로 알려진 민란을 촉발시켰다. 전하는 바로는 이 민란은 "귀족 들의 권력을 꺾고, '겔프 당'(교황당)의 과두정을 무너뜨렸다"고 한다. 반면에 아 버지의 또다른 친척인 비에리(Vieri)는 1393년의 반란을 진정시켰다. 이처럼 그 가문은 귀족들을 견제하고 평면들을 옹호하는 전통을 갖고 있었다. 이런 전 통을 물려받은 조반니 디 비치는 거기서 더 나아가 피렌체라는 울타리를 훨 씬 넘어서서 영향력을 행사하는 가문을 세우게 된다.

먼저 1400년에 주변 상황이 어땠는지를 (i) 그가 살던 도시와 (ii) 그 도시를 넘어선 더 광범위한 세계를 놓고 살펴보자.

(i) 피렌체는 350년간 경쟁 파벌들 틈에서 격렬한 투쟁을 겪은 뒤 마침 내 기록상 가장 민주적인 정부를 뿌리내렸다. 추방당했던 기벨린 당(황제당)이 1260년 파리나타 델리 우베르티(Farinata degli Uberti)의 지휘하에 몬테아페르토 전투에서 겔프 당(교황당)을 물리치고 피렌체에 재입성했다. 추방당할 때 겪은 수모를 잊지 않은 기벨린 당은 피렌체를 철저히 도륙하자고 주장했으나 파리 나타 델리 우베르티가 가로막고 나서서 "일관된 주장으로" 그들을 진정시켰 다.[4] 이 행위로 그는 피렌체에서 잊혀지지 않을 명예를 얻었고, 그의 조각상( 기벨린 당원으로서는 유일한)은 피렌체 위인들의 조각상이 즐비하게 서 있는 우피치 미술관 주랑(柱廊)에 한 자리를 차지하고 있다.

그 뒤 1289년에 캄팔디노 전투가 발생하여 겔프 당이 최종 승리를 거두었 고, 그 뒤부터 피렌체는 길드들(arti)로 분할되어 각 길드의 대표자가 시뇨리 아라는 통치 집단을 구성했다. 1298년에는 대성당과 시뇨리아 궁전(팔라초 델라 시뇨리아)의 건축 사업이 시작되었는데, 시의회가 아르놀포 디 캄비오(Arnolfo di Cambio)에게 시뇨리아 궁전 건축을 맡기면서 작성한 지침서에는 "급작스럽고 격렬한 격동에 휘말린 이 도시 시뇨리아의 안전을 더욱 도모하기 위해" 건축

---

4) 단테는 「지옥」편(10장, 91절)에서 자기가 태어나기 5년 전에 발생한 이 행위를 시사한다.

이 필요하다고 진술되어 있다.

그러나 기벨린 당이 추방되었는데도 투쟁은 그칠 날이 없었다. 체르키 (Cerchi) 대 도나티(Donati), 백 겔프 당 대 흑 겔프 당 등의 새로운 이름하에 이전과 다름없이 격렬한 투쟁이 벌어졌다. 마침내 피렌체 시가 통치자로 영입한 외국인 발터 데 브리엔이 1343년에 축출되고 한동안 무정부 상태와 소소한 혁명들이 잇달았다. 그런 상황이 지속되던 1348년에 보카치오(Boccaccio)의 글에 묘사된 대흑사병이 돌았고, 1378년에는 위에 언급한 촘피의 난이 발생했다. 그 결과 한동안 유력 인사들로만 구성되어온 시뇨리아는 21개 길드의 각 대표들(Priors)로 재편되었다. 의원들은 두 달에 한 번씩 선출되었다(나중에는 임기가 좀 더 길어졌다). 귀족은 시뇨리아 의원이 될 자격이 없다고 규정되었다. 시뇨리아 의장이 곤팔로니에레로서, 시뇨리아 의원들 중에서 선출되었고, 임기는 의원들과 같았다. 그러나 이것으로도 피렌체의 강력한 민주적 본능을 충족시키지 못했다. 다양한 길드의 대표들에게 권력이 이관되었는데도 큰 문제가 터지면 시뇨리아 궁전에 있는 '바카'(Vacca)라는 큰 종을 쳐서 남자 시민들 전체를 시뇨리아 광장에 소집한 뒤 '대중의 갈채'로써 대처 방안을 결정했다(어쨌든 요식 행위이긴 했지만).[5] 이런 통치 형태가 150년간 지속되었다. 이 책의 이야기는 그때부터 대략 20년이 지난 때부터 시작한다.

피렌체는 자유를 열렬히 사랑했다. 2백년 가량을 끈질기게 투쟁하면서 먼저 황제의 멍에를 점차 벗어 던진 뒤 귀족과 맞서 싸워 그들의 멍에를 떨쳐 버렸으며, 마지막에는 "세계가 목격한 가장 공화국다운 공화국"을 세웠다. 그리고 다시 멍에를 메게 될까봐 두려워 개인이든 가문이든 피렌체의 독립을 위협하는 행위에 대해서는 그것이 아무리 미미한 행위일지라도 집중적으로 견제했고, 이러한 정서가 광적인 성격을 띨 정도가 되었다. 그 결과 피렌체에는 일반 시민 위에 군림하려고 한다는 의혹을 받으면 즉시 참회하는 관습이 생겼다.

그 무렵 피렌체는 여러 부속 도시들을 거느리고, 주변국들과 소소한 전쟁

---

5) 탑의 높이는 약 100m이다. 그 위에 오르면 도시의 주요 도로들이 한눈에 보인다.

으로 꾸준히 영토를 늘려가는 등 적지 않은 세력을 유지하고 있었다. 피렌체 같은 공화국들은 독특한 성격을 띠었다. 왜냐하면 수도의 시민들만 정치 권력을 소유했기 때문이다. 수도 밖에 사는 사람들은 국가 정치에 조금도 제 목소리를 낼 수 없었다. 이렇게 수도에 권력이 집중된 사실을 알면 피렌체에 차례로 정복된 피사, 프라토, 피스토이아, 볼테라, 그리고 그밖의 도시들이 왜 끝까지 저항했는지를 이해할 수 있다.

이 무렵의 역사가 훗날 '토스카나'(Tuscany)로 지칭되는 국가를 가리킬 때 항상 '피렌체'라고 했던 데에도 필시 그런 이유가 있을 것이다.

무역과 상업에서 피렌체는 당시에 유럽에서 가장 융성한 국가였다. 그 시민들은 모든 나라에 은행을 두었고, 플로린 금화(피렌체 금화)[6]가 유럽의 보편적인 가치 표준으로 쓰임으로써 피렌체가 장악한 상권을 자리매김했다.[7] 매콜리(Macaulay, 19세기 영국 정치가, 역사가)는 이 시기의 세입에 관해서 이렇게 언급한다:

> "공화국의 세입은 30만 플로린에 달했다. 그것은 귀금속의 가치 하락을 감안하더라도 적어도 60만 영국 파운드에 달하는 액수였다. 그것은 2백 년 뒤 잉글랜드와 아일랜드가 엘리자베스에게 바친 세금보다 더 큰 액수이다."

주요 생산품은 양털과 모직 의류로서 모두 피렌체에서 생산되었다. 염색 기술이 부족했던 다른 나라들이 이곳에 원자재를 보내면 이곳에서는 그 원자재를 비밀 공정을 거쳐 가공한 뒤 역수출했다. 오늘날도 '카를리말라(혹은 카를리마라) 거리'[8]와 '펠레체리아 거리'라는 피렌체의 유명한 두 거리 이름이 그때의 산업을 기념하고 있다. 양털 상인들의 길드는 피렌체에서 가장 중요했다.

---

6) 동일한 명칭의 영국 은화가 피렌체와 영국간에 맺어졌던 당시의 교역 관계를 생생히 기억하게 한다. 피렌체 금화는 1530년 공화제가 폐지될 때까지 유럽에서 신용을 얻었다.
7) 오늘날의 은행 체제는 모두 피렌체 은행가들에게서 유래했다. 피렌체의 방대한 무역 규모가 그러한 은행들을 운영할 수 있게 했다.
8) 그리스어 칼로스 말로스('아름답게 흰' 혹은 '아름다운 양털')에서 유래.

그랬기 때문에 이 길드에 대성당 건축 사업이 맡겨졌다.[9] 피렌체의 주요 교역 상대국은 영국이었다.

(ii) 이제 피렌체 바깥의 더 넓은 세계로 눈을 돌리면 다음과 같은 상황에 놓여 있던 유럽의 다른 국가들을 발견하게 된다.

**베네치아.** 피렌체와 사뭇 다른 공화국으로서 귀족들의 과두정으로 통치되었고, 1380년 해상 경쟁국 제노바를 분쇄함으로써 권력의 절정을 향해 질주했으며, 새로운 정복으로 해마다 영토를 넓혀갔다.

**밀라노.** 황제령 공국(公國). 대공 지안 갈레아초 비스콘티(Gian Galeazzo Visconti)가 통치했다. 비스콘티 가가 배출한 가장 유력한 인물인 그는 밀라노 대성당과 파비아의 케르토사 성당을 건축했다. 이탈리아 북부를 거의 정복하다시피 했고(심지어 페루지아와 스폴레토까지 영토를 넓혔다), 이 무렵에는 유일하게 피렌체에 의해 저지를 받았으며, 스스로 이탈리아 왕으로 등극하기만 하면 피렌체도 단시간에 굴복시킬 공산이 컸다.

**나폴리와 시칠리아.** 왕국이었으나 세력이 미미했고, 늘 그렇듯이 무정부 상태에 있었으며, 경쟁 가문인 앙주(Anjou) 가와 아라곤(Aragon) 가 사이에 끼어 150년간 그들의 대립 무대가 되었다.

**교황청.** 이 시기의 교황청은 가장 한심한 상태에 있었다. 1378년에 아비뇽과 로마의 교황들간에 '대분열'이 시작되었다. 이 사건은 교황청을 진토로 끌어내렸다. 이 경우에는 어느 쪽도 대립 교황(anti-Pope)이 아니었기 때문이다. 양쪽의 교황들이 적법하게 선출되었으며 각각이 진짜 교황으로 평가받을 만한 동등한 권리를 갖고 있었다. 프랑스 교황측에는 프랑스, 스코틀랜드, 스페인, 포르투갈, 사보이, 로렌이 섰고, 이탈리아 교황측에는 잉글랜드, 독일, 이탈리아, 덴마크, 스웨덴, 폴란드가 섰다. 진짜 교황 편에 서야 구원을 얻을 수 있다고들 하였으나, 이 시기에는 그 누구도 구원을 확신할 수 없었다. 분명한 것은 유럽의 절반이 그렇지 못하다는 것이었다. 그것은 오래 감내할 만한 상

---

9) 그들의 문장인 어린 양을 대성당 벽들에서 볼 수 있다.

황이 못 되었다. 40년간 그런 상황이 계속되면서 파생된 결과들은 교황청을 지극히 굴욕스런 처지에 떨어뜨렸다.

유럽의 나머지 국가들을 살펴보면, 영국에서는 헨리 4세(Henry IV)가 리처드 2세(Richard II)를 살해하고 그에게서 이제 막 왕권을 탈취했다. 프랑스에서는 샤를 6세(Charles VI)가 왕이었지만 정신장애자여서 나라가 큰 혼란에 빠져 있었다. 독일은 하찮은 국가들의 집단이었고, 황제는 들러리에 불과했으며, 일곱 명의 '선제후'(選帝侯)들이 배후에 자리잡고서 황제를 선출할 때는 항상 자기들의 독립권을 침해할 수 없게끔 영토와 권력이 작은 제후를 선출했다. 동방 제국에서는 콘스탄티노플이 오스만 투르크에게 코앞에서 위협을 당하고 있었고, 스페인은 아직 하나의 나라가 아닌 상황에서 아라곤과 카스티야가 여전히 미미한 독립 왕국들로 있었고, 사라센족(그곳에서 불린 대로 표현하자면 무어족)이 남부의 절반을 차지하고 있었다.

이상은 메디치가가 큰 역할을 할 수 있게 되기 전, 아직 큰 변화가 일어나지 않은 유럽의 일반 상황을 개략한 것이다.

조반니 디 비치가 일생을 보낸 피렌체는 외관으로는 우리가 알고 있는 피렌체와는 사뭇 달랐지만, 그럼에도 불구하고 감히 무시할 수 없는 면모를 상당히 지니고 있었다. 그때 벌써 수백 년 된 세례당은 오늘날과 다르지 않은 모습으로 서 있었다. 그때 시점에서 150년 전쯤에 건축된 바르젤로 궁전도 마찬가지이다. 그리고 바르젤로 궁전 바로 곁에 1330년에 건축된 바디아 궁전이 서 있다. 1298년에 건축된 팔라초 델라 시뇨리아(베키오 궁전으로 알려진)는 전면만큼은 오늘날 우리가 보는 모습과 똑같았지만, 뒤로 곤디 거리 아래로 는 아직 확장되지 않았다. 반면에 전면에는 링기에라(ringhiera)라고 하는 돌을 연단이 서 있어서 거기서 연설이 행해졌다. 로지아 데 란치는 그 무렵에 완공되었다. 백 년이 넘게 건축된 대성당은 그때까지 완공되지 않고 있었다.[10] 그 거대한 돔이 아직 착공조차 되지 않고 있었는데도, 많은 사람들은 그토록 광

---

10) 대개는 시공 연대를 1294년으로 표기하지만, 종탑 근처의 초석에는 1298년으로 표기한다.

활한 공간이 어떻게 그런 식으로 채워질 수 있었는지 놀라워했다. 아름다운 종탑인 '조토의 탑'은 이미 완공되었다.

폰테 베키오(베키오 다리)는 거기 딸린 상점들(물론 당시에는 보석 상점들이 아니었지만)과 함께 오늘날과 다름 없는 모습으로 서 있다. 물론 오랜 후에 상점들 지붕 위로 건축된 '파사지오'(Passaggio)를 제외하면 말이다. 두 개의 주요 성당들인 산타 크로체 성당과 산타 마리아 노벨라 성당 중에서 후자는 정면만 빼놓고는 다 완공된 상태였던 반면, 산타 크로체 성당은 완공을 눈앞에 두고 있었다. 오늘날은 사라지고 없지만 도시 둘레에는 고색창연하고 아름다운 성벽들이 두르고 있었다. 하지만 주요 거리들은 오늘날과 똑같은 노선으로 나 있었고, 그중 상당수가 오늘날과 별로 다르지 않은 모습을 하고 있었다.

기묘한 정방형 성당인 오르 산 미켈레 성당은 양털 상인 조합이 공사를 맡아 거의 완공 단계에 있었다. 그 뒤에는 오늘날과 마찬가지로 이 저명한 '양털 상인 조합'(Arte della Lana)의 조합 건물이 서 있었다. 위대한 양털 조합의 이 고색창연한 건물(문에 그들의 문장紋章인 어린양이 새겨져 있다)을 보고 있노라면, 당시 피렌체에서 이 조합이 많은 사업을 벌이느라 눈코 뜰 새 없으면서도 돈 버는 것 외에 얼마나 많은 분야에 관심을 기울인 깨인 상인 집단이었는지, 그리고 피렌체의 장래의 영광이 당시에는 아직 눈길을 끌지 못하던 이 낡은 건물에 얼마나 큰 기원을 두었는지 여러 가지로 깊은 생각에 잠기게 된다.

그리고 조만간 피렌체에서 중요하게 대두된 운동이 시작된 것도 이런 것들과 관계가 없지 않았다. 1400년의 피렌체를 되돌아보면 당시에 예술과 학문의 상황을 생각하지 않을 수 없기 때문이다. 예술과 학문은 비록 지난 세기에 단테, 조토, 페트라르카에 의해 긴 잠에서 깨어나긴 했지만 1400년 무렵에는 다시 잠에 빠져든 듯하다. "중세에 작별을 고한 장송곡"으로 한동안 온 인류에게 영감을 준 단테가 80년 전에 죽었으나 그의 후계자라고 할 만한 인물이 일어나지 않았다. 비잔틴 궁전에서 9세기 동안 잠들어 있던 미녀 곧 예술에 입을 맞춰 그녀를 긴 잠에서 깨웠던 목동 조토는 63년 전에 죽었다. 그의 위대한 제자 오르카냐(Orcagna)는 32년 전에 죽었다. 그리고 당시의 화가들(조토파the Giotteschi)은 조토를 맹목적으로 모방했을 뿐 그를 넘어서는 사상이 없었으며, 따라서 조토가 예술을 구해낸 비잔틴 전승만큼 거의 완벽한 인습에 가라앉고 말았다. 마지막으로 오랜 세월 묻혀 있던 고전 시대 저작들을 연구하도록 일깨운 대학자 페트라르카는 26년 전에 사라졌고, 다시는 그와 같은 인물이 일어나지 않았다. 따라서 1400년이 동텄을 때 단테와 조토 시대에 시작되었던 운동이 완전히 죽어 버리지는 않았으나 죽은 것과 방불한 상태에 있는 것처럼 보였다.

그러나 실은 그렇지 않았다. 곧 전에 사라졌던 모든 것을 훨씬 능가하게 될 신선한 운동이 시작될 것이었다. 그리고 조반니 디 비치의 말년 — 우리가 연구해야 할 시기인 1400-1428년 — 이 바로 이러한 르네상스의 '아침'이었다. 그 무렵 이탈리아의 다른 도시들에서도 어느 정도 체감된 예술의 개화(開花)는 피렌체에서는 그 약동하는 생명력으로 시민들 틈으로 깊숙이 스며들어 또다른 수백 년이 지나가기 전에 온 유럽에서 그 영향력이 느껴지게 될 결과들을 내놓았다.

조반니 디 비치는 아내 피카르다 부에리(Piccarda Bueri)와 두 아들 코시모(Cosimo)와 로렌초(Lorenzo) — 이 둘은 1400년에 각각 11살과 5살의 소년이었다 — 와 함께 처음에는 라르가 거리의 낡은 집에서, 그 뒤에는 오늘날도 피아차 델 두오모(두오모 광장)에 자리잡은 집에서 살았다. 조반니는 자기 집 창으로 피렌체 시가 아주 오래 전부터 과거의 어떤 건물보다 웅장하게 지을 의도로 착공한 대성당의 느긋하게 쌓여 올라가던 벽들과 돔을 늘 바라보았을 것이다.

1400년에 조반니 디 비치는 품위 있고 온유하고 주위의 모든 사람들에게 존경을 받는 중년 남성이었다. 그는 사가들로부터 별로 주목을 받지 못했지만, 동향 사람들의 유익과 예술 장려에 여러 가지 중요한 사업을 벌인 사람이었다. 사업가로서의 능력과 깊은 사려(이것은 어느 시대든 피렌체 시민들이 특히 중시한 자질이다)로 명성을 얻었고, 공익을 위해 재산을 내놓는 데 인색하지 않고 항상 평민 편에 서서 귀족들과 끊임없이 투쟁해 온 태도로 시민들에게 큰 인기를 얻었다. 호평이든 악평이든 상관없이 행동했기 때문에 그 시대 역사 기록에는 그에 관한 내용이 드물다. 더욱이 그의 생시에는 알비치가

(the Albizzi)가 피렌체의 국정을 좌우했다. 귀족들의 권한을 억제하는 법이 있었는데도 불구하고 이 가문은 (주로 각종 선거에 영향력을 행사하는 방식으로) 여전히 권력을 행사했다. 그러는 동안 조반니는 머지 않아 알비치가의 지배에 대한 기억을 깨끗이 지워 버릴 가문의 터를 닦고 있었다.

조반니 디 비치가 특별히 언급된 첫 사례는 1401년에 발생한다. 그 무렵의 피렌체라는 그림에는 눈여겨볼 요소가 또 하나 있다. 그것은 빼놓으면 그림이 완성되지 않는 그런 요소인데, 당시 그 도시를 거듭 황폐로 몰아 넣으면서 모든 사람들의 뇌리에 죽음과 사후 세계에 대한 생각이 떠나지 않게 만든 무서운 흑사병이었다. 그리고 이제 우리가 할 이야기는 이 무서운 흑사병이 도는 상황에서 시작한다. 1348년과 그밖의 많은 사례들과 다름없이 지위고하를 막론하고 많은 사람들이 매일 이 참혹한 병에 걸려 송장으로 실려나갔다. 이런 재난 속에서 피렌체 시의회는 신께 드릴 예물로 시에서 가장 유서깊고 가장 신성시되던 산 조반니 바티스타 성당(세례당으로 더 잘 알려진 성당)에 아주 정교한 두 짝의 청동문을 제작하여 봉헌하기로 결정했다. 사업자 선정은 국제 입찰 계약 방식으로 정하고 지도적 시민이자 위대한 예술 후원자인 조반니 디 비치를 계약 결정권자의 일원으로 임명했다. 메디치가의 첫 인물에 관해서 듣게 되는 첫 언급이 예술의 르네상스의 '생일'로 간주되어 온 사건에서 그가 현저한 역할을 맡았다는 것이니, 참으로 우연의 일치로 돌리기 어려운 흥미롭고 의미심장한 일이 아닐 수 없다.

다음 17년 동안(1402~1418) 조반니에 관해 듣게 되는 언급은 그가 조용하면서도 착실하게 공무를 수행했다는 것이다. 1402년 그는 자신이 가담한 조합 곧 은행 조합(아르테 델 캄비오)에 의해 '대표'(Prior)로 선출되었고, 이로써 정부의 관료가 되었다. 그리고 1408년과 1411년에 다시 대표로 선출되었다. 그는 당시의 숱한 정치적 음모와 일정한 거리를 두고 지냈고 권력을 애써 탐하지 않았는데도 이런저런 명예와 관직을 얻었다고 기록에 남아 있다.

피렌체를 여러 차례 괴롭히던 두려운 전염병이 1417년에 다시 엄습하여 16,000명의 목숨을 앗아갔다. 조반니는 시민들의 고통을 덜어주기 위해 혼신의 힘을 기울였는데, 전하는 바로는 "도움의 손길을 빈민들에게 국한하지 않고 부자들의 역경도 흔쾌히 덜어 주었다"고 한다.

이제는 이 18년 동안 유럽에서 무슨 일이 벌어지고 있었는지 개관해 보자. 15세기의 처음 18년간 유럽에는 각종 대형 사건들이 발생했는데, 그 모든 게 피렌체와 그 도시의 시뇨리아에 밀접한 영향을 끼쳤다. 1400년에 황제 벤케슬라우(Wenceslau)가 무능과 포악과 주벽으로 '선제후들'의 손에 폐위되었다. 그리고 라인의 팔츠 백작 루페르트(Rupert)가 후임 황제가 되었다.

1401년 바야제트(Bajazet)가 이끄는 투르크족이 로마 제국 동쪽 절반에 대한 수백 년의 긴 원정에 막바지 박차를 가하여 수도 콘스탄티노플을 포위하기 시작했다. 1391년에 아버지 요한 팔레올로구스(John Paleologus, 요한 6세)를 계승할 당시 동방 황제 마누엘 팔레올로구스(Manuel Paleologus)는 아버지처럼 이탈리아, 독일, 프랑스, 영국을 방문하고 다니면서 콘스탄티노플 수호를 위한 지원을 호소하고 그 도시가 투르크족의 수중에 들어감으로써 온 유럽에 미칠 대재앙을 예방하라고 외쳤다. 그는 가는 곳마다 존경과 동정을 받았다. 그러나 이탈리아의 상황을 보자면, 교황청은 대분열로 무력해져 있는 상황에서 동방 교회가 로마 교회의 수위권을 인정하기 전에는 꿈쩍도 할 의사가 없었고, 이탈리아의 다른 국가들도 끊임없이 전쟁에 시달리는 상황에서 밀라노의 위협 앞에 멸절의 위기에 놓여 있었다. 독일은 황제가 폐위된 지 얼마 지나지 않았기 때문에 혼란에 빠져 있었다. 영국에서는 당시의 왕이 왕권을 탈취한 자였으므로 내전의 위기에 처해 있었다. 따라서 황제 마누엘 팔레올로구스는 아버지와 마찬가지로 빈 손으로 돌아갈 수밖에 없었다. 그러나 콘스탄티노플에 도움의 손길이 임한 것은 전혀 뜻밖의 지역에서였다. 투르크족의 영토가 갑자기 티무르(Timour 혹은 Tamerlane)가 이끄는 타르타르족에게 침공을 받게 된 것이다. 그 사건으로 술탄 바야제트는 콘스탄티노플 공격을 중단하고 철수했다. 그리고 이듬해에 벌어진 앙고라 전투에서 패배하여 티무르의 포로가 되었다. 이 패배로 오스만 투르크는 한동안 세력을 잃었으며, 콘스탄티노플은 15년 더 수명이 연장되었다.

1402년 밀라노 공작 지안 갈레아초 비스콘티가 정복 작전 도중에 급사하는 바람에 피렌체는 가장 강력한 원수의 위협에서 벗어나 4년 뒤 그의 영토의 일부인 피사를 정복, 합병할 수 있었다. 이 피사 정복으로 피렌체는 영토를 해안까지 확장하고 항구를 얻었다.

1409년 피렌체의 새 종속 도시인 피사에서 공의회가 열렸다. 유럽의 절반이 이쪽 교황을 인정하고, 나머지 절반이 저쪽 교황을 인정하는 등 '대분열'의 결과들이 마침내 감내할 수 없는 지경에 이르자, 유럽 전역에서는 "교회의 머리와 지체들에 대한 개혁"을 부르짖는 소리가 곳곳에서 터져나왔다. 이 구호가 15세기 내내 사람들의 입에 오르내렸다. 피사 공의회는 그 목적을 이루기 위한 세 번의 시도 중 첫 번째였다. 서로를 적대시하던 양 진영의 추기경들은 그 난제를 풀기 위해서 각각 자기들의 교황을 버린 뒤 피사에 서방 교회 전체 공의회를 소집했다. 200명의 주교와 300명에 달하는 대수도원장, 400명이 넘는 신학박사, 유럽의 대다수 군주들이 파견한 대표들이 이 공의회에 참석했다.

공의회의 주요 쟁점은 공의회의 지위가 과연 교황의 지위보다 높으며, 공의회가 교황청의 오류들을 개혁할 수 있는가, 아니면 교황의 지위가 공의회보다 높은가 하는 것이었다. 만약 6세기였다면 그런 문제가 쟁점이 될 수 있다는 것 자체가 놀라운 일이었을 것이다. 당시까지만해도 교회의 수위권(首位權)은 공의회 권위에 종속된 동등하고 독립된 주교들의 총공의회에 있었기 때문이다. 그러나 그 뒤로 한 명의 주교가 점차적으로 수위권을 자임했고, 그러다가 결국에는 그 문제가 쟁점이 되는 때까지 오게 된 것이다.

그러나 피사 공의회는 자체의 권위에 근거하여 모였다는 사실 자체와 두 교황을 무시했다는 점에서 사실상 공의회 수위권을 천명한 셈이었다. 더욱이 공의회는 즉시 공의회 수위권을 공식적으로 규정했다. 그러고는 두 대립 교황에 대해 각각의 죄악들을 열거한 뒤 그들을 폐위했다. 하지만 그러고 나서는 모든 활동을 물거품으로 만들어 버린 실수를 저질렀다. 먼저 교회의 부패를 개혁해 나가면서 개혁을 완료한 뒤에 새 교황을 선출하는 올바른 수순을 밟지 않고, 개혁을 시도하기도 전에 새 교황(알렉산데르 5세)을 선출했던 것이다. 그 결과는 보나마나였다. 알렉산데르 5세는 즉시 공의회를 휴회시킬 방법을 찾은 것이다. 휴회 기간은 명목상으로는 3년이었지만 실제로는 무기한이었다.

교회 개혁을 위한 첫 시도가 이렇게 물거품으로 돌아가자 상황은 전보다 더 나빠졌다. 폐위된 두 교황은 공의회의 결정에 승복하지 않았다. 따라서 공의회가 남긴 결과는 이제 대립 교황이 두 명에서 세 명으로 늘었다는 것밖에 없었다. 이렇게 해서 '대분열'은 지속되었다. 피렌체는 그 가증스런 공의회를 위해 부속 도시들 중 한 곳을 내준 꼴이 되었으므로 세 교황 중 한 명(그레고리우스 7세)을 빌미로 나폴리 왕 라디슬라스(Ladislas)에게 공격을 받았으며, 공의회가 개회하고 있는 동안 의정 활동과 자체의 영토를 방어하기 위해 무력으로 대립하지 않을 수 없었다. 하지만 그 결과로 피렌체 군대는 로마를 차지했다.

1410년 교황 알렉산데르 5세가 죽고 후임에 교황 요한 23세(John XXIII)가 즉위했다. 그리고 같은 해에 벤케슬라우스의 동생인 보헤미아 왕 지기스문트(Sigismund)가 황제로 선출되었다. 1413년 영국에서는 헨리 4세(Henry IV)가 죽고 그의 총명한 아들 헨리 5세가 즉위했다. 헨리 5세는 1415년에 프랑스를 침공했는데, 그 이유는 프랑스가 왕의 셋째 딸 카트린(Catherine)과 노르망디, 마인, 앙주를 넘겨주지 않았기 때문이다. 그 뒤에 벌어진 아쟁쿠르 전투에서 프랑스가 완패했다.

프랑스와 영국이 이렇게 전투를 벌이던 바로 그 해에 콘스탄스 공의회가 열렸다. 교회 개혁을 위한 두번째 시도였다. 이 공의회는 칼라일(Carlyle)이 "문법 위에 군림한 지기스문트"라고 비꼰 황제 지기스문트가 소집했다.[11] 이 공의회가 폭넓은 지역에서 대표들이 참석했고 그만큼 권위가 있었다는 점은 공의회에 참석한 인사들의 명단으로 판단할 수 있다. 대주교 27명, 주교 300명, 추기경 20명, 대수도원장과 신학박사 300명, 그리고 여러 대학교들에서 파견된 대표 14명이 참석했고, 아울러 공작 26명, 백작 140명, 사제 약 4,000명도 참석했다. 콘스탄스에서 3년간 진행되었는데, 콘스탄스는 그곳에서 공의회가 열렸다는 사실을 아직도 중요한 영예로 간직하고 있다. 공의회가 이

---

11) 지기스문트는 공의회 개회 연설에서 물론 라틴어로 연설하면서 중성 명사에 여성 형용사를 사용했다. "Dare operam ut illa nefanda schima eradicetur." 그러자 뒤에 배석했던 성직자가 안색이 창백해지면서 "폐하, 죄송합니다만 'schima'는 중성 명사입니다"라고 귀띔해주었다. 그러자 황제는 큰 소리로 이렇게 대답했다. "Ego Imperator Romanus sum, et super gramaticam"(나는 로마 황제이므로 문법 위에 군림한다).

탈리아 밖에서 개최된 데에는 복선이 깔려 있었다. 이탈리아 주교들이 독립된 견해를 내놓을 것을 기대할 수 없었기 때문이었다. 그리고 공의회에 참석한 이탈리아의 주교 수가 다른 나라에서 참석한 주교들을 다 합친 수보다 많았기 때문에, 공의회는 이탈리아 주교들이 부당한 우월권을 갖는 것을 예방하기 위해 투표를 국가 단위로 하기로 결정했다.[12]

이 공의회는 한 세대 이상 기독교 세계의 추문 거리였던 '대분열'을 종식시켰다. 공의회에 참석한 황제 지기스문트를 의장으로 임명하고 공의회의 권위가 교황을 포함한 모든 성직자들 위에 있다고 공식 천명한 뒤 세 명의 대립 교황을 모조리 폐위했다. 그들은 이번에는 공의회의 결정을 거역할 수가 없었다. 교황 요한 23세는 폐위된 것 외에도 그가 저지른 죄악들 때문에 하이델베르크 감옥에 3년간 수감되었다. 그러나 콘스탄스 공의회는 그 뒤 피사 공의회와 똑같은 실수를 범하여, 교회의 부패를 개혁하기 위한 조치를 단행하기 전에 새 교황 마르티누스 5세(Martin V)를 선출했다. 마르티누스는 즉시 전권을 휘둘러 실질적인 개혁 법안들이 통과되는 것을 막았고, 각 국가와 개별적인 정교조약(concordat)을 체결한 다음 서둘러 공의회를 해산했다. 따라서 이 공의회도 지난번 공의회와 마찬가지로 유럽 전역의 모든 양식 있는 사람들이 바라던 교회 개혁을 성취하는 데 실패했다.

이 공의회가 행한 또 한 가지 일은 공의회 자체와 황제 지기스문트에게 항구적인 불명예를 안겨준 것으로서, 얀 후스(John Huss)와 프라하의 제롬(Jerome)을 보헤미아에서 위클리프(Wickliffe)의 사상을 가르친 죄목으로 화형시킨 일이다. 이 사건은 그 두 사람이 황제의 친필 안전 통행증을 가지고 공의회에 참석했었다는 점에서 공의회와 황제에게 더욱 불명예가 되었다. 공의회는 그들을 화형시킬 근거로서 이단에게는 신의를 지킬 필요가 없다는 아주 파렴

---

12) 영국 교회는 이 공의회에 여섯 명의 주교, 즉 런던, 솔즈베리, 배스, 체스터, 노리치, 리치필드의 주교들을 파견했다. 그들 중 가장 유명한 사람은 솔즈베리의 주교 로버트 핼럼(Robert Hallam)이었다. 이 주교들은 영국 왕 헨리 5세에게 각별한 지시를 받고서 떠났다. 전하는 바로는, 이들은 콘스탄티누스와 샤를마뉴의 계승자인 황제 지기스문트의 발 앞에 몸을 던져 엎드린 다음 "교황을 권좌에서 끌어내 달라"고 탄원했다고 하며, "영국의 대담한 솔즈베리의 주교는 교황의 면전에서 공의회가 교황보다 우월하다고 말했다"고 한다.

치한 주장을 사용했다(이 주장은 아마 이 때 처음 사용된 듯하다). 이로써 황제 지기스문트는 자기 말을 뻔뻔스럽게 뒤집은 셈인데, 그가 그렇게 한 이유는 공의회를 성사시키기 위해 애써 노력했는데 그들을 처형하지 않으면 공의회가 해산될 가능성이 컸기 때문이었다.

후스와 제롬은 콘스탄스에서 잔인하게 화형을 당했다. 이 공의회가 거둔 여타의 모든 성과는 이 혐오스런 행위에 항상 가려졌다. 이 사건은 보헤미아인들을 격분하게 했다. 그로써 격렬한 전쟁이 벌어지고, 그 과정에서 가톨릭 사제들이 역청을 뒤집어 쓴 채 불에 타 죽고, 도회지들이 죄다 파괴되고, 교역이 마비되고, 왕 벤케슬라우스가 죽고, 황제 지기스문트가 세 번 패전하고 마침내 국외로 추방당했다.

이 기간(1400-1418)은 피렌체의 강력한 경쟁 도시 베네치아가 정복의 손길을 사방으로 뻗친 때이기도 하다. 1400-1414년에 베네치아는 베로나, 파두아, 비첸차, 벨루노, 펠트레를 정복했고, 아울러 레판토와 파트라스, 그리고 가우스탈라, 카살마기오레, 브레스첼로를 정복했다. 1416년 베네치아는 갈리폴리에서 투르크 함대를 맞이하여 대승을 거두었다. 그리고 몇 년만에 달마티아 연안의 모든 도시들을 굴복시켰을 뿐 아니라 헝가리마저 제압했다. 이 무렵 영광의 절정에 올라선 베네치아는 해를 거듭할수록 부국 강병의 틀을 공고히 다져서 교역 규모가 매년 일천만 듀캇(ducats)에 달했고, 지배층은 무제한의 부와 권력을 누렸다.

한편 이 무렵 피렌체는 베네치아와는 종류가 사뭇 다른 영광의 터를 닦고 있었다. 그것은 온 세계에 훨씬 더 항구적이고 중요한 결과를 끼치게 된다. 저 찬란한 르네상스의 아침은 조반니 디 비치의 시대에 그가 직접 관련된 상황에서 찾아왔다. 메디치가의 첫 인물인 조반니 디 비치의 생애를 들여다볼 때 가장 흥미로운 주제는 바로 이 점이다. 다만 앞에 나서지 않으려 했던 그의 성향 탓에 피렌체의 굵직한 역사를 형성한 당시의 사건들 속에서 그의 모습은 이따금씩 희미하게 비칠 뿐이다.

15세기가 시작되면서 피렌체의 예술 분야에 대한 경이로운 이력이 시작되었다. 앞에서도 언급했듯이 새로운 세기를 맞이한 첫 해에 세례당 청동문 제작을 위한 입찰 경쟁이 벌어졌다. 도시 전체가 신께 예물을 드리는 태도로 참여한 이 사업은 최고의 작품을 만드는 데 의의가 있었고, 그런 이유로 제작자를 선정할 때 "모든 나라의 예술가들"을 대상으로 삼았다. 지정된 주제는 이삭(구약성경에 등장하는 아브라함의 아들)의 제사를 묘사하는 청동 패널화였다.

이 경쟁이 일으킨 대립과 열정은 말로 표현하기 어려울 정도로 치열했다. 당시에는 피렌체 시민들 사이에 예술에 대한 열기가 뜨겁던 때여서 온 도시가 그 문제로 시끌벅적했다. 출품된 패널화들 중에서 기베르티, 브루넬레스키, 야코포 델라 퀘르치아(Jacopo della Quercia)의 작품이 후보작으로 선정되었는데, 앞의 두 사람은 피렌체 시민이었고 뒤의 사람은 시에나 본토박이였다.[13] 이들은 모두 젊어서 야코포 델라 퀘르치아는 스물일곱, 기베르티는 스물셋, 브루넬레스키는 스물둘이었다. 2차 심의에서 기베르티의 작품이 가장 높은 평가를 받아 청동문 제작은 그에게 맡겨졌다. 기베르티와 브루넬레스키가 출품한 작품은 현재 바르젤로 박물관에 소장되어 있는데, 심사관들의 판정이 정확했다는 데에 의심의 여지가 없다. 브루넬레스키는 낙선의 모멸감을 떨치지 못한 채 기베르티가 자신을 능가할 수 없는 다른 예술 분야를 터득하겠다고 큰소리를 친 뒤 로마로 갔다. 그리고 실제로 그렇게 되어 당대 최고의 건축가가 되었다.

즉시 작업에 착수한 기베르티는 22년이 걸려 첫 문짝을 제작했다(이 문짝에는 그리스도의 생애에 관한 정경들이 묘사되어 있다). 이 작품에 기울인 노력은 당대의 예술에서 찾아볼 수 없는 완벽한 것이자 오늘날도 감히 넘볼 수 없는 굉장한 것이었다. 기베르티는 셀 수 없이 많은 패널을 거듭 풀무에 던져버리면서 좀 더 완벽한 것을 얻으려고 노력했다. 그의 인내와 결단력은 실로 대단하여 다 완성해 놓고도 자신이 추구하는 이상적인 표준에 못 미친다 싶으면 여지없이 내팽개치면서도 그 표준에 도달할 때까지 단념하지 않았다. 그

---

13) "도나텔로는 당시에 소년이었기 때문에 출품하지 않았다. 하지만 토스카나를 흥미로 달아오르게 한 그 경쟁을 단계마다 주시했음에 틀림없다"(Lord Balcarres).

가 세운 표준은 대단히 높았다. 그의 손길이 닿은 청동 부조(浮彫)들은 심지어 구름도 묘사하고 원근감도 생생히 묘사하는 등 붓으로 캔버스에 그림을 그리 듯 청동을 가지고 회화 작품처럼 만들었다.

기베르티는 다음과 같이 말한다(이 때가 예술이 긴 잠에서 눈을 뜬 초창기였다는 점을 기억할 때 그의 말은 대단히 흥미롭다):

"나는 이 부조들을 제작하면서 자연을 최대한 있는 그대로 옮기려고 했다 … 사물의 형상이 어떻게 시각에 와 부딪히며, 조각과 회화의 이론적인 면을 어떻게 다루어야 할지 이해하려고 힘썼다. 잔뜩 주의를 집중하고 부지런을 내서 작품에 임하면서 수백 가지의 형상을 패널에 담아 보았다. 이 형상들을 각기 다른 패널에 새겨넣어 눈에서 가장 가까운 것이 크게 보이고 가장 먼 것이 작게 보이게 했다."

이 작업이 진행되면서 그것이 예술 전반에 끼친 영향은 지대했다. 기베르티는 수많은 보조 인력을 고용했고, 청동 화폭에 그린 실물 크기의 탁월한 부조 형상들을 보조 작가들이 자세히 모방하는 과정에서 그의 작업장은 완벽한 예술 학교가 되었으며, 그 과정에서 조각가나 화가의 재능을 지닌 모든 사람들이 값진 교훈을 배웠다. 이로써 예술 세계 전반에 끼친 영향 말고도 기베르티가 고용한 보조 작가들 중 적어도 두 사람은 그 작업에서 터득한 기예에 힘입어 훗날 기베르티를 능가하는 명성을 얻게 되었는데, 화가 마사초(Masaccio)와 조각가 도나텔로(Donatello)가 바로 그들이다.

그 작업이 진행 중이던 1412년에 예술의 개화에 똑같이 이바지한 비슷한 사건이 발생했다. 그것은 양털 상인 길드가 자기들의 오르 산 미켈레 성당을 완공한 뒤 외벽을 사도들과 성인들의 조각상으로 장식하되 상 하나하나를 각 주요 길드에게 의뢰한 일이었다. 그로써 길드들 사이에 가장 뛰어난 조각상을 제작하려는 새로운 경쟁이 일어났고, 내로라 하는 조각가들이 이 조각상 제작에 참여하기 위해 경합을 벌였다. 오르 산 미켈레 성당은 이로써 또다른 예술의 열풍 지대가 되었다. 그 뒤 몇 년 동안 이런 식으로 제작된 작품은 다

음과 같다:

1412년  도나텔로의 성 베드로 상.

1413년  도나텔로의 성 마가 상.

1414년  기베르티의 성 세례 요한 상.

1415년  기베르티의 성 스데반 상.

1416년  도나텔로의 유명한 성 조르조 상.

1418년  기베르티의 성 마태 상.

그 뒤 몇 년에 걸쳐 다른 거장들이 제작한 조각상들이 잇달아 완성되었다.

조반니 당시에 피렌체에서 산다는 것은 두 세대 후에 그곳에서 사는 것과 사뭇 달랐다. 당시에는 조금이라도 사치성을 띤 것은 소박한 삶을 꾸려가던 피렌체 시민들에게 타락의 징후로 단죄되었다. 따라서 조반니가 치열하게 경쟁하던 예술가들을 후원하기 위해서 자기 집 벽을 온통 프레스코(그 전까지는 교회들에 한정된 벽화 장식)로 장식했을 때 많은 사람들이 이 행위를 방탕기가 있는 혁신으로 간주했으리라고 충분히 짐작할 수 있다.

당시 일반 시민들의 생활 형태는 그만큼 매우 금욕적이었다. 아무리 큰 부자의 저택도 미(美)나 안락의 개념 따위와는 동떨어진 소박한 면모를 갖고 있었다. 육중한 탁자들과 가죽을 입힌 직각 나무 등받이 의자들, 겨울이면 얼음장 같은 돌 바닥, 국가 행사 때만 벽걸이 융단으로 덮은 흰색 회벽, 연회 때 쓰는 병, 유리잔, 마욜리카 도자기, 은 식기를 보관하는 대형 식기 진열장, 넓고 딱딱하고 안락하지 않은 침대, 옷감과 옷가지를 보관하는 큰 장롱 등 집안 시설이 대체로 이랬고, 귀족들의 저택도 이 정도만 되면 만족스럽게 여겼다.

옷도 검소하기는 마찬가지였다. 피렌체에서는 지나친 사치를 규제하는 엄격한 법이 시행되고 있었다. 귀부인의 복장이 어떠해야 하며 어떠해서는 안 되는지 아주 세세히 규정했고, 남자들의 복장에 대해서도 마찬가지였다. 귀부인은 규정된 것 이외의 다른 재질, 혹은 규정보다 길거나 폭이 넓은 옷을 입지 못하도록 규제를 받았다. 착용이 금지된 장식품들도 허다했다. 한편 남자들 특히 예술가들에 대해서는 단추가 앞으로 곧게 내려 달리고 사제의 통상 복처럼 보이는 간소한 옷을 입도록 규정했다. 이 시기의 귀부인들에 관해서는 알려진 내용이 그리 많지 않다. 조반니 시대에는 당연시되던 칩거에서 귀부인들이 파기하고 나오기 시작한 것은 그로부터 한두 세대 뒤였다. 이들이 옷에 관한 이런 법에 맞서 격렬히 투쟁했으리라는 것은 자명한 이치이다. 그들은 온갖 기발한 방법을 동원하여 법망을 빠져나갔고, 그 문제를 놓고 당국자들과 끊임없는 신경전을 벌였다. 귀부인들과 사치 규제법을 집행하던 관리들 — 그 업무의 난처한 성격상 일부러 외국인들(즉, 비 피렌체인들)을 임명했다 — 사이에 힘겨루기가 지속되는 동안 관리들은 편할 날이 없었을 것이다. 그중 한 사람은 이렇게 보고한다:

> "귀하들께서 내리신 명령을 집행하려고 의복 규제법을 어긴 여성들을 찾아나섰을 때 여성들은 법규집에서 찾아볼 수 없는 주장들을 들이밀었습니다. 어떤 여성은 두건 꼭대기에 술을 달아 머리에 감고 왔습니다. 내 공증인이 '당신 이름을 말하시오. 술 달린 고깔을 썼으니 법을 위반하셨습니다' 하고 말하자, 그 발랄한 여성은 두건에 핀으로 고정한 고깔을 벗더니 그게 화관이라고 우겼습니다. 그런 뒤 공증인은 좀 더 가다가 앞에 단추가 잔뜩 달린 옷을 입은 여성을 만나서 '이런 단추들을 다는 건 허용되지 않습니다' 하고 말하자, 그 여성은 '이건 단추가 아니라 장식일 뿐이에요. 믿기지 않으면 보세요. 고리도 없고 단춧구멍도 없잖아요' 하고 대답했습니다. 그런 뒤 내 공증인은 더 가다가 모피를 입은 여성을 보고 다가갔습니다. '당신은 할 말이 없겠군요. 흰 담비 모피를 입고 있으니 … '라고 말하고서 이름을 적으려고 하는데, 그 여성은 '제 이름을 적지 마세요. 이건 흰 담비 모피가 아니라 어린 짐승의 털이에요' 하고 말했습니다. 공증인이 '무슨 짐승이지요?' 하고 묻자 여성은 '그런 짐승이 있어요' 하고 대답하더랍니다."[14]

---

14) Isidiro del Lungo, *Women of Florence*.

당국자들이 "머리를 벽에 처박고 싶은 심정"이라고 말한 게 조금도 이상하지 않다. 그러다가 다음 세대에 이 사치 규제법은 점차 사문화되었고, 귀부인들이 승리를 거두었다.

1418년에는 조반니가 "치명적인 불행을 당한" 사람을 돕기 위해 막대한 돈을 내놓았다는 말을 듣게 된다. 교황 요한 23세가 폐위된 뒤 감옥에 갇혔을 때 그는 귀족 계층의 우두머리 니콜로 다 우차노(Niccolo da Uzzano)와 함께 집요하게 노력한 끝에 38,000두캇(ducats)의 보석금을 지불하는 대가로 그를 석방시켰다. 이 막대한 자금을 조반니 자신이 지불했다. 석방된 뒤 만신창이에 빈털터리가 되어 피렌체로 온 교황 요한에게 조반니는 은신처를 제공했고, 다음 해에 그 교황이 죽었을 때는 그를 기념하여 아름다운 기념비를 세웠는데, 그 기념비는 여전히 세례당에 남아 있다.

1419년에는 조반니가 자비(自費)로 중요한 빈민 구제소를 짓고 기금을 내놓은 것을 발견하게 되는데, 이 건물은 오늘날도 피렌체 고아원 곧 '오스페달레 델리 이노첸티'(Ospedale degli Innocenti)로 남아 있다. 그는 자선 사업을 수행해 가면서 예술 후원에도 힘을 쏟았다. 브루넬레스키는 이 무렵 피렌체로 돌아와 기베르티가 감히 넘볼 수 없는 또다른 예술 분야를 터득하려는 결심을 벌써 몇 년간 실천하고 있었다. 그러나 아직은 자신의 능력을 발휘할 기회를 얻지 못하고 있던 차에 조반니로부터 새 고아원 신축을 위탁받음으로써 기회를 얻게 되었다. 이 고아원은 비록 훗날 그가 이룩한 다른 업적들에 빛이 가리긴 했으나 그 대건축가의 첫 걸작으로 뚜렷이 남아 있다.

1412년 조반니는 자기 나라로부터 받을 수 있는 최고의 인정을 받았다. 돈과 인기가 그렇게 많은 자에게 곤팔로니에레라는 직위를 맡기는 것이 불안하다고 주장하는 귀족들의 반대에도 불구하고 그는 별다른 노력도 하지 않았는데도 그 직위에 선출되었던 것이다.

1422년 피렌체는 밀라노와 4년에 걸친 전쟁에 들어갔다. 지안 갈레아초(Gian Galeazzo)의 아들로서 소심하고 변덕스러웠던 밀라노 공작 필리포 마리아 비스콘티(Filippo Maria Visconti)가 이탈리아 북부를 통째로 삼킬 기세로 세력을 신장하고 있었다. 조반니 디 비치는 피렌체가 이 전쟁에서 이길 만큼 강하지 못하고 게다가 그만한 전비를 지불할 능력이 없다고 느끼고서 이 전쟁에 반대했다. 그러나 전쟁에 들어간 피렌체는 2년이라는 짧은 기간에 여섯 번이 넘는 큰 패배를 겪었다. 그러면서도 결국에는 전쟁을 택했던 소기의 목적을 이루었으니, 그것은 전쟁이 끝난 지 4년 뒤에 베네치아가 밀라노를 견제하려고 피렌체와 손을 잡았고, 그로 인해 밀라노 공작의 구도가 무산되었으며, 밀라노 공작은 울며 겨자먹기로 피렌체의 위신을 살려주는 조건으로 평화 조약을 체결했기 때문이다. 이로써 피렌체는 25년간 두 번 전쟁을 치렀고, 두 세대에 걸친 밀라노의 공작들이 이탈리아 전역을 차지하는 것을 막았다. 이 두 번의 전쟁에 피렌체가 지불한 비용은 오늘날 화폐로 6백만 영국 파운드에 해당한다고 한다.

1426년 조반니는 귀족들의 격렬한 반대를 무릅쓰고 자기 생애에서 가장 중요한 정치적 조치를 취했다. 이것은 그의 유명한 카타스토(Catasto) 곧 그가 기획한 새로운 세금이었다. 이전까지 시민들에게 부과된 주요 세금은 형평성이 없는 인두세(人頭稅)였는데, 이 세금이 시민들에게 매우 불공평하게 부과되었고, 귀족들에게는 마음대로 압제를 행사할 기회를 허용했었다. 따라서 시민들은 이 세금 때문에 큰 혐오감을 품고 있었다.

조반니는 이 인두세 대신 일정한 재산세 부과안을 마련했는데, 이렇게 하면 세금을 일정하게 징수할 수 있고 귀족들이 전체 세금 중 자기들의 몫을 피하는 것도 막게 될 것이었다. 조반니는 시뇨리아에서 자신의 비중과 영향력을 등에 업고 이 조치를 통과시켰다. 그렇게 함으로써 자신도 훨씬 더 많은 세금을 내야 했는데도 말이다. 귀족들은 당연히 격노했고, 그가 딴 생각이 있어서 그렇게 했다고 비난했다. 그러나 조반니는 딴 생각이 없었으므로 그들의 비난을 한 귀로 듣고 한 귀로 흘렸다. 시민들은 조반니가 자기들을 위해서 이 큰 혜택을 얻어주는 것을 보고서 그를 구세주와 은인으로 여겼으며, 자기들을 위해서 그렇게 굽히지 않고 싸운 이를 위해서라면 무슨 일이든 하겠다는 마음이 있었다.

1427년 조반니는 가난한 계층의 옹호자로서 마지막 조치를 취했다. 리날도 델리 알비치(Rinaldo degli Albizzi)와 니콜로 다 우차노(Niccolo da Uzzano)가 이끄는 대다수 귀족들은 정부에서 평민들의 힘을 축소할 방안을 모색하기 위해 비밀 모임을 가졌다.[15] 그들이 우여곡절 끝에 마련한 방안은 하급 길드들의 수를 줄이도록 시뇨리아에 건의하고, 노빌리(nobili, 귀족들) 회원들에게 인정되지 않던 시뇨리아 의원 피선 금지법에 대해서 그 법이 필요하던 때가 지나갔으므로 폐지해 줄 것을 건의하자는 것이었다.

세부 방안을 꼼꼼히 손질한 노빌리는 적당한 틈을 타서 자기들의 건의안을 시뇨리아에 상정했다. 그 건의안은 모양새는 그럴 듯했지만 속셈은 교묘하게 가려져 있었다. 그러나 평민을 변호하는 일에 늘 깨어 있던 조반니는 그들의 속셈을 읽었다. 그리고는 자신의 영향력을 총동원하여 그 건의안에 반대했다. 공직 생활에서 행한 마지막 행위였던 이 노력에 힘입어 평민들 사이에서 그의 인기는 훨씬 더 크게 치솟았다. 귀족들은 격분했으나 그런 감정을 제대로 표출하지 못했다. 그도 그럴 것이 노골적으로 분노를 드러내면 자기들의 속셈이 고스란히 드러나게 될 것이기 때문이었다. 이 일에서 조반니는 귀족들의 속셈을 간파한 예지와, 그들에 반대한 용기와, 혁명에 휘말릴지도 모르는 위험한 공개 투쟁을 지양한 채 상대를 좌절시킨 확고한 판단력을 여실히 보여 주었다.

이 시기에 이탈리아 바깥에서 발생한 주요 사건들을 열거하자면 다음과 같다:

1420년 영국의 헨리 5세가 이때 쯤에는 벌써 프랑스 르와르 강 이북 전역을 정복했고, 트루아 조약(the Treaty of Troyes)을 체결했다. 이 조약으로 프랑스의 미친 왕 샤를 6세(Charles VI)가 죽으면(샤를의 세자를 배제한 채) 곧 헨리 5세가 프랑스 왕권을 차지하게끔 되어 있었다. 한편 헨리는 프랑스의 섭정이 되었고, 나중에는 프랑스 왕의 딸 카트린과 결혼했다.

1422년 샤를 6세와 헨리 5세가 나란히 죽었고, 후자의 왕위는 그의 6개월 난 아들 헨리 6세가 계승했으며, 그가 클 때까지 베드퍼드 백작이 프랑스의

---

15) 이 비밀 모임은 산타 마리아 문 곁의 산타 스테파노 성당에서 이루어졌다고 한다.

섭정으로 임명되었다.

1425년 동방 제국 황제 마누엘 팔레올로구스(Manuel Paleologus)가 죽고 그의 아들 요한 팔레올로구스(요한 7세)가 그를 계승했는데, 이 무렵 제국은 수도 콘스탄티노플 한 곳으로 줄어들어 있었다.

1428년 영국인 섭정 베드퍼드는 세자 샤를과 전투를 벌여 여러 차례 승리한 뒤 르와르 강을 건너 프랑스 남부의 요충지 오를레앙을 상대로 저 유명한 공략을 시작했다.

1418-1428년은 피렌체에서 태어난 예술의 새 생명이 한층 더 자라난 해였다. 1418년에는 120년 전에 아르놀포 디 캄비오(Arnolfo di Cambio)가 착공한 대성당 — 완공되면 당시로서는 가장 규모가 큰 대성당이 될 것이었다 — 이 완공을 눈앞에 두고 있었다. 그러나 아직 돔(dome)을 올리지 못한 상태였고, 공사에 관련된 모든 사람들이 이렇게 방대한 공간에 돔을 올려놓는 난공사에 대해 자신감을 갖지 못하고 있었다. 그러던 중 당시 고아원을 건축하고 있던 브루넬레스키가 나서서 그 공사를 맡겠다고 제의했지만, 그 방법에 대해서는 말하려고 하지 않았다. 그에게 공사를 맡기는 문제를 놓고 큰 반대가 있었는데, 그 이유는 예술이 점진적으로 자유를 쟁취해 가야 했던 당시의 정황들을 이해하는 데 중요하다.

정치적 권리를 갖거나 이따금씩 단행되던 중요한 공공 사업에서 일거리를 얻기를 바라던 피렌체 시민들은 21개 길드 중 어느 하나에 속하지 않으면 안 되었다. 7개의 주요 길드는 (1) 양털 상인들, (2) 수입 옷감 염색업자들, (3) 실크 상인들, (4) 모피 상인들, (5) 은행가들, (6) 판사들과 변호사들, (7) 의사들과 약사들의 길드였다. 예술 종사자들을 위한 길드는 따로 없었기 때문에 화가들은 약제사 길드에 가입해야 했다.[16] 건축가들과 조각가들은 양털 상인 길드나 실크 상인 길드에 속해야 했다. 14개의 소소한 길드는 잡다한 상인들의 길

---

16) 약사 길드는 그들의 지식이 모직 매매에 관건이 되는 염색에 필수적이었으므로 중요한 길드였다. 화가들도 물감을 마련하는 일과 관련하여 그들의 도움이 필요했다.

드로서 특권도 적었다.

브루넬레스키가 위와 같이 자기 계획을 공개하기를 거부하기 이전에는 이와 같은 모든 공공 사업이 몇몇 특정 길드의 후원하에 집단적으로 이루어졌으며, 그런 문제들에서 독자적인 사업을 꾀한다는 건 전례 없는 일이었다. 게다가 대성당 건립이라는 사업은 양털 상인 길드의 지시를 받는 건축부(a Board of Works)가 총괄하고 있었다. 어느 조직에도 속하지 않았던 브루넬레스키는 모든 예술가들, 특히 건축가들에게 큰 족쇄가 되는 이런 체제를 혐오했다. 그는 청동 문 제작 사업으로 쓴 맛을 본 이래 근 20년을 건축, 특히 그중에서도 로마의 고대 건물들을 공부하는 데 보낸 터라 이제는 대형 돔 건축 비결을 알고 있다고 확신했고, 돔 건축에 비계를 쓰지 않는 공법이 가장 큰 난제라는 것을 잘 알고 있었다. 그러나 돔 건축에 성공할 경우 그 공로가 건축부가 아닌 자신의 것이 되기를 바랐다. 따라서 비밀이 공개될 때 자기 구도를 수정하려 들는지 모르는 집단에게 자기 계획이 전용당하는 꼴을 보고 싶지 않았다. 그러나 그것이야말로 건축부가 하고 싶어하던 바였다. 그런 괴상한 독립은 그들의 눈에 대단히 혐오스럽게 비쳤고, 따라서 굉장한 항의가 쏟아져 나왔다.[17]

그러나 결국 브루넬레스키의 제안이 받아들여졌다. 그 당시로서는 돔을 건축할 수 있는 사람은 그밖에 없다는 것을 누구나 다 인정할 수밖에 없었던 것이다. 그 공사는 그에게 맡겨져 1420년에 시작되었다. 그리고 그 뒤에 크고 작은 전투가 줄을 잇는 상황에서도 거대한 돔은 그의 설계와 감독하에 더디나마 꾸준히 제작되었다.

이 돔은 브루넬레스키가 로마의 판테온 지붕을 공부한 데서 터득한 원리에 입각하여 비계를 사용하지 않은 채 건축되었다. 그는 말하기를, 로마에 있을 때 용케 판테온 지붕에 올라가 외벽 일부를 떼어내 볼트(vault, 둥근 천장)의 리브

---

17) 그런 격한 논쟁이 벌어지던 모임에서 브루넬레스키는 저 유명한 계란을 똑바로 세우는 문제를 가지고 자신의 논지를 설명한다. 계란을 똑바로 세워 보라는 그의 제의에 모두가 시도했다가 실패하자, 그는 한쪽 끝을 탁 깨뜨리더니 깨진 부분으로 계란을 세웠다. 그러자 "그렇게 한다면 누가 못하겠소" 하고 다들 한마디씩 했다. 그러자 그는 "맞습니다. 제가 계획하고 있는 돔 건축도 미리 말해 버리면 누구나 다 할 수 있을 것입니다" 하고 대답했다. 또 한 번은 브루넬레스키의 모난 성격을 참다 못한 건축부가 그를 집 밖으로 끌어내 땅바닥에 드러눕게 했다.

(rib. 둥근 천장의 서까래)를 조사한 결과 돌 벽돌들이 거의 자체의 구조만으로 버틸 정도로 서로 견고히 맞물려 있다는 것을 발견했고, 여기서 피렌체 돔의 아이디어를 얻었다고 했다. 아울러 판테온 구조에서 리브들을 엮는 대들보를 활용하는 방법과 첫째 돔 내부의 둘째 돔이 전체를 지지하게 하는 방법을 터득했다. 돔은 다음과 같은 원칙에 입각하여 건축되었다. 즉, 돔 속에 또다른 돔을 건축하고, 두 돔이 서로를 지지하도록 연결하고, 두 돔 사이에는 계단을 놓을 만한 공간을 두며, 각 돔은 '드럼'(drum. 돔 지붕을 받치는 원통형 건조물)에 의지하도록 했다. 그런 종류로는 최초의 돔이었고, 당대의 불가사의로 간주되었으며, 오늘날도 유럽에서 가장 큰 돔으로 남아 있다.[18] 물론 돔은 일찍이 비잔틴 건축 양식의 특징이었던 적이 있었지만, 르네상스를 거치면서 돔이 '드럼' 위에 자리잡는 큰 변화가 가해짐으로써 그 건물의 주된 특징이 되었다. 학문과 조각의 경우도 그랬듯이 건축의 경우에도 오랜 과거의 소생(蘇生)을 보는 것이 흥미롭다. 브루넬레스키는 1천4백 년 전에 마르쿠스 아그리파(Marcus Agrippa)가 지은 판테온에서 영감을 받았던 것이다.

1425년 조반니 디 비치는 브루넬레스키에게 임무를 맡겼다. 그것은 브루넬레스키가 명성을 얻게 된 세 가지 주된 업적[19] 가운데 하나로서, 오늘날 그 안에 있는 메디치가의 묘지 때문에 유명한 산 로렌초 성당을 짓는 임무였다. 이탈리아에서 오래된 교회로 손꼽히는 이 성당은 393년 성 암브로시우스(St. Ambrose)가 봉헌했고[20] 1423년에 무너졌다. 이제 조반니는 자신의 막대한 재산을 들여 이 성당의 재건에 착수했고,[21] 그가 죽은 뒤 그의 후손들의 손에 완공되어 메디치가의 성당이 되었다.

---

18) 백년 뒤에야 건축될 로마의 성 베드로 성당 돔은 이 두오모 성당의 돔을 모방한 것으로서, 지름이 30cm 짧다. 피렌체 두오모 성당의 돔은 지름(내부)이 약 41.5m인데 반해, 로마의 성 베드로 성당의 돔은 41.2m이다. 판테온은 42.6m이므로 이 둘보다 길다. 그러나 밖에서 볼 때는 이 둘이 판테온보다 훨씬 크다.

19) 다른 둘은 대성당 돔과 산토 스피리토 성당의 돔이다.

20) 이 성당은 393년 이 성당을 짓도록 헌금한 부유한 과부 기울리아나의 아들 라우렌티우스를 기념하여 성 라우렌티우스에게 봉헌되었다.

21) 다른 일곱 가문도 그에게 협력했다. 하지만 이 공사는 조반니가 발의하고, 건축가를 선정하고, 비용의 대부분을 지불했다.

브루넬레스키는 이 성당에 자신의 재능을 다 쏟아부었고, 오늘날도 그의 빼어난 작품으로 손꼽힌다. 시몬즈(Symonds)는 이 교회에 대해서 다음과 같이 말한다:

> "이 성당은 형태와 세목에서 고전 시대의 양식과 다를 바 없지만, 그런데도 전체적인 인상은 현존하는 고대 건물을 하나도 닮지 않았다. 이것은 사려깊게 르네상스식으로 개작한 걸작이다."

시몬즈의 말대로, 조화를 골자로 한 고전 양식의 진지함과 정교함이라는 관점에서 보자면 브루넬레스키의 건물들은 이 조화라는 특성에서 두드러진다. 음악의 불협화음처럼 도면과 어긋나게 지어져 신경을 거스르거나, 꼭 집어서 말할 수 없어도 그런 인상을 받게 하는 구석이 한 군데도 없다. 그가 건축한 산 로렌초 성당과 산토 스피리토 성당은 모두 이런 조화의 특성을 간직하고 있고, 그 성당들을 바라보고 있노라면 말로 표현할 수 없는 평온한 느낌을 받게 되는 것도 다 이런 특성 때문임에 틀림없다.[22]

1424년 기베르티가 그토록 오랫동안 제작한 청동문 첫 짝이 마침내 완성되었다. 22년이나 들인 작품이었다. 그 문들이 설치되었을 때 쏟아진 반응이란 실로 대단했다. 일찍이 예술 분야에서 이와 같은 반응을 일으킨 작품은 없었다. 온 피렌체 시민들이 그 문들을 보려고 구름 떼처럼 몰려들었다. 아주 큰 행사 때를 제외하고는 팔라초 델라 시뇨리아의 문을 닫은 적이 없던 시뇨리아도 그 작품과 예술가를 칭송하기 위해서 문을 닫고 공식적으로 참석했다. 이 작품이 오랜 세월에 예술의 모든 분야를 총동원했던 점과, 이 놀라운 새 도약을 이룩한 천재성과, 이렇게 완벽한 작품을 나오게 한 모진 인내를 생각할 때, 기베르티가 동족들이 줄 수 있었던 어떠한 명예도 충분히 받을 자격이 있는 사람이었다고 느끼지 않을 수 없다.

---

22) 브루넬레스키의 다른 주요 건물들은 산타 크로체 봉쇄구역에 있는 파치 예배당('르네상스 정신을 담아 지은 고전 건축의 보석'으로 간주됨), 파치 궁전(오늘날의 콰라테시), 부시니 궁전, 바르바도리 궁전이다.

이 무렵 45살이었던 기베르티는 즉시 둘째 문 제작에 착수했는데, 그것은 완공하는 데도 첫째 문보다 훨씬 더 긴 세월이 소요되었고 탁월함에서 첫째 작품을 훨씬 능가했다.

1423년, 그러니까 도나텔로(Donatello)가 성 조르조 상을 제작한 지 7년 뒤이자 기베르티가 첫째 청동 문짝을 완성하기 1년 전에, 건축과 조각 분야에 나타났던 것과 똑같은 새 활력이 회화에도 나타나기 시작했다. 훗날 회화 분야에서 후세의 모든 화가들의 지도자가 될 만큼 거보를 내디뎌 회화를 발전시킨 마사초(Masaccio)가 그 해에 카르멜회 성당의 브란카치 예배당에 프레스코들을 그리기 시작했다.[23]

기베르티가 제작한 청동 문짝의 영향을 마사초의 경우에서 직접 확인할 수 있다. 1401년 청동 문짝 제작을 놓고 경쟁이 한창 벌어질 때 태어난 그는 이 문들의 패널을 제작하던 기베르티 밑에서 시동(侍童)으로 일하면서 형상, 빛과 그림자의 효과, 그리고 자기가 훗날 회화 작품들로 정교하게 표현한 그밖의 비법들을 배웠다. 이 작품들에서 그는 빛과 그림자를 적절히 사용하여 팔 다리에 입체감을 주었다. 인물을 자연스러운 자세와 실물대로 묘사하고, 옷감의 주름을 자연스럽게 묘사하고, 머리와 손에 대한 묘사를 향상시킨 것은 그가 처음으로서, 바사리(Vasari)의 말대로 그는 "모든 것을 향상시켰다."

그러나 이 점은 그가 짧은 생애를 마감한 뒤에야 비로소 인정을 받았다. 어린 남동생들의 생계를 책임지느라 가난에 찌들어 산 그는[24] 남들에게는 언제나 후했으나 자기 자신은 돌아보지 않았고, 작품 활동에 완전히 몰입했으나 거의 무명의 화가였다. 스물일곱의 나이에, 그러니까 그가 이 프레스코 벽화들을 그리기 시작한 지 4년 만에 죽었으니 퍽 짧은 인생을 살다 간 셈이다. 게다가 빚에 짓눌려 살았으므로 남긴 작품도 극히 드물다. 베를린에 소장된 두 점의 작고 변변치 않은 그림들과 피렌체 아카데미아에 소장된 그림 한 점 외에 마사초의 그림은 유럽의 어느 미술관에도 걸려 있지 않으며, 그의 명성도

---

23) 그중 가장 뛰어난 작품인 "세금"(the Tribute Money)에서 마사초는 현관 곁의 세금징수원 오른쪽에 서 있는 젊은 사도로 자신의 초상화를 그려넣었다.

24) 1427년 납세 자료는 그가 극빈 상태에 있었음을 보여 준다.

오로지 피렌체의 조그만 예배당의 프레스코 벽화들에만 의존한다.[25]

그럼에도 불구하고 그와 더불어 회화계는 새로운 시대로 접어들었고, 브란카치 예배당은 모든 화가들에게 성지가 되었다. 바사리의 말에 의하면, 페루지노(Perugino), 레오나르도 다 빈치, 라파엘로,[26] 미켈란젤로,[27] 안드레아 델 사르토, 프라 바르톨로메오, 그리고 그밖의 숱한 천재들을 포함한 후 세대의 거의 모든 거장들이 그곳에서 공부하면서 우리가 근대 회화로 이해하는 모든 것을 시작한 이의 작품들을 모방했던 것이다.

"이 예배당에서
몇 안 되는 자연의 해석가들,
빛처럼 천재성을 발휘한 몇 안 되는 이들 중 하나인
마사초가 일했다.

주위를 둘러보라.
우리가 서 있는 바로 이곳에 하루 해가 저물기 전에
라파엘로가 오래 서 있었다.
비단 라파엘로만이 아니다. 이곳은 열기가 가득하여
그 숱한 경쟁도 잊게 하였으니,
그와 한때 여기서 그림을 그리던 많은 이들이
왔다간 이들을 배우고, 그들의 불멸의 불에서
불씨 하나 몰래 가져가려고 노심초사했다.
사위에 깔린 어둠을 최초로 깬
아침의 아들들을 배우려고."

---

25) 그의 프레스코 또 한 점은 최근에 산타 마리아 노벨라 성당 현관 벽에서 발견되었다. 그 전까지는 다른 예술가의 그림에 가려져 있었고, 지금도 많이 훼손된 상태이다.

26) 라파엘로가 마사초의 이 프레스코들을 적어도 일곱 번 이상 모사했다는 기록이 남아 있다.

27) 미켈란젤로의 코뼈가 부러진 곳이 이 예배당이다. 다른 미술가를 조롱하다가 그에게 얻어맞아 코뼈가 부러졌다.

작품을 가지고 씨름하는 화가들을 기꺼이 도왔던 조반니 디 비치는 당시에는 거의 알려지지 않은 그 가난한 청년 마사초를 도왔고, 그에 대한 보답으로 마사초는 1422년 카르멜회 성당의 축성을 기념하는 자신의 프레스코에 그의 초상을 그려 넣었으나, 이 프레스코는 1721년 그 교회의 상당 부분이 불에 탈 때 소실되었다.

1427년의 어느 시기에 마사초는 카르멜회 성당을 위한 작업을 끝내고 로마로 갔다. 왜 그리로 갔는지 아는 사람은 아무도 없으나(그렇게 하찮은 사람에 관해 당시에 누가 기록을 남겼을 리가 없다), 아마 일자리를 얻으려고 가지 않았겠나 싶다. 그리고 이듬해 그는 그곳에서 가난과 무명의 설움 속에 생을 마감했다. 생전에 명성이란 게 무엇인지 모르던 그가 죽고 나서야 비로소 세상은 그가 작업했던 피렌체의 미미한 한켠에 천재가 살았었다는 것을 새삼 알게 되었다.[28]

조반니는 1428년에 예순여덟의 나이로 죽었고, 죽을 때 두 아들 코시모와 로렌초에게 막대한 재산을 남겼다. 그는 동족들에게 상당한 존경을 받으며 죽었다. 특히 하층민들은 생시에 자기들을 자주 변호해 주고 자기들의 복지를 위해 끊임없이 일해 준 그를 사랑했고, 예술의 몇 분야에서 고생하며 작품 활동을 하는 동안 그에게 손을 내밀었을 때 한 번도 거절당하지 않은 모든 예술가들은 감사한 마음으로 그를 기억했으며, 심지어 항상 그를 반대했으나 그를 존귀한 맞상대로 여겼던 귀족 중 몇몇 인사들도 그를 존경했다. 마키아벨리(Machiavelli)는 그의 인격을 묘사하면서 이렇게 말한다:

"그는 정치에서 명예를 구하지 않았으면서도 정치에서 얻을 수 있는 모든 명예는 죄다 누렸다. 고위직에 있을 때 그는 모든 이에게 친절했다. 웅변에 뛰어나지는 않았으나 신중한 점에서는 따라올 사람이 없었다."

---

28) 지금까지 마사초의 작품으로 평가받아온 브란카치 예배당에 있는 작품의 일부가 최근에는 다른 미술가 마솔리노의 작품으로 간주되곤 한다. 그러나 그것이 사실일지라도 마사초의 명성은 흔들리지 않는다. 그의 명성을 입증할 만한 작품이 충분히 남아 있기 때문이다.

조반니는 기베르티, 브루넬레스키, 도나텔로, 마사초가 주도한 운동의 탄생을 도왔다. 그 운동이 지속되도록 도왔으며, 그 운동의 '아침'이 마사초의 죽음으로 마감되고 한낮으로 넘어가기 시작할 때 죽었다. 따라서 그의 생애가 주로 주목을 받는 것은 언제나 1400-1428년에 발생하여 피렌체인들 사이에 정치마저 배경으로 끌어내릴 만큼 활활 타오라 피렌체의 삶에 두드러진 특징을 형성한 예술의 비약적인 개화(開花) 때문이 될 것이다. 그는 아내 피카르다(Piccarda)와 함께 산 로렌초 성당의 '구 성구실'에 묻혔다.[29] 그곳이 그가 죽을 당시 진행 중이던 개축 공사에서 완공된 유일한 부분이었다. 큐피드 상들과 화환들로 화려하게 장식된 그 가문의 세련된 묘는 성구실 한복판에 큼직한 대리석 탁자 밑에 자리잡고 있다. 이 묘는 이와 비슷한 외딴 묘들이 다른 나라들에서는 흔하지만 이탈리아에서는 희귀하다는 점에서 흥미롭다.

그렇게 중요한 역사를 갖게 될 메디치가의 창시자는 바로 그런 사람이었다. 그는 가문의 기반을 견고히 닦되 비천한 계층을 일관되게 옹호하여 얻은 인기에 힘입어 하기보다, 평민을 향한 도량, 관대, 친절, 관심의 원칙에 힘입어 했다. 그는 아들들에게 그 원칙을 가르쳤고, 그 원칙이 향후 3세대에 걸쳐 이 가문의 불문률이 되었다. 그의 초상화에 묘사된 친절하고 지각 있는 노인의 얼굴을 들여다보노라면 메디치가의 조반니 디 비치가 그런 인격을 소유했다는 사실이 향후 피렌체에 얼마나 큰 유익을 끼쳤는지를 새삼 느끼게 된다. 다음 장에서는 그가 죽자마자 귀족들이 그의 업적을 원점으로 돌리고 이 '신흥 메디치가'가 더 부상하지 못하도록 싹을 자르기 위해 어떤 조치들을 취했는지를 살펴본다.

---

29) 거의 100년 뒤 '신 성구실'이 건축된 뒤부터 '구 성구실'이라 불렸다.

# 제1부

조반니 디 비치의 두 아들은 코시모(Cosimo)와 로렌초(Lorenzo)였다. 메디치가의 모든 위대한 인물들을 배출한 코시모 가계(家系)는 결국 열일곱 세대째로 끝나면서 로렌초 가계로 대(代)를 물려주었고, 로렌초 가계는 그 대를 이어받아 여섯 세대를 더 유지하면서 코시모 가계가 얻고자 노력했고 또 상당히 기반을 닦아 놓은 왕위를 얻었으며, 마침내 1743년에 가서 가문의 막을 내렸다.

여기서 혼란을 줄일 수 있는 최선의 방법은 장자 가계를 처음부터 끝까지 다룬 다음(제1부), 차자 가계의 처음으로 돌아가 로렌초로부터 살펴보는 것이다(제2부). 차자 가계는 처음 몇 세대에는 따로 다룰 만한 이렇다 할 역사가 없는 데다 거의 전부 장자 가계의 역사에 파묻혀 있고, 따라서 차자의 가문이 독자적인 역사를 갖는 시기도 비교적 짧기 때문에 그렇게 하는 것이 현명한 방법으로 판단된다.

# 제4장
# 국부(國父) 코시모(Cosimo Pater Patriae)

1389년 출생.1434-1464년 재위. 1464년 죽음.

조반니 디 비치가 죽을 때 장남 코시모는 마흔살이었다. 그때까지 그에 관해 기록으로 남은 것은 한 가지 일화뿐이다. 그것은 1415년 콘스탄스 공의회가 소집되었을 때 교황 요한 23세가 황제 지기스문트의 강요로 마지못해 공의회에 참석했고, 교황이 되기 전부터 알고 지내던 당시 스물여섯살의 코시모 데 메디치가 목숨이라도 바쳐 교황을 방어하겠다는 생각으로 교황과 함께 공의회에 참석했으며, 교황 요한이 공의회에 의해 폐위되고 투옥되자 변장하고 도망쳤다는 일화이다.

코시모는 이 사건이 있기 직전에 콘테시나 데 바르디(Contessina de' Bardi)와 결혼했다. 이 부부의 장남 피에로(Piero)는 코시모가 공의회 참석 차 집을 비웠을 때 태어났다(바르디 궁전에서 났음에 틀림없다). 바르디가(家)는 14세기에 피렌체에서 가장 부유한 은행가 가문이었다. 그 가문도 지금은 사라지고 없으나 그들이 살던 고색창연한 궁전은 한때 주위가 온통 그들의 재산이었던 거리에 여전히 서 있으며, 언제나 '로몰라'(Romola)를 회상하게 하는 '바르디 거리'라는 이름을 그대로 간직하고 있다. 그러나 그 가문은 코시모가 그 가문의 장녀와 결혼하기 전에 이미 기울어 차츰 몰락해 가고 있었다. 몰락하게 된 주된 원인은 영국의 에드워드 3세(Edward III)에게 차용해 준 막대한 돈을 돌려받지 못한 데 있었다. 위의 결혼으로 바르디 궁전은 메디치가의 소유가 되었는데, 코시모는 아버지 조반니 디 비치가 살아 있을 때 그곳에서 살았던 것으로 보인다. 그 궁전의 방 몇 군데에서는 여전히 그의 문장(여덟 개의 붉은 구球가 붙은)을 볼 수 있다.[1]

코시모 디 조반니 데 메디치, 국부(國父)
1389-1464, 폰토르모

코시모는 알파니 거리에 있는 카말돌리회의 유명한 산타 마리아 델리 안젤리 수도원 학교에서 공부했다.[2] 그리스어, 라틴어, 히브리어, 아랍어를 비롯하여 여러 근대어들을 알았고, 학문과 예술에 남다른 열정이 있었다. 또한 아버지를 유명하게 한 모든 자질들을 고스란히 갖고 있었고, 가장이 되면서부터 피렌체의 국정에 아버지보다 더 큰 역량을 발휘할 잠재력을 보여 주었다. 이 무렵 메디치가는 유럽의 16개 수도에 설립한 은행의 수입에 힘입어 막대한 부를 쌓아가고 있었다.[3] 게다가 코시모는 큰 재산과 정중한 처신, 능력, 기지에다 관대한 성향까지 겸비하여서 아버지 못지않은 큰 인기를 얻게 되었다.

당시 강력한 알비치가(the Albizzi)가 이끌던 귀족들(the Grandi)은 코시모 데 메디치를 가공할 정적으로 여겼다. 그들은 이미 포폴라니(평민) 계층에서 그런 영향력을 확보한 데까지

---

1) 메디치가의 문장에서 온통 붉은 색인 여덟 개의 구는 조반니 디 비치의 시대를 가리킨다.
2) 이 학교는 14세기에 훗날 카말돌리회 수도원장이 된 나폴리 지식인 수사가 그리스어와 라틴어 연구를 위해 설립했다. 훗날 다양한 학문 분과에서 명성을 얻은 란디노, 푸치 등의 인물이 모두 코시모와 그의 동생 로렌초와 함께 이 학교에서 공부했다.
3) 코시모는 파리, 런던, 브뤼헤, 리옹, 베네치아, 제노바, 로마, 나폴리 등의 도시들에 은행을 두었다.

솟아오른 이 부유한 가문을 혐오했고, 이 새로운 가장에게 심한 질투를 느꼈다. 그래서 메디치가를 피렌체에서 완전히 뿌리뽑기로 작정했다. 그러나 코시모의 인기가 너무 컸기 때문에 쉽지 않았다. 게다가 귀족들 중에서 가장 존경을 받던 연로한 니콜로 다 우차노(Niccoo da Uzzano)가 그 계획을 한 마디로 딱 잘라 반대했다. 마키아벨리에 따르면, 다른 귀족들이 그를 찾아가 메디치가 제거 계획에 대해 자문을 구했을 때 그는 그들에게 경고하기를, 힘으로 맞붙을 경우 메디치가가 이길 것이고, 혹시 계획대로 코시모를 죽이더라도 알비치가의 리날도(Rinaldo degli Albizzi)를 독재자로 키울 위험이 있으며, 자신에게 양 진영에서 택일하라면 코시모를 택하겠노라고 한 다음, "그러나 하느님은 이 도시를 사리사욕에 의한 강탈에서 건지실 것이다"라고 덧붙였다. 따라서 귀족들은 당분간 때를 기다릴 수밖에 없었다.

1430년 아버지가 죽은 지 2년 뒤 코시모는 아버지의 자리를 물려받던 날부터 평소에 품어온 사업을 단행했다. 그것은 가문을 위한 새 궁전을 건축하는 일이었다. 우선 피렌체에서 가장 넓은 도로인 라르가 거리[4]와 짧은 도로인 고리 거리가 만나는 모퉁이 구역에 부지를 선정했다. 고리 거리는 내리막길로 산 로렌초 성당에 이어져 있었다. 이 성당은 당시에 재건축 중이었는데, 코시모는 이 성당이 완공되면 시에 기증할 계획을 세워두고 있었다.

코시모는 이 궁전을 과거의 어떤 궁전과 비교되지 않는 건축 예술의 한 모델로 삼을 계획이었다. 브루넬레스키는 이제 당대의 으뜸가는 건축가였다. 그가 심혈을 기울여 온 돔이 완공을 앞두고 있었고, 바로 이 해에 다른 성당인 산토 스피리토 건축이 그에게 위임되었다. 따라서 코시모는 처음에는 그에게 자신의 새 궁전을 설계해 달라고 의뢰했다. 그러나 브루넬레스키의 계획을 듣고는 너무 웅장하다고 간주하여 그것대신 미켈로초가 제의한 좀 단출한 설계를 채택했다. 미켈로초는 (주로 이 작업을 통해서) 당시에 주목을 받기 시작한 건축가로서, 브루넬레스키에 버금가는 인물로 인정을 받게 되었다. 궁전이 완공된 뒤에 손봐야 할 안뜰(cortile) 단장을 위해서 코시모는 당시에

---

4) 오늘날은 카부르 거리

유력한 조각가로 인정을 받던 도나텔로(Donatello)에게 다양한 주문을 했다. 주문 내용에는 청동 "다윗 상"(현재 바르젤로 박물관 소장), "홀로페르네스를 죽이는 유딧"이란 제목의 청동 상(현재 란치 개랑開廊에 전시됨), 그리고 오늘날도 안뜰 아치들 너머로 볼 수 있는 고풍스런 보석들을 본떠 만든 원형 양각들이 들어 있었다. 이 작품들 중 첫째 작품인 다윗 상은 미술사에 획을 그은 조각상으로서, 단일 조각상으로는 아마 가장 큰 영향을 끼쳤을 것이다. 도나텔로는 이 작품을 3년만에(코시모가 추방되기 전에) 완성했고, 다른 주문들은 그 뒤에 이행했다.

1432년 노빌리 중에서 오래 존경을 받아온 니콜로 다 우차노(비록 말년에는 알비치가의 리날도의 그늘에 가리게 되었지만)가 죽었다. 그는 피렌체가 배출한 최고의 정치가 중 한 사람으로서, 영향력을 동원해 경쟁 정파를 끈질기게 견제한 인물이었다.[5]

그의 견제력이 사라지자 귀족들은 가공할 민중의 옹호 세력이 되고 있던 메디치가에 대해서 서슴없이 제거 작업에 나섰다. 그들은 이 작업이 완전히 성공하려면 코시모를 죽이고 그의 동생 로렌초와 그 형제의 친사촌 아베라르도(Averardo)를 포함한 그 가문의 나머지 사람들을 추방해야 한다고 생각했다. 그들처럼 은행가 가문은 그렇게 추방을 해서 일단 흩어만 놔도 곧 몰락할 것이라고 생각했다. 알비치가를 위시한 노빌리는 이 계획을 이루기 위해 수순을 밟기 시작했다. 피렌체의 어떠한 궁전보다 훨씬 더 웅장하게 건축되고 있던 새 궁전이 그들의 계획에 이롭게 작용했다. 이미 외벽들이 그 건물의 전체적인 규모를 짐작할 만큼 높이 올라가 있었고, 특히 아래 층에는 다듬지 않은 돌을 사용한 진기하고 값진 양식이 모습을 드러내고 있었다.

1433년 교묘한 선거 조작으로 시뇨리아(정부 회의)를 장악한 알비치 파는 코시모를 일반 시민 위에 군림하려고 음모를 꾸민 혐의(당시의 피렌체에서 가장 중대한 죄)로 정부에 고소하고, 다른 여러 가지 증거들 중에서 평범한 시민이 살기에는 너무나 웅장한 새 궁전을 지목하여 공화국에 위험한 야심을

---

5) 그는 현재 카포니 궁전인 바르디 거리에 있는 궁전에서 살았다. 그의 딸 지네브라는 카포니가 사람과 결혼했다.

말해주는 증거로 제시했다. 코시모는 즉시 체포되었고, 시뇨리아 광장의 탑에 설치된 감방에 수감되었으며, 그동안 그를 신속히 처형하기 위한 각본이 짜여지고 있었다. 그러나 사건 소식이 전해진 뒤 민중들 사이에 반감이 가공할 정도로 드세지자 그 계획은 하루 이틀 지난 뒤 포기되었다. 그렇게 되자 귀족들은 독살을 계획하고는 두 명의 귀족에게 이 일을 위임했다. 처음부터 이런 방법이 사용될 줄 예상했던 코시모는 투옥되고 나서 처음 사흘 동안은 아무것도 먹지 않았다.

그러나 이 두 번째 계획도 코시모의 간수 페레리고 말라볼티(Fererigo Malavolti)가 부패에 가담하기를 거부함으로써 실패로 끝났다. 따라서 귀족들은 그를 추방하는 선에서 만족할 수밖에 없었다. 이 조치에 대해서 코시모는 빠져나갈 방도가 없었다. 마침내 시뇨리아에서 추방이 가결되었다. 그리스의 도편 추방(ostracism) 형식을 원용한 판결이었다. 이로써 메디치가의 전원이 추방당해 코시모와 그의 가족은 파두아로, 로렌초는 베네치아로, 사촌 아베라르도는 나폴리로 갔다. 이들은 접경까지 압송되었다. 추방 판결문에는 메디치가가 "부와 야심 때문에 공화국에 위험하므로" 피렌체 시와 국가에서 추방한다고 되어 있었다. 그들을 될 수 있는 대로 널리 망신당하게 할 셈으로 추방형과 그 이유를 적은 문건이 다른 모든 국가들에 배포되었다. 그리고 귀족들은 코시모를 암살하지는 못했으나 적어도 메디치가를 붕괴시킨 것으로 만족했다.

이렇게 메디치가는 처음으로 피렌체에 의해 공화국의 원수로 취급되어 내동댕이쳐졌다. 그들은 가문의 역사에서 이러한 경험을 이번 말고도 두 번 더 겪게 된다. 이 첫 번째 추방은 귀족들이 권력을 독점했던 원상태를 회복하려다가 자기들을 가로막고 선 가문을 제거하려고 나선 결과로 발생했다. 귀족들은 모든 권력을 민중의 손에 둔 헌법 개혁이 있은 이래로 한 번도 그와 같은 목표를 포기한 적이 없었다. 더러는 메디치가가 애초부터 공화국을 무너뜨리고 전제적 왕조를 세우려는 목표를 세웠다고 주장한다. 그러나 어쨌든 이 첫 번째 추방에 관한 한 그 주장은 사실과 다름이 입증되었다. 이런 유의 의혹이란 만약 혐의 대상들이 없을 때 더 강해지는 법인데(피렌체 같은 도시에서는 틀림없이 그랬을 것이다), 그럼에도 불구하고 정반대 상황이 연출되었다. 피렌체는 1년 뒤에 스스로 나타낸 행위로써 그 고소가 사실 무근이었음을 최종적으로 입증했던 것이다.

코시모가 추방됨으로써 메디치 궁전 건축 사업은 중단되었고, 미켈로초(Michelozzo)도 도나텔로(Donatello)도 코시모를 내몬 도시에 그냥 남아 있을 마음이 추호도 없었으므로 스스로 유배길에 올라 미켈로초는 코시모를 따라갔고, 도나텔로는 고전 건축의 유물들을 공부하기 위해서 로마로 갔다. 당시에 로마에는 그런 유적들이 있긴 했지만 그 양은 극히 적었다. 교황들이 아직까지 그런 유적들을 수집하기 시작하지 않았던 것이다. 오늘날 볼 수 있는 보고(寶庫)와 같은 유적들은 당시에 파괴된 도시의 폐허에 깔려 있었던 바티칸 성당과 카피톨 성당의 건축 전시실들에 진열되어 있다. 코시모가 가문의 수장이 된 지 5년이 지나는 동안 발생한 큼직한 사건들은, 프랑스와 영국이 지리하게 벌여온 싸움('백년 전쟁'으로 알려진)이 끝난 것과, 15세기에 교회 개혁을 모색한 세번째 시도인 바젤 공의회가 소집된 것이다. 그리고 작게는 피렌체가 루카와 밀라노에 대해서 벌인 두 번의 전쟁이 있었다.

위 사건들 중 첫째 사건에 관해서는 1428년에 프랑스 북부를 통째로 지배했던 영국인들이 남진하여 오를레앙을 포위 공격했다는 정도로 언급한 바 있다. 그 뒤 잔다르크(Joan of Arc)가 일어나 3년 동안(1428-1431) 전세를 확 바꿔 놓았다. 영국과 프랑스에게 다 항구적인 불명예거리로 남은 죽음으로 끝난 그녀의 활약상은 누구나 자주 들어 익히 아는 이야기이다. 프랑스에 주둔하던 영국군은 그녀에게 거듭 받은 타격에서 끝내 회복하지 못했고, 그때부터 점차 퇴각하기 시작했다.

1431년, 잔다르크가 루앙에서 화형을 당한 바로 그 해에 바젤 공의회가 열렸다. 콘스탄스 공의회에서 교황으로 선출되었던 마르티누스 5세(Martin V)가 그 해에 죽었다. 그는 13세기의 교황들이 견지했던 독재적 교황관을 되살렸고, 대주교들과 주교들이 단지 교황의 사절들에 지나지 않는다고 규정했으며, 교황권이 공의회보다 우월하다고 규정함으로써 교회 개혁을 위한 추후의 모든 공의회 소집을 사전에 막으려고 힘썼다. 콘스탄스 공의회 같은 공의회가 내놓은 결과 치고는 참으로 이상한 결과였다. 그러나 그가 죽자마자 그가 내린 규정들은 무효로 돌아갔고, 바젤 공의회의 소집으로 교회 개혁을 위한 세번째 시도가 이루어졌다. 공의회 소집자는 (콘스탄스 공의회와 마찬가지로) 황제 지기스문트였다. 그 공의회 소집을 막으려고 혹은 소집되더라도 예비 회기가 마무리되는 대로 즉각 해산하려고 갖은 수단을 다 썼다가 실패한 새 교황 유게니우스 4세(Eugenius IV)는 폐위가 두려워 결국 울며 겨자 먹기로 교황이 공의회에 종속된다고 시인하고 자신을 대표할 4명의 추기경을 공의회에 파견했다. 이 공의회는 1431-1438년에 바젤에서 열려 교황이 승인한 다양한 개혁 법안들을 통과시켰다. 그런 뒤 교황청에 한층 더 강한 타격을 가하려고 하자 교황은 공의회 장소를 이탈리아로 옮기려고 했다. 그러나 이 공의회는 장소 변경을 거절했다. 그 뒤 이 공의회와 교황 유게니우스 4세간의 관계에 대해서는 차후에 살펴보기로 한다.

1429-1433년에 피렌체는 망신살이 뻗치게 한두 차례의 작은 전쟁에 휘말렸다. 국정을 좌우하던 알비치가는 처음에는 불의한 짓이긴 하지만 루카를 침공하자고 정부를 설득하다가 나중에는 스스로 전쟁을 지휘했다. 그러나 아무런 성과도 거두지 못했는데, 이는 전쟁을 치를 만한 능력이 없었던 점을 감안할 때 조금도 이상한 일이 아니다. 루카를 정복하려던 피렌체의 이번 시도는 낭비와 실패와 망신밖에 거둔 게 없었다. 이 전쟁이 불씨가 되어 밀라노와도 전쟁을 벌이게 되었는데, 1433년까지 질질 끌다가 잠정적인 휴전으로 유야무야 되었다. 재정 압박만을 가중시키고 끝난 이 두 전쟁으로 전쟁에 전적으로 책임이 있었던 알비치가의 위신은 크게 떨어졌다.

메디치가의 첫 번째 추방은 일년밖에 지속되지 않았다. 피렌체 시민의 대다수는 이 통이 크고 품위있는 가문을 사랑했고, 일년이 지났을 무렵 자기들이 귀족들의 정략에 앞잡이가 되었다는 것과, 메디치가에 대한 고소를 뒷받침할 근거가 없는 반면에 귀족들의 속셈을 의심할 만한 충분한 근거가 있다는 것을 깨달았다. 알비치가와 그들의 정파는 일단 민중의 주된 지지자를 제거한 다음에는 피렌체가 숱한 투쟁을 통해서 쟁취한 민주적 정체를 뒤집으려는 노골적인 음모를 꾀함으로써 민중에게 그런 우려를 심어줄 만한 충분한 빌미를 주었기 때문이었다. 따라서 메디치가에게 가해졌던 추방령이 1434년에 철회되었고, 그 가문의 귀환을 바라는 메시지가 전달되었다. 그러자 알비치가는 무장을 하고 8백 명 가량 되는 지지자들을 규합한 뒤 코시모가 돌아오기 전에 정부를 장악하려고 했다. 그러나 시뇨리아가 피스토이아로부터 군대를 끌어오는 바람에 그 시도는 무위에 그쳤다. 10월 6일 코시모가 군중의 열렬한 환호 속에 정복자를 연상시킬 만큼 피렌체에 당당히 입성했다. 마키아벨리는 이렇게 말한다: "대승을 거두고 개선한 어떠한 장군도 코시모가 유배를 청산하고 돌아올 때처럼 그렇게 열렬한 군중의 영접과 그렇게 뜨거운 애정의 표시를 받은 적이 없었다." 그리고 코시모가 정적들을 그렇게 명예롭게 물리친 순간조차 가식 없이 처신함으로써 그의 인기는 한층 더 치솟았다.

그는 귀환한 뒤 보인 행동으로도 좋은 평판을 받았다. 당시 유럽의 어느 나라에서 누가 그렇게 권토중래했다면 당장 정적들의 목을 베었을 것이다. 코시모와 그의 전 가족은 귀족들에게 모진 수모를 겪었고, 귀족들의 사주를 받은 시뇨리아 의원들에 대해서도 이루 표현할 수 없는 배신감을 느꼈다. 그리고 자기와 자기 가문이 당한 굴욕을 주변 국들이 죄다 알고 있었다. 큰 두려움과 불편과 손실을 겪었다. 목숨마저 위협을 당했고, 가문의 철저한 몰락을 노린 온갖 조치들을 다 겪었다.

그런데도 이렇게 민중의 의지에 따라 권토중래하여 얼마든지 응징할 권력을 쥐게 되었을 때, 코시모는 자기들을 박해한 주모자들 중 어느 한 사람도 사형에 처하기를 확고히 거부했다. 반면에 몇몇 주모자들을 추방하는 것은 불가피했다. 그들이 메디치가에 가한 박해 때문이 아니라, 그 가문의 귀환 전에 정부를 전복하려던 시도 때문이었다. 알비치가와 그들의 정파는 그런 시도를 한 마당에 관용을 기대할 수 없었다.

메디치가를 비판할 빌미를 찾으려 노심초사하는 저자들은 코시모가 이 경우에 '보복 정치'를 했다고 비판했다. 그러나 이것은 부당한 비판이다. 알비치가와 그들의 정파가 무력으로 정부를 장악하려고 했을 때(그 시도는 거의 성공할 뻔했다) 크게 놀랐던 시뇨리아는 그들 중 80명 가량을 추방하는 법안을 통과시켰다.[6] 순리를 거스른 결정이 아니었다. 그러나 어쨌든 알비치가에 대한 이런저런 탄압 조치를 코시모가 사주했다는 증거는 조금도 없다.(그 조치 중 더러는 코시모가 귀환하기 전에 이미 취해졌다.) 코시모는 복귀한 지 몇 달 뒤에 피렌체 시로부터 과거에 그에 대해 가졌던 반감을 깨끗이 청산하고 그와 그의 가문이 받았던 대우에 유감을 표시한다는 매우 실질적인 입장 표시를 받았다. 다름 아닌 곤팔로니에레에 선출된 것이었다. 그는 두 달 동안 이 직위를 유지했다.

한편 교황 유게니우스 4세는 여러 골치아픈 문제에 휘말렸다. 그것은 주로 바젤 공의회를 계속 반대하다가 자초한 결과였다. 황제 지기스문트는 마침내 공의회가 교황 사절들의 방해를 무릅쓰고 통과시키려고 하던 개혁안들을 교황에게 강제로라도 받아들이게끔 만들기로 결심했다. 그리고는 밀라노의 공작 필리포 비스콘티(Filippo Visconti)의 초대를 받아 이탈리아로 갔다. 피렌체와 베네치아에 맞서 전쟁을 벌이고 있던 밀라노 공작은 황제가 와서 자기를 지원해 주기를 바랐던 것이다. 황제는 한동안 밀라노 공작과 함께 지내다가 롬바르드의 철 면류관으로 대관식을 받은 뒤 피렌체의 영토를 우회하여 루카와 시에나를 경유하여 로마로 가서 성 베드로 대성당에서 교황 유게니우스에게 대관식을 받았다(1433). 그런 뒤 바젤을 향해 길을 나섰는데, 이 때는 교황을 견제하고 공의회를 지지하던 기존의 입장에서 상당히 돌아섰던 게 틀림없다. 그러나 그가 떠난 즉시 밀라노 군사령관 포르테브라치오(Fortebraccio)가 로마로 진군했고, 동시에 프란체스코 스포르차(Francesco Sforza)가 밀라노 공작 편에 서서 로마냐의 교황령 상당 부분을 차지한 뒤 자기가 바젤 공의회의 권위로 그 같은 일을 행했노라고 선언했다. 그 결과 교황 유게니우스는 1434년에 변장을 한 채 목숨을 걸고 로마를 빠져나갈 수밖에 없었다. 로마 시민들이 교황의 정적들과 합세하여 그를 축출하려 들었기 때문이다. 교황은 피렌체로 피신했는데, 그때는 코시모가 유배지에서 막 돌아온 때였다. 이곳에서 교황은 로마

---

6) 마키아벨리는 그렇게 추방된 사람 중 유력 인사들로 리날도 델리 알비치, 리돌포 페루치, 팔라 스트로치, 니콜로 바르바도리, 그리고 귀치아르디니가 사람들, 과다니가, 우차니가, 자니가 사람들을 열거한다.

를 정적들의 손에 넘겨둔 채 8년을 체류했다.

코시모는 1434년 유배지에서 돌아왔을 때 45살이었고, 그때부터 피렌체 공화국의 공인된 시민 지도자가 되었다. 그러나 군중의 인기가 참 덧없다는 것과 자기 시민들의 독특한 기질 — 그들은 항상 가변적이고, 이 당파를 저 당파의 먹이가 되게 하고, 무엇보다도 자기를 추켜세우는 듯한 개인을 시기했다 — 을 잘 알고 있던 그는 그 지위에 계속 남아 있으려면 막중한 과제를 떠안아야 한다는 것을 알았다.

학자들은 대개 코시모가 주로 개인적 야심을 가지고 행동했다고 추정했다. 그러나 그에게는 그것을 넘어서는 다른 동기들이 있었다. 개인 혹은 가문의 야심 문제를 접어놓고 생각하자면, 그는 자신에게 대단히 명예로운 두 가지 이유 때문에 그 자리에 남아 있고 싶어했다. 도시의 인구가 상대적으로 적은 상태에서 국가가 시민 개개인에게 지운 막대한 전비(戰費)로 인한 무거운 세금에 빈민층이 비참한 생활을 하고 있었다. 그는 외치(外治)에 힘써 그러한 전쟁 횟수를 줄임으로써 이 악을 치유하고 싶어했다. 아울러 그러한 요인이 피렌체의 경제에 막대한 지장이 되고 있다는 것을 알았고, 발이 넓은 은행가로서 만약 평화를 정착시킬 수만 있다면 피렌체의 시장을 상당히 넓히고 상업으로 피렌체 시민들을 부유하게 할 수 있으리라고 느꼈다. 이러한 일을 할 수 있는 능력이 자기에게 있다고 느낀 그로서는 그러한 능력을 내보이고 싶어한 것이 지극히 자연스러운 일이었다. 이런 유의 야심은 흠이 아니라 덕이었다.

그러나 이런 일을 하려면 우선 아무 때고 곤팔로니에레가 될 수 있는 피렌체의 지도급 시민이 되어야 했다. 그리고 이 지위를 항구적으로 유지하려면 두 가지 작업이 필요했다. 첫째는 모든 외국들에게 자기가 그리고 자기만이 피렌체의 실세임을 인식시키는 일이고, 둘째는 동족들에게 자기 이외의 다른 어떤 사람도 국정과 특히 대외 문제를 만족스럽게 운영할 수 없다는 것을 주지시켜 그런 모든 업무를 자발적으로 자신에게 맡기도록 하는 일이었다. 그리고 이 두 가지 일을 처리할 때는 권력이 조금이라도 있으면 생기기 십상인 시기가 피렌체 시민들 사이에서 일어나지 않도록 조심해야 하는 법이다. 그것이 코시모 앞에 놓인 과제였다. 그것은 당시 피렌체인들의 기질을 감안하거나 그 과제를 이행하려 할 때 끝없이 맞닥뜨려야 할 음모를 감안할 때 누구라도 움츠러들 만한 과제였다. 그럼에도 불구하고 추후의 전개 과정에서 잘 나타나듯이 그는 이 지난한 과제를 완벽하게 완수했다.

그러나 코시모가 명성을 얻은 것은 정치 분야에서만이 아니었다. 그는 학문 발전, 예술 장려, 구호소 지원을 위해 여러 다양한 일을 처리했다. 무엇보다도 그는 깊이 있는 학자였다. 학문 그 자체를 사랑하는 사람들 가운데 하나였다. 동방에서 희귀하고 중요한 사본들을 찾아다니는 상설 조직을 가동했는데,[7] 이 조직이 수집한 자료들이 그가 설립한 대형 도서관의 기반이 되었다. 그는 재발견된 플라톤 연구를 위해서 저명한 플라톤 아카데미(the Platon Academy)를 설립했고, 그 자신이 플라톤의 저서를 탐독했다. 그에게 후원을 요청한 학자 중 빈손으로 돌아간 사람이 없었으며, 그가 학문 발전을 위해 모색한 방법은 헤아릴 수 없이 많았다. 기번(Gibbon)은 그에 관해서 이렇게 말한다:

> "코시모는 이름과 나이가 학문 부흥과 동의어와 다름없는 군주들의 아버지였다. 그의 신용은 명성으로 승화했고, 그의 부는 인류 봉사를 위해 바쳐졌다. 그는 카이로와 런던과 서신 왕래를 했으며, 인도의 향료와 그리스의 서적을 종종 한 배에 실어 수입해 왔다."

예술에 대해서도 비슷한 지원을 했다. 화가 프라 안젤리코(Fra Angelico)와 리피(Lippi), 조각가 기베르티(Ghiberti)와 도나텔로(Donatello), 건축가 브루넬레스키(Brunelleschi)와 미켈로초(Michelozzo)에게 후원을 아끼지 않았다. 장르를 가리지 않고 예술품을 수집했다. 그리고 수집한 예술품들을 모든 예술가들에게 공개했다. 자선 사업에도 인색하지 않았다. 피에솔레의 바디아 성당, 산 마르코 수도원, 산 로렌초 성당을 포함한 여러 성당과 수도원 재건에 막대한 기금을 내놓았고, 예루살렘에 병들고 약한 순례자들을 위한 병원을 세웠으며, 피렌

---

7) 안코나의 키리악이 동방으로 탐사 여행을 떠나면서 "죽은 자들을 깨우러 간다"고 한 말에는 고대 문헌을 뒤지는 이 값비싼 여행에 담긴 목표와 담당자들이 지녔던 정신을 잘 알려 준다.

체에서 시행된 모든 자선 사업에서 큰 부분을 맡아 수행했다. 1434년에 피렌체 공화국 제1의 시민이 되어 위에 언급한 정치 과제에 착수한 이는 바로 그러한 사람이었다.

1435년에 저명한 용병대장 프란체스코 스포르차가 피렌체를 방문했다. 방문 기간에 코시모를 대단히 좋아하게 되었고, 이 때부터 시작된 두 사람간의 우정은 향후에 중요한 정치적 결과를 맺게 된다.

1436년 브루넬레스키가 돔을 완공했고, 38년 전에 아르놀포 디 캄보가 착공한 대성당이 마침내 완공되었다.[8]

무려 네 세대가 힘을 기울인 이 대역사의 완공은 온 피렌체를 들뜨게 할 만큼 중요한 사건이었고, 기념 행사도 격에 맞게 준비되었다. 당시에 교황 유게니우스 4세가 산타 마리아 노벨라 수도원에 거주하고 있었는데, 대성당은 1436년 3월 25일 성모 영보 대축일(수태고지 기념일)에 그에 의해 엄숙히 봉헌되었다. "비싼 카페트를 깔고 벽걸이 융단, 다마스크, 실크, 꽃으로 장식한 통로가 산타 마리아 노벨라의 문에서 시작하여 세례당을 지나 대성당 서쪽 문에 이어지도록 시공되었다." 이 통로를 따라 교황과 37명의 주교, 7명의 추기경, 시뇨리아 의원들, 그리고 외국 사절들로 이루어진 장엄한 행렬이 산타 마리아 노벨라를 지나 대성당으로 이어졌다. 봉헌식은 다섯 시간이 걸렸고, 행사가 끝난 뒤에는 행렬이 재진용을 갖추고 입당 때와 똑같은 방법으로 퇴장했다. 그 대성당 벽에 걸린 작은 패가 이 사건을 기념한다. 브루넬레스키는 조토(Giotto)보다 운이 좋아 자신의 대 역사의 완공을 보고 그 기념 행사에 참석할 때까지 살아 있었다.[9] 돔의 완공과 대성당 봉헌은 코시모가 피렌체를 통치하기 시작한 기점 역할을 한다.

1437년 코시모는 자비(自費)를 들여 훗날 큰 명성을 얻은 피렌체의 산 마르코 수도원 재건에 착수했다. 도미니쿠스회에 소속된 이 수도원에는 그 무렵 당대의 사상계에서 최고에 속하는 것을 대표하고 악한 많은 것을 견제한 일

---

8) 이 대성당은 피렌체에서는 언제나 '두오모'로 알려졌다.
9) 그 종탑(조토의 종탑)은 조토가 죽은 지 50년 뒤에야 비로소 완공되었다.

로 사람들의 기억에서 영원히 잊혀지지 않을 두 수사가 있었다. 그들은 프라 안젤리코(Fra Angelico)라고 불린 피에솔레의 조반니(Giovanni of Fiesole)와 훗날 피렌체 대주교가 된 안토니노(Antonino)라고 하는 안토니오 피에로치(Antonio Pierozzi)였다.

코시모가 건축하고 있던 새 궁전 곁에 자리잡고 있고, 많은 사랑을 받을 만한 인물[10]을 수도원장으로 모시고 있던 이 수도원은 코시모가 국사(國事)에 지치고 정치가 뜻대로 풀리지 않을 때 언제든 찾아가 쉬면서 가식없는 사귐을 나눌 수 있었던 좋은 휴식처가 되었을 것이다. 무슨 일을 맡든 늘 인색하지 않았던 그는 이 수도원에도 "탁발 수사들이 근검을 보류해야 할 정도로 후하게" 지원을 했다. 수도원 재건에는 36,000듀캇이 들었는데, 그 금액에 덧붙여 큰 액수의 기부금을 더 냈다. 수도원에 자기가 별도로 쓸 특별실을 두었고, 그곳에서 종종 수도원장과 그밖의 수사들과 대화를 나누었다. 그 수도원의 핵이라 할 만한 도서관을 마련하고, 4백 권이 넘는 귀중한 필사본들을 기증했다. 수도원 벽들에는 오늘날 온 세계 관광객이 구경하러 산 마르코를 방문하는 프라 안젤리코의 프레스코들이 있는데, 이 프레스코들도 그의 비용으로 제작되었다.

코시모 같은 사람을 국가의 수장으로 앉힌 효과는 예술의 모든 분야가 생기를 띠는 결과로 당장 나타났다. 그 결과 예술은 코시모가 수장으로 피렌체의 국사를 맡아본 처음 5년 동안 장족의 발전을 이루었고, 당시에 그 도시에서 활동하던 예술가들이 훗날 전세계적으로 유명하게 된 것을 보게 된다. 기베르티는 코시모의 두 번째 청동 문짝 제작에 고용되었다. 브루넬레스키는 여러 궁전들 외에도 산 로렌초 성당과 산토 스피리토 성당 건축에 가담했으며, 미켈로초는 메디치 궁전과 산 마르코 수도원 건축을 맡았다. 도나텔로는 로마에서 돌아와 산 로렌초 성당 건축과 코시모의 새 궁전을 위한 다양한 공사에 여념이 없었다. 이미 작고한 마사초가 큰 명성을 얻고 있었다. 이 때쯤

---

10) 안토니오 피에로치. 우리에게는 성 안토니오로 더 잘 알려진 인물. 산 마르코 수도원장 시절에 보인 여러 덕에 힘입어 1445년 교황 유게니우스에 의해 피렌체 대주교로 임명되었다. 그의 조각상은 우피치 미술관 주랑에 서 있는 조각상들 중 성직자로는 유일한 예다.

에는 사람들이 그의 재능을 이미 인정하고 있었고, 화가들이 앞다투어 브란카치 예배당에 있는 그의 작품들을 공부하고 있었다.

루카 델라 로비아(Luca della Robbia)는 칸토리아 교회의 대리석 스크린(화상칸막이)을 완성하고 있었고, 프라 안젤리코는 산 마르코 수도원의 프레스코들을 시작하고 있었고, 리피(Lippi)는 코시모를 위해 그림을 그리고 있었고 — 그 그림들에서 그는 마사초가 가르친 교훈들을 세상에 선보이게 된다 — 안드레아 델 카스타뇨(Andrea del Castagno), 도메니코 베네치아노(Domenico Veneziano), 파올로 우첼로(Paolo Uccello), 그리고 그밖의 여러 예술가들이 피렌체에서 활동하고 있었는데, 그들 대부분이 그곳에서 코시모에게 직접 다양한 작품들을 의뢰 받았다. 그밖에도 코시모는 먼 지역에서 작품 의뢰를 끈덕지게 조르는 사람들의 편지에 시달렸다.

1434-1436년에 피렌체는 다시 한 번 밀라노와 전쟁을 벌였다. 밀라노의 공작 필리포 비스콘티가 추방당한 리날도 델리 알비치와 그의 파벌의 선동으로 피렌체의 영토를 침공한 것이다. 알비치와 그의 파벌은 "푸오루시티(fuorusciti, 정치 망명자들)를 이끌고 시내로 들어가 폭동을 사주함으로써 지원하겠다고 약속하면서 공작에게 피렌체와 전쟁을 벌일 것을 간청했다." 그러나 결국 1437년 2월 피렌체는 바르가 전투에서 밀라노 군대를 격파했고, 이 일로 밀라노는 잠시 주춤했다. 피렌체는 여세를 몰아 루카를 공격했으나 성과를 거두지 못했다. 그러나 밀라노는 1438년 전쟁을 재개했고, 그 전쟁은 여러 해 동안 질질 끌면서 서로간에 결정적인 전과를 안겨주지 못한 채 소소한 전과만 나눠갖게 했다.

1437년에 황제 지기스문트가 죽었다. 그러자 교황 유게니우스 4세는 즉각 바젤 공의회와 공식 결별하고 이탈리아에서 새 공의회를 개최한다고 발표했는데, 선정된 지역은 페라라였다. 이 공의회의 주 목적은 당시에 동방 황제가 내놓은 제안들을 심의하는 것이었다. 황제 요한 팔레올로구스는 자기 아버지와 할아버지의 선례를 따라 직접 서방을 방문하여 투르크의 위협에서 콘스탄티노플을 구하도록 원조해 달라고 간청했다. 서방이 원조해 주지 않으면 콘스탄티노플은 함락될 것이라고 했다. 교황은 동방 교회와 서방 교회간의 균열이 치유될 수만 있다면 그런 원조가 가능하다는 가능성을 열어둔 채 그와 함께 동방 교회의 총대주교와 주교들을 회합에 초대했다.

독자적인 권위로 이탈리아에서 새 공의회를 소집한 교황 측의 이러한 행위에 대해서 — 황제 지기스문트가 살아 있을 때는 이런 조치가 절대로 용납되지 않았다 — 바젤 공의회는 그런 식으로 해산당하기를 거부하고 교황 유게니우스에 대해 폐위를 선언했다. 그러나 유럽의 정서는 또다른 분열을 원하지 않았으므로 바젤 공의회는 참석자 수가 차츰 줄어들면서 마침내 해산되기에 이르렀다. 8년간 개회된 상태에서 애당초 소집된 목적이었던 교회 개혁에는 아무런 실질적인 성과를 내놓지 못한 채 해산된 것이다. 따라서 마지막 개혁 공의회도 앞서 열렸던 두 번의 공의회처럼 완전히 실패로 끝났다.

한편 황제 요한 팔레올로구스와 그의 수행원들은 콘스탄티노플 총대주교 요셉(Joseph)과 다수의 주교들과 신학자들과 함께 콘스탄티노플에서 배에 올라 제시간에 베네치아에 상륙했다. 황제는 도제 프란체스코 포스카리(Doge Francesco Foscari)에게 화려한 영접을 받았고, 베네치아에서 한 달간 환대를 받았다. 그런 뒤 교황 유게니우스도 도착해 있던 페라라로 갔고, 공의회가 개회되었다(1438년 1월 5일).

코시모는 앞서 말했듯이 다른 국가들에게 자신을 피렌체의 실세임을 점차 부각시키는 과제와, 자기 나라 사람들에게 대외 문제를 자신에게 맡김으로써 이익이 극대화된다는 점을 주지시키는 과제를 앞에 놓고 많은 인내를 감수해야 했다. 처음 몇 년 동안은 아주 부분적인 권력으로 만족할 수밖에 없었고, 현실을 마음먹은 대로 움직일 실력이 없었으므로 행동을 보류할 수밖에 없었던 경우가 종종 있었다. 그러나 1438년 말엽에는 이런 권력을 갖기 시작했고, 이 때부터 대외 문제는 점차 그 나름대로 처리하도록 맡겨졌다. 이로써 그는 처음으로 독자적인 행보를 시작하게 되었는데, 이것이 향후 피렌체에 대단히 중요한 결과를 끼치게 된다. 그는 동방 교회와 서방 교회 사이의 공의회가 거의 일년간 진행되고 있던 페라라로 가서 교황 유게니우스를 상대로 막후 교섭력을 발휘하여 공의회 장소를 피렌체로 옮기게 했다. 이로써 자신의 도시에 정치적 영향력을 늘려주었고, 교역량을 증가시켰고, 부가적으로 학문 증진에도 여러 가지 유익을 끼쳤다. 공의회는 1439년 2월 장소를 페라라에서 피렌체로 옮겼는데, 피렌체는 이 큰 역사적 사건에 힘입어 세간의 이목을 한 몸에 받게 되었다.

이 공의회는 그동안 열렸던 이런 유의 공의회들 중에서 흥미롭기로 손꼽히는 모임이다. 동방 황제와 그의 수행원들, 콘스탄티노플 총대주교, 동방 교회의 주요 관계자들, 로마 교황, 서방 교회의 주요 관계자들, 그리고 동방과 서방을 망라하여 모인 거물급 지식인들이 참석한 이런 공의회는 전에는 찾아볼 수 없는 것이었다. 더욱이 이러한 모임이 가능했던 것은 이번 공의회가 마지막이었다. 14년 뒤 콘스탄티노플이 함락되면서 공의회의 독특한 관심사였던 모든 것이 물거품으로 돌아갔고, 다시는 그런 공의회가 열릴 수 없게 된 것이다.

이 공의회는 코시모에게 커다란 기회가 되었다. 정치에서 뿐 아니라 학문에서도 그러했다. 그는 이 저명한 내방객들의 접대비를 국가에 떠넘기지 않고 그들을 모두 자기 손님으로 삼았는데, 이 일로 그는 보편적인 찬사를 받았다. 내방객들에게는 그들이 다른 나라에서는 기대할 수 없었던 숙박 시설을 제공했다. 콘스탄티노플 총대주교는 보르고 핀티에 있는 페란티니 궁전에 묵었다. 교황과 수행원들은 당시에 산타 마리아 노벨라에 인접한 넓은 주택지에 묵었다. 반면에 황제와 수행원들에게는 당시 피아차 데 페루치 궁전을 에워싸고 있던 페루치 궁전들을 통째로 사용했다.[11] 이 궁전들에서 동방 황제와 그의 수행원들은 유럽의 어느 군주도 내놓을 수 없었을 화려한 숙박 시설을 제공받았다. 공의회는 3월 2일에 회의를 속개했다. 회의 장소는 브루넬레스키의 장려한 돔이 얹혀 있던 대성당이었는데, 이 대성당은 당시 이탈리아의 불가사의로서 그 중요한 행사에 처음으로 사용될 가치가 있었다.

이 회의는 '새 지식'이라 불리기 시작한 것에 강력한 자극을 주었다. 니케

---

11) 페루치가는 바르디가와 함께 영국 왕 에드워드 3세에 의해 파산한 대 은행가 가문이었다. 이 두 가문은 크레시 전투를 앞둔 에드워드 3세에게 막대한 자금을 융자해 주었다가 그가 전투에서 지고서 빚을 갚지 않는 바람에 파산하고 말았다. 융자 액수는 오늘날 7,000,000파운드에 맞먹는 1,365,000 피렌체 금화였다.

아의 주교 베사리온(Bessarion) 같은 동방 교회의 대표적인 지식인 성직자들과, 코시모가 피렌체에 영주하도록 권유한 게미스토스 플레톤(Gemistos Plethon) 같은 동방의 대표적인 학자들이 피렌체로 몰려들었다. 그리고 희귀 사본들도 상당량이 피렌체에 유입되었다(이 사본들은 대부분 코시모의 도서관으로 들어갔다). 그리고 무엇보다도 개인적인 접촉과 우정을 촉진했는데, 이것은 몇 년 뒤 이 그리스 학문이 고향 콘스탄티노플에서 피신할 때 방대한 결과들을 맺게 된다. 이런 모든 요인은 코시모가 이미 오래 전부터 힘써오던, 오랜 세월 파묻혀 있던 과거의 문학을 발굴하는 길에 피렌체를 한층 더 본격적으로 세워 놓았다.

그리고 이 '새 지식'은 그것이 장래에 내놓게 될 많은 결과들 중에서도 사람들이 꿈꾸지 못했고 학문 증진에 참여해 온 대다수 사람들도 예상하지 못한 한 가지 결과를 내놓게 되었다. 때가 무르익었을 때 우리가 종교개혁으로 알고 있는, 온 유럽을 뒤덮은 대 격변을 일으키게 될 것이었기 때문이다.

'새 지식'은 이 결과를 내놓기 위해 두 가지 다른 방식으로 작용했다. 첫째, 고대 문헌에 대한 지식을 꾸준히 늘려가는 과정에서 당시까지 전혀 알려지지 않은 역사의 큰 구역들을 활짝 열어 제쳤다. 샤를마뉴 이전 암흑 시대에 들어가기 수백 년 전에 기록된 저작들, 당시까지는 구해 볼 수 있다 해도 성직자들만 구할 수 있었고 성직자들 중에서도 소수 인사들만 읽고 뜻을 이해할 수 있었던 저작들을 학자들이 접하도록 해주었다. 이중 상당수가 교회 문제들에 관련된 저작들로서 당대의 유력한 주교들이 집필한 것들이었다.[12] 이런 문헌들을 접한 학자들은 곧 적어도 교회의 초기 역사에서 6세기는 당시 자기들이 보고 있는 것과는 판이하게 다른 구조를 갖고 있었고, 한 주교좌가 다른 모든 주교좌 위에 군림하는 일이 없었다는 것을 알게 되었다. 아울러 그런 문헌들을 통해 교회 역사의 처음 몇 세기 동안 열린 여섯 차례의 대 공의회 회의록들을 접하게 되었는데, 그중 몇몇 공의회들의 회의록은 교황의 수위권이라는

---

12) 초기의 교부들은 물론 그리스어로 글을 썼다. 라틴어를 사용한 최초의 교부는 테르툴리아누스(3세기)였다.

바로 이 문제에 대한 판결을 해놓았다.

피렌체 공의회는 교회사에 대한 이 새로운 지식 말고도 상당한 부수입을 가져다주었다. 동방 교회의 고위성직자들에게 서방에 속한 주제들을 놓고 문의자들과 얼굴을 맞대고 직접 자기들의 말로 대화할 수 있게 해주었기 때문이다. 게다가 동방 교회는 원상에서 머리카락 한 올만큼도 빗나가지 않은 것에 긍지가 대단했기 때문에, 또한 공의회가 집중 논의한 특별 안건이란 것도 동방 교회에는 시초부터 존재하지 않은 수위권(首位權)에 대한 로마 교회의 주장이었기 때문에, 피렌체의 열정적인 학자들이 '새 지식'으로써 깨닫게 되었음직한 위의 쟁점에 관한 여하의 발견들에 대해서도 피렌체에 모인 동방의 주교들과 신학자들이 확증해 주었을 것은 명약관화한 일이다.[13] 그리고 학자들이 한 세대에 배운 것을 온 인류는 다음 세대에 그들을 통해 배우게 되었다.

그러므로 교황 유게니우스는 동방 교회의 주교들과 신학자들에게 당시 피렌체에서 무르익고 있던 지식의 온실에 접촉하게 함으로써 자신이 교황청에 끼칠 수 있는 가장 치명적인 해악을 끼친 셈이었다. 더 나아가 이 르네상스의 학자들 중 하나가 침침한 도서관에서 8세기의 문헌을 뒤지다가 로마 교황청의 수위권 주장 전체가 걸려 있는 이른바 「콘스탄티누스의 증여」(*Donation of Constantine*)와 저명한 「교령집」(*Decretals*. 오늘날 「위(僞) 교령집」으로 알려져 있음)이 완전한 위조 문서에 지나지 않는다는 엄청난 발견을 하게 된다. 이제 강한 추진력을 얻게 된 이 모든 '새 지식'이 끼친 총체적인 결과는 그것이 새로 발명된 인쇄술에 힘입어 독일과 영국에 전파되면서 종교개혁을 불러일으켰다. 그 과정에는 시간이 필요했겠지만 그 효과만큼은 확실했다. 피사, 콘스탄스, 바젤에서 열린 공의회들이 실패한 것을 '새 지식'은 실패하지 않을 게 분명했다. 그것은 피렌체를 중심으로 반경을 점차 넓혀가며 내달리던 화약 열차였다. 80년 뒤 저 멀리 독일에서 결국 그 열차에 불을 붙인 사람은 당시에는 아직 태어나지 않았지만 말이다.

---

13) 동방 주교들의 수는 스물세 명이었다. 이들은 한 사람만 빼놓고는 모두 중요한 지역의 수도대주교들이었다. 수많은 신학자들과 지식인들이 이들을 수행했다.

'새 지식'이 비슷한 결과로 향해 가던 두 번째 노선은 종류가 사뭇 달랐다. 그것은 고전 시대의 플라톤과 비기독교 사상가들의 연구에 강한 자극을 주었고, 모든 종교를 그들의 관점에서 보는 경향을 띠었다. 이 점에서도 피렌체에 외국인들이 몰려든 일은 큰 영향을 끼쳤다. 전하는 바로는 항상 플라톤 철학의 열렬한 추종자였던 코시모는 피렌체 공의회에 참석한 그리스인들 가운데 가장 학식이 뛰어난 그리스 학자 플레톤(Plethon)과 대화를 나누다가 자신의 유명한 업적인 플라톤 아카데미를 설립할 생각을 굳혔다고 한다. 이 유명한 아카데미는 그 세기의 비옥한 지적 삶의 고향이 되었고, 그 구성원들 중 상당수가 플라톤주의와 기독교를 조화하려고 노력했지만 이 아카데미의 전반적인 경향은 기존 종교 질서에 반대하는 성격을 띠었다. 훗날 이 아카데미의 영향은 대단히 폭넓게 퍼져나가게 되었는데, 시몬즈(Symonds)는 이 플라톤 아카데미가 종교개혁 시대 무렵에 유럽의 사상에 끼친 영향 — 이탈리아에서는 마르실리오 피치노(Marsilio Ficino)와 피코 델라 미란돌라(Pico della Mirandola)를 통해, 독일에서는 로이힐린(Reuchlin)과 그의 제자 멜란히톤(Melanchthon)을 통해 — 을 절대로 과소평가해서는 안 될 것이라고 말한다.

1439년 피렌체에서 이루어진 이 위대한 모임은 예술에도 영향을 끼쳤다. 프라 안젤리코(Fra Angelico), 베노초 고촐리(Benozzo Gozzoli), 젠틸레 다 파브리아노(Gentile da Fabriano) 같은 화가들이 동방의 주제들로 그린 그림에서 보게 되는 화려한 의복과 이상하게 생긴 머리 장식물의 착상을 어디서 얻었을까 사람들은 종종 궁금해하는데, 그것은 모두 그 해에 피렌체에서 살면서 직접 얻은 착상이었다. 그해 여름에 피렌체 주민들은 동방에서 온 이 방문객들이 온갖 화려하고 낯선 복장으로 벌이는 장엄한 행렬과 인상적인 의식들을 자주 보았다. 베스파시아노 다 비스티치(Vespasiano da Bisticci)를 비롯한 당대의 저자들은 고색창연한 특성 때문에 지식인들로부터 깊은 관심을 자아낸 그들의 값진 실크 겉옷, 무거운 금 장신구, 환상적인 인상을 연출하는 머리 장식을 상세히 묘사한다. 그리고 화가들은 생생한 그림으로 이들의 모습을 재현한다. 이 그림들은 그것 자체로도 가치가 있거니와, 이런 복장이 그림에 등장하는 것이 이번이 마지막이란 이유로도 가치가 있다.

피렌체 공의회가 소집된 본래의 목적들에 관해서는 아무런 결실도 없었다. 가경자(可敬者) 콘스탄티노플 총대주교 요셉은 공의회 폐회를 한 달 앞두고 피렌체에서 죽었다.[14] 그가 죽은 뒤 공의회에 의해 그리스 교회와 라틴 교회 간에 합의가 도출되었고, 합의안은 교황의 허세가 잔뜩 실린 문구로 공표되었다.[15] 그러나 이 합의는 동방 교회가 로마 교회에 굴복함으로써 가능했다. 그것은 11세기 이래 교황청이 늘 꿈꾸던 바였고, 그런 관점에서 어떠한 합의에도 임하지 않는다는 것이 기존의 결론이었다. 황제는 공의회가 끝나자 곧장 콘스탄티노플로 돌아갔고, 콘스탄티노플에서 합의문이 공개되자마자 온 시민이 격렬히 성토하고 나섰는데, 반대가 워낙 드셌기 때문에 피렌체에서 이루어진 합의는 즉시 철회되고 다시는 거론되지 않았다. 이로써 콘스탄티노플을 구하기 위해서 서방으로부터 원조를 얻어내려고 애쓴 황제들 중 3대째인 황제 요한 팔레올로구스는 할아버지와 아버지와 다름없이 아무런 성과도 거두지 못했다. 유럽의 나라들에게 서로간의 알력을 청산하고 그들 전부를 위협하는 위험 앞에서 스스로를 지키라고 알아듣도록 권유한다는 것은 그저 희망사항이었을 뿐이고, 8백년 동안 이슬람교의 정복로를 틀어막아온 로마 제국 동쪽 절반의 대 수도의 날도 이제는 손가락으로 꼽을 정도밖에 남지 않게 되었다.

1440년 공의회가 산회하고 피렌체가 정상 생활로 돌아간 직후에 코시모가 1430년에 착공한 라르가 거리 주변의 궁전이 입주해도 될 만큼 거의 완공되어 그는 이 궁전으로 이사했다. 훗날 메디치가의 역사와 크게 결부되는 이 궁전에 이렇게 처음으로 입주한 그 가문 사람들은 코시모와 그의 아내 콘테시나, 그리고 당시에 각각 스물네살과 열아홉살이던 그들의 두 아들 피에로(Piero)와 조반니(Giovanni)였다. 몇 년 뒤 두 아들 다 결혼하여 아내들과 함께 가문의 궁전에 들어와 살게 되었고, 그리하여 코시모가 죽기 전에 그 궁전에는

---

14) 공의회는 7월 6일에 폐회했다.
15) 이 흥미로운 문서는 메디치가 도서관(현재는 라우렌티우스 도서관이라고 함)에 황제와 교황 등의 인사들의 친필 서명과 함께 보관되어 있다.

3세대 코흘리개들의 소리가 낭랑하게 울려퍼졌다. 코시모의 동생 로렌초는 장손 가문의 거점이 이렇게 바뀌기 직전에 죽었다.

그 해에 밀라노와의 지리하고 간헐적인 전쟁이 끝났다. 피치니노가 이끈 밀라노 군대는 피렌체를 위협한 뒤 카센티노로 퇴각했고, 그곳에서 피렌체 군대의 추격을 받아 앙기아리 전투에서 패배했다. 피렌체는 이 승리에 힘입어 카센티노 강의 비옥한 지역을, 동맹국 베네치아는 페스키에라와 베르가모를 얻었다.

다음 해(1441) 코시모가 생애에서 가장 무거운 고소를 당하게 된 사건이 발생했다. 죄목은 그가 피렌체 보병 사령관 발다치오 당기아리(Baldaccio d'Anghiari)의 살해를 사주했다는 것이었다. 극악한 범죄였으나 코시모가 관련되었다는 증거는 손톱만큼도 없었다. 1440년 밀라노와 한창 전쟁을 하고 있는 동안 마라디로 이어지는 파엔차 가도의 중요한 길목을 지키기 위해 주둔하고 있던 군대의 지휘관 올란디니(Orlandini)라는 피렌체인이 있었다. 이곳은 북쪽에서 피렌체를 감싸는 중요한 지역이었고, 이곳과 피렌체 사이에는 어떤 군대도 주둔하고 있지 않았다. 피치니노가 이끄는 밀라노 군대는 산 베네데토의 관문을 수차례 공격하다가 번번이 실패한 차에 공격 목표를 마라디 관문으로 바꾸었다. 그곳은 공격하기가 훨씬 더 어려운 곳이었다. 그러나 밀라노 군대가 접근하자 올란디니는 잔뜩 겁을 먹고 도망치면서 자기 군대에게도 퇴각 명령을 내렸고, 그로써 피렌체로 들어가는 길을 적군에게 고스란히 내주고 말았다. 적군은 진군하여 피에솔레 고지를 점령하고서 피렌체를 단숨에 위기에 빠뜨렸다. 용맹한 군인이었던 발다치오 당기아리는 올란디니의 비겁함을 공공연히 비판했는데, 그것은 매우 심각한 결과를 초래했다. 1441년 올란디니는 곤팔로니에레가 되었고, 그 직위에 있는 동안 "우정을 가장하여" 발다치오에게 사람을 보내 팔라초 델라 시뇨리아 (시뇨리아 궁전)에 와서 군사 문제를 논의하자고 청했다. 초청을 수락한 발다치오는 궁전으로 갔고, 그곳에서 곤팔로니에레에게 온갖 환대를 받고 그의 내실로 안내받아 갔는데, 그곳에서 올란디니가 고용하여 숨겨둔 자객들이 발다치오를 급습하여 죽이고는 그의 시체를 창문을 통해 밑의 안뜰로 던졌다. 그의 목은 잘렸고, 난도질된 그의 시체는 피아차 델라 시뇨리아(시뇨리아 광장)에 내걸렸다. 그가 공화국의 역적이므로 시뇨리아가 사형에 처했다는 공식 발표가 있었다.

코시모에게 가해진 고소는 발다치오가 궁전으로 가는 길에 우연히 그를 만나 가는 게 좋은지 그에게 조언을 구했는데, 코시모가 흑심을 품고 그에게 가라고 조언했다는 것이었다. 발다치오의 친한 친구 네리 카포니(Neri Capponi)의 영향력이 커지는 것을 우려하여 그가 죽기를 바라고서 말이다. 고소장에 적힌 범죄 동기는 불충분하기 짝이 없는 반면에, 발다치오가 코시모를 만났다거나 그에게 어떤 조언을 받았다는 이야기는 주로 정치적 악의에서 나왔음에 틀림없다. 그 이야기를 언급한 사람은 카발칸티(Cavalcanti)라는 당대의 사가 한 사람뿐인데, 그가 코시모를 미워했다는 것은 잘 알려진 사실이다.[16]

그 이야기가 다른 저자에 의해 언급되지 않고, 이 특수한 경우치고는 신빙성이 크게 떨어지는 자료에서 나오기 때문에, 오늘날은 모든 사가들에 의해 신뢰할 가치가 없는 이야기로 배척된다. 지노 카포니(Gino Capponi)도 똑같이 그것을 배격하면서, 카발칸티가 "언제나 내색하지 않으려고 애는 쓰지만 언제나 코시모에 대한 미움을 가지고 글을 쓴다"고 말한다. 어떤 저자들은 코시모가 설혹 그 범죄를 사주하지 않았다 할지라도 범죄자들을 제재하는 아무런 행동도 취하지 않았기 때문에 책임이 적다 할 수 없다고 주장해 왔다. 그러나 이것은 후자가 사사로운 개인들이 아니라 국가 정부라는 사실과, 이 사건이 발생하던 해(1441)에 코시모가 훗날 얻었던 정도의 권력을 아직 얻지 못했다는 사실, 그리고 만약 그 상황에서 시뇨리아를 거슬러 행동했다면 어쨌든 대단히 비합법적인 행위였을 것이고, 실제로 국가 입헌 권력에 대한 반역이라는 말을 들었을 것이라는 사실을 무시한 주장이다.

마지막으로 그 범죄는 그가 걸었던 인생 행로와 크게 반대되는 것이므로 그가 그 범죄에 조금이라도 가담했다는 생각은 철저히 배격하는 게 정당하다. 특히 그에 대한 고소가 어떠한 증거로도 뒷받침되지 않기 때문이다. 아울러

---

16) 메디치가에 비판적인 조반니 카발칸티는 당대의 역사를 썼는데(1420-1455), 그의 글은 코시모에 비판적인 저자들이 즐겨 인용하는 출처가 되었다.

코시모에 대한 중대한 범죄 혐의를 찾으려는 의욕만 빼놓고 본다면, 그 범죄는 당시에 흔히 자행된 다른 많은 범죄들과 달라 보이지 않는다. 그 사건과 관련된 사실들은 그것이 올란디니의 소행임을 설명하기에 충분하다. 아울러 올란디니는 발다치오 당기아리가 반란을 꾀했다는 증거를 갖고 있다고 하면서 상황을 주도하는 판국에 시뇨리아 의원들이 군중 앞에서 자신의 행동을 지지하기를 거부할 사람들이 아니라는 것을 잘 알았을 것이다.

같은 해(1441) 코시모는 교황으로부터 25,000플로린(1252년 피렌체에서 발행한 금화)을 주고 보르고 산 세폴크로 시(市)를 매입했다. 그 일과 관련하여 우리는 "코시모가 매입 자금을 자비(自費)로 충당함으로써 국가가 자신에게 져온 빚을 더욱 늘렸다"는 말을 듣는다.

1443년 교황 유게니우스 4세는 마침내 로마로 돌아갈 수 있었다. 이 무렵 로마는 오르시니가(the Orsini), 콜로나가(the Colonna), 그리고 그밖의 영주들간의 오랜 다툼으로 폐허가 되어 있었고, 문화나 문화 창출력이 모두 고갈되어 있었다.[17] 그 상황은 당시 유럽의 어느 도시보다 앞서 있던 피렌체에서 8년을 지낸 교황에게는 한층 더 심한 대조를 이루었다.

1444년 코시모는 저명한 메디치 도서관을 건립했는데, 이것은 유럽 최초의 공립 도서관으로서 30년 뒤 그 본을 따 로마에 바티칸 도서관이 들어서게 된다.[18] 처음에는 메디치 궁전에 자리잡았던 이 도서관은 차후 세대를 거치면서 메디치가에 의해 장서가 꾸준히 증가하다가 1524년 현재의 건물(산 로렌초 수도원 내)에 미켈란젤로의 설계로 건립되었다.[19] 도서관에는 그리스와 라틴 고전 저자들이 남긴 수만 권의 사본들이 소장되었는데, 그중 많은 수가 희귀본들이다. 그 가운데는 유스티니아누스 법전(A.D. 533)의 원 사본이 들어 있었다. 12세기에 발견된 이 법전은 유럽 문화에 커다란 영향을 끼쳤고, 오늘날 로마

---

17) 알베르티는 7년 뒤에 글을 쓰면서 그곳에서 1200채의 성당이 폐허가 된 것을 직접 목격했다고 주장한다.

18) 코시모의 도서관은 모든 학자들에게 개방되었다.

19) 현재 이 도서관은 산 로렌초 도서관 혹은 라우렌티우스 도서관이라 불린다. 그러나 건물 자체와 그 안에 소장된 거의 모든 자료가 그 가문에 의해 제공된 점을 감안할 때 원래의 이름으로 되돌리는 것이 옳은 듯하다.

법 연구도 거의 전적으로 이 법전에 의존한다.[20]

장서 중에는 키케로의 편지들 중 최고의 사본과 타키투스(Tacitus)의 사본 두 권 — 그중 한 권은 「연대기」(Annals)의 처음 다섯 권을 싣고 있는 현존하는 유일한 사본이다 — 소포클레스(Sophocles)의 비극들 중 매우 초기의 작품, 아이스킬로스(Aeschylos)의 중요한 사본, 외과학에 관한 그리스어 논문, 율리우스 카이사르의 회고록, 4세기의 베르길리우스(Virgil)라는 저자의 작품, A.D. 556년에 저작된 시리아어 복음서, 690-716년에 웨어마우스의 대수도원장 케올프리드(Ceolfrid)가 필사한 아미아티누스(Amiatinus) 사본이라 부르는 성경, 10세기의 플리니우스(Pliny)라는 저자의 작품, 그리고 단테(Dante)와 페트라르카(Petrarch), 13-14세기의 피렌체와 연관된 무수한 문학의 보고(寶庫)가 들어 있다. 이 모든 것은 메디치가가 학문 발전에 이렇게 눈부신 기여를 하면서 얼마나 막대한 자금을 쏟아 부었는지를 역설한다. 이 도서관은 유럽의 모든 저명한 도서관들의 어버이이며, 그것으로도 존경을 받기에 합당하다.[21]

이 도서관과 관련하여 도서관 건립 6년 뒤에 인쇄본이 처음 등장했을 때 별로 환영을 받지 못했던 것은 호기심을 자아낸다. "아름다운 서법을 갖춘 이 희귀하고 값진 과거의 사본들을 소유한 사람들은 기계 과정을 거쳐 나온 거칠고 조야한 복제품들을 호의적으로 바라보지 않았다." 그레고로비우스(Gregorovius)는 우르비노의 공작 페데리고 몽테펠트로(Federigo Montefeltro) — 당시에 코시모의 선례를 따라 학문과 예술 장려에 힘쓰기 시작한 군주 — 가 자

---

20) 이 유스티니아누스 법전의 원 사본은 사실상 값을 매길 수 없다. 이것이 다른 모든 로마법 사본들을 유래하게 한 유일한 원전이었을 것으로 추정된다. 1137년 피사 함대가 아말피를 정복할 때 그곳에서 발견했다고 한다. 이것은 피렌체 군대가 1406년에 피사를 정복할 때 탈취하여 피렌체인들에게 최고의 국보로 취급되었고, 시뇨리아 궁전에 조심스럽게 보관되었다. 교황 레오 10세는 로마에 그런 유의 문헌을 샅샅이 수집하려는 욕구로 1516년 이것을 그리로 가져갔지만, 이것은 270년 가량 그곳에 남아 있다가 다시 피렌체로 돌아왔다. 황제 유스티니아누스는 이 로마법을 완성했을 때 집필에 참여한 저자들의 명단을 법전 서두에 소개하라고 트리보니아누스(그를 도와 이 대작을 완수한 대신)에게 지시했다. 피렌체 사본의 서두에 발견되는 이 명단은 피렌체 색인이라 불린다. 이 귀중한 책의 장정은 메디치가가 사라진 뒤 토스카나의 오스트리아계 대공 피에트로 레오폴도가 벗겨내 "금화 30데니어"라는 하찮은 값에 팔아넘겼다.

21) 메디치가는 이 도서관 장서를 위해 두 번 값을 지불했다. 1494년 가문이 추방될 때 시뇨리아에 의해 몰수되었고, 20년 뒤 레오 10세에 의해 재매입되었다가 다시 클레멘스 7세에 의해 피렌체로 돌아왔다.

기 도서관에 인쇄본을 단 한 권도 들여놓지 않으려 했다고 적는다.

1446년 이탈리아에 대대적인 전쟁이 발생했다. 늘 그랬듯이 밀라노의 공작 필리포 비스콘티가 전쟁을 주도했고, 교황과 나폴리 왕이 그의 동맹 세력이었다. 이 강력한 동맹에 베네치아, 피렌체, 제노바, 볼로냐가 맞섰다. 후자는 특히 코시모가 마침내 나폴리와 나머지 동맹 세력을 이간시킨 데 힘입어 승리를 거두었고, 이로써 평화가 찾아왔다.

같은 해에 브루넬레스키가 죽었다. 두오모 성당에서는 대대적인 장례식이 거행되었고, 그의 시신은 본인이 건축한 둥근 천장 밑에 촛불에 둘러싸인 채 안치되어 온 도시의 조문을 받았다. 그는 두오모 성당에 묻혔고, 그의 묘비는 아르놀포 디 캄비오의 묘비 맞은 편에 세워졌다. 이로써 시공자와 완공자가 그들의 공동 작품인 건물 안에 나란히 마주보고 누워 있게 되었다.

1447년 밀라노 공작으로서 비스콘티가의 마지막 인물이자 피렌체의 영원한 숙적이었던 필리포 비스콘티가 죽었다. 그 뒤 밀라노는 2년간 혁명에 휩싸였다. 그러자 코시모는 외교 정책상 가장 강력한 정책을 단행했다. 그동안 피렌체는 밀라노와 항시 전쟁 상태를 유지해 옴으로써 국고를 탕진하고 발전에 지장을 받았다. 그러므로 코시모는 피렌체의 전통적인 외교 정책에 철저한 변화를 가하기로 결심하고, 동맹국 베네치아와 적국 밀라노로 이어져온 기존의 구도대신 정반대의 구도를 채택했다. 피렌체 내에서 정치적 식견이 모자라는 많은 사람들로부터 반대를 받았으나 자신의 결심을 실행했다. 당시 밀라노에는 프란체스코 스포르차(Francesco Sforza)라는 유명한 군인이 있었는데, 그는 1435년 피렌체를 방문한 이래 코시모와 돈독한 우정을 유지했고, 그 뒤 비스콘티 공작의 외동딸 비앙카 비스콘티(Bianca Visconti)와 결혼했었다. 코시모는 그에게 정치적 지원과 후한 재정 지원을 했고, 스포르차는 이 지원에 힘입어 1450년 초반에 밀라노의 권력을 장악하고 밀라노의 공작 겸 코시모의 절친한 친구가 되었다. 물론 베네치아는 크게 분개했으나, 피렌체는 동맹국으로서 별로 가치도 없고 밀라노처럼 가공할 적국도 못 되었던 베네치아를 두려워할 이유가 없었다. 그 조치는 피렌체에 끝없는 전쟁 대신 평화를 가져다 주고, 코시모를 이탈리아 정치권에서 가장 강력한 세력으로 인정받게 만듦으로써 대단히 성공적인 외교 정책임이 입증되었다.

당시의 프랑스와 영국을 살펴 보자면, '백년 전쟁'이 여전히 진행되면서 프랑스 북부 전역을 폐허로 만들고 있었지만, 대세는 영국이 그 지방에 대한 주권을 차츰 상실하는 쪽으로 진행되고 있었다.

1440년 프리드리히 3세(Frederick III)가 황제가 되었다. 그는 50년간(1440-1493) 위엄이나 영향력 없이 황제의 칭호를 지니고 살게 된다.

1447년 교황 유게니우스 4세가 죽었다. 그의 후임으로 정력과 수완이 훨씬 뛰어난 '정열적인 소(小) 학자' 토마소 파렌투첼리(Tommaso Parentucelli)가 선출되었는데, 그는 코시모의 절친한 친구로서 메디치가 도서관이 건립되었을 때 도서관장으로 일한 적이 있었다. 피렌체에서 진행되던 예술과 학문에 깊숙이 몸담고 있던 그는 교황이 되자마자 로마에도 똑같은 일을 일으키려는 의지를 뜨겁게 불태웠다. 그는 니콜라스 5세(Nicholas V)라는 이름을 취했고, 전하는 바로는 "당시 황량한 잿더미가 되어 있던 로마를 세계의 메트로폴리스로 만들 결심을 했다"고 한다. 그는 즉각 예술 분야와 학문 분야에 적극적인 조치를 취했다.

1450년 마인츠에서 인쇄술이 발명되었다. 당시에는 이것이 보잘것없는 발명으로 치부되었지만, 당시의 수많은 다른 사건들에 비할 수 없을 만큼 큰 결과들을 초래했다.

1452년 황제 프리드리히 3세가 이탈리아를 방문했는데, 로마를 방문하는 길에 피렌체에 들러 코시모와 함께 메디치 궁전에서 머물렀다.

같은 해에 이탈리아에 다시 전쟁이 발발했다. 필리포 비스콘티가 죽자 그 자리를 대신 차지하여 이탈리아의 불화 요인으로 등장한 나폴리 왕 알폰소(Alfonso)가 이제 피렌체 영토를 침공한 것이다. 이 전쟁에서 나폴리와 베네치아가 피렌체와 그 새로운 동맹국 밀라노에 맞서 전선을 형성했다. 이것이 코시모가 조성하려고 숱한 노력을 기울였던 바로 그러한 세력 균형이었다. 전쟁 과정에서 베네치아와 나폴리가 피렌체와 밀라노에게 조금도 위협이 되지 못함으로써 그것은 매우 만족스러운 세력 판도였음이 입증되었다. 뒤늦게 현실을 자각한 베네치아와 나폴리는 교황이 제안한 평화안에 합의할 자세를 취했고, 교황의 주선으로 합의에 이르렀다. 교황 니콜라스 5세는 이 전쟁에 개입하지 않은 채, 모든 국가들에게 서로간에 반목을 버리고 콘스탄티노플 함락을 예방하기 위해 힘을 결집하여 투르크에 맞서자고 주장했으나, 그의 말에 귀 기울이는 사람은 아무도 없었다.

코시모는 거의 20년간 조금도 쉴 틈 없이 외교 정책을 수행했다. 그러나 그런 그의 노력은 큰 성공을 거두었다. 모든 외국 나라들에게 각각 정도에 따라 자신이 피렌체의 실세임을 주지시켰기 때문이다. 아울러 그는 자기 동족들에게 자기들의 문제를 자기보다 더 잘 처리할 수 있는 사람은 없다는 것도 점차 주지시켰다. 동족들에게 베네치아를 친구로, 밀라노를 원수로 삼아온 전통적인 정책에서 180도 선회한 정책으로 돌아서게 하고, 그 결과 베네치아가 피렌체 내부에 일으키려고 애쓴 자신에 대한 반대 정서를 무마하되, 이 모든 일을 해가는 과정에서 자신의 지위를 잃지 않기 위해서는 많은 인내와 기지가 필요했다. 그러나 1452년에 전쟁이 성공적으로 끝나자 모든 사람들은 그의 견해가 옳았음을 깨달았고, 그의 일 처리를 문제 삼을 만한 빌미가 깨끗이 사라지게 되었다. 그 결과 그는 같은 노선을 계속 추구하는 동안(그는 항상 그랬듯이 그 과정에서 조금도 위세를 부리지 않았다) 거의 마음 먹은 대로 행동할 수 있었다.

코시모가 무류했다는 말은 아니다. 그는 종종 권력을 강화하기 위해서 거칠고 변호하기 어려운 수단을 동원했다. 자기를 반대하는 가문들을 추방하거나, 은행가로서의 권세를 동원하여 경제적 수단으로 그들을 파산시키려고 궁리한 반면에, 자신에게 기대거나 자기 가문에 헌신하는 시민들은 어떻게든 끌어올리려고 했다. 그러나 그런 행위는 당시 정계의 일반적인 관행이었고, 현대의 정치에서도 전혀 낯선 것이 아니다. 그가 자기 지위를 유지하기 위해 길고 지리한 투쟁을 겪는 동안 피를 한 방울도 흘리지 않았다는 것은 높이 평가할 만한 일이다. 무엇보다도 피렌체의 대내외 사정이 크게 호전되었고, 그것은 대체로 코시모가 실세를 갖고 있었던 결과였기 때문에, 그가 권력을 유지하는 데 필요로 했던 조치들은 상당 부분 묵인될 수 있었다. 피렌체 시민들은 분명히 그 문제를 그런 시각에서 바라보았다.

그러나 이런 결과를 거둔 뒤에도 코시모의 정치적 노력은 끝나지 않았다. 온갖 음모들이 난무하는 가운데 크고 작은 이탈리아 국가들 사이에서 힘의 균형을 유지하기 위해 피렌체의 외교 정책을 수행하고 그로써 이탈리아에 평화를 정착시키고 피렌체를 사소한 소모전에서 보존하기 위해서 끊임없이 촉각을 곤두세우며 살아야 했다. 그런 지위에 따르는 막중한 근심은 어떤 사람이라도 좌절에 빠뜨리기에 충분했다. 코시모도 예외가 아니었다. 코시모가 종종 몇 시간 틈을 내어 조용한 산 마르코 수도원에 들어가 그런 근심을 잠시나마 벗었던 것이나, 64살이 되었을 무렵에 이미 몸이 쇠약해지기 시작했다는 것은 이상한 일이 아니다.

1453년 프랑스와 영국간의 '백년 전쟁'이 끝났다. 1431-1453년에 영국은 일찍이 프랑스에서 정복했던 모든 것을 점차 상실해 갔고, 마침내 그 해에 카스티용 공성(攻城)에서 연로한 탈보트(Talbot)가 전사함으로써 116년간 지속된 그 전쟁은 막을 내렸다. 그 전쟁은 프랑스의 상황을 이루 말할 수 없이 처참하게 만들어 놓았다. "르와르 강부터 좀 강에 이르기까지 모든 지역이 이리들에게 넘겨지고 화적 떼들만 출몰하는 광야가 되었다."

그러나 1453년에 발생한 사건 중에는 이 지리한 전쟁이 끝난 것보다 더 중대한, 그리고 그 여파가 오늘날까지 계속되는 사건이 있었다. 그것은 동로마 제국에 종언을 고한 콘스탄티노플의 함락이었다(1453년 5월 29일). 그 사건은 온 유럽을 공포의 도가니로 몰아넣었다. 콘스탄티노플은 로마 제국의 유서깊은 지식과 문화의 곳간쯤 되는 도시가 아니었기 때문이다. 그곳은 건설될 때부터 언제나 기독교 도시였던 유럽의 유일하고 거대한 수도이기도 했다. 그 건설로써 문명 세계가 기독교를 받아들였음을 상징한 도시였고, 동방에서 '그 기독교 도시'라 불리게 된 도시였다. 그런 도시가 투르크인들에게 함락되어 향후에 이슬람교의 수도(首都)이자 동방 여러 나라의 기독교인들에 대한 투르크인들의 학정과 압제의 수도가 된다는 것은 유럽의 시각에서는 혐오스러운 일이었다. 그리고 이런 사건이 발생하게 된 이유도 오로지 서방 국가들이 서로 반목을 일삼느라 1361년과 1401년과 1439년 세 차례에 걸쳐 동방 황제들이 차례로 방문하여 직접 호소했는데도 불구하고 힘을 합해 그 사건을 예방하지 못한 데 있었다.

황제 요한 팔레올로구스는 1448년에 죽었고, 그 위를 용감한 그의 동생 콘스탄티누스 팔레올로구스(Constantine Paleologus)가 물려받았다. 그는 1130년간 콘스탄티누스 대제의 권좌에 앉은 황제들의 긴 계보의 마지막을 장식한 인물이었다. 콘스탄티노플의 마지막 황제가 처음 황제와 같은 이름을 지녔다는 것은 우연의 일치치고는 참으로 묘한 일치이다. 전하는 바로는 콘스탄티누스 팔레올로구스는 "그 권좌에 앉았던 여느 황제에 결코 뒤지지 않았던 인물"이었다고 한다. 이 마지막 항쟁에서 그는 어쨌든 자신의 몫을 고귀하게 수행했고, 그로써 서방 국가들의 행위와 더욱 극명한 대조를 이룬다.

유럽에게 버림 받고, 투르크 군대가 사방을 에워싸고, 의지할 사람이라곤 자신뿐이고, 20km나 되는 성벽을 방어하기에 수비대의 숫자가 턱없이 부족하고, 거대한 도시를 방어하기에 아무런 도움도 되지 못하는 허다한 부녀자들과 어린이들과 그밖의 비전투 요원들이 두려운 투르크인들의 포악에서 자기들을 구해 주기를 갈망하는 시선으로 한결같이 자기만을 바라보고 있고, 도시 내부에서도 대처해야 할 온갖 난제들이 산재해 있는 상황에서, 콘스탄티누스는 오로지 자신의 역량과 인격의 힘으로 1년 반 동안 탁월하게 방어전을 지휘했다. 로마가 알라릭에게 멸망할 때 보여준 치욕스런 장면들과는 사뭇 대조적으로 콘스탄티노플이 최후 함락을 맞이한 자태는 그 도시의 긴 역사에서 가장 영광스러운 일화 중 하나로 남을 만한 것이었다.

콘스탄티노플의 함락이 몰고온 직접적인 결과는 네 가지였다:

승리에 도취한 투르크인들은 온 유럽을 삼킬 듯한 사나운 기세로 헝가리로 진격했다(마호메트 2세는 이제 로마에 범세계적인 제국 수도를 설치할 계획을 세웠다). 그러나 그곳에서 용감한 요한 후니아데스가 마치 또다른 샤를 마르텔처럼 그들의 진격을 가로막았기 때문에 그들은 더 이상 진격하지 못했다.

콘스탄티노플의 함락을 막아보려고 홀몸으로 동분서주했던 교황 니콜라스 5세는 그 도시의 함락 소식을 접하고 망연자실했다. 그는 프랑스, 영국, 독일, 베네치아를 향해 콘스탄티노플을 재탈환하고 투르크인들을 유럽에서 몰아내자고 호소했다. 그러나 황제 프리드리히 3세의 무능력과 국가들 사이의 총체적인 불화 앞에서 그의 호소는 공허한 메아리였다. 2년 뒤 그는 임종을 맞았는데(1455), 전하는 바로는 그 기독교 도시가 이교도들에게 함락된 데 대한, 그리고 서방 나라들을 일으켜 그 도시를 재탈환하지 못한 데 대한 비애와 공포 속에서 죽어갔다고 한다.

베네치아에게 경쟁 국가의 멸망은 자신의 멸망이었다. 그 시각부터 투르크인들에게 영토를 한 뼘 한 뼘 빼앗기고 무역권까지 잠식당함으로써 국력이 시들기 시작했다. 그것은 정당한 보응이었다. 동방 제국을 결정적으로 국력이 쇠퇴하게 하여, 250년간 항상 패배를 거듭하다가 마침내 콘스탄티노플이 함락당하고 투르크인들이 유럽에 들어오게 만든 것은 1204년에 베네치아가 신의를 저버리고 콘스탄티노플을 공격하여 함락한 것이 주된 원인이었다(그것은 '십자군'이란 미명하에 자행되었으나, 실제로는 부에 대한 채울 수 없는 탐욕에서 비롯된 침략이었다). 그러니 베네치아에게 큰 징벌이 떨어진 것은 당연한 결과였다. 베네치아의 부는 급속히 쇠락했다. 다른 나라들, 특히 포르투갈이 베네치아가 상실한 상권을 가로챘다. 그러다가 그 세기 말엽에 한때 부강하던 그 공화국은 마침내 완전히 멸망하고 말았다.

피렌체로서는 콘스탄티노플의 멸망이 이득이었다. 그 사건은 콘스탄티노플이 그처럼 오랜 세월 간직해 온 고대 학문의 모든 축적물을 서방에 흩뿌렸는데, 그 대부분은 불과 14년 전에 콘스탄티노플의 많은 지도자들이 환대를 받고 거기서 친구들을 얻게 될 것을 확인한 그 도시에 자연스럽게 안착했다. 그리고 이것은 피렌체의 가장 큰 영광이었던 학문과 예술의 발전상을 한 단계 더 올려놓는 데 이바지했다.

콘스탄티노플에 발생한 일은 우리 시대의 어떤 여행객이 남긴 다음과 같은 한 마디 말이 가장 잘 대변해 준다: "많은 곳을 다녀봤지만 한때 아름답던 이 도시가 훼손되고 누추해지고 학대받은 정경을 보는 것만큼 마음이 무거운 적이 없었다."

이제는 코시모를 경제적인 측면에서, 즉 그가 기부에 얼마나 후했는지, 그 가문의 두 가계(家系) 사이에 재정 거래가 어떻게 이루어졌는지를 살펴볼 차례이다.

코시모는 정계에서 맡은 일 외에 방대한 은행 사업도 벌여야 했다. 이 분야에서 그는 모든 저자들에게 일류 금융업자로서 평가를 받았다. 그는 막대한 지출(사비로 충당한 국가 경비, 피렌체를 방문한 저명 인사들에 대한 접대비, 학문과 예술 진흥을 위해 후원한 막대한 경비, 자선 목적에 지불한 수백만 영국 파운드에 해당하는 금액)에도 불구하고 아버지에게 물려받은 유산을 배나 증식시켰고, 아들 겸 상속자 피에로에게 당시 유럽에서 최고의 부자가 될 만한 유산을 남겨 주었다.

그의 재정 사업에 따른 또다른 특징은 은행가로서 일하면서 국가 수장으로서 자신의 지위와 관련된 사람들을 지원한 방식이다. 그는 자주 자신의 막대한 은행 거래를 무기로 삼아 다른 나라들에게 피렌체의 번영에 필요한 조치를 취하지 않을 수 없게 했다. 이를테면 베네치아 공화국은 그의 재정 지원에 힘입어 프랑스와 밀라노의 공작 필리포 비스콘티의 연합 공격을 막아낼 수 있었던 반면에, 코시모로부터 이런 지원이 끊기자 그런 힘을 발휘할 수 없었다. 또한 베네치아와 나폴리가 동맹을 결성하여 피렌체를 침공한 1452년 전쟁에서 코시모에게 승리를 안겨 준 중요한 수단들 중 하나는, 그 나라들에게 막대한 부채를 상환하도록 요구하여 전쟁을 계속 수행할 수 있는 자원을 고갈시킨 것이었다. 또한 장미 전쟁 때 에드워드 6세는 영국에 거주하던 코시모의 대리인에게 막대한 자금을 받았는데, 그 규모는 왕이 그를 영국 권좌가 유지될 수 있게 하는 원동력으로 간주할 정도로 그에게서 받은 자금 규모가 컸다.

코시모가 벌인 자선 사업에 관해서, 리브로 디 라조네(Libro di Ragione)는 코시모가 교회들, 수도원들, 자선 단체들에 기부한 개인 경비가 금화 400,000 플로린을 넘었음을 보여 준다.[22] 당시 피렌체 국가의 연간 총 수입이 그 액수의 절반도 되지 않았다.

---

22) 현재의 금액으로 환산하면 2백만 영국 파운드에 해당한다.

1453년경 코시모가 늙고 그의 동생 로렌초가 이미 죽었을 때 가문의 수입이 산정되고, 두 가계 사이에 가문의 은행 사업으로 거둔 수익을 배분하는 방법이 결정되었다. 그렇게 해서 각 가계에 배분된 수익은 각각 똑같은 액수인 50만 파운드로서, 당시로서는 천문학적인 액수였다.

코시모는 가문을 위해서 도시 내에 메디치 궁전을 세운 것 말고도 피렌체 교외에 다양한 저택들을 지었다. 그 중 현저한 것은 도시에서 북서쪽으로 3km 가량 떨어진 곳에 세운 카레지 저택과 무젤로 산 계곡에 세운 카파지올로 저택, 그리고 피에솔레 경사면에 아들 조반니를 위해 코시모가 세운 빌라 메디치 저택이다. 카레지는 코시모가 애용하던 저택으로서, 그는 그곳에서 자기가 사랑하던 지식인들을 즐겨 초대했다.

코시모의 생애 마지막 10년 동안 다른 나라들에서 발생한 주요 역사 사건들은 다음과 같다:

영국에서는 프랑스와의 '백년 전쟁'이 끝난 지 2년 뒤인 1455년에 '장미 전쟁'이 시작되었다. 이 전쟁은 영국을 향후 30년간 내전 상태로 몰아넣었다.

교황청에서는 1455년 교황 니콜라스 5세가 죽고 칼릭스투스 3세(Calixtus III)가 새 교황으로 선출되었다. 그도 1458년에 죽고 저명한 아이네아스 실비우스 피콜로미니(Aeneas Sylvius Piccolomini, 피우스 2세)가 후임 교황이 되었는데, 그의 생애의 주된 일화들이 핀투리키오(Pinturicchio)가 시에나 대성당 도서관에 그린 연작 프레스코에 묘사되어 있다. 이 교황은 1460년에 피렌체를 방문하여 코시모와 함께 메디치 궁전에 머물렀다.

베네치아에서는 1457년에 도제 프란체스코 포스카리가(the Doge Francesco Foscari)의 길고 영예로운 34년 통치가 포스카리의 죽음으로 막을 내렸다.

프랑스에서는 1461년 잔다르크에 의해 왕위에 앉은 샤를 7세(Charles VII)가 죽었다. 같은 해에 영국에서는 헨리 6세(Henry VI)가 폐위되고 에드워드 4세(Edward IV)가 즉위했다. 샤를의 후임에는 비겁하고 반역적인 그의 아들이자 '왕가의 사기꾼'이라 불린 루이 11세(Louis XI)가 즉위했다. 그는 지독히 비열한 방법으로 살인을 많이 저지른 혐오스런 사람이긴 했지만 프랑스에서 혼돈을 몰아내고 질서를 구축했다.

코시모의 30년 통치는 도나텔로, 프라 안젤리코, 루카 델라 로비아, 기베르티, 리피 같은 천재들을 통해 갈수록 더 위대한 업적들을 향해 급속히 내다른 예술에서의 새로운 운동을 보여 준다.

네 명의 지도자가 예술의 르네상스를 이끌던 시대에 세 번째 지도자였던 도나텔로는 네 명 중 가장 깊은 영향력을 발휘했다. 기베르티, 브루넬레스키, 마사초는 각각 자기들의 역할을 했다. 그러나 도나텔로는 예술 분야에 생명의 숨결을 불어넣음으로써 그 전 분야에 새로운 정신을 주입했다. 예술에서 새 운동이 시작될 때 열여섯살이었던 그는 여든한살까지 살면서 50년간 예술 세계를 주도했다. 그러므로 그는 (i) 조각가로서, (ii) 예술 세계를 예술의 참 목표로 이끈 인도자로서 두 측면으로 나누어 살펴봐야 한다.

(i) 그리스 예술 이래 최초의 '환조'(丸彫) 조각가였던 도나텔로는 조토가 회화에 도입한 것과 같은 대 혁명을 조각에 도입했다. 이 혁명의 본질은 최근에 그의 생애를 기록한 저자에 의해 다음과 같이 잘 묘사된다:

> "조각에서 도나텔로가 시작한 새로운 출발, 즉 고대의 마지막 조각가가 손에서 끌을 내려놓은 이래로 아무도 시도하지 않은 개별 조각상 조각이 갖는 충분한 의미를 평가하기 위해서는 수 세기 동안 이 예술 분야의 공인된 형식이 부조(浮彫)였다는 것을 유념해야 한다. 그동안 조각은 그 자체로 예술가의 이념을 전달하는 주된 매체로 쓰이지 못하고 건축의 부가물과 장식으로 쓰였다.
>
> "그러므로 오르카냐(Orcagna)가 성모를 기리기 위해 오르 산 미켈레 성당에 제작한 유명한 성소에서 우리는 구석구석에 스며 있는 성모의 정조(情調)를 발견한다. 성모의 이야기가 여러 편의 연속 부조로 묘사된다. 성모의 인격은 그 인격의 공인된 덕들을 묘사하기 위해 세심히 배려된 상(像)들로 암시되며, 그 상들이 그것들을 묘사하는 듯한 이야기들 사이사이에 적절히 안배되어 있다. 상징들이 자유롭게 사용된다. 심지어 자재와 색채, 귀금속과 모자이크로 장식한 흰 대리석조차 그 특성들을 가지고 성모의 인격으로 예술가의 정신에 담

긴 이상을 표현하는 데 도움이 된다. 이것은 본질상 중세의 예술 형식이었다.

"그런데 고전 예술의 기풍은 이것과 정반대였다. 중세의 기풍이 분산이라고 한다면 고전의 기풍은 응집이었다. 중세 조각가가 '초자연적 영광에 속한 영원한 것들'을 표현하기 위해 상징들에 의존했다면, 고전 시대의 조각가는 자연에서 가장 완전한 형상 — 인간 — 을 선정하여 그것을 다듬고 이상화한 뒤 나타내고자 하는 정신과 사고를 그것에 주입하여 작품 자체가 들을 귀 있는 모든 사람에게 암시로써 말하도록 했다. 도나텔로의 전임자들은 한결같이 중세인들이었다. 그 자신도 이 학파에 속한 학자였다. 그럼에도 불구하고 불과 스무살의 나이에, 그러니까 이 길드에서 장인으로 인정을 받기 12년 전에 그는 중세의 방법에 완전히 등을 돌리고 고대의 방식을 택하여 개별적인 영웅들의 상들을 내놓기 시작하는 모습을 보여 준다."

이처럼 도나텔로는 이미 약관의 나이에 피렌체에 스며들고 있던 예술의 재생의 영감을 느꼈던 셈이다. 기베르티가 청동문 첫 짝을 제작하기 4년 전 — 도나텔로는 이 작업에 보조자로 참여했다 — 이 젊은이는 과감히 독자적으로 과거의 원칙들로 돌아가 진정한 천재성을 발휘했다.[23]

여호수아, 다니엘, 예레미야, 하박국, 아브라함, 성 베드로, 성 마가, 다윗의 대리석상 등 대성당, 종탑, 오르 산 미켈레 성당의 벽감(壁龕)들을 채우기 위해 제작한 모든 다양한 조각상들을 완성한 뒤, 도나텔로는 1416년 "성 조르조"(St. George) 상을 제작했다. 이것은 일반적으로 그에게 당대 최초의 조각가의 지위를 안겨 준 그의 대표작으로 간주된다.

그러나 도나텔로는 거기서 훨씬 더 나갔다. 1432년경에 그는 코시모를 위해 청동 다윗 상을 제작했는데, 이 작품은 조각 예술에 새로운 장을 열었다.[24] 천 년 넘게 시도되지 않은 최초의 고립된 나체 상이었기 때문이다. 심지어 성

---

23) 그는 이 변화에까지 점진적으로 인도한 기존의 어떤 중간기에도 도움을 받지 않았다. 니콜로 피사노의 조각 작품들이 비록 기존의 모든 작품들보다 크게 앞선 것은 사실이었으나, 본질적인 면에서는 어전히 중세적 방법을 내함하고 있었다. 자기 나름의 독자적인 메시지를 지닌 독립된 조각들이 아니라, 건축을 꾸미는 장식물의 수준을 벗어나지 못했다.

24) 바사리는 이 작업이 1443년 코시모가 추방되기 전에 완성되었다고 한다.

조르조조차(벗은 인간 상을 묘사하려는 시도는 고사하고) 오직 벽감 용으로 제작되었다. 그러나 이 다윗 상은 코시모 궁전의 안뜰에 세워놓고 사방에서 감상할 수 있도록 의도되었다. 발카레스 경(Lord Balcarres)이 올바로 말하듯이, 이 '놀라운 혁신'은 도나텔로의 명성을 그의 "성 조르조"가 해준 것보다 훨씬 더 높여 주면서, 당대의 모든 조각가들에게 직접적인 영향을 미치고, 도나텔로의 명성을 이탈리아 훨씬 너머에까지 퍼뜨렸다. 오늘날 바르젤로 박물관에 다른 여러 조각들과 함께 전시된 이 작품을 보노라면 이 작품이 조각계에서 그 뒤를 따른 모든 작품들의 지도자로서 차지했던 구별된 지위를 잊기 쉽다.

도나텔로의 그밖의 많은 작품들[25] 중 여기서 눈여겨 봐야 할 것들은 "홀로페르네스를 죽이는 유딧"(Judith slaying Holofernes) 상과 고대의 보석들에서 본뜬 원형 양각들이다. "유딧"은 "다윗"처럼 메디치 궁전의 안뜰 장식을 위해 제작되었고, 그 가문이 1440년에 그 궁전으로 이사한 직후에 완성되었다. 이 상은 그 뒤 50년 가량 중요한 역사를 가졌다(참조. 10장). 오늘날도 안뜰 아치 위에 양호한 상태로 보존되어 있는 원형 양각들은 고대의 여덟 개의 보석들을 대리석으로 본뜬 것으로서, 주제는 디오메데스(Diomedes), 팔라디움(Palladium, 팔라스 여신상), 바쿠스(Bacchus), 아리아드네(Ariadne), 율리시즈(Ulysses)와 아테나(Athena), 다이달루스(Daedalus)와 이카루스(Icarus), 그리고 그밖에 덜 알려진 네 인물들이다. 원래의 보석들은 메디치가가 소장하고 있었다. 이 원형 양각들이 1440년 궁전이 최초로 완공되었을 때 완성되어 그곳에 전시되었는지(이것이 가장 가능해 보인다), 아니면 코시모의 생애 후반에 완성되었는지는 쟁점으로 남아 있다.

(ii) 그러나 도나텔로는 조각가로서보다, 예술의 목표를 조각가들과 회화 작가들에게 다 같이 가르쳐 주고 그리로 인도한 안내자로서 더 큰 명성을 얻었다. 그때까지 예술가들이 추구해온 목표는 될 수 있는 대로 자연을 실물 그

---

25) 도나텔로가 애용한 주제는 세례 요한이었다. 그는 세례 요한의 소년기와 청년기와 장년기의 모습을 대리석과 브론즈를 사용하여 부조와 흉상과 전신상으로 제작했다. 이 한 주제만으로 제작한 작품이 스무 점이 넘으며, 이 작품들은 유럽의 다양한 미술관들에 소장되어 있다.

대로 재현하는 것이었고, 이것만으로도 그들은 벅찼다. 도나텔로는 거기서 한 걸음 더 나아가 형상은 정신에 깊은 사상을 전달하는 목표에 도달하기 위한 방법 이상도 이하도 되어서는 안 된다고 가르쳤다. 예술이 사실상 언어여야 한다는 뜻이었다.[26] "내면의 표현인 외면, 정신으로 활력을 얻는 육체, 화육(化肉)하는 영혼." 예술에서 진리를 규명한 말이라고 전해내려온 이 말이 도나텔로가 예술 세계에 던진 간략한 메시지였다. 그리고 이것은 예술이 새로 취한 방향을 향해 큰 진보를 이룩했다. 이것은 사실상 고전 예술과 현대 예술 간의 차이를 송두리째 드러낸 것이었다. 전자가 완벽한 형상을 묘사하는 것 외에 다른 목표를 두지 않았다고 한다면, 후자는 (그것과 아울러) 정신에 메시지를 전달하는 데 목표를 두었다. 이것이 바로 도나텔로가 동족에게 "일 마에스트로 디 키 사노"(Il maestro di chi sanno. '지식인들의 거장')이라 불리게 된 그의 독특한 재능이다. 육체가 정신의 지배를 받는다는 그의 이념이 담긴 "성 조르조" 상은 그의 예술에 나타난 이런 특성을 가장 잘 보여 주는 예다.

도나텔로는 고대 로마 시대 이래로 죽어 있던 예술의 지류 곧 주물상(鑄物像), 특히 청동 기마상(騎馬像)을 되살려 놓았다. 이 분야는 9세기가 흘러오는 동안 세부 제작 기법이 알려지지 않은 관계로 까다로운 작업이었다. 그는 숱한 어려움을 극복해내고 1453년 베네치아 공화국을 위해 로마 시대 이래 최초로 제작된 청동 기마상을 완성했다. 베네치아의 장군 가타멜라타(Gattamelata)를 묘사한 작품으로 파두아에 전시되었다.

그의 얕은 부조(bas-relief) 작품들도 그 시대의 일정한 특징들을 지니고 있다. 그 중 두드러지는 것은 스티아치아토(Stiacciato)라고 하는 매우 얕은 부조로서, 그는 극히 아름다운 효과를 내는 데 이 기법을 사용했다. 퍼킨스(Perkins)는 도나텔로의 머리결 묘사를 주목하면서 "고대 조각가들은 머리결을 추상적으로 묘사하는 데 남다른 기교가 있었지만, 고금을 통틀어 머리카락이 자라고 흔들리는 질감을 표현하는 데 도나텔로를 능가하는 조각가는 없다"고 말

---

26) 조토도 이 점을 희미하게나마 느끼고서 자신의 한정된 기교가 허락하는 한 그것을 추구했다. 하지만 그의 후계자들은 이런 정신이 없었고, 오로지 그의 기교만 모방하는 데 몰두했다.

한다.

　도나텔로를 그의 위대한 후계자 미켈란젤로와 비교하는 것은 불합리하다. 도나텔로가 얻은 명예는 조각에 혁명을 일으키고 뒤에 온 모든 사람들에게 예술의 참된 목표가 무엇인지를 가르친 지도자의 명예이다. 미켈란젤로가 됐든 다른 어떤 후계자가 됐든 도나텔로의 명성이 걸려 있는 이 점에는 아무도 범접할 수 없다.


　산 마르코 수도원에는 지식인들과 모든 지인들로부터 사랑을 받던 수도원장이 있었을 뿐 아니라 그곳 수사들 사이에서 당대의 가장 위대한 화가로 인정을 받던 프라 안젤리코도 있었다.[27] 그가 초창기에 그린 작품들은 코르토나에서 볼 수 있지만, 그는 1437년 코시모의 의뢰를 받고 피렌체에서 작업을 시작했다. 그가 맡은 작업은 새 수도원 건축이 상당히 진척된 상태에서 참사회관, 회랑(回廊), 복도를 프레스코 벽화로 장식하는 일이었다. 그 가운데 참사회관에 그린 "십자가상"(the Crucifixion. 한 편에는 신약성경 성인들이, 다른 한 편에는 중세의 대표적인 성인들이 자리잡고 있음)이라는 대형 프레스코는 코시모가 "세세한 부분까지 많은 유익한 조언을 해가며" 특별히 주문한 작품이었다. 이것이 프라 안젤리코가 산 마르코에 그린 초창기 프레스코들 중 하나이다. 코시모는 프라 안젤리코에게 독실을 따로 내줘가며 박사들의 경배를 소재로 한 프레스코를 그리게 했다. 그 의도는 "동방의 왕들이 베들레헴의 말구유에서 면류관을 벗던 이 사례가 항상 자기 눈 앞에서 통치자의 처신을 일깨워 주는 자료가 되도록" 하기 위함이었다.

　우리는 때로 예술에서 특히 자기 자신의 노선을 개척한 뒤 아무도 더 이상 그 노선을 발전시킬 수 없다고 느껴질 만큼 그것을 완성시킨 거장이 시대를 초월하여 그 노선의 유일한 해설자로 남아 있는 경우를 만난다. 프라 안젤리코가 그런 경우였다. 그는 자신이 설정한 노선에서 홀로 높이 앉아 군림했으

---

27) 그의 세례명은 귀도였다. 그는 수사가 되면서 조반니라는 이름을 취했다. 가문명은 알려지지 않는다. 그는 무젤로 산지의 비키오에서 태어났다. 피렌체에서 그림을 그리기 시작했을 때는 쉰살이었다.

며, "그 안에서 신심을 지닌 영혼의 내면 생활을 표현하기 위해서만 노력했다." 동시에 그는 기교에서도 꾸준한 진보를 보인 예술가로서, 그의 후기 작품들은 그가 마사초의 작품들을 면밀히 공부했음을 보여 준다.

프라 안젤리코의 작품이 지닌 일반적인 스타일에 관해서 에디 부인(Mrs. Edy)은 이렇게 말한다:

"중세 세계의 온갖 신비주의적 사고, 성 프란체스코(St. Francis)의 심장에서 고동치던 하느님과 인간에 대한 뜨거운 사랑, 더 고상하고 더 완전한 질서를 갈망하던 단테의 영혼 … 이 프라 안젤리코의 예술에 구현되어 있다 … 그가 천사들과 천상의 무대들을 그릴 때 가한 화려하고 풍성한 색채는 경탄을 자아낸다. 그가 코르토나에서 그린 수태고지(Annunciation. 프라 안젤리코가 애호하던 소재를 작품화한 첫 그림)에서 천사의 날개는 끝이 루비 빛을 내는 금이고, 그의 의복은 작은 불꽃 무늬로 덮여 있고 신비스런 형태로 수놓아져 있는 등 놀라우리 만큼 아름답게 장식되어 있다 … 그의 작품 '성모의 대관식'(Coronation of the Virgin)은 루브르 박물관의 자랑거리로서, 이 그림에서 그는 각각 이마에 불꽃이 튀고 자주색 날개에 별들이 반짝이는 보좌 앞에 선 천사들에게 지극히 풍성한 장식과 지극히 찬란한 색채를 아끼지 않았다."

러스킨(Ruskin)은 프라 안젤리코의 회화를 다음과 같이 좀 더 전문적인 측면에서 언급한다:

"프라 안젤리코의 예술은 데생이든 채색화든 완벽하며, 그의 작품은 마치 보통 대리석들 중에서 오팔이 금방 눈에 띄듯이 무지개 빛깔과 명도 때문에 멀리서도 금방 알아볼 수 있다. 그는 천상의 존재들과 이 세상의 존재들을 더욱 뚜렷이 구분하기 위해서, 전자를 순결하기 이를 데 없는 색채의 옷을 입고, 광을 낸 금의 영광을 머리에 쓰고, 그림자가 조금도 없는 모습으로 묘사한다. 그들이 움직이면서 이마의 불꽃이 더욱 밝게 흔들린다. 그 불꽃은 마치 햇빛이 바다 위로 반짝이듯이 그들의 자주색 날개에서 물결친다. 그들은 최후 나팔의 유예를 바라는 교송(交誦)을 그친 동안 무한히 깊은 데서, 그리고 하늘의 별의 호수에서 시와 비파와 심벌의 응송(應誦)이 들려온다 … 이런 식의 묘사가 적절한 몸짓과 옷감결과 조화를 이루어 아마 인간 정신이 내놓을 수 있는 영적인 것들에 대한 최상의 관념을 내놓는다."

프라 안젤리코의 그림들은 또다른 점에서도 주목할 만하다. 그의 그림들에는 최초로 사람들이 저마다의 개성을 가지고 등장한다. 아울러 그는 자기 그림에 친구들의 초상을 도입하기 시작한 최초의 화가였으며, 그로써 한 세대 후에 회화의 한 지류로 공인된 초상화라는 예술의 또다른 노선을 개척하는 데 크게 기여했다. 오늘날 피렌체 아카데미에 소장된 "예수를 십자가에서 내림"(Deposition from the Cross)이란 그림에서 그는 이런 방식으로 자기 친구 미켈로초(Michelozzo) ─ 당시 코시모가 산 마르코 수도원 건축에 고용하고 있던 건축가 ─ 의 초상을 그려넣었다.[28]

프라 안젤리코가 피렌체에서 작품 활동을 한 기간은 9년간 지속되었다(1437-1446). 1446년에 교황 유니게우스 4세는 피렌체에서 프라 안젤리코의 여러 작품을 보고서 그를 로마로 초빙했다. 그러나 교황은 거의 그 직후에 죽었다(1447). 그러나 후임 교황 니콜라스 5세는 앞서 말했듯이 예술 면에서 로마에 새로운 질서를 수립하려고 갈망했다. 그가 이 방면에서 기울인 최고의 노력 중 하나는 (피렌체 산 마르코 수도원을 본따서) 바티칸 성당 벽을 프레스코로 장식하기 시작한 것이었다. 오늘날 바티칸의 보물들 중 큰 부분을 차지하고 있는 긴 시리즈의 유명한 프레스코들은 이렇게 해서 시작되어 교황마다 분량을 늘려갔다. 니콜라스 5세는 자신의 개인 예배실에서부터 시작하여 프라 안젤리코에게 그 벽을 장식하도록 위탁했다. 따라서 니콜라스 5세의 예배당에 있는 이 프레스코들은 바티칸의 모든 프레스코들 중에서 최초의 작품이란 점에서 뿐 아니라 프라 안젤리코의 마지막 작품이란 점에서도 중요한 의미를 갖는다. 그는 이 작품들을 그리느라 다음 5년의 상당 기간을 보냈다

---

28) 그 그림에서 미켈로초는 검정 카푸친을 입고 사다리 셋째 층에 발을 올려놓은 남자이다.

(1447-1452). 이 프레스코들은 특히 그가 마사초의 작품을 면밀히 연구하여 얼마나 큰 유익을 얻었는지를 보여 준다. 이 작품들에는 그 나름의 특징과 인물 묘사 기교가 고스란히 담겨 있는 동시에 마사초의 힘이 느껴지기 때문이다. 프라 안젤리코가 남긴 그 작품들 중 식스투스 2세(Sixtus Ⅱ, A.D. 257)가 부제(副祭) 성 로렌스(St. Lawrence)를 서임하고 그에게 교회 재산 관리를 맡기는 장면을 그린 두 점에서 니콜라스 5세의 초상 두 점을 보게 된다. 프라 안젤리코는 1455년 로마에서 죽었다.

니콜라스 5세는 위와 같이 예술 분야에 노력을 기울인 동시에 피렌체 메디치 도서관을 모방하여 바티칸에 도서관을 짓기 시작했고, 수많은 장서를 수집했으며, 도서관장을 임명했다. 그러나 그렇게 모은 장서들이 후임 교황들 대에 가서 이리저리 흩어졌고, 식스투스 4세(Sixtus IV)가 그 정책을 되살린 1457년에야 비로소 바티칸 도서관이 존재하기 시작했다.

1400년에 태어난 **루카 델라 로비아**(Ruca della Robbia)는 청년 시절에 세례당 청동문 제작에 고용되었다. 얼마 뒤에 독자적인 활동을 시작하여 자기 나름의 새 노선을 구축했다. 대리석, 청동, 유약 바른 붉은 도자기에 부조를 새겼으며, 인간의 다양한 생김새를 묘사하는 데 특히 힘을 쏟았다. 그의 작품들은 자연에 충실하고 깊은 정서를 내쉬는 데 힘입어 "그에게 르네상스를 촉진한 사람들의 반열에 드는 영예를 안겨 주었다."[29] 크루트웰 양(Miss Cruttwell)은 그의 예술에 관해서 다음과 같은 개인적인 평가를 한다: "그는 페이디아스(Phidias, 그리스의 천재 조각가) 시대의 그리스에 걸맞는 방대한 이념을 구현한 모든 창의력 넘치는 조각가들과 시인들 중 첫 번째 인물이다."

1438년 루카는 "칸토리아"(Cantoria)라는 아름다운 부조 작품을 내놓았다. 대성당 오르간 자리 한 곳을 위해 제작되었고, 소년소녀들이 무리지어 노래하고 꼬마들이 춤을 추는 모습을 묘사한 이 작품은 그를 단번에 당대 최고의 예술가 반열에 올려 놓았다. 대리석을 자재로 삼은 이 부조는 자연에 충실하

---

29) Dr. Wilhelm Bode.

고 등장 인물들의 자연스런 동작에서 기베르티의 첫 청동문들이 일으켰던 것과 거의 같은 비상한 반응을 일으켰고, 조각과 회화가 인간을 훨씬 더 실물 크기로 묘사하도록 하는 데 많은 영향을 끼쳤다. 이 작품은 시편 150편을 묘사하되, 각 패널이 그 시편의 여섯 절씩 묘사하도록 의도되었다. 이 웅장한 소벽(小壁, frieze)에 관해서 후작 부인 부를라마치(the Marchesa Burlamacchi)는 이렇게 말한다:

> "루카 델라 로비아의 '칸토리아'에서는 어린이들이 살아 움직인다. 그들이 노래하는 모습에서 그들의 몸놀림 하나하나를 다 볼 수 있으며, 음악의 정신이 그들의 얼굴에 나타나 있다. 어린이들이 춤추는 모습에는 흔들림, 우아한 자태, 옷감의 고상한 물결이 느껴진다. 이 점에서는 르네상스 작품들을 통틀어 능가할 만한 작품이 없다."

'칸토리아' 말고도 루카 델라 로비아의 대표적인 대리석과 청동 작품에는 1439년에 제작되어 예술과 학문에서 인간 지성의 발전을 묘사한 종탑 북면의 패널 다섯 점과, 1454년에 제작되어 산타 트리니티 성당에 자리잡고 있는 피에솔레의 주교 베노초 페데리기(Benozzo Federighi)의 묘(일부 평론가들에게 루카의 최고의 대리석 작품으로 간주됨), 그리고 1469년 수년 간의 노력 끝에 완공된 두오모 성당의 성물 안치소 청동문들이 있다. 유약 칠한 붉은 도자기를 재료로 한 그의 작품들은 나중에 살펴볼 것이다(6장).

1452년 브루넬레스키가 죽고, 프라 안젤리코가 피렌체에서의 작품 활동을 끝낸 6년 뒤에, 기베르티는 마침내 세례당에 부착할 두 번째 청동문 한 쌍을 완성했다. 백 년 뒤 미켈란젤로가 "낙원의 문에 적합하다"고 경탄한 이 문들은 기베르티의 걸작으로 간주된다. 구약성경 역사의 여러 장면들을 묘사한 이 작품에 대해서 러스킨은 이렇게 평가한다: "창세기에 기록된 온갖 사건들과 그 책에 담긴 깊은 의미가 기베르티의 문들에 장식된 책장들에 가득 담겨 있다." 이 두 번째 문을 만드는 데 28년이 걸렸다. 첫 두 문짝을 스물세살에 제작하기 시작했고, 두 번째 문짝들을 일흔세살에 완성했다. 그리고 3년 뒤에 죽었다. 오르 산 미켈레 바깥에 서 있는 그의 조각 세 점과 사소한 한두 작품을 제외한다면 이 두 쌍의 청동문이 그의 필생의 작업인 셈이다. "이 기이한 청동에 온 생애가 들어갔구나!"라는 알렉상드르 뒤마(Alexandre Dumas)의 감탄이 가슴에 와 닿는다.

젊음과 힘이 가득한 나이에 르네상스가 막 개화하여 사방에 열정이 충일한 상태에서 이 아름다운 예술 작품을 시작하여 늙고 지친 몸으로, 그리고 그 시작을 지켜 보았던 많은 사람들이 죽어 사라진 때에 완성한 기베르티의 페이소스(비애)는 그것을 생각하는 모든 사람들의 마음을 뭉클하게 만든다. 그 작품의 완성을 지켜본 사람들은 다음 세대 사람들이었다. 이제 예순셋이 된 코시모 자신도 당시에는 열세살 소년이었고, 프라 안젤리코는 열다섯살, 미켈란젤로는 열한살, 루카 델라 로비아는 한 살배기 아기였다. 기베르티 밑에서 일했던 소년 마사초는 노선을 달리하여 영예를 누리다가 이미 오래 전에 죽었다. 그의 열정적인 경쟁자 브루넬레스키는 시간을 따로 내서 다른 예술 분야를 익히고 그 분야에서 이름을 냈다가 이제는 사라지고 없었다. 그 작품을 놓고 뜨겁게 경합을 벌이던 이들 중에서 그 홀로만 남아 있었다.

이 아름다운 문들을 보고 있노라면 온갖 상념들이 한꺼번에 밀려온다. 이 문들을 제작하게 된 동기였던 피렌체가 전염병으로 참혹하게 시달린 일, 문 제작을 놓고 강렬하고 열정적인 경쟁자들이 벌인 치열한 경합, 그 문 제작에 들어간 거장의 한 평생, 그 문들이 기베르티의 작업실[30] ― 오늘날까지 450년간 서 온 그 문들에서 가까운 곳에 있었음 ― 에서 점차 모양을 갖추어 갈 때 그 주변에서 약동하던 예술의 생명력, 그 작업실이 피렌체를 위해서 되어 준 예술 학교, 젊고 열성적인 보조자들(그 중 더러는 오늘날 전 세계에서 이름을 떨치게 되었다), 그 문들이 마침내 완성되었을 때 거둔 최후의 승리감, 그 문들이 현재의 자리에 세워질 때 치러진 엄숙한 의식, 또 한 번의 인생을

---

30) 게베르티의 작업실은 오늘날 산타 마리아 누오바 병원 맞은편에 있는 29번가 부팔리니 거리에 서 있는 집에 있었다.

허락 받았다면 이 문들을 당장 부숴버리고 좀 더 완벽한 작품을 만들려고 대들었을, 등 굽고 백발 성성한 일흔세살의 노인, 제작에 조금이라도 참여한 모든 사람들이 느꼈을 긍지, 흥분과 환희에 빠졌을 온 도시, 마지막으로 이 문들을 원형과 모체로 삼은 많은 작품들, 도나텔로의 조각, 마사초의 그림, 그리고 이 작품들을 모태로 삼아 나온 모든 작품들(기베르티의 패널들을 보고 있노라면 라파엘로와 미켈란젤로의 업적들이 거울에 비치듯 그 안에 비치는 것을 보게 된다) — 궤도 전차들과 관광객들과 바삐 돌아가는 피렌체의 삶으로 혼잡한 피렌체 거리에 서서 기베르티의 문들을 들여다보고 있을 때 저절로 드는 것이 바로 그런 생각들이다.

1441년 마사초의 제자였던 필리포 리피는 그가 피렌체에 남긴 최고의 작품

〈성모의 대관식〉, 필리포 리피 작, 1441년.

으로 평가받는 "성모의 대관식"이란 그림을 완성했다. 코시모 당대의 주도적인 두 화가 프라 안젤리코와 필리포 리피만큼 극명한 대조를 보여준 사람은 없었다. 리피는 모든 점에서 동시대인 프라 안젤리코와 정반대였기 때문이다. 도축업자의 아들로 태어나 일찍이 고아가 된 리피는 친척 아주머니의 집에 들어가 살게 되었는데, 빈둥거리고 딱히 잘하는 것이 없는 리피를 아주머니는 근처 수도원에 수련수사로 집어넣었다. 그곳은 카르멜회 수도원으로서 당시 그곳 교회당에서는 카르멜회 수사 마사초가 프레스코 벽화들을 그리고 있었다. 게으르기 짝이 없는 리피 때문에 수사들은 속을 무척 썩였으나, 리피는 작업에 몰두해 있는 마사초를 지켜보면서 이것이 글 읽고 쓰기를 배우는 것보다 한결 수월한 일이라고 생각했다. 마사초도 리피가 그림을 그릴 줄 아는 것을 보고서 그에게 그림을 가르쳤다. 마사초가 죽을 때 리피는 열여섯살이었고, 바사리(Vasari)에 따르면 이듬해 "리피

는 수사복을 과감히 벗어던지고 그림을 그려 먹고 살기로 결심했다"고 한다. 그는 "평수사 필리푸스"(Frater Filippus)라는 서명을 사용했으나, 수사 서약을 송두리째 취소했기 때문에 그런 서명을 사용할 권리가 없었다. 게다가 품행이 단정하지 못하여 어떤 수도회도 그를 받아들이려 하지 않았다. 그는 인생을 좌충우돌하며 살았다. 주벽이 심하고 작품을 의뢰한 사람들에게 사기를 일삼았기 때문에 그로 인해 항상 고통을 겪었다. 온갖 비행을 저지르다 여러 번 당국자들 앞에 끌려갔고, 결국에는 횡령 죄로 태형을 당했다.

그러나 그가 거둔 성공을 놓고 평가할 때 그의 인격이 인생 대차대조표 차변에 기입될 수 있었던 것은 화가로서의 성격뿐이었다. 충분히 예상할 수 있는 일이지만, 그는 당시 도나텔로가 가르치고 있던 메시지를 들을 귀가 없었고, 결과적으로 종교를 소재로 한 그의 그림들에서는 세속적 성격이 짙게 묻어난다. 그럼에도 불구하고 그의 성모상에 담겨 있는 따스함과 진지함은 프라 안젤리코의 성모상에 결코 뒤지지 않으며, 어린이들의 표정에는 야릇한 장난기가 역력하다. 아울러 소묘와 채색 양면에 걸쳐 그는 당시 회화에 막 시작되고 있던 거대한 진보의 흔적을 보여 준다. 리피의 진정한 명성이 걸려 있는 곳이 바로 이 점이다.

당시까지 회화 예술의 진정한 방법들을 발견해 낸 유일한 사람이었던 마사초는 너무 일찍 죽는 바람에 피렌체와 브란카치 예배당을 방문할 수 있었던 소수의 사람들에게만 그 발견에 대해 알려 주었을 뿐 제대로 널리 알릴 수 없었다. 마사초가 발견한 세계를 작품으로 나타내는 과제는 그가 가르친 거친 소년 리피의 몫이었다. 바사리는 "그는 마사초에게 배웠으므로 마사초 스타일의 충실한 추종자였다"고 말한다. 그리고 덧붙이기를, 그는 "마사초의 정신이 리피의 몸에 들어간 것처럼 보일 정도로" 마사초의 방법에 충실했다고 한다. 따라서 마사초가 회화 예술에 해놓은 일은 리피의 그림들과 마사초의 바로 앞대 화가들인 조토 계의 화가들(the Giotteschi)의 그림들을 비교해 보면 확연히 알 수 있다. 리피가 피렌체에 남긴 주요 작품은 "성모의 대관식"(코시모의 주문을 받아 그린 그림.[31] 오늘날 아카데미아 델레 벨레 아르티에 소장되어 있다)이지만, 그의 대표작은 1456-1465년에 그린 프라토 대성당의 프레스코들로 간주된다.

지난 세대는 마사초를 크게 폄하하는 중대한 오류를 범했고, 이런 평가는 로버트 브라우닝(Robert Browning)이 리피에 관해서 쓴 시를 통해 널리 확산되었다. 그는 마치 리피가 마사초를 당시 막 그림을 배우던 '애송이'라고 말한 것처럼 전하며, 마사초가 죽고 난 뒤 이 '구이디'(Guidi)가 자신의 월계관을 빼앗아갈지도 모른다고 말했다고 전한다.[32] 이것은 브라우닝의 시대에 마사초의 연대를 사실보다 늦게 추정하여 리피가 마치 그보다 연장자였던 것으로 생각한 데서 기인한 결과이다. 그 결과 마사초 대신 리피가 조토 계열 화가들과 마사초 사이에 존재하는 회화의 큰 진보의 모든 공로를 차지하게 되었다. 이리하여 평생 마사초에게 따라붙던 비애가 한층 더 증폭된다. 그는 평생 가난에 짓눌려 살았을 뿐 아니라 큰 명성도 죽은 뒤에야 얻었지만, 더욱이 그 월계관들도 후대에 가서는 그가 일전 한 푼도 받지 않고 가르친 제자에게 넘어가게 된다.

그런 다음 모든 현대 회화의 창시자이자 라파엘로마저 기쁘게 배운 이 위대한 천재 토마소 구이디(Tommaso Guidi)가 '서툰 톰'(Clumsy Tom) 정도로 후대에 알려지게 되었다. 오늘날은 더 충분한 정보가 밝혀져 그릇된 인식이 바로잡혔는데, 그 중 특히 두드러진 정보는 1421년부터 1428년까지의 카타스토(catasto) 세 납세자 명부로서, 이 자료는 마사초의 연대와 환경들에 관해 명쾌하고도 결정적인 증거가 된다. 그 자료만 밝혀졌다면 이러한 바사리의 언급이 없어도 그런 오류는 마땅히 예방하고도 남았을 것이다. 리피는 1469년 57살의 나이로 죽었다.

도나텔로의 탁월한 재능의 그늘에 가리긴 했지만, 이 시기에 활동하면서

---

31) 리피에게 작품을 얻어내기란 쉽지 않았다. 그가 코시모의 의뢰로 이 작품을 그릴 당시에 일어난 재미 있는 이야기가 있다. 코시모는 리피가 맨날 빈둥거리는 모습을 보고 그대로 놔뒀다가는 그림이 완성될 날이 없겠다고 생각하고는 그의 작업실이던 메디치 궁전의 방을 밖에서 문을 잠궈 버렸다. 그리고는 그림을 끝내기 전에는 밖으로 나올 수 없다고 선언했다. 그러자 리피는 침대보를 찢어 로프를 만든 다음 창문을 통해 거리로 나가 페렌체의 사창가로 사라졌고, 며칠이고 종적을 감추었다.

32) 토마소 구이디가 마사초의 이름이었다. 그의 동료들이었던 다른 젊은이들은 그에게 '마사초'(서투른 톰)이라는 별명을 지어 주었고, 예술계에서 그는 이 별명으로 알려진다.

코시모의 시대를 예술의 이 분야에서 특히 두드러지게 만든 다른 다양한 작가들이 있었다. 그중 중요한 인물들을 소개하자면 다음과 같다:

데시데리오 다 세팅냐노(Desiderio da Settingnano).

도나텔로의 학생이자 이 시대의 조각가들 중 유력한 인물. 퍼킨스는 그가 산타 크로체 성당에 제작한 카를로 마르수피니(Carlo Marsuppini)의 묘를 토스카나의 삼대 묘 중 하나로 간주한다. 그가 제작한 마리에타 팔라 스트로치(Marietta Palla Strozzi)의 흉상에 관해서 러스킨은 이렇게 말한다: "탁월한 기교, 세련된 취향, 섬세한 터치, 순수한 디자인 등 15세기 최고의 작품이 지닌 독특한 특징들을 그의 흉상만큼 골고루 지니고 있는 흉상을 지적하기가 어렵다."

오늘날 웨니스 경(Lord Wenyss)이 소유하고 있는 스티아치아토(Stiacciato. 얕은 부조) 내의 성 체칠리아(St. Cecilia)의 아름다운 두상(頭像)은 과거에는 줄곧 도나텔로의 작품으로 알려졌으나 이제는 데시데리오의 작품으로 간주된다.


베르나르도(Bernardo)와 안토니오 로셀리노(Antonio Rossellino).

베르나르도 로셀리노는 산타 크로체 성당의 레오나르도 브루니(Leonardo Bruni)의 화려한 묘와, 산타 마리아 노벨라 성당의 루첼라이 예배당에 있는 베아타 빌라나(Beata Villana)의 묘비를 제작했다. 안토니오 로셀리노에 대해서 퍼킨스는 이렇게 말한다: "그는 섬세하고 우아한 터치, 위엄, 평범하지 않은 미적 감각, 따뜻한 표현을 드러내는데, 피렌체 산 미니아토 성당에 있는 추기경 포르토갈로(the Cardinal Portogallo)의 고결한 묘비에서 그런 면모를 엿볼 수 있다." 그는 이 묘를 이탈리아에서 아름답기로 손꼽히는 묘로 간주한다.


미노 다 피에솔레(Mino da Fiesole).

그는 이 시기의 훨씬 더 유명한 조각가로서, 앞서 언급한 사람들보다 오래 살았다. 그의 작품들은 세련된 취향, 대단히 섬세한 묘사, 그리고 깊은 신앙 정서를 드러낸다. 피에솔레 대성당에 그가 제작한 주교 살루타티(Salutati)의 묘에 관해서 퍼킨스는 이렇게 말한다: "그 주교의 흉상은 대리석을 재료로

한, 살아 생동감 넘치는 자연스런 '모조품' 중 하나임에 틀림없다." 미노 다 피에솔레는 피에로 일 고토소(Piero il Gottoso)와 위대한 자 로렌초(Lorenzo the Magnificent)의 시대에 산타 크로체 성당의 메디치가 예배당 내부의 아름다운 감실(龕室)과 여러 점의 흉상들, 제단들, 그밖의 여러 유명한 작품들을 제작했다.

### 안토니오(Antonio)와 피에로 폴라유올로(Piero Pollajuolo).

이 두 형제는 당대의 유명한 조각가, 화가, 금세공가, 원형 양각 제작자들이었다. 이들의 명성은 전적으로 안토니오에게 달려 있으며, 동생 피에로는 유력한 작품을 내놓지 못했다. 피렌체에 남아 있는 안토니오의 주된 작품은 세례당의 은 제단(오페라 델 두오모에 보관되어 있음)이며, 로마에는 그가 제작한 교황 식스투스 4세(Sixtus IV)와 교황 인노켄티우스 8세(Innocent VIII)의 묘가 남아 있다. 과거에는 그의 작품으로 여겨지던 "파치가의 음모"(the Pazzi Conspiracy)라는 원형 양각은 지금은 도나텔로의 유명한 제자인 베르톨도(Bertoldo)의 작품으로 여겨진다.

안토니오 폴라유올로는 조각가와 원형 양각 제작자로서만큼이나 화가로도 이름을 떨쳤다. 1460년 그는 메디치 궁전의 홀에 걸릴 '5브라치아 높이'(약 2.7m)의 대형 그림 세 점을 그렸는데, 헤라클레스가 사자와 히드라(머리 아홉 달린 뱀)와 안타이오스(Antaeus)와 싸우는 장면을 묘사한 아주 유명한 작품이다. 바사리는 이 작품들을 자세히 설명하면서 크게 경탄해마지 않는다. 1494년 메디치 궁전이 약탈당할 때 이 그림들은 시뇨리아에 의해 강탈당했다가 팔라초 델라 시뇨리아의 의사당으로 옮겨져 여러 해 걸려 있었으나 그 뒤로 유실되었다. 바사리는 이 그림들을 언급하면서 이 그림들이 위대한 자 로렌초를 위해 그려졌다고 진술하지만, 이것은 분명히 오해이다. 폴라유올로는 친필 편지에서 자기가 1460년에 그 그림들을 그렸다고 적는데, 그 해에는 코시모가 가문의 수장이었고, 그의 손자 로렌초는 열한살난 소년에 지나지 않았기 때문이다. 따라서 그 그림들은 코시모를 위해 그려졌다. 폴라유올로가 같은 주제로 그린 두 점의 작은 패널화가 있는데, 오늘날 우피치 미술관에 소장되어 있는 이 그림들은 거의 같은 시기에 그려진 게 분명하며, 코시모, 피에로, 로렌초가 살아 있을 때 메디치 궁전의 주 응접실의 벽을 장식한 그 유명한 그림들이 어떠했는지 짐작하게 한다.

세월이 유수처럼 흘러 코시모는 노년에 접어들었다. 통풍으로 심히 고생하다가 말년에는 아주 병약하게 되어 내치(內治)는 대폭 다른 이들에게 넘겨주었다. 그런 정황 속에서 우리가 맨 처음 듣게 되는 이름은 루카 피티(Luca Pitti)라는 무능한 인물인데, 그는 코시모의 생애 마지막 4년 동안 정계에서 유력한 지위에 오르려고 애썼다.[33] 물론 외교 문제는 여전히 코시모의 손아귀에 있었지만 말이다. 코시모가 자기 나라의 복리를 위해 오랜 세월 기울인 노력은 충분한 결실을 맺었다. 이제는 아무도 그가 그토록 걸맞게 유지해온 지위를 문제삼거나 가로막으려 하지 않았다.[34] 시뇨리아도 공식 문서에서 그를 '공화국 수장'(Capo della Republica)이라고 불렀다. 당시 아무런 공직도 갖고 있지 않던 그에게 말이다. 이렇게 그는 '공화국의 수장'으로서 생애를 마치는 그날까지 나라 안팎에서 인정을 받았다.[35]

코시모도 아버지처럼 아들을 둘 두었다. 피에로는 1416년에, 조반니는 1421년에 태어났다. 조반니가 마흔두살의 나이에 죽은 것이 코시모의 생애와 관련된 마지막 큰 사건이다. 조반니는 온 가문에 학문을 사랑하는 기풍을 불어넣었는데, 그가 수집한 허다한 희귀본들은 오늘날도 산 로렌초 성당의 메디치 도서관에 보관되어 있다. 그를 잘 알던 미노 다 피에솔레가 그린 그의 흉상은 그의 외모가 어땠는지를 아주 신빙성 있게 보여 준다. 형 피에로가 고질적인 병으로 아버지보다 오래 살 가능성이 보이지 않았으므로 조반니는 장래에 가문을 이끌고 갈 대들보로 양육을 받았다. 모든 사람들이 그를 아버지의 후계자로 보았고, 코시모도 그를 사랑했다. 이 당시에 메디치가가 섰던 그런 위치에 선 가문에게는 가문의 수장으로서 코시모를 계승할 사람이 능력과 인

---

33) 루카 피티는 1460년의 콘팔로니에레였다.
34) 그의 지위는 토스카나의 격언이 될 만큼 탄탄했다. "그럼 자네는 스스로를 코시모 데 메디치로 생각하는군"이라는 격언인데, 잘난 척하는 사람을 비꼬는 말이다.
35) 콘팔로니에레가 되지 않은 채, 코시모가 그 직위를 차지한 것은 1434년과 1439년 두 번뿐이다.

기를 겸비해야 한다는 것은 지극히 중요한 일이었다. 따라서 코시모가 두 아들에게 품은 기대는 부자연스럽지 않았다. 조반니도 이 점에서 아버지의 기대에 못 미칠 게 없었다. 그는 능력, 식견, 기지, 인맥에 힘입어 큰 인기를 누렸으며, 어느 모로 보나 코시모의 후계자로서 합당했다. 피에로의 건강이 해가 갈수록 악화되자 가문의 기대는 온통 조반니에게 쏠렸다. 조반니는 지네브라 델리 알비치(Ginevra degli Albizzi, 알비치가의 지네브라)라는 여성과 결혼했다. 코시모가 젊었을 때 그를 격렬히 반대하고 그를 파멸시키고 죽이려 했던 가문 출신 여성이었다. 두 사람은 아들을 하나 두었는데, 그 아들은 1461년 아홉살의 나이로 죽었다.

그러나 인간의 기대란 얼마나 허무한 것인가! 1463년 코시모가 죽기 1년 전에 가문의 희망 조반니가 죽고 말았다. 가문이 이 큰 불행 앞에서 겪은 슬픔은 이루 말할 수 없이 컸다. 코시모는 노쇠하여 죽음을 눈앞에 두고 있었다. 피에로도 언제 죽을지 몰랐다. 그의 장남 로렌초는 열세살밖에 되지 않았다. 따라서 조반니의 죽음으로 가문의 모든 장래는 한순간에 꺾인 듯했다. 강력한 정적들(그렇게 크게 일어선 가문을 질시하던 다른 모든 가문들을 포함한)이 메디치가를 끝장내기 위해 기회를 엿보고 있다는 것은 불문가지였기 때문이다. 병약하고 연로한 코시모가 사랑하는 아들을 불귀의 객으로 보낸 뒤 지친 몸을 끌고 자신이 지은 웅장한 궁전을 여기저기 다니면서 "이제는 이 작은 가문이 살기에 너무 큰 집이야"라는 말을 몇 번이고 되뇌었다는 슬픈 이야기가 전해진다.

조반니는 가족 성당인 산 로렌초 성당에 묻혔다. 그 성당은 당시에 막 완공되어 코시모에 의해 기증된 뒤였다. 조반니 디 비치와 피카르다는 이미 '구(舊)성구실'에 묻혔고,[36] 그들의 손자이자 이 두 번째 조반니도 이제 그곳에 묻혔다. 그리고 6년 뒤 그의 형 피에로가 죽었을 때 도나텔로의 가장 탁월한 제자

---

36) 1516년 레오 10세가 착공한 '신 성구실'은 메디치가의 두 번째 가문묘로 의도되었다. 이곳에 1604년에 가문의 후세대들을 위해 세 번째이자 더욱 웅장한 묘가 다시 덧붙었다(페르디난도 1세에 의해). 교회에서 처음 두 묘로 들어가는 출입구는 현재는 차단되어 있고, 봉쇄구역에서 두 묘로 들어가는 문이 따로 나 있다.

베로키오(Verrocchio)[37]가 두 형제의 합장 묘 설계를 위임받고 매우 운치있는 묘를 만들었는데, 성구실과 성모 예배당 사이로 난 아치 길에 자리잡고 있는 이 묘는 청동 아칸더스 잎사귀들로 덮인 반암 석관으로 되어 있다. 이 묘는 베로키오의 중요한 첫 작품이다.

코시모는 1464년 8월 1일 늘 애용하던 카레지 저택에서 일흔다섯의 나이에 죽었다. 피에로는 다음날 자기 두 아들에게 할아버지의 죽음에 관해서 일러주는 가운데 이렇게 말했다:

"할아버지는 내게 유언하시기를, 내게 좋은 재능이 있으니 그것을 잘 갈고 닦아 할아버지의 많은 걱정을 덜어달라고 하셨다 … 장례식 때 허세도 과시도 원하지 않는다고 하셨다 … 전에도 내게 말씀하신 대로, 산 로렌초 성당에 묻히고 싶다는 뜻을 다시 주지시키셨고, 모든 말씀을 어찌나 차분하고 맑은 정신으로 하시는지 무척 놀랐다. 할아버지는 자기 생애가 길었으므로 하느님이 데려가시려 할 때 언제든 흔쾌히 떠날 준비가 되어 있다는 말씀도 잊지 않으셨다. 어제 아침 할아버지는 손수 옷을 입으셨다. 그리고는 산 로렌초의 수도원장에게 고해를 하고 미사를 청해 놓고 건강한 사람처럼 응송(應誦)을 하셨다. 신앙 고백을 요청받았을 때 사도신경을 한 마디씩 암송하시고 직접 신앙 고백을 하신 다음 성체를 받으셨는데, 시종 매우 경건한 자세를 잃지 않으셨다. 그리고는 자기가 누구에게 잘못한 것이 있으면 용서해 달라고 청하셨다. 나는 이런 모습을 지켜 보면서 하느님께 대한 소망이 일어나 용기를 얻었다."

코시모가 피렌체 시민들 사이에서 누린 인기는 죽는 날까지 그치지 않았다. 다른 모든 나라 군주들에게서 받은 존경도 마찬가지였다. 그의 장례식은 그가 바라던 대로 허세가 없이 치러졌고, 그는 처음에는 산 로렌초 성당 구 성구실에 묻혔다. 시뇨리아는 그를 위해 매우 성대한 장례식과 거창한 기념비를 계획했었으나, 메디치가는 그 유언에 따라 그 둘 다 거절했다. 그러나 피렌체

---

37) 당시에 도나텔로는 죽은 뒤였다.

시민들은 그에게 어떻게 해서든 특별한 명예를 부여하고 싶었다. 그 결과 시뇨리아는 그에게 국부(國父, Pater Patriae)라는 칭호를 부여하며, 이 사실을 그의 묘에 공화국의 이름으로 새겨넣는다는 내용의 법령을 통과시켰다. 그리하여 다음과 같은 명예로운 비명(碑銘)이 새겨지게 되었다: "COSIMUS MEDICES HIC SITUS EST DECRETO PUBLICO PATER PATRIAE." 그가 죽은 뒤 이보다 더 명예로운 칭호가 부여될 수 없었다. 그는 그 이래로 파테르 파트리아이(국부)라는 칭호로 역사에 늘 알려졌다.

그러나 코시모에게 돌아간 명예는 '국부'라는 칭호로 끝나지 않았다. 그 이상의 독특한 영예가 그에게 돌려졌다. 아주 옛적에 건립된 산 로렌초 성당은 높은 제단 밑에 극진한 숭배를 받던 순교자들의 유골이 많이 안치되어 있는 '암브로시우스 바실리카'이다. 그리고 가톨릭 교회의 장구한 통치는 그곳에 대한 존경심에서 어떤 개인도 그런 바실리카(성당)에 묻는 것을 금지하고, 다만 성당에 딸린 성구실이나 예배당에 묻는 것만 허용했다. 그리고 특별한 경우에 중요한 사람들이 성당 밑의 지하 묘지에 묻히는 것이 허용되긴 했으나, 그렇게 묻히는 사람은 성당 내에 묘비를 세우는 것이 일체 허락되지 않았고, 묘비도 지하 묘지에 두어야 했다. 따라서 산 로렌초 성당의 본당 회중석(nave) 바닥에는 묘비들이 없고 다만 하나만 예외적으로 서 있다. 그 예외적인 묘비가 국부 코시모의 묘비이다. 밀리오레(Migliore)는 「고결한 도시 피렌체」(Fierenze Citta Nobilissima, 1684)라는 흥미로운 고서에서 산 로렌초 성당을 묘사하면서 이 점에 관해서 다음과 같이 적는다:

"여기서 특히 조반니 3세(Giovanni III) 때 포르투갈에서 열린 브라가렌세 공의회 때 성당 참사회가 내린 갸륵한 결정을 눈여겨봐야 한다. 그것은 거룩한 순교자들의 유골에 대한 존경심에서 다른 사람의 시신을 바실리카에 매장하는 것을 허용하지 않는다는 결정이었다. 이 결정에 부합하게 포석(鋪石) 중앙 제단 밑둥에 국부 코시모의 기념비가 서 있는 것을 보게 된다. 뱀처럼 휘감은 반암 장식에 사면에 메디치가의 네 가지 문양이 새겨진 대리석 기념비이다. 그러나 시신은 이곳에 안치되어 있지 않고, 포석 위에 아무런 이름도 새겨지지 않은 채 이 교회에 묻힌 다른 모든 사람들과 함께 지하 묘지에 안치되어 있다. 이것은 이 성당 설립자와 다름없는 그와 다른 사람들 사이에 당연히 유지해야 할 구별의 상징이었다. 그의 자질들을 잘 아는 사람들은 그 모든 것을 '전 세계에서 가장 유능하고 유명한 사람'(Vir potens, famosus in toto mundo)이라는 말로 요약한다. 일 볼라테라노(Il Volaterrano)는 '공무와 학문과 지혜와 지식에 그만한 역량을 갖춘 사람은 다시 없었다'고 덧붙인다."

그 기록은 코시모가 공화국과 이탈리아를 위해서 이룩한 모든 업적을 상술한 뒤 다음과 같은 결말을 짓는다:

"그가 죽은 뒤 공화국은 그에게 국부라는 명예로운 칭호를 부여했다. 일찍이 그 공화국에서 어느 누구에게도 수여해 본 적이 없는 칭호였고, 로마에서도 희귀했다. 공화국이 위신을 걸고 그의 시신을 이 묘지로 옮길 때 그 칭호를 부여한 것말고도 대단히 화려한 의식이 따랐다. 파비우스 막시무스(Fabius Maximus)의 장례식을 연상하게 하는 의식이었다."

지하 묘지를 찬찬히 관찰해 보면 코시모에게 바쳐진 이 특별한 경의가 얼마나 독특한 방식으로 수행되었는지를 발견하게 된다. 분명한 것은 피렌체인들이 그 행사를 대충 치르려 하지 않았다는 것이다. 보통 경우라면 코시모의 이름이 새겨진 석관이 성당 1층 포석의 기념비 바로 밑의 지하묘지에 자리잡고 있겠지만, 코시모의 경우에는 반암 석판 바로 밑에 한 면이 2.4m 가량 되는 큰 정방형 기둥이 지하 묘지에서 위로 똑바로 올라가 있고, 그 위에는 메디치가의 문장(紋章)들과 "피에로가 아버지를 기념하여 이것을 세우다"라는 다섯 마디의 짧은 라틴어 비명만 새겨져 있는 것이다. 이 기둥이 코시모의 묘이다. 그의 이름은 그 위에 어디에도 새겨져 있지 않다. 그것은 윗층 바로 그 지점의 반암 석판으로 바로 이어지며, 이렇게 해서 전체가 하나의 기념비를 이룬다. 이것은 피렌체의 어느 누구에게도 수여되지 않은 전무후무한 명예였다. 이렇게 해서 코시모는 산 로렌초의 대제단 정면에 묻힌 셈이었다.

코시모의 인격에 대해서는 방대한 양의 글이 쏟아져 나왔고, 메디치가의 경우가 대개 그렇듯이 지독히 혹독한 비판도 많이 나왔다. 그로 인해 메디치가에 대한 균형잡힌 시각을 잃은 사람들은 그에게서 아무런 미덕도 발견하지 못한다. 따라서 비교적 온건한 시몬즈(Symonds. 그 주제에서는 여느 저자들을 훨씬 능가한다) 같은 저자조차 코시모를 "냉소적이고 자기밖에 모르는 부르주아 전제군주"라고 부른다. 그러나 시몬즈는 그러한 관점을 가지고는 코시모가 평생 줄줄이 얻은 별명들의 의미를 그가 이뤄낸 사실(史實)들과 관련지어 캐내기가 어려웠을 것이다.[38]

다른 저자들은 코시모가 외관상 드러낸 모든 덕이 비열한 야심을 가리기 위해 연출한 것이라고 주장한다. 그러나 코시모의 생애에는 이런 주장과 일치하지 않는 많은 사실들이 있다. 게다가 마르실리오 피치노가 다음과 같이 쓸 수 있었다면 그 주장은 사실일 리 없다: "나는 플라톤에게 많은 은덕을 입었고, 코시모에게도 적지 않은 은덕을 입었다. 플라톤이 내게 관념으로 전해준 덕들을 코시모는 현실로 깨우쳐 주었다." 시몬즈와 다른 저자들은 코시모가 피렌체의 자유를 훼손했다고 비판한다. 그러나 그가 헌법에 도입한 변화들은 몇 안 되는 데다가 중요하지 않은 것들이었다. 사실은 피렌체가 공화제적 형태들을 갖추고 있긴 했으나 진정으로 자유를 소유한 적이 없었다는 것과, 백성들이 끊임없는 불화와 정쟁과 추방과 그로 인한 손실에 시달려온 차에 코시모가 제시한 안정되고 효과적인 정부를 반겼다는 것이다. 만약 그렇지 않고 그의 통치가 사기에만 의존했더라면 얼마 못 가서 끝나고 말았으리라.

그러나 피렌체의 정계에는 메디치파와 반(反) 메디치파가 있었다. 반 메디치파가 개진한 주장들은 (그것이 탄탄한 기반이 있는지의 여부와 전혀 상관없이) 후대에 이런저런 저자들이 마치 역사의 공인된 판결을 대변하기라도 하듯이 내세운 치우친 판단과 과장된 진술의 근거가 되어 왔다.

그리고 그런 저자들의 펜 놀림에 의해 코시모는 참으로 모진 취급을 받았

---

38) 부르크하르트는 코시모가 부르주아였다는 이유로 시몬즈가 냉소적으로 대했다고 언급하면서, 이렇게 주장한다: "코시모처럼 대상(大商)이자 정당 지도자요, 이탈리아에서 능가할 사람이 없는 문화인이요 수많은 사상가와 저자와 연구가들을 주변에 끌어모은 사람이라면 이미 왕과 다름없다."

다. 그들은 코시모가 국가와 민족의 번영을 위해 쏟아부은 뜨거운 노력을 개인적 야심으로만 치부했다. 그가 자기 나라의 운명을 그토록 오랜 기간 좌우하고 그런 성공을 안겨주는 데 큰 자산이 되었던 선견지명이 있는 정치적 식견마저 공화제 분쇄의 길을 닦기 위해 극비리에 추진한 간계로 치부했다. 순전히 백성의 유익을 위해 취한 행동도 대수롭지 않은 것으로 폄하하거나 '음흉한 간계'로 돌렸다. 마지막으로 동족들이 그의 묘비에 부여한 칭호도 '입 발린 말'로 해석했다. 아첨이란 당사자가 죽고나면 쓸모가 없다는 것을 생각하지도 않은 모양이다.

그러나 이런저런 모든 평가들을 생각할 때 자기들의 독립을 도둑질해가려는 시도에 대해 쌍심지를 켜고 있던 이 유난히 약삭빠른 인종이 이 한 가지 경우에 대해서는 각기 다양하게 자기 역사에 대한 부족한 식견을 드러냈구나 하는 생각이 든다.

마키아벨리(Machiavelli)는 코시모에 대해서 이런 평가를 한다:

"그는 대단히 사려깊은 사람이었다. 중후하고 예의바르고 덕망 넘치는 외모를 갖고 있었다. 초년은 고통과 유배와 신변 위협 속에서 지냈으나, 지칠 줄 모르는 관대한 성향 탓에 모든 정적을 누르고 백성에게 큰 인기를 얻었다. 거부(巨富)였으면서도 살아가는 모습은 검소하고 소탈했다. 당대에 그만큼 국정에 통달한 사람은 없었다. 따라서 그렇게 변화무쌍한 도시에서 그는 30년간 정권을 유지했던 것이다."

"지칠 줄 모르는 관대한 성향"이란 표현이 코시모의 생애에 관련된 사실들의 뒷받침을 받아 그의 인격의 가장 두드러진 특징으로 나타낸다. 이쪽 혹은 저쪽 진영 저자들의 온갖 증언들을 제쳐놓더라도 그가 자기 나라에 안겨 준 명백한 유익들, 그가 국력을 소진시켜 온 정쟁에 종지부를 찍은 일, 백성들에게 안겨 준 번영과 만족, 외교 정책의 결실로 조세 부담을 덜어준 일, 마지막으로 토스카나에 살던 모든 사람들의 뇌리에 남은 그의 관대한 성품에 관한 기억, 이 모든 것이 균형 잃은 비판들을 논박하며, 그의 동족들이 그의 묘에 새겨넣은 칭호가 그의 인품과 행동의 주된 특징들을 정확히 요약한, 대단히 합당한 것으로 여기는 사람들을 강하게 뒷받침한다.

## 제5장
# 메디치 궁전

메디치가 역사의 다음 단계로 넘어가기 전에 건축자 코시모와 뗼래야 뗼 수 없는 관계를 갖고 있는 그 가문의 저택을 살펴보자. 그만큼 주목할 만한 건물이기 때문이다. 이곳은 오늘날 유럽의 모든 지적 삶이 양육되고 자라난 요람이다.

메디치가는 그들의 역사 과정에서 피렌체에 있는 세 개의 궁전에 차례로 거했다. 첫째는 조반니 디 비치가 거했던 궁전으로서, 그 가문의 흥기와 관계를 갖고 있다. 둘째는 라르가 거리에 있는 궁전으로서, 역사에서 그 가문의 전성기와 관련된다. 셋째는 아르노 강 남안에 있는 궁전(피티 궁전)으로서, 그 가문의 쇠망과 관련된다. 여기서 그 가문의 역사를 연구하는 사람들에게 언제나 관심의 초점이 되어 왔던 것은 그 가문이 전성기에 거하던 두 번째 궁전이다.

이 궁전에는 큰 관심이 쏠린다. 이 궁전은 피렌체에 있는 모든 르네상스 양식의 궁전들 중에서 맨 처음으로 건축되었다는 점에서 건축학적으로도 흥미를 끈다. 이 궁전과 관련되어 발생한 허다한 중요 사건들 때문에 역사석으로도 흥미로우며, 마지막으로 학문과 예술과 맺고 있는 관계 때문에도 깊은 흥미를 자아낸다. 건축학적인 면에서 이 궁전과 관련하여 주목해야 할 첫째 점

메디치 궁전의 뜰. 미켈로초 미켈로치가 설계했다.

은 우선 그 연대(1430)이며, 둘째는 양식과 진지함과 전반적인 구도가 같은 시대의 프랑스, 영국, 독일에 세워진 궁전들을 훨씬 능가한다는 점이다. 475년을 서왔으면서도 양식이 열등하다거나 균형이 모자라는 등 보는 이의 눈에 거슬리는 구석이 조금도 없다. 그러다보니 이 건물이 아쟁쿠르 전쟁이 불과 15년밖에 진행되지 않았고, 장미 전쟁이 채 시작도 하지 않았고, 헨리 6세가 불과 8살밖에 되지 않았을 때 건축되었다는 사실을 잊기 쉽다. 그러나 이 궁전을 동시대의 다른 지역에서 건축된 비슷한 유의 건물과 비교해 보면 메디치가가 1430년에 자기들을 위해 세운 이 준수하고 넉넉하고 편리한 궁전이 심지어 당대의 영국, 프랑스, 독일의 왕궁전보다도 훨씬 뛰어났다는 것을 알게 된다.

이 궁전은 세 가지 건축 양식으로 지었다. 1층 바닥은 '루스티카'(Rustica)라고 하는 독특한 양식, 2층은 도리아 식, 3층은 코린트 식으로 지었다. 훗날 크게 유행하게 된 루스티카 양식은 거칠게 다듬은 큰 돌을 사용한 건축 양식으로서, 이 궁전을 짓는 데 최초로 쓰였다. 전하는 바로는 미켈로초(Michelozzo)가 이 양식을 채택한 이유는 "이탈리아의 눈부신 햇살 아래 미(美)에 매우 본질적인 빛과 그림자로써 견고하고 강인한 인상을 연출하려 했기 때문"이었다고 한다. 이 건축에는 많은 비용이 들었으며, 새 궁전을 짓게 된 주된 원인이 "보통 시민으로서는 엄두를 내지 못할 웅장함에 있었기" 때문이었다고 전해진다. 고리 거리(Via de' Gori) 쪽을 바라보는 바닥층의 모서리는 원래는 한쪽에 벽이 없는 형태의 복도였다. 윗 층들의 창문은 작고 우아한 기둥들로 나뉘어 있으며, 창문들 위에는 코시모가 특별히 고안한 메디치가의 세 개의 깃털 장식과 문장(球球들)이 새겨져 있다.[1]

궁전의 모퉁이에는 유명한 파날레(fanale)가 있는데, 이것은 니콜로 카파라 (Niccolo Caparra)가 만든 유명한 쇠 등잔 중 매우 완벽한 것으로서, 아주 저명한 시민들의 궁전에만 사용이 허용되었다. 바닥 층이 견고한 것은 그 시대의 요청에 따른 것이었다. 그 시대에 중요한 가문의 저택은 궁전 이외에도 요새로도 쓰였는데, 피렌체 궁전의 기초는 바스티유 궁전만큼이나 견고하게 건축되었고, 장식은 위층들에만 했다. 그런 궁전들의 출입문은 아치형 문을 지나 널찍한 안뜰(cortile)로 들어간다. 안뜰에는 복판에 궁전이 서 있는데, 안뜰에 이어진 고운 대리석 계단을 올라 1층의 수려한 방들로 들어가게 된다.

이 궁전은 코시모가 르네상스 건축의 모델로 지을 마음을 먹고 지은 궁전이었다. 물론 이 궁전은 완공 당시 피렌체든 이탈리아든 여느 궁전들을 훨씬 능가했다. 그런 유의 건물로는 최초이면서도 그 뒤에 비슷한 양식의 탁월한 건물들이 줄지어 건축되었는데도 여전히 가장 뛰어난 건물로 남아 있어서 피렌체의 훌륭한 궁전들 가운데 지도자 격으로 남아 있다는 것이 특기할 만한 일이다.[2] 바니스터 플레처(Banister Fletcher) 교수는 「건축사」(History of Architecture)라는 책에서 이 궁전을 궁전으로 사용된 르네상스 건축물 중에서 최고로 친다. 아울러 이 건물이 특히 두 가지 점에서, 즉 "견고한 루스티카 양식의 석공술과 그 건물의 꽃이라 할 수 있고 그 감동적인 효과를 상당히 뒷

---

1) 과거에는 여덟 개였던 구의 수가 여기서는 처음으로 일곱 개로 줄어든다. 코시모는 항상 일곱 개를 사용했다.

2) 예를 들어 유명한 스트로치 궁전은 이중에서 아마 가장 빼어난 궁전인 듯하지만 메디치 궁전이 완공된 지 60년 뒤에야 비로소 건축되었다. 피티 궁전(역시 훗날 메디치가에 의해 건축된)은 물론 규모는 더 크지만 건축학적인 면에서는 이 궁전만큼 완벽하지 못하다.

메디치가의 저택 일 트레비오. 주스토 우텐스 작. 코시모는 1433년 메디치가에 대한 음모가 벌어지는 동안 이 저택으로 은신했다. 이 저택은 훗날 조반니 델레 반데 네레의 손에 넘어갔다.

카파졸로에 있는 메디치가의 저택. 주스토 우텐스 작. 메디치가가 여러 세대 동안 소유했던 영지에 미켈로초가 코시모의 의뢰를 받아 재건했다. 탑들 중 하나는 그 이래로 무너졌다.

받침하는 대담하고 웅장한 처마 돌림띠(cornice, 높이가 2.4m)에서 최초이자 최고의 예가 된다."[3]

---

3) 이 궁전은 길이가 90m에 깊이가 45m, 높이가 27m이다. 이 길이의 약 1/3은 230년 뒤 리카르디가

그러나 이 궁전은 건축학적 면에서도 흥미를 자아내긴 하지만, 15세기 중반부터 16세기 중반에 이르는 기간의 역사에서 중심지가 되어 왔다는 점에서도 흥미를 자아낸다. 이 궁전은 국부 코시모 때부터 1539년 코시모 1세(메디치가의 초대 대공大公)가 더 넓은 새 궁전에서 살기 위해 아르노 강 맞은 편에 준비한 베키오 궁전으로 이사할 때까지 백여년간 메디치가의 집이었다.[4] 따라서 전성기 내내 그들의 집이었던 셈이다. 이곳에서 국부 코시모가 온갖 노력을 기울이며 긴장된 세월을 보냈고, 이곳에서 위대한 자 로렌초가 자기 주변에 탁월한 지식인들을 모았다. 이곳에서 훗날의 교황 레오 10세가 양육되었고, 이곳에서 훗날 교황 클레멘스 7세가 된 그의 사촌이 가문의 진흥을 위해 세심한 계획을 세웠다. 이곳에서 카테리나 데 메디치(카트린 드 메디시스)가 태어나 소녀시절을 보냈다. 그리고 이곳에서 피렌체의 역사에서 가장 중요한 시기에 거의 모든 큰 사건들이 발생했다.

유럽에서 메디치 궁전만큼 그 현관을 드나든 많은 유력 인사들에게 환대를 베푼 궁전은 많지 않다. 밀리오레(Migliore)는 그 중에서 환대받은 사람들의 수와 높은 신분 때문에 메디치 궁전은 "온 세계 제후들의 호텔"로 불렸다고 한다. 이 건물은 오늘날은 리카르디 궁전(the Riccardi Palace)이라 불린다. 그 뒤 오랜 세월 그 가문이 국가로부터 받아 거해온 까닭이다. 그러나 지금은 다시 국가의 소유로 넘어갔으므로 본래의 이름으로 부르는 게 옳을 것이다.[5] 지금은 별로 대수롭지 않게 여기는 건물이지만 피렌체에서 중요하기로 손꼽히는 건물이니 그 중요성을 제대로 평가 받아야 할 것이다.

그러나 무엇보다 큰 것은 학문과 예술의 관점에서 이 궁전에 쏠리는 관심이다. 이 궁전에 여전히 남아 있는 비명은 그 궁전을 가리켜 "모든 지식의 보모"라고 하는데, 이것은 정당한 표현이다. 이는 고대 그리스와 로마의 학

가 이 궁전을 매입한 뒤 증축했다. 이 궁전을 매각할 때 증축할 경우 궁전 본관과 동일한 스티일과 디자인을 사용해야 한다는 조건이 명시되었다.

4) 피티 궁전. 이 궁전은 메디치가가 건축했고 그들이 200년간 살았는데도 한번도 그곳에 산 적이 없는 가문의 이름이 붙은 것과, 3세기 동안 메디치가가 건축하고 기거한 궁전들 중에서 그들의 이름이 붙은 궁전이 하나도 없다는 것은 이상한 일이다.

5) 이 건물은 1659년에 리카르디가에게 매각되었으나 약 100년 뒤 국가가 다시 사들였다.

문이 되살아난 곳이 이곳이고, '새 지식'이 유럽의 면모를 바꾸어 놓게 된 것도 이곳에서부터였기 때문이다. 중앙 문으로 들어가 아케이드를 지나면 안뜰(cortile)이 눈에 들어온다. 이 뜰은 한때 온갖 유명한 조각상들로 장식되었는데, 그 중에는 예술계에 지대한 영향을 끼친 도나텔로의 청동 다윗상이 있었다. 한편 아치 위에 여전히 걸려 있는 그의 원형 양각들도 눈에 들어온다. 아케이드 밑에는 고전 시대의 흉상, 비명, 석관들이 줄지어 있어, 이곳에서 고대 학문에 대한 열정이 뜨겁게 타오르던 시절과 코시모가 아들처럼 대한 대학자 마르실리오 피치노(Marsilio Ficino)가 제단에 등불을 켜 두듯이 플라톤 흉상 앞에 등불을 켜 두었던 시절을 회상하게 한다.

이곳에서는 학문 못지않게 예술도 존경과 장려를 받았다. 메디치가가 사방에서 수집하여 이 궁전에 모아둔 예술품은 상당량에 이르렀다. 그 분량은 1471년에 밀라노 공작이 온 이탈리아를 다녀봤어도 이 궁전에서 본 것만큼 많은 예술품을 본 적이 없다고 한 말에서 어림 짐작하게 된다. 그러나 그것도 위대한 자 로렌초가 23년의 통치 기간 중 직접 수집한 막대한 분량이 보태지기 이전의 일이다. 로렌초는 그로써 아버지와 할아버지가 수집한 분량을 적어도 두 배는 늘렸다. 이렇게 축적된 보물과 같은 방대한 예술품들은 1494년 궁전이 민중에게 약탈될 때 유실되었다. 한편 1527년에도 그동안 수집된 예술품들이 송두리째 유실되었다. 그러므로 이렇게 두 번씩이나 약탈을 당하고나서도 피렌체의 미술관들과 박물관들에 여전히 대부분 메디치가가 수집한 그림들, 조상들, 브론즈들, 보석들 등 유럽의 다른 어느 소장품들을 능가하고도 남을 예술품들이 소장되어 있다는 것을 알면 메디치가가 얼마나 통이 큰 예술품 수집가들이었는지를 알 수 있다.

이렇게 막대한 비용을 들여 예술품들을 수집한 열정은 이 가문이 시작될 때부터 끝날 때까지 온갖 변화에도 아랑곳하지 않고 지속되었다. 가문 사람들의 성격이 달라도 이 점에서는 아무런 차이를 드러내지 않은 것같다. 그들이 국부 코시모 같은 대중지향적인 정치가였던지, 레오 10세 같은 사치스런 교황들이었던지, 아니면 코시모 1세 같은 철권 독재자들이었던지, 마지막 두 대공 같은 허수아비 같은 권력자들이었던지 간에 343년에 걸친 그들의 역사를 통틀어 이런 강한 특성을 보이지 않은 사람은 한 사람도 없다.

지금은 아무도 살지 않는 메디치 궁전에서는 다음과 같은 긴 라틴어 비명 (碑銘)을 볼 수 있다. 그 비명은 여행객을 잠시 불러 세워놓고 이곳이 한때 이름을 떨치던 메디치가의 저택이라는 것과, 황제들, 왕들, 교황들, 그밖의 걸출한 인물들이 이곳에서 거했다는 것을 주지시키고는 이렇게 이어간다:

"여행객이여,

이곳은 한때 메디치가가 살던 집이다. 여러 위인들뿐 아니라 지식 자체도 이곳을 고향으로 알고 살았다. 모든 학문의 보모였던 집이다. 이곳에서 학문이 재생했다. 활짝 꽃핀 문화, 고대 문학과 예술의 보고로도 유명한 곳이다."

영광이 떠나간 집치고 이렇게 긍지에 찬 비명을 둘 만한 곳은 많지 않다. 이 점과 관련하여 우리는 메디치가가 한 가문으로서 소유한 예술에 대한 안목의 출처와, 좀 다른 방법으로 표출되긴 했으나 그들이 학문에 대해 가졌던 안목의 출처를 추적해 볼 수 있다. 그들은 이 두 가지 사이의 관계를 폭넓은 스케일로 예증하고 있기 때문이다.

예술의 정신을 이해하는 사람이라면 가장 중요한 건 뛰어난 기교가 아니라는 것과, 기교에는 반드시 예술가의 머리에서 나오는 어떤 사고의 표현, 어떤 창조가 병행해야 한다는 것을 안다. 이것 없이 뛰어난 기교에만 의존한 그림이나 조각상은 어느 정도 명성은 얻을 수는 있으나 불후의 명성은 얻지 못한다. 따라서 기교 비평이란 "덜 중요한 것을 보여줄 수 있을 뿐이다"라는 말이 대대로 전해지는 것이다.

과연 이렇게 그림의 진정한 가치가 그것이 표현하는 사상에 있다고 한다면, 지식이 더 많을수록 그 사상을 이해할 수 있고 그 그림을 감상할 수 있게 되는 셈이다. 그리고 이것은 다른 경우도 다 그렇지만 여러 분야를 섭렵했던 다재다능한 고전 시대 회화의 대가들의 경우에는 배나 사실이다. 러스킨은 그런 대가들 중 한 사람이 남긴 중요한 프레스코 한 점을 오래 연구한 끝에 이 화가가 드러낸 역사, 과학, 신학, 그리고 그밖의 분야들에 관한 다양한 지식 앞에서 할 말을 잊었노라고 말했다. 그 화가가 자기가 알고 있는 것보다 얼마나 많이 알고 있는가를 깨닫고 그가 이 방대한 지식을 완벽한 소묘와 채색과 접목시킨 것을 확인하고는 자신이 "참으로 대가 앞에 서 있다"는 것을 느꼈다고 토로했다.

사실은 어떤 그림이든 나름대로 할 말을 갖고 있다. 린제이 경(Lord Lindsay)은 초기 대가들의 노력을 가리켜 "아이들의 더듬거리는 입술로 발설된 활활 타오르는 예언의 메시지"라고 표현한다. 작품이 조야하든 조야하지 않든 예술의 참 즐거움은 작품을 꿰뚫어 그 너머를 바라보고, "활활 타오르는 메시지" — 만약 그런 것이 있다면 — 를 해독하는 데 있다. 그러므로 예술은 보편 언어이다. 이 언어를 사용하여 예술가는 우리가 전에 들어본 적도 없는 높고 깊은 사상의 세계를 활짝 열어 준다. 따라서 학문과 예술은 손을 맞잡고 진행한다. 학문 없이는 예술도 할 말이 없다. 그렇게 할 말이 없는 예술은 인류의 관심을 오래 붙들어 두지 못한다.

그렇다면 "모든 학문의 보고"였으나 이제는 버려진 궁전 뜰에 서서, 우리는 메디치가의 학문이 그들을 역사상 가장 위대한 예술 후원자가 되게 한 것이 얼마나 자연스러운 일이었는지를 이해할 수 있다.

# 제6장

# 피에로 일 고토소 (Piero Il Gottoso)

### 1416년 탄생. 1464-1469년 재위. 1469년 죽음.

피에로 일 고토소는 역사로부터 당연히 받아야 할 주목을 받지 못했다. 사가들은 대체로 그의 대에 이르면 이렇다 할 언급 없이 훌쩍 건너뛰거나 그가 병약했다는 따위의 몇 마디 시원찮은 소리를 하고 넘어간다. 그러나 그의 역사와 인품이 그저 가벼이 건너뛸 만한 것이 아님을 독자 여러분은 보게 될 것이다.

아버지 국부 코시모가 죽자 당시 마흔여덟살이던 피에로는 가문의 수장 겸 피렌체 통치자의 자리를 물려받았다. 그는 벌써 소년 시절부터 통풍으로 고생했고, 일찌감치 '일 고토소'(Il Gottoso. 통풍병자)라는 별명을 얻어 늘 그 이름으로 알려졌다. 늘 병약한 몸 때문에 평생 큰 지장을 받았고, 장시간 정력적으로 국정을 수행할 수 없어서 학자로서 은인자중할 수밖에 없던 때가 많았다. 오히려 평생 조반니가 사실상 그의 자리를 대신하여 아버지의 총애를 받았고, 모든 사람이 그를 장차 대를 이을 사람으로 여겼다. 피에로의 인품을 엿볼 수 있는 첫 번째 사례는 지금까지 우리가 들어보지 못한 사실로서, 그가 삼십 년을 그런 상황에서 살아오는 동안 그런 환경을 가지고 아버지나 동생에게 싫은 내색을 한 번도 하지 않았다는 것이다. 그러면서도 당시뿐 아니라 훗날에도 드러냈듯이, 메디치가의 저력을 고스란히 소유하고 있었다. 그는 역량있는 학자로 인정을 받았을 뿐 아니라, 코시모의 생시에 몇 차례에 걸쳐 베네치아, 밀라노, 프랑스로 다양한 외교 임무를 띠고 파견되었으며, 그렇게 파견되어 간 나라들에서 상당한 평가를 받았기 때문이다.

도제 프란체스코 포스카리(Doge Francesco Foscari), 밀라노 공작 프란체스코

스포르차(Francesco Sforza), 프랑스 왕 루이 11세(Louis XI)보다 사람의 인품과 역량을 더 정확하게 평가할 사람들은 없었다. 더욱이 그런 외교 직책들과 관련하여 피에로 일 고토소는 한 번은 매우 독특한 평가를 받았는데, 그것은 메디치가의 방패꼴 문장에 의해 오늘날까지 잘 보존되어 있다. 루이 11세는 피에로의 능력을 그만큼 높이 평가했기 때문에

피에로 디 코시모 데 메디치. '일 고토소'.
1416-1469. 미노 다 피에솔레 작.

그가 가문의 수장이 되던 때 프랑스의 백합 문양을 메디치가 문장의 구(球, ball) 중 하나에 찍도록 허용하는 특별한 영예를 그에게 수여했다. 그 구는 그 목적으로 푸른 색으로 채색되었다. 그리고 이때부터 메디치가의 문장은 프랑스의 백합 문양이 찍힌 하나의 푸른 구를 갖고 있다. 그 문양은 피렌체의 백합과 사뭇 다르다.[1] 이로써 그것은 피에로 일 고토소가 자기 나라 밖에서 얻은 높은 평가를 일러주는 항구적인 기록으로 남아 있다.

두 번째로, 피에로가 늘 병약에 시달림으로 해서 성격에 옹이가 박힌 것을 우리는 발견하지 못한다. 그는 매사에 성격이 뒤틀린 자와 정반대의 성품을 보여 주었다. 물론 사업과 국정을 병실에서 처리한 경우가 많았지만, 오히려 다양한 저자들이 전하는 바로는 그가 분쟁을 몹시 싫어하는 특성을 갖

---

1) 둘 다 백합을 상징하지만, 프랑스 문장은 잎사귀만 달린 백합이고, 피렌체 문장은 잎사귀와 꽃이 다 달린 백합이다.

고 있었다고 한다.

그러나 그의 성격 중에서 더욱 현저한 세 번째 특성이 있다. 메디치가의 역사를 통틀어 인품과 동기를 놓고 정반대되는 견해를 피력한 경쟁적 사가들 중에서 상충되지 않은 견해를 내놓은 사람은 피에로 한 사람뿐이다. 메디치가를 싸잡아 격렬히 비판하는 사가들도 피에로 일 고토소에 대해서는 입을 다문다. 그는 가문의 역사를 통틀어 이런 면모를 지니고 있는 유일한 수장인 셈이다.

피에로의 역사를 살펴보기 전에 아버지가 죽은 뒤 그가 승계한 지위가 정확히 어떤 것이었는지를 알아볼 필요가 있다. 어떤 이는 자신있게 그것이 국가를 통치하는 지위였다고 말하지만, 당시 그 지위의 독특한 성격을 잘 알지 못하면 그런 표현은 오해를 부를 수 있다. 통치 기구는 시뇨리아였고, 그 수장은 곤팔로니에레였다는 점을 잊어서는 안 된다. 피에로는 이 기구의 일원이 아니었고, 따라서 이론적으로 말하자면 아무런 공식 직함도 갖고 있지 않았다. 그러나 코시모가 그토록 오랜 세월 행사해 온 영향력 탓에 시뇨리아에 의해 시행되는 모든 조치는 실효에 들어가기에 앞서 반드시 메디치가 수장의 동의를 받아야 하는 것이 관례로 굳어져 있었다. 따라서 메디치가의 수장은 이론상으로는 평범한 공화국 시민에 지나지 않았으나, 실제로는 국가를 통치했고, 거의 절대 권력을 행사했다. 그러나 그 지위는 두 가지 조건을 충족시켜야만 유지할 수 있었다는 점을 유념해야 한다. 그것은 그 지위에 있는 당사자가 피렌체 동료 시민들보다 능력이 탁월하다는 것을 늘 입증해야 하는 것과, 끊임없이 인기를 유지해야 하는 것이었다. 이 중 어느 하나라도 지속되지 못했을 때 그 지위는 당장 이론상의 지위로 변했고, 메디치가 수장은 보통 시민에 지나지 않게 되었으며, 여느 사람과 다름없이 시뇨리아에 의해 추방당하기도 했다.

피에로의 동생 조반니가 죽었을 때 코시모는 병약한 피에로가 언제고 죽을 수 있다고 내다보고서, 열네살밖에 안 된 피에로의 장남 로렌초를 데려다가 모든 방법을 동원하여 국정을 가르쳤다. 그러나 로렌초가 열다섯살밖에 되지 않았을 때 그의 할아버지는 죽었다. 하지만 로렌초는 나이에 걸맞지 않는 능력을 갖고 있었다. 이는 피에로가 처음부터 두 아들 교육에 가장 큰 관심을 쏟은 탓이었다. 그는 란디노(Landino)를 시켜 메디치가를 짊어질 두 아이의 교육에 관한 총체적인 논문을 쓰게 했다. 그리고 피에로는 로렌초가 어느 정도 나이가 들자마자 마르실리오 피치노(플라톤 아카데미의 유명한 교장)를 그의 가정교사로 세웠다. 따라서 피에로는 가문의 수장이 되었을 때 코시모가 채택하기 시작했던 노선을 지속시켰고, 외교 문제는 직접 챙기는 대신 국내 정치는 유능한 어린 아들의 손에 대부분 맡겼다.

메디치가가 피렌체에서 권좌에 오른 뒤 30년간 피렌체에서는 그들을 그 자리에서 몰아내려는 시도가 불거져나온 적이 없었다. 그러나 코시모가 죽고 나자 그들을 제거하려는 시도가 다시 고개를 들었다. 이 가문이 차지하게 된 지위를 시기하던 사람들이 모인 큰 파벌은 피에로가 늘 골골한데다 그의 장남이 너무 어린 데서 거사를 일으킬 기회를 발견하고서 메디치가에 대한 반대 운동을 선동하기 시작했다. 이 운동의 선봉에는 루카 피티(Lucca Pitti)가 섰고, 그 뒤에서 아뇰로 아치아욜리(Agnolo Acciajoli), 니콜로 소데리니(Niccolo Soderini), 그리고 심지어 코시모에게 가장 신임을 받던 고문이자 코시모가 피에로에게 특히 의지하라고 조언한 디에티살비 네로니(Dietisalvi Neroni)가 지원했다. 이 운동에 관련된 사람들은 메디치가의 인기 때문에 피렌체의 하층민들이 메디치가를 추방시키기 위한 정식 절차를 가만히 보고만 있지 않을 것을 잘 알고 있었으므로 그 운동은 곧 무장 반란 계획으로 발전했다. 음모가들이 세운 목표는 피에로를 처형하고 가문을 추방하는 것이었다. 이 음모는 1465년 내내 진행되어 1466년까지 지속되었다.[2] 피에로는 무언가 진행되고 있음을 감지했겠지만, 음모와 분쟁을 싫어하는 천성 탓에 일부러 무시했으며, 만약 음모가 정식으로 실행된다 해도 자기에게 그것을 격퇴할 힘이 있다고 느끼고 있었는데, 그것은 참으로 올바른 판단이었다. 그가 루카 피티가 허황되고 무능한 사람이라는 것과, 그를 지원하는 다른 이들이 지나치게 자신의 건강 악화

---

2) 이 기간 동안 피에로는 여전히 디에티살비 네로니의 정체를 모른 채 코시모의 권고를 따라 그를 수석 고문으로 삼았지만, 네로니는 계산된 방식대로 그의 인기를 떨어뜨릴 기회가 생기면 결코 놓치지 않았다. 반란이 그토록 지연된 데에는 이런 계획을 이행할 시간을 벌기 위한 이유도 있었을 것이다.

로 인한 결과에 의존하고 있다는 것을 잘 알고 있었다. 아울러 음모가들이 한동안은 반란 계획에 일사불란하게 동의할 수 없으리라는 것도 잘 알고 있었다. 그의 예견대로 피에로가 다스린 처음 두 해 동안에는 어떠한 행동도 도출되지 않았다.

그러는 동안에 다른 나라들에서 발생한 주요 사건들은 다음과 같다:

교황 피우스 1세(Pius II)가 국부 코시모와 같은 달에 죽어 파울루스 2세(Paul II)가 교황직을 승계했다.

프랑스에서는 루이 11세가 새 시대를 열었다. 매정하고 계산적이고 간교하고 숱한 살인과 포악으로, 특히 권모술수로 많은 사람들을 죽게 한 것으로 큰 혐오의 대상이 된 그는 '세계의 거미'라는 별명을 얻었다. 동시에 프랑스에 결정적으로 유익을 끼친 대대적인 변화를 일으켰다. 귀족들의 세력을 꺾고, 더이상 두려워할 정적이 남지 않을 때까지 그들을 차례로 살해했고, 왕권으로부터 독립을 꾀할 만한 모든 싹을 잘랐다. 그러나 혼돈을 바로잡아 질서를 구축했고, 프랑스를 강하고 번성한 국가로 만들었으며, 절대 왕조를 창건했다. 재위 처음 6년 동안(1461-1467) 위에서 말한 권력 투쟁에 몰입한 결과 한동안 프랑스 귀족들의 세력을 짓눌렀다.

1466년에는 밀라노 공작 프란체스코 스포르차가 죽었다. 그는 코시모의 지원을 받아 권좌에 오른 이래로 메디치가의 변함없는 친구가 되었는데, 이 강력한 원군의 죽음은 피에로의 지위를 대내외적으로 약화시키는 경향을 띠었다. 프란체스코의 아들이자 후계자 갈레아초 스포르차(Galeazzo Sforza)가 성격이 강인하지 못해 확고히 기댈 만한 사람이 아니었기 때문이다.

──────────

1466년 8월 피에로를 죽이고 메디치가를 말살하기 위해 물밑에서 진행되어오던 음모가 마침내 고개를 들고 일어났다. 루카 피티가 이끄는 파벌이 피렌체에서 몇 km 떨어지지 않은 곳에 병력을 결집시키고, 당시 카레지 저택에서 병세가 매우 깊어 누워 있던 피에로를 체포할 작전을 세웠다. 동시에 페라라의 공작 보르소(Borso)의 형제 에르콜레 데스테(Ercole d'Este)가 이끄는 병력이 그들을 지원하기 위해 페라라에서 피렌체 접경으로 진군했다. 그러나 음모자들은 작전 실행 단계에서 피에로에게 완전히 속아넘어갔다. 피에로가 그처럼 중병을 앓고 있는 사람답지 않은 결단과 정력을 발휘했기 때문이다. 그는 가마를 타고 즉시 피렌체를 향해 길을 나섰다. 도중에 반란군이 수색을 했으나, 그들의 수색을 간신히 피했다. 그때 열일곱살이던 어린 아들 로렌초가 위기 속에서 큰 침착과 기지를 발휘하여 아버지 피에로의 목숨을 구한 것이다. 앞서 말을 타고 가던 그는 국도변에 반란군이 피에로를 잡으려고 매복해 있다는 소식을 듣고는 기지를 발휘하여 자신은 그들의 시선을 최대한 붙들어 매둔 채 아버지를 호위하여 오던 일행에게 다른 길을 택해 아버지를 피렌체로 안전하게 모시도록 전갈을 보냈다.

메디치 궁전에 도착한 피에로는 즉시 지지 세력을 규합하고, 마침 토스카나 접경에 주둔하고 있던 밀라노 군의 일부 병력에 지원을 요청하여 반란군보다 더 큰 병력을 규합한 다음 반란군을 덮쳤다. 음모자들은 루카 피티의 우유부단과 그로 인한 자중지란으로 분열되고 피에로의 신속한 반격에 당황한 나머지 전의를 상실하고 말았다. 그들의 병력은 겁을 먹고 뿔뿔이 흩어졌고, 지도자들은 항복했다. 정식 선출 절차에 따라 새로 소집된 시뇨리아는 즉각 반란 주모자들인 루카 피티, 디에티살비 네로니, 니콜로 소데리니, 아뇰로 아치아유올리에게 사형을 언도했다. 그중에서 철저한 배은망덕과 배신을 서슴지 않은 네로니만큼 그 판결을 받아 마땅한 사람도 없었다.

그런 상황에서 피에로는 대단히 훌륭한 인격을 발휘했다. 그는 이 사람들을 처형하는 데 극구 반대했다. 그들을 위해 나서지 않은 게 자기에게 분명히 유익했을 텐데도 말이다. 실제로 그중 두 사람인 네로니와 소데리니는 사면과 자유를 이용하여 베네치아로 하여금 피에로에게 전쟁을 일으키도록 선동했다. 반면에 즉각 사면받은 루카 피티는 그 조치에 감동하여 피에로의 평생 친구가 되었다. 그리고 나머지 사람들은 단지 피렌체에서 떠나라는 명령을 받는 것으로 그쳤다. 마키아벨리는 이렇게 말한다: "피에로의 정적들이 피렌체의 동료 시민들의 손에 피를 묻히지 않았던 것은 그(피에로) 덕택이었다."

이렇게 해서 피에로는 가공할 반란을 피 한 방울 흘리지 않은 채 진압했다. 아마 이것이 통치자의 목숨을 노리고 일어난 무장 반란이 그 지도자에 의해 한 사람의 목숨도 잃지 않은 채 심지어 반란 총지휘자를 영원한 친구로 만들어 놓은 채 진압된 그 시대의 유일한 사례일 것이다. 피에로 일 고토소가 성취한 이 한 가지 업적만으로도 그의 역량과 높은 인품을 입증하고 그를 국가 통치에 걸맞는 인물로 평가하기에 충분하다. 전하는 바로는 루카 피티의 반란이 그렇게 진압되었을 때 어린 로렌초가 아버지의 조치에 대해 친구에게 "용서할 줄 아는 사람만이 정복할 줄 안다"고 말했다고 한다.

메디치가의 첫 세대들이 발휘한 이러한 행동과 덕성은 그 가문이 피렌체에서 높은 지위에 오르는 데 이바지했다. 이 일이 있고 난 지 60년 뒤에 클라리체 데 메디치(결혼하여 클라리체 스트로치가 됨)는 당시 그 가문을 대표하고 있던 사람들의 태도와 조상들의 태도를 대조하는 내용의 장광설을 토하면서, 조상들이 피렌체 시민들의 호의를 얻은 것은 도량과 지혜 덕분이었다고 말했을 때 그것은 더도 덜도 아닌 사실 그대로였다.

메디치가를 제거하려는 그런 가공할 시도를 격퇴하되 완승 후에 그런 온유와 친절을 보임으로써 거둔 자연스런 결과로 그 가문은 피렌체에서 차지해 온 독특한 지위를 더욱 굳히게 되었다. 이 사건으로 인해 민중에게 더 큰 인기를 얻게 된 메디치가의 수장은 "명목상의 왕" 이상의 존재가 되었다.

위에 소개한 일화 뒤에 베네치아와의 전쟁(1467)이 벌어졌다. 코시모가 밀라노와 동맹을 맺은 이래로 베네치아는 메디치가에 복수할 기회를 노려 왔는데, 이제 그 기회가 찾아온 듯했다. 니콜로 소데리니와 디에티살비 네로니는 피렌체에서 추방된 뒤 베네치아로 곧장 달려가 도제가(the Doge)와 시의회에게 피에로를 치도록 설득하면서, 피렌체에는 메디치가에게 반기를 들 큰 집단이 준비되어 있다고 주장했다. 이들의 충동을 받은 베네치아 군대는 유명한 바르톨로메오 콜레오니(Bartolommeo Colleoni)의 지휘하에 1467년 5월 피렌체로 진군했다. 그러나 예전 같으면 들고 일어나 메디치가를 공격했을 피렌체 시민들도 피에로의 행동에 감복한 나머지 미동도 하지 않았고, 따라서 그곳에 베네치아 지지 세력이 있으리라는 추정은 사실 무근임이 입증되었다. 피에로는 밀라노 공작과 나폴리 왕을 원군으로 얻는 데 성공하여 양쪽으로부터 군대를 파병받았다. 피렌체 군대는 이몰라라는 작은 나라에서 베네치아 군대를 맞이하여 격퇴했다. 그 뒤 1468년 4월 평화 조약이 체결되었고, 그 결과 피렌체는 무척 탐내오던 사르차나 시와 사르차넬로 요새를 자국 영토에 복속시켰다. 그리고 같은 해 8월 나폴리와 우르비노의 지원을 받은 피렌체는 짧지만 아주 성공적인 원정을 감행하여 교황이 리미니라는 작은 나라를 차지하지 못하도록 저지하였다. 이런 성공들에 힘입어 피에로는 피렌체에서 자기 가문의 기반을 더욱 공고히 다졌다.

이런 다양한 난관들을 극복한 뒤 맞이한 피에로의 생애 마지막 해인 1469년은 평화와 축제가 끊이지 않았다. 피에로의 아들 로렌초는 이제 열아홉살이었고 둘째 아들 줄리아노는 열다섯살이었는데, 1469년 2월 메디치가의 이 두 젊은이들은 지난 몇 년간 아버지의 와병과 정치적 난관들 때문에 일상화해 온 침울한 분위기를 털어내고 밝고 축제적인 삶을 시작하기 위해서 화려한 마상 대회를 개최했다. 이 대회는 로렌초와 클라리체 오르시니(Clarice Orsini)의 약혼을 축하하여 개최되었다. 클라리체 오르시니는 로렌초의 어머니 루크레치아 토르나부오니(Lucrezia Tornabuoni)가 며느리로 선택한 로마 여성으로서, 루크레치아가 로마에 갔다가 남편 피에로에게 그 젊은 여성을 만나보고 그녀의 외모에 관해 적어 보낸 편지가 현존한다.

당시 열여섯살이던 클라리체 오르시니도 로렌초에게 보내는 정중한 인사를 루크레치아의 편지에 동봉한다. 반면에 클라리체는 어떤 친구에게 보낸 편지에서는 "로렌초가 이 마상 대회에 너무 몰입해 있느라" 자기에게 자주 편지를 쓸 시간을 내지 못한다고 불평한다. "창에 찔릴까봐" 여러 날 걱정하고 의기소침해 있다가 로렌초에게 아무런 일도 생기지 않고 대회가 끝났다는 소식을 듣고 안도하는 클라리체의 모습에서 그 대회가 단지 화려한 행사가 아니라 대회 과정에서 부상과 사망도 언제든 가능했다는 것을 엿보게 된다. 클라리체는 자기가 들어가려고 하는 가문의 수준이 자기 가문의 수준에 훨씬 못 미친다고 생각하고 있었으나, 실은 그녀의 가문이 그 가문의 평균 수준에도 못 미쳤다. 루크레치아 토르나부오니조차 자기가 아들을 위해 택한 그 소녀의 외모를 칭찬하면서도 그녀가 "마리아, 루크레치아, 비앙카(자기 딸들)와 비교가 되지 않는다"고 말한다.

젊은 로렌초를 푹 빠지게 했던 이 마상 대회는 피렌체 시민들에게 일찍이 구경하지 못한 호화로운 구경거리를 제공해 주었고, 훗날 로렌초의 시대를 유명하게 만든 야외극의 효시가 되었다. 15세기의 가장 유명한 시 두 편 중 한 편인 루카 풀치(Luca Pulci)의 〈로렌초 데 메디치의 마상대회〉(La Giostra di Lorenzo de' Medici)에 그것이 고스란히 살아 있다.[3] (옛 시절 시민들 사이에 벌어졌던 격한 전투 대신에) 모조 전쟁으로 치러지는 이 재미난 광경이 벌어지는 산타 크로체 광장에 서 있으면 그 시대에 관한 저서들에 풍부하게 묘사된 그 환상적인 장면이 눈 앞에 생생하게 되살아난다. 피렌체 사회에서 가장 아름다운 여성이자 "마상 대회의 여왕"인 루크레치아 도나티, 기사(騎士)들로 등장하는 메디치, 파치, 푸치, 벤치, 루첼라이, 베스푸치 같은 쟁쟁한 가문들의 젊은 귀공자들, 각 기사의 뒤에 기사와 동일한 색깔의 옷을 입고 화려한 대오를 갖춰 입장하는 기수(旗手), 문장관(紋章官)들, 나팔수들, 수습 기사들, 무장 병력, 꼼꼼하게 격식을 차린 사치스런 의식, 과장섞인 인사, 광장 주변의 지붕, 발코니, 창문 등 그 광경을 내려다볼 수 있는 곳이면 어디나 환한 표정으로 빼곡이 들어찬 인파, 이 모든 것이 피렌체의 2월 햇살을 받아 뜨겁게 달아오른다.[4]

먼저 기사들이 멋진 옷을 입고 입장하여 광장을 돌며 장엄한 행렬을 벌이고, 온갖 구경거리들이 그 뒤를 따른다. 그런 뒤 기사들은 실제 전투를 벌이기 위해 갑옷으로 갈아입는다. 그들의 갑옷에 대해서는 로렌초가 입었던 갑옷을 묘사한 글에서 어느 정도 아이디어를 얻을 수 있다. 그는 "방패 한복판에 다이아몬드 하나를, 모자에는 여러 개의 루비들과 다이아몬드들을 박았고, 희고 가장자리만 붉은 비단 어깨 망토가 달린 벨벳 겉옷을 입었으며, 장미와 진주로 수놓은 비단 스카프를 둘렀다. 실제 전투를 위해 가장 자리를 금으로 장식한 또다른 겉옷을 입었고, 푸른 깃털 세 개로 장식한 투구를 썼다. 말에는

---

3) 1469년의 마상대회는 로렌초의 마상대회, 1475년의 대회는 줄리아노의 마상대회로 불렸다.
4) 이 모든 장면들은 로렌초 자신의 복장과 함께 메디치 궁전 예배당에 있는 고촐리의 프레스코에 재현되어 있다. 마상대회가 끝난 지 몇 달 뒤에 그린 그림이다.

진주로 수놓은 붉고 흰 벨벳을 덮었다."

그의 깃발 문양은 월계수였는데, 나무의 절반은 말라 죽은 듯하고, 푸르른 나머지 절반에는 (진주들로) '돌아온 때'(Le temps revient)라는 글귀가 새겨져 코시모의 연로함과 피에로의 병약으로 이어진 겨울이 지나고 이제는 젊고 발랄한 시대가 도래했음을 상징했다.

그 행사는 나폴리 왕과 페라라와 밀라노의 공작들이 로렌초에게 행사를 위해 말들과 갑옷들을 선물할 만큼 대외적으로도 주목을 받았다. 로렌초는 친필 기록에서 이 마상 대회를 언급하면서 이렇게 말한다:

> "나는 다른 사람들처럼 하기 위해서 많은 비용을 들여 산타 크로체 광장에서 성대한 마상 대회를 열었는데, 금화로 10,000플로린 가량이 들어갔다.[5] 나는 젊고 기술도 변변치 않았지만 최고상을 받았다. 상품은 안을 은으로 입히고 꼭대기에 군신(軍神)의 상을 세운 투구였다."

줄리아노(Giuliano)도 형만큼 현저한 역할을 하기에는 아직 너무 어렸지만 화려한 옷으로 치장했는데, 투구를 쓰고 갑옷을 입고 준마에 오른 이 열다섯 살의 준수한 소년은 모든 사람에게 찬사를 받았다. 베로키오(Verocchio)는 갑옷을 입고 용 모양의 투구를 쓴 그의 흉상을 여러 점 제작했다. 오늘날 바르젤로 박물관에 정체 미상의 흉상으로 표기된 채 진열되어 있는 안토니오 폴라유올로(Antonio Polajuolo)의 테라코타 흉상은 아마 줄리아노의 이 여러 흉상들 가운데 하나로 추측된다.

크러트웰(Miss Cruttwell)은 안토니오 폴라유올로에 관한 글에서 그 흉상이 이 무렵에 제작되었다고 간주하면서 이렇게 말한다: "그것은 메디치가 일원의 흉상인 듯하다. 얼굴 생김새와 거만한 표정이 꼭 빼닮았다." 줄리아노는 폴라유올로를 각별히 후원했다고 알려지며, 메디치 궁전에 소장된 예술품 목록에는 그 예술가가 남긴 다른 작품들이 모두 그 궁전 내의 줄리아노의 방에

---

5) 오늘날 화폐로 약 50,000영국 파운드에 해당함.

있었다는 기록이 남아 있다. 그밖에도 이 시기의 피렌체에 폴라유올로가 이런 스타일로 제작했을 만한 그만한 나이의 젊은이가 있었을 가능성이 없다.[6]

그러나 무엇보다도 그 흉상에는 줄리아노의 얼굴의 독특한 특징이었고 그것으로 종종 언급되는 이마의 유명한 한줌 머리카락이 있다. 따라서 폴라유올로가 남긴 이 흉상은 열다섯살 때의 줄리아노의 초상이었다는 데 의심의 여지가 없다. 현재 그 흉상은 크게 훼손되어 문장과 용 모양 투구가 떨어져 나갔고, 머리 한쪽에 용의 다리 하나만 남아 있다.[7] 그러나 "소년다운 정직함으로 호감을 주는" 얼굴은 훼손되지 않은 채 그대로 남아 있는데, 크러트웰의 말대로 "방안을 낙천적이고 쾌활한 생기로 채우는 듯"하다. 뱀들과 스팀팔리데스의 괴조와 싸우는 헤라클레스를 묘사한 갑옷 문양들은 초상 자체만큼이나 탁월하다.

그해 6월에 로렌초는 클라리체 오르시니와 결혼했다. 장남의 결혼을 맞이하여 피에로와 부인 루크레치아는 피렌체 전역에 성대한 잔치를 베풀었다. 이 결혼은 메디치가가 주변 세계로부터 얼마나 진전된 평가를 받고 있었는지를 잘 보여주는 증거였다. 오르시니가는 이탈리아에서 크기로 손꼽히는 가문이었기 때문이다. 그러나 메디치가가 과거에 그랬던 것처럼 피렌체인들끼리의 결혼에 집착했더라면 ― 그렇게 해서 태어난 사람들이 국부 코시모, 피에로 일 고토소, 그리고 위대한 자 로렌초이다 ― 과연 득될 게 별로 없었겠는가 하는 것은 후대의 역사를 바라볼 때 자못 의심스럽다. 그 결혼은 6월 4일에 가족 성당인 산 로렌초 성당에서 치러졌고, 결혼과 관련하여 성대한 잔치가 벌어졌다. 메디치가는 사흘을 연이어 온 도시에 잔치를 베풀었다. "잔치와 춤과 음악이 밤낮 계속되어 그렇게 계속해도 시민들이 감내할 것인지 슬그머니 걱정이 들 때까지 계속되었다. 사탕만 5,000파운드가 소비되었다는 사실을 두고서 너무 지나친 향응이 아닌가 하고 생각하는 사람들이 많았을 것이다." 시민들이 그렇게 대접을 받는 동안 피렌체의 모든 단체가 메디치 궁전에

---

6) 폴라유올로, 베로키오, 보티첼리는 이 시기에 모두 메디치가를 위해서만 작품 활동을 했다.

7) 아마 1494년 메디치 궁전이 약탈될 때 그것이 메디치가를 상징했기 때문에 훼손되었거나, 아니면 1527년에 그 궁전이 두 번째 약탈을 낳할 때 줄리아노의 아들로서 많은 혐오를 받던 클레멘스 7세와 자연히 연관된다는 이유로 훼손되었을 것이다.

서 다섯 번에 걸쳐 열린 성대한 연회에서 대접을 받았다.

"이 연회들이 열릴 때는 라르가 거리에 자리잡은 궁전의 주랑(柱廊)들과 정원들에는 사람들로 가득 넘쳤으며, 신부 친구들인 젊은 여성들 — 기록에 따르면 '춤을 춘 오십 명'이었다고 함 — 과 마돈나 루크레치아의 친구들인 연로한 부인들을 위해서는 따로 식탁을 마련해 주었다. 마찬가지로 '춤을 추는 청년들'과 나이 지긋한 남성들을 위해서도 식탁을 따로 마련해 주었다고 한다. 잔치는 일요일 아침에 시작했다. 그때 신부는 나폴리 왕이 로렌초에게 선사한 화려한 마차를 타고 보르고 산 피에로(오늘날은 보르고 델리 알비치) 강변에 있는 알레산드리가의 저택을 떠나 귀족들의 긴 행렬을 거느린 채 새 집으로 들어갔다. 신부가 집으로 들어갈 때 쾌활한 음악에 맞춰 상징적인 올리브 가지를 창문으로 감아올렸다.[8] 축제가 화요일 아침까지 계속되었는데, 그날 아침에 신부는 미사를 드리러 산 로렌초 성당으로 갔다. 갈 때 수천 점의 결혼 예물 중 하나인 '성모의 작은 책'을 손에 들고 갔다. 푸른 색 종이에 금 글씨로 기록하고 수정과 은으로 장식한 경이로운 책이었다."

그러나 피에로 일 고토소의 5년 통치 중 가장 흥미로운 점은 그가 당대의 예술과 맺은 긴밀한 관계였다. 그에게는 학문과 예술에 대한 가문의 취향을 추구할 만한 큰 여가가 있었다. 만약 건강했더라면 그만한 여가를 갖지 못했을 것이다. 두 분야 다 미치도록 좋아했기 때문에 30년 동안 푹 빠져 지냈다. 꼼꼼한 학자였던 그는 아버지처럼 희귀 사본들을 수집하는 데 남다른 열정을 보였고, 메디치가 도서관에 가치있는 장서를 많이 보탰다. 그보다 더 중요한 것은 그가 예술에 베푼 끊임없는 지원이었다. 그의 시대 작품으로 피렌체에 남아 있는 거의 모든 예술품들은 그를 위해 혹은 그의 언질을 받고 제작되었는데, 그 중 메디치 궁전에 여전히 남아 있는 독보적인 작품은 예배당 벽에 빙 둘러 그려진 프레스코들이다.

---

8) 그 가문에 결혼식이 있을 때는 궁전의 창문에 올리브 가지를 드리웠다.

1466년 대조각가 도나텔로가 여든한 살의 나이로 죽었다. 평생의 친구이자 후원자 국부 코시모 곁에 묻어 달라는 유언대로 그는 메디치가의 경비 부담으로 산 로렌초 묘지에 코시모의 묘 곁에 묻혔다. 피렌체에서 활동하던 모든 건축가, 학자, 화가를 비롯하여 거의 온 도시가 그에게 조문했다. 도나텔로는 그 세기 초반에 예술이 활짝 꽃피는 데 이바지한 사람들 가운데 마지막 일원이었다. 마사초, 브루넬레스키, 기베르티, 프라 안젤리코는 이미 모두 타계했다. 피렌체를 떠나 도나텔로보다 3년 늦게 죽은 리피를 제외하면 이제 예술계를 이끌고 가게 된 사람들은 루카 델라 로비아(Lucca della Robbia), 레온 바티스타 알베르티(Leon Battista Alberti), 피에로 델라 프란체스카(Piero della Francesca), 베노초 고촐리(Benozzo Gozzoli)였다. 젊은 화가로는 산드로 보티첼리(Sandro Botticelli)가 이제 막 떠오르고 있었다.

**루카 델라 로비아**는 예술계에 전적으로 독자적인 노선을 개척한 또 한 사람이다. 대리석을 재료로 한 그의 대표작 칸토리아(Cantoria)와 대리석과 브론즈를 재료로 한 그밖의 작품들에 관해서는 이미 살펴보았다. 그러나 그에게 특별한 명성을 안겨 준 작품들은 테라코타에 유약을 발라 제작한 얇은 부조(대체로 푸른 색 바탕에 흰 색으로 처리함)인데, 이것은 그가 완성시켜 자기 것으로 만든 기법이다.

루카 델라 로비아가 이 기법을 채택한 목적은 비싼 대리석 부조를 제작할 능력이 없는 성당들과 그밖의 건물들을 장식하는 데 쓸 수 있는 예술 형식을 창안하려는 것이었다. 추측하건대 루카 델라 로비아는 에나멜 칠을 한 고대 그리스 자기(瓷器)를 보고서 부조(浮彫)에도 같은 기법을 사용할 착상을 얻은 듯하다. 그러나 그것이 사실일지라도 그가 철학을 깊이 연구하고 셀 수 없이 많은 실험을 통해 얻은 실질적인 발견은 점토 모델에 에나멜 ─ 유리 원료들에 주석 산화물을 섞어 만든 것으로 추측됨 ─ 을 입히는 방식이었다. 정확한 기법은 가문의 비밀로 전수되었다.

그러나 루카 델라 로비아의 개념들에 형상을 입힌 구체적인 기법은 작품들 자체만큼 중요하지 않다. 후작 부인 부를라마치는 이렇게 말한다:

"인생의 기쁨, 슬픔, 성모의 비애, 유아기의 무흠, 아기에 대한 어머니의 사랑, 어머니를 향한 아기의 사랑, 구속(救贖)의 크고 중심되는 교훈들, 천사의 공감, 이 모든 것을 루카 델라 로비아는 다른 예술가들이 뛰어넘을 수 없는 완벽의 경지로 묘사했다."

    루카 델라 로비아의 재능을 이해하는 데는 그의 연대도 중요한 대목이 된다. 그의 작품들을 자세히 보면 그가 마사초와 같은 해에, 그러니까 15세기 후반에 위대한 화가들이 대거 등장하기 오래 전에 태어났다는 것을 모를 수 없게 된다. 그런데도 그가 그린 성모들, 천사들, 어린이들(아기 그리스도를 포함한)의 얼굴이 아름답기로는 80년 뒤 라파엘로(Raphael)가 등장하기 전까지 그를 능가할 만한 화가를 찾아보기 어렵고, 라파엘로조차 이 점에서만큼은 그를 능가하지 못한다고 해도 지나치지 않다. 그가 성모와 아기, 두 천사를 소재로 굽은 반달 모양 부분에 제작한 부조(현재 바르젤로 박물관 소장)에 관해서, 앨런 마칸드 씨(Mr. Allan Marquand)는 성모의 몸가짐에서 라파엘로의 방식이 많이 담겨 있다고 언급한 뒤 성모의 눈을 가리키면서 이렇게 말한다: "루카가 성모에 대해서 품은 이상은 분명히 파란색 눈을 가진 여성이었던 데 반해, 아기 그리스도에게는 적갈색 눈을 할애한다."

    고아원 건물에 남긴 성모와 아기에 관한 부조(여기서 아기 그리스도는 "Ego sum lux mundi"라는 글이 적힌 두루마리를 쥐고 있고, 성모의 손은 "Quia respexit Dominus humilitatem ancille suoe"라고 새겨진 비명에 얹혀 있다)에 대해서 마칸드 씨는 "술이 없는 엷은 자색 눈썹, 엷은 자색 윗속눈썹과 눈동자, 대개는 잿빛 감도는 푸른색인 자리에 엷은 자색의 그늘이 진 눈"을 주목하게 한다. 아치 벽감에 세 명의 그룹(cherub. 천사)의 얼굴과 함께 묘사된 성모와 아기 부조(현재 바르젤로 박물관 소장)에서 그룹들의 머리는 특히 아름답다. 한편 피렌체 근처 임프루네타 성당의 제단화는 세례 요한을 소재로 한 모든 작품들 중에서 가장 아름다운 세례 요한의 모습들을 담고 있는 작품으로 평가된다. 루카 델라 로비아는 여든한살까지 살다가 1482년에 죽었다.

레온 바티스타 알베르티(Leon Battista Alberti)는 르네상스가 자주 배출한 다양한 천재들 가운데 한 사람이었다. 명목상으로는 건축가 겸 화가였으나 실제로는 예술 각 방면의 권위자였다. 50년 뒤 레오나르도 다 빈치(Leonardo da Vinci)가 차지했던 것과 비슷한 위치를 자기 시대에 차지했다. 알베르티가 그런 명성을 얻은 것은 자신의 어떤 작품 덕택도 아니고 다만 예술 전반에 걸쳐 보편적으로 인정받은 권위 덕택이었다. 바사리(Vasari)는 그에 관해서 말하는 도중 예술가에게 학문이 얼마나 필요한지를 길게 설명하고서 알베르티가 저서들로써 예술에 보태준 큰 도움을 언급하면서, "그가 작품으로 자기를 능가하는 많은 예술가들보다 예술에 훨씬 더 큰 영향을 끼칠 수 있었던 것은 바로 그의 저서들의 힘이었다"고 말한다. 알베르티는 다재다능한 사람이었다. 건축, 회화, 원근법, 조각, 라틴어를 공부했고, 회화에 관한 논문 두 편, 건축과 조각에 관해 각각 한 편씩의 논문을 썼으며, 유명한 원근 렌즈를 발명했다. 바사리에 따르면 "못하는 운동이 없고 신사로서의 기품이 넘쳐 흐르던" 사람이었다. 알베르티는 피렌체 사람이었다. 그러나 푸오리 우시티(Fuori usciti) 곧 영구 유배자들에 속하여 피렌체에서 지낸 날은 지극히 적었다. 1472년 육십칠세의 나이에 로마에서 죽었다.

피에로 델라 프란체스카(Piero della Francesca)는 초기에는 피렌체에서 활동을 하고 특히 마사초의 프레스코를 연구하는 등 미술도 그 도시에서 배웠으나 피렌체 사람이 아니라 1441년 피렌체 영토의 일부가 된 적이 있는 보르고 산 세폴크로라는 작은 도시 사람이었다. 그가 예술에 남긴 큰 업적은 본격적인 원근법의 발견이었다. 그것은 예술계의 내로라하는 명석한 두뇌들이 오랫동안 연구해 온 주제로서, 회화 기교에 관한 비법 중 맨 마지막으로 발견된 비법이었다. 이 업적에 관해서는 그를 파올로 우첼로(Paolo Uccello)와 알베르티와 어느 정도 연관지어 생각해야 한다. 그는 알베르티의 이상을 실현한 사람이다. 이 이상을 실현하기까지 많은 예술가들이 시도해 온 여느 경험적 방법에 힘입지 않고 수학적 근거에 입각한 방법에 힘입었다. 피에로 델라 프란체스카의 대표작은 우르비노 공작에게 헌정한 「원근법에 관한 논문」(Treatise on Perspective)이었다. 그의 그림들 중 가장 만족스러운 것은 현재 페루지아의 피나코테가 성당에 소장되어 있는 제단화로서, 완벽한 원근법으로 그린 긴 주랑(柱廊)의 모습이 담겨 있다.

피에로 델라 프란체스카는 다른 두 가지 면에서도 주목할 만하다. 아레초에 있는 그의 프레스코들에서는 역사 주제의 그림을 그리려는 최초의 본격적인 시도가 배어 있고, 그가 그린 우르비노의 공작과 공작 부인의 초상화들(현재 우피치 미술관 소장)은 최초의 정식 초상화들이다. 1469년의 초상화는 잃은 오른쪽 눈을 감추기 위해 얼굴의 왼쪽 면만 보이도록 그려져 있다. 공작은 마상 대회에서 심한 부상을 당해 오른쪽 눈을 잃었을 뿐 아니라 코뼈도 부러졌다. 주화에 새겨진 공작의 초상과 비교할 때 그 모습이 감탄을 자아낼 만큼 감쪽같으며, 배경에 그린 먼 풍경의 원근감도 감탄을 자아낸다. 값진 이 초상화 두 점은 우르비노의 공작들이 존속하는 동안 우르비노 궁전에 걸려 있었다. 1634년 우르비노의 마지막 공작의 유일한 상속녀 비토리아 델라 로베레(Vitoria della Rovere)는 사촌 페르디난도 2세(Ferdinand II)와 결혼할 때 조상들의 모습이 담긴 이 초상화들을 재산의 일부로 가져다 메디치가의 미술품 보관소에 기탁했다. 피에로 델라 프란체스카는 1492년 여든여섯의 나이에 죽었다.

프라 안젤리코의 제자 베노초 고촐리(Benozzo Gozzoli)는 당대의 위대한 설명화 화가였다. 이야기꾼으로서 그를 능가할 사람이 없었다. 빠른 속도로 지칠 줄 모르고 작업에 매달렸던 그는 너른 공벽에 혀를 내두를 만큼 빠른 속도로 아름다운 프레스코를 그렸다. 그 덕분에 많은 그림들을 남겼는데, 메디치가 초기의 생활상을 생생하게 전해 주는, 역사적으로 매우 값진 작품들이다.

다른 많은 이들과 마찬가지로 고촐리도 기베르티 밑에서 청동문 제작을 돕는 노동자로 시작했다. 어느 정도 시간이 흐른 뒤 피렌체와 로마에서 프라 안젤리코를 따라다니며 보조자로 일하면서 그에게 그림을 배우기 시작하다가 1447년에 가서는 독자적으로 그림을 그리기 시작했다. 그의 세 가지 주요 작품은 이와 같다:

(i) 산 지미냐노에 있는 산 아고스티노 성당의 프레스코들.

큰 원을 이루도록 그렸고, 성 아우구스티누스의 생애를 소년기부터 죽을 때까지 17장면으로 묘사했다. 이 거대한 작품을 완성하는 데는 고촐리조차 4년씩이나 걸렸다.

(ii) 피렌체 메디치 궁전 예배당에 그린 프레스코들.

그의 걸작으로 간주된다(7장).

(iii) 피사에 있는 캄포 산토 성당에 그린 프레스코들.

거대한 작품이다. 고촐리가 완성하는 데 15년이 걸렸고, 캄포 산토 성당의 북벽 전체를 그림으로 덮었다. 바사리는 "대가들을 다 모아놓아도 기가 질리게 만들 만한 작품"이라고 말한다. 장면들은 23개로 노아 때부터 솔로몬 때에 이르는 구약성경 역사 전체를 묘사한다. 고촐리는 구약성경의 산림 배경에 토스카나의 포도원 배경을 대입했고, 구약성경의 인물들에 메디치가의 구성원들, 학자들, 화가들 같은 당대의 여러 저명 인사들의 초상을 대입했다. 그러나 작품마다 둘쭉날쭉한 점으로 미루어 당시 그가 노년에 접어들었던 게 분명하다. 그는 1497년 피사에서 죽어 자기가 아름답게 꾸민 캄포 성당에 묻혔다.

그러나 당시에는 고촐리 외에도 또다른 젊은 화가 산드로 보티첼리가 신예 작가로 부상하고 있었다.[9] 보티첼리는 위대한 자 로렌초 시대의 탁월한 화가였으나 작품 활동 초기에는 피에로 일 고토소의 시대에 속했다. 그의 두드러진 특성 하나는 유난히 뛰어난 감수성에 힘입어 주변의 정신적 분위기를 남다르게 담아냈다는 점이다. 따라서 시대 정신이 변하면 그림의 정신과 성격도 따라서 변한다. 그 결과 보티첼리의 그림은 피렌체에 큰 변화를 일으킨 사건들 때문에 양식이 각기 달라진 네 시기로 나눠서 생각할 수 있다. 그 네 시기는 다음과 같다:

(Ⅰ) 피에로 일 고토소가 다스리던 시기: 1464-1469.

(Ⅱ) 위대한 자 로렌초가 다스리던 시기:1469-1492.

---

9) 그의 원명은 산드로 필리페피였고, '보티첼리'는 별명이었다. 1458년 카스타토 세(稅)의 납세자 명부는 그가 자주 주장되듯이 1446년에 나지 않고 1444년에 났음을 보여 준다.

(III) 사보나롤라(Savonarola)가 피렌체를 장악한 시기: 1494-1498.

(IV) 사보나롤라가 죽은 뒤의 시기: 1498-1510.

그의 그림들은 당대의 사건들과 맺고 있는 긴밀한 관계 때문에 다른 화가들의 제작 연대를 파악하는 것보다 한결 수월하다.

(I) 보티첼리 제1기: 피에로 일 고토소가 다스리던 시기(1464-1469).

피에로는 1464년 가문의 수장이 된 직후에 당시 약관의 화가 산드로 보티첼리에게서 큰 재능을 발견하고서 그를 고용하기 시작했다. 보티첼리를 높이 평가하는 현대 세계는 그 혈혈단신의 청년으로 하여금 성공할 수 있도록 물심 양면의 후원을 아끼지 않은 피에로 일 고토소에게 감사해야 한다.[10] 그 공은 피에로 일 고토소에게만 있지는 않았다. 문화적으로 식견이 탁월했던 그의 아내 루크레치아 토르나부오니(Lucrezia Tornabuoni)도 그 문제에 관한 한 관심이 남편 못지않았다. 실제로 보티첼리의 초기 작품들(그가 스무살에서 스무다섯 살 사이에 그린 그림)에서는 루크레치아의 영향력이 뚜렷이 묻어난다. 이 재능 있는 후원자 부부에 의해서 그 부부의 장남보다 불과 다섯살 위였던 보티첼리는 메디치가 저택으로 들어가 거의 그 집 아들과 같은 대접과 후한 보상을 받으며 작품 활동에 꾸준히 몰입했다. 그리고 보티첼리는 초창기에 피에로 고토소와 그의 아내 루크레치아에게 받은 도움과 사랑과 격려를 평생 소중한 추억으로 간직했다.

기법에 관해 보티첼리가 항상 칭송을 받는 주된 점은 아름다운 선 처리이다. 그는 삶과 춤 동작, 그리고 물결치듯 흔들리는 옷감을 매우 사랑했다. 러스킨은 이렇게 말한다:

"그는 종종 시대 정신에 영향을 받은 듯하다. 만약 조금이라도 영향을 받지

---

10) 이때까지 보티첼리는 필리포 리피의 보조자에 지나지 않았다. 열여섯살인 1460년까지 그 밑에서 도제로 일했고, 1464년에 리피가 프라토로 가서 대성당의 프레스코를 완성할 때 그를 따라갔다. 1465년에 돌아온 보티첼리는 곧 피에로 일 고토소에게 고용되었고, 피에로가 죽을 때인 1469년까지 거의 전적으로 그를 위해서 일했다.

않았다면 그것을 따르지 않았을 것이다. 많은 공부로 몸에 배인 세련된 매너, 학문에 바탕을 둔 조리 있는 말이 그 시대 정신의 일부였다.”

그러나 보티첼리에게는 기법보다 더 뛰어난 재능이 있었다. 도나텔로가 예술의 궁극적 목표이자 지고한 영광이라고 가르친 그 정신이 그의 몸 깊숙이 배어 있었던 것이다. 도나텔로가 죽기 2년 전에 그림을 시작한 그는 도나텔로의 메시지를 예술 세계에 전파했다. 만약 그의 주제가 종교적인 것이라면 그는 그림 한 점으로도 설교 한 편을 그대로 전할 능력이 있다. 그의 주제가 고전 신화라면 그림 한 점으로도 한 시대의 정신 전체를 우리 눈 앞에 재현시킬 능력이 있다. 그의 주제가 역사적인 것이라면 그림 한 점으로도 장구한 역사 전체를 설명할 능력이 있다. 그런 능력이 있었기 때문에 자연히 알레고리적 기법을 좋아했고, 비교적 세세한 것을 가지고 사고의 맥락 전체를 암시하기를 좋아했다(그것이 그의 그림에 총체적 의미를 부여하는 경우가 종종 있다). 따라서 시흥이 넘치는 그의 상상력, 인간적 공감, 신심(信心), 아름다운 기법은 누구에게나 감흥을 일으키지만, 그의 그림을 대충 봐가지고는 그림에 담긴 사상의 깊이를 읽을 수 없다. 아울러 그의 주요 작품들 중 상당수는 그 시대의 역사에 대한 충분한 지식이 없이는 이해할 수 없다. 보티첼리가 초기에 남긴 주요 작품들은 한결같이 피에로 일 고토소를 위해 그린 것들이다.[11] 피렌체에 남아 있는 그림들을 놓고 보자면, 이 시기에 속한 네 점의 주요 작품은 “유딧”(Judith), “마리아 찬가의 성모”(the Madonna of the Magnificat), “동방박사들의 경배”(the Adoration of the Magi), “견인”(Fortitude)인데, 모두 우피치 미술관에 소장되어 있다.

“유딧”이라는 작고 우아한 작품에 관해서 러스킨은 화가들이 애용하던 이 주제에 관한 많은 그림들 중에서 보티첼리가 남긴 이 그림이 실제 유딧에 해당하는 유일한 그림이며, 유딧서(구약성경 외경)를 읽어보면 그것을 금방 알게 된

---

11) “견인”만은 예외이다. 이것은 피에로가 보티첼리를 위해서 타인에게 의뢰를 받아주어 나오게 된 작품이다.

다고 말했다.

"마리아 찬가의 성모"는 1465년경 피에로 일 고토소를 위해 그린 그림이다. 이 그림에는 신앙이 깊던 여류시인 루크레치아 토르나부오니의 영향이 특별히 두드러진다. 마치 그녀의 시를 그림으로 표현한 듯 그녀의 정신이 화폭 전체에서 느껴진다. 이 그림은 간혹 "겸손"(Humilitas)으로도 불리는데, 그 이유는 성모가 자신의 찬송을 글로 기록할 때 지은 표정 때문이기도 하고, 아기 예수의 손가락이 찬송 중 그 단어를 짚고 있기 때문이기도 하다. 아기와 성모의 왼손은 한결같이 타락의 상징인 썩은 석류를 가리킨다. 이 그림은 다른 어느 화가도, 심지어 라파엘로도 도달하지 못한 깊은 신적 자애와 깊은 영적 교감을 표현한다는 평가를 받아 왔다. 이 그림은 한 가지 점에서 보티첼리가 제3기 곧 전성기에 성모와 아기 예수를 주제로 그린 여러 작품들과 구분된다. 이 그림의 기조는 겸손인데 비해, 제3기에 그린 그림들은 모두 슬픔의 예감이기 때문이다.

이 그림은 피에로와 그의 아내 루크레치아의 두 아들 로렌초와 줄리아노가 각각 열여섯살과 열두살 쯤 되었을 때, 즉 1465-1466년에 그 부부를 위해 그려진 작품이다. 그림에서 두 소년은 성모와 아기 예수 앞에 무릎을 꿇고 있는 천사들로 대입되는데, 성모가 찬송을 기록하는 동안 두 천사가 잉크통과 책을 들고 있고, 셋째 천사가 양팔로 그들의 어깨를 짚고 그들을 보호하듯 구부리고 있다. 줄리아노는 이마에 머리털이 한 움큼 자란 모습으로 구경꾼의 표정을 짓고 있고, 나면서부터 약간 검은 로렌초의 피부가 줄리아노를 부각시키기 위해 좀 더 검게 표현되었다. 이 그림은 막내 아들 줄리아노를 더 사랑하던 어머니를 위해 그렸기 때문이다.

세 번째 그림 "동방 박사들의 경배"에는 때로 오해를 일으키는 제목이 붙었다. 이것은 한 가문의 그림으로서, 가문 구성원들을 묘사하기 위한 수단으로 종교적 주제를 선택한 것일 뿐이기 때문이다(그것이 그 시대의 일반적 관행이었다). 이 그림은 1467년 초엽에 피에로 일 고토소가 루카 피티에 의해 주도된 음모로 자신이 죽고 가문이 파멸로 떨어질 뻔한 큰 위기를 모면한 데 대한 감사로 산타 마리아 노벨라 성당에 봉헌 예물로 바치기 위해 의뢰했다.

비록 그런 의도로 그리긴 했으나, 과연 그 의도대로 되었는지는 의심스럽다. 이 그림은 완성된 뒤 내내 메디치가가 소장하고 있다가 오랜 후에야 비로소 산타 마리아 노벨라 성당으로 옮겨졌기 때문이다. 그림에는 당시까지 이어져 온 장자 계열의 세 세대가 등장하며, 그 주위에는 마르실리오 피치노, 크리스토포로 란디노, 풀치(Pulci) 형제들 등 그들이 끌어모은 몇몇 유력한 문인들을 포함한 그들의 주요 지지자들이 둘러서 있다. 코시모, 피에로, 줄리아노는 동방 박사에 관해 널리 퍼진 전승대로 노인과 중년과 청년인 세 왕의 모습으로 등장한다. 그중 피에로는 양편에 두 아들을 데리고 있다. 그림에 등장하는 가문 구성원들은 다음과 같다:(이 책 앞의 그림 참조 – 편집자)

### 왼쪽
국부 코시모(당시 이미 죽음)
아기 그리스도의 발을 감싸고 있다.

### 오른쪽
조반니(당시 이미 죽음) – 피에로 일 고토소의 동생(새카만 머리에 검붉은 옷을 입고 서 있다)

### 가운데

| | | |
|---|---|---|
| 로렌초. 17살로 피에로의 형(칼을 들고 서 있다) | 피에로의 일 고토소(등을 관람자 쪽으로 돌린 옷을 입고 무릎을 꿇고 있다) | 줄리아노. 피에로 차남(희고 금빛나는 옷을 입은 채 무릎을 꿇고 있다) |

　　이 그림은 메디치가가 주변에 끌어모은 문필가들의 전반적인 외모를 보여주는 점에서 뿐 아니라, 보티첼리가 그림으로써 당대 역사를 진술하는 능력을 보여 준 최초의 예라는 점에서도 대단히 흥미롭다. 이 그림에는 지금까지 관찰되지 않은 특별한 의미가 담겨 있기 때문이다. 이 그림에서 보티첼리는 당시에 막 분쇄한 피에로의 목숨을 노린 음모와 그 음모를 분쇄한 방법을 언급하고 있다. 보티첼리가 알레고리 기법을 좋아하고 얼른 봐가지고는 의미를 놓치기 십상인 한 가지 세부 묘사로 그림 이해의 실마리를 주는 습관이 있었다는 것은 이미 앞에서 언급했다. 이 경우도 그랬다. 비록 그 사실이 감지되

지 않고 지금까지 내려오긴 했지만 말이다. 그 결과 지금까지 그 그림의 의미가 전혀 이해되지 못했다.

그림 전체의 의미에 실마리를 주는 것은 로렌초가 들고 있는 칼이다. 피에로가 이 그림을 의뢰한 동기가 된 사건이 모든 이의 뇌리에 생생히 남아 있는 동안 이 봉헌 예물을 드리고 싶어하던 피에로의 바람에 부응하기 위해 성급히 붓을 놀렸기 때문이든, 아니면 보티첼리가 자신의 의미를 더욱 선명하게 부각시키려던 의도에서였든 간에, 보티첼리는 코시모, 피에로, 줄리아노, 조반니에 대해서는 초상을 그리려는 시도를 조금도 하지 않은 채, 당시의 행동으로 가문의 영웅이 된 로렌초를 그리는 데에만 집중했다. 그는 로렌초의 모습으로 그림 전체의 의미를 암시하기 위해서 그의 태도와 행동을 면밀히 연구한 뒤 아주 세심하게 그의 모습을 그린 게 분명하다.

보티첼리는 이 사건에서 로렌초가 어떻게 용기와 기지를 발휘하여 아버지의 목숨을 구하고, 간접적으로는 가문 전체를 파멸에서 건졌는지를 암시하고 싶어한다. 이 그림에서 칼을 들고 있는 사람은 로렌초뿐이다. 그가 쥔 칼은 양손으로 쥘 만큼 유난히 큰 것으로서, 로렌초는 여차하면 휘두를 듯한 태세로 칼을 앞에 두고 있다. 그림을 보면 가장 크게 눈에 띄는 게 바로 칼이다.

이 해석은 로렌초가 주위에 둘러선 준수한 친구들에게는 눈길을 주지 않은 채 아버지만 뚫어져라 응시하고 있을 때 그 옆에서 로렌초를 바라보면서 손으로 피에로를 가리키는 사람의 모습으로 한층 더 사실성을 띤다. 보티첼리는 이런 식으로 그림으로 하여금 말하게 하며, 로렌초가 막 받아넘긴 피에로의 목숨을 노린 위험을 말하고 있다.

네 번째 그림 "견인"(Fortitude)도 메디치가와 관련되었다는 점과 그 관계를 명백히 드러낸 방법에서 대단히 흥미롭다. 이 그림은 앞서 살펴본 그림이 기념한 것과 동일한 사건을 언급하고 있기 때문이다. 그러나 이 그림에서는 로렌초가 그 사건에서 나타낸 행동이 아닌 피에로 일 고토소 자신의 행동에 관심이 쏠려 있다.

그 그림에서 맨 먼저 눈에 띄는 것은 견인(Fortitude)을 상징하는 인물을 그려 달라고 의뢰받은 보티첼리가 그 주제에 관한 일반적 관념과 전혀 맞지 않는 그림을 그렸다는 점이다. 러스킨은 그 작품을 해석하는 과정에서 이 점을 언급하면서, 보티첼리가 그 주제를 다룬 방식이 다른 화가들의 방식과 얼마나 다른지를 말한다. 그러나 여기에는 그럴 만한 이유가 있다. 러스킨 자신도 그 의미를 잘 몰랐던 게 분명하지만(그는 작품의 연대와 작품 의뢰자조차 알고 있다는 증거를 내놓지 못한다), 그가 그 그림에서 눈여겨본 모든 것의 의미를 이해할 수 있는 관건은 피에로 일 고토소의 삶의 정황들에서 찾아야 한다. 그 그림은 사실상 피에로가 자신의 5년 통치 기간 중 발생한 가장 큰 사건인 1466년의 반란 때 보여 준 견인과 정력과 기지를 그림으로 쓴 알레고리이다.

이것은 러스킨이 몰랐던 피에로의 역사에 관한 지식을 갖고서 러스킨이 이 그림에 관해 남긴 논평을 살펴보면 명확해질 것이다. 이 견인상에 관해서 러스킨은 이렇게 말한다:

"그녀에게서 가장 두드러지는 면은 그녀가 누군지 추측해야만 할 때 그녀의 모습을 도무지 견인(堅忍)상으로 받아들이기 힘들다는 점이다. 견인상들은 스스로를 명쾌하고 자랑스럽게 과시한다. 그들은 망대 같은 방패를 들고 사자 같은 투구를 쓴 채 양 다리로 버티고서 누구든지 덤빌 테면 덤비라는 자세로 서 있다. 그렇다. 그것이 여러분이 생각하는 보통의 견인상이다. 평범하면서도 장엄하되 결코 지고하지도 않은 … 그러나 보티첼리의 견인에서는 누구든 덤빌 테면 덤비라는 자세를 찾아볼 수 없다. 그대신 다소 지치고 적지 않게 풀이 죽어 있는 그녀는 공상에 잠긴 채 앉아 한가로이 칼 손잡이를 끊임없이 만지작거린다. 그녀에게 전쟁은 어제 오늘의 일이 아니다. 전쟁이 시작된 이래 숱한 아침과 저녁이 지나갔다. 그러면 이제 전쟁이 끝날 날이 되었는가? 되었다면 어떤 방식으로 끝날까? 산드로의 '견인'이 생각하고 있는 것은 바로 그것이다. 만약 그렇다면 칼 손잡이를 만지작거리던 손이 기꺼이 칼을 놓을 것이다. 그럼에도 불구하고 한참 공상에 빠져 있을 때 멀리서 나팔 소리가 들려오면 얼마나 신속하고 흔쾌히 칼을 꽉 부여잡겠는가?"

이 언급은 피에로 일 고토소가 시련에 부닥쳤을 때 당시의 상황과 그가 취한 태도와 행동을 정확하게 담아낸다. 자기를 치려고 준비하고 있는 사람에게 "아무런 대비"도 하지 않고 있는 듯하고, 문학에 한참 빠져 있다가 투쟁과 갈등에 부닥치는 것이 너무 싫어 반쯤 공상에 "빠져" 있고, 자신이 알기에 이 음모가 물밑에서 진행된지 벌써 두 해나 되는 터에 "전쟁이 어제 오늘의 일이 아니라"고 느끼고, 그에게 심한 장애가 된 병약한 상태를 암시하는 듯 대부분 서 있는 자세 대신 앉아 있고, 그가 겪어야 했던 오랜 병고와 자기를 둘러싼 정치 음모, 그리고 네로니와 그밖의 사람들의 배은망덕과 기만에 대한 염증으로 표출된 "지치고 적지 않게 풀 죽어 있는" 모습, 언제든 손에서 무기를 놓고 싶어하는 손가락 놀림에 나타난 싸움에 대한 혐오, 그리고 마지막으로 겉으로 지쳐 보여도 때가 왔을 때 즉각 효과적인 행동으로 뚜렷이 나타나는 결연한 성격 — 이 모든 것이 그 그림의 진정한 의미를 보여 주는 점들이다.

그러므로 이 그림이 제작된 연대와 피에로 일 고토소가 5년 통치 중 가장 큰 사건을 만나 보여 준 행동(그는 그 행동으로 동료 시민들에게 큰 존경을 받았다), 그리고 러스킨의 평론이 정확히 지적한 그림의 성격을 주시하면 보티첼리의 이 그림이 그 사건을 맞아 피에로가 보인 행동을 말한다는 데 의심의 여지가 없어 보인다. 그리고 러스킨이 늘 그랬듯이 역사에 별 관심이 없고, 그 그림이 암시하는 정황들을 까맣게 모르면서도 그 정신을 정확하게 끄집어 내는 모습은 그가 미술 비평에서 얼마나 대가인지를 잘 보여 준다.

피에로 일 고토소는 1469년 12월에 임종하면서 보티첼리에게 이 그림을 그려 달라고 의뢰했다. 그 전에 상인 조합은 조합 건물 내부에 현명, 절제, 견인, 자비, 공의, 믿음 같은 덕들을 표상하는 패널화들을 걸기로 결정하고, 그 작업을 피에로 폴라유올로에게 의뢰한 바 있다. 그러나 상인 조합의 유력한 회원 토마소 소데리니(Tommaso Soderini)를 자기 사람으로 두고 있던 피에로 일 고토소는 패널화들 중 견인에 관한 그림을 보티첼리에게 의뢰하도록 영향력을 행사했다. 보티첼리는 1470년 초엽 몇 달간, 그러니까 자기를 위해서는 무슨 일이든 다 해 주었고 마지막까지 자기에게 이 작품 의뢰가 돌아가도록 힘써 준 친절하고 관대한 후원자의 죽음을 깊이 슬퍼하던 때에 이 그림을 그렸다. 알레고리적 구도 면에서의 비범한 재능을 발휘하여, 어떻게 하면 견인이란 제목의 그림을 상인 조합 건물 내부에 어울리면서도 피에로 일 고토소의 인품을 효과적으로 기념하게끔 그릴 수 있는지를 궁리하였다.

보티첼리의 작품으로는 위에 소개한 네 작품 외에도 현재 베를린 카이저 프리드리히 박물관에 소장되어 있고, 당대까지 아마 가장 아름다운 초상화였을 루크레치아 토르나부오니의 초상화와, 역시 현재 베를린에 있는 성 세바스티안의 그림을 더 열거할 만하다. 이 두 점은 보티첼리가 극진히 존경하던 피에로 일 고토소와 루크레치아 토르나부오니를 위해 일하던 시기에 남긴 대표작들이다. 보티첼리의 제2기는 위대한 자 로렌초와 연계하여 살펴보는 것이 가장 효과적이다(8, 9장).

────────────

피에로 일 고토소가 죽기 직전에 시민들 가운데 그를 가장 열렬히 지지하던 다양한 부류의 사람들이 그에게 상당한 곤란을 안겨 주었다. 추측하건대 그들은 피에로 일 고토소의 초지일관한 성공과 정적들의 음모를 분쇄한 일에 기세등등했던 것 같으며, 마키아벨리에 따르면, 동료 시민들을 압제하고 온갖 월권을 자행했다고 한다. 피에로는 비록 임종 침상에 누워 수족을 쓰지 못하던 상태였으나, 혼신의 힘을 기울여 추종자들의 이같은 행위를 막았다. 가장 크게 물의를 일으키고 다니던 자들을 곁으로 불러 심하게 질책하면서, 그런 식의 행동을 자제하지 않으면 강제로 뉘우치도록 만들 것이며, 자기 진영의 지나친 월권을 견제하기 위해서 과거에 추방된 몇몇 정적들을 사면하는 극단적인 조치도 마다하지 않겠다고 경고했다. 과연 그것은 빈말이 아니었다. 그들이 자기가 나서서 간섭하기에는 병세가 워낙 깊다고 생각하고서 예전대로 행동하자 자신의 말을 실행할 의도로 자신의 카파지올로 저택에서 유배자들의 대표격인 아뇰로 아치아욜리(Agnolo Acciajoli)를 불러 비밀 회동을 했다. 만약 조금 더 살았다면 틀림없이 그 말을 실행했을 것이다.

그러나 그에게는 더 달릴 길이 남아 있지 않았다. 그는 1469년 12월에 죽었다. 생전에 중용과 긍휼의 덕을 알던 그의 통치 방식을 지지하던 모든 양식 있는 동족들이 그의 죽음을 애도했다. 소년 시절부터 내일을 기약할 수 없을 정도로 허약했고 단 하루도 쾌청한 건강을 누려보지 못한 그의 목숨이었으나, 그럼에도 쉰셋까지 지속되었다. 그의 인품에 관해서는 딴 소리를 하는 사람이 없다. 평소 같으면 고귀한 인품을 높이 평가하는 그런 사람이 아닌 마키아벨리마저 그에 관해서는 이렇게 묘사한다:

"그는 선한 사람이었다. 폭력과 과시를 싫어했다. 하지만 동족들은 그의 선량함과 덕성을 제대로 평가해 주지 않았다. 그렇게 된 주된 원인은 아버지 코시모가 죽은 뒤 몇 년 동안 정치 불안과 끊임없는 병약에 시달린 데 있었다. 폭력을 혐오하던 그는 자신을 제거하려는 음모가 불거져 나왔을 때 폭력을 조금도 쓰지 않은 채 즉각 반란을 진압했고, 정적들을 친구로 돌려 놓으려고 노력했다. 국내 정치와 파벌 경쟁에는 관심이 없었으나 대외 정치에는 각별한 관심을 기울였으며, 자기 도시보다 외국 궁정들에서 더 높은 평가를 받았다."

수족을 쓸 수 없게 될 정도로 자주 통풍을 앓으면서도 발휘한 노력, 불화와 폭력에 대한 혐오, 당시 피렌체 정계를 상당 부분 잠식하고 있던 음모들에 대한 경멸, 가공할 반란을 진압하고 주제넘게 행동하는 지지자들을 다룰 때 드러낸 열정과 지각과 기지, 그리고 자기 생명을 노린 자들에게 보인 관용을 생각할 때 피에로 일 고토소가 탁월한 인품의 소유자였고 자기 가문의 명예에 적지않게 이바지한 사람이라고 말할 만한 충분한 이유가 있는 셈이다. 차후의 사건들이 명백히 보여주듯이 코시모가 그만큼 가문을 강하게 일으켜 세운 것이 엄연한 사실이긴 하나, 피에로 일 고토소가 얼마 길지 않은 활동 기간에 가문의 힘을 한층 더 강화한 것도 엄연한 사실이다.

피에로는 산 로렌초 성당의 구 성구실에 동생 조반니와 같은 묘에 안장되었다. 그의 아들들은 앞서 언급한 베로키오(Verrocchio)에게 의뢰하여 그 묘 위에 아름다운 기념비를 세웠다. 기념비 밑 둘레에는 그의 아들들인 로렌초와 줄리아노가 아버지와 숙모를 위해 이 묘를 세웠다는 내용이 새겨져 있다.

피에로는 아직 유행하지 않던 초상화대신[12] 동생 조반니와 마찬가지로 미노 다 피에솔레가 제작한 흉상을 가졌는데, 이것은 현재 바르젤로 박물관에 소장되어 있다. 흉상은 그의 준수하고 강인한 얼굴을 보여 준다. 미노 다 피에솔레는 뛰어난 흉상 조각가였고 피에로를 잘 알았으므로 흉상이 그의 실물과 거의 흡사한 것이 틀림없다. 피에로와 조반니의 이 두 흉상은 살아 있는 사람을 모델로 한 최초의 작품 군에 속한다.[13]

피에로가 가문 문장(紋章)에 도입한 변화는 앞에서 언급했다. 메디치가 문장에서 구(ball)의 수는 그들의 역사가 진행되는 동안 다양하게 변했다. 초기에는 열한 개였다가 아홉 개, 여덟 개, 일곱 개, 그리고 마지막에는 여섯 개로 변했다. 따라서 구의 수를 헤아려 보면 연대를 대략 추정할 수 있다. 조반니 디 비치가 가문의 수장이었을 때 구의 수는 대개 여덟 개였다. 코시모가 수장이 되었을 때는 그 수가 일곱으로 변한다. 그가 건축한 궁전의 문장에 구의 수가 그렇게 되어 있다. 붉은 구들 가운데 푸른 빛을 띠고 그 위에 백합을 그려넣은 구는 물론 피에로 전까지는 발견되지 않는다. 따라서 붉은 구 여섯 개와 푸른 구 한 개가 있으면 피에로의 시대를 가리킨다. 마지막으로 로렌초의 시대에 이르면 구의 수가 여섯 개(붉은 구 다섯 개와 푸른 구 한 개)로 줄어들며, 이 상태가 가문이 끝날 때까지 지속된다. 코시모 이전 시대에 일곱 개의 구를 발견하지 못하거나, 피에로 이전 시대에 백합이 새겨진 구가 포함된 일곱 개의 구를 발견하지 못하거나, 로렌초 시대 이전에 여섯 개의 구를 발견하지 못하는 한 그 기준은 절대적이다. 그러나 코시모 시대라도 여덟 개의 구를 발견할 수 있거나 피에로 시대라도 백합이 없는 일곱 개의 구를 발견할 수 있는 경우들이 몇몇 있다.

메디치가 사람들은 문장(紋章)에 숨은 뜻을 집어넣는 방식을 발전시킨 위대한 사람들이었다. 가문의 수장이 된 사람은 가문의 문장에다 자기 개인의 투

---

12) 하지만 시작 단계에 있었다. 미술가 피에로 델라 프란체스카가 우르비노의 공작과 공작 부인을 그린 것은 피에로가 죽던 해였다. 아울러 앞에서 본 대로 보티첼리는 이미 루크레치아 토르나부오니의 초상화를 그린 바 있다.

13) 조반니 디 비치와 코시모의 초상화는 모두 브론치노(1512-1572)가 기존의 초보적인 그림들을 토대로 그린 것들이다.

구 장식 문양을 채택하여 첨가했다. 따라서 코시모의 투구 장식은 공작의 깃털 세 개였다(그가 가장 중시한 세 가지 덕인 현명, 절제, 견인을 상징하려던 의도가 그 문양에 담겨 있다). 이 깃털들은 메디치가 예배당에 있는 고촐리의 프레스코화에 나타난 그의 말 마구(馬具)에서도 볼 수 있다. 피에로는 다이아몬드 반지를 움켜쥔 매를 문양으로 선택했다. 그러나 그의 시대는 짧았기 때문에 그의 문장은 다른 사람들의 문장에 비해 남아 있는 것이 별로 없다. 산 로렌초 성당 구 성구실 내부에 있는 세수용(洗手用) 대야(lavabo)에서 그것을 볼 수 있다. 로렌초는 다이아몬드 반지 세 개(때로는 네 개)가 얽혀 있는 문양을 자기 문장으로 채택했다. 다이아몬드는 불이나 타격에도 상하지 않으므로 불멸의 힘을, 반지는 영원을 상징했다. 그리고 영원 불멸의 힘을 상징하는 문양보다 로렌초의 성격에 더 적합한 것도 없었다.

그의 문장은 보티첼리의 "팔라스와 켄타우로스"(Pallas and the Centaur)에서 그를 묘사한 인물의 옷에서 볼 수 있다. 코시모, 피에로, 로렌초 세 사람은 모두 셈페르(Semper, 항상)라는 좌우명을 사용했다. 그것은 고촐리의 프레스코화에서 코시모의 말 마구에 그려진 그의 문양인 공작 깃털들과 관련지어 볼 수 있고, 피에로의 매와 구 성구실의 세수용 대야에 새겨진 다이아몬드 반지와 관련지어 볼 수 있으며, 메디치 궁전 예배당의 테두리 장식에서도 볼 수 있다. 이런 개인적 문장들은 다양한 업적의 연대를 파악하는 데, 특히 앞에 언급한 가문 문장들에 나오는 구의 다양한 수와 연관지어 파악하는 데 도움이 되므로 중요하다.

〈팔라스와 켄타우로스〉, 보티첼리, 1482년

## 루크레치아 토르나부오니(Lucrezia Tornabuoni)

조반니 디 비치와 국부 코시모의 아내들은 지적으로 뛰어난 여성들이 아니었으나, 피에로 일 고토소의 아내 루크레치아 토르나부오니의 경우는 달랐다. 루크레치아는 당대의 손꼽히는 교양인이었다. 그녀가 속한 가문은 한때 귀족 가문이었던 토르나퀸치가였으나, 약 200년 전에 시뇨리아에 입각할 목적으로 평민이 되기 위해 가문명과 문장들을 변경했는데, 이들은 예술을 각별히 후원한 사람들이었다.[14] 루크레치아는 공부를 많이 한 여류 시인으로서 신앙심도 무척 깊었다. 학문의 큰 후원자로서 뿐 아니라 친필 저서들로도 이름을 떨쳤다. 크레쳄베니(Crecembeni)는 그녀가 "당대 시인들의 전부는 아닐지라도 상당수 사람들을 능가했다"고 평가한다. 찬송시들과 성경을 운문으로 번역한 글들이 주요 저서들이다. 폴리치아노(Politian)와 풀치(Pulci) 모두 그녀의 지적 재능을 높이 평가한다. 로스코우(Roscoe)는 그녀의 시들이 이탈리아에서 시 창작 활동이 크게 침체했을 당시에 내놓은 것이라는 점에서 더욱 가치가 있다고 말한다.

파스토 박사(Dr. Pastor)는 「교황청의 역사」(Historie des Papes)에서, 대대로 스스로 갇혀 지내다가 은둔의 벽을 허물고 나와 문학과 과학으로 명성을 얻은 당대의 가장 유력한 귀부인들을 소개하면서 루크레치아를 체칠리아 곤차가(Cecilia Gonzaga), 이소타 노가롤라(Isotta Nogarola), 카산드라 페델레(Cassandra Fedele), 안토니아 풀치(Antonia Pulci)와 같은 반열에 둔다. 루크레치아는 종교 분야에서도 못지 않은 두각을 나타냈다. 프란체스코 팔레르모(Francesco Palermo)는 「선하게 사는 방법」(Opera a ben vivere)이라는 제목이 붙은 성 안토니오의 논문이 루크레치아 토르나부오니에게 헌정되었다고 적는다. 그게 사실이라면 그녀의 독실하고 지각 있는 인격에 대한 높은 찬사인 셈이다.

루크레치아 토르나부오니에 관해서 우리가 듣는 모든 말은 그녀가 그렇게

---

14) 이 가문은 로렌초의 권유로 산타 마리아 노벨라 성당 성가대석을 기를란다요의 유명한 프레스코로 장식했다. 오늘날 피렌체의 주요 거리는 그 가문에 대한 기억을 간직하고 있다. 그 가문의 궁전은 그 거리가 코르시 거리와 만나는 길모퉁이에 서 있었다.

재능이 많을 뿐 아니라 인품도 대단히 높은 여성이었음을 입증한다.[15] 메디치
가의 가세는 그녀의 장남 로렌초 대에 절정에 달했는데, 이것은 의심할 여지
없이 그의 아버지뿐 아니라 어머니도 그처럼 재능이 뛰어났다는 사실에 기인
한다. 루크레치아는 남편과 사별한 뒤 15년을 더 살면서 1478년에 발생한 사
랑하는 막내아들의 끔찍한 죽음과, 1478-1480년의 전쟁과, 1480년 장남의
승리를 다 지켜본 뒤 1482년에 눈을 감았다. 따라서 로렌초가 재위 초반에 어
머니의 소중한 조언에 큰 힘을 입었으리라는 것은 의심할 여지가 없다. 니콜
로 발로리(Niccolo Valori)는 이렇게 말한다:

"로렌초는 어머니 루크레치아를 끔찍히 존경했고, 아버지가 죽은 뒤에는 아
버지에게 가졌던 존경을 한데 모아 매사에 어머니를 사랑하고 존경했다. 그가
과연 어머니를 가장 사랑했는지 혹은 존경했는지를 확인하기란 어렵지 않다."

보티첼리가 그린 루크레치아의 초상화(측면도)는 아름답고 지적인 얼굴을
보여 준다.[16] 루크레치아와 피에로는 아들 둘(로렌초와 줄리아노)에 딸 셋(마리아, 루
크레치아(혹은 나니아), 비앙카) 해서 5남매를 낳아 길렀다. 세 딸 모두 좋은 남편을
만났다. 마리아는 레오페토 로시(Leopetto Rossi)와, 비앙카는 굴리엘모 데 파치
(Guglielmo de' Pazzi)와 결혼했고, 루크레치아는 당대의 손꼽히는 저명한 학자 베
르나르도 루첼라이(Bernardo Rucellai)와 결혼했다.

---

피에로 일 고토소의 생명이 끝나자 한때 피렌체를 환히 밝히고 150년간
예술과 학문에서 높이 들렸던 불이 피렌체를 넘어 널리 퍼져나가는 징후들
이 보이기 시작했다. 로마에서는 그런 시작이 교황 니콜라스 5세의 노력으로

---

15) 당시에는 대가문일수록 기혼 여성이 남편의 성을 채택하는 대신 친정의 성을 그대로 간직하는 게
관습이었다. 혹은 남편의 성에 친정의 성을 덧붙이는 경우도 있었다. 마리아 살비아티가 편지에
'마리아 살비아티 데 메디치'라고 서명한 데서 그런 관습을 보게 된다(참조. 23장 중 '마리아 살비
아티'). 이 관습은 이탈리아에 여전히 남아 있다.

16) 이 그림이 베를린에 있게 된 것은 1494년 메디치 궁전의 약탈과 관계가 있는 듯하다.

이루어졌다. 베네치아에서는 두 형제 젠틸레(Gentile)와 조반니 벨리니(Giovanni Bellini)와 이복 형제 만테냐(Mantegna)가 미술 학파를 시작하고 있었는데, 이 학파는 장차 피렌체의 미술 학파에 버금가게 된다. 우르비노는 계몽 군주 페데리고 몬테펠트로(Federigo Montefeltro)의 영도하에 피렌체의 전철을 밟고 있었다. 그리고 만투아는 곤차가가(the Ganzaga)의 주도하에, 페라라는 에스테가(the Este)의 주도하에 예술과 학문에 비슷한 장려를 하기 시작하고 있었다.

# 제7장

# 메디치 궁전 예배당의 프레스코

메디치 궁전이 코시모와 뗄 수 없는 관계가 있듯이, 오늘날 이 궁전에 관심이 쏠리게 만드는 것은 피에로와 뗄 수 없는 관계가 있다. 코시모, 피에로, 로렌초 때에 그 궁전에 보관되었던 예술품들 중에서 현재 남아 있는 것은 베노초 고촐리가 1층 소예배당 벽면에 피에로 일 고토소를 위해 그린 프레스코들뿐이다. 이 프레스코들은 특히 세 가지 역사적인 관점에서 눈여겨볼 만하다. 우선 그 화가의 걸작이라는 점에서 그렇고, 두 가지 면으로 그의 힘 있는 붓놀림을 조화롭게 보여 준다는 점에서 그런데, 내진(chancel) 벽면들에는 종교 주제의 프레스코들이, 예배당 둘레에는 역사 주제의 프레스코들이 그려져 있다.

지금은 창문이 하나 나 있지만, 권위자들의 한결같은 진술은 원래 이 예배당에 창문이 없었다는 것과, 이 아름다운 프레스코들을 모두 등불에 의지하여 그렸다는 것이다. 그게 사실이라면 이 대가의 재능에 다시 한 번 감탄하게된다. 이 프레스코들은 제작된 지 거의 450년이 지났는데도 완벽하게 보존되어 있다. 현재 창문이 나 있는 제단 위에는 원래 필리포 리피(Filippo Lippi)의 "탄생"(the Nativity)이라는 그림이 걸려 있었다.[1] 예배당 벽면 아랫 부분으로는

---

1) 이 그림은 현재 아카데미아 델레 벨레 아르티에 소장되어 있다.

피에로의 문양인 다이아몬드 하나와 '항상'(Semper)이라는 장식 띠가 빙 둘러 있다.

### 내진(內陣)의 그림들.

이 그림들은 프라 안젤리코의 문하생인 종교 화가 베노초 고촐리의 능력을 잘 보여 준다. 이 분야가 고촐리의 뛰어난 분야는 아니지만, 이 그림들은 그가 경우에 따라서는 스승의 정신을 적지 않게 화폭에 담을 수 있었다는 것을 보여 준다.

고촐리는 원래 제단 위에 걸렸던 그림의 주제였던 그리스도가 탄생하시던 밤의 세상을 묘사한 그림 두 점으로 내진의 양쪽 측벽을 위에서 아래까지 다 덮었다. 배경은 이탈리아의 정원과 삼림이며, 천사의 무리가 사방을 다니면서 "지극히 높은 곳에서는 하느님께 영광이요 땅에는 평화"라는 찬송을 부른다. 각 벽에는 세 무리가 있는데, 한 무리는 무릎을 꿇고 있고, 한 무리는 서 있고, 한 무리는 날아다닌다. 하지만 모두가 제단 혹은 그보다는 제단 위에 있는 탄생화를 향하고 있다.

무릎을 꿇고 있는 무리(모든 이의 시선이 집중되는 부분에 가장 가까이 있는)는 나머지와는 달리 찬송을 하고 있지 않다. 이들은 성삼위(聖三位)의 제2위 격으로 늘 알아오던 분이 자기들 앞에서 성육신(聖肉身)하신 위대한 신비, 즉 "천사들도 보기를 원하는 것이라"는 성구(聖句)와 관련된 신비를 넋을 잃고 바라보고 있다. 하느님이 인류에게 내놓으신 그 초월적인 사랑 앞에서 경외심을 못 이겨 절하고 놀라움과 신심에 말을 잃고 있다. 그들 마음에 있는 생각이 머리에 둘러 있는 '후광'에 나타나는데, 어떤 천사의 후광에는 "지극히 높은 곳에서는 하느님께 영광", 다른 후광에는 "저희가 경배하나이다", 또다른 후광에는 "땅에는 평화"라는 글귀가 적혀 있다.

약간 뒤에 서 있는 무리는 세계사에서 가장 위대한 이 사건의 경이로움을 서로 이야기하고 큰 소리로 노래하면서 모든 이들에게 와서 보라고 외치는 데 여념이 없다. 날아다니는 무리는 하느님이 인간이 되신 이 광경을 보려고 멀리서 서둘러 오며, 경배의 표정으로 그 광경을 내려다본다.

그림 전체의 정신은 "하느님이 세상을 이처럼 사랑하사"라는 성구로 요약할 수 있다. 모두의 시선이 한 곳으로 집중된 그 대상의 상징이 조금도 겉으로 드러나지 않은 점이 그림을 한층 더 인상적이게 만든다. 그림에 나타난 대로 천사들이 받는 강렬한 인상만 봐도, 대체 어떤 행위이기에 천사들조차 감명을 받는가 하는 생각에 더 집중해서 보게 된다. 아마 이 그림에 짙게 배어 있는 경건한 정신은 그림의 구도에 관해서 틀림없이 많은 주문을 했을 루크레치아 토르나부오니의 영향으로 봐야 할 것이다.

그림의 주 대상들 뒤에서는 천사들이 정원에서 장미꽃을 꺾고, 꼬마 천사는 나무 꼭대기에 태평하게 앉아 있으며, 빛깔이 밝은 새들이 천사들 사이에서 두려운 기색 없이 날거나 앉아 있는 등 모든 게 다 행복하고 평화롭다. 천사들의 아름다운 공작 날개, 새들의 밝은 빛, 세련되게 그려진 장미, 그리고 그밖의 정경들이 그림을 전체 구도에서만큼 표현력에서도 돋보이게 한다. 옛 대가들의 관습에 따라, 그리고 시공(時空)이 존재하지 않는 영적 세계의 일들에서 그 관습을 예증하려는 의도로 배경은 중세의 성과 마을이 어우러진 이탈리아의 정경을 보여 준다.

그림의 전체 아이디어는 풍경에도 배어 있는데, 풍경에 나타난 경직성은 주로 이런 이유 때문이다. 천사들의 말에 담긴 개념 곧 죄와 죄의 결과로 인해 고통당하는 세상에 평화를 가져온다는 개념을 그림 전체에 불어넣기 위해서 이 대가는 풍경에 그 사상과 걸맞는 특성들을 부여한다. 러스킨은 이 점에 관해서 다음과 같이 말한다:

"라파엘로, 페루지노(Perugino), 베노초 고촐리 같은 대가들이 남긴 이런 유의 그림에서는 산들이 한결같이 이변으로 처리되거나 쇠약하게 처리되고 산림도 크기가 각기 다른 나무들로 이루어져 있는데 반해, 이 그림에서는 그런 외형들이 의도적으로 배제되었다. 나무들은 양쪽 가지들이 똑같은 크기로 곧게 자라되, 충해나 풍상을 받아본 적이 없는 듯 섬세하고 가벼운 자태를 지닌다. 산들은 내려앉은 구석이 하나도 없는 준봉들로 서 있고, 바다는 항상 잔잔하며, 하늘도 항상 조용하여 저 멀리 밝고 흰 구름들만 동그라미를 그리며 떠 간다."

러스킨은 이 그림을 하나의 예로 들면서 다음과 같은 점을 지적한다: "장미들과 석류들, 그 잎맥과 무늬까지 세세하게 그려진 잎사귀들이 섬세한 격자 시렁을 타고 서로 얽히며 올라가 아름답고 완벽한 질서를 이루고 있고, 넓게 퍼져 자란 소나무과 사이프러스가 그 위를 덮고 있고, 청명한 하늘 이곳저곳 에는 밝은 빛깔의 새들이 날아다니며, 나무들의 뒤얽힘이 없는 숲속 빈터에 서는 천사들이 미끌어지듯 요리조리 다닌다."

베노초 고촐리는 이 내진의 그림들에서 이런 식으로 모든 나라 사람들이 읽을 수 있는 언어로 자신의 '타오르는 메시지'를 썼다.

### 예배당 몸체에 있는 그림들.

내진 벽화들이 그리스도의 탄생과 관련된 최초의 일화를 집중해서 다루는 데 반해, 예배당 몸체의 그림들은 그 사건과 연관된 일화, 즉 세 왕 혹은 동방박사들의 베들레헴 여행을 다룬다. 그리고 여기서 우리는 베노초 고촐리가 역사화(歷史畵)라는 독특한 장르에서 발휘한 힘을 느낄 수 있다. 여기서 종교적 주제는 메디치가의 역사를 언급하기 위한 매개에 지나지 않는다.

이 작업을 하는 데 고촐리가 당연히 추켜 세우려는 암시를 될 수 있는 대로 많이 집어넣고 싶어했겠지만, 그가 그런 의도를 이뤄내는 방식은 주목할 만하다. 그 그림은 끝에서 끝까지 메디치가가 피렌체를 위해 당시까지 행해온 모든 일들, 동족들에게 존경을 얻을 수 있는 계기가 되었던 일들을 가리키는 정교한 기념화이다. 그런 의도를 그림에 훌륭하게 담아냈지만, 당대의 화가 들이었다면 남발하여 그 의도를 훼손했을 공허한 아첨은 피했다. 그러므로 우 리는 이 그림에서 일반적인 관행대로 "메디치가 사람들의 초상을 대입한 동방박사들의 화려한 행렬"을 훨씬 넘어서는 어떤 것을 보게 된다.

위에서 언급한 총체적인 아이디어를 화폭에 담기 위해서, 고촐리는 지난 30년간 피렌체에서 이 가문과 관련하여 발생한 모든 사건을 그림으로 하여금 스스로 말하게 하는 작업에 착수했다. 1439년의 대규모 공의회가 메디치가의 주선으로 피렌체에서 열리게 된 일, 그 가문이 공의회 대표들을 환대한 일, 참석자들 중에 콘스탄티누스 대제의 계승자인 황제와, 이론상으로 로마 교황과 동등한 콘스탄티노플 총대주교가 포함되었던 일,[2] 그 회의로 인해 당대의 대다수 지식인들이 피렌체를 방문하여 메디치가가 이 궁전의 초석을 놓은 이래로 장려해 온 고대 학문의 부활을 진척시킨 일, 1439년의 환대에 부응하여 콘스탄티노플을 빠져나온 학문과 문화가 피렌체로 피신한 일, 그리고 마지막으로 메디치가의 현명한 정치적 인도로 피렌체가 부국강병의 기틀을 다지고 과거 피렌체의 경쟁국들에 대해 우위를 점한 일을 그는 화폭에 담았다. 이 모든 일들을 그 그림은 말하는데, 고촐리가 이 전체 구도를 담아낸 탁월한 방법은 역사 화가로서 그의 재능을 역력히 과시한다.

고촐리는 세 왕 혹은 동방박사들 중 첫째 인물에 콘스탄티노플 총대주교 요셉(Joseph)을 설정한다. 이 사람은 1439년 공의회 참석차 피렌체에 와서 공의회 폐회를 한 달 앞두고 그곳에서 죽은 총대주교이다. 그는 노새를 탄 노인으로 묘사되는데, 오래 전 내진으로 들어가는 새 입구를 내는 과정에서 그의 몸 절반이 잘려나갔다. 당시에 이 작품처럼 화려하지 않은 프레스코들이 얼마나 천시되었는지를 보여 주기라도 하듯 이런 야만 행위가 자행되었다. 그 공의회 때 로마 교황(유게니우스 4세)도 주요 인물이긴 했으나, 고촐리는 그 대신 콘스탄티노플 총대주교를 주요 인물로 선정하는데, 동방의 군주이기 때문이기도 하고, 메디치가가 고전 문학을 발굴하는 데 콘스탄티노플과 나눈 많은 거래를 암시하려는 이유 때문이기도 하다.

두 번째 왕으로 고촐리는 동방 황제 요한 팔레올로구스(John Paleologus, 요한 7세)를 선정한다. 이 요한 7세는 1439년 공의회에 참석했던 황제로서, 천 년 전에 로마 제국 서쪽 절반이 멸망한 것처럼 콘스탄티노플의 함락으로 동쪽 절반이 멸망하기 전 마지막에서 두 번째 황제이다. 그는 콘스탄티누스 대제의 계승자로서(비록 당시 그의 제국의 영토는 그 수도로 줄어들었지만) 이론상

---

2) 기독교 세계 전체를 포괄하는 5대 총대주교구는 (1) 안디옥, (2) 알렉산드리아, (3) 예루살렘, (4) 콘스탄티노플(제국 수도이므로), (5) 로마(과거의 제국 수도이므로)였다. 총대주교를 부르는 직함은 그리스와 라틴 식으로 각각 총대주교(Patriach)와 교황(Papa)이었다.

으로는 지상의 모든 군주들 가운데 가장 위대한 자였다. 그리고 이 그림을 그릴 당시에는 그의 제국이 이미 16년 전에 멸망하고 만 상태였지만, 고촐리는 그럼에도 불구하고 그를 두 번째 왕으로 집어넣었다. 그 이유는 전과 동일하다. 즉, 그는 1439년의 공의회와, 그 공의회가 옮겨온 도시가 바로 피렌체였다는 것과, 공의회를 옮겨오고 공의회 대표들을 그곳에서 왕처럼 접대할 때 메디치가가 떠맡은 역할을 지적하고 싶었기 때문이다.

세 번째 왕으로 고촐리는 그 가문의 젊은 계승자 로렌초 데 메디치(Lorenzo de' Medici)를 대입한다. 그를 세 왕 중 한 사람으로 대입함으로써 메디치가를 박사들의 시중드는 자들이 아닌 박사들 자신들로 만든다. 그리고 이렇게 그를 높이 추켜세움으로써 그 가문에 대한 강력한 찬사를 암시한다.

세 왕 뒤에는 수행원들이 따른다. 여기서 보게 되는 것은 당대 최고의 지식인들 무리를 이끌고 있는 메디치가이다. 우선 앞줄에는 두 형제 국부 코시모(수놓은 겉옷을 입고, 세 개의 공작 깃털이 달린 자기 고유의 투구를 쓰고 말에는 일곱 개 구로 이루어진 메디치가 문장이 새겨진 마구가 둘러 있다)와 그의 오른쪽에 동생 로렌초(전형적인 모습 그대로 조용하고 겸허히 노새를 타고 있다)가 있고, 왼쪽 구석에는 피에로 일 고토소(평소처럼 모자를 벗고 있다[3])가 있으며 (백마를 탄) 그의 뒤에는 열다섯살난 어린 줄리아노(활을 든 흑인 한 명을 앞장세워 사냥을 좋아하던 기질을 암시한다)가 있다. 줄리아노의 말에는 (유일하게) 굴레 앞부분에 보석이 박혀 있다. 고촐리는 각 경우에 닮은 점들을 무시한 채 복장과 전체적인 외모에 많은 관심을 쏟았다.

이렇게 세 세대에 걸친 메디치가 구성원들이 온 뒤에는 학자들과 문인들이 긴 행렬을 이루고 따라오는데, 그중에는 메디치가가 학문을 숭상하고 추구하도록 가르친 피렌체 사람들[4](이를테면 마르실리오 피치노Marsilio Ficino, 풀치Pulci 형제들 같은 사람들)과 콘스탄티노플에서 온 저명한 그리스 학자들, 즉

---

3) 아마 그가 항상 병약했음을 암시하는 독특한 표현인 듯하다. 실제로 이런 이유 때문이었는지는 단정할 수 없으나, 아무튼 피에로 일 고토소가 머리에 무엇을 쓰고 있는 모습은 아무데서도 찾아볼 수 없다.
4) 이들 대부분은 우리가 항상 국부 코시모와 관련짓는 독특한 모자를 쓰고 있다. 이 모자는 학자를 표시했거나, 아니면 코시모의 플라톤 아카데미의 회원을 표시했을 것이다.

메디치가로부터 피렌체 정착을 권유받고 고전학 교수에 임명된 사람들(이를 테면 아르기로풀로스Argyropoulos와 칼콘딜라스Chalcondylas 같은 사람들) 혹은 1439년 공의회에 참석한 사람들(이를테면 베사리온Bessarion, 플레톤Plethon 같은 사람들)과 머리 장식으로 피렌체인들과 구분되는 그리스인들이 있다. 피렌체인들이 한결같이 말끔히 면도를 한 데 반해, 그리스인들은 동방의 관습대로 턱수염을 길렀다.(검정 모자를 쓰고) 걸어서 코시모 바로 뒤를 따르는 사람은 메디치가의 강력한 지지자요 줄리아노의 가정 교사인 살비아티(Salviati)이다. 고촐리는 허다한 문인들 틈에 자신을 끼워넣고(그리스 지식인 두 사람 틈에), 그 대가들 속에 파묻혀 주목을 받지 못하는 것을 방지하기 위해 모자에 자기 이름을 꼼꼼히 써 넣었다.

그림 전체에서 부각되는 것은 부나 권력이 아니라 학문이다. 로마 교황은 콘스탄티노플 총대주교보다 무한히 큰 부와 권세가 있었고, 당대 서방의 많은 군주들이 동방의 황제보다 부와 권력이 컸으나, 부각된 것은 그들이 아니었다. 또한 세 왕을 수행하여 메디치가를 따르는 사람들도 부유한 피렌체인들이 아니라 학식이 뛰어난 사람들이다.

행렬의 전면, 총대주교의 앞에는 성장(盛裝)을 한 청년이 있는데, 그는 화려한 마구로 치장한 말을 타고, 뒤로는 사냥용 표범을 끌고 간다. 이것은 옛 시대 대가들이 즐기던 해학의 일종이면서, 동시에 그림의 전체 목적을 암시하는 역할도 한다. 그 청년은 유명하고 엄한 사령관이자 피렌체의 가공할 원수인 루카의 공작 카스트루치오 카스트라카니(Castruccio Castracani)로서,[5] 14세기 초반에 피렌체와 격렬한 전투를 벌여 피사와 피에솔레를 정복하고 피렌체 영토를 초토화하고 피렌체 성벽까지 진군하여 피렌체인들에게는 수치스럽게도 황제 바바리아의 루이스(Lewis)에 의해 토스카나의 제국 총독으로 임명되었던 인물이다. 고촐리의 해학은 이 두려운 원수를 사냥에나 뛰어날 뿐 모든 점에서 지혜롭고 학식있는 피렌체인들과 대조되는 젊은 사냥꾼으로 묘사한 데에 있다. 그는 힘이 넘치는 말에 박차를 가해 그들을 뚫고 가려고 애쓰

---

5) 그의 가문 문장은 항상 표범이었다.

지만, 그에게 손길을 주는 사람은 아무도 없고 다만 한 사람이 그의 손을 붙잡아 더 가지 못하게 할 뿐이다. 이 정경에서 엿보게 되는 것은 루카가 과거에는 피렌체의 가공할 원수였고, 피렌체에 메디치가가 등장하기 전에 알비치가가 지휘한 두 번의 전쟁에서 죄다 루카에게 참패를 당하고 말았지만, 메디치가가 주도권을 잡은 피렌체는 이제 루카가 소유했던 것보다 훨씬 큰 힘과 중요한 지위에 오르게 되었고, 승승장구하던 루카의 경력에 결정적인 종지부를 찍었다는 사실이다.

따라서 이 그림을 볼 때 뇌리에 떠오르는 것은 메디치가가 (그들의 역사에서 1469년에 도달한 그 지점에 이르기까지) 학문을 부흥시키고, 피렌체를 이탈리아 최고의 문화 도시로 끌어올리고, 피렌체의 정치 권력을 북돋우는 데서 성취해 온 모든 일들이다. 고촐리는 그 가문의 이 첫 세 세대의 업적에 관해서 말하고자 하는 바를 이탈리아어를 모르는 대중도 능히 이해할 수 있는 형태로 그렸다.


이 그림은 메디치가의 행적을 암시한 면들을 떠나서라도 역사적 흥밋거리를 많이 갖고 있다. 황제와 총대주교의 초상과 복장, 행렬에 동원된 장비, 그리고 비슷한 소재들은 가상적인 것들이 아니다. 고촐리는 30년 전 스무살쯤 되었을 때인 1439년 여름에 피렌체 거리에서 벌어진 행렬과 의식에서 황제와 총대주교를 직접 보았다. 또한 훗날에는 이때 못지 않게 장관을 이루었던 1469년 2월의 마상 대회를 직접 관람했다. 이 두 번의 경우에 본 광경을 기초로 우리가 달리는 알 수 없었을 사람들, 복장들, 관습들을 우리 눈 앞에 재현해 놓았다.

콘스탄티노플 총대주교는 1439년의 행진 때 입었던 옷을 입고 있다. 머리에는 고대의 머리 장식을 하고 있는데(그런 장식을 한 사람은 거의 그가 마지막이었다), 이 머리 장식과 관련하여 먼저 눈여겨볼 수 있는 것은 동료 로마교황의 경우에는 그것을 점진적으로 삼중관으로 바꾸었는 데 반해 콘스탄티노플 총대주교는 처음 그대로를 유지했다는 점이다.

황제 요한 7세(요한 팔레올로구스)의 초상에서는 그가 1439년의 행렬에 참가했을 때의 모습을 볼 수 있다. 그것은 콘스탄티누스 대제로부터 시작하여 1130년이나 콘스탄티노플 권좌에 앉은 무수한 황제들 가운데 그 초상화가 현존하는 유일한 경우일 것이라는 사실[6]로 인해 큰 흥미를 자아낸다. 그의 복장과 마구(馬具)는 매우 장엄하다. 머리에는 동로마 황제의 독특한 면류관을 썼는데(터번과 얽히게끔), 당시 서유럽의 군주들이 한결같이 채택하고 있던 면류관과는 모양이 사뭇 다르다. 그는 피렌체인들과는 달리 동방의 풍습에 따라 턱수염을 기르고 있다. 얼굴에는 위엄이 있으나 그럼에도 불구하고 우수가 비친다. 한때 영광스러웠던 제국이 마지막 임종의 고통을 겪고 있는 것을 보고, 서방에서 제국을 구할 원조를 기대할 수 없음을 알고 있던 그에게서 충분히 예상할 수 있는 분위기이다.

로렌초 데 메디치의 복장은 그가 얼마 전 1469년 2월 마상 대회 때 입었던 것이다. 눈에 띄는 것은 "그의 문자에 박힌 루비들과 다이아몬드들," "벨벳으로 수놓은 겉옷"(그의 팔에 나타남), "가장자리에 붉은 수를 놓은 흰 비단" 망토와 그 위에 두른 검대(劍帶)이다. 그는 나폴리 왕이 마상 대회를 위해 그에게 선물한 큰 백마를 타고 있는데, 이 말의 마구에는 온통 메디치가의 일곱 구가 새겨져 있다. 말을 탄 수행원들, 전령들, 무장한 채 걸어가는 사람들도 모두 로렌초의 마상 대회 때 입었던 복장을 하고 있다.

동방 박사의 여행이라는 주제는 화려한 기법을 마음껏 발휘할 수 있다는 점에서 옛 시대 거장들이 늘 애호하던 주제였으나, 그것을 이 작품만큼 호방한 스케일로 다룬 작품이 없다. 그림은 화려한 행렬에 아름다운 청년들, 사치스런 복장들, 준마들, 사냥용 표범들, 사냥개들, 사냥용 매들 등 그 생생한 정경에 보탤 수 있는 온갖 액서사리를 다 보태면서, 아펜니노 산맥의 험준한 바위길과 나무 우거진 경사면을 오르내리며, 성들과 마을들과 사이프러스 과수원들을 지나는데, 그런 과정에서 모든 대상에 맨 처음 색을 입힐 때만큼 신선한 색채로 입힌다.

---

6) 라벤나에 있는 황제 유스티니아누스와 콘스탄티누스 4세의 모자이크만 예외인데, 이 작품들은 위와 같은 의미의 초상화라고 볼 수 없다.

이 프레스코들의 연대는 다소 쟁점이 된다. 러스킨은 그 제작 시기를 1457년과 1459년 사이로 잡는 데 반해, 다른 모든 권위자들은 1459년과 1463년 사이라고 말한다. 반면에 러스킨과 다른 모든 권위자들은 (아주 바르게) 이 프레스코들이 피에로 일 고토소를 위해 그렸다고 말한다. 그러나 피에로 일 고토소는 1464년에야 비로소 가문의 수장이 되었으며, 그밖에도 위에 언급한 연대들 중 어느 하나도 정확할 수 없다고 추론할 만한 근거들이 있다. 1457년 로렌초는 불과 여덟살의 아이였고, 줄리아노는 네살밖에 되지 않았다. 이점이 러스킨의 연대를 불가능하게 만든다. 그리고 위에 언급한 연대 중 맨 나중 것인 1463년에조차 로렌초는 열네살밖에 되지 않았고, 줄리아노는 열살밖에 되지 않았다. 사냥에 대한 취미를 그 정도로 발전시킬 수 없었던 나이다.

또한 권위자들은 한결같이 이 동방박사들의 행렬에 묘사된 복장들과 장비들이 "메디치가의 행렬이 띠었던 축제적인 위세와 화려함을 재현한다"고 생각하지만, 메디치가가 이런 행렬을 최초로 벌인 것은 1469년 2월로서, 그때는 로렌초가 열아홉살, 줄리아노가 열다섯살이었다. 그리고 행렬에 관한 해설이 붙은 그 그림을 보면서 1469년의 마상 대회가 로렌초와 수행원들, 무장한 사람들, 마부들, 시종들의 복장과 장비의 모델이 되었음을 의심할 사람은 아무도 없다. 열아홉살과 열다섯살이면 로렌초와 줄리아노를 그 그림에 그려넣기에 적합하지만, 열세살과 열살은 그렇지 못하다. 따라서 그 그림의 내적증거는 1469년 2월 이전의 연대들의 가능성을 일축한다.

반면에 고촐리가 그 작품을 제작하던 중에 그것에 관해서 피에로 일 고토소에게 쓴 두 통의 편지(연대 미상)와 그 안에 쓰인 어조와 표현은 피에로가당시에 그 가문의 수장이었음을 보여 준다.[7] 이 점은 1464년 8월 이전이나1469년 12월 이후의 모든 연대를 일축한다. 그럼에도 불구하고 한 가지 난제(바로 이것이 지금까지 이 프레스코들에 위와 같은 연대들이 매겨진 주된 원인임에 틀림없다)는 1463~1467년에 고촐리가 산 지미냐노 성당에 대형 연

---

7) 그는 이 예배당 프레스코 작업 과정을 보고하면서, (비싼) 군청색 물감이 더 필요하다고 요청하며, 여름에 이 예배당에서 작업하기가 참을 수 없을 만큼 덥다고 불평한다.

작 프레스코들을 그리고 있었고, 그곳에서 연대를 표기한 편지들을 썼으며, 1468년에 피사 캄포 성당에서 대작에 착수한다는 계약에 서명했는데, 그것은 대개 1469년에 시작되었고 그의 마지막 작품으로 간주된다는 점이다.

이렇게 상충되는 증거(그 중에서 그림 자체가 제시하는 증거는 무시하기에는 너무 강하다[8]) 사이에서 유일한 해결책은 이 프레스코들이 제작된 시기가 1457~1459년도 아니고 1459~1463년도 아니라 1468년 1월~1469년 12월이었고, 행렬의 주요부 중 일부(추측하건대 총대주교와 황제의 인물화를 포함한)가 1468년 1월~1469년 1월에 그려졌으며, 예배당 본체의 프레스코들 나머지 부분은 1469년 2월~1469년 12월에, 그러니까 그 해 말에 피사에서의 작업이 시작되기 전까지 그려졌다고 보는 것인 듯하다. 예배당의 그림들은 틀림없이 피에로 일 고토소가 가문의 수장일 때(1464-1469) 완성되었고, 내진의 그림들은 고촐리가 산 지미냐노에서 돌아왔을 때, 즉 1468년에야 비로소 착수될 수 있었던 반면에, 마상 대회와 관련된 세부 묘사들과 로렌초와 줄리아노의 나이는 1469년 2월~12월을 예배당 본체의 프레스코들 중 주요 부분이 그려질 수 있었던 유일한 시기로 만든다. 베노초 고촐리가 그림을 대단히 빨리 그리기로 정평이 났었던 화가임을 감안할 때 아무리 이 프레스코들이 다양한 소재들로 가득 차 있다 할지라도 그런 대가가 2년만에 완성했을 가능성은 얼마든지 있다.

---

8) 황제와 총대주교 외에 분명히 식별할 수 있는 두 사람은 로렌초와 코시모이다. 두 사람의 복장과 마구(馬具)에 표기된 기장 때문이다. 코시모의 경우는 공작 깃털 세 개가, 로렌초의 경우는 마상대회에 입었던 옷이 그들의 신원을 확실하게 밝혀 준다.

# 제8장

# 위대한 자 로렌초(Lorenzo the Magnificent)

## (1) 재위 첫 9년: 1469-1478

1449년 출생, 1469-1492년 재위, 1492년 죽음.

피에로 일 고토소의 장남 로렌초는 아버지를 여의고 가문의 수장이 되어 피렌체의 통치권을 승계할 때가 불과 스무살이었다. 앞서 언급했듯이 그러기 여섯 달 전에 클라리체 오르시니(Clarice Orsini)와 결혼했다. 그의 세 누이 마리아(Maria), 루크레치아(Lucrecia. 혹은 나니나Nannina), 비앙카(Bianca)는 각각 레오페토 로시(Leopetto Rossi), 베르나르도 루첼라이(Bernardo Rucellai), 굴리엘모 데 파치(Guglielmo de' Pazzi)와 결혼했고, 모두 그보다 위였으나, 동생 줄리아노는 네 살 아래였다. 어머니 루크레치아는 계속 살아 그가 피렌체를 통치하는 것을 13년간 지켜 보았다. 그는 이미 여러 해 동안 국정에 상당 부분 관여한 터여서 같은 또래의 청년들에 비해 준비가 잘 되어 있었다. 각각 40살에 가문의 수장이 되었던 아버지와 할아버지보다도 훨씬 일찍 정계에 입문한 셈이다.

로렌초에 이르러 이 가문의 역량은 최고조에 달했다. 그렇게 많은 분야에 그만큼 큰 역량을 발휘한 사람도 없을 것이다. 정치가로서의 식견과 판단, 정치적 혜안과 기민한 결정, 사람들을 사로잡는 힘, 고전 저자들에 대한 깊은 지식, 이탈리아어 발전에 크게 기여한 시인 겸 저자로서의 역량, 예술의 다양한 분야에 대한 예술적 취향과 비평 지식, 농업과 사람들의 생활과 필요, 농촌 생활에 대한 지식, 이런 다양한 분야에서 로렌초는 탁월한 역량을 보였다. 위대한 자(the Magnificent)라는 칭호는 대중의 일치된 의견에 따라 그에게 부여된 것으로서, 그의 개인 생활에 어떤 위세가 있기 때문에 붙은 게 아니다. 개인 생활에서는 전혀 꾸밈이 없었다. "그에게 그런 칭호가 붙은 이유는 그의 남다른 재능, 관인대도의 성품, 공중의 유익을 위해 재산을 아끼지 않은 점, 피렌체와 함께한 그 생활의 위대한 면모 때문이다." 따라서 그의 이름은 위세 때문이 아니고 그가 피렌체에 부여한 화려함 때문에 우리의 관심을 끈다.

그러나 로렌초는 피렌체를 이탈리아에서 가장 중요한 도시로 이끌어 올리고, 유럽의 공인된 지적 예술적 수도로서 절정에 세우고, 시민들의 부를 극도로 증가시켰는데도 불구하고,(후대에 가서는) 피렌체의 정체(政體)에 심대한 변화를 초래하고 대대로 힘써 지켜온 공화정을 사실상 독재정으로 만들어 놓았다는 이유로 이루 말할 수 없는 가혹한 비판을 받았다. 그의 할아버지 코시모도 국사를 좌우할 만큼 큰 영향력을 피렌체에 행사했던 것이 사실이다. 그러나 로렌초가 창출한 지위는 그런 정도를 훨씬 뛰어넘는, 종류가 완전히 다른 것이었다. 그의 경우에 그것은 영향력이 아니라 통치였다. 실제로 로렌초는 정치적 안목이 할아버지 코시모보다 훨씬 더 뛰어났다.

그는 피렌체인들이 개인적 반목에 너무 쉽게 빠지므로 실질적으로는 공화제에 적합하지 않은 반면에, 전제적인 통치하에서는 정치적 힘과 경제력에 무제한한 잠재력을 갖고 있는 것을 발견했다. 로렌초가 자기 가문이 그 통치를 행사할 유일한 주체여야 한다는 포부를 간직한 것도 자연스러울 뿐 아니라 정당한 것이기도 했다. 피렌체의 가문들 중에서 피렌체를 제대로 통치할 수 있는 역량을 지닌 가문은 메디치가뿐이었다. 그들은 지배 가문이라

로렌초 디 피에로 데 메디치, '위대한 자'.
1449-1492

는 칭호에 걸맞는 수단들에 힘입어 세력을 키웠지만, 다른 모든 자질들 외에도 특히 분쟁을 잠재우고, 다른 군주 밑에서는 늘 원수처럼 지내던 사람들을 서로 조화롭게 일하도록 만드는 긍정적인 역량을 갖추고 있었다. 이런 훌륭한 특성을 코시모, 피에로, 로렌초가 각기 정도는 다르나 모두 소유했다. 바로 이것이 그들 이후에도 가문의 오랜 역사에 거듭해서 나타나는 특성이다.

로렌초는 이런 변화를 일으킬 때 독특한 과정을 밟았다. 그는 독재 형태의 정부가 당시 시대 상황이 허락하던 유일한 발생이라고 확인했으나, 그러면서도 무력과 범죄와 권모술수를 써서 권력을 키워가던 주위의 다른 군주들의 예를 따르지 않았다. 오히려 독재정과 민주정이라는 두 가지 전혀 상반된 정체를 하나로 결합시킨다. 사실상 불가능해 보이던 문제를 해결했고, 동족들에게 사랑을 받는 정치 형태를 보존하려고 힘쓰면서도 인격의 힘으로 독재적인 권력을 행사했다. 군대의 힘에 뒷받침을 받지 않으면서도 절대 권력을 휘둘렀으나, 그것은 오로지 동족들이 그 외에 다른 어느 누구도 그런 행복한 결과를 이루어내지 못한다는 것을 잘 알았기 때문이다. 피렌체인들은 자기들의 도시가 그의 역량에 힘입어 이탈리아 도시들 가운데 지도적 위치로 부상하고, 유럽의 지적 · 예술적 수도가 되고, 그들 개개인이 피부로 느낄 정도로 경제력이 하루가 다르게 신장되는 것을 지켜보았다. 이렇게 황금알을 낳는 거위를 죽이고 싶은 마음이 그들에게는 추호도 없었다. 그들은 로렌초의 통치가 아무리 독재적일지라도 언제든 마음만 먹으면 그것을 중단시킬 힘이 자기들에게 있다고 느꼈다. 그리고 그런 시각이 정확했다는 것은 후대의 사건들로써 충분히 입증되었다.

그러나 로렌초가 독재 권력을 휘두르는 동안 특히 경제 문제에서는 통치 집단이 예전처럼 시뇨리아로 남았다는 것을 유념하는 게 중요하다. 메디치가에 적용된 '통치' 혹은 '지배'라는 단어는 그들이 세금으로 조성된 돈을 받았다는 추정을 일으키고, 따라서 그들이 공중의 유익이나 유희를 위해서 혹은 학문 증진을 위해서 막대한 공금을 가져다 썼고, 그 비용을 대느라 민중이 무거운 세금에 짓눌렸을 것이라는 추정을 일으킨다. 그러나 실은 정반대였다. 세금은 시뇨리아가 받았고, 그것을 다른 방면에 지출했으며, 메디치가 공중의 유익이나 민중을 즐겁게 하기 위한 행렬과 축제에 지불한 비용은 대규모 은행 사업으로 벌어들인 그들의 사금고에서 나왔다.

그 시대의 역사가 마키아벨리는 로렌초에 관해서 이렇게 말한다:[1]

"그는 공화국을 탁월한 판단력을 가지고 다스렸고, 다른 나라의 여러 군주들에게 대등한 인물로 인정을 받았다. 특이하게도 군사적인 재능은 없었으면서도 외교 역량으로 여러 번의 전쟁을 승리로 이끌었다. 어느 군주도 견줄 수 없는 문학과 예술 후원자였고, 관인대도의 품성과 그밖의 호감을 살 만한 덕성들로 민중의 마음을 사로잡았다. 자신의 정치적 재능들로 피렌체를 이탈리아의 지도급 국가로 만들었고, 그밖의 투쟁들로 피렌체를 이탈리아의 학문과 예술과 유행의 중심지로 만들었다."

그리고 이런 업적들과 관련하여 로렌초는 한 가지 주목할 만한 특성을 보여 준다. 그는 이 모든 일을 해낼 역량이 있었고, 능력 면에서 주위의 모든 사람들 위에 우뚝 서 있었지만, 평생 거만한 내색을 내비치지 않았고(피렌체의 우베르티가, 알비치가, 파치가, 그밖의 주요 가문들은 그런 모습을 보여주었고, 민중은 그런 모습을 언제나 혐오한다), 죽는 날까지 온 피렌체 시민들에게 그 도시를 위대하게 만든 원동력으로 존경을 받았으면서도 늘 그런 감정으로부터 초연하게 남아 있었다. 사실상 이탈리아의 정치를 주무른 토스카나의 독재 군주로서 프랑스와 영국의 군주들에게 자기들과 동등한 군주로 대접을 받았으면서도,[2] 부르주아 계급에 속한 다른 많은 사람들에게는 그런 위대함에 불가피하게 따랐을 법한 거만한 자기 현시의 기미를 그에게서는 손톱만큼도 볼 수 없었다. 로렌초는 오늘날의 여느 공화국의 대통령조차 필수적이라고 간주하는 정도만큼의 위엄조차 내세우지 않았다. 어떤 관료도 메디치 궁전의 출입구를 경호하지 않았다. 모든 피렌체 시민들에게 로렌초는 공적으

---

1) 마키아벨리의 「피렌체의 역사」(*History of Florence*)는 1513년에 씌었다. 이 책은 "단순하고 힘 있는 문체로 피렌체 공화국의 삶을 생생하게 전한다."
2) 귀치아르디니는 그가 '이탈리아라는 나침반의 침'으로 일컬어지기에 이르렀다고 말한다.

로든 사적으로든 매사에 동등한 위치에서 행동하고 말했으며, 사가들이 이구동성으로 전하는 바에 따르면 그는 백성 중 가장 가난한 사람에게조차 대단히 겸손한 태도로 대했다고 한다.

그토록 이른 나이에 통치를 뒷받침해 줄 군사력도 없이, 기댈 데라곤 자기 힘밖에 없이 격동하던 피렌체의 군주라는 험난한 지위를 물려받은 메디치가의 젊은 수장의 행동거지가 바로 그러했다. 로렌초는 회고록에서 자신에게 직위를 맡아달라고 찾아온 사람들이 그 직위와 자신의 능력을 슬그머니 폄하한 점에서 실소를 자아내는 그런 방식으로 자신의 직위에 오른 경위를 기술한다:

> "아버지가 돌아가신 뒤 이튿날 나 로렌초는 너무 어렸는데도, 말하자면 스물한 살밖에 안 되었는데도 시(市)와 국가의 요인들이 우리 집을 찾아와 식구들을 위로하고, 아버지와 할아버지가 했던 것만큼만 시와 국가를 맡아 달라고 내게 격려했다. 이 제의는 내 젊은 충동을 거슬렀지만, 불만을 표출할 경우 그 부담과 위험이 크다는 것을 생각하고서 마지못해서 동의했다. 그러나 내가 그렇게 한 것은 우리 친구들과 재산을 보호하기 위함이었다. 피렌체에서는 정부 권력을 조금이라도 장악하지 않고서는 재산가가 제대로 살아남지 못하기 때문이다."

로렌초의 경우에는 까다로운 국정 수행과 그의 생애에서 특히 통치 초반에 가장 활발하게 펼친 대외 활동간의 대조가 매우 두드러진다. 그때는 르네상스의 활기가 절정에 달하던 시기였다. 그의 통치 첫 9년, 그러니까 그의 나이 스무 살에서 스물아홉 살까지, 동생 줄리아노의 나이 열여섯에서 스물다섯 살까지는 피렌체에 온갖 축제, 음악, 예술, 시, 기쁨과 웃음, 삶의 모든 밝은 면이 끊이지 않던 시기였다. 고대 그리스의 고전 시대를 연상시키듯 온갖 유희에 젖어 지내는 게 당시의 유행이었고, 당시 피렌체는 우리 눈에 "뱃머리에는 젊음이, 조타석에는 쾌락이" 있고, 고대 그리스의 이교적 이상인 활기와 기쁨과 쾌락이 15세기의 옷을 입은 도시로 비친다. 로렌초는 국정에 관련된 모든 의무들과, 자신의 도서관 사업은 말할 것도 없고 학문 증진을 위한 기관들 설립에 쏟은 온갖 노력 외에도 동생과 함께 대중을 즐겁게 하기 위해 대단히 호화로운 행렬들과 그밖의 행사들(고전 학문과 시적 암시가 배어 있는)을 기획하는 등 이런 축제들을 주관했다.

물론 로렌초나 줄리아노를 "소박한 생활과 고도의 사고"라는 피렌체의 유서깊은 이상에 그런 변화를 도입한 주범으로 생각해서는 안 된다. 그 시대에는 그런 기운이 피렌체뿐 아니라 온 이탈리아에 팽배해 있었기 때문이다. 우리 시대에 극장과 음악당으로 채워지는 그런 부분의 인간의 필요가 당시에는 그런 방식으로 채워졌다. 로렌초는 그 점 때문에 피렌체를 방탕으로 몰아가는 데 앞장섰다는 비판을 받아왔지만, 만약 실제로 그랬다면 우리가 아는 한 그에 대한 영향력이 매우 지대했던, 그리고 정신이 매우 숭고했던 그의 어머니 루크레치아 토르나부오니가 그를 만류했다는 증거가 없을 리가 없다.

이 영특한 두 메디치가 젊은이들이 기획한 유흥은 때로는 성대한 행렬과 마상 대회의 형식을 취했으나, 좀 더 흔했던 것은 대단히 우의적(寓意的)인 가면극이었다. 로렌초와 줄리아노는 직접 다양한 연극을 구상하고 거기에 온갖 고전적 암시를 엮어 넣었지만, 연출은 당대 최고의 예술가들에게 맡겼고, 고대 그리스 시대를 될 수 있는 대로 완벽하고 드라마틱하게 피렌체인들의 눈앞에 재현시키는 이 화려한 장관을 연출하는 일에 어떤 수고와 비용도 아끼지 않았다. 복장과 마차는 매우 유명한 화가들이 디자인했고, 등장 인물들의 분장은 저명한 조각가들이 맡았고, 대사는 마르실리오 피치노(Marsilio Ficino), 루이지 풀치(Luigi Pulci), 폴리치아노(Politian) 같은 탁월한 고전 학자들이 준비했다. 말에 호랑이와 사자 가죽을 입혔고, 아름다운 여성들은 이교 여신들의 포즈를 취했다. 그리고 시인들은 행렬의 다양한 장관들의 의미를 설명하는 정교한 시를 썼다.

당시의 젊은이들은 놀이를 밝게 고안하는 점에서 우리 시대 젊은이들과 다르지 않았다. 불꽃놀이가 좀 더 치명적인 무기들을 대신하는 야간 마상 대회와, 청년들이 사모하는 아가씨들에게 세레나데를 부르기 위해 벌이는 성대한 행렬은 말할 것도 없고, 로렌초에게 보내진 편지에서는 야간 눈싸움까지 언급되는 것을 보게 된다. 이 독특한 놀이의 여주인공은 로렌초 팔라 스트로치

(Lorenzo Palla Strozzi)의 딸 마리에타 팔라 스트로치(Marietta Palla Strozi)였다. 부모를 모두 여읜 상속자였던 마리에타는 "원하는 대로 살고 내키는 대로 행동했기" 때문에 완전히 해방된 여성으로 여겨졌는데, 아직 어린 티를 벗지 못한 공주의 아름다운 모습으로 데시데리오(Desiderio)의 흉상으로 남아 있다. 당시 피사에 가 있던 로렌초에게 그의 친구 필리포 코르시니(Filippo Corsini)는 라틴어로 편지를 쓰면서 최근의 피렌체 사회의 행위들에 관해서 이렇게 소상히 기술한다:

"지금 자네에게 이 편지를 쓰고 있는 동안 시내에는 흰눈이 소복히 내리고 있군. 많은 사람이 성가셔하면서 어쩔 수 없이 집안에만 틀어박혀 있지만, 왁자지껄 즐기는 사람들도 있지. 그 자리에 코티에리 네로니(Cottieri Neroni), 프리오레 판돌피니(Priore Pandolfini), 바르톨로메오 벤치(Bartolommeo Benci) — 마리에타의 약혼자 — 가 함께 있었다는 것을 알아야 할 걸세.[3] 그들은 '눈이 이렇게 오니 기분이나 풀자'고 말했다네. 그리고는 새벽 두 시 쯤이었는데도 즉시 마리에타 스트로치의 집으로 달려갔고, 그들이 내는 소음을 듣고 사방에서 큰 무리가 모여 그들을 따라갔다네. 거기서 그들은 마리에타와 함께 눈 싸움을 했지. 마리에타에게 편을 갈라 준 다음 눈 싸움이 시작되었어. 참으로 장관이었어! 트럼펫 소리, 플룻 소리, 떠들고 환호하는 군중들, 이 변변치 못한 문장력으로는 도무지 그 장관을 묘사할 수 없군! 그러다가 공격하던 편에서 한 사람이 눈처럼 흰 그 아가씨의 얼굴에 급기야 눈을 한 방 먹이는 데 성공했을 때 터져나온 환호성이란! 내가 눈을 한방 먹였다고 말했나? 그건 명사수가 과녁을 향해 쏜 화살과 같았어! 게다가 그렇게 우아하고 아름답고 이 눈싸움에 능숙한 마리에타는 대단히 교양있게 처신했고 말이야. 그러나 귀족 청년들은 그녀에게 자기들의 기억을 남기기 위한 매우 후한 선물을 내놓은 다음에야 그 자리를 떠났지. 이렇게 해서 모두가 크게 만족한 채 이 유쾌한 놀이는 끝났다네."

---

3) 그런데도 마리에타는 이 눈싸움의 영웅과 결혼하지 않았다. 1471년 페라라의 칼카니니가 사람과 결혼했고, 2년 뒤 아라곤의 레오노라가 여공작이 된 그 도시로 가느라 피렌체를 떠났다.

로렌초가 자기 시에 다음과 같은 글을 남긴 것은 당연한 일이다:

"젊음이란 얼마나 아름다운가
하지만 그건 덧없이 날아간다.
즐거운 사람은 마음껏 즐거워하라.
내일도 즐거우리라는 보장이 없으니."

그러나 로렌초는 언제나 축제와 행렬을 계획만 하거나, 국사에 전념하지만은 않았다. 다른 많은 일에도 관심을 기울였다. 피에솔레에 있는 자신의 저택 주변에 작은 집들을 짓고 거기에 당대 최고의 문인들을 불러와 살게 했으며, 그로써 자기 주변에 "독서와 낭송과 토론으로 후대가 극진히 감사해야 할 이유가 있는 고전학에 대한 지식과 애정을 되살려 놓은"[4] 문인들의 사회가 구성되게 하였다. 피에솔레에 있는 그의 저택에서, 그리고 그가 애용하던 카레지의 저택에서, 로렌초는 그들과 함께 고대 저자들의 글을 읽고, 라틴어와 토스카나 방언으로 시를 쓰고, 음악 공연에 적극 가담했다. 카레지의 저택에서는 플라톤 탄생을 기념하여 11월 7일이면 축제를 벌였는데, 당대 최고의 학자들이 다 모인 그 축제는 틀림없이 굉장했을 것이다.

로렌초는 사냥에도 시간을 냈다. 줄리아노와 함께 대단히 좋아하던 운동이었다. 그의 말에 따르면, 그는 사냥하기 위해 새벽 일찍 일어났는데, 그때면 "동녘이 벌써 붉게 물들어 있었고, 산봉우리들은 금빛을 띠고 있었다"고한다. 그리고 놀라운 것은 이렇게 축제, 고전 연구, 문필 작업, 사교 모임, 사냥에 몰두하면서도 공부에 소홀하지 않았고, 오히려 매우 유능하게 처리해냈다는 점이다.

1470년, 아버지 피에로가 죽은 직후에 메디치가를 말살하려는 또다른 시도가 찾아왔다(그 가문에 새로운 수장이 생길 때마다 어김없이 그랬던 것처

---

4) 로스코우.

럼). 디에티살비 네로니(Dietisalvi Neroni)[5]와 그와 함께 추방되었던 사람들은 피에로가 죽고 로렌초도 어리고 미숙한 현실에서 거사의 기회를 엿보았다. 이들은 세력을 규합하여 피렌체의 부속 도시들 중 피렌체에서 가장 가까운 프라토를 차지한 다음, 피렌체 내부의 동시 음모와 페라라로부터의 지원에 힘입어 거사가 성공하기를 기대했다. 그러나 로렌초는 그 사건 앞에서도 여일한 능력을 발휘했다. 피렌체에서 진행되던 음모들은 기지로 무산시키고, 군대를 파병하여 프라토를 재탈환함으로써 반란을 진압했다.

1471년 밀라노 공작 갈레아초 스포르차(Galeazzo Sforza)가 아내 사보이의 보라(Bora of Savoy)와 두 딸, 그리고 대규모 수행원들을 거느리고 로렌초를 방문했다. 로렌초는 그 전에 밀라노에서 두 번 환대를 받은 적이 있었는데, 한 번은 1465년 열여섯 살 때 이폴리타 스포르차(Ippolita Sforza)와 갈라브리아 공작과의 결혼식에 참석했을 때이고, 또 한 번은 1469년 아버지를 대신하여 갈레아초 스포르차의 유아 상속자의 대부(代父)로서 갔을 때이다. 밀라노 공작은 이번 피렌체 방문 때에[6] 두 젊은 접대자와 피렌체 시민들을 위압하고 강한 인상을 심어주기 위해서 자신의 부와 신분을 성대히 과시했다. 전하는 바로는 그의 피렌체 방문에는 "시의원들, 궁정 대신들, 궁정인들, 가신들이 수행했고, 12대의 금 비단 가마에 연회장에서 시중들 여성들이 타고 왔고, 50여 명의 마부가 은 장식 옷을 입고 왔고, 허다한 하인들, 심지어 부엌 시동(侍童)까지 은이나 벨벳 옷을 입고 왔다. 50필의 군마(軍馬)에 금 비단 안장을 얹고 금띠를 두르고 은으로 수놓은 굴레를 씌워 끌고 왔다. 500쌍의 사냥개와 사냥꾼들, 사냥 매들과 매 사냥꾼들, 그리고 나팔수들과 배우들과 음악가들이 그를 수행했다"고 한다. 아울러 기사 100명과 보병 300명으로 구성된 호위대가 대동했다.

---

5) 그 이름은 디오 티 살비('하느님이 그대를 구원하시기를')의 변형이다.

6) 이 방문 기간에 기적극이 공연되고 있을 때 산토 스피리토 성당이 불에 타서 무너졌다. 최근까지 이 1471년 산토 스피리토 성당 화재 사건을 놓고 저자들 사이에 혼선이 있었다. 현존하는 브루넬레스키의 걸작인 이 성당이 1430년에 착공된 것으로 알려졌기 때문이다. 지금은 이 문제가 모레니(Moreni)의 Due Vite에 의해 말끔히 정리되었다. 이 책에서 그는 반디누치의 글들을 인용하는데, 그에 따르면 1471년의 화재는 산토 스피리토 구 성당에서 발생했고, 1430년에 착공된 신 성당(브루넬레스키가 공사한)은 화재가 발생했을 때 거의 완공된 채 구 성당 곁에 서 있었으며, 화재에 조금도 피해를 입지 않았다고 한다.

그러나 이 모든 것으로도 그가 의도한 목적은 이루어지지 않았다. 그는 메디치 궁전에 머물렀는데, 그 궁전은 그에게 값진 교훈을 일깨워 주었다. 그는 피렌체인들에게 밀라노의 부와 영광이 얼마나 대단한가를 과시하고 싶었지만, 사방을 둘러보고 난 뒤 예술이 단지 돈을 쳐들인 것보다 우월하다는 것을 시인하지 않을 수 없었다. 그는 이탈리아를 두루 다녀 봤지만 메디치 궁전에 수집된 것만큼 일류 거장들의 많은 그림들, 조각상들, 세공품들, 청동제품들, 아름다운 꽃병들, 양각 메달들, 희귀 도서들을 본 적이 없다고 탄성을 지르는 모습을 보여 준다. 그 결과 그는 돌아갈 때 메디치가를 훨씬 더 존경하게 되었고, 그동안 피렌체와 맺어왔던 동맹 관계에 더욱 마음이 기울게 되었다. 이 때부터 밀라노는 피렌체를 모방하기 시작하고, 그 공작이 로렌초에게 출중한 예술가들을 보내 달라고 끊임없이 요청하고 모든 방면에서 밀라노를 학문과 예술의 중심지로 만들려고 노력하는 모습을 보게 된다.

같은 해 6월 교황 파울루스 2세(Paul II)가 죽고 식스투스 4세(Sixtus IV)가 그 직위를 계승했다. 식스투스가 교황에 선출되었을 때 피렌체 시뇨리아는 관례대로 그를 축하하기 위한 사절단을 로마에 파견했는데, 그때 사절단의 일원으로 로마에 갔던 로렌초[7]는 훗날 회고록에서 신임 교황에게 "극진히 명예로운" 영접을 받았다고 말한다. 그러나 이렇게 만족스러운 관계는 오래 가지 못했다. 식스투스 4세는 곧 그 죄악으로 온 인류에게 교황청이란 이름 자체를 메스껍게 만든 교황이 되고 말았기 때문이다. 그는 몇 해 지나지 않아 로렌초의 목숨과 피렌체의 독립을 위협하는 가공할 음모를 꾸미고 있었다.

1472년 6월에 어떤 사건이 발생했다. 이 사건과 관련하여 로렌초의 행위가 비판자들에게 심하게 왜곡되어 왔기 때문에 그 일화를 주목하지 않을 수 없다. 피렌체의 부속 도시들 가운데 가장 소란스러웠던 볼테라 시가 몇 가지 지역 분쟁들과 관련하여 반란을 일으켰고, 피렌체와 관련된 문제에 대해서

---

7) 이것은 로렌초의 지위가 그의 막강한 권력에도 불구하고 군주의 지위와는 거리가 멀었다는 것을 잘 보여주는 사실이다.

정부의 결정에 복종하기를 거부했다. 민란이 일어나 많은 인명이 살상되었고, 피렌체 공사(公使)는 간신히 목숨만 건진 채 그 도시를 탈출했다. 그 뒤 볼테라는 피렌체에 항복 의사를 전달해 왔다. 더러는 그 항복 의사를 받아들이자고 했으나, 로렌초는 그 범죄가 중차대하고, 볼테라 측에서 일으킨 민란이 이번이 처음이 아니며, 그 도시는 마땅히 응징을 받아야 한다는 근거로 반대했다. 그것은 그릇된 판단이었을 수도 있겠으나 그 점조차 이렇다 저렇다 단언할 수 없다. 설혹 그릇된 판단이었더라도 당시 로렌초가 스물세살밖에 되지 않았다는 점을 기억해야 한다. 결국 우르비노 공작이 이끄는 군대가 볼테라를 치도록 파견되었고(당시 피렌체든 베네치아든 자기 시민들 중 한 사람에게 군 지휘권을 도맡게 하지 않았다), 한 달만에 그 도시는 항복한 뒤 성문을 열었다. 그 뒤에 문제의 유감스러운 사건이 발생했다. 군대가 입성하자 일부 병력과 시민들 사이에 우발적인 충돌이 발생했고, 이 충돌이 급속히 발전하여 도시 전체의 약탈로 번졌다. 우르비노 공작은 병력을 통제하기 위해 안간힘을 썼다. 말을 타고 군인을 사이를 헤집고 다니면서 어린이와 부녀자를 보호했고, 선동에 앞장선 여러 군인들을 즉결 처형했다. 그러나 그런 상황에서 중세의 군대는 사실상 통제가 불가능했고, 그의 안간힘에도 불구하고 불행한 주민들은 삽시간에 폭행과 약탈을 당했다. 도시가 침공을 받은 것이나 다름 없었다. 로렌초는 황급히 볼테라로 달려가서 그 도시가 겪고 있던 고통을 덜어주기 위해 최선을 다했다. 그는 이 볼테라 약탈 사건으로 대대로 신랄한 비판을 받아왔다. 그러나 그것은 꼭 정당한 비판인 것만은 아니다. 그것은 그가 예견할 수 없었던 우발적인 사건이었고, 그 자신도 차후의 행동으로 그 사건을 얼마나 개탄스러워했는지를 보여 주었기 때문이다.[8]

1473년 루이 11세(Louis XI)는 로렌초에게 편지하여 자신의 세자와 나폴리 왕 페란테(Ferrante)의 맏딸 아라곤의 레오노라(Leonora) 간의 결혼을 성사시켜 달라고 부탁했다. 루이 11세가 로렌초에게 쓴 글을 보면 그를 자신과 대등한 위치

---

8) "그는 직접 그 도시를 방문하여 피해자들에게 구제품을 나눠주고, 주민들을 안심시켰고, 자신이 주위에 매입한 영지들에 평생 후한 지원을 아끼지 않았다"(암스트롱).

에 놓았다는 것을 알게 되는데, 이 점은 그가 부탁을 했다는 사실 자체와 함께 후자가 이 무렵 스물네 살밖에 안 되었는데도 스스로의 힘으로 어떤 위치에 올랐는지를 잘 보여 준다. 그러나 프랑스 왕은 너무 늦게 부탁한 셈이 되었다. 레오노라 공주[9]는 이미 다른 곳에 혼처를 정해 두고 있었기 때문이다. 6월 22일, 2년 전 밀라노 공작의 행렬보다 결코 덜하지 않은 굉장한 행렬이 피렌체에 도착했다. 1471년 형제 보르소를 계승했던 페라라 공작 에르콜레 1세(Ercole I)에게 시집가는 그녀를 페라라까지 호송하는 길이었다. 그녀가 시집가는 행렬에는 카르피, 미란돌라, 코레지오의 영주들인 에르콜레의 두 형제와, 아말피와 아트리의 공작들, 그리고 그밖의 여러 귀족들이 동행했다.

로마나 문으로 진입한 이 성대한 행렬이 도심을 통과할 때 레오노라는 "앞면에 무수한 진주와 보석으로 장식된 검정 벨벳 정장을 입고 어깨 망토를 걸치고 흰 깃털들이 달린 약간 검은 모자를 쓰고 있었다." 이들은 폰테 베키오(베키오 다리)를 건너 팔라초 델라 시뇨리아까지 올라갔는데, 거기서 레오노라는 마차에서 내리지 않은 채 시뇨리아 의원들로부터 인사를 받고 곧장 메디치 궁전으로 가서 여장을 푼 다음, 만찬 때 두 젊은 집주인 로렌초와 줄리아노에게 시중을 받았다. 두 청년은 레오노라가 머무는 동안 그녀를 즐겁게 해주기 위해서 다양한 축제를 벌였다.

그 중에서 6월 24일 렌치 궁전에서 벌인 무도회가 있었다. 당시에는 인공조명도 변변치 않고 방들도 작았기 때문에 그런 무도회는 대개 한낮에 야외에서 벌어졌는데, 이번에도 그러하여 성문 곁, 궁전과 아르노 강 사이의 너른 잔디밭 곧 '프라토'(Prato)에서 벌어졌다. 이 무도회에 참석한 사람들의 옷차림은 아마 먼젓번에 피아차 델라 시뇨리아(광장)에서 벌어졌던 무도회 때와 매우 비슷했을 것으로 보이는데, 그때 청년들은 모두 "진초록 옷에 넓적다리까지 올라오는 새끼염소가죽 부츠를 신었고, 젊은 여성들은 목까지 길게 올라온 화려한 옷을 입고 보석과 진주로 치장을 했다." 레오노라는 당일에 벌어진 연차 경마 대회(the Corso)를 관람했는데, 출발점은 '프라토'였고, 경로는 비아 델

---

9) 훗날 이사벨라와 베아트리체 데스테의 어머니가 됨.

라 비냐, 메르카토 베키오, 코르소를 경유하여 포르타 알라 크로체까지 이어졌다. 레오노라는 메디치가의 두 청년과 함께 이런저런 축제들을 다 맛보면서 기쁨에 흠뻑 취한 채 페라라로 떠났다.

1475년 평소보다 훨씬 성대한 마상 대회가 열렸다. 이 대회는 그 즐거웠던 9년 동안 벌어진 모든 구경거리들 중에서 가장 근사했다. 1469년의 마상 대회가 로렌초의 대회라 불렀듯이, 이 대회는 특별히 줄리아노의 대회라 불렀다. 치밀한 사전 준비, 이 대회가 피렌체 국을 훨씬 넘어서까지 불러일으킨 관심, 메디치가의 두 청년이 이 행사의 귀빈으로 초대한 방문객들의 수와 그 중요도, 대단히 성대한 개막식 등으로 이 마상 대회는 당대의 대 사건이었다. 대회 장소는 늘 이런 대 행사가 열리던 산타 크로체 광장이었는데, 이곳은 지금은 차갑고 음울하게 보이지만 당시에는 유럽의 여느 비슷한 장소보다 화려하고 근사했을 것이다. 이번에도 루크레치아 도나티가 '마상 대회의 여왕'이었고, 얼마 전 열여섯살에 마르코 베스푸치(Marco Vespucci)와 결혼했고 비록 제노바 출신이지만 이제는 피렌체의 미(美)로 공인된 아름다운 시모네타 카타네오(Simonetta Cattaneo)가 마상 대회의 '미의 여왕'이었다. 이 행사에 동원된 화려한 복장과 장비는 심지어 1469년의 마상 대회를 능가하는 것이었다. 이제 스물두 살이 된 줄리아노는 은 갑옷을 입었는데, 그의 옷값만도 8,000플로린이나 들었다고 한다. 그와 로렌초의 투구는 줄리아노의 문장기(紋章旗)도 제작한 베로키오가 디자인했다. 줄리아노의 준수한 외모와 당당한 태도가 뭇 사람의 마음을 사로잡았고, 시합에서 보인 기술로든 훌륭한 외모로든 상을 받았다.

주변 세계를 떠들썩하게 했던 이 성대한 마상 대회는 시와 그림 양면으로 살아남았다. 그리고 고전 문학에 대한 암시가 풍성히 담기지 않은 어떤 것도 그 시대의 정신에 부합하지 않았기 때문에, 그 시와 그림은 전하고자 하는 바에 고전의 옷을 입힌다. 시는 먼저 젊은 천재 폴리치아노(Politian)의 입에서 나오며, 1469년의 마상 대회가 풀치의 시로써 불멸화했듯이, 줄리아노의 이 마상 대회도 "줄리아노 데 메디치의 마상대회"(La Giostra di Giuliano de' Medici)라는 제목이 붙은 폴리치아노의 훨씬 더 유명한 시로써 불멸화했

다.[10] 혹자는 이렇게 말한다:

"이 두 마상 대회를 주목할 만한 주된 이유는 15세기의 가장 유명한 시, 즉 풀치의 '로렌초 데 메디치의 마상대회'(La Giostra di Lorenzo de' Medici)와 폴리치아노의 '줄리아노 데 메디치의 마상대회'(La Giostra di Giuliano de' Medici)라는 두 시를 이끌어 냈다는 데 있다. 나중 시는 1,400행으로 이루어져 있으며, 시의 참 정신이 숨쉬는 문학의 부흥 운동에서 나온 첫 작품들 가운데 하나로 이구동성으로 인정을 받는다."[11]

〈비너스의 탄생〉, 보티첼리, 1485년

그러나 그보다 훨씬 널리 알려진 것은 회화 작품들이 이 마상 대회를 기념하면서 남긴 기록이다. 보티첼리의 주요 작품들 중 세 점씩이나 이 유명한 마상 대회를 주제로 삼았는데, 그것은 폴리치아노가 시로써 말한 것과 동일한 내용을 그림으로 기록한 그의 방식이었다. 보티첼리는 자기가 전하려는 내용을 풍성한 알레고리를 써서 표현하는데, 그 의미가 무엇인지 일일이 다 확인되지는 않았다. 그 그림들은 "비너스의 탄생"(Birth of Venus, 피렌체 우피치 미술관 소장), "마르스와 비너스"(Mars and Venus, 런던 내셔널 미술관 소장), "봄의 귀환"(Return of Spring, 피렌체 아카데미아 소장)으로서, 세 점 다 위대한 자 로렌초를 위해 그린 것들이다.

폴리치아노는 자기 시에서 당시의 고전 형식을 따라 마상 대회의 미의 여

---

10) 폴리치아노는 이 시를 쓸 때 스물한 살밖에 되지 않았다.

11) Roscoe, *Life of Lorenzo the Magnificent.*

왕(시모네타)을 암시하여 비너스의 탄생을 묘사한다. 그리고 보티첼리도 정확히 폴리치아노의 말을 따라 회화에서 같은 일을 한다. 그가 폴리치아노의 시를 얼마나 그대로 재현했는지는 에디 부인(Mrs. Ady)이 잘 설명한다:

"(그림의) 구도는 명백히 폴리치아노의 시 '지오스트라'에서 따온 것이다. 호메로스의 한 찬미를 개작한 단락에서 시인은, 새로 태어난 아프로디테가 에게 해 파도의 포말을 타고 해안으로 불어온 제피로스(서풍)들의 감미로운 숨결에 감싸이는 것을 말한다. 호라이(계절의 여신)들이 기다리고 있다가 그녀를 영접하고는 별로 짠 겉옷으로 그녀의 흰 사지를 감싸주는 동안 그녀의 발이 밟을 풀밭에서는 무수한 꽃들이 자라난다. 이 아름다운 이미지가 보티첼리의 그림에 충실하게 재현된다. 보티첼리는 자신의 비너스 아나디오메네를 한 손으로는 눈같이 흰 가슴에 얹고 다른 한 손으로는 길게 늘어뜨린 금발에 대고 있으며 — 이것은 처녀의 아름다움과 순결을 묘사하는 형태이다 — 금빛 조개에 올라서서 잔잔한 파도 위를 미끄러져 가는 모습으로 묘사했다. 그는 날개 달린 제피로스들이 서로 밀착한 채 공중을 날면서 그 여신을 꽃이 흩뿌려진 해안으로 불어 보내며 장미 송이들을 그녀 주변에 흩뿌린다. 호메로스의 찬미와 폴리치아노의 시에는 세 명의 호라이들이 나오지만, 그는 그 중에서 푸른색 옥수수 꽃으로 수놓은 흰 겉옷을 입은 아름다운 요정 하나만 보여 준다. 그 요정은 가볍게 솟아나와 비너스에게 데이지로 짠 핑크빛 겉옷을 준다. 해안을 따라 자라난 월계수 숲에서 '토스카나의 봄을 예찬하는 새들을 감춰주는

〈마르스과 비너스〉, 보티첼리, 1483년

월계수'에 대한 기품있는 암시를 본다. 한편 배경에는 조용한 바다 저 멀리 이른 새벽의 차갑고 잿빛 여명 아래 잠들어 있는 아스라한 곳이 눈에 들어온다."

이 그림은 고대 그리스의 정신과 르네상스의 정신이 유쾌하게 혼합된 점과, 그 생명력과 운동, 그리고 그림에 묻어나는 자연의 자유스런 공기의 느낌이 마음을 사로잡는다. 쉬타인만(Steinmann)이 말한 대로이다: "월계수 숲이 잔잔한 바람에 서로 부딪혀 살랑이는 소리와 나직히 철썩이는 파도 소리가 들려오는 듯하다."

이 그림에 이어지는 두 번째 그림이 있다. 이번은 마상 대회가 끝난 뒤이다. 줄리아노는 모든 임무를 수행한 뒤 미(美)의 미소에 푹 빠진 채 피곤한 몸을 쉰다. 폴리치아노는 그의 시에서 마상 대회의 우승자 줄리아노에 관해 암시하면서 군신(Mars)과 비너스의 이야기를 했는데, 비너스가 금 수 놓은 옷을 입고 비스듬히 누워 사지를 늘어뜨린 채 풀밭에 잠들어 있는 군신을 물끄러미 보고 있고, 그러는 동안 염소 발을 가진 작은 사티로스(반인 반수)가 그의 갑옷을 가지고 놀고 있는 모습을 묘사했다. 보티첼리는 이 정경을 자신의 두 번째 그림의 주제로 삼고 먼젓번 그림과 마찬가지로 폴리치아노의 시를 그대로 그림으로 옮긴다.

그림 한 점은 마상 대회의 미의 여왕에게 헌정하고 다른 한 점은 이 모조 전쟁의 우승자에게 헌정한 다음, 세 번째 그림(세 작품 가운데 가장 중요함)에 착수했다. 이 그림은 로렌초와 그가 이 모든 일에 맡은 역할을 주제로 한 것으로서, 이 유흥에 관련된 모든 내용들을 한 화폭에 담았다. 이 작품에서 보티첼리는 탁월한 재능과 자신이 알고 있던 모든 기법을 다 동원한다. 그는 로렌초와 줄리아노가 각각 주최한 마상 대회 때 로렌초 앞에 세워둔 그의 유명한 문장기(紋章旗)를 소재로 삼는다. 그 안에는 '돌아온 때'(Le temps revient)라는 글귀와 월계수 문양이 새겨져 있다. 월계수는 죽었던 것처럼 보였다가 다시 잎사귀를 낸 모양으로 그림으로써 로렌초가 출범시킨 젊고 유쾌한 새 시대를, 음울했던 겨울의 몇 달 뒤에 돌아온 봄을 연상하게 하는 방식으로 암시한다. 로렌초의 문장기에서 딴 테마를 자기 그림의 주된 정신으로 삼은 보티첼리는

〈봄의 귀환〉, 보티첼리, 1481년

그를 위해서 '봄의 귀환'(the Primavera)이라는 아름다운 그림을 그렸는데, 아마 이것이 보티첼리의 그림 중 가장 널리 칭송을 받는 그림일 것이다. 먼젓번 그림과 마찬가지로, 보티첼리는 줄리아노와 시모네타를 도입함으로써 그 그림을 최근에 벌어졌던 마상 대회와 관련짓는다. 그러나 그가 말하고자 하는 것은 이 마상 대회뿐 아니라 그것에 부수되어 벌어졌던 모든 유흥과, 그것이 모두 로렌초(월계수[12])의 주도와 후원하에 이루어졌다는 점, 그리고 로렌초가 시인으로서 재능이 있었고 이미 그 분야에서 큰 명성을 얻기 시작하고 있었다는 점도 있었다.

따라서 보티첼리는 봄의 귀환을 상징하는 낙천적이고 젊음과 기쁨이 넘치는 배경을 묘사하고, 그림 전체가 로렌초에 관해서 말하게끔, 그리고 로렌초가 토스카나에 충일한 5월의 기쁨을 노래한 시의 정신이 숨쉬게끔 고안한다. 오렌지 나무 숲을 방패 삼아 거친 바람과 따가운 햇살을 피한 채 항상 서 있는 월계수에 등을 기댄 여왕 비너스[13](시모네타)가 토스카나에 봄이 돌아오는 것을 서서 관장하고 있다. 미의 세 여신이 그녀 앞에서 춤을 춘다. 그녀 옆의 월계수 관목에서는 봄의 세 달인 삼월, 사월, 오월(혹은 제피로스Zephyr 서풍, 다산 Fertility 플로라Flora (꽃과 풍요와 봄의 신)일 수도 있다)이 갖가지 색깔의 꽃들을 피운다. 헤르메스(줄리아노)는 육중한 겨울 구름을 흩어보낸다. 그리고 눈먼 작은 사랑의 신이 앞뒤 가리지 않고 아무데다 화살을 쏘아댄다.

로렌초의 마상 대회 모토인 '돌아온 때'를 그림 아래 제목으로 얼마든지 써

12) 로렌초의 라틴어 식 이름 라우렌티우스에 대한 언어유희에 의해 언제나 그를 상징한다.
13) 고대 그리스 로마 시인들은 항상 봄과 연관시켰다.

넣을 수 있는 정황인데, 보티첼리가 그 모토를 그렇게 아름답게 묘사하기 때문에 그 모토가 쓰인 상황, 그것이 지닌 의미, 그리고 자연의 아름다움을 묘사하는 로렌초의 시적 재능을 우리는 한 눈에 읽을 수 있다. 더러는 이 그림을 보티첼리의 걸작으로 간주하는 반면, 다른 이들은 그 영예를 "마리아 찬가의 성모"에 돌리고 싶어한다. 그 판단은 주로 감상자의 기질에 좌우될 것이다. 그러나 "봄의 귀환"을 그의 걸작으로 여기든 그렇지 않든 간에 보티첼리가 로렌초와 그의 행동, 시, 그리고 그가 더 밝은 시대의 도입을 상징하기 위해 사용한 모토에 관해서 말하느라 발휘한 탁월한 예술성뿐 아니라, 사람들이 올바로 평가하여 표현한 "운율적 세련미"에 대해서도 찬사를 보내지 않을 사람이 없다.

그러나 지평선 위로 검은 구름이 일어나고 있었다. 그 구름은 벌써 오래 전부터 이 밝고 유쾌한 정경들을 천천히 뒤덮으면서 로렌초의 젊음과 그가 줄리아노와 함께 누렸던 모든 행복에 종지부를 찍고 있었다. 1476년 4월 폴리치아노가 자기 시를 완성하기 전, 혹은 보티첼리가 세 점의 그림을 채 시작하기도 전에, 보티첼리의 "비너스의 탄생"에서 사랑스런 얼굴로 무슨 말을 하고 싶은 듯 우리를 쳐다보는, 그리고 폴리치아노가 "너무 곱고 매력이 넘쳐서 뭇 남성에게 칭송을 받고 어떤 여성에게도 욕을 먹지 않은" 여성이라고 말한 마상 대회의 가련한 미의 여왕 시모네타 데 베스푸치가 몇 주 병을 앓은 뒤 급성 폐결핵에 걸려 죽었다. 당시 피사에서 자신의 신설 대학교를 감독하고 있던 중 시모네타에게 자기 주치의를 보내 간병하게 하고 그 결과를 매일 자기에게 보고하게 한 로렌초는 그녀가 죽었다는 소식을 듣고는 "조용한 봄날 밤에 친구를 데리고 밖으로 나가 거닐면서 죽은 아가씨에 관해 말하던 중 갑자기 멈췄다. 전에 그토록 밝게 빛난 적이 없던 별이 갑자기 눈에 들어왔기 때문이었다. '저 별좀 보게나. 지극히 점잖은 아가씨의 영혼이 새 별이 되었거나, 그 별에 안착한 것일 게야' 하고 그는 흥분하여 소리쳤다.'"14

그 뒤 1476년 12월에 밀라노 공작 갈레아초 스포르차가 살해를 당하는 사

---

14) 로렌초는 정원으로 나갔다가 "이제 막 해를 삼켜 버린 서쪽 지평선쪽으로 얼굴을 향하고 있는" 해바라기를 보고는 그 꽃을 사랑하는 사람을 잃은 우리 자신의 상징이라고 말하고는, "지난번에 마지막으로 본 그녀의 인상이 뇌리에서 사라지지 않기 때문"이라고 덧붙였다.

건이 잇따랐는데, 그 사건은 이탈리아의 세력 균형을 뒤흔들어 놓았고, 로렌초가 맺어온 모든 정치 관계들을 심각한 불안 가운데로 빠뜨렸다. 그리고는 곧 무서운 파치가 음모(Pazzi Conspiracy)가 발생하여 해맑고 준수한 줄리아노, 일과 놀이에서 로렌초의 변함없는 친구였던 그가 참혹하게 살해당하고 로렌초 자신은 심각한 전쟁과 많은 고통 속에 던져졌다.

이런 결과를 가져온 그 유명한 음모는 교황 식스투스 4세와 그의 조카들인 리아리오가(the Riario) 사람들의 공모로 로마에서 시작되었다. 그들은 당시 피렌체에서 유력한 귀족 가문인 파치가를 음모에 끌어들였다. 이들이 음모의 주체는 아니었지만, 그 음모의 명칭은 그들에게서 취했다.

그 당시에 악명 높던 세 교황들 중 맨 처음 즉위한 식스투스 4세는 어부 가정에서 태어났으나 델라 로베레 가문의 이름을 취했다. 누이는 리아리오(Riario)라는 사람과 결혼했다. 전하는 바로는 식스투스는 "가문을 세우기 위해 교회의 유익을 송두리째 저버리고, 이 목적을 달성하기 위해 범죄와 살해에 깊이 발을 담근 최초의 교황"이었다고 한다. 그의 교황 재위의 정치적 특성을 한 마디로 표현하라면 우파와 좌파를 가리지 않고 모든 사람에게서 재산을 갈취하여 탐욕스런 조카들을 부유하게 하기 위해 끊임없이 투쟁했다는 것이다. 그는 로마에서 특히 콜로나가(the Colonna)를 학대한 일로 원성을 샀다. 그는 그 가문을 잔인하게 괴롭혔는데, 그 중에 그 가문의 토지를 빼앗기 위해서 그 가문의 수장인 교황청 서기관 로렌초 콜로나(Lorenzo Colonna)를 참혹하게 살해한 일은 두고두고 그의 이름을 혐오스럽게 만들었다.

식스투스 4세는 조카들 중에서 가장 악한 지롤라모 리아리오의 충돌질로 피렌체를 장악한 다음 그 나라를 지롤라모에게 주고 싶어했다. 그러기 위해 메디치가의 두 형제를 살해한다는 것은 지극히 사소한 일이었다. 반면에 파치가는 비록 메디치가를 뿌리뽑고 싶어하긴 했으나 그런 뒤 리아리오가에게 피렌체를 차지하도록 놔둘 의사가 조금도 없었다. 이렇게 해서 두 범죄자 집단이 반역적인 이중 살해라는 공동의 목적을 위해 손을 잡았는데, 하지만 그 목적이 달성된 뒤에는 상대방을 짓밟을 계획을 세워놓고 있었다.

계약에는 시간이 걸렸지만, 결국 양 진영은 1478년 초 로마에서 비밀리에 만나 파치가의 음모로 알려진 음모를 꾸몄다. 교황도 비록 세세한 내용은 다 몰랐던 게 사실일지라도 그것을 사전에 충분히 인지하고 있었음에 틀림없다.[15] 그는 이 일을 음모의 주동자인 자기 조카 지롤라모 리아리오에게 맡기고는 메디치가 두 형제의 제거라는 결과를 얻기 전에는 알려고 하지 않았기 때문이다. 실제로 교황의 충분한 동의가 없었다면 그토록 많은 위험을 수반하는 일, 그의 지원이 없다면 이룰 수 없는 일에 뛰어들 리가 없었을 것이다. 니콜로 다 톨렌티노(Niccolo da Tolentino)와 로렌초 주스티니(Giustini)가 지휘하는 군대가 피렌체 국경의 거점들인 토디, 치타 디 카스텔로, 이몰라, 그리고 페루지아 인근을 장악하도록 파견되었고, 메디치가의 두 형제가 살해될 때 파생할 그 도시의 혼란과 무력을 틈타 피렌체로 진군하도록 타협이 이루어졌다. 누군가 잘 말했듯이, "그런 대대적인 이동을 위해서는 교황의 동의와 협조가 필수적이었다."

이 타협의 주동자들은 피렌체 국을 차지하려고 하던 지롤라모 리아리오와, 거사가 성공하면 피렌체 대주교 자리를 약속받은 피사의 대주교 지명자 프란체스코 살비아티(Francesco Salviati), 교황의 종손으로서 지롤라모의 대표 자격으로 피렌체에 파견된 젊은 추기경 라파엘로 리아리오(Rafaello Riario), 그리고 파치가였다. 파치가 사람들은 매우 많았다. 가문의 수장 야코포 데 파치(Jacopo de' Pazzi)에게는 두 형제가 있었는데, 그들 사이에는 장성한 열 아들과 여러 딸이 있었다. 일찍이 코시모는 파치가의 적의를 내다보고서 야코포 데 파치의 이 조카들 중 하나에게 손녀이자 로렌초의 누이 비앙카를 시집보냈었다. 그러나 때가 왔을 때 이런 조치는 로렌초를 파치가의 손에서 보호하지 못했다. 음모에 의해 모든 각본이 다 준비되자 대주교 살비아티가 몬테세코(Montesecco)를 데리고 피렌체에 왔다. 몬테세코는 교황에게 고용된 용병으로서 살해와 그밖의 공모에 주된 역할을 하게 된다. 동시에 젊은 추기경 라파엘로 리아리오도

---

15) 야코포 데 파치가 그것이 교황의 뜻임을 확신할 때까지 음모에 가담하기를 주저했던 일과, 몬테세코가 처형 직전에 자신이 교황과 면담한 일을 자백한 일과 군대가 준비되었던 일, 그리고 음모가 실패로 끝났을 때 교황 식스투스가 보인 태도는 교황을 공모 혐의에서 면하게 하고 싶은 주교 크레이튼의 바람에도 불구하고 교황의 공모를 움직일 수 없는 사실로 만든다.

마치 야코포 데 파치를 방문하는 척하고서 피렌체에 왔다. 비겁한 지롤라모 리아리오는 음모의 주 가담자이고 그것으로 이득을 보게 될 것이었는데도 안전히 로마에 남아 있었다.

당시 로렌초와 줄리아노는 피렌체에서 몇 km 안 되는 피에솔레 언덕 경사면에 자리잡은 수려한 메디치 저택에 머물고 있었다.[16] 라파엘로 리아리오와 그의 수행원들은 야코포 데 파치와 함께 거기서 가까운 라베지의 저택에 머물고 있었다. 이들은 4월 25일 토요일에 두 메디치가 형제에게 메디치 궁전에서 거행하는 대 연회에 초대를 받았다. 공모자들이 꾸민 첫 계획은 이 연회에서 두 형제를 독살하려는 것이었다. 연회가 시작되었으나 줄리아노는 몸이 불편하여 참석할 수 없었고, 따라서 계획은 수포로 돌아갔다. 그 뒤 파치가는 로렌초에게 젊은 추기경 리아리오가 메디치 궁전의 보물들을 무척 보고 싶어 한다는 전갈을 보냈다. 전갈을 받은 로렌초는 그와 그의 수행원들을 초대하여 일요일에 그곳에서 자기와 함께 머물도록 했다. 그날 추기경이 대성당에서 미사에 참석하기로 되어 있었다. 그러자 음모자들은 미사가 끝나고 저녁 식사를 위해 메디치 궁전으로 돌아갈 때 두 젊은 주인들이 추기경을 맞이하기 위해 일어나는 순간 그들을 살해하기로 계획했다. 초대를 받은 일행은 메디치 궁전으로 갔으나, 일요일 아침이 되자 줄리아노가 미사에는 참석하되 건강이 좋지 않아 오찬에는 참석하지 않는다는 것을 알게 되었다.

따라서 또다른 계획을 세워야만 했다. 이제는 더 이상 미룰 수가 없었다. 그날 저녁에 니콜로 다 톨렌티노와 주스티니의 군대가 성문에 도착해 있기로 약속되어 있었기 때문이었다. 따라서 대성당에서 미사 때 살해하기로 결정했다. 사람이 혼잡한 틈을 타서 자객들이 도망치기 쉽다는 생각에서였다. 그러나 몬테세코는 "살인에 신성모독을 더할 수 없다"는 이유로 이 계획에 참여하기를 거부했고, 그의 자리는 공모자 무리에 끼여 있던 두 사제 안토니오 마페이(Antonio Maffei)와 스테파노 다 바뇨네(Stefano da Bagnone)로 대체되었다. 성직자

---

16) 이 저택은 지금도 남아 있다. 처음에는 모치 저택으로 불렸다가 다음에는 스펜스 저택으로 불린 이 저택은 현 소유주에 의해 원래대로 메디치 저택이라는 이름을 되찾았다.

들이면서도 몬테세코만큼의 양심도 없는 자들이었다. 그러는 동안 메디치 궁전은 연회를 위한 만반의 준비를 하고 있었다. 희귀한 은그릇, 마욜리카 도자기, 그리고 값진 그릇들을 꺼냈고, 도나텔로의 양각 메달들과 조상들로 장식된 안뜰을 그 저명한 무리를 접대하기 위해 정돈했다.

그렇게 여러 날 동안 독으로든 자객으로든 그런 위험이 계속되었는데도 줄리아노와 로렌초는 고사하고 그들의 가족과 가신들 등 주변의 모든 사람이 위험의 기미를 조금도 모르고 지냈다는 것은 당시 메디치가가 피렌체에서 받고 있던 총체적 평가의 일면을 보여 준다. 두 형제가 이렇게 조금도 의심을 하지 않고 있었기 때문에 음모가 성공하기에 한결 쉬웠다.

일요일(4월 26일) 아침이 되자 로렌초는 메디치 궁전을 나서서 손님인 젊은 추기경 라파엘로 리아리오와 함께 걸어서 대성당으로 갔다. 약간 시차를 두고서 줄리아노가 프란체스코 데 파치와 베르나르도 반디니와 함께 뒤따라갔다. 걸어가는 동안 프란체스코 데 파치는 마치 우정을 표시하는 척하면서 줄리아노의 허리를 팔로 감고 갔는데, 그것은 옷 속에 갑옷을 입었는지 확인하려는 속셈이었다. 줄리아노는 갑옷을 입고 있지 않았다. 그날따라 갑옷을 전혀 착용하지 않았고, 사고로 다리를 다쳤기 때문에 칼마저 놓고 나왔다.

음모자들이 두 청년에게 실컷 대접을 받고는 대 미사 때 이 악마적인 살인을 감행하기로 정한 시점은 성체 거양(聖體擧揚) 때였다. 당시의 사가는 이렇게 말한다: "이 순간을 거사 시점으로 정한 이유는 미사가 반드시 거행된다는 점과, 누구든 교회에 나오면 그 엄숙한 순간에 고개를 숙이는 습관이 있는 점 때문이었다." 바로 이런 점이 용병 몬테세코로 하여금 음모에서 손을 빼게 만들었다. 그는 "비록 불한당이었지만 그런 순간을 그토록 큰 죄를 범할 시점으로 정한 신성모독적인 행위에 크게 놀랐던 것이다." 그리고 바로 이것이 음모가 실패로 끝나게 된 실질적인 원인이었다. 그의 역할은 로렌초를 살해하는 것이었는데, 그의 고사로 그의 역할을 떠맡은 두 사제는 칼을 쓰는 데 익숙하지 않아 줄리아노를 맡은 자들(베르나르도 반디니와 프란체스코 데 파치)이 능숙하게 해낸 그 일을 제대로 해내지 못했기 때문이다.

신도들이 운집한 대성당에서 그 형제들은 음모자들의 각본에 의해 따로

줄리아노 디 피에로 데 메디치, 1453-1478,
보티첼리 작

떨어져 앉게 되었다. 운명의 순간에 줄리아노는 무장을 하지 않은 채 세르비 거리로 나가는 문에서 그리 멀지 않은 성가대석 북면에 서 있었던 반면에,[17] 로렌초는 성가대석의 남면에 서 있었다. 줄리아노는 베르나르도 반디니와 프란체스코 데 파치의 급작스런 기습을 받고는 서 있던 자리에서 즉사했는데, 자객들은 상처가 열아홉 군데나 날 정도로 시신을 거듭 찔렀다. 동시에 마페이와 스테파노도 로렌초를 공격했으나, 반디니보다 신속하지 못해서 목에 상처를 입히는 데 그쳤다. 로렌초는 순발력을 발휘하여 즉시 겉옷을 벗어 왼팔에 감아 방패를 삼고는 오른팔로 칼을 뽑아 자객들을 쳤다. 그리고는 성가대석을 두르고 있던 나지막한 가로대를 뛰어넘어 대 제단 앞을 가로질러 뛰어가 성구실로 피신했다. 줄리아노를 죽인 반디니는 로렌초를 치기 위해서 성구실로 돌진하다가, 로렌초를 구하려고 그를 가로막은 메디치가의 헌신적인 지지자 프란체스코 노리(Francesco Nori)를 일격에 쓰러뜨렸다. 한두 친구를 데리고 로렌초를 따라간 폴리치아노는 반디니가 쫓아오는 것을 보고서 성구실의 육중한 청동문들을 닫았고, 그동안 안토니오 리돌피는 칼에 독이 묻었을 것을 우려하여 로렌초의 상처를 입으로 빨아냈다.[18]

온 교회가 삽시간에 아수라장으로 변했고, 사태의 전말을 알고 난 군중은 범죄자들을 갈기갈기 찢어놓을 기세였다. 그러나 그 순간 범죄자들은 혼란을 틈타 성당을 빠져나갔고, 젊은 추기경 라파엘로 리아리오는 대 제단에 몸을 숨겼다. 로렌초를 따라 성구실로 들어갔던 사람들 중 한 명이 오르간이 설치

17) 그 성가대석과 대제단은 성당 동쪽 끝에 있지 않고 돔 밑에 있다.
18) 이런 자세한 정황은 현장을 목격한 필리포 스트로치(the elder)가 전한다.

된 2층으로 기어올라가 줄리아노가 성가대 북면에 죽어 누워 있고 음모자들은 도망쳤다는 사실을 발견했다(이것이 로렌초가 동생이 당한 일을 처음으로 들은 순간이었다). 그리고 잠시 후에 로렌초는 동생의 참혹한 죽음에 깊은 절망에 휩싸인 채 부상당한 몸으로 친구들의 부축을 받아 집으로 갔다.

그러는 동안 암살에 가담했던 자들과 음모에 가담했던 많은 자들이 팔라초 델라 시뇨리아(정부 회의 궁전)로 몰려갔다. 그들의 음모는 대단히 가공할 만한 것으로서, 피렌체를 사전에 무력화하여 니콜로 다 톨렌티노와 주스티니가 몇 시간 뒤에 도시로 들이닥칠 때 저항할 수 없도록 치밀하게 준비했음에 틀림없다. 그 각본은 대성당에서 두 형제를 살해할 역할을 맡은 자들이 임무를 수행하는 동안, 공모자들의 대다수는 대주교 살비아티의 지휘하에 팔라초 델라 시뇨리아로 직행하여 회의실 입장을 허락받아 정부를 장악한 다음 저항하는 시뇨리아 의원들을 죽이도록 짜여 있었기 때문이다. 그러나 대주교가 수행원들을 거느리고 회의실로 들어오는 것을 본 당시의 곤팔로니에레 페트루치(Petrucci) — 그는 이 위기 때 대단히 강직한 성품을 보여 주었다 — 는 무언가 잘못된 것이 아닌가 하는 의심이 들었다. 그래서 대주교와 수행원들을 잠시 대기하도록 해놓았다. 대주교를 자신의 개인 집무실에서 기다리게 해놓고는 사람을 보내 시내에서 무슨 비정상적인 일이 벌어지고 있는지 알아보도록 했다. 몇 분 뒤에 대성당에서 참극이 발생했다는 소식이 들어왔다. 그리고 거의 같은 순간에 군중들의 격노한 함성이 들려왔다.

애당초 각본에는 야코포 데 파치와 그 가문 사람들이 군중을 선동하여 메디치가를 비판하게 하고, 말을 타고 거리를 누비면서 "리베르타(Liberta, 자유)!"를 외치도록 하게끔 되어 있었으나, 군중은 그들이 선동한 대로 "아바소 레 팔레!"(Abasso le Palle, 팔레 타도!)[19]라고 외치기를 거부하고 "비바노 레 팔레"(Vivano le Palle, 팔레 만세!)를 격렬히 외쳤다. 곤팔로니에레는 큰 결단을 내려 대주교를 체포하고 즉시 팔라초 델라 시뇨리아의 북면 구석에 난 창(대회의실 구석의 창) 밖으로 그를 내다걸고, 공범자 다섯 명도 함께 곁에 난 창들 밖으로

---

19) 팔레(palle, 球球) – 메디치가의 문장.

내건 다음, 나머지는 계단에서 칼로 처형했다. "30분 안에 팔라초 델라 시뇨리아의 계단에 60구의 시체가 나뒹굴었고, 6구 이상이 창 밖에 내걸렸다."

분노한 시민들은 도시 구석구석을 뒤져서 나머지 공모자들을 색출했고, 아무도 그들의 분노를 막을 수 없었기 때문에 색출된 범죄자들은 시뇨리아에 넘겨져 처형될 겨를도 없이 시민들의 손에 죽었다. 그들은 줄리아노를 죽이고 로렌초를 죽이려고 했을 뿐 아니라, 무력으로, 게다가 외국 군대의 힘을 빌려 피렌체를 기습하려는 가공할 음모까지 꾸몄다. 이런 모든 행위가 군중을 격분하게 했다. 군중들은 메디치 궁전을 에워싸고는 로렌초의 모습을 보게 해달라고 외쳤다. 로렌초는 부상당한 몸을 이끌고 밖으로 나와 그들에게 연설하면서, 자기가 입은 상처는 경미하다는 말로 그들을 안심시킨 다음, 이 일로 범죄자들에게 사사로운 복수를 하지 말고 그들에 대한 증오를 아껴 이 사건을 사주한 외국 군대에게 쏟아 부으라고 권고했다. 그러나 그들은 그의 훈계를 귀담아 듣지 않고, 음모에 가담한 혐의가 있는 사람들을 샅샅이 색출하여 학살한 다음 그들의 시체를 질질 끌고 다녔는데, 이들의 분노는 80명이 학살될 때까지 풀리지 않았다. 그런 감정은 시내에만 국한되지 않았다. 그 뒤 여러 날 동안 시골 사람들이 로렌초를 보호하겠다고 하면서 피렌체로 몰려들었다.

그러나 메디치 궁전은 그 가문의 우상이었던 해맑고 사랑스러운 줄리아노를 잃은 깊은 슬픔에서 헤어나오지 못했다. 그의 장례식은 국장(國葬)으로 가문 성당인 산 로렌초 성당에서 엄수되었다.

시간이 흐르면서 피렌체인들의 광기는 수그러들었으나, 분노는 가라앉지 않았다. 거친 면은 줄어들었으나 의지는 더욱 결연해졌다. 야코포 데 파치는 카스타뇨의 저택으로 피신했었으나 체포되어 마을 사람들에 의해 피렌체로 끌려왔고, 시뇨리아에 의해 처형되었다. 줄리아노를 살해한 두 자객 중 하나인 프란체스코 데 파치, 그의 사촌 레나토 데 파치,[20] 몬테세코, 그리고 두 사

---

20) 레나토는 그 음모를 알았으나 가담하기를 거부했다고 전해진다. 그리고 로렌초는 레나토의 사촌 굴리엘모의 건에서처럼 개입하여 그의 목숨을 구하지 않은 것에 대해서 정당하게 준열한 비판을 받았다. 그가 실제 알려진 것보다 더 많은 것을 알고 있었으면서도 처남을 위해 했던 일을 다른 가문 사람들을 위해 할 마음이 내키지 않았을 가능성이 얼마든지 있다.

제 마페이와 스테파노도 같은 운명에 처해졌다. 프란체스코의 형제이자 로렌초가 아끼던 누이 비앙카의 남편인 굴리엘모 데 파치도 만약 로렌초가 누이를 생각하여 개입하지 않았다면 목숨을 부지할 수 없었을 것이다. 그 결과 굴리엘모는 피렌체에서 그리 멀지 않은 곳으로 추방되는 것으로 그쳤다. 야코포 데 파치의 열 아들이나 조카들 중 나머지 일곱 명은 각기 다른 기간의 징역형을 받거나 추방되었다. "베스푸치도 교수형을 당해 마땅했지만, 그런 징역형을 받는 데 그쳤다." 줄리아노를 살해한 또다른 자객 베르나르도 반디니는 콘스탄티노플로 도피했다가 그곳에서 술탄에게 체포된 뒤 사슬에 묶인 채 피렌체로 압송되었고, 도착하자마자 시뇨리아의 명령으로 바르젤로 궁전에서 즉결 처형을 당했다.

시민들이 분개한 이유는 메디치가에 대한 위해 의도 때문만이 아니라, 자기들의 나라를 마치 '전리품' 쯤으로 여겨 가로채려는 후안무치한 시도 때문이기도 했다. 그래서 그들은 이 행위에 가담한 자들에게 불명예의 낙인을 찍을 수 있는 모든 방법을 강구하게 되었다. 시뇨리아의 법령으로 파치가의 이름과 문장이 영구히 폐기되었다. 그들의 궁전[21]과 그 도시에서 그 가문의 이름을 딴 모든 장소들에 다른 이름들이 붙었다. 그 가문 사람들과 결혼한 사람들에 대해서는 공화국에서 어떠한 공직에도 오르지 못하도록 선포되었다. 부활절 전야에 파치가의 궁전으로 성화(聖火)를 봉송하던 유서깊은 의식도 폐지되었다. 시의 경비 부담으로 예술가를 고용하여 바르젤로 담장에 공화국 반란자들이 불명예스럽게 교수형을 당한 장면을 묘사하게 했다. 그리고 시뇨리아의 지시로 대성당 성가대석, 로렌초와 줄리아노의 머리, 그리고 그들에게 가해진 공격을 묘사한 양각 메달이 제조되었다.

이 범죄에 가담하여 식스투스 4세의 의도대로 나라에 멍에를 씌우려 했던 자들에 대해서 피렌체인들의 격노가 맹렬히 타오르는 동안, 로렌초는 광란에 빠져 있던 자기 도시 안에서 눈여겨볼 만한 특성을 보여 주었다. 그것은 선친에게 물려받은 것이었다. 그가 과연 그 사건에서 피렌체에 왔던 리아리오가

---

21) 카라테시 궁전으로 알려짐.

의 일원이 어떤 역할을 수행했든 간에 더 노회한 자들의 손에 놀아난 도구에 지나지 않는다고 느꼈든, 아니면 그밖에 다른 어떤 이유가 있었든 간에, 젊은 추기경 라파엘로 리아리오가 목숨을 건진 것은 전적으로 로렌초 덕분이었다. 대성당에서 군중의 분노가 충천했을 때 그 젊은 추기경은 앞서 언급했듯이 대제단에 꼼짝못하고 숨어 있었다. 로렌초는 집에 돌아간 뒤 가신(家臣) 몇을 보내 그를 호위하여 메디치 궁전으로 데려오도록 했다. 그가 안전히 피할 수 있는 곳은 온 시내를 통틀어 그곳뿐이었다. 로렌초는 군중의 폭력 행위가 가라앉을 때까지 며칠 동안 그를 숨겨 주었고, 그런 뒤 은밀히 로마로 돌려보냈다. 로렌초는 자기를 죽이려 했던 사제의 형제 라파엘로 마페이와 그 음모에서 매우 주도적인 역할을 했던 대주교의 인척 아베라르도 살비아티를 살려 줌으로써 그러한 관인대도의 성품을 보여 주었다.

이상이 파치가 음모 사건이다. 이 사건은 공범들의 철저한 기만과 높은 신분만 빼놓고는 야만적인 노상 살인과 강도짓과 하나도 다를 바 없었다. 그런데도 일부 저자들이 이 사건을 숭고한 행위로 윤색했다는 것은 참으로 믿기지 않는 일이다. 이를테면 시스몬디(Sismondi)는 파치가의 음모를 주도한 자들이 "숭고한 동기들"을 가지고 있었다고 평가한다. 그는 식스투스 4세의 행동(그의 동기는 탐욕스런 조카를 위해 토스카나를 차지하려는 욕심뿐이었다는 것은 잘 알려진 사실이다)을 "이탈리아의 독립을 위한 고양된 정조와 소원"으로 본다.[22] 그리고 그는 파치가를 "피렌체 해방을 위해 투쟁한 귀족 애국자들"로 간주한다. 메디치가는 그들의 역사를 굳이 이처럼 터무니없이 왜곡하지 않더라도 답변해야 할 결점들이 많다. 좀 더 균형잡힌 저자의 판단은 이와 같다:

> "교황과 그의 조카는 메디치가의 통치를 전복하려고 했다. 왜냐하면 메디치가는 교황의 세속 권력 확장에, 그리고 그 조카의 개인적 야심에 장애물이었기 때문이다. 피렌체는 아마 자기들이 이런 목적 달성에 도구로 쓰이고 있다는 것을 의식하지 못한 듯하며, 피렌체 정권에 대한 나름대로의 생각을 분

---

22) 어쨌든 이것은 교황이 그 문제에 충분히 개입했음을 보여 준다.

명히 품고 있었겠지만, 그들이 자유에 대한 사랑 때문에 거사를 벌였다는 증거는 손톱만큼도 없다. 그들이 내내 보여 준 행동은 순전히 보복의 성격을 띤 것이다. 과거에 자유로운 제도를 옹호한 쪽은 파치가가 아니라 메디치가였다. 피렌체인들이 메디치가의 통치보다 파치가의 통치를 더 좋아했을지 모른다는 가정은 터무니없는 것이다. 만약 그랬다면 야코포 데 파치가 '리베르타(자유), 리베르타'를 외쳤을 때 군중이 '팔레, 팔레'(메디치가의 문장인 구<sup>球</sup>)로 대답하는 일은 일어나지 않았을 것이다. 사실은 역사를 통틀어 그 사건보다 더 저열한 동기를 가지고 일으킨 음모는 없었다."

이렇게 해서 이 유명한 음모 사건은 실패로 끝났고, 메디치가는 전보다 더 큰 인기를 누리는 가운데 자기들을 도말하려던 네 번째이자 가장 두려웠던 시도를 잘 견뎌냈다.[23] 한편 로렌초는 이 시도의 결과로 자기 등을 민중이 하나가 되어 떠받치고 있다는 사실을 확인하고서 눈앞에 다가온 전쟁에 대해 더 큰 힘을 낼 수 있었다. 그러나 로렌초의 젊음은 그토록 사랑하던 동생의 죽음과 더불어 끝났다. 행렬과 축제는 더 이상 벌이지 않았고, 전쟁과 정치와 학문적 노력에만 매진했으며, 유일한 기분 전환책은 사냥뿐이었다.

### 줄리아노

1453년 출생, 1478년 죽음.

피에로 일 고토소와 루크레치아 토르나부오니의 다섯 자녀들 중 막내로 태어난 줄리아노는 형 로렌초와는 달리 외모가 매우 수려했다. 여러 방면에서 상당한 재능이 있었고, 사람의 마음을 끄는 많은 품성 덕에 자기 집안 사람들뿐 아니라 피렌체인들에게도 큰 사랑을 받았다. 이른 나이에 죽기 전에 벌써 여러 경우에 상당한 정치 역량을 드러냈고, 형에게 비중 있는 조언을 해

---

23) 첫 번째는 1433년 코시모에 대한 반란이고, 두 번째는 1466년 피에로에 대한 반란이고, 세 번째는 1470년 로렌초에 대한 반란이며, 네 번째는 1478년 다시 로렌초에 대한 반란이다.

줄 수 있었다. 암스트롱씨(Mr. Armstrong)는 그의 성품에 관해서 이렇게 말한다:

"그는 신분 고하를 떠나 많은 사람들에게 큰 사랑을 받았고, 메디치가를 통틀어 가장 매력 있는 사람이었다. 그는 사냥을 무척 좋아했다. 대범한 기수(騎手)였고, 노련한 마상 대회 선수였으며, 도약과 씨름에 뛰어났다. 그런데도 거칠지는 않다. 그림과 음악, 그리고 아름다운 것은 무엇이든 좋아했다. 사랑을 읊은 시를 좋아했고, 어머니 고향 방언으로 무게와 정조가 가득한 시를 지었다. 밝게 말하고 건실히 생각했으며, 재치 있고 잘 노는 친구들을 좋아했지만, 거짓말하거나 악감을 오래 품는 사람은 특히 싫어했다. 성실하고 고결하고 종교적 의식과 도덕적 품행에 관심이 많았던 그는 언제든 봉사를 하거나 공손한 태도를 보였

미켈란젤로의 줄리아노 데 메디치 조각상

다. 그가 우상처럼 생각했던 형과의 관계에서도 시기하는 기색이 조금도 없었다. 그가 대성당에서 대미사 때 살해되는 끔찍한 사건이 벌어진 뒤 그 유명한 인물, 키가 훤칠하고 풍채가 좋고 눈이 맑고 긴 머리가 이마를 덮고 길고 곱슬곱슬한 머리가 목 뒤를 덮은 올리브 빛깔의 피부를 지닌 그를 피렌체 사람들은 오래 그리워했다. 그의 장례는 메디치가의 거대한 산 로렌초 성당에서 국장으로 엄수되었고, 사람들이 표현한 애도에는 위선의 기미가 없었다."[24]

이 두 형제 사이의 관계는 메디치가 역사에서 매우 흐뭇한 점들 가운데 하나이다. 그 당시로서는 로렌초와 줄리아노와 같은 위치에 섰던 두 형제가 시

---

24) Lorenzo de' Medici, by E. Armstrong, M.A.

기를 일삼는 것이 보통이었다. 그들의 경우에 그런 모습이 전혀 없었다는 것이 두 사람 모두에게 장점으로 남아 있다. 그리고 로렌초가 능력 면에서 자기와 거의 대등하고 외모에서는 자기보다 나은 동생에게 시기심을 일으킬 만한 원인을 제공하지 않았고, 오히려 정반대로 동생에게 '숭배'를 받았다는 것은 로렌초의 인품이 어떠했으며, 그가 살아가면서 맺은 사소한 관계 속에서 어떻게 처신했는지 그 일면을 보여 준다. 또한 로렌초 측에서도 줄리아노가 자기보다 훨씬 더 존경과 인기를 누리고 있는 것에 질투를 느끼지 않았다.

보티첼리의 〈젊은 여인〉. 과거에는 클라리체 오르시니나 시모네타 베스푸치를 그린 것으로 추측되었으나, 그보다는 줄리아노 데 메디치의 정부이자 훗날 교황 클레멘스 7세가 된 줄리오의 어머니인 피오레타 고리니를 묘사한 것일 가능성이 크다.

줄리아노는 죽을 때 스물다섯살이었다. 죽을 당시에 서자 하나를 낳고 떠났다. 로렌초는 그 아이를 데려다가 자기 아들들과 함께 키웠다. 이 아이가 커서 다음 세대에 저 유명한 줄리오 데 메디치(Guilio de' Medici)가 되고, 그 뒤에는 교황 클레멘스 7세(Clement VII)가 된다.

줄리아노는 코시모를 제외한 가문의 모든 조상들과 마찬가지로 산 로렌초 성당 구 성구실에 묻혔다. 그러나 8년 뒤에 그의 유골은 그 무렵 주요 가족 묘가 된 신 성구실로 이장되었다. 생전에 그토록 우애가 깊던 이 두 형제가 함께 묻히는 게 적절하다는 것이 대체적인 여론이었는데, 그에 따라 로렌초가 죽었을 때 그의 시신은 줄리아노의 묘에 합장되었고, 나중에 이들의 유골은 함께 신 성구실로 이장되어 오늘날까지 같은 묘에 누워 있다.

1895년 10월, 로렌초와 줄리아노의 묘가 개장되었을 때 줄리아노가 그토록 즉시 죽은 이유가 처음으로 분명하게 밝혀졌다. 그 살인 사건에 대해 기존에 전해진 기사들은 한결같이 그의 시신에 많은 상처가 났고, 그 중 대부분은 이미 죽은 뒤에 난 것이라고 전하면서도, 머리에 난 상처에 대해서는 한 마디 언급도 없었다. 그러나 4백 여년이 지난 뒤 묘를 열었을 때 줄리아노의 두개골 정수리에 난 큰 칼자국이 금방 발견되었고, 그로써 그가 서 있던 자리에서 즉각 쓰러져 죽은 이유를 충분히 설명해 주었다. 줄리아노는 음모자들이 노린 대로 성체 거양 때 '고개를 숙이는' 자세를 취했고, 살인자 반디니가 그 기회를 노려 줄리아노에게 반격의 기회를 주지 않은 채 그의 맨 머리를 온 힘을 다해 내리쳤던 것이 분명하다.

# 제9장

# 위대한 자 로렌초

## (2) 그의 재위 마지막 14년: 1478-1492

1449년 출생, 1469-1492년 재위, 1492년 죽음.

식스투스 4세는 음모가 실패로 끝났다는 소식을 듣고 격노했다. 게다가 피렌체가 감히 자기 심복 대주교 살비아티를 매달아 죽이고, 자기가 고용한 몬테세코와 그의 일행을 처형했다는 소식은 그의 분노를 한층 더 달아오르게 했다. 그는 즉각 피렌체에 대해 선전포고를 하고, 나폴리 왕과 다른 나라들에 자기 진영에 합세하도록 설득했다. 로마의 메디치가 은행을 몰수했고, 피렌체 국에 사절을 보내 로렌초를 자기에게 넘겨줄 것을 요구했다. 이에 대해 시뇨리아가 한 답변은 의미심장하다: "당신은 로렌초가 독재자라고 하면서 우리에게 그를 쫓아내라고 명령하고 있습니다. 그러나 만약 우리가 당신 말에 순종할 수밖에 없다면 어찌 우리가 자유하다고 하겠습니까? 당신은 그를 독재자라고 하지만, 대부분의 피렌체인들은 그를 자기들의 수호자라고 합니다."

그러나 교황은 선전 포고로 그치지 않고, 토스카나 전체에 파문을 선포했

---

1) 영어권 저자들은 나폴리 왕 페르디난도와 나폴리 왕 페란테를 다른 사람으로 말하지만 실은 그렇지 않다. 당대 이탈리아 저자들은 두 이름을 무작위로 사용했다.

다. 식스투스 4세가 이때 작성한 문서는 그런 유의 문서치고는 진기하다. 이 문서에서 그는 로렌초에게만 아나테마(저주)를 선언할 뿐 아니라(그는 로렌초를 가리켜 "불의의 자식이요 멸망의 싹"이라고 표현한다), 곤팔로니에레와 피렌체 시뇨리아의 모든 의원들에게까지도 아나테마를 선언했다. 그것은 지극히 불의한 행동이었다. 그의 범죄 시도가 실패했기 때문에, 그리고 이웃 나라의 정부가 자기 통치자의 동생을 살해하고 그 통치자마저 살해하려고 하고, 그것도 모자라 자기 나라를 차지하려고 한 자들을 처형했기 때문에, 그 나라 백성이 신앙 문제에서 처벌을 받아야 한다는 논리였기 때문이다. 그것은 파문의 본래 의미를 완전히 짓밟은 것이었다.

로렌초 데 메디치.
베로키오가 제작한 테라코타.

교황의 그러한 획책에 이탈리아의 많은 지역이 "잘못이 있다면 그것은 살해당하지 않은 것뿐"이라고 정당하게 항변하는 로렌초를 치기 위해서 들고 일어났다. 그러나 피렌체인들은 똘똘 뭉쳤다.[2] 어떠한 굴복도 생각하지 않았다. 교황이 아무리 대규모 군대를 끌어모아 쳐들어 와도 맞서 싸우겠다는 일사 항전의 결의가 충일했다. 그런데 여기서 한 가지 주목할 만한 사건이 발생했다. 그것은 인간의 정신이 어떻게 변하고 있었는지를 보여준다는 점에서, 그리고 다음 세대가 되면 급속히 접근해 갈 종교개혁의 전조로서 흥미를 끈다.

이제 우리가 들어가려고 하는 시대에는 부패와 악이 로마를 중심으로 온 유럽에 퍼져 있었다. 교회는 대부분 그런 현실을 비판했으나, 도대체 어디서부터 개혁이 나올 수 있는지를 알 수 있는 사람은 아무도 없었다. 그러므로 성 도미니쿠스회의 설교자가 1484년의 설교에서 다음과 같이 말하는 것을 보

2) 교황은 과거 피렌체의 동맹국 밀라노를 피렌체에서 떼어 놓으려고 했고, 밀라노는 교황의 견책이 두려워 베네치아와 마찬가지로 중립을 지켰다.

게 된다: "세계는 공의회를 소집하라고 아우성입니다. 그러나 공의회를 소집한들 교회 우두머리들의 현 상태에서 도대체 무엇을 얻을 수 있겠습니까? 공의회를 통해 교회를 개혁한다는 건 인간의 힘으로는 더 이상 안 되는 일이고, 다만 하느님께서 임하사 우리가 모르는 어떤 방법으로 우리를 도우셔야 합니다." 그러나 그 설교자가 꿈도 꿔보지 못한 방식으로 그 도움은 이미 오고 있었다. 그 "새 지식"(New Learning)은 교회를 개혁하게 될 그 거대한 운동을 향해 인간들을 더디지만 착실하게 인도하고 있었다.

메디치가가 학문 증진을 위해 쏟은 노력에 힘입어 발굴된 오래 전의 저서들이 모든 인류의 공동 재산이 되기 시작하고 있었다. 그리고 그 결과는 그 시대의 사람들에게는 일종의 계시와 같았다. 그들은 교황청이 일삼는 주장들이 언제 어떻게 시작되었는지, 그 주장들이 처음 몇 세기 동안 교회에 의해 얼마나 자주 얼마나 효과적으로 배척되었는지, 그 주장들이 처음에 실험적으로 제시되었을 때에 비해 어떻게 해서 점진적으로 더 널리 더 지배적인 성격을 띠게 되었는지, 어떻게 해서 많은 경우들에 유럽의 정치 상황 덕분에 먹혀들게 되었는지를 깨우치게 되었다.

그러나 사람들이 깨우친 것은 그 정도를 넘어섰다. 과거 저서들에 대한 학자들의 연구가 진행되면서, 얼마나 큰 거짓이 저질러졌는지 드러나기 시작했다. "그때까지 세계가 본 적이 없는 거대한 사기가 사람들의 눈 앞에 드러났다."[3] 15세기 후반에 사람들은 이 교황청의 주장들이 수 세기 동안 세 가지 중요한 역사적 문헌들에 기초해 온 데 반해, 그 문헌들이 처음부터 끝까지 8-9세기의 암흑 시대에 로마 교황청에서 날조한 거대한 위조 문서들이었다는 것을 사람들은 점차 깨닫게 되었다. 날조된 「콘스탄티누스의 증여」(Donation of Constantine), 날조된 「페팽의 증여」(Donation of Pepin), 그리고 역사에서 「위(僞) 교령집」(The Forged Decretals)이라는 이름을 얻은 문서, 이 세 문서 전부를 지금 온 유럽은 르네상스 학자들이 위조임을 밝혀낸 문서들로 알고 있다. 실제로 어느 정도 학문성을 갖춘 학자라면 누구든 문서를 보는 순간 그렇다는 것을 확

---

3) Italy and her Invaders, by Professor Hodgkin.

인할 수 있다. 그 내용이 그만큼 역사와 거리가 멀고 부조화가 두드러진다. 그러나 이 문서들은 문맹의 시대에는 제 소임을 다했다. 이 거대한 사기가 8세기부터 15세기까지 온 서유럽을 호도했고, 교황청이라는 구조 전체가 그 위에 세워졌다.

현대의 어느 사가는 이렇게 말한다: "그런 뒤에는 르네상스 학자 라우렌티우스 발라(Laurentius Valla)[4]가 등장하여 몇 마디 신랄한 비평을 가했고 … 7세기 동안 세계를 우롱해 온 거품을 터뜨렸으며, 그 정령은 다시 호리병 속으로 들어간 채 깊은 바다 속으로 던져졌다."[5]

마그나 카르타(대헌장)가 위조 문서임이 밝혀진다면 어떻게 될까? 위의 경우가 그러했다. 아니 그보다 훨씬 더 심각한 여파를 미쳤다.

'신지식'이 제공한 다른 모든 지식에다 이 거대한 '거품'이 터진 일은 시간이 지나면서 그 정보가 북유럽 나라들로 확산되면서 종교개혁을 일으키게 된다. 교황청의 권위 주장 전체가 거대한 사기(속임수)에 기초해 있다는 사실이 지식인들 사이에 알려지면서 다른 나라 교회들이 로마 교회가 강탈해간 수장권에 반기를 드는 것은 확실한 일이 되었다. 그러나 그 때가 아직 오지 않았다. 아직은 이런 사실들이 토스카나의 상당수 사람들에게 알려지고 있는 단계에 지나지 않았고, 그것은 거대한 동란의 국지적이고 일시적인 전조에 지나지 않았다. 당시까지는 거의 알려지지 않던 사실이었지만, 로마 교회가 그 흔적을 모두 지워 버리기 위해 필사적인 노력을 기울인 데서 그것이 얼마나 중요했는지를 엿볼 수 있다. 교황의 파문 교서를 수령한 토스카나의 주교들은 피렌체 대성당에 소집된 공의회에 모여 피렌체 국의 행위를 정당화하고, 성무중지령 철회를 위해 총공의회에 호소할 뿐 아니라 교황을 파문했다.

토스카나 교회의 이러한 행위에는 비정상적인 면이 조금도 없었다. 그것은 만약 어느 주교가 식스투스 4세처럼 행동했다면 기독교 세계의 다른 지역

---

4) 라우렌티우스 발라는 피스토이아 출신으로서 파비아 대학교 법학 교수가 되었다. 그는 비평적 관점에서 이른바 「콘스탄티누스의 증여」를 조사한 뒤 그것이 명백한 날조라고 선언한 다음 교황들이 "자기들의 지위를 내세울 권한이 없다"고 주장했다. 빌라리 교수는 "거짓 문서가 완전히 폐기된 것은 그 덕분이다"고 말한다.

5) Hodgkin's Italy and her Invaders, ix. 273.

교회들이 그런 주교를 제거할 때까지 그나 그의 교회와 사귐을 갖기를 거부했을 시절로 되돌아간 행위였다. 그리고 토스카나 교회의 과감한 행위가 사람들을 숨죽이게 만든 것은 이런 문제들에 지배해 온 오랫동안의 무지 때문이었을 뿐이다. 8세기 이상 유럽에서 알려지지 않은 행동 이념을 토스카나 교회가 어디서 취했을까를 연구해 보면 그 대답은 자명하다. 그것은 토스카나 교회로 하여금 과감하게 그런 행동 노선을 취하게 한 '신지식' 때문이었음은 의심할 여지가 없다. 토스카나 교회는 그런 행동이 처음 몇 세기의 가톨릭 교회에서는 충분히 통했을 것이라는 확고한 지식을 가지고 있던 것이다.

그러나 토스카나 교회는 여기서 멈추지 않았다. 새로 발명된 인쇄 기술을 사용하여[6] 교황에 대한 토스카나 교회의 파문장을 인쇄하여 유럽의 다른 민족 교회들에게 배포했다. 이것은 교황의 징계를 두려워하는 데 익숙해 있던 세계에는 훨씬 더 두려운 무법천지의 행위로 비쳤다. 그러나 토스카나의 기세를 꺾을 세력은 아무데도 없었다. 주교들을 중심으로 모든 성직자들이 똘똘 뭉쳤고, 교황이 발행한 파문장은 그 나라 전역에서는 사문서로 취급되었다.[7]

그 뒤에 따른 전쟁에서 피렌체는 크게 수세에 몰렸다. 로마와 나폴리뿐 아니라 해묵은 원수국들인 시에나와 루카, 그리고 우르비노와 그밖의 소국들이 강력한 세력을 이루어 피렌체를 침공했는데, 교황이 모든 나라들을 자기 편에 끌어들이기 위해 그만큼 전력을 기울였던 것이다. 피렌체는 야전에서 패배를 거듭했고 촌락도 하나둘씩 잃어갔다. 마침내 전쟁이 시작된 지 2년이 거의 다 되어갈 무렵 전세가 극히 불리해지자 로렌초는 특단의 조치를 취했다. 국정을 곤팔로니에레 토마소 소데리니(Tommaso Soderini)의 손에 맡긴 채 직접 나폴리로 향했다. 전쟁 대신 외교 노력을 택한 것인데, 그로써 나라를 구하려는 일념으로 원수의 소굴로 직접 뛰어든 셈이었다. 그것은 위험한 조치였다. 교황

---

6) 바로 1년 전에 피렌체 최초의 인쇄소가 설립된 바 있다.

7) 그러자 교황청 당국자들은 토스카나 교회가 발행한 문서의 사본들을 샅샅이 수거하여 폐기했다(그 문서에는 Contrascommunica del clero fiorentina fulminata contro il sommo Pontefice Sisto IV라는 제목이 붙어 있었다). 그 결과 수년 뒤에 토스카나 주교들이 과연 그런 판단을 내렸을까 하는 의심이 들었지만, 사가이자 고문서 학자 라미(1697-1770)는 그의 시대에 여전히 남아 있던 그 문서 사본들을 직접 관찰한 터에서 그것을 틀림없는 사실로 못박았다.

의 복수 의지가 여전한데다 나폴리 왕 페란테(Ferrante)가 신뢰할 수 없는 인물이라는 건 누구나 다 아는 사실이었기 때문이다.[8] 로렌초는 피사로 가는 길에 시뇨리아에 쓴 편지에서 자신의 목적을 다음과 같이 밝혔다:

"우리 도시가 처한 위험한 상황에서는 자꾸 논의만 하는 것보다 행동하는 것이 더 필요했습니다 … 그래서 나는 여러분의 양해를 구하여 나폴리로 직행하려고 합니다. 우리의 원수들이 노리는 게 주로 나이므로, 나 스스로를 그들의 손에 넘겨주면 혹시 내 동료 시민들이 평화를 되찾는 데 조금이나마 도움이 될까 하는 생각을 해 보았습니다."[9]

이 편지를 보낸 뒤 로렌초는 시뇨리아로부터 나폴리 왕과 협상하도록 공적 권위를 부여하는 편지를 받았다.

서부 해안에 자리잡은 바다(Vada)라는 작은 항구에서 배를 탄 로렌초는 12월 18일 나폴리에 도착했다. 거기서 매력적인 매너로 그가 이탈리아의 정세에 대해 왕 앞에 제시한 탁월한 견해를 제시하면서, 밀라노에서 루도비코 스포르차(Ludovico Sforza)의 지위가 불확실하다는 점과, 교황이 달라질 때마다 교황청의 정책이 종잡을 수 없게 바뀐다는 점, 그리고 피렌체만큼 그에게 가치 있는 우방이 다시 없다는 점을 주지시키자 분위기가 순식간에 바뀌어 왕 페란테의 적개심이 우정으로 돌변하였다.[10] 그 방문으로 로렌초는 피렌체가 잃었던 영토들을 되찾게 해주는 내용의 조약을 체결할 수 있었다. 로렌초는 큰 성과를 가지고 1480년 4월 시민들의 열렬한 환영을 받으며 피렌체로 돌아왔다. 시민들은 서로 부둥켜 안고 기뻐하면서, 로렌초의 기지와 혼자의 영향력이 적군의 모든 군대를 합친 것보다 강했고, 전쟁으로 잃은 모든 것이 그의 지혜와 판단력으로 회복되었다고 이구동성으로 외쳤다. 교황은 격분하여 전쟁

---

8) "피치니노를 나폴리로 유인하여 은밀히 살해한 자의 말이나 관용을 신뢰할 수 없었다"(Hyett.).
9) Roscoe.
10) 이런 결과를 얻기까지는 로렌초가 어렸을 때부터 우정을 나눈 왕의 둘째 아들 페데리고와 그가 이폴리타 스포르차 때부터 알고 지낸 칼라브리아 공작 부인 이폴리타와의 우정이 큰 도움이 되었다.

을 계속하기 위해 안간힘을 썼으나, 동맹국이 하나둘씩 그에게서 떨어져 나가는 바람에 결국에는 굴복하고 성무금지령을 철회한 뒤 피렌체와 평화 조약을 맺지 않을 수 없었다.

로렌초가 자기가 떠난 뒤 모두가 절망에 빠져 있을 때 '명예로운 평화'를 가지고 당당히 돌아온 일을 피렌체인들은 언제나 그의 생애에서 가장 큰 업적으로 간주했다. 보티첼리는 파치가의 음모라는 비극이 폭풍우와 고통을 몰고 오기 전의 행복한 나날을 불멸의 작품으로 남겼듯이, 이제도 이 시련의 나날에서 거둔 승리를 불멸의 작품으로 남겼다. 이 보티첼리는 (언제나 그렇듯 알레고리를 사용하여) 오늘날 그의 작품 중 크게 찬사를 받는 작품으로 피티 궁전에 소장되어 있는 "켄타우로스(반인반마)를 굴복시키는 팔라스(지혜의 여신)"라는 그림에서 그 주제를 그렸다.

범죄와 전쟁의 상징으로서 사악한 파치가의 음모와 불의한 전쟁이 피렌체에 끼친 영향을 상징한 켄타우로스가, 다이아몬드 반지들이 얽혀 있는 로렌초의 개인 문장(紋章)을 수놓은 옷을 입고 월계수 화관을 쓴 의기양양한 지혜의 여신 앞에서 두려워 움츠리고 있다. 지혜의 여신은 나폴리 만(灣)을 등지고 토스카나의 산지를 쳐다보면서 전쟁 포로의 영혼을 인도한다. 이로써 로렌초에게서 구현된 지혜와 평화의 승리, 그리고 그 나라가 감사하는 태도로 그에게 부여한 영예를 상징한다.

이런 방식으로 로렌초는 서른살 때 자기에게 닥친 이중의 시련, 즉 자기를 살해하려는 가공할 음모와 그로써 발생한 비참한 전쟁을 극복해 냈다. 그것이 그에게 얼마나 큰 시련이었는지는 그가 무거운 번민 속에서 안정을 찾기 위해 문학에 눈을 돌렸다고 변명하는 그의 말에서 엿볼 수 있다. 그는 이렇게 쓴다:

"그러므로 내 고통이 너무 컸고, 그 고통을 끼친 자들의 권세와 재능이 뛰어났고, 모든 수단을 동원해서라도 나를 철저히 파멸시키려는 의지가 결연했다는 것밖에 말할 게 없다. 반대로 이 가공할 원수에 맞설 만한 것이라곤 젊음과 일천한 경험밖에 없었던(지혜의 여신에게 받은 도움을 제외하면) 나는 한

순간에 영혼이 파묻당하고 재산이 분산되는 상황에서 노력해야 하고,[11] 내가 국가에서 유지해 온 권위를 박탈하려는 시도에 맞서야 하고,[12] 내 가정에 불화를 일으키려는 시도에 대처해야 하고,[13] 내 목숨을 노리는 잦은 음모를 견뎌야 하는[14] 극한 불행 가운데 떨어졌다. 그런 까닭에 그런 모진 운명에 맞서느니 차라리 죽는 편이 낫지 않을까라는 생각도 해 보았다. 이런 불행한 상황에서 좀더 마음에 드는 명상 주제들에 눈길을 돌려 내 근심을 덜려고 노력한 것을 의아하게 생각해서는 안 될 것이다."

이 위대한 외교적 승리는 로렌초의 인생에서 전환점이었다. 이때까지 그는 자신이 추구한 독재적 권력을 얻지 못했었다. 그러나 이 순간부터 그 권력은 전적으로 그의 수중에 들어갔다. 피렌체인들은 먼저 자기들의 나라를 후안무치한 로마의 독재자의 손에서 구하여 나라가 그의 전제적 지배에 종속되는 것을 막아주었고, 다음에는 비록 힘에 부쳤지만 그 원수의 모든 공격을 무위로 만들고 영토를 한 뼘도 잃지 않은 채 평화를 되찾아 준 그에게 어떤 영예라도 안겨 줄 준비가 되어 있었다. 로렌초는 만약 의지만 있었다면 이 순간에 얼마든지 명실상부한 피렌체의 군주가 될 수 있었을 것이다. 그러나 자기 동족들을 너무 잘 알고 있었기 때문에 그렇게 하지 않았다. 자기가 그 지위를 차지하면 인기가 물거품처럼 사라지리라는 것을 알았던 것이다. 휘장 없이 군주의 권력을 행사하는 것으로 만족할 줄 아는 지혜가 그에게 있었다. 그가 수립한 통치 형식 — 독재정과 민주정이 결합된 — 은 정치 이론가들이 한사코 고개를 가로저을 만한 것이겠지만, 실제 결과는 그가 전적으로 옳았음을 입증했다.

피렌체의 부와 국력은 크게 치솟았다. 모든 나라가 피렌체와 동맹을 맺고

---

11) 교황이 로마에 있는 메디치가 은행을 몰수하여 로렌초에게 큰 손실을 입힌 일을 가리킴.
12) 전쟁 기간 내내 동족에 대한 로렌초의 영향력을 저해하기 위해 리아리오가가 꾸준히 사주한 음모들을 가리킴.
13) 그를 죽이려는 음모에 그의 처남을 끌어들여 누이로 하여금 아내와 누이의 입장에서 갈등하게 만드는 방식으로.
14) 지롤라모 리아리오는 로렌초의 목숨을 노리는 시도를 두 번 더 단행했다.

싶어했고, 외국 왕실들은 로렌초의 자문과 지원을 진지하게 구했다. 심지어 술탄(the Sultan)도 그의 중요도에 감명을 받고 값진 선물을 보냈는데, 그 중에는 피렌체인들을 다소 당황하게 했을 기린이 들어 있었다. 동시에 피렌체의 교역량도 크게 증가하여, 피사 항구에서 자체 건조한 선박들이 흑해, 소아시아, 아프리카, 스페인, 영국, 프랑스, 플랑드르를 누비고 다녔다. 교역 범위가 확대되면서 예술과 학문 중심지로서의 위상도 크게 높아졌다. 피렌체인들이 이 모든 분야에 자부심이 얼마나 대단했는지는 조반니 루첼라이(Giovanni Rucellai)가 자신의 회고록에서, 전능하신 하느님께 감사를 드리고 싶은 개인적 복을 길게 열거하는 도중 자기가 "세계에서 가장 큰 도시인 피렌체에서 태어나 대메디치가가 다스리던 시기에 살게 된 것"을 감사드리는 데서 엿볼 수 있다.

로렌초의 통치 11년 동안 다른 나라에서 발생한 주요 사건들은 다음과 같다:

프랑스에서는 1468-1477년에 루이 11세가 부르고뉴의 대공 대머리 왕 샤를과의 긴 투쟁에 상당 기간을 바쳤다. 샤를은 모든 점에서 비열하고 간교한 대적과 정반대되던 고결한 인물로서, 나라를 위해 현명한 개혁을 단행하고 강력하고 깨인 정부를 유지함으로써 당대를 주도한 통치자가 되었다. 그와 루이 간의 투쟁은 진퇴를 거듭하다가 1477년 대머리 왕 샤를이 낭시 전투에서 전사함으로써 마감되었다. 그의 자녀는 부르고뉴의 마리(Mary of Burgundy) 하나뿐이었는데, 그녀는 아버지의 방대한 영토를 모두 물려받았다. 한편 루이 11세는 프랑스 내의 모든 강력한 귀족 세력을 꺾은 뒤 그 나라의 봉건제도를 무너뜨리고 그 대신 상비군을 창설했다. 이것이 유럽 최초의 상비군이었는데, 다른 나라에 이런 유의 군대가 없던 시기에 이런 군대를 둠으로써 루이 11세의 세력은 크게 증가했다.

독일에서는 황제 프리드리히 3세(Frederick III)가 1477년에 자기 아들 오스트리아의 대공 막시밀리안(Maximilian)과 대머리 왕 샤를의 외동 상속녀 부르고뉴의 마리의 결혼을 성사시킨 데 힘입어 오스트리아가 홀란드에서 스위스에 이르는 방대한 영토를 얻게 했다. 이 결혼은 유럽의 정치 판도에 큰 변화를 일으켰는데, 오스트리아 가문이 부상한 것은 이 결혼 때문이며, "이것이 근대 거시 정치의 시대를 시작시켰다"고 한다. 이 일에 대해서 루이 11세는 지나치게 무리수를 두었다. 부르고뉴의 마리가 상속한 비옥하고 방대한 영토는 프랑스의 가장 취약한 접경을 따라 뻗어 있었다. 루이는 간교한 음모를 꾸며 한편으로는 그 젊은 여 공작에게 자기 아들 세자와의 결혼 제의로 — 애당초 그 결혼을 성사시킬 의사도 없으면서 — 비위를 맞추면서, 다른 한편으로는 자기 군대를 그녀의 영토로 들여보내 그 나라 지도자들을 매수하고 서로 배신하여 처형하게 하고, 한 사람 한 사람을 다 속이는 방식으로 급속히 그 영토를 잠식해 갔다. 플랑드르의 귀족들은 그의 야욕으로부터 자신들을 지키기 위해서 황제와 은밀히 협상을 벌여 위에 언급한 자기들의 젊은 군주 마리와 황제의 아들 간의 결혼을 주선했다. 그 결과 1478년 부르고뉴의 마리는 아버지를 여읜지 6개월만에 자신과 자신의 방대한 영토를 젊은 막시밀리안에게 주었고, 루이 11세는 분루를 삼키며 먹었던 것을 토해내야 했다.

영국에서는 장미 전쟁이 한창 진행 중이어서 영국이 유럽 정치에 조금도 참여할 수 없었다.

스페인에서는 1469년(피렌체에서 로렌초가 통치를 시작한 해)에 아라곤 왕 페르디난도(Ferdinand)와 카스티야의 여왕 이사벨라(Isabella)가 결혼한 데 힘입어 스페인이 처음으로 하나의 나라로서 유럽 정계에 발을 들여놓게 되었는데, 이 결혼은 그 나라 남부가 여전히 무어족에게 지배를 당하던 상황에서도 그 나라의 북쪽 절반을 통일시켜 놓았다.

밀라노에서는 1476년 갈레아초 스포르차 공작이 죽은 뒤 그의 부인 사보이의 보나(Bona of Savoy)가 한동안 어린 아들을 대신하여 섭정을 했다. 그러나 1480년에 죽은 남편의 동생 루도비코 스포르차(Ludovico Sforza, 검은 피부 때문에 대개 '일 모로'Il Moro로 알려짐)가 이런저런 수단을 사용하여 그녀를 쫓아내고 열두살 난 그녀의 아들 지안 갈레아초(Gian Galeazzo)를 권좌에 앉힌 뒤 실권을 행사했다. 일 모로가 피렌체와 우호 관계를 유지해온 아버지와 형의 정책을 계승하지 않음으로써 이탈리아의 세력 균형을 유지하려는 위대한 자 로렌초의 정책에 중대한 변화를 일으키게 했다.

이탈리아 남부에서는 1480년에, 그러니까 로렌초가 나폴리와의 평화 조약을 막 체결한 뒤에, 1453년 콘스탄티노플을 함락한 뒤 세르비아, 보스니아, 알바니아, 그리스를 차례로 굴복시켜온 마호메드 2세(Mahomed II)가 정복의 기수를 이탈리아로 돌려 오트란토를 공격하여 함락한 뒤 주민들을 학살했다. 이 투르크족의 오트란토 점령은 이탈리아를 대경실색하게 했고, 앞서 언급한 대로 식스투스 4세가 피렌체와 평화조약을 체결하게 된 주된 동기가 되었다. 피렌체는 투르크족을 이탈리아에서 몰아낼 때까지 15척의 갤리선으로 구성된 함대를 유지하는 데 동의했다.

———————

나폴리 및 교황과 평화조약을 맺은 뒤 4년 동안 로렌초는 이탈리아 전역에 평화를 정착시키기 위해서 끊임없이 노력했다. 식스투스 4세는 조카 지롤라모에게 여러 나라를 차지하게 해주려고 여전히 애쓰던 과정에서 이탈리아를 끊임없는 전쟁 속으로 몰아넣었는데, 여기에 밀라노, 베네치아, 페라라, 나폴리가 모두 말려들었다. 그러나 로렌초는 비록 모든 나라들에 평화를 정착시키려던 한때의 노력이 실패로 끝나긴 했지만, 피렌체를 전쟁의 소용돌이에서 빠져나오게 하는 데는 성공했다.

1482년 로렌초의 어머니 루크레치아 토르나부오니가 죽었다. 막내 아들을 죽인 잔인한 원수들을 큰 아들이 당당히 누르는 모습과, 큰 아들의 세력이 '이탈리아의 나침반의 침'으로 부상하는 것을 다 지켜보고서 죽은 셈이다. 지난 4년간의 숱한 역경과 번민 속에서 로렌초는 어머니로부터 많은 조언과 힘을 얻었던 터여서 어머니의 죽음이 더욱더 슬펐다. 어머니의 죽음에 관하여 그는 이렇게 말한다: "나는 내 어머니만 잃은 게 아니라 많은 고통에서 나를 감싸안아 준 내 유일한 피난처와, 내 모든 노고를 위로해 주고 그 모든 노고에 함몰되지 않도록 건져 준 분까지도 잃었다."

1483년 로렌초는 차남 조반니(Giovanni)를 일곱살밖에 되지 않았지만 교회 고위성직자로 키울 목적으로 하위 성직(시종직, 구마품, 독서직, 문지기 등)에 들어가게 했다. 그와 동시에 당시 로렌초의 영향을 크게 받게 되었던 루이 11세가 조반니에게(비록 자주 실행되지는 않았으나 당대의 악습에 따라) 프로방스 엑스의 대주교구를 하사했다. 로렌초가 회고록에서 그 일을 술회한 글을 읽어 보면 그가 그 일을 조금도 거리끼지 않은 태도가 의아하기도 하고, 그 점에 관한 당대의 지배적인 견해를 엿보게도 된다. 그는 이렇게 말한다:

> "5월 19일에 우리는 프랑스 왕이 내 아들 조반니에게 퐁테돌체 대수도원을 선물했다는 소식을 접했다. 31일에는 로마로부터 교황이 그 선물을 승인하여 일곱 살인 그가 그 성직록을 소유할 수 있게 해 주었다는 전갈을 받았다. 6월 1일 나는 조반니를 데리고 포조 아 카야노에서 피렌초로 가서 우리 가족 예배당에서 아레초의 주교에게 견신례와 삭발례를 받게 했다.[15] 그 뒤로 그 아이를 '메시레 조반니'(Messire Giovanni)라고 불렀다. 다음날 우리는 포조로 돌아갔다. 6월 8일에 프랑스 왕으로부터 메시레 조반니에게 프로방스 엑스의 대주교구를 하사했다는 전갈을 받았다."[16]

1484년 교황을 제외한 모든 나라들이 전쟁에 넌더리를 낼 때 로렌초의 노력은 마침내 성공을 거두어 바뇰로에서 나폴리, 밀라노, 베네치아 사이에 평화조약이 체결되었다. 당시 중병에 걸려 있던 식스투스 4세는 이 소식을 듣고 대노했다. 전하는 바로는 이 소식을 듣고 "분노에 휩싸여 말을 하지 못하게" 되었다고 하며, (이 이유로) 온 이탈리아에 다행스럽게도 다음날 죽었다. 그의 자리를 인노켄티우스 8세(Innocent VIII. 잠바티스타 치보Giambattista Cibo)가 계승했고, 이 때를 계기로 로렌초의 지위는 크게 향상되었다. 식스투스 4세는 메디치가의 철천지 원수였던 반면에 인노켄티우스 8세는 정반대였기 때문이다. 그는 로렌초의 정치적 영향력을 높이 평가하고, 토스카나의 강력한 군주와

---

15) 아마 미켈란셸로가 국부 코시모를 위해 건축한 산타 크로체 성당의 카펠라 메디지(메디치 예배당)를 가리키는 듯하다.

16) 조반니는 트롤로프와 그밖의 사람들이 말하는 것과는 달리 대주교가 되지 않았다. 게다가 프랑스 왕에게 그런 직위에 임명을 받았을 리가 없다. 로렌초의 편지에 나타난 대로, 그는 하위 성직을 받아(삭발례를 받음으로써) "성직록을 보유할 자격을 얻었다." 삭발례는 하위 성직(독서직, 시종직 등)에 임하는 모든 사람들이 받았으며, 후에 성직자가 되겠다는 서약을 전제하지 않았다.

선린 관계를 유지하는 게 매우 바람직하다고 판단했는데, 이 정책을 교황으로 재위한 8년 내내 꾸준히 이행했다.

1481년 이탈리아 제국의 연합 세력은 아라곤, 포르투갈, 헝가리의 왕들과 함께 투르크족으로부터 오트란토를 재탈환하기 위해 진격했고, 공격이 진행되고 있는 도중 마호메드 2세가 죽었다는 소식이 들어오면서 오트란토는 항복했다.

스페인에서는 1481년에 페르디난도와 이사벨라가 나라의 남쪽 절반에서 무어족을 몰아내기 시작했는데, 이 전쟁은 다음 11년간 지속되었다.

영국에서는 1483년 에드워드 4세가 죽었고, 글로스터셔의 공작 리처드(Richard)가 소년 에드워드 5세를 살해하고 왕이 되었다. 2년 뒤 리처드 3세 자신도 보스워스 전투에서 전사했고, 헨리 7세가 권좌에 올라 영국이 30년 동안 겪어온 장기간의 내전에 종지부를 찍었다.

프랑스에서도 1483년에 루이 11세가 죽고, 그의 아들 샤를 8세(Charles VIII)가 위를 계승했다. 샤를은 허약하고 수완이 없는 열세 살 소년이었다. 그러나 루이 11세는 임종할 때 맏딸 보죄의 안(Anne, 부르봉의 공작과 결혼함)에게 어린 동생이 장성할 때까지 후견하고 왕국을 다스리도록 위임했고, 안은 그 뒤 9년 동안 동생의 이름으로 나라를 다스렸다. 안은 탁월한 지성과 훌륭한 자질을 발휘했는데, 고결한 인품과 공정성과 사리 분별로 동생의 악의, 프랑스 귀족들의 반대, 오스트리아의 막시밀리안의 음모를 차례로 극복하여 '위대한 여사'(Madame le Grande)라는 칭호를 얻었다. 안의 현명한 통치에 힘입어 프랑스는 갈수록 부강하게 되었다. 헨리 7세가 영국 왕이 될 수 있었던 것도 그녀 덕분이었다.

───────────

1480년부터 로렌초는 피렌체의 내분에 시달리지 않은 채 여생을 보내면서, 특히 1484년경에 이탈리아 전역에 평화가 정착된 뒤에는 그에게 전쟁보다 훨씬 더 적성에 맞던 평화의 기술에 몰두할 수 있었다. 전쟁의 와중에서도, 자기를 압박해 오는 큰 불안 속에서도 좋아하던 공부를 게을리하지 않았다.

피치노(Ficino)에게 보낸 편지에서 그는 이렇게 말한다:

> "복잡한 공무로 마음이 시달리고 군중들의 온갖 아우성에 귀가 멍해질 때 학문에서 위안을 찾지 않으면 그런 주장들을 어찌 다 들어줄 엄두가 나겠습니까?"

아미라토(Ammirato)는 이렇게 말한다:

> "이제 혼란스러운 외교의 짐을 훌훌 벗어 버리고 조용히 내치에만 힘쓸 수 있게 된 그는 문학을 후원하고 문헌을 수집하고 도시를 미화하고 주변 농촌에 문화를 보급하고 그 시대를 돋보이게 만든 모든 사업과 연구에 몰두함으로써 평화가 주는 기쁨과 격조 있는 삶을 만끽했다."

로렌초에게 퍼부어진 '독재'에 관한 온갖 비판에도 불구하고, 피렌체의 역사에서 그 어느 시대도 그의 시대만큼 외국에서 큰 존경을 얻을 뿐 아니라 국내에서도 평화와 번영과 만족을 구가한 시대는 없었다는 점을 부인할 수 없다. 이것은 그가 수립한 정부 형태가 최대 다수의 최대 행복을 보장해 준 것이었음을 역력히 보여 준다. 아울러 "현대 국가들에서는 친숙하되 그 시대 유럽에서는 캄캄 무지했던 시민들의 평등이 위대한 자 로렌초의 시대에 토스카나에서는 결코 캄캄하지 않았다"는 주장도 있었다. 이것은 로렌초의 '독재'가 절대로 엄혹하지 않았음을 입증하기에 충분해 보인다.[17] 그러나 정치 문제, 문학, 예술도 로렌초의 관심을 다 흡수하지는 못했다. 그의 통치하에 "모든 산업, 교역, 공공 사업이 크게 번창"했기 때문이다.[18] 그리고 후대에 가서 피렌체인들은 언제나 위대한 자 로렌초의 시대를 그들 역사에서 가장 번성하고 가장 행복했던 시기로 되돌아보았다. 이러한 시각은 피렌체에만 국한되지 않았다.

---

17) 다른 상황에서 파당의 지도자가 됨 직한 자들은 자연히 로렌초의 통치를 독재라고 불렀다. 그러나 사보나롤라소차 반대사들에게 '피렌체의 독재자'라는 비판을 받았다(Villari, *Savonarola*, ii. 71).
18) 귀치아르디니.

귀치아르디니(Guicciardini)는 널리 알려진 자신의 사기(史記)를 로렌초의 시대가 "이탈리아가 천여년 동안 미처 누려보지 못한 전성기"였다는 평가로써 시작한다. 그리고 행복했던 당시에 대해 긴 찬사를 적은 다음 이것이 "로렌초 데 메디치의 근면과 덕성 때문이었다는 것은 누구나 공감하던 사실"이었다고 말한다. 동시에 유럽 정계라는 더 넓은 분야에서 로렌초는 모든 군주들에게 이탈리아의 지도자로 인정을 받았다. 피렌체의 고문서 보관소에 가면 영국 왕 헨리 7세와 프랑스 왕 루이 11세가 그에게 보낸 편지를 볼 수 있는데, 두 편지 모두 그를 자신들과 동등한, 현직 군주를 대하는 문체로 되어 있다.

그러나 로렌초가 짊어지게 된, 이탈리아의 평화를 유지해야 하는 과제는 그의 진액을 다 빼버릴 만큼 막중한 과제였는데, 그런 상황에서도 아미라토가 언급한 그런 모든 일들을 추구할 만한 시간을 어디서 냈는지 이해하기 어렵다. 나폴리와 교황청과 밀라노가 전쟁을 일으키지 않도록 하는 것은 지난한 과제였다. 그러나 그것이 전부가 아니었다. 작은 나라들 사이에도 고질적인 반목이 존재했기 때문에 그것이 전쟁으로 발전하지 않도록 하기 위해서는 로렌초 측에서 늘 주시하다가 노련하게 개입할 필요가 있었다. 그는 아무리 멀게라도 피렌체의 안녕에 지장을 줄 수 있는 다른 나라들의 소소한 정치 문제들에 대해서도 주시하기를 게을리하지 않았다. 상충되는 이해, 상호 불신, 가려진 증오가 당시 이탈리아의 정계를 음모의 미궁전으로 만들고 있었다. 이런 상황들로 야기된 복잡한 정세에서 탁월한 대처 능력을 보여 주고 그가 거둔 성공적인 결과들을 과시한 이 분야에서만큼 로렌초의 정치가로서의 완숙한 역량이 잘 나타난 곳도 없다. 그러나 이 모든 일은 심신으로 자신을 혹독히 단속하지 않고 저절로 이루어지지는 않았다. 그렇기 때문에 우리는 그가 이탈리아의 정세에 관한 소문이 들리지 않는 한적한 곳에 가서 6개월만 묻혀 지낼 수만 있으면 좋겠다고 하소연하던 것을 넉넉히 이해할 수 있다.

1484년 피렌체는 제노바와 뜻밖의 전쟁을 벌이게 되어 피에트라산타를 차지했다. 그리고 1487년에 로렌초는 직접 군대를 끌고 사르차나 원정을 감행하여(사르차나는 1478-1480년 전쟁 때 피렌체가 상실한 곳이다) 그 도시를 되찾았다. 피렌체인들은 사르차나의 상실에 크게 상심했기 때문에 로렌초는 그 일로 훨씬 더 큰 인기를 얻게 되었다. 1487년 8월 로렌초가 통풍의 악화로 필레타 온천에 가고 없는 동안 그의 아내 클라리체가 서른넷의 나이로 죽었다. 아내가 병에 걸렸다는 사실을 알기도 전에 사망 소식을 접했을 만큼 급작스런 죽음이었다.

1484년 교황 인노켄티우스 8세는 로렌초의 위상이 점점 더 커져가는 것을 주시하고서 자기 아들들 중 프란체스코 치보와 로렌초의 딸들 중 하나와의 결혼을 희망했다. 그것은 이 시민 가문이 현세적 평가에서 얼마나 급부상했는지를 보여 주는 의미심장한 징조였다. 로렌초는 그에게 맏딸 마달레나(Maddalena)를 주었다. 그들은 1488년 1월에 결혼했다. 이 결혼과 관련된 한 가지 일화는 메디치 궁전에서 이루어지던 일상 생활이 얼마나 소박했는지를 어렴풋이 엿보게 한다. 전하는 바로는 프란체스코 치보가 이 결혼을 위해 로마에서 대규모 수행원을 거느리고 왔을 때 그는 일행과 함께 호화로운 별궁전에서 극진한 대접을 받았다. 그러나 사흘 뒤 치보는 장래의 장인과 함께 지내기 위해 직접 메디치 궁전으로 갔다. 그곳에 가서 로마에 있는 교황 궁전에서 자신이 늘 지내오던 것과 자기 수행원들이 지금 다른 곳에서 받고 있던 대접과는 판이하게 다른 검소한 생활상을 보고 크게 놀란 그는 자기가 모욕을 당하고 있다고 생각했다. 그런 뒤 그것이 모욕이 아니고 실은 정반대라는 설명을 들었다. 사치스런 환대는 손님에게만 하는 것인데, 이제 그를 더 이상 손님이 아닌 가족의 일원으로 받아들였기 때문이라고 했다.

같은 해에 로렌초는 당시 열일곱 살이던 장남 피에트로(Pietro)를 자기 아내가 속해 있던 콧대높은 로마 가문의 알폰시나 오르시니(Alfonsina Orsini)와 결혼하게 했다. 나중 일을 놓고 판단해 볼 때, 클라리체 오르시니의 아들 피에트로를 보나, 알폰시나 오르시니의 아들 로렌초를 보나 이 로마 가문과의 두 번에 걸친 결혼은 메디치가에 결코 보탬이 되지 않았다.

1489년 로렌초는 마음에 무척 그리던 소원을 성취했다. 그는 나이 사십밖에 안 되었으나 유전으로 얻은 통풍 때문에 건강이 이미 쇠하고 있었다. 장남 피에트로는 경솔하고 거만한 성향을 자주 드러내 피렌체 군주로서 성공할 전망이 없었다. 따라서 로렌초는 가문을 이어갈 두 번째 기둥을 일으키기 위해 노심초사했다. 만약 피에트로가 실패하면 차남 조반니가 실패를 벌충할 수 있게끔 말이다. 만약 조반니를 추기경으로 만들 수만 있다면 가문의 부와 영향력을 동원하여 교황까지도 만들 수 있으리라고 생각했다. 그렇게 되면 가세(家勢)를 잃지 않을 수 있다고 보았다. 그러므로 그 해에 조반니가 열세살밖에 되지 않았는데도 인노켄티우스 8세에게 힘을 써서 그를 역대 최연소 추기경으로 만들었을 때 로렌초는 크게 만족했다.[19]

1490년 피렌체에서는 몇 년 뒤면 피렌체인들 중에서 가장 강력한 힘을 발휘하게 될 사람이 설교 활동을 시작했다. 페라라 출신의 사보나롤라(Savonarola)는 이탈리아 도시민들에게 사치스럽고 방탕한 생활을 청산하라고 외치는 일을 자신의 특별한 사명으로 받아들였다. 그는 이런 설교를 당시 이탈리아에서 가장 중요한 도시였던 피렌체에서 외쳤다. 그러나 시민들이 자신의 외침을 귀담아 듣지 않자 피렌체를 떠나 여러 해 동안 브레스키아, 레지오, 제노바 등지를 돌아다니며 같은 내용의 설교를 했다. 그러던 중 1490년 바로 그 해에 그를 불러 피렌체에서 다시 개혁의 메시지를 외쳐 달라고 부탁한 사람은 다름 아닌 로렌초였다. 이 점은 로렌초에 대해서 피렌체를 방탕으로 몰고간 사람으로 자주 가해지는 저열한 비판을 상쇄할 만한 사실로 주의할 필요가 있다. 심지어 사보나롤라의 설교가 자신을 겨냥할 때조차 로렌초는 분개하지 않았다. 사보나롤라는 당시 만연하던 방탕을 비판하면서, 만약 총체적인 도덕 개혁이 이루어지지 않으면 이탈리아의 여러 국가들의 외국 정복자 앞에서 멸망할 것이라고 예언했고, 그렇게 멸망할 대상에 나폴리 왕, 밀라노의 스포르차가, 페라라의 에르테가, 그리고 교황뿐 아니라 피렌체의 메디치가까지도 포함시켰다. 로렌초는 교황 인노켄티우스 8세에 대한 막강한 영향력으로 언제든 마음만 먹으면 사보나롤라를 제거할 수 있었는데도 조금도 개의치 않고 그의 설교를 중단시키기 위한 조처를 조금도 취하지 않았다.

다음 해 로렌초는 세인의 칭송을 받을 만한 또 한 가지 사례를 남겼다. 그

---

19) 교황은 조반니의 나이를 감안할 때 그 사실을 3년간 비밀로 부쳐두는 게 좋겠다고 명시했다. 그러나 그것은 곧 공공연히 알려지게 되었다.

해에 사보나롤라가 산 마르코 수도원 수도원장으로 선출되었는데, 그곳은 오로지 메디치가의 힘으로 건축되고 기부된 수도원이었다. 따라서 수도원장은 선출된 직후에 메디치가 수장을 방문하여 하례하는 것이 관례였다. 그런데도 사보나롤라는 이것을 세속적이고 부적절한 관례로 여기고 그것을 준수하기를 거부했는데, 로렌초는 이런 불손한 행위에 대해 품위를 잃지 않고 "허참! 내 집에 들어오고도 감히 나를 방문하지 않으려 하는 손님이구먼!" 하고 웃어넘겼다. 그럼에도 불구하고 그 수도원장에게 호의를 베풀었고, 그가 집례하는 예배에 종종 참석했으며, 예전과 다름없이 산 마르코 수도원에 후한 기부금을 냈다.

1490년과 1491년에 걸친 2년 동안 로렌초는 나폴리 왕과 교황 간의 분쟁으로, 그리고 그의 편에서 이 분쟁이 겉으로 터지지 않도록 하기 위해 쏟아부은 노력으로 크게 시달렸다. 왕 페란테는 그가 1486년에 교황과 체결했던 조약을 이행하기를 한사코 거부했고, 따라서 로렌초는 인노켄티우스 8세에게 그 조약을 강요하지 말도록 설득하는 데 진력했다. 그러나 마침내 1492년 2월 양측을 설득해 온 로렌초의 노력이 헛되지 않아 양자는 서로간의 차이를 조정하는 데 합의했고, 결국 이 문제는 해결되었다.

이것으로 로렌초가 이탈리아에서 평화를 정착시키기 위해 쏟아온 노력은 완성되었다. 할아버지가 시작해 놓은 일을 20년에 걸쳐 완성한 셈인데, 이로써 베네치아, 밀라노, 교황청, 나폴리 사이에 자신의 영향력이 주시하는 한, 이탈리아에 평화를 지속시킬 만한 확고한 세력 균형이 이루어졌다. 그러나 로렌초는 거기서 한 걸음 더 나아가 피렌체를 전쟁의 참화에서 보호하기 위해서 코시모조차 꿈꾸지 못한 더욱 항구적인 안전책을 마련했다. 피렌체가 당시까지 처해 왔던 주변국들과의 고질적인 적대 관계 대신에, 화해의 대가 로렌초는 22년의 과정에서 시에나, 루카, 볼로냐, 파엔차, 페라라, 리미니, 페루지아, 치타 디 카스텔로와 점진적으로 우호 관계를 확립했고, 그로써 피렌체를 우방국들로 에워싸게 만들었다. 이것은 피렌체의 안정을 위해서는 전체적인 세력 균형보다 훨씬 더 항구적인 보장이었다. 이런 업적들이 이탈리아를 귀치아르디니가 천년 세월 중 최고의 전성기로 언급한 상태로 끌어올렸으며, 로렌초를 알프스 이북에까지도 당대의 지도적 정치가로 인정받게 했다.

────────────

그러나 위대한 자 로렌초는 정치 분야에서 거둔 어떠한 업적보다 더 크게 내세울 것이 있었다. 그의 주된 명예가 영원히 걸리게 된 분야는 학문과 예술 분야였다. 그중에서도 학문은 그의 인생에서 주된 관심사였다.

메디치가의 행적을 놓고 아무리 많은 논쟁을 벌인다 할지라도, 그들이 온 유럽으로부터 아낌없는 찬사와 감사를 받을 자격이 있음을 아무도 부인할 수 없게 만드는 한 가지 원인이 있다. 그것은 학문을 소생시킨 일이다. 그리고 특히 콘스탄티노플이 함락된 뒤 투르크족의 학대가 유럽의 동쪽 나라들로 확대되기 직전에 값으로 따질 수 없는 고전 시대의 많은 문헌들을 자체 경비로 건져낸 그들의 행위는 찬사를 받을 만하다. 문헌들을 그대로 방치해 두었다면 불과 몇십년 뒤 투르크족이 이 나라들을 지배할 때 그 모든 보물들이 송두리째 없어졌을 게 뻔하기 때문이다. 네 세대에 걸쳐 이루어진 이 작업에는 두 단계가 있었다. 로렌초 시대는 그가 주변에 탁월한 동인들을 끌어모으기 위해 큰 열정을 쏟아부었음에도 불구하고 레오 10세(Leo X), 에라스무스(Erasmus), 스칼리게르 학파(the Scaligers)의 시대처럼 '학문의 시대'라고 부를 수는 없다. 그런 결과를 이뤄내기에는 너무 일렀다. 네 세대 중 처음 세 세대의 경우에 학문의 소생은 발굴과 자료에 대한 홍보 — 이것 하나만으로도 후세대들은 학문의 시대들이 될 수 있었다 — 로 이루어진 탁월한 작업과 관계가 있다. 코시모, 피에로, 로렌초가 그 작업 중 이 부분을 감당했다. 마지막 부분은 로렌초의 아들 레오 10세의 몫으로 남았는데, 그는 자기 시대가 지나간 세대의 수고를 딛고서 학문의 시대로 발돋움하도록 이끌었다.

로렌초가 이 작업에 쏟아부은 지원은 이루 말할 수 없이 막대했다. 아버지와 할아버지가 이 목적에 쏟아부은 액수도 컸지만, 로렌초가 쏟아부은 액수는 훨씬 더 컸다. 코시모가 귀환한 1434년부터 피에로가 죽은 1469년까지 35년 동안 그 가문은 동방에서 사본들을 찾아서 구출하는 데 들인 것보다 많은 비용을 학문과 그의 비슷한 목적들을 지원하기 위한 기관들의 형태로 공중의 유익을 위해 사재를 털어 기부했는데, 그 액수를 오늘날 화폐로 환산하면 3,000,000 영국 파운드에 맞먹는 액수이다. 이 액수에 로렌초가 같은 목적을 위해 지출한 액수를 더해야 한다. 그 규모를 알려면 그것이 순전히 매년 도서 구입비로만 지불된 액수라는 점을 생각하면 된다. 월터 스케이프 씨(Mr. Walter Scaife)는 이렇게 말한다:

> "화폐 가치의 차이를 인정한다면 로렌초가 매년 책에만 지불한 액수는 65,000파운드에서 75,000파운드에 해당한다. 그는 저명한 조반니 라스카리스(Giovanni Lascaris)를 순전히 고대 문헌 발굴과 구입을 위해서만 두번씩이나 동방에 보냈다. 라스카리스는 두 번째 배를 타고 돌아올 때 200권의 그리스어 서적을 가지고 왔는데, 그 중 80권은 당시까지 심지어 알려지지도 않은 책들이었다."[20]

그러나 이것은 전체 과정에서 한 가지 항목에 지나지 않는다. 그런 문헌들은 동방 나라들에서 찾아야 했을 뿐 아니라, 그렇게 해서 찾은 책들을 지식 보급에 조금이라도 사용하려면 사본들을 많이 제작해야만 했다. 따라서 로렌초는 이 목적을 위해서 여러 필사자들을 상근 직원으로 고용했다.[21] 또한 학자적 소양은 있으나 필요한 책을 구입할 여력이 없거나, 연구하는 동안 생계유지 방법이 없던 사람들을 지원하기 위해서 대학들과 그밖의 유사 기관들을 세워야 했다. 이런 유의 기관들 중에서 로렌초는 피사 대학교를 세웠는데, 이 대학교는 그의 후한 지원에 힘입어 피렌체의 대학교를 빼고는 당시 유럽에서 가장 유명한 대학교가 되었다. 그는 불과 스물세 살 때(이 때는 그와 줄리아

---

20) *Florentine Life during the Renaissance*, by Walter Sacife.

21) 피렌체는 (학자들 사이에 유행처럼 번진 인쇄된 책들을 천시하고 대신 필사본을 중시한 태도 때문에) 대도시들 중에서 맨 마지막으로 인쇄소가 들어섰다. 심지어 런던보다 늦었다. 1450년 마인츠, 1465년 나폴리, 1467년 로마, 1469년 베네치아와 밀라노, 1470년 파리, 누렘베르크, 베로나, 1476년 런던에 인쇄소가 들어섰다. 피렌체에는 1477년 베르나르도 체니니에 의해 설립되었다. 마인츠에서는 고딕 활자가 쓰였고, 1467년에 로마에서는 세베인하임과 파나르츠에 의해 로마 활자가 쓰였으며, 1500년 베네치아에서는 알두스 마누티우스에 의해 이탤릭 활자가 쓰였다.

노가 주로 화려한 행렬과 축제로 명성을 얻던 때이다)인 1472년 말에 이 대학교를 세우기 위해 피사로 갔고, 그곳에 오래 머물면서 새 대학교를 운영했다. 국가가 이 대학교에 연간 6,000플로린을 보조했지만, 그 정도 액수로는 턱없이 부족했기 때문에 로렌초는 거기다 그것의 두 배나 되는 액수를 사재를 털어 내놓았으며, 이런 방식으로 당대의 저명한 학자들을 교수로 초빙했다.

그러나 그가 피렌체에서 이런 방면에 기울인 노력은 훨씬 더 컸다. 학문을 위한 로렌초의 노력이 절정에 달한 곳은 피렌체였고, 그리스어와 그리스 문학 분야였다. 로스코우는 이렇게 말한다: "피사 대학교가 라틴어와 라틴어를 주 매체로 하는 학과들을 연구하기 위해 세워졌다면, 이탈리아를 통틀어 그리스어를 가르치고 그 목적을 위해 공립 대학을 세워 그 언어를 이탈리아 전역뿐 아니라 프랑스, 스페인, 독일, 영국에까지도 보급한 곳은 피렌체뿐이었다. 그 모든 나라들에서 피렌체에 와서 그리스어를 배운 학생들은 그곳에서 배운 그리스학을 온 유럽에 퍼뜨렸다."

피렌체에 설립된 이 그리스 아카데미에 로렌초는 후한 기부금을 냈고, 요하네스 아르기로풀로스(Johannes Argyropoulos), 테오도루스 가자(Theodorus Gaza), 데메트리우스 칼콘딜라스(Demetrius Chalcondylas) 같은 저명 인사들을 교수로 초빙하는 등 그 아카데미의 질을 높이기 위해 끊임없이 노력했다. 그리스어를 배운 최초의 영국 학자들인 저명한 윌리엄 그로신(William Grocin, 훗날 옥스퍼드 대학교 그리스어 교수를 지냄)과 토머스 리네이서(Thomas Linacer)는 피렌체에서 이 위대한 스승들 밑에서 배웠다.

이런 내용들은 지식의 소생에 얼마나 막대한 비용을 들였는지 어느 정도 짐작하게 한다. 거기다가 로렌초가 예술 장려를 위해 내놓은 막대한 기금과 국가 운영에 비용이 더 들어갔으니 아무리 메디치가일지라도 재산이 크게 준 것은 당연한 이치이다. 그 결과 로렌초는 아버지보다 훨씬 가난한 상태에서 죽었다. 그러나 그는 올바른 곳에 돈을 썼다. 그가 가문의 수장이 되면서 아버지와 할아버지가 공공의 유익을 위해 가문의 재산에서 갖다가 쓴 막대한 액수에 관해 언급하면서 한 연설은 그 자신에게도 적용할 수 있다: "더러는 이런 돈이 있으면 일부를 떼어 지갑에 넣어두는 게 더 바람직하다고 생각할 것입니다. 그러나 나는 그것이 공중의 큰 이익을 위해서 쓰여졌다고 생각하며, 따라서 크게 만족합니다."

그리고 마지막 순간까지 학문 지식을 보급하려는 이 일에 대한 로렌초의 열정은 조금도 식지 않았다. 그의 가까운 친구들인 안젤로 폴리치아노(Angelo Poliziano)와 피코 델라 미란돌라(Pico della Mirandola)가 로렌초가 마지막 숨을 몰아쉬는 동안 울고 있을 때, 그는 죽어가면서 "자네들의 도서관을 완공할 때까지 죽음이 나를 아껴두었으면" 하고 말했다.

그러나 학문을 위한 로렌초의 지원은 이것으로, 즉 아버지와 할아버지처럼 도움을 주는 것으로 그치지 않았다. 문필가들이 그에게 수여하는 영예는 학문 증진을 위해 재산을 내놓은 위대한 후원자(patron)에 대한 것으로 그치지 않고, 자신이 직접 작가였고 그 분야를 선도한 사람에 대한 영예의 성격이 훨씬 더 컸다. 이 점에서 로렌초가 차지한 지위가 얼마나 컸던가 하는 것은 최근에야 비로소 평가를 받고 있다. 현대 평론가들은 그가 당대의 어느 시인보다 더 많은 시적 영감을 갖고 있었다는 것과, 당대의 시단(詩壇)에 지도자적인 영향력을 발휘했다는 것을 인정한다. 따라서 그 주제에 대한 최근의 대표적 권위자는 이렇게 말한다:[22]

"그(로렌초)의 소넷(sonnet, 14행시)과 오드(ode, 칸초네) 작품들은 페트라르카가 죽은 이래 나온 비슷한 유의 시들보다 훨씬 세련되다. 그리고 더러는 그의 작품들에서 페트라르카 전 시대, 그러니까 13세기가 저물어 갈 무렵에 나온 완성도가 덜한 반면에 자의식도 덜한 「달콤한 신 스타일」(dolce stil nuovo)이라는 문예사조의 메아리를 감지하는 모양이다. 로렌초와 그의 친구 폴리치아노는 경쾌한 피렌체 민요의 생동감에 영향을 받았다. 만약 로렌초가 정치와 국정에 얽매이지 않고 살았다면 친퀘첸토(Cinquecento, 16세기 이탈리아의 문학 양식) 시(詩)의 경로는 다른 방향으로 바뀌었을 것이다. 불행하게도 그 양식은 궁정 시

22) *The Cambridge Modern History*, vol. iii. chap. xiv ('이탈리아 르네상스', by A. J. Butler, M.A.).

인들의 눈에 맡겨져 자만과 가식과 불성실한 정조와 남성미가 결여된 지경 까지 저락했다."

로렌초가 작가로서 기울인 노력은 이탈리아어를 라틴어와 비교하여 폄하하던 관행에 쐐기를 박았다. 그는 열일곱 청소년 시절에 이탈리아어가 상용 가능하다는 소신을 피력했다. 1466년 친구 나폴리의 페데리고(Federigo)에게 쓴 출중한 편지에서 당시 지방 사투리였던 그 언어를 변호하면서, 토스카나어는 문학적 용도에 필요한 자질을 두루 갖추고 있다고 주장하고, 단테, 페트라르카, 보카치오의 작품을 예로 들어가며 자신의 논지를 입증했다. 토스카나어에는 청년의 기품이 있지만, 피렌체인들이 의도적인 노력을 기울이기만 한다면 훨씬 더 완숙한 면모를 갖출 것이라고 역설했다. 그의 모든 저서들은 이 목적을 도울 의도를 갖고 있고, 이탈리아어가 당시에 서 있던 열등한 지위에서 오늘날 차지하고 있는 지위로 상승하게 된 것도 주로 그의 이러한 노력 때문이다.

로렌초의 시들은 소재의 반경이 매우 넓다. 그는 자연과 전원 생활을 무척 좋아했고, 그의 작품들 중 빼어난 것들은 한결같이 이런저런 방식으로 그 주제를 다룬다. "암브라"(Ambra)라는 유명한 시를 남겼는데, 그가 포조 아 카야노에 훗날 무척 애정을 쏟은 저택을 지은 것을 주제로 쓴 신화적인 시로서, 제목은 인근 옴브로네 강에 떠 있는 작은 섬의 이름을 따서 지었고, 내용은 전원 생활의 즐거움과 토스카나에서 누리는 봄날의 기쁨을 묘사한 것이다. 그밖에도 매 사냥꾼 일행의 행동을 다룬 「매와 함께하는 사냥」(La caccia col falcone), 토스카나 농부의 생활을 다룬 「바르베리노의 넨시아」(La nencia da Barberino), 시몬즈(Symonds)가 "진정한 천재성과 유머가 담긴 걸작"으로 평가한, 진지한 주제를 해학으로 푼 풍자극(burlesque) 작품인 「베오니」(I Beoni) 같은 시들을 썼다. "그밖의 많은 소넷들과 연애시들(청년기에 쓴)은 대부분 루크레치아 도나티에 대한 낭만적이면서도 격정에 사로잡히지 않은 사랑에서 나왔다."[23] 그의

---

23) *Florence*, by F. A. Hyett.

시에는 어색한 구석이 없다. 그는 목가시들과 신앙시들, 소넷들과 짧막한 축제시들, 사냥 노래들과 별, 꽃에 대한 시들을 똑같이 편안하게 썼는데, 모든 작품이 시적인 정서를 잘 보여 준다.

로렌초의 작품들은 그가 무척 좋아하던 전원 생활을 주된 소재로 삼아서 그런지 그의 인격의 유쾌한 면을 환히 드러낸다. 어쨌든 우리가 여기서 논쟁이 끼어들 수 없는 터 위에 서 있음으로 해서 얻는 만족을 느낀다. 어떤 사람의 글이 자기에 관해서 어떤 면들을 보여 주든 간에 그것은 결정적이고 논쟁 불가능하기 때문이다. 암스트롱 씨(Mr. Armstrong)는 로렌초가 얼마나 자연을 사랑했고 시골 사람들의 정서와 생활에 대한 공감이 그의 작품에 진하게 배어 있는지를 말하는 과정에서 다음과 같이 언급한다:[24]

"이 예들은 그의 시 '코린토'(Corinto)에 묘사된 장미 봉오리의 일생이나 혹은 좀 더 넓은 주제로서 매년 북쪽 초원으로 이루어지는 양 떼의 이동에서 찾을 수 있다. 양 떼가 메에 하고 울며 가파른 산길을 오를 때 새끼 양들은 어미 양들의 뒤를 졸랑졸랑 따라간다. 갓난 새끼는 목자의 품에 안겨 가고, 절뚝발이 양은 동료 목자의 어깨에 얹혀 간다. 셋째 목자는 새끼 달린 암말을 타고 양 떼를 이리들에게서 지키기 위한 말뚝과 그물을 들고 간다. 개들은 무리를 지키는 호위자로서 자기 지위를 한껏 뽐내며 일행을 앞서거니 뒤서거니 하며 뛰어간다. 그리고는 휴식의 때가 찾아온다. 양 떼는 그물 우리 안으로 들어가고, 목자들은 우유를 넣어 만든 빵과 비스켓으로 끼니를 때운 다음 두려운 기색 없이 곯아떨어져 밤새 코를 곤다.

그 시인은 겨울 정경도 훌륭히 묘사한다: 사냥꾼 발 밑으로 낙엽이 바스락 밟히면 새와 짐승은 헛되이 자취를 감추느라 부산을 떤다. 눈으로 온통 흰 산맥을 등지고 전나무가 파랗게 서 있거나, 눈짐이 무거워 가지가 휘청 휜다. 메마른 벌거숭이 나무들 사이로 월계수가 젊고 발랄하게 서 있다. 바람과 전투를 벌이고 있는 풍채 당당한 사이프러스 근처에서 외로운 새가 아직도 숨을

---

24) *Lorenzo de' Medici*, by E. Armstrong, M.A.

곳을 찾아 헤맨다. 향기가 진동하는 햇살 가득한 해안에서 펼쳐진 작은 올리브 숲이 바람결에 초록빛과 은빛을 번갈아 드러낸다.

로렌초는 삶의 기쁨에서 뿐 아니라 고통에서도 글의 재료를 찾는다. 농부와 가축들의 고단한 생활을 예리하게 관찰한다. 산악 지방에서 흔히 일어나는 산불에 관해서 그는 이렇게 묘사한다: 부싯돌에서 튄 불꽃 하나가 마른 잎에 옮겨 붙더니 관목으로 번지고, 곧 연륜 깊은 떡갈나무와 털가시나무를 태우면서 들짐승들이 대대로 유숙해 온 그늘진 숲의 고향, 쾌적한 둥지, 굴을 송두리째 쓰러뜨리면 공포에 찌든 들짐승들의 떠들썩한 울음소리가 골짝기를 따라 메아리 울려퍼지며 내려간다. 또 한 번은 옴브로네 강이 범람하여 탁한 황톳물이 돌을 돌에 갈고, 평야를 산의 나무와 가지로 뒤덮는 것을 본다. 농부의 아내는 가축들이 제때 도망쳐 물에 휩쓸리지 않도록 떨리는 손으로 축사의 문을 연다. 우는 어린 아들을 등에 업고 가고, 그녀의 뒤에는 맏딸이 가난한 가재도구를 들고 따라간다 … 낡은 헛간은 물살에 두둥둥 떠내려 간다 ….

로렌초가 개미나 벌, 혹은 태양을 향해 날개를 펼치고 하늘로 날아올라가는 왜가리 떼, 혹은 마지막 필사적인 몸부림을 쳐보는 붙잡힌 사슴, 좌절한 개들의 낭패스러운 눈, 돌과 통나무 짐을 지고 힘겹게 가는 황소, 배에 내리기가 무서워 바다로 떨어지는 지친 새들을 묘사할 때 그의 시가 늘 신선한 것은 그만큼 자연을 면밀히 관찰하기 때문이다."

수렵과 낚시를 좋아하는 사람이면 로렌초의 이런 글이 장면마다 산에서 직접 야영을 하며 본 것을 얼마나 생생히 떠올리게 해주는지, 저자의 느낌이 얼마나 동일하게 와 닿는지, 그리고 자연과 동물과 시골 사람을 뜨겁게 사랑하는 사람이 아니면 도무지 이런 정경을 관찰하여 이런 글을 남길 수 없다는 것을 잘 안다.

그러나 위대한 자 로렌초의 절친한 친구들인 재기 발랄한 문인들을 눈여겨 보지 않으면 그의 면모를 제대로 이해할 수 없다. 우선 **폴리치아노**(Politian)가 있다. 그는 열여덟살이 채 못되어 「일리아드_(Iliad)를 라틴어로 번역하여 이름을 날렸고, 스물여섯살에는 유럽 각국에서 온 학생들에게 그리스와 라틴 고전을 강의했으며, 비록 서른아홉이라는 이른 나이에 죽긴 했지만 당대 최고의 시인이었다. 또한 마르실리오 피치노(Marsilio Ficino)를 들 수 있다. 그는 1433년에 태어나 국부 코시모에게 훈련을 받고 플라톤과 그밖의 여러 고전 작품들을 라틴어로 번역했으며, 플라톤 아카데미 교장이 되었다. 「거인 모르간테」(Il Morgante Maggiore)로 유명한 루이지 풀치(Luigi Pulci)는 로렌초의 어머니 루크레치아 토르나부오니의 요청으로 그 유명한 서사시를 썼다고 한다.

미란돌라의 백작 피코(Pico)는 친구 문인들 중에서 가장 탁월하고 유럽에서 가장 유명한 문인이었다. 젊고 준수하고 똑똑하고 인격이 고상하고, 우아한 턱수염에 금발을 지닌 그는 라틴어, 히브리어, 아랍어, 갈대아어를 포함하여 스물두개 언어를 알았다. 아무튼 그의 숱한 학문적 재능은 인류의 경이였다. 당대에 그를 따라올 만한 문인은 없었다. 폴리치아노는 그를 가리켜 "월계수(로렌초)에 깃든 불사조"라고 부른다. 그리고 "그에게는 모든 지식과 모든 종교가 하느님의 계시였다"고 한다. 사보나롤라는 그에 대한 기억을 소중하게 간직했다. 피코가 죽은 뒤에 쓴 「십자가의 승리」(Triumphus Crucis)에서 "그는 고결한 인품과 높은 학문 때문에 하느님과 자연의 기적들 중 하나로 평가해야 한다"고 칭찬을 아끼지 않았다.

토머스 모어 경(Sir Thomas More)은 그의 편지들을 영어로 번역한 뒤 그에게 성인이라는 칭호를 붙여 주었다. 로렌초의 막역한 두 친구 폴리치아노와 피코 델라 미란돌라는 로렌초를 따라 곧 죽었는데, 둘 다 같은 해인 1494년에 폴리치아노는 서른아홉살에, 피코는 서른한살에 죽었다.

위의 네 명에 반드시 덧붙여야 할 사람은 크리스토포로 란디노(Cristoforo Landino)라는 유명한 학자로서, 그는 「논쟁」(Disputations, 1475년 경 초판 발행)이라는 책에서 이 탁월한 지식인들이 카말돌리에서 만났을 때 벌인 무게 있는 논쟁을 소개한다. 아울러 "유럽의 마지막 장인 필사자이자 최초의 전문 필사자"인 베스파시아노 다 비스티치(Vespasiano da Bisticci)를 들 수 있는데, 그가 당대의 중요한 역사적 인물들을 개인적으로 많이 아는 터에서 쓴 「유명인들의 생애」(Lives of Illustrious Men)는 정보의 광맥이다.

이런 사람들이 위대한 자 로렌초가 자기 주변에 모은 그 유명 인사들 가운데 대표적 인물들로서, 아마 한 시기에 한 장소에 모인 문학 동인들치고 가장 결출한 지식인 모임이 아니었나 싶다. 그런 구성원들과 그런 지도자를 둔 플라톤 아카데미는 대대로 그 명성이 시들지 않은 탁월함을 지녔다. 카레지에 있는 로렌초의 저택이나 피에솔레의 바디아 궁전이나 카말돌리 숲속의 수도원에서 모인 이 동인들은 많은 토론과 낭송을 가졌는데, 이것은 고전 문학에 대한 사랑을 재생시키고 철학적 사고에 많은 것을 보탰을 뿐 아니라, 신플라톤주의를 낳고 사랑과 미에 대한 종교를 낳았다. 이것이 그 시대의 다양한 사람들에게 흡수되었고, 다음 여러 세기에 올 모든 시 문학에 색깔을 입히게도 되어 그로써 그 때의 음성을 아리오스토(Ariosto)와 스펜서(Spencer)는 말할 것도 없고 먼 훗날의 셸리(Shelly)와 바이런(Byron)의 시에서도 들을 수 있다.

예술에서 로렌초의 후원은 거의 절대적이었다. 그는 메디치 궁전의 예술 소장품 수를 배나 늘렸고, 당대에 그가 후원하지 않은 화가나 조각가는 거의 없었다. 그는 후원만 하지 않고 보편적인 가치를 인정받는 비평 지식을 남겼다.

메디치가가 가문 차원에서 소유한 정확한 안목은, 당대의 화가나 조각가치고 오늘날 탁월함을 인정받는 데 비해 당시 메디치가에서 인정을 받지 않은 사람이 없다는 사실로써 잘 입증된다. 그들은 그 문제에서는 실수를 범하지 않았다. 교황들이 축적한 로마의 예술 소장품들이 비록 수량은 많지만, 거의 메디치가의 사적 소장품들이라 해도 과언이 아닌 피렌체의 예술품들에 비해 질적으로 못 미치는 현실은 메디치가의 이러한 정확한 안목에 힘입은 결과이다. 그리고 그 가문에서 위대한 자 로렌초만큼 이런 견실한 비평 지식과 정확한 안목을 지닌 사람도 없었다.

아버지 피에로 때와 마찬가지로 당대의 대표적인 예술가들은 거의 모든 작품을 그를 위해 제작했으며, 오늘날 피렌체에 남아 있는 로렌초 시대의 걸출한 회화나 조각 작품들은 거의 다 로렌초가 의뢰한 것들이다. 베로키오(Verrocchio)는 거의 모든 작품을 그를 위해 제작했다. 그 조각가가 산 로렌초 성당에 로렌초의 아버지와 숙부를 위해 제작한 미려한 무덤, 청동을 재료로 한 "다윗" 상, "돌고래와 놀고 있는 소년"을 주제로 한 분수는 모두 로렌초를 위해 제작한 것들이다. 로렌초는 보티첼리를 가문의 화가이자 친구로 삼았는데, 보티첼리 제2기의 그림들은 다 로렌초를 위해 그린 것들이다. 기를란다요(Ghirlandajo)에게 산타 마리아 노벨라 성당과 산타 트리니티 성당의 프레스코들을 그리게 한 이도 로렌초였다. 레오나르도 다 빈치를 선발하여 밀라노로 보내 일 모로(Il Moro)의 위대한 화가가 되게 한 것도 그였다. 그는 다른 여러 사람들 중에서 필리피노 리피(Filippino Lipi), 시뇨렐리(Signorelli), 발도비네티(Baldovinetti), 베네데토 다 마야노(Benedetto da Majano), 안드레아 델 카스타뇨(Andrea del Castagno), 그리고 폴라유올로 형제(the Pollajuolli)에게도 작품을 의뢰했다.

시몬즈에 따르면 메디치 궁전은 "그곳에 소장된 귀중한 예술품들의 수와 가치를 고려할 때 그 시기의 유럽에서 필적할 곳이 없는 미술관"이 되었다. 바로 이곳을 로렌초는 젊은 예술가들에게 공부 장소로 내주었다. 조각 학교가 하나도 없던 당시에 로렌초는 산 마르코 수도원 곁에 있는 자신의 정원에다 고대의 많은 조각상들의 주조품들을 수집한 다음 조각 학교를 세웠고, 그 학교를 도나텔로의 제자 베르톨도(Bertoldo)에게 맡기고 모든 젊은 조각가들을 불러모아 그 곳에서 공부하게 했다. 로렌초 디 크레디(Lorenzo di Credi)와 미켈란젤로 등 훗날 유명한 조각가들이 된 많은 사람들이 이곳에 와서 배웠다. 바사리는 이곳에서 배운 젊은이들이 한결같이 두각을 나타냈다고 한다. 로렌초는 재능을 알아보는 예리한 눈을 가지고 있었는데, 미켈란젤로가 열다섯살 때 자기 정원에서 조각해 놓은 웃고 있는 파우누스(faun, 목축의 신)를 우연히 보고서 그를 메디치 궁전의 기거자로 삼고 한 식구처럼 대했는데, 바사리에 따르면 미켈란젤로는 매달 5듀캇을 받으면서 4년간 그곳에서 살았다고 한다. 4년간 살았다 함은 메디치가가 1499년에 추방될 때까지 살았다는 뜻일 것이다.

당시는 예술을 그렇게 후원하는 게 매우 중요한 때였다. 예술에서의 르네상스가 이제 막 절정에 이르러 활활 타오르기 시작했기 때문이다. 틴토레토(Tintoretto)를 제외한 예술의 모든 거장이 위대한 자 로렌초의 시대에 살고 있었다. 비록 그 중에서 뤼니(Luini), 프라 바르톨로메오(Fra Bartolommeo), 미켈란젤로, 조르조네(Giorgione), 티치아노(Titian), 팔마 베키오(Palma Vecchio), 소도마

(Sodoma), 안드레아 델 사르토(Andrea del Sarto), 라파엘로(Raphael)는 아직 어린이들이었지만, 베로키오, 보티첼리, 기를란다요, 페루지노, 레오나르도 다 빈치, 필리피노 리피, 로렌초 디 크레디, 그리고 베네치아의 벨리니 형제(the Bellini)와 [25] 카르파치오(Carpaccio), 만투아의 만테냐(Mantegna), 볼로냐의 프란치아(Francia), 페루지아의 핀투리키오(Pinturicchio)는 당시에 모두 활동하고 있었다.

베로키오는 '참된 눈'이란 뜻의 예명으로, 원명은 안드레아 디 초네(Andrea di Cione)으로서 그는 도나텔로의 수제자였다. 위대한 자 로렌초를 위해 많은 작품을 제작했으나, 메디치가가 추방되고 그 궁전이 약탈되는 와중에서 유실되었든지 혹은 다른 이유에서든지 남아 있는 작품이 거의 없다. 남아 있는 작품을 소개하자면 산 로렌초 성당에 있는 조반니와 피에로 데 메디치의 묘, 현재 바르젤로 미술관에 있는 청동 "다윗" 상, 역대 그리스도의 두상(頭像)들 가운데 가장 아름답다고 평가받아온 오르 산 미켈레 수도원 외부의 "그리스도와 성 도마"의 상, 그리고 로렌초의 카레지 저택을 위해 제작했던 오늘날 베키오 궁전 앞에 보관되어 있는 "돌고래와 노는 소년" 상이 있다. 어떤 저자는 이 상을 가리켜 "영원히 저택을 이리저리 뛰어다니는 꼬마와, 그의 팔에 잡혀 몸부림치며 콧구멍으로 물을 뿜어대는 돌고래"라고 한다. 그리고 퍼킨스는 "이 조각상은 이 음울한 경내를 파고 들어온 햇살처럼 그 자태로 경내를 환히 비춘다"고 말한다.

베로키오의 유작은 베니체아 콜레오니에 있는 준수한 기마상(騎馬像)으로서, 고대 로마 시대 이래로 두 번째로 제작된 기마상이며, 도나텔로가 파두아에서 제작한 가타멜라타(Gattamelata) 기마상보다 우수하다. 베로키오는 점토로 모델(말과 사람)을 완성하고 죽었고, 주조(鑄造)는 레오파르디가 완성했다. 베로키오가 화가로서 남긴 작품은 남아 있는 게 훨씬 적다. 현대 피렌체 아카데

---

25) 캔버스 유화는 1478년경 베네치아에 도입된 이래 미술가들이 저마다 벨리니 형제를 따라 이 방법을 따랐다.

미에 보관되어 있는 "세례 받으시는 그리스도"(Baptism of Christ)를 제외하면 그의 그림들 중 현존하는 것은 오늘날 쉐필드의 러스킨 미술관에 소장되어 있는 "아기 그리스도께 경배하는 성모"(Madonna adoring the infant Christ) 한 점뿐이다. 그러나 베로키오가 화가로서 얻은 명성은 로렌초 디 크레디와 레오나르도 다 빈치의 스승이었다는 점에 주로 걸려 있다. 베로키오는 1488년에 죽었다.

피에로 일 고토소 때의 무거운 분위기가 걷히고 위대한 자 로렌초의 통치 첫 9년을 장식한 밝고 쾌활한 시대가 도래하자, 보티첼리의 화폭에도 그러한 변화가 일어났다. 따라서 그가 제2기에 접어들어서는 당시의 정신이 가득 배인 그림들을 그리는 것을 보게 된다. 여기에 굳이 덧붙이자면 이 기간 후기에 로마에서 그린 프레스코들을 들 수 있다.

(II) 보티첼리 제2기: 위대한 자 로렌초가 다스리던 시기(1469-1492).
보티첼리의 제2기에 나온 대표작들은 "비너스의 탄생", "마르스과 비너스", "봄의 귀환", 그리고 "팔라스와 켄타우로스"인데, 모두 고전 신화에 15세기의 옷을 입혀 당대의 사건들을 불멸화한 그림들이다. 우리는 앞에서 그 중 앞의 세 점이 1475년의 마상 대회와 로렌초가 출범시킨 더 밝은 시대와 문학 영역에서 그의 활동을 각각 어떻게 표현하는지, 그리고 넷째 그림이 로렌초가 파치가의 음모에 따른 전쟁과 위기에서 피렌체를 구출한 일을 어떻게 표현하는지를 살펴보았다.
전쟁이 끝난 직후 보티첼리는 교황 식스투스로부터 로마로 와서 페루지노와 기를란다요와 함께 새로 건립한 식스투스 예배당 벽을 덮은 유명한 프레스코를 그려 달라는 부탁을 받았다(1481). 이 작업에서 그가 맡은 몫은 모세의 초기 생애, 고라의 멸망, 나병환자의 정화, 그리스도의 시험, 그리고 일곱 명의 순교한 로마 주교들의 초상을 실은 프레스코들이었다. 이 중요한 프레스코들에 힘입어 더욱 유명해졌으며 유명인사가 되어 피렌체로 돌아왔다. 그 결과 그 뒤 몇 년 동안 피렌체 근처의 중요한 저택 소유자들로부터 감당하기 어려울 정도의 작품 의뢰를 받았다. 모두가 보티첼리가 자기들의 저택을 그림으로 단장해 주기를 바랐던 것이다. 그가 이 당시에 로렌초 토르나부오니를 위해 그린 그밖의 그림들 중에는 리프레디에 있는 토르나부오니 가문의 저택(오늘날의 레미 저택Villa Lemmi)에 있는 중요한 연속 프레스코들인데, 그 가문의 역사에서 발생한 사건들을 주제로 한 것들이다. 또한 카스텔로의 저택에 있는 연속 프레스코들도 메디치가의 차자 계열의 조반니 디 피에르 프란체스코(Giovanni di Pier Francesco)를 위해 그린 것들이다. 그 뒤 위대한 자 로렌초가 죽고 그 뒤에 곧 메디치가가 추방되었고, 보티첼리는 피렌체가 사보나롤라의 영향하에 분위기가 완전히 뒤바뀐 상황에 처하게 되었다. 그래서 다시 보티첼리의 양식이 바뀌었고, 그의 제3기의 그림들이 나오게 되는데, 이 그림들은 피렌체의 삶을 이렇게 완전히 뒤바꾸어 놓은 사건과 관련지어 감상할 때 가장 잘 이해할 수 있다.

코시모 때도 그랬듯이 로렌초 때도 그랬다. 로렌초 시대의 대표적인 두 화가 보티첼리와 기를란다요만큼 더 큰 대조를 보인 화가도 없었다. 전자는 작품 한 점 한 점이 깊고 독창적인 사고로 충일할 만큼 지성에 대고 말하려는 정신이 가득한 반면에, 후자는 이런 힘의 흔적이 조금도 없다. 기를란다요는 소묘와 색채는 완벽하지만 항상 '평범하다'거나 '단조롭다'는 평을 받으며, 기교는 대단히 뛰어나지만 '예술적 재능은 없다'는 말을 들어왔다. 그의 작품에 대한 이러한 느낌은 그의 작품에 상상력과 독창성이 결여되었기 때문에 생기는 게 틀림없다. 따라서 그의 그림에서는 주제 자체보다 주제에 딸린 부대물들에 관심이 쏠린다. 하지만 그런 모든 부대물들을 묘사하는 데는 매우 세심하고도 정확하다.

그러나 대가들은 각각 나름대로 탁월한 면을 갖고 있는 법인데, 기를란다요의 탁월한 면은 바로 이 점에 있다. 역사 안목은 틀림없이 결여된 러스킨은 기를란다요에게서 아무런 탁월성도 발견할 수 없었던지라 그의 작품을 기계공의 손재주에 지나지 않는다고 하는 등 모든 점에서 혹독한 비판을 가한다. 그러나 당시 피렌체의 남녀가 어떻게 생겼는지에 관심이 있는 사람은 역사적 측면에서 얻게 되는 결과들 때문에 기를란다요의 예술성 부족을 얼마든지 용인할 수 있다. 그가 그런 결과들을 남기지 않았다면 우리는 어디 가서도 그런 결과들을 찾아볼 수 없었을 것이다. 기를란다요는 독창성이 없었기 때문에 모든 면에서 세심한 필사자가 되었고, 바로 이 점에 그의 강점이 있다. 그리고 그가 종교 주제의 그림들에 자기 주변의 유력 인사들(그들의 모습을 과장된 표현이 불가능할 만큼 정교하게 그렸다)과 피렌체의 구체적인 일상 생활을 세세히 묘사했기 때문에, 우리는 그에게서 위대한 자 로렌초 시대의 남녀의 모습과 생활 방식에 관한 값진 기록을 얻는다.

기를란다요는 산타 마리아 노벨라 성가대석에 그린 프레스코들에서 이런 식으로 폴리치아노, 마르실리오 피치노, 크리스토포로 란디노(Cristoforo Landino), 데메트리우스 칼콘딜라스(Demetrius Chalcondylas)의 모습과, 발도비네티(Baldovinetti)와 마이나르디(Mainardi) 같은 화가들과 기를란다요 자신과 그의 형제의 모습, 은행가들인 사세티(Sassetti)와 리돌피(Ridolfi), 토르나부오니가의 사람들, 1486년 로렌초 토르나부오니와 결혼한 당대 피렌체의 절세의 미인 조반나 델리 알비치(Giovanna degli Albizzi), 유명한 무기와 갑옷 거래상 니콜로 카파라(Niccolo Caparra), 그리고 그외 사람들의 모습을 보여 준다. 또한 그가 산타 트리니타 성당에 그린 프레스코들에서는 마소 델리 알비치(Maso degli Albizzi), 아뇰로 아차유올리(Agnolo Acciajuoli), 그리고 로렌초의 모습을 볼 수 있다. 그리고 오니상티 성당에 그린 베스푸치가의 프레스코에는 아메리카에 자신의 이름을 남긴 아메리고 베스푸치(Amerigo Vespucci)의 초상(1474년경 그림)이 실려 있다. 기를란다요의 걸작 "목자들의 경배"(Adoration of the Shepherds)는 산타 트리니타 성당의 사세티 예배당을 위해 그린 작품으로서, 현재 아카데미아 델레 벨레 아르티에 소장되어 있다.[26] 기를란다요는 1494년에 죽어 산타 마리아 노벨라 성당에 묻혔다.

로렌초 당대에 메디치가가 소유한 네 채의 저택은 카레지 저택, 피에솔레의 메디치가 저택, 원래 코시모가 건축했고 로렌초가 크게 개축한 무젤로 계

---

26) 목자들 중 한 사람은 자신의 초상화이다.

곡에 있는 카파졸로의 저택,[27] 그리고 피렌체에서 북서쪽으로 19km 가량 떨어진 포조 아 카야노에 로렌초가 지은 저택이다.

---

로렌초는 나폴리 왕과 교황 간에 화해를 성사시켜 놓은 뒤 두 달밖에 더 살지 못했다. 아버지 및 할아버지와 마찬가지로 4년간 통풍을 앓았고, 1491년에는 건강이 급속히 악화되었다. 그 결과 그는 국정의 일부를 장남 피에트로에게 맡기기 시작했다. 아들에게 향후 국가 수장으로서의 처신에 관해 조언하면서, 그의 지위가 단지 피렌체의 일개 시민임을 잊지 말 것을 특별히 경고했고, 자기가 성공한 것도 이 점을 명심했기 때문이었노라고 말했다.

1492년 2월 로렌초는 병세가 크게 악화되어 어떤 일에도 나설 수 없게 되었다. 아들 조반니가 추기경으로 임명된 사실이 비밀로 부쳐져온 지 3년이 지난 해 3월 초 그 사실이 공포되었다. 조반니는 피에솔레의 바디아 궁전에서 새 직위에 올랐고, 그 경사를 축하하기 위해서 메디치 궁전에서는 성대한 연회가 베풀어졌다. 그러나 로렌초는 겨우 가마에 실려와서 아들에게 경의를 표하러 찾아온 유명 인사들을 볼 수 있었다. 이제 열다섯살이 된 조반니는 추기경회(the Sacred College)에 들어가 집무하기 위해서 곧장 로마로 떠나야 했다. 마침내 3월 12일 그는 교황청으로 가기 위해 피렌체를 떠났다. 그로부터 9일 뒤에 로렌초는 카레지로 가서 임종 준비를 했다. 주변에 가까운 친구들을 모으고 그들에게 자기가 좋아하는 저자들의 글을 읽어 달라고 부탁했다. 임종 석상에서 조반니에게 조언과 안녕을 비는 장문의 편지를 썼다.[28]

막내아들에게 쓴 이 편지는 매우 비범하다. 그가 심한 질병과 임박한 죽음 앞에서도 평정과 정신적 열정을 잃지 않았음을 보여 주는 증거 때문에도 그렇지만, 그의 인격이 어떠했음을 비춰 주는 점에서 더욱 그러하다. 이 편지는 저자들이 대대에 걸쳐 그에 관해서 왜곡시켜 유행시킨 견해와 크게 상반되기

---

27) 카파졸로는 당시의 대규모 시골 저택들이 그랬듯이 사실상 성이 놓다.
28) 이 글은 로렌초의 펜에서 나온 마지막 글이란 이유에서 그의 '백조의 노래'라 불렸다.

때문이다. 그것이 다른 어떤 자료에서 나온 내용이었다면 그에 대해 대대로 내려온 그릇된 인상 때문에 그다지 비범하지 못했을 것이다.

로렌초는 1492년 4월 9일 마흔셋의 나이에 자신의 카레지 저택에서 죽었다. 그가 여가가 생길 때마다 달려가 플라톤과 호메로스와 베르길리우스와 호라티우스를 숭배하고 시(詩)의 신들에 존경을 표하던 그 저택에서 말이다. 그와 가장 가까웠던 두 친구 폴리치아노와 피코 델라 미란돌라가 최후까지 그의 곁에 있었다. 그는 임종이 다가오자 사람을 보내 사제를 불러오게 했고, 사제는 그를 위해 마지막 성사를 집례해 주었다. 그는 그것을 받기 위해 침대에서 내려와 무릎을 꿇었으나, 너무 기력이 약해서 다시 눕지 않을 수 없었다. 그전에 이미 사람을 보내 사보나롤라를 오게 하여 만났다. 이렇게 그가 비타협적인 탁발수사를 만나보고 싶어했다는 것은 그에 관해 많은 것을 말해 준다. 성사가 끝난 뒤 로렌초 앞에 십자가가 세워졌고, 로렌초는 몸을 일으켜 십자가에 입을 맞추고 누운 뒤에 영영 눈을 감았다.[29]

사보나롤라와의 접견 때 발생한 일에 관해서는 두 가지 사뭇 다른 이야기가 전해진다. 하나는 그 자리에 있었던 폴리치아노가 전한 이야기(그 자리에서 기록함)로서, 사보나롤라가 로렌초에게 믿음을 굳게 붙잡을 것과, 혹시 생명이 연장되면 단단히 결심하고 생활을 고칠 것과, 혹시 죽음을 피할 수 없다면 꿋꿋한 태도로 죽음을 맞으라고 권했고, 그와 함께 기도한 다음 복을 빌었다고 한다.

또 하나(오랜 후에 대두함)는 로렌초가 사보나롤라에게 자기 양심을 무겁게 짓누르던 세 가지 죄 — 볼테라 침공, 파치가 음모 뒤에 사람들의 피를 흘린 일, 과부들에게 돌아갈 유산 기금을 착복한 일[30] — 를 자백했고, 사보나롤

---

29) 그에게 제공된 중세식 약은 그의 회복보다는 임종을 앞당길 의도로 처방되었다. 루도비코 스포르차는 그에게 롬바르드의 유명한 의사 파비아의 라차로를 보냈지만, 그가 처방해준 약은 주로 다이어몬드와 진주를 가루로 만들어 혼합한 것이었다. 로렌초의 죽음을 슬퍼하는 롬바르드인 의사에 대한 질시 때문이었는지, 아니면 비열한 살해의 결과였는지 확실치 않으나, 피렌체에서 가장 유명한 의사 피에르 레오니의 시신이 로렌초가 죽은 다음날 아침 저택 정원에 있는 우물 바닥에서 발견되었다.

30) 이것은 피렌체의 부모들이 딸을 위해서 정기적으로 일정 금액을 불입하여 형성된 일종의 정부 보험 기금이었다. 1485년에 시뇨리아는 기존의 전쟁에 사용한 경비를 되갚으라는 강한 압력을 받

라가 그에게 그렇게 유용한 돈을 원상 회복할 것을 요구하여 그에게 동의를
받아냈으며, 그런 뒤 사보나롤라가 피렌체의 자유를 회복시키라고 요구했을
때 로렌초가 아무런 대답도 하지 않자 사보나롤라가 그를 사면하지 않은 채
그대로 돌아갔다는 내용이다.

이 그림 같은 이야기는 그 거짓됨이 표면에 드러나 있다. 이 이야기는 로렌
초와 사보나롤라가 모두 죽은 뒤 50년이 지나서야 비로소 등장했고, 명백히
풍문에 근거하고 있는 데 반해, 폴리치아노는 목격자로서 그 사건이 발생한
몇 주 안에 그 내용을 글로 남겼다. 그 이야기가 사실이라고 가정한다면, 그
것은 로렌초나 사보나롤라 중 어느 한 사람의 입에서 나온 이야기임에 틀림
없다. 그 이야기에 따르면 로렌초가 고해를 할 때 배석한 사람이 아무도 없었
다고 분명히 말하기 때문이다. 그 이야기를 전한 부를라마치(Burlamacchi)는 자
신이 그 이야기를 사보나롤라에게 직접 들었다고 공언했다. 그러나 주교 크
레이튼(Creighton)은 이렇게 말한다: "사보나롤라가 자신을 미화하여 정치적인
이득을 얻기 위해서 고해성사 때 들은 비밀을 누설했다고 생각하기 어렵다.
게다가 로렌초가 사보나롤라가 떠나고 죽음이 목전에 와 있던 회오의 고통의
순간에 그 이야기를 누설했다고 생각하기란 더욱 어렵다."

더 나아가 훨씬 더 결정적인 사실이 간과되었는데, 그것은 (그들에 관한 진
실이 무엇이든간에) 로렌초의 양심을 무겁게 짓눌렀다고 한 세 가지 일이 로
렌초의 관점에서는 절대로 그럴 수 없었다는 점이다. 볼테라 공격은 그가 직
접 관여하지 않은 데다 불상사가 일어나자 그에 따른 고통을 덜어주기 위해
백방으로 노력했으므로 그것을 양심을 짓누르는 문제로 느꼈을 리가 없다. 파
치가 음모에 따른 학살도 그는 책임이 없었을 뿐 아니라 분노하여 학살을 저
지른 군중에게 그렇게 하지 말라고 충고했고, 음모에 개입한 몇몇 사람들을

---

는 상황에서 세금을 올리는 대신 보험금 지불 총액의 1/5만 결혼을 하게 된 소녀에게 지불하고 나
머지는 정부의 빚을 갚기 위해 7%의 이율로 정부가 보관하기로 결정했다. 이 결정은 대중에게 심
한 반발을 샀다. 그 결정 자체 때문이 아니라(그 조치가 분명히 국가 경제에 도움이 된 데다 세금
을 올리는 것보다 나았다), 7%라는 턱없이 낮은 이율 때문이었다. 어떤 경우든 그것을 가리켜 심
지어 국가가 주도한 횡령이라고 할 수는 없다. 더욱이 로렌초가 개인 용도로 국가 기금을 횡령했
다거나, 어느 현대 저자의 말대로 "그가 자기 취미 생활을 위해서 피렌체 처녀들의 지참금을 가로
챘다"고 한다는 건 더욱 불가능하다.

살려 주었다. 아울러 과부들에게 돌아갈 유산 기금건에 대해서도 그가 이런 비난을 들었다면 허황된 이야기로 들렸을 것이다. 그도 그럴 것이 로렌초는 돈 거래에 관한 한 매우 공정했고, 공정할 뿐 아니라 후한 것이 돈 거래에 관한 그의 두드러진 특성이었다.[31] 이른바 유용 사건은 이미 위에서 설명했지만, 이 점과 관련하여 눈여겨볼 점은 4년 뒤 사보나롤라가 피렌체의 실세가 되었을 때 이 기금의 사용(혹은 유용) 방식이 여전히 똑같았다는 점이다. 이것은 그런 죄목을 특히 로렌초에게 적용하는 것을 아주 무의미하게 만든다. 마지막으로 사보나롤라가 로렌초에게 했다고 하는 마지막 요청이 사실이라면 그것은 로렌초에게 피렌체의 안녕에 지극히 해롭게 비췄던 상태로 복귀하는 것을 뜻했을 것이다. 게다가 사보나롤라가 임종을 앞둔, 그래서 어쨌든 실행할 힘이 없는 처지에 있는 사람에게 그것을 요구했다는 것은 생각할 수 없는 일이다.

이 이야기는 위대한 자 로렌초의 생애에 관한 여느 신빙성 있는 사실들보다 그에 관한 일반적인 인상을 형성하는 데 더 큰 역할을 해온 것 같다. 그가 특정 사건들 때문에 양심에 가책을 느꼈던 것처럼 꾸민 이야기는 그가 그 사건들에 책임이 있었다는 신념을 심어주는 점에서 평범한 진술보다 훨씬 더 효과적인 방법이다. 이 이야기는 그 선정적인 성격 때문에 그리고 메디치가에 대해 마음껏 험담할 기회를 제공하기 때문에 커다란 반향을 일으켰으나, 주교 크레이튼의 면밀한 분석에 의해 그 거짓됨이 분명하게 드러났다. 그로써 로스코우(Roscoe)의 발언은 정당화된다:

> "그 이야기는 로렌초가 죽기 전까지는 피렌체에 형성되지 않았던 파당심의 증거를 극명하게 보여주고, 폴리치아노가 오해의 소지가 있기 전에 남긴 기록과 뚜렷이 모순된다는 점에서 다만 반박할 필요 때문에만 눈여겨볼 가치가 있다."

---

31) 로렌초의 돈 거래를 살펴 보면 그가 언제나 지나치게 많이 지불했고, 값을 깎는 것은 딱 질색이었다는 것을 알게 된다.

위대한 자 로렌초와 클라리체 오르시니는 일곱 자녀를 두었다:

아버지를 계승한 피에트로.

훗날 교황 레오 10세가 된 조반니.

훗날 네무르의 공작이 된 줄리아노.

프란체스코 치보와 결혼한 마달레나.

야코포 살비아티와 결혼한 루크레치아.

미혼으로 1487년에 죽은 마리아.

피에로 리돌피와 결혼한 콘테시나.


루크레치아의 남편은 코시모의 친구였던 야코포 살비아티의 증손이자 파치가 음모 사건으로 교수형을 당한 대주교 살비아티의 사촌이었다. 로렌초는 자기 가문과 오랜 친구 가문인 살비아티가 사이에 우호 관계를 다시 수립하기 위해서 힘썼다.

로렌초는 외모가 그리 호감을 주는 편이 못 되었다. 하지만 바사리가 로렌초를 한 번도 본 적도 없이 그의 사후 50년이 넘은 뒤에 그린 그의 초상화가 그의 실제 모습을 제대로 보여 주는 것 같지도 않다. 그 초상화는 그 시대 저자들이 전하는 그의 외모와도 맞지 않고, 그 시대 메달 제작자들이 메달에 새겨넣은 그의 모습과도 맞지 않는데, 아마 그의 모습을 될 수 있는 대로 사악하고 광대같이 익살스럽게 표현함으로써 그에 대한 기억을 폄하하려는 의지가 담긴 것이 분명하다.[32] 니콜로 발로리(Niccolo Valori)는 로렌초의 외모에 관해서 이렇게 말한다:

> "그는 키가 평균치보다 크고 어깨가 벌어지고 당당했으며, 운동에는 누구에게도 뒤지지 않았다 … 피부는 검었고, 얼굴은 잘생긴 편이 아니었으나 존경심을 자아낼 만큼 위엄이 넘쳤다."

---

32) 이것이 고의였는지는 말할 수 없으나, 그럴 소지가 있다. 그 가문의 차자 계열은 장자 계열에게, 특히 로렌초와 그의 아들 피에트로에게 호감을 갖고 있지 않았으며(참조. 제10장), 따라서 코시모 1세(차자 계열)의 궁정 화가인 바사리가 로렌초를 구태여 잘 그려줄 이유가 없었다.

이 시기에 제작된 양각 메달들이 대체로 초상화들보다 훨씬 신뢰성 있다는 것은 잘 알려진 사실이다. 이 시기의 저명한 양각 메달 제작자인 베르톨도(Bertoldo)와 폴라유올로(Polajuolo)[33] 가 로렌초를 대상으로 제작한 현존하는 두 점은 그의 얼굴이 평범하면서도 아주 힘이 있고, 아버지 피에로 일 고토소와 닮았음을 보여 준다. 이 양각 메달들에 남은 그의 초상은 로렌초가 죽은 뒤 그의 얼굴에서 형을 뜬 테라코타 마스크로부터도 강한 인증을 받는데, 이 마스크는 현재 콜룸바니아 협회(the Sosieta della Columbania)에 소장되어 있다. 따라서 바사리의 그림이 아닌 이 초상들이 로렌초의 모습을 사실대로 전한다고 결론지을 수 있다. 크러트웰(Miss Cruttwell)은 그의 얼굴에 나타난 집중력에 관해서 이렇게 말한다:

> "그의 얼굴에 관해 남아 있는 최상의 초상화들 — 파치가의 메달과 콜룸바니아 협회가 소장한 최상의 데드마스크 — 에서 그의 얼굴은 굳게 다문 입과 단호한 인상을 주는 이마, 강인한 턱 때문에 신체적이고 지적인 힘을 구현한 듯한 인상을 준다."[34]

그러나 로렌초의 외모가 그에게 별 도움이 되지 않았더라도 그의 품행은 그 균형을 회복하고도 남음이 있었다. 전하는 바로는 품행에 상당한 흡인력이 있어서 평범한 얼굴과 거친 목소리가 거의 부각되지 않았다고 한다. 당대 저자들이 전하는 이 진술은 로렌초의 생애에 일어난 다양한 일화들로써 충분히 실증되는데, 이 일화들을 보면 그는 지위 고하를 막론하고 자기와 접촉하는 모든 사람들의 마음을 사로잡는 힘이 있었던 게 분명하다.

암스트롱은 그의 대인 관계에 관해서 이렇게 말한다:[35]

---

33) 베르톨도는 도나텔로의 학생으로서 로렌초보다 1년 뒤에 죽었다. 그보다 더 유명한 폴라유올로는 1498년에 죽었다.

34) *Verrocchio*, by Miss M. Cruttwell.

35) *Lorenzo de' Medici*, by E. Armstrong, M.A.

"연회 주최자이자 동료로서 그가 발휘한 자질들에는 의문의 여지가 있을 수 없다 … 그는 겸손하고 친절한 사람으로서, 항상 재능있는 사람을 지원하고, 친구에게 베풀고, 간청을 들어주고, 직업 귀천을 가리지 않고, 길에서 누가 붙잡고 긴 이야기를 해도 친절하게 들어주었다. 그가 자신의 대사들에게 보낸 편지에서 묻어나는 단순함과 절친함은 그들이 그를 얼마나 헌신적으로 섬겼는지를 잘 설명해 준다. 그는 학자들과 예술가들이 자기 집을 자유롭게 드나들도록 했다. 누구든 먼저 오는 사람을 나이나 지위를 가리지 않고 주인석 곁에 앉게 했다. 그의 대화도 그의 인격만큼이나 다양한 흡인력을 갖고 있었다. 때로 그의 말에는 신랄한 구석이 있었다. 한 번은 사촌이 자기 저택에 물 사정이 매우 좋다고 자랑하자, '그렇다면 손을 깨끗이 씻고 다녀도 될 텐데' 하고 말했다. 또 시에나의 어느 여성이 그의 무관심한 눈빛을 나무라면서 피렌체의 공기가 눈에 좋지 않다고 덧붙이자 '시에나의 공기는 두뇌에 안 좋다'고 대응했다. 음악가 스카르치알루포(Squarcialupo)의 인격을 비판하는 사람에게는 '예술의 어느 분야에서든 완벽의 경지에 도달하는 게 얼마나 어려운지를 안다면 단점들에 너그러워질 것이오' 하고 말했다."

로렌초의 인격에 관해서는 이미 상술했다. 그러나 마흔셋의 나이에 죽은 사람이 피렌체를 그토록 탄탄한 부국강병의 토대에 올려놓고, 이탈리아에 평화를 정착시키고, 주변국들 사이의 해묵은 적대 관계를 우호 관계로 돌려놓고, 작가로서의 활동으로 토스카나어를 이탈리아의 공용어로 만들어 놓고, 학문을 극도로 재생시키고, 예술을 그렇게 대대적으로 장려하는 등 그 모든 일을 할 수 있었다는 게 보통 일이 아니다. 그렇게 하기까지는 '불굴의 인내력'이 필요했는데, 자신이 비교적 짧은 생애에 그런 결과를 얻어낸 것을 상징하기 위해 고안한 세 개의 다이아몬드 반지로 구성된 그의 문장이 그것을 상징한다.

위대한 자 로렌초는 유럽인들에게 한결같이 국가 통치자로서 가장 뛰어난 인물 중 하나로 인정을 받아왔다. 그리고 비록 그의 인품이 제대로 평가를 받게 된 것은 근자의 일이긴 하지만, 그래도 항상 인류의 관심을 끌어왔다. 그는 위대한 사람들로 가득했던 시대를 이끌어간 지도자였다. 그리고 15세기를 이끈 지도자 중 한 명으로 인정을 받아왔다. 그는 이 책에서 우리가 살펴보고 있는 모든 사람들을 통틀어 가장 중요한 사람이며, 따라서 많은 논란이 되어 온 그의 인격에 관해서 다른 사람들보다 좀 더 길게 다룰 만한 가치가 있다.

메디치가에 관해서 제기되는 크게 상충되는 견해들은 위대한 자 로렌초에 게서 절정에 달한다. 이쪽 진영 저자들은 그를 퍽 선한 인물로, 저쪽 진영 저 자들은 아주 악한 인물로 평가한다. 전자의 시각에서는 그의 모든 행위가 지 극히 고상한 동기에서 비롯되었고, 후자의 시각에서는 지극히 평범한 행동조 차 저열한 동기에서 비롯되었음을 입증하기 위해 그 진술들이 서로 크게 모 순되는 지경까지 왜곡되었다.

그러나 이 점을 제외하더라도 또 한 가지 어려움은 그의 다재다능한 특성 에 있다. 그것은 그 가문의 많은 사람들이 공유했으나 그에게서 특히 두드러 진 특성이었다. 암스트롱은 로렌초의 특성과 그것이 일으키는 어려움에 관해 서 이렇게 말한다:[36]

"그것은 다재다능한 사람에게 따르는 상 혹은 벌로서, 일종의 신비로 간주 해야 한다. 생각이 굼뜬 사람은 민감한 사람이 하는 일을 비록 눈으로는 그 다 양한 결과를 보더라도 충분히 따라잡으며 이해할 수 없다. 사실은 상황과 사 람의 작용과 반작용이 너무나 빠른 속도로 전개되는데 반해, 관찰자는 외적인 현시들이 인위적이고 극적이며 내면의 삶과는 아무런 관계도 없다고 믿는다. 이것이 정말로 다재다능한 사람이 드문 앵글로색슨인들이 남유럽 사람을 평 가할 때 겪는 어려움의 본질이다. 앵글로색슨인들은 그런 특성들에 관해 생래 적이고 뿌리깊은 불신을 갖고 있다. 예를 들어 영국인들 중에서 그런 재능을 갖춘 몇몇 공인들이 기껏해야 문젯거리로 취급받았을 뿐 대체로는 협잡꾼으 로 혹은 매우 유약하고 가변적인 사람으로 취급받았다.

"위대한 자 로렌초가 그토록 자주 신비스런 사람이라고 불려온 이유는 바

---

36) *Lorenzo de' Medici*, by E. Armstrong, M.A.

로 거기에 있다 … 그러나 실은 그에게 신비스러운 구석이란 없었다. 그는 환경의 영향을 받은 지극히 자연스러운 사람이었다. 그의 지성이 다재다능한 만큼 그의 인격은 감수성이 있었다. '주고 받는' 자질과, 남에게 감화를 주고 그들에게 감화를 받는 힘과, 이탈리아어로 등가(等價)의 영어보다 훨씬 더 풍부한 뜻을 지닌 심파티아(simpatia, 호의)의 재능이 풍부했다 … 로렌초는 카니발을 위한 희극을 구상할 때든 대리인들이 그리스 등지에서 가져오거나 우송해 온 새로운 사본을 비평적으로 검토할 때든 똑같이 자연스럽고 꾸밈이 없었다. 식탁에서 젊은 미켈란젤로에게 무거운 조언을 하는가 하면 맞은편에 앉은 풀치(Pulci)에게 시(詩)나 경구를 한 수 던지거나 마르실리오 피치노(Marsilio Ficino)와 함께 다양성 내의 통일성에 관해 논하기도 했다. 대사나 말 조련사나 인기 있는 교사의 말을 경청하곤 했다. 라르가 거리에서 지방 전당대회를 열고, 정부 주요 모임에 참석하고, 그러고는 말을 타고 훌쩍 카레지나 카야노에 가서 아이들과 놀아주고, 아침 일찍 일어나 사냥개들에게 달려가거나 좋아하는 매들을 날렸다. 로렌초의 다재다능은 당시 피렌체인들의 입에도 자주 오르내렸다 … 도시보다 시골이 좋았던 그는 틈만 나면 포지오 아 카야노나 좀 더 먼 별장으로 빠져나갔다. 시골 사람들, 그들의 태도, 노래, 그들이 즐기는 모든 것을 좋아했다 … 그의 가정 생활은 매우 소박했다. 아이들과 유쾌하게 뛰놀았고, 함께 노래를 불렀고, 아이들이 공연할 종교극의 대본을 썼다 … 로렌초의 경력에서는 외교와 정치, 예술과 문학, 종교와 철학, 가정 생활과 사회 생활, 시골의 놀이와 도시의 의식 사이에 엄격한 구분선을 긋기가 어렵다. 그렇게 다양한 면모를 지닌 사람은 분석하기가 어렵다.″

후세대가 로렌초에게 가한 비판들 중에서 방탕하게 살면서 피렌체인들을 부패시켰다는 비판은 앞서 언급했듯이 비판의 근거가 전혀 없는 데서 기인한 악의적 파당심을 가장 잘 드러내 주는 증거이다. 그의 사적인 특성에 관한 한 그런 비판을 뒷받침할 만한 사실들이 제기된 적이 없다. 당대의 표준으로 판단하건대 그는 부도덕한 사람이 아니었다. 이 점에서 그의 행위는 당대의 군주들보다 — 우리 영국의 군주들도 예외가 아니다 — 우월했다. 그에게 서자가 없었다는 점도 눈여겨봐야 할 대목이다. 그 시대로서는 찾아보기 힘든 예다. 그러나 그가 주로 비판을 받는 이유는 사회적인 면 때문인데, 그가 예술과 문학에 문란한 분위기를 도입함으로써 대중의 취향을 타락시켰다는 것이다. 이것은 전혀 근거 없는 비판으로서, 오히려 그의 시들은 대부분 향상시키는 성격을 띠고 있다. 이런 비판을 뒷받침하기 위해서 그의 카니발 시들이 자주 인용된다. 그러나 이 시들을 평가할 때도 당대의 표준이 척도가 되어야 한다. 그리고 그런 표준으로 평가해 보면 그 결과는 뻔하게 될 것이다. 이런 관점에서 로렌초의 시에서는 예를 들어 셰익스피어와 크게 대비시켜 비판할 만한 요소가 없다.

로스코우(Roscoe)는 이렇게 말한다:

> "브란돌리니(Brandolini)에 관한 시에서 로렌초가 도덕성을 크게 강조한 것은 당대 저자에게 특히 찬사를 받은 주제이다. 만약 로렌초의 행위가 매우 문란했다면 그런 찬사는 심한 욕이었을 것이다." [37]

당대의 피렌체인들을 문란하게 만든 책임이 로렌초에게 있다는 주장은 밀라노, 베네치아, 페라라, 만투아, 그리고 그밖의 이탈리아의 주요 도시들에 관한 당대의 기록들과 분명히 모순된다. 그런 기록들에서 우리는 정확히 그 시기에 바로 그러한 상황을 발견하게 된다. 감각적인 유희와 방종이 엄격한 생활을 대체해 가던 똑같은 경향을 다른 도시들의 기록에서도 발견하게 되는 것이다. 그런 경향은 르네상스가 분출하면서 자연스럽게 형성된 결과였고, 피렌체에서만 유난히 두드러졌던 게 아니다. 실은 정반대였다. 로렌초는 사생활에 관한 한 당대보다 훌륭했다. 아울러 군주란 자기 백성의 수준을 끌어올려야 한다는 사상은 유럽에서 여러 세대가 지나간 뒤에야 비로소 동튼 사상으로서, 그 사상이 벌써 로렌초의 정신에 들어갔을 가능성은 없다.

또 어떤 저자들은 그 시대에 피렌체가 겪은 부패는 이전 시대의 정신력의

---

37) *Life of Lorenzo de' Medici*, by William Roscoe.

약화였다고 주장하는데, 그들이 로렌초에게 가하는 비판은 '약화시키는 영향력'을 발휘했다는 것이다. 그러나 당시의 역사를 아무리 눈 씻고 보더라도 그들이 주장하는 이 '약화시키는 영향력'을 발견할 수 없으며, 로렌초의 통치 말기에 피렌체의 성격이 통치 초기보다 더 약화했다는 증거도 발견할 수 없다. 1494년 샤를 8세의 위협 앞에서 움츠러들지 않은 피렌체는 1478년 식스투스 4세의 진노 앞에서 용감했던 때와 다름없는 강한 면모를 보였다. 피렌체가 불평해야 했던 유약은 메디치가가 추방된 뒤 드러낸 전혀 다른 종류의 것으로서, 그것은 로렌초 측의 어떤 행위 때문이 아니라 그들의 파당심 때문에 생긴 것이다.

위에 못지않은 적개심이 실린 또다른 비판은 로렌초가 공공 기금으로 치부했다는 것이다. 이런 비판이 제기될 만한 다양한 상황들이 있었다. 로렌초는 피렌체를 방문한 저명 인사들에게 메디치 궁전에서 왕의 자격으로 대접을 해야 하는 부담을 안고 있었을 뿐 아니라(그 비용은 국가가 뒤에라도 보충해 준 적이 없었다), 전비(戰費)를 마련하기 위해서 메디치가가 은행에서 자주 인출을 해야 했는데, 국가는 이 비용을 나중에 충당해 주기도 하고 그냥 지나가기도 했다. 또한 외교 문제를 처리해야 했던 그는 항상 외국 나라들에게 거액을 비밀 보조금으로 나눠주어야 했다. 이 비용은 국가가 내기도 하고 그가 먼저 지불한 뒤 나중에 국가가 충당해 주기도 했지만, 지불 내역이 비밀스러웠기 때문에 그가 공금을 착복했다는 비판이 나오게끔 되었다. 메디치가의 일거수 일투족을 나쁜 측면에서 바라보는 사람들이 그런 기회를 놓칠 리가 없는데, 하지만 그들은 '은밀한 접대비'가 현대 모든 국가 예산의 정식 항목이며, 그 지출을 맡은 고위 관료가 사용 내역에 대해서 설명하지 않는다는 사실을 잊은 듯하다. 그런 사실을 의식하지 않았기에 이런 행위들을 로렌초 측에서 저지른 '횡령'이니 '착복'이니 하고 말들 한다. 아버지에게서 물려받은 재산이 상당히 줄어들 정도로 막대한 개인 재산을 공익을 위해 사용한 사람에게 그런 비판이 가해진 데에서 메디치가에 대한 적대적 파당심이 어느 정도나 갈 수 있는지를 잘 보게 된다.

로렌초의 장례가 끝나고 사흘 뒤에 소집된 시뇨리아는 다음과 같은 내용을 정식 기록으로 남겼다: "그는 언제나 사적인 이익보다 사회의 이익과 유익을 앞세웠다. 국가의 안녕과 자유를 위해서라면 고통이나 위험 앞에서 움츠리지 않았다. 그리고 탁월한 법으로 사회 질서를 바로잡는 등 그 목적을 위해 모든 생각과 역량을 쏟아부었다."[38] 그렇다면 우리는 이 기록을 로렌초의 인격과 행위에 관한 정확한 견해로 보고, 할람(Hallam), 부르크하르트(Burckhardt), 그레고로비우스(Gregorovius)의 견해가 옳다고 봐야 할 것인가? 아니면 로렌초가 "사리사욕에 눈 먼 고리대금업자"로서 공금을 횡령했다고 봐야 하는가? 피렌체를 '예속시켰다'거나 스스로 '전제 군주가 되었다'는 비판은 그에게 군사력이 없었고 그의 권력이 주로 시민들의 의지에 의존했다는 사실과 전혀 부합하지 않으며, '횡령했다'는 비판은 이미 제시한 이유들에 비추어 볼 때 편견이 아니면 할 수 없는 주장이며, 예술과 문학에 방탕을 끌어들임으로써 대중의 취향을 타락시키고 저급하게 만들었다는 비판도 손톱만큼의 근거가 없다.

그러나 어쨌든 이 논쟁에서 어느 쪽이 옳으냐를 보여 주는 가장 좋은 증거는 피렌체인들 자신이, 즉 로렌초의 통치를 받으며 살았던 사람들이 내놓는다. 만약 로렌초가 비판자들의 주장처럼 행동했다면 그들은 당연히 그에 상응하는 결과를 내놓았을 것이다. 과연 피렌체인들은 로렌초의 생시에 그에 관해서 긍지를 느끼고 칭찬을 했고, 그가 죽었을 때 그 일을 국가적 손실로 여겨 슬퍼했는가? 아니면 그의 죽음을 국고를 횡령하고 자기들의 고혈을 짜내 치부한 고리대금업자 전제 군주로부터 해방된 일로 여겨 기뻐했는가? 그들이 후자가 아닌 전자의 태도를 보였다는 것은 움직일 수 없는 사실이다. 이러한 사실이 제시하는 증거는 사안 전체를 판가름할 만큼 절대적이다.

로렌초의 장례식은 그의 유언에 따라 조촐하게 치러졌다. 그는 증조부와 아버지와 마찬가지로 산 로렌초 성당 구 성구실에 동생 줄리아노와 같은 묘에 묻혔다. 그러나 그와 줄리아노의 유해는 67년 뒤에 그곳에서부터 성당에 새로 증축된 신 성구실로 이장되었다. 로렌초와 줄리아노는 제단을 마주보고

---

38) 이 결의안은 546명의 의원들 중에서 483명의 찬성으로 가결되었다.

있는 이 성구실의 끝쪽 담 밑에 묻혔다.

그러나 위대한 자 로렌초의 묘에 아무런 묘비도 서 있지 않은 것은 이상한 일이다. 그렇게 기념비가 없음으로 해서 세월이 흐르면서 그가 묻힌 장소에 대해 의심이 일어났다. 원래 미켈란젤로가 그의 묘비를 제작하기로 되어 있었으나 그러지 않고 그냥 피렌체를 떠났다. 따라서 문제들이 그 이래로 그대로 남아 왔다. 아마 그 묘비를 제작하겠다고 아무도 나서지 않은 주된 이유는 그 예배당에 묘지가 두 개뿐인데 모두 미켈란젤로의 걸작이어서 감히 그것과 비교가 될까봐 조심스러웠기 때문이었을 것이다. 미켈란젤로의 걸작 옆에 새로운 묘비를 세운다는 것은 상당한 부담이었음에 틀림없다. 동시에 국가적 견지에서 볼 때 그것이 그런 결과를 초래했다는 것은 유감스러운 일이다. 만약 누가 감히 그 묘비를 제작하겠다고 나선다면 묘 위의 담에 아주 평범하고 널찍한 흑대리석 석판을 세워놓고 간단히 위대한 자 로렌초라는 이름과 생몰연도만 적고 다른 아무런 내용도 적지 않는 방식으로 그 어려움을 해결할 수 있을 것이다. 그렇게 한다면 그것은 주로 크기와 육중함 그리고 아주 평이함으로만 인상을 남길 것이다. 그런 묘비라면 미켈란젤로의 걸작들과 비교되는 일도 면하게 될 것이고, 아울러 그것이 로렌초의 정조와 이 두 형제에게 속한 메디치가 전 세대 사람들의 정서에도 부합할 것이다.

암스트롱은 피렌체에 위대한 자 로렌초의 기념비가 하나도 남아 있지 않은 것에 관해서 이렇게 말한다:

"피렌체는 로렌초가 남들에게 베풀었던 후한 인정을 그에게 되갚지 않았다.[39] 피렌체가 원하든 원치 않든간에 메디치가의 명성은 영원히 그 도시와 연관될 것이다. '가문은 국가와 병존한다'는 로렌초 자신의 말과 같다. 4백년 뒤 피렌체는 아르노 강의 그 도시를 여전히 유명하게 하는 그 거국적이고 재능있는, 다양한 문화의 대표자에게 적절한 기념비를 세워 그를 기려서 정치적 혐오감을 안고 떠돌아 다닐 혼령 — 만약 그런 것이 있다면 — 을 고이 잠

---

39) 대성당 벽에 조토를 기념하는 대리석 석판을 넣고 거기에 글귀를 새겨 넣게 한 사람은 로렌초였다.

들게 하는 것이 나을 것이다."

위대한 자 로렌초가 죽던 해에 유럽사에서 발생한 아주 중요한 사건들.

스페인 — 1469년 아라곤 왕 페르디난도와 카스티야 여왕 이사벨라의 결혼으로 진행되던 스페인 결속 작업은 1492년에 완료되었다. 페르디난도와 이사벨라(두 사람은 협동 군주였다)는 1474-1481년에 기존의 분쟁 지역에 평화와 질서를 회복한 다음 1481년에 무어족과 전쟁을 시작했다. 그들의 군대는 연속하여 대승을 거두다가 마침내 1492년에 11년의 긴 전쟁 끝에 250년간 무어족의 수도였던 그라나다를 수복하고 스페인에서 이슬람교의 지배를 종식시키고 8백년을 점령해 온 그들을 몰아냈다. 같은 해에 콜럼버스(Columbus)가 페르디난도와 이사벨라의 후원을 받아 아메리카 대륙을 발견했는데, 이 사건은 그들의 빛나는 통치와 스페인의 권세를 한층 더 높이 올려놓았다. 1492년이란 해는 스페인에게 실로 위대한 해였다.

로마 — 같은 해에 위대한 자 로렌초가 죽은 지 두 달 뒤에 교황 인노켄티우스 8세도 죽었다. 그의 자리를 악명높은 스페인 사람 로데리고 보르자(Roderigo Borgia, 알렉산데르 6세)가 계승했다. 이 일로 인해 조반니 데 메디치는 피렌체로 귀국했다. 그는 로데리고 보르자의 선출에 반대표를 던진 추기경들 중 한 사람이었기 때문에 그로 인해 로마를 빠져나오지 않을 수 없었다.

프랑스 — 이 해에 샤를 8세는 스물두 살이 되어 자신의 유능한 누이로부터 왕국 통치권을 인수한 다음 몇 가지 사업을 벌이기 시작했는데, 그것이 오래지 않아 국제 정치 판도에 새 시대를 열어 준 이탈리아 침공으로 귀결된다.

# 제10장

# 불행자 피에트로(Pietro the Unfortunate)

1471년 출생, 1492-1494년 재위, 1503년 죽음.

　로렌초가 죽자 그의 세 아들 중 장남인 피에트로가 가문의 수장직과 피렌체 통치권을 승계했다. 그는 스물한 살이었고, 동생 조반니(피에트로의 통치가 시작된 지 두 달 뒤에 로마에서 돌아옴)는 열여섯살이었으며, 그들의 동생 줄리아노는 열세살의 소년이었다. 피에트로는 강하고 준수하고 못하는 운동이 없었으나, 일찍이 소년 시절부터 훗날 항상 알려지게 된 그 별명을 얻었다. "그가 어느 편에 가담하면 그 편이 반드시 졌기 때문에 그런 별명이 붙은 듯하다." 이런 특성은 그의 인격적 자질들로 상쇄되지 못했다. 그는 성격이 겸손했고, 국사를 돌보기보다 운동과 유희에 더 관심이 있었다. 그러면서 교만하다는 비판을 받았는데 그는 그것을 굳이 감추려 하지 않았고, 그러한 태도는 공화국 피렌체의 정조와 맞지 않았다. 피에트로는 종종 진술되는 것과는 달리 어리석은 사람이 아니었다.[1] 단지 당시의 평범한 귀족 청년으로서 남들보다 더 명석한 두뇌를 갖지 못했을 뿐이다. 그러나 메디치가는 언제나 남들보다 더 명석한 두뇌를 갖고 있었고, 사람들은 그들에게 그것을 기대했다. 이런

---

1) 그가 쓴 여러 시들이 오늘날 산 로렌초 성당 메디치 도서관에 보관되어 있다.

재능이 없다면 피렌체인들에게 군주로 환영을 받지 못했다.

그의 아내 알폰시나 오르시니(Alfonsina Orsini)는 그 자신의 결점들로 생긴 어려운 점들을 배나 일으킨 그런 여성이었다. 오르시니가는 자부심이 대단했고, 심지어 로렌초가 죽기 전에도 피렌체인들을 드러내 놓고 경멸하여 피렌체인들에게 강한 혐오감을 일으켰다. 메디치가의 통치가 인기에 얼마나 크게 의존했는지를 생각할 때 피에트로는 다른 문제들에서와 마찬가지로 아내의 인격에서도 분명 불행한 자였다.

이제 우리는 메디치가의 역사에서 중대한 전환점에 도달한다. 이 가문의 각 세대가 자기들을 진멸하려는 가공할 시도를 만나야 했던 반면에 ― 그들은 그러한 폭풍우를 잘 견뎌냈다 ― 이제 그들에게는 많은 부침(浮沈)에 휘말려 들게 할 시련이 기다리고 있었다.

피에트로는 피렌체를 다스린 지 일 년도 채 못 돼서 인기가 크게 하락했다. 그렇게 된 주 원인은 본인이 공화제 형태를 싫어한 데다 아버지가 그토록 애써 유지한 피렌체 시민의 평등을 무시한 데 있었다. 더욱이 이런 인기 하락은 차자 계열의 사촌들인 피에르 프란체스코의 두 아들 로렌초와 조반니에 의해서 더욱 가중되었다. 차자 계열의 처음 두 세대는 장자 계열이 좀 더 높은 지위를 누린다고 해서 시기하지 않았다. 그러나 셋째 대에 접어들면서 피에르 프란체스코의 두 아들(이들의 아버지는 1476년에 죽었다)이 심지어 위대한 자 로렌초가 살아 있던 때에조차 장자 계열의 비중을 시기하기 시작하여 그들을 쌀쌀하게 대했고, 피에트로는 이런 감정을 더 부채질하려고 궁리했다. 위대한 자 로렌초의 생애가 끝나갈 무렵 피에트로보다 네 살 위인 사촌 조반니가 이미 피에트로가 사랑하던 여성과 사랑에 빠졌다. 이 일은 자연히 문제를 개선시키는 쪽으로 작용하지 않았다. 그 일로 분개한 피에트로가 소송을 벌인 일도 마찬가지였다. 이유가 어찌 됐든 피에트로의 두 사촌은 이제 그에 대해 적개심의 수순을 밟기 시작했다. 그의 인기가 하락하도록 배후에서 행동했고, 그를 반대하는 정파를 주도했으며, 자기들이 민중의 자유를 위해 힘쓴다고 주장했다. 실은 그것을 파괴하려고 애쓰고 있었으면서도 말이다.

이탈리아가 태풍 전야에 놓인 상황에서, 아버지의 모든 역량을 동원해도 될까말까 하던 상황에서, 피에트로가 피렌체의 통치권을 계승한 것은 그로서는 불행한 일이었다. 죽음이 로렌초의 영향력을 거둬가자 사람들은 머지 않아 이탈리아가 다시 전쟁의 참화 속으로 휘말려들어갈 것을 내다보았다.[2] 그러나 이탈리아 국가들이 전쟁 외에도 프랑스, 스페인, 독일의 각축장이 되리라고 내다보는 사람은 없었다.

정세가 이렇게 돌아가게 만든 사건은 프랑스의 샤를 8세가 나폴리 왕국을 치기 위해 이탈리아를 침공한 사건이었다. 만약 위대한 자 로렌초가 여전히 이탈리아 정계의 중추에 서 있었다면 틀림없이 이 침공을 막기 위한 묘책을 강구했겠지만, 그럴지라도 조만간 비슷한 결과들이 잇달아 발생했을 것이다. 이탈리아 제국(諸國)의 세력이 기울던 때 공교롭게도 다른 나라들의 세력이 팽창함으로써 이탈리아에 대한 외국의 침공이 언제고 밀어닥치고 말 것이 필지의 사실이 되었기 때문이다. 그로써 이제 우리는 유럽 정계를 이끌고 가던 베네치아, 밀라노, 피렌체, 나폴리, 로마를 제치고 프랑스, 스페인, 독일, 영국이 유럽을 주도함으로써 그런 변화가 일기 시작하던 때로 접어들게 된다. 유럽 정계에서 이 새 시대는 황제 막시밀리안 1세(Maximilian I)의 즉위를 필두로 시작했다. 그는 아버지인 황제 프리드리히 3세가 무사 평온한 53년의 통치를 마치고 죽은 뒤 1493년에 황제로 선출되었다.

**밀라노** — 1490년 어린 공작 지안 갈레아초 스포르차(Gian Galeazzo Sforza)가 성년이 되었다. 그러나 그는 유약하고 나태했기 때문에 1480년 이래 그의 이름으로 공국(公國)을 다스려온 그의 유능한 삼촌 루도비코 스포르차(Ludovico Sforza, 'Il Moro')는 그에게 통치권을 넘겨주기를 거부했다. 지안 갈레아초의 젊은 아내 아라곤의 이사벨라는 자기 할아버지인 나폴리 왕 페란테(Ferrante)에게 이러한 권력 강탈에 대해 끈질기게 항의했다. 그러나 1493년이 될 때까지 그의 항의는 아무런 성과도 거두지 못했다. 어떤 저자들은 그 이유에 대해서 일

---

2) 교황 인노켄티우스 8세는 로렌초가 죽었다는 소식을 듣고는 "이탈리아의 평화는 물건너 갔다"고 외쳤다.

모로가 나폴리에게 공격을 받을 것을 예상하고서 프랑스 왕을 이탈리아로 초대했기 때문이라고 주장했다. 그러나 왕 페란테(1494년 1월 사망)든 그의 아들이자 계승자 알폰소(Alfonso)든 어느 누구도 밀라노를 공격할 준비를 하고 있었다는 징후가 없었다. 다른 저자들은 일 모로가 조카를 죽이고 스스로 공작이 되기로 결심을 하고서, 이탈리아의 다른 나라들이 자기 일에 간섭하지 못하도록 혼란을 조성할 목적으로 프랑스의 침공을 주선했다고 진술한다. 그 이유가 무엇이었든간에 일 모로는 이제 샤를 8세에게 나폴리를 치도록 부탁했고, 밀라노 정부도 그를 지원하기로 약속했다.

프랑스 — 루이 11세는 프랑스를 결속하는 과정에서 프랑스 민족 정신을 크게 짓눌렀다. 평소 싫어하던 아버지와 다른 노선으로 통치를 시작한 샤를 8세는 군사 원정의 기회를 엿보기 시작했는데, 그것은 민족 정신의 회복을 돕기 위해서이기도 했고 모험을 즐기는 젊은이의 야심을 채우기 위해서이기도 했다. 그러므로 루도비코 스포르차가 그에게 앙주 왕가의 일원으로서 나폴리에 대한 권리를 내세우고 나폴리 왕국을 치기 위해 이탈리아로 군대를 들여보내라고 부추기자 샤를은 그 제의를 기꺼이 수락했다. 이탈리아를 침공한다는 생각에 프랑스인들의 상상력이 뜨겁게 타올랐다. 모든 계층이 그 계획을 열정적으로 지지했다. 프랑스인들은 기담과 무용에 대한 기대에 잔뜩 부풀어 원정을 위해 대대적인 준비를 했다.

샤를 8세의 이 원정은 특별히 중요하다. 이것은 상비군에 의해 형성된 새로운 전력이 최초로 시험된 사례였고, 이런 방식의 전력이 향후 유럽의 정치 판도에 커다란 변화를 일으켰기 때문이다. 이전까지 프랑스와 영국 같은 나라들의 군대는 봉건 영주들이 왕의 군기 아래 집합시킨 봉건적 군대였고, 군인들의 변덕과 거듭 발생하는 질투를 어떻게든 달래야 했기 때문에 공격력이 크게 떨어질 수밖에 없었다. 이런 상황이 다른 나라들에 대한 원정을 힘들게 하는 경향을 띠었다. 그 군인들을 설득하여 고향에서 멀리 떨어진 다른 나라로 가서 전쟁을 하게 하는 것은 지극히 어려운 일이었기 때문이다. 그러나 루이 11세가 프랑스의 영주들과 제후들을 분쇄하기 위해 고안한 상비군이라는 신무기는 이런 정황을 뒤바꾸어 놓았다. 이제 왕은 영주들 위에 군림하는 군주일 뿐 아니라 다른 나라들을 위협하는 가공할 무기까지 손에 쥐게 되었다. 따라서 샤를 8세가 스스로는 이렇다 할 세력도 없었으면서도 이 시기에 유럽에서 가장 강력한 군주였다는 사가들의 진술을 발견하더라도 의아해하지 않게 된다. 그 이유는 영민했던 그의 아버지가 고안한 이 신무기를 오직 그만 소유했고, 다른 나라는 아직 그것을 소유하지 못했기 때문이었다.

그러나 상비군이 봉건 군대와 물리적으로 달랐던 한 가지 점이 또 있다. 그것은 비용 문제였다. 보병, 포병, 기병으로 구성된 샤를 8세의 군대는 수가 2만을 넘지 않았지만(물론 당시로서는 이만한 수준을 유지하는 것도 만만치 않았다),[3] 그런 규모의 군대를 유지하려면 비용 부담이 그만큼 커진다는 사실을 의식하지 못했기 때문에, 군대를 끌고 이탈리아로 들어간 지 얼마 안 되서 샤를은 자금이 바닥난 사실을 발견하고는 제노바의 상인들에게 4할 2푼이라는 엄청난 고리에 막대한 자금을 차용하지 않을 수 없었다.[4]

1494년 8월, 샤를 8세는 비엔(프랑스 동남부 도시)을 출발하여 이탈리아를 침공했다. 알프스를 넘어 롬바르드로 진입했고, 밀라노에서 일 모로에게, 파비아에서 지안 갈레아초 공작에게 환대를 받았다. 그 자리에서 지안 갈레아초의 아내 — 아름다웠지만 불행했던 아라곤의 이사벨라 — 가 프랑스 왕의 발 앞에 엎드려 왕이 치기 위해 진격하고 있던 자기 가문을 위해 읍소했지만 아무런 성과도 거두지 못했다. 며칠 뒤 샤를은 피아첸차에 도착하자마자 밀라노 공작이 죽었다는 소식을 접수했다. 그가 파렴치한 삼촌 일 모로에 의해 독살되었다는 것이 정설이다. 일 모로는 곧장 이사벨라와 네 자녀를 투옥하고, 고인이 된 공작이 통치권을 계승한 아들 하나를 남기고 갔는데도 스스로 밀라노 공작으로 자임했다.

---

한편 이탈리아의 다른 나라들은 이 침공을 저지하기 위해 나름대로 최선

---

3) 샤를의 전력에 대해서는 15,000명, 20,000명, 30,000명, 40,000명 등 학자들마다 견해가 다르다. 그러나 다양한 정황들을 볼 때 그 규모가 20,000명을 넘지 않은 듯하다.
4) 로스코우는 그 이율이 심지어 10할까지 되었다고 한다.

을 다해 준비하고 있었다. 공격 목표가 되었던 나폴리는 자기 영토에서 침공을 기다리고 있었다. 로마는 샤를이 자기에게 위해를 가하지 않으리라는 교황의 신념 때문에 이렇다 할 방어 준비를 하지 않았다. 베네치아는 중립을 선언했다. 토스카나도 틀림없이 그렇게 하고 싶었겠지만(나폴리를 지원할 특별한 이유가 없었으므로) 프랑스 왕의 원정로에 자리잡고 있었기 때문에 할 수 없이 영토를 방어해야만 했다. 그런데 그 준비라는 게 변변치 못했다. 오랜 세월 평화를 누리다보니 전쟁 준비의 능력이 미비했던 것이다. 피에트로는 이일로 안게 된 어려운 문제에다 또다른 문제들을 떠안았다. 그의 불충한 사촌들인 로렌초와 조반니가 이 기회를 포착했다. 일체의 사적인 반목을 잠시 접어두어야 하던 그 시기에 그들은 나라의 그러한 상황을 오히려 사적인 질투심을 채우는 기회로 삼았다.

그들은 샤를 8세에게 밀사를 보내 그의 뜻을 지지할 것과 그가 절실히 필요했던 자금을 지원해 줄 것을 약속했다. 이런 그들의 행위가 탄로나자 그들은 피에트로의 지시로 체포되었다. 그들이 조국의 반역자로 처형되거나 투옥되었더라도 놀랄 사람은 아무도 없었을 것이다. 그러나 피에트로는 할아버지 피에로 일 고토소의 예를 따라 그들을 매우 관대하게 다루어 로렌초는 카파지올로 저택에, 조반니는 카스텔로 저택에 감금하는 선에서 사건을 일단락 지었다. 이들은 그곳을 탈출하여, 샤를 8세에게 달려가(그는 당시 비제바노에 와 있었다) 만약 그가 자기들을 도와 피에트로를 제거만 해준다면 피렌체인들이 그의 나폴리 원정에 합세할 것이라고 확약했다.

이 무렵 샤를의 군대는 토스카나 접경으로 진입하여 국경 요새들을 공격하고 있었다. 그 요새들은 피에트로가 끌어모은 상인 군대가 방어하고 있었다. 그러나 그 정도의 군대로는 프랑스 군대를 상대할 수 없었다. 샤를이 10월 말에 공격한 국경 요새 사르차나가 곧 함락되었다.[5] 그리고 프랑스 왕은 진격을 계속했다. 피에트로에게 남은 길은 두 가지뿐이었다. 그는 이 위기 때 취한 행동으로 모든 저자들의 경멸을 받아왔지만, 저자들의 이런 견해가 과연 옳

---

5) 스페치아에서 멀지 않은 곳.

은 것인지는 피에트로 이전에 그 문제를 충분히 논의한 적이 없는 듯하기 때문에 뭐라고 단언할 수 없다.

사르차나가 함락되자 그에게 남은 유일한 두 가지 대안은 피렌체를 사수할 준비를 하든가 아니면 조건부 항복으로 프랑스 왕이 수도를 비껴 토스카나를 그냥 통과하도록 권유하든가 하는 것이었다. 첫 번째 대안은 샤를이 지휘하는 조직된 군대와 피렌체에서 징집된 상인들[6] 간의 현저한 전력 차이를 감안할 때 피렌체가 외국 군대에게 공격과 함락을 당한다는 것을 뜻했다.[7] 만약 프랑스 왕이 토스카나를 정복하려 든다면 문제는 달랐을 것이고, 피렌체는 끝까지 저항하다 옥쇄하지 않으면 안 되었을 것이다. 그러나 사정은 그렇지 않았다. 프랑스 왕은 피렌체 국과 싸워야 할 특별한 이유가 없었고, 따라서 맞서 싸우다가 도시가 함락된다면 그것은, 피렌체에 그런 희생을 요구할 만한 위치에 있지도 않고 또 예의 주시는 하면서도 프랑스 왕을 막기 위해 원군을 파견하지도 않은 다른 나라를 위해서 좋은 일을 하는 형국만 되었을 것이다.

그러므로 피에트로는 두 번째 대안을 택했다. 샤를 8세에게 조건을 받아들이고 피렌체를 우회하는 해안 도로를 타고 토스카나를 지나가도록 설득하기 위해 직접 프랑스 왕의 진영을 찾아갔다. 그곳에서 상비군이 어떤 것인가를 처음으로 목격했고, 만약 그 전에 그 군대의 위세를 목격하지 못했다면 바로 그 자리에서 피렌체가 그런 군대 앞에서 항전하는 것은 대단히 무모한 짓이며, 그것은 어떤 비용을 대서라도 막아야 한다는 것을 순간적으로 깨달았음에 틀림없다. 프랑스 왕은 평화롭게 토스카나를 지나가 달라는 데는 동의했으나, 수도를 우회해 달라는 안에는 동의하지 않았고, 피렌체를 공격하지 않고 그 영토를 약탈하지 않는 대가로 나폴리 정복이 완료될 때까지 피사와 요

---

6) 피렌체와 이탈리아의 다른 나라들이 고용한 용병대는 두 가지 점에서 샤를의 군대만 못했다. 첫째, 용병대는 소규모 부대가 합쳐져 이루어졌고, 따라서 똑같은 훈련을 받더라도 탄탄한 편제와 응집력을 지닌 군대와 비교할 수 없었다. 둘째, 이탈리아 용병대는 1494년 당시에 정규군에 대항할 만한 훈련을 받지 않았다. 조직된 군대가 그때까지 이탈리아에서 고용되어온 잡다한 부대의 규합보다 전력이 월등 우세했다는 것은 불과 일곱 달 뒤 샤를의 군대가 병력이 네 배나 열세이고 전투 지점도 불리했는데도 용병대를 쉽게 물리친 데서 잘 나타난다. 하지만 30년 뒤에는 당대 최고의 용병 지도자 조반니 델라 벤데 네레는 이 점에서 큰 변화를 도입했다. 그의 부대는 고도의 훈련을 받았다.

7) 이것이 무엇을 의미했는지는 몇 년 뒤 프라토에서 보게 된다.

새 도시들인 사르차나, 사르차넬로, 리파프라타, 피에트라산타[8]를 자기에게 내 줄 것을 요구했다. 이 도시들은 이미 샤를의 수중에 들어가 있었고, 나머지 모든 지역이 그의 수중에 들어가는 것도 시간 문제였다. 그리고 그는 자기가 원하는 만큼 그 도시들을 장악할 힘이 있었다. 따라서 피에트로가 이 조건을 수락했다고 해서 크게 양보한 것은 없었다.[9]

피에트로는 11월 8일 그런 상황에서 자신이 얻어낸 것을 시민들이 감사하게 받아들일 줄로 기대하고서 피렌체로 돌아갔다. 그러나 그의 사촌들이 꾸준히 뿌려놓은 씨앗이 마침내 결실하게 되었다. 시민들은 샤를의 군대를 직접 보지 못했고, 자신들이 프랑스 왕의 군대에 비하면 오합지졸에 지나지 않는다는 것을 알지 못했다. 요새들을 내준다는 발상에 그들은 자존심이 상했다. 이런 요인들이 합세하여 사태가 파국으로 치닫게 되었다. 피에트로는 분노의 폭풍에 휩싸였다. 인기가 곤두박질쳤다. 그와 그의 가문을 추방해야 한다는 여론이 비등했다. 시뇨리아가 소집되었고, 메디치가를 피렌체 국에서 영원히 추방한다는 법안이 즉각 통과되었다(1494년 9월).

이 추방은 코시모 시대처럼 차분한 방식으로 진행되지 않았다. 메디치가 사람들은 목숨을 건지기 위해 필사적으로 피렌체를 도망쳤다.[10] 시뇨리아는 그 뒤 피에트로의 목에 4,000플로린을, 그의 동생 조반니의 목에 2,000플로린의 현상금을 걸었다. 아울러 정부의 묵인하에 군중들이 메디치 궁전을 약탈했는데, 전하는 바로는 "바닥에서부터 천장까지 벗겨갔다"고 한다. 이렇게 하여 메디치가가 백여년 동안 피렌체 시민들의 유익을 위해 사유 재산을 털어가며 이루어온 모든 업적에도 불구하고, 이제는 국부 코시모, 피에로 일 고토소, 위대한 자 로렌초가 그토록 근실한 노력을 기울여 소집해 놓은 보물과

---

8) 모두 샤를의 원정로에 위치해 있던 도시들이다. 그는 이미 네 요새 중 세 곳을 차지했다.

9) 며칠 뒤 시민들이 직접 보낸 대표단이 같은 양보안에 합의하는 것 외에 이렇다 할 시도조차 하지 못했다는 것은 의미심장하다.

10) 피에트로는 산 갈로 항구를 통해 도망쳤다. 동생 추기경 조반니는 도미니쿠스회 수사로 변장하여 값진 문헌들을 될 수 있는 대로 많이 산 마르코 수도원으로 옮긴 뒤 도망쳐 베네치아에서 피에트로와 합류했다.

같은 예술품들, 유럽의 그 어느 단일 건물에서 발견할 수 있는 것보다 더 막대한 분량의 소장품들이 피렌체 군중에게 도둑질당해 사방으로 뿔뿔이 흩어지게 되었다.

이때 파괴된 학문과 예술의 값진 보화들에 관해 베르나르도 루첼라이(Bernardo Rucellai)는 긴 애가(哀歌)로써 슬픔을 토로했다. 학문 분야에서 이때 유실된 품목 가운데는 막대한 비용을 들여 수집한 각종 언어의 희귀 사본들이 있었는데, 그 중 대부분이 복원할 수 없을 정도로 훼손되었다. 그러나 그것은 예술 분야에서 입은 손실에 비하면 아무것도 아니었다. 약탈당한 그림들과 조각상들을 제외하더라도, 귀중한 조각품들, 세련된 보석들, 카메오 세공품들, 꽃병들, 셀 수 없이 많은 수공예품들이 한때 외국 방문객들의 감탄의 대상이었고 피렌체의 대표적인 장식이었던 그 궁전이 외국 군대에게 약탈당한 것과 방불하도록 파괴될 때 운명을 같이했다.

당대의 프랑스 사가 필립 드 코미네(Philippe de Commines)는 이 거대한 야만 행위로 유실된 귀중품들을 길게 열거한 뒤에 도둑질당한 물품들은 빼놓고 파괴된 물품들만 화폐 가치로 환산해도 "100,000크라운(crown)이 넘는다"고 추산한다.[11] 반 세기 동안 열정적으로 예술적 취향을 가지고 수집했던 모든 것이 하루 만에 흩어지거나 파괴되었다.

이렇게 약탈된 보물들 중에서 8년 뒤에 한 가지 품목을 어렴풋이 보게 된다. 그것은 로렌초가 소장했던 네 점의 꽃병인데, 그것이 1502년 피렌체에서 경매에 부쳐졌다. 그 해에 만투아의 후작 부인 이사벨라 데스테(Isabella d'Este)는 그 꽃병들이 경매에 부쳐졌다는 소식을 듣고서 당시 피렌체에 와 있던 레오나르도 다 빈치에게 그 꽃병들을 검사하여 그 상태와 감정가를 알려 달라고 편지로 부탁했다. 레오나르도는 그 꽃병들을 검사하면서 그 아름다움에 매료되었다. 그는 네 점 다 몸체에 로마 문자로 로렌초의 이름이 새겨져 있다고 보고한 뒤 그 감정가에 대해서 이렇게 말했다: "수정 꽃병은 수정 하나로 만든 매우 아름다운 것으로서 감정가는 350듀캇입니다. 벽옥(jasper) 꽃병은 다

---

11) 오늘날 300,000 영국 파운드에 해당함.

채로운 색깔에 진주와 루비가 박혀 있고, 금받침대에 올려져 있습니다. 감정
가는 240듀캇입니다. 마노(agate) 꽃병은 200듀캇, 은받침대가 딸린 벽옥 꽃
병은 150듀캇입니다."

이 꽃병들은 틀림없이 만투아의 후작 부인에게는 너무나 비싼 장식품이었
고, 따라서 구매가 이루어지지 않았다. 그 덕분에 피렌체에 그대로 남게 되었
는데, 50년 뒤에 코시모 1세가 경매에 응하여 재구입했고, 현재는 우피치 미
술관의 보석실(the Gem Room)에 보관되어 있다.

메디치 궁전에서 탈취된 조각상들 중 한 점은 피렌체를 오랫동안 위대하
게 만든 이 가문을 바로 그 도시가 치욕과 파괴로 내던진 이 일을 그들로 잊
지 않게 하는 기념비 역할을 하도록 지정되었다. 시뇨리아는 도나텔로가 국
부 코시모를 위해 제작했고 늘 메디치 궁전의 안뜰 한복판에 서 있던 "홀로페
르네스를 죽이는 유딧"이라는 청동상을 약탈해다가 팔라초 델라 시뇨리아 정
면에 세워놓고 그 밑둥 둘레에 "피렌체를 압제할 뜻을 품은 사람들에게 던지
는 경고"라는 비명(碑銘)을 새겨넣었다. 그 비명은 내용이 분명하여서 (의도한
대로) 피에트로와 그의 가문을 추방한 사람들의 행위를 정당화하는 데 이바
지했다. 왜냐하면 그들 자신이 맞서 싸울 수 없었던 외국의 침공으로부터 그
가 피렌체를 구할 능력이 없었기 때문이었다. 그러나 그것은 사건의 진상을
그대로 전달하고 있지 않다.

피에트로는 어떤 의미에서도 피렌체를 압제하지도 않았고 또 그럴 힘도 없
었다. 그런 뜻을 품고 있었다는 것을 보여 주는 어떤 행동도 저지르지 않았다.
그가 한 일이란 시민들이 월권 행위라고 부른 것에 의해 공화국의 정서를 훼
손한 것뿐이었다. 세월이 흘러 진짜 전제 군주가 그들을 지배하게 되었을 때,
그들은 지독히 쓴 맛을 보는 가운데 그들이 위대한 자 로렌초의 자손에게 순
전히 외적인 행동을 가지고 불평을 쏟아부었던 당시의 상황이 '진짜 전제'와
얼마나 크게 다른가를 깨닫게 되었다. 시뇨리아가 해산되고 코시모 1세의 전
제하에 신음하게 된 그들은 만약 불행자 피에트로 밑에서 누리던 자유로 되
돌아갈 수만 있었으면 쌍수를 들고 환영했을 것이다.

피렌체를 경황없이 빠져나간 그 가문 사람들은 피에트로(당시 23세), 조반니

(18세), 줄리아노(15세) 세 형제와 사촌 줄리오(16세),[12] 피에트로의 아내 알폰시나, 그리고 그들의 두 아기 로렌초와 클라리체였다. 이들은 처음에는 볼로냐로 갔다가 베네치아로 가서 그곳에서 임시 피난처를 얻었다. 피에트로의 비열한 두 사촌 로렌초와 조반니는 추방자 명단에 들지 않았다. 이들은 한동안 메디치가의 이름을 포기하고(그것은 그들에게 영원한 불명예로 남게 된다), 대신 '포폴라노'(Popolano, 평민)라는 이름을 취한 뒤 궁전 바깥에 새겨진 가문의 문장을 지워버림으로써 안전을 누렸다.

메디치가가 피렌체에서 치욕적으로 추방된 뒤 60년의 세월이 흘렀다. 그들은 이제 두 번째로 유배의 시련을 겪어야 했다. 그들에 대해 통과된 형벌은 대중의 인기와 사회에 끼친 유익에 대한 기억이 얼마나 덧없는가를 여실히 보여주었다. 조반니 디 비치가 동족들을 모든 부당한 세금과 귀족들의 압제에서 벗어나게 한 일, 코시모에게 '국부'(國父)라는 칭호를 안겨 준 30년간의 '지칠 줄 모르고 베푼 관대함', 로렌초가 일으킨 피렌체의 모든 번영, 이 모든 게 마치 하나도 존재하지 않았던 것처럼 깨끗이 잊혀졌다. 그리고 조반니 디 비치가 터를 닦고, 코시모가 점진적으로 건축하고, 피에로의 덕성으로 강화되고, 로렌초의 능력으로 완공된 건물이 폐허가 되었다. 메디치가는 조반니 디 비치가 위대한 가문의 터를 닦기 이전의 상태로 되돌아갔다. 그러나 그 계단을 다시 오르는 데에는 또다른 장애물이 버티고 서 있었다. 피에트로가 아버지의 행동 노선을 따르지 않은 데다 사촌들이 불만을 부추기고 다님으로써 그들의 인기가 사라졌고, 시민들이 그들을 피렌체로 돌아오지 못하도록 단단히 결의하고 있었던 것이다.

이 두 번째 추방은 정적들이 첫 번째 추방 때 의도했다가 성취하지 못했던 철저한 파멸을 뜻했다. 그들의 상황에서 일어난 변화는 이제 거의 완료되었다. 네 대에 걸쳐 이 가문의 익숙한 직업이 되어온 수다한 공적 활동, 예술과 문학에 대한 후원, 높은 신분과 거대한 부에 힘입어 누린 사회적인 쾌락, 이

---

12) 로렌초의 동생 줄리아노의 서자.

모든 게 다 끝나버렸다. 이들은 재산을 송두리째 박탈당한 채 18년 동안 유랑민처럼 떠돌아다니며 가난에 찌들어 살았다.

피에트로는 자기 생애의 나머지 9년을 무력을 사용하여 피렌체에 권토중래하려는 무익한 노력을 하는 데 다 써버렸다. 그것이 피렌체인들로 하여금 더욱 자신에게 등을 돌리게 함으로써 목적에서 더욱 빗나가게 하는 방법인지 모른 채 말이다. 만약 그의 아버지가 그런 처지에 처하게 되었다면 피렌체인들이 다시 자기를 부르는 데 장애가 될 만한 일을 시도하지 않았을 것이다. 그러나 피에트로는 아버지와 같은 지혜가 없었기 때문에 절대로 성공할 수 없는 방식에 의존했다. 그는 국제 정치의 장기판에서 어느 국가든 언제고 피렌체를 위해(危害)할 때 갖다 쓸 수 있는 졸(卒)이 되었다. 실제로 이런 식으로 여러 나라들이 그에게 군대를 대여해 주었고, 그는 그런 군대들을 거느리고 세 차례에 걸쳐 피렌체를 공격했으나 모두 실패로 끝났다. 그가 이런 노력을 쏟고 있는 동안 메디치가 형제들은 이탈리아의 이 나라 저 나라를 떠돌아다녔지만, 5년 내내 실패만 거듭한 뒤에는 — 그들은 이러한 실패를 옳든 그르든 격언처럼 돼 버린 피에트로의 불행 탓으로 돌렸다 — 두 형제와 사촌 줄리오가 피에트로와 같이 다녀서는 성공할 수 없다고 결론을 내리고는 그에게서 갈라져 나갔다. 이미 이탈리아를 전전하며 대부분의 국가들에서 차례로 보호를 요청해온 터에 이제 자기들이 골칫거리 난민으로 취급되는 것을 깨달은 세 형제 조반니, 줄리아노, 줄리오는 한동안 이탈리아를 떠나기로 작정하고 1499년 "유럽의 주요국들을 돌아다니는" 방랑길에 올랐다.

이들이 처음에 간 곳은 독일이었다. 울름에 도착했을 때 이들은 체포되어 황제 막시밀리안에게 호송되었으나, 황제는 그들을 풀어주고 환대하면서 조반니에게 "이 역경을 꿋꿋이 참고, 오히려 이 기회를 선용하여 외국의 문물을 익히시오"라고 당부했다. 이들은 온갖 역경을 다 경험하고 여러 번 감금되는 수모를 겪어가며 1499–1500년에 독일, 플랑드르, 프랑스의 주요 도시들을 거의 다 가보았고, 영국도 가보려고 했다가 바다의 악천후로 인해 뜻을 이루지 못했다. 프랑스를 가로질러 마르세유로 돌아온 이들은 제노바로 가서 조반니의 누이 마달레나 치보와 함께 그곳에서 체류했다. 얼마 후 이들은 제노바를 떠나 로마로 갔는데, 교황 알렉산데르 6세는 마침 피렌체를 공격할 만한 이유가 있었기 때문에 그들에 대한 과거의 악감을 버리고 친절하게 대접해 주었다.

한편 피에트로는 더 이상 지원을 받을 데를 찾을 수 없게 되자 직접 프랑스로 갔고, 그곳에서 1501년 루이 12세로부터 막연한 지원 약속을 받았으나 결국 아무런 실효도 얻지 못했다. 결국 피에트로는 끝내 불행하게도 이탈리아 남부 원정에 나선 프랑스 군대와 동행했다가 가릴리아노에서 참패한 뒤 가에타로 후퇴하는 혼란한 와중에 육중한 대포 네 문을 적군에게 빼앗기지 않고 배에 싣고 강줄기를 따라 가에타로 가던 중 배가 뒤집히는 바람에 익사하고 말았다(1503년 12월).[13]

보티첼리는 피에트로의 유명한 초상화를 그렸다. 우피치 미술관에 걸려 있는 이 그림은 그가 피에트로를 잘 알았기 때문에 실물과 거의 흡사함에 틀림없다. 피에트로는 짙은 갈색 머리카락에 대단히 고운 눈(이것은 그의 가문이 여러 대를 통해서 지녔던 특징이다)을 갖고 있었던 반면에, 얼굴에는 늘 되풀이된 불행 탓인지 우수가 깃들어 있어서, 피렌체 시민들에게 그들이 '국부'라는 칭호를 부여한 자기 조상을 기억하고서 그의 후손들을 모질게 대하지 말아달라고 호소하는 듯한 인상을 준다. 늘 보티첼리의 작품으로 인정되어 온 이 초상화는 그 주인공이 과거에는 피코 델라 미란돌라로 간주되었다. 한편 최근에는 이 초상화가 1463년에 죽은 코시모의 아들 조반니를 그린 것이라는 주장이 제기되었다. 그러나 조반니는 보티첼리가 불과 열아홉살이던 때 마흔 둘의 나이로 죽었으므로 그 초상화가 조반니를 그린 것일 수 없다는 것이 분명하다(초상화의 인물은 스물 네다섯 살쯤 된 남자이다). 그 초상화는 틀림없이 불행자 피에트로를 그린 것으로서, 우피치 미술관의 권위자들도 정확히 그런 제목을 붙였다. 양손에 들고 관람객들에게 보여 주는 메달(그림에서

13) 피에트로의 시신은 그뒤 발견되어 몬테 카시노 대수도원으로 옮겼고, 1552년 코시모 1세가 그곳에 그를 기념하여 준수한 기념비를 세웠다.

〈메달을 든 사람의 초상〉, 산드로 보티첼리, 1480년

가장 현저한 부분)은 그 자체로도 그 점을 입증하는 데 충분하다. 국부 코시모에 대한 기억에 그렇게 각별히 호소하는 행위는 피코 델라 미란돌라나 조반니의 경우라면 전혀 무의미했을 것이기 때문이다. 그것은 사실상 불행자 피에트로 이외에는 적용할 만한 사람이 없다. 이 그림은 피에트로가 추방된 지 1~2년 새에 그려진 게 분명하다. 다만 피에트로를 그린 것인지 아니면 추방된 메디치가의 다른 사람을 그린 것인지가 문제가 될 뿐이다. 보티첼리는 위대한 자 로렌초의 '궁정 화가'로서 거의 그 집에서 살다시피했으므로 피에트로가 어릴 적부터 잘 알고 있었고, 처음에는 피에로 일 고토소 때문에, 그리고 나중에는 로렌초 때문에 그 가문이 피렌체에서 쫓겨난 것을 슬퍼하고, 그들의 모든 보물들이 약탈되고 그 대저택이 파괴된 것을 애도했을 것이다. 그가 양각 메달의 인물을 선정한 이유는 평소의 방식대로 그림으로 하여금 스스로 말하게 하려는 뜻에서였다.

―――――

이처럼 메디치가 제5대째에 그 나라에서 두 번째로 추방된 경위를 살펴보았는데, 이제 피렌체가 과거 60년 동안 누려온 모든 권력과 부를 잃어버린 18년의 기간에 들어가기 전에 이 가문이 그 역사 100년 동안 성취한 업적을 잠시 개관하고, 그들 역사의 이 부분에 관해 제기된 두 가지 비판이 얼마만큼이나 정당한지를 생각해 봐도 무방할 것이다.

1400년도의 상황을 되돌아보면 메디치가가 명성을 얻을 수 있었던 두 가지 근거가 떠오른다. 첫째는 그들이 피렌체를 그렇게 높은 지위로 끌어올린 것이고, 둘째는 학문과 예술 분야에서 그들이 이룩한 업적이다.

가세(家勢)와 영향력이 주위의 다른 가문들보다 나을 게 없는 보잘것없는 상태에서 출발한 메디치가는 피렌체를 사실상 이탈리아의 수도의 지위까지 점차 끌어올리되, 과거의 경쟁국들이던 피사, 루카, 시에나, 만투아, 페라라, 우르비노 등보다 국력에서 능가했을 뿐 아니라, 하나의 도시로서의 웅장함과 번영과 지적인 면에서도 심지어 로마, 베네치아, 밀라노, 나폴리를 능가했다. 당시 이탈리아에서 이 도시들과 경쟁할 만한 도시는 없었다. 메디치가가 추방되고 샤를 8세의 군대가 피렌체에 입성했을 때, 전하는 바로는 "그들은 당시 프랑스의 어느 도시도 흉내 낼 수 없을 만큼 웅장한 도시를 보았고, 궁전들과 공공 건물의 웅장한 자태,[14] 그 주민들의 문화와 세련된 외모를 보고서 놀라 입을 다물지 못했다. 그들은 그 곳이 자기 나라보다 우월하다는 것을 시인했다"고 한다.

그러나 두 번째 점이 훨씬 더 중요하다. 메디치가는 학문과 예술을 후원하되, 사람들이 아직 그 가치를 충분히 이해하지 못하던 시기에 그 분야에 막대한 재산을 쾌척함으로써 인류 전반에 끼친 항구적인 유익 때문에 명성을 얻을 자격이 있다. 이렇게 후한 후원은 학문의 재생에 특히 중요했다. 왜냐하면 그것은 당시의 모든 가문들 중에서 오로지 메디치가만이 지불할 수 있었던 그런 막대한 비용이 없었더라면 이루어질 수 없는 작업이었기 때문이다. 그리고 메디치가가 네 대에 걸쳐 재산을 쏟아붓되, 당대의 관행대로 부를 과시하기 위해 그렇게 하지 않고 학문의 재생과 예술의 발전을 위해 그렇게 했다는 것은 인류를 위해 유익한 일이었다. 오늘날 유럽은 그들의 이같은 특성의 결실을 거두고 있으며, 그들이 특별한 분야에서 행한 모든 일에 대해 각별히 감사를 표해야 할 의무가 있다.

---

14) 그럼에도 불구하고 이 군대는 이미 밀라노, 파비아, 피아첸차, 피사, 그리고 그밖의 이탈리아 도시들을 다 구경하고 왔다.

메디치가가 자기 나라의 자유를 빼앗고 전제 군주로 군림했다는 비판을 다시 한 번 검토해 보자. 이 비판은 '자유'와 '전제'라는 단어의 올바른 뜻을 상당히 왜곡한 게 아닌가 하는 생각이 든다. 메디치가가 앗아간 유일한 '자유'는 피렌체의 삶을 항구적인 정쟁(政爭)으로 만든 피차 물고 물리는 투쟁에 들어가는 자유였다. 그런 정쟁의 상황에서는 과거 어떠한 정부라도 시민의 생명과 재산을 보호할 수 없었다. 메디치가는 자유를 크게 제약하지 않았고, 당시 피렌체에서의 삶은 오늘날 여느 현대 국가에서 사는 것만큼이나 자유로웠다. 한편 '전제'라는 단어에 대해서는 전제 정치란 군주의 행동이 전제적이거나 백성의 의지와 상반될 때 그를 뒷받침하고 보호해 줄 친위대가 없으면 존재할 수 없다는 점만 파악해도 충분하다. 재산만 가지고는 전제 정치를 할 수 없다. 아무리 돈을 뿌려 시민 다수의 참정권을 매수한다 할지라도 그 권력은 여전히 시민 다수가 던지는 표에 근거해 있고, 소수는 전제 군주에 해당하는 권력을 불러낼 수 없기 때문이다. 메디치가의 통치는 오로지 인기에 근거를 두었고, 그런 기반에서 이루어지는 통치란 전제를 할 만한 권력을 갖고 있지 못한 법이다. 이것은 로렌초가 죽은 지 2년 뒤에 그가 유일한 권력 기반으로 삼은 인기가 사라졌다는 단 한 가지 이유만으로 피렌체가 일언지하에 그의 계승자와 전 가족을 추방한 사실로써 충분히 입증되었다.

메디치가에 대해서 일반적으로 제기되는 이론은 그들이 권모술수를 써서 피렌체에서 권력의 자리에 올랐다는 것이다. 그러나 그렇지 않았다. 권모술수만 써가지고 줄곧 성공을 거듭한 사람들은 없는 법이다. 유럽에는 그런 권모술수에 그렇게 감쪽같이 넘어갈 인종이 없다. 국정 수행에 탁월한 능력을 보였기에, 접촉했던 사람들을 대할 때 항상 넓은 도량을 보였기에, 시민들은 귀족들의 압제에서 보호해 주었기에, 거만하지 않고, 간교하고 잔인한 대적들을 슬기롭게 물리치고, 동료 시민들을 위해 개인 재산을 쓰는 데에 인색함을 몰랐기에 그런 성공을 거둘 수 있었던 것이다. 바로 이런 덕성들이 있었기에 메디치가는 피렌체의 권좌에 올랐다. 볼테르(Voltaire)는 메디치가에 대해서 "그렇게 이름 하나만 가지고 권력을 유지한 가문은 없었다"고 말함으로써 그 점을 방증한다. 만약 메디치가가 재력이나 권모술수로 권력을 잡았다면 볼테르 같은 사람이 그런 진술을 했을 리가 없다.

두 가지 비판 중 두 번째에 관해서 생각할 때, 3세기 동안 메디치가의 다섯 세대에 퍼부어진 온갖 신랄한 비판들 중에서 조반니 디 비치, 피에로 일 고토소, 위대한 자 로렌초, 불행자 피에트로에게 살인 혐의가 가해진 적이 없다는 것은 대단히 의미심장하다. 카발칸티(Cavalcanti)가 국부 코시모에 대해서 발다치오 당기아리의 죽음에 개입했다고 비판한 한 가지 사례 — 신뢰할 만한 사가들이 한결같이 부정하는 — 만 제외하면, 백여 년을 이어온 메디치가의 이 다섯 세대는 살인과 무관하게 살았던 셈이다. 그럼에도 불구하고 유럽사에서 이 시기(1400~1503)는 그런 범죄가 유난히 많이 저질러진 시기였고, 다른 나라의 기록들은 이 시기에 군주들이 살인을 자행한 명백한 사례들을 많이 열거하고 있다.

위대한 사람은 평범한 사람보다 더 혹독한 비판을 받는 게 이치일 것이다. 메디치가의 경우가 그랬다고 할 수 있다. 당시의 역사는 권력을 잡는 과정에서 오로지 치부하는 것 외에 다른 숭고한 목적도 없이 많은 피를 흘린 가문들의 사례로 가득하다. 그럼에도 불구하고 애국적인 노선을 취한 메디치가는(비록 그 정도가 어땠는지 논란이 되지만) 남들보다 숭고한 목적을 지녔음을 분명히 드러냈는데도 다른 가문들이 받아본 적이 없는 혹독한 비판과 정죄를 받았다. 동서고금을 통틀어 유례가 없을 만큼 거액의 사유 재산을 털어 사회의 유익을 위해 써온 가문에게 "짓밟힌 백성의 고혈을 짜내 치부하고 그것으로 권력을 유지하기 위해 독재를 했다"는 비판이 가해졌다. 메디치가의 그런 활동에 수입원이 되어준 것은 피렌체인들이 아니라 런던, 파리, 리옹, 브뤼헤, 제노바, 베네치아의 시민들이었고, 그 가문은 그렇게 번 돈을 자기들을 위해서는 최소한도로, 피렌체를 위해서는 최대한도로 사용했다.

또한 그들이 "전제 군주가 되기 위해 피렌체의 자유를 말살했다"는 주장도 그들의 통치를 같은 시기의 프랑스 루이 11세나 영국 헨리 8세의 통치와 비교하거나 "피렌체 시민들이 메디치가 밑에서 프랑스인들이나 영국인들보다 고차원적 대의 정치를 누렸다"는 점을 확인하면 설득력을 잃는다. 만약 메디치가가 이런 식으로 통치하지 않았다면 파치가, 카포니가, 스트로치가 같은 피렌체의 경쟁 가문들이 과거에 도나티가, 체르키가, 알비티가가 그랬듯이 다양한 저항 운동을 일으켰을 것이다. 그랬다면 피렌체가 자기들의 역사를 기억할 때 그토록 자부심을 갖게 되는 평화와 번영도, 국가적인 중요도와 문화적인 명성도 존재하지 않았을 것이다.

좀 더 넓은 견지에서 바라봐도 그런 비판은 설득력을 잃는다. 15세기의 상당 기간 동안 메디치가의 통치는 내분을 잠재우고, 국제 정치 무대에서 피렌체의 위상을 높이고, 학문과 예술에 대한 본격적인 후원으로 피렌체를 주변 국들이 한결같이 부러워하는 나라로 만들었다. 다른 나라들이 정치와 예술에서 그만한 발전을 이룩하지 못한 이유는 메디치가와 같은 역량 있는 가문이 없었기 때문이다. 따라서 예술 수준에서 메디치가가 부상할 시점에 피렌체와 시에나가 비슷한 수준이었으나 그 뒤로는 더 이상 경쟁 상대가 없어졌다는 것이 종종 지적되는 점이다. 랭턴 더글라스(Langton Douglas) 교수에 따르면, 국력도 그 전까지는 시에나가 피렌체와 비슷했지만, "메디치가의 통치로 피렌체에서 더 이상의 정쟁이 불가능하게 됨에 따라" 피렌체보다 훨씬 뒤처지게 되었다고 한다. 따라서 메디치가는 다른 모든 국가들이 피렌체의 부국강병의 동인으로 꼽는 그 점을 이유로 비판을 받아온 셈이다.

# 제11장

# 대공위(大空位) 시대(1494–1512)

피에트로가 가족을 이끌고 피렌체에서 탈출하던 바로 그 날, 샤를 8세는 피사에 입성하여 피사가 "피렌체의 멍에에서 해방되었다"고 선언했다. 시뇨리아는 사보나롤라가 포함된 사절단을 샤를에게 보내 피사에 대한 그 조치에 항의하고 그를 매수하려고 했으나, 그들이 얻어낸 것은 "짐이 그 도시에 들어가면 한 사람도 빠짐없이 나와 도열해야 한다"는 지시뿐이었다. 일찍이 사보

왕 샤를 8세의 군대가 1494년 11월 17일 피렌체에 입성하는 모습. 그라나치 작. 왼쪽에서 메디치 궁전의 모퉁이를 볼 수 있다

나폴라는 외국 침략자가 방탕한 이탈리아의 국가들을 징벌할 것이라고 예언한 바 있는데, 이제 그중 첫 나라가 어떤 형태의 징벌을 받을 것인가를 확인해야 할 참이었다. 피렌체 공화국 정부는 프랑스 왕의 진입을 막지 못한 무능을 들어 피에트로를 추방했지만, 막상 스스로 같은 입장에 부닥쳐 보니 자기들도 어찌해 볼 도리가 없었다. 여드레 뒤에 샤를 8세가 정복 군주의 당당한 태도로 피렌체에 진입했다. 피렌체인들은 울며 겨자 먹기로 2만 명의 프랑스 군인들에게 숙식을 제공했다. 그렇게 남의 나라 군대를 품안에 끌어들인다는 것은 대단히 위험한 일이었다. 사소한 사건 하나로도 온 도시가 순식간에 약탈과 공격에 휩싸일 수 있었다. 그러니 피렌체인들이 과연 어떤 표정으로 이 군대의 입성 행진을 지켜보았을지 넉넉히 짐작할 수 있다.

이것이 유럽인들이 목격한 최초의 상비군이었다. 그 뒤 400년 동안 상비군이 발전한 경위는 어느 정도 알려졌기 때문에, 이 최초의 상비군의 면면을 들여다보는 것은 자못 흥미로운 일이다. 1494년 11월 7일 프레디아노 성문 앞에 인산인해를 이룬 군중 틈에 끼어 피렌체에 입성하는 프랑스 군대의 모습을 살펴보자.

이 군대는 "프랑스 기사단의 꽃"인 기병 3,000명, 가스코뉴의 보병 5,000명, 스위스의 보병 5,000명, 브르타뉴의 궁수 4,000명, 쇠뇌병(cross-bowmen) 2,000명, 그리고 줄지어 들어온 막강한 포병으로 구성되었고, 대포는 황소대신 말이 끌게 했는데 당시로서는 처음보는 진풍경이었다. 이 군대의 위용은 그 시대 연대기 저자의 글에 자세히 묘사되어 있다. 그는 틀림없이 그 날 코앞에서 프랑스 군대의 피렌체 입성 광경과 그들의 상세한 모습을 지켜보고서 그 글을 썼을 것이다.

"프랑스 왕은 포르타 산 프레디아노를 통해 피렌체에 입성했다. 말을 타고 들어오는 그의 양 옆에 두 명씩 네 명의 기사가 화려한 차양을 받쳐들었고, 양 옆에 고위 장성들이 말을 타고 수행했다. 그 뒤를 호위대가 따랐는데, 휘황찬란한 제복을 입은 프랑스의 준수한 청년 1백 명과 기사 2백 명으로 이루어진 이 호위대는 도보로 대오를 맞춰 들어왔다. 그 뒤에 다채로운 색깔의 멋진 제복에 번쩍이는 미늘창을 든 스위스 호위대가 들어왔고, 그들의 장교들은 투구에 깃털이 풍성하게 달려 있었다 … 중앙은 키가 작고 날렵하고 활기찬 가스코뉴 사람들로 이루어졌으며, 이들의 행렬은 도무지 끝날 줄을 몰랐다. 이들의 후미가 지난 뒤 기병대가 들어오자 그들의 준수한 외모에 모두들 탄성을 질렀다. 프랑스의 귀족 청년들은 거기에 다 모여 있는 것 같았다. 이들은 문장이 새겨진 방패를 들고, 화려한 양단 외투를 입고, 금으로 수놓은 벨벳 깃발을 들고, 금사슬과 금장신구를 부착하고 있었다. 흉갑 기병들은 그 외모가 무시무시했으며, 그들이 탄 말들은 귀에서부터 꼬리까지 털을 짧게 깎아 괴물처럼 보였다. 그 뒤에 궁수들이 들어왔다. 스코틀랜드와 다른 북부 나라들에서 온 키가 훤칠한 사람들로서, 사람이라기보다 야수에 가까웠다.”[1]

이 연대기를 기록한 귀치아르디니(Guicciardini, 당시 열두 살 소년)는 프랑스 군대의 행렬을 다 소개한 뒤에 이렇게 말했다: “(그것은) 대단히 장엄한 광경이었지만, 그 광경을 본 구경꾼들은 두려움과 공포에 잔뜩 질려 안색이 좋지 못했다.” 무능하면서도 이 가공할 군대를 일으킨 청년 샤를 8세에 관해서는 그가 키가 작달만하고 흉하고 기형인데다 무식했고, 하는 일마다 지혜와 판단력의 결핍을 드러냈다고 한다. 반면에 필립 드 코미네(Philippe de Commines)는 그가 “허약하고 고집세고 어리석은 모사들에 둘러싸여 있었다”고 한다. 이런 청년의 손에 피렌체의 운명이 맡겨지게 된 것이다.

프랑스 군대는 주민들의 반대에도 아랑곳없이 도시에서 숙영했고, 샤를은 약탈되고 훼손된 메디치 궁전으로 직행하여 그곳에 사령부를 설치했다. 다음 날 피렌체 정부와 조약을 체결하기 위해 그곳에서 시뇨리아를 소집했다. 미리 준비해 가지고 온 조약안은 피렌체의 입장에서 볼 때 매우 굴욕적인 내용을 담고 있었다. 그러나 피렌체의 옛 기질이 여전히 강해서 조약안이 낭독될 때 시뇨리아 의원들은 완강히 거부했다. 그러자 왕은 벼락같이 호통을 치면서 만약 조약안에 당장 서명하지 않으면 전쟁을 불사해야 할 것이라고 단언

---

1) *Storia di Firenze*, by Cerretani.

했다. 나팔을 불어 군대를 결집시킨 뒤 도시를 쑥밭으로 만들겠다고 위협했다. 이 말을 듣고 있던 시뇨리아 의원 피에로 카포니(Piero Capponi)는 "만약 당신이 나팔을 분다면 우리는 우리 종을 칠 거요"라는, 훗날 피렌체의 속담이 된 유명한 말을 했다. 샤를은 그 말이 무슨 뜻인지를 알았다. 바로 전날 허위 경보가 발령되어 그 종이 울리는 것을 잠깐 보았기 때문이다. 그것은 '라 바카'(La Vacca)라는 거대한 종이었다. 그 종은 팔라초 델라 시뇨리아의 탑에 달려 있었는데, 그것이 피렌체에 울려퍼지면[2] 도시의 남자들이 삽시간에 무기를 들고 거리로 쏟아져 나와 여러 지역에 흩어져 숙영하고 있던 프랑스 군대가 채 전열을 정비하기도 전에 그들을 공격할 것이었다. 벌집을 건드리는 것과 다를 바 없었다.

샤를은 잠시 생각에 잠긴 뒤 혼잣말로 뭐라고 욕설을 내뱉고는 조약안을 철회했고 그로써 피렌체는 위기를 면했다. 덜 굴욕적인 조약안이 작성되어 체결되었다. 물론 새로 작성된 조약안도 피렌체를 위해서는 불행자 피에트로가 얻어가지고 왔던 조약안보다 조금도 나을 게 없었다. 그 골자는 피사와 요새들인 사르차나, 사르차넬로, 리파프라타, 피에트라산타를 나폴리 정복이 완료될 때까지 샤를의 소유로 남겨둔다는 것과, 피렌체가 그에게 120,000듀캇을 배상한다는 것이었다. 이틀 뒤 샤를은 전열을 정비한 뒤 로마를 경유하여 나폴리로 가기 위해서 행군을 시작했다.

샤를이 로마에 도착하기 전에 교황 알렉산데르 6세는 산 안젤로 성에 피신했다가 권유를 받고 나와 카이사르 보르자(Caesar Borgia)를 볼모로 내주었다. 샤를은 로마에서 한 달을 머문 뒤 나폴리로 진군했다. 나폴리 왕 알폰소 2세(Alfonso II)는 올란토 전투에서 투르크족과 싸울 때 발휘한 용맹으로 큰 명성을 얻은 바 있는, 용기와 지략이 뛰어난 사람이었다. 그런데도 이번에는 자기 왕국을 방어할 생각을 하지 않았다. 프랑스 군대의 전력에 지레 겁을 먹고 시칠리아로 도망친 것이다. 샤를은 1495년 2월 22일 정복자로서 나폴리

---

2) 그 소리는 암소 울음과 비슷하여 그 그윽한 소리가 울려퍼지면 사람들은 "라 바카 무자"(La vacca muggia, 라 바카가 운다)고 말했다. 총동원령이 내려졌다는 뜻이었다. 그 소리는 피렌체 모든 곳에서 들을 수 있었다.

에 입성했다.

그러나 샤를이 그곳에서 승리에 도취하여 주연으로 나날을 보내고 있는 동안 그를 제재하기 위한 가공할 동맹이 결성되었다. 황제 막시밀리안, 아라곤왕 페르디난도, 교황, 베네치아, 그리고 심지어 이탈리아를 침공하도록 샤를을 끌어들인 루도비코 스포르차도 이 동맹에 가담했다. 한편 샤를의 군대는 나폴리에서 방탕한 생활을 일삼던 중 병이 돌아 전력이 급속히 쇠약해졌다. 샤를은 아무런 안전책도 확보하지 못한 상황에서 철군을 결정하고 프랑스로 서둘러 행군을 시작했다. 일부 병력을 나폴리에 남겨둔 채 6월 초순에 로마와 시에나를 경유한다는 계획을 세우고 행군을 재촉했다. 그러나 동맹군은 그를 가로막기 위해 아펜니노 산맥 북쪽 기슭에 40,000명의 병력을 결집시켜 놓고 기다리고 있었다. 질병으로 인한 병력 감소와 나폴리에 남겨둔 병력 때문에 샤를의 군대는 9,000명으로 줄어 있었다. 그는 6월 13일에 시에나에, 6월 29일에 폰트레몰리에 도착했다. 그곳에서 아펜니노 산맥을 넘었는데, 산맥을 넘는 데만 6일이 걸렸다. 전투는 7월 6일 아펜니노 산맥 북면의 포르노보를 흐르는 타로 강 둑에서 벌어졌다. 프랑스 군은 포병을 산맥 너머로 이동시키는 데 무척 애를 먹었고, 그러느라 상당수 병력이 전투에 늦게 가담했다.

이 전투는 기간은 매우 짧았으나 2백 년간 이탈리아에서 벌어진 전투 중에서 가장 피를 많이 흘린 전투였다. 이 전투에서 이탈리아인들은 참패하여 그들의 부사령관 만투아 후작의 삼촌 로돌포 곤차가(Rodolfo Gonzaga)를 비롯한 3,000명의 병사를 잃었다. 코미네에 따르면 프랑스군은 불과 백 명을 잃었다고 하지만, 이탈리아 저자들은 그 수가 천 명이었다고 한다. 샤를은 용기는 뛰어났으나 지휘력은 형편 없었다. 그럼에도 불구하고 프랑스군은 적군을 패퇴시키고서 아스티를 향해 행군을 계속했다. 하지만 계속해서 험한 산길을 가느라 군수 물자를 대부분 적군에게 약탈당했다. 따라서 양 진영이 서로 이겼다고 주장할 만하게끔 되었다. 샤를은 7월 15일 아스티에 도착하여 10월까지 체류하다가 프랑스로 돌아갔다. 그 뒤 나폴리 왕이 나폴리를 다시 탈환했다. 따라서 샤를 8세가 이 원정을 감행하여 남긴 유일한 결과는 원정을 위해 끌어다 쓴 빚뿐이었다.

샤를 8세가 창설한 상비군의 막강한 위력은 포르노보 전투에서 극명하게 드러났다. 그 전투에서 동맹군은 40,000명에 달했으나 샤를은 고작 9,000명이었다. 샤를의 군대는 매우 열악한 조건에서 싸웠다. 질병으로 전력이 약화되었고, "긴 행군에 제대로 먹지도 자지도 못해 지쳐 있었으며," 어떤 군대라도 전력을 충분히 발휘할 수 없었던 험준한 고개를 천신만고 끝에 넘자마자 전투를 벌여야 했다. 반면에 적군은 "원기 왕성하고 전열을 잘 가다듬고 있었으며,"[3] 강둑 위에서 외길을 차단한 채 그들을 기다리고 있었다. 그럼에도 불구하고 프랑스 군이 공격을 가하자 이탈리아군은 "월등한 수에도 불구하고 한 번 된 맛을 보고는 도망치기 시작했고, 전열을 재정비하여 싸우자는 설득마저 먹혀들지 않았다." 샤를의 군대는 수가 적군의 1/4도 안 되고 지휘관도 형편없었고 온갖 불리한 여건에 놓였으나, 적군의 후미를 기습하고, 타로 강의 통로를 확보하고, 공격 저지선을 뚫고 계속 진군함으로써 비록 후미의 군수물자를 적군에게 노략당하긴 했으나 승리를 거두었다. 포르노보는 상비군의 전력이 최초로 시험된 전장이었고, 그 결과는 상비군의 전력이 이전까지의 군대에 비해 얼마나 우월한지를 잘 보여 주었다.

샤를 8세의 이탈리아 원정으로 즉각적인 결과는 나타나지 않았다. 그러나 그 원정은 유럽 역사의 전환점이 될 만큼 머지 않아 대단히 중대한 결과를 내게 되었다. 미셸레(Michelet)는 그 원정이 "이탈리아를 알프스 이북 나라들에 알리는 데 적지 않게 기여했다"고 말한다. 앞서 언급한 새 시대의 문이 이 원정으로 열린 것이다. 이 때를 계기로 북부 국가들은 유럽의 정치 무대의 상석에서 이탈리아 나라들을 몰아내게 되는데, 이 과정은 이탈리아가 끊임없이 전쟁에 휩싸이게 된 상황으로 인해 가속되었다.

그런 식으로 18년의 세월이 흐르는 동안 피렌체는 메디치가를 자기 영토에 단 한 발짝도 들여놓지 못하게 했고, 그들의 귀환 노력을 모두 무산시켰다. 그 가문의 복권을 추진하는 자는 사형으로 엄히 다스렸다. 1497년 일흔두살의 노인으로서 곤팔로니에레 직을 세 번이나 지낸 베르나르도 데 네로(Bernardo

---

3) Symonds.

de Nero)가 이런 혐의로 체포되어 참수형을 당했다.

메디치가가 피렌체를 다스린 역사의 관점에서 볼 때 '대공위 시대'(大空位時代, Interregnum)라고 부르는 게 편한 이 시기(1494-1512)는 교황 알렉산데르 6세와 율리우스 2세의 재위에 해당하며, 이탈리아와 유럽의 역사에서 크고 작은 사건들이 이 시기에 많이 발생했다. 그러나 부국강병의 비결을 알고 있는 가문에 더 이상 지배를 받지 않게 된 피렌체는 이런 사건들에 주체적으로 참여하지 못했고, 그러한 정도는 이탈리아의 다른 나라들보다 훨씬 못하였다. 사방에서 국가의 힘겨루기가 진행되는 동안 피렌체는 시시콜콜한 국내 정치 문제에 몰두하고 있었고, 그러다가 결국 그 대가를 톡톡히 치르게 되었다. 오늘은 이쪽 용병들에게 내일은 저쪽 용병들에게 보조금을 지불하느라 무거운 세금 부담을 짊어져야 했고, 카이사르 보르자에게 함락되는 운명을 피하려는 일념으로 굴욕적인 자세를 취해야 했다.

따라서 피렌체에 관한 한 이 시기의 기록은 내부 불화와 악정으로 온통 얼룩져 있다. 대립 파벌들 사이에 싸움이 그칠 날이 없었고, 한 달이 멀다 하고 헌법이 개정되었고, 행정은 완전히 부패했고, 대외적으로는 외교 역량을 완전히 상실했고 대내적으로는 무정부 상태와 불의와 곤궁이 만연했다. 이것이 이 시기의 지배적인 특성이었다. 따라서 메디치가가 무대를 떠난 뒤에 발생한 사태만큼 그 가문이 발휘한 통치의 우수함을 입증해 줄 수 있는 것은 다시 없었다. 어떤 이들은 피렌체가 이런 상태로 전락한 원인이 그 가문이 피렌체인들의 원기를 앗아갔기 때문이라고 주장하면서 여기서조차 그 가문에 대한 비판 거리를 찾으려고 했다. 그러나 그런 상태란 단지 메디치가가 등장하기 전으로 돌아간 것일 뿐이다. 피렌체를 그러한 격동에서 지켜줄 수 있었던 유일한 세력이 제거되자 다시 그런 상태가 찾아온 것일 뿐이다.

이 기간의 처음 4년 동안(1494-1498) 국정은 사보나롤라가 주도했다. 샤를 8세가 떠

지롤라모 사보나롤라, 1452-1498,
프라 바르톨로메오 작

산 마르코 수도원 봉쇄구역. 미켈로초가 코시모 데 메디치의 의뢰로 이 수도원 재건 공사를 맡았다. 사보나롤라는 1491년 이곳의 수도원장이 되었다.

나자 끊임없는 내분으로 정부 형태가 이렇게 저렇게 바뀌다가 마침내 사보나롤라가 실세가 되면서 한동안 질서를 되찾게 되었다. 사보나롤라는 헌법을 베네치아의 노선으로 개정하라는 백성의 요구를 받아들여 본인이나 아버지, 할아버지 혹은 증조 할아버지가 고위 관직을 맡은 적이 있는 스물아홉살 이상의 모든 시민들로 구성되는 대 시의회(the Grand Council)를 설치했다. 의원 수는 1,000명으로 제한했고, 여섯 달마다 교체하였다.[4] 사보나롤라는 아울러 피렌체인들이 중독된 사치와 방탕을 제어하려고 부단히 노력하여 한동안 가시적인 성과를 거두었다. 그가 일으킨 비범한 운동은 다른 데서 예를 찾을 수 없는 것이었다. 피렌체는 한동안 청교도적 옷차림을 하고 지냈다. 그리고 그 효과는 성향이 각기 다른 많은 사람들에게 나타났다. 바초 델라 포르타(Baccio della Porta)는 산 마르코 수도원의 수사가 되고 이름을 프라 바르톨로메오로 바꾸었다. 넬라 로비아 가문의 두 사람은 사제가 되었다. 로렌초 디 크레디(Lorenzo di

---

4) 팔라초 델라 시뇨리아(베키오 궁전)의 대 연회실은 사보나롤라가 이 대 시의회를 수용하기 위해서 건축했다.

Credi)는 여생을 산타 마리아 노벨라 수도원에서 보냈다. 보티첼리는 사보나롤라의 열정적인 제자가 되어 그의 설교에서 착상을 얻은 그림만 그리려고 했다. 유명한 민담 작가 크로나카(Cronaca)는 사보나롤라 이야기만 하려고 했다. 미켈란젤로는 죽을 때까지 그 위대한 설교자의 우렁찬 음성과 열정적인 몸짓을 생생히 기억했고, 노년에는 그의 설교를 기억해내 묵상했다.

시뇨리아 광장이 목격한 숱한 주요 정경들 중에 1497년 카니발 기간에 온 시민들이 모인 가운데 세상적 유혹 거리들, 이른바 '헛된 것들'을 모아 불사른 것만큼 주목할 만한 정경은 없다. 하퍼드(Harford)는 「미켈란젤로의 생애」(*Life of Michelangelo*)에서 이렇게 말한다:

> "시뇨리아 광장 맞은편에 피라밋 형 건조물이 들어섰다. 맨 밑에는 가발, 가짜 수염, 가장 무도회용 의복, 화장품 단지, 카드와 주사위, 거울과 향수, 구슬과 장신구가 눈에 띄었다. 그 윗 단에는 책들과 그림들, 흉상들과 피렌체 미인들의 초상화들이 놓였다 … 심지어 프라 바르톨로메오는 자신의 장서들을 가져다 놓을 만큼 열정에 사로잡혔다. 사보나롤라의 또다른 헌신적인 추종자였던 로렌초 디 크레디도 똑같이 행동했다 … 시뇨리아 의원들은 발코니에서 내려다보았다. 불경스런 도둑들을 막기 위해서 경비병들이 서 있었다. 불길이 치솟자 성가가 터져 나왔고, 군중들은 나팔과 종 소리에 맞춰 '테 데움(찬송가)'을 불렀다."

그러나 결국 시민들은 평소에 즐기던 '헛된 것들' 없이 살다보니 싫증이 났다. 아울러 그 때까지 피렌체의 오류들을 질타하는 데 초점을 맞춘 사보나롤라의 설교가 훨씬 더 큰 로마의 죄악들을 겨냥하여 울려퍼지고, 교회 개혁을 촉구하기 시작했다. 그리고 그러한 개혁이 절실히 필요한 시기였다. 로마에서 벌이고 있는 작태는 사방을 분노로 들끓게 하고 있었다. 1492-1503년에 교황으로 재위한 알렉산데르 6세(로데리고 보르자)는 모스하임(Mosheim)에게 "교황들 중의 네로"라는 칭호를 받은 인물로서, 후안무치한 탐욕, 배신, 잔인, 방종으로 교황청을 10세기의 암흑 시대 이래 도덕적으로 가장 밑바닥으로 끌고 내려갔다. 그의 정책은 오로지 한 가지 고려에 의해서 집행되었다. 그것은 수단과 방법을 가리지 않고 작은 나라들을 될 수 있는 대로 많이 차지하여 자기 아들 카이사르 보르자 — 랑케(Lanke)가 '범죄의 명수'라고 부른 — 를 군주로 앉히려는 것이었다.

당시 교황의 인품이란 게 그 정도였으므로 사보나롤라 같은 근실한 개혁자가 교황청을 향해서 온 유럽인들의 정서가 되어가고 있던 목소리를 내지 않을 수가 없었다. 그의 설교는 교황청의 죄악을 비판하고 교회 개혁을 위한 총공의회 소집을 촉구하는 내용으로 시작했다. 그러나 알렉산데르 6세도 카이사르 보르자도 80년 전에 교황 요한 23세에게 닥쳤던 그런 운명을 받아들일 의사가 눈곱만치도 없었으며, 만약 로마에서 그런 설교를 했다면 사보나롤라의 목이 남아나지 않았을 것이다. 그러나 교황은 피렌체에 있는 그를 그리 쉽게 제어할 수 없었다. 교황은 그의 입을 다물게 하고 그를 자기 권력 아래 두려고 무척 애를 썼으나 한동안 성공을 거두지 못했다. 그 결과 피렌체인들 사이에 그의 인기는 더욱 치솟았다.

그러나 피렌체는 더 이상 강한 정부도 없었고, 한때 성내에서 선동을 시도하던 대주교를 매달고 교황을 능멸할 때 지녔던 통일된 시민적 역량도 없었다. 오히려 지금은 상황이 정반대였다. 도시는 가지각색 파벌로 분열되었고, 정부도 유약한 데다 부패했기 때문에 개혁을 외치는 설교자를 반대하고 교황의 촉수가 되어 활동할 태세가 되어 있는 정파가 언제든지 일어날 수 있었다. 그랬기 때문에 1498년 알렉산데르 6세는 피렌체에 사절단을 보낼 수 있었고, 그들은 곧 시뇨리아를 설득하여 교황의 하수인으로 행동하도록 만들 수 있었다. 이들이 저지른 죄악은 그것을 지시한 교황과 그것을 집행한 정부에게 영원히 씻지 못할 불명예가 되었다. 한편 사보나롤라는 여러 나라 군주들에게 편지를 보내 총공의회를 소집하라고 촉구했다. 따라서 교황은 어찌하든지 빨리 손을 써서 그를 처단하려고 안간힘을 다했다. 바로 그 무렵 사보나롤라가 주로 의존하던 샤를 8세(비록 그것이 상한 갈대를 의존한 꼴이었지만)가 1498년 4월 5일에 앙부아즈 성 꼭대기에서 떨어져 죽은 것은 그에게 불행한 일이었다. 샤를의 뒤를 그의 먼 사촌 루이 12세가 계승했다.

4월 7일 프란체스코회의 경쟁 파벌이 사보나롤라에 대해서 불에 의한 시죄(試罪, ordeal)로 시시비비를 가리자고 도전했다(시뇨리아는 시죄를 계획한 적이 없으나, 경쟁 파벌에 의해 정교한 준비가 이루어지고 있었다). 이 도전으로 사보나롤라는 인기를 크게 잃었다. 마지막 순간에 시죄 도전을 거부함으로써 시민들로부터 격렬한 비판을 받았기 때문이다. 4월 9일 사보나롤라는 시뇨리아로부터 소환을 받았다. 산 마르코의 탁발 수사들은 그것이 사실상 고문과 죽음을 뜻했으므로 그를 내주기를 강력히 거부했고, 그 이유로 교회와 수도원은 하루종일 시뇨리아의 군대에 의해 격렬한 공격을 받았으나 용맹스럽게 항전했다. 그러나 그 날 저녁 군대가 방어를 뚫고 수도원 안으로 진입하자 사보나롤라는 동료 수사들의 피를 더 이상 흘려서는 안 되겠다는 생각에 형제들과 잠시 눈물의 작별을 고하고서 군대에게 순순히 체포되었다. 그는 팔라초 델라 시뇨리아(궁전)로 호송되어 알베르게티소라고 하는 독방에 수감된 뒤 매일 고문을 당했다. 그러는 동안 교황은 시뇨리아 앞으로 그를 사형에 처해도 무방하다는 암시가 담긴 메시지를 여러 차례 보냈다.

그럼에도 불구하고 그를 처형하는 것은 어려운 과제였다. 아무리 교황과 화친하고 싶어하던 사람들도 악한 묘책을 다 써야 겨우 가능한 일이었고, 그 결과도 이른바 불의한 재판이 될 소지가 충분히 있었다. 일찍이 어떤 정부의 재판 기록에서도 사보나롤라의 재판과 판결만큼 불명예스러운 것은 없었다. 정상적인 경우라면 형사 재판소에서 심문을 받았어야 했지만, 형사재판소를 구성한 '8인 위원회'의 재판관들이 임기가 다 끝나지도 않았는데도 사보나롤라에게 덜 적대적이라는 이유로 새로운 위원들로 교체되었다. 그러나 새 위원회마저 소기의 결과를 거두지 못할 조짐이 보이자 17인으로 구성된 특별 법원이 설치되었는데, 17명 모두 사보나롤라의 원수로 자처하는 자들이었다. 그 중 한 사람인 바르톨로 자티(Bartolo Zati)조차 사보나롤라에게 가하려는 벌이 무엇인지 알고 난 뒤 자신은 살인에 가담하지 않겠노라고 선언하고서 재판관직을 사임했다.

사보나롤라는 연속 '신문'을 당했고, 16일쯤 되는 그 기간에 하루도 빠짐없이 고문을 당했다. 하루에 열네 번이나 고문대에 올라간 적도 있었다. 그런데도 반역죄나 이단죄를 덮어씌울 만한 자백도 나오지 않고 증거도 발견되지 않자,[5] 정적들은 날조에 의존하지 않을 수 없었다. 재판관들에게 "증거가 없으면 새로 만들면 되지 않소"라고 말했던 세르 체코네(Ser Ceccone)라는 악한 공증인이 고문 도중 사보나롤라에게 답변을 받아낼 실무자로 고용되었다. 이렇게 재판 방식이 바뀌자 기대했던 결과가 나왔다. 이 마지막 순간에 사보나롤라가 기존의 답변을 뒤집었다는 주장에 대해서 하이트(Hyette)는 다음과 같이 논박한다:

> "4월 19일 사보나롤라는 자신이 심문관들에게 제출한 답변으로 꾸며진 문서에 서명했다. 심문관들이 계교로 그의 서명을 받아냈을 가능성도 없지 않지만, 그보다는 서명된 증언서가 수정되었거나 재판관들 중 한 사람이 완곡하게 말했듯이 '선한 의도로 어떤 것은 생략했고 어떤 것은 첨가'했을 가능성이 더 크다. 이 첨삭된 보고서의 위력은 대단히 커서 많은 저자들은 사보나롤라가 고문에 무너졌다고 말했고, 심지어 빌라리(Villari) 교수조차 이 견해에 마지못해 동의하면서 그의 영웅성에 대한 구차한 변명을 늘어놓는다. 그러나 그 문서는 사보나롤라를 위해할 만한 증거 가치를 지니지 못한다. 그 문서는 일부 내용이 명백한 날조이며, 어떤 부분이 첨가된 것이고 어떤 부분이 수정된 것이고 어떤 부분이 생략된 것인지 알아내기가 불가능하다. 모든 게 사보나롤라가 신체가 허약했는데도 고문대에서 꿋꿋함을 잃지 않았음을 보여 주는 경향을 띤다."[6]

5월 19일 최종 재판의 임무를 띤 교황청 재판관들이 피렌체에 도착했다. 나르디(Nardi)는 그들의 지침이 "사보나롤라를 그대로 죽이면 또 한 사람의 세례 요한이 된다"는 것이었다고 진술한다. 5월 20일과 다음 이틀 동안 사보나롤라는 그들 앞에서 세 번째로 모욕적인 재판을 받으면서 이전보다 훨씬 혹

---

5) 시뇨리아는 지체되는 것에 불평한 교황에게 보낸 편지에서 이렇게 진술했다: "여러 날 고문을 해가며 쉬지 않고 조사했는데도 그에게서 아무 혐의도 얻어낼 수 없었다."

6) *Florence*, by F. A. Hyett.

1498년 5월 2일 피아차 델라 시뇨리아(광장)에서 사보나롤라가 처형되는 정경. 익명의 예술가가 남김.

독한 고문을 당했다. 이 최종 심문의 결과는 서명되지도 않았고 공개되지도 않았는데, 이것은 그만큼 재판이 사실상 미완으로 끝났음을 보여 준다. 그에게서 이단죄나 다른 어떤 범죄를 입증할 만한 단서가 나오지 않았다. 그런데도 5월 22일 저녁, 사보나롤라는 여러 날 고문을 당하고 온갖 공갈과 부당 행위를 당한 뒤 법적으로 완료되지도 않은 재판의 결과 사형 판결을 받았다. 그와 함께 재판을 받은 산 마르코 수도원의 다른 두 탁발수사 프라 도메티코(Fra Domenico)와 프라 실베스트로(Fra Silvestro)도 같은 운명에 처해졌다. 다음날 아침인 1498년 5월 23일 세 사람은 링기에라(ringhiera)에 묶인 채 팔라초 델라 시뇨리아로 끌려나와 온갖 모욕을 당한 뒤에 화형대로 끌려 올라갔다. '헛된 것들'을 모아 불태웠던 바로 그 지점에서 전에 피렌체인들에게 잠시 추앙을 받았던 개혁자는 온 도시가 보는 앞에서 공중에 매달린 채 화형을 당했다.

이로써 피렌체는 유럽인들이 똑똑히 보는 앞에서 메디치가의 통치가 어떤 것이었는지를 여실히 반증해 주었다. 위에 언급한 그런 죄악은 현대의 여느 정부에서와 마찬가지로 위대한 자 로렌초의 치하에서도 있을 수 없는 일이었을 것이다. 이 일화에서 우리는 20년 전과 판이하게 다른 피렌체의 모습을 본다. 하나로 뭉치고 정의감에 충일하고 수많은 동맹국들을 등에 업은 교황에게도 감히 도전했던 그런 기상은 사라지고, 대신 지리멸렬한 시민과 교황의 지시 한 마디에 공의의 원칙을 죄다 내팽개치고, 정직한 피렌체인이라면 틀림없이 반대했을 방법을 언제라도 동원할 태세가 되어 있던 부패하고 굴종적인 정부를 보게 된다. 법에 대한 철저한 무시, 파렴치한 공갈, 재판관들의 부패, 그리고 파벌 싸움을 틈타 오로지 교황만 자신의 목적을 이룰 수 있었다. 이런 모든 점은 피렌체가 과거 60년 동안 위대하고 존경 받게 만들어 준 통치 세력을 잃음으로써 불과 4년 만에 얼마나 열등한 지경으로 추락했는지를 여실히 보여 주었다. 사보나롤라를 재판으로 살해한 죄악만큼 메디치가가 수립했던 통치가 얼마나 건실한 것이었는지를 반증해 주는 예도 없다.

많은 사람들에게 오랫동안 지워지지 않는 영향을 끼친 그 사건은 보티첼리에게도 영향을 끼쳤다. 1494-1498년에 사보나롤라에 의해 일어난 피렌체의 정신적 분위기의 변화는 보티첼리의 작품에도 대단히 급진적인 변화를 일으켰다. 이렇게 해서 우리는 그의 작품 활동 제3기를 접하게 된다.

(III) 보티첼리 제3기: 사보나롤라가 피렌체를 장악한 시기(1494-1498).
크로나카(Cronaca)가 사보나롤라에 관해서만 이야기할 수 있었던 것처럼, 보티첼리도 이제는 피렌체의 그 위대한 설교자의 인상 깊은 설교를 반복하는 그림들만 그릴 수 있었다. 따라서 이 시기에 접어들면 그에게서 우아한 그리스 여신들과 고전 신화를 주제로 한 그림은 더 이상 볼 수 없고, 성모와 아기 그리스도를 주제로 한 그림만 보게 된다.
그 작품들에는 근실한 사상이 흘렀다. 보티첼리는 더 이상 성모를 수태고지를 받고 기뻐하는 모습으로 그리지 않는다. 이제 화폭에 나타나는 것은 고뇌에 찬 다양한 슬픔의 성모(the Mater Dolorosa)들이다. 그리고 여기서도 한 가지 독특한 점이 나타난다. 보티첼리가 이 시기에 그린 성모는 십자가 밑에서 슬퍼하는 성모가 아니라, 장차 닥칠 일을 미리 알고서 예리한 슬픔을 품고 있는 젊은 어머니이다. 주변 사람들은 그것을 하나도 모르기 때문에 그 어머니의 슬픔을 동정해 주지 못한다. 예감으로 인한 이 슬픔이 때로는 성모에게만 스며 있고 때로는 성모와 아기 모두에게 스며 있지만, 혼자든 둘이든 지배적인 생각은 항상 그것이다. 쉬타인만(Steinmann)은 이 그림들에 관해서 이렇게 말한다:

> "다가오는 비애에 대한 예감이 성모의 영혼에 그림자를 드리우는 듯하다 … 성모는 뜨거운 사랑으로 아기를 꼭 껴안고 있지만, 매번 그 바탕에 깔린 슬픔의 그림자가 기쁨의 불꽃을 희미하게 만든다."[7]

이 모든 것은 사보나롤라의 설교와 부합하다. 그리고 여기서 우리는 그림이 4백년 전에 죽은 설교자의 말을 우리 정신에 전달할 수 있다는 사실을 확인한다. 이런 그림으로써 보티첼리는 감동적인 세부 묘사들을 많이 도입하고, 그것으로써 말하고자 하는 대상에게 자신의 의취를 전달한다. 다음 작품들을 예로 들어보자.

"석류의 성모"(the Madonna of the Pomegranate). 이 그림(원래의 액자 속에 보관됨)은 우피치 미술관 토스카나실에 걸려 있다. 아기 그리스도는 왼손에 한 입 베어먹은 석류를 들고 있고,[8] 자기를 지켜보는 이를 슬픈 표정으로 쳐다보면서, 오른손을 들고 복을 빈다. 쉬타인만은 이렇게 말한다: "이 그림에서 아기와 성모 모두 인류의 모든 슬픔을 져야 할 일을 어느 작품에서보다 깊

〈석류의 성모〉, 보티첼리, 1490년 이전

---

7) *Botticelli*, by Steinmann.
8) 석류는 교회의 상징이지만, 쓴 석류는 인간 타락의 상징이다.

이 의식한다." 그는 이 그림을 보티첼리의 최고의 걸작으로 평가한다. 이 그림은 비교하기 좋게 "마리아 찬가의 성모"의 맞은편에 걸려 있는데, 후자가 보티첼리의 초기에 그린 것인 반면에, 전자는 그 뒤 30년이 넘은 뒤에 그린 것으로서, 후자의 기조는 겸손이고, 전자의 기조는 슬픔의 예감이다.

밀라노 브레라 미술관에 소장된 "성모와 아기." 이 그림에서는 아기가 성모의 무릎에 앉아 거친 가시관과 못 세 개를 가지고 놀면서 어머니의 슬픈 표정을 의아해하는 눈으로 올려다보고 있다.

런던 국립 미술관에 소장된 "성모와 아기." 성모가 자기 무릎에 서 있는 아기를 끌어안고 있다. 아기는 어머니의 얼굴을 쳐다보면서 왜 그렇게 슬퍼하는지 궁금해하고 있고, 어머니의 얼굴과 태도는 깊은 자애를 나타내는데, 여느 그림과 마찬가지로 깊은 슬픔이 배어 있다. 이 그림은 이러저리 옮겨다니느라 심하게 훼손되어 있지만, 아기 그리스도의 얼굴은 고스란히 남아 있는데, 그 모습이 대단히 아름답다.

"성 바나바의 성모." 성 바나바 수녀원을 위해 그린 그림으로, 현재 피렌체 아카데미아 델레 벨레 아르치에 보관되어 있다. 이 그림은 아기 그리스도의 얼굴을 지웠다가 복원을 시도하는 바람에 크게 훼손되었으나, 나머지는 아름다우며, 보티첼리의 작품 중 대단히 찬사를 받는 작품이다. 두 천사가 성모와 아기 양 편에 서 있는데, 한 천사는 성모 앞에 가시 면류관을, 다른 천사는 세 개의 못을 들고 서 있으며, 다른 두 천사가 보좌의 휘장을 열어제치고 있다. 성모는 부드럽고 슬픈 표정으로 정면을 직시하고 있다. 여섯 명의 성인이 보좌 곁에 선 채 각기 다른 유형의 인간을 상징한다. 성 미카엘은 남성다운 힘과 아름다움을, 성 세례 요한은 금욕주의를, 성 암브로시우스는 강하고 실천적인 주교를, 성 아우구스티누스는 신학 지식을, 성 바나바는 가련하고 억눌린 자를 위로하는 데 바친 헌신을, 그리고 성 카테리나(St. Catherine)는 여성다운 정서를 상징한다. 쉬타인만은 이 그림에 관해서 이렇게 평가한다:

"이 그림은 마치 성모에 대한 단테의 뛰어난 성격 부여가 그림 전체의 정곡을 찌르는 듯하다(단테는 '다른 모든 피조물보다 겸손하고 높은'이라는 표현을 사용한다) … 성모는 벨벳 닫집 아래 보좌에 앉아 천사들에게 상냥한 시중을 받고 성인들의 존경을 받고 있으면서도 즐거운 기색이 없다. 슬프고 먼 하늘을 바라보는 듯한 표정으로 앞을 똑바로 쳐다보고 있다. 과연 '겸손하고 높지만', 그런데도 자신의 운명의 무게에 눌려 한숨을 쉬며, 칼이 이미 그 가슴을 찌르고 있다."

이 그림들에서 두드러지는 한 가지 다른 점에서 보티첼리는 미켈란젤로가 이끈 다음 세대의 예술가와 크게 구분된다. 보티첼리는 우리의 관심을 화가가 아닌 주제에 온통 쏟게 하고 있는 것이다. 그 그림들을 바라볼 때 생각하게 되는 것은 보티첼리가 아니다. 쉬타인만은 이렇게 말한다:

"주제에 몰입하느라 자아를 그렇게 완전히 망각한 화가는 없었다. 그는 이 그림들에서 성모의 인품에 생각을 모은다. 그 이래로 관람객에게 성모와 그리스도의 인간미를 그토록 친밀하게 느끼게 하면서도 경외와 존경을 불러일으키는 새 기법을 고안하는 데 지칠 줄 몰랐던 사람은 다시는 없었다."

(IV) 보티첼리 제4기: 사보나롤라가 죽은 뒤의 시기(1498–1510).

피렌체가 사보나롤라의 설교에 순복하는 대신 그를 단죄하고 죽이는 때가 찾아왔다. 그를 존경하던 사람들에게 남은 정서는 공포뿐이었다. 그 죄악 자체에 대한 공포이기도 했고, 그 뒤를 이은 무정부 상태와 악의 지배에 대한 공포이기도 했다. 그리고 이번에도 보티첼리의 그림들에서 사뭇 다른 변화가 일어나는 것을 보게 된다. 주변 상황의 변화로 말미암은 그의 화풍의 변화는 이번이 네 번째이자 마지막이다. 이 시기에 그린 그림은 (단테의 시를 묘사한 스케치들을 제외하면) 두 점뿐이지만 다 주목할 만한 작품들이다.

(i) "중상"(重傷). 현재 피렌체 우피치 미술관에 소장되어 있고, 그 전체적인 아이디어는 그리스 화가 아펠레스(Apelles)의 그림에 대한 루키아노스(Lucian)의 해설에서 딴 것이다.

(ii) "탄생." 현재 런던 국립 미술관에 소장되어 있다. 단테의 신곡(Divine

comedy)을 삽화로 그린 이 그림들은 1492-1497년 중 다양한 시기에 그렸지만, 완성되지 않은 채 남아 있다. 사보나롤라의 열렬한 지지자였던 보티첼리는 그의 비극적인 죽음에 크게 낙담한 채 지냈다.

"중상"이라는 유명한 그림을 어떤 이는 다음과 같이 묘사한다:

"무대는 고전 양식의 국가 법정으로서, 모든 종류의 예술 기법을 동원하여 장식했다. 높다란 아치들 틈새로 저 멀리 잠잠한 바다가 보인다. 법정 기둥들의 벽감들에는 실물 크기의 대리석 인물상들이 서 있고(오르 산 미켈레 바깥의 인물상들처럼), 모든 빈 공간마다 화려한 조각으로 장식되어 있다. 그 곳은 웅장한 르네상스 건축물로서, 지혜와 공의만 존재할 것만 같은 곳이고, 시인들과 사상가들이 바닷가의 이 웅장한 행각을 거닐면서 새로운 지적 업적을 준비할 것만 같은 곳이다. 그런데 그 대신 우리가 목격하는 것은 두려운 폭력 행위이다. 주변의 화려한 대리석과는 사뭇 대조적으로 벽들에 서 있는 엄숙하고 고결한 상들을 조롱이나 하듯이 시끌벅적한 군중이 중상을 받은 무고한 희생자를 질질 끌고서 불의한 재판관의 법정으로 데려가는데, 그 재판관은 화려하게 장식된 보좌에 앉아 면류관을 쓰고 홀(笏)을 들고 있다. 두 여성 무지(Ignorance)와 의심(Suspicion)이 불의한 재판관의 긴 당나귀 귀에 대고 뭐라고 속삭이는 동안, 그 앞에서는 시기(Envy)가 고압적인 자세로 희생자를 비판한다. 시기는 오른손으로 중상을 안내하며, 중상은 진리를 사랑하는 척하기 위해서 횃불을 들고 있다. 한 손으로는 희생자의 머리채를 사정없이 잡아당기면서 거칠게 앞으로 달려가는데, 희생자는 벌거벗기운 채 땅에 질질 끌려가면서 자신의 무고를 주장하기 위해 손가락으로 하늘을 가리킨다. 중상의 표정은 설득력 있고 교활하다. 그녀는 값진 옷을 입고 있고, 두 시종 사기(Fraud)와 기만(Deception)은 그녀의 금발머리에 신선한 장미꽃을 꽂아주느라 여념이 없다. 이들 뒤에는 (불의와 잔인을 뒤따라) 고문과 후회(Remorse)가 서 있는데, 머리에서 발끝까지 검은 상복을 입은 소름끼치는 노파이다. 그녀는 떨리는 손을 맞잡은 채 고개를 돌려 어깨 너머로 벌거벗은 채 서 있는 진리(Truth. 보티첼리의 비너스를 연상하게 하는 훌쭉한 여성)를 쳐다보며, 진리는 불의와 강포와 오류가 난무하는 그 광경을 호소라도 하듯 하늘을 쳐다보면서 손가락으로 하늘을 가리킨다."[9]

과연 이 모든 내용이 의미하는 바가 무엇일까? 얼른 보면 이 그림은 낯설고 기괴한 폭행 탓에 관람객의 시선을 딴 데로 돌아가게 한다. 그러나 이 그림에는 그 시대 역사에 관련된 나름대로의 의미가 담겨 있다. 이 그림에서 보티첼리는 후대의 사람들에게 사보나롤라가 어떤 경위로 죽었는지 그 이야기를 전하고 있는 것이다. 웅장한 르네상스식 법정으로, 시인들과 철학자들이 은거함직한 그 곳으로, 지혜와 정의의 엄격한 조각상이 서 있고, 온갖 화려한 장식이 가득한 그 곳으로 보티첼리는 과거 60년간 피렌체의 모습이 어떠했는지를 상징한다. 당나귀 귀를 가지고 전혀 격에 맞지 않은 면류관과 홀을 갖추고 보좌에 앉은 불의한 재판관의 모습과 그 앞에서 자행되는 폭행의 광경으로써 화가는 피렌체 정부가 어떤 지경이 되었는지를 상징한다. 무지와 의심, 시기와 중상, 사기와 기만으로, 화가는 그들이 사보나롤라를 죽인 동기들과 방법들을 상징한다. 반면에 후회와 진리의 인물상은 훗날 될 일에 대한 보티첼리의 예언을 상징한다.

이 그림은 1498년이나 1499년에 보티첼리가 친구 안토니오 세니(Antonio Segni)를 위해 그린 것으로서, 보티첼리 자신이 죽기 전까지는 대중에게 공개하지 말도록 당부했다고 한다. 이 말이 사실이라면 그것은 위와 같은 이론을 확증하는 데 도움이 될 것이다. 물론 이 그림이 깊은 흥미를 끄는 이유는 대화가의 그림인데다, 당시 살아 있던 사람의 입장에서 사보나롤라가 처형된 경위에 대해서, 그리고 그 때뿐 아니라 그 뒤 여러 해 동안 사보나롤라가 모진 고문 속에서 자백한 진술서의 내용이 얼마나 왜곡되었는가를 지적하는 강력한 기록이기 때문이다.

그리고 또다른 이상한 그림 한 점이 있다. 그것은 보티첼리의 유작

---

9) *Botticelli*, by Steinmann.

"탄생"(the Nativity)으로서 1500년 말에 그린 것이다(현재 런던 국립 박물관 소장). 이 그림도 사보나롤라와 그의 사후 피렌체의 정황을 가리킨다. 그림 위에 적어넣은 그리스어 글귀에서 보티첼리는 그 의미를 다음과 같이 설명한다:

> "나 알레산드로(Alessandro)는 이 그림을 1500년 말에 이탈리아가 혼란에 빠져 있을 때, 그러니까 요한계시록 11장의 성취로 둘째 재앙이 임하여 마귀가 3년 반 동안 풀려나 한참 활동하고 있는 시기에 그렸다. 요한계시록 12장에 따르면 그는 머지않아 결박될 것이고, 우리는 이 그림에서처럼 그가 짓밟히는 것을 보게 될 것이다."

그림 중앙에는 "탄생"화에 으레 나오는 인물들이 자리잡고 있는 반면에, 왼쪽과 오른쪽에는 동방박사들과 목자들이 그들에게 그 기적을 가리키는 천사들과 함께 무릎을 꿇고 있다. 옥상 위와 공중에서는 천사들이 "지극히 높은 곳에서는 하느님께 영광"(Gloria in Excelsis)이란 찬송을 부르면서 손을 잡고 춤을 추고 기쁨에 겨워 올리브 나무 가지와 면류관을 흔든다. 맨 앞에는 마귀가 숨기 위해 바위 틈으로 기어들어가고 있는 반면에, 기뻐하는 천사들이 "생명을 아끼지 아니하고 말씀을 증거한 증인들"인 사보나롤라와 두 친구 위에 임한다. 이 그림은 보티첼리의 마음에 사보나롤라에 대한 기억이 얼마나 깊이 뿌리박혀 있었는지를 보여줄 뿐 아니라, 그림 자체와 글귀로써 그 시대 피렌체에서 난무하던 죄악이 어떤 것이었는지를 아울러 증거한다. 캄비(Cambi)는 그때에 관해서 이렇게 말한다: "법정에서 배상을 청구한 시민들이 다음날 밤 거리에서 찔려 죽는 일이 빈번했고, 법관들은 무고한 유죄 판결을 일삼았으며, 거룩한 것에 대한 경외심이나 수치에 대한 두려움이 없었다."

이 시기를 지나면 보티첼리는 더 이상 그림을 그릴 수 없을 정도로 쇠약해진다. 그는 1510년 예순넷의 나이로 죽어 오니산티에 있는 아버지의 소교구 성당에 있던 아버지의 묘지에 묻혔다.

**페루지노**(Perugino)는 페루지아 사람이었으나 오랜 세월 피렌체에서 그림을 그렸고, 그곳에서 모든 걸작들을 남겼기 때문에 언제나 토스카나 학파로 분류된다. 그는 1524년에 죽었는데, 그 무렵에는 회화를 재생시키고 200년이 넘게 그 예술 분야를 주도해 온 그 위대한 학파 중 그가 거의 마지막 화가였다. 러스킨은 페루지노를 토스카나 회화 학파의 절정으로 간주한다.

피렌체에서 베로키오의 학생으로 3년을 지내고(1479-1482), 1486-1491년에 그곳에서 다양한 작품을 내놓은 페루지노는 1492년에 그 도시에서 개인 화실을 열었다. 러스킨은 이렇게 말한다: "그가 경건과 자기 희생과 거룩한 슬픔을 가장 깊이 표현한 대작들을 연이어 낸 것은 바로 이 때부터였다." 페루지노는 1492-1498년에 피렌체에서 정식으로 작품 활동을 했고, 1501-1510년 상당 기간 동안 그러했으며, 그 뒤로는 주목할 만한 작품을 내놓지 않았다. 따라서 그의 대표작은 모두 이 대공위 시대에 제작된 셈이다. 다 아는 사실이지만 그는 라파엘로(Raphael)의 스승이었다. 그리고 그 위대한 제자보다 4년을 더 살았다.

페루지노의 작품에는 네 가지 주된 특징이 있다. 첫째, 자유롭게 열린 공간이 있다. 이 점에 관해서 베른하르트 베렌슨(Mr. Bernhardt Berenson)은 이렇게 말한다: "공간 구도 … 는 평면 화폭에 측면으로나 위 아래로 확장된 것으로만 판단해서는 안 되고, 내면으로 깊이 확장된 것으로도 판단해야 한다. 그것은 2차원 구도가 아니라 3차원 구도이다. 단순한 평면 구도가 아니라 입체 구도이다." 이 '공간 구도'에서 페루지노는 전후의 모든 화가들을 능가했다. 규칙적인 명암 이행으로 거리가 배경으로 아스라히 사라지게 하여 방대하고 무한한 공간의 인상을 준다.

둘째, 인물들의 초연한 성격이다. 윌리엄슨 박사(Dr. Williamson)는 이렇게 말한다: "그들은 따로따로 서 있다. 사고의 실타래로 서로 간에, 그리고 그림 중앙의 인물과 연결되어 있긴 하지만, 그것 외의 다른 모든 점에서는 서로 독립해 있다."

셋째, 풍경이 아름답다. "멀리 자리잡고 있는 산들은 푸른 안개에 목욕하고 있고, 그 사이로는 양쪽으로 길게 뻗어 있는 비옥한 땅이 드러나 있으며, 저마다 외그루로 서 있는 나무들이 하늘을 배경으로 드러나 있는데, 모든 게 희미한 금빛 햇살을 받고 있다."

넷째, 강한 동작이나 흥분된 정서가 전혀 없다. "미켈란젤로의 작품에서 급작스런 행동이 없는 게 눈을 거스르는 것과 대조적으로, 그의 작품에서는 그런 행동이 있는 게 거스른다."

이런 네 가지 특징이 한데 어우러지면 큰 평화가 숨쉬는 그림들이 나오게 된다. 현재 피티 미술관에 소장되어 있는 "매장"(Entombment)에 대해서 윌리엄슨 박사는 이렇게 말한다:[10]

　　"이 그림에는 공간 구도가 생생하게 살아난다. 내용이 자리잡고 있는 공간이 방대하며, 원근감이 대단히 뛰어나다. 분위기가 참으로 조용하다. 대단히 경외롭고 부드럽다. 이 그림은 페루지노가 그린 그림 중 최고로 손꼽힌다 … 인물마다 독특하고 개성이 있고 나름대로의 슬픔에 싸여 있다 … 비애가 가득하면서도 냉정하고 사려 깊은 그림이다."

현재 루앙에 보관되어 있는 "그리스도의 세례"(Baptism of Christ)에 관해서 같은 저자는 이렇게 말한다:

　　"두 중심 인물 주위에는 천사들과 여덟 명밖에 안 되는 참관자들이 무릎을 꿇고 있는데, 각각 위치와 초연함과 진지함과 차분함에 따라 크기가 세심히 결정되어 있다. 저 먼 곳에서는 뾰족한 산들이 내달리고 있고, 아담한 나무들이 하늘을 배경으로 서 있다. 관람객의 눈은 이 끝없는 풍경의 끝을 찾아 빨려들어가며, 그럴수록 이 작은 화폭에 그처럼 광활한 풍경을 그린 재주에 거듭 놀라게 된다."

피렌체 산타 마리아 마달레나 데 피치 수녀원의 참사회 건물에 그려진 그의 프레스코 걸작 "십자가상"(the Crucifixion)에 관해서 보편적으로 깔려 있는 정

---

10) *Perugino*, by G. C. Williamson.

서는 그것이 어느 화가가 남긴 작품보다 십자가상을 가장 완벽하게 묘사했다는 것과, 그림 전체에 형언할 수 없는 평화의 정신이 숨쉰다는 것이다.

---

사보나롤라가 죽은 뒤 피렌체는 이전보다 훨씬 더 심한 무정부 상태에 빠져들었다. 세 개의 각기 다른 파벌인 오티마티파, 비지파, 프라 테스키파가 그칠 새 없이 투쟁을 벌였고, 헌법에 변화가 가해지면 가해질수록 갈등만 더 증폭되었다. 3년간 혼란을 겪고나자 시민들은 마침내 메디치가의 지배를 말살할 때 취한 모든 조치를 철회할 지경에까지 내몰리게 되었다. 그들은 시의 혼란을 치유할 수 있는 유일한 방안이 종신 곤팔로니에레를 임명하는 것뿐이라는 데 의견을 모았다. 일종의 영구 독재자를 생각해낸 것이다. 이 직위에 가지각색의 후보들이 나섰으나, 당시 만연하던 상황하에서 예상할 수 있는 대로 다수의 시민이 표를 던진 사람은 강력한 인물이 아니라 어떤 정파도 두려워할 이유가 없는 유약한 인물이었다. 그렇게 해서 선출된 사람이 피에로 소데리니(Piero Soderini)로서, 선량하고 널리 존경은 받았으나 힘도 능력도 없는 사람이었다. 그가 대공위 시대 나머지 기간 동안 종신 곤팔로니에레로 남았다. 하지만 유약하고 무능하여 피렌체를 신음하게 만든 여러 가지 악들을 조금도 경감하지 못했다. 법정은 썩을 대로 썩었고, 온갖 종류의 악이 난무했다. 유능한 사람들은 국정에서 물러나 초연하게 지냈다. 시뇨리아 대 시의회(the Great Council)는 국가 재정에 필요한 예산안 인준을 거부했다. 분쟁과 폭동이 끊이지 않았다. 모든 저자들이 당시 피렌체의 상황에 관해 개탄스러운 기사를 전한다. 캄비는 "시민들이 서로를 두려워했기 때문에 그들 가운데 공의가 더 이상 존재하지 않았다"고 말한다. 귀치아르디니는 "지금 우리 도시만큼 갈가리 흩어지고 뒤죽박죽인 도시가 또 있는지 상상하기 어렵다"고 말한다. 상황이 이쯤 되자 피렌체는 자연히 이탈리아 제국(諸國) 가운데 보잘것 없는 자리로 내려앉게 되었다. 외교 문제도 전혀 역량이 없는 사람들의 손에 맡겨져 끊임없이 죽을 쒔다.

그럼에도 불구하고 외교 문제에 대한 유능한 지도가 어느 때보다 절실한 때였다. 샤를 8세의 원정이 끝난 뒤 교황 알렉산데르 6세는 프랑스를 견제하기 위해 로마, 베네치아, 밀라노, 황제 막시밀리안, 영국의 헨리 7세를 한 축으로 묶어 동맹을 결성했는데, 이 동맹은 프랑스 왕조의 존립 자체를 위협했고, 프랑스 동맹에 속했던 페라라, 피렌체, 볼로냐의 운명도 마찬가지였다. 루이 12세는 1498년 프랑스 왕위를 계승하자마자 이 동맹을 해체한 뒤, 다음 14년 동안 밀라노, 나폴리, 베네치아, 교황에 대해 차례로 원정을 감행하여 이탈리아를 항구적인 전쟁터로 만들고 그곳 나라들을 혼란의 구렁텅이로 밀어넣었다.

1499년, 루이 12세는 밀라노에 군대를 보내 일 모로를 쫓아냈고, 일 모로는 인스브루크로 피신하여 황제 막시밀리안의 보호를 받았다. 막시밀리안은 그 해에 맏아들 필립 대공을 스페인의 페르디난도와 이사벨라의 맏딸 요안나(Joanna)와 결혼시켰는데, 이 결혼은 다음 세대에 중요한 의미를 갖는다. 역시 같은 해에 피렌체는 장군으로 유일한 역량을 지닌 파올로 비텔리(Paolo Vitelli)를 죽였다. 피렌체 공화국은 그에게 군대를 붙여 피사(샤를 8세가 돌려주지 않은)를 되찾도록 보냈으나, 작전이 실패로 끝나는 바람에 비텔리는 반역자로 고소되고 소환된 뒤 처형되었다. 귀치아르디니는 그가 무고했다고 진술하는데도 말이다.

1500년, 일 모로는 밀라노를 되찾았으나 곧 프랑스 군대에 생포되어 프랑스로 압송된 뒤 그곳에서 로셰 성에 감금된 채 남은 생애 8년을 보냈고, 루이 12세는 밀라노를 다시 차지했다. 같은 해에 스페인과 프랑스의 연합군이 나폴리를 정복했다. 그러나 그 소유권을 놓고 두 나라 사이에 불화가 생겼고, 그것은 3년 전쟁으로 이어졌다. 이탈리아 중부도 북부와 남부만큼 안전하지 않았다. 카이사르 보르자는 이탈리아 중부를 통괄하는 국가를 설립하기 위해서 한 나라씩 야금야금 차지하고 있었는데, 그렇게 해서 이볼라, 포를리, 우르비노, 파엔차, 페사로, 리미니, 폼비노를 차지하는 데 성공했고, 로마냐(Romagna)에 공포의 대상이 되었다.

1501년, 카이사르 보르자는 파엔차의 젊은 통치자 아스토레 만프레드(Astorre Manfred)를 살해하도록 교사한 뒤 파엔차를 차지했고, 아르노 강 계곡

쪽에서 피렌체를 위협했다. 시뇨리아는 굴욕적인 자세로 그를 연봉 36,000 플로린의 피렌체 총사령관에 임명하는 데 합의한 뒤 돌려보냈다. 같은 해에 알렉산데르 6세는 페라라를 프랑스 왕에게서 떼어내기 위해서 자기 딸 루크레치아 보르자를 페라라 공작의 맏아들과 결혼시켰다.

1502년, 카이사르 보르자 — 그는 다양한 범죄에 힘입어 이제 '발렌티노 공작, 우르비노 공작, 로마냐 공작, 안드레아 제후, 폼비노의 영주'가 되어 있었다 — 는 피렌체에 내각이 마음에 안 드니 교체하라고 지시했다. 시뇨리아는 이탈리아로 진군하고 있던 루이 12세를 의지하고서 사절들에게 시간을 끌라고 지시했다. 그러던 중 다른 사건들이 생기는 바람에 카이사르 보르자는 피렌체 공격을 잠시 연기했다. 그러나 피렌체 정부에게 프랑스 왕이 언제나 이탈리아에만 있지 않을 것이라는 뼈 있는 한 마디를 던지고 갔다. 1503년, 루이 12세는 나폴리 소유권을 놓고 스페인과 전쟁을 벌이기 위해서 이탈리아로 다시 진군했으나 전세는 프랑스에게 불리하게 돌아갔다. 카이사르 보르자는 틀림없이 그 기회를 이용하여 프랑스에게 다시 한 번 붙어보려고 했겠지만, 바로 그 시기에 교황 알렉산데르 6세가 급사했고, 카이사르 보르자도 중병에 걸렸다.[11] 보르자는 얼마 뒤 건강을 되찾았으나 그때는 이미 교황의 죽음으로 자신의 권력이 산산조각난 뒤였다. 그가 강탈했던 여러 나라들은 즉각 원래의 군주들에게 귀속되었고, 카이사르 보르자는 마침내 이탈리아 남부에 주둔해 있던 스페인 군사령관 곤살보(Gonsalvo)에게 체포되어 스페인으로 압송되었으며, 그 곳에서 4년 뒤 나바라 왕을 위해 전투를 벌이던 도중에 죽었다.

1503년 12월, 이탈리아 남부에 주둔해 있던 프랑스 군은 가릴리아노 강에서 벌어진 전투에서 참패한 뒤 지리멸렬한 상태로 가에타로 간신히 철수했으나, 그곳에서 어쩔 수 없이 항복하고는 프랑스로 철수하기로 동의했다. 이것으로써 이탈리아 남부에서 3년간 지속되던 프랑스와 스페인 간의 전쟁은 끝이 났고, 나폴리와 시칠리아는 스페인의 페르디난도에 의해서 스페인 국왕에게 귀속되었으며, 총독의 지배를 받았다. 불행자 피에트로는 위의 전투에

---

11) 알렉산더 6세의 죽음은 당시에는 독살로 믿는 분위기였으나 지금은 자연사로 간주된다.

서 전사했다. 그로써 그의 동생 추기경 조반니가 메디치가의 수장이 되었다.

교황 알렉산데르 6세의 후임에는 피우스 3세(Pius III)가 즉위했으나, 그는 한 달 뒤에 죽어 율리우스 2세(Julius II. 줄리아노 델라 로베레)에게 자리를 넘겨주었다. 싸움으로 유명한 교황이었던 율리우스 2세는 옛 성 베드로 성당을 허물고 새 성 베드로 성당을 건축했고, 미켈란젤로의 친구이자 원수였다. 장점이 많았던 강인한 성격의 소유자였던 그는 다른 무엇보다 전쟁을 좋아했고, 직접 군대를 끌고 끊임없이 야전으로 나갔다. 이탈리아는 이제 프랑스, 스페인, 독일이 지상권을 놓고 끊임없이 전투를 벌이는 각축장이 되어 있었는데, 강하고 성격이 불 같은 이 노인은 이런 상황을 틈타 그토록 좋아하던 전쟁을 마음껏 해볼 수 있었다.

1503-1507년에 율리우스 2세는 로마냐의 여러 나라들을 차례로 굴복시키고 그 나라들을 한데 합하여 '교회국'을 세우는 데 주력했다. 그가 수립한 그 국가는 그 뒤로 계속해서 교황청의 세속 영토로 남게 되었다. 1508년, 그는 공격 목표를 베네치아로 정하고, 그 세력을 꺾고 그 내륙 영토를 분할하기 위해 루이 12세, 황제 막시밀리안, 스페인의 페르디난도, 그리고 자신으로 구성된 '캉브레 동맹'(League of Cambray)을 결성했다.

한편 메디치가의 가세는 10년 동안 내동댕이쳐졌던 파산 지경에서 조금씩 살아나기 시작하고 있었다. 1503년, 율리우스 2세가 교황이 되고 조반니(선량하고 화해를 좋아하는 성격으로 항상 형과 대조된 인물)가 가문의 수장이 되자 지금까지 반감을 가지고 메디치가를 쳐다보다 많은 사람들이 이제 그들을 도울 마음이 생기게 되었는데, 교황 율리우스 자신도 그러했다. 피렌체에서조차 그런 기운이 감돌기 시작했다. 피렌체인들이 혐오한 것은 메디치가 전체가 아니라 피에트로와 그의 아내였다. 세월이 흐르고 피렌체에서 실정(失政)의 여파가 더 이상 참을 수 없을 만큼 커지자, 이제 조반니와 줄리아노 두 사람이 대표하는 이 가문의 복귀를 내심 바라던 시민들의 수가 꾸준히 증가했다. 메디치가의 복귀를 주장하면 사형에 처하게끔 된 법 때문에 아무도 감히 그런 속내를 털어놓지 못하고 있었을 뿐이다.

조반니가 로마에서 보인 행동과 생활 태도가 그런 정서를 더욱 자극했다.

그는 피렌체가 피에트로 소데리니의 무능한 통치하에 고질적인 불화와 무정부 상태에서 벗어나지 못하고 있었지만, 피렌체 내정에 조금도 간섭하지 않았다. 평범하게 살면서 허세를 조금도 부리지 않았고 빚에 허덕이며 살았다. 그러면서도 낙심하지 않고 누구에게나 늘 밝고 생기있고 호감을 주는 태도로 대했으며 예술과 문학에 관련된 모든 문제에 깊은 관심을 가졌다. 비록 그런 일들에 지불할 돈이 없었지만 말이다. 조반니는 이런 행동과 또 좋은 품성(그것에 힘입어 피에트로의 원수였던 사람들이 그의 친구로 돌아섰다)에 힘입어 가세를 조금씩 일으켰고, 피렌체 안팎에서 그 가문에 대한 호감을 조성했으며, 이로써 몇년 뒤에는 그 자신이 피렌체의 권좌를 다시 차지하게 된다.

피에트로의 미망인 알폰시나와 그 두 아이 로렌초와 클라리체를 포함한 전 가문이 이제 로마에서 살고 있었다. 그러던 중 1508년 알폰시나가 천신만고 끝에 로마에서 이제 열다섯살이 된 클라리체를 피렌체에서 부와 중요도에서 메디치가에 버금가던 가문의 수장 필리포 스트로치(Pilippo Strozzi)에게 시집 보냈다. 이렇게 감히 "반역자와 추방자의 딸"과 결혼했다는 이유로 필리포 스트로치는 피렌체 시뇨리아에 소환되어 무거운 벌금형과 3년간의 추방령을 받았다. 그러나 그가 일 년도 못 되어 다시 피렌체로 돌아간 것으로 볼 때 그 판결은 요식 행위였음을 알 수 있다.

1509년, 캉브레 동맹의 결과로 아냐델로에서 격렬한 전투가 벌어졌다. 이 전투에서 연합군에게 치명적인 타격을 받은 베네치아는 그 뒤로 다시 옛 세력을 회복하지 못했다. 베네치아의 국력은 1453년 이래로 꾸준히 기울다가 이 전투로 철저히 무너진 것이다. 그 결과 바로나, 파두아, 베르가모, 브레시아, 크레모나, 피아첸차를 잃었고, 더 이상 유럽 정계에서 중요한 지위를 차지하지 못했다. 같은 해에 피렌체는 오랜 공격 끝에 15년 전에 잃은 피사를 되찾았다. 이 해에 영국의 헨리 7세가 죽고 다시 열여덟 살이던 그의 아들 헨리 8세가 왕권을 계승했다. 같은 해에 헨리 8세는 페르디난도와 이사벨라의 딸이자 스페인의 요안나의 동생 아라곤의 카테리나(Katherine)와 결혼했다.

1510년, 율리우스 2세가 노선을 바꾸어 프랑스에 맞서 스페인과 베네치아와 동맹을 맺고, 프랑스를 이탈리아에서 몰아내려고 노력했다. 그로써 페라라와 피렌체와 충돌하게 되었다. 그는 처음에는 미란돌라를 공격하여 탈취한 다음 페라라로 진격했으나 거기서는 패했다. 한편 루이 12세는 교황의 이같은 행위에 교황을 폐위하기 위한 공의회 소집을 제의함으로써 응수했고, 동맹국 피렌체에 대해서 공의회 장소를 피사로 정하라고 요구했다. 피렌체는 진퇴양난에 빠졌다. 루이의 요구를 들어주자니 교황의 보복이 두려웠고, 거부하자니 루이를 거슬러 프랑스 동맹의 보호를 잃게 될 것이었다. 소데리니의 정부는 그 문제를 다룰 능력이 없었고, 안절부절못하는 가운데 두 적대 세력 사이에 양다리를 걸치려고 하다가 양쪽의 비위를 다 거스르고 말았다. 피렌체는 피사에서 공의회를 소집하기로 동의했으나, 프랑스 군대가 공의회 보호를 빌미로 피사에 진입하는 것을 거부했고, 루이 12세에게 약속한 군대를 보내지 않았다. 이쯤 되자 율리우스 2세는 피렌체의 무능력한 정부를 끝장내고 메디치가를 다시 앉히기로 뜻을 굳히고는, 먼저 이탈리아에서 프랑스 군대를 몰아낼 때까지 기다렸다. 그는 스페인 동맹에 힘입어 곧 그 뜻을 달성할 수 있으리라고 기대했다. 그러는 동안 조반니를 당시 볼로냐를 공격하고 있던 교황 군대와 스페인 군대의 대표로 임명했다.

이 대공위 시대는 이탈리아가 전쟁과 그로 인한 참화에 휩싸이고, 피렌체에 혼란과 무정부 상태가 판을 친 시기였으나, 그럼에도 불구하고 예술이 그 절정에 달했던 시기였다. 그것은 사람들이 주변의 폭력과 혼란을 잠시 잊기 위해서 다른 곳에서는 찾을 수 없는 평화와 안식의 분위기가 감도는 그 시대 거장들의 그림들로 눈길을 돌렸던 것과 같은 이치였다. 르네상스 예술의 정오는 1494-1512년인데, 이 시기에 나온 작품은 레오나르도 다 빈치의 "최후의 만찬"(the Last Supper)과, 미켈란젤로가 식스투스 예배당 천장에 그린 프레스코들로서, 이 작품들에 힘입어 예술은 그 절정에 올라서게 되었다.

이제 큰 무리의 화가들이 줄지어 등장하는데, 모두 사실상 같은 시대에 활동하는 일류 화가들로서, 오랜 세월 거의 전적으로 피렌체와만 관련을 맺어온 미술은 이들의 손에 의해 이탈리아 전역으로 널리 보급되었다. 이 시기에 활동한 주요 화가들의 이름만 들어도 다른 시대에는 내놓은 적이 없는 무수히 많은 미술품들이 눈앞을 스쳐 지나간다. 비교적 덜 알려진 사람들을 제외하고, 이 시기에 작품 활동을 한 사람들을 열거하자면 다음과 같다:

| | |
|---|---|
| 보티첼리(피렌체) | 프랑치아(볼로냐) |
| 레오나르도 다 빈치(피렌체) | 핀투리코(페루지아) |
| 필리피노 리피(피렌체) | 뤼니(밀라노) |
| 로렌초 디 크레디(피렌체) | 라파엘(우르비노) |
| 프라 바르톨로메오(피렌체) | 카르파초(베네치아) |
| 미켈란젤로(피렌체) | 조르조네(베네치아) |
| 안드레아 델 사르토(피렌체) | 티치아노(베네치아) |
| 페루지노(페루지아) | 팔마 베키오(베네치아) |

1505년에는 페루지노, 레오나르도 다 빈치, 미켈란젤로, 라파엘로, 프라 바르톨로메오, 로렌초 디 크레디가 다 피렌체에서 활동하고 있었다. 그런 여섯 명의 거장들이 한때 한 장소에서 모였던 적은 다시 없었다고 자신 있게 말할 수 있다. 레오나르도 다 빈치와 미켈란젤로는 팔라초 델라 시뇨리아의 거대한 홀에서 작업하고 있었고, 페루지노는 아눈치아타 성당에서 "성모 몽소승천"(Assumption)을 그리느라 여념이 없었다. 라파엘로는 "대공의 성모"(Madonna del Gran Duca, 피티 미술관), "카르델리노의 성모"(Madonna del Cardellino, 우피치 미술관), 그리고 산 오노프리오 수도원의 프레스코 "최후의 만찬"(the Last Supper)을 그리고 있었는데, 이 프레스코에는 그의 서명과 1505년이란 연대가 표기되어 있다. 보티첼리는 이 무렵 예순한 살, 페루지노는 쉰아홉 살, 레오나르도 다 빈치는 쉰네 살, 미켈란젤로는 서른 살, 라파엘로는 스무 살이었다. 레오나르도 다 빈치는 1487년 위대한 자 로렌초의 천거로 일 모로에게 갔는데, 다 빈치는 로렌초가 당시 피렌체에서 천거할 수 있었던 최고의 화가였다. 다 빈치는 일 모로를 위해 12년을 머물렀고, 그동안 밀라노 회화 학파를 설립했다. 1503-1506년에 피렌체로 돌아왔고, 그 뒤 1516년까지 주로 밀라노에서 살다가 당시 프랑스에서 예술을 장려하려고 조바심을 내던 프랑수

아 1세(Francis I)의 간절한 초대로 그 나라로 갔고, 그 곳에서 1519년 예순일곱의 나이로 죽었다.

라파엘로는 1500년에 열일곱의 나이로 페루지아의 페루지노 학파에 들어 갔다. 1504년 스물한 살 때 그 곳에서 피렌체로 왔고, 거기서 4년 동안 그림을 그렸다. 1508년 교황 율리우스 2세의 소환으로 로마로 갔고, 그 곳에서 그 교황과 후임 교황 레오 10세(Leo X) 밑에서 자신의 남은 생애 12년 동안 작품 활동을 하다가 1520년 서른일곱의 나이로 로마에서 죽었다.

미켈란젤로는 일찍부터 예술에 대한 열정이 위대한 자 로렌초의 눈에 띄어 그의 후원과 지도를 받다가(그는 평생 로렌초를 잊지 못했다) 1496년 처음으로 로마에 갔다. 그곳에서 1500년까지 작품 활동을 하다가 피렌체로 돌아와 1506년까지 머물렀으며, 그 해에 교황에게 로마로 오라는 부탁을 받았다. 거기서 그가 맡은 일은 율리우스 2세가 자신을 위해 세우려 하던, 여느 교황의 묘보다 크고 장엄한 묘를 장식하는 것이었다. 그리고 1508년에는 식스투스 예배당 천장에 프레스코들을 그리는 어려운 작업을 맡았다.

그러나 미켈란젤로는 참으로 위대한 천재이긴 했으나 1564년 그가 죽기 오래 전에 만개한 예술이 약 20년 뒤부터 퇴보하기 시작한 데 주 원인을 제공했다는 평가를 받아왔다. 러스킨은 이 몰락의 원인을 자세히 추적한 뒤, 예술가들이 자기들의 주제를 묘사하는 데 예술적 능력을 사용하는 동안에는 예술이 꾸준히 진보했지만, 그 과정을 뒤바꾸어 자기들의 예술적 능력을 발휘하기 위해서 주제를 선정하자마자 예술은 퇴보하기 시작했다고 말한다. 그리고 바로 이러한 재앙적인 변화가 미켈란젤로에 의해 기록되었다고 한다. 그는 평생 후자의 방법을 시행했고, 아무도 능가할 수 없는 그의 능력을 모든 화가들이 뒤따랐는데, 그는 이렇게 예술의 참 정신과 무관한 원칙을 채택함으로써 예술 퇴보의 주범이 되었다는 것이다.

미켈란젤로에게는 자신의 역량을 과시하기 위해 주제의 성격을 어느 정도 왜곡하는 경향이 있는 그릇된 이상주의가 있었던 것 같다. 이런 경향은 그의 작품 "바쿠스"(Bacchus. 1496년 로마에서 제작했고, 현재 바르젤로 박물관에 소장됨)에서 최초로 나타난다. 셸리(Shelley)는 이 조각상에 대해서 그 위대한 능력을 충분히 평가한 뒤에 그것이 "바쿠스의 정신을 완전히 뒤바꾸어 놓은 큰 실수작"이라고 단언했다. 그의 조각상 "다윗"(1503)에서는 그런 경향이 한층 더 나타나는데, 이 작품은 조각 역량 자체는 뛰어나지만 조각가 자신의 능력을 과시하기 위해서 주제의 성격을 왜곡시킨 점에서 예술의 참 정신을 거스른다. 그가 표현한 다윗은 차라리 젊은 삼손이나 헤라클레스에 가깝다. 그의 조각상인 "모세"와 "우르비노의 공작 로렌초"도 예외가 아니다. 두 작품 다 주제는 별로 중요시되지 않고, 주인공들의 모습은 조각가 자신의 역량을 과시하기 위한 방편 쯤으로 왜곡시켰기 때문에 모습들이 다 비슷비슷하다.

미켈란젤로의 조각상들을 감상하노라면 모든 조각상들이 한결같이 주인공보다 미켈란젤로를 생각하도록 강요한다는 인상을 받게 된다. 그러므로 미켈란젤로가 수를 누리면서 그의 탁월한 재능과, 초기의 모든 동료들이 그보다 먼저 죽음으로써 지도력을 발휘한 점을 감안할 때, 러스킨이 그 주제를 오래 연구한 끝에 라파엘로가 죽은 뒤 오래지 않아 시작된 예술의 퇴보의 원인을 그에게서 찾는 것은 하나도 이상한 일이 아니다. 그 퇴보가 얼마나 심각했는지를 알아보고 싶다면 피렌체에 가서 도나텔로의 "성 조르조" 상이 장식하고 있는 오르 산 미켈레에서부터 바초 반디넬리(Baccio Bandinelli)의 으스스한 조각상 "조반니 델레 반데 네레"(1540년 제작)가 온 지역을 보기 흉하게 만들고 있는 산 로렌초 성당 광장까지 걸어보거나, 아니면 같은 조각가의 "카쿠스를 죽이는 헤라클레스"(1534년 제작)가 위에 못지 않은 으스스한 분위기를 연출하며 베키오 궁전의 입구를 추하게 만드는 델라 시뇨리아 광장으로 가 보면 금방 알 수 있다.[12]

예술의 절정과 퇴보라는 주제를 덮고 넘어가기 전에, 교황 율리우스 2세가 예술의 절정과 관련하여 수행한 역할을 그냥 지나칠 수 없다. 그는 전쟁을 쉬는 동안에 피렌체의 철학과 종교 학파를 모방하여 한 가지 구도를 마련하였다. 이 구도는 회화 분야에서 미켈란젤로의 식스투스 예배당 프레스코 천장

---

12) 반디넬리의 작업장으로 가는 길에 이 조각상이 새겨진 대리석 블럭은 아르노 강으로 빠져들어간다. 이 조각상이 세워졌을 때 당시 피렌체의 재치 있는 사람들은 그 대리석이 수치를 면키 위해 스스로 물에 빠지려고 했다고 한 마디씩 했다.

화들과 라파엘로의 카메라 델라 세냐투라의 프레스코 벽화들이라는 두 가지 궁극적인 결과를 내게 된다. 두 작품 다 바티칸에 있고, 둘 다 율리우스의 주문으로 제작되었다. 이 작품들은 서로 대조되는 두 거장이 그렸으면서도 근본적으로는 바탕에 공통된 아이디어를 깔고 있는데, 그것은 장소와 상황을 감안할 때 교황 자신이 제공한 것임에 틀림없다.

피렌체 철학파는 코시모, 로렌초, 피치노, 피코 델라 미란돌라의 지도로 플라톤주의와 기독교의 융합을 모색했다. 그 학파에서 훈련된 사람들에게 둘러싸인 율리우스 2세는 한 걸음 더 나아가 그가 바티칸에서 미켈란젤로와 라파엘로에게 그리게 한 그림들로써, 유대교와 그리스 철학이 "인류가 그리스도께로 안내를 받아 나간 대기실"이었다는 사상을 피력했다.[13] 이 사상은 먼저 식스투스 예배당 천장의 프레스코들에 담겨 있는데, 거기서 미켈란젤로는 인류가 각기 오랜 전통을 이어온 이교의 점술가들(Sibyls)과 유대교의 예언자들을 통해 그리스도께 안내되었음을 보임으로써 그 사상을 역력히 표시했다. 그리고 교황의 주 집무실 카메라 델라 세냐투라 둘레에 그려진 라파엘로의 프레스코들에도 같은 사상이 한층 풍부하게 실려 있는 것을 보게 된다. 이 프레스코들은 라파엘로가 1508년 로마에 도착하자마자 그린 첫 작품으로서, 그 뛰어난 붓놀림은 라파엘로 자신의 위대한 업적이겠지만 전체적인 구도는 교황이 제공한 것임에 틀림없다.

이 방의 네 벽을 덮은 세계적으로 유명한 그림 네 점에서 라파엘로는 (교황에게 받은 본문을 가지고) 자신의 위대한 설교를 한다. 기독교 이전 시대의 저명한 과학자, 철학자, 시인들이 기독교 시대의 같은 부류의 사람들과 함께 등장하는 이 그림들은 인간 영혼이 각각 그 기능을 발휘하여, 즉 이성과 과학적 연구를 사용하고("아테네 학파"), 예술적 미학적 기능을 사용하고("파르나소스"), 질서와 좋은 정부의 기능을 사용하고("세속법과 교회법"), 좀 더 분명한 종교 기능을 사용하여(하느님에 대한 학문인 "신학") 하느님을 향해 찾아 올라가야 한다는 교훈을 가르친다. 그러므로 이 그림들에는 두 가지 교훈이

---

13) *The Cambridge Modern History*, vol. ii. chap. i.

맞물려 있는 셈이다. 그것은 첫째, 기독교 이전 시대의 철학자들과 과학자들은 나름대로 하느님께 대한 열망을 드러냈고 인류로 하여금 기독교를 받아들일 준비를 하도록 기여하였다는 것이고, 둘째, 인간이 하느님을 열망하는 과정에서 그의 고도한 지적 기능들을 배제해서는 안 되고, 그의 모든 기능들을 한데 포괄하여 하느님께 구별해 드려야 한다는 것이다.

그렇게 표현된 사상들은 피렌체 사상가들이 이런 주제들을 놓고 거의 80년간 논쟁을 벌인 끝에 도달한 관점을 보여 준다. 오래 전에 피코 델라 미란돌라가 "철학은 진리를 추구하고, 신학은 그것을 발견하고, 종교는 그것을 소유한다"고 한 말이 떠오른다. 그 '설교' 중 얼마 만큼이 율리우스 2세에게서 나오고, 얼마 만큼이 대 예술가 라파엘로에게서 나왔는지 우리는 알 수 없다. 그러나 예술이 그 말에 귀 기울이는 모든 사람들에게 일종의 언어로서 깊은 사상을 전달하는 점에서 이 작품보다 더 뛰어난 예는 찾아볼 수 없다.

그러나 이 시기에 예술계에서 교황 율리우스 2세와 떼어놓을 수 없는 한 가지 사건이 있었다. 그것은 결코 그의 명예에 이바지하거나 그 사건과 관련된 사람들 중 어느 누구의 명예에도 이롭지 못한 사건이었다. 율리우스 2세가 브라만테(Bramante)와 미켈란젤로의 강권을 받고서 천 년의 역사가 풍성히 담겨 있던 옛 성 베드로 성당을 허무는 야만적인 행위를 저지른 것이다. 그는 옛 성당이 자기가 지시한 거대하고 무미건조한 묘를 수용할 수 없다는 이유로 그것을 허물고 그 대신 현재의 성 베드로 성당을 짓도록 지시했다. 이 행위와 그 밑에 깔린 동기에 관해서 랑케(Lanke)는 다음과 같이 말한다:[14]

"어느 한 곳도 신성시 되지 않은 곳이 없고, 대대로 경모의 대상이 되어온 기념비들로 가득하지 않은 곳이 없던 유서깊은 성 베드로 바실리카, 그 위대한 메트로폴리탄 교회를 교황이 직접 허물고 그 터에 고대의 방식을 본따 새 성당을 건축하기로 결심했다는 것이 대단히 의미심장한 일이 아니었던가? 당시 예술계를 경쟁적으로 양분하고 있던 두 파벌 모두 율리우스 2세에게 이 사

---

14) Ranke's *History of the Popes*.

업을 강권했다. 미켈란젤로는 교황이 거대한 규모로 주문한 교황의 대형 기념비를 세울 만한, 그리고 자신의 '모세' 상을 전시할 만한 큰 공간을 원했다. 하지만 미켈란젤로보다 훨씬 더 교황을 압박한 사람은 브라만테였다. 그의 야심은 판테온(the Pantheon)을 그대로 본따 거대한 기둥들로 높이 떠받친 과감한 건축을 하는 것이었다. 많은 추기경들이 항의했고, 아마 그 계획에 총체적인 반대가 있었던 것으로 보인다. 사람마다 손때가 묻은 자기 성당에 애착을 갖게 마련일진대, 하물며 기독교 세계의 대표적인 성소인 이 성당에 대한 애착이 얼마나 컸겠는가? 판비니우스(Panvinius)의 말에는 그런 정서가 담겨 있다: '각계 각층의 거의 모든 사람들, 특히 추기경들이 반대하고 나섰다. 새 바실리카를 최대한 웅장하게 짓고 싶은 마음이 없었기 때문이 아니라, 온 세계의 존경을 받고 그토록 많은 성인들의 유골로 존귀성을 띠고 그 안에 제작된 수많은 위대한 작품들로 명성이 높은 옛 바실리카를 허문다는 게 슬펐기 때문이다.' 그러나 율리우스는 반대 의견에 귀 기울이는 데 익숙하지 않았다. 더 깊이 생각할 것도 없이 옛 성당의 절반을 철거하고서 직접 새 성당을 위한 초석을 놓았다."

---

1512년은 새로운 군사 작전들과 함께 시작되었다. 프랑스, 페라라, 피렌체가 한 편이 되어 교황, 스페인, 베네치아와 대치했다. 프랑스 군은 용감하고 유능한 젊은 장군 가스통 드 푸아(Gaston de Foix)가 지휘했는데, 그는 루이 12세의 사촌으로서 스물네 살밖에 되지 않았다. 스페인 군은 나폴리 총독 라이몬도 다 카르도나(Raimondo da Cardona)가 지휘했고, 교황군은 율리우스 2세의 지시로 추기경 조반니 데 메디치가 지휘했다. 조반니는 군인의 소양이 없었지만 율리우스 2세의 신임을 받기 위해서는 무엇보다도 군인이 되어야 했다.

프랑스 군은 가스통 드 푸아의 유능한 지휘하에 여러 차례 탁월한 전과를 거두다가 1512년 4월 6일 라벤나에서 결정적인 전투를 벌이게 되었는데, 이때 교황군과 스페인 군에게 결정적인 패배를 안겨 주었다. 그러나 승리를 거둔 그 순간에 젊고 용맹스런 사령관 가스통 드 푸아가 전사하는 심각한 손실을 입었다. 이 전투는 역사상 대단한 혈전으로 손꼽힌다. 프랑스 군 측에서 사령관이 전사하는 동안 교황의 대리인 추기경 조반니는 프랑스 군에 생포되어 밀라노로 압송되었다.

교황 율리우스 2세는 이 패배에 겁을 먹지 않고 신속히 새로운 군대를 소집했고, 가스통 드 푸아의 전사로 프랑스 군이 무력하게 되는 바람에 전세가 역전되어 세 달 내에 프랑스 군은 알프스 이북으로 쫓겨났다. 그러자 율리우스 2세는 기수를 피렌체로 돌렸다. 자신이 직접 구성한 '신성 동맹'의 군대를 피렌체로 파병한 율리우스 2세는 피렌체의 권력 질서를 끝장내기로 작정하고, 특히 피사를 공의회 장소로 내준 소데리니에게 앙갚음을 하려고 단단히 별렀다.

교황의 뜻에 따라 카르도나가 이끄는 스페인 군이 토스카나로 진격했고, 마침 밀라노를 도망쳐 나온 추기경 조반니는 동생과 사촌과 함께 그 대열에 합류했다. 교황은 피렌체에 대해서 곤팔로니에레 소데리니를 해임할 것과, 100,000플로린의 벌금을 지불할 것과, 메디치가에게 피렌체 복귀를 허락할 것 등 세 가지 조건을 제시했다. 소데리니 정부는 이 조건을 수락하기를 거부하고서 주로 마키아벨리(Machiavelli)가 새로 조직한 시민군으로 구성된 변변치 않은 군대를 보내 피렌체에서 16km 쯤 떨어진 프라토에 와 있던 카르도나의 군대와 대치하게 했다.

카르도나는 8월 28일 프라토에 도착하여 항복을 요구했으나 거부당하자 즉시 공격을 감행하여 미미한 저항을 가볍게 물리치고는 8월 29일 그 도성을 차지했다. 그리고는 소름끼치는 약탈이 시작되었다. 이때 야만적인 스페인 군대가 자행한 만행들은 두고두고 사람들의 입에 오르내렸다. 하이트 씨(Mr. Hyett)의 말을 들어보자:

> "그 뒤에 시작된 약탈은 역사상 유례가 없을 정도로 공포스러웠다. 21일간 무지막지하고 탐욕스럽고 문란한 군인들이 온갖 만행을 저지르는 동안 카르도나는 그들을 통제할 생각을 조금도 하지 않았다. 건물이란 건물을 죄다 약탈했다. 의지할 데 없는 주민들을 이 거리 저 거리에서 추격하여 붙잡는 즉시

살육했다. 남녀노소, 지위고하를 가리지 않았다 … 어머니들은 딸들을 우물에 던지고 자기들도 뒤따라 몸을 던졌고, 남자들은 스스로 목을 베었으며, 소녀들은 폭행과 수치를 피하기 위해 발코니에서 돌바닥으로 몸을 던졌다. 약 5,600명의 프라토인들이 목숨을 잃었다고 한다."[15]

중세의 군대는 그런 상황에서는 전혀 통제 불가능했기 때문에, 카르도나에 대해서 마치 오늘날 군사령관들과 같은 장악력을 갖고 있었으면서도 병사들에게 그런 힘을 사용하지 않았다고 말하는 것은 잘못이다. 오늘날 우리가 생각하는 그러한 기강이 당시 군대에는 존재하지 않았고, 도시를 약탈하는 상황을 만나면 그런 기강이 온데간데 없어졌다. 당시 군대는 도시를 공격하는 순간부터는 더 이상 군대가 아니라 무기를 든 잔인한 무법자 무리에 지나지 않았다. 극도로 흥분 상태에 있던 이들은 한동안 유명무실한 지휘관이 되어 버린 자들에게 어느 때고 무기를 들이댈 수 있었기 때문에 지휘관들이 그들을 제어하기란 불가능했다. 소데리니가 이끄는 유약하고 무능한 정부는 프라토에 오합지졸로 구성된 군대를 파병하였으나, 그것은 카르도나의 군대에 비할 때 계란으로 바위를 치는 격이었고, 이미 프라토에 발생한 상황을 기정사실화하는 꼴밖에 되지 않았다.

메디치가 형제들은 프라토에서 참극이 발생하는 동안 현장에 있지 않았다. 줄리아노는 처음 이틀만 그곳에 있었고, 조반니는 그곳에 열흘 더 있었다. 이들은 그곳에 있는 동안 부녀자와 어린이를 보호하기 위해서 최선을 다했고, 무엇보다도 그들 다수가 피신해 있던 커다란 교회당에 수비대를 배치했다. 요비우스(Jovius)는 "만약 추기경 데 메디치와 그의 동생 줄리아노가 목숨을 걸고 증오에 차 있는 군인들을 막지 않았다면 사태는 훨씬 더 심각해졌을 것이다"라고 진술한다.

프라토에서 이런 참극이 벌어지고 있는 동안 피렌체에서는 혁명이 급속도로 진행되고 있었다. 프라토가 함락되었고 그 곳에서 그런 만행이 벌어지

---

15) *Florence*, by F. A. Hyett.

고 있다는 소식이 들어오자마자 다수의 시민들이 그 모든 책임을 소데리니의 과실로 돌린 뒤 그의 집무실로 난입하여 그를 파면시키고 호위병을 붙여 시에나로 보냈다. 그는 거기서 카스텔누오보로 도피했는데, 그 곳은 투르크족의 지배하에 있었기 때문에 그는 율리우스 2세로부터 안전을 누릴 수 있었다. 그는 자기가 공의회 문제로 율리우스 2세에게 증오의 대상이 되어 있는 줄을 잘 알고 있었던 것이다. 정부의 나머지 관료들은 서둘러 카르도나에게 메디치가의 귀환 허락 의사를 밝혔고, 교황이 요구한 벌금을 물겠다고 통보했다. 그래서 1512년 9월 1일 메디치가는 18년의 유배 생활을 청산하고 다시 피렌체로 들어갔다.

들어간 즉시 시민들이 그들의 귀환을 기뻐했다는 것과, 그들을 그토록 오랫동안 추방했던 것은 지배 정파의 권력뿐이었다는 것, 그리고 그 정파가 저지른 실정에 대한 반감이 시민들의 마음에 깊이 뿌리박혀 있다는 것을 곧 확인했다. 만약 메디치가가 계속 권력을 잡고 있었다면 당시와 같은 결과가 초래되지 않았을 것이라는 인식이 피렌체 시민들 사이에 팽배했다. 그들이 입성할 때 과거에 울려퍼졌던 "팔레, 팔레!"라는 환호가 다시 울려퍼졌다는 것은 새삼스러운 일이 아니었을 것이다. 그보다 더 중요했던 것은 그들을 호위하여 시내로 들어간 스페인 군대가 한 달만에 필요하지 않게 된 점이었다. 그들은 1494년에 통과된 모든 법률을 폐지했고, 사보나롤라가 수립한 대 시의회(the Consiglio Maggiore)를 철폐했고, 정부를 위대한 자 로렌초 당시와 똑같은 체제로 재편했다. 비록 1495년에 통과되었던 법률은 이러한 행위를 분명히 금지했지만 말이다. 이런 변화들에 조금이라도 항의하는 시위가 없었다.

빌라리 교수에 따르면 "스페인 군대가 철수한 뒤에 새 정부는 외국 군대에게 지원을 받을 필요가 없었다"고 한다. 프란체스코 발로리, 네를리, 마키아벨리의 글과 행동도 "현재의 헌법상의 변화에 반대하던 자들조차 이러한 구질서로의 복귀에 곧 동의했다"는 발라리 교수의 진술을 확증한다. 이와 같은 점으로 미루어 볼 때 메디치가는 비록 율리우스 2세가 피렌체에 부과한 조건들에 따라서 귀환했을지라도 시민들은 그 일에 대단히 만족해했다는 것이 분명하다. 그들은 오랜 세월 실정으로 인한 피해를 겪어오면서 정부가 교체되기를 학수고대하고 있었고, 질서와 생명, 재산 보호와 연관이 있는 통치자를 환영할 준비가 되어 있었다.

게다가 메디치가 형제들 조반니와 줄리아노는 당시의 상황에 부합하게 행동했다. 그들은 가문의 전통과, 국부 코시모와 피에로 일 고토소가 보였던 모범을 따랐다. 그들의 가문은 너무 많은 고통을 겪었고, 그들 자신도 오랜 세월 추방자와 유랑민으로서 모진 고생을 겪어야 했다. 그리고 돌아와 보니 그들의 저택은 약탈을 당해 흉물스런 몰골을 하고 있었고, 조상들이 수집했던 귀중한 소장품들도 형편없이 파괴되거나 약탈당하고 없었다.

그런데도 그들은 아버지 로렌초가 46년 전에 행한 연설을 잊지 않고 자기들이 용서할 줄을 안다는 것을 보여 줌으로써 정복할 줄을 안다는 것을 보여주었다. 추방당했던 세력이 귀환했을 때 당연히 예상되었던 보복 정책은 메디치가에 의해 단호히 거부되었다. 어떠한 처형도 금령도 몰수도 추방도 없었다. 단지 메디치가가 돌아오기 전에 피렌체인들 자신들에 의해 추방되었던 피에로 소데리니의 경우가 유일한 예외였다. 심지어 그도 훗날 조반니와 화친하게 되었다.

메디치가는 이런 방식으로 다시 한 번 피렌체에 통치권을 수립했다. 만족스럽게 전개되던 상황에 매사가 좋은 징조로 보였다. 그런 면에서 특히 돋보였던 것은 통치권이 줄리아노의 손에 맡겨지도록 결정되었을 때 조반니와 줄리아노가 한결같이 신임 교황 선출이 박두해 있던 로마로 떠나고 싶어한 것이었다.

# 제12장

# 줄리아노(네무르의 공작)와 로렌초(우르비노의 공작)

### 1512-1519

오랫만에 피렌체에 돌아온 메디치가는 두 형제 조반니와 줄리아노, 그리고 그들의 친사촌 줄리오가 대표했다. 이들은 각기 열여덟 살, 열다섯 살, 열여섯 살에 고향에서 쫓겨났다가 서른여섯 살, 서른세 살, 서른네 살에 고향에 돌아왔다. 그동안 참으로 다양한 경험을 하고, 세상살이의 많은 모습을 보고, 모진 일을 많이 당한 이 사람들은 호의를 베푸는 지위에 있는 자들과 호의를 구해야 하는 자들을 세상이 얼마나 차별해서 대하는지 뼈저리게 깨달았다. 셋 중에서 한 사람에게는 이런 경험들이 유익하게 작용했고, 다른 두 사람에게는 정반대로 작용했다.

이 세 젊은이의 성격을 하나하나 살펴보는 것은 차후에 전개될 사건들을 이해하는 데 중요하다. 연장자 조반니는 낙천적이고 오락을 좋아하고 그 가문 특유의 능력을 온전히 소유했으나 언제나 고통을 피하려 했다. 그리고 오랜 세월 모진 고생을 하면서 목적을 달성하기 위해 아무런 가책 없이 수단과 방법을 가리지 않는 습성이 몸에 배었다. 그의 동생 줄리아노는 정반대였다. 성향이 매우 선량하고 부당한 방법은 스스로 용납하지 않았다. 그러나 이 점에서 주로 관심을 끄는 사람은 줄리오이다. 그는 비록 평생 저급한 목표에 힘을 쏟아붓긴 했지만, 정력적이고 삼촌 위대한 자 로렌초에 버금가는 탁월한 능력을 갖고 있었다. 줄리오는 소년 시절부터 사촌 조반니 곁에 붙어 다니면서 그의 친구 겸 조언자가 되었고, 모든 문제를 언제든지 대신 짊어지려는 대리인이 되었다. 편한 것을 추구하던 조반니의 성격에 딱 들어맞는 사이였다.

이런 상황들에는 중요한 결과들이 배태되어 있었다. 오래 유배 생활을 하는 동안 줄리오는 그 비상한 두뇌로 향후에 피렌체에서 재집권에 성공할 경우 취할 행동 계획을 구상해 놓았는데, 그것은 가문의 전통적인 정책을 완전히 뒤바꾸어 놓는 것이었다. 그는 앞으로 메디치가의 권력을 더 이상 인기에만 의존해서 유지해서는 안 된다고 생각했다. 인기에 편승한 정책은 이미 부러진 갈대라고 생각했다. 만약 향후에 자신이 정국을 주도할 자리에 오른다면 단순명료한 힘에 의존해야 한다고 생각했다. 그러나 그 힘은 무쇠를 벨벳 장갑으로 입힌 것이어야 하며, 그렇게 계획한 전제 정치는 공화제를 유지하는 식의 모양새를 갖추느라 잠시라도 시간을 낭비해서는 안 된다고 생각했다. 줄리오의 원대한 구상은 그런 수준을 훨씬 넘어서서 심지어 공화제 형태라도 폐지하고 토스카나 왕정을 수립하고 마침내 메디치가의 머리에 왕관을 씌우는 날을 내다보았다. 그는 만약 조반니가 계속해서 자신의 자문을 받는다면, 그리고 만약 조반니가 교황이 될 수만 있다면 이 모든 일을 추진할 수 있다고 판단했다.

세 형제 중 줄리오에게는 그토록 오랫동안 이 가문의 모든 구성원들에게 내재해 있던 관대함, 넓은 도량, 사람들에 대한 배려, 나라의 유익을 위해 사심 없이 노력하려는 태도, 정적들에 대한 관용, 그리고 그밖의 비슷한 행동 동기들이 조금도 존재하지 않았다. 그는 준수한 외모와 부드러운 태도 밑에 냉정한 성향과 비열한 목적을 능히 추구할 수 있는 기질, 그리고 무슨 일에도 양심의 가책을 받지 않는 성격을 감추고 있었다.

그러나 줄리오는 메디치가 형제 중 막내인 줄리아노가 그런 계획을 완강히 반대하리라는 것과, 두 형제가 친형제간인 당시의 현실에서는 그런 계획이 성공을 거둘 수 없다는 것을 잘 알고 있었다. 그러므로 줄리오는 당시로서는 그 계획을 혼자 품고 있을 수밖에 없었다. 그러나 조반니가 교황이 된다면 피렌체를 달리 통치할 방법이 보일 것이고, 줄리아노에게 다른 곳을 제공해 주고 그 대신 피렌체의 국사는 좀 더 통제하기 쉬운 대리인에게 맡기기가 쉬워질 것이라고 생각했다.

이러한 것이 메디치가의 이 서자(庶子)가 유배 기간 동안 품은 계획이었다. 그 가문의 다른 덕성들은 조금도 소유하지 않은 채 그들의 능력만 소유한 그는 그 가문을 자신의 계획대로 주도하고 오로지 자기만 높게 평가한 방법들로 그 가문을 일으킴으로써 그 가문의 악한 천재가 되었다. 그리고 이제 그의 계획을 달성하는 데 필요한 첫 단계를 성취하여 그 가문은 다시 한 번 피렌체의 권좌에 올랐다. 줄리오는 두 번째 단계, 즉 조반니를 교황으로 만드는 일에 전력을 기울였다. 줄리오가 가문의 목표로 세워 두었던 저 멀리에 있던 왕관이 그들이 힘도 영향력도 없이 이리저리 유랑하고 있을 때부터 한 걸음 더 가까이 다가왔다. 그러나 그는 자신이 사라진 뒤에 그 가문이 마침내 그 목표를 달성하기까지 얼마나 많은 부침을 겪어야 할지를 전혀 알지 못했다.

### 줄리아노(네무르의 공작)

1479년 출생, 1512-1513년 재위, 1516년 죽음.

위대한 자 로렌초의 셋째 아들 줄리아노가 열다섯 살에 가문과 함께 추방된 뒤 가문과 함께 돌아온 것은 서른세 살 때였다. 이 유배기의 초반에 그는 우르비노의 공작 귀도발도 몬테펠트로(Guidobaldo Montefeltro)와 그의 재능 있는 아내 엘리사베타 곤차가(Elisabetta Gonzaga. 르네상스 시대의 두 번째로 위대한 귀부인)[1]에게 가서 피신했는데, 두 사람 다 그를 몹시 좋아했다. 그리고 줄리아노는 유배 생활을 하는 동안 큰 도량과 군사적 역량을 갖고 있음을 입증했다. 가문이 복권되자 피렌체를 통치하는 책임을 맡게 된 줄리아노는 지금까지 명목상의 정부는 시뇨리아였으므로 위대한 자 로렌초와 똑같은 방식으로 통치했다. 그리고 새 정부가 들어서자마자 조반니는 로마로 떠났다(그는 언제나 그랬듯이 그의 헌신적이고 신의가 두터운 친구 줄리오를 동반했다).

---

1) 그녀의 시누이가 첫 번째 귀부인이었다.

이렇게 18년의 추방을 청산하고 돌아옴으로써(혹은 거의 동시에 조반니가 교황에 피선됨으로써) 메디치가의 역사는 두 번째 전환기를 맞이했다. 이때까지 그들의 부상(浮上)은 비록 위대하긴 했으나 그들이 얻은 지위란 이탈리아의 다른 군주들보다 높지 않았다. 그러나 이제 그들의 역사는 새로운 국면으로 접어들어서, 왕들과 통혼을 하고 유럽사에서 큰 사건들에 유력한 역할을 하는 등 유럽에서 대단히 중요한 사람들의 반열에 끼게 되었다.

피렌체 통치권을 피에트로의 아들 로렌초(당시 스무 살로서 두 숙부과 함께 돌아옴) 대신 줄리아노의 손에 맡긴 조반니의 결정은 지혜로운 것이었다. 로렌초의 성격은 아버지 피에트로와 그의 어머니 알폰시나의 성격과 비슷했기 때문이다. 위대한 자 로렌초가 시행한 것과 같은 통치를 다시 시행하려면 성향이 유화적이고 피렌체인들의 정서를 공감하는 사람에게 권력을 맡길 필요가 있었다.

조반니는 줄리아노가 모든 면에서 이런 자격을 구비했다고 판단했다. 파치가의 음모가 끝난 직후에 태어난 그에게 아버지 로렌초는 그 음모로 살해되어 큰 슬픔을 준 사랑하던 동생의 이름을 지어 주었다. 게다가 줄리아노는 성향이 자기가 이름을 물려받은 삼촌과 놀라우리 만큼 같았다. 모든 저자들은 그의 인격이 훌륭했다는 데 다 동의한다. 그는 관대하고 인정이 있는 성격에 태도가 유화적이었고, 피흘리기와 폭력에 반대했으며, 문학과 예술을 매우 좋아한 데다 조예도 깊었다. 우르비노와 만투아의 궁정들이나 그밖에 유랑하는 동안 거했던 곳에서 젊은 줄리아노 데 메디치는 모든 사교 모임에서 총애를 받았다. 그리고 카스틸리오네(Castiglione)는 그의 그림 "일 코르틸리아노"(Il Cortigliano)에서 그를 기사 정신이 투철한 여성들의 보호자로 묘사함으로써 그의 모습을 매력적으로 그린다.

또다른 저자는 이렇게 말한다: "그는 생각과 신앙이 깊었고, 성격이 온화하고 넉넉했으며, 당시에 세속적 야망을 이루려면 필요한 범죄들에 반대했다." 그는 "이탈리아 르네상스가 낳았다고 주장할 수 있는 가장 매력적인 인물들 중 한 사람"이라는 올바른 평가를 받아왔다. 그는 피렌체인들 앞에 나설 때에 외모로서도 즉시 바람직한 모습을 보였다. 피렌체인들의 유행에 따라 턱수염을 깎았고(그들은 턱수염을 외국인의 표지로 여겼다), 피렌체인들의 루코(lucco)를 입었으며, 모든 허세를 버리고 평민처럼 행동했다.

그러나 줄리아노가 피렌체를 다스린 기간은 짧았다. 1513년 2월 율리우스 2세가 죽고 그의 후계자 조반니 데 메디치가 교황에 선출되어 레오 10세라는 이름을 취했다. 조반니가 교황이 되자 줄리오는 자신의 구도를 실천에 옮기기 시작했다. 줄리아노의 관대한 통치를 새 교황의 대 피렌체관에 좀 더 걸맞는 형태의 통치로 대체되어야 한다고 보았다. 그런 전략에 따라 줄리아노는 '교황 세력의 곤팔로니에레'가 되었다. 그것은 그가 로마에 주재해야 하는 직위로서, 피렌체 통치는 그보다 덜 양심적인 조카 로렌초에게 맡겨졌고, 그는 교황의 지시에 따라 피렌체의 국사를 맡아 행하도록 명령받았다.

이런 변화가 일어나기 직전에 마키아벨리의 정치 인생에 종지부를 찍은 음모가 발생했다. 그는 소데리니 정부의 대신이었으나, 새 체제에서 봉직할 뜻을 표명한 바 있었다. 그러던 중 고대 로마 저자들의 글에서 얻은 사상으로 뜨겁게 불탄 두 젊은이 보스콜리(Boscoli)와 카포니(Capponi)는 줄리아노와 그의 조카 로렌초를 살해하려는 엉성한 음모를 꾸몄다. 그들은 분명히 공모자가 없었으나, 둘 중 한 사람이 그들의 음모가 낱낱이 기록되고 여러 사람들의 이름이 적힌 종이 쪽지를 길거리에 떨어뜨렸다(아마 자기들을 동조하리라 예상한 사람들의 명단이었을 것이다). 명단에는 마키아벨리의 이름도 적혀 있었다. 그 종이 쪽지를 주운 사람은 곧장 시뇨리아에 신고했다. 시뇨리아는 보스콜리와 카포니를 처형했으나, 나머지에 대해서는 몇몇을 추방하고 상당수는 훈방되었다. 그로 보건대 그 음모는 공모자 없이 두 엉뚱한 청년의 백일몽에 불과했던 것으로 느껴진다. 마키아벨리는 전혀 무고하다고 주장한 사람들 중 하나였으나, 향후에 더 이상 공직을 맡을 수 없었던 점으로 보아 그때 며칠간 의혹을 받은 것으로 인해 그의 정치 경력에는 종지부가 찍힌 게 틀림없다. 그는 자신의 시골 별장으로 은퇴하여 집필에 전념했다.[2]

---

2) 니콜로 마키아벨리(1469-1527)는 대중 저자들에게 완전히 오해되는 경우가 허다하다. 빌라리 교수는 그의 책 「마키아벨리의 생애」(Life of Machiavelli)에서 「군주론」이 대단히 고귀한 목적을 가지고 집필되었다고 적적하고는, "이 책이 메디치가의 비위를 맞추기 위해서 썼다는 저급한 주

피렌체 통치의 짐에서 벗어난 뒤 로마로 은퇴한 줄리아노는 자신이 맞이한 그러한 변화가 그리 싫지 않았다. "그는 야심보다는 사생활, 문학, 지식인들과의 사귐을 더 좋아했다." 그리고 그런 사귐은 과거 18년의 무정부 상태로 피렌체에서 떠밀려 난 뒤 이제 로마에 밀집되어 있었다. 로마는 율리우스 2세 밑에서, 그리고 레오 10세 밑에서는 한층 더 과거 피렌체가 차지하고 있던 이탈리아 예술과 학문 중심지로서의 지위를 떠맡게 되었다.

1513년 루이 12세는 다시 이탈리아로 진군하여 밀라노를 공격했으나, 노바라 전투에서 페르디난도와 막시밀리안의 군대에 궤멸당함으로써 격퇴되었다.

1515년 루이 12세가 죽었고(1월 1일에), 그의 왕위를 먼 사촌 프랑수아 1세(Francis I)가 계승했다.

---

조용하고 꾸밈없는 생활을 좋아한 줄리아노는 형 레오 10세가 가문의 지위를 높이기 위해 이제 그에게 떠맡기는 온갖 영예들이 싫었다. 그는 파르마, 피아첸차, 모데나의 영주가 되었으나, 레오 10세가 1508년 삼촌 귀도발도 몬테펠트로를 계승하여 우르비노 공작이 된 프란체스코 델라 로베레(Francesco della Rovere)에게서 공작의 지위를 빼앗아 그에게 주려는 구도를 반대했다. 줄리아노는 형이 그런 제의를 하자 "그렇게 하면 의로운 공작에게 불의를 행하게 된다"는 이유를 들어 완강히 거절했다. 따라서 레오 10세는 우르비노를 자기 가문에 편입시키려는 구상을 줄리아노가 죽을 때까지 연기하지 않으면 안 되었다.

1515년 초 줄리아노는 교황의 대표 자격으로 프랑스의 새 왕 프랑수아 1세의 즉위를 축하하기 위해서 프랑스로 갔다. 프랑수아는 그를 무척 좋아하게 되어 줄리아노가 프랑스 궁정에 머무는 동안 그를 매력적인 사보이의 필리베

---

장"을 효과적으로 논박했다.

르테(Philiberte)와 결혼시켰다. 필리베르테는 당시 열일곱 살 난 아리오스토의 '선택된 영혼'(Anima Eletta)으로서, 프랑수아의 어머니 사보이의 루이제(Louise)의 동생이었으므로 프랑수아의 연하의 이모였다. 동시에 프랑스 왕은 그를 네무르의 공작으로 임명했는데, 줄리아노는 위대한 자 로렌초의 동생이자 그의 삼촌 줄리아노와 구분하기 위해 항상 이 칭호로 불린다.

줄리아노는 프랑스에서 로마로 돌아온 직후에 교황군 사령관으로서 레오 10세를 수행하여 교황과 프랑스 왕 사이의 회담에 참석했다. 이 회담은 1515년 12월 볼로냐에서 열렸다. 이때 피렌체에서는 그들이 볼로냐로 갈 때와 돌아오는 길에 피렌체에 머물 때 대 축제들이 벌어졌다. 그러나 1516년 2월 줄리아노는 건강이 나빠져 피에솔레의 바디아 저택으로 거처를 옮겼고, 3월 17일 그곳에서 서른일곱 살의 나이로 죽었다. 그를 크게 아끼던 피렌체인들은 그의 죽음을 진정으로 애도하였다. 이렇게 각 세대를 대표한 두 줄리아노는 그 가문에서 가장 큰 사랑을 받았다. 줄리아노는 마지막 순간까지 우르비노에 대한 형의 계획을 막으려고 노력했는데, 알베르티(Alberti)는 레오 10세가 위독한 줄리아노를 만나러 피에솔레에 왔을 때 줄리아노는 그를 붙잡고 숨을 몰아쉬어 가며 우르비노 공작을 공격하지 말아 달라고 간청했다고 한다. 사보이의 필리베르테도 줄리아노가 죽은 뒤 몇 년 더 살지 못했다. 불과 스물여섯의 나이로 1524년에 죽었다.

줄리아노는 성대한 장례식을 받은 뒤 산 로렌초 성당 신 성구실에 묻혔다. 당시 이곳은 미켈란젤로가 레오 10세의 지시로 작업을 막 시작했기 때문에 줄리아노가 이곳에 묻힌 첫 인물이 되었다. 그리고 몇 해 뒤에 그의 묘에는 미켈란젤로의 두 거대한 걸작 중

메디치 가문의 가족 예배당인 산 로렌초 성당

하나가 세워졌다. 줄리아노는 필리베르테를 통해서 자녀를 남기지 않았지만, 서자 하나를 남기고 떠났다. 그는 1509년 우르비노에서 태어난 이폴리토(Ippolito)였다.

라파엘로가 그린 줄리아노의 훌륭한 초상화는 지난 350년간 유실되었다가 최근에야 비로소 빛을 본 작품이기 때문에 특히 관심을 끈다. 우피치 미술관에 걸려 있는 알레산드로 알로리(Alessandro Allori, 1535~1607)가 그린 그의 초상화는 언제나 라파엘로가 그리고, 바사리가 직접 본 것으로 알려진 그림의 모작이었던 것으로 항상 알려져 왔다. 그러나 바사리의 시대 이래로 이 초상화는 자취를 감추었었다. 그러다가 1901년에 몇 해 전 러시아의 대공 부인 마리(Marie)가 구입한 그림을 스키아라 콜로나 공작이 구입하여 파리로 가져온 뒤 에콜 데 보 예술관 관장 고(故) 오이게네 뮌츠(M. Eugene Muntz)에게 감정을 의뢰했고, 뮌츠는 그 그림을 자세히 감정한 뒤 그것이 틀림없이 라파엘로가 그린 줄리아노(네무르의 공작)의 사라졌던 초상화라고 발표했다. 이 견해는 그 뒤 베를린 왕립 미술관 관장 빌헬름 보데 박사(Dr. Wilhelm Bode)와 그밖의 전문가들에 의해 확증되었다. 그 그림은 배경에 바티칸 쪽에서 본 산 안젤로 성의 정경이 들어 있고, 바티칸 궁전에서 성으로 이어지는 회랑을 보여 준다는 점에서 알레산드로 알로리의 그림과 다르다.

그것은 1516년 줄리아노가 프랑스에 대한 외교 임무를 마치고 돌아오기 직전 혹은 그보다 더 개연성 있게는 직후에 로마에서 그려진 게 분명하다. 그는 로마에서 유행하던 모자를 쓰고, 프랑스 식 옷을 입고, 그 나라 관습대로 턱수염을 기른 모습을 하고 있다. 자주색 조끼와 검은 더블릿(허리가 잘룩하고 몸에 착 붙은 르네상스 시대의 남성 겉옷) 위에 모피로 단을 댄 흐린 녹색 외투를 입고 있고, 왼쪽 소매에는 금으로 장식한 띠가 둘러져 있다. 손에 든 문서와 모자에 꽂은 접은 종이는 프랑수아 1세에 대한 외교 임무를 가리킨다.

### 로렌초(우르비노의 공작)

1492년 출생, 1513~1519년 재위, 1519년 죽음.

불행자 피에트로의 외아들 로렌초는 그 가문이 유배 길에 오를 때 두 살이었고, 아버지가 죽을 때 열한 살이었으며, 누이 클라리체가 로마에서 필리포 스트로치와 결혼할 때 열여섯 살이었다. 아버지가 떠돌아다니며 살다가 일찍 죽는 바람에 어머니 알폰시나의 손에서 자랐고, 어머니에게서 피렌체인들이 대단히 혐오하는 긍지와 교만에 관한 모든 사상을 주입받았다. 스물한 살 때 가문의 선임자인 삼촌 레오 10세를 대신하여 피렌체 통치권을 받았다. 교황이 그를 위해 꼼꼼히 적어준 지침에 따라 통치하도록 명령을 받았고, 특히 허세나 거만한 행동으로 피렌체인들의 감정을 거스르지 말라는 경고를 받았다. 레오 10세와 그의 고문 줄리오는 피렌체를 강력하게 통치하기로 노선을 정했으나, 동시에 그들이 권력을 되찾을 때 시민들과 자기들 사이에 형성된 우호 관계를 깨뜨릴 마음이 추호도 없었다. 로렌초도 처음 2~3년 동안은 이런 지혜로운 지침에 고분고분했다. 그는 역량이 없었으나 시민들을 자극할 만한 행동을 자제했는데, 1515년 레오 10세가 피렌체를 방문했을 때 시민들이 그에게 베풀어 준 열광적인 환영은 메디치가의 인기가 여전했음을 보여 주었다.

1516년 3월, 줄리아노가 죽음으로써 우르비노 공국을 차지하려는 구도에 장애가 사라지자 레오 10세는 그 공국을 자기 가문의 일원에게 주었다. 교황군은 즉시 우르비노를 공격했고 로렌초가 그 사령관직을 맡았다. 우르비노를 다스리던 공작 프란체스코 델라 로베레가 도주한 뒤, 5월 30일 우르비노에 진입했다. 그리고서 레오 10세는 로렌초를 우르비노의 공작으로 선포했다(그는 언제나 이 칭호로 알려진다). 그러나 그는 명목으로만 그 지위를 가지고 있었을 뿐, 레오가 죽은 지 5년 뒤에는 합법적인 공작이 자신의 지위를 되찾았다.

피렌체의 통치를 떠맡은 메디치가의 대표가 이 새로운 직위를 받은 것이 과연 그 나라에 이로운가 하는 것은 의문이었다. 로렌초는 우르비노의 공작과 피렌체의 평범한 시민이 될 만한 기지가 없었다. 그는 이제 레오 10세가 내리는 지침을 무시했고, 건방진 행동과 허구헌날 벌이는 공작에 준하는 의식, 그리고 방탕한 행동으로 얼마 못 가서 피렌체인들에게 미움을 받았다. 더욱이 로렌초가 새로운 작위를 얻음으로써 피렌체는 막대한 비용이 드는 전쟁에 휘말리게 되었다. 프란체스코 델라 로베레가 자기 유산을 되찾으려고 불철주야 노력하고 있었고, 로렌초도 우르비노에 대한 권위를 얻기 전에 여러 달을 끈 원정을 감행해야 했기 때문이다.[3] 이 모든 것이 피렌체인들을 분개하게 했다. 그의 목숨을 노리는 음모가 자주 발생한 데에 이어 음모 가담자들에 대한 처형도 줄을 잇자 로렌초에 대한 시민들의 분노는 도를 더해갔다. 사태는 또 한 번의 혁명을 향해 치닫고 있었다.

1518년 레오 10세와 그의 고문 줄리오(당시 추기경이 됨)는 프랑수아 1세와 교섭을 벌여 로렌초를 그 왕의 먼 친척인 아름다운 마델렌 드 라 투르 도베르뉴(Madelene de la Tour d'Auvergne)와 결혼시키는 데 성공했다. 당대의 사가 플뢰랑(Fleurange)은 로렌초의 방탕한 생활을 빗대어 도베르뉴가 "매우 건실한 여성"이었다고 말한다. 로렌초는 교황을 대신하여 프랑수아의 장남의 세례식을 집례하고 아울러 왕의 친척과 자신의 결혼식을 치르기 위해서 성대한 대규모 수행원을 거느리고 프랑스로 갔다. 이복 형제 필리포 스트로치와 그외 피렌체의 주요 인물들이 그를 수행했다. "모두가 심홍색 벨벳을 입고 많은 수행원을 거느렸다."[4] 이 무렵 프랑수아 1세의 궁정은 유럽에서 가장 화려했다. 당시 궁정은 앙부아즈에 있었는데, 이곳에서 먼저 왕위 후계자 세례식이 거행되었고, 사흘 뒤에는 로렌초 데 메디치와 마델렌 드 라 투르 도베르뉴의 결혼식이 거행되었다. 그 의식에 참석했던 플뢰랑(Fleurange)은 결혼 잔치가 일찍이 기독교 세계에서 구경해 본 적이 없을 만큼 성대했다고 말하면서 그 내용을 길게 소개한다.

젊은 왕 프랑수아 1세는 대단히 화려한 행렬들과 야외극들에 흡족해했고, 이런 16세기의 행사를 하기에 앙부아즈 같은 화려한 봉건 시대 성만큼 더 웅장한 장소는 없었다. 축제는 한 달간 계속되었고 축제가 끝나자 로렌초와 그의 신부는 피렌체로 갔는데, 신부 마델렌에게 메디치 궁전은 프랑수아 1세의 화려한 궁전에 비해 다소 칙칙해 보였을 것이다. 결혼을 마치고 돌아오면서 로렌초는 피렌체인들의 눈 밖에 난 여러 가지 비행들에다 턱수염을 기르는

---

3) 이 원정 기간에 그는 몬돌포 성 공격 때 머리에 위험한 부상을 입었다.
4) Cambi.

프랑스의 관습을 받아들여 피렌체인들의 눈에 몹시 거슬렸다. 현존하는 그의 초상화는 틀림없이 이 시기에 그려진 것이다.

마델렌은 결혼한 뒤 한 해밖에 더 살지 못했다. 1519년 4월 29일 딸(카테리나)을 낳고서 2주 뒤에 죽었다. 그리고 나서 엿새 뒤인 5월 4일 방탕한 생활로 몸을 망친 로렌초도 스물일곱의 나이로 죽었다. 그의 죽음은 피렌체를 위해서 뿐 아니라 메디치가를 위해서도 여간 다행스러운 일이 아니었다. 그의 이름에는 불명예밖에 남을 게 없다.

로렌초는 삼촌 줄리아노처럼 산 로렌초 성당 신 성구실에 묻혔다. 그리고 미켈란젤로는 레오 10세로부터 의뢰를 받아 그의 묘비를 제작했다. 그는 여러 해에 걸쳐서 이 묘비를 제작했는데, 아마 그의 작품을 통틀어 가장 찬사를 받는 작품이 아닌가 싶다. 이렇게 해서 신 성구실에 세워진 줄리아노(네무르의 공작)와 로렌초(우르비노의 공작)의 두 묘비는 아마 유럽에서 가장 유명한 묘비일 것이다.[5] 각 석관 위에는 그 묘에 묻힌 사람의 상이 서 있지만, 이 상들은 그들을 닮게 제작하려는 노력이 들어가지 않았다. 성품이 좋았던 줄리아노에게는 정반대의 성품을 묘사한 상이 돌아간 반면에, 메디치가에서 가장 쓸모없는 사람이었던 로렌초에게는 시인들마다 감동하여 아름다운 시를 내놓고, 그 상에 묘사된 덕성들을 그에게로 돌리는 그런 훌륭한 상이 돌아갔다. 이런 결과를 내다보고서 조각상들이 당사자들과 하나도 닮지 않았다는 지적이 일자, 미켈란젤로는 후 세대 사람들이 그것을 어떻게 알겠느냐고 한심하다는 듯이 대답했다.

줄리오 데 메디치의 계획은 자신이 로렌초에게 부과한 지침들이 제대로 이행되지 않음으로써 상당한 차질을 빚었다. 그러므로 로렌초가 죽자 레오 10세는 줄리오를 신속히 피렌체로 보내 로렌초가 가문의 이익에 끼친 해악을 수습하게 했다. 줄리오는 여행을 급히 서둘렀음에 틀림없다. 늦지 않게 장례식 날에 도착하여 로렌초의 장례를 총괄했으니 말이다. 그 장례식은 성대하게 거행되었다. 장례식이 끝나자 줄리오는 자신이 피렌체에 처리하러 온 문제들에

---

5) 특별히 두 개의 석관에 기대어 누운 알레고리적인 네 상(像) 때문에 더욱 그러하다.

시선을 돌렸고, 이 면에서 처음으로 큰 능력을 공중 앞에 드러냈다. 그 버거운 과제를 대단히 성공적으로 해냈기 때문이다. 로렌초의 실정으로 형성된 반감이 정치 분위기를 불만으로 끓어오르게 했다.

야코포 살비아티(Jacopo Salviati)가 주도한 프라테스키 당(the Frateschi)은 정부가 취해온 기존의 방법이 지나치게 과두적(寡頭的)이라고 주장했고, 피에로 리돌피(Piero Ridolfi)가 이끄는 오티마티 당(the Ottimati)은 지나치게 공화적(共和的)이라고 비판했으며, 이 두 당 외에도 단순히 무정부 상태를 겨냥한 비판 세력이 많았다. 줄리오는 노회하게도 어느 반대 정파와도 손을 잡지 않으면서도 양측의 비위를 다 맞추려고 노력하면서 실권을 자신이 쥐기 위해 노력했다. 그는 다섯 달 동안 피렌체에 머물면서 세금을 경감하고, 통화 질서를 바로잡고, 법 집행을 개혁하고, 선거 집단들에게 로렌초가 박탈했던 권리를 되돌려주었다. 나르디(Nardi)는 그의 조치와 품행이 모두 시민들을 두루 만족시켰다고 말한다. 줄리오가 다섯 달 동안 벌인 일은 정치술에서 나름대로 걸작에 해당한다.

그러나 추기경 줄리오는 이런 일보다 더 어려운 과제를 극복해야 했다. 그가 소중하게 간직해 온 구도가 결실을 맺기 위해서는 매우 복잡한 가문의 정치 상황을 순조롭게 풀어갈 방법을 찾아내야 했다. 로렌초는 생후 몇 주밖에 안 된 딸을 남기고 세상을 떠남으로써 피렌체 통치 세력으로서의 가문의 지위가 매우 위태롭게 되었다. 코시모 계열이 대가 끊길 위기에 처했다. 로렌초는 불행자 피에트로의 외아들이었고, 그의 두 삼촌 가운데 줄리아노는 죽었고 조반니는 교황이었다. 게다가 줄리아노의 아들 이폴리토(당시 열살)뿐 아니라 줄리오 자신도 서자였다. 따라서 이 아기 카테리나가 장자 계열을 대표한 마지막 적자(嫡子)였다. 그런 차에 레오 10세가 죽는다면 가문의 수장권은 생득권에 의해 차자 계열로 넘어가, 코시모의 동생 로렌초의 증손자 피에르 프란체스코(Pier Francesco)가 차지하든가 아니면 로렌초의 또다른 증손자 조반니 델레 반데 네레(Giovanni delle Bande Nere)가 차지하게 될 것이었다. 후자는 이 무렵 스물한 살로서 이미 군 지휘관으로 명성을 얻고 있었다.

그러나 차자 계열은 국가 경영에 자질이 없었을 뿐 아니라, 코시모 가문이 추방될 때 주요 원인을 제공했고, 대공위 시대 때 가문명을 버렸으며, 그 뒤로 내내 미미하게 지내왔기 때문에 코시모 계열의 시각에서 볼 때 조금도 고려의 대상이 될 가치가 없었다. 따라서 레오 10세와 줄리오는 피렌체 통치권이 절대로 그 계열로 넘어가지 않고, 모든 방법을 강구하여 코시모의 계열에 남아 있게 하기로 작정했다. 두 사람 다 이 목적을 달성하기 위해서는 양심의 가책 없이 수단과 방법을 가리지 않는 사람들이었다.

그러나 추기경 줄리오로서는 피렌체에 다섯 달 머무는 동안 이 모든 것 — 어떤 구도로 권력이 코시모 계열에 남아 있게 할지, 가문의 장래에 가장 중요한 인물이 된 이 여자 아기를 어떻게 해야 할지, 그리고 이 모든 것을 그가 한 시도 잊은 적이 없는 궁극적인 목표와 어떻게 연결시켜 갈지 — 을 생각하는 게 국정의 난제들을 처리하는 것보다 훨씬 더 시간이 많이 걸렸다. 그는 산 로렌초 성당에서 장례식을 성대히 치르자마자 이제 그렇게 작은 주인이 차지하게 된 메디치 궁전에 여장을 풀었다. 줄리오 데 메디치가 사려깊은 눈으로 그렇게 가냘픈 몸으로 그 막중한 짐을 짊어진 채 요람에 누워 있는 코시모 계열의 이 마지막 자손을 내려다 보는 순간 미래에 대한 심원한 야망과 복잡한 계획이 그의 명석한 두뇌를 가득채웠을 것은 넉넉히 예상할 수 있다.

# 제13장
# 조반니(레오 10세)

1476년 출생, 1513-1521년 교황 재위, 1521년 죽음.

레오 10세는 그에 대한 보편적인 묘사만큼이나 중요한 인물은 아니었다. 그를 둘러싼 명성이 대중의 상상을 사로잡았고, 그로써 그가 그런 보편적 인정을 받을 만큼 큰 인물이 아니었다는 사실이 가려져 왔다. 그러나 그는 그의 가문 다른 사람들과 나란히 놓고 비교해 보면 그런 평가란 불가피하다. 그는 쉽게 살려는 욕구와 무리수를 모르는 상식(이것을 그는 당혹과 재앙으로 이어질지도 모르는 일에 개입하지 않도록 막았다) 때문에 사촌 클레멘스 7세(Clement VII)와는 달리 당대에 전개되던 큰 사건들에서 중심 축 역할을 하지 못했다.

그 결과 메디치가 역사(각 개인이 각자의 성격과 행위에 걸맞는 지위를 차지하는)에서 레오의 생애 이야기는 훨씬 덜 유쾌한 사촌 클레멘스의 이야기보다 훨씬 덜 중요하게 된다. 클레멘스는 유럽 정치 무대에서 그보다 더 중요한 역할을 했을 뿐 아니라, 그 가문의 차후 향배에도 훨씬 더 큰 영향을 끼친 노선을 추구했다.

위대한 자 로렌초의 차남 조반니는 1513년 5월 11일에 교황으로 선출될 때 서른일곱 살이었다.[1] 그가 열여섯 살에 고향 피렌체를 떠나 추기경회에 처음으로 들어갈 때부터 20년 동안 그의 생애는 참으로 파란만장했다. 로마에서 몇 달 있지 못하고 피렌체로 돌아온 그는 그 뒤 2년 동안 형 피에트로의 몰인정한 통치로 가문의 인기가 곤두박질하는 것을 지켜보았고, 형과 함께 유배의 길에 올랐으며, 군대를 얻어 피렌체를 치려는 형을 위해 여러 궁정을 전전하면서 지원을 요청하며 5년의 세월을 보냈으나 실패만 맛본 뒤 한동안 이탈리아를 떠나 유럽 북부를 방랑하면서 여러 도시들과 여러 고장의 살아가는 모습을 구경했다. 결국 로마로 돌아온 그는 가문과 함께 교황으로부터 점차 호의를 얻었고, 교황에게 중요한 임무를 받아 파견되었고, 실질상 군대를 총지휘하는 지위에 올랐고, 치열한 전투에 참여하여 포로로 잡히기도 했고, 프라토에 대한 참혹한 약탈을 보고서 그 정도를 완화시키기 위해 노력했으며, 고향 도시에 당당히 재입성하여 그곳에서 자기 가문을 다시금 권력의 자리에 올려놓았다. 이런 생애를 살아오면서 수많은 사람과 사건을 폭넓게 경험했으나, 쉽게 살아가려고 하는 성향은 바뀌지 않았다.

레오 10세는 자기 시대에 명성을 떨쳤고, 그가 교황으로 재위한 9년[2]은 3세기에 걸쳐 문필가들에게 극찬을 받았다. 그의 성격에 관해서는 앞에서 이미 어느 정도 언급했다. 그는 문학과 예술을 사랑했을 뿐 아니라, 강한 상식과 선량한 성품이 특장이었다. 그를 잘 알았던 에라스무스(Erasmus)는 그의 친절과 인간미, 관인대도와 학식, 후덕한 대인 관계, 평화와 순수 예술에 대한 사랑을 칭송했다. 그리고 그의 재위를 전임 교황의 재위와 비교하면서, "철의 시대가 급속히 황금 시대로 바뀌었다"고 말한다. 심지어 사르피(Sarpi)도 이렇게 진술한다: "레오는 고상한 환경에서 태어나고 자라나 교황에게 적합한 소양을 많이 갖추고 있었다. 특히 고전 문학에 대한 해박한 지식, 인간미, 친절, 큰 도량, 예술가와 학자를 지원하려는 선명한 의지가 돋보였다. 그 덕분에 예술가들과 학자들이 그때처럼 수 년간 교황청에서 호의를 받아본 적이 없었다."

---

1) 3월 11일 교황에 선출된 그는 3월 15일에 사제로 임명되었고, 그 달 19일에 주교로 임명을 받았다.
2) 1513년 3월 11일부터 1521년 12월 1일까지.

반면에 크라우스 박사(Dr. Krauss)는 이렇게 말한다.[3]

레오는 교황이 되자 즉시 그의 재위를 유명하게 만든 문학과 예술에 대한 장려 사업을 적극 추진하면서 지식인들을 이탈리아 전역에서 로마로 초대하고, 그리스와 라틴 저자들에 대한 연구를 위해 로마에 대학교 설립을 계획하고, 로마에 인쇄소를 세우는 문제로 알두스 마누티우스(Aldus Manutius)와 그 밖의 사람들과 서신 왕래를 하고, 고전 시대의 유실된 사본들을 찾기 위한 조사 작업에 착수하고,[4] 라파엘로와 그외 예술가들에게 중요한 작품을 의뢰하기로 계획하고, 모든 면에서 학문과 예술의 발전에 앞장섰다.

또한 그는 가문의 미래를 확고히 다져놓는 일에도 착수했다. 두 친사촌 줄리오 데 메디치(Giulio de' Medici)와 뤼지 로시(Luigi Rossi)를 추기경으로 임명했고,[5] 조카들인 인노첸치오 치보(Innocenzio Cibo), 조반니 살비아티, 니콜로 리돌피(Liccolo Ridolfi)도 추기경으로 세웠다. 가문에서 다섯 명이나 추기경으로 앉혔으니 그 중 하나가 자기를 계승하여 교황이 될 개연성이 충분히 있었다. 우르비노 공국을 자기 가문에 귀속시키려 하던 그의 구상은 앞에서 이미 언급했다.

1515년 1월 프랑수아 1세는 프랑스 왕위를 계승하자마자 밀라노 수복 원정을 준비하기 시작했다. 레오 10세는 자신과 스페인의 페르디난도, 그리고 황제 막시밀리안으로 이어지는 동맹에 힘입어 이 원정을 막기 위해 노력했다.[6] 그러나 프랑수아는 마니냐노 전투에서 승리를 거둔 뒤 밀라노를 차지했

---

3) *The Cambridge Modern History*, vol. ii. chap. i.
4) 현재 피렌체 산 로렌초 성당 메디치 도서관에 소장된 리비우스의 처음 다섯 권의 사본을 그렇게 해서 손에 넣은 사람은 그였다.
5) 레오가 줄리오를 추기경으로 임명한 것은 불법이었다. 줄리오는 서자였기 때문에 교회법상 추기경에 임명될 수 없었다. 레오의 생애를 기록한 사가는 "교황이 그를 적자라고 못 박고 지나감으로써 그 문제를 넘어갔다"고 말한다.
6) 레오 10세가 올지를 추기경으로 임명한 것은 헨리 8세를 이 동맹에 끌어들이려는 소원에서 비롯되었다.

고,[7] 레오는 그와 타협하지 않으면 안 되었다. 그 타협은 1515년 12월 볼로냐에서 열린 두 사람 간의 개인 회담에서 이루어졌다. 레오는 회담장으로 가는 길에 피렌체에서 사흘을 묵었다. 그곳에서는 교황을 위한 성대한 환영 행사가 준비되어 있었다. 그 자리에 있었던 란두치(Landucci)는 이 환영 행사가 묘사할 수 없을 정도로 성대하여서 "세계의 어떤 도시도 그런 일을 할 수도, 하려 들지도 않을 것"이라고 진술한다. 시 당국은 도시 모든 지역을 개선문들과 고전 시대를 본딴 모조 건물들, 조각상들, 풍유가 담긴 도안들로 가득 장식했다. 델라 시뇨리아 광장에는 상갈로(Sangalo)에 의해 팔각형 신전이 세워졌고, 두오모 성당의 완공되지 않은 정면에는 위대한 자 로렌초가 그것을 위해 도안한 모형을 산소비노(Sansovino)가 나무로 제작하고 안드레아 델 사르토(Andrea del Sarto)가 그 위에 그림을 그렸다. 란치 개랑(the Loggia de' Lanzi)에 들어선 거대한 헤라클레스 조각상은 바티오 반디넬리가 조각했다. 여러 개선 아치들은 몬텔루포(Montelupo), 로소(Rosso), 그라나카(Granacca) — 그 중에서도 바디아 궁전과 바르젤로 궁전 사이에 세워진 아치와 산 마르코 수도원 근처에 세워진 아치가 특히 아름답다 — 가 제작했다. 이렇게 도시 전체가 교황좌에 앉은 최초의 피렌체인을 수많은 축제들로 환영했다.

레오는 볼로냐에서 회담을 마치고 돌아오는 길에 피렌체에 한 달 이상 머물렀다. 1516년 2월 17일까지 머물렀는데, 이 방문 기간 동안 가문 교회인 산 로렌초 성당을 완공하기 위해 여러 가지 주선을 했다. 미켈란젤로에게 정면 설계도를 준비하도록 지시했고, 거기에 드는 대리석을 얻기 위해 그를 카다라로 보냈다. 또한 이 공사를 위해 서른네 척이나 되는 배에 대리석을 싣고 피렌체로 보냈다. 비록 그 정면은 아직도 손을 대지 않은 채 그대로 남아 있지만 말이다. 레오는 아울러 산 로렌초 성당 신 성구실 공사를 미켈란젤로에게 맡기고 그 공사를 감독했다. 교황의 의도는 아버지 로렌초, 삼촌 줄리아노의 묘와, 당시 살아 있던 그 가문 사람들, 즉 자신과 동생 줄리아노, 사촌 줄리오,

---

7) 막시밀리안 스포르차(일 모로의 장남)는 추방되었고, 밀라노는 마레샬 드 로트렉(?)인 오데 드 푸아의 지배를 받게 되었다.

조카 로렌초의 묘 등 여섯 기의 묘로 이루어진 대규모 묘를 조성하는 것이었다. 그러나 지금까지 완공된 것은 그 중 두 개뿐이다.

1516년, 레오 10세는 동생 줄리아노가 죽자마자 앞에서 말한 대로 조카 로렌초에게 대권을 쥐어주기 위해서 우르비노를 차지했다. 그 과정에서 생긴 불만은 1517년 봄에 큰 사건으로 이어졌다. 시에나의 젊은 추기경 알폰소 페트루치(Alfonso Petrucci)가 추기경들 사이에서 교황을 독살하려는 음모를 주도했다. 그러나 음모가 발각되어 당시 로마를 떠나 있던 페트루치는 교황이 스페인 대사를 통해서 보낸 안전 통행권과 목숨을 보장한다는 엄숙한 약속과 함께 로마로 오라는 초대를 받았다. 페트루치가 로마에 도착하자마자 그 두 가지 약속은 휴지조각처럼 취급되어 그는 곧장 투옥된 뒤 사형 판결을 받았다. 자세한 심문 결과 여러 추기경이 이 음모에 연루된 사실이 드러났다. 페트루치는 그의 두 조력자 — 한 사람은 의사, 한 사람은 서기 — 와 함께 모진 고문을 당한 뒤에 죽었다. 나머지 연루된 추기경들은 목숨을 부지했으나 여러 가지 것을 박탈당했다. 이러한 형벌들은 나머지 추기경들 사이에 큰 반감을 일으켜 교황은 심지어 성 베드로 성당에서 미사를 집전하는 동안에도 친위대의 호위를 받아야만 했다. 레오 10세는 이런 불안한 정국을 수습하고 이 큰 사건을 마무리짓기 위해서 하루에 서른한 명의 새 추기경을 임명하는 특단의 조치를 취했다.

종교개혁을 바로 코 앞에 둔 이 시기에 고위 성직자들이 차지한 부수 관직은 많은 추문을 일으켰다. 로스코우는 이렇게 진술한다: "한 사람이 독일의 대주교이면서 동시에 프랑스나 영국의 주교, 폴란드와 스페인의 대수도원장, 로마의 추기경인 경우가 많았다는 것은 사실이다." 그렇게 많은 수의 추기경들을 추가로 임명하고 그들에게 성직록(聖職祿, benefices)을 준 것이 물론 이런 폐단을 가중시켰다. 영구 부재자가 이렇게 많은 주요 성직을 차지함으로써 유능한 적임자를 잃어버린 교구들에서는 부패와 실정이 만연했고, 이런 상황은 유럽 북부에서 꾸준히 증가하던 교회에 대한 불만을 가중시켰다.

1518년 레오 10세는 앞서 언급한 대로 프랑수아 1세를 상대로 조카 로렌초와 왕의 친척 마델렌 드 라 투르 도베르뉴의 결혼을 주선했고, 이 결혼은 메디치가가 프랑스 왕가와 맺은 두 번째 결혼 동맹이었다.[8] 다음 해에 로렌초가 죽자 레오는 사촌 줄리오를 피렌체에 보내 한동안 국사를 돌보도록 했다. 줄리오는 1519년 5월에서 10월까지 피렌체에서 교황을 대신하여 메디치가를 관리했고, 그 일을 다음 2년간 계속해서 맡았다.

1521년 페루지아가 '죄악의 괴물'로 묘사된 그 곳 군주 지안파올로 발리오니(Gianpaolo Baglioni)의 학정에 시달리자, 레오 10세는 발리오니의 통치를 종식시키고 페루지아를 교황령에 복속시키기로 작정했다. 그는 그런 범죄자를 제거하는 일에는 어떤 기만도 용납된다고 생각한 듯하다. 교황은 정치 문제를 논의하자는 구실로 발리오니를 로마로 초대하고 교황의 안전 통행권을 발행했다. 그러나 그가 도착하자마자 체포하여 옥에 가둔 뒤 고문을 가하고 성 안젤로 성에서 참수한 다음 페루지아를 가로챘다.[9] 같은 시기에 교황령을 확장하기 위해 페라라에 대해서도 비슷한 기만 행위를 저질렀다. 그러나 교황 군대가 접근할 때 성문을 열어주기로 약속하고서 뇌물을 먹은 사람들이[10] 그 음모를 페라라 공작에게 알리는 바람에 그 시도는 실패로 끝났다. 심지어 레오 10세에 대해 찬양 일색인 로스코우조차 이 작전들이 "그의 인격의 매우 어두운 면을 드러냈다"고 평가한다.[11]

이런 일들은 비록 다는 아닐지라도 어쨌든 그 대부분이 레오 10세의 생애에서 근본적인 실수였던 한 가지 행동에 기인한다. 그는 쉽게 살려는 기질을 만족시키고, 문학과 예술에 푹 빠져 지내고, 연회와 사치를 즐기는 데에만 관심이 있었기 때문에 교황청의 모든 정치를 정열적이고 교활한 사촌 줄리오의 손에 송두리째 맡겼던 것이다. 그리고 그 결과는 양심의 가책을 모르던 그에게서 예상할 수 있는 그런 것들이었다. 레오 10세는 자기 이름으로 허용한 행

---

8) 줄리아노와 사보이의 필리베르테의 결혼이 첫 번째 결혼 동맹이었다.

9) 이 행위는 비록 가증스럽긴 하지만 그 시대에 예외적인 것은 아니었다. 마리온 크로퍼드(Mr. Marion Crawford)는 「베네치아 역사 스케치」(Sketches from Venetian History)에서 그런 사례들을 전반적으로 소개하면서, 그 시대에는 안전 통행권이 정치적 암살의 전조가 되는 경우가 빈번했기 때문에 오히려 그런 약속을 한결같이 신뢰하는 게 예외적인 일이었다고 말한다.

10) 이들 중 일부는 레오의 먼 친척으로서 메디치가 차자 계열에 속한 조반니 델레 반데 네레라는 젊은이가 지휘하고 있었다.

11) Roscoe's Life of Leo X.

위들에 대해서 다 책임을 져야 한다. 그러나 그럴지라도 그의 교황 재위 기간에 이루어진 정치 행위들은 조반니보다 줄리오의 머리에서 나온 것으로 봐야 하며, 조반니의 생애와 성품을 살펴볼 때는 이 점을 유념해야 한다. 그에게는 세속 정치와 교회 정치가 될 수 있는 대로 벗어버리고 싶은 무거운 짐이었기 때문에, 세월이 흐를수록 그 짐을 기쁘게 맡으려는 줄리오에게 점점 더 많이 넘겨주었고, 자신은 평소에 그토록 좋아하던 분야에 푹 빠져 지내게 되었다. 그런 사람으로서 종교개혁 같은 운동을 다루어야 했다는 것은 참으로 버거운 일이었고, 당시 알도 인쇄소가 발행한 최신 고전 작품들에 온통 정신이 팔려 있던 사람에게서 루터 같은 사람이 쏟아내는 비판에 귀를 기울인다는 것은 기대하기 어려운 일이었다.

레오가 정치에서는 손을 떼고 자기가 좋아하던 분야에 몰입했다는 것은 우리에게도 퍽 다행한 일이다. 그는 전혀 별종의 사람이었다. 이 분야에 대해서는 무관심도 권태도 지도권을 남에게 내어주는 일도 없었고, 술수나 물밑 거래도 없었다. 그가 영혼으로 사랑했던 문학과 예술 세계에서 당대의 문화를 온 몸으로 끌어안았던 그는 그의 이름 주위에 모든 그런 화려한 명성을 얻을 자격이 있는 사람이다. 그의 증조부 코시모와 아버지 로렌초는 골치아픈 정치 문제를 이끌어 가면서 문학과 예술 분야에서도 큰 성과를 얻으려고 노력했다. 레오 10세는 정열이 조상들만 못하여 그 능력이 좀 더 작은 주형에 부어졌으며, 그로써 조상들이 취했던 것의 절반에 대해서만 역량을 과시했다. 그 절반에서 그가 이룩한 업적은 아버지와 증조부의 업적만은 못할지라도 상당했다. 더욱이 그는 조상들보다 더 방대한 자원을 끌어다 쓸 수 있었다. 예술은 이미 그 절정에 달해 있었다. 고전 문학의 위대한 보고는 그의 시대에는 이미 활짝 열려 있었다. 더디고 품이 많이 드는 필사(筆寫) 대신에 등장한 인쇄술이 고전 문학 출간을 돕고 있었다. 조상들도 이 분야의 노력을 지원할 만한 부를 상당히 소유하고 있었으나, 레오는 그보다 훨씬 큰 교황청의 재산을 갖고 있었다.

레오가 문학과 예술을 후원하느라 행한 일들을 다 소개하자면 책 한 권은 족히 들 것이다. 80년 전 그의 증조부 코시모가 지도자로 있을 때 피렌체에서 발생했던 것과 똑같은 결과가 이제 로마에서도 발생했다. 학자들과 예술가들이 그런 후원자가 버티고 있는 로마로 몰려들었다. 레오는 로마 대학교를 설립한 뒤 저명 인사들을 끌어모은 결과 88명의 교수가 저마다 다양한 학과를 맡아 가르쳤다. 레오는 마르쿠스 마수루스(Marcus Masurus)와 알두스 마누티우스(Aldus Manutius)의 지원을 받아 로마에 그리스 저자들의 저서들을 펴내기 위한 출판사를 세우기까지는 손을 놓지 않았다. 출판 과정에서, 일찍이 위대한 자 로렌초의 연구 작업에 기용되었고 이제 레오에 의해 이 작업을 맡아달라고 청빙된 조반니 라스카리스(Giovanni Lascaris)가 직접 교정 작업을 맡았다.

아리오스토(Ariosto)는 레오가 불러모은 유능한 시인들과 지식인들에 관해 상기된 어조로 말한다. 레오 자신이 고전 분야에서 쌓은 업적은 상당했고, 그런 분야들에서 일종의 판단자로서 정당한 평가를 받았다. "그는 사어(死語)로 기록된 것이든 활어(活語)로 기록된 것이든 모든 도서와 필사본들에 남다른 열정이 있었고, 탐욕스럽게 그것들을 섭렵하면서 뛰어난 기억력으로 그 내용을 기억하고 인용했다."[12] 예술에 대한 그의 후원은 무제한했고, 그의 명성도 컸으며, 그가 라파엘로를 보호하고 그에게 애정을 쏟은 것은(라파엘로는 레오보다 1년 전에 죽었다) "레오의 최고이자 가장 고귀한 영예였고 앞으로도 그럴 것이다"는 게 많은 사람들의 주장이었다.

레오는 위와 같은 일들을 추구하면서 동시에 될 수 있는 대로 생을 즐기는 쪽으로 인생의 가닥을 잡고는 온갖 유희를 즐겼으며, 처음부터 끝까지 장래의 삶이 어떻게 될 것이라는 예측을 조금도 내놓지 않았다. 이것은 당시 상황에 비추어 볼 때 이상한 특징이며, 이로 인해 대단히 중요한 결과를 빚게 된다. 위대한 자 로렌초는 이교 고전 문학을 끔찍이 사랑했으면서도 자기가 무슨 일을 주도할 수 있든 없든 간에 결코 이런 특징을 드러낸 적이 없었다. 그러나 그가 교회의 수장이 되도록 도와준 이들에게서는 그것이 주된 특징으로 부각되며, 여러 유력한 저자들은 레오 10세가 무신론자였다는 모스하임(Mosheim)의 견해를 지지했다. 그가 종교적 의무를 겉으로 수행하는 데 조금이라도 결핍이 있었다는 말이 아니다. 오히려 이런 일들에 관해서는 조금도 꿀

---

12) *The Medici Popes*, by H. M. Vaughan.

릴 것이 없었다. 그러나 그 시대의 유럽이나 오늘날 이슬람 국가들에서도 그런 일에는 용의주도하면서도 신앙은 전혀 없는 경우를 얼마든지 볼 수 있다.

겉으로 드러난 행동과 표현된 견해로 판단할 수 있는 한(본질상 그렇게 사적인 문제에 대해서), 레오는 단순한 에피쿠로스 학파 이교도였다. 그는 노골적인 방탕아는 아니었지만, "하느님이 우리에게 교황청을 주셨으니 실컷 누립시다"라는 교황 취임 연설로 그의 정신을 노골적으로 드러냈다: 그리고 그는 실제로 그렇게 했다. 캄파냐 평원에서의 사냥과 매 파티, 라 말리아나 별장에서의 유쾌한 모임, 로마에서의 연회 만찬, 문학, 시, 음악, 연극 등 그레고로비우스(Gregorovius)가 '문화의 야단법석'이라고 표현한 행사들 — 이런 것들이 그의 시대의 상당 부분을 차지했다. 대다수 학자들이나 과거의 어느 교황과도 달리 레오는 당시의 스포츠에 탐닉했고, 때로는 한두 달 간 교황청을 비운 채 볼세나 호수가에서 낚시나 꿩 사냥에 몰두하거나, 로마에서 8km 떨어진 티베르 강 계곡의 라 말리아나에 자리잡은 사냥 막사를 즐겨찾아 그곳에서 오래 머물면서 대대적인 사슴, 들곰 따위의 몰이를 벌였고, 온갖 오락을 즐겼으며, 교황청에 행사가 있을 때 사냥복을 입고 등장하거나 최악의 경우 승마용 긴 부츠를 신고 등장하여 추문거리가 되었다.[13] 로마에서 보낸 그의 생애는 건강하지 못했다. 그의 궁정에 주재해 있던 베네치아 대사는 교황청에서 벌어진 연회가 네 시간씩이나 진행되고 연회에 내온 음식이 고대 로마 황제들의 연회를 연상시킬 만큼 사치스럽고 헤픈, 건강하지 못한 연회였다고 묘사한다. 그리고 1514년 겨울 동안 교황의 손님으로 지낸 만투아의 여후작 이사벨라 데스테(Isabella d'Este)는 자신과 시녀들이 정신을 차릴 수 없을 정도로 끊임없이 계속된 "연회, 무도회, 행렬, 사냥 파티, 군중 축제, 연극 공연"에 관해 생생히 전했다.

레오는 이렇게 축제와 사냥과 문학과 예술에 탐닉하면서 편하고 즐거운 생활을 영위해 갔고, 될 수 있는 대로 정치 문제로 골머리를 썩이지 않으려고 했

---

13) 그는 이 행위가 특별히 거부감을 일으켰다고 지적했다. 그런 부츠를 신고 있으면 사람들이 교황의 발에 입을 맞출 수 없었기 때문이다. 그러나 레오는 그로 인한 수근거림에 괘념치 않은 듯하다.

으며, 교황청의 무거운 짐 — 당시 교황청의 앞길에는 하루가 다르게 많은 암초들이 깔려 있었다 — 은 사촌 줄리오가 짊어지도록 내버려 두었다.

1515년 당시 열다섯살이던 황제 막시밀리안의 손자 카를(Charles)이 1506년 아버지 필립(Philip)의 죽음으로 플랑드르 정부를 인수했다. 그의 족보는 중요하므로 아래와 같이 소개한다:

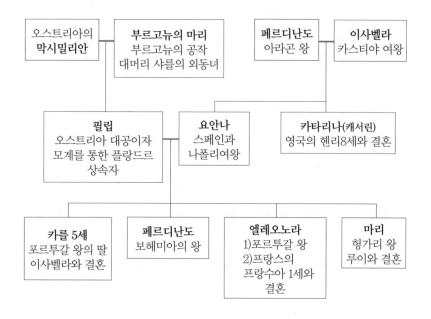

1516년 스페인의 페르디난도가 죽자 카를은 정신 질환으로 정계를 떠난 어머니 요안나를 대신하여 스페인과 나폴리 정부를 인수했다. 같은 해에 캉브레 동맹으로 시작된 8년 전쟁이 프랑수아와 카를의 노용 조약으로 끝이 났고, 그 조약으로 프랑스는 롬바르드를, 스페인은 나폴리와 시칠리아를 차지했다.

1519년 황제 막시밀리안이 죽고, 카를이 오스트리아와 플랑드르의 왕이 되었다. 그 뒤 프랑스의 프랑수아 1세, 영국의 헨리 8세, 오스트리아의 카를이 누가 황제로 선출되느냐 하는 문제를 놓고 다섯 달 동안 경쟁을 벌여 결국 카를이 선출되었다.

이로써 카를 5세는 할아버지 막시밀리안에게는 오스트리아를, 할머니 부르고뉴의 마리에게는 플랑드르를, 할아버지 페르디난도와 할머니 이사벨라에게는 스페인과 나폴리를 유산으로 물려받았고, 독일 의회에 의해서는 황제 칭호를 받았다. 황제로 선출된 뒤 그 문제 때문에 세 경쟁 세력이 28년간 투쟁을 벌였는데, 그 투쟁에서 프랑수아와 카를은 언제나 원수지간이었고, 헨리는 때로는 이 편을, 때로는 저 편을 들었다.

1520년 카를 5세는 5월에 영국의 헨리 8세를 방문했고, 6월에 프랑수아 1세와 헨리 8세는 서로 간의 우의를 다지기 위해 "금 식탁보 깔린 전원"으로 알려진 회담을 가졌다.

1521년 프랑수아는 카를에게 선전포고를 한 뒤 즉각 프랑스의 한 쪽으로는 룩셈부르크를, 다른 한 쪽으로는 나바레를 침공했다. 울지(Wolsey)를 고문으로 둔 헨리는 카를의 편에 섰다.

---

레오 10세가 바티칸에 조성해 놓은 문화적 이교주의의 분위기는 매우 독특했다. 그것은 랑케(Ranke)가 썩 잘 묘사해 놓았으므로 다른 사람의 말을 굳이 더 소개하지 않아도 된다:

"그 당시에 사람들은 고대의 언어로 고대인들과 우열을 다투려고 노력했다. 레오 10세는 이런 노력을 각별히 후원했다. 그는 요비우스(Jovius)의 빼어난 역사 서론을 동호인들 모임에서 큰 소리로 읽은 다음, 리비우스(Livy)의 작품이 나온 뒤에는 그만한 작품이 나오지 않았다고 공언했다. 그는 라틴어 즉흥시인들의 후원자였으니, 체스 게임 같은 주제를 가지고 운율이 뛰어난 라틴어 6보격 시를 지어내던 비다(Vida)의 재능에 탄복했으리라는 것은 능히 짐작할 수 있다. 수학을 세련된 라틴어로 해설한 것으로 유명한 수학자가 레오의 초빙을 받고 포르투갈에서 왔다. 그(레오)는 이런 방식으로 신학과 교회사를 쓰게 할 만한 사람이었다 … 최초의 이탈리아어 비극이 공연된 것은 그의 앞에서였고, 최초의 이탈리아어 희극도 마찬가지였다. 연극이 플라우투스(Plautus)를 모방한 배척할 만한 성격을 띠고 있었는데도 불구하고 그랬다. 아리오스토는 레오가 젊어서부터 알았다. 마키아벨리는 저서들 중 한 권 이상을 분명히 레오에게 헌정했다. 레오의 연회장들, 미술관들, 예배당들은 라파엘로에 의해 인간의 아름다움을 이상적으로 묘사한 작품들로 가득했다. 레오는 음악을 열정적으로 좋아해서 그의 궁전에서는 하루도 음악 소리가 흘러나오지 않은 날이 없었고, 레오 자신이 사람들 앞에서 노래를 불렀다 … 삶이 그 자체의 모순들을 쉽게 가렸다. 그러한 삶은 그리스도인의 정조와 확신과 상반되었다. 철학자들은 영혼이 과연 불멸하는지 아니면 필멸하는지를 놓고 논쟁을 벌였다. 이런 견해들이 몇몇 소수에게만 국한되었다고 믿을 수 없다. 에라스무스는 자기 귀로 신성모독적인 발언을 듣고는 깜짝 놀랐다고 한다. 사람들은 외국인인 그에게 플리니우스(Pliny)의 구절들을 들어가며 인간 영혼이 짐승의 영혼과 절대 동일하다는 생각을 입증하려고 했다."[14]

그런 분위기에서 레오 10세는 교황으로서의 생애를 보냈다. 이런 생활 태도가 몇몇 전임 교황들이 보여 주었던 생활 태도보다 덜 반감을 불러일으킬 만한 것이었다 할지라도 당시의 절박한 시대 상황에는 전혀 적절하지 못했다.

알프스 이북에서는 검은 구름이 짙게 모이기 시작했다. 그것은 머지 않아 온 유럽을 뒤덮고, 교황청에게 가벼운 문학과 예술에서 눈을 돌려 다른 것을 생각하게 만들 것이었다. 그때의 교황청은 식스투스 4세와 알렉산데르 6세처럼 범죄와 부도덕으로 세상을 격노하게 하거나, 율리우스 2세처럼 끊임없는 전쟁으로 인류를 괴롭히던 그런 사람의 수중에 들어가 있지 않았다. 그러나 오랫동안 교황청으로부터의 반동을 촉진해 온 요인들이 여전히 끊임없이 작용하고 있었고, 인쇄술의 발달의 결과로 갈수록 훨씬 더 큰 힘을 얻어가고 있었다. 인쇄소들은 이교 시인들의 그리스어와 라틴어 저작들만 찍어내지 않고 열정적인 조사로 빛을 보게 된 고대 사본들도 찍어냈는데, 그 가운데는 키케로와 플리니우스, 타키투스와 리비우스의 저서들뿐 아니라 이레나이우스와 테르툴리아누스, 키프리아누스와 바실리우스의 저서들도 있었다. 코시모와

---

14) Ranke's *History of the Popes*.

로렌초의 사역은 이제 그들이 전혀 예기치 못했던 결실들을 맺을 참이었다. '새 지식'은 더 이상 피렌체나 이탈리아에 한정되지 않고, 널리 퍼져나가 독일, 플랑드르, 스위스, 프랑스, 영국에 그야말로 새로운 지식을 보급했다. 그 것은 교황청이 주장하는 수위권이 날조된 근거에 바탕을 두고 있다는 것과, 어떤 기독교 시대에는 교황청도 없고 모든 주교가 동등한 지위와 권위를 가졌었다는 것과, 로마 교회에서 후대에 자라난 온갖 오류와 부패에 짓눌리지 않은 상태의 기독교 교리 체계가 있었다는 것이었다. 이런 지식이 널리 보급되면서 교회의 기존 상태에 종지부를 찍고, 로마가 탈취해 간 수위권을 되찾고, 좀 더 순결한 기독교로 돌아가려는 결단이 갈수록 강하고 넓게 확산되었다.

그렇다고 해서 로마 교회가 비판자들이 주장한 모든 비판에 다 책임이 있었던 것은 아니다. 교황청이 발전시킨 세력은 나름대로 종교를 위해 큰 일을 해왔다. 중세 초기 대부분에 교황청은 유럽에서 정의와 의를 대변하는 유일한 권위였다. 만약 교황청이 그런 권력을 점진적으로 발전시키지 않았다면 권력자들이 거의 보편적으로 저지르던 불의를 효과적으로 막아낼 수 없었을 것이다. 그러나 그 때는 오래 전에 지나갔고, 적어도 두 세기 동안 교황청은 현세적 세력 확장을 위해서만 그 권력을 사용했다. 그리고 그 결과 그런 비판을 받는 지경에 이르렀다.

이렇게 새로 확보한 지식이 점진적으로 퍼져나가고, 총공의회로 개혁을 얻으려는 모든 노력이 실패로 끝나자,[15] 사람들은 기회가 오자마자 다른 방법으로는 도무지 얻을 수 없는 게 분명해진 개혁을 얻기 위해 기꺼이 무기를 들 정도까지 되었다. 이런 결과는 식스투스 4세, 인노켄티우스 8세, 알렉산데르 6세, 율리우스 2세, 레오 10세의 교황 재위 기간을 거치면서 점진적으로 달아올랐다. 그러나 이 교황들은 사태의 본질을 조금도 깨닫지 못한 채 오히려 그들 스스로 보인 본으로써 그렇게 무력에 의지하도록 조장했다. 그들은 서방 그리스도교 세계를 이끄는 교구들의 주교들이었으면서도 초기 그리스도교의

---

15) 1510년 율리우스가 "총공의회를 소집하는 모든 도시"에 파문을 경고한 일과, 레오 10세의 생애에서 "공의회라는 단어를 입 밖에만 꺼내도 선전포고를 하는 것과 다름없다"고 언급된 것을 볼 때 교황청이 파멸을 향해 치닫고 있다는 인상을 받게 된다.

표준으로 평가하든 우리 시대의 표준으로 평가하든 그들만큼 주교의 이상적인 삶과 정반대의 삶을 산 경우란 다시 찾아보기 어려울 것이다. 그 결과 참혹한 전쟁과 무수한 고통이 인류를 덮치고 150년간 문명 세계를 갈가리 찢어놓은, 하지만 결국에는 그리스도교 세계를 정화한 대격변이 일어났다.

그리고 여기서 우리는 당시의 어느 누구도 볼 수 없었으나 역사가 (먼 과거의 사건들에 빛을 비춤으로써) 이따금 후대 사람들에게 보여 주는 이상한 계시들 중 하나를 보게 된다. 우리는 코시모 때로부터 메디치가의 연속된 네 대를 살펴보았는데, 그들은 종교개혁과 같은 운동을 절대로 일으키고 싶어하지 않던 가문으로서, 그 가문이 배출한 두 교황은 그 운동을 앞장서서 반대하고, 본인들은 꿈도 꾸지 않았겠으나 그들을 교황청에 대한 그 거대한 반동을 일으킨 장본인들로 만든 진로를 열정적으로 추구했다.

종교개혁을 낳은 것은 루터가 아니라 '새 지식'이었기 때문이다. 조금만 깊이 생각해 봐도 루터처럼 그렇게 미미한 지위에 있던 한 개인이 온 유럽을 이 끝에서 저 끝까지 뒤흔든 격동을 일으킬 수 없었다는 것을 알게 될 것이다. 루터가 한 일은 이미 내연성을 가진 물질들에 불을 붙인 것이었다. 그리고 이 '새 지식'은 주로 메디치가에 의해서 태어나고 양육되고 보호되고 살이 붙었다. 그들이 80년이란 기간 동안 교황청에 그토록 비참한 결과를 안겨 주게 될 일에 그토록 많은 열정과 그토록 막대한 부를 쏟아부었다는 것을 알고나면 참으로 기이하다는 생각이 든다. 그것도 이 가문이 배출한 두 사람이 차례로 교황직에 앉아 있던 바로 그 시기에 말이다.

레오라는 이름을 지닌 다섯 명의 교황 중에서 레오 10세는 인류에게 가장 적은 비판을 받은 사람이었다. 그러나 마지막으로 그 위기를 촉진했던 행동을 취해야 했던 것이 그의 운명이었다. 율리우스 2세가 그에게 짓도록 물려준 새 성 베드로 성당이 교황청 재산을 완전히 바닥나게 하는 바람에 자금을 마련하기 위해 비정상적인 방법을 찾아야 했다.[16] 따라서 1517년 레오는 교황이 죽은 영혼의 상태에 영향을 끼치는 대사권(大赦權, 면죄권)을 가지며, 이것이 본

---

6) 성 베드로 성당은 착공부터 완공까지 10,000,000파운드가 들었다고 한다.

질적인 신조라는 내용의 교서를 발행했다. 그리고 파렴치한 방법으로 이 면죄부를 판매하는 일이 뒤따랐다. 이로써 유럽 북부를 심지어 알렉산데르 6세의 범죄로도 일으키지 못한 큰 격분으로 몰아넣은 면죄부 매매가 시작되었다. 영혼이 불멸한가를 의심하는 사람으로서는 그런 대사를 부여할 권세가 자신에게 있다고 주장하거나 누구든 돈을 내면 그 권세를 파는 것이 그리 어렵지 않았을 것이다. 아마 레오는 자신의 행동이 그런 격분을 일으켰다는 사실을 알고는 틀림없이 깜짝 놀랐을 것이다.

교황이 이 교서를 발행하자 루터는 곧 그의 유명한 '95개조'를 발행하고 그것을 비텐베르크를 대표하는 교회의 정문에 내걸었다. 그것은 면죄부 판매 행위 자체와, 13, 14, 15세기 동안 면죄부(대사) 이론과 관행에 덧붙은 모든 내용들과, 그것이 포함하는 모든 사항들을 비판한 내용이었다. 면죄부 제도는 그것이 기초한 교리와 함께 레오 10세가 새로 고안한 게 아니었다. 적어도 3백년간 존속해 온 관행으로서 레오가 재공포했을 뿐이었다. 그러나 '새 지식'은 인간의 정신을 변화시켰고, 사람들이 그 관행을 더 이상 용납할 수 없게 된 그 순간에 그런 면죄부 판매가 새로 시작되었던 것이다.

그 대격동은 요원의 들불처럼 번졌다. 독일이 곧 불길에 휩싸였고, 플랑드르와 스위스가 불붙을 조짐을 보였다. 루터는 한 걸음 더 나아가 교황청의 죄악들을 사람들에게 주지시키고, 총공의회를 열어 교회를 정화할 것을 요구했다. 그리고 마침내 1520년 6월에 저명한 「독일 귀족 그리스도인에게 고함」(*Appeal to the Christian Nobility of the German Nation*)을 발행했다. 이 책은 루터가 글을 쓰고 있는 동안 인쇄공들이 작업을 하는 방식으로 4천 부가 급속히 보급되었다. 그리고 이 책은 독일 전역에 급속히 강한 인상을 일으켰다. 동시에 다른쪽에서는 레오가 모든 나라들을 대상으로 1520년 교서를 발행하여 루터를 단죄하고, 모든 제후들과 백성에게 루터와 그의 지지자들을 체포할 것을 촉구하고, 그들을 숨겨 주려는 모든 자들을 파문에 처하겠다고 경고했다. 이 교서를 (작센 선제후의 보호를 받고 있던) 루터는 비텐베르크에서 공개적으로 엄숙하게 불태워 버렸다. 이로써 여러 세대에 걸쳐 지속되어 나라와 민족과 심지어 가족마저 갈가리 찢어놓고 여전히 그 여파가 남아 있는 심원한 결과를 초래한 투쟁이 시작되었다.

다음 해 레오는 프랑스를 이탈리아에서 몰아내려는 염원을 가지고 프랑수아를 버리고 카를과 손을 잡고 밀라노를 재정복하려고 했다. 황제와 교황 연합군은 페스카라의 후작이 지휘했는데, 이 군대는 1521년 11월 밀라노를 함락했다. 레오는 11월 22일 라 말리아나의 별장에서 그 소식을 받은 뒤 뛸듯이 기뻐했다. 그러나 그 날 저녁 무리하게 체스를 두다가 기진하여 오한에 걸렸다. 계속 열이 오르자 바티칸으로 돌아갔으나 병세가 급속히 악화되어 12월 1일에 죽었다. 그런 경우 대개 그렇듯이 그의 죽음이 독살이 아니었느냐는 의혹이 일어났고, 말리아나에서 그와 함께 있던 카스틸리오네(Castiglione)는 처음에는 그 의혹을 사실로 믿었다. 그러나 부검 결과 그 의혹이 입증되지 못했다. 아마 말리아나가 유난히 말라리아가 잘 번지던 지역이었던 점을 감안할 때 그가 자주 찾던 그곳에 말라리아가 돌아 결국 그를 죽게 했을 가능성이 가장 크다.

레오 10세는 마흔다섯의 나이로 죽었다. 그는 처음에는 바티칸에 묻혔다. 율리우스 2세가 성 베드로 성당에 벌여놓은 일 때문에 율리우스 자신도 그 뒤를 이은 세 교황도 성 베드로 성당에 묻힐 수 없었다. 그리고 여러 해 동안 레오 10세에게는 어떠한 묘비도 세워지지 않았다. 그러나 클레멘스 7세가 죽은 뒤(1534) 이 메디치가의 두 교황을 산타 마리아 소프라 미네르바의 교회로 이장하기로 결정되었다. 그 결정에 따라 추기경 이폴리토 데 메디치가 레오 10세의 유해를 바티칸에서 그 교회로 옮겼고, 메디치가의 두 교황 레오 10세와 클레멘스 7세의 묘비 제작에 착수했다. 이 묘비들은 오늘날도 그곳에 서 있다. 1535년 이폴리토의 돌연한 죽음으로 이 묘비들은 레오 10세의 누이 루크레치아 살비아티가 완성했다.

예술의 가장 큰 후원자들이자 예술의 남다른 고향 피렌체 사람들인 메디치가가 당대의 대표적인 화가들의 손을 빌려 자기들의 초상화를 독특하게 연이어 남길 수 없었다는 것은 생각하기 힘들다. 레오 10세의 경우도 자기가 전폭적으로 후원하고 아낀 라파엘로 이외의 다른 화가에게 자기 초상화를 그리게 했을 리가 없다. 그리고 라파엘로는 현존하는 가장 유명한 초상화들 가운데

한 점인 레오의 초상화를 그렸는데, 그의 두 친사촌 줄리오 데 메디치와 뤼지 로시가 함께 있는 이 그림은 피티 미술관에 걸려 있다. 이 그림은 라파엘로 자신의 성격에 관해서 많은 것을 말해 준다. 즉, 그는 이 위대한 후원자에게 철저히 의존하며 살았으면서도 그를 잘 보이게끔 굳이 노력하지 않았던 것이다.

이 그림을 보고 있노라면 방금 전에 우리보다 앞서 살다간 사람을 보고 있는 듯한 느낌을 받게 된다. 쉽게 살아가려는 태도, 낙천적이고 나태하고 사치를 좋아하고 영민하고 세상적으로 지혜로운 레오의 모든 특징이 그림에 고스란히 담겨 있다. 그가 살이 찐 것은 그의 잘못만은 아니었다. 그는 평생 그런 상태로 살면서 야외 운동으로 살을 빼려고 노력했다. 그의 주치의들은 그가 교황이 된 뒤에도 계속 그런 운동을 해야 한다고 권고했다. 그런 생각에 교황청 대신들이 교황이 어떻게 되려고 저러나 하는 우려를 줄지라도 말이다.

그림에서는 그가 연구하고 있는 책으로써 학문에 대한 그의 사랑이 지적되어 있다. 또한 그가 모든 종류의 예술을 좋아했다는 것은 그 책에 입혀진 채식(彩飾)들과 정교한 무늬가 장식된 은 종(Silver bell)이 암시한다. 그리고 그의 무관심한 눈빛(그것은 속담이 되었다)은 안경과 돋보기가 암시하는데, 요비우스에 따르면 레오는 늘 돋보기를 사용했다고 한다. 그림에서 그와 함께 한 두 추기경 가운데 줄리오는 교황 오른편에 서서 그의 조언을 듣고 있는 듯한 자세를 취하고 있다 — 두 사람의 관계가 평생 그러했다. 줄리오의 명석하고 지적이면서도 차갑고 굳은 얼굴은 훗날 안드레아 델 사르토가 그린 그의 초상보다 그의 모습에 더 가까운 듯하다. 뤼지 로시는 교황의 비서였다. 그 그림이 유명한 것은 초상 때문만은 아니고, 전체가(교황의 흰 겉옷만 빼놓고는) 심홍색과 붉은 색의 다양한 그림자로 이루어진 색채의 탁월한 배합 때문이기도 하다.


교황직에 오른다는 것은 이 세상에 미련을 두고 있는 사람에게는 가장 가혹한 시련일 것이다. 이것은 레오가 감당할 수 없었던 직위였다. 그가 교황이 된 뒤부터 성격이 꾸준히 나빠진 것은 그에게서 가장 두드러진 특징이다. 그의 가문 사람들처럼 다재다능했던 그는 선과 악이 고도로 뒤섞인 사람이었지만, 결국에는 악이 훨씬 두드러졌다.

# 제14장

# 교황 하드리아누스의 스무 달 재위

1521-1523

하드리아누스 6세는 메디치가 사람이 아니었지만, 메디치가의 두 교황 사이에서 스무 달이라는 짧은 기간을 재위했고, 이 기간은 그 가문의 역사를 이해하는 데 중요하므로 잠시 그의 재위 기간에 발생한 사건들을 개관하는 게 바람직하다.

레오 10세가 죽자 새 교황을 선출하기 위해 모인 콘클라베(교황비밀선거회)에서는 보기 드문 불화가 생겼다. 매사에 전임 교황의 고문 역할을 했던 줄리오 데 메디치는 자신이 그를 계승할 것을 믿고서 교황에 선출되기 위해서 모든 방법을 다 동원했다. 그러나 그곳에 모인 39명의 추기경들 중에서 18명이나 각각 자기가 교황이 되기를 원했고, 줄리오는 14명의 지지 세력을 규합하는 데 그쳤다. 울지(Wolsey)도 입후보를 했다. 프랑수아 1세와 투쟁하던 카를 5세를 지지하면서 오랫동안 영국 정계를 장악해 왔던 그는 이번 선거에서 황제가 자신의 노력의 대가로 자신을 위해 영향력을 행사해 주기를 바랐다. 이렇게 하여 황제의 입후보자가 9표, 줄리오 데 메디치가 14표를 얻었고, 나머지 18명의 추기경이 저마다 표를 얻으려고 함으로써 콘클라베는 지극히 파렴치한 당파 싸움의 장이 되었고, 그 불화가 너무 심했기 때문에 어떤 결론도

나올 것 같지 않았다.

그러다가 마침내 줄리오 파는 반대파를 지치게 하려는 단순한 의도로 여느 때와 마찬가지로 투표가 이루어지던 어느 날 아침에 그들이 전혀 마음에 둘 것 같지 않은 위트레흐트의 추기경 하드리아누스 데델(Adrian Dedel)에게 표를 던졌다. 토르토사의 대주교이기도 했던 그는 한때 황제의 가정 교사를 지냈고, 당시에는 카를 5세를 대신하여 스페인을 다스리고 있었다. 그러나 놀랍게도 대다수 다른 추기경들도 결국 자기들이 이길 수 없다는 것을 내다보고서 줄리오파를 패배시키기 위해서 일제히 그에게 표를 던졌다. 이렇게 해서 온 유럽을 경천동지할 만하게도, 스스로 그런 직위를 꿈꿔 보지도 않고 입후보도 하지 않은 사람이 교황이 되었다. 신앙이 진실했던 플랑드르 사람 '슬프고 진지한 하드리아누스'는 이로써 바로 얼마 전까지만 해도 문화적인 에피쿠로스주의자 레오가 차지하고 있던 권좌에 올랐다. 온 유럽을 다 뒤져도 이와 같은 극명한 대조는 찾아볼 수 없었을 것이다. 새 교황은 교황이 되면 이름을 바꾸던 오랜 관행을 따르지 않고 교회사 초기의 관행을 따름으로써 임기 초부터 자신의 기질을 드러냈다.

이렇게 패배한 줄리오 데 메디치는 피렌체로 가서 국정을 맡았다. 그가 그렇게 하는 데 아무런 반대도 없었던 것은 피렌체 정부를 통제할 메디치가의 명백한 권리에 이의를 제기하는 사람이 없었다는 반증이다. 그리고 이것은 확실한 근거에 기초했고, 메디치가가 통치권을 쥐고 있을 때 피렌체의 국사가 순조롭게 처리된다는 본능적인 느낌 때문이었다. 파세리니(Passerini)의 비효율적인 행정으로 누적된 불만이 상당한 수위에 올라와 있었고, 재정 형편도 무질서했으며, 도처에 불화가 만연해 있었다. 그러나 줄리오 데 메디치는 다른 많은 점에서는 결핍이 있었으나 한 가지 점에서는 확실한 자질을 갖고 있었는데, 그것은 이 가문이 대대로 이어온 특별한 재능으로서, 불만이 팽배한 피렌체 정치 상황을 누그러뜨리는 재능이었다. 줄리오는 유화적인 태도와 공무에 임하는 진지한 태도, 그리고 피렌체인들의 정서에 대한 사전 지식에 힘입어 조기에 불화를 수습하고 피렌체의 국사를 만족스럽게 처리해 갔다.

"그 도시가 메디치가의 지배를 받은 이래 이때처럼 외형상으로 큰 자유를 부여하면서도 속으로는 교묘히 독재를 시행한 적이 없었다는 것이 보편적인 견해였다."[1]

나르디(Nardi)의 이러한 언급은 줄리오가 여전히 자신의 계획을 은밀히 추진하면서, 당시 어린이들인 가문 구성원들이 어서 장성하여 그 자신이 정부를 단지 '통제'하는 차원을 벗어나 피렌체를 더욱 엄격하게 다스릴 수 있는 지위에 오를 때를 기다리고 있었음을 보여 준다.

한편 하드리아누스 6세는 로마가 일찍이 수 세기 동안 본 적이 없는 그런 교황의 모습을 보여 주고 있었다. 그는 후덕하고 검소하고, 겸손하고 경건하고, 허세를 싫어하고 성격이 단순하고 직선적이었을 뿐 아니라, 교회에 만연한 부패에 분노하고 직접 개혁 작업에 열정적으로 착수하기도 했다. 로마가 사랑하던 유흥은 즉시 자취를 감추었는데, 이러한 급변은 어떤 점에서는 우스꽝스러웠다. 로마에서 멀리 떨어진 곳에서 사는 것을 미개한 나라로 유배된 것처럼 받아들이던 주교들을 그동안 소홀히 방치해 둔 그들의 주교구들로 돌려보냈다. 레오 주변에 몰려들어 아첨을 일삼던 시인, 철학자, 예술가, 음악가들을 바티칸에서 말끔히 몰아냈다. 만찬 파티, 사냥 파티, 각종 연회를 단번에 폐지했다. 교황은 매우 소박한 거처에서 지극히 검소한 생활을 고집했고, 대부분의 시간을 기도와 연구로 보냈다. 로마는 말할 수 없는 혐오감에 휩싸였다.

더욱이 전임 교황들은 한결같이 자기 가문의 세력을 키우고 교황령을 확장하는 데 주안점을 둔 데 반해, 하드리아누스 6세는 그런 일을 단호히 거부했다. 우르바노를 합법적인 공작 프란체스코 델라 로베레의 손에 되돌려 주었고, 페라라 공작에게 레오 10세가 탈취해 간 영토를 돌려주었다. 그러나 하드리아누스는 자신의 주위를 잔뜩 에워싸고 있던 부패한 사회의 분노에는 까

---

1) Nardi.

딱도 하지 않았다. 그는 세 가지 목표를 내걸었다. 첫째는 교회 개혁이었고, 둘째는 독일의 평화 회복이었으며, 셋째는 그리스도교 세계를 투르크족의 위협에서 지키는 것이었다. 그는 이런 목표를 제대로 다 이루지 못한 채 일찍 죽었으나, 근실히 지혜롭게 그 목표를 이루려고 노력한 업적은 그것으로 조금도 가려지지 않는다.

1521년 카를 5세의 소집으로 보름스에서 제국 의회가 모였다. 의제는 독일에 큰 혼란을 일으키고 있던 신흥 종교 사상을 억제하는 것이었고, 의회의 결과 루터는 제국으로부터 추방령을 받게 되었다.

1522년 카를 5세는 다시 영국을 방문했다. 헨리 8세는 울지의 강권에 의해 (울지는 여전히 차기 교황 선거에서 황제의 지원을 기대하고 있었다. 교황 선거가 머지 않아 치러진다는 게 모든 사람의 한결같은 생각이었다) 최근까지 우호 관계를 맺어온 프랑수아를 버리고 카를 편을 택했다. 한편 투르크족 술탄 솔리만(Solyman)은 헝가리를 침공하여 베오그라드를 차지한 뒤 기수를 로도스 섬으로 돌렸다. 성 요한 기사단(the Knights of St. John)이 지키고 있던 이 섬은 콘스탄티노플이 함락된 이래 그리스도교 세계를 지켜온 보루였다. 하드리아누스 6세는 카를, 프랑수아, 헨리에게 서로 간의 분쟁을 그만두고 힘을 합쳐 로도스를 투르크족의 침략에서 구원하라고 진실하게 호소했다. 그러나 그들은 서로 간의 시기에 눈이 멀어 있었고, 따라서 콘스탄티노플의 이야기는 반복되었다. 6개월간의 완강한 저항 끝에 로도스는 항복하지 않을 수 없었다. 카를은 성 요한 기사단에게 몰타 섬을 주었고, 그들은 그리로 퇴각했다. 1521년 멕시코 정복으로 카를의 스페인 영토는 더욱 넓어졌다.

1523년 프랑수아 1세는 전장을 롬바르드로 옮기고 보니베(Bonnivet)에게 대군을 붙여 파병했다. 바로 그 시기에 그는 사악한 어머니 사보이의 루이제(Luise)의 사주로 그가 거느린 최고의 사령관인 프랑스 총사령관 부르봉의 공작 샤를(Charles)에게 온갖 모욕을 가하여 반란을 일으키게 만들었다. 결혼해주지 않는다는 이유로 루이제에게 모진 학대를 받고 프랑스 군에서 자신의 지위를 박탈당하고 마침내 좌절한 채 조국을 등진 그는 카를 5세를 찾아가 그를 섬기겠다고 제의했다.

하드리아누스 6세는 교회 개혁을 위해 힘쓰는 과정에서 지혜와 열정을 보여 주었다. 오랫동안 불신을 받아온 주교들에게 개혁을 요구했을 뿐 아니라, 교황에게 주어진 모든 힘을 다 동원하여 독일에서 불화가 일어나게 된 원인과 그 치유책을 찾아 그것을 치유하려고 했다.

120년 동안 유럽은 교회에 대한 '머리에서 발끝까지' 개혁을 부르짖어 왔다. 세 차례의 대 공의회가 열렸고, 유럽 전역의 평신도가 이 개혁을 일으키기 위해서 힘을 쏟았다. 그러나 모든 노력은 개혁의 필요를 부인하는 '머리'에 의해 번번이 좌절되었다. 그러던 중 하드리아누스 6세가 처음으로 다른 목소리를 낸 것이다. 그는 아우구스티누스회 총장이자 당대 로마의 지식인들 중 가장 경건했던 베테르보의 아이지디우스(Aegidius)에게 당시의 질병과 치유책에 관해 조언을 구했다. 교황에게 방대한 답변 자료를 제출한 아이지디우스는 그 답변서에서 그 질병이 "교황권의 남용" 때문이라는 것과, 그 치유책은 "교회의 머리가 지닌 절대권을 제약하는 것"임을 지적했다. 하드리아누스 6세는 그 견해에 동의했고, 그 결과가 1522년 그가 교황공사 치에레가토(Chieregato)에게 보낸 일련의 유명한 교시인데, 그 교시에서 교황은 질병이 머리에서 발끝까지, 교황으로부터 주교들과 추기경들에게까지 퍼져 있다고 주장했다. 그는 "우리가 다 죄를 범했고, 선을 행하는 자가 하나도 없습니다"라고 썼고, 철저한 개혁을 단행하겠다는 의지를 천명했다. 하드리아누스 6세가 더 오래 살았다면 그 자료에 기초한 그런 조서에 의해 폭넓은 결과들이 발생했을 것이다. 그러나 그렇지 못했다. 비 이탈리아계의 마지막 교황 하드리아누스 6세의 관 뚜껑이 덮였을 때 '머리' 자체가 주도한 머리에서 발끝까지의 개혁 기회마저 송두리째 덮이고 말았다.

그러나 그렇다고 해서 하드리아누스 6세가 프로테스탄트 진영을 조금이라도 편들었던 것은 아니다. 그는 양 진영의 오류를 간파할 만큼은 학식과 지혜가 있었다. 이렇게 양 진영의 오류를 볼 수 있는 모든 사람들의 운명을 그는 맞이했다. 양 진영에 그것을 깨우칠 만큼 그는 정직한 사람이었다. 당시 그 문제를 논의하기 위해서 모인 제국 의회에 보낸 문서에서 그는 루터의 교리들을 신랄히 비판하는 한편, 루터와 그의 지지자들이 로마 교회를 비판한 부패들을 솔직히 가장 적극적인 용어로 인정하면서, 자신이 그런 부패를 뿌리뽑을 각오가 되어 있다고 밝혔다. 당대에 비천한 집안에서 태어나 깊은 신학 지식으로 얻은 큰 명성 하나만 가지고 교회에서 입신양명을 한 경우는 하드리아누스 6세가 거의 유일한 예다.[2]

이 점과 함께 그가 교회의 부패를 솔직히 인정한 점, 부패를 척결하기 위해 엄중한 조치를 단행한 점, 신 교리들을 비판한 점, 신 교리들의 맹점을 드러낸 점, 그리고 이런 일을 당대의 어느 교황보다도 강력하게 해낸 점은 높이 평가할 만하다. 다른 이들이 그런 교리적 주장들을 이런저런 선례를 들어가며 제시한 데 반해, 하드리아누스는 신학자로서의 지식을 가지고 그렇게 했다. 그로써 점잖고 겸손한 하드리아누스는 레오 10세보다 훨씬 더 예리하게 루터의 견해를 비판했다. 아울러 그는 독일 제후들이 그들 자신의 무지 때문에, 그리고 신앙보다는 정치 투쟁에 더 비중을 두느라 신 교리들이 확산되는 것을 허용했다고 주장하면서, 그들을 준열히 비판했다.

실로 여러 세기가 지나면서 로마 교회의 수장이 이런 식으로 말하거나 이런 정조에 고취된 사례는 다시 찾아볼 수 없었다. 그러나 부패했던 그 시대에서 이런 유형의 교황은 모든 정파에 혐오의 대상이었다. 자기들의 교리에 동의하지 않는다고 비판한 루터의 추종자들, 교황이 올바로 지적했듯이 그 문제를 정치 목적에 이용할 수 있을 때만 관심을 가졌던 독일 제후들, 애지중지하던 모든 것을 앗아간 개혁을 증오한 추기경들, 그리고 누구보다도 막대한 자금을 뿌리면서 도덕성 같은 것에 구애받지 않는 타입의 교황을 사랑하던 로마인들에게 하드리아누스 6세는 혐오의 대상이 되었다. 추기경들과 로마인들은 하드리아누스 6세와 그의 통치 방식을 말로 표현할 수 없을 정도로 역겨워했다. 이 극단에서 저 극단으로, 편한 것을 추구하고 사치스럽고 관대

---

2) 그는 이러한 실력을 가지고 자기 나라에서도 승진을 했고, 훗날 장래의 카를 5세의 가정교사로 발탁되기도 했다.

했던 레오에게서 엄격한 개혁자 하드리아누스로 바뀐 것은 너무나 극단적인 대조였다. 교회가 개혁이 필요함을 시인하고 개혁을 단행하고 있는 교황이란 그들로서는 지지할 수 없는 존재였다.

그가 교황 자리에 더 앉을 수 없다는 것은 이제 기정 사실이 되었다. 로마는 그런 타입의 교황을 원하지 않았고, 그런 자를 감내할 뜻도 없었다. 따라서 그가 스무 달이나 재위했다는 것은 특기할 만한 일이었다.[3] 결국 그는 독살되고 말았다. 로마인들은 조금도 의혹을 남기지 않기 위해서 혹은 그의 죽음으로 큰 위안을 받았음을 표시하기 위해서 그가 죽은 날 밤에 그의 주치의의 집을 화환으로 장식한 뒤 그 위에 "자기 나라를 구원한 이에게"라는 글귀를 적어 넣었다.

이렇게 해서 만약 다른 시대에 태어났더라면 교회를 위해 많은 업적도 남겼을 하드리아누스 6세의 인생은 막을 내렸다. 그는 1523년 11월 14일에 죽어 산타 마리아 델 아니마 성당에 묻혔다. 그의 진실한 친구이자 동료인 추기경 엔켄보에르트(Enckenvoert)는 그의 묘비에 매우 적절한 말을 남겼다: "아, 슬프다! 위인이 시대를 잘 만난다는 게 얼마나 중요한가!"

---

3) 그가 스페인에서 로마에 도착한 것이 1522년 8월 29일이었으므로 로마에 있는 기간은 실제로는 일년밖에 안 된다.

# 제15장

# 줄리오(클레멘스 7세)

## (1) 그의 교황 재위 첫 4년

1478년 출생, 1523-1534년 교황 재위, 1534년 죽음.

클레멘스 7세에 대한 일반적인 평가는, 다소 유약한 음모가로서 사촌 레오 10세의 교황 재위 기간에는 레오가 세운 계획을 묵묵히 수행했고, 자신의 재위 기간에는 능력 부족으로 비극적인 사건들에 휘말렸다는 것이다. 이중 첫 번째 점이 얼마나 사실과 거리가 먼가 하는 것은 이미 앞에서 살펴보았다. 반면에 두 번째 점에 대해서는 문제의 비극적 사건들이 결코 능력 부족 때문에 일어난 게 아니고, 그의 모든 행동을 지배한 한 가지 분명한 목적을 위해서 그가 의도적으로 일으킨 것임을 차후에 입증할 것이다.

파치가 음모 때 살해된 줄리아노의 아들 줄리오 데 메디치는 키가 훤칠하고 외모가 준수하고 마른 편에 품행이 세련되었으며, 삼촌 위대한 자 로렌초를 제외하면 이 유력한 가문에서 가장 명민한 사람이었다. 랑케는 교황이 된 뒤의 그에 관해서 이렇게 말한다:

"그는 철학이든 신학이든, 수학이든 수상(水上) 건축이든 두루 섭렵하고 있었다. 모든 분야에서 탁월한 식견을 가지고 있었다. 만사를 꿰뚫어 보는 지혜로 아무리 어려운 질문도 명쾌히 대답을 내놓았고, 아무리 난마처럼 얽힌 상황도 순조롭게 풀었다. 논쟁에서 그를 이길 사람이 없었고, 실전에서도 그만큼 용의주도한 사람은 없었다."

동시에 그는 앞에서 살펴본 대로 냉랭하고 노회했고, 양심의 가책을 전혀 몰랐으며, 친절이라든가 관인대도라든가 유쾌함 같은 특성이 없었다. 이런 큰 결점은 사촌 레오 10세가 메꾸어 주었다.

그에게서 우리는 메디치가가 유럽 정치 무대의 정상에 오르는 것과, 그 가문의 역사가 한동안 유럽사의 상당 부분을 차지하게 되는 것을 본다. 그러나 그것으로 그치지 않는다. 그는 이 가문을 조상들이 추구했던 노선에서 돌아서게 하고, 성공조차 영광을 가져다주지 않는 노선에 그 가문을 세우고, 한 가지 비열한 목표를 위해 매진하게 하여, 과거에 명예와 찬사로 빛나던 메디치가의 이름에 오욕과 저주가 쏟아지게 했다. 이미 메디치가가 피렌체에서 재집권한 이래로 줄리오가 꾸준히 추구해 온 이 노선은 이제 상당히 진척되어 있었다.

하드리아누스 6세가 죽자 먼젓번 콘클라베에서 나타났던 것과 똑같은 이 전투구가 재연되었다. 오히려 이번에는 더 오래 지속되었다. 7주 동안 뇌물 공여와 음모가 진행되는 동안 줄리오의 큰 적대자는 울지와 알레산드로 파르네 두 사람이었다.[1] 마침내 11월 19일에 줄리오가 승리를 거두고 교황에 선출된 뒤 클레멘스 7세라는 이름을 취했다. 그때 나이가 마흔다섯살이었다.

이제 클레멘스 7세가 된 줄리오가 교황이 된 직후 첫 번째로 착수한 작업은 피렌체 통치권을 가문의 장자 계열의 수중에 계속 두는 문제였다. 자기가 더 이상 피렌체에 머물 수 없다는 것과, 피렌체의 유일한 자녀가 네 살난 소녀라는 것과, 줄리아노의 아들[2] 이폴리토가 그 권한을 부여받기에는 너무 어리다는 것을 잘 알고 있었기 때문이다. 이런 상황에서 클레멘스는 다시금 피

---

1) 투표인단은 크게 줄리오 데 메치디와 울지 편으로 양분되었다. 그런 틈새에서 추기경 파르네세는 자신의 표를 끌어모으기 위해 양 진영에 각각 200,000두캇을 제공했다.

2) 파치 가 음모 때 죽은 줄리아노(클레멘스의 아버지)와 레오 10세의 동생 줄리아노는 반드시 구분해야 한다.

렌체 통치를 자기를 대신하여 추기경 파세리니에게 맡기기로 결정했다. 이에 따라 파세리니는 1524년 5월 피렌체로 떠났고, 다음 3년간 피렌체 국사는 그가 로마로부터 지시를 받아 수행했다. 비록 시뇨리아가 계속 통치 단체로 자임하고 있었지만 말이다.

클레멘스는 추기경 파세리니를 보낼 때 줄리아노의 아들 이폴리토를 함께 보냈다. 이폴리토는 당시 준수하고 지적이고 매력적인 열다섯 살의 소년으로서, 모든 사람이 그를 그의 아버지가 12년 전에 피렌체에서 훌륭히 행사한 권위를 계승할 자로 간주했다. 그는 추기경 파세리니와 함께 메디치 궁전에 거했고, '일 마그니피코'(Il Magnifico)라는 칭호를 취했으며, 정부 각료로 선출되었다. 몇달 뒤 파세리니는 자기가 자란 나폴리에서 온 또다른 소년 알레산드로를 맡아 양육하게 되었다. 알레산드로는 당시 열세 살로서, 피렌체와 관련하여 이때 처음으로 등장하며, 곱슬머리에 검은 피부로 어릴 때부터 '무어족'이라는 별명을 갖고 있었다.[3] 이 소년의 출생은 비밀로 부쳐져 있었다. 메디치가가 유배 중일 때 태어난 그는 사실상 클레멘스 자신의 아들이었지만,[4] 클레멘스는 그 사실을 은폐하고 그 소년을 될 수 있는 대로 외부 세계에 공개하지 않았다. 그러다가 줄리아노, 로렌초, 레오 10세가 모두 죽자 이 소년을 로렌초의 서자로 소개했다. 클레멘스가 교황이 된 초기에 알레산드로를 로렌초의 후계자로 밝히려는 이런 시도를 하지 않았다는 사실은 그 시기에 있었던 일들에 의해 확증된다.

클레멘스가 교황이 되자마자 프랑스의 사절들에게 피렌체를 어떻게 하면 좋겠느냐고 조언을 구했을 때 그 중 세 사람이 그에게 조언하기를, "이폴리토

---

3) "그의 어머니는 혼혈 노예였고, 그는 흑인처럼 검은 피부와 두꺼운 입술, 고수머리를 지녔다"(Gino Capponi).

4) 당시에는 그 소년이 로렌초(우르비노의 공작)의 아들이라는 교황의 주장에 아무도 이의를 제기하지 않았지만 그가 클레멘스 자신의 아들이라는 점은 의심의 여지가 없다. 사가들도 일반적으로 그렇게 보았다. 그 사실은 그의 가문에 널리 알려졌을 뿐 아니라 클레멘스가 차후에 일관되게 보여준 행동, 즉 많은 장애를 무릅쓰고 이 무능하고 못되고 비난을 받는 젊은이를 유능하고 널리 사랑을 받던 이폴리토의 지위에 앉힌 것만 봐도 그 점은 입증되고도 남는다. 더욱이 사가 아미라토는 훗날 클레멘스와 알레산드로가 모두 죽었을 때 코시모 1세가 자기에게 알레산드로가 클레멘스의 아들이었다고 확실히 말해 주었다고 진술한다. 로렌치노는 그가 메디치가의 혈통을 조금도 물려받지 않았다고 말했다.

가 통치할 나이가 될 때까지" 매년 선출되는 곤팔로니에레에게 대권을 위임하라고 한 것이다. 거론된 이름이 알레산드로가 아니라 이폴리토였다는 것은 중대한 의미를 갖는다. 만약 알레산드로가 이 무렵 로렌초의 후계자로 발표되었다면 상황은 그렇지 않았을 것이기 때문이다. 클레멘스가 이폴리토를 포기하고 알레산드로를 세우려는 구도를 마련하고 그 이유를 그가 로렌초의 아들이기 때문이라고 밝힌 것은 그로부터 3~4년 뒤의 일이다.

클레멘스 7세의 11년 재위 기간(1523~1534)에 유럽은 격동에 휘말려 있었다. 카를 5세, 프랑수아 1세, 헨리 8세, 이렇게 3자가 벌인 힘겨루기가 26년이나 지속되었다. 이것은 프랑수아와 헨리가 같은 해(1547)에 죽고 나서야 비로소 그쳤다. 그런데 이 긴 투쟁의 초반에 불에 기름을 끼얹는 역할을 한 이가 바로 클레멘스 7세였다. 그는 교황으로 재위하는 기간 내내 방대한 '외교' 구도를 수행하는 데 몰두했는데, 모두 프랑수아와 카를이 연합하여 자신을 대적하지 못하도록 두 사람 사이를 이간시키면서, 그들 각각에게 마치 자기가 그에게만 호의를 갖고 있다는 인상을 심어 놓으려는 목적을 이루기 위한 것이었다. 따라서 하드리아누스 6세가 두 사람간의 평화를 조성하려고 노력한 반면에, 클레멘스는 두 사람 간에 적대감을 극도로 일으키려는 데에 모든 목표를 내걸었다. 이 일에 그는 큰 성공을 거두었다. 두 사람 간의 끊임없는 전쟁으로 유럽의 많은 지역이 잔인하고 통제되지 않는 군대들에게 약탈되어 폐허가 되었다. 그들이 지나간 자리는 흑사병이 휩쓸고 지나간 자리와 방불했다.

클레멘스 7세가 교황좌에 오를 때 조성된 낙천적인 기대들을 그가 크게 저버렸다는 것은 묘한 일이다. 사람들은 그가 교황이 되면 레오 10세의 결점들은 피하면서 그의 장점들을 극도로 발휘할 것이라고 기대했다. 그가 문학과 예술 문화를 후원하기로 유명한 가문 출신인데다 그 자신이 예술과 학문과 음악과 지식인들과의 대화를 좋아했기 때문에, 전임자가 뿔뿔이 헤쳐 놓은 문화가 회복될 것이고, 반면에 그가 성격이 진지하므로 레오 10세의 통치를 얼룩지게 한 무절제와 사치 같은 건 없을 것이라고들 확신했다. 마지막으로 그의 뛰어난 행정력은 아무도 의심하지 않았다. 그는 레오 시절에 로마를 썩 잘 다스린 바 있었고, 피렌체에서도 두 번에 걸쳐 불화를 잠재우고 재정 구조를 재편하고 여러 상이한 정파들을 두루 만족시킨 바가 있었다. 그러므로 그가 교황이 되면 태평성대가 도래할 것이라고 기대할 만한 이유가 있어 보였다.

그럼에도 불구하고 결과는 정반대였다. 그가 교황이 될 때 부닥친 어려움들과 그가 그것을 극복할 때 드러낸 자질들에 관해서 트롤로프(Trollope)는 이렇게 전한다:

> "그때는 누구라도 교황이 되기에 어려운 때였다. 그러나 줄리오 데 메디치의 재능과 기질에는 정정당당한 방법보다 음모와 간계와 교활한 책략이 필요한 방법이 더 마음에 들었을 것이며, 당시의 상황은 그의 재능과 성향이 딱 들어맞았다. 차분하고 온건하고 쉬이 달아오르지 않고 적극적이고 방심하지 않고 기민하고, 친절하거나 대범하거나 고상한 것은 없는 대신 근엄하고 정확하고 단정하되 밑바닥에는 양심의 가책에 전혀 개의치 않는 기질이 깔려 있는 사람이었기 때문에, 그 상황에 딱 들어맞는 사람이고, 당시의 이전투구와 같은 정치 게임에서 이기고 올라올 유일한 사람이라고 생각할 만한 이유가 얼마든지 있었다. 그럼에도 불구하고 그 결과는 그의 교황 재위가 역대 어느 교황의 재위보다 큰 재앙을 초래했다고 평가받는 것으로 나타났다."[5]

클레멘스는 교황좌에 앉은 뒤 그리 오래지 않아 자신의 정책이 대개 어떤 성격을 띨 것인가를 보여 주었다. 그가 교황이 되자마자 황제는 하드리아누스 6세가 충분한 시간을 얻지 못한 교회 개혁을 속히 추진하기 위해서 총공의회 개최를 제의하기 시작했다. 클레멘스는 그 제의에 전적으로 동의한다고 공언하면서도, 그가 전쟁 압박 때문에 곧 그 문제에 신경 쓸 겨를이 없게 될 것을 기대하고서, 그럴듯한 조건들을 내세워 황제 앞에 난제를 하나씩 던지려고 궁리했다. 그 결과는 즉각 나타났다. 다음 4년 동안 두 거대한 경쟁자들을 서로 반목하게 하려는 클레멘스의 노력은 큰 성공을 거두어 부르고뉴, 프랑스 북부, 프랑스 남부, 사보이, 이탈리아 북부, 이탈리아 남부 등 이곳 저곳

---

5) *History of the Commonwealth of Florence*, by Adolphus Trollope.

에서 전쟁이 벌어졌다.

클레멘스는 처음에는 여러 가지 어려움에 처해 있던 프랑수아의 반대 진영에 섰다. 세 나라의 군대가 프랑스로 진입했는데, 스페인 군대는 랑그도크로 들어갔고, 독일 군대는 북동쪽 방향으로 프랑스로 들어갔으며, 영국 군대는 피카르디를 점령했다. 반면에 프랑스의 대군은 앞서 언급한 대로 보니베(Bonnivet)의 지휘하에 롬바르드를 침공했다. 프랑스 북부와 남부에 주둔한 카를의 군대는 프랑스 군대에 의해 격퇴되었다. 그러나 롬바르드에서는 나폴리 총독 라노이(Lannoy)와 페스카라(Pescara)[6]와 부르봉(Bourbon)이 지휘하는 황제 군대에게 프랑스 군대는 패배를 거듭했다. 이 모든 전쟁에서 스페인의 장군들이 프랑스의 장군들보다 우수했다. 뛰어난 장군이 없던 프랑수아는 계속해서 돌이킬 수 없는 패배를 거듭했는데, 이것은 그가 부르봉의 공작 샤를을 쫓아냄으로써 스스로 자초한 결과였다.

1524년 롬바르드에 주둔하고 있던 프랑스 군대는 마침내 라노이에게 패배하여 프랑스로 굴욕적인 퇴각을 하지 않을 수 없었는데, 퇴각하는 도중 세시아(the Sesia) 통로에서 궤멸을 당했고, 이곳에서 보니베의 군대 후미를 지휘하던 기사, "두려움도 없고 가책도 없는" 베야르(Bayard)가 중상을 입고서 야전에서 죽었다. 프랑스 군대를 몰아낸 황제군은 프랑스 남부로 진격하여 마르세유를 포위했다. 프랑수아는 (마치 평범한 전화(戰禍)로는 성이 차지 않는다는 듯이) 프랑스 남부의 곡창 지대인 프로방스 전 지역을 초토화함으로써 이 침공에 맞섰다. 침략군이 식량 조달을 할 수 없게끔 하기 위해서였다. 그곳 주민들을 다른 지역으로 소개(紹介)했고, 가옥이란 가옥은 죄다 허물어 버렸고, 가축을 다 몰아냈고, 농작물을 다 훼손해 버렸다. 백성의 고통은 적군의 포로가 된 것만큼이나 극심했다. 이런 조치로 인해 황제군은 질병과 굶주림으로 전력에 큰 손실을 입고서 프랑스를 포기하고 이탈리아로 철수하지 않을 수 없었다. 이제까지 카를을 부추겼던 클레멘스는 이제 프랑스와 음모를 꾸미기 시작하여 1524년 12월 그와 비밀 조약을 체결했다.

---

6) 비토리아 콜로나의 남편.

한편 프랑수아는 프로방스에서 거둔 승리에 고무되어 대신들과 장군들, 심지어 어머니 사보이의 루이제의 만류에도 불구하고 직접 대군을 끌고 롬바르드를 침공했다. 프랑스의 모든 젊은 귀족들이 이 원정에 합류했다. 프랑수아는 자신이 없는 동안 어머니를 프랑스의 섭정으로 임명했고, 그 때까지의 전쟁에서 볼 수 없었던 가장 강한 군대를 끌고서 이탈리아로 진군했다.

프랑수아는 처음에는 승리를 거두었다. 밀라노를 차지한 다음 스페인의 노련한 장군 안토니오 데 레이바(Antonio de Leyva)가 방어하는 파비아를 공격하기 위해서 진군했다. 파비아는 당시의 기술자들이 알고 있던 모든 것을 다 동원하여 세 달 동안 그 격렬한 공격을 버텼다. 프랑수아는 대규모의 스위스 군대를 일으키고, 또한 클레멘스가 당시 이탈리아 최고의 사령관 조반니 델레 반데 네레에게 딸려 보낸 군대를 합하여 강력한 증원군을 파비아로 보냈다. 한편 라노이, 페스카라, 부르봉은 프랑수아의 강력한 군대에 대응할 만한 군대를 모아 가지고 마침내 파비아를 구원하려고 진군했다. 1525년 2월 24일 성벽 밖에서 대대적인 전투가 벌어졌는데, 그 전투에서 프랑스 군대는 그 시대에 알려진 가장 처절한 패배를 당했다. 파비아 전투는 16세기의 가장 큰 군사 사건이었다. 부르봉의 공작에게 항복하기를 거부하다가 거의 목숨을 잃을 뻔한 프랑수아 1세는 포로로 잡혔고, 거의 모든 프랑스 귀족들이 전사하거나 생포되었다. 프랑스 병사 1만 명이 전사했고, 나머지는 항복했으며, 전투가 벌어진 지 2주 뒤에는 라노이의 손에 포로로 붙잡힌 사람들을 제외하고는 단 한 명의 프랑스 병사도 이탈리아에 남아 있지 않았다. 프랑스로서는 철저한 궤멸이었다. 왕이 프랑스의 모든 병력을 소집하여 직접 지휘했으니 말이다. 라노이는 즉각 승전보를 스페인에 있던 카를 5세에게 보냈고, 얼마 뒤 프랑수아 1세를 포로로 그에게 호송했다. 클레멘스 7세는 자기가 저지른 실수를 뒤늦게 깨닫고 혼비백산하여 프랑수아를 버리고 황제와 서둘러 조약을 맺었다. 그러나 그것은 공허한 일이었고, 클레멘스의 징벌은 황제가 그럴 여가가 있을 때까지 연기되었을 뿐이다.

이 당시에 클레멘스는 피렌체가 기뻐할 만한 한 가지 기만을 저질렀다. 파비아 전투가 끝난 뒤 클레멘스는 겁에 질려 이탈리아 내의 중요한 황제 지지

자 중 한 사람인 만투아의 후작 페데리고 곤차가(Federigo Gonzaga)의 비위를 맞추려고 노심초사했다. 곤차가는 피렌체 메디치 궁전에 걸려 있던 라파엘로의 작품 레오 10세의 초상화를 가지고 싶다고 했다. 클레멘스는 갖다드리겠다고 약속하고서 로마에서 그 그림을 속히 복사하여 만투아의 후작에게 보내라고 지시하는 편지를 쓰고, 동시에 안드레아 델 사르토에게 그 그림 복사를 완성하라고 지시했다. 안드레아 델 사르토는 그 그림을 아무도 구분할 수 없을 만큼 감쪽같이 복사했다. 그리고 이 복사본이 원본인 것처럼 가장하여 만투아로 보내졌다. 심지어 라파엘로의 제자 줄리오 로마노조차 여러 해 뒤 바사리가 지적해 주기 전까지는 그것이 가짜라는 사실을 감지하지 못했다. 이런 모조 작품이 클레멘스 7세의 은밀한 지시 없이 제작되었다고 믿기란 불가능하다. 그러나 그 결과 원본은 메디치가의 소유로 남아 오늘날 피렌체 피티 미술관을 이루고 있는 그들의 그림들과 함께 걸려 있을 수 있게 되었다.

1526년 프랑수아 1세는 스페인에 13달 포로로 잡혀 있다가 부르고뉴를 내주고, 밀라노를 다시 공격하지 않으며, 부르봉의 공작 샤를에게 사보이의 루이제가 빼앗아간 영지를 돌려주겠다는 조건으로 풀려났다. 어떤 저자들은 그 조약이 너무 지나쳤다고 주장해 왔지만, 정반대로 샤를이 파비아에서 거둔 철저한 승리를 감안할 때는 너무 미온적인 조건이었다고 주장할 만하다. 어떠한 배상도 요구하지 않았고, 향후 프랑스의 권력을 무력화할 만한 어떠한 시도도 하지 않았다. 프랑수아 1세는 당시 각각 열 살과 아홉 살이던 두 아들 프랑수아(Francis)와 앙리(Henry)를 이 계약을 위한 볼모로 내주었다. 그러나 그는 프랑스에 도착하자마자 그 계약을 통째로 번복했고, 이제 카를이 너무 강해졌기 때문에 지지 세력을 바꾸기로 결심한 클레멘스에게 사면을 받았다.

클레멘스는 이제 카를을 견제하고, 밀라노에서 황제군에게 포위를 당하고 있던 프란체스코 스포르차를 구원하고 프랑수아의 아들들을 건져내기 위해서 프랑스, 영국, 교황청, 그리고 베네치아와 피렌체로 구성된, 그가 '신성동맹'이라 부른 동맹을 형성했다. 그는 프랑수아가 이 동맹의 생명이자 영혼이 되어 줄 것을 기대했다. 그러나 프랑수아는 패전과 포로 생활을 겪는 과정에서 좌절에 빠져 한동안 소심하게 되었다. 조용히 살도록 내버려 두기를 원했고, 교황의 온갖 자극에도 처음에는 꿈쩍도 하지 않았다. 다만 클레멘스가 이탈리아에서 일부 병력을 프랑수아 자신을 위해 사용하도록 허용한 것 말고는 만사를 다 뒤로 미루었다. 클레멘스가 받은 군대에는 그의 친척 조반니 델레 반데 네레가 지휘하는 군대도 포함되어 있었다. 클레멘스는 그에게 전투할 기회를 만들어 주기 위해서 마음을 쓰고 있었다. 베네치아와 교황이 모은 군대는 우르비노 공작의 지휘로 롬바르드의 황제군을 향해 진격했다. 그러나 클레멘스의 절친한 친구가 아니었던 우르비노 공작은 여러 번 기회를 놓침으로써 부르봉에게 황제군을 보강할 시간을 주었다. 군대를 보강한 부르봉은 쉽게 밀라노를 함락하고 연합군을 로디로 쫓아냈다. 이 전투에서 조반니 델레 반데 네레는 만투아 근처에서 전사했다.

프랑스와 이탈리아에서 이런 사건들이 벌어지고 있을 때 독일은 종교 문제로 대격동을 겪고 있었는데, 이제 그것은 실질적인 전쟁으로 발전해 있었다. 독일이 특별히 힘을 결집해야 할 다급한 순간에 그 나라를 약화시킨 이런 상황을 진정시키기 위해서 카를은 종교적 차이들을 다루기 위해 슈파이어에서 제국 의회를 소집했다. 이 제국 의회는 루터의 견해에 큰 관용을 베풀었다. 따라서 이 때 통과된 결의안들은 프로테스탄트 진영에게는 일종의 마그나 카르타가 되었다. 그들은 정치적 목적을 갖고 있었다. 투르크족이 헝가리로 물밀듯이 밀려들어오고 있었고, 황제는 서둘러 그들을 저지해야 했지만 영토의 절반이 이런 분쟁으로 찢겨 있는 한 그 일을 할 수 없었다. 황제는 슈파이어에서 타협이 이루어져 독일 프로테스탄트 제후들이 자기와 함께 투르크족을 치러 진군하기를 바랐다. 그러나 때는 너무 늦어서 그 해 8월에 투르크족은 모하스 전투에서 헝가리에 대승을 거두었고, 그 전투에서 헝가리 왕 루이스 2세(Lewis II)가 전사했다.

당시에는 드러나지 않았지만, 오늘날 우리는 클레멘스 7세가 자신의 행동 노선에 의해서 프로테스탄트 진영의 주요 지지자가 되었다는 것을 알 수 있다. 그가 프랑수아를 부추켜 카를을 공격하게 할 때마다 카를은 독일에서 교회에 대해 점점 수위가 높아지던 반란을 진압하는 데 그만큼 어려움을 겪었다. 카를로서는 그 문제만 해결하는 데에도 전력을 기울여야 했다. 만약 제국을 프랑수아의 공격으로부터 방어하는 데 대부분 관심을 쏟지 않을 수만 있었다면 — 그 공격은 대부분 클레멘스의 사주를 받아 이루어졌다 — 그는 행보하기가 한결 가벼웠을 것이고, 어쨌든 부담을 크게 덜었을 것이다.

한편 황제는 교황을 응징할 준비를 하고 있었다. 그는 그에게 교훈을 일깨워 주고, 그의 다양한 사악한 거래에 대해서 징벌할 때가 되었다고 생각했다. 그러므로 1526년 9월 황제는 교황이 지난 3년간 행동해 온 비열한 방식을 조목조목 제시하는 선언문을 작성했다. 그런 다음 대리인 몬카다(Moncada)를 시켜 강력한 콜로나가를 선동하게 했고, 그 가문은 바티칸을 공격하고 약탈하여 클레멘스를 성 안젤로 성으로 유폐시킨 다음, 그 곳에서 그에게 석방의 대가로 신성동맹을 포기하고 롬바르드에서 군대를 철수시킬 것을 요구하고, 신의를 지키겠다는 증표로 볼모들을 잡혀두도록 했다.

그러나 클레멘스는 볼모들을 잡아두는 방식으로도 제어할 수 없었다. 그는 풀려나자마자 합의를 번복하고 군대를 모아 콜로나가의 영토를 침공하고 그 성과 마을 중 14곳을 폐허로 만들고 남녀노소를 가리지 않고 살육했다. 이런 식으로 자신의 만행의 잔을 채웠다.

그러자 황제(항상 신중하고, 한번 세운 목표는 절대로 포기하지 않던)는 철저한 응징을 준비했다. 11–12월에 스페인에 주둔해 있던 군대를 이탈리아 남부에 있던 그의 사령관 라노이에게 증파하고, 독일에 주둔해 있던 군대를 이탈리아 북부에 있던 사령관 부르봉에게 파견한 뒤(페스카라는 바로 얼마 전에 죽었다) 부르봉에게 군대가 도착하는 대로 즉각 교황령으로 진군하라고 명령했다. 이탈리아에 주둔해 있던 황제군은 스페인계와 독일계를 주축으로 하여 유럽의 온갖 인종에서 끌어모은 가장 살벌한 집단으로 이루어져 있었다. 이들은 한동안 카를 5세에게 급여를 지불받지 않아 매우 곤궁했기 때문에 부르봉 외에는 아무도 그들을 통제할 수 없었다. 부르봉은 장군으로서의 여러 특징들에 힘입어 그들을 훌륭하게 통제하고 있었다. 그럼에도 불구하고 그의 입지는 대단히 어렵게 되었다. 이런 끊임없는 전쟁들로 황폐하게 된 이탈리아 북부는 거의 황무지가 되어서 그 곳에서는 더 이상 그의 군대를 먹여 살릴 수 없었다.

설상가상으로 그에게는 증원군이 도착했는데, 독일에서 온 1만6천 명의 루터교도로 구성된 이 증원군들도 벌써 오래 전부터 급여가 밀린 상태였다. 롬바르드에 도착하는 즉시 밀린 급여를 다 주겠다는 약속을 받은 터라 닥치는 대로 약탈할 태세가 되어 있었을 뿐 아니라, 교황을 응징하겠다는 결연한 의지를 갖고 왔다. 그들은 교황의 불신실 때문에 그리스도교 세계가 이런 모든 참화를 겪고 있고, 그 때문에 온 유럽이 기나긴 전쟁을 치르고 있고, 투르크족에게 번번이 패하고 있으며, 심지어 자기들이 이렇게 궁핍한 것도 죄다 교황 때문이라고 굳게 믿었다. 그들은 로마로 쳐들어가 교황을 목매달겠다는 의지를 서슴지 않고 공언했다. 그들의 사령관 프룬즈베르크(Frundsberg)는 이런 특별한 목적을 위해 비단 로프를 지니고 다녔다.

1527년 1월 부르봉은 밀라노의 통치를 안토니오 데 레이바의 손에 맡긴 채 군대를 끌고 남쪽으로 이동했다. 2월에 볼로냐에 도착하여 그곳에서 잠시 머무르는 동안 더 이상 궁핍을 참지 못한 군인들이 폭동을 일으켰는데, 그들은 그에게서 로마로 진군하겠다는 약속을 받아내고서야 비로소 잠잠해졌다. 클레멘스는 북쪽에서 부르봉에게, 남쪽에서 라노이에게 위협을 받게 된 데다 자신이 그렇게 많은 사람들에게 가했던 것과 동일한 폭풍이 자신에게 닥쳐오는 것을 보고서 잔뜩 겁에 질린 나머지 프랑수아에게 다급하게 구원을 요청했다. 그러나 프랑수아는 전에 당한 패배와 포로 생활로 인해 받은 정신적 타격에서 아직 회복하지 못한 데다 자신도 클레멘스에게 보복할 일이 있었기 때문에 사태를 중단시킬 만한 아무런 조치도 취하지 않았다. 그러므로 유목민 떼처럼 무질서한 부르봉의 거대한 군대가 서서히 진군해 오는 동안 클레멘스는 백방으로 지원을 요청하고 심지어 이 루터교 군대에게 그냥 돌아가면 100,000듀캇을 제공하겠다고까지 제의했다. 그러나 그들은 들은 척도 하지 않았다. 클레멘스는 라노이에게 지시를 했고, 라노이는 그 액수를 들고서 부르봉을 찾아갔다. 그러나 밀린 급여만 해도 그 두 배가 넘는 데다가, 라노이는 진 가까이에 감히 접근조차 할 수 없었다. 교황에게 직접 복수하겠다고 단단히 벼르고 있던 루터교 병사들이 어떠한 휴전안에도 귀 기울이지 않으려 했고, 만약 더 이상 괴롭히면 라노이마저 죽이겠다고 위협했기 때문이다. 바로 순간에 그들의 직속 사령관 프룬즈베르크가 뇌졸중으로 쓰러졌다(1527년 4

월). 그들은 교황을 목 매달고 로마를 약탈하겠다고 결의했고, 부르봉 이외의 어떤 장군의 지시도 받지 않으려 했으며, 심지어 부르봉마저 자기들을 로마로 인도하지 않으면 그의 지시조차 받지 않으려 했다.

따라서 이제 클레멘스가 이루 말할 수 없는 공포에 사로잡힌 채 누구든 자기를 지원하러 오는 사람에게 지킬 수 있든 없든 닥치는 대로 특권을 남발하는 동안 그 사나운 급류는 로마냐와 움브리아 계곡들을 지나 쉬지 않고 밀려오고 있었다. 그 과정에서 부르봉은 통과하는 마을에서 굶주리고 사나운 군인들을 먹였는데, 그 곳 주민들은 이런 끔찍한 재앙을 불러들인 데 대해서 클레멘스를 저주했다. 5월 5일 저녁 그 군대는 로마 외곽에 진을 쳤고, 군인들은 마침내 로마의 궁전들을 휘둥그레진 눈으로 앞다투어 보고는 그토록 많은 고생을 하고 왔으니 반드시 교황의 도시를 약탈하고 말겠다고 스스로 약속했다.

다음날 아침에 많은 불행을 겪느라 삶에 지친 부르봉(적군에게 '지독한 부르봉'이라고 불린 그는 자신에게 지휘하도록 맡겨진 보잘것 없는 군대의 장점을 최대한 활용했다)은 군대를 풀어 공격하게 했다. 직접 진두 지휘를 하면서 성벽에 갖다 붙인 첫 번째 사닥다리를 기어오르던 그는 사닥다리에서 떨어져 치명적인 부상을 입었다. 자기 군대가 도시를 장악하는 모습을 지켜보면서 그가 취한 마지막 행위는, 겉옷으로 자신을 가려 군인들이 자신의 상태를 보고서 사기가 떨어지지 않게 한 것이었다(1527년 5월 6일).

그 뒤 로마에 대한 두려운 약탈이 시작되었다. 황제 군대가 도시로 쏟아져 들어오자 클레멘스는 성 안젤로 성으로 피신했으나, 그의 군대는 인정사정 없는, 게다가 존경하던 지휘관이 죽은 사실을 알고는 배나 분노한 적군에게 추격을 당했다. 클레멘스는 이제 자신의 교활한 정책과 이중 거래의 결과가 어떤 것인지를 어느 정도 알 수 있었다. 로마는 그야말로 아수라장이 되었다. 루터교 병사들은 가톨릭 세계가 애지중지해 오던 모든 것을 파괴하고 훼손하는 데서 기쁨을 얻었다. 로버트슨은 이렇게 말한다:

"그 뒤에 이어진 비참하고 참혹한 정경은 차마 표현할 수가 없다. 지휘 계통의 통제가 이루어지지 않는 이 격노한 군대가 무슨 짓을 하든, 독일인들의 광포와 플랑드르인들의 탐욕과 스페인인들의 방종이 아무리 무제한 분출되든, 불쌍한 로마 주민들은 고스란히 당하고 있을 수밖에 없었다. 그들은 교회와 궁전과 집을 가리지 않고 약탈했다. 나이나 인품을 가리지 않았다. 추기경들, 귀족들, 사제들, 부인들, 처녀들이 모두 군인들의 노리개가 되었고, 인간애의 음성에 귀먼 사람들의 손에 생사가 좌우되었다. 게다가 대개 공격을 받는 여느 도시들과 달리 첫 번째 사나운 광풍이 지나간 뒤에도 분노는 사그러지지 않았다. 부르봉이 죽은 뒤부터 어느 장군도 통제할 수 없게 된 황제군은 여러 달 그 도시를 차지한 채 야만적인 행위를 그치지 않았다. 그들이 전리품으로 노획한 돈만도 1,000,000듀캇에 육박했다. 그들이 속전과 강제 징수로 거둔 돈을 합치면 그보다 훨씬 더 많았다. 로마는 5, 6세기에 북부 민족들에게 여러 번 점령을 당한 적이 있지만, 야만적인 이교도들인 훈족, 반달족, 또는 고트족에 의해서도 현재의 이 끔찍한 적군에게 당한 것처럼 모질게 당한 적이 없었다."[7]

이런 상황이 벌어지고 있는 동안 이 모든 사태의 주범인 클레멘스는 성 안젤로 성에서 군인들에게 포위된 채 죄수나 다름없이 지내고 있었다. 그도 잘 알고 있던 대로, 그 군인들은 그를 목 매달아 죽이겠다고 입버릇처럼 맹세했고, 지금 어느 장군의 통제도 받고 있지 않았다. 부르봉이 죽자 지휘권은 오렌지의 제후 필리베르트(Philibert)에게 이양되었다. 그러나 군대는 그에게 복종하는 척도 하지 않았고, 따라서 그는 그 중 몇몇에게마저 약탈과 성 안젤로 성 포위를 중지하라고 설득조차 할 수 없었다. 우르비노 공작은 베네치아 군대와 피렌체 군대, 그리고 프랑수아 1세가 고용한 스위스 용병대를 이끌고 로마로 진격했다. 오렌지의 제후 군대를 제압하고도 남을 만한 병력이었다. 그러나 우르비노 공작은 클레멘스가 자신의 공국을 빼앗을 때 뒤에서 그것을 도왔을 때부터 그에게 갚아야 할 구원(舊怨)을 갖고 있었다. 따라서 그는 그의 마음에 거짓 소망을 일으켜 감질나게 만들기 위해서 군대를 클레멘스가 충분히 볼 수 있는 거리까지만 진군시킨 뒤 그를 그의 피를 갈망하는 격노한 적군들

---

7) *Charles V.* by W. Robertson.

에게 포위된 그대로 놓아둔 채 군대를 돌려 유유히 사라졌다.

황제는 교황의 불행에 정중하게 유감의 뜻을 표했지만, 황제군은 그 자리에 꼼짝 않고 남아 있었다. 그리고 사실상 그들을 철수하게 할 만한 세력도 없었다. 그 군대는 로마가 주둔하기에 대단히 쾌적한 곳임을 발견했고, 먹거나 약탈할 거리가 남아 있는 한에는 그 도시를 떠나라는 어떠한 지시에도 복종할 의사가 조금도 없었기 때문이다. 클레멘스는 계속해서 그들에게 포위당한 채 일곱 달 동안 성 안젤로 성에 유폐되었다. 그가 막다른 곤경에 처하게 되었을 때 첼리니(Cellini) — 당시 그는 클레멘스와 함께 있었다 — 에게 자신의 티아라(교황의 삼중관)를 녹이라고 명령한 행위는 그가 자초한 처지를 상징적으로 보여 주었다. 결국 그는 궁리 끝에 행상인으로 변장하여 시종 오르비에토(Orvieto) 한 사람만 데리고 궁색하게 성을 빠져나온 뒤 아무것도 성하게 남은 것이 없이 폐허가 된 나라에 도착했다. 4년간 일삼은 간계의 비참한 말로였다(1527년 12월 8일). 황제군은 로마에 뿌리를 박은 채 요지부동이었고, 거기서 좀처럼 떠날 것 같지 않았다. 라노이는 오렌지 제후가 그들을 통제하도록 하는 데 성공했지만, 그는 전염병에 걸려 죽었다. 레오 10세가 이룩한 로마의 찬란한 문화가 남김없이 파괴되었다. 로마에 아홉 달을 주둔하면서 온갖 방탕을 일삼던 그 군대는 전염병이 돌자 할 수 없이 그 도시를 떠났는데, 그들이 남기고 간 그 곳은 모든 게 파괴된 고적한 폐허였다.

한편 교황 클레멘스가 재앙을 당하게 되었고 성 안젤로 성에 포위되어 있다는 소식이 전해졌을 때 피렌체는 그가 오랫동안 간교하게 그러나 꾸준히 단단히 메워온 멍에를 벗어버릴 기회가 왔다고 여기고서 그의 권위에 대해 반란을 일으켰고, 그 결과 메디치가는 세 번째로 추방되었다(1527년 5월 19일). 동시에 베네치아도 그 기회를 잡아 교황령에 속한 라벤나와 그밖의 지역을 차지했고, 페라라와 우르비노의 공작들도 교황청이 자기들에게서 빼앗아간 영토를 되찾았다. 영국의 헨리 8세도 이 순간을 놓치지 않고 카를 5세의 이모인 자신의 왕비 아라곤의 캐서린(카타리나)과의 이혼을 허락해 달라고 클레멘스를 압박했다. 그러나 클레멘스는 당시 카를을 더 이상 자극하거나 그런 문제에 신경을 쓸 만한 입장에 있지 못했다.

# 제16장
# 클라리체 데 메디치<small>(클라리체 스트로치)</small>

1493년 출생, 1508년 결혼, 1528년 죽음.

    불행자 피에트로의 두 자녀 중 둘째로서 로렌초<small>(우르비노의 공작)</small>의 누이동생인 클라리체는 아버지나 어머니나 오빠보다 훨씬 더 유능했다. 삼촌 레오 10세는, 클레리체가 남자이고 오빠 로렌초가 여자였다면 가문을 위해서 퍽 좋았을 것이라고 입버릇처럼 말하곤 했다. 그만큼 기개 있고 지성이 뛰어난 여성이었고, 용기와 능력을 발휘하여 남편을 여러 번 재앙에서 구해 주었다. 열일곱 살 쯤에 그린 아주 흥미로운 그녀의 초상화는 고우면서도 강하고 이지적인 얼굴을 보여 주는데, 훗날 그녀가 드러낸 성품과 딱 들어맞는다.

    클라리체의 생애는 메디치가의 부침(浮沈)을 보여 주는 좋은 예다. 비교적 짧았던 그녀의 생애 동안 그 가문은 두 번의 번영과 두 번의 몰락을 겪었다. 할아버지 위대한 자 로렌초에 의해 가문의 위세가 절정에 달했을 때 메디치 궁전에서 태어난 클라리체는 한 살 때 부모가 유배의 길에 오를 때 부모를 따라 피렌체를 떠났다. 그리고 소녀 시절을 유배 생활을 하던 식구들과 함께 유목민처럼 살면서 다 보냈다. 열 살에 아버지를 여의었고, 열다섯 살에 어머니 알폰시나의 주선으로 피렌체와 교황궁전에서 큰 영향력을 갖고 있던 스트로치가의 수장 필리포 스트로치와 결혼했다. 남편 스트로치는 이 결혼으로 벌금형을 받고 추방되었지만, 일년 뒤 어린 신부를 데리고 피렌체로 돌아갔다. 그러다가 클라리체가 열아홉 살 때 메디치가가 피렌체로 돌아왔고, 삼촌 줄리아노가 국가의 통치자가 되었다. 그리고 이듬해에 그 통치권은 오빠 로렌초에게 이양되었다.

클라리체는 토르나부오니 거리에 자리잡은 준수한 스트로치 궁전의 첫 여주인이 되었다. 이 궁전은 1490년에 착공되어 1536년에 완공되었지만, 그 전에 클라리체와 그녀의 남편이 피렌체 귀국을 허락받은 1510년에 처음으로 입주하였다.

1513년 삼촌 조반니가 교황이 되었고, 삼촌과 사이가 좋던 클라리체는 삼촌이 교황으로 있는 동안 로마를 자주 방문했다. 1519년 스물여섯 살 때 오빠 로렌초가 죽었고, 속으로 경원시하던 먼 친척 추기경 줄리오 데 메디치가 피렌체 국사를 돌보기 위해서 왔다. 1523년 그가 교황이 되었을 때 줄리오의 대피렌체 정책이 차근차근 실행되는 것과 그로 인해 자기 가문에 대한 정서가 바뀌는 것을 여러 번에 걸쳐서 확인했다.

여기서 다시 클라리체가 1524년 로마에 한동안 머물면서 오빠 로렌초의 다섯 살난 외동딸 카테리나를 보살폈다는 말을 듣는다. 그러나 1525년 파비아 전투가 끝난 뒤 로마의 정세가 불안하게 되자 피렌체로 돌아갔는데, 거기서 그녀가 가문의 모든 영예와 결부시키던 메디치 궁전을 가문의 두 서자 이폴리토와 알레산드로, 그리고 교황 클레멘스가 그들의 후견인으로 보낸 추기경 파세리니가 차지하고 있는 역겨운 장면을 목격했다.

다음 해 클라리체는 대범함과 기지를 발휘하여 남편의 목숨을 구하게 된다. 이런 일은 그녀의 생애에서 이번만이 전부가 아니었다. 1526년 9월 콜로나가 클레멘스에게 신의를 지키겠다는 보증으로 볼모들을 잡히도록 강요했을 때 클레멘스는 당시 로마에 있던 친구 필리포 스트로치를 볼모로 내주었다. 그리고 클레멘스가 약속을 파기하고 콜로나가를 야비하게 공격할 때 스트로치의 목숨은 크게 위태롭게 되었다. 매우 병약한 몸으로 피렌체에 남아 있던 클라리체는 그 소식을 듣자마자 가마에 올라 황급히 로마로 갔고(거기서 필리포가 "도살장에 끌려가는 무고한 양처럼 저급하고 비열한 방법으로 끌려갔다"고 공개했다), 도착하자마자 벌인 열정적인 활동으로 남편의 석방을 얻어냈다.

1527년 초 클레멘스는 스스로 자초한 폭풍에 휩싸였다. 성 안젤로 성에 포위된 채 꼼짝못하고 있는 동안 피렌체에서는 그가 가문의 실세가 된 이래로 점차 심해진 속박을 벗어 버리려는 반란이 일어나서 메디치가가 가문 역사상 세 번째로 추방되었다.

바로 이 순간에 클라리체는 강하고 당당한 면모를 충분히 보여 주었다. 남편 필리포는 딱히 어느 쪽을 결정하지 못한 채 잔뜩 의심과 불안에 싸인 채 자기 궁전에서 한 발짝도 밖으로 나가지 않았다. 진취적인 아내를 억누르던 그런 감정이 그에게는 없었다. 클레멘스를 혐오해 온 클라리체는 그가 모욕과 재앙의 밑바닥으로 떨어지는 게 싫지 않았다. 조상들에 대해 더 자부심을 가질수록 현재 가문의 수장이 추구하고 있는 노선에 분노가 치밀었다. 그래서 그의 계획에 결정적인 타격을 가할 기회를 노렸다. 먼저 우유부단한 남편에게 공화국 편을 들라고 조언하여 결국 그 조언을 받아들이게 했다. 그 다음 조상들의 생가이지만 이제는 한때 영예롭던 그 이름을 간직할 만한 자격이 없는 '반쪽 메디치가 사람들'에 의해 더럽혀지고 있는 메디치 궁전으로 달려가 다음과 같은 방법으로 그들을 몰아냈다. 1527년 5월 19일 메디치 궁전에서 벌어진 정경과 거기서 클라리체가 보여준 행동을 트롤로프는 다음과 같이 생생하게 묘사한다:

"메디치 궁전에서는 로마가 처참히 약탈되고 있고 교황 클레멘스가 도주하여 성 안젤로 성에 포위되어 있으며 델라 시뇨리아 궁전에서는 대 회의가 시급히 소집되어 결정적인 조치를 취하고 반란을 논의하고 있다는 소식이 들어온 뒤 추기경 파세리니는 세 명의 피후견인[1]과 함께 시의회의 결정을 기다리며 낙담한 채 우유부단하게 앉아 있었다. 그러는 동안 메디치 궁전에서 내려다본 라르가 거리에는 어디가 끝인지 모를 정도로 인산인해를 이룬 군중이

---

1) 열일곱 살의 이폴리토, 열다섯 살의 알레산드로, 여덟 살의 어린 '공작의 딸' 카테리나.

사나운 파도와 같은 기세로 위협하고 있었다. 그렇게 벌벌 떨며 혼비백산한 채 앉아 있던 그들에게 매우 신속한 결단을 전하려는 듯 당당하고 대범하게 들어왔다. 클라리체는 클레멘스를 미워했고, 서자 이폴리토와 알레산드로를 가문의 명예와 위신을 이어갈 상속자들로 삼은 것에 분개했다 … 당당한 걸음과 분노에 가득한 눈으로 방으로 들어간 그녀는 바깥 거리에서도 들릴 만큼 큰 소리로 벌벌 떨고 있는 추기경을 향해서 그와 그 주인의 일을 어떻게 이런 꼴로 만들어 놓았느냐고 호되게 꾸짖으면서 이렇게 말했다. '진짜 메디치가 사람들인 우리 조상들은 박애와 온유로 피렌체인들의 충성을 얻었고, 역경 속에서도 늘 이 백성에게 충성을 받았다.[2] 그런데 너희들(이폴리토와 알레산드로를 가리키며)은 출생에 얽힌 비밀을 스스로의 행동으로 드러냈고, 너희가 메디치가의 혈통을 물려받지 않았음을 만 천하로 하여금 알게 했으며, 너희뿐 아니라 무자격하고 사악한 교황 클레멘스[3]도 지금 성 안젤로 성에 갇혀 천벌을 받고 있는 판국에 오늘 이렇게 너희들에게 쏟아지는 원성에 새삼스럽게 놀랄 게 뭐 있느냐? 그러니 이제 너희에게 아무런 권리도 없는 이 집과 너희에게 아무런 애정도 없는 이 도시를 떠나라. 이 험악한 순간에 가문의 명예는 내가 짊어진다.'"

그리고 이 강직한 여성은 메디치 궁전이 '노새들의 마구간'이 되도록 지어지지 않았다고 비꼬아가며 장광설을 토했다. 그러자 그들은 즉각 메디치 궁전을 떠났다.[4] 이 일화를 전하는 어떤 연로한 연대기 저자는 고지식하게 "클라리체 부인은 입심이 대단히 셌다"고 언급한다.

그러나 과연 클라리체가 입심이 세었느냐 하는 문제는 차지하고라도 클라리체가 확실히 옳았다는 데에는 의심할 여지가 없다. 그녀는 클레멘스의 구상이 무엇인지, 그가 자기 구상을 어떻게 차근차근 실행해 가는지를 손금 보듯 빤히 알고 있었다. 그리고 그 결과 피렌체인들의 여론이 자기 가문에 대해서

---

2) 교황 식스투스 4세가 로렌초를 자기에게 내줄 것을 요구하자 피렌체인들이 거부한 때를 가리킴.
3) 그가 추기경이 된 것의 불법성을 가리킴.
4) 공화국 정부에 포로로 잡힌 카테리나를 제외하고(참조. 제19장).

어떻게 변해가는지도 잘 알고 있었다. 오빠 로렌초가 손에 무슨 무기를 쥐고 있는지도 잘 알았다. 여덟 살 난 소녀만 없었다면 자기가 사뭇 다른 목표를 가지고 활동했던 조상들의 계열을 합법적으로 대표할 사람이었다.[5] 자신이 서자이면서도 가문의 두 번째 서자로 하여금 동일한 정책을 지속시켜 나가도록 꾀하고 있는 자가 자기 가문의 영예를 완전히 망가뜨리는 정책을 쓰고 있는 것에 분노했다. 예전에 레오 10세가 그녀에 관해서 했던 말은 일종의 예언이었다. 만약 그녀가 동생 대신 태어났다면 클레멘스에게 강력한 경쟁자가 되었을 테니까 말이다. 그랬더라면 그녀는 그가 착수했던 일의 흐름을 바꿔 놓을 방법을 발견했을 것이고, 그녀가 죽은 뒤에 공화국을 파멸시킨 것도 아예 불가능했을 것이다. 그랬더라면 그 가문의 명예도 그들의 이름에 쏟아진 온갖 저주의 주요 원인이었던 행동으로 땅바닥에 내동댕이쳐지지 않았을 것이다.

클라리체는 이 때의 행동으로 우물쭈물하고 있던 시뇨리아(정부 회의)로 하여금 루비콘 강을 건너게 했다(그것은 틀림없이 피렌체인들에게 '참 메디치가'는 클레멘스와, 피렌체를 노예로 만들려는 그의 계획에 관여하지 않는다는 것을 보여 줌으로써 그 가문의 명예를 존속시키려는 결단에서 나왔음에 틀림없다). 이렇게 이폴리토와 알레산드로가 이 교황의 대표와 함께 추방됨으로써 주사위는 던져졌고, 그것은 클레멘스와의 전쟁을 뜻했다. 클라리체가 가문의 명예는 오로지 자신에게 달려 있다고 하면서 그것을 지키기 위해 행한 대담한 노력은 그 자체만으로도 33년 전 같은 방에서 샤를 8세에 대항하여 피렌체의 자유를 지켜야 한다고 용감하게 주장했던 피에로 카포니가 보여 주었던 행동만 못하다고 결코 볼 수가 없다.

클라리체의 성격은 뛰어났다. 그는 매사에 지나간 세대의 메디치가 사람들의 자손다운 면모를 보였고, 그들에 대해서 자부심을 가졌다. 앞에서 언급한 일화에서 클라리체는 그런 면모를 대단히 잘 보여 주었다. 그녀는 다음 해인 1528년 3월 3일 서른다섯의 나이에, 공화국이 여전히 충분한 권력을 갖고

---

5) 로스코우는 다음과 같이 올바로 말한다: "피렌체 공화국이 독재 권력의 무거운 멍에를 메게 된 것은 초창기 메디치가가 수립한 정부 체제를 계승하지 않고 거기서 일탈했기 때문이다."

있고 그녀의 남편이 피렌체와 계속 거리를 두고서 공화국과 교황 양측에 대해서 우호적인 관계를 유지하려고 노력하고 있는 동안에 죽었다. 시냐 근처의 아르노 강 계곡이 내려다 보이는 산 위에 세워진 메디치가의 아름다운 레셀베 별장에서 죽었고, 피렌체 산타 마리아 노벨라 성당의 스트로치 예배당에 묻혔다. 슬하에 열 자녀를 두었는데, 일곱은 아들이었고 셋은 딸이었다.

그의 동생 필리포의 전기에서, 그녀의 시동생 로렌초 스트로치는 그녀가 죽을 때 그녀의 남편이 "진심으로 그 죽음을 애도했고, 무척 가슴 아파했다"고 말한다. 그리고 필리포 스트로치는 "내 아내 클라리체가 여러 가지 미덕으로 나의 감사를 받을 가치가 있다"고 하면서, 유언으로 그녀를 기념할 기념비를 세우도록 했다. 필리포 스트로치는 자신에게 가장 참되고 신실하고 유능한 내조자였던 그녀에게 과연 감사할 이유가 있었다. 평생 그의 관심사와 계획을 자신의 것처럼 여겨 내조했고, 큰 짐을 덜어 대신 져주었으며, 메디치가의 이름을 훌륭하게 지켰을 뿐 아니라 스트로치가에도 명망을 안겨 주었기 때문이다.

# 제17장

# 줄리오(클레멘스 7세)

## (2) 그의 교황 재위 마지막 7년

1478년 출생, 1523-1534년 교황 재위, 1534년 죽음.

 피렌체가 자신에게 반기를 들어 자기 가문이 세 번째로 추방당했다는 소식은 클레멘스에게는 로마가 약탈된 일이나 그밖의 모든 불운보다 더 참을 수 없는 일이었다. 그것은 그가 오랫동안 간직해 온 구도에 대한 중대한 타격이었다. 이제 그는 기존의 계획에 복수 계획을 더했다. 한편 피렌체에는 환호의 물결이 흘러넘쳤다. 독립을 다시 주장했고, 독립을 소망할 만한 넉넉한 이유가 있었다. 국가로서는 로마보다 더 컸으므로 이제 두려워할 것은 교황이 동맹국들을 끌어모으는 것뿐이었다. 그런데 클레멘스가 사태를 이끌어가는 것을 보면 동맹국들을 끌어모은다는 건 불가능해 보였다. 황제가 교황에 대해 극도의 반감을 갖고 있었기 때문에 황제가 교황과 다시 합치기란 불가능해 보였다. 프랑수아 1세는 피렌체의 동맹이었다. 게다가 카를과 분쟁 중에 있던 터여서 클레멘스가 피렌체에 대해서 벌이려는 사사로운 전쟁에 군대를 파견할 여유가 없었다. 헨리 8세도 피렌체 편이었다. 자신의 이혼 문제에 애매하게 답변했다는 이유로 클레멘스에 대해 분한 심정을 품고 있었던 것이다. 제노바, 베네치아, 페라라는 모두 피렌체의 동맹국이었다. 게다가 작은 국가들도 이런저런 이유로 모두가 클레멘스와 적대 관계에 있었다. 마지막으로 클레멘스 자신이 모든 것을 다 약탈당해 곤궁한 처지로 전락한 탈주자였다.

교황 클레멘스 7세의 초상

그러나 피렌체인들은 '잔꾀의 대가'라 불려온 그를 오랫동안 알아왔음에도 불구하고 이렇게 복잡한 거미줄에 걸친 상태에서조차 탈출구를 발견할 만큼 명석한 그의 두뇌를 미처 가늠하지 못했다. 클레멘스가 안고 있던 가장 큰 어려움은 두 적대 세력 중 이 편이나 저 편의 도움을 얻지 못하면 피렌체의 재장악을 기약할 수 없는데도 한 쪽의 지원을 얻을 경우 당장 다른 쪽이 적대적인 입장을 취하여 죽도 밥도 안 될 것이라는 데 있었다. 그러므로 어떻게 하면 이런 상황을 피할 수 있는지 그 해결책을 찾기 위해 그는 심혈을 기울였다.

그러나 첫째, 그는 카를과 평화 관계를 맺어야 했고, "무자비하게 자기 목을 물고 있는 황제의 스페인, 플랑드르, 독일의 불독들을 물러가도록" 해야 했다. 카를은 이들을 물러가게 하는 대가로 교황령의 상당 부분을 포기하고 무거운 배상금을 무는 것을 포함한 지극히 굴욕적인 조건들을 제시했다. 그리고 그 모든 조건들을 클레멘스는 받아들이지 않을 수 없었다.

1527년 12월, 클레멘스가 오르비에토에 도착한 직후에 프랑수아는 다시 카를에 대해 선전 포고를 했다. 헨리는 이혼 문제에 대해 프랑수아가 교황에게 영향력을 행사해 줄 것을 기대하고서 프랑수아 편을 들었다. 그 이유는 당시 완전히 카를의 손아귀에 잡혀 있던 클레멘스가 은밀히 프랑수아와 음모를 꾸미는 가운데 프랑수아가 전쟁을 일으키면 이런 노예 상태에서 벗어날 수 있다는 기대감으로 이 전쟁을 강권하고 있었기 때문이었다. 프랑스와 영국 외에도 카를을 대적한 동맹국에는 베네치아, 제노바, 피렌체, 페라라가 있었다.

피렌체는 이 전쟁에서 어느 편에 설 것인가를 결정하는 데서 치명적인 실수를 범했다. 전쟁이 시작되기 전에 황제는 자기 편에 서서 프랑스를 대적함으로써 교황을 응징하지 않겠느냐고 제안했다. 당시 곤팔로니에레였던 니콜로 카포니(Niccolo Capponi)는 교황이 결국 황제를 무마하려고 노력할 것이고 그렇게 무마만 하게 되면 프랑수아는 상한 갈대나 다름 없게 될 것으로 예상하고서 동족들에게 이 제안을 받아들이도록 모든 영향력을 다 동원하여 설득했다. 그러나 피렌체인들은 프랑수아의 동맹을 고수할 것을 주장했고, 3년 뒤 이 결정이 얼마나 큰 실수였는가를 크게 뉘우치게 된다.

전과 같이 이탈리아는 주요 전장이었다. 드 로트렉(De Lautrec)이 지휘하는 프랑스 군대는 카를이 점령하고 있던 이탈리아 북부로 진격했다. 두 번째 부대는 제노바 함대의 지원을 받아 카를이 점령하고 있던 나폴리 왕국을 공격했다. 그 뒤 1년 반 동안 이탈리아 전역은 전쟁의 참화에 휩싸였다. 1528년 6월 오르비에토에서 비테르보로 이동해 있던 클레멘스는 그 해 10월에 마침내 로마로 돌아올 수 있었다. 로마에 도착한 그는 도시가 파괴되고 절반은 불타고 인구도 절반으로 줄어든 처참한 형국 앞에서 공포에 사로잡혔다. 한편 전세는 프랑스에 불리하게 돌아가고 있었다. 프랑스는 귀중한 동맹국인 제노바를 잃었다. 그 뒤 몇 달 만에 이탈리아 남부에 진입한 프랑스 군대 전체가 항복해야 했다. 마지막으로 이탈리아 북부에 진입한 안토니오 드 레바로부터 치명적인 패배를 당했다.[1] 이렇게 전세가 숱하게 역전되면서 지칠 대로 지친 프랑수아는 휴전을 모색했다. 이 목적으로 두 적대 세력은 캉브레에서 만나 평화 조약을 체결하는 문제를 놓고 여러 달 논의를 했다. 프랑스 측에서는 사보이의 루이제가 참석했고, 카를 편에서는 오스트리아의 마가레트가 참석했다.

이러한 정세를 예의 주시하던 클레멘스는 여러 달에 걸쳐 자세히 구상해 오던 큰 계획을 실행할 때가 무르익었다고 판단했다. 그렇게 사소한 목적을 달성하기 위해서 그렇게 방대한 조직이 동원된 예는 두 번 다시 없었다. 이제 유럽은 프랑스, 영국, 스페인, 독일, 이탈리아의 정치가 클레멘스로 하여금 피렌체에 대한 권력을 되찾고 그 가문의 서자를 피렌체의 전제 군주로 세우

---

1) 드 로트렉은 1528년 8월 전염병에 걸려 죽었다.

려는 목표를 달성하게끔 철저히 조작되는 것을 보게 되었다. 따라서 1529년 6월 캉브레에서 루이제와 마가레트가 끝없는 논쟁을 벌이고 있는 동안, 클레멘스는 카를이 있던 스페인으로 가서 연합 작전을 펴기 위한 구체적인 작전을 제시했다. 그 결과 6월 말께 바르셀로나에서 카를과 클레멘스 사이에는 비밀 계약이 체결되었고, 그것은 곧 당시 전쟁 중에 있던 모든 나라들에 중요한 결과를 미치게 되었다. 이 미덥지 않은 음모에서 카를과 클레멘스는 서로 간에 체결한 계약을 한동안 비밀로 해두기로 합의했지만, 몇 달 뒤에 가서 캉브레 조약이 체결되고 카를이 이탈리아로 진입하면서 그 계약의 내용이 점차 밝혀지게 되었다. 이 계약이 맺어진 이후인 1529년 8월에 프랑수아와 카를 사이에 캉브레 조약이 체결되어,[2] 프랑수아는 동맹국인 영국, 베네치아, 페라라, 피렌체를 포기하고, 자기 아들들에 대한 몸값을 지불하고, 카를의 모든 영토에서 군대를 철수시키고, 향후 이탈리아 정치에 일체 간섭하지 않기로 합의했다. 마지막 사항이 가장 중요한 것으로서, 클레멘스가 자신의 모든 술책을 동원하여 얻어낸 것이었다. 프랑수아와 카를 사이의 이 조약과 발맞추어 클레멘스는 헨리에게 이혼 문제를 용인한다는 어느 정도의 언질을 주었고, 이혼 승낙을 얻어내려고 노심초사하던 헨리는 프랑스가 동맹국들을 포기하는 데 별다른 항의를 제기하지 않고 자신도 같은 노선을 따랐다. 이리하여 베네치아, 페라라, 피렌체만 나머지 동맹국들에게 버림을 받은 채 카를에 적대적인 동맹국들로 남게 되었다.

위의 조약은 교황이 노예 상태로 전락한 상황과 맞물려 카를을 이탈리아의 온전한 지배자로 만들었다. 그는 이탈리아의 정세를 안정시키고 클레멘스와 맺은 비밀 계약의 나머지 사항을 이행하기 위해서 그의 군대가 거의 8년간 중단하지 않고 전투를 벌여온 이탈리아로 처음으로 진입했다. 8월 말 제노바에 도착한 그는 밀라노로 들어가 그곳에서 프란체스코 스포르차를 공작으로 다시 세우고,[3] 베네치아와 페라라에 대해서 평화 조약의 조건들을 제시했

---

2) 캉브레 조약은 유럽 최초의 본격적 평화 조약이었다. 오스트리아의 마가레트와 사보이의 루이제가 체결했기 때문에 자주 '귀부인들의 동맹'이라 불린다.

3) 일 모로의 둘째 아들.

다. 바르셀로나 비밀 계약에 따라 카를은 베네치아와 페라라를 관대하게 대했고, 그들에게 그들이 1527년 교황에게 빼앗은 영토들을 돌려줄 것만을 요구했다. 이렇게 해서 피렌체만 모든 동맹국들을 잃은 채 홀로 남게 되었다. 제노바, 프랑스, 영국, 베네치아, 페라라가 하나씩 차례로 피렌체로부터 떨어져 나갔던 것이다.

피렌체에게는 황제가 베네치아와 페라라와 평화 조약을 맺었던 것과 동일한 방식으로 조약을 맺을 기회가 제공되지 않았다. 그런 기회가 제공된다면 클레멘스가 얻기 위해 모든 노력을 기울여온 공화국 붕괴라는 목적을 달성하지 못하게 될 것이기 때문이다. 더욱이 바르셀로나 계약의 또다른 조항이 이제 누설되었다. 클레멘스는 다른 모든 사항들을 포기하는 대가로 황제 군대를 자기에게 빌려주어 피렌체를 치게 하도록 명시해 두었기 때문이다. 그 계약을 체결할 때 피렌체를 치면 혼란한 공화제 대신에 황제의 봉신이 될 군주가 들어설 것이므로 황제에게 유익이 될 것이라고 클레멘스가 지적하자 카를이 수락했던 것이다. 이로써 클레멘스는 2년간의 복잡한 외교 과정에서 작대기 다발을 하나씩 분리해 내어 결국 카를의 군대로 피렌체를 봉쇄하게 되었고(그 비용은 클레멘스가 지불하기로 합의했다), 그동안 프랑수아는 캉브레 조약 때문에 간섭하지 못하게 되었다. 그 총체적인 결과는 클레멘스가 기뻐하고 자신의 기량을 유감없이 발휘한 외교의 승리였다.

따라서 1529년 9월 말 황제군에게는 피렌체로 진격하라는 지시가 떨어졌다. 그해 12월(피렌체 포위가 진행되고 있는 동안) 클레멘스와 카를은 다시 회동했다. 회동 장소는 볼로냐로 바뀌었고, 의제는 합의안 이행을 완료하고, 두 사람 사이의 합의에 부대 사항들을 덧붙이고, 클레멘스가 카를에게 황제 대관식을 치러주는 것이었다. 이 대관식은 1530년 2월 24일에 치러졌고, 4월에 클레멘스는 볼로냐에서 추가된 합의 사항들을 가지고서 그가 자기 가문을 위해 세밀히 구상하고 있던 구도의 이행에 착수했다. 이 무렵 그는 이폴리토를 알레산드로로 대체하고, 피렌체를 제압하는 즉시 피렌체 통치권을 알레산드로에게 주기로 결정하고 있었다. 그러나 때가 올 때까지, 그리고 이폴리토가 폐위된 뒤 이 계획을 방해하려 들지 않도록 만드는 방법으로 그를 폐위할 때까지 황제를 제외한 모든 사람에게 그 계획을 은폐했다.

클레멘스가 바르셀로나에서 카를에게 동의하도록 권고했던, 그리고 그 결과 볼로냐에서 두 사람 사이에 최종 합의했던 비밀 계약의 내용은 양심의 가책이란 것을 모르던 클레멘스의 됨됨이를 고스란히 보여 주는 것이었다. 그 계약에서 보게 되는 것은 클레멘스가 그토록 오랫동안 피렌체에 대해서 구상해 왔던, 그리고 2년 전만 해도 물거품이 되어 버린 것처럼 보였던 구도가 마침내 제 모습을 드러냈다는 점이다. 그 계약의 주요 사항들은 다음과 같았다:(1) 프랑스, 영국, 베네치아, 페라라에 관해서 체결된 협정에 의해 피렌체가 동맹국들로부터 분리되면 즉각 황제군을 클레멘스에게 대여해 주어 피렌체를 공격하고 굴복시킨다;(2) 피렌체 독립을 철폐한다;(3) 황제가 피렌체 통치권을 알레산드로에게 맡기고, 피렌체를 황제의 종속국으로 만든다;[4] (4) 당시 아홉 살이던 황제의 딸 마가레트를 혼인 적령기가 되는 즉시 알레산드로와 결혼시킨다. 그러나 세 번째와 네 번째 조항은 1년이 경과하기 전에는 누설하지 않기로 했다. 클레멘스로서는 현재 그것을 비밀로 부쳐 둘 사적인 이유가 있었던 것이다. 피렌체인들이 그토록 사랑하던 공화정을 없애기로 했다는 그 합의안을 듣는 순간 얼마나 분개했을 것이고, 그것을 지키기 위해 어떤 결의로 죽기까지 항전할 태세를 갖추었는지 넉넉히 짐작할 수 있다. 이 모든 문제에 관해서 랑케는 다음과 같이 논평한다:

> "사람들은 그(클레멘스)가 황제에게 그토록 많은 치욕을 당하고서도 다시 황제에게 빌붙는 모습을 보고서 경악했다. 그는 정책을 완전히 뒤바꾸어 자기 눈 앞에서 로마를 잔인하게 약탈하고 자신마저 그토록 오랫동안 포로로 잡아 두었던 바로 그 군대에게 이제 지원을 요청하고는 자기 고향 도시를 치기 위해 진격했다."

---

4) 심지어 이 점에서조차 클레멘스는 늘 즐겨쓰던 책략을 사용할 기회를 엿보았다. 카를 5세는 메디치가가 기존의 지위를 되찾도록만 동의해 주면서도, 그 지위를 세습하도록 만들어 주었다. 따라서 황제의 디플로마는 알레산드로를 공화국의 세습 수장으로 규정할 뿐이었다. 클레멘스는 당시에는 더 이상의 요구를 하지 않았지만, 후에는 이것을 이용하여 공화국을 정식으로 폐지하고 알레산드로를 피렌체 공작으로 승격시킬 방법을 찾았다.

이렇게 교황과 황제의 연합군에게 공격을 받게 되었는데도 불구하고 피렌체는 용기를 잃지 않았다. 피렌체의 야전군은 프란체스코 페루치가 지휘하고 있었고, 다른 군대들은 수비대를 형성하고 있었다. 성벽은 사방으로 빙돌아가며 1-2km의 공간을 말끔히 정리했다. 적군이 은폐할 만한 지형지물을 조금도 남기지 않기 위해서 포도원과 과수원을 포함하여 나무란 나무는 죄다 베어냈고, 심지어 교회도 포함하여 건물이란 건물도 죄다 무너뜨렸다. 이 근교 지역들이 사실상 거의 다 소도시를 이루고 있었는데도 말이다. 베네치아의 대사 카를로 카펠로(Carlo Capello)는 자기 정부에게 보내는 편지에서 그렇게 해서 광범위한 지역이 폐허가 되고, 그들이 손수 지었던 아름다운 별장들이 허다히 무너졌으며, 피렌체인들이 자유를 지키기 위해서 이 모든 손실을 감수하려는 '대범한 정신'을 과시했다고 기록한다. 이때 파괴되지 않은 곳은 산 살비 수도원 딱 한 군데였다. 안드레아 델 사르토의 프레스코 "최후의 만찬"이 그려져 있던 이 수도원을 "예술을 사랑하던 피렌체는 파괴할 마음이 없었던 것이다."

1529년 10월 14일 오렌지 공이 지휘한 황제군이 피렌체에 나타나 남쪽의 고지를 모두 점령했다. 성벽에서는 1.6km 떨어진 곳으로서, 동쪽으로는 루스치아노와 가까웠고 서쪽으로는 몬테 올리베토에 근접한 곳이었으며, 도시의 북쪽 근교에도 비슷한 규모의 대군이 진을 쳤다. 포위가 끝나기 전에 피렌체는 클레멘스가 있는 로마로 사절을 보내 그의 자비를 호소했으나[5] 냉랭하게 퇴짜만 맞고 돌아왔다. 그럼에도 불구하고 클레멘스가 피렌체 주변에 모은 군대는 부르봉이 지휘하는 여러 나라들에서 끌어모은 흉악한 깡패들이었다. 클레멘스는 그들을 "30,000플로린과 피렌체를 마음껏 약탈해도 된다는 약속"으로 고용했다. 이 군대는 롬바르드를 떠나기 전부터 "피렌체에 대한 멋진 약탈"을 맹세했다고 한다. 따라서 이 적군이 성 안으로 들어올 때 피렌체가 당할 운명이 어떠하리라는 것은 넉넉히 짐작할 수 있었다.

---

5) 줄리오는 교황이 되자마자 "자신의 성품이 자애롭다는 것을 나타내기 위해서" 클레멘스(자비)라는 이름을 취했다.

피렌체가 독립을 사수하기 위해서 벌인 투쟁은 과거의 역사와 견줄 만했다. 총공격을 감행하는 황제군을 맞이하여 열 달 동안 도시를 사수했고, 한때는 마치 승리를 거둔 듯했다. 미켈란젤로는 끌을 놓고 그 나라의 공병대장이 되어,[6] 특히 집중적인 공격을 당하던 산 미니아토 둘레의 방어를 구상했다. 프란체스코 카르두치가 곤팔로니에레였는데, 그는 비록 역량이 전임자 니콜로 카포니만 못했지만 정부의 애국적인 지도자로서 손색이 없었다. 그러나 이 방어전의 영웅은 누구보다도 피렌체의 고결한 장군 프란체스코 페루치(Francesco Ferrucci)였다. 피렌체에 명예의 전당이 있다면 그는 그 벽감에 들어갈 가치가 충분히 있었다. 야전을 지키면서 인근 성시(城市) 엠폴리를 장악하고 있던 그는 그곳에서 수적으로 열세의 병력을 가지고 황제가 파견한 군대를 거듭 물리치고, 오렌지 공에게 그의 옆구리 들판에 군대가 있다는 사실을 주지시켜 방해함으로써 피렌체에 끊임없는 지원을 쏟아부었다. 페루치는 이처럼 조국을 위해서 너무나도 혁혁한 공을 세우고 있었기 때문에 황제군은 그를 제거하지 않는 한 피렌체를 차지할 수 없다는 것을 마침내 깨닫게 되었다.

만약 성 안에서도 비슷한 인물이 지휘했더라면 피렌체에게 유익했을 것이다. 그러나 피렌체는 외국인 말라테스타 발리오니(Malatesta Baglioni)를 고용하는 중대한 실수를 저질렀다. 그는 과거에 페루지아를 다스린, 피로 얼룩진 가문 출신이었다. 그를 지휘관으로 고용한 것이 패배의 원인이었다. 그는 처음부터 돈을 받고 적군과 내통한 반역자였다. 지노 카포니(Gino Capponi)는 공격이 시작되기 전 발리오니가 교황으로부터 그에게 페루지아 통치권을 약속하는 문서를 받았다고 한다. 그것은 그가 오렌지 공과 맺는 어떠한 계약도 인정하고, 그가 피렌체 공격 때 무슨 짓을 저지를지라도 모든 죄악을 사면해 준다는 내용이었다. 그런 지휘관 밑에서 수비대가 형편없이 지휘됐음에도 불구하고 황제군은 조금도 승기를 잡지 못했다. 거의 매일 벌어지다시피 한 치열한 백병전에서 피렌체 군대는 거의 언제나 승리를 거두었다. 그리고 12월에 스

---

6) 미켈란젤로는 황제군이 피렌체에 진입하기 며칠 전에 극도의 공포감을 이기지 못해 도망쳤다(이것이 그의 생애에서 도망친 처음 사례는 아니다). 그는 법익을 박탈당하고 재산을 몰수당한 뒤 귀환을 촉구받았다. 그는 11월 말경에 귀환했다.

테파노 콜로나(Stefano Colonna)가 이끄는 3천 명의 정예 돌격대[7]가 대단히 큰 승리를 거두는 바람에 공격군은 만약 반역자 발리오니가 없었다면 아마 궤멸되고 말았을 것이다. 콜로나의 군대가 막 추격전을 벌일 때 발리오니가 퇴각 명령을 내렸던 것이다.

한 달 두 달 전투가 계속되면서 볼테라, 피스토이아, 프라토, 산 미니아토 알 테데스코 같은 피렌체의 부속 성시(城市)들은 황제군에 의해 하나씩 차례로 함락되었다. 그러나 이런 손실 앞에서 피렌체는 꿈쩍도 하지 않고 계속해서 적군을 괴롭혔으며, 심지어 볼테라와 산 미니아토 알 테데스코를 수복하기까지 했다. 마침내 1530년 7월, 오렌지 공은 피렌체를 차지하려면 우선 페루치를 패배시키는 게 지상 과제라는 결론을 내리고서 피렌체 성에는 소규모 병력만 남겨두고 대다수 병력을 그를 공격하는 데 투입하기를 바랐다. 그러나 혹시 포위가 느슨해진 틈을 타서 수비대가 밀고 나와 남은 병력을 궤멸시킬까봐 두려웠다. 그러나 발리오니는 오렌지 공이 없는 동안 돌격대를 내보내지 않겠다고 언질함으로써 그가 애당초 계획대로 대규모 병력을 동원하여 페루치를 칠 수 있게 해주었다. 그 언질을 받은 오렌지 공은 페루치가 보유하고 있던 병력의 배가 넘는 병력을 이끌고 가서 그를 공격했다. 두 사람 간의 전투가 피렌체의 운명을 결정했다. 전투는 1530년 8월 3일 피스토이아 산지인 가비냐냐에서 벌어졌다. 피비린내 나는 교전 끝에 황제군이 승리를 거두었는데, 이는 서로 자웅을 가리던 용맹스런 지휘관들인 오렌지 공과 프란체스코 페루치가 모두 이 전투에서 죽었기 때문이다. 이 전투를 기점으로 피렌체는 과거의 헌법을 보존하고 도시를 시뇨리아(정부 회의)가 다스리되 황제를 이탈리아의 최고 권력으로 섬기고, 80,000플로린을 배상금으로 지불한다는 조건으로 항복했고, 교황은 그의 동족들을 "언제나 그랬듯이 애정과 관용으로" 대하기로 합의했다.[8]

그럼에도 불구하고 도시가 교황의 손에 들어가자마자 이 항복 조건은 휴지

---

7) 이들은 인카미치아타(incamiciata)라 불렸다. 콜로나의 군대가 모두 갑옷 위에 흰 셔츠를 입었기 때문이다.

8) Varchi.

조각이 되었다. 포위를 당하는 동안 정부를 용감히 이끌었던 프란체스코 카르두치와, 니콜로 데 라피(Niccolo de' Lapi), 프라 베네데토 다 포야노(Fra Benedetto da Fojano. 포위를 당하는 동안 설교 활동으로 시민들에게 용기를 불어넣은 수사), 그리고 그밖의 많은 사람들 — 이리어트(Yriarte)는 그 수가 천 명에 달했다고 한다 — 이 처형되었다.[9] 아울러 많은 지도급 시민들이 투옥되었다. 클레멘스는 피렌체인들이 심한 타격을 받은 상황에서 공화제를 폐지하고 알레산드로를 공작으로 세우는 작업을 단계적으로 서서히 이뤄가는 게 안전하다고 생각했다. 따라서 한동안 정부를 자신의 대표 바초 발로리(Baccio Valori)에게 맡기고, 시뇨리아는 존속하도록 허용하되 모든 권한은 발로리에게 집중되도록 했다. 발로리는 델라 시뇨리아 궁전에서 강력한 황제군의 보호를 받으며 지냈다. 이런 상태를 열 달간 지속된 뒤 클레멘스는 두번째 조치를 취하여 로마에서 알레산드로를 보내 발로리의 자리를 차지하게 했다. 그는 1531년 7월 5일 도착하여 메디치 궁전을 거처로 삼았다.

그러나 공화제가 폐지되었음을 선포하고 알레산드로를 피렌체의 유일한 군주로 공포하는 마지막 조치를 취하기 전에, 이런 독재를 뒷받침할 군대를 주둔시킬 요새가 필요했다. 따라서 당시에는 알레산드로를 그냥 '공화국 수장'이라고만 불렀고, 그동안 도시의 북쪽 성벽 중앙에 강력한 요새(현재의 '포르테차 다 바소')를 건축하기 위한 작업이 신속히 진행되었다.[10]

클레멘스 7세의 조상들은 종종 '독재'의 비판을 받는다. 그러나 그들은 요새가 필요하지 않았다. 그러나 이제 수립되려던 독재는 그것을 뒷받침할 요새 건축을 필수 조건으로 느꼈다. 그렇기 때문에 그 독재 통치는 요새가 준비될 때까지 연기되었다. 요새가 완공되어 알레산드로의 권위를 뒷받침하기 위해 황제에게 대여한 군대를 주둔시키자마자 세 번째이자 마지막 조치가 취해졌다.

---

9) 바르키는 프라 베네데토가 로마로 보내져 그곳에서 교황의 직접적인 명령으로 산 안젤로 성에서 잔인하게 굶어죽었다고 진술한다.

10) 대부분의 건축비는 필리포 스트로치가 대출했다. 당시에 항간에는 그가 이 일로 나중에 크게 후회하게 될 것이라는 예측이 나돌았다.

1532년 5월 1일, 알레산드로는 시뇨리아 의원들을 메디치 궁전으로 소집한 다음 황제의 조서를 그들 앞에서 낭독했다. 조서의 내용은 시뇨리아를 해산하고, 공화제를 폐지하며, 알레산드로 자신이 피렌체의 유일한 통치자가 된다는 것이었다. 동시에 델라 시뇨리아 궁전 정면의 링기에라(ringhiera)에서도 비슷한 내용이 선포되었고, 델라 시뇨리아 궁전은 이때부터 베키오 궁전으로 바뀌었다.

알레산드로는 아울러 베키오 궁전의 탑에 걸려 있던 큰 종 '라 바카'를 울리게 하여 남녀노소를 무론하고 수많은 피렌체인들이 모이게 한 다음, 그들의 뜻이 짓밟혀 산산조각 났다고 공포했다. 다반차티(Davanzati)는 당시에 쓴 일기에서 "시의회의 종은 우리가 더 이상 그 가슴벅찬 자유의 소리를 듣지 못하도록 우리에게서 탈취되었다"고 말한다.

이리하여 클레멘스는 마침내 20년 동안 주도면밀히 추구한 계획을 성취했다. 공작의 관을 왕관으로 바꾸는 과제는 아직 성취되지 않았으나, 그것을 성취하는 데는 불과 한 걸음밖에 남지 않았다. 외국 군대에게 점령당한 피렌체는 침묵 속에서 신음했다. 그러나 수면 밑으로는 적군이 도시를 정복한 방식과, 도시가 제시한 항복 조건이 고의적으로 파기된 것과, 지금 도시를 옥죄고 있는 증오스런 독재에 대해 분노가 부글부글 끓고 있었다.

미켈란젤로는 도시가 항복할 때 목숨을 부지하기 위해서 도피하여 한동안 숨어 살았다. 그러나 그의 재능은 썩히기에는 너무 아까웠기 때문에 클레멘스는 그가 레오 10세 때 설계된 신 성구실 내부의 가문 묘비들을 완공해 주기를 원했다. 따라서 그는 용서를 받고 그 작업에 착수하라는 명령을 받았다. 그가 어떤 심정으로 돌아와 매일 알레산드로의 지배에 굴욕을 느껴가며 그 작업을 했을지 넉넉히 짐작할 수 있다. 젊었을 때 위대한 자 로렌초 밑에서 누렸던 행복한 나날들에 대한 추억과, 현재 비참한 지경에 떨어진 피렌체의 처지로 인한 좌절이 이 묘비들을 제작하는 동안 그의 영혼을 얼마나 무겁게 짓눌렀는지 그의 작품에서 고스란히 볼 수 있다.

미켈란젤로가 이 "낮"과 "밤", "저녁"과 "새벽"이라는 상(像)들에서 과연 무슨 사상을 전하려 했는지는 당대의 역사와 그 자신이 남긴 말과 관련지어 연구하면 그 의미가 불명확하다는 몇몇 사람들의 주장은 근거를 잃는다.[11] 그 위대한 조각가는 나라가 파멸되고, 온갖 학대가 자행되고, 알레산드로의 '치욕스런' 통치가 시행되는 상황에서 이루 말할 수 없는 처참한 심정을 품은 채 그 작업을 했다. 그 상들은 한때 피렌체가 처했던 '낮'과 이제 피렌체에 임한 칠흑 같은 '밤'을 가리키는데, 혹자는 이 밤이 너무 깊어 미켈란젤로가 '새벽'이 오지 않으리라고 절망했다고 생각한다. 미켈란젤로가 이 묘비들을 완성하지 않았는데, 그 이유는 어떤 예술적 이유 때문이 아니라(어떤 사람들이 상상과 달리), 그것들이 완성되기 전인 1534년에 클레멘스가 죽자 독재자 알레산드로의 증오가 두려워 재빨리 피렌체를 도망쳤기 때문이었다.

**독일.** 1530년에 이르면 카를 5세가 모든 방면에서 승리를 거두었다. 스페인은 속국으로 전락했다. 프랑스는 그 세기의 가장 큰 패배를 당했다. 교황은 모든 세속 권력을 박탈당했다. 이탈리아 전역에서 카를의 수위권이 완료되었다. 그러는 동안 그의 동생 페르디난트는 헝가리와 보헤미아 양국의 왕관을 얻었다. 그러나 독일에서는 종교로 인한 분쟁이 심각한 내전으로 비화할 위기에 처해 있었다. 1530년 카를은 그 불화를 치유할 방법을 타개하기 위해서 아우크스부르크에서 제국 의회를 소집했다. 이 의회에서 멜란히톤(Melanchthon)은 이제 최초로 '프로테스탄트'라 불린 루터파에게 구심점이 된 신조(信條)를 제출했다. 이 의회에서는 모든 대립 파벌들이 합의점을 찾기 위해 온갖 노력을 기울였으며, 카를은 한때 이 노력이 성공을 거두는 게 아닌가 하고 기대하기도 했다. 그러나 프로테스탄트 교도들은 조금도 양보하지 않으려 했고, 많은 논쟁 끝에 그들은 표결에서 패하였으며, 의회는 그들의 견해를 크게 단죄하는 법령을 통과시켰다.

그 결과 독일의 프로테스탄트 제후들(프랑수아와 헨리가 황제를 골탕먹이

---

11) 미켈란젤로는 "밤"이라는 조각상에 관해서 이렇게 썼다:
　"오욕과 회한을 잊고
　돌 속에서 잠들었으면.
　들을 수도 볼 수도 없는 행복한 순간이 왔으면.
　아, 그때는 나를 깨우지 말라! 쉿! 나직한 소리로만!

기 위해서 비밀리에 지원하던)은 상호 방위를 위해 슈말칼덴 동맹을 결성했다. 그러나 헝가리에 대한 투르크족의 침공이 위험 수위에 이르자 카를은 그들을 막기 위해서 많은 노력을 기울인 끝에 1532년 7월 라티스본 의회에서 종교에 관한 논쟁을 잠시 중단하게끔 만들었다. 카를의 제의에 대해 프로테스탄트 제후들은 투르크족을 막기 위해 그와 함께 진군하기로 합의했다. 그에 따라 1532년 8월 카를은 대군을 거느리고 투르크족 술탄 솔리만(Solyman)을 치러 갔다. 이 대군을 보고 놀란 솔리만은 전투 한 번 변변히 치르지 못한 채 황급히 철수하여 헝가리와 크로아티아를 공백으로 남겨 놓았다. 이렇게 하여 헝가리를 구출한 황제는 거기서 돌아와 이탈리아를 통과하여 스페인으로 갔다. 그는 로마로 갈 마음이 없었으므로 클레멘스에게 볼로냐로 와서 자기를 영접하도록 명령했다. 교황이 피렌체를 관통하는 주요로를 감히 사용하지 못하는 까닭에 볼로냐로 가려면 험하고 어려운 여행을 감수해야 하는 것을 아랑곳하지 않고 말이다.

그들은 1532년 12월 볼로냐에서 만났다. 그것은 두 사람 사이에서 이루어진 두 번째 회담이었다. 이 회담에서 클레멘스는 카를이 자기에게 짊어 지워 준 멍에를 한층 더 뼈아프게 느끼게 되었다. 카를은 자신이 헝가리에 가고 없는 동안 클레멘스가 다시 프랑수아와 교섭을 벌이고, 자신의 모든 행보를 저지시키려 한다는 것을 알았던 것이다. 그러나 이에 대해서 클레멘스는 황제를 좌절시킬 계획을 구상해 두고 있었다. 그가 프랑수아와 비밀리에 맺은 계약(그리고 그 안에는 밀라노 공격을 위한 구체적인 계획이 담겨 있었다)은 클레멘스가 이 회담에서 카를과 어떤 합의를 하든 프랑수아의 밀라노 공격 의지는 훼손당하지 않게끔 되어 있었다.

**영국.** 거의 6년 동안 클레멘스는 다양한 계략을 써서 헨리 8세가 왕비이자 카를의 어머니 요안나의 자매인 아라곤의 캐서린(카타리나)과의 이혼 문제로 궁지에서 빠져나오지 못하도록 묶어 두었다. 클레멘스는 카를에 대한 특수한 입장 때문에 헨리의 귀중한 지원을 될 수 있는 대로 오래 받고 싶어했다. 동시에 만약 둘 중에 하나를 택하라면 상대의 감정을 감히 자극할 수 없던 쪽은 카를이었다. 게다가 카를의 세력이 해를 거듭할수록 더 강해짐에 따라 클레멘스가 조만간 그 선택을 내려 아무리 피하고 싶어도 어쩔 수 없이 헨리와 결별하게 되리라는 것이 더욱더 분명해졌다. 마침내 1532년 헨리는 더 이상 기다리지 않기로 했다.[12] 그는 먼저 영국 의회로 하여금 교황에게 내던 초년도 수입세를 폐지하는 법안을 통과시키게 하여 클레멘스에게 자신의 의지를 주지시켰다. 그 법을 보류할 권한은 왕의 손에 있었다. 그는 그 법을 쥐고서 교황이 자기 의지를 어떻게 받아들일 것인가를 예의주시했다.

이것으로 바라던 효과를 거두지 못하자, 헨리는 그 다음 프랑수아와 손잡고 황제에 대항하는 동맹을 결성하여 클레멘스에게 자신과 카를 사이에 양자택일을 하도록 압력을 가하였다. 이에 대해서 카를은 1532년 12월 클레멘스를 볼로냐로 불러놓고 아주 분명한 어조로 그가 자신을 거스르면 가만히 놔두지 않겠다는 것과, 헨리를 버리고 그의 이혼에 동의해 주지 말 것을 주지시켰다. 그러나 카를이 클레멘스에게 더욱 예속감을 느끼게 하면 할수록 카를에 대한 클레멘스의 우정은 갈수록 사라졌는데, 이런 심상은 조만간 그가 이 멍에를 벗어던지는 데 도움이 된다. 따라서 그는 여전히 좌절하지 않고서 어떤 수를 내서 헨리와의 전적인 결별을 피하기 위해 은밀히 노력했다. 1533년 1월 25일 헨리는 비밀리에 앤 볼린(Anne Boleyn)과 결혼했다. 2월에 클레멘스는 이 결혼 사실을 알지 못하고 헨리의 요청대로 토머스 크랜머를 캔터베리 대주교로 임명하는 칙서를 보냈다.

5월에 헨리가 아라곤의 캐서린과 한 결혼이 합법한가의 여부를 놓고 대주교 법정에서 재판이 벌어졌다. 캔터베리와 요크 양 대주교구의 주교회의들과 해외의 여러 대학교들, 그리고 당대의 수많은 대표적인 교회법학자들은 그 결혼이 처음부터 무효라는 견해를 제시해 놓은 데 힘입어 5월 23일 대주교는 그 결혼을 무효라고 선언하고 사흘 뒤 앤 볼린과의 결혼을 인준했다. 그러나

---

12) 헨리가 자신과 캐서린의 결혼이 불법이었다고 주장할 때 내세운 근거들과 그것에 대한 찬반 양론은 이 역사와 관계가 없으며, 영국의 역사에 놓고서 다루어야 한다. 비록 그것을 가리켜 이혼이라고 표현은 했어도 헨리가 교황에게 얻어내려고 했던 것은 전문적으로 말해서 이혼이 아니라 결혼 무효 선언이었다.

이 일조차 아직 클레멘스와 헨리의 관계를 단절시키지는 않았다. 프랑수아는 헨리의 절친한 동맹자였고, 따라서 클레멘스는 프랑수아가 헨리로 하여금 교황과 결별하지 못하도록 설득해 주기를 바랐다. 클레멘스는 얼르기도 하고 협박하기도 했지만, 기질이 변덕스러운 헨리가 앤 볼린에게 권태를 느낄 때 본부인을 도로 취하도록 설득하게 되기를 바라고서 파문이라는 최종적인 벼락을 일 년 이상 유예했다.

클레멘스는 피렌체에 대한 구상은 다 성취했으나, 자신의 지위가 조금도 향상되지 않았다는 것을 발견했다. 황제가 여전히 자신에게 족쇄를 채우고 있었고, 그 족쇄는 프랑수아가 이탈리아 정세에 간섭을 중단한 뒤로부터 더욱 견고해졌다. 그렇게 프랑수아로부터 지원이 단절되어 있는 동안 클레멘스는 자신이 이제 카를에 의해서 헨리와도 갈라지도록 강요를 받고 있다고 느꼈다. 그렇게 되면 그는 전보다 더 황제의 노예가 될 것이었다.

그러므로 클레멘스는 온 힘을 기울여 마지막 반기를 들었다. 1532년 후반에 그는 비밀리에 사실상의 결혼 동맹으로 프랑수아와 그를 묶어줄 계약을 프랑수아와 맺었다. 이것은 다름 아닌 메디치가의 상속녀로서 당시 열네 살이던 카테리나를 프랑수아의 차남으로서 당시 열여섯살이던 오를레앙의 공작 앙리와 결혼시키자는 내용이었다. 클레멘스가 이 제안에 덧붙여 프랑수아에게 던진 미끼는 카테리나가 막대한 결혼 지참금을 가지고 간다는 것과, 클레멘스 측에서 프랑스 왕이 밀라노를 다시 차지하는 일을 지원하겠다는 것이었다. 이 계약을 프랑수아와 비밀리에 체결한 클레멘스는 1532년 12월 카를과 회담을 갖기 위해 볼로냐로 갔다. 그곳에서 회담을 벌이는 과정에서 클레멘스는 황제에게 프랑수아와 그 결혼 문제로나 다른 문제로 대화한 사실을 철저히 감추고는 그의 조언을 구하는 척하면서 그 결혼에 대한 생각을 넌지시 비쳤다. 카를은 프랑수아가 밀라노를 다시 차지할 계획을 세우고 있는 줄을 알고 있었고, 그런 노력에 버팀목이 되어 줄 수 있는 그와 클레멘스의 우호 관계를 막기 위해 각별히 주의하고 있었고, 프랑수아가 그런 강혼(降婚)에 한순간이라도 동의하지 않을 것이라고 믿었기 때문에 클레멘스에게 서로 간에 악감정을 일으킬 만한 제안을 하도록 조언했다. 그렇게 하면 프랑수아에게 퇴짜를 맞을 것이라고 생각하고서 말이다.

그런 뒤 카를에게 당혹스럽고 불쾌하게도 교황은 그 일을 신속하게 실행에 옮겼다. 황제가 스페인으로 떠난 사이 클레멘스는 될 수 있는 대로 신속하게 모든 준비를 했다. 1533년 10월 그 결혼은 클레멘스가 직접 주례하고 프랑수아도 참석한 가운데 치러졌다. 이 결혼의 조건 중 하나로 비밀리에 합의된 사항은 프랑수아가 교황의 지원을 받아 밀라노를 차지하면 그 공국을 카테리나의 남편 앙리에게 준다는 것이었는데, 클레멘스는 자기 가문의 한 사람은 피렌체를 차지하고, 다른 한 사람은 밀라노를 차지하는 것을 봄으로써 야심을 만족시키고 싶었던 것이다. 그리고는 12월에 로마로 돌아왔다. 가문을 위해 그런 유리한 결혼을 성사시킨 데다 그토록 오랫동안 자신을 구속해 왔으나 이제 이 결혼에 장애를 줄 만한 아무런 군대도 남겨두지 않고 떠난 카를을 꾀로 이긴 것을 생각하고 — 자신의 꾀로 카를로 하여금 사실상 그 결혼을 제안하도록 권하게 만듦으로써 — 남몰래 잔뜩 만족감을 품고서 말이다.

그러나 클레멘스는 마냥 만족감에 젖어 지낼 형편이 못 되었다. 다섯 달이 못 가서 또다른 방향에서 그의 인생 후반을 이전보다 더 참담하게 만든 문제들이 그를 압박했다. 과거에는 일개의 왕과 개인적인 투쟁을 벌였지만, 이제는 서쪽에서 훨씬 더 광범위한 차원에서 전운이 감돌이 시작했다. 클레멘스의 생애 마지막 여섯 달 동안 영국에서는 교황청과의 관계에서 다른 모든 사건들을 배후로 밀어낼 만큼 중요한 사건들이 잇달아 발생했다. 영국에는 독일처럼 아무리 세력이 강하더라도 교황에 대해 반기를 들 만한 일정한 수의 개인들이 없었지만, 국가 교회 전체가 교황의 수위권을 전면 부정하고, 국가가 교황의 권위에 순종하는 것을 금지하는 법을 제정하는 동안, 왕은 이런 행위들을 규제하는 대신 뒤에서 사주하고 있었던 것이다. 게다가 이 나라는 지금까지 교황청에 가장 큰 지원을 제공해 온 나라이기도 했다. 만약 한두 나라가 더 이와 같은 방식으로 행동한다면 교황청에는 더 이상 싸워 지킬 만한 것이 남지 않게 될 것이었다.

1534년 3월 영국 교회와 의회는 각각 교황의 수위권을 부정했는데, 영국 교회 주교회의는 교황의 수위권이 보편 교회의 원칙들에 위배되고, 교회사 첫 여섯 세기 동안 존재하지 않던 혁신이라는 이유로 배척하고,[13] "교황이 이 영국 왕국에서는 외국의 다른 주교를 능가하는 관할권을 갖지 못한다"고 공포했으며, 영국 의회는 교황을 대역죄로 고소하는 법안을 통과시켰다. 이처럼 영국 교회가 교황의 수위권을 배척한 사건은 헨리와 교황간의 실질적인 관계 단절이 있기 전에 발생했다. 두 사람간의 관계 단절은 4달 뒤, 그러니까 1534년 7월에 교황이 헨리에 대해서 아라곤의 캐서린을 도로 취하고 앤 볼린을 버리지 않으면 파문을 내리겠다고 선포했을 때 발생했다. 클레멘스는 이렇게 자신과 헨리 사이의 균열을 아직은 피할 수 있다는 기대를 가지고 빠져나갈 구멍을 만들어 놓았다. 그러나 헨리는 이렇게 하기를 거부함으로써 균열은 기정 사실이 되었다.[14] 이렇게 하여 헨리가 교황에 대해 개인적으로 벌인 투쟁은 심지어 한 왕이 파문을 당하는 것보다 더 큰 결과들을 초래했고, 영국 교회가 5세기 동안 부당하게 부과되어 온 교황의 수위권을 떨쳐 버릴 수 있게 해주었다.

헨리 8세에 대한 파문령은 클레멘스 8세가 자신의 생애에서 마지막으로 취한 공적 행위였다. 그는 그 뒤 두 달이 채 못된 1534년 9월 25일에 쉰여섯 살의 나이로 죽었다.[15] 그는 여태껏 교황청에 불어닥친 태풍 중 가장 강력한 태풍에 휘말린 채 생애를 마감했다. 그가 죽었을 때 그의 이름은 모든 나라에서 욕을 먹었고, 그의 죽음을 안됐다고 말하는 사람은 하나도 없었다. 북부 나라들이 어떻게 느끼든 간에 적어도 그가 그토록 힘껏 싸워준 교황령의 수도에서만큼은 그를 존경하는 분위기가 어느 정도 있지 않았을까 생각해 볼 수 있지만, 실은 그렇지 않았다. 교황이 죽고 세 주가 지난 뒤 그레고리 다 카세

---

13) 세월이 흐르면서 교리 쟁점들에 대해 동일한 분석이 가해졌고, 그 결과 처음 여섯 세기를 기준한 검증을 버티지 못한 교리들이 하나 둘씩 삭제되었다.

14) 클레멘스 7세가 아라곤의 캐서린과의 결혼을 무효화해 달라는 헨리의 요구를 거부한 것은 종교적 이유 때문이 아니라 자신을 압박하는 카를 5세에 대한 두려움 때문이었다. 1532년 카를 5세와 볼로냐에서 회동했을 때 그에게서 협박을 받음으로써 그 두려움은 한층 더 커졌다.

15) 이상하게도 클레멘스 7세가 죽었을 때 평소와는 다르게 그 죽음이 독살로 인한 것이었다는 소문이 하나도 떠돌지 않았다.

일(Gregory da Casale)이라는 어느 로마 가톨릭교도가 노퍽의 공작에게 보낸 편지에는 다음과 같이 적혀 있다:

> "로마는 너무나 기뻐했다. 교황의 주검 앞에서 모든 사람들이 극도의 혐오감을 표시했다. 그것도 모자라 밤마다 그의 묘가 습격당하는 사건이 발생했다. 한 번은 묘가 완전히 파헤쳐지고 시신이 칼에 찔린 채 발견되기도 했다. 만약 추기경 데 메디치(이폴리토)에 대한 존경심만 없었다면 그의 시신은 갈고리에 꿰인 채 거리로 질질 끌려다녔을 것이다. 밤마다 그의 묘가 훼손되고 온갖 오물 세례를 받았기 때문에 마침내 무장 군인들이 그의 묘를 지키지 않으면 안 되었다."

이로써 클레멘스 7세의 생애는 막을 내렸다. 그는 비열한 목표를 세우고 전혀 양심의 가책 없이 그 목표를 추진함으로써 자기 가문과 피렌체와 이탈리아와 교황청에 이루 말할 수 없는 해악을 끼쳤다.[16] 그는 유럽 절반을 교황청에서 떨어져 나가게 만들었고, 로마 시를 폐허로 만들었고, 자기 가문의 이름을 한때 존경을 받던 곳에서 미움을 받게 만들었으며, "밀라노에서 나폴리에 이르기까지 이탈리아를 피와 눈물로 개천을 이룬 살육장으로 만들었다."

얼른 보면 클레멘스 7세의 교황 재위는 수수께끼와 같다. 유난히 유능했던 가문 중 대단히 명민했던 일원으로서, 큰 칭송을 받았던 레오 10세의 재위 기간 내내 교황청을 주도한 브레인이었던 그는 정작 자신의 재위 기간에는 대부분 실패로 끝난 계획들을 끊임없이 추진하고 이루 말할 수 없는 고통과 모욕과 손실을 당했는데, 모두 뚜렷한 필요도 없이 벌인 일들이었고, 그의 재위를 역사상 가장 비참한 기간으로 만들었다.

그러나 이 수수께끼를 푸는 열쇠와 이 파란만장한 11년 역사 전체를 이해하는 실마리는 로마 주재 베네치아 대사 안토니오 수리아노(Antonio Suriano)가

---

16) "종교개혁이 로마에 대한 적대적인 운동으로서 성공을 거둘 수 있었던 것은 누구보다도 그 덕분이었다"(*The Cambridge Modern History*, vol. ii).

남긴 보고서에서 찾아볼 수 있다. 그는 클레멘스가 죽은 직후에 본국 정부에 대해서 그의 모든 행위의 유일한 동기이자 달리는 이해할 수 없는 행위의 열쇠를 설명하는 편지를 보냈다. 그 한 가지 동기는 총공의회 개최를 막기 위한 노력이었다. 수리아노는 본국 정부에 이 점을 입증하기 위해 두 통의 긴 보고서를 작성하면서, 클레멘스가 이 한 가지 목적을 위해서 감내하고자 했던 여러 가지 일들을 상술한다. 그 과정에서 클레멘스가 공의회에 대해서 가졌던 두려움이 비굴한 공포와 다름없었다고 진술한다.

첫 번째 보고서에서 수리아노는 클레멘스가 이 지나친 공포에 떠밀려 아주 엉뚱한 노선의 행동을 취한 여러 사례들을 길게 지적한 다음 이렇게 진술한다: "총공의회에 대한 이러한 압도적인 두려움이, 그리고 이 두려움만이 교황으로 하여금 황제에게 받은 숱한 굴욕적 대접과 특히 절대로 잊을 수 없는 로마 약탈에 대한 적개심을 감추도록 만들었다. 카를의 비위를 맞춰 공의회가 열리지 않는다는 소망이 있는 한 그 모든 것을 비록 잊지는 않았더라도 침묵하며 참았다. 따라서 황제가 공의회 소집을 단호히 요청했을 때 비로소 클레멘스는 프랑수아가 그것을 저해할 것이라고 기대하여 다시금 그에게 기대기 시작했다." 수리아노는 클레멘스가 "심지어 자기 앞에서 그 단어조차 언급하는 것을 용납하려들지 않았다"고 진술하면서, 그가 그것을 두려워했던 여러 설득력 있는 이유들을 상세히 제시한다.[17]

두 번째 보고서에서 베네치아 대사는 클레멘스의 정책 전모를 능숙하게 개관하면서, 그의 다양한 구도들에 면면히 흐르는 유일한 동기는 바로 이것이었다고 다시금 지적한다.

"바로 이 이유 때문에 볼로냐에서 황제와 회담을 했고, 성하(聖下)와 폐하(陛下) 간의 동맹이 이루어졌고, 바로 이 이유 때문에 그 잔혹하고 치욕스런 피

---

17) 랑케가 인용한 사례는 이 점에 관해서 많은 내용을 전해 주며, 비단 클레멘스뿐 아니라 방대한 교황청 체제에 몸을 담은 모든 사람들이 총공의회라는 단어 자체마저 두려워했음을 보여 준다. 그가 인용하는 저자는 어느 대주교에게 보낸 편지에서 이렇게 말한다: "총공의회가 열릴 가능성이 있다는 소문조차 로마의 모든 관직 가격을 크게 하락시켰기 때문에 관직을 내놓아도 돈을 받을 수 없었다."

렌체 공격과 정복이 이루어졌고, 바로 이 이유 때문에 황제의 딸 마가레트와 악명높은 알레산드로의 결혼이 이루어졌으며, 이 이유 때문에 '공작의 딸'[18]과 프랑스 왕의 딸의 결혼이 이루어졌습니다 … 또한 추기경 이폴리토 데 메디치가 헝가리에서 체포되었을 때 교황이 모멸감을 느끼고 그 사건을 크게 슬퍼했으면서도 조금도 그런 내색을 하지 않은 것도 똑같은 이유 때문이었습니다. 클레멘스는 어떠한 상황에서도 황제와 분쟁할 수 없었습니다. 왜냐하면 성하께서는 황제와의 우호 관계가 그토록 두려워하던 공의회를 막아 준다고 생각했기 때문이었습니다.

"바로 이런 이유에서 성하께서는 내키는 대로 자신을 지배하고 끌고가던 황제에 대한 사랑이 조금도 없으면서도 황제가 무슨 결정을 하든 그것이 내키지 않아도 어쩔 수 없이 싫어하는 내색 한 번 못한 채 동의했습니다. 이 모든 게 다 공의회를 두려워한 데서 비롯되었습니다. 그러므로 황제가, 그리고 그보다 한층 더 공의회에 대한 두려움이 그를 꽉 사로잡고 있던 이런 고통스런 상황, 사실상 노예 상태라고 할 만한 상황을 자각하고서, 그는 매우 기독교적인 왕(프랑수아 1세)에게 더욱 동정을 얻을 만한 모습을 보이기 시작했습니다. 공작 딸의 결혼은 그런 이유에서 계획한 것입니다. 성하의 생각은 자기 조카딸을 프랑스 왕의 아들과 결혼시킴으로써 자기 가문과 자기 자신의 문제, 특히 그토록 두려워하던 공의회 문제를 뒷받침할 두 개의 기둥을 놓는 데 있었습니다. 이런 방법으로 종교적 분쟁을 어느 정도 가라앉힐 수 있고, 적어도 두려운 공의회를 피할 수 있다는 기대가 그에게 있었던 것입니다."

그리고 나서 수리아노는 다음과 같은 말로 결론을 맺는다:

"그러므로 각하께서는 클레멘스가 공의회를 피하기 위해 동원할 수 있는

---

18) 카테리나는 로마에서 항상 '공작의 딸'이라 불렸다. 아버지가 한때 우르비노의 공작이었기 때문이다. 클레멘스가 카테리나를 부를 때 그 표현을 사용했던 것은 하드리아누스 6세가 그 공국을 합법적인 공작에게 반환했을 때 마지못해 그 조치에 순응했을지라도 속마음은 그렇지 않았음을 보여 준다.

모든 방법을 다 사용했고, 공의회에 대한 두려움이 그것 때문에 황제와 다른 사람들과의 우정과, 마지막으로 자신의 생명을 잃어버릴 정도까지 성하의 마음을 괴롭혔다고 자신있게 판단해도 좋으실 것입니다."

여기에 영국과의 관계 단절을 덧붙일 수 있다. 클레멘스는, 만약 카를 5세가 자기 이모의 이혼을 교황이 동의하면 총공의회를 소집하겠다고 분명한 어조로 협박하지 않았다면 헨리와의 결별은 생각조차 하지 않았을 것이기 때문이다. 그러나 여기서 더 깊이 들여다봐야 할 점이 있다. 이상하게도 이 점은 아무도 눈치 채지 못한 채 그냥 지나쳤다. 세월의 긴 두루마리를 다시 풀어 살펴보면 이 모든 것이 한 단어로 보복을 뜻한다는 것을 알게 된다. 카노사에서 굴욕을 당했던 황제가 마지막에는 보복을 했듯이, 4세기 반이 지난 뒤 유럽인들의 기억에 남은 그 곳에서 공연된 무대대신, 이제는 역할이 뒤바뀌어 황제 하인리히 4세의 계승자가 교황 그레고리우스 7세의 계승자를 자기 앞에서 벌벌 떠는 비굴한 노예로 만들고, 교황권을 완전히 자기 마음대로 자신의 요청에 따라서만 발휘되도록 한 것을 보게 된다.

# 제18장

# 이폴리토, 알레산드로, 마가레트

1530-1537

클레멘스가 죽을 때까지 그의 역사를 살펴보는 동안, 그 가문의 어린 구성원들은 형편상 그냥 지나쳤다. 이들은 클레멘스의 생애 마지막 몇 년 동안 메디치가의 이야기에서 저마다 제 역할을 하기 시작했다.

등장 인물은 넷으로 구성된다. 둘은 청년이고 둘은 소녀인데, 그 중 셋은 원래 그 가문 사람이고, 네 번째 인물은 결혼을 통해 그 가문에 들어왔다. 이들은 1530-1537년에 해당하는 무대에서 상당한 역할을 맡는다. 두 청년은 일찍 죽는 운명을 맞게 되고, 두 소녀는 오래 살면서 역사에서 중요한 자리를 차지하게 된다.[1] 이들의 이름을 열거하자면 우선 줄리아노(네무르의 공작)의 아들 이폴리토, 앞에서 언급했듯이 부모가 누구인지 모호한 알레산드로, 로렌초(우르비노의 공작)의 외동딸 카테리나, 그리고 15살에 알레산드로의 아내가 된 황제 카를 5세의 딸 마가레트이다. 이폴리토는 넷 중 연장자이므로 맨 처음 다룬다. 반면에 카테리나는 아주 중요한 인물이므로 별도로 다룬다.

큰 존경을 받던 줄리아노(네무르의 공작)의 아들 이폴리토는 그 자신의 매력

---

1) 이폴리토와 알레산드로는 모두 스물여섯살에 죽었다. 카테리나는 일흔살까지 살았고, 마가레트는 예순다섯살까지 살았다.

적인 인품뿐 아니라 그 역사의 비애 때문에도 우리의 눈길을 끈다. 1509년에 태어나 불과 일곱살에 아버지를 여읜 그는 삼촌인 교황 레오 10세 밑에서 자랐다.[2] 그를 무척 좋아한 레오는 그의 교육 과정을 주의깊게 지켜보면서 그가 어릴 적부터 보인 재능을 보고 흐뭇해했다. 그러나 레오는 이폴리토가 열두 살밖에 되지 않았을 때 죽었다.

앞에서 살펴봤듯이 그는 열다섯 살 때 교황 클레멘스 7세의 지시로 로마에서 피렌체로 이주하여 정부의 각료가 되었으며, 나이가 차면 아버지가 차지했던 피렌체의 통치자 자리를 계승할 것이라는 게 모든 사람의 한결같은 예상이었다. 그는 마지막 3년간 알레산드로와 아기 카테리나과 함께 추기경 파세리니의 후견하에 피렌체 메디치 궁전에서 살다가 열여덟 살 때 그 가문의 세 번째 추방이 발생했다. 그 뒤 이폴리토는 한동안 유랑자가 되었으나, 1528년 말에 교황 클레멘스가 로마로 돌아갔을 때 이폴리토도 그곳으로 돌아갔다.

이폴리토는 이 무렵 스무 살의 준수하고 예의바르고 천성이 좋고 훌륭한 교육을 받고 재능이 많고 모든 사람에게 호감을 사던 젊은이였다. 바르키(Varchi)는 그가 "모든 방면에 재능이 있었고, 성격이 쾌활하고 붙임성 있었으며, 전술이나 문학이나 문예에 밝은 사람에게는 매우 후했다"고 말한다. 아울러 당대의 저자들이 한결같이 말하는 대로, 그에게는 귀족다운 당당함이 있었다.

1529년 말경 클레멘스 7세는 피렌체의 장래 통치자로 이폴리토 대신 알레산드로를 앉히려는 계획을 세우기 시작했다. 이 계획은 이폴리토가 그 지위에 뚜렷한 자질을 보인 데 반해 알레산드로는 무학하고 사악하고 모든 사람이 싫어하여서 그 지위에 분명히 적합하지 않았다는 점에서 더 용납할 수 없었다. 클레멘스는 1529년 12월 볼로냐에서 카를 5세와 함께 비밀 조약을 맺을 때를 기점으로 이 계획을 은밀히 추진하기 시작했는데, 그 조약의 셋째와 넷째 조항은 이 계획을 염두에 두고 마련되었다. 그러나 이런 의도는 먼저 피렌체를 정복하고 이폴리토를 폐위할 때까지 황제를 제외한 모든 사람에게 비

---

2) 그의 어머니는 우르비노의 귀부인 파치피카 브란다노였다.

밀에 부쳐졌다.

1531년 봄, 피렌체 공격이 끝났으나 교황의 의도가 아직 노골적으로 드러나지 않은 상태에서 이폴리토, 알레산드로, 카테리나가 로마에 한자리에 모였을 때, 이폴리토의 나이는 스물두 살이었고 카테리나는 열두 살이었다. 그때 몇몇 사람들은 이 둘을 결혼시키자는 생각을 갖고 있었다. 그러나 그들의 공동 후견자인 교황 클레멘스는 두 사람에 대해서 각각 다른 계획을 갖고 있었다. 카테리나는 황제에게 예속되는 것을 막아줄 프랑스 왕과의 동맹을 얻어내기 위한 미끼로 사용할 속셈이었다. 한편 클레멘스는 이폴리토가 아닌 알레산드로를 피렌체 공작으로 앉히려는 나름대로의 이유를 갖고 있었다. 따라서 1531년 초에 피렌체의 국사를 발로리의 임시 정부에게 맡겨 놓은 동안, 클레멘스는 이폴리토가 피렌체 공작이 되거나 카테리나와 결혼하는 것이 불가능하도록 만반의 조치를 취해 놓았다.

이폴리토의 천성은 군인쪽에 가까웠다. 소년기와 청소년기에 성직자들의 행동과 사고 방식을 대부분 접해본 그는 성직자 생활과 관련된 모든 것을 싫어했다. 그러나 가문의 이 어린 자제들을 장기판의 졸처럼 다루고 자기 말에 고분고분하도록 강요하는 수없는 비결을 갖고 있던 클레멘스는 이제 이폴리토에게 추기경의 지위를 내림으로써 그에 대한 자신의 계획을 실행에 옮겼다. 이폴리토는 그 지위를 한사코 거절했지만, 결국 복종할 수밖에 없었다(비록 추기경 복장을 하지 않아도 될 때는 절대로 그 복장을 하지 않았지만). 클레멘스는 그를 멀리 떨어뜨려 놓기 위해서 정치적 임무를 부여한 뒤 헝가리로 보냈다. 그리고는 알레산드로를 피렌체로 보냈고, 알레산드로는 그 곳에서 7월에 공화국 수장으로 선포되었다. 열 달 뒤 이폴리토가 아직 헝가리에 가 있는 동안 공화제가 철폐되고 알레산드로는 피렌체 공작으로 선포되었다(1532년 5월).

———

스무 살에 피렌체의 절대 군주로 임명된 알레산드로는 본성에 내재된 온갖 악을 드러냈다. 피렌체에는 공작의 관(the ducal coronet)이 사용된 경우가 딱

한 번밖에 없다.[3] 보르고 오니산티 거리에 있는 오니산티 수도원으로 들어가는 문 위에 새겨진 알레산드로의 이름 위에 그것이 얹혀져 있다. 피렌체는 자신이 예속되었던 것을 뜻하는 그 상징을 혐오스런 시선으로 쳐다볼 쓰라린 이유가 있었다. 알레산드로가 공작으로 즉위한 뒤 피렌체 역사에서 가장 치욕스런 5년이 뒤따랐다. 이 비열하고 악한 젊은이가 절대 권력의 자리에 오른 것은 인류에게 그런 상황하에서 인간 본성이 어떤 행동을 할 수 있는가를 여실히 보여 주었다. 그에게 맹목적인 찬사를 보낸 체케렐리(Cecheregli)는 그의 책 「활동과 감정」(Attione et Sentenze)에서 그가 기지와 지혜, 훌륭한 정의심, 그리고 솔로몬에 버금가는 판단력을 갖추었다고 칭송했다. 그러나 설혹 그랬을지라도 그런 생각을 송두리째 지워 버릴 만한 다른 악덕들을 갖고 있었다. 당대의 어느 사가는 그를 가리켜 "로마의 암흑기조차 더 더럽힐 만한 인간"이라고 부른다. 반면에 다른 이는 그를 가리켜 "들짐승만큼이나 인간 이성으로 통제할 수 없던 무절제한 인간"으로 묘사한다. 아무리 가까운 사람이라도 살해하는 사람이었으므로 아무도 감히 그를 거스르거나 그의 뜻을 거부할 엄두를 내지 못했다. 트롤로프(Trollope)는 이렇게 말한다:

"피렌체 미술관 벽에 걸려 있는 이 철면피 젊은이의 초상화는 전형적으로 저급한 인물의 모습을 보여 준다. 작고 찌푸린 표정, 좁은 이마, 비열한 표정은 어느 모로 보나 메디치가 사람다운 구석이 보이지 않는다. 메디치가 사람들은 언제나 지적인 이미지를 지녔던 것이다[4] … 그의 생애는 술잔치의 연속이었다. 그의 무법한 의지를 시중든 자들은 불한당들 가운데서 뽑아낸 깡패들이었다 … 이런 자들이 관료 자리를 꿰찼을 뿐 아니라 그와 함께 쾌락을 추구했다. 이들은 피렌체 귀족들 가운데 젊고 부유하고 아름다운 자들과도 어울려 지냈다."

---

3) 대공들이 쓰는 면류관과 구분되는.
4) 로렌치노는 자신을 변호하는 중에 알레산드로의 혈관에 메디치가의 피가 조금도 흐르지 않는다고 말했다. 그는 클레멘스 7세가 알레산드로를 자기 아들로 믿었으나 실은 그렇지 않았다고 진술했다.

그런 통치로 인한 혐오와 분개가 피렌체에 파다했다거나, 3년 뒤 그런 파렴치한 봉신(封臣)을 제거해 달라는 상소가 황제에게 제출되었다는 것은 조금도 놀라운 일이 아니다. 오히려 놀라운 것은 그 도시가 그런 폭군 밑에서 그토록 오랫동안 참으면서, 6년째가 아닌 첫해에 그를 살해하지 않았다는 점이다. 만약 다른 도시들도 똑같은 일을 겪었다고 가정하더라도, 그 경험은 피렌체에게 더욱 가혹한 것이었다. 피렌체는 전제 군주의 지배를 받아본 적이 없었기 때문이다.[5] 그 경험은 한동안 피렌체의 영혼마저 죽였다.[6]

1533년 봄 알레산드로가 피렌체 공작이 된 지 1년 가량 되었을 때 메디치가의 네 번째 구성원으로서 당시 열두 살의 예쁘고 귀여운 소녀이자, 클레멘스가 황제와 맺은 계약에 따라 알레산드로와 약혼한 마가레트는 나폴리로 가는 길에 피렌체에 들렀다. 1521년 플랑드르에서 태어난 마가레트는 두 아주머니—오스트리아의 마가레트와 헝가리의 마리아—의 손에 길리움 받았고, 이제 황제인 아버지의 분부대로 알레산드로와 결혼하기 전까지 나폴리에 머물기 위해 그리로 가는 길이었다. 두 살 위인 카테리나는 당시 피렌체에서 자신의 결혼식을 위해 마르세유로 떠날 준비를 하고 있었는데, 마가레트를 만나기 위해서 파엔차에서 오는 길목에 위치한, 무젤로 산 계곡에 자리잡은 카파지올로의 메디치가 별장으로 말을 타고 갔다. 그리고 1533년 4월 16일 그곳에서 외모도 많이 다르고 앞으로 살아갈 인생 행로도 사뭇 다른 이 두 소녀는 함께 말을 타고 피렌체로 갔다. 마가레트는 카테리나의 안내로 며칠간 피렌체의 대표적인 명소들을 구경한 뒤 목적지를 향해 길을 나섰다.

그 뒤 3년간 마가레트는 나폴리에 머물렀는데, 알레산드로가 악정으로 해를 거듭할수록 악명이 높게 되자, 특히 교황 클레멘스가 죽고 난 다음부터는 마가레트의 결혼이 과연 성사될 것인지 회의적인 분위기가 증가하기 시작했다.

---

5) 200년 전 발터 드 브리엥 치하에서 겪은 1년의 통치를 제외한다면.

6) 바깥 세계에서 범죄가 이렇게 난무하는 동안 조용한 산 마르코 수도원에서는 로렌초 디 크레디의 제자 솔리아노가 식당에 자신의 유명한 프레스코를 그리고 있었다. 그 그림에는 1536년이라는 연대가 표기되어 있다.

"심지어 그 시대의 시각에서 보더라도 그 결혼은 대단히 간악하게 보였으므로, 푸오루시티(fuorusciti, 피렌체를 등진 정치 망명자 집단)는 예정된 그 결혼이 성사될 것으로 믿지 않았다. 왜냐하면 그들은 그 공주를 그런 무도한 인간에게 내줄 수 있다고 믿지 않았기 때문이다."[7]

그러나 카를 5세의 생각은 분명히 달라서, 교황 클레멘스가 죽었을지라도 그와 약속한 그 결혼을 이행하겠다는 뜻을 수정하지 않았다.

한편 이폴리토는 자기가 받은 대접으로 인해 심경에 큰 변화가 생겼고, 항상 밝던 그의 성향에 늘 우수가 깃들긴 했으나, 그가 분노하는 모습을 보였다는 소리를 우리는 어디서도 듣지 못한다. 그는 헝가리인들과 헝가리를 무척 좋아하게 되었고, 그 나라에 있는 동안 헝가리인들의 복장을 하기를 좋아했다. 비록 한 번은 그곳에서 착오로 인해 수감되는 수모를 겪었고, 그 일로 인해 교황 클레멘스가 많은 곤욕을 치르긴 했지만 말이다. 이폴리토는 헝가리에서 돌아온 뒤 볼로냐에 거처를 정했고, 그 직후에 마가레트와 함께 카테리나의 결혼식에 참석해 달라는 교황의 요청을 받아들였다. 볼로냐에서 이폴리토는 대범한 자태를 지니고 살았는데, 거기서 그의 생활과 관련하여 발생한 사건은 그의 인품의 단면을 엿보게 한다. 클레멘스 7세는 이폴리토가 거느린 가신들이 너무 많다고 생각하고서 그에게 지적하자, 이폴리토는 "그렇지 않습니다. 제가 그들을 거느리고 사는 이유는 그들의 봉사가 필요하기 때문이 아니라, 그들이 저를 필요로 하기 때문입니다"라고 대답했다. 이폴리토는 메디치가가 학문에 대해 지녔던 취향을 고스란히 간직하고 있었다. 다양한 시들을 썼고, 「아이네이드」(Aeneid)의 제2권을 이탈리아어 무운시(無韻詩)로 번역했는데, 이 번역물은 큰 찬사를 받았고 거듭 재인쇄되었다.

1534년 교황 클레멘스가 병들자 이폴리토는 로마로 돌아가서 그가 9월에 죽을 때 그와 함께 있었다. 클레멘스가 죽고 난 뒤 이폴리토는 그의 시신이 모

---

7) Napier.

욕을 당하지 않도록 보호했다고 한다. 산타 마리아 소프라 미네르바 성당에 메디치가가 배출한 두 교황 레오 10세와 클레멘스 7세의 묘를 제작하도록 지시한 사람도 바로 그였다.

이폴리토가 자신을 속이고 자신의 인생을 망친 교황 클레멘스에 대해서 어떤 악감정도 드러내지 않은 데서 그의 고결한 인품을 가장 잘 보여 주었다고 생각해도 크게 틀리지 않을 것이다. 그럼에도 불구하고 그의 깊은 속에는 그런 감정을 느꼈던 것이 분명하다. 이 점에 관해서 바르키(Varchi)는 이렇게 말한다:

"교황 클레멘스가 자기 대신 알레산드로를 메디치가의 부와 권력의 계승자로 결정한 것을 알았을 때, 그에게는 큰 변화가 일어났다. 자기가 알레산드로보다 손위이고 촌수도 교황과 가까운 데다가 재능도 더 우월하므로 그 훌륭한 지위가 마땅히 자기 몫이어야 하는데 그렇게 되지 않은 것에 강한 분노와 슬픔에 사로잡혔다. 그는 알레산드로가 클레멘스의 아들이라는 항간의 소문을 모르고 있었든지 아니면 알고도 믿지 않았다."

이폴리토가 장자 상속권(위대한 자 로렌초의 손자로서)보다 교황과 촌수가 가까운 것을 더 큰 권리로 여겼다는 점은 특히 눈여겨 볼 가치가 있다.

클레멘스 7세가 죽자 알레산드로 파르네세(Alesandro Farnese)가 1534년 10월 11일에 교황선거회에서 불과 1시간 만에 교황으로 선출되었다. 그는 파울 3세(Paul III)라는 이름을 취했고, 선출된 지 사흘 만에 위원회를 구성하여 교회 개혁을 위한 계획안을 작성하고, 총공의회의 소집 시기, 장소, 방법을 심의하도록 지시했다. 정치에서도 새 교황은 전임자와 전혀 다른 노선을 취하여 카를과 프랑수아간의 증오심을 완화하려고 노력했고,[8] 그 둘 사이에서 정치적 중립을 견지했다. 교황의 이러한 행동 노선은 정치 판도에 큰 변화를 가져왔다.

---

8) 두 사람을 화해시킬 방안으로 교황은 카를에 대해서 밀라노를 프랑수아의 둘째 아들 앙리에게 넘겨주라고 권했다. 그러나 카를은 "프랑수아의 세자가 건강이 좋지 않다는 것을 알고는" 그 권고를 거부했다. 만약 세자가 죽으면 밀라노는 영원히 프랑스 왕실의 소유가 될 것이기 때문이었다.

그런 변화에 힘입어 황제는 독일 내정을 돌보고 투르크족의 가공할 침입을 저지하는 데 관심을 기울일 수 있었다.

1535년 카를 5세는 바르셀로나에서 대 함대를 이끌고 바르바리 해적들을 공격했다. 이들은 두목 카이레딘 바르바로사의 지휘하에 알제리와 튀니지에 본거지를 둔 채 스페인과 이탈리아의 해안에서 노략질을 일삼았다. 카를은 이 해적들을 물리치고 그들의 수도 튀니지를 점령한 다음 그해 8월에 시칠리아로 개선했다.

---

1535년 6월, 교황 클레멘스가 죽고 알레산드로가 3년간 폭정을 휘둘러 수많은 피렌체인들이 자발적으로 망명길에 오른 상황에서, 이들 푸오루시티(fuorusciti)는 황제 카를 5세에게 사절을 보내 그의 봉신(封臣)의 학정을 호소하면서 그를 하야시킬 것을 간청했다. 푸오루시티[9]는 어느 정파가 권력을 잡든 반대파의 얼마로 하여금 안전을 위해서든 추방령을 받아서든 피렌체를 떠나게 했기 때문에, 피렌체 정계에서는 항상 그들이 공인된 정파였다. 그러나 알레산드로의 학정하에서 그들은 전례없이 강한 세력을 형성했다.

그들은 이폴리토를 자신들의 호소문을 황제에게 전달할 사절로 선정했다. 황제는 당시에 바르바리 해적 떼를 소탕하기 위해 튀니지에 가 있었다. 그때 로마에 있던 이폴리토는 이 여행길에 올라 로마와 나폴리 중간에 있는 가에타 근처의 이트리까지 갔다. 그러나 그 곳에서 튀니지로 가는 배를 기다리는 동안 독살되었다. 그리고 그것이 알레산드로의 짓이라는 증거가 농후했다. 독살에 이용된 사람은 보르고 산 세폴크로의 조반니 안드레아(Giovanni Andrea)라는 사람이었다. 지배적인 견해와 다른 사가들의 증거 외에도, 바르키는 그가 알레산드로에게 고용되어 그 범죄를 저질렀다는, 사실상 결정적인 증거를 제시한다.

이렇게 해서 교양과 명망이 뛰어났던 이폴리토는 스물여섯의 나이에 클레

---

9) "가버린 사람들"이라는 뜻.

멘스가 피렌체의 군주로 심어둔 가증스런 젊은이에 의해서 목숨을 잃었다(다른 많은 사람들처럼). 암살자 조반니 안드레아도 오래 살지 못했다. 자기를 잡아 사지를 찢어 놓을 듯이 격분한 이폴리토의 신하들을 따돌리고 피렌체로 탈출한 그는 알레산드로의 궁전에서 그의 보호를 받아가며 몇 달 지냈다. 얼마간 시간이 지난 뒤 그 곳에서 자기 도시 보르고 산 세폴크로로 갔지만, 그 곳 사람들은 이폴리토처럼 널리 존경을 받는 사람을 죽인 그의 범죄에 분개하여 그를 잡아 돌로 쳐서 죽였다.

티치아노가 그린 위대한 자 로렌초의 준수하고 덕망있는 손자의 초상화를 들여다보면 그 안에 그의 인품과 인생 역정이 적나라하게 드러나 있는 것을 보게 된다. 그는 추기경이었지만 평소에 싫어하던 추기경 복을 입은 채 화폭에 담기기를 원치 않아 자기가 좋아하던 헝가리인의 복장을 하고, 군인으로서 늘 즐겨 차던 칼을 찬 모습을 하고 있다. 그의 기사적인 정신, 고상한 기질, 민첩한 기지, '귀족다운 당당함'이 그림에 잘 나타나 있다. 이 그림은 바르키가 말한 '큰 변화'가 그 속에 일어난 뒤에 그린 것으로서, 그의 얼굴에는 간교한 친척 교황이 거역할 수 없는 강한 힘으로 다양한 속임수를 써서 자신의 인생을 망쳐 놓은 까닭에 슬픔이 버릇처럼 깃들어 있다.

티치아노는 이 무렵 유럽 최고의 초상화 화가로 명성을 떨치면서 대부분의 화려한 궁전으로부터 작품 의뢰를 받았다. 만투아의 공작으로부터 황제 카를 5세에 이르는 후원을 받았으며, 카를이 그를 얼마나 높이 평가했는지는 (티치아노가 땅에 떨어뜨린 붓을 집어주면서) "티치아노는 카이사르에게 시중을 받아도 될 만한 인물이다"라는 그의 말에 잘 나타난다. 티치아노는 얼굴을 크게 부각시키기 위해서 이 그림에서처럼 초상화의 배경색으로 검은색을 선호했다. 러스킨은 그의 초상화들에 관해서 이렇게 언급한다: "티치아노의 그림들은 누구의 얼굴을 어떤 표정으로 그린 것이든간에 미술계의 불가사의로 꼽힌다."

1536년 1월에 카를과 프랑수아 사이에 다시 전쟁이 터졌다. 이 전쟁에서 프랑수아는 투르크족 술탄 솔리만과 동맹을 맺음으로써 둘 사이의 투쟁에 또 하나의 강력한 적을 끌어들였다. 프랑스 군은 사보이를 통째로 짓밟고 토리노를 차지했다. 당시 북아프리카 원정을 마치고 나폴리에서 휴식을 취하고 있던 카를은 그곳에서 1535년 12월부터 1536년 3월까지 남아 있었다. 그리고 는 프랑스 군을 상대하러 북쪽으로 올라갔으며, 가는 길에 로마에 들러 파울 3세와 전쟁이 끝나는 대로 빠른 시일 안에 교회 공의회를 소집하기로 약속했 다. 비록 공의회를 소집할 수 있었던 것은 그로부터 9년 뒤의 일이긴 했지만 말이다.[10] 이탈리아 북부에 도달한 카를은 프랑스 군을 격퇴한 다음 프로방스 를 침공했으나, 9월에 이탈리아로 철수하지 않으면 안 되었다. 사보이는 프 랑스의 전리품으로 남겨둘 수밖에 없었고, 그 공작의 영지는 니체라는 성읍 하나만으로 줄어들었다.

알레산드로의 학정이 교황 클레멘스가 죽던 1534년 이전에도 그렇게 널 리 알려졌든 알려지지 않았든 간에, 이폴리토가 황제를 찾아가던 1535년 6월 에는 이미 극에 달해 있었던 것이 분명하다. 그렇다고 볼 때 황제 카를 5세가 1536년 4월에 로마를 출발하여 북쪽으로 올라가면서 피렌체 메디치 궁전에 서 알레산드로와 함께 머물렀던 사실은 그의 위신에 먹칠을 한다(카를은 이 폴리토를 사절로 파견할 수밖에 없었던 지독한 상황과 그가 죽은 정황을 잘 알고 있었던 게 틀림없다). 같은 해 6월 19일 알레산드로는 산 로렌초 성당에 서 당시 열다섯살이었던 황제의 딸 마가레트와 결혼을 했다. 이것은 클레멘 스 7세가 1530년 볼로냐에서 카를 5세와 함께 맺은 밀약 가운데 맨 마지막 단 계에 해당하는 일이었다.

그러나 모든 게 다 허사였다. 여섯 달 뒤 1537년 1월 5일 밤에 알레산드로 의 비열한 생애는 스물여섯 해로 끝나고 만다. 그것은 조만간 그에게 닥칠 수 밖에 없는 운명이었다. 그를 암살한 사람은 그의 연하의 친척이자 친한 동료 인 로렌치노(Lorenzino)였다.[11]

메디치가의 차자 계열 사람으로서 당시 스물두살이던 그는 자신이 고용

---

10) 브렌트 공의회로 알려심.
11) 그의 작고 가냘픈 외모 때문에 그렇게 불렸다.

한 자객 스코론콘콜로(Scoronconcolo)의 도움을 받아 메디치 궁전에 인접한 자신의 집에서 그를 살해했다. 알레산드로는 그날 밤 늦은 시각에 자기가 사모하던 여성을 만날 것을 예상하고서 그 집으로 찾아갔는데, 그 여성은 다름아닌 로렌치노의 누이 라우도미아(Laudomia)였다. 알레만노 살비아티(Alemanno Salviati)의 젊은 미망인이었던 그녀는 "아름다운 자태만큼이나 덕성도 뛰어났으며", 공작이 자기에게 추파를 던질 때 그것을 경멸적으로 퇴짜놓았다고 한다. 그러나 로렌치노는 거짓말로 알레산드로를 자기 집으로 끌어들인 다음 누이대신 자객 스코론콘콜로를 내보내 5년 동안 피렌체를 격분하게 한 그 혐오스런 자의 목숨을 끊어놓았다.

로렌치노는 이해하기 힘든 젊은이였다. 피에르 프란체스코(the younger)와 마리아 소데리니의 네 자녀 중 맏이로서 재능과 인품이 뛰어났으며, 교양과 문학적 소양이 남달랐다는 기록이 남아 있다. 그러나 때때로 잠시 광기에 사로잡힌 듯이 행동했다고 한다.

한 번은 로마에 가 있었을 때 고대 예술품을 지극히 존경하던 그가 갑자기 흥분하여 황제 하드리아누스의 여러 조각상들에 머리를 마구 부딪혔다고 한다. 그 모습을 본 교황 클레멘스는 그를 목매달아 죽이겠다고 위협하고는 로마에서 추방했다. 알레산드로가 피렌체 공작이 되었을 때 열일곱 살이었던 그는 매사에 알레산드로와 짝하여 악행을 저질렀다. 신심이 깊던 그의 어머니 마리아 소데리니는 장남을 옳은 길로 인도하고 알레산드로와 교제하지 못하도록 무진 애를 썼지만 모두 헛수고였다.

그러나 로렌치노는 그 점에 관해서 당시 자신의 그런 행동에는 의도적인 목적이 있었다는 말로써 자신을 변호한다(아래 참조). 그의 누이 라우도미아는 절세의 미인이었는데, 브론치노(Bronzino)가 그린 그녀의 초상화는 피렌체 아카데미아 델레 벨레 아르티에서 볼 수 있다.

알레산드로의 시체를 그 자리에 놔둔 채 로렌치노는 곧장 말을 타고 피렌체를 빠져나가 밤새 말을 재촉하여 볼로냐로 달렸다. 다음날 아침 공작의 하인들은 공작이 없는 것을 발견하고는 그가 밤새 지저분한 놀이를 했다고 의심했다. 은밀히 수소문하여 공작을 찾던 그들은 저녁에 그의 시체가 로렌치노의 집에 누워 있는 것을 발견했다. 그들은 그의 죽음을 비밀로 부친 뒤 캄캄한 밤에 그의 시체를 황급히 메디치 궁전 가까이에 있는 자그마한 산 조반니 성당으로 옮겼다. 그 곳에서 염을 하고, 다음날 밤 하인들 몇몇이 극비리에 그를 산 로렌초 성당으로 옮긴 뒤 종교 의식 없이 로렌초(우르비노의 공작)의 유해가 담겨 있는 석관에 안치했다. 그의 아내도 친척도 친구도 이 굴욕적인 매장 현장에 참석하지 않았다.

한편 로렌치노는 볼로냐에서 몇 시간 체류하다가 베네치아로 도주하였다. 당시 그곳에는 푸오루시티의 우두머리이던 필리포 스트로치(Filippo Strozzi)가 살고 있었다. 로렌치노가 베네치아에 도착하자마자 스트로치의 집 문을 밀치고 들어가 자기가 행한 일을 고하자, 스트로치는 그를 와락 끌어안고는 그를 조국의 해방자요 '피렌체의 브루투스'라고 불렀다. 스트로치는 너무 기쁜 나머지 자기 두 아들을 로렌치노의 두 여동생과 결혼시키겠다고 선언했다. 그 선언은 곧 실행에 옮겨져 피에로 스트로치는 라우도미아와, 로베르토 스트로치는 마달레나와 결혼했다.

로렌치노의 행동은 많은 논쟁의 주제가 되었다. 더러는 그가 자기 나라를 참을 수 없는 압제에서 구해낸 해방자였다고 생각했다. 황제에게 호소해도 아무 소용이 없었으므로 그런 방법밖에 다른 해결책이 없다는 것이 그들이 제시하는 이유이다. 또 더러는 그를 반역자요 군주 살해자라고 불렀다. 그 점에 관한 정확한 견해를 취할 수 있으려면 알레산드로와 같은 폭군 밑에서 살아볼 필요가 있을 것이다. 그의 학정이 워낙 심했기 때문에 로렌치노는 사방에서 아낌없는 찬사를 받았다. 이탈리아 전역에 흩어져 살던 피렌체 유배자들뿐 아니라 피렌체인들까지도 그를 역사상 모든 애국자들과 비교했다. 그가 그렇게 행동한 것은 개인적 야심이든, 조국의 해방이든, 가문을 모욕에서 구하려는 것이든 세 가지 동기밖에 없다.

그가 이중 첫 번째 동기로 움직였다고 생각하는 사람은 아무도 없다. 사실상 그는 클레멘스가 알레산드로를 세워 놓은 그 지위를 합법적으로 계승할 상속자였지만, 그는 그런 지위에 조금도 관심을 보이지 않았고, 알레산드로를 죽여 유익을 얻도록 해준 가문의 영향력도 전무하여 그의 친족이라고는 잘 알려지지도 않고 자기처럼 힘도 없었던 열일곱 살난 청년 하나뿐이었다.[12] 그는 자기 행위를 변호하기 위해 직접 작성한 자세한 글에서[13] 그의 모든 행동 과정이 그의 조국을 더 이상 지지할 수 없게 된 괴악한 전제 군주에게서 해방시키기 위한 의도적인 계획에 따른 것이었다고 진술했다. 역사가들은 이 진술에 비록 로렌치노의 연륜을 넘어서는 수준의 결단이 담겨 있긴 하지만 그것을 사실로 믿는다. 그러나 로렌치노는 공적 근거에서의 동기를 내세웠지만, 그가 아무리 인정하고 싶지 않았어도 그리고 그것이 자연스러운 일이었어도 그는 사적인 동기도 적지 않게 품고 있었다. 당시 피렌체가 처해 있던 상황에서는 이 스물두 살의 청년으로서는 자기 누이의 명예를 보호하기 위해 그것 말고 달리 취할 방법이 없었기 때문이다.

피렌체의 통치권을 계승한 코시모 1세(Cosimo I)는 로렌치노에 대한 모욕의 표시로 그의 집을 완전히 부숴 버렸다. 최근에 들어서 이와 관련하여 한 가지 주장이 제기되었는데, 그것은 코시모가 그 집을 무너뜨릴 때 그 집터에서 라르가 거리(오늘날의 카부르 거리)와 지노리 거리를 잇는 소로 혹은 샛길을 발견하고는 그것을 스트라다 델 트라디토레라고 불렀다는 것이다. 그러나 이 주장은 고문서 보관소에 보관된 「피렌체 사건에 대한 연구, 1561년」이라는 매우 희귀한 책에 의해 사실 무근임이 입증된다. 당시 피렌체의 모든 가옥에 대한 정보를 아주 자세히 빠짐없이 기록한 이 책은 한 블럭 한 블럭을 다루되, 각 블럭을 두르는 네거리의 모서리를 빠짐없이 기재한다.

이 책이 아주 정확하게 보여주는 것은 첫째, 메디치 궁전 근처에는 라르가 거리에서 지노리 가로 이어지는 소로나 샛길이 없다는 것과, 둘째, 1561년 로렌치노의 집이 단지 훼손된 게 아니라 완전히 무너졌다는 것이다. 고리 거리와 라르가 거리가 교차하는 모서리에서 시작하는 이 기록(산 조반니 네거리에 대한)은 먼저 '위대한 자 로렌초의 집'(메디치 궁전)을 언급하고 나서, 다음 집은 폐허인데, "전에는 로렌치노 데 메디치에게 속했던 집으로서 이미 완전히

---

12) 조반니 델레 반데 네레의 아들 코시모.
13) Apologia di Lorenzo di Pier Francesco de' Medici.

무너졌다"고 말한다. 반면에 라르가 거리에서 지노리 거리로 이어지는 소로
나 샛길은 전혀 언급하지 않는다. 이것은 당시에 어쨌든 스트라다 델 트라디
토레가 없었음을 입증한다. 한편 이 기록은 그동안 제기되었던 또다른 설, 즉
로렌치노의 집이 지금의 카부르 5가에 있는 집이라는 설도 배제한다. 로렌치
노의 집이 서 있었던 옛터는 사실상 메디치 궁전의 북쪽 부분으로 덮여 있는
데, 이 부분은 리카르디가가 1659년 그 궁전을 매입하면서 편입한 곳으로서,
그렇게 편입된 일부분은 매매 조건 중 한 가지에 따라 1층에 빈 공간을 남겨
두었다. 리카르디가는 이 터를 편입하여 메디치 궁전을 증축하도록 허가를
받을 때 이 지점은 근처에 있었던 방에서 발생한 알레산드로의 살해를 기념
하도록 1층 위를 빈 공간으로 남겨두어야 한다는 조건을 제시받았던 것이다.

알레산드로의 시신이 로렌초(우르비노의 공작)의 묘에 매장되어 있는 것으로
항상 알려졌으나, 1875년까지는 신 성구실에 있는 두 개의 묘 중 어떤 것이 로
렌초의 것이고 어떤 것이 줄리아노의 것인지 쟁점으로 남아 있었다. 그러나
그 해에 이탈리아 정부는 그 점을 분명히 하도록 조사를 허락했고, 정부의 대
표자 한 사람과 여러 문인들이 잔뜩 관심을 가지고 지켜보는 가운데 일 펜시
에로소라고 하는 인물이 묘사되어 있는 석관이 개봉되었다. 당시의 관련 자
료에는 이렇게 진술되어 있다:

"그 안에는 시체 두 구가 들어 있는 것이 확인되었다. 이 시체들은 공기를
쐬자마자 곧 재로 변했는데, 그러기 전에 알레산드로의 시체는 혼혈아적인 형
태와 여러 부위의 상처 자국들, 특히 얼굴에 난 상처 자국에 의해서 완벽하게
식별되었다. 그것은 로렌치노와 그가 고용한 자객 스코론콘콜로에게서 받은
상처 자국이었다."

또다른 기록은 시체들이 재로 변했다는 말을 부인하면서, 염을 했던 흔적
들이 있었고, 두 시체가 똑바로 뉘어 있었고, 로렌초가 즐겨 입던 검은 색 옷
을 입고 있었던 반면에 알레산드로는 수놓은 셔츠를 입고 있었다고 전한다.
개묘(開墓)에 참석했던 찰스 히스 윌슨 씨(Mr. Charles Heath Wilson)는 알레산드로

의 광대뼈 중 한 쪽에 칼에 맞은 흔적이 있었고, 이것은 바르키가 전한 살해 기사를 뒷받침한다고 주장했다.

---

알레산드로가 살해되는 참극이 벌어졌을 때 마가레트는 피렌체의 모든 사람들이 혐오하던 자기 남편의 죽음이 자기 자신에게 어떤 결과를 가져올지 모른 채 즉각 포르테차로 도피했다. 그 곳은 아버지 황제의 군대가 주둔해 있던 곳이었다. 그 곳에서 먼저 프라토로 떠난 다음 피사로 갔고, 그 곳에서 잠시 머물다가 황제의 명령으로 스페인으로 이주했다. 그 곳에서 8년 뒤 스물네 살이 되었을 때 교황 파울 3세의 손자로서 열세 살난 오타비오 파르네세(Ottavio Farnese)와 결혼했다. 그 뒤 매우 유능하고 유명한 여성이 되었는데, 1559년 파르마의 마가레트라는 이름으로 이복 형제 펠리페 2세에 의해 네덜란드의 섭정이 되어 대단히 어려운 상황에서도 8년간 그 나라를 잘 다스렸다. 1567년에 펠리페가 알바의 공작을 네덜란드로 보내 시행하도록 한 비인간적인 조치에 가담할 뜻이 없어서 섭정직을 한사코 거절했고, 섭정직을 그만두면서 취한 마지막 행동은 펠리페에게 공의와 자비를 겸비하라고 간청하는 편지를 쓴 일이었다. 대다수 사람들이 만류하는 가운데 섭정직을 은퇴한 마가레트는 네덜란드를 떠나 파르마에 있는 자신의 고향으로 돌아가 1586년 그곳에서 죽었다.

마가레트는 라르가 거리에 있는 가문의 궁전에 거한 마지막 안주인이었다. 콘테시나 데 바르디, 루크레치아 토르나부오니, 클라리체 오르시니, 알폰시나 오르시니, 마델렌 드 라 튀르 도베르뉴, 그리고 마가레트가 각각 그 궁전의 안주인 역할을 했다. 그 중 마지막 여성인 마가레트가 공포에 싸인 채 도피했을 때, 피렌체의 역사에서 중대한 사건들이 허다히 일어난 이 궁전은 더이상 그 가문의 수장이 차지하지 못하고,[14] 다른 가문의 궁전이 되고 말았다. 비록 규모는 더 커졌으나 옛 가문이 이 궁전을 거점으로 이룩한 위대한 역사

---

14) 코시모 1세가 잠시 머문 때를 제외하고.

에는 감히 필적할 수 없었다.

———————

알레산드로가 죽자 피렌체의 통치권을 장자 계열에 존속시키려던 클레멘스 7세의 구도는 졸지에 중단되었다. 장자 계열에서는 카테리나를 제외하고는 살아 남은 사람이 아무도 없었기 때문이다. 이제 가문의 계승권은 차자 계열로 넘어갔다. 실은 레오 10세가 죽을 때 벌써 그렇게 됐어야 옳았다. 아무런 권리도 없는 알레산드로를 그 자리에 앉히려고 온갖 거짓과 불의와 추태와 배반을 저질렀으나, 차자 계열이 피렌체에서 권력 밖으로 밀려나 있는 동안에는 아무것도 성취하지 못했다. 클레멘스의 행동은 목표를 하나도 이루지 못한 채 차자 계열이 권력을 잡고 그것을 독재정으로 바꾸기 더 쉽게 만들어 놓았을 뿐이다.

그러나 이 차자 계열의 역사를 살펴보기 전에 장자 계열의 마지막 네 젊은 이들 중 셋째인 로렌초(우르비노의 공작)의 딸이자 위대한 자 로렌초의 증손녀의 역사를 좀 더 살펴봐야 한다. 그녀와 더불어 코시모 계열의 역사는 막을 내리는데, 그녀는 가문의 어느 누구보다도 길고 중요한 역사를 남겼다.

# 제19장

# 카테리나 데 메디치

## (1) 생애 첫 40년

1519년 출생, 1533년 결혼, 1589년 죽음.

현대 역사학은 전 세대가 꿈꾸지 않았던 요건들을 갖고 있다. 과거에는 일반적으로 저자와 독자가 다 같이 중시하던 방법이란 역사의 인물들에게 '악한' 혹은 '선한'이라는 딱지를 붙이고, 그 이상 자세히 식별하려는 시도를 하지 않는 것이었다. 실제 살았던 사람들은 이것보다 더 복잡하기 때문에 이런 방법은 실제 살았던 사람과는 다른 인물상을 만들어 내고, 따라서 역사에 대해 왜곡된 시각을 준다는 사실을 간과했다. 또한 지금은 과거에 비해 더 많은 정보를 얻을 수 있는 반면에, 과거 시대의 행동은 지금까지 유행했던 것과 다른 원칙으로 판단해야 한다는 점도 주목하게 되었다.

따라서 우리 시대의 어느 저자는 이렇게 지적했다: "전 시대에는 현대인이 누구라도 취할 법한 행동과 다른 행동을 취한 역사상의 모든 인물들에게 무차별한 비판을 가하는 것이 보통이었지만, 오늘날 역사를 다루는 사람의 올바른 정신 자세라고 하면 연구 대상이 되는 모든 사람의 감정을 공정하게 들여다보려고 노력하는 것이다."[1]

---

1) Salmon's Infallibility of the Church.

현대적 관점으로 신랄히 비판받는 그런 실존 불가능한 인물들을 만들어 내는 경향을 피하고, 오늘날 명제로 취급되는 대로 역사 인물들에 대한 좀 더 분별력 있는 평가에 도달하기 위해서는 우리 자신이 심정적으로 그 시대의 분위기로 들어가, 당시의 견해들과 조건들을 중시하는 대신 우리 시대(사람들이 그때와는 사뭇 다른 조건에서 살고 행동하는)의 표준으로 그 인물들을 판단하지 않도록 주의하는 것만큼 더 필수적인 조건은 없다. 그 시대의 표준으로 바라본다면 당시의 도덕 표준을 능가하던 사람들과 못 미치던 사람들을 다 올바로 판단하게 될 것이다. 그러나 만약 우리 시대의 표준을 그들에게 들이댄다면 올바른 판단은 나오지 않을 것이다.

앞서 생각한 몇 가지 점들은 역사상 다른 어느 인물보다 아마 카테리나 데 메디치(프랑스어는, 카트린 드 메디시스)의 경우에 더욱 중요할 것이다. 카테리나의 경우에는 가공적인 인물을 만들어 낼 만한 동기들이 예외적으로 다양하게 결합되어 있기 때문이다. 우선 클레멘스 7세가 카를 5세의 허를 찌를 의도로 카테리나를 위해 주선한 결혼은 처음부터 프랑스인들의 마음에 그녀에 대한 뿌리깊은 편견을 심어 놓았다. 프랑스인들은 왕의 아들이 일개 부르주아 출신 여성과 결혼한 것을 프랑스의 자존심에 상처를 입힌 일로 생각하고서 그녀가 프랑스 민족의 명예에 중대한 모욕을 끼쳤다고 느꼈던 것이다. 이런 감정은 프랑스인들 사이에서 꾸준히 자라나(그들이 카테리나에게 즐겨 사용한 이름은 '그 이탈리아 여자'였다) 편견이 증오로 비화했고, 당대의 프랑스 저자들로 하여금 카테리나를 오만 가지 죄악의 주범으로 기록하게 만들었다. 어느 현대 프랑스 저자는 이렇게 말한다: "그들은 프랑스 전역에서 일어난 범죄를 어떻게 해서든 모두 카테리나 데 메디치에게 전가하지 않고는 못 배겼던 것 같다." 그 결과 그들에게서는 사실상 그녀의 행위에 대한 신뢰할 만한 기록을 얻기가 불가능하게 되었다.

그러나 이것이 전부가 아니다. 민족의 자부심에 대한 이 상처로 인한 강렬한 편견만으로도 당대 프랑스 저자들이 그녀에 대한 아주 왜곡된 상을 꾸며 내기 위해서 남긴 기록을 충분히 얻을 수 있을 것이다. 그러나 여기에다 방향이 비슷한 다른 두 가지 영향력이 차후에 덧붙었다. 그것은 첫째는 모든 죄악과 악한 동기를 무조건 종교적 대적들에게 돌리는 식의 증오심을 일으키는 격렬한 종교 분쟁의 여파였고,[2] 둘째는 그 시대 사람들이 범죄 이야기들에서 상당한 정도로 느낀 기쁨이었다. 허구적인 인물을 만들어 내는 그런 세 가지 강력한 요인들이 그렇게 한 개인에게 집약된 적은 없었다. 이렇게 민족적 편견, 종교적 반감, 이야깃거리에 대한 욕구가 결합하여 카테리나 데 메디치의 경우에 다른 데서 찾아볼 수 없는 결과를 빚어냈다. 전혀 불가능한 인물을 우리 앞에 제시한 것이다. 그들은 우리에게 한 여성이 그렇게 중요한 국가를 거의 삼십 년이나 다스리고, 공의를 더 잘 집행하기 위해 뛰어난 조치들을 숱하게 취하고, 서로를 쓰러뜨리지 못해 안달하는 대적들 중간에 서서 항상 중재하고, 평생을 그렇게 중재자로 살고, 자기의 대적들이었던 자들의 목숨을 구해주고, 나무랄 데 없는 다양한 사람들에게 큰 사랑을 받고, 인생을 마감할 때는 심지어 큰 반란이 일어난 중에도 파리 사람들에게 흡족히 존경을 받고, 곳곳에 바리케이드가 쳐져 아무도 감히 지나가지 못하던 거리를 별다른 호위도 없이 지나갈 수 있었으면서도, 동시에 권모술수와 범죄의 대가였고 허다한 사람들을 살해했다고 믿으라고 강요한다. 이러한 조합은 전혀 앞뒤가 맞지 않기 때문에 어떤 현대 프랑스 저자의 다음과 같은 말이 그다지 새삼스럽게 들리지 않는다: "카테리나 데 메디치는 식별할 수 없을 정도로 … 마치 유령 같은 인물처럼 크게 훼손되었다."[3]

그러나 카테리나 자신이 쓴 방대한 분량의 서신들을 포함하여 여러 나라들의 공문서들이 점차 출판되면서 그녀에게 잔뜩 낀 이 와전(訛傳)의 구름이 서서히 걷히기 시작했다. 그 결과 그녀에 대한 전통적인 시각이 그녀의 인격과 행위에 대한 좀 더 정확한 평가에 자리를 내주고 있다.[4]

---

2) 카테리나는 두 종교 파벌을 놓고 한 번은 이쪽을 편들고, 또 한 번은 다른 쪽을 편드는 정책 때문에 그런 적대감을 배나 받았다. 그러는 동안 로마 가톨릭파는 여왕을 자기들 편에 끌어들였음을 보여주기 위해서 그녀의 말과 행동을 왜곡했다.

3) *Women of the Valois Court*, by Imbert de Saint-Amand (1900).

4) 최근에 입수하게 된 위와 같은 종류의 정보를 크게 간추리자면 다음과 같다:
　　스페인 국가 문서 (1558-1603), 7권, 1894년 발행.
　　베네치아 국가 문서 (1202-1607), 10권, 1900년 발행.
　　해외 국가 문서 (1558-1580), 13권, 1903년 발행.

카테리나 데 메디치를 정확히 평가하기 위해서는 세 가지가 필요하다. 첫째, 16세기의 행위들은 16세기의 사고와 견해의 표준으로 평가하고 20세기의 표준으로 평가하지 않는다. 둘째, 카테리나에게 호의적으로 말하는 사실들과 비판적으로 말하는 사실들에 똑같은 무게를 둔다. 마치 법정에서 하듯이. 셋째, 카테리나의 몇 가지 행위를 무조건 추켜세우는 주장에 대해서는 그런 행동이 혹시 '표리부동'에서 나온 술책이 아닌지, 그리고 그런 주장들을 뒷받침할 만한 증거가 있는지를 살펴서 과연 액면 그대로 받아들일지를 면밀히 조사한다.

보편적으로 채택해 온 방법은 이것과 정반대였다. 지금까지는 그녀의 행위들을 그녀 시대가 아닌 우리 시대의 표준으로 평가하고, 그녀에게 불리하게 말하는 모든 것에 충분한 무게를 실어주고 심지어 과장하는 반면에, 그녀에게 호의적으로 말하는 행동들에 대해서는 그녀가 '대단히 무관심한 사람'이었다거나 대개 그런 행동을 유발하는 정서가 결핍되어 있었다는 이유로 — 이런 것은 다 순전히 억측일 뿐이다 — 별로 무게를 실어주지 않았다. 그리고 마지막으로 이런 평가를 적용할 수 없는 행동들에 대해서는 권모술수에서 비롯된 것이라고 단정했다. 이런 평가들은 카테리나를 '악인'으로 평가한 다음 그 평가와 양립할 수 없는 숱한 행위들을 어떻게 설명해야 할지 모르는 상황에서 생기는 딜레마를 피하기 위해서 나온 것들이다. 따라서 이런 점들을 설명하기 전에는 전혀 불가능한 인물이 만들어질 수밖에 없다.

그럼에도 불구하고 결국 이 딜레마는 해결되지 않았다. 저자마다 카테리나를 가리켜 '수수께끼', '패러독스', '신비'라고 하거나 '크게 어긋나고 모순되는 특성들을 뭉뚱그려 갖고 있는 사람'이라고 하는 것이 자주 눈에 띈다. 게다가 누구보다도 공을 들여 그녀의 생애를 자세히 조사한 저자들조차 이 딜레마를 모면하기 위해서 이런 표현들을 사용하지 않을 수 없다고 느꼈다. 그러나 불가능한 인물을 수수께끼라고 부른다고 해서 불가능성이 덜어지는 것은

카테리나 데 메디치의 편지 (주로 러시아 국가 문서에서). Count Hector de La Ferriere와 G. Baguenault de Puchesse 편집, 1903년 발행.

아니다. 따라서 딜레마는 조금도 해결되지 못한 채 남는다.

카테리나 데 메디치를 '수수께끼'라고 생각하는 사람들은 그녀가 악인이었다는 논거에서 시작하고 그것을 공리로 삼은 다음,(아무리 많이 설명을 해도) 그 공리와 잘 맞지 않아 둘을 조화시키려는 시도를 아예 포기할 수밖에 없는 다양한 품성과 행위가 그녀에게 여전히 남아 있는 것을 발견하는 사람들뿐이다. 그러나 비정상적으로 격한 투쟁이 벌어지던 당시의 역사를 왜곡되게 쓴 저자들의 그릇된 선입견을 벗어던지고 카테리나의 인격을 여러 나라의 공문서들 — 그 공문서들은 카테리나의 행동들을 당대의 상황과 표준과 관련지어 판단하며, 밝은 면과 어두운 면을 똑같이 고려한다 — 에서 한층 밝히 나타나는 대로 판단하는 사람들은 카테리나 데 메디치가 결코 수수께끼 같은 인물이 아니라, 열정과 능력과 그밖의 현저한 특성들이 뛰어난 인물이면서도 매우 조화롭고 이해하기 쉬운 인물이라는 것을 발견한다. 재미있는 이야깃거리를 만드는 방법에는 잘 들어맞지 않겠지만, 그래도 어쨌든 그것이 사실이다. 카테리나는 실존 불가능한 허깨비가 아니라 살아 있는 인물이다.

카테리나가 얼마나 여러 가지 방법으로 메디치가 장자 계열의 마지막 자손으로서 그 가문의 진정한 대표자임을 입증했는지를 알고 나면 과연 그녀가 정말로 그랬는지 다시 한 번 확인하게 된다. 비범한 능력과 정력, 향학열, 사냥에 대한 호감, 예술에 대한 취향, 상식, 사람의 마음을 사로잡는 흡인력, 뛰어난 자신의 능력을 인지하여 통치를 즐긴 일 등, 조상들에게서 두드러졌던 이 모든 특징들이 그녀에게서 다시 한 번 충분하게 나타났다. 그녀는 할아버지 위대한 자 로렌초에 대한 기록에서 살펴보았던 것과 똑같은 다재다능한 특성을 상당 부분 갖고 있었던 것도 분명하다. 앞에서도 말했듯이 그것은 북유럽인들이 이해하기 어려운 특징이었고, 때문에 로렌초도 그들에게 종종 별다른 이유 없이 '수수께끼'라거나 '신비'라고 불렸다.

좀 더 카테리나 개인에게 해당하는 다른 점들을 살펴보려고 할 때 가장 먼저 주목하게 되는 것은 그녀가 냉정하고 차분했다는 점이다. 카테리나로서는 그때처럼 격동의 시대에 권좌에 앉아 칠십살까지 살기 위해서는 그럴 필요가 있었다. 이 점에서 카테리나는 당대의 다른 유력한 두 여인인 영국의 여왕 엘리자베스와 나바르의 여왕 잔 달브레(Jeanne d'Albret)와 비견할 만하다. 동시에 카테리나가 다른 두 여성만큼 이런 특성을 갖고 있었는지, 차갑고 냉정하게 비친 그녀의 외모가 주로 그녀의 비범한 자기 통제력 때문이 아니었는지 의심해 볼 만하다. 카테리나가 남편 앙리 7세를 끔찍이 사랑했다는 것과, 자신에 대한 남편의 무관심이 평생 가장 큰 슬픔이었다는 것은 모든 권위자들이 다 인정한다. 반면에 소녀 시절에 무라토리회 수녀원의 수녀들을 사랑하고, 중년에는 아들 앙리를 사랑하고, 노년에는 며느리 르와즈 드 보데몽과 손녀 로렌의 크리스틴을 사랑한 것은 그녀에게 그런 따뜻한 정이 없지 않았음을 보여 준다. 많은 기록들은 그녀가 자녀들을 무척 사랑했다고 전하지만, 아들 앙리를 제외하고는 그것이 단순한 아첨이 아닌지 의심스럽다. 카테리나는 자녀들의 건강과 교육에 남다른 관심을 쏟았지만 그 정도로 그친 듯하며, 때로 그들을 아주 모질게 대했다.

그러나 카테리나의 인격에서 가장 두드러진 점은 분별력과 자제력이었다. 이 자제력은 다른 사람에게서 좀처럼 찾아볼 수 없는 경이로운 지경까지 도달했다. 주변 모든 사람들이 그녀의 그러한 특성에 항상 놀라움을 표시했다. 자제력과 관련하여 그에 못지않게 자주 거론된 것이 분별력이었다. 당대의 저자들은 이 용어를 오늘날 우리가 사용하는 것보다 더 많은 뜻을 담아 사용했다. 그러나 그녀에게 그것은 다른 모든 역량들을 흡수하는 열정적인 분별력이었다. 모든 사고, 모든 감정, 모든 욕구가 강철과 같은 의지와 함께 어느 시간 어느 장소 어느 상황에서도 현재의 상황을 개선시킬 것만을 보고 행하고 말하려고 해찰하지 않고 정신을 바짝 차리는 이 분별력에 귀속되었다. 그녀의 딸 마르그리트(Marguerite. 그녀는 어머니를 무척 경외했다)는 어머니에 관해서 이렇게 말한다: "어머니는 그 영혼에서 분별력이 한순간도 떠나지 않았다. 자신의 욕구에 따라 행동을 조절하여서, 분별력 있는 사람은 하지 않겠다고 마음먹은 일은 하지 않는다는 것을 역력히 보여 주셨다."

카테리나의 이러한 성품은 (앞으로 보게 되겠지만) 여러 해 동안 남달리 겪은 모진 시련의 산물이었다. 그녀가 언제나 이것을 좋아한 것만은 아니다. 그러나 스무살 때부터 사십살 때까지 독특한 조건에 처하여 살면서 그런 성품이 길러졌다. 그녀를 매우 비인간적으로 느끼게 하는 것은 바로 이러한 엄격한 분별력과 자제력이다. 그녀는 어떤 의미에서는 잘 제련한 강철 막대기처럼 결점도 장점도 없고, 흠도 없고 매력도 없는 것처럼 보인다. 앞에서도 말했듯이 정이 많고 따뜻하고 상냥한 소녀였던 카테리나를 분별력 있고 (차가운) 여성으로 만든 것은 모진 상황의 힘이었다. 그러나 그것은 그녀의 잘못이 아니라 불운이긴 했지만, 그녀에게 대다수 사람들이 싫어하는 특성을 주었다.

그러나 카테리나가 돌처럼 무감각한 사람이었다고 생각하는 건 오해이다. 그녀의 행동을 가장 잘 평가한 사람들은 프랑스인들이 아니라 프랑스 궁정에서 살던 다른 나라 대사들, 특히 베네치아의 외교관들이었다. 최근에 간행된 베네치아의 공문서들에는 베네치아의 역대 대사들이 이 모든 사건들에 관해서 본국 정부에 보낸 소상한 자료들이 담겨 있는데, 그 자료들에서 그 모든 점들을 판단할 수 있는 값진 정보를 얻게 된다.[5] 예를 들어, 카테리나의 무관심하고 냉정한 외모에 대해서 베네치아 대사 조반니 코레르(Giovanni Correr)는 본국 정부에 보낸 보고서에서 이렇게 쓴다:

> "나는 카테리나가 자기 방에서 자주 우는 것을 알고 있습니다. 그러나 곧 눈물을 닦고 슬픈 표정을 감추었습니다. 자기 표정을 보고 상황을 판단하려고 하는 사람들을 갈피를 못 잡게 하기 위해서 외출할 때는 평온하고 즐거운 표정을 지었습니다."

더러는(심지어 악의에 찬 미움으로 그녀를 미워한 프로테스탄트 저자들 중에서도) 그녀가 "놀랍도록 평온한 성격"을 갖고 있다고 말했지만, 실은 (비록 복수에 불타지는 않았지만) 성격이 불과 같았다. 그러나 자제력이 워낙 뛰어났기 때문에 자신의 목적에 조금이라도 방해가 된다 싶으면 결코 그런 성격을 나타내지 않았다. 그러나 그렇지 않은 경우에는 주위 사람들을 벌벌 떨게 할 정도로 진노를 표출했다. 카테리나의 또다른 특성은 피렌체 시민들인 조

---

5) 종종 암호로 기록됨.

상들에게서 물려받은 것으로서, 피렌체인들 사이에서는 예나 지금이나 이것이 높은 평가를 받는데, 그것은 마르지 않는 쾌활함이었다. 시련과 불운 가운데서도 웃음과 유머와 즐거운 표정을 잃지 않는 정신이었다. 카테리나의 학문 수준은 높았다. 좋은 교육과 교양 훈련을 받았다. 자기 가문에 대대로 전수된 학문과 예술에 대한 사랑을 프랑스로 가지고 갔다. 특히 과학에 관심이 있었다. 아울러 내면으로는 예술적 취향도 있었다는 증거가 세월이 흐른 뒤에 퐁테 네블로, 슈농소, 루브르, 튀렐리, 그리고 그밖에 그녀가 살았던 모든 궁전에서 잘 드러난다.

끊임없이 언급되는 또다른 특징들은 대범했고, 신체적 고통을 조금도 내색하지 않고 참아낼 만큼 인내력이 컸으며, 공적인 자리에서 상냥한 태도를 잃지 않았다는 점들이다. 그밖에도 그 인격에 어떤 다른 특징이 있었는가 하는 것은 그녀가 프랑스의 군주였다는 사실을 감안하면 쉽게 생각할 수 있을 것이다. 그녀의 외모에 관해서 당대 사가들이 전하는 중요한 점들은 이마가 넓고, 머리카락이 곱고, 눈이 아름답고, 손이 예쁘며, 키가 훤칠하고, 몸매가 우아했다는 것이다. 카테리나의 생애는 세 가지 현저한 시기로 구분된다. 소녀가 될 때까지의 14년, 결혼 생활로 보낸 26년, 과부로 보낸 30년이 그것인데, 이 마지막 30년 동안은 대부분 프랑스의 강력한 섭정 여왕으로 지냈다.


### 제1기 1519-1533

로렌초(우르비노의 공작)와 프랑스 왕가의 부르봉 계열 출신인 그의 어린 아내 마델렌 드 라 튀르 도베르뉴의 무남독녀인 카테리나는 1519년 4월 13일 메디치 궁전에서 태어났고, 세례를 받을 때 카테리나 마리아 로몰라라는 이름을 받았다. 역사에서는 곧잘 카테리나 데 메디치(카트린 드 메디시스)라고 불린다. 위대한 역사를 이룩한 메디치가 장자 계열의 마지막 인물로서 (아버지와 할아버지가 나타내지 못했던) 그 가문의 정신적 능력을 강력하게 다시 나타냈고, 이 점에서 코시모 계열은 그 마지막 후손으로서 그 능력이 조금도 열등해지지 않았음을 여실히 보여주었다.

카테리나가 태어났을 때 그녀의 아버지, 어머니, 할머니 알폰시나 오르시니, 고모 할머니 마달레나 치보는 모두 죽었는데,[6] 앞의 두 사람은 메디치 궁전에, 뒤의 두 사람은 카레지 저택에 묻혔다. 카테리나의 어머니는 카테리나가 태어나고 나서 두 주 뒤에 죽었고, 아버지는 엿새 뒤에 죽었으며, 마달레나 치보와 알폰시나 오르시니는 둘 다 그 직후에 죽었다. 따라서 고아가 된 아기는 가까운 친척 하나 없이 혼자가 되었고(아주머니 클라리체 스트로치는 로마에 있었다), 다시 한번 "그렇게 적은 가족이 살기에 너무 큰 저택"이 된 메디치 궁전에서 거의 대가 끊긴 가문의 유일한 어린 상속자로서 하인들에게 맡겨졌다.

아리오스토(Ariosto)[7]는 이 작고 외로운 꽃이 모진 바람이 불어대는 냉정한 현실에 처해 있는 것을 보고 가슴이 뭉클하여 그녀에 관해 (피렌체에 관해 말하는 식으로) 이렇게 썼다:

"외로운 가지 하나가 잎사귀 몇 개에 힘입어 초록 빛을 띤다.
우려와 기대가 동시에 스친다.
겨울이 이 가지를 내게 남겨줄까, 아니면 내게서 꺾어갈까?"

메디치가의 재산과 지위를 이어받을 유일한 상속녀가 된 이 여자 아기는 작지만 대단히 중요한 인물이었다. 아버지가 죽은 뒤 그녀의 먼 친척 추기경 줄리오 데 메디치가 피렌체에 와서 정부와 그녀를 떠맡았다. 그가 그녀와 그 가문의 장래에 관해서 어떤 심대한 계획을 세웠는지, 그리고 이 고아 소녀를 가문의 이익을 위해 어떻게 이용하려 했는지는 앞에서 이미 살펴보았다. 그리고 그 계획 중 일부가 어떤 결과를 빚었는지도 살펴보았다. 그러나 이제는 카테리나 자신의 생애를 살펴보아야 한다. 그녀의 생애를 살펴보되 그녀가 맨 처음 피렌체 라르가 거리에 위치한 메디치 궁전의 창문 너머로 세상을 바

---

6) 로렌초가 메디치 궁에서 죽을 때 그의 모친도 카레지 저택에서 임종을 맞이하고 있었기 때문에 그에게 가지 못했고, 따라서 서로 만날 수 없었다고 진술된다.

7) 아리오스토는 1513년 토스카나 방언을 연구하기 위해서 피렌체에 와 있었다.

라보았을 때부터 살펴보아야 한다.

카테리나의 유년기는 큰 사건들이 폭풍우처럼 몰아쳐 일어나고, 군중들이 격동하고, 군인들이 충돌하고, 총소리가 난무하는 속에서 지나갔다. 난 지 여섯 달밖에 안 되어 로마로 간 그녀는(당시로서는 아기가 가기에는 힘든 여행길이었다. 아마 노새의 등광주리에 뉘인 채 갔을 것이다) 종조부 레오 10세의 지시로 고모 클라리체 스트로치에게 맡겨졌다. 여섯살까지 로마에서 살았는데, 그 무렵에는 훗날 바티칸의 약탈로 비화된 격동이 시작되고 있었다. 이렇게 로마가 살기에 너무 소란스러운 곳이 되자 1525년에 고향 피렌체의 메디치 궁전으로 다시 보내졌으며, 그 곳에서 추기경 파세리니에게 맡겨졌다. 파세리니는 당시 메디치가 편에서 피렌체를 다스리고 있었고, 카테리나 외에도 각각 열여섯 살과 열네 살이었던 두 소년 이폴리토와 알레산드로도 맡아 키우고 있었다. 여섯 살 난 카테리나는 이폴리토는 무척 좋았으나 알레산드로는 정말로 싫었다.

그 뒤 2년 동안 이런 환경에서 살면서 당시 유복한 소녀들에게 필요하다고 간주되던 다양한 과목들을 배우며 대부분의 시간을 보냈고, 알레산드로와 다투는 일이 많아지고 그 일이 알려지게 되어 알레산드로는 포지아 아 카야노 별장으로 보내지게 되었다. 카테리나가 여덟 살이던 그 무렵에 로마는 1527년의 재앙에 휩싸였고, 교황청이 함락되고 약탈되어 공포의 상황이 벌어지고 있고, 교황은 산 안젤로 성에 포위되어 있다는 소식이 피렌체에 전달되었다. 그 소식을 접한 메디치 궁전은 경악에 사로잡혔다. 특히 시뇨리아(정부 회의)가 소집되어 피렌체가 교황에 반기를 들고 메디치가를 추방할 것인가를 놓고 논쟁을 벌이고 있다는 사실이 곧 알려졌기 때문이다. 그리고 그것은 메디치가 사람들에게는 죽음 혹은 적어도 많은 위험과 시련을 뜻할 수 있었다. 궁전은 틀림없이 군중들에게 남김없이 약탈당할 것이고(실제로 그렇게 되었다), 그들이 어느 도시로 가든 상황은 나을 것이 없었다. 로마와 교황령과 토스카나 내의 모든 지역이 그들을 받아들이지 않을 것이기 때문이었다.

이런 문제들을 놓고 추기경 파세리니는 1527년 5월 19일 이폴리토와 알레산드로와 함께 앉아 비통한 심정으로 의논하고 있었고, 카테리나도 아마 곁에서 듣고 있었을 것이다. 그들이 한참 논의하던 중 앞에서 살펴본 대로 카테리나의 유능하고 목청 큰 아주머니 클라리체가 들이닥쳤다. 이들은 지체없이 피렌체를 떠나라는 명령을 받았다. 다만 어린 '공작의 딸'(Duchessina) — 카테리나는 그 칭호로 불렸다 — 만은 예외였다.[8] 나머지 가족들이 하인들과 함께 당황과 공포 속에서 대충 짐을 꾸려 궁전 뒷문으로 난 지노니 거리로 황급히 빠져나가고, 삽시간에 라르가 거리에 운집한 군중이 궁전으로 쏟아져 들어와 닥치는 대로 약탈하는 동안, 카테리나는 정부의 지시로 공화국의 인질로서 피렌체에 남게 되었다. 정부는 장차 교황 클레멘스와 담판을 짓게 될 어려운 상황을 예상하고서 카테리나를 유용한 인질로 사용할 의도였다. 여덟 살의 어린 소녀가 낯선 사람들 틈에 포로로 갇히기 위해서 그런 혼란의 와중에 홀로 남아 겪었을 두려움은 자연히 컸을 것이다. 이 때의 사건이 카테리나에게 어떤 영향을 끼쳤을 지는 그녀가 3년 뒤 무라토리회 수녀원을 떠나라는 명령을 받았을 때 보인 행동에서 가늠해 볼 수 있다. 이렇게 카테리나는 어린 나이에 고통 속에서 살아가는 법을 터득하기 시작했다.

카테리나는 처음에는 오니산티 수녀원으로 보내져 그곳에서 여섯 달을 지냈다. 그곳에서 1527년 12월 7일 밤에 갑자기 피렌체의 반대편 끝, 긴 기벨리나 거리가 끝나는 성벽 바로 아래에 자리잡고 있던 '레 무라테' 수녀원으로 보내졌다. 당시 피렌체에는 전염병이 돌고 있었는데, 이렇게 감옥이 바뀌는 바람에 카테리나는 "전염병에 짓눌린 밤 거리를 지나 오래 걸어야 했던" 이야기가 전해진다. 레 무라테(높이 벽돌로 둘러진 것들) 수녀원[9]은 수녀를 둔 피렌체의 모든 주요 가문들의 귀부인들에게 후원을 받던, 피렌체에서 가장 중요한 수녀원이었다. 이곳에서 카테리나는 열한 살이 될 때까지 거의 3년을 살았다. 카테리나의 이때의 삶에 관해서 크게 주장되는 점들은 카테리나가 안전히 구금되어 있었다는 것과, 도시 안에 있는 자기 가문의 친구들과 어떠한 의사 소

---

8) 합법적인 우르비노 공작이 5년 전에 자신의 공국을 되찾았기 때문에, 물론 카테리나는 그 칭호를 유지할 권리가 없었다.

9) 그 명칭은 어떤 여성을 수녀로 받아들일 때 수녀원 문의 일부를 열었다가 그녀가 들어온 다음에는 입구를 벽돌로 다시 막던 의식에서 유래했다. 그러나 물론 그것은 지극히 상징적인 의식이었고, 수녀원은 정식 문을 두고 있었다. 실제로 카테리나가 그 문을 통해서 나갔다는 기사를 보게 된다.

통도 허락되지 않았다는 것과, 그곳에서 교육을 제대로 받았다는 것이다. 카테리나의 교육에 관련하여 이 점은 당대의 서신에서 많이 논의된 점이며, 무라토리회 수녀원은 이 점에서 제 역할을 상당히 훌륭하게 해냈음에 틀림없다. 이는 카테리나가 열네 살에 의무 교육의 기회를 모두 상실했는데도 당대 최고의 지식인으로 손꼽혔기 때문이다. 무라토리회 수녀원 역시 품행과 예절 교육을 자랑했다. 학문뿐 아니라 이 점에서도 그 수녀원은 카테리나의 이후 생애에 큰 영향을 끼쳤다. 모든 사가가 그녀의 붙임성 있고 상냥한 대인 관계를 부각시키기 때문이다.

카테리나의 성격이 어떠했음을 맨 먼저 알게 되는 것은 이 무라토리회 수녀원 시절이다. 카테리나의 소녀 시절을 다루는 다양한 저자들은 그녀가 친절하고 붙임성 있는 소녀였다고 전한다. 이것은 무라토리회 수녀원(불화가 유난히 많던 수녀원)의 수녀들이 카테리나를 매우 좋아하게 되었던 사실로 역력히 입증된다. 세월이 오래 흐른 뒤에도 카테리나는 그들에 대한 애틋한 기억을 여전히 간직하고 지냈고, 그들에게 쓴 편지에도 그런 정이 구절구절 묻어난다. 40년도 더 넘은 시기에, 그러니까 프랑스 섭정 여왕이 되었을 때 쓴 편지들에서 카테리나는 수녀원에서 보낸 하루하루와 아르노 강이 곁을 흐르던 아름다웠던 정원을 회상하면서 즐거움에 잠긴다. 그리고는 강 위로 펼쳐지는 아련한 그때의 정경을 떠올리며 다음과 같은 시를 남긴다:

> "장엄한 산맥, 알프스를 닮은 준봉들이
> 시린 북풍을 막아준다.
> 행복한 계곡, 그 사이로 끝없이 넘실대며
> 아르노 강이 도도하게 흐른다."

이곳이 카테리나가 생애에서 가장 평온한 시절을 보낸 곳이었다 — 비록 수도원 담장 밖에는 모진 광풍이 불고 있었지만. 그녀는 메디치가 장자 계열의 마지막 적자(嫡者)였으므로 공화국의 유익을 위해서 그녀를 죽이는 게 바람직하다는 여론이 팽배했다. 그녀가 수도원에서 보낸 마지막 해에 피렌체 시는 그녀의 친척 교황이 파견한 군대에 의해 공격을 당하고 있었다. 전투가 거의 매일 발생했다. 공화국 군대와 교황 군대 사이에 갈수록 교전이 치열해지자 메디치가의 이 상속녀를 제거하자는 갖가지 비열한 제안들이 적지 않게 제기되었고, 카테리나 본인도 자기가 언제든지 죽을 수 있다는 것을 잘 알고 있었다. 한 번은 공화국 정부의 한 관리가 그녀를 바구니에 담아 성벽에 내걸어 적군의 과녁이 되게 하자고 제안했다. 또다른 관리들은[10] 클레멘스의 행위에 격분하여 그녀를 죽이기 위한 더 처참한 방법을 제안했다.

마침내 1530년 여름에 정부는 카테리나가 무라토리 수녀원에서 너무 인기가 커졌고, 이 중요한 수녀원에 그녀를 통해 메디치가에 대한 호감이 자라나 그것이 음모의 원인이 될 소지가 있다고 판단하고서 그녀를 다른 거처로 옮기기로 결정했다. 그에 따라 7월 20일 한밤중에 대문을 쾅쾅 두드리는 소리와 함께 공화국의 이름으로 문을 열라는 명령이 정적에 감싸인 수녀원을 뒤흔들었다. 문이 열리면서 연장자 살베스트로 알도브란디니(Salvestro Aldobrandini)를 포함한 세 명의 시뇨리아 의원들이 잔뜩 겁에 질린 수녀들에게 소녀 카테리나 데 메디치를 내놓으라고 명령했다. 긴 협상이 오가는 동안 카테리나는 그것이 자기를 죽일 수 있는 다른 곳으로 데려가려는 것임을 감지하고서 사력을 다해 그 명령에 불응했다. 마침내 수녀들조차 카테리나에게 아침이 밝기 전에 스스로 수녀원을 떠나달라고 부탁했다. 그리고 카테리나는 결국 고개를 끄덕였다. 의원들이 사라지자 카테리나는 삭발을 하고 무라토리회 수녀 복장을 하고 원장 수녀에게 달려가서 "그들이 아침에 사람들이 다 쳐다보는 거리에서 수녀를 수녀원에서 강제로 붙잡아가는 만행을 감히 저지를까요?" 하고 말했다. 아침이 되어 의원들이 자기를 싣고 갈 말 한 필을 끌고 다시 나타났을 때 카테리나는 그들 앞에 수녀 복장을 하고 버티고 서서는 끌고 가고 싶으면 마음대로 끌고가되 자기는 복장을 벗지 못하겠노라고 했다. 그들은 여러 시간 동안 협박도 하고 설득도 해보았지만 아무 소용도 없었다. "카테리나는 바위와 같았다. 그녀를 태우기 위해 끌고 온 말이 대문 앞 길가에 몇 시간이고

---

10) Leonard Bertolini.

서 있는 동안 입씨름이 계속되었다." 마침내 의원들은 그녀를 수녀원 대문 앞까지 끌고 나왔지만, 그런 복장을 한 채로는 데려갈 수 없다고 했고, 카테리나는 그 복장을 하지 않고서는 따라가지 않겠고, 아무도 그 옷을 갈아입게 하지 못할 것이라고 단호히 주장했다. 니콜리니(Niccolini)는 이렇게 말한다: "카테리나는 자기가 수녀로서 수녀원에서 강제로 끌려나가는 것을 온 천하가 볼 것이라고 주장하면서 놀라울 만큼 단호한 결의를 가지고 거부했다." 결국 그들은 카테리나의 고집을 꺾지 못하고 그 복장을 한 채로 데려가지 않으면 안 되었다. 그들은 산 갈로 거리에 위치한 산타 루치아 수녀원으로 그녀를 호송했고(아마 인적이 가장 드문 길을 택했을 것이다), 이곳이 새 거처라고 일러주었다. 그 사실은 카테리나에게 크나큰 위로가 되었을 것이다.

카테리나의 생애와 관련하여 최초로 기록된 이 행동은 카테리나가 보통 아이가 아니었음을 보여 준다. 열한 살의 나이에 그런 강직한 인격을 보여주었으니, 훗날 아무도 건드리지 못할 권좌에 오른다면 조상들과 동일한 역량과 힘을 여실히 드러낼 것이라고 넉넉히 예측할 수 있다. 같은 사건과 관련하여 카테리나의 인품을 읽을 수 있는 두 번째 점이 있다. 카테리나는 살베스트로 알도브란디니가 그 때 보여준 태도에 대해서 그 뒤에도 늘 감사하게 생각했다. 알도브란디니는 목적이 확고했으면서도 카테리나를 정중하고 사려깊게 대했던 것이다. 이 일을 카테리나는 결코 잊지 않았다. 20년이 넘어서 그들의 지위가 뒤바뀌어 카테리나가 프랑스의 강력한 왕비가 되고 알도브란디니가 교황에게 사형 판결을 받은 이단이자 법익 박탈자가 되었을 때, 카테리나는 영향력을 발휘하여 그의 목숨을 건져주었다. 전하는 바로는 "그는 은혜 갚을 줄 아는 공작의 딸의 중재로 죽음을 면했다"고 한다. 감사의 심정을 그렇게 오랫동안 간직했다가 이렇게 행동으로 갚은 것은 보기 드문 예다.

무라토리 수녀원은 비록 오래 전에 문을 닫았으나 그 건물은 여전히 서 있고, '벽으로 둘러싸인 것들'을 감춰줌으로써 여전히 그 이름을 입증하고 있다. 오늘날 이 건물은 토스카나의 대규모 교도소이기 때문이다. 중앙의 높고 냉엄한 금단의 문은 카테리나와 의원들이 입씨름을 벌일 때의 그 모습으로 남아 있어서 이상한 정경을 회억하게 한다 — 대문 밖에서는 말이 여러 시간 문밖에 서서 기다리고 있고, 자기들이 보호하고 있던 어린 소녀가 살해될까봐 두려워 문 안에서 울고 서 있던 수녀들, 소녀에게 수녀복을 벗으라고 설득하던 세 의원들, 그리고 그 한가운데는 검은 수녀복을 입은 작은 소녀가 창백하고 결의에 찬 얼굴로 의원들의 설득에 조금도 요동하지 않은 채 서 있다.

카테리나는 1530년 8월 피렌체가 교황에게 항복을 할 때까지 산 갈로에 위치한 그 수녀원에 남아 있었다. 공화국 정부는 이 값어치 있는 포로를 조금도 항복 조건으로 이용하지 않은 듯하다. 혹시 그렇게 이용했을지라도 다른 많은 조약 문서들처럼 항복한 뒤에는 휴지 조각이 되었을 것이다. 그렇게 해서 자유를 되찾은 카테리나는 곧 "무라토리 수녀원에 있는 정든 수녀들에게 돌아갔고," 그곳에서 다음 해(1531) 봄까지 지냈다. 그 해 봄에 클레멘스 7세는 알레산드로를 피렌체 군주로 보내면서 카테리나가 그 도시에 그대로 거주하지 않는 게 좋겠다고 판단하고서 그녀를 여섯 살에 떠나온 로마로 돌려보냈다. 카테리나는 이곳에서 사촌 이폴리토와 재회했는데, 이 무렵 이폴리토는 로마에서 폭넓은 인기를 얻고 있었다. 이리하여 열두 살 소녀와 스물두 살 청년 사이에 다시 친밀한 정이 싹트기 시작했는데, 만약 상황이 허락되었다면 두 사람 사이는 강렬한 애정으로 발전했을 것이다. 당시 로마 주재 베네치아 대사 안토니오 수리아노는 보고서에서 이 때의 카테리나에 대해서 다음과 같이 묘사한다: "이 아이는 성격이 매우 활달하고 기지가 뛰어납니다. 교육은 피렌체 무라토리 수녀들에게 받았습니다."

이 무렵 교황 중에서는 카테리나의 결혼 문제가 쟁점이 되기 시작했다. 스코틀랜드 왕, 만투아 공작, 밀라노 공작이 구혼을 해 왔지만, 카테리나와 사촌 이폴리토간의 관계를 들어 둘 사이의 결혼이 최적이라고 말하는 사람들도 더러 있었다. 이폴리토와 결혼하게 되었다면 카테리나에게는 더할 나위 없이 좋았을 것이다. 그러나 앞에서 말했듯이 클레멘스 7세는 다른 생각을 하고 있었다. 1532년 겨울에 그는 이미 카테리나를 프랑수아 1세의 차남 오를레앙의 앙리와 결혼시키기로 작정했다. 열네 살이 다 된 그녀의 외모에 관해서 로마 주재 베네치아 대사는 "작고 날씬하고 머릿결이 아름답고, 얼굴은 갸름하고 예쁜 편은 아니지만 눈은 메디치가 사람답게 매우 곱습니다"라고 묘사한 뒤 "성격도 대단히 친절하고 온유하고 남을 대하는 태도도 따뜻합니다"라고 덧붙였다.

결혼이 결정되자 교황은 서둘러 만반의 준비를 갖추었다. 카테리나에게 속히 피렌체로 돌아가게 했고(카테리나는 그곳에서 다시 무라토리 수녀원에 가서 거했다. 메디치 궁전은 알레산드로가 차지하고 있었다), 8월 말에 그곳을 떠나 니스(Nice)에서 교황을 만나[11] 그와 함께 10월에 결혼식이 거행될 마르세유로 가게끔 되어 있었다. 당시의 화가 겸 사가인 바사리[12]의 글에서 이 무렵 카테리나의 흥미로운 모습을 얼핏 볼 수 있다. 바사리는 피렌체를 떠나 다시는 그곳을 보지 못하게 된 카테리나에 관해서 이렇게 적는다:

"카테리나는 친절하고 붙임성 있는 태도 때문에 우리에게 초상화를 남겨 두었으면 싶은 여성이다. 그 따뜻한 마음은 그림으로 그릴 수 없다. 내 붓으로는 아무런 기억도 남길 수 없다.[13]

카테리나의 전통적인 그림만 보고 마음의 그림은 보지 못한 사람들에게는 이 말이 이상해 보일 것이다. 그러나 이 말은 바사리가 친한 친구에게 사적으로 쓴 편지에 실려 있는데, 그렇게 표현된 카테리나가 이제 다시는 바사리가 만나볼 수 없는 먼 나라로 영원히 떠날 참이었다. 그런 점에서 볼 때 양식있는 계층 사람들에게 호감을 얻었다고 한 이 찬사가 사실을 반영했다는 데에는 의심의 여지가 없다. 바사리가 그런 상황에서 쓴 이 말은 로마 주재 베네치아 대사의 보고와 그녀를 친숙히 알던 무라토리 수녀들의 평가와 함께 카테리나가 오를레앙의 앙리와 결혼하기 위해 프랑스에 도착했을 당시 그 인품이 어떠했는지 잘 말해준다.

카테리나는 1533년 9월 2일 메디치 궁전에서 피렌체의 모든 귀족 여성들

---

11) 클레멘스 자신은 피렌체를 관통하는 것을 피하기 위해 배를 타고 갔다.
12) 훗날 코시모 1세 때 화가와 건축가로서, 그리고 화가들의 전기 작가로서 명성을 얻은 인물.
13) 그녀의 초상화는 틀림없이 피렌체에 보관할 의도로 바사리가 그리고 있었다. 그러나 이 초상화는 유실된 게 틀림없다.

과 작별 연회를 가진 뒤 피렌체를 떠났다. 귀족 여성들은 그 자리에서 카테리나에게 금에 진주들로 화려하게 수놓은 옷을 선물했다. 연회가 끝나자 카테리나는 3시에 피렌체를 떠나 포지오 아 카야노로 갔고, 그곳에서 일행은 첫날밤을 묵었다. 마르세유까지는 마리아 살비아티(고종 사촌), 카테리나 치보, 필리포 스트로치, 팔라 루첼라이가 동행했다. 다음날 일행은 피스토이아로 갔고, 그곳에서 스페치아 만에 위치한 베네레 항구로 간 다음 그곳에서 마르세유로 가는 배를 타고 가다가 니스에서 잠시 정박한 다음(그곳에서 교황을 만났다), 10월 12일 마르세유에 도착했다.

마르세유 항구에 도착한 선단은 대 장관을 연출했다. 선단은 선박 60척으로 이루어졌는데, 그 중 카테리나를 실은 배는 자주색 바탕에 금으로 수놓은 돛을 달고 있었고, 그 뒤를 따라온 교황을 태운 배는 금 천으로 지붕을 덮고 갑판에는 진홍색 새틴을 깔았다.

선단이 항구에 도착하자 마르세유 시에는 평소에 볼 수 없는 화려한 행렬이 벌어졌다. 선두에는 흰색 장신구를 달고 성체(聖體)를 실은 백마가 역시 흰 옷을 입은 두 명의 마부에 이끌려 갔고, 그 뒤에는 교황이 탄 가마를 장정들이 어깨에 메고 갔고, 그 뒤에는 주교들과 추기경들이 저마다 법복을 입고 말을 타고 따랐고, 마지막에는 금으로 무늬를 넣은 옷을 입은 카테리나가 말을 타고 따라갔으며, 곁에서는 카테리나의 이모부 올버니의 공작 존 스튜어트가 말을 타고 갔다. 마르세유의 모든 발코니에는 일제히 벨벳에 자수를 놓은 값진 옷감이 내걸렸고, 거리마다 프로방스의 짙은 담홍색 장미와 프랑스의 백합이 뒤섞여 길게 줄지어 있었다. 교황과 프랑스 왕이 묵은 두 궁전은 길 하나를 두고 서로 마주보았는데, 위에는 지붕을 단 다리를 놓아 대규모 홀을 이루었고, 벽에는 값진 융단들을 걸었다. 피렌체의 아라치 미술관에 가면 카테리나의 이 결혼식에 열린 축제들을 묘사한 값진 융단들이 걸린 세 개의 방을 볼 수 있다. 이 융단들은 이 행사에 참석한 사람들의 복장들을 보여 주는 흥미로운 자료이다.

카테리나 데 메디치와 오를레앙의 앙리의 결혼식은 1533년 10월 28일에 마르세유 성당에서 거행되었다.[14] 교황이 직접 의식을 집전했고, 카테리나는 귀금속으로 수놓은 흰 비단 드레스에 피렌체의 줄세공 장신구로 장식한 모습으로 가까운 모든 친척들 곧 교황과 이폴리토(얼마 전에 헝가리에서 돌아온 그는 전과 다름없이 위엄과 기백이 넘쳤으나, 한때 그에게 드리워진 영원한 슬픔이 그의 얼굴을 덮고 있었다), 마리아 살비아티, 그리고 카테리나 치보와 함께 서 있었다.[15] 이때 카테리나의 나이가 열다섯이었고, 오를레앙의 앙리가 열여섯이었다. 앙리는 둔하고 말수가 적은 청년이었다. 그는 형과 함께 스페인에서 오랫동안 열악한 상황에서 수감 생활을 하느라 형은 건강을 해쳤고 앙리는 우울증을 얻은 듯하다. 그는 명석하고 열정적인 아버지 프랑수아 1세와 전혀 딴판이어서 프랑수아는 차남의 무겁고 굼뜬 성격이 늘 못마땅하여 속이 상했다.

이 결혼식 때 교황 클레멘스는 둘 다 나름대로 귀중한 역사를 지녀온 두 가지 현저한 선물을 했다. 카테리나에게는 알이 대단히 굵은 일곱 개의 진주를 선물했는데, 이 진주들은 카테리나의 초상화에서 그녀가 쓴 면류관 정면에 붙어 있다. 25년 뒤 카테리나는 이 진주들을 며느리 스코틀랜드 여왕 메리가 자신의 장남과 결혼할 때 선물로 주었다. 코크레인 씨(Mr. Cochrane)는 메리가 홀리루드 궁전에 걸린 그림에서 그 진주들이 박힌 목걸이를 걸고 있다고 언급한다. 훗날 엘리자베스는 메리를 죽일 때 그녀의 목숨만 가져간 게 아니라 그녀의 보석들도 훔쳐, 항상 탐내던 이 유명한 진주들을 차지하기도 했다. 그래서 이 진주들은 영국 왕실 보석의 일부가 되었다. 이 진주들은 수 차례에 걸쳐 위대한 역사적 소임을 다한 뒤에 1901년 영국 왕 에드워드 7세가 대관식 때 카테리나 데 메디치가 자기 면류관에 썼던 그 유명한 보석들이 박힌 왕관

---

14) 카테리나는 그녀의 결혼과 관련된 모든 국가 문서에서 언제나 프랑스 왕과 프랑스 사가들에게 "우르비노의 여공작"으로 불리는데, 이것은 우르비노의 실제 공작을 크게 화나게 했다.

15) 알레산드로가 카테리나의 결혼식에 참석하지 않았다는 것은 의미심장하다. 그가 만약 정말로 그녀의 이복 형제였다면 가장 가까운 친척이었던 셈이고 따라서 결혼식에 참석하지 않을 수가 없었을 것이다. 그러나 클레멘스 7세는 프랑스인들이 보는 앞에서 알레산드로 같은 친척을 내세울 의도가 없었다. 따라서 이폴리토에게는 참석을 강권했으면서도 알레산드로는 참석하지 못하도록 신경을 썼던 것이다.

을 쓴 것을 끝으로 공개 석상에서 자취를 감추었다.

클레멘스의 또다른 선물은 신부의 시아버지 프랑수아 1세에게 준 것으로서, 발레리오 비첸티노(Valerio Vicentino)가 자기 딸의 도움을 받아 투명한 수정 원석을 가지고 그리스도의 생애 24장면을 묘사하고 사방에 은테를 둘러 부조(浮彫)의 인상을 들게 한 유명한 작은 상자였다. 그 안에는 고난주간 목요일에 거행한 성사의 내용물이 담긴 성합(pyx)이 들어 있었고, 그 성합은 루비들을 박아 넣은 화려한 법랑이었다. 이 작은 상자는 그 결혼식 때 바친 가장 값진 선물 중 하나로서, 비첸티노는 그 제작비로 2천 크라운 금화를 받았다. 오늘날은 그 가치가 돈으로 환산할 수 없을 만큼 막대하다. 이것은 17세기에 피렌체로 돌아가 오늘날은 우피치 미술관 보석실의 메디치가 실에 다른 보석들과 함께 전시되어 있다. 그것이 어떻게 해서 이탈리아로 돌아왔는지는 미스테리이다. 이것은 카테리나가 자기 아들 샤를 9세의 재위 때 루브르 궁전의 한 캐비넷에 넣어 보관했다. 이것은 앙리 3세가 죽은 뒤 파리에서 소요가 일어난 동안 루브르에서 도난당한 게 틀림없으며, 그것을 훔친 자가 그렇게 귀중한 물건을 파리에 보관하는 것을 불안하게 느끼고서 이탈리아로 가져갔고, 그 곳에서 40년간 은밀히 보관된 뒤 메디치가의 대공들 중 한 명에 의해 — 페르디난도 2세일 가능성이 가장 높다 — 매입되었음에 틀림없다. 1635년 메디치가의 보석 목록에 갑자기 등장했으나 언제 어떤 경위로 얻게 되었는지 아무런 기록이 없기 때문이다.

지금까지 카테리나의 소녀 시절 14년을 추적했으므로, 이제는 프랑스 왕자의 아내로서 지낸 14년과, 남편과 함께 프랑스 왕과 왕비로서 보낸 12년의 세월을 살펴볼 차례이다.


### 제2기 1533 — 1559

프랑수아 1세는 교황과 논의할 외교상의 문제들이 산적해 있었다. 그밖에도 왕과 교황이 치러야 했던 대 축제들이 많았기 때문에 두 사람은 한 달이 족히 넘어서야 비로소 마르세유를 떠날 수 있었다. 그 뒤 클레멘스 7세는 자기를 수행했던 자들을 다 데리고 다시 이탈리아로 항해했고, 프랑수아 1세도 대신들과 새로 맞아들인 며느리를 데리고 육로로 아비뇽을 행해 길을 떠나 퐁텐블로에 있는 자신의 궁전으로 갔다. 카테리나는 이제 전혀 새로운 생활을 하게 되었다. 프랑수아는 주거지를 항상 바꾸는 습관이 있었는데, 1532-1535년 프랑스 주재 베네치아 대사 마리노 귀즈티니아노는 "내가 대사로 재직한 기간에는 조정이 한 궁전에서 15일 이상 머문 적이 없었다"고 말할 정도였다. 카테리나는 이 끊임없는 이사에 함께 따라다녔고, 항상 말등에 올라 이 도시 저 도시를 다닌 덕에 짧은 기간에 프랑스의 넓은 지역을 구경했다.

이제는 카테리나의 외모와 인품을 새로운 관찰자들의 시각에서, 즉 새로운 베네치아 대사들(프랑스 조정에 파견된)과 당시 왕실에서 그녀를 본 프랑스 작가들의 시각에서 살펴보게 된다. 전자는 카테리나가 "활기 넘치고 붙임성 있고 대인 관계가 뛰어나다"고 묘사하는 반면에, 프랑스 저자 브랑통(Brantome) — 당시 궁정에 거주하고 있었다 — 은 시집온 신부를 이렇게 묘사한다:

> "그녀의 외모는 기품이 있으면서도 인자함이 배어 있다. 표정이 밝고 의상 감각도 뛰어나다. 외모도 수려하여 얼굴이 희고 발이 작고 손이 예쁘며 특히 음성이 아름답다."

전하는 바로는 말도 썩 잘 탔다고 하고, 야외로 나가기를 좋아했으며, 대단히 건강한 체질이었다고 한다.

프랑수아 1세 자신이 재기가 뛰어나고 세련된 사람이었다. 그에 관해서 베네치아 대사 마리노 카발리(Marino Cavalli)는 이렇게 말한다: "누구나 그의 말을 들으면 그가 학문이든 예술이든 논하지 못할 분야가 없을 정도로 많은 지식을 갖고 있는 것에 놀란다 … 그의 재능은 전쟁에만 국한되지 않고, 문학, 회화, 언어에도 탁월했다."

프랑수아는 며느리가 궁정의 여느 귀부인들보다 재기 발랄하고 교육 수준

이 높다는 것과, 그 쾌활함과 명민함이 자기의 좋은 말벗이 될 만큼 뛰어나다
는 것을 발견했다. 한편 사냥과 다른 야외 스포츠를 좋아하는 것도 사냥에 죽
고 못사는 자신의 취향과 딱 맞았다. 따라서 자기를 따라 모든 행사에 참석하
도록 채근했으며, 그 결과 카테리나는 곧 여성 전속부관단처럼 프랑수아를
수행하여 이 궁전에서 저 궁전으로 옮겨다니는 명철하고 쾌활한 사람들로 구
성된 프랑수아의 소그룹(the Petite Bande)에 끼게 되었다. 프랑수아는 이들을 데
리고 숲으로 에워싸인 퐁텐블로에서 그가 자랑하던 은빛 르와르 강변의 앙부
아즈 성(이 곳에서 카테리나의 부모가 프랑수아가 권좌에 즉위한 직후에 결
혼했다)에 이르기까지, 파리에 있는 그의 화려한 레 투르넬레 궁전에서 오늘
날 우리에게는 비극의 장소로 알려졌으나 당시에는 화려하게 장식된 내실들
마다 작은 배타적 무리의 웃음과 장난이 그칠 새 없던 블루아 궁전에 이르기
까지 쉬지 않고 다녔다.

왕에게 받은 이런 총애는 비록 카테리나가 처한 새롭고 어려운 환경에는
(그리고 특히 3년 뒤 그녀의 원수들이 그녀에 대해서 중대한 고소를 했을 때)
귀중한 도움이 되긴 했으나, 자연히 궁정에 질투가 일어나게 했다. 그러나 카
테리나는 프랑스인들이 자신에 대해서 얼마나 많은 불만의 원인들을 갖고 있
는지 잘 알고 있었기 때문에 겸손하게 처신하는 지혜로운 면모를 보였다. 이
런 면모를 베네치아 대사 주스티니아노(Giustiniano)가 이 무렵에 쓴 보고서에
서 어렴풋이 보게 된다:

> "오를레앙 전하께서는 카테리나 데 메디치 부인과 결혼하셨는데, 이것이
> 온 나라를 불만에 빠뜨렸습니다. 교황 클레멘스가 이 혼인관계에서 왕을 속인
> 것으로 생각됩니다. 그러나 그의 조카딸은 매우 유순합니다."

그러나 카테리나에게는 프랑스 왕 한 사람을 빼놓고는 프랑스에 친구가
하나도 없었고, 따라서 그녀의 지위는 대단히 어려웠다. 귀족과 평민의 결혼
이 매우 폄하된 데다 카테리나 자신이 프랑스인들에게 선보이기 오래 전부
터 그들에게 이탈리아 부르주아로 미움을 받았을 뿐 아니라, 약속을 이행하

지 않은 교황 클레멘스의 친척이라는 사실로 인해 그녀에 대한 반감이 커져 있었다. 마르세유에서 사람들은 카테리나가 프랑스 왕에게 '반지 세 개' 곧 제노바, 밀라노, 나폴리를 가져올 것이라고 기대했다. 그러나 클레멘스는 일단 결혼이 성사되자 이탈리아로 가버린 뒤 프랑스 왕이 이 영지들 중 어느 하나라도 차지하도록 지원하지 않았다. 그리고 다음 해(1534) 교황이 죽었을 때 카테리나는 교황에게서 그 정도의 지원조차 받을 수 없게 된 채 홀로 남겨졌고, 그녀에 대한 반감은 강렬해졌다.

이것으로 그치지 않았다. 이런 공적 입지에 닥친 불행들에다 사적인 불행까지 닥쳤다. 그것은 남편으로 인한 불행이었다. 남편 앙리는 굼뜨고 말이 없고 항상 침울하여 아버지가 어디에도 기용할 수 없었던 데다가, 3년 전 스페인에서 포로 생활을 마치고 돌아온 뒤에는 자기 나라 말조차 잊어버렸다. 그런 앙리가 카테리나를 처음부터 싫어했던 것이다. 재기 발랄하고 똑똑한 카테리나가 자신의 무능을 더욱 두드러지게 만들 뿐이었기 때문이다. 따라서 카테리나 앞에 놓인 장래는 밝지 못했다. 이국 땅에서 남편에게 미움을 받고 프랑스 국민들에게 혐오를 받고, 낮은 신분의 외국인이라고 천대를 받고, 자기를 프랑스에서 쫓아낼 빌미를 찾기 위해 원수들이 사방에서 기회를 엿보고 있는 상황이었다.

1535년 결혼한 지 2년 뒤에 카테리나는 사촌 이폴리토가 혐오스런 알레산드로에 의해 비열하게 독살당했다는 슬픈 소식을 들었다. 이폴리토는 무척 정이 든 사촌이었을 뿐 아니라 자기에게 거의 마지막으로 남은 친척이었기 때문에 그 소식은 엄청나게 큰 충격이었을 것이다. 그 나이에 세상에 철저히 혼자 남겨진다는 건 극히 드문 일이다. 유일한 고모는 이미 오래 전에 죽었고, 먼 친척 교황 클레멘스도 작년에 죽었다. 이제 유일한 사촌 이폴리토마저 가버렸으므로 아버지의 친사촌 마리아 살비아티를 빼고는 살아 있는 친척이 한 명도 없게 된 셈이었다. 살비아티조차 카테리나가 결혼한 뒤에는 사실상 세상 일에서 손을 떼고 지냈다. 이런 점에서 외돌토리가 된 카테리나의 상태는 비슷한 경우의 다른 사람들이 일반적으로 소유한 유력한 친인척의 강력한 지원이 전무한 상태였으므로 자연히 그 지위에 어려움을 가중시켰다. 그래서 많은 어려움에 직면하게 된 이 열여섯 살의 소녀는 의지할 데라곤 자신의 능력과 힘밖에 없었다.

1536년 8월 결혼한 지 3년이 다 되었을 때 시아주버니인 세자 프랑수아가 소년 시절에 스페인에서 모진 옥고를 치른 이래 건강이 계속해서 나빠지다가 투르농에서 갑자기 죽었다. 장남의 이런 급작스런 죽음은 모든 애정을 그 세자에게 쏟아온 프랑수아에게 크나큰 충격을 주었다. 리옹에서 그가 병들었다는 소식을 들은 왕은 즉각 그에게 갈 채비를 했으나, 막 떠나려는 참에 그가 죽었다는 소식을 받은 것이다. 왕의 슬픔이 어떠했는지 눈에 선하다. 그는 그 비보를 받고는 모든 사람들이 깊은 동정의 눈길로 쳐다보는 가운데 창문 앞에서 무릎을 꿇고서 자기 아들을 위해, 자기 백성을 위해, 그리고 자신을 위해서 기도했다.

그가 죽은 직후 당연히 나라 전역에는 그가 남편의 왕위 계승을 노린 '그 이탈리아 여자'에게 독살되었다는 소문이 파다하게 돌았다. 그러나 그런 증거는 손톱만큼도 발견되지 않았고, 사가들도 한결같이 그 소문이 카테리나에 대한 민족적 편견 때문에 퍼진 것이라고 간주한다. 그 소문은 카테리나가 스스로의 행위로 자초한 세간의 악감에 근거한 것도 아니다. 이는 프랑스에 와서 산 기간이 너무 짧았고 백성에게 많이 알려질 만큼 공적인 활동을 많이 할 여유도 없었기 때문이다. 그러나 정부는 그 소문을 조사했고, 세자의 술 담당관 몬테쿼컬리(Montecuculli)를 하수인으로 고소하여 범행을 지시한 자를 불도록 고문을 했다. 고문을 당하는 동안 카테리나의 연루 혐의를 완강히 부인한 그는 황제 카를 5세가 이 범행의 주범이라고 불었고, 심지어 처형되는 순간까지도 이 주장을 고수했다. 그러나 그의 자백 역시 사실이 아닌 것으로 믿어지며, "그런 모진 고문에서 받아낸 모호한 자백은 가장 편견이 없는 사가들이 제시한 주장, 즉 평소 허약했던 세자가 테니스를 과하게 한 뒤 찬 물을 너무 많이 들이켜서 죽은 것이지, 독살된 것은 아니라는 주장보다 신빙성이 크게 떨어진다"는 점이 지적되어 왔다. 어쨌든 카테리나를 범인으로 볼 만한 근거가 없었다는 점이 인정된다. 그러나 한 번 의혹이 생기면 발생하는 일마다 그 의혹을 뒷받침하게 마련이어서, 몬테쿼컬리의 재판 결과가 나왔는데도 백성들은 카테리나에 대한 의심을 버리지 않았다. 그러나 프랑수아 1세는 슬픈 상황에서도 이 견해를 인정하지 않았고, 세자가 죽은 뒤 자기 백성들이 카테리나에게 쏟아부은 부당한 의혹을 보상하려는 듯이 카테리나에게 친절을 아끼지 않았다.

이 사건은 카테리나의 지위와 전망을 실질적으로 바꾸어 놓았다. 지금까지는 프랑수아 1세와 카를 5세와의 갈등이 끝나는 대로 밀라노 공작과 공작부인 혹은 그에 준하는 지위보다 더 높은 지위를 기대할 게 없었다. 그러나 이제는 그대로만 가면 프랑스의 왕과 왕비가 되게끔 되어 있었다. 이것은 프랑스 궁정에서 카테리나의 위엄과 중요도를 한층 더 높여주긴 했으나, 다른 면에서는 그녀의 지위를 조금도 나아지게 하지 못했다. 이는 카테리나가 왕의 차남과 결혼했으면서도 이제 세자비 곧 왕위 계승자의 아내가 되어 지위가 격상된 데에 프랑스인들이 깊은 상처를 받고 있었기 때문이다.

해가 거듭할수록 카테리나의 지위에 따르는 어려움과 슬픔은 새롭게 커져만 가는 것 같았다. 결혼한 지 첫 해에 프랑스인들의 불만에 방패막이가 되어주던 교황 클레멘스가 죽었다. 그리고 다음 해에는 좋아하던 사촌이 살해되어 세상에 외돌토리로 남게 되었다. 그리고 다시 3년째에 프랑스인들은 카테리나의 무혐의가 모든 면에서 확실해졌는데도 불구하고 그녀가 시아주버니를 독살했다는 비난이 조금도 누그러지지 않는데, 이런 힘겨운 상황 외에도 열일곱 살의 소녀가 마시기에는 너무나 쓴 또 하나의 운명의 잔이 기다리고 있었다. 24년이나 계속될 훨씬 더 어려운 시련이 시작되고 있었다.

1540년경 평소 말이 없던 스물두살의 젊은 남편 앙리가 노르망디 귀족의 아름다운 미망인 디안 드 푸악티에(Diane de Poictiers)와 열애에 빠졌다. 그녀가 앙리를 완전히 사로잡아 궁정에서 세자 세력을 막후에서 조종하는 실력자로서 행세하는 동안 — 그 세력은 공작부인 데탕페(d'Etampes)가 이끄는 왕의 세력과 대립했다 — 카테리나는 매사에 뒤로 밀려나 디안 드 푸악티에에게 공개적인 모욕을 받고(푸악티에는 기회만 있으면 카테리나를 모욕했다), 아네에 있는 디안의 대 저택에서 대부분의 시간을 보낸 앙리에게도 무시를 당했다. 카테리나는 이런 현실을 침묵과 뛰어난 기지로 참아냈다(이런 태도는 프랑수아 1세에게조차 인정을 받았다. 그는 아들이 며느리를 대하는 태도에 크게 분개했다). 그러나 이때 그녀의 영혼에 쇠심이 박혔다는 것이 오랜 후에 카테리나가 사랑하는 딸에게 보낸 편지에서 오랜 세월 꾹 눌러 참고 보낸 이 슬픔을 눈물겹게 이야기한 대목에 잘 나타난다.

이 무렵 프랑스 궁정에는 프로테스탄트주의의 열풍이 불어닥쳤다. 거기서 파생된 한 가지 결과는 마로(Marot)의 프랑스어 시편이 유행한 일이었는데, 어떤 행사가 열리든 사람들은 자기가 좋아하는 시편송 한 곡쯤을 들을 수 있었다. 전하는 바로는, 카테리나가 압제당하는 자들을 건져달라는 내용의 시편을 특히 좋아하여 늘 읊조리고 지냈다고 하는데, 이 시가 그녀의 마음을 사로잡은 것은 틀림없이 남편의 냉대와 무관심, 그리고 프랑스인들이 자기에게 보이는 편견 때문이었을 것이다.

카테리나가 스물한 살이던 이 무렵에 제작된 카테리나의 초상화는 훗날 언제나 그녀 자신의 가문인 메디치가에 의해 보존되었다. 얼굴은 아름답지는 않으나 지적인 풍모에 메디치가 특유의 눈, 그리고 넓은 이마, 아름다운 머릿결을 잘 살린 이 그림은 당대에 수리아노와 바사리 같은 화가들이 그린 카테리나의 모습과 완전히 일치한다. 이 초상화는 메디치가가 다른 가문 사람들의 초상화들과 함께 그들의 주요 저택인 포지오 아 카야노에 영구 보관되었고, 지금도 그 곳에 걸려 있다. 그 저택과 그 안의 내용물들은 메디치가의 대공들로부터 그들의 계승자들인 오스트리아 대공들에게로, 다시 그들로부터 이탈리아 왕에게로 전수되어 지금은 토스카나 왕립 저택이 되어 있다. 그 초상화를 그린 화가의 이름은 남아 있지 않지만, 초상화에 그려진 면류관, 유서깊은 진주들, 그리고 당대 저자들의 묘사와 일치되는 점들, 그리고 무엇보다도 그 초상화가 늘 보존된 지역을 감안할 때 화가가 매우 권위있는 인물이었다는 데 의심의 여지가 남지 않는다. 이탈리아 화가가 프랑스에서 카테리나를 위해 그린 이 그림은 카테리나가 1539년 친척 코시모 1세와 엘레오노라 디 톨레도(Eleonora di Toledo)의 결혼식 때 선물로 보냈을 가능성이 크다.

1542년 카테리나에게는 또다른 고통이 찾아왔다. 이제 스물세 살이 된 카테리나는 결혼한 지 벌써 9년이 되었는데도 자녀가 없었다. 이것은 보통 부부가 이럴 경우에 겪는 슬픔만 갖다 준 게 아니라, 틈만 있으면 그녀를 몰아내고 잃었던 프랑스의 체면을 되찾으려고 하던 자들에게 아주 실질적인 기회를 제공했다. 디안 드 푸악티에가 눈엣가시 같은 앙리의 아내에게 또 한 번의 상처를 입힐 만한 이 기회를 놓칠 리가 없었다. 프랑수아 1세를 찾아가 사람들 사이에서 말이 많이 나돈다고 하면서 넌지시 그 문제를 꺼냈다. 그 뒤 일종의 비밀 가족 회의가 열려 그 문제를 정식으로 논의했다. 이상하게도 이 회의에 디안도 참석하여 왕에게 카테리나를 이혼시켜야 한다고 주장했다. 이 주장에 대해서 프랑수아 1세는 마지 못해서 동의했다고 한다. 이 순간에 카테리나에게 조금이라도 친절을 보인 사람은 딱 한 사람뿐이었다. 카테리나가 겪어야 할 숱한 역경을 생각하고 가련한 생각이 든 프랑수아 1세의 총애를 받던 앙리의 여동생이자 나바르의 여왕인 앙굴렘의 마르그리트(Marguerite)는 카테리나에게 쓴 위로의 편지에서 "우리 오빠는 말은 그렇게 하셨어도 이 이혼을 절대로 허락하지 않으실 겁니다" 하고 말했다. 이 동정의 말에 힘을 얻은 카테리나는 프랑수아 1세에게 가서 만일 그것이 그의 뜻이라면 남편을 포기하고 수녀원에 들어가겠다고 제의했다. 베네치아 대사 로렌초 콘타리니는 보고서에서 이렇게 말한다:

> "카테리나는 왕에게 찾아가 하염없이 눈물을 흘리면서 왕의 뜻이 자기 아들을 다른 아내에게 주는 것이라는 말을 들었다고 전하고, 하느님이 자기에게 자녀를 주기를 기뻐하지 않으셨으므로 왕이 더 이상 기다리지 않는 게 좋겠다는 판단이 드는 대로 곧 그 중대한 권좌를 계승할 방안을 강구하시고, 자기는 황공하게도 자기를 며느리로 맞아들인 왕에 대해 지고 있는 막중한 책임을 감안하여 왕의 뜻을 거역하지 않고 이 고통을 감내할 용의가 얼마든지 있다고 밝혔습니다."

프랑수아는 카테리나에게 두려워하지 말라는 말과, 그녀를 내쫓는 것을 용인하지 않겠다는 말로 안심을 시켰다. 그리고 그 다음 해에 카테리나는 퐁텐블로에서 아들을 낳아 그 극심한 고통에서 벗어났다. 아들의 이름은 할아버지의 이름을 따서 프랑수아라고 지었다. 1543년부터 1555년까지 카테리나는 열 명의 자녀를 두었다. 그 중 셋은 유아 때 죽었지만 나머지 네 아들과 세 딸은 잘 자랐다. 네 아들 중 셋(프랑수아, 샤를, 앙리)은 차례로 프랑스의 왕이 되었고, 세 딸 중에서 엘리자베스는 스페인의 펠리페 2세와 결혼했고, 클로드는 로렌의 공작과 결혼했으며, 마르그리트는 나바르의 앙리와 결혼했다.

1547년 카테리나가 스물여덟 살로서 결혼한 지 14년이 지났을 때 프랑수아 1세가 죽고 남편이 프랑스 왕 앙리 2세가 되었다. 이렇게 되자 카테리나가 오랜 세월 분별력과 고결한 침묵으로 참아온 악들이 한층 더 기승을 부렸을 뿐 아니라 그녀의 마음도 찢어질 듯 아팠다. 프랑스인들이 카테리나로 인해 느낀 모욕감은 결혼식 때도 컸지만 그녀가 세자비가 되었을 때는 더욱 커졌고, 이제 프랑스 왕비가 되었을 때는 그 어느 때보다 컸을 것이다. 따라서 그녀에 대한 백성들의 미움은 이전보다 더욱 노골적으로 나타났다.

그러나 카테리나의 생애에서 가장 큰 슬픔은 앙리가 왕이 되면서 시작되었다. 앙리는 이제 스물아홉 살로서 이제는 더 이상 청년 때처럼 굼뜨고 멍하지 않았다. 자주 좌절에 빠지고, 국정을 돌보기보다 사냥과 유희를 탐닉했지만, 성격은 힘이 붙고 향상되었다. 카테리나는 속으로 그를 강렬히 사랑했다. 비록 그는 조금도 그 사랑에 답하지 않았지만 말이다. 카테리나가 평생 품고 산 한 가지 진정한 열정은 앙리를 향한 것이었다는 것은 모든 권위자들의 한결같은 견해이다. 그러나 앙리 자신은 (당대의 어느 프로테스탄트 저자의 말을 빌리자면 "그 바람둥이 디안에게 푹 빠져서") 그 열정을 존중하지도 않았고 심지어 그것을 깨닫지도 못했다. 그의 즉위로 디안 드 푸악티에의 확연한 승리가 시작되었다. "아름다운 여자 사냥꾼이었던 디안은 장 구종(Jean Goujon)의 조각상으로는 당당한 누드로 레다(Leda)의 백조처럼 사랑에 눈먼 채 신비스런 수사슴을 껴안고 있다. 디안 푸악티에는 젊은 로저(Roger)를 유혹하기 위해서 젊음의 샘을 발견한 노파 알치나(Alcina)처럼 젊음이 영원히 마르지 않는 기이한 여인이다. 퐁텐블로에 있는 프리마티초(Primaticcio)의 프레스코들이 묘사하는 디안 푸악티에는 어느 때는 빛나는 밤의 여왕이고, 어느 때는 영원한 불에 둘러싸인 음침한 헤카테(마녀)이다."[16]

앙리가 왕으로 즉위하자 디안은 그 기회를 잡아 그를 꽉 장악하고 있던 자신의 힘을 여실히 드러냈다. 드러내되 다른 시대 다른 나라에서는 상상도 못할 방법으로 드러냈다. 디안은 마흔여덟 살이고 앙리는 불과 스물아홉 살이었지만, 앙리는 디안에게 자기와 자기 나라를 송두리째 내맡길 정도로 그녀에게 푹 빠졌다. 너무나 송두리째 내맡겼던지라 그 시대 사람들은 디안이 마법의 반지나 혹은 그밖의 마법의 능력을 갖고 있다고 여겼다.

> "우리는 자연적인 세상에 있지 않다. 이건 마법에 걸린 세상이다. 강력한 주문과 극적인 타격이 아니고서야 이렇게 될 수가 없다. 서른 살의 왕을 결박하고 있는 저 쉰 살의 아르미다(Armida)는 매일 마법의 지팡이를 사용하고 있는 게 틀림없다."[17]

앙리는 디안에 대한 충절을 덕목으로 격상시켰다. 틈만 나면 디안 곁으로 갔고, 아네에 있는 디안의 영지에서 "도금양과 장미 숲에서, 조각상들과 연못들과 왕성하게 솟는 샘들 사이에서, 어둡고 사냥감이 그득한 깊은 숲에서, 왕은 마법에 걸린 것처럼 지냈다."

카테리나는 경쟁자가 가진 이런 강력한 매력이 하나도 없었다. 그녀의 매력은 지적인 것들뿐이었다. 이 지적인 매력들은 남편의 유능한 아버지 프랑수아 1세를 크게 만족시킬 만큼 강했지만, 앙리의 우둔한 본성을 사로잡는 데는 아무런 힘도 쓰지 못했다. 이렇게 해서 카테리나에게는 이제 12년의 인고의 세월이 시작되었다. 매 순간 자신을 억제하는 것이 그녀의 일이었다. 앙리가 발렌티누아의 여공작으로 세운 디안 드 푸악티에가 사실상 국사를 좌지우지했다. 앙리의 대관식 때 상석을 차지한 사람이 디안이었다. 새 왕의 즉위 때 거둬들인 특별세조차 디안에게 하사되었다. 디안은 관직과 성직을 가리지 않

---

16) *Women of the Valois Court*, by Imbert de Saint-Amand.

17) *Guerres de religion*, by Michelet.

고 모든 직위를 직접 챙겼고, 사방의 토지와 재산을 집어삼켰다. 카테리나가 보잘것없는 쇼몽 성에 가서 사는 동안,[18] 디안은 자신이 사는 아네와 슈농소의 화려한 저택들을 왕궁과 방불하게 웅장하게 꾸몄다. 당시 자신의 충직한 신하들이던 기즈가 사람들(기즈의 공작 클로드의 여섯 아들)[19]을 모두 왕궁의 주요 관직에 기용했다. 앙리는 어떤 회의에 참석하든 의제를 반드시 디안에게 먼저 상의한 뒤에야 비로소 참석했다.

앙리와 디안이 이런 관계하에서 지내는 동안, 왕비 카테리나는 한적한 곳으로 물러나 홀로 거하면서 될 수 있는 대로 전면에 나서지 않았고, 자기에게 무슨 죄를 덮어 씌워 자기를 제거하고 감시하고 있던 자들에게 빌미를 주지 않기 위해서 말 한 마디 표정 하나에도 각별히 조심했다. 자기 능력이 위축되는 것을 지켜봐야 했고, 그 능력을 발휘할 기회조차 얻지 못했고, 자신의 합법적인 지위는, 자기보다 스무살 위에다 역량도 크게 못 미치는 여자에게 강탈당했고, 출신과 가문 때문에 조롱과 멸시를 받았고,[20] 남편이 자기에게 조언을 구해 온 적도 없었으며, 남편에게서 왕의 역할을 앗아간 궁정인들과 그밖의 사람들에게 업신여김을 당했다. 더욱이 디안 드 푸악티에는 "그 '이탈리아 여자'를 경멸하고 은근히 모욕을 주는 것을 낙으로 삼았다."

아마 카테리나로서 더 괴로웠던 것은 자기가 자녀들을 낳았을 때 디안이 그 아이들의 유모장이 되겠다고 고집한 일과, 게오르게 귀프레(M. Georges Guiffrey)의 말과 같이,[21] "요람들을 도맡아 관리하고 신생아에 관한 모든 문제를 결정한 일", 가사의 결정권을 도맡고, 카테리나의 산후 조리를 맡고, 왕비

---

18) 쇼몽에 가면 아직도 그녀의 침실과 침대, 화장실, 기도대를 볼 수 있다. 기도대에는 그녀가 쓰던 "시과(時果) 기도서"가 놓여 있다. 이 기도서에는 여러 사람들을 위한 기도와 그 사람들의 축소화가 있으며, 하느님께 드리는 다음과 같은 기도가 있다: "주께서 제게 다스리도록 허락하신 이 나라에 궁휼을 베푸시고, 제 그릇된 행위로 인해 이 나라를 벌하지 마옵소서."

19) 장남 프랑수아는 아버지를 계승하여 기즈 공작이 되었고, 동생 샤를은 로렌의 추기경이 되었다. 셋째 아들 마옌의 공작 클로드는 디안 드 푸악티에 딸과 결혼했다.

20) 디안 드 푸악티에는 스코틀랜드의 여왕인 어린 메리에게 카테리나의 등 뒤에서 그녀를 "장사꾼의 딸"이라고 부르도록 가르쳤으며, 이 점을 가지고 농담을 지어내기를 지루해하지 않았다. 디안을 즐겁게 하기 위해서 파리의 재담가들이 메디치가가 원래 의사(혹은 그보다는 약제사) 집안이었고, 그 가문의 문장인 여섯 개의 구가 그들이 만든 환약을 상징한다는 이야기를 꾸며낸 것이 바로 이 시기였다. 무가치한데도 퍽 오래 유행한 이야기이다.

21) Letters de Diane de Poictiers, edited by M. Georges Guiffrey.

를 간호한 일로 궁전내 주치의들로부터 극찬을 받고, 앙리로부터 "짐이 아끼고 무척 사랑하는 동료, 왕비에게 베푼 선하고 칭찬할 만하고 마음에 드는 봉사의 대가로" 급료를 받은 일 등이었다. 그럼에도 불구하고 카테리나의 아들 샤를이 났을 때(1550), 앙리는 사흘 뒤 카테리나의 곁을 떠나 디안과 함께 있기 위해 아네에 갔는데, 그것은 당시에조차 왕실의 예절을 크게 어기는 행위로 간주되었다.

위의 일들은 그 시대 프랑스에서만 일어날 수 있었던 상황들이다. 얼른 보면 카테리나가 어떻게 이 모든 수모를 참아낼 수 있었는지 의아한 생각이 든다. 그러나 카테리나로서는 자기를 가장 고통스럽게 하는 것이 동시에 그것을 감내할 힘을 주었다. 즉, 그 모든 고통 속에서도 카테리나는 남편에 대한 강렬한 사랑을 품고 있었던 것이다. 카테리나가 내색 한 번 안하고 이 모든 수모를 견딘 것은 바로 이 사랑 때문이었다. 이상하게 보일지 모르지만, 그것은 흠잡을 데 없는 두 증인에 의해 확증된다. 하나는 당시의 상황을 예의주시하던 베네치아 대사들이고, 다른 하나는 카테리나가 수 년 뒤에 쓴 친필 편지들이다. 대사 콘타리니(Contarini)는 이렇게 쓴다:

> "재위 초에 왕비는 왕이 여공작을 사랑하는 것을 참을 수 없었습니다. 그러나 세월이 흐르면서 왕을 위해 절박히 기도하는 심정으로 그런 마음을 버리고 이제는 꾹 참고 지내고 계십니다."

그것은 카테리나가 앙리를 그만큼 많이 사랑했고, 앙리에 대해서 그 정도 몫이나마 차지하려면 그런 상황에서라도 꿋꿋이 참는 길밖에 없다는 것을 알았기 때문이다. 다른 여인들 같았으면 분노를 폭발시키고야 말았을 그런 상황에서 극단적인 고행으로 12년의 세월을 버텼다. 만약 분노를 폭발시켰다면 약 60년 뒤 마리 데 메디치(Marie de Medici)가 남편 앙리 4세의 행위로 인해 처하게 될 비슷한 상황에서 궁정을 불명예스런 아수라장으로 빠뜨린 것과 똑같은 결과를 빚었을 것이다.

성품이 유약한 여성이 그런 상황에 처할 때 어떻게 처신하는지를 마리가 예증했다면, 강직한 여성의 예는 카테리나가 잘 보여 주었다. 그리고 카테리나는 비록 시련이 가혹했어도 그것을 참아내는 태도로 인해 많은 사람에게 존경을 받았을 뿐 아니라 궁정을 마리 때와 비슷한 상황에서 오히려 평온하게 지키고, 또 남편으로부터도 어느 정도 인정을 받는 결실을 거두었다. 그 뒤로 세월이 많이 흐른 뒤 당시 스페인 여왕이던 맏딸 엘리자베스에게 쓴 편지에서 이 때의 시련에 관해서 처음으로 입을 열어 직접 언급하는 방식에서도 상당한 기품을 드러낸다. 이런 기품은 사위 나바르의 앙리에게 아내에 대해 불충한 것을 책망하며 쓴 편지에서도 잘 나타난다. 당시 왕국의 섭정직을 맡아 격무에 시달리던 시기에 결혼한 지 2년 가량 된 딸 엘리자베스에게 이렇게 쓴다:

"애야, 하느님을 전심으로 의지하거라. 너도 잘 알다시피 지난날 나도 지금의 너처럼 괴로운 처지에 있을 때 네 아버지인 왕께 내가 바라던 식으로 사랑을 받지 못한 것 — 그러나 왕은 틀림없이 내 행실 이상으로 나를 존대하셨을 게다 — 이것 하나 말고는 다른 고통 거리가 없다고 믿었었다. 그러나 어머니는 아버지를 무척 사랑하여 항상 기분을 상하게 해드리지 않으려고 조심했다 … 그러므로 이 어머니를 네 남편의 사랑에 너무 큰 기대를 걸지 말아야 한다는 경구로 삼거라."[22]

생애 막바지에는 나바르의 앙리에게 이렇게 쓴다:

"사위 보게나. 나는 자네가 프롱테낙(Frontenac)을 시켜 자네 아내에게 전하라고 한 말이 여기저기서 나도는 것을 들을 때마다 마음이 찢어질 듯 아프다네 … 자네는 젊고 그런 문제에 밝은 최고의 남편이 아니라, 그런 사건들이 있은 뒤에도 감히 아내에게 그런 언동을 삼가지 않는 유일한 남편인 것 같군. 이 장모는 내 주요 군주인 왕과 결혼하는 영광을 누렸고, 자네는 바로 그분의 딸

22) Letters de Catherine de Medices, edited by Count Hector de la Ferriere and G. Baguenault de Puchesse(1903).

과 결혼했네. 그러나 세상에서 왕을 가장 화나게 한 것은 내가 그런 행위를 알고 있는 줄을 발견하는 것이었다네."[23]

　이 편지들은 카테리나의 성품을 잘 보여 준다. 그러나 이것 말고 앙리 2세에게 두 번에 걸쳐서 한 언급에는 카테리나가 왜 12년간 고된 시련을 침묵으로 견뎌왔는지, 그리고 그 고통을 얼마나 뼈저리게 느꼈는지를 분명하게 나타낸다. 그 고통에 대한 기억이 그토록 오랜 세월이 지난 뒤에도 고스란히 남아 있었던 것이다.

　그러나 디안 드 푸악티에는 카테리나가 사적인 문제에 관련해서 모욕을 받는 상황에만 남겨두지 않았다. 1552년에서 1558년까지 프랑스는 독일과 이탈리아 양국과 동시에 전쟁을 치르고 있었다. 앙리가 독일 원정길에 나설 때 디안은 그의 부재 중에 왕비에게 섭정권을 맡기지 말도록 설득함으로써 카테리나에게 공개적으로 심한 모욕을 주었다. 왕의 부재시에는 왕비가 섭정이 되는 게 관례였는데도 말이다. 카테리나가 궁정에서 가장 유능한 사람이었다는 점에서 그것은 카테리나에게 더욱 심한 모욕이었다. 카테리나가 심한 모멸감을 느꼈다는 것은 그 일에 관한 그녀의 편지들과 언사에서 알게 된다. 그것은 백성에게 카테리나를 크게 폄하하고 해묵은 경멸을 가중시켰다는 점에서 카테리나에게 큰 해를 입혔다. 그럼에도 불구하고 앙리가 전쟁을 하러 떠나면서 이 결정안을 카테리나에게 공개 낭독하라고 명령했을 때, 궁정에서 근무하던 어떤 사람이 국무대신(국왕의 부재 시에 총사령관이 됨) 몽모렌시(Montmorency)에게 보낸 편지에는 그녀가 "다만 미소를 지으면서 말하기를, '프랑수아 1세가 비슷한 경우에 이 권위를 자기 어머니 루이제에게 주고, 또 루이제는 그 권위를 훌륭하게 사용한 사례가 있긴 하지만, 왕이 그녀에게 이 권위를 주기를 기뻐하지 않으실지라도 자기는 잘못을 시정해 달라고 요청할 의도가 없다고 했다. 그러고는 다만 그 명령을 문서로 발행하여 자기에 대한 백성의 평판이 나빠지지 않게' 해 달라고만 말했다"고 되어 있다. 그런 식으로 그런 모욕을 받

23) Ibid.

고서도 그런 말과 태도를 곁에서 목격한 사람들이 '놀라운 자제력'에 크게 놀랐던 것은 당연한 일이다.

카테리나는 인생의 상당 부분을 그런 시련 속에서 보냈다. 바로 이 시련(그들이 오랜 세월을 매일 거의 매시각을 자제력을 발휘하여 살아간 일을 포함한)이 그녀의 성품을 시험하기도 하여 형성하기도 했다. 이 시련은 그녀가 스무 살 때 시작되었는데, 그녀가 소녀 시절에 지내온 역사를 보면 이탈리아의 혈통을 물려받은 사람에게 지극히 자연스러운 정서를 고스란히 소유하고 있었음을 잘 알 수 있다. 따라서 그녀로서는 영국의 엘리자베스나 프랑스의 잔 달브레 같은 북부 인종의 여성들에 비해 자제력을 배우기가 더욱 어려웠다. 그런데도 20년간의 오랜 연단을 통해서 감정적인 소녀에서 모든 사람을 놀라게 할 만한 자제력을 계발한 여성으로 자랐다. 단순히 겉만 본 사람들은 '무관심'이나 표리부동 쯤으로 생각했다. 물론 무릇 자제력이란 표리부동이라고 주장할 수도 있다. 그러나 깊은 내면을 바라본 사람들은 그것이 실제의 인격임을 알았다(몇몇 베네치아 대사들의 보고에 그 점이 잘 나타난다). 그리고 시련에 순응하여 발휘한 인내와 그 짐을 지고 가면서 드러낸 고귀한 자태가 어우러져 큰 감동을 자아낸다.

카테리나에 대한 전형적인 견해에 비추어 볼 때 생애의 이 기간 동안, 즉 마흔 살까지 카테리나 데 메디치가 범했다고 하는 범죄에 대한 이야기가 없다는 점을 주시할 필요가 있다. 그런 범죄란 숱한 대적들이 이혼 사유로 삼기 위해 예의 주시한 바로 그런 것이었다. 그러나 그들은 어떠한 혐의도 발견하지 못했다. 그런 유의 고소들은 모두 사십 이후의 기간에 제기되었다.

마침내 1557년 8월, 서른여덟 살이던 해에 카테리나는 자신의 역량을 과시할 최초의 기회를 얻었다. 왕이 샹파뉴에 가고 없는 동안 국무대신 몽모렌시가 지휘하는 프랑스의 주력 부대가 에마누엘 필리베르트(Emmanuel Philibert) — 1553년 아버지의 뒤를 이어 사보이의 공작이 된 인물 — 에 의해 생 캉탱 전투에서 대패를 당했다. 몽모렌시 자신이 포로로 잡혔으며, 프랑스 북부가 완전히 방어 능력을 상실한 채 방치되었다. 따라서 파리는 대 공포에 휩싸였다. 이러한 국가 비상 사태 때 전면에 나선 사람은 디안 드 푸악티에가 아니라(여전히 모든 국사를 혼자서 주무르고 있었으면서도) 카테리나었다. 디안은 다른 사람과 다름없이 그 위기 때 어찌할 바를 모르고 있었다. 그 재앙은 엄청났다:

"역사는 그때 우리가 어떤 손실을 입었는지를 말해왔다. 파비아(Pavia) 이래 들어본 적이 없는 막대한 손실이었다 … 그 소식이 몰고온 충격은 엄청나게 컸다. 프랑스는 그 강타를 얻어맞고 정신을 잃었다. 파리 사람들은 적군이 이미 성 안으로 진입하여 성 안쪽 지역을 함락했다고 믿었다. 그 수도에서 사람들은 보따리를 싸들고 피난길에 올랐는데, 더러는 오를레앙으로, 더러는 부르쥐로, 더러는 더 먼 곳으로 갔다 … 피난 행렬을 막고, 에너지를 충전하고, 프랑스인들의 귀에 죽은 자들도 벌떡 일으켜 세울 만한 '조국이 위기에 처했다'라는 말을 들려 주는 것, 이것이 누구든 통치자의 지위에 있는 자들의 절체절명의 의무였다. 그러나 왕은 부재중이었다. 오직 왕비만 파리에 있었다. 왕비가 무슨 일을 했던가? 그 대답은 베네치아의 대사에게 맡긴다."[24]

당시 파리 주재 베네치아 대사 자코모 소란초(Giacomo Soranzo)는 1557년 8월 14일에 작성한 보고서에서 카테리나가 즉각 의회로 달려가[25] 낙담해 있던 의원들에게 용기를 잃지 말고 힘을 내서 전쟁을 치르고, 국방 예산을 위한 거액의 보조금 지출 승인안을 통과시키라고 촉구했고, 그 과정에서 워낙 대단한 용기와 지혜와 능력을 보였기 때문에 뜻을 완전히 관철시켰을 뿐 아니라, 의회 의원들에게 우레와 같은 박수 갈채를 받았다고 적는다.

"뛰어난 웅변과 정서로써 모든 사람의 마음을 사로잡았다 … 그 결과 의회는 왕비에 대한 뜨거운 박수 갈채로써 그녀에 대한 만족감을 생생하게 표시했다. 시내 전역에서 들리는 소리란 왕비의 분별력과 그녀가 이뤄낸 다행스런

---

24) *La Diplomatie Veitienne*, by M. Armand Baschet.
25) 프랑스의 Parlement(고등법원)를 영국의 Parliament(의회)와 혼동해서는 안 된다. 둘은 구조와 기능이 서로 다르다.

결과에 관한 이야기들뿐이었다."[26]

이렇게 해서 카테리나는 자기 능력을 발휘할 수 있었다. 이 첫 번째 기회에서 (어쨌든 잠시나마) 프랑스인들이 오랜 세월 자신에게 품어온 편견을 극복했다.

"그녀의 행동은 전혀 기대하지 않은 것이었기에 더욱 놀라움을 일으켰다. 이 행동으로 카테리나 데 메디치는 여태까지 상황의 힘에 의해 자신을 정죄해 온 정치계에 드리웠던 무관심의 베일을 활짝 걷어 제쳤다 … 훗날 그렇게 높은 지위에 오를 수 있었던 그 인격의 힘을 처음으로 자발적으로 발휘한 순간이었다 … 자신이 왕비임을 직접 드러냈고, 파리인들에게 프랑스의 피가 곧 자신의 피가 되었다는 증거를 내놓았다."[27]

그런데 카테리나가 이 최초의 공적 행동으로써 과시한 자질들로 자신에 대한 여론을 바꿔놓은 것은 비단 프랑스인들만이 아니었다. 앙리도 이 때 카테리나의 행위에 큰 감명을 받고서, 그 뒤부터는 그녀를 대하던 태도를 완전히 바꾸었다. 그 결과 남은 생애 2년 동안 그는 카테리나를 언제나 존중하는 태도로 대했다.

왕비로 보낸 12년 동안 카테리나는 국사에게 완전히 따돌림을 당한 채 자녀 교육에만 몰두했다. 그 일을 거의 혼자서 감당했는데, 곁에서 지켜본 사람들이 헌신과 상식의 뛰어난 모범을 보였다고 여길 만하게 해냈다. 아들들(이들은 모두 아버지의 무능력을 그대로, 아니 더 심하게 빼닮았다)은 곧 다른 교사들의 손에 맡겨졌으나,[28] 세 딸 엘리자베스(1545년생), 클로드(1547년생),

---

26) 베네치아 국가 공문서: Secret Records. 대사 자코모 소란초의 급전 문서들.

27) *La Diplomatie Veitienne*, by M. Armand Baschet.

28) 뒤마(Dumas)는 그의 소설들(물론 역사와는 무관하고, 다만 틀과 지역 색채만 담고 있을 뿐이다)에서 카테리나를 끝까지 실권을 쥐기 위해 아들들을 사악하고 무능하게 양육하는 여인으로 묘사한다. 그러나 역사와 하등 관계가 없는 내용이다. 카테리나는 그런 계획이 조금이라도 쓸모있을 만큼 아들들이 어릴 때 남편이 죽을 줄은 꿈에도 몰랐다. 아울러 아들들 중에서 가장 무능한 프

마르그리트(1553년생)는 전적으로 카테리나 자신이 맡아 가르쳤다. 어린 세 딸 외에도 1542년에 태어난 스코틀랜드 여왕 메리도 맡아 가르쳤다. 메리는 다섯 살에 프랑스에 건너왔고, 네 소녀 중 맏이었다. 카테리나가 이들에게 가르친 다양한 언어의 번역, 에세이, 운동은 그녀의 교육이 얼마나 철저하고 폭넓었는지를 잘 보여준다. 어린 메리에게 카테리나는 다음 내용을 라틴어로 번역하라고 지시한다:

> "사랑하는 내 누이여, 왕자의 진정한 위대함과 탁월함은 서훈(敍勳)과 금과 자색옷과 그밖의 부귀영화의 표지인 사치스런 것들에 있는 게 아니라 분별력과 지혜와 지식에 있다. 생활 방식과 내용에서 자기 백성과 다르고 싶은 왕자는 그만큼 평민들의 어리석은 견해에서 멀리 떨어져야 한다. 잘 있거라. 내게 많은 사랑을 베풀어다오."[29]

이상하게도 카테리나가 메리에게 이런 원칙들을 가르치고 있던 바로 그 시기에 디안 드 푸악티에가 메리로 하여금 어떻게 해서든 카테리나를 '장사꾼의 딸'로 경멸하도록 가르치려 했다.

카테리나의 딸들은 매우 엄격하게 자랐다. 카테리나 자신이 평생 예절 교육에 힘썼기 때문이다. 훗날 딸들이 쓴 편지에서 그들이 어머니를 얼마나 존경했고, 자기들이 칭찬을 받을 때 어머니를 얼마나 많이 생각했던가 하는 것은 특히 눈여겨볼 만한 대목이다. 딸 하나만 그런 게 아니라 모두가 다 그랬다. 카테리나가 가장 사랑한 딸은 맏딸 엘리자베스였다. 반면에 막내 마르그리트(훗날 자기 남편에게 가시와 같은 여성이 되었다)는 그 나이 때도 가장 말썽을 많이 피워서 훗날 본인의 편지에서 직접 술회하듯이 심지어 매를 맞는 경우도 종종 있었다. 그러나 마르그리트도 언니들 못지않게 어머니를 존경했다.

---

랑수아는 앙리 2세가 지명한 가정교사들 밑에서 양육을 받았는데, 앙리가 그런 의도적인 교육을 허용했을 리가 없다.

29) *Histoire d'Elizabeth de Valois*, by the Marquis du Prat.

리 2세의 재위 마지막 해는 중요한 결혼식들, 축제들, 행렬들, 그리고 그런 것들과 관련하여 앙리가 좋아하던 행사들이 많았던 해다. 1558년 4월 24일, 카테리나의 맏아들 프랑수아가 스코틀랜드 여왕 메리와 결혼했다. 두 사람 다 당시 나이 열다섯이었다. 이 결혼식은 모든 힘을 기울여 매우 성대하게 치러졌다. 주교의 궁전에서부터 노트르담 대성당 정문에 이르기까지 주랑(柱廊)이 설치되고, 포도송이가 주렁주렁 달린 포도 가지들이 주랑 이 끝에서 저 끝까지 내걸리고, 그 정면에는 왕의 연단이 설치되었다. 화려한 행렬이 연단 쪽으로 다가오면서 선발대가 군중들 사이로 금화와 은화를 던지자 그것을 주우려는 사람들로 아수라장이 되어 행사가 지연되었다. 어린 신부가 "마치 백합처럼 온통 흰 옷을 입고 다이아몬드, 사파이어, 에메랄드로 반짝이는 면류관을 쓰고" 와서 주랑 현관 아래에 자리를 잡았고, 그 곳에서 결혼식이 치러졌다. 루앙 대주교가 주례를 맡았고, 왕이 자기 손가락에서 반지를 빼서 그것을 신랑에게 결혼 반지로 주었다. 대성당 안에서 미사가 집전된 뒤 신랑과 신부는 금박 입힌 천으로 만든 덮개 밑의 보좌에 나란히 앉았다. 저녁에는 레 투르넬레 궁전에서 무도회가 열렸고, 그와 연계하여 팔레 드 쥐스티체(Palais de Jusitce)에서는 '가면극과 무언극'이 열렸는데, 이 자리에서는 기즈 공작과 오말 공작의 자녀들이 화려한 복장을 한 순례자들을 가득 태운 마차들을 끄는 금은 마구(馬具)로 장식한 인조 말을 탔다. 그 뒤에는 심홍색 벨벳으로 감싼 여섯 척의 배가 마치 바닷 물결에 요동하듯 좌우로 흔들리며 등장했는데, 선두에는 왕과 어린 신부가, 둘째 배에는 세자와 카테리나가, 셋째 배에는 로렌의 공작과 공주 클로드가 탔다. 이 배들은 "횃불들과 쇠초롱들만큼이나 참석자들이 착용하고 온 보석들의 반짝거림에 의해서 조명된"[30] 대 연회장을 한 바퀴 돌았다.

그러고서 다음 해인 1559년 6월에도 두 번의 결혼식이 치러졌는데, 하나는 앙리의 누이 마르그리트와 사보이의 공작 에마누엘 필리베르트의 결혼이

---

30) *Archives de l'Histoire de France, and Recueil de fragments historiques sur les derniers Valois,* by M. Armand Eudel.

고, 다른 하나는 앙리와 카테리나의 맏딸 엘리자베스(당시 열네 살)와 스페인의 펠리페 2세의 결혼이었다.[31] 후자는 대리 결혼으로 치러졌다. 이 두 결혼을 축하하기 위해 행렬과 행사들이 여러 날 지속되었고, 6월 30일 레 투르넬레 궁전 앞에서 열린 대규모 마상 대회로써 막을 내렸다. 이 마상 대회는 왕이 직접 선수로 참가했고, '네 명의 왕비' — 카테리나, 그녀의 딸 엘리자베스, 스코틀랜드 여왕 메리, 그리고 마르그리트 — 가 관람했다.

카테리나의 유명한 점성가 고리코(Gaurico)는 얼마 전에 앙리가 마흔 살에 결투를 하다 중상을 당할 것이라고 예언했고, 마상 대회가 열리기 한 주 전에도 이런 예언을 다시 했었다. 이에 카테리나는 앙리가 마상 대회에 참가하는 것을 크게 우려하여 만류했으나, 앙리는 끝내 말을 듣지 않았다. 앙리가 말을 몰고서 선수들 틈에 도열하기 위해 가자, 구경꾼들 틈에서 한 소년이 "폐하, 나가지 마세요" 하고 소리쳤다. 그러나 그 소년의 말을 귀담아 듣는 사람은 아무도 없었고, 나중에야 모두들 그 의미를 알게 되었다. 앙리는 여러 명의 상대를 차례로 누른 뒤 카테리나에게 "당신을 사랑하는 증표로 한 번만 더 하겠소"라는 전갈을 보냈다. 그리고는 시합장으로 나갔다가 상대인 몽고메리(Montgomery)[32]의 창에 그만 눈이 찔리고 말았다. 온 무리가 경악한 가운데 왕은 중상을 입고 말에서 떨어졌다. 즉시 투르넬레 궁전으로 운송되어 열흘간 극심한 고통 속에서 치료를 받았으나, 끝내 숨을 거두었다.

마상 대회가 이렇게 참극으로 끝나자 궁정은 대혼란에 빠졌고, 왕이 뇌사상태에 있다는 사실이 알려지자마자 국정이 완전히 뒤죽박죽이 되었다. 이런 비상 시국에 왕비가 국정을 맡을 유일한 권리를 가진 자로서 전면에 나섰다. 왕비가 맨 처음 권위를 행사한 일은 발렌티누아의 여공작에게 자기 집으로 돌아가라고 명령한 것이었다. 그러나 카테리나는 평생 한순간도 보복 심리를 드러내지 않았고, 앙리가 죽은 뒤에도 디안 드 푸악티에에게 아네에 있는 웅장한 저택을 그대로 소유하도록 허용하고, 궁정 출입을 금지하는 것으로 그

---

31) 1558년 영국의 메리의 죽음으로 홀아비였다.
32) 몽고메리는 왕의 스코틀랜드 시위대장이었다. 시위대는 100명으로 구성되었고, 모두 상류 사회 사람들이었다.

치고, 카테리나 자신이 다시는 보고 싶지 않던 쇼몽 성을 주는 대가로 슈농소 (Chenonceaux)의 다른 대저택을 포기하도록 요구했다.

앙리의 죽음 앞에서 카테리나는 슬픔의 나락으로 떨어졌다. 여러 날 입을 열려고 하지 않았고, 베네치아 대사가 전하는 바로는, 그가 왕비를 위로하러 찾아갔을 때 왕비는 바닥과 벽, 그리고 방 안의 모든 집기를 검은 천으로 입힌 방에서 자기를 맞이했고, 자기에게 거의 말을 하지 않았다고 한다. 이 때부터 카테리나는 항상 칙칙한 상복을 입고 과부의 베일을 썼으며, "이제부터는 눈물과 고통이"라는 좌우명을 취했다.

이 슬픔에는 가식이 없었다. 모든 저자들은 이런 다양한 슬픔의 표시들에 꾸밈이 없었다고 여겨왔다. 카테리나는 생을 다 바쳐 사랑한 남자를 잃었다. 그 슬픔이 더욱 컸던 것은 자기가 그렇게 애도하는 그 남자가 자신의 사랑의 깊이를 몰랐고, 그 사랑에 보답해 주지도 않았기 때문이다. 카테리나는 그 뒤 한동안 입을 굳게 다문채 슬픔에 파묻혀 지냈다.

이로써 카테리나의 결혼 생활은 마흔 살에 끝났다. 이제는 카테리나가 새로운 역할을 맡아, 그토록 오랫동안 발휘할 기회를 얻지 못한 능력과 재능을 마침내 한껏 발휘하는 모습을 보게 된다.

# 제20장
# 카테리나 데 메디치
## (2) 생애의 마지막 30년

1519년 출생, 1533년 결혼, 1589년 죽음.

이제 들어가는 기간은 극명한 대조들로 가득한 이상한 시기이다. 프랑스 역사에서 16세기 후반은 모든 비극적 요소들이 기승을 부린 때였다. 이 시기의 성격을 제대로 평가한 것은 바그너의 음악뿐이다. 피가 강물처럼 흐른다. 목숨들이 하찮은 물건처럼 내팽개쳐진다. "무도회는 사라지고 학살만 난무한다." 한순간에는 먹구름이 끼고 천둥과 번개가 치다가, 다음 순간에는 쾌청한 하늘, 감미로운 선율, 장미꽃 만발한 정원의 햇살이 찾아온다. 피 묻은 단검에 진주들이 장식된 꼴이다. 공포와 죽음 속에서도 프랑스인들의 쾌활함과 재치가 문득문득 내비친다. 변하지 않고 남아 있는 것은 프랑스인들의 보편적인 용기이다. 이런 것들이 중세의 야만과 현대의 세련이라는 두 지류가 합쳐져 전자가 후자에게 최종적으로 귀속될 때까지 심한 물결을 일으키던 시대의 특징들이다.

이 시기의 여성들은 다른 세기의 여성들과는 사뭇 달리 그 시대의 독특성을 지니고 있다. 그들의 어느 특성이라도 제대로 평가하려면 그들이 매우 두드러진 부분을 맡으며 살던 당시의 예외적인 분위기를 이해해야 한다. 겁이 없고 유능하고 유식하고 쾌활하고 활력과 상식이 가득하고, 반은 이교도이고 반은 기독교도이고, 한때는 신앙이 깊다가 다른 때는 점성가를 찾아가고, 사랑의 묘약을 사기도 하고, 아마존족 여인처럼 말을 타고, 모험과 환상과 음악과 사랑을 즐기고, 마상 대회를 지원하고, 모든 사람의 목숨이 가느다란 실타래 같던 시기에 유혈 낭자한 장면과 참혹한 고통의 장면에 익숙하고, 웃음과 눈물과 스토아주의를 뒤섞어 지니고 있던 그들은 상반된 요소들을 잔뜩 갖고 있으면서도 항상 인간적이고 항상 흥미로웠다. 그리고 그 여성들은 격한 투쟁과 여정의 시대에 국가를 다스리는 지위에 오르면 그런 지위에 필요한 자질들을 억지로라도 계발했다. 따라서 프랑수아 1세의 조카이자 나바르의 앙리의 어머니인 잔 달브레는 "성(性)만 여자일 뿐 남자와 다름 없는 기백, 큰일도 능히 치러내는 정신, 역경에 굴하지 않는 마음을 지닌 여왕"이라 일컬어졌다. 카테리나 데 메디치와 영국의 엘리자베스에 대해서도 같은 말을 할 수 있을 것이다. 이 세 여성 모두 철의 여인이었고 또 그렇게 될 필요가 있었다. 그들이 살던 시대는 군주가 백성에게 국태민안(國泰民安)이라는 복을 베풀기 위해서 바위 같은 의지, 냉혹한 무감각, 아무도 꺾지 못하는 확고한 신념이라는 성품이 필요한 시대였다.

그 시대 여성 군주들에 대해서 현대의 여성 지도자들이 존경 받는 그런 성품이 없었다는 이유로나, 열악한 상황에서 맡아 다스리게 된 사람들의 안녕을 지키기 위해 필요했던 그런 강직한 특성들을 소유했다는 이유로 그들을 매도한다면 그 시대 전체를 오해하는 것이다. 예를 들어, 현대인들이 정당한 이유로 존경하던 빅토리아 여왕 같은 여성이 그 시대 프랑스에 태어났다면 열정이 들끓는 프랑스인들에게 짓눌려 아무런 쓸모없는 사람이 되었을 것이다. 풍랑이 심한 날에는 배의 닻을 금닻이 아닌 쇠닻으로 써야 하는 법이다.

카테리나의 생애 중 이 세 번째 시기에 이르면 과연 그런 풍랑이 격동하는 시대를 만나게 된다. 잉베르 드 생 아르망(M. Imbert de Saint-Amand)은 권좌에 오르게 된 그녀 앞에 놓였던 위험들을 이렇게 설명한다:

"한 여인의 어깨에 그보다 더 무거운 짐이 얹힌 적이 없었다. 카스티야의 블랑셰(Blanche of Castile) 같은 여성이 그 자리에 섰더라도 프랑스에 불어닥치게 될 그 폭풍우에는 능히 버티지 못했을 것이다.”

카테리나의 생애에서 이제 전개되기 시작하는 시기 — 1559년부터 1589년까지의 30년 세월 — 는 그녀의 세 아들이 차례로 재위하는 시기이다. 맏아들 프랑수아 2세는 열여섯 살에 왕위에 올라 불과 1년 반밖에 다스리지 못했다(1559-1560). 둘째 아들 샤를 9세는 열 살에 형의 뒤를 이어 14년을 다스렸다(1560-1574). 셋째 아들 앙리 3세는 스물세 살에 둘째 형을 계승하여 15년을 다스렸다(1574-1589). 맏아들이 재위한 17개월 동안 카테리나는 프랑수아 2세가 카테리나의 정적들인 기즈가 사람들에게 철저히 지배당했기 때문에 그 권력이 남편이 죽기 전과 다를 바 없었다. 그러나 둘째 아들의 재위 기간에는 거의 처음부터 끝까지 프랑스의 섭정 여왕이었고, 셋째 아들의 재위 기간에는 비록 섭정은 아니었지만 가장 중요한 고문으로서 아들이 게으르고 어리석은 성품 때문에 나라를 망치는 것을 막기 위해서 노력했다. 따라서 거의 30년 동안 프랑스에서 가장 중요한 인물이었다. 그 기간의 자세한 역사로 들어가기 전에 카테리나가 맞부닥치게 된 과제와, 그것에 대처하면서 발휘한 성품, 그리고 그녀의 인생 중 가장 중요한 이 시기의 전반적인 특성들을 살펴보자. 이 시기의 첫 17개월 동안은 권력을 장악하지 못했지만, 그것은 아주 짧은 기간이므로 잠시 접어두고 30년 전체를 개관하기로 하자.

그 시기를 개관할 때 맨 처음 생기는 문제는 어떤 증거를 기준으로 삼아야 하느냐 하는 것이다. 지난 3세기 동안 이 시기에 발생한 사건들을 놓고 격렬한 논쟁이 벌어졌다. 그 결과 카테리나가 자신의 인생 중 이 시기에 나타낸 성격과 행동을 판단할 때 준거로 삼아야 할 증거가 대단히 상충된다. 더러는 카테리나가 무능하고, 분별력 없고, 안목이 부족하고, 우유부단하고, 쉽게 타협하고, 즉흥적으로 행동하고, 오직 권력에만 눈 멀고, 음모를 일삼아 가변적이고 해로운 정책을 담은 복잡한 구도를 실행하고, 자기가 놓은 덫에 스스로 걸렸다고 평가한다. 또 어떤 사람들은 카테리나가 여느 군주에게서 볼 수 없는 분별력과 능력을 보유했고, 지혜롭지만 어려운 길을 고수함으로써 사분오열

된 나라에 인내력을 불어넣어 준 똑똑하고 강직한 여성으로 찬사를 받을 만하다고 평가한다. 이처럼 카테리나에 대해서 더러는 프랑스의 파멸자로, 더러는 구원자로 평가한다.

그러나 전자에 해당하는 저자들은 자료가 더 충분히 밝혀짐에 따라 갈수록 신뢰를 잃어가게 되었고, 그런 상황에서 서로 갑론을박을 벌인다. 따라서 카테리나가 성 바르톨로메오 축일 대학살의 주범이라고 주장해온 사람들은 미셸레(Michelet) 같은 권위 있는 사가에 의해 논박을 당한다. '그 이탈리아 여자'를 혐오한 미셸레는 카테리나가 유능하지도 중요하지도 않은 여자였다고 폄하하고 경멸조로 '꿔다놓은 보릿자루'라고 부르면서 "카테리나는 (그런 대학살에) 필요한 발상도 용기도 없었다 … 그녀를 존경하는 타바네(Tavannes)는 그녀가 콜리니(Coligny)의 죽음을 계획했다고 말하는데, 내 생각에는 그것은 과장이다"고 말한다. 이런 견해에 대해서 후대의 저자 아르망 바셰(Armand Baschet)는 카테리나에 대해서 똑같은 반감을 담아 다음과 같이 격렬히 대응한다: "귀하는 사실 이상의 것을 말하려 하다가 오류보다 더 악한 짓을 저질렀습니다 … 모르는 사람이 귀하의 말을 들으면 카테리나 데 메디치가 정치의 정자도 몰랐다고 생각할 겁니다." 미셸레는 콜리니를 죽게 한 장본인이 카테리나였음을 지적함으로써 그녀가 받은 가장 큰 비판을 인정하게 되는 자가당착에 빠진다.

반면에 오노레 드 발자크(Honore Balzac)는 카테리나가 당시 유럽에서 가장 문란한 궁전에서 정숙하게 산 점을 높이 평가하면서, 프로테스탄트 교도들이 프랑스 전역에서 자행하고 있던 엄청난 범죄와 파괴 행위를 감안하면 성 바르톨로메오 축일의 대학살조차 정당했다고 생각한다. 이렇게 카테리나를 가장 신랄히 비판하는 자들이 말하는 내용을 다 인정하는 터에서 그녀를 추켜세운다. 네 번째 권위자 브랑통(Brantome. 이런 사건들이 벌어질 때 살아 있던 인물)은 이렇게 말한다: "카테리나는 파리 대학살로 강한 비판을 받아왔다 … 이 사건으로 비판을 받아야 할 사람은 카테리나 외에도 적어도 서너 명이 더 있다." 그러면서도 지치지 않고, 카테리나가 선하고 지혜로웠고, 평화를 위해 노력했으며, 프랑스를 찢어놓고 있던 이 격렬한 투쟁에서 "그렇게 많은 귀족들과 평민들이 죽는 것을 보고 슬퍼했다"고 말한다.

마지막으로, 최근의 어느 카테리나 전기 작가는 카테리나가 편벽되지 않고, 포용력과 인내력과 자제력이 있었다는 것과 추문을 한 번도 일으키지 않았던 점을 시인한 뒤에 그녀의 이런 덕성들은 어느 하나라도 찬사를 받을 만하지 못하고, 오히려 모두 악한 동기에서 발휘한 것들이라고 주장하고는 "우리는 이 책에서 그녀를 경탄의 눈초리로, 그러나 미움을 가지고 살펴볼 것이다"라고 덧붙인다.

이쯤하면 이 30년간 카테리나의 행위라는 주제에 대해서 견해가 얼마나 크게 상충되는지 쉽게 짐작할 수 있다. 그러나 먼젓번과 마찬가지로 우리에게 가장 안전한 안내자는 냉정한 구경꾼들, 즉 차례로 프랑스 궁전에 주재했던 베네치아 대사들이다. 그들이 모든 사람이 인정하는 카테리나의 그 행위에 대해서 본국 정부에 보낸 비밀 보고서들과 마지막으로 카테리나의 친필 편지들은 다른 어느 권위자의 제시보다 카테리나 데 메디치에 관한 진실로 안내해 줄 믿음직한 안내자가 될 것이다.

카테리나는 이제 마흔살의 문턱을 넘어서 정신적 능력이 충분히 성숙했고 그것을 펼칠 수 있는 장도 활짝 열려 있었다. 오랜 세월 장래가 불투명한 상태에서 학대를 받고 살아오면서 인격이 연단되고 성숙하여 그 역량이 절정에 달해 있었고, 22년이란 긴 세월을 방관자로 살아오면서 뛰어난 분별력을 가지고 프랑스 정계에서 벌어지는 움직임들을 지켜보는 동안 지식과 경험도 무르익었다. 그녀가 남긴 편지들을 보면 그녀가 과거 12년 동안 무능한 정부가 끼쳐놓은 해악을 일소하고, 정부가 불의하고 단견적인 방법으로 일으켜 놓은 민심 이반을 원 상태로 돌려놓고, 나라에 평화를 정착시키고, 부유하게 하고, 다른 나라들이 우러러 볼 만한 상태로 만들 각오를 했다는 것을 뚜렷이 읽을 수 있다. 그녀가 결혼할 때 취한 문장(紋章)과 좌우명은 "나는 빛과 평온을 가져온다"는 말이 적힌 무지개였다. 그녀가 권좌에 오른 뒤 이 좌우명을 실행하기 위해 노력했다는 것은 누구나 인정하는 사실이다.

그러나 카테리나에게는 불행하게도 그런 모든 업적을 한동안 불가능하게 만든 대대적인 운동이 온 유럽을 휩쓸고 있었다. 오랜 세월 독일을 갈가리 찢어놓았던 대규모 종교 분쟁이 프랑스로 번져 들어오고 있었다. 제네바와 로마가 그 나라를 전장으로 만들기 시작하고 있었다.[1] 이미 앙리 2세의 재위 후반에(그는 새 종교의 철저한 반대자였던 디안 드 푸악티에의 영향을 받았다) 종교로 인한 잔혹한 박해와 처형이 자행되었다. 카테리나가 섭정 여왕이 될 무렵에는 두 적대 세력이 서로 대치해 있었다. 그리고는 곧 종교 전쟁이 일어나 ─ 모든 전쟁 중에서 이것만큼 살벌한 전쟁은 없다 ─ 프랑스 전역을 휩쓸면서 그 나라를 분열시키고, 도시들을 파괴하고, 사람들을 광분하게 했다. 종교적 증오감에 실린 힘이 수많은 고귀한 생명을 희생시킴으로써 다 소진될 때까지는 아무리 지혜로운 중재자가 나선들 항구적인 평화란 얻을 수 없었다. 이 전쟁은 카테리나의 둘째와 셋째 아들의 재위 기간 내내 계속되었고, 그것도 모자라 5년이나 더 지속되었다. 따라서 종교개혁의 여파가 그 나라의 역사에서 가장 심하게 몰아친 바로 그 시기에 프랑스를 다스리게 되었다는 것은 카테리나로서는 큰 불운이었다.

그러나 카테리나가 나서서 일하기 시작할 때는 이런 사건들이 아직 미래에 감춰어 있었다. 그리고 카테리나는 훗날 그 사건들에 대처한 방법으로 허다한 권위자들에게 찬사를 받았다. 그 어려움은 말할 수 없이 컸다. 프랑스는 프로테스탄트 진영(프랑스에서는 위그노Huguenots라 불렸다)과 로마 가톨릭 진영간의 격렬한 투쟁으로 찢겼다. 이들은 서로를 제압하기 위해 끊임없이 음모를 꾸미고 전쟁을 벌였으며, 왕권을 서로가 장악하려고 애썼다. 다른 방법이 없다면 심지어 무력도 불사하려고 했다.[2] 이런 상황에서 카테리나는 어느 쪽도 편들지 않고 양 진영에 대해 서로 관용하는 법을 배우라고 촉구하고, 양 진영간의 세력 균형을 유지함으로써 화해를 이끌어 내기 위한 단호한 정책을 취했다. 80

---

1) 프랑스에서는 종교개혁이 금방 전쟁으로 발전하지는 않았지만, 피카르디 에타플의 자크 르페브르(Jaques Lefevre. 이탈리아 르네상스 학자였던)가 심지어 루터보다 앞선 1512년에 바울 서신들에 대한 주석을 발행하면서 그 안에 훗날 루터가 제기할 주요 교리 두 가지를 선언함으로써 종교개혁의 교리들은 독일에서만큼 일찍 천명되었다. 또한 피카르디 출신 칼뱅(1509년 출생)이 프랑스 프로테스탄트 진영의 본부로 삼은 곳은 제네바였다. 마치 교황이 로마에서 프랑스 로마 가톨릭 교도들에게 지시했듯이, 칼뱅은 그곳에서 프로테스탄트 교도들에게 권위적으로 지시했다.
2) 왕을 사로잡아 포로로 만들려는 시도가 여러 차례 거듭되었다. 그를 차지한 파벌이 왕이 자기들 편임을 입증함으로써 반대 파벌을 제압하는 데 그의 큰 권위를 이용하기 위함이었다.

년 뒤 영국에서 비슷한 투쟁이 발생했을 때, 영국 왕은 한쪽 편을 들었고, 그 결과는 왕권과 국가 모두에게 재앙으로 나타났다. 바로 이런 결과를 카테리나는 예측하고서 권좌에 남아 있는 동안 그 결과를 피하려고 애썼다. 이런 노력을 했다는 것은 정치가로서 상당한 역량을 드러낸 것이다.

카테리나는 (영국의 찰스 1세보다 더 성공적으로) 아들의 왕권을 구했고, 자신의 정책으로 거듭해서 두 진영 사이에 평화를 끌어냈다. 그러나 그렇게 하기 위해 대가를 지불해야만 했다. 그것은 불가피한 대가로서, 양 진영으로부터 번갈아가며 이중 인격자라고 비난을 받았던 것이다. 한 쪽에 무엇을 조금 양보하거나 공정한 조치를 취하면, 다른 쪽에서 즉각 그것을 침해로 받아들이고, 기존의 타협안을 위배하고 이중성을 드러낸 것이라고 치고 나왔다. 그러한 가운데서도 카테리나는 온갖 난관에 부닥치면서도 자신의 노선을 일관되게 유지했다. 지혜를 짜내어 사리가 밝고 온건한 프로테스탄트 교도인 미셸 드 로피탈(Michel de l'Hopital)을 자신의 국무대신(Chancellor) 겸 수석 고문으로 기용했고, 그의 도움을 받아 자신의 노선을 추진하여 이따금씩 상당한 성공을 거두었다. 하지만 당시 프랑스가 처한 상황에서는 어떤 평화를 끌어내든 오래 유지할 수 없었다.

카테리나가 이해받지 못했다는 것은 물론이다. 그녀가 추진하려고 한 노선은 그 시대의 수준을 몇백 년 앞선 것이었다. 그것은 오늘날의 입헌 군주와 같은 역할을 수행하고, 2백년이 지나서야 비로소 유럽의 모든 나라에 도래한 모든 종교에 대한 평등한 관용 정책을 추구하는 것이었다. 카테리나가 화해를 이끌어 내기 위해 방법이란 방법은 다 사용했다. 양 진영을 다 만족시킬 만한 조치들을 취했다. 로마 가톨릭 교도들뿐 아니라 프로테스탄트 교도들도 관리로 기용했다. 기즈의 공작과 콩데의 제후 같은 철천지 원수들에게 서로 화해의 악수를 하게 만들었다. 시녀도 로마 가톨릭 교도만 아니라 프로테스탄트 교도들 사이에서도 많이 선택했다. 1555년에는 프랑스에 프로테스탄트 교회가 하나뿐이었으나, 6년 뒤에는 그 수가 2천 개로 늘었다. 그러나 프랑스가 그런 상태에 처하게 되자 중도 노선은 인기가 없었다. 그런 상황에 처하게 되면 중도 노선을 취하는 사람이 '미온적 분자'라는 평가를 받게 마련이다. 게

다가 프랑스인들은 종교적 미움을 너무 거칠게 표출하였기 때문에(그 불씨를 활활 타오르게 하려고 로마와 제네바에서 끊임없이 부채질을 하고 있었다), 중도 노선을 이해할 수가 없었다. 그 시대가 관용 정책을 얼마나 몰이해하거나 폄하했는지는 (어느 쪽에도 기울지 않은) 베네치아 대사들의 보고서들과 (한쪽으로 크게 치우친) 스페인 대사 샹토네(Chantonnay)의 보고서들에서 잘 볼 수 있다. 베네치아 대사 수리아노(Suriano)는 이렇게 쓴다:

> "여왕과 가장 친밀한 여자들 중 상당수가 이단과 악행의 혐의를 받고 있다는 것은 잘 알려진 사실입니다. 여왕이 신임하는 국무대신이 로마 가톨릭과 교황의 원수라는 것도 모두가 다 알고 있습니다. 우리도 여왕이 가톨릭 진영을 보호하는 데 얼마나 미온적인가를 잘 압니다."

반면에 스페인 대사 샹토네는 자신의 주군 펠리페 2세에게 이렇게 쓴다:

> "설교와 성사 집례 따위에 관해서 제네바에서 합법적인 것이 왕국 전역에서, 아니 왕궁에서조차 아무런 제재를 받지 않고 시행할 수 있다는 점을 고려하십시오."

대다수 사람 같으면 극복할 수 없다고 여겼을 그런 장애들에도 불구하고, 심지어 스페인과의 일전을 불사하고서라도 카테리나는 이 정책을 고수했다. 그리고 1572년 성 바르톨로메오 축일의 대학살이 일어나기까지 12년 내내 카테리나가 프랑스인들에게 멸시를 받은 이유가 어떤 강력한 조치 때문이 아니라 온건과 관용 때문이었고, 그녀가 백성들로부터 "맨날 올리브 가지만 들고 있다"는 조소를 당했다는 것을 아는 것은 그녀가 그 사건과 관련해서 졌던 책임이 어느 정도였는지를 파악하는 데 대단히 중요하다.

아울러 카테리나 자신의 편지들(자신에 대해서는 별로 말이 없는)도 그녀가 어떤 노력을 기울였고 어떤 어려움을 겪었는지를 생생하게 증거한다. 아들 프랑수아 2세가 죽은 뒤 스페인 주재 프랑스 대사에게 쓴 편지에서 카테리나는 자신이 섭정 여왕으로서 쏟은 노력이 "현재의 반목[3]이 이 왕국에서 파괴해 놓은 모든 것을 상당 부분 원상으로 되돌려 놓을 것이오"라고 말한다. 한편 딸 엘리자베스에게는 하느님이 오빠를 데려가시고 "내게는 마음 놓고 믿을 수 있고 파당심에 흔들리지 않는 사람이 한 명도 없을 정도로 분열된 왕국과 세 어린 아이들만 남겨 두셨구나"라고 쓴다.

만약 종교 분쟁만 가라앉힐 수 있었다면 혹은 그런 분쟁이 아예 일어나지 않았다면 프랑스 정부를 공의롭고 지혜롭게 이끌고 갈 자질들이 카테리나에게는 충분히 있었다. 실제로 나라가 그 지경이 된 상태에서도 카테리나가 행정에 개선책들을 도입한 많은 사례들을 우리는 알고 있다. 동료들보다 능력이 큰 사람들이 다 그렇듯이 카테리나는 통치의 기쁨을 알았다. 베네치아 대사 카발리(Cavalli)가 '통치욕'이라고 한 그것을 말이다. 이것을 어떤 사람들의 말대로 권력욕이라고 표현하면 잘못이다. 그것은 통치에 적합한 사람들이 지니는 자질이다. 카테리나는 비범한 능력들을 타고났기 때문에 만약 통치욕을 나타내지 않았다면 열정이 부족하다는 비판을 면할 수 없었을 것이다.

카테리나는 사십 줄에 접어든 뒤 보낸 이 기간 동안 많은 사람들을 살해했다는 비판을 받게 된다. 이 점에 관해서 여기서 말해 두어야 할 것은 비판을 제기한 당사자들의 이름이 거명되지 않았다는 점과, 그 비판이 종교 분쟁과 동시에 일기 시작했다는 그 두 문제 사이에 어떤 연관이 있지 않을까 하는 점뿐이다. 또 한 가지 주목해야 할 것은 몇몇 권위자들이 이 점에 대해서 언급한 바로는, 당시의 무지한 의학 수준을 감안할 때 이 모든 살해 사건의 원인으로 지적되는 그런 교묘한(증거를 남기지 않는) 독약에 관한 지식이 있었을 가능성이 배제되며, 이 점만으로도 그런 이야기는 설득력이 없다는 것이다. 그 시대 사람들은 틀림없이 자기들의 교묘한 독약들을 갖고 있다고 상상했다(따라서 그런 독약에 의한 살인을 인정할 준비가 되어 있었다). 그들이 마술과 점성술의 다양한 신비들을 철석같이 믿었던 것과 다를 바 없다. 그러나 그

---

3) "기즈가 사람들의 악의"를 뜻하는 외교적 용어.

들은 전자뿐 아니라 후자에 대해서도 스스로 속고 있었다. 당시에 독을 사용한 살인들은 대개가 평범한 독을 사용한 것을 보여준다. 따라서 만약 카테리나가 독을 사용하여 살해를 했다면 그것은 분명히 식별될 수 있었을 것이다.

이런 일반적인 혐의와 관련하여 카테리나 데 메디치를 주제로 한 모든 문학 작품들에는 독 묻힌 장갑이나 꽃다발, 그리고 그와 유사한 것들에 관한 이야기들이 등장했다(이 이야기들은 아무런 근거도 없고, 사가들에 의해 부인되며, 당시 상황과 모순되는 경우가 많다).[4] 이런 저서들이 진지한 역사보다 더 인기를 끌었다. 그러나 크레이튼(Creighton)은 지적하기를, 그런 유의 이야기들은 "당대의 많은 유력 인사들의 주위에 맴돌았던 것으로서, 당사자가 죄책이 있었다는 증거가 아니라, 당시의 도덕성이 그만큼 저급했다는 증거이다"라고 했다.[5] 이런 이야기들은 재미난 이야깃거리에 대한 욕구를 채워주는 동시에 '그 이탈리아 여자'의 인품을 먹칠하려는 정적들에게 도움이 되었다.

그 이야기들 중에는, 카테리나가 묵었던 블루아 대저택 스위트룸에 비밀 벽장이 있었는데, 다음 세대에 그 이야기를 확인하기 위해 그 곳을 조사해 보았더니 그녀가 독을 보관하기 위해 만들어 놓은 게 틀림없었다는 유명한 이야기가 있다. 이것은 한때 역사적 사실로 받아들여진 적도 있으나 오늘날은 완전한 허구로 간주된다. 교묘하게 만든 이 벽장들은 카테리나처럼 편지를 즐겨 쓰던 사람이 많은 분량의 비밀 편지를 보관하기 위해 마련한 것이 거의 틀림없다. 이 편지들의 사본들이 현재 여러 나라의 비밀 문서집 중 여러 권을 차지하고 있다. 이 벽장들의 일부는 또다른 용도로 쓰였을 것이다. 당시에는 점성술이 유행했는데, 그것과 관련하여 갖가지 광물, 약품, 마술 장비 등 많은 물건들이 필요했다. 카테리나는 이 점성술의 열정적인 숭배자였고, 따라서 이

---

4) 이런 이야기들 중 아마 가장 재미있는 것은 타들어 가면서 방 안에 독을 가득 채웠다는 '핑크빛 양초' 이야기일 것이다. 이 이야기에 따르면 샤를 10세는(그날 밤 예기치 않게 동생 앙리와 방이 바뀌는 바람에) 그 방식으로 앙리대신 독살당했다고 한다. 얼마 전까지만 해도 유럽에서는 그 이야기를 주제로 한 연극이 무대에 올려졌다. 앙리는 카트린이 아끼던 아들이었으므로 그 이야기는 훨씬 더 신랄한 색채를 띤다.

5) 당시 사람들이 독살에 대해 어느 정도까지 신념을 갖고 있었느지를 보여주는 사례가 있다. 심지어 역사가 조비우스조차 1520년에 발생한 추기경 비비에나의 죽음을 '각 나온 계란'에 의한 독살로 설명한다. 암탉이 계란을 낳기 전에 독을 흡수하게끔 했다는 것이다.

벽장들은 이런 목적으로도 일부 쓰였을 가능성이 있다. 카테리나가 이렇게 점성술에 취향이 있었던 점이 위에 언급한 그런 유의 문학에서 그녀를 그렇게 신비스런 분위기로 묘사하게 된 데 많은 영향을 끼쳤을 것이다.

그러나 역사가들이 날조된 것들로 일축하고 그 시대의 저급한 도덕성과 종교 분쟁의 치열함을 보여주는 것들일 뿐이라고 간주한 이 이야기들을 제외하더라도, 카테리나는 두 번의 살인 사건(오직 두 번)의 주범으로 지목되어 왔다. 한 번은 콜리니의 살인 사건이고, 다른 한 번은 카테리나의 셋째 아들 앙리와 사이가 좋지 않은 친구로서 이상하게 실종되었다가 (아마) 타살된 리그네롤(Lignerolle)의 살인 사건이다. 전자는 카테리나의 역사를 살펴보다가 그 시점에 이르면 살펴보고, 후자는 여기서 살펴보는 것이 좋겠다. 왜냐하면 이런 성격의 의혹이 어떤 근거로 그 시대에 사실로 인정되고 오늘날까지 그대로 전해져 왔는지를 보여주는 예가 되기 때문이다. 그 의혹은 당시 익명의 사람이 자신의 일기에 리그네롤의 실종에 관해 말하면서 "여왕이 자녀들의 전폭적인 동의를 얻어 그를 죽이게 했다"고 쓴 짤막한 한 문장에 기초를 두고 있다. 잘 알다시피 당시 프랑스 정계를 양분하고 있던 두 진영은 증거도 없는 조야한 이야기도 믿고 퍼뜨릴 준비가 되어 있었고, 종교적 대적에게 피해를 입히기 위해 무고하게라도 타격을 가했기 때문에, 이런 유의 진술은 (어느 진영에서 작성한 것이든) 국가 공문서나 그와 비슷한 자료들로부터 따로 확증을 받기 전에는 신용할 수가 없다. 더욱이 이것처럼 유일한 대범한 진술은 다른 경우보다 더 강도높은 확증을 필요로 한다.

그러나 그런 확증도 없을 뿐 아니라, 진술 자체도 나름대로 모순을 갖고 있다. 카테리나 데 메디치에 관해서 우리가 아는 바를 놓고 생각할 때, 그녀가 그런 범죄를 저지를 의도를 품고서 그것을 사전에 딸들과(당시 상황에서는 아들 앙리와 그 문제를 직접 상의할 처지가 못 되었다), 그것도 자신이 매우 엄격하게 키운 그들과 상의했겠으며, 더군다나 그들로부터 이 비밀 살해에 '전폭적인 동의'를 얻어낼 수 있었겠는가? 진술 내용이 이렇게 앞뒤가 맞지 않는데도 그 의혹은 오직 이 진술만을 근거로 삼고 있다.

카테리나가 점성술로만 과학에 대한 취향을 다 쏟아부은 것은 아니다. 과학의 모든 분야에 관심이 있었으나, 특히 수학과 역학을 좋아했다. 그녀의 건실한 상식이 매우 돋보이는 또다른 지식의 분야는 위생학이었는데, 이 분야에서 그녀의 지식은 그 시대를 크게 앞질렀다. 그 주제와 관련하여 당시의 지배적인 견해와는 반대로, 카테리나는 많은 양의 공기와 운동을 강력히 옹호했고, 딸들에게 보낸 편지에서도 이 점에 대해 좋은 충고를 아끼지 않는다. 또한 의료 문제에서 당시의 보수적 체계에 크게 반대하여 내과와 외과에 새로운 치료법을 도입할 것과, 다른 나라들에서 의학 분야와 관련하여 나온 새로운 발견들에 관심을 가질 것을 강력히 촉구했다.

카테리나는 지칠 줄 모르는 서간문 작가였다. 그녀의 편지들은 국제 정치와 관련한 대단히 중요한 문제에서부터 도움을 주고 싶은 수많은 피보호자들을 위해 변호하는 일에 이르기까지, 그리고 자녀들의 건강과 자녀들의 옷을 지어입히는 방법에 관한 시시콜콜한 지침들에 이르기까지 상상 가능한 모든 주제를 다룬다. 그리고 그 편지들에는 한결같이 깊은 상식이 숨쉰다. 아르망 바셰(M. Armand Basche)는 이렇게 말한다:

> "카테리나 데 메디치에 대한 공정하고 정직한 역사 기술은 그녀가 남긴 사적인 편지들을 연구해 보지 않고서는 불가능하다. 그녀의 능력, 통찰력, 온갖 어려움을 극복하는 놀라운 역량이 편지의 구절구절에 담겨 있다."

카테리나가 평생 매일 몇 시간씩 편지를 썼다는 이런 이야기를 읽으면 그녀가 기거한 슈농소 대저택의 작은 녹색 방을 새로운 관심을 가지고 바라보게 된다. 천정에 그녀의 이름 머릿 글자가 새겨진 이 방은 그녀가 방대한 분량의 편지를 쓰고 국정에 관한 세세한 기록을 남긴 집필실이었다. 그녀의 노력은 지칠 줄 몰랐다. 베네치아 대사 지기스문트 카발리(Sigismund Cavalli)는 이렇게 말한다:

> "여왕께서는 식탁에 앉을 때나 걷는 동안 누군가와 어떤 문제를 가지고 끊임없이 대화를 나누십니다. 그 생각이 정치 문제에만 쏠려 있지 않고 다른 문

제들에 두루 퍼져 있어서, 도대체 어떻게 그렇게 많은 분야를 두루 섭렵할 수 있는지 놀라울 따름입니다."

바티폴(M. Battifol)은 카테리나가 프랑스의 역대 여왕들 중에서 가장 손큰 여인이었다고 진술한다. 그러나 그에 덧붙이기를,(막대한 지참금 덕분에) 개인 재산도 가장 많았다고 한다. 주된 오락은 사냥이었는데, 사냥은 젊었을 때뿐 아니라 평생 미치도록 좋아했다. 덕분에 사고도 많이 당했다. 한 번은 사냥을 나갔다가 다리가 부러졌고, 또 한 번은 높은 곳에서 떨어져 두개골을 다쳐 수술을 받아야 했다. 그러면서도 거의 예순이 다 되도록 사냥을 계속했다. 한 번은 이런 사고를 당한 뒤에 다음과 같은 글을 남겼다: "저의 낙상에 관해서 궁금해하시니 그것이 아주 심한 것이었음을 말씀드립니다. 그러나 하느님의 은혜로 크게 다치지 않고 베리(Berry)의 양처럼 코에 흠집이 생겼을 뿐입니다."

카테리나는 여성용 곁안장을 창안했고, 그렇게 전혀 새로운 방식으로 처음 말을 타려면 용기가 필요했을 것이다. 아들 샤를 9세는 카테리나가 "선천적으로 낙심하여 주저앉는 타입과 전혀 거리가 멀었기 때문에" 항상 본인에게는 신경을 쓰지 않았다고 하며, 자녀들의 건강에는 노심초사하면서도 정작 본인의 건강에는 관심을 기울이지 않았다고 한다. 크게 다쳐도 스토아주의자 같은 인내를 발휘하여 아파도 좀처럼 아픈 내색을 하지 않았다. 나이가 들어 끊임없이 신경통에 시달릴 때도 그 고통을 가벼운 조크 한 마디로 넘겨버리곤 했다. 위기 때 발휘한 용기에 대해서는 모든 저자들이 한 목소리로 전한다. 프랑스 영토에서 영국을 추방하기로 결심했을 때는 군대에게 사기를 불어넣기 위해서 루앙 공략에 직접 참여하겠다고 한사코 고집했다. 총사령관 기즈 공작이 적극 만류하자 "웃으면서 자기가 그들보다 목숨을 아낄 이유가 뭐 있겠느냐고 받아넘겼다."

카테리나가 새색시로서 프랑스에 왔을 때 보인 호감을 주는 태도에 대해서는 이미 언급한 바 있다. 섭정 여왕이 되자 이런 특성을 한결 폭넓게 발휘했는데, 이 점에 관해서는 저자들의 한결같은 증언이 뒷받침한다. 브랑통(카테리나에 관해 말할 때는 항상 입에 거품을 무는)은 이 점에 관해 강렬한 어조로 상술하면서 카테리나가 "키가 훤칠하고 당당하고 호감을 주었고", "프랑스 여왕으로서 왕실의 명예를 지키는 가운데 매우 명민하고 위엄이 있어서 그녀를 필적할 만한 사람이 없었다"고 말한다. 심지어 트롤로프(Trollope)조차 이렇게 말한다: "여왕 카테리나는 당대에 기품이 뛰어나기로 손꼽히는 여성이었다. 고위 외교관들은 여왕과 대화를 나누다가 매료되었고, 학식이 깊은 법률가들은 여왕의 상냥함에 매혹되었다."

카테리나의 인격이 후대에 대단한 혹평을 받은 것이 본인의 잘못 때문이었든 불운이었든 간에, 그리고 카테리나에게 가해지는 일반적인 평가가 정당한 것이었든 왜곡된 것이었든 간에, 그 생애의 주요 사실들을 오늘날 좀 더 충분히 접할 수 있게 된 바대로 그냥 스스로 말하게 내버려 두는 것이 좋을 것이다.

지금까지 카테리나가 떠안게 된 과제의 주요 특징들이 무엇이었고, 그 과제를 떠안을 만한 어떤 소양을 갖고 있었는지를 살펴보았으므로, 이제는 그녀의 생애 마지막 30년에 일어난 큰 사건들을 개관하면서 프랑스 역사에서 가장 심한 폭풍우가 몰아친 그 시기를 어떻게 견디고 지나갔는지를 알아볼 수 있게 되었다.

### 제3기 1559-1560

앙리 2세가 죽자 당시 열여섯 살이던 그의 맏아들 프랑수아 2세가 왕위를 계승했다. 그는 병약하고 성격도 여려서 틀림없이 어머니의 지배를 받을 것이라고 생각할 만한 근거가 충분히 있었다. 그러나 디안 드 푸악티에가 국가의 주요 관직들에 심어놓은 기즈가 형제들의 강력한 그룹은 순순히 권력을 놓고 한직으로 내려갈 의사가 없었다. 그리고 마침 그들이 권력을 송두리째 장악할 만한 호재가 있었다. 왕이 된 유약한 젊은이는 어린 아내 메리에게 완전히 쥐여 살았다. 스코틀랜드 여왕인 메리는 이제 프랑스 여왕직을 겸직하게 되었는데, 카테리나는 이 무렵 쓴 편지에서 메리에 관해서 "우리의 작은 스코틀랜드 여왕이 미소만 지어도 모든 프랑스인들의 마음은 설렙니다" 하고 쓴다. 그러나 남편과 마찬가지로 열여섯 살밖에 안 된 메리는 정치에는 조금도 신경을 쓰지 않고 즐기는 데에만 몰두했다. 왕관이 두 개나 되는 것과 자신의 아름다운 외모를 자랑했고, 아첨꾼들에 둘러싸여 지냈고, 국사(國事) 같은 고리타분한 일로 골치를 썩이고 싶어하지 않았다. 그러므로 국사를 완전히 자신의 강력한 삼촌들인 기즈가 사람들에게 맡겼고,[6] 그들은 거의 즉시 가련하고 유약한 젊은이 프랑수아 2세의 기를 완전히 꺾고 그를 순전히 자기들의 도구로 사용하였고, 결과적으로 카테리나가 영향력을 행사하지 못하도록 봉쇄했다.

더욱이 당시의 종교 문제가 이러한 상황을 더욱 강화하는 쪽으로 작용했다. 디안 드 푸악티에는 항상 새 종교에 대해서 적대적이었던 차에 기즈가 형제들이 완전한 권력을 차지했으므로 그들과 함께 극단적으로 잔인한 방법을 사용하여 프랑스의 프로테스탄트 세력을 진멸하기로 작정했다. 아울러 카테리나가 친 프로테스탄트 성향을 갖고 있고, 그렇지 않을지라도 어쨌든 그들을 제재하는 데 미온적이어서 기즈가가 채택하려는 엄격한 조치에 틀림없이 찬성하지 않을 것이라고 판단하고서, 카테리나가 국정에 조금이라도 참여하지 못하게 봉쇄하기로 작정했다. 따라서 카테리나는 맏아들의 17개월이라는 짧은 재위 기간에 겉으로는 발렌티누아의 여공작이 무대에서 사라진 데 힘입어 이전보다 더 중요한 지위를 차지하기 했지만, 실제로는 남편이 살아 있을 때보다 실권이 작았다. 그리고 프랑수아 2세가 통치를 시작하면서 자기 어머니의 권위를 마치 자신의 권위처럼 여겨 순종하도록 명령하는 조서를 발행하긴 했지만, 이것은 사문서가 되었고 기즈가가 홀로 프랑스를 다스렸다.[7] 프랑수아는 기즈의 공작에게 공식 법령으로 왕국의 군대를 총괄하는 절대 권력을 주었고,[8] 그의 형제 로렌의 추기경 샤를 드 기즈에게도 국정 전반을 책임지는 비슷한 권력을 주었으며, 그에 따라 이런저런 주요 관직도 다 그들과 그들의 형제에게 넘어갔다. 일단 왕국을 손아귀에 거머쥐게 되자 이 가문의 야

---

6) 그녀의 어머니 로렌의 메리의 형제들.

7) 이 점은 카테리나의 비호로 간신히 목숨을 부지한 콩데의 제후와 나바르 왕이 1년 뒤 프랑수아 2세가 죽었을 때 맞이한 상황으로 여실히 나타난다. 프랑수아 2세의 죽음으로 기즈가의 권력은 막을 내리게 되었기 때문이다.

8) 이렇게 해서 프랑수아의 아버지 앙리 2세 밑에서 그를 오래 훌륭히 보좌한 프랑스 국무대신 몽모렌시는 관직을 박탈당하게 되었다.

심은 거칠 것 없이 팽창하여 심지어 왕족에 속한 모든 제후들을 제거하려는 데까지 뻗어나갔다.

앙리 2세가 죽은 직후에 카테리나는 사랑하던 남편을 잃은 일과 맏아들의 무능, 그리고 기즈가의 불관용적 통치로 인해 조만간 왕권에 심각한 부담을 안겨줄 가능성이 농후한 정국 불안에 크게 낙담하여 쇼몽(그곳이 디안 드 푸악티에게 넘어가기 전에)으로 가서 자신의 전속 점성가 루지에리(Ruggieri, 그는 그곳 성의 탑들 중 한 곳에 마련된 호화로운 거처에서 오랫동안 살아왔다)를 만나 자신과 자기 아들의 장래에 관해서 문의했다. 그러자 기이한 "장래 프랑스 왕들의 이상(異象)"이 나타났다. 그 이상에 관해서는 삼부회(te States-General) 의원의 아들 니콜라스 파스키에(Nicholas Pasquier)가 전해준다. 루지에리는 여왕에게 벽에 걸린 큰 거울을 집중해서 쳐다보고 있으면 프랑스의 장래 왕들이 거울에 차례로 비칠 것이고, 그들 각각의 재위 기간은 그들이 깜빡이며 나타나는 횟수만큼이 될 것이라고 일러주었다.

여왕이 거울을 응시하자 맨 처음으로 창백하고 병약한 젊은이가 나타났는데, 여왕은 그가 자기 아들 프랑수아 2세라는 것을 한눈에 알아보았다. 그는 천천히 한 번 깜박이고는 이내 시야에서 사라졌다. 그 다음 자기 아들 샤를이 나타나자 여왕은 숨을 죽이고 응시했고, 샤를은 열세 번 깜박이고는 거울에서 사라졌다. 그 뒤 아들 앙리가 나타났는데, 그는 열다섯 번 깜박인 다음 갑자기 사라졌다. 그 뒤 거울에 나타난 이는 나바르의 앙리로서, 카테리나가 넋을 잃고 바라보는 동안(이제 카테리나는 이 이상한 거울에서 눈을 뗄 수 없었다) 그는 스무 번을 깜빡이더니 마찬가지로 갑자기 사라졌다. 그 뒤를 이어 해맑은 소년이 나타나더니 그치지 않고 깜빡이기를 서른 번이나 했고, 카테리나는 고통을 못 이겨 더 이상 볼 수 없다고 외치고는 기진해 쓰러져 버렸다. 다음날 카테리나는 어제 본 장면들에 큰 충격을 받은 채 쇼몽을 떠났고, 그 뒤로는 그토록 오랜 세월을 울적하게 지내던 그 대저택을 다시는 찾지 않았다. 그곳에 갔다가 그처럼 섬뜩한 체험을 한 것이 마지막 방문이었다.

그러나 그 곳과 바꾸어 거하게 된 거처는 카테리나의 마음에 들어 평생 그녀가 애용하는 곳이 되었다. 그곳은 앙부아즈 숲 자락에 자리잡은 슈농소로서, 원래는 셰르 강의 물을 이용하여 운영된 방앗간이었다가 점차 여러 주인들의 손을 거치면서 개선되어 우아한 대저택이 되었고, 1523년 경에는 프랑수아 1세가 매입했다. 카테리나는 프랑수아 1세를 따라 사냥 여행을 갔을 때 그 곳에서 며칠 묵은 뒤부터 그 곳을 몹시 탐냈다. 따라서 프랑수아 1세가 죽었을 때 남편 앙리 2세가 그 곳을 자기에게 주는 대신 디안 드 푸악티에에게 넘긴 것은 카테리나로서는 감내해야 할 또 하나의 고통이었다. 푸악티에가 이 저택을 증축하고 아름답게 꾸미긴 했지만, 카테리나가 이 저택의 주인이 된 다음에는 한층 더 개선하고 싶은 마음이 굴뚝 같았다. 그러나 국정에 조금 여유를 찾을 때까지 이 계획을 보류하지 않을 수 없었다. 이제 닥친 상황은 대단히 위태로웠고, 사태가 어떻게 진행되든 머지 않아 왕권이 중대한 위기에 처하게 될 것이 분명했기 때문이다.

기즈가는 조만간 프로테스탄트 진영에 대해 자신들이 작정한 조치를 단행할 태세를 취하고 있었기 때문이다. 특히 잔인한 박해자로서 어느 나라에서든 민중에게 지탄과 혐오의 대상이었던 로렌의 추기경은 어떠한 극단적인 방법을 써서라도 프로테스탄트 신앙을 뿌리뽑을 각오를 하고 있었다. 나바르의 여왕 잔 달브레는 그가 "프랑스 전역의 가정들에 불화를 일으키려고 한다"고 썼다. 능히 그러고도 남을 사람이었다. 국정이 그의 수하에 들어가자마자 프로테스탄트 교도들에 대한 가혹한 박해가 시작되었다. 우선 기즈가 세력이, 사상이 매우 온건하고 인격이 고매한 진지하고 경건한 '온건파'로서 의회의 중진인 안 뒤 부르(Anne du Bourg)를 프로테스탄트라는 죄목으로 처형하자 사태는 극에 달하였다. 프로테스탄트 진영(이들은 영국의 엘리자베스의 지원을 받고 있었다고 한다)은 궁정이 블루아에 있는 동안 기즈가 사람들은 체포하여 죽이고, 만약 가능하다면 어린 왕까지도 체포하여 그를 프로테스탄트 교도로 만들려는 계획을 세웠다. 혹시 왕이 불응하면 콩데의 제후를 왕으로 삼을 계획까지도 마련해 놓았다. 카테리나는 그들이 무슨 계획을 꾸미고 있는지 몰랐지만, 프로테스탄트 교도들이 취급당하고 있는 방식에는 크게 반대했고(관용이 왕국을 위한 유일한 안전책이라고 간주했기 때문), 기즈가 사람들을 미워했다. 하지만 아들이 며느리에게 휘어잡혀 있고, 아들 내외가 며느리의 삼촌

들에게 장악당해 있는 동안 카테리나는 곁에 서서 지켜볼 수밖에 없었다. 그러나 카테리나는 이렇게 쓴다:

> "이 가련한 사람들이 도둑질하거나 약탈했다는 이유가 아닌 종교적 신념을 견지한다는 이유로 불타고 매맞고 고문을 당하는 것을 보면서, 그 중 더러가 기쁜 마음으로 고난을 당하는 것을 보면서, 나는 이 종교에 인간 오성을 초월하는 어떤 것이 있다는 믿음을 저버릴 수가 없다."

프로테스탄트 교도들은 카테리나가 이렇게 자기들을 동정한다는 것을 알되 그녀의 권력이 얼마나 작은지는 알지 못한 채 왕이 기즈가 사람들에게 부여한 행정권하에 왕권에 어떤 일이 가해지고 있는지에 대해서 카테리나에게 호소했고, 카테리나는 자신이 아무런 권한도 없다는 사실을 밝히기가 내키지 않아 기즈가 사람들에게 박해를 중단시키겠다고 약속했다. 그러나 실제로는 할 수 있는 일이 하나도 없었고, 박해는 계속되었다.[9] 하지만 얼마 시간이 지난 뒤에는 왕을 설득하여 프로테스탄트 교도들에 대한 박해를 금지하는 법령을 발표하도록 하는 데 성공했다. 그러나 기즈가 사람들은 그런 법령에 복종할 의사가 없었고, 사실상 카테리나를 능멸했다. 카테리나는 해군 대장 콜리니에게 어떻게 해야 할지 자문을 구하여 그로부터 (이미 알고 있는 바대로) 기즈가 사람들이 "염병처럼 혐오를 받고 있고, 국정 문란의 책임을 홀로 져야 한다"는 말을 들었다. 그러나 이렇게 말하기는 쉬워도 사실상 프랑스의 왕들이 된 그들을 축출할 수 있는 방법을 찾기란 어려웠다. 한편 프로테스탄트 교도들은 자기들의 계획을 발전시키고 있었는데, 훗날 칼뱅은 그 계획에 관해서 "그 계획은 악하지 않았고 다만 집행 과정이 어리숙했을 뿐이다"라고 말했다. 영국의 로마 가톨릭 교도들이 어떻게 해서 그 계획을 사전에 포착하고는 그것을 기즈의 공작에게 알렸다. 그러자 기즈의 공작은 즉각 왕과 대비와 궁정을 블

---

9) 박해를 중단하겠다는 기즈가 사람들의 약속은 프로테스탄트 교도들에게 전달되었다. 그러나 박해가 여전히 진행되자 그들은 그것을 카테리나의 이중성 탓으로 돌렸다.

루아에서 앙부아즈(이곳이 좀더 안전한 거처였다)로 옮긴 뒤 사건이 일어나기를 기다렸다.

앙부아즈에서 기즈 사람들은 그 문제를 왕에게 될 수 있는 대로 굉장하게 보이게 하고, 그로써 연루자들을 가혹하게 처단할 수 있는 빌미를 마련하기 위해서 궁정을 마치 포위 공격을 당하는 것처럼 완전히 유폐되도록 꾸몄고, 성문들을 죄다 닫고 주변 도로들에 기사들을 배치하여 경비하게 했다. 1560년 3월 음모자들은 기즈가 사람들과 왕을 생포하기 위한 작전에 돌입했으나, 그 방법이 너무 미약하고 일관성 없어서 이른바 음모는 처음부터 끝까지 관련자들에게 아무런 실질적인 위험이 되지 못했다. 너무나 시시했기 때문에 프로테스탄트 교도들이 그들을 될 수 있는 대로 많이 제거할 수 있는 근거를 만들려고 하던 기즈가 사람들에게 시종일관 이용당한 것이 아닌가 하는 의혹조차 든다. 이것이 사실이든 아니든간에 그런 큰 음모치고는 방법이 너무나 부적절했다. 몇몇 음모자들은 성 근처의 숲에 잠복해 있던 기사 순찰대에게 발각되었다. 하루 이틀 뒤에는 더 큰 일단이 체포되었다. 은밀히 음모를 주도했던 콩데(Conde)는 추종자들의 동의하에 그들을 버리고 마치 그 음모에 아무런 관계도 없는 듯이 궁정으로 들어갔다. 나머지 공모자들은 차라리 계획을 포기하고 말았으면 좋았을 텐데 그렇지 않고 어리석게도 성을 향해 돌진했다. 본인들 스스로도 성을 탈취할 수 있으리라고는 기대하지 않은 채 말이다. 허약한 그 공격은 쉽게 격퇴되었다. 그들은 후퇴하다가 많은 수가 포로가 되었고, 계획은 물거품이 되었다.

로마 가톨릭파를 이끌던 기즈가는 왕을 부추겨 왕국의 행정과 군사력을 장악한 터였기 때문에 종교적인 정적들을 무난히 박해할 수 있었을 뿐 아니라 그들의 행위를 국왕에 대한 반역 행위로 응징할 것이라고 선언할 수도 있었다. 이렇게 왕이 어느 한 쪽을 편들게 만드는 바로 이 행위(이런 유의 결과들을 수반하는)를 카테리나는 일년 뒤에 권좌에 오르면서 받아들이기를 거부했다. 기즈가 사람들은 그러나 정적들을 뿌리뽑겠다고 각오한 과격파였기 때문에 그런 점들을 신중히 고려하지 않았고, 자파가 승리하게 하려는 한 가지 목표에 의해 지배를 받았다. 그러므로 그들은 그들이 생포한 자들을 이단들이 아닌 국왕 반역자들로 처벌하는 작업에 착수할 수 있었다. 이미 왕이 종교 문제로 더 이상 처형을 하지 못하도록 금령을 내렸음에도 불구하고 그들은 이런 방식으로 프로테스탄트의 주요 인물들을 상당수 처형할 수 있는 발판을 마련했다.

그들은 죄수들을 고문하던 중 왕에게는 애당초 조금도 위험이 없었고, 음모의 목표는 오로지 자기들이었다는 것을 발견했다(혹시 전에 그것을 몰랐다면 말이다). 이에 대해 그들은 자파의 승리를 염원해서 뿐 아니라 자기들의 안전에 위협을 느껴서 잔인하고도 철저한 보복을 가했다. 나라 전역에서 군인들이 체포할 수 있었던 모든 프로테스탄트 교도들이 즉결 교수형을 당하고, 루아르 강에서 익사당하고, 혹은 성으로 끌려가 참수형을 당했다. 정적들에 대한 이 대학살은 한 달 동안 지속되었다. 성벽이란 성벽은 죄다 참수된 자들의 머리로 흉칙하게 장식되었다. 기즈가 사람들은 궁정인들도 자기들의 행위에 연루시킬 의도로 이런 처형 장면을 지켜볼 수 있는 한 다 지켜보도록 강요했다. 심지어 콩데의 제후에게까지도 그렇게 강요했다.

마지막으로, 향후에 자기들의 권력에 반대하는 그런 음모에 일절 가담할 엄두도 내지 못하도록 공포를 심어줄 뿐 아니라, 왕에 대한 반란을 이렇게 엄격히 처단한다는 인식을 심어줄 의도로, 기즈가 사람들은 57명의 주요 죄수들을 공개 처형하여 보는 사람들의 뇌리 속에 될 수 있는 대로 그 인상을 깊이 심어주려고 했다. 그들은 3월 30일로 정해진 처형식이 온 궁정인들이 지켜보는 가운데 집행되도록 지시했고, 전국에 이 행사를 고지하면서 모두가 빠짐없이 참석하도록 포고했다. 포고령에 복종하여 사람들이 구름 떼처럼 몰려들어 언덕 위와 지붕을 비롯하여 교수형을 볼 수 있는 곳이면 어디든 사람들로 빼곡히 들어찼다.

기즈가 사람들은 궁정인들을 위해서 마치 야외 축제 때처럼 특별히 야외에 계단식 좌석을 마련했다. 젊은 왕과 왕비, 그들의 시종들, 대비와 그녀를 수행한 귀부인들, 그리고 콩데의 제후를 포함한 왕족들 등 모든 궁정인들이 참석했을 때 기즈의 공작은 말에 올라탄 채 직접 단두대 곁에 서서 사형 언도를 받은 57명을 한 사람씩 구멍에 머리를 들이밀게 하고는 참수했다. 카테리나와 온 궁정인들이 이 두려운 광경을 보고 심한 공포에 사로잡힌 나머지 다음 날 앙부아즈를 떠나 슈농소로 갈 때 감사한 마음이 절로 일어났다. 슈농소로 간 카테리나는 "피의 공포를 씻어 버리기 위해서", 기즈가 사람들이 앙부아즈에서 카테리나를 비롯한 궁정인들이 보도록 한 달 동안 연출한 참혹한 광경들을 기억에서 말끔히 씻어내기 위해서 여러 차례에 걸쳐 정원 축제를 벌였다. 프랑수아, 기즈의 공작 프랑수아와 그의 형제 샤를은 이렇게 해서 프랑스에 내전의 불을 붙였고, 이 불은 한 세대 넘도록 그 나라에 맹렬히 타올랐다.

어떤 저자들은 위의 사건과 관련하여 카테리나의 행위를 온갖 비판의 말로 기술했다. 어떤 프랑스 연대기 저자는 기즈가 사람들이 "한 곳에 너무 오래 머물러 있음으로써 무료해진 귀부인들의 기분을 전환시켜 주기 위해서" 이 처형식을 마련했다고 단언한다. 다른 이들은 "카테리나와 그녀의 귀부인들이 이 이 광경을 지켜보았고" 프로테스탄트 교도들에게 고문이 가해지는 것을 구경하면서 즐거워했다고 진술한다. 또 어떤 이들은 "냉담한 궁정인들이 마치 무대 장치의 일부처럼 발코니에서" 이 처형 장면을 지켜보았다고 하며, 또한 기즈의 여공작이 자신의 남편과 남편 형제들이 "무고한 피를 그렇게 잔인하게 흘리는 것을 보고서"[10] 하염없이 눈물을 흘릴 때 카테리나가 그녀를 질책함으로써 그 잔인한 성품을 드러냈다고 적는다. 그러나 그 사실들은, 프랑스 프로테스탄트 저자들이 그 사실들에 입힌 이런 빛깔을 띠지 않는 듯하다. 처형당하고 있던 자들의 친구들에게는 그것이 퍽 자연스러웠을 텐데 말이다. 이 처형을 냉담하게 구경한 사람들은 '카테리나와 그녀의 귀부인들'이 아니라 프랑수아 2세와 그의 궁정(이들은 이 행사에 일부 참여했다)이었다. 그리고 카테리나 일행이 그곳에 갔던 것은 '오락'을 위해서나 잔인함을 즐기는 방탕한 욕구 때문이 아니었다. 물론 기즈가 사람들은 기즈의 공작 프랑수아와 그의 형제들이 살육하던 자들에게 그런 인상을 주려고 치밀하게 계획을 했겠지만 말이다. 따라서 궁정인들은 그곳에 가서 즐거움을 얻기는커녕, 우리가 아

---

10) 그러나 12년 뒤 사뭇 다른 태도를 취하여 아들 기즈의 공작 앙리를 사주하여 콜리니를 살해하고 성 바르톨로메오 축일 대학살을 일으키게 한 장본인이 바로 이 기즈의 여공작이었다.

는 바로는 프랑수아 2세와 메리, 그리고 나머지 많은 사람들은 그 참혹한 광경을 보고서 거의 실신할 지경이었고, 바로 그런 이유에서 카테리나는 너무 두려운 나머지 일행을 다 이끌고 다음날 앙부아즈를 떠나 슈농소로 갔다. 기즈가 사람들(그들의 손에 프랑수아는 단지 애완견에 지나지 않았다)은 이 처형식에서 왕과 온 궁정 앞에서 삼중 목표를 주장했다.

첫째, 이런 처형식을 보게 하면 혹시 기즈가의 원수들과 손을 잡을 생각이 조금이라도 있는 궁정의 모든 사람들(콩데처럼)이 겁을 먹게 될 것이다. 둘째, 궁정인들이 이 행사에 참석하고 나면 프로테스탄트 교도들과 관계를 단절할 것이다. 이것은 소기의 목표를 달성하여 프로테스탄트 저자들로 하여금 궁정인들이 즐기기 위해 그 자리에 참석했다고 비난하고 어찌 그렇게 잔인할 수 있느냐고 독설을 퍼붓게 만들었다. 셋째, 궁정인들 중에 왕의 권위에 도전하려는 음모를 꾸미고 그의 저택에 조직된 공격을 감행한 자들을 처형하는 자리에 참석하기를 거부하는 자가 있다면 그 자체만으로 왕의 원수요 왕을 포로로 잡으려던 자들의 친구라고 지목할 수 있었다. 예를 들어, 콩데가 이런 방식으로 참석을 강요받지 않았다면 그를 여전히 존경하고 있는 그들의 지도자로서 그들이 처형되는 자리에 구경꾼으로 참석하지 않았을 것이다.[11] 따라서 카테리나든 궁정의 다른 어떤 귀부인이든 빠질 수 있는 자리가 아니었다. 이것은 기즈가의 여공작 안나 데스트(Anna d'Este)의 경우에서 잘 볼 수 있다. 안나는 처형장에 참석하기를 거부하다가 기즈가 사람들에게 완력으로 끌려갔던 것이다. 그리고 나중에 이렇게 훌륭한 신사들의 목숨을 많이 죽인 자들에게 하느님이 반드시 벌을 내리실 것이라고 말했다가 남편의 형제들로부터 상당히 거친 취급과 모멸을 당했다. 따라서 만약 카테리나가 우는 안나에게 무슨 말을 했다면(그것도 매우 의심스럽지만) 그것은 자제력을 잃지 말라고 충고하려는 뜻에서 던진 한 마디에 지나지 않았다.

더욱이 카테리나는 기즈가의 이런 행사가 벌어지고 있는 동안 그냥 수동적으로 남아 있지 않았다. 많은 죄수들의 목숨을 구하려고 끈질긴 노력을 기

---

11) 그들 중 다수가 단두대에 목을 들이밀기 전에 그에게 경의를 표했다.

울렸는데, 전하는 바로는 "할 수 있는 모든 일을 했고, 심지어 이 새 왕들[12]이 있는 곳을 수소문하여 그들의 방에 들어가 그들을 달랬다"고 한다. 그러나 기즈가 사람들이 그들을 모두 처단하기로 작정했기 때문에 아무런 소용도 없었다. 또한 스코틀랜드 여왕 메리도 비록 이 처형장에 참석했고, 프랑스 여왕이 적어도 대비만큼 중요한 지위를 차지하고 있긴 했지만, 그런데도 카테리나가 그랬던 것처럼 삼촌들에게 애원하여 이 죄수들을 살려보려고 노력했다는 소리를 우리는 듣지 못하며, 스코틀랜드 여왕 메리에 대해서 그와 비슷한 발언을 한 사람이 하나도 없었다는 점은 눈여겨볼 만하다(이런 점은 이 사건과 관련하여 카테리나에게 쏟아진 저주성 발언들이 견고한 사실보다는 왜곡에서 나왔다는 것을 보여 준다).

사실은 이 귀부인들이 모두 다 그 시대의 여성들이었고, 이런 유의 처형을 보는 일에도 오늘날 여성들과 같지 않았다. 프랑스는 그런 잔인한 행동에 매우 익숙해져 가고 있었기 때문에 여성들도 그런 장면에 갈수록 무뎌졌다. 아울러 이 귀부인들이 구경만 할 수 있었을 뿐 아니라, 자기들도 같은 방식으로 고통을 당할 처지에 이르면 마찬가지로 담담하고 꿋꿋하게 그것을 감내했다는 점을 기억할 수 있다. 그냥 무덤덤하게 그런 장면을 구경했다는 것은 오늘날의 표준과는 달리 잔인했다는 아무런 증거가 되지 못한다. 우리가 좀 더 평화로운 시대에 살고 있다고 해서 그들의 행동을 상황이 판이하게 다른 시대의 기준을 가지고 판단하여 그들을 잔인하다고 비판하는 것은 잘못이다.

한편 카테리나는 종교적 차이라는 주제로 퐁텐블로에서 공의회를 소집하는 데 성공했다. 이 공의회에서 카테리나는 기즈가 사람들과 그들의 꼭두각시 왕의 성난 표정에도 아랑곳하지 않고 프로테스탄트 교도들에 대해서 추진되어온 정책을 대담하게 비판하고, 인구의 절반은 프로테스탄트 교도들이라고 천명한 다음, "그들 모두에게 칼을 사용할 수 있다고 생각하는 것인가" 하고 비꼬아 말했다. 그럼에도 불구하고 상황은 바뀌지 않았다. 1560년 여름 내내 프로테스탄트 진영은 프랑스 남부에서 총궐기를 일으키기 위한(리옹 탈취

---

12) 기즈가 사람들.

를 포함한) 음모를 꾸몄고, 이에 뒤질새라 기즈가 측에서도 유력한 프로테스탄트 교도들을 투옥하고 처형하는 작업을 지속했다.

기즈가의 한 가지 술책은 카테리나를 프랑스인들의 눈에 대단히 악하게 보이게 하는 것이었다. 이것이 이 열일곱 달에 벌어진 사건들을 다루는 당시 프랑스 사가들의 저서들에 주로 영향을 끼쳤다. 기즈가 사람들은 꼭두각시 왕이 완전히 자기들의 지배하에 있는 한, 왕의 법령으로 민간과 군대의 통치권이 자기들에게 부여되어 있는 한, 카테리나든 그 누구든 자기들을 함부로 저해하지 못한다는 것을 잘 알았다. 동시에 그들은 자기들이 민중에게 얼마나 큰 혐오를 당하는지를 잘 알았다. 그래서 자기들의 행위로 생기는 반감을 가급적 회피하기 위해서 자기들의 도구에 지나지 않았던 무능한 젊은이에게, 자신들의 행위를 합법화할 때 맨 처음 즉위했을 때 그랬던 것처럼 대비의 이름도 가끔씩 인용하게 했다. 이로써 그들의 행위가 마치 카테리나의 동의하에 이루어진 것처럼 보이게 했다. 카테리나는 궁정에서 사사건건 그들을 반대했지만, 그 지위가 프랑수아와 동일한 상태로 남아 있는 동안에는 백성들이 자신을 편들어 줄 만한 어떠한 행동도 취할 힘이 없었다. 그러나 카테리나가 이런 상황에서 해방되어 만인에게 자신의 진정한 태도가 무엇인지를 보일 날이 급히 다가오고 있었다.

기즈가 사람들은 이제 더 큰 야심을 품기 시작하여 프로테스탄트 진영의 두 지도자 콩데의 제후와 그의 형제 나바르 왕 앙투안 드 부르봉(Antoine de Bourbon)을 다 죽이려는 계획을 세웠다. 이들이 왕족으로서 왕위 계승 서열이 카테리나의 아들들 바로 다음이라는 사실에조차 구애를 받지 않았다. 특히 콩데는 그들에게 앙부아즈에서 끝난 음모와 리옹 함락 계획에 다 개입한 인물로 알려져 있었다. 따라서 9월에 기즈가 사람들은 나바르 왕과 콩데의 제후를 왕명으로 궁정(당시 오를레앙에 있었다)에 소환했다. 왕은 소환장에서, 와서 그들의 고소자들을 논박하기를 바라며, 안전과 우호적인 영접을 약속한다고 진술했다. 카테리나는 기즈가 사람들의 의도가 무엇인지 알 수 없었고, 그들도 카테리나에게 그 의도를 추호도 알릴 생각이 없었으며, 카테리나로서는 그들이 감히 왕족 제후들의 목숨을 노릴 줄은 꿈에도 생각하지 않았을 것이다.

그랬기 때문에 나바르와 그의 형제가 오지 않고 주저하자, 카테리나는 그들에게 왕이 간절히 원하니 속히 오라고 간청하면서, 자신과 온 궁정이 그들을 따뜻하게 영접할 것이라는 편지를 보냈던 것이다. 두 사람이 도착하자마자 기즈 공작은 즉각 콩데를 체포하여 대역죄로 처형하기 위한 예비 단계로 그를 투옥했다. 반면에 나바르 왕에게는 그런 죄목을 덮어씌울 수 없었기 때문에 기즈가 사람들은 또다른 계획을 세워두고 있었다. 앞에서 말했듯이 카테리나는 콩데와 나바르 왕을 죽이려는 음모를 전혀 꾸미지 않았고, 이 일에서 그녀가 차후에 보인 행동은 그 주장을 완전히 불식시킨다.

기즈가 사람들이 프랑수아에게 동의하도록 설득하되 카테리나가 알면 틀림없이 그것을 무산시킬 방법을 모색할 것이므로 그녀에게는 철저히 비밀로 부친 음모는 왕이 나바르를 수행원 없이 은밀히 자기 거실로 부르도록 하는 것이었다. 왕의 수행원도 자기들과 의전관 생 앙드레(Saint-Andre)로 제한했다. 프랑수아는 나라의 형편을 들어 나바르를 질책하기로 되어 있었고, 그런 다음 갑자기 분을 발해 단검으로 그를 치면 나머지 세 명이 왕의 신변을 보호한다는 명분하에 그를 즉시 해치우기로 되어 있었다.

그러나 카테리나는 그 첩보를 적시에 접수했다. 황급히 몽펜시에의 여공작을 나바르에게 보내 그 사실을 알리고, 왕이 와 달라고 초대하면 가지 말라고 경고하게 했다. 그리고 자신은 아들에게 가서 자신의 모든 힘을 동원하여 왕이 이 문제에 기즈가 사람들의 지시를 듣지 않게끔 했다. 나바르는 훗날 그 뒤에 발생한 사건의 전말과 카테리나가 자신의 목숨을 구해준 경위를 아내 잔 달브레에게 말해 주었고, 달브레는 1568년에 성명서 형태로 그 내용을 간행했다. 그는 아내에게 말하기를, 대비의 경고대로 왕으로부터 온 첫 번째 초대에는 응하지 않았으나 두 번째 소환령을 받았을 때는 거부하면 겁쟁이로 비칠 것 같아 갔다고 했다. 방으로 들어서자마자 로렌의 추기경이 뒤에서 조용히 문을 닫았다. 왕이 단검을 차고 그를 맞이하고는 기즈가 사람들이 입에 넣어준 말로 그를 심하게 책망했다. 그러나 나바르는 경고 받는 바가 있었기에 지극히 겸손한 태도로 대응함으로써 왕에게 진노할 빌미를 조금이라도 주지 않았고, 그렇게 얼마가 지나간 뒤 프랑수아는 그에게 손을 대지 않은 채 가도록 허락했다. 로렌의 추기경이 노발대발한 것은 두말할 나위가 없다. 그는 음모가 실패로 끝난 것에 대노하여 문을 박차고 나갔다. 카테리나는 그렇게 나바르의 목숨을 건진 것에 크게 기뻐했고, 이 일에 자기가 수행한 역할을 그의 아내 잔 달브레에게 몸소 귀뜸해 주었다.

그러나 콩데의 제후는 여전히 철통 같은 감옥에 갇혀 있었고, 그가 주된 대적임을 안 기즈가 사람들은 무슨 일이 있더라도 그를 살려두지 않겠다고 단단히 별렀다. 카테리나는 그의 감옥을 오를레앙에서 앙부아즈로 바꾸는 데 성공했으나 그것이 그녀가 할 수 있었던 전부였다. 그녀는 모호한 어투로 쓴 편지에서, 앙부아즈 감옥이 얼마나 철옹성 같으며 그가 탈옥하기가 얼마나 불가능한지를 쓴 다음(이 말에는 기즈가 사람들이 앙부아즈를 그의 감옥으로 바꾸는 데 반대할 이유가 없었음을 보여 주려는 의도가 분명히 담겨 있다), "프랑스를 다 뒤져도 제후가 더 안전하고 옥바라지 하기에 더 좋은 곳이 나올 것 같지 않다"고 결론짓는다. 카테리나가 할 수만 있으면 그의 목숨을 구하려고 했다는 것은 그 직후에 발생한 일로 충분히 입증된다. 이 편지에 무슨 의도가 실려 있든 간에 카테리나가 기즈가 사람들이 제 뜻을 이루는 데 도와줄 마음을 먹었다는 것을 뜻하지 않는 것만큼은 분명하다. 그럼에도 불구하고 기즈가 사람들은 콩데에 대해 사형 판결을 받아냈고, 판결문에 왕의 서명을 받은 다음 사형 집행일을 12월 10일로 잡았다. 콩데의 아내에게 면회조차 허용하지 않았고, 남편이 죽기 전에 딱 한 번만 만나 "용기를 주게 해 달라"는 간청에도 냉담했다.

바로 이 순간에 프랑수아 2세가 병에 걸렸다. 그리고 며칠 뒤에 이 무능한 젊은이는 열일곱 달의 통치를 끝으로 숨을 거두었다. 1560년 12월 5일이었다. 그는 자신과 왕국을 기즈가 일족에게 송두리째 넘겨준 데 대해서 프랑스 전역에서 미움을 받았다.


## 제4기 1561-1574

프랑수아 2세가 죽자 카테리나의 둘째로서 당시 열 살이던 샤를이 왕위에 올랐다. 그리고 어린 왕이 성년이 될 때까지 카테리나가 프랑스 섭정 여왕이 되었다. 섭정 여왕이 된 다음 맨 처음에 권력을 행사한 일은 대개 그녀에게 쏟아진 비판과 정반대되는 일이었다. 콩데의 제후는 프로테스탄트 세력의 지도자였을 뿐 아니라 이미 그 세력으로부터 왕이 되어 달라는 제의를 받은 인물이기 때문에 그를 죽이는 것이 카테리나의 아들들의 이익을 위해서든 프랑스를 위해서든 매우 바람직한 일로 보였을 것이다. 지도자를 제거하면 프로테스탄트 교도들도 지리멸렬해질 것이고, 그들이 당시에 계획하고 있던 내란도 사전에 예방할 수 있었기 때문이다. 마침내 통치욕을 만족시킬 기회를 얻은 카테리나는 열 살 소년의 섭정 여왕으로서 자신이 가지고 있는 통치 역량을 남김없이 발휘하고 싶은 마음이 가득 밀려왔다. 그러나 콩데의 존재가 자신의 이런 전망을 크게 위태롭게 했다. 콩데는 이미 카테리나의 아들 대신 자신을 왕으로 앉히는 데 목표를 둔 두 차례의 음모를 주도했고, 프로테스탄트 교도들에 의해서 공공연히 '루이 13세'로 일컬어져 왔기 때문이다. 콩데는 감옥에서 프랑수아 2세가 죽은 사실을 모른 채 자기가 살 날이 나흘밖에 안 남았다고 생각하고 있었다. 따라서 카테리나로서는 그냥 법이 집행되도록 놔두기만 하면 그만이었다.

그러나 카테리나는 그런 노선을 취하지 않았다. 이와 관련하여 다음과 같이 전해진다: "기즈는 자신의 권력이 끝났고, 후임 왕이 연소할 동안 대비(大妃)가 섭정이 된다는 것을 알았다. 따라서 즉각 카테리나에게 달려가 온 힘을 다하여 설득하기를, 카테리나 자신과 그녀의 아들의 안전을 위해서라도 콩데에게 내려진 사형 판결을 집행하도록 허락하고 아울러 나바르 왕도 죽이라고 했다."

카테리나는 그의 말을 가볍게 일축하고는 사형 판결을 철회하고 콩데를 석방하도록 지시했다. 그런 다음 나바르 왕에게 사람을 보내 자기가 그와 그의 형제를 해치려 한 계획에 가담한 적이 없었음을 밝히고는 두 가지 조건하에 자신과 우호적인 관계를 맺자고 제의했다. 첫째는, 그가 섭정권을 내세우지 말라는 것이었고(나바르 왕은 그런 욕심을 조금 품고 있었지만 적합지 않았다), 둘째는, 기즈가 사람들과 화해하여 프랑스를 황폐하게 하고 있는 두 종교 진영 간의 갈등을 종식시키자는 것이었다. 그는 이 조건들을 수락했고 자신도 자유를 얻었다. 카테리나는 틀림없이 그가 두 번째 약속을 과연 지킬까 하고 크게 의심했을 것이다. 혹시 그런 의심을 품고 있었다면 그것은 정당한 것이었다. 나바르 왕은 곧 그 약속을 어겼기 때문이다.

이로써 카테리나는 향후 여러 해 동안 계속될 프랑스의 중재자가 되려는 긴 노력에서 첫 번째 시도를 한 셈이다. 메디치가의 역사를 추적해 온 우리는 그들이 이와 비슷한 행동을 보인 경우를 이번 말고도 적어도 세 번 살펴본 바 있다. 그 점을 생각할 때 콩데의 감옥문이 열렸을 때 "용서할 줄 아는 사람은 다스릴 줄을 안다"는 로렌초의 연설의 메아리가 들려왔을 듯하다.

카테리나는 섭정 여왕이 되자마자 평소에 의도했던 행동 노선을 즉각 나타냈다. 그것은 통치자로서 양 종교 진영에 대해 관용책을 유지하는 것이었다. 그것이 나라를 자멸적인 내란의 공포에서 건질 수 있는 유일한 소망을 준다고 올바로 생각했던 것이다. 섭정 여왕으로서 권좌에 오른 지 한 달 안에 1561년 1월 28일자로 국왕의 조서를 발행하여 종교로 인한 박해를 일체 중단하고, 그 이유로 수감된 모든 사람들을 석방한다고 발표하고, 프랑스 전역의 프로테스탄트 교회에 대해 완전한 종교의 자유를 주도록 명령했다. 동시에 교황에게 성사(聖事) 때 빵과 포도주 두 가지를 다 평신도에게 줄 것과 기도를 자국어로 하게 할 것과, 프로테스탄트 교도들이 바라는 그밖의 교회 개혁안들을 이행할 것을 요구하는 편지를 보냈다. 카테리나가 위와 같은 조서로 인해 로마 가톨릭파에게 심한 비판을 받았음은 물론이다. 그도 그럴 것이 그들은 기즈가 사람들의 체제하에서 프로테스탄트 세력이 프랑스에서 뿌리뽑히는 것을 보려는 야심찬 기대를 품고 있었기 때문이다.

반면에 카테리나는 얼마 뒤에 로마 가톨릭파가 요구한 타협안을 수락했을 때 프로테스탄트파로부터도 비슷한 비판을 받았다. 물론 프로테스탄트파에는 카테리나가 "만사를 중재하려고 노력했다"고 쓴 랑게(Languet)처럼 좀 더 균형잡힌 견해를 취한 사람들이 있긴 했지만. 그 뒤로도 내내 카테리나는 동일한 태도를 유지하려고 항상 분투했고, 그로써 이번에는 이 쪽에서, 다음 번에는 저 쪽에서 비판을 받는 모습을 보인다. 따라서 당시에 기록된 저서들에서는 카테리나에 대해서 '표리부동'과 '이중성'에 관한 비판이 무성한 것을 보게 된다. 프랑스를 양분한 두 진영 사이에서 균형을 잡음으로써 평화를 유지(혹은 회복)하려는 이 노력이 카테리나의 모든 행동을 이해하는 열쇠이다. 두 대적들이 전쟁을 향해 표류하고 있는 동안 그것을 위해 노력했고, 마침내 양 진영이 전쟁을 벌일 때도 동일한 태도로 평화를 이룩하기 위해서 거듭해서 휴전을 이끌어냈다. 물론 그 노력들이 서로 평화롭게 살지 못한 그들에 의해 무산되고 말긴 했지만 말이다. 프랑스의 중재자로서 오랜 세월 기울인 이 노력(그녀의 아무런 잘못 없이 항구적인 성공을 거두지는 못했지만)은 카테리나가 두고두고 칭찬을 받을 일로 남을 것이다.

그러나 카테리나가 아무리 강직하게 자기 뜻을 밀어부쳤을지라도 프랑스에 잔뜩 낀 먹구름은 그런 노력으로 걷히지 않았고, 결국에 가서는 오랫동안 몰아치던 폭풍우가 그 나라에 다 쏟아부어진 뒤에야 비로소 걷히게 되었다. 그 폭풍우가 심하게 몰아치던 그녀의 여생 28년 동안 내내 프랑스에는 여덟 번 이상의 종교 전쟁이 꼬리를 물고 일어났다. 장마 사이에 잠시 개인 날처럼 찾아온 평화는 두 적대 세력이 새로운 전쟁을 위해 힘을 비축하기 위해 가진 휴전에 지나지 않았다. 그리고 나서 벌어진 전투는 이전보다 더욱 격렬했다. 카테리나의 사후 50년 뒤에 글을 쓴 메제레(Mezeray)는 이렇게 말한다:

> "이 당시에 프랑스 각지에서 벌어진 모든 일 곧 읍들을 탈환하고 재탈환한 모든 일, 무수히 많았던 소규모 전투들, 상호 비방과 응징, 격노, 대학살에 관해서 이야기하자면 책 몇 권 가지고는 어림도 없다."

그러나 이 대대적인 전투가 시작된 바로 그 해인 1561년에 카테리나는 그것을 막아 보려고 세 가지 각별한 노력을 기울였다. 당시 프랑스와 영국을 망라하여 어느 누구보다 폭넓은 안목을 지니고 있었던 카테리나는 프랑스의 지도급 프로테스탄트 및 로마 가톨릭 권위자들을 대상으로 전국 교회 협의회를 소집하고, 회의를 직접 주재하되, "초대 교회의 제도들을 연구하고, 로마 가톨릭 교회가 거기에서 얼마나 멀리 떠난 것이 프로테스탄트 교도들의 비판의 원인인지를 조사하고, 이것을 기초로 화해에 도달한다는 노선"을 견지할 계획을 세웠다. 이것은 대단히 훌륭한 제안이었다. 당시든 향후 여러 세대 뒤이든 유럽에는 그런 협의회를 소집하여 위에 언급한 그런 노선에 따라 직접 회의를 주재하려는 발상을 가질 수 있었던 군주는 카테리나 외에는 없었다.[13] 그리고 아마 카테리나의 행위들 중 이보다 더 강력하게 능력과 폭넓은 안목이 돋보인 행위도 없었을 것이다. 이것은 메디치가의 일원이 프랑스의 권좌를 차지하게 되어 프랑스에 내놓은 봉사였다. 그 발상은 전적으로 카테리나 자신의 것이었고, 카테리나의 편지들은 그녀가 그 발상에서 얼마나 많은 것을 기대했는지를 여실히 보여 준다. 만약 카테리나가 그 문제를 엄격히 국내의 문제로 국한하고 외세의 간섭을 철저히 배격하려는 강한 의지를 실천할 수만 있었다면 그 노력은 성공을 거두었을 것이고, 프랑스는 그 나라의 역사에서 가장 참혹한 시기를 맞아 맛본 모든 비참한 현실들을 면했을 것이다.

이 전국 교회 협의회는 1561년 7월 25일에 소집 공고되어 1561년 9월 9일(열아홉 살의 과부인 스코틀랜드 여왕 메리가 프랑스와 슬픈 작별을 고하고 스코틀랜드로 배 타고 떠난 3주 뒤)에 생 제르맹 근처 푸아시 수도원에서 모였다.[14] 프로테스탄트 측에서는 프로테스탄트 교회를 대표한 32명의 목사들과 잔 달브레(그녀 자신이 이 협의회의 주최자로 간주되었다), 콩데의 제후, 해군 제독 콜리니, 그리고 다수의 프로테스탄트 귀족들이 참석했고, 로마 가톨릭 측에서는 40명의 주교, 6명의 추기경, 12명의 소르본 대학교 박사들, 로렌의 추기경, 그의 형제 기즈의 공작이 참석했다. 정부에서는 소년 왕과 나머지 왕족들과 함께 온 섭정 여왕, 최고 행정 재판소(the Council of State), 대법관 미셸 드 로피탈(Michel de l'Hopital), 그리고 궁정의 주요 요인들이 참석했다. 프랑스가 일찍이 목격해 본 적이 없는 무게 있는 모임이었다.

그러나 9월 19일에 페라라의 추기경 이폴리토 데스트(Ippolito d'Este)가 도착했다. 그는 프랑스에 주교구를 세 개씩이나 갖고 있던 인물로서 교황의 사절

---

13) 예를 들어 영국의 엘리자베스는 그렇게 할 수 없었다. 분명한 것은 그녀가 그렇게 할 수 없었다면 어느 누구도 그렇게 할 수 없었다는 것이다.

14) 이 공의회는 훗날 푸아시 공의회로 알려진다.

자격으로도 참석했는데, 교황으로부터 회의를 중단시키라는 비밀 지시를 받아 가지고 왔다. 그가 도착한 순간부터 두 진영 간의 화해의 가능성은 모두 사라지고 말았다. 9월 26일까지 지속된 회의는 잦은 소동과 격한 논쟁 끝에 완전히 결렬되고 말았다. 카테리나는 협의회를 해산하는 결론 연설에서 이렇게 말했다: "우리가 슬픈 것은 오직 이 회의가 비단 우리가 갈망하던 그 열매, 온 그리스도교 교회의 사랑에 절실한 그 열매를 맺지 못했기 때문입니다."

협의회가 실패로 끝난 뒤 카테리나는 또다른 계획을 세웠다. 대규모 회의는 불협화음을 일으키는 요소들이 너무 많다고 판단하고는 프로테스탄트 목사 5인과 개혁에 동조하는 로마 가톨릭의 지도급 성직자 5인으로 구성된 소규모 협의회를 준비했다. 이 협의회는 양 진영을 만족시킬 만한 합의에 도달하고, 성만찬과 관련된 쟁점들(그것이 불화의 주 원인이었다)에 공동 서명하고, 이 서명안을 주교들에게 보내 승인을 요청했다. 그러나 주교들은 교황이 이 서명안에 결코 동의하지 않을 것을 알고서 승인을 거부했다.

그러는 동안 카테리나는 국가가 두 종교를 공평하게 대우한다는 관점을 가지고 자신의 관대한 개혁안들을 꾸준히 실천해 갔다. 여러 주요 관직에 프로테스탄트 인사들을 기용하고, 종교 자유의 폭을 넓히는 새로운 법령들을 꾸준히 공포하고, 로마 가톨릭 세력이 강한 파리에 국무대신(군주 부재시의 통수권자)의 아들인 프로테스탄트 인사를 시장으로 임명했다.

그러나 카테리나가 부닥친 어려움은 헤아릴 수 없이 많았다. 상대를 궁지에 빠뜨리려는 양 진영의 음모가 심지어 두 번의 협의회가 진행되는 동안에도 끊이지 않았을 뿐 아니라, 주변국들도 그 투쟁에 열성적으로 가담하고 프랑스를 유럽을 분열시킨 그 종교 문제를 힘으로 해결할 대규모 전장으로 만들려고 했다. 카테리나는 인접국들에게 프랑스의 내부 갈등에 개입할 빌미를 조금도 주지 않기 위해서 한시도 태만할 수 없었다. 카테리나를 가장 당혹하게 만든 사람은 광적인 인물인 스페인의 펠리페 2세였다. 그는 자신의 대사 토마스 페레노 드 샹토네(Thomas Perrenot de Chantonnay)를 카테리나의 궁정으로 보냈다. 외국의 사절보다 첩보원으로 역량을 인정받아 펠리페에 의해 기용된 그는 카테리나에게 협박조로 펠리페가 "카테리나의 사생활을 낱낱이 알고 있다"고 전했다. 펠리페는 그를 통해서 스페인이 프랑스 내의 가톨릭 진영을 보호하기 위해서 파병하겠다는 말로 카테리나를 끊임없이 협박했다. 샹토네 자신도 프랑스가 현재의 분열 상태로는 그러한 침공을 막아낼 힘이 없는 줄을 알고서 기회가 생길 때마다 여왕이 관용 정책으로써 프로테스탄트 진영을 편들어 왔다고 하며 여왕 앞에서 대단히 무례한 언동을 서슴지 않았다. 프랑스와 적대 관계에 서 있던 황제는 메츠를 되찾기 위해서 카테리나와 전쟁을 벌일 구실을 찾고 있었고, 영국의 엘리자베스는 프로테스탄트 교도들을 위해 무력을 사용할 구실을 찾고 있었다. 한편 이탈리아 쪽에서는 교황과 사보이 공작이 다 그 투쟁에 참여하지 못해 안달이었다.

카테리나는 그밖에도 다른 난제와 씨름했다. 정적 엘리자베스가 대단히 유능하고 충직한 고문들에 둘러싸여 있던 것과는 달리, 카테리나의 주변에는 그런 인물들이 없었다. 각국에서 몰래 파견되어 자신의 일거수일투족을 감시한 뒤 본국 정부에 보고하는 첩보원들만 주위에 가득했지, 딸에게 보낸 편지에서 토로했듯이, 정작 믿을 수 있는 사람은 하나도 없었다. 종교 문제를 평화롭게 해결하려는 목적으로 협의회가 열리고 있던 바로 그 순간에도 프로테스탄트 진영은 카테리나의 둘째 아들 앙리를 데려와 그를 형 샤를의 대립 왕으로 세우려는 음모를 꾸미고 있었고,(심지어 카테리나의 최고 행정 재판소 내부에서조차) 로마 가톨릭 지도자 중 한 사람이 카테리나를 체포하여 포대에 담아 센 강에 던져 버리자는 제안도 나왔다. 이 제안은 카테리나가 재판소 회의실에서 자신의 거처로 은밀히 설치해 둔 소리통을 통해 직접 들었다. 이런 온갖 곤란한 일들 외에도 심지어 궁정에서조차 양 진영의 지도자들이 테러를 당하는 일을 막기 위해서 매일 "달래고 기도하고 항의하는" 일에 힘써야 했다. 이런 숱한 우환 때문에 긴장이 쌓여 평소 건강한 체질이던 그녀의 얼굴에 병색이라도 보이면 대사 샹토네는 멜론을 너무 많이 먹어서 그렇게 된 게 아니냐고 무례한 말을 해댔다. 그 말에 카테리나는 위엄을 갖추어 "내가 아픈 것은 정원의 열매 때문이 아니라 정신의 열매 때문이오" 하고 대답했다. 이런 사태를 낱낱이 관찰하여 본국 정부에 보고한 어느 예리한 베네치아 대사가 과연 그토록 숱한 어려움 속에서 실수를 범하지 않을 군주가 있겠는가 하고 반문하면서 카테리나가 양 진영의 어느 한 쪽도 편들지 않는 것에 놀라움을 표한 것은 당연한 일이다. 게다가 이 긴장은 끝날 것 같지 않았다. 카테리나는 한동안은 자신의 관용 조치들로 활활 번질 것 같던 불길을 잡았지만, 그 불길이 완전히 진화되지 않았다는 것을 카테리나만큼 분명하게 알았던 사람은 없었다. 카테리나가 스페인에 가 있던 자신의 대사에게 쓴 글은 너무나 정확했다: "불이 꺼지고 남은 재는 여전히 너무 뜨거워 불씨가 조금만 튀어도 우리가 일찍이 보지 못한 엄청난 불길로 번질 것입니다."

그러나 카테리나는 아직 기세가 꺾이지 않았다. 임박한 전쟁을 막으려는 첫 번째와 두 번째 시도가 무산되었는데도 불구하고 세 번째 시도를 했다. 카테리나의 관용책을 격렬히 반대하던 파리 시민들은 마침내 소요를 일으켰다. 일요일마다 교회당들 주변에서는 이런저런 싸움이 벌어졌다. 그리고 싸움 과정에서 양 진영에서 사상자들이 발생했다. 그러자 샹토네는 안면몰수한 채 섭정 여왕에게 만약 이 이단들을 속히 제거하지 않으면 자신의 주군(主君)이 "여왕의 가톨릭 백성을 지원하러 와서 틀림없이 여왕과 전쟁을 벌일 것이오"라고 협박했다. 그러나 카테리나는 이런 따위의 협박에 기가 죽지 않았던 가문 출신이었던지라 "나는 내 집의 여주인이 될 것이다"는 말을 스페인 왕에게 가서 전하라고 퉁명스럽게 말했다. 그리고는 1561년 12월에 삼부회를 소집해 놓고 관용 정책을 계속 추진하겠다는 취지의 강력한 연설을 한 다음, 양 진영을 대상으로 한 제3차 협의회 소집을 공포했다. 1562년 1월에 생 제르맹에서 소집된 이 협의회에는 "여덟 개의 고등법원(parlement)[15]에서 선출된 30인의 의장들과 고문들, 왕족 제후들을 포함한 추밀원 의원 20인"이 참석했다. 협의회는 두 종교가 프랑스에서 나란히 살도록 허용하자는 대법관의 비범한 연설로 시작되었다. 대법관의 연설이 끝난 뒤 카테리나가 같은 방향으로 매우 강력한 연설을 했다. 열이틀에 걸친 논쟁 끝에 마침내 타협안이 마련되었다. 이 타협안은 카테리나가 바라던 것과 꼭 일치하는 것은 아니었고 또 양 진영을 다 만족시킬 만한 것도 아니긴 했지만, 로마 가톨릭 진영보다는 프로테스

---

15) 프랑수아 1세는 프랑스를 도(道)들로 구분하고, 각 도에 고등법원(Parlement)을 두었다.

탄트 진영에 더 만족스러웠다.

이렇게 마침내 양 진영의 유력한 대표단이 받아들일 수 있는 타협안을 얻어내자, 카테리나는 그들의 권고에 따라 칙령을 작성했는데, 이것은 훗날 '1월 칙령'이라는 이름으로 매우 유명하게 되었다. 이 칙령은 비록 프로테스탄트 교도들에게 교회당 건축을 허용하지 않았지만 예배를 위한 회집은 승인했다. 이것보다 더 중요한 점은 이 칙령이 그들에게 최초로 법적인 승인을 제공했고, 그로써 국가가 상이한 두 종교 단체를 승인했다는 데 있다. 그러나 여왕이 이 칙령(그러한 완전히 새로운 출발을 담은)을 고등법원으로 보내 등록하고 발행하게 했을 때 그들은 일제히 그것의 발행을 거부하고 대단히 단호한 태도를 취했다. 카테리나는 격노했다. 즉시 말을 타고 생 제르맹에서 파리로 전 속력으로 달려가,[16] "자신의 단호한 의지를 과시하고 칙령이 등록되도록 하기 위해서 고등법원 문을 박차고 곧장 들어가려는 기세였다"고 한다. 카테리나는 의장과 고문들의 반대 의사가 완강하다는 것을 확인했다. 그들은 칙령이 왕국에 해악을 끼치고 하느님의 영광을 가릴 것이며, 따라서 목에 칼이 들어와도 그것을 발행하지 않겠다고 단언했다. 마침내 의장은 일어나서 여왕에게 엄숙히 "여왕 폐하께서는 폐하의 왕관과 왕국을 잃게 될 길로 가고 계십니다"라고 말한 뒤 회의실을 나갔다.

그러나 카테리나는 고등법원 의원들이 칙령에 확고히 반대하는 것만큼이나 강력한 의지를 가지고 자신의 관용 정책을 확고히 고집했다. 고등법원 앞에서 나라를 내전에서 건질 마지막 기회로 느껴지던 문제를 놓고 양보할 이는 자기가 아니라 그들이라고 단단히 결심한 채 외돌토리로 선 카테리나의 모습을 볼 때 불현듯 32년 전 카테리나가 열한 살의 소녀였을 때 피렌체 무라토리 수녀원 정문에서 벌어지던 장면이 떠오른다. 전체의 드라마가 좀 더 작은 무대 앞에서 상연된 듯하며, 우리는 어느 쪽이 승리를 거둘지를 안다. 그리고 그 결과는 판명되었다. 의장과 의원들의 결심에도 아랑곳 없이 카테리나는 자신의 뜻을 관철시켰고, 고등법원 회의장을 나서기 전, 다음날 칙령을 발행하겠

---

16) 약 16km가량 됨.

다는 약속을 받아냈다. 그리고 실제로 칙령은 발행되었다. 비록 그것을 발행하면서 다음과 같은 말을 덧붙여 고등법원이 여왕의 의지가 자기들의 의지보다 더 강했음을 표시했지만 말이다:

"이른바 새로운 개혁 신앙을 주장하는 사람들의 끈덕짐 때문에 우리 파리 종교법원 법정에서 발행하고 낭독하고 등록되었다. 이것은 왕의 큰 뜻을 기다리는 동안 잠정적으로 취한 조치일 뿐이다."

이 사건으로 카테리나의 재위 첫해가 마무리되었다. 그 해에 일어난 그 사건은 결코 미미한 사건이 아니었다. 카테리나는 지난 수년 동안 온갖 종류의 무능(처음에는 남편의 재위 동안, 다음에는 아들의 재위 동안)으로 프랑스가 꾸준히 내전을 향해 치닫고 있는 동안 구경꾼으로 있을 수밖에 없던 처지에서 벌어진 해악을 하루 아침에 원상태로 회복할 수 없었다. 그러나 일단 직접 키를 잡자 경각에 몰린 그 상황에서도 배를 암초에서 벗어나게 하려고 혼신의 힘을 기울였다. 1561년 1월 권좌에 오르자마자 관용령을 발표하고, 7월에 전국 교회 협의회를 소집하고, 양 종교 진영에서 고르게 관료를 기용하는 쪽으로 개혁하고, 첫 협의회가 실패로 끝나자 10월에 두 번째 협의회를 소집하고, 두 번째 협의회가 실패로 끝나자 12월에 세 번째 협회의를 소집하고, 마지막으로 1562년 1월 저 유명한 '1월 칙령'을 발표했다. 이런 노력들이 향후에 평화의 기초가 된 경우가 많았고, 어느 나라든 내전을 향해 표류하는 나라의 군주가 금과옥조로 여길 만한 기록이 되었다.

그러나 이런 모든 노력은 결국 물거품이 되고 말았다. 기즈가 이끈 로마 가톨릭파는 카테리나의 '1월 칙령'을 관용할 수 없고, 프랑스에는 두 개의 종교가 공존할 수 없다고 선포했다. 프로테스탄트파도 카테리나의 칙령이 미온적이라고 주장하고 더 본격적인 양보안을 요구했다. 많은 사상자를 낸 전투가 여러 번 벌어졌고, 양 진영이 이제는 내전을 위해 본격적인 채비를 갖추었다. 기즈가 진영은 어느 프로테스탄트 목사에게서 압수한 편지에서 프로테스탄트 교도들이 파리의 로마 가톨릭 교도들에 대한 대학살 음모를 꾸미고 있다는 사실을 알아냈다. 그 편지 필자는 구약성경의 기드온과 외경의 유딧의 예를 인용하면서 "이 일을 하는 것이 하느님이 내리신 소명으로 느꼈다"고 말했다. 10년 뒤(1572년 성 바르톨로메오 축일에) 로마 가톨릭 교도들도 분명히 동일한 '소명'을 느낀 셈이다. 카테리나는 양 진영의 목적이 왕을 자기 편으로 삼는 것임을 간파하고서 왕을 데리고 퐁텐블로로 물러난 뒤 그 곳에서 기즈의 공작에게 파리에 일체 군대를 진주시키지 말라고 명령했으나, 공작은 즉각 그 명령을 어겼다. 그러자 카테리나는 될 수 있는 대로 두 적대 세력을 떼어놔야겠다고 결심하고는 콩데에게 파리를 떠나라고 간청했고, 콩데는 간청을 받고는 파리를 떠났다.

기즈는 로마 가톨릭 군대를 동원하여 파리를 장악했다. 프로테스탄트 군대는 콩데와 콜리니의 지휘하에 오를레앙과 루아르 강과 론 강 유역의 다른 도시들을 장악했다. 그리고 제1차 종교 전쟁이 시작되었다(1562년 5월). 기즈 공작은 군대를 끌고 퐁텐블로로 진군하여 섭정 여왕과 왕을 생포한 다음 그들을 처음에는 파리로, 다음에는 믈룅으로 이송했는데, 그곳에서 두 사람은 비록 정중한 대접을 받긴 했지만 사실상 기즈의 포로였고, 편지를 비롯하여 외부 세계와 연락을 취할 방도를 일체 허락받지 못했다. 이 전쟁에 개입한 영국의 엘리자베스는 아브르와 루앙을 장악하고 있던 영국 군대를 파견했다. 이로써 전쟁은 프랑스 북부와 남부로 신속히 번졌다. 한편 기즈의 세력에서 벗어나려고 애썼던 카테리나는 이제 전쟁을 중지시키려고 발버둥쳤으나 아무런 소용도 없었다. 각처에서 전투가 벌어졌고, 그 과정에서 결국 나바르의 왕이 전사하고, 콩데가 로마 가톨릭 군대에게 생포되었으며, 몽모렌시는 프로테스탄트 군대에게 생포되었다.

1563년 2월 기즈 공작이 오를레앙을 포위 공격하고 있는 동안 한 가지 사건이 일어났다. 이 사건은 잠시 평화에 이바지했지만 결국에는 훨씬 더 치열한 투쟁의 씨앗을 심어 놓은 사건이었다. 바로 기즈 공작이 살해된 사건이었다. 그는 비무장 상태로 마차를 타고 가다가 폴트로 드 메레(Poltrot de Mere)라는 프로테스탄트 교도에게 저격을 당한 것이다. 애당초 이 목적을 위해서 기즈의 군대에 위장 입대한 그는 재판석에서 자신을 이 일에 고용한 사람이 콜리니 제독이라고 털어놓았다. 이것이 사실인지는 차후에도 분명히 밝혀지지 않았다. 기즈의 공작 프랑수아는 귀족다운 인물로서 당시에 큰 사랑과 존경을 받고 있었기 때문에 그가 프로테스탄트 교도들에 의해 살해되었다는 사실은 로마 가톨릭 교도들 진영에서 제독 콜리니와 프로테스탄트파에 대한 반감이 극에 달하게 만들었고, 이런 정서가 10년 뒤 성 바르톨로메오 축일의 대학살로 절정에 달하게 된다.

로마 가톨릭 진영의 사령관이 이렇게 죽고, 아울러 양 진영의 지도자들 사이에 잠시 격한 대립감이 수그러들게 한 다른 사건들이 일어나자, 카테리나는 기회를 얻었다. 즉각 오를레앙에서 자신과 양측의 거물급 포로인 몽모렌시와 콩데간의 3자 회담을 가졌고, 며칠 뒤 자신의 '1월 칙령'의 노선과 정확히 부합하는 평화안에 합의하도록 만들었다. 그리고 당시 묵고 있던 앙부아즈로 돌아가 1563년 3월 19일에 '앙부아즈 칙령'으로 자신이 수습한 평화를 선포할 수 있었다. 이로써 제1차 종교 전쟁이 끝났다. 카테리나는 자신이 거둔 성공에 기쁜 나머지 '기쁨의 춤'을 추었다고 한다. 과연 그녀에게는 만족해할 만한 권리가 있었다. 그리고 그 기쁨은 장차 같은 유의 전쟁이 일곱 번이나 더 발생할 것이고, 그 과정에서 그녀가 동일한 방향으로 쏟아부은 노력이 자주 실패하게 될 것을 미리 알았을지라도 사라지지 않았다. 카테리나는 즉각 자녀들인 샤를 9세, 앙주의 공작 앙리, 알랑송의 공작 프랑수아, 마르그리트, 콩데의 제후와 그의 아내, 기즈의 새 공작 젊은 앙리, 나바르의 새 왕이 된 또 다른 젊은 앙리, 그리고 여러 귀족들을 슈농소로 초대하여 일주일간 축제를 벌이면서 종전(終戰)을 축하했다. 축제는 다양하고 기발했다.

"셰르 강변에서 해전과 수상 축제가 거행된 뒤 긴 회랑에서 불꽃놀이와 횃불 무도회가 벌어졌고, 숲과 정원에서는 사티로스와 님프로 가장한 궁정의 신사 숙녀 무리의 흥겨운 만남이 이루어졌다."

두 진영을 화해시키는 데 성공한 카테리나는 영국인들을 프랑스 땅에서 몰아내기 위해서는 모든 프랑스인들이 똘똘 뭉쳐야 할 의무가 있다고 촉구함으로써 그들을 될 수 있는 대로 결집시키는 작업에 착수했다. 그리고 순전히 이 점에 대한 자신의 열정에 힘입어 석 달 뒤에는 양 진영의 지도자들이 지휘하는 군대를 소집할 수 있었다. 이 군대는 루앙에 주둔하고 있는 영국군을 공격하기 위해 출정했다. 카테리나 자신도 이 군대를 따라가 전투에까지 참여했는데, "영국인들을 프랑스에서 몰아내기 전에는 한순간도 쉬지 않으려 했다"고 한다. 이 원정은 큰 성공을 거두어 7월에 영국 군대가 항복했고, 프랑스는 다시 한 번 외국의 침공에서 벗어나게 되었다. 이것이 오랜 세월 프랑스의 양 진영이 한 편이 되어 싸운 마지막 순간이었다.

이로써 프랑스에는 한동안 평화가 찾아왔다. 카테리나는 이제 열네 살이 된 샤를 9세를 루앙에서 지내게 한 다음 그를 데리고 프랑스 각처를 여행했는데, 이렇게 한 데에는 샤를에게 자기 왕국을 두루 익히게 하면서 아울러 종교적 반목이 언제 터질지 모르던 파리에서 멀리 떨어진 곳에 궁정을 두려는 의도가 있었다. 이 여행은 1564년 봄부터 1565년 말까지 거의 2년간 지속되었고, 그 과정에서 궁정은 프랑스 남부의 거의 모든 주요 지역들을 방문했다. 궁정은 800명이 넘는 궁정인들과 그들을 수행한 거대한 무리의 하인들로 구성되었는데, 야외극과 방불한 이 방대한 행렬에 관해서는 생생한 기록들이 남아 있다. 행진의 지루함을 달래기 위해 길가의 기묘한 바위 뒤에서 화려한 복장의 요정들이 나오고, 목동들이 갑자기 뛰어나와 긴 라틴 시를 낭송하는 등 다양한 방법들이 동원되었다. 바르 르 뒤크에서는 여왕의 손녀 로렌의 크리스틴 (카테리나의 딸 클로드의 아기)의 세례식이 거행되었다. 마콩에서 카테리나는 행렬을 벌일 때, 프로테스탄트 부모의 자녀들을 로마 가톨릭 부모의 자녀들과 나란히 참여하도록 허용할 수 있는가 하는 곤란한 문제를 놓고 벌어진 격렬한 다툼을 조정해 달라는 부탁을 받았다. 내전의 불길은 잡혔으나 재에서는 여전히 연기가 피어오르고 있었던 것이다. 루실롱에 갔을 때는 양 진영 각각에 대해서 상대방의 종교를 존중할 것을 요구하는 또다른 칙령을 발행할 필요를 발견했다.

궁정은 1565년 6월에 베이온에 도착했다. 이곳에서 카테리나는 미리 약속해 놓은 대로 딸 스페인의 엘리자베스를 만났다. 이 행복한 만남을 축하하기 위해서 무도회와 마상 대회와 그밖의 축제들이 3주 동안 거행되었다. 엘리자베스는 알바의 공작(훗날 네덜란드인들의 기억 속에 악인으로 남을)을 대동하고 왔다. 공작은 베이욘에 올 때 확고한 목적을 품고 왔다. 그것은 주군인 스페인 왕 펠리페 2세와 사전에 조율을 거친 것으로서, 카테리나에게 세 가지 큰 조건에 대한 합의를 이끌어 내려는 것이었다. 첫째는 모든 프로테스탄트 교도들을 공직에서 축출하는 것이었고, 둘째는 프로테스탄트 예배를 금지하는 것이었으며, 셋째는 프랑스에서 모든 프로테스탄트 성직자를 추방하는 것이었다.

프로테스탄트 저자들의 한결같은 주장은 카테리나가 이 회담에서 극도의 이중성을 품은 채 프랑스에서 프로테스탄트주의를 뿌리뽑기 위해 알바와 비밀 협정을 맺었다는 것과, 7년 뒤에 파리에서 발생한 대학살이 여왕과 알바 공작 간의 이 회담의 결과였다는 것이었다. 그러나 이런 주장은 현대의 연구 결과 그 시대의 몰염치한 분파 저자들의 말을 그대로 신뢰한 데 기인한, 오랜 세월 정설로 굳어온 오류가 뒤집히는 주목할 만한 사례이다. 이 베이욘 회담과 관련한 위의 주장은 최근까지는 공인된 역사 사실로 확고히 굳어져 왔지만 이제는 알바가 주군 펠리페 2세에게 비밀리에 보낸 급전이 포함된 스페인 국가 문서가 발행됨으로써 완전히 논박되었기 때문이다. 이 문서들은 위의 주장과 같은 사건이 일어나기는커녕 알바가 카테리나에게 프로테스탄트 신앙을 탄압하도록 촉구한 자신의 주장에 동의하도록 하는 데 완전히 실패했다고 스스로 시인했음을 보여 주고 있는 것이다. 그는 자기 주군에게 카테리나를 열심히 설득했으나 프로테스탄트 설교자들에 대해 활동(카테리나의 앙부아즈 칙령으로 승인된)을 금지시키고, 카테리나의 대법관 미셸 드 로피탈을 해임할 것 등을 포함한 그밖의 제안들에 동의를 이끌어 낼 수 없었다고 전한다. 그의 이러한 노력을 지원하기 위해 "스페인 여왕이 큰 열성과 탁월한 식견을 동원했는데도 불구하고" 뜻을 이루지 못했다. 알바는 섭정 여왕이 "거룩한 종교에 대해 보통 냉정한 것이 아니었다"고 덧붙인다.

그 해 말에 궁정은 파리로 돌아갔다. 그리고 이듬해(1566)에 카테리나는 종교 문제에 대한 현상의 평온을 유지하기 위해 많은 노력을 기울이는 것 말고는 주로 대법관의 유력한 지원을 받아 프랑스 전역을 좀 더 공의롭게 다스리기 위한 다수의 중요한 법령을 통과시키는 데 주력했다. 이 법령들은 법정들의 불의한 관행들과 백성을 심하게 억압하던 허다한 경찰권 남용을 일소했다. 이런 폐단들은 얼마 전에 전국 방방곡곡을 다니면서 파악한 것들이었다. 그렇게 해서 발효된 새로운 법들 중 상당수가 프랑스 법전에 항구적으로 자리잡아 그 나라에 지속적인 유익을 끼쳤다.

이 4년(1563-1567)은 카테리나가 다른 방면으로도 많은 활동을 벌인 시기이기도 했다. 1871년까지 파리의 대표적인 두 궁전은 다 그의 이름과 긴밀히 연관되어 있다. 프랑수아 1세가 건축가 레스코(Lescot)의 설계로 착공한 루브르 궁전은 앙리 2세의 재위 말에 완공되었고, 카테리나가 아들 프랑수아 2세가 죽은 후 권좌에 올랐을 때 프랑스 군주로서는 최초로 이 궁전에 거주했다. 그리고 1564년에 카테리나는 자신의 튈르리 궁전을 건축하기 시작했고, 이 궁전을 당시 혼잡한 도심 구역을 관통하는 긴 회랑으로 루브르 궁전과 연결했다.[17] 이 궁전을 건축하기 위해서 유명한 건축가 필리베르 드 로르므(Philibert de l'Orme)를 고용했는데, 그는 프랑수아 2세의 재위 때 기즈가 사람들에 의해 한직에 물러나 있었다가 카테리나가 권좌에 오르면서 재기용되었다. 이 건축 외에도 카테리나는 퐁텐블로, 슈농소, 그리고 그밖의 왕의 저택들을 대대적으로 증축하고, 온갖 종류의 예술품들을 수집하고, 문학을 후원하는 데에도 바빴다. 카테리나의 재위 기간은 온갖 전쟁의 폭풍우가 프랑스를 휩쓸고 지나갔는데도 불구하고 프랑스 문학사에 중요한 획을 그은 시기였다. 롱사르(Ronsard), 뒤 벨레(Du Bellay), 벨로(Belleau), 비네(Binet), 그리고 그밖의 소소한 문학가들이 '플레이아드'(the Pleiade)라는 집합적 이름으로 이 시기를 유명하게 만들었다.

루실롱에서 발행된 칙령으로 보완된 카테리나의 앙부아즈 칙령은 프랑스를 4년 동안 전쟁에서 벗어나게 했다. 그러나 한편으로는 제네바의 칼뱅주의

---

17) 카테리나가 튈르리 궁전에서 루브르 궁전을 연결할 때(1564년 12월) 피렌체에서는 코시모 1세가 비슷한 방법으로 공작 궁전과 베키오 궁전을 연결하기 위해 도시의 일부를 관통하는 '파사조' 곧 주랑을 건축하고 있었다. 이것은 프랑스의 것과 비슷하면서도 더 길었다.

자들에 의해 조장되고,[18] 다른 한편으로는 기즈가 파벌의 불관용 기질로 조장되던 종교적 반목이 마침내 다시 뜨겁게 달아올라 1567년 9월 제2차 종교 전쟁이 시작되었다. 이번 전쟁은 프로테스탄트 교도들이 궁정이 모(Meaux)에 있을 동안 어린 왕을 생포하려고 한 데서 촉발되었다. 생 드니 전투가 발생했고, 이 전투에서 총사령관 몽모렌시가 전사했다. 다음 여섯 달 동안 프랑스 각처에서 치열한 전투가 발생했고, 그 과정에서 프로테스탄트 군대가 로셸을 차지하여 그 곳을 자기들의 항구적인 본부로 삼았다. 결국 1568년 3월 이 두번째 전쟁은 이른바 롱쥐모 평화조약(Peace of Longjumeau)으로 종결되었다.

카테리나가 평화를 지키기 위해서 얼마나 부단히 노력했는지, 그것이 얼마나 어려운 과제였는지는 여러 나라 대사들의 보고서들에 잘 나타난다. 스페인 공사 알바[19]는 펠리페 2세에게 보내는 비밀 보고서 중 한 편에서 전하기를, 하루는 여왕이 회의실에서 나오는데 여왕으로부터 왜 자기를 그렇게 빤히 쳐다보느냐고 추궁당했을 때 여왕의 눈이 너무 울어 움푹 들어갔기 때문이라고 대답하자, "여왕은 '당신 말이 맞소. 하지만 그럴 이유가 있었지요. 정말로 나라를 걱정하고 짐을 지려는 사람은 나 혼자뿐이오. 방금 무슨 일이 있었는지 알면 대사께서도 놀라실 거요. 더 이상 누구를 신뢰해야 할지 모르겠소' 라고 말씀하셨습니다." 다시 베네치아 대사 조반니 코레르(Giovanni Correr)는 이렇게 보고한다:[20]

"그런 큰 혼란 속에서 과연 어떤 군주가 실수를 저지르지 않을는지 모르겠습니다. 하물며 여성에다가 외국인으로서 믿을 만한 친구도 없고 두려움을 품고 있고 자신에 관해서 진실을 말해 줄 사람도 없는 경우란 얼마나 더하겠습

---

18) 칼뱅 자신은 1564년에 죽었다.

19) 그를 알바의 공작과 혼동해서는 안 된다.

20) 아르망 바셰는 삼십년 전쟁 때 프랑스에 파견된 베네치아 대사들 중에서 조반니 코레르(Giovanni Correr)를 가장 유력한 인물로 꼽는다. 바셰는 그가 "깊은 통찰력을 드러내는 재능으로 글을 쓴다"고 말한다. 조반니 코레르는 전임자들보다 훨씬 더 카테리나와 친밀한 관계를 유지했고, 따라서 카테리나는 모든 문제를 그와 논의했다. 바셰는 "이 시기에 카테리나 데 메디치가 무슨 생각을 하고 있었는지를 정확히 알려면 이 유능한 대사가 남긴 탁월한 기록을 연구하는 게 꼭 필요하다"고 생각한다(*La Diplomatie Veitienne*, by M. Armand Bashet.)

니까. 제 입장에서는 여왕이 완전히 혼동에 휩싸이지 않고 두 진영의 이쪽이나 저쪽에 양보를 하는 것을 보고 자주 놀랍니다. 만약 혼동에 빠졌다면 그것은 왕국에 최종적인 재난이었을 것입니다. 왕실의 위엄을 여전히 간직하고 있는 사람은 여왕뿐입니다. 이런 이유로 저는 늘 여왕을 비판하기보다 동정합니다. 여왕이 자신의 비탄이나 프랑스의 난국을 이야기하는 것을 들을 때 자주 그런 심정을 갖게 됩니다.”

이런 보고는 카테리나가 그런 정책을 고수하느라 얼마나 막중한 어려움을 안고 살았는지, 그리고 얼마만한 능력으로 그 정책을 수행했는지를 생생히 그려준다. 그러나 그 정책이 수행하기 어려웠을지라도 옳았다 하는 것은 카테리나가 그 정책을 포기했다면 왕국에 최종적인 재난이 되었을 것이라는 대사의 발언이 잘 말해준다.

롱쥐모에서 체결된 평화 조약은 효과가 잠시밖에 지속되지 않았다. 두 진영은 진짜로 화해할 의사가 없었고, 따라서 1568년 8월 제3차 종교 전쟁이 시작되어 양 진영이 맹렬하게 맞붙어 싸웠다. 개전 두 달 뒤에 카테리나는 사랑하는 딸 스페인의 엘리자베스가 스물네 살의 나이로 죽었다는 소식을 들었다. 그때 카테리나는 너무나 슬펐지만 슬픔에 빠져들 여유가 없었다. 국가가 처참한 상태에 빠져들었기 때문에 온 힘을 쏟지 않으면 안 되었기 때문이다. 1569년 3월 자르낙(Jarnac) 전투에서 콩데의 제후가 전사했다. 카테리나가 그토록 오랫동안 막으려고 노력했던 일 곧 다른 나라들이 내전에 개입하는 일이 이제 발생했다. 독일 군대가 프로테스탄트 교도들을 지원하기 위해 프랑스로 진입했고, 스페인 군대가 로마 가톨릭 교도들을 지원하기 위해 진입했다. 이들 외국 군대가 무대에 등장하자 전쟁은 더욱 잔인한 양상을 띠었다. 양 진영의 지도자들은 각자의 군대에게 인정 사정 가리지 말고 공격하라고 명령했다. 이 도시 저 도시가 함락된 뒤 약탈당했다. “수성에 실패한 수비대원 전원이 스스로 목을 베었다.” 문명 세계 사람들의 전쟁이라기보다 차라리 광적인 힌두교도들과 이슬람교도들 간의 전쟁이라 할 만했다. 참으로 두려운 시기였다. 프로테스탄트 교도들이나 로마 가톨릭 교도들에게 다 그랬다. 막중한 재앙이 그들에게 임했다. 그러나 우리가 이 역사에서 관심을 갖고 있는 것은 이런 상황에서 카테리나가 어떻게 행동했는가 하는 점이다.

프로테스탄트 교도들은 대적들의 눈에 성스러운 것이면 죄다 파괴하고 훼손했다. 성당들을 허물고 성소들을 못쓰게 만들었고, 십자가상들과 성유물들을 진흙탕으로 질질 끌고다녔고, 성사(聖事)의 빵과 포도주를 개와 가축에게 던져 주었고, 성유(聖油)로 구두를 닦았고, 지배 가문의 조상 묘들을 훼손했고, "클레리에서 프랑스 왕 성 루이의 유골을, 생 클루아에서는 프랑수아 1세의 심장을 불태웠고," 손 댈 수 있는 건물마다 장식을 훼손했다. 간단히 말해서, 프랑스인들이 세련미와 종교에 대한 관심과 자기 민족의 과거에 대한 자부심을 갖고 있는 모든 것에 진노를 쏟아부었다. 이러한 행위는 대적들을 격분하게 만들었다. 프랑스의 모든 가톨릭 교도들이 분노에 치를 떨고 복수를 맹세했다.

성 바르톨로메오 축일에 대학살이 한 번 자행된 데 그치지 않고 프랑스의 여러 도시들에서 그런 대학살이 더 발생하리라고 충분히 예상할 만했다. 실제로 그 시대 저자가 그 축일의 대학살이 발생한 뒤에 바로 그러한 맥락에서 그 대학살은, 프로테스탄트 교도들이 프랑스 전역에서 반대자들을 학살한 것뿐 아니라 가톨릭 교도들이 숭배하던 모든 것을 파괴하고 더럽힌 것에 대해서도 정당한 응징이었다고 말하는 것을 보게 된다. 카테리나가 어떻게 해서든 막으려고 했던 이 모든 재난이 프랑스에 덮친 것에 얼마나 고통스러워했는지 그의 편지들에서 잘 볼 수 있다. 그녀는 이렇게 말한다: "외국 군대가 저지른 극악무도한 만행에 나만큼 더 고통스럽고 혐오감을 가진 사람도 없을 것입니다. 제 고통은 이루 말할 수 없습니다."

대중의 감정이 가장 격하게 표출된 곳은 파리였다. 파리 시민들은 프로테스탄트 교도들에게 격노한 것 못지 않게 그들에게 예배의 자유를 허용하고 그들에 대한 박해를 금지하는 관용적인 성격의 칙령들을 내린 대비(大妃)에 대해서도 격노했다. 그녀의 정책이 "고양이와 쥐한테 함께 평화롭게 살라고 명령하는 격"이라고 단언했다. 그들은 프랑스를 포기하고 가톨릭 신앙을 자유롭게 시행할 수 있는 다른 나라로 가서 살게 해 달라고 청원했다. 여왕이 관용령을 강단에서 백성에게 낭독하도록 지시했을 때, 사제들은 그렇게 하기를 거부했을 뿐 아니라 설교 도중 그녀를 '이세벨'(구약성경에 등장하는 북왕국 이스라엘 아합 왕의 외국인 아내. 이교를 도입함 — 역주)로 지칭했다. 카테리나가 "왕국의 모든 도시들이 내게 끼치는 고통을 다 합해도 파리 시가 끼치는 고통의 절반도 안 된다"고 쓴 것이 조금도 이상한 일이 아니다. 아울러 위에 언급한 그런 만행이 일어날 수 있는 상황에 처해 있던 프로테스탄트 교도들이나, 정적들에게 신앙의 자유를 고집스럽게 허용한다는 이유로 대비(大妃)를 '이세벨'이라고 부른 로마 가톨릭 교도들을 감안할 때 양 진영에서 카테리나의 행위에 대해 나온 기록은, 그런 기록이 좀 더 신뢰할 수 있는 자료들로 확증되거나, 이를테면 카테리나의 일관된 관용 정책을 비판한 저자들 자신이 인정한 사실들로 확증되지 않는 한 하나도 신뢰할 수 없다.

이 무렵 카테리나는 파리가 안전한 거처가 되지 못한다고 느끼고, 프로테스탄트 교도들도 어린 왕을 생포하려고 혈안이 되어 있는 줄을 안 데다, 프랑스 남부도 격전에 휘말려 있어서 피난처를 얻을 만하지 못했기 때문에, 왕을 데리고 메츠로 갔고, 한동안 그곳에 궁정을 두었다. 카테리나는 여전히 상호 관용의 노선에서 평화를 위해서 노력했는데, 그런 상황에서 다음과 같은 글을 남겼다:

> "전쟁을 시작한 자들이 우리로 하여금 생 제르맹에서 우리가 시작한 일을 완성하도록 인내했더라면, 지금 우리가 항구적인 평화를 얻기 위해서 당하고 있는 어려움들을 겪지 않아도 되었을 것입니다. 결국 평화를 얻는다 할지라도 그것은 옛 1월 칙령만큼 양 진영을 다 만족시키는 것이 될 수 없습니다."

여러 중요한 도시들이 함락되고 재함락되는 과정이 지난 뒤 1569년 10월 몽콩투르 전투가 벌어졌는데, 이 전투에서 이제 콜리니의 지휘를 받게 된 프로테스탄트 교도들은 심각한 타격을 입었다. 그 뒤 수 차례 공격이 뒤따랐지만, 마침내 1570년 8월 카테리나는 생 제르맹 앙 레 평화 조약을 이끌어 내어 전쟁을 끝냈다. 프로테스탄트 진영이 얻어낸 이 조약은 카테리나가 포고한

'1월 칙령'에 담긴 조건보다 그들에게 훨씬 더 유리했다. 그럼에도 불구하고 카테리나가 양 진영에서 받은 것은 심한 욕설뿐이었다. 프로테스탄트 교도들을 완전히 멸절할 때까지는 전쟁을 계속해야 한다고 다급하게 주장하고 있던 펠리페 2세(스페인)는 어떤 종류든 평화 조약이 체결된 데에 진노했다. 아울러 프랑스의 로마 가톨릭파는 조약 내용이 자기들의 원수들에게 지나치게 유리하게 되어 있다고 주장하고, "패자들을 마치 승자들인 것처럼 대우했다"고 카테리나를 비난했다.

반면에 프로테스탄트파도 조약 내용이 썩 만족스럽지 못하며, 여왕이 표리부동하게 쳐놓은 올무에 지나지 않는다고 주장했다. 그러나 카테리나는 프랑스를 전체로 놓고 생각하지 않으면 안 되었다. 나라가 치열한 전쟁들로 완전히 황폐해졌고 나라의 상황도 형편없이 비참해졌기 때문에, 이런 골육상쟁을 반드시 중단시켜야 할 필요가 있었다. 그리고 양 진영 사이에 공평한 평화안이 마련되더라도 각 진영에서 볼 때는 항상 불공평하게 보이게 마련이었다. 카테리나가 생 제르맹 앙 레에서 이끌어 낸 평화안도 이런 성격이었다. 라벨레(M. Lavalee)의 다음과 같은 말은 사실 이상도 이하도 아니다: "두 종교를 공존하게 하는 것과, 피폐한 프랑스에 안식을 주는 것은 별개의 일이었다."

카테리나가 이번 사건과 그밖의 유사한 다른 사건들에서 표리부동하다는 비판을 받은 점을 놓고 생각할 때, 그 비판은 프랑스가 처한 상황에서 당연히 기대할 수 있었던 것이긴 하지만, 카테리나가 끊임없이 느꼈던 필요, 즉 교활한 샹토네(Chantonnay)가 이끄는 스페인 군대에게 어찌하든 프랑스가 침공을 당하지 않아야 한다는 필요에서 주된 자료를 얻었을 것이다. 카테리나와 샹토네 사이에는 신경전이 끊임없이 전개되어 샹토네 측에서는 카테리나의 본심을 파악하려고 했고, 카테리나 측에서는 어찌하든 그것을 그에게 나타내지 않으려 했다.

의심할 여지 없이 이 평화는 카테리나로서는 큰 승리로서, 그녀가 이 방면에서 거둔 두 번째 승리였다. 로마 가톨릭 측은 평화안이 프로테스탄트 측에 지나치게 유리하다고 크게 불평하고, 프로테스탄트 측도 미흡하다고 불평했으나, 어쨌든 프랑스는 평온을 되찾아 프로테스탄트 교도들은 자기들의 강단으로 가고, 로마 가톨릭 교도들은 제단으로 가는 동안 서로를 방해하지 않았다. 카테리나는 자신이 거둔 성공에 크게 기뻐했다. 비록 세찬 폭풍우가 지나가면 물결은 단계적으로 서서히 잔잔해진다는 것을 잘 알고 있었지만, 이제는 항구적인 조화를 창출할 수 있다고 기대할 만한 상황이 되었고, 그녀가 편지에서 밝힌 대로 "아울러 프랑스를 하나의 나라로" 만들 수 있다고 기대할 만한 상황이 되었다. 프랑스의 재난들이 이단에 관한 탄압을 거부한 데 모든 원인이 있다고 비판하는 사람들에 관해서 카테리나는 이렇게 쓴다:

> "만약 이 모든 전쟁이 끝난 뒤 사태가 현재보다 더 열악해졌다면 그들은 여자가 통치해서 사태를 이 지경으로 만들었다고 비난하고도 남을 사람들이다. 만약 그들이 정직하다면 왕처럼 행동하고 싶어하는 남자들의 통치만을 비판해야 옳다. 장래에 만약 내가 더 이상 방해를 받지 않는다면 여자들이 현재와 같은 비참한 상태로 몰아넣은 사람들보다 나라를 지키려는 각오가 더 진지하다는 것을 입증해 보이고 싶다."

이제 카테리나는 전쟁의 참화 이외의 다른 문제에 눈길을 돌릴 만한 여유를 갖고서 자녀들의 혼사를 주선하고 예술에 관심을 가질 수 있게 되었다. 이 무렵에는 튈르리 궁전이 거의 완공되었는데, 카테리나는 궁전의 정원을 배치하고 팔리시가(the Palissy)가 창안한 도자기라는 새로운 장르의 온갖 예술품들을 가지고 정원을 장식하는 것을 낙으로 삼았다. 일이년 전쯤 팔리시를 극빈상태에서 건져 주었을 뿐 아니라 열정적인 프로테스탄트 교도였던 그를 박해에서 구출해 준 카테리나는 이제 그를 튈르리 궁전의 이 다양한 작업을 총괄할 감독으로 세웠다. 카테리나는 슈농소에서도 정교한 설계도에 따라 정원을 새로 꾸미기에 바빴고, 이 곳에서도 팔리시를 기용했다. 다른 많은 분야에서도 자신이 물려받은 예술적 감각들을 유감없이 발휘했다.

이제는 자녀들의 혼사도 큰 관심거리였다. 카테리나는 프랑스의 적대적인 양 진영의 평화에 힘입어 세 가지 결혼 계획에 착수했는데, 모두 화해를 다지고 그것을 항구하게 만드는 데 뜻을 두었다. 첫째는 이제 스무 살이 된 아들 샤를 9세를 관용을 표방한 황제 막시밀리안 2세의 딸 오스트리아의 엘리자베스와 결혼시키는 것이었고, 둘째는 앙주의 공작인 둘째 아들 앙리를 영국 여왕 엘리자베스와 결혼시키는 것이었으며, 셋째는 딸 마르그리트를 두려운 프로테스탄트 교도 잔 달브레의 아들 나바르의 앙리와 결혼시키는 것이었다. 셋 중에 맏이인 샤를 9세와 오스트리아의 엘리자베스의 결혼은 곧 성사되어 두 사람은 1570년 11월에 결혼했다. 영국 여왕 엘리자베스와 카테리나의 아들 앙리(혹시 앙리가 아니면 그의 동생 앙랑송의 공작)의 결혼을 위한 교섭은 4년을 끌다가 결국 무산되었다. 그러나 세 번째 결혼인 마르그리트와 나바르의 앙리의 결혼도 성사되어 형 샤를에 이어 2년 뒤에 결혼식이 치러졌다.

카테리나의 며느리가 된 오스트리아의 엘리자베스는 덕성과 지혜가 있고 모든 면에서 마음을 사로잡는 성향을 갖고 있었다. 정치에는 관심이 없었지만 자선 사업에는 거의 대부분의 시간을 보냈고, 백성에게 성인으로 추앙을 받았다. 신앙도 퍽 진실하여 자신의 대관식 때 성체를 받기로 되어 있었는데, 예기치 않은 일로 의식이 지연되어 원래 아침에 거행하기로 되어 있던 것이 오후 4시께나 거행되었을 때 온종일 식사를 하지 않고 기다렸다. 기진하여 쓰러질 것을 우려한 나머지 식사를 해도 좋다는 허가가 났는데도 한사코 거부했고, 전하는 바로는 "저녁 여섯 시에 성체를 받았는데 마치 아침 여섯 시에 받는 것처럼 자세가 흐트러지지 않고 표정도 밝았다"고 한다.

카테리나가 아들 앙주의 앙리를 영국의 엘리자베스와 결혼시키려 했을 때 부닥친 난관들은 주로 교황이 일으킨 것이었다. 교황은 이 결혼으로 영국 교회가 그랬던 것처럼 프랑스 교회도 자신의 권위에서 떨어져 나갈 수 있다는 것을 내다보았던 것이다. 그 난관들도 컸지만, 공주 마르그리트와 나바르의 앙리의 결혼 계획과 관련한 난관들(이 결혼은 프랑스의 두 적대 세력을 한데 묶으려는 카테리나의 주된 시도였다)은 그보다 훨씬 더 컸다. 교황이 이 계획도 똑같은 이유로 반대했을 뿐 아니라, 강직하고 엄격한 칼뱅주의자였던 앙리의 어머니 잔 달브레[21]도 비록 다른 면에서는 이 결합을 바람직하게 생각했

---

21) 잔 달브레는 앙리 달브레와 결혼한 프랑수아 1세의 누이 마르그리트의 딸이었다. 잔 달브레 자신

지만 아들을 로마 가톨릭 교도와 결혼시키는 것이 옳으냐 하는 점에서는 회의적으로 생각했기 때문이다. 그러나 마침내 결혼에 합의하되 아들을 로마 가톨릭의 영향력에서 될 수 있는 대로 멀리 떨어지게 하기로 작정한 잔 달브레는 1572년 초 직접 협상을 지휘하기 위해서 아들을 협상이 끝날 때까지 나바르에 남아 있게 한 채 몸소 파리를 방문했다. 한동안 건강이 좋지 못했던 그녀는 아들의 결혼 준비에 혼신의 힘을 기울이느라 남은 힘을 다 써버렸다. 자신의 건강이 심상치 않음을 느낀 그녀는 나바르에 있는 아들에게 파리로 오라고 전갈을 보냈으나, 아들이 도착하기 전 6월 9일에 파리에서 죽었다. 카테리나는 그녀의 임종 침상을 방문한 뒤 고통을 잘 참아내는 그녀의 인내를 높이 평가하는 글을 썼다.

잔 달브레가 죽은 원인이 그녀가 카테리나의 향수 담당관에게 산 향수를 매개로 여왕에게 독살되었다는 것이 지난 3세기간의 인기 있는 설이었다. 제네바의 칼뱅주의자들이 발행한 비난서들에 기원을 둔 이 설은 매우 신망 있는 사가들에 의해서 뿐 아니라 잔 달브레의 두 주치의 카일라르드(Cailard)와 데스뇌우드(Desnoeuds)의 보고서에 의해서도 거듭 배격된다. 두 주치의는 로마 가톨릭파를 비판하는 글을 많이 쓴 프로테스탄트 교도들이었으므로, 만약 독살이 저질러졌다면 즉각 그 범죄를 비판했을 것이다. 그 설을 뒤엎을 만한 증거가 아무리 많아도, 심지어 카테리나가 그토록 오랫동안 성취하기 위해 노력한 계획을 하루 아침에 내던졌을 리가 없다는 점에도 불구하고 여전히 인기 있는 설로 남아 있다. 최근에 이 주제에 대한 대표적인 권위자는 이 설을 다음과 같이 일축한다:

"그녀(잔 달브레)가 독살당했다는 전설이 오랫동안 대비(카테리나)에 대한 중요한 비판 중 한 가지를 차지해 왔다. 그것에 대한 증거가 없기로는 당시에 제기된 유사한 비난들의 증거가 없는 것과 마찬가지이다."

---

은 벵돔의 공작 앙투안 드 부르봉과 결혼했고, 나바르의 여왕이었으며, 그녀의 아들 앙리는 그녀가 죽은 뒤에야 비로소 나바르의 왕이 되었다.

나바르의 앙리는 5백 명의 프로테스탄트 신사들을 데리고 파리에 도착했다. 어머니가 죽기 며칠 전이었다. 그 곳에는 제독 콜리니, 콩데의 어린 제후, 그리고 허다한 프로테스탄트 교도들이 두 진영의 모든 상처를 치유하고 두 진영을 확고히 결속시킬 이 결혼식에 참석하기 위해 미리 와 있었다. 1572년 8월 18일 공주 마르그리트와 나바르 왕 앙리는 양 진영의 거물급 인사들이 다 모인 가운데 성대한 결혼식을 치렀다. 그날 저녁에 루브르 궁전에서 무도회가 열렸고, 다음날부터 사흘 내내 축제가 끊이지 않았다.

그러나 파리처럼 언제고 쉽게 불이 타오를 수 있는 도시에서 대립 집단들이 이렇게 대규모로 모여 있었다는 것은 지난 2년간 유지되어온 내적인 평온을 지키는 데 중요한 위협이 되었다. 로마 가톨릭 교도들은 자기들이 소중히 여기던 모든 것을 프로테스탄트 교도들이 훼파한 일을 잊지 않고 있었다. 따라서 카테리나가 자신들의 대적들에게 취해온 관용 정책에 오랫동안 불만을 품어온 파리 시민들은 왕의 여동생이 대립 세력의 지도자와 결혼하는 것을 보고서 증오심에 타올랐다. 아울러 의식과 관련한 부대 상황도 몹시 못마땅했다. 반면에 이 결혼을 못마땅하게 생각하기로는 프로테스탄트 진영의 대다수 인사들도 마찬가지였다. 그들은 이 결혼을 그들의 지도자 나바르의 앙리를 로마 가톨릭 교도로 만들려는 함정으로 보았던 것이다.

양쪽 어느 진영도 강경파는 상대 진영에 대한 경멸과 혐오를 감추거나 상대의 종교적 정조(情調)를 침해하기를 주저하지 않았다. 심지어 결혼식 자체도 잠복해 있던 불씨에 기름을 끼얹었다. 결혼식장에서 미사가 시작되자 프로테스탄트 신자들이 일제히 성당을 빠져나가 정원에서 어슬렁거렸던 것이다. 더 나아가 증오가 폭발할 만한 더 깊은 원인이 있었다. 로마 가톨릭파의 지도자 기즈의 공작 앙리는 콜리니 제독을 기즈의 전임 공작이었던 자기 아버지 프랑수아의 살해자로 간주하고 있었고, 앙리와 그의 어머니와 기즈가 온 식구들이 이번 기회에 반드시 그에게 복수하려고 단단히 벼르고 있었다. 특히 앙리의 어머니가 아들에게 이번 기회에 반드시 복수하라고 촉구하고 있었다. 따라서 적대 세력들을 한데 규합하기 위해 주선된 이 결혼은 그 자체에 증오가 새로 폭발할 만한 요소들을 담고 있었다. 양 진영의 혐오와 의혹은 극에 달해 있었고, 이제 불씨 하나면 파리 시내가 온통 불바다가 될 형국이었다.

그 불씨가 곧 제공되었다. 8월 22일 결혼식이 끝나고 나흘 뒤에 제독 콜리니가 루브르 궁전에서 자기 집으로 걸어가다가 기즈의 공작 가문이 사는 집의 창문에서 날아온 총탄에 맞아 손과 팔에 부상을 입었다. 왕과 대비(大妃)는 파리의 정세가 불안한 줄을 알고 있었고, 양 진영에서의 돌출 행동으로 파리가 내전에 휩싸일까봐 잔뜩 걱정하고 있던 차에 콜리니의 저격 소식을 듣고는 즉시 중대한 유감 표시를 한 다음 왕의 주치의인 프로테스탄트 교도 앙브로 파레(Ambros Pare)를 보내 콜리니를 치료하게 하고 호위대를 보내 그의 집을 경호하도록 했다. 프로테스탄트 귀족들에게는 콜리니의 집 주위에 숙소를 마련해 주었고, 콜리니에게는 범인을 철저히 색출하여 즉각 처형하겠다고 약속했다. 총탄이 날아온 집을 즉각 수색했으나 총을 쏜 자가 누구였든 그는 벌써 달아나고 없었다.

물론 프로테스탄트파는 이런 행위들을 대비(大妃)의 '위선'이라고 비난해 왔지만, 그 비난을 입증할 증거가 조금도 없다. 카테리나가 취한 행동들은 한순간 한순간 어렵사리 평화를 이어가던 두 적대 세력 중간에 서서, 파리에서 분쟁이 발생하면 왕권 자체가 위태롭게 되고, 어쨌든 카테리나가 방금 끝낸 결혼으로 성취하고자 했던 모든 것을 한순간에 날려 버릴 수도 있었던 처지를 감안하면 퍽 자연스러운 행동이었다.

콜리니 저격 사건은 사태를 파국으로 몰아갔다. 8월 23일 온종일 음모가 진행되었다. 각 진영이 (두려움과 의혹에 휩싸인 채) 상대 진영에 대한 학살을 모의했다. 24일(성 바르톨로메오 축일) 동이 트자마자 로마 가톨릭파는 상대 진영을 급습했다. 기즈가 사람들과 앙굴렘의 공작, 그리고 로마 가톨릭 귀족들이 이끄는 무장 세력들이 거리로 쏟아져 나와 언제든 동조할 태세가 되어 있던 파리 군중을 선동하여 도시 내의 프로테스탄트 교도들을 샅샅이 찾아내 공격했다.

기즈의 공작은 곧장 부하들을 끌고 콜리니의 집으로 달려가 경호원들을 제압하고 콜리니의 방으로 밀고 들어가 그를 살해했다. 콜리니의 진영은 공포에 휩싸였다. 흥분한 시민들이 오래 막아놓은 댐이 터지듯 거리로 쏟아져 나와 파리 곳곳에서 프로테스탄트 교도들을 학살했다(콩데의 제후, 나바르 왕, 미셸 드 로피탈, 그리고 루브르에서 카테리나의 보호를 받거나 카테리나가 강력한 군대를 보내 집을 지켜준 사람들은 학살을 면했다).[22]

사가 쉴리(Sully)는 이 대학살에 관해서 이렇게 말한다:

"기즈가는 기즈의 공작 프랑수아가 폴트로 드 메레(Poltrot de Mere)에게 암살을 당한 날부터 제독 콜리니가 이 범죄를 시작했다고 믿고서 그를 반드시 처단하겠다고 별러왔다. 게다가 제독이 자신의 결백을 입증할 수 없었다는 것을 시인해야 한다. 만약 이 참혹한 학살이 많은 사람들의 확신대로 기즈가의 사적인 복수의 결과였다면 … 기즈의 공작 앙리만큼 자기 아버지의 살해범에게 가혹한 복수를 가한 사람은 일찍이 없었음을 시인해야 한다."

프로테스탄트 저자들은 이 대학살이 오래 전부터 꾸며온 계획이었다고 주장해 왔지만, 콜리니의 살해 사건 외에 나머지 사건은 우발적인 충동 때문이었다는 스페인 대사 수니가(Cuniga)의 보고가 사실임을 충분한 자료를 통해 입증한 사가들에 의해 그 주장은 더 이상 지지를 받지 못한다. 이제 남은 문제는 격분한 프로테스탄트 교도들이 오랫동안 주장해 온 대로 카테리나가 학살에 관여했는가, 아니면 카테리나에게 전가된 책임들이 그녀에 대한 해묵은 편견에서 비롯된 또다른 결과였는가 하는 점이다. 프랑스 프로테스탄트 교도들은 이런 편견 때문에 이 범죄의 책임을 자기 나라의 어느 누구에게도 지우기보다 '그 이탈리아 여자'에게 지우는 쪽을 선호했다. 첫째, 콜리니 살인 사건에 관해 말하자면, 그것은 항상 카테리나에게 혐의가 씌워져 온 두 번의 살인 사건 중 하나인데, 오늘날의 시각에서는 두 가지 혐의 모두 카테리나에게 부당하게 씌워져 온 것으로 간주된다. 콜리니 살해 사건과 관련하여 오늘날 알려진 정황을 감안할 때 카테리나가 그에게 별다른 악감정이 없었다는 공인된 사실과, 그리고 무엇보다도 이 살인이 2년간 애써 노력해 온 것을 성취하

---

22) 액튼 경(Lord Acton)은 세밀한 계산 끝에 이 대학살 때 죽은 사람 수를 2,000명 이상으로 간주했다.

기 위한 계획을 물거품으로 만드는 것을 뜻했다는 사실만으로도 이런 혐의를 일축하는 데 충분하다.

카테리나가 대학살에 개입했느냐 하는 문제도 (스코틀랜드 여왕 메리가 유죄인가 무죄인가 하는 문제와 마찬가지로) 상반된 견해들이 평행선을 그어온 문제이다. 이것은 불가피한 일이다. 왜냐하면 그 사흘 동안(8월 22~24일) 카테리나의 행위를 적은 유일한 기록이란 모두 이 쪽이나 저 쪽 진영의 격렬한 지지자들이 남긴 것인데, 당시 상황이 어떻게 해서든 자파에 유리하게끔 기록하게 되어 있었기 때문이다. 프로테스탄트 교도들은 자기들에게 자행된 범죄의 책임이 왕과 대비(大妃)에게 있음을 입증하고 싶어한 반면에, 로마 가톨릭 교도들은 왕과 대비가 적의 진영에 있음을 입증하려고 했다. 아래의 사실은 그러한 상황에서 이 사건에 관한 역사가 기록된 방식을 역력하게 보여 준다. 프로테스탄트 교도들은 샤를 9세가 루브르 궁전의 창문에서 자기들과 같은 신앙인들에게 총을 쏘아 대학살을 지원했다고 주장했다. 창문이 구체적으로 지목된 지라 그 말은 오랜 뒤에 그 창에 그 사건을 주지시키는 틀이 부착될 정도로 매우 신빙성 있는 것으로 간주되었다. 그러나 이 틀은 1802년에 그 창이 달린 궁전의 부분이 앙리 4세의 재위 때까지 심지어 건축조차 되지 않았다는 사실이 발견된 직후에 제거되었다.[23] 그 당시에 카테리나가 루브르 궁전에서 어떤 언행을 했는가에 대한 자료를 수집하려 할 때 만나게 되는 게 바로 이런 식으로 집필된 기록들이다.

8월 24일 아침에 대학살이 시작되기 전에 22일과 23일에 루브르 궁전에서 실제로 무슨 일이 벌어지고 있었는지는 아무도 모른다. 그때 루브르 궁전에서 어떤 일이 벌어졌는가에 따라 이 문제에 대한 카테리나의 역할이 좌우된다. 확실한 것은 두 가지뿐이다. 첫째는 이 사흘 동안 카테리나 주변에 있던 사람들 중에서 프로테스탄트든 로마 가톨릭이든, 프랑스인이든 영국인이든 이탈리아인이든, 그 주제에 관한 말을 우리가 조금이라도 믿을 수 있는 사람이 하

---

23) 이 점에도 아랑곳 없이 방문객들에게 건물을 보여 주는 관리인들은 거듭해서 이 이야기를 하며, 그로써 '거짓 역사'를 보급하고 있다.

나도 없다는 것이다. 둘째는 만약 카테리나가 대학살에 책임이 있다면 이번이 카테리나의 생애에 폭력에 의존한 유일한 경우라는 점이다.

베네치아 대사들조차 카테리나의 역사 중 이 시점에 대해서는 우리를 실망시키며, 1572년 8월의 대학살과 관련하여 아무런 빛도 비춰주지 못한다. 베네치아 국가 문서에는 16세기의 이 부분에 긴 공백이 나 있다. 이 시기에 발행된 공문서들이 유실되었기 때문이다. 이 시기에 프랑스 궁전에 주재한 정규 대사는 지기스문도 카발리(Sigismundo Cavalli)였다. 그 말고도 특별 대사 조반니 미셸리(Giovanni Michieli)가 있었는데, 그는 플랑드르에서 스페인이 저지른 행위와 관련된 문제를 논의하러 얼마 전에 파견되어 와 있었다. 이렇게 공식 자료가 부재한 상황에서 우리가 갖고 있는 것은 이 조반니 미셸리가 남긴 반쯤은 사적인 기록으로서, 이것도 결코 신뢰할 만한 게 못 된다. 루브르 궁전에서 진행된 소송 절차를 보고한다는 부수적인 목적을 띤 이 문서는 카테리나를 콜리니 살해와 대학살의 유일한 책임자로 지목하며, 카테리나의 행동이 오래 숙고해 온 계획의 결과였고, 나바르의 앙리와 마르그리트의 결혼 계획도 모든 유력한 프로테스탄트 인사들을 파리로 끌어들이려는 함정일 뿐이었다고 진술한다.

그러나 메리메(M. Merimee)의 발언은 조반니 미셸리의 진술이 얼마나 무가치한 것인지를 입증한다. 그는 이렇게 말한다:

"나는 동일인들이 그처럼 중차대한 결과를 초래할 범죄를 구상해 놓고 그처럼 어리숙하게 실행할 수 있었다는 견해에 동조할 수 없다. 실제로 그 방법이 너무 어리숙해서 바르톨로메오 축일이 지난 뒤 전쟁이 새로 시작되었고, 종교개혁자들은 이 사건으로 인해 주가가 크게 치솟았으며, 새로 유리한 고지를 점령하게 되었다. 간단히 말해서 성 바르톨로메오 축일 이틀 전에 발생한 콜리니 저격 사건만으로도 공모설을 일축하기에 충분하지 않은가? 대학살을 일으키기 전에 무슨 이유로 지도자를 죽이겠는가? 이것은 오히려 위그노들에게 경종을 울려 자구책을 마련하게 하는 방식이 아니겠는가?"

조반니 미셸리는 사실상 어떤 가치있는 정보를 제공할 만한 위치에 있지 않았다. 그는 한두 주 전쯤에야 파리에 도착했다. 아직 대비(大妃)와 무슨 대화를 나눈 것 같지 않으므로 직접 관찰한 바에 입각하여 견해를 수립할 수 없었다(대비는 결혼식 직전에 로렌에서 파리로 왔다). 그가 전할 수 있는 말이란, 그가 "궁정의 비밀을 접할 수 있는 높은 지위에 있던 사람들에게 이 주제에 관해서 들었다"는 말뿐이었다. 다시 말해서, 앞서 언급했듯이 이 상황에서 증거 가치가 전혀 없는 사람들에게서 말을 들었을 뿐이다.

그러므로 좀 더 확실한 부수적인 증거와 다음과 같은 논리에 근거하여 추론을 할 수밖에 없다:

(i) 만약 카테리나가 이 대학살을 사주했다면 그녀가 오랜 세월 무수한 난관을 헤쳐가며 추진해 온 정책의 전반적인 성격과 어긋나는 행동을 한 셈이고, 그로써 가공할 원수들을 만든 일을 한 셈이다. 그것은 그 정책을 완전히 무산시키는 행동이다.

(ii) 만약 카테리나가 이 대학살에 책임이 있다면, 왕위에 앉은 사람들 중 예리한 지성으로 손꼽히는 그녀가 지난 2년간 기울인 각별한 노력을 완전히 물거품으로 만들고, 많은 공을 들여 결혼을 성사시킨 효과를 제거하고, 프랑스 국민들 중 상당수에게 적대감을 심어준 셈이다. 아울러 만약 그런 행동을 했다면 즉각 그 결혼이 프로테스탄트 진영을 궤멸시키기 위해 오래 계획해 온 함정이었다는 비난이 제기될 것을 예상하지 못했을 리가 없다.

(iii) 그 가설에 따르면, 이 대학살이 제4차 종교 전쟁을 시작시켰을 때 평화로 모든 것을 얻고 전쟁으로 모든 것을 잃은 카테리나가 그럼에도 불구하고 그 전쟁을 교묘히 일으킨 장본인이 되는 셈이다.

카테리나 데 메디치가 성 바르톨로메오 축일 대학살에 책임이 있다는 주장이 이런 사실들과 어느 정도나 일치하는가 하는 것은 각자가 판단해야 할 과제이다. 이 사실들을 폄하하거나 곡해해서는 안 되고, 있는 그대로 직시해야 한다.

이 문제에 관해 가장 참된 견해는 아마 '관점이 공정한 랑케'라는 프로테스탄트 사가가 오래 전에 지적한 내용이 아닌가 싶다. 그는 프랑스인들이 이 대학살의 책임을 부당하게 카테리나 데 메디치에게 떠넘기지만, 그 책임을 져야 할 장본인은 바로 프랑스인들이라고 진술했다. 그리고 그 이유에 대해서 이 대학살은 당시에 파리에서 양 종교 진영이 대치한 상태에서 품고 있던 야만적인 광신과 증오 때문에 발생했다는 점을 지적했다.[24]

프랑스인들을 양분하고 있던 두 진영은 이미 10년간의 투쟁 기간 중 여러 번의 잔인한 행동으로 서로에 대해 증오를 나타냈고, 한 도시를 완전히 두 쪽으로 갈라 놓았고, 적대감으로 끓어오르고 있었으며, 기즈가의 가신이 콜리니를 저격하는 순간부터 서로 간에 대학살을 계획하고 있었다. 누가 선제 공격을 가하느냐 하는 것은 단지 시간 문제였고, 상대 진영이 무슨 계획을 세우고 있는지를 간파한 다음 그에 따라 행동했다. 당당한 세력을 과시하며 파리로 입성한 프로테스탄트파는 이미 전에 파리에 사는 로마 가톨릭 교도들을 학살할 계획을 세운 적이 있었고, 이번에 로마 가톨릭 교도들이 신속히 선수를 치고 나온 것도 상대 진영이 무슨 짓을 할지 모른다는 두려움이 크게 작용했다.

"밤인데다 상황을 예측할 수 없고, 루브르 궁전에만 프랑스 제일의 검객인 파르다이욘(Pardaillon), 드 필레(De Piles) 같은 프로테스탄트 교도들이 서른 내지 마흔 명 자리잡고 있다는 생각에" 기즈와 그의 파벌은 상대가 선수를 치고 나오기 전에 그들을 진멸하고, 그러는 동안 대비(大妃)와 왕은 개입하지 못하

---

24) 1572년 성 바르톨로메오 축일의 대학살 책임은 프랑스인들에게 돌아가야 마땅하지만, 그렇다고 해서 영국인들이 이 점에 관해 프랑스인들에게 돌을 던질 자격이 있다고 생각하는 것은 잘못이다. 7년 뒤 아일랜드에서 여왕 엘리자베스의 특별 지시를 받은 영국 프로테스탄트 군대가 문스터 도의 로마 가톨릭 주민들을 학살하는 사건이 발생했는데, 그 정도가 파리에서 발생한 학살보다 더하면 더했지 못하지 않았다. 윌리엄 드러리 경(Sir William Drury)이라는 사람은 이들 로마 가톨릭 교도들이 저지르는 범죄에 대해서 이렇게 진술한다: "[그들은] 아침마다 두려운 기색도 없이 성당에 나가 무수히 미사를 드린다. 지난 일요일에는 우연히 새벽 다섯 시에 그들을 엿볼 기회가 있었는데, 그들은 무더기로 성당을 드나들었다. 종교개혁이 정착된 도시에서 이 무슨 수치스러운 일인가." 프랑스 대학살은 무수히 기론되는 반면에 영국의 이 대학살은 거의 거론되지 않는다는 건 참으로 이상한 일이다. 관점이 편협하지 않은 랑케는 이 두 사건을 구분할 필요를 느끼지 않고서 영국에서 발생한 사건을 이렇게 언급한다: "영국 프로테스탄트 교도들은 대단히 잔인하게 종교적 반대자들을 처벌했다. 무수한 남녀를 창고에 몰아넣은 뒤 불을 질러 죽였다. 어린이들은 목매달아 죽였다. 문스터 전체를 황무지로 만들었다. 그리고 그 지역을 영국 (프로테스탄트) 이민들이 차지했다." 따라서 파리에서 발생한 사건을 언급할 때는 그런 사건이 비단 프랑스에서만 혹은 어느 한 종교 집단에 의해서만 발생한 게 아니라는 점을 유념해야 한다.

도록 연금해 놓았다. 두 적대 세력 사이에 끼인 카테리나는 오직 한 가지 목적밖에 없었다. 그것은 전부터 품어온 목적으로서 왕권이 폭풍우에 압도되지 않도록 지키는 것이었다. 그러나 이제는 두 적대 세력이 근접해 있음으로 해서 과거 어느 때보다 더 어려운 처지에 직면했다. 훗날 영국의 성직자 월싱엄(Walsingham)이 프로테스탄트 진영에서 음모를 꾸미고 있던 자들을 체포했으면 일이 쉬워지고 폭발도 피할 수 있지 않았겠느냐고 카테리나에게 말했다. 그러나 그의 말은 사실을 깊이 생각하지 않은 데서 나온 말이다. 그들을 체포하려 할 때 쓸 수 있는 힘이란 로마 가톨릭 세력이었을 텐데, 만약 그렇게 했다면 당장 똑같은 재앙이 발생했을 것이기 때문이다. 신뢰할 수 있는 기록이 없는 상황에서 판단할 수 있는 것은 카테리나가 평생 처음으로 겁에 질린 채(과연 그럴 만한 상황이었다), 결전이 치러질 것은 뻔한 데 자신은 그것을 막을 힘이 없는 것을 알고는 자신과 자녀들과 사위를 그 와중에서 보호하는 것뿐이었다. 대학살이 시내 전역으로 번져가고 있을 때 카테리나는 로마 가톨릭 진영에 학살을 중지하라고 명령했지만 아무도 그 명령에 귀를 기울이지 않았고, 그래서 파리는 적군에게 약탈을 당하는 도시처럼 통제 불능의 상태에 빠졌다.

실은 프랑스가 이 무렵 격한 종교 전쟁으로 모두 제정신이 아니어서 그런 대학살이 어느 때고 어느 도시에서고 발생할 수 있었다. 그리고 실제로 파리에서 벌어진 사건이 전해지자 한두 도시에서 유사한 학살이 발생했다. 영국 여왕 엘리자베스도 그 사건에 카테리나가 책임이 있다는 보고를 그다지 신뢰하지 않은 게 분명하다. 정치 관례상 대학살을 비난하는 성명을 발표했으면서도 카테리나의 아들과 자신의 결혼 협상을 중단하지 않았기 때문이다. 위의 대학살은 카테리나의 계획을 완전히 망쳐 놓았다. 카테리나가 아들과 함께 부상을 당한 콜리니를 방문했을 때 샤를 9세는 화난 얼굴로 기즈의 공작을 쏘아보면서 "공격을 당한 사람은 바로 나요"라고 말했다. 그러자 카테리나가 곁에서 "온 프랑스가 공격을 당했지요"라고 거들었다. 카테리나의 말이 옳았다. 전쟁의 불길이 다시 타올라 프랑스에게 이미 겪었던 것보다 훨씬 더 큰 참화를 끼치게 되었기 때문이다. 제4차 종교 전쟁이 즉각 시작되어 그 뒤 12달 내내 격렬히 타오르다가 1573년 7월에야 비로소 '로셸 평화 조약'(the Peace of Rochelle)이라는 이름으로 일시적인 휴전에 들어갔다. 휴전의 조건은 오늘날 유명해진 카테리나의 '1월 칙령'과 같은 노선이었다.

## 제5기 1574-1589

로셸 평화 조약은 여섯 달간의 휴전에 지나지 않았고, 1574년 2월 제5차 종교 전쟁이 발생했다. 석 달 후인 1574년 5월 샤를 9세가 죽었다.[25] 딸 하나만 남기고 갔기 때문에[26] 동생 앙리 3세(당시 23세)가 왕위를 계승했다. 샤를의 왕비 오스트리아의 선량한 엘리자베스는 자녀가 아들이 아니어서 안됐다는 위로의 말을 들었을 때, 만약 그 아이가 아들이었다면 가뜩이나 분열된 프랑스에 또다른 분열을 초래했을 뿐이었을 것이므로 자기는 그 사실을 기쁘게 생각한다고 대답했다.

이제 왕위에 즉위한, 카테리나가 총애하는 아들 앙리 3세는 다른 형제들보다 아버지의 독특한 기질을 물려받되 아버지의 약점들이 크게 보강된 특이한 성격을 갖고 있었다. 왕이 되기 전에 많은 지식을 쌓았고, 프랑스 육군 중장을 지냈고, 지난 5년간 여러 원정에 참여하여 혁혁한 전공을 세웠고(자르낙 전투와 몽콩투르 전투를 포함하여), 여덟 달 전에는 폴란드 왕으로 선출되어 훌륭한 통치로 폴란드인들이 대부분 프로테스탄트 교도들인데도 그들에게 큰 존경을 받았다. 그러나 이런 역량들과 아울러 게으른 성품(이것 때문에 프랑스 왕이 되자마자 골치아픈 일은 죄다 어머니에게 맡기게 되었다)과 지극히 무익한 일들에 몰두하는 취향(이것은 나이가 들수록 도가 심해졌다)을 가지고 있었다. 그는 폴란드에서 자신이 프랑스 왕이 되었다는 소식을 듣고는 음모자가 목숨을 건지려고 도망치는 방식으로 한밤중에 자신의 충직한 폴란드 백성들 몰래 폴란드를 도망쳐 나왔다. 당시에 콩데의 공주를 열렬히 사모하던

---

25) 샤를 9세가 성 바르톨로메오 축일의 대학살에 대한 가책으로 죽었다는 설이 프로테스탄트 교도들 사이에 퍼졌으나, 이 설을 뒷받침할 만한 증거도 없고 오늘날도 사가들 사이에서 인정을 받지 못한다.

26) 이 딸은 다섯살 때 죽었다.

그는 자신의 피를 찍어 쓴 편지로 그녀에게 과도한 연정을 쏟아부었다. 그러나 그녀의 갑작스런 죽음을 전해듣고는 옷에 은으로 만든 작은 애도의 문양들을 잔뜩 붙이고 심지어 신발 장식띠에까지 붙이고 다니면서 슬픔을 표시하다가, 한 주가 지나자 그녀를 완전히 잊은 듯 한두 달 전에 낭시에서 우연히 본 루이스 드 보데몽이라는 젊은 아가씨에게 구혼을 하느라 여념이 없었다.

그러다가 아비뇽으로 가서 그 곳에서 '채찍질 고행자들'의 무리에 합류했다. 그리고는 궁정의 귀부인들에게, 심지어 자기 어머니에게 동참하라고 강권했다. 그의 우매한 행위들과 기행들은 셀 수 없이 많았는데, 하나하나가 채찍질 고행에 참여한 것보다 더 괴팍했다. 그의 어머니는 그를 맹목적으로 사랑했다. 아들의 청은 거절할 줄을 몰랐다. 카테리나 데 메디치가 여성에게 자연스러운 잔정이 없다고 주장해 온 사람들은 그녀의 편지에서 아들 앙리의 이름이 나오는 부분에 쓰인 표현들을 읽어보면 그런 생각이 전혀 사실과 다르다는 것을 발견하게 될 것이다.

이 시기에 리옹에 머물면서 화가 코르네유 드 리옹(Corneille de Lyon)의 화실을 방문했을 때 카테리나가 보인 행동에서 그녀의 측은한 모습을 어렴풋이 엿보게 된다. 화실에서 벽에 걸린 그림들을 둘러보던 카테리나는 약 25년 전쯤 자신의 모습을 그린 그림을 보았다. "프랑스 식으로 차려 입고, 가장자리에 진주들이 달린 작은 모자를 쓰고, 은 직물로 만들고 스라소니 모피로 끝을 마감한 넓은 소매가 달린 드레스를 입은 모습이었다." 잠시 슬픈 표정으로 그림을 바라보면서 디안 드 푸악티에 시절에 보낸 오랜 인고의 세월을 떠올린 그녀는 고개를 돌려 네무르의 공작을 쳐다보면서 "삼촌, 이 그림 속의 시절을 기억하시지요. 삼촌은 우리 주변의 어느 누구보다 제가 한때 여기 그려진 모습과 같았다는 것을 잘 말할 수 있을 거예요"라고 말했다.

앙리 3세는 1575년 2월 13일에 랭스에서 대관식을 치렀고, 이틀 뒤에 루이스 드 보데몽과 결혼했다. 장인은 보데몽의 백작이었는데, 이렇게 프랑스의 새 왕에 걸맞는 배필감으로 입에 물망에 오르내리던 왕족 공주들 대신 프랑스의 평범한 신사의 딸을 정한 것은 평소에 엉뚱한 행동을 많이 하던 앙리에 관해서 잘 말해주는 사례이다. 하지만 그것은 탁월한 선택이었음이 입증되었다. 루이스는 붙임성이 있고, 마음 씀씀이가 아름답고, 겸손하고 지혜롭고, 선량하여 모든 저자들에게 찬사를 받았다. 궁정의 부패한 무리들 중에서 별처럼 밝게 빛나면서도 아무에게도 해를 끼치지 않고 주위의 모든 사람에게 존경을 받았으며, 남편에게도 존경과 사랑을 받았다. 프로테스탄트 교도들과 로마 가톨릭 교도들도 마침내 서로 동의할 수 있는 한 점을 발견했다. 그들 모두 '라 라인 블랑셰'(La Reine Blanche. 루이스는 이런 이름으로 불렸다)를 사랑하고 존경했기 때문이다. 그리고 카테리나 데 메디치가 루이스 드 보데몽을 무척 좋아하고 생을 마치는 날까지 그런 태도를 보였다는 것은 그녀의 인격에서 가장 빛나는 점들 가운데 하나이다.

한편 제5차 종교 전쟁은 여전히 프랑스에서 맹렬하게 벌어지고 있었고, 그 끝은 "비록 대비(大妃)가 사력을 다하여 평화를 정착시키려고 노력했는데도" 좀처럼 올 것 같지 않았다. 그러나 마침내 1576년 4월 볼리외에서 평화 조약이 체결되었는데, 이번에도 카테리나의 '1월 칙령'을 그 기초로 삼았다. 그리고 이번에 프랑스는 거의 1년간 안식을 얻었다.

카테리나가 1562년 1월 고등법원과 투쟁하여 얻은 그 칙령이 프랑스가 절실히 필요로 하던 두 진영 사이의 균형을 얼마나 철저히 제공해 주었는지를 가장 잘 보여 주는 사실은 치열한 전쟁이 끝날 때마다 프로테스탄트 진영이 평화 조약을 맺는 과정에서 이 칙령의 조항들을 요구하고, 또 양 진영이 거듭해서 이 칙령에 기초하여 평화 조약을 체결한 일이다. 만약 두 진영이 어떻게 해서든 그 칙령을 고수하려고만 했다면 프랑스는 카테리나의 유명한 관용 정책에 힘입어 오랜 세월의 참화를 면했을 것이다. 어떤 이들은 카테리나가 프랑스의 군주로서 보낸 세월 중에 프로테스탄트 시기와 로마 카톨릭 시기가 있었고, 1562년 이후에는 전자에서 후자로 완전히 바뀌었다고 주장해 왔다. 그러나 카테리나가 '1월 칙령'에 기초하여 오랜 세월 끊임없이 벌인 평화의 노력은 그 주장과 상반되며, 그녀의 태도에 이런 변화가 있었다는 개념을 일축한다. 그 태도가 변함없이 남아 있었기 때문에 여러 해 전에 발행된 칙령이 매번 평화 조약이 체결될 때마다 그 기초가 될 수 있었다.

이러한 관용 정신과 자유에 대한 자연스런 애착은 당시에 보편적이었던 그 점에 대한 견해를 감안할 때 카테리나의 인품에서 돋보이는 대목이다. 당시 사람들에게 군주가 관용의 정신을 발휘하는 것만큼 더 화나고 경멸스러운 것도 없었다. 그들은 이 정신을 유약, 미온 혹은 표리부동으로 치부했다. 그리고 어쨌든 카테리나가 로마 가톨릭 교도였고 따라서 필연적으로 그 진영에 더욱 공감했을 텐데도 그처럼 일관되게 관용 정책을 고수했다는 것은 정치인으로서 그만큼 도량이 넓었다는 뜻이고, 그 점에서 자부심을 가질 만한 상당한 이유가 있었다. 그것은 그녀가 태어나서 자란, 그리고 그녀의 가문의 전통이었던 피렌체인들의 이상과 공화국의 분위기 때문이었을 것이다.[27]

정치에서 자유의 정신이란 자연히 종교 자유 사상으로 이어지게 마련이다. 카테리나 측에서 이 정신으로 거둔 한 가지 결실은 대단히 돋보이는 것이었다. 이는 종교재판소의 공포가 얼마나 위력적이었는지를 기억할 때, 종교재판소가 주변의 모든 나라들 — 스페인, 네덜란드, 그리고 그밖의 모든 로마 가톨릭 국가들 — 에서 악명을 떨치고 있던 상황에서 카테리나 데 메디치가 평생 로마 가톨릭 신앙을 프랑스의 국교로 삼기를 과감히 거부했다는 사실만큼 카테리나 데 메디치에게 호감을 갖게 하는 것도 없다. 이 일로 카테리나는 교황과 광적인 스페인의 펠리페 2세에게 증오의 대상이었는데, 비빌 언덕조차 없던 프랑스가 이들의 복수를 떨쳐 버릴 수 있었던 데에는 카테리나가 '표리부동'하다는 숱한 비판을 받아가며 펼친 외교에 힘입은 바 컸다. 그럼에도 불구하고 카테리나는 이 점에서는 무쇠와 같았고, 많은 사람들의 생명을 참혹한 고문과 죽음에서 보호해 준 유일한 은신처였다. 주변 나라들에서 이런 이유로 목숨이 위태로워진 사람들이 카테리나에게 와서 보호를 요청하고 실제로 보호를 받은 경우를 거듭해서 보게 된다.

그 중 현저한 예가 카르네세키(Carnesecchi)라는 피렌체인인데, 그는 이탈리아에서 주요 프로테스탄트 종교개혁자가 되었다가 교황에게 '치유 불가능한

---

27) 클레멘스 7세는 이 전통을 대폭 수정했다. 그러나 카테리나는 클레멘스 7세의 의사를 존중하지 않았고, 따라서 비록 소녀 시절에는 할 수 없이 그의 뜻에 복종했으나 이제는 그의 생각에 조금도 동의하지 않았다.

'이단'이라는 선고를 받았다. 살기 위해서 이탈리아를 도망쳐 나오지 않을 수 없었던 그는 카테리나에게 가서 교황의 진노로부터 보호를 받았다. 그가 프랑스에 오래 체류하다가 용기를 내서 피렌체로 돌아가려고 할 때, 카테리나는 친족 코시모 1세에게 편지를 보내 그를 피렌체에서 보호해 달라고 간곡히 부탁했다. 그러나 코시모는 그 부탁을 무시함으로써 카르네세키는 종교재판소에 체포되어 로마에서 화형을 당하고 말았다.

볼리외 평화조약으로 나라에 다시 한 번 평화가 찾아오자, 카테리나는 두 아들의 재위를 슈농소에서의 축제로 시작시킨 전례를 앙리 3세에게도 적용시키려고 했다. 이번 축제는 전쟁의 참화가 종결되기를 바라는 염원을 담아 될 수 있는 대로 즐겁게 치르기 위해서 세심한 노력을 다 쏟아부었기 때문에 과거의 여느 행사보다 큰 규모로 치러졌다. 그러나 축제와 관련하여 주로 듣게 되는 것은 앙리의 기행(奇行)들이다. 그는 손님을 맞이할 때 머리를 보석으로 치장하고, 귀걸이를 하고, 맨목에 진주 목걸이를 걸고, 잔뜩 수놓아 높이 세운 주름 칼라를 하는 등 여장을 했다. 젊은 신하들도 비슷한 복장을 했으며, 그의 요청에 따라 궁정의 아가씨들은 남장을 하되 맨 어깨에 긴 머리가 흘러내리도록 했다.

그러나 햇볕은 잠시 들다 사라지고 곧 먹구름이 프랑스를 뒤덮었다. 기즈가는 처음부터 볼리외 평화조약이 지나치게 친프로테스탄트적이라는 이유로 그것에 구속되기를 거부했다. 그러므로 이제 로마 가톨릭 진영을 방어하기 위해 저 유명한 '동맹'(League. 기즈의 공작 앙리를 수장으로 한)을 결성했다. 이 동맹은 프랑스 정부가 두 개의 종교를 승인한다는 카테리나의 원칙을 뒤집기 위해 결성되었으므로 그녀와 정반대되는 정책을 표방했다. 카테리나는 이 원칙으로 평화를 얻으려고 꾸준히 노력한 반면에, 그 동맹은 프로테스탄트 진영을 진멸할 때까지 전쟁을 계속하려고 했고, 따라서 향후 20년 동안 프랑스에 말할 수 없는 고통을 안겨주었다. 동맹 결성의 첫번째 결과는 기즈가(家)가 삼부회 선거를 치밀하게 조작하여 두 종교의 정책에 반대하는 인사들로만 삼부회가 구성되도록 한 것이었다. 그 결과 1577년 1월 1일 삼부회는 하나의 종교만 지지한다고 공포하고, 왕에게 '1월 칙령'을 폐기하도록 압력을 가하였다. 프로테스탄트 교도들은 즉각 무기를 잡았다. 영국의 엘리자베스가 이들에게 자금 지원을 했고, 그로써 제6차 종교전쟁이 시작되었다. 전쟁은 아홉 달을 끌었지만, 양측은 9월에 가서 다시 두 종교에 대한 관용 원칙에 동의한 채 1577년 11월 베르주라크에서 평화 조약을 체결했다.

카테리나는 이제 환갑을 바라보고 있었고, 형색도 앙리 2세 때와 사뭇 달랐다. 프랑스에 와서 오랫동안 선망의 대상이 되었던 고운 외모는 사라지고 이제는 몸이 매우 비대해져 있었다. 그러나 여전히 춤과 승마를 했고, 오락을 즐겼고, 활 솜씨도 뛰어났다. "그녀의 얼굴은 싱싱했다. '얼굴 전체에 주름살 하나 없었는데', 항상 이마에서 어깨까지 내려온 검고 긴 과부의 베일을 쓰고 있어서 그것이 가려졌다. 이 베일은 실내용이었다. 외출할 때는 작은 모직 모자를 썼다. 우리가 그녀를 직접 만나 본다면 성격이 퍽 밝은, 그러면서도 약간은 냉소적인 여성이라는 인상을 받게 될 것이다. 하지만 말투가 자연스럽고 표현이 생생하여 사귀기에는 더할 나위 없이 좋았을 것이다."

그러나 카테리나는 화를 낼 때는 영국 여왕 엘리자베스처럼 불 같았으나 엘리자베스보다 더 품위가 있었다. 그녀를 잘 알던 어떤 사람은 이런 글을 남겼다: "그녀는 이런 기분을 적지 않게 표출했다. 아무리 세도가 당당한 제후들 앞에서도 예외가 아니었다 … 그럴 때는 분노에 사로잡혀 음성이 높아졌다. 그런 경우에 그녀만큼 탁월한 사람도 없었다. 화가 난 상태에서도 그 입에서는 대단히 정확한 말이 나왔기 때문이다." 행정력과 집중력도 뛰어났다. "브랑통(Brantome)은 그녀가 오후에 긴 편지를 스무 통이나 쓰는 것을 지켜 보았다고 말한다. 당시 귀부인들이 타던 가마에 올라앉아 불편하게 여행을 하는 동안에도 가마가 흔들리거나 멈춰서는 것에 아랑곳하지 않고 양피지 열 장을 다 읽곤 했는데, '마치 변호사나 기자같이' 다 읽을 때까지 눈을 떼지 않았다. 문체는 사무적이고 간결했으며, 글의 곳곳에 재치와 쾌활함이 담겨 있었다."

카테리나의 강인한 성품과 넓은 도량을 가장 잘 보여 주는 것은 자기를 빗댄 조크를 잘 받아넘긴 일일 것이다. 프로테스탄트 교도들이 자기들이 보유한 가장 큰 대포가 이동할 수 없을 정도로 육중하다는 이유로 '왕비마마'(La Reine Mere)라고 부른다는 말을 들었을 때 ─ 뚱뚱한 여성들 중 이 말들을 듣고 그냥 넘어갈 여성은 없었을 것이다 ― 카테리나는 아주 재미있다는 듯이 활짝 웃고 넘겼다. "그만큼 원래 쾌활하고 재담을 좋아했다." 당대의 저자는 이렇게 말한다: "그녀는 누가 자기를 근사하게 놀릴 때만큼 유쾌해한 적이 없었다. 더 통렬하고 조야하고 상스러울수록 더 좋아했다. 한 번은 나바르 왕과 함께 1층 방 창가에 서 있는데 밖에서 부랑자 두 명이 거위를 불에 구우면서 크게 떠드는 소리가 들렸다. 여왕이 자기들에게 끼친 해악을 거론하면서 여왕을 비판하고 온갖 사악한 이름을 붙여가면서 추악한 이야기를 거침없이 했다. 그 말을 듣고 있던 나바르 왕은 여왕에게 잠시 자리를 비켜달라고 했다. 당장 쫓아나가 그들을 달아맬 참이었다. 하지만 여왕은 들은 척도 하지 않고는 창 밖으로 몸을 내밀고서 '어이! 그 여자가 자네들에게 무슨 짓을 했다고 그러나? 자네들이 지금 거기서 거위를 구워먹을 수 있는 것을 그녀에게 감사하게나.'"

카테리나는 아들 앙리에게 보낸 편지에서 아들이 점점 더 기행에 빠져들고, 측근에 그보다 더 기행을 일삼는 자들을 두고서 어머니인 자신의 말보다 그들의 말을 더 귀담아 듣는 것을 보고서 자주 안타까움을 토로했다. 그 한 대목을 소개하자면 이와 같다: "사람을 보내 네가 어떻게 살고 있는지 알려주렴. 네 생활에 간섭하려고 그러는 게 아니라 네가 잘 살면 내 마음도 편하고 혹시 뭐가 잘 안 풀리면 도와주고 싶어서 그래 … 나한테 너말고 또 누가 있겠니. 네가 이 어미를 사랑하는지 사랑하지 않는지 잘 모르겠다만 나를 신뢰하지 않는 것은 분명하구나. 이렇게 직설적으로 말하는 것을 이해해다오. 나는 더 살고 싶은 마음이 없다. 네 아버지가 돌아가신 뒤부터 나는 너와 하느님을 섬기는 것을 빼면 사는 의미가 없단다." 아들에게 보낸 또다른 편지에서는 이렇게 말한다: "네가 맹세와 신성모독을 금하는 새로운 법령을 발행하고 … 그것을 어기는 자들을 처벌하고 … 학식 있고 생활이 건전한 사람들 이외의 다른 어느 누구에게도 주교구든 영혼 치유와 관련된 어떤 성직록을 주지 않겠다고 굳게 결심하는 게 내 소원이다."

1578년 8월 적대감이 다시 과열되어 일촉즉발의 상태에 이르자, 카테리나(그녀의 아들 앙리 3세는 어머니처럼 두 적대 진영을 화해시킬 능력이 없었다)는 어떻게 해서든 전쟁을 막아보려고 프랑스 남부를 향해 긴 여행길에 올랐다. 이것이 향후 3년간 여왕의 활동 중 상당 부분을 차지할 놀라운 '평화의 여행'의 시작이었다. 그녀는 재무 대신 벨리브르(Bellievre)에게 이렇게 쓴다:

> "내 생각에는 다른 것은 다 그만두고 모든 방법을 동원하여 전쟁의 폭풍을 피해야 할 것 같소. 나는 평화를 보기 전에는 돌아가지 않겠소 … 혹시 하느님이 내게 은혜를 베푸시면 이 왕국이 내 노고의 유익을 맛볼 것이고, 항구적인 평화가 깃들 것이오."

환갑의 나이에 이른 이 여성이 이 시기에 하고 있던 일을 보면 놀라운 생각이 든다. 몸이 여기저기 아프고, 당시 프랑스를 여행하는 데 온갖 어려움이 따르고, 서로 잡아먹지 못해 안달하던 두 적대 진영이 이루 말할 수 없이 큰 장애물로 떡 버티고 서 있던 상황에서, 그녀는 (그토록 애지중지하던 아들 곁을 떠나는 게 무척 가슴 아팠지만) 모든 난관을 극복하고 열다섯 살 때 정한 좌우명을 실천하고, 자신이 귀화한 나라에 '평화를 가져다주기' 위해서 결연한 각오를 가지고 행동에 나섰다. 초인적인 인내력을 발휘하고, 극한 역경에서도 성공을 거둬내는 역량을 발휘하여 자신에게 편견을 갖고 있던 사람들도 경탄하지 않을 수 없도록 만들었다. 시셸(Miss Sichel)은 그 예를 다음과 같이 소개한다:

> "그녀가 점점 나이를 먹으면서 온갖 시련, 온갖 난관 앞에서 목적을 달성하기 위해 견지한 불굴의 정신을 보고 감탄하지 않을 수 없다. 1578년부터 1581년까지 휴식을 모르고 지냈다. 목적을 성취해야겠다는 생각에 프랑스를 수없이 횡단했으며, 그 과정에서 상상할 수 없는 위기와 불편을 많이 겪었다. 몸집이 워낙 비대했기 때문에 그렇게 다니는 것이 고통을 뜻했는데도 쉬지 않고 다녔다. 고질적인 류머티스로 고통을 당하면서도 불평 한 마디 않고 온갖 환경에 용감히 대처했다. 작열하는 태양 아래 가마를 타고 가기도 했고, 여러 주눈을 맞으며 가기도 했다. 당시 그 나라에서는 겨울에 숙식을 해결하는 게 어려웠고 몸도 축나는 일이었는데도 말이다."

이 당시 카테리나가 이렇게 전쟁을 막기 위해 주로 관심을 기울인 지방은 쥐엔, 랑그독, 프로방스, 도피네였다. 이 과제와 관련하여 주위에서 누구 하나 격려의 말을 건네는 사람이 없었다. 모두가 생각하고 말하는 것은 두 파벌 간의 증오가 이제 갈 데까지 갔기 때문에 그것이 다 쓸데없는 노력이며, 여왕이 이룰 수 없는 일을 이루려고 덤비고 있다는 것이었다. 그런데도 두 적대 진영을 대상으로 협의회를 이끌어 냈고, 서로 간의 적대감을 누그러뜨리는 데 크게 성공하여 두 종교를 동일한 기반에 세운다는 합의 조항을 이끌어 내고, 1579년 2월 네락에서 양 진영으로부터 서명을 받아낼 수 있었다. 이렇게 해서 전쟁을 다시 한 번 모면했다.

카테리나가 이 성공으로 느낀 만족은 자연히 클 수밖에 없었다. 여공작 뒤제(d'Uzes)에게 보낸 편지에서 그녀는 이렇게 말한다: "당신은 나를 이해해 오셨고, 나도 당신을 이해해 왔습니다. 이것을 사십 년이 넘도록 따뜻한 기억으로 간직하고 있습니다." 이제는 이 평생의 친구에게 이렇게 쓴다:

"나는 여기서 내 노고를 완성했습니다. 그리고 내 솔직한 견해가 결국 많은 사람들을 거짓말쟁이로 만들어 놓았습니다. 저들이 불가능하다고 말한 것을 나는 성취해냈으니까요."

그러나 아직 방문하지 못한 다른 지방들이 있었고, 그 지방들에는 더 큰 문제가 산적해 있었다. 몽펠리에가 그런 곳이었다. 카테리나에게 적대적이라고 알려져 있었고, 이제 막 전투 태세를 취하고 있던 그 성으로 카테리나는 접근해 갔다. 아들에게 보낸 편지에는 이때의 정황이 잘 묘사되어 있다:

"길게 늘어선 성벽을 따라 한참 걸어가니 성문이 나왔다. 듣던 대로 화승총으로 무장한 수비대가 지키고 있더구나. 하지만 나는 전혀 두려워하거나 의심하는 내색 없이 계속 다가갔다. 그들이 내 마차에 너무 접근해 있어서(도로가 좁아서 특히 더 그랬다) 총부리가 거의 마차에 닿았는데도 말이다. 총독들이 빨간 옷에 모자를 쓰고 나왔고, 그들 뒤에는 두 종교에 속한 허다한 무리가 따라왔다. 그들은 매우 겸비한 태도로 나를 맞이하고는 너와 나한테 충직한 신하로서 성의를 다해 자기들의 생명과 재산을 바친다고 말했다. 양측은 명예를 걸고 내 명령에 따르겠다고 약속했다. 성문 안으로 들어갔더니 또 한 무리의 허다한 군중이 도시에서 나와 기다리고 섰는데, 모두 내가 예상했던 것보다 더 친절한 느낌을 주었다. 그들은 내가 자기들 틈으로 자유롭게 지나다니는 것을 보고는 평화가 임박했다는 확신을 더 강하게 갖게 되었다 … 원래는 어제 이곳을 떠나려고 했다. 하룻길 여행으로 일찌감치 프로방스에 도착하여 전염병의 위험을 피하고 싶어서 말이다. 그러나 저녁 식사 전에 이 지역의 암초들 중에서 여섯 무리를 다 상대하고 났더니 피로가 몰려왔다."

최근에 전란을 겪으면서 도시의 교회당들은 딱 한 군데만 남기고는 죄다 파괴되었다. 바로 이 곳을 놓고 쟁탈전이 벌어졌다. 프로테스탄트 교도들은 그 곳의 절반을 요구했다. 로마 가톨릭 교도들은 한 지붕 밑에서 같이 예배드릴 수 없다고 거부하고는 건물을 통째로 쓰겠다고 우겼다. 카테리나는 그 난처한 문제를 자기에게 위임하도록 한 다음 치열한 논쟁 끝에 양쪽이 다 흡족해하는 해결책을 마련해 주었다.

이런 식으로 카테리나는 방방곡곡을 다녔다. 온갖 어려움을 달래가며 자신의 의도를 관철시키기 위해 의도적으로 쳐놓은 장애물들을 극복했고, 잔뜩 찌푸린 얼굴들을 만나면 미소를 지어가며 헤아릴 수 없이 많은 분쟁들을 해결했다. 마지막으로 방문한 곳이 도피네였는데, 이 지방에 대해서 카테리나는 여공작 뒤레에게 다음과 같이 쓴다:

"나는 지금 당신의 영지인 도피네에 와 있습니다. 지금까지 다녀본 곳 중에서 산세가 가장 험하고 통행하기 어려운 곳이군요. 하루 동안 쌀쌀하다가 잔뜩 찌푸리다가 비가 오다가 활짝 갰다가 우박이 내리는 등 기상 변화도 심합니다. 이곳 사람들의 성격도 날씨와 비슷합니다. 그러나 나를 인도하시는 하느님은 내 목적지로 인도하고 계시므로 열흘 뒤면 그리던 프랑스로, 내가 세상에서 제일 아끼는 도시로 돌아갈 것입니다. 들리는 바로는 당신이 그를 장악하고 있다고 하더군요. 그에게 내 이야기를 잘 해주십시오. 데카르(d'Ecars)

에게는 저녁 식사 때 당신의 옆자리에 앉으니 더 이상 죽고 싶지 않겠다는 말을 전해 주십시오."

다른 편지에서는 동일한 친구에게 이렇게 쓴다:

"전염병만 아니면 당신의 영지에 관한 소식을 전해드리겠습니다만, 원체 주변에 온통 전염병이 돌아서 하늘을 나는 새조차 떨어져 죽는 지경이라고 합니다. 나는 이 소식을 듣고는 호수와 바다 사이에 난 딴 길을 취했습니다. 그곳에서 텐트를 치고 이틀 밤을 지내야 했습니다. 성한 몸으로 다시 보고 싶은 내 왕을 도우려는 일념으로 그렇게 했습니다. 제 건강은 좋습니다. 다만 포르트 생 마리에서 콧물감기에 걸린 것이 지금 좌골신경통으로 도진 것만 빼면 말입니다. 그러나 걸어다니는 데는 큰 지장이 없습니다. 다만 몸이 가볍지가 않아 때때로 작은 노새를 타곤 합니다. 아마 내가 노새를 타고 있는 모습을 왕이 보면 코세의 사령관 같은 모습에 웃음을 터뜨릴 거라고 생각해 봅니다. 그러나 누구나 살다보면 늙게 마련인데 그것을 비교적 덜 느끼는 사람이 행복한 사람입니다. 당신은 가마를 타야 하고 나는 노새를 타야 합니다. 나는 당신보다 여행을 훨씬 더 좋아하기 때문입니다. 돌아가서 기쁜 낯으로 뵙기를 바랍니다."

마침내 카테리나는 자기 소임을 다하였다. 쥐엔, 랑그독, 프로방스, 도피네에 한동안 평화가 찾아왔다. 그러나 북쪽 지방에서 유사한 분쟁이 발생했기 때문에 파리로 돌아온 카테리나의 마음은 편하지 않았다. 그래서 12월에 피카르디를 향해 다시 여행길에 올랐고, 그 곳에서도 한동안 전쟁을 막는 데 성공했다.

그러나 두 종교 진영은 아직도 평화롭게 공존하는 법을 터득하지 못했다. 양쪽 지지자들은 상대방 종교를 오랫동안 비방하지 않고 있을 수 없었던지라 다툼을 일으켰고, 이것이 곧 전면전으로 발전했다. 이 점에서는 프로테스탄트 교도들도 상대 진영보다 조금도 나은 게 없었던 데다가, 외세를 끌어들이려는 강한 경향을 견지하고 있었기 때문에 애국심이 강한 프랑스인들을 적의 진영에 서게 만들었다. 그러므로 예전처럼 이렇게 잠복해 있던 반감이 그 자연스런 결과를 내어서 1580년 3월에 제7차 종교전쟁이 벌어졌다. 이 전쟁은 여덟 달을 끌다가 11월에 플레(Fleix) 평화조약으로 끝났는데, 조약의 내용은 카테리나가 네락에서 양 진영에게 서명하도록 한 합의문과 거의 일치했다.

이 평화조약은 프랑스가 14년 동안 거의 끊임없이 지속된 전쟁으로 황폐할 대로 황폐해진 상황에서 맺어진 것이라 4년 동안(1581-1585) 전쟁을 중단시키는 효과를 거두었다. 물론 이 기간 동안 프랑스의 여러 지역에서 이따금씩 소규모 전투가 벌어지긴 했지만, 그 길고 치열한 전쟁으로 국가 전체가 휩쓸려 들어갔던 총체적 혼란은 이루 말할 수 없을 정도로 심했다.

1584년 6월에 카테리나의 넷째 아들 달랑송 공작(the Duc d'Alencon)이 죽었고, 그로써 루이스 드 보데몽이 무자했기 때문에 나바르의 앙리가 왕위 계승자가 되었다. 카테리나는 슬픔과 좌절과 박탈감에 짓눌리기 시작했다. 당시의 상황에 대해서 카테리나는 이렇게 쓴다:

> "나는 순진한 기쁨과는 거리가 멀게 살아왔기 때문에 그 일이 남들과는 달리 내게는 이상해 보이지 않는다 … 그토록 많은 것을 잃은 내게 하느님이 긍휼을 베푸실 것이고, 자녀들이 죽는 것을 더 보도록 허락하지 않으실 것이기 때문이다. 하느님께서 내게 긍휼을 베푸사 내가 나이에 걸맞게 눈을 감을 수 있도록 허락하시기를 기도한다."

사랑하는 이들을 그토록 많이 먼저 떠나보냈다는 이유로 자기 나이에 걸맞게 이생을 떠나게 해 달라고 기도하는 카테리나 데 메디치의 모습은 많은 저자들이 묘사해 놓은 그녀의 상이 아니다. 그럼에도 불구하고 이것이 그녀가 직접 쓴 글이다. 이 글은 과거에 토대가 되었던 것보다 더 확고한 토대에 카테리나에 관한 역사 사실을 수립하기를 바라는 세대의 끈질긴 노력에 의해 3세기 뒤에야 비로소 빛을 보았다.

1585년 7월, 동맹의 작용으로 앙리 3세, 나바르의 앙리, 그리고 기즈의 공작 앙리가 주도하는 동맹 사이에 제8차 종교전쟁이 시작되었다(이 전쟁은 때

때로 세 앙리의 전쟁이라 불렸다). 카테리나는 이제 예순여섯의 노인으로서, 평화를 이룩하려는 이 긴 투쟁으로 지쳐 있었다. 그런데도 이 전쟁이 시작되기 전에 고생을 무릅쓰고 상파뉴로 가서 기즈에게 전쟁을 하지 말도록 설득했다. 하지만 아무런 성과도 거두지 못했다. 이 무렵에는 앙리 3세의 기행과 나쁜 친구들의 조언만 받아들이려는 고집에도 크게 실망하여 루브르 궁전을 떠나면서 일체의 공무에서 손을 뗐다. 전하는 바로는 시종들에게 자기 '자리'를 성 바깥으로 옮겨 한동안 자연과 벗하며 지낼 수 있게 하라고 지시했다고 한다. 평화롭고 한적한 시골에서 어지러운 정치 상황과 아들의 고집에 지칠 대로 지친 몸과 마음을 쉬고 싶었던 것이다.

그러나 카테리나는 프랑스로 귀화했고, 비록 프랑스인들로부터 오랫동안 홀대를 받았지만 프랑스에서 태어난 사람처럼 강한 애국심을 갖고 있었다. 그러한 그녀가 나라의 3분의 1을 동맹군이 차지하고, 다른 3분의 1을 나바르의 앙리가 차지하고, 독일군도 침공해 들어오고, 이로써 프랑스가 완전 해체의 위기에 놓여 있는 것을 보고서 나라와 아들의 왕위를 구하기 위해 한 번 더 노력할 결심을 굳히고 은둔을 풀고 돌아왔다. 프랑스 전역이 전화(戰禍)에 휩싸여 있었으나, 카테리나는 예순여섯의 노구를 이끌고 평화를 위한 마지막 여행길에 올랐다. 이번에는 적지 않은 용기가 필요했다. 아들에게 반기를 든 프랑스의 큰 지역을 관통하며 여행하여 코냑 근처에서 나바르의 앙리와 회담을 가졌다. 그러나 회담에서 별다른 성과를 거두지 못한 상황에서 파리가 동맹군에 의해 위급한 상황에 빠졌다는 급보를 받고는 서둘러 수도를 향해 달려갔다.

가는 길에 1587년 2월 모르에서 영국의 엘리자베스가 스코틀랜드 여왕 메리를 처형했다는 소식을 들었다. 메리는 카테리나가 라틴어를 가르쳐 주었고, 28년 전에 "미소만 지어도 뭇 프랑스 남성들의 마음을 사로잡을 수 있다"고 칭찬해 준 카테리나 자신의 며느리였다. 엘리자베스가 메리를 죽인 이유는 그녀가 자기 왕위에 대한 위험한 경쟁자인데다가 자기를 제거하려는 음모에 메리가 중추적 역할을 했기 때문이었다. 이때 카테리나는 기억하지 못했어도 다른 사람들은 틀림없이 기억했을 일이 한 가지 있었다. 그것은 당시 엘리자베스의 처지가 1560년 12월 카테리나가 콩데의 제후와 관련하여 처했던 처지와 너무 흡사했다는 점이었다. 그러나 그때 카테리나는 구실을 만들자면 훨씬 더 많았을 텐데도 엘리자베스처럼 행동하지 않았다. 당시 카테리나의 입장에서는 남들이 그에 대해 이미 언도해 놓은 사형을 그냥 집행만 하면 되었고, 게다가 집행하도록 강한 압력을 받았었기 때문이다.

카테리나가 파리에 도착해 보니 혁명 정부가 수립되어 있었다. 동맹에 의해 수립된 이 정부는 스페인과 공모하여 왕을 체포하고 불로뉴를 펠리페 2세에게 양도하여 영국 침공을 위해 준비하고 있던 무적함대를 지원하게 하려는 계획을 세웠다. 그러나 이 계획은 결국 무산되었고, 얼마 뒤 앙리 3세는 군대를 이끌고 독일인들을 공격하여 그들을 프랑스에서 축출하기 위해 파리를 나설 수 있었다.

그 전쟁은 1587년 후반까지 계속되었으나, 마침내 1588년 2월에 앙리 3세와 기즈의 공작 사이에 일종의 평화 조약이 체결되었다. 그러나 파리는 온통 기즈가를 지지했고, 따라서 혁명이 목전에 있었다. 그러므로 왕은 기즈에게 수도로 오지 말라고 명령했다. 기즈는 명령을 잘못 이해한 척하면서 명령을 어기고서 5월 9일에 입성했고, 연도에 늘어선 시민들은 "종교는 하나다"라고 연호하면서 그를 환영했다. 왕은 측근들로부터 기즈가 루브르 궁전을 나가는 즉시 그를 암살할 것을 강권받았고, 그도 그렇게 하기로 결심했다. 그러나 왕이 기즈와 접견을 하는 동안 아들이 무슨 생각을 하고 있는지 순간적으로 포착한 카테리나는 왕을 따로 불러내 기즈를 털끝 하나 건드리지 말고 무사히 돌아가게 해야 한다고 단단히 타일렀다(기즈는 루브르 궁전에 들어오면서 자기가 살아 나가게 될지를 염려했다).

사흘 뒤 파리는 기즈와 동맹을 위해 봉기했다. 그들은 신속히 바리케이드를 쳐서 국왕 군대의 막사들을 따로 단절시키고, 스위스 용병대를 무장해제시키고, 소수의 병력으로 보호를 받던 왕과 왕비와 대비가 머물고 있던 루브르 궁전을 포위 공격했다. 앙리 3세의 진영은 궤멸된 듯했고, 카테리나는 그것이 아들이 숱한 기행들 때문에 당하게 된 자업자득이라고 느꼈음에 틀림없다. 전하는 바로는 왕과 왕비와 대비가 이 혁명이 발생한 저녁에 한 식탁에 앉아 있을 때 "카테리나는 아들이 꼼짝 않고 앉아 있는 동안 상을 물릴 때까지 내내 조용히 하염없는 눈물을 흘렸다"고 한다. 그러나 다음날 앙리는 어머니를 그 유명한 화해력을 가지고 무슨 일을 할 수 있는지 보도록 남겨둔 채 루브르 궁전을 가까스로 빠져나간 뒤 파리를 탈출했다. 카테리나는 수행원도 변변히 없이 루브르 궁전을 나서 기즈의 공작을 찾아갔다. 시내를 가로질러 가기란 무척 힘들었다. 거리 곳곳에 쳐놓은 바리케이드를 지날 때마다 그 곳 경비병들을 설득하여 자신이 탄 마차가 지나갈 수 있도록 길을 열게 해야 했다.

그러나 동맹군들이 정식으로 반란을 일으키긴 했어도 카테리나가 길을 열어달라고 설득하자 "모두가 대비 앞에서 모자를 벗어들었다." 카테리나가 지난 30년 동안 그들 사이에서 쌓은 영향력을 이 일만큼 잘 보여주는 사례는 없었다. 전에도 종종 그랬듯이 카테리나는 잔뜩 고조된 분노를 가라앉히는 데 성공했다. 그리고 비록 모든 것이 자기에게서 돌아선 상황에서도 기즈를 왕이 가 있는 샤르트르까지 동행하게 하여 그곳에서 평화 조약을 체결하게 하는 데 성공했다. 물론 그 조약에 따라 실질상 왕국의 모든 권한이 기즈에게 넘어가긴 했지만 말이다(1588년 7월 11일). 프랑스에서 이 조약이 체결된 지 두 주만에 스페인의 무적함대가 영국의 콘월 해안 저 멀리에 출현했고, 그 뒤 열흘동안 벌어진 스페인과 영국 간의 해전에서 스페인의 해군은 철저히 궤멸당했다.

그러나 프랑스에는 아직 평화가 찾아오지 않았다. 카테리나의 임종 침상 둘레에도 폭풍우가 여전히 맹위를 떨치고 있었다. 앙리 3세는 이제 기즈를 암살하기로 작정했으나, 전번에 일어난 일을 기억하고서 어머니에게 자신의 계획을 조금도 내비치지 않았다. 많은 노고와 걱정으로 소진한 카테리나는 이 무렵 거의 죽게 된 처지에서 옛날 프랑수아 1세가 크게 손질하고 증축한 루아르 강변의 요새 저택이 있는 블루아로 옮겨졌다. 그 곳에서 왕은 10월에 삼부회를 소집했고, 그곳에서 1588년 12월 23일에 기즈 공작을 몸소 제거하려는 음모를 단행했다.

블루아 대저택 중 프랑수아 1세가 건축하고 프랑스 르네상스 건축의 현저한 예를 보여주는 거대한 북쪽 날개에 있는 화려하게 장식된 자신의 방에서, 카테리나는 누워 임종을 기다리고 있었다. 장미창 바로 곁에는 멋진 외곽 계단이 있었다. 이 계단은 50년 전 카테리나가 왁자지껄 몰려들어오는 프랑수아 1세의 작은 무리를 자주 목격한 곳이었다. 그러나 지금은 사뭇 다른 분위기가 블루아 성을 덮고 있었다. 비통과 죽음의 기운이 한때 프랑수아가 아름다운 미소들과 웃음 소리들과 재기발랄한 대화 속에 푹 빠져 지내던 그 저택을 무겁게 누르고 있었다. 카테리나의 방들은 1층에 있었고, 왕의 방은 윗층 스위트룸에 있었다. 왕은 음모를 실행하기에 앞서 모든 신하에게 목에 칼이 들어와도 그 일을 대비에게 누설하지 말도록 단단히 타일렀다. 왕과 고문들은 살해 방식을 놓고 숙의했다. 앙리가 호위대로 구성해 놓은 '45인'의 신사들이 행동 대원으로 결정되었다. 그 중 더러는 왕의 침실에 잠복했고, 더러는 바깥 통로에 잠복했다. 기즈의 공작은 음모가 진행 중이라는 첩보를 받았으나 귀담아 듣지 않고 왕의 소환에 응하여 왕과 면담을 하러 갔다가 잠복하고 있던 '45인'에게 기습을 당하여 왕의 침대 바닥으로 나뒹굴었다.

앙리 3세는 즉시 어머니의 방으로 뛰어내려가 어머니가 병들어 누워 있는 방의 문을 열고 방금 자신이 행한 일을 알리면서, 이제사 안전히 권좌에 앉을 수 있게 되었다고 말했다. 카테리나는 동맹이 어떤 보복을 해올지, 그리고 왕의 행위가 다시 전쟁의 불길을 타오르게 할 것을 알았지만, 숱한 암초를 헤치고 배를 끌고 가기에는 이제 너무나 병약했던지라 앙리에게 그가 너무 큰 실수를 저질렀고, 그 행위를 반드시 후회하게 될 것이라고 말했다.[28] 그리고는 어지러운 몸을 간신히 일으켜 세워 왕명으로 감옥에 수감되어 있던 연로한 추기경 부르봉을 만나러 갔다. 그러나 추기경은 쇳소리와 같은 음성으로, 이 모든 불행이 다 그녀가 두 종교에 대해 시행해 온 관용 정책의 결과라고 소리쳤다. 황당한 질책을 들은 데다가 자신이 정확히 예견한 대로 아들의 행위로 초래될 결과를 생각하다가 불안과 고통에 휩싸인 카테리나는 몸에 열이 치솟아 면회를 마치고 돌아오자마자 침상에 드러누워 다시는 일어나지 못했다. 며칠 뒤인 1589년 1월 5일에 카테리나 데 메디치는 길고 험했던 인생을 마쳤다. 일흔에서 석 달이 모자란 나이였다.

카테리나가 몸져 누울 때부터 임종할 때까지 두 여인이 정성스럽게 간병

---

28) 이 행위의 결과로 앙리 3세는 여섯 달 뒤 동맹에 의해 살해되었다.

을 했는데, 한 사람은 카테리나가 무척 사랑하던 루이스 드 보데몽이었고, 다른 한 사람은 카테리나가 귀여워한 손녀 로렌의 크리스틴이었다. 카테리나는 며느리에게는 자신이 애지중지하던 슈농소 대저택을 작별 선물로 주었다. 루이스에게는 대단히 든든한 선물이었다. 루이스는 얼마 지나지 않아 남편이 죽자마자 아주 불쌍한 처지로 전락하게 되었기 때문이다. 카테리나는 생시에 생 드니에 앙리 2세와 자신을 위해 합장 묘를 만들어 두었었다. 하지만 죽자마자 기즈의 공작의 살해로 다시 전쟁이 터지는 바람에 시신을 그곳으로 옮기지 못했고, 잠시 블루아의 예배당에 장사했다. 그러다가 1609년 늘 카테리나를 좋아하던 앙굴렘의 여공작의 탄원으로 카테리나의 유해는 앙리 4세에 의해 생 드니로 이장되어 남편 곁에 묻혔다. 묘 위에 세워진 묘비는 청동 침상에 누워 있는 앙리 2세와 카테리나의 모습이 새겨져 있다.

---

　카테리나 데 메디치의 인품은 오늘날 우리가 소유하고 있는, 좀 더 충분한 정보로 파당적 저자들에 의해 오랫동안 형성되어온 신비, 허구, 왜곡의 구름이 벗겨졌기 때문에 이제는 제대로 파악하기가 어렵지 않다. 그 인품의 가장 두드러진 특징은, 프랑스를 위해 마음과 영혼을 다 내던지고(비록 늘 '이탈리아 여자'로 비난을 받는 수모를 겪었지만), 아무리 배짱이 두둑한 사람일지라도 좌절하게 만들 만한 어려움과 위험과 낙심 가운데서도 마흔두 살부터 일흔 살까지 연속된 보복 전쟁으로 폐허가 된 나라에 평화를 가져오기 위해 노력한 비범한 역정에 있다. 따라서 카테리나의 생애를 연구하는 이 책에 자주 길라잡이가 되어준 베네치아 대사들 중 한 사람은 그녀를 가리켜 '위대한 중재자'라고 했고, 그녀의 생애에 관한 최고의 권위자도 "그녀가 귀화한 나라에 평화를 가져오기 위해 지칠 줄 모르고 일한 일꾼이었다"고 말한다.
　앞에서 카테리나의 가문을 다루면서 그 가문의 특징 중 하나가, 분쟁을 가라앉히고 서로 반목하는 사람들에게 증오를 버리고 평화롭게 살게 하는 독특한 재능이라는 것을 살펴본 바 있다. 그 가문 사람들로 하여금 흥기(興起)하게 하고, 피렌체를 탁월하게 통치할 수 있게 해준 것이 바로 이 방면의 재능이었다. 그리고 그 가문의 어느 조상보다 이 특성을 강하게 표출한 사람은 카테리나였다. 오를레앙, 루시용, 생 제르맹 앙 레, 볼리외, 네락, 플레, 샤르트르, 그리고 무수한 지역에서 카테리나는 불에 물을 붓고 원수들을 화해시키는 독특한 재능을 입증했다. 30년간 홀로 된 채 살면서 드러낸 것이 바로 이 특징이다. 카테리나가 소유한 그밖의 재능들은 피렌체 메디치 궁전에서 보낸 유아기로부터 절망이 짙게 드리운 블루아에서 죽을 때까지 길고 험했던 그녀의 생애를 살펴보면서 사실들을 차례로 확인했다.

그리고 만약 개인이 평생 호감을 갖고 산 사람들이 그 개인의 인품을 보여 준다고 한다면, 카테리나가 인생의 각기 다른 시기에 주로 좋아했던 사람들 — 남편과 자녀들을 빼놓고 — 이 무라토리회 수녀들, 마리아 살비아티, 오스트리아의 엘리자베스, 그리고 누구보다도 루이스 드 보데몽이었다는 사실은 결코 그 의미가 작지 않다. 그 중 마지막 세 여성은 타락한 시대에 마치 밤하늘의 반짝이는 별과 같은 존재들이었다.[29] 또한 매우 많은 유력한 프로테스탄트 인사들 — 콩데, 나바르, 드 로피탈, 알도브란디니, 카르네세키 등 — 이 그녀 덕분에 목숨을 건졌던 것도 결코 작은 일이 아니었다.

아울러 (당시 프랑스의 상황에서) 불필요한 원수를 만드는 게 대단히 두려운 일이었는데도 교황과 스페인 왕의 진노를 감수하면서라도 자기가 다스리는 나라에 종교재판소를 허용하지 않은 것도 결코 하찮게 넘길 일이 아니다. 이런 일들은 과거에 그녀에게 혐의가 씌워진 두 번의 살해 사건이 그녀와 무관하다고 밝혀진 사실과 함께, 격렬한 투쟁기에 편견을 지닌 사가들이 전달한, 그리고 매우 오랫동안 작가들에게 말초적인 허구의 자료를 제공해 온 카테리나 데 메디치의 성격을 이제는 크게 수정할 필요가 제기된다.

앞서 언급했듯이 카테리나 데 메디치가 '악녀'였다는 토대에서 출발하는 사람들에게는 그녀가 언제나 수수께끼 같은 존재로 남을 것이다. 그런 사람들로서는 차라리 수백 톤의 대포에 애정을 느끼면 느꼈지, 그녀에게 애정을

---

29) 루이스 데 보데몽은 카테리나의 거처에서 그녀를 간호했는데, 만약 독약을 보관한 그런 벽장이 있었다면 보데몽 같은 인물이 과연 그녀를 좋아했겠는지 반문해 봄직하다.

느낀다는 건 불가능하다. 반면에 그녀를 "미움을 품고" 대하는 사람들은 그녀의 참 모습을 그려낼 수 없다. 그런 심리가 뒷받침해 주기 때문에 오래 전에 역사에 의해 부정된 이야기들이 다소 신뢰를 받는 것이고, 그녀에게 불리한 점들에 강한 색깔이 칠해지는 것이고, 그녀에 대해 호의적으로 말하는 사람들이 왜소하게 되고 말의 무게를 잃어 결국 존재 불가능한 인물을 만들어 내거나, '수수께끼'라거나 '파라독스'라고 하고서 넘어가는 지경에 이르는 것이다. 카테리나 데 메디치는 편견을 버리고 냉정하게 관찰하는 사람들만 올바로 이해할 수 있다.

만약 이렇게 카테리나를 미워하거나 사랑해서는 안 된다면 남는 것은 무엇인가? 남는 것은 힘에 대한 열망, 큰 역량에 대한 욕구, 지치지 않는 에너지, 비류 없는 자제력, 시대의 한계를 넘어서는 지혜에 대한 열망(이것이 그녀로 하여금 종교가 상이한 나라에 평화를 이룩할 수 있는 길은 양 진영에게 싸우지 않고 공존하는 법을 배우게 하는 길뿐이라는 점을 간파할 수 있게 해 주었다), 프랑스에 최선을 다하려는 확고한 결의, 온갖 좌절을 헤치고 중재자가 되려고 한 끈질긴 인내이다. 그녀의 원수들조차 인정한 이런 면들을 카테리나 데 메디치를 생각할 때 높이 평가해야 한다. 새로 드러나는 문헌마다 그것이 카테리나에 대한 정당한 평가임을 분명히 보여 준다. 카테리나는 성공하지 못했다. 하지만 부단히 노력했다. 하지만 분명한 것은 그녀가 해내지 못한 것은 그 시대 어느 누구라도 해내지 못했을 것이라는 점이다. 독일이든 영국이든 플랑드르든 종교개혁에 의해 고삐가 풀린 세력이 유사한 투쟁들로 귀결되는 것을 막을 수 없었기 때문이다. 아울러 그 중 어느 나라도 후대에 모든 나라가 유일하게 견고한 정책이라고 깨달은 그 상호 관용을 얻기 위해서 프랑스에서만큼 노력이 기울여진 적이 없었다.

우리는 카테리나가 맞닥뜨린 과제가 어떤 것이었는지, 그리고 그녀가 그 과제에 어떻게 대처했는지를 개관했다. 분파주의자들은 여전히 그녀의 행동을 비판하겠지만, 역사가는 과연 카테리나가 새 종교의 탄생으로 인해 프랑스인들에게 닥친 두려운 재앙 속에서 자신의 행위로 그 재앙을 가중시켰는가 아니면 감소시켰는가 하는 점을 주목한다. 이것이 역사가 종교 논쟁과 구분되어 관심을 집중하고 그녀를 판단하게 될 유일한 쟁점이다. 그리고 이 쟁점에 대해서 어떤 판단이 이루어질 것인가 하는 데에는 의심의 여지가 없다. 사실상 그 판단은 이미 내려졌다.

카테리나가 그 때까지 들어본 적도 없는 원칙(국가가 두 종교를 승인하고, 두 종교가 서로 공존하는)을 위해서 혼신의 힘을 기울여 벌인 투쟁은, 우리가 알기에 당시 상황에서 평화를 얻거나 지킬 수 있던 유일한 방법을 가지고 프랑스에 평화를 가져오려는 투쟁이었다. 그리고 1561년에 프랑스가 내전으로 떠내려가는 것을 막기 위해서 세 가지 위대한 노력에서부터 시작하여 똑같은 방법으로 일곱 번째이자 마지막 평화를 가져온 노력에 이르기까지, 카테리나는 아무도 손쓸 수 없었던 프랑스의 곤궁을 막거나 경감하기 위해 최선을 다했다. 그리고 카테리나는 그렇게 휴전을 얻어낸 동안 만큼은(전쟁이 여러 해 지속된 경우들도 있었다) 그 전쟁으로 얻은 개인적인 고통을 달래거나 거기서 벗어날 수 있었다. 그 결과가, 그 주제에 관한 현대의 대표적인 권위자가 그녀의 인격과 업적을 요약하면서 그녀에게 붙여준 이름이 "불굴의 중재자"이다. 이 판결로써 그녀의 행동을 둘러싸고 일어났던 모든 쟁론이 그녀를 높이 평가하는 쪽으로 결말이 난다.

코시모 계열의 이 마지막 자손에게는 그 가문의 어떤 조상도 당해보지 못한 혹독한 과제가 부과되었다. 그녀의 조상 국부 코시모가 떠안았던 과제조차, 그의 이 마지막 자손, 즉 추기경 줄리오가 거의 빈집이 되어 버린 메디치 궁전에서 내려다본 요람에 뉘인 여자 아기, 그가 그 길에 숱한 가시덤불을 깔아놓은 이 카테리나의 두 어깨에 짊어지운 과제에 비하면 초라해진다.

# 제2부

지금까지는 190년에 걸친 메디치가 장자 계열의 역사를 살펴보았다. 조반니 디 비치 때의 한미한 지위에서 시작한 이 가문은 둘째 대에서 피렌체 역사에 새로운 획을 긋는 시대를 도래하게 했고, 넷째 대에 이탈리아 정계를 주도했고, 다섯째 대에 유럽의 운명을 지배했으며, 일곱째 대에 마지막 후손을 프랑스 여왕의 권좌에 앉혀 가장 격동기였던 30년간 그 나라를 다스리게 했다. 이제는 조반니 디 비치의 둘째 아들의 계열을 살펴볼 차례이다. 이 계열은 알레산드로가 죽은 뒤에도 계속 이어져, 장자 계열의 업적을 등에 업고서 줄리오 데 메디치의 오랜 꿈을 마침내 실현하여 왕권에 오른 다음 200년간 토스카나를 지배하다가 1743년에 가문 역사의 막을 내린다.

국부 코시모의 동생 로렌초로부터 시작한 이 차자 계열은 네 대를 이어가다가 알레산드로가 죽은 뒤 토스카나의 권좌에 오른다. 그 중 첫째와 둘째 대는 장자 계열에 비해 이렇다 할 족적을 남기지 못했지만, 셋째 대와 넷째 대는 좀 달랐다. 이들은 나름대로의 독자적인 역사를 구축했는데, 특히 조반니와 그의 아내 카테리나 스포르차, 그리고 그의 유명한 아들 조반니 델레 반데 네레가 그러했다. 이들의 역사를 다루자면 어쩔 수 없이 지금까지 밟아왔던 길을 다시 밟게 되겠지만, 그들의 생애 이야기가 장자 계열의 역사를 측면에서 조명하는 부수적인 효과가 있다. 조반니와 카테리나 스포르차의 시대는 위대한 자 로렌초, 불행자 피에트로, 그리고 '대공위 시대'와 일치한다. 그리고 조반니 델레 반데 네레의 시대는 레오 10세와 클레멘스 7세의 시대와 일치한다. 마지막으로 코시모 1세와 그의 아들 프란체스코 1세의 재위 기간은 카테리나 데 메디치의 긴 생애와 일치한다.

# 제21장

# 대 로렌초, 대 피에르 프란체스코, 소 로렌초, 소 피에르 프란체스코

**대 로렌초**(the Elder) 1395년 출생, 1440년 죽음.

조반니 디 비치의 둘째 아들 로렌초는 이름이 같은 그의 손자와 구분하기 위해 대(the Elder) 로렌초라고 불린다. 그는 형 코시모와는 달리 공직에 참여하지 않았다. 뒤로 물러서는 기질이었고, 공직에 대한 야심도 취향도 없었으며, 자기보다 유능한 형을 묵묵히 돕는 것으로 만족하고 가문의 은행 사업에 몰두했다. 1433년 가문과 함께 추방을 당했고, 1434년 당당하게 귀환했으며, 그 뒤 6년을 더 살다가 1440년에 죽었다. 따라서 형이 국정에 큰 영향력을 행사하는 것을 충분히 보고서 죽은 셈이다. 비록 코시모가 24년이란 끈질긴 생애를 더 이어가며 전개한 업적들을 다 보지는 못했지만. 베노초 고촐리가 그린 메디치 예배당 그림에서 형 코시모 곁에 노새를 타고 있는 그의 모습을 보게 된다. 이 그림은 두 형제의 관계를 정확히 묘사했다. 로렌초는 지네르바 카발칸티(Ginerva Cavalcanti)와 결혼하여 외아들 피에르 프란체스코를 낳았으며, 이 아들이 스물세 살이 되던 해에 죽었다.

**대 피에르 프란체스코**(the Elder) 1415년 출생, 1476년 죽음.

로렌초의 아들 피에르 프란체스코는 이름이 같은 그의 손자와 구분하기 위해서 일반적으로 대(the Elder) 피에르 프란체스코라 불린다. 그는 가문이 추방될 때 열여덟 살이었고, 그때 아버지를 따라 베네치아로 갔다. 다음 해에 가문과 함께 돌아왔고, 짧은 시일에 삼촌 코시모가 국가의 실세가 되는 것을 지켜보았다. 6년 뒤 아버지를 여의고서 자기 계열의 수장이 되었다. 그는 아버지와 마찬가지로 물러가 살기를 좋아했다. 1453년에 이루어진 가문의 재산 분할과 재산은 삼촌 코시모만큼 막대했지만 국정에 개입하지 않고 가문의 은행 사업에 몰입하는 등 조용히 살았다. 아울러 삼촌 코시모와 사촌들인 피에로와 조반니가 고위 공직에 오른 것을 조금도 시기하지 않았다. 쉰 살에 국부 코시모가 죽는 것을 보았고, 사촌 피에로 일 고토소보다 오래 살아남아 피에로의 아들 위대한 자 로렌초가 권좌에 올라 다스리는 것을 7년간 지켜보았다. 1476년 예순한 살에 죽었다.

결혼은 다소 늦은 나이에 라오도미아 아치아욜리(Laudomia Acciajoli)와 했고, 슬하에 두 아들 로렌초와 조반니를 두었는데, 이들이 각각 열세 살과 아홉살 일 때 세상을 떠났다. 이 차자 계열 중에는 장자 계열 사람들만큼 탁월한 사업 수완을 가진 사람이 없었기 때문에 재산이 늘지 않고 오히려 감소했다. 그럼에도 불구하고 피에르 프란체스코는 죽을 때 두 아들에게 많은 재산을 물려주었다. 브론치노(Bronzino)가 그린 그의 초상화는 필리피노 리피의 "동방 박사들의 경배"에서 따온 것으로서, 1496년 피에로 프란체스코의 아들 조반니의 주문을 받아 그렸다. 이 그림에서 피에르 프란체스코와 그의 아들 조반니는 30년 전 보티첼리가 피에로 일 고토소의 주문을 받아 그린 국부 코시모, 그의 아들들, 그리고 손자들과 똑같은 방식으로 묘사된다.


**소 로렌초**(the Younger) 대개 로렌초 '포폴라노'라고 함. 1463년 출생, 1507년 죽음.

대 피에르 프란체스코의 두 아들 소(the Younger) 로렌초와 그의 동생 조반니는 아버지와 할아버지가 장자 계열에 대해 견지해 온 태도를 이어가지 않았다. 소년 시절에 아버지를 여읜 그들이 둘째 삼촌 밑에서 자랄 때, 위대한 자 로렌초는 자신과 가문의 자기 계열을 위해 이탈리아에서 군주에 버금가는 비중과 중요도를 지닌 지위를 창출했다. 그는 다른 나라 군주들과 똑같은 권세를 누렸고, 자기 자녀들을 세도가 집안의 자제들과 결혼시켰으며, 그러는 동안 장자 계열은 차자 계열과 사뭇 다른 세계에 올라서게 되었다. 이 모든 것이 차자 계열 사람들의 마음에 강한 시기를 일으켰다. 자기들의 지위가 사촌들보다 훨씬 못하다는 것을 자각한 이들은 그들을 대하는 태도가 짐짓 냉랭해져갔다. 위대한 자 로렌초가 딸 마리아를 차자 계열의 둘째인 조반니와 약혼시킨 것은 이런 감정을 불식시키려는 의도에서 취한 행동이었다. 그러나 두 사람의 결합은 1487년 마리아의 죽음으로 불행하게도 성사되지 못했다. 그러나 위대한 자 로렌초는 자기가 살아 있는 동안 이런 질시가 더 강해지지 않게 하려고 힘썼고, 따라서 1492년 그가 죽을 때까지 그런 감정은 표출되지 않았다. 게다가 가세가 전반적으로 상승할 때 차자 계열이 어느 정도 거기에 참여하지 않은 것도 아니다.

1493년 1월 만투아의 후작부인 이사벨라 데스트(Isabella d'Este)가 자매 베아트리체에게 보낸 편지에서, 피에르 프란체스코의 아들 로렌초를 얼마 전에 태어난 자기 딸의 후원자 네 명 중 한 사람으로 언급하고, 그의 동생 조반니가 아기의 세례식 때 형 로렌초를 대신해서 만투아에 왔다고 말한 데서 그 점을 엿볼 수 있다.

이 두 형제는 사촌 불행자 피에트로에게 크게 격분하게 된 일이 생겼다. 그러자 장자 계열에 대해서 오래 누적된 불만이 봇물 터지듯 한꺼번에 터지면서, 앞에서 살펴봤듯이 그들은 1494년 장자 계열의 추방으로 절정에 달한 피에트로에 대한 시민들의 악감정을 조장하는 데 손발 노릇을 했다. 전하는 바로는 샤를 8세가 피사에서 기수를 돌려 로마로 나 있는 해안길을 취하지 않고 피렌체로 진격한 것은 그 두 형제의 간청 때문이었다고 한다. 이같은 그들의 소행은 그들이 한동안 '포폴라니'라는 가문명을 취하고 자기들의 궁전에서 이전의 가문 문장을 싹 지워 버린 일과 함께 장자 계열에게 용서를 받지 못했다.

장자 계열이 그렇게 추방을 당한 뒤 역량이 매우 평범했던 소 로렌초는(장자 계열에게 취한 행동의 대가로) 정부의 관료가 되었다. 그러나 그 직위는 그의 무능을 만 천하에 드러내 주었을 뿐이며, 그는 사보나롤라가 모든 실권을 쥐고 있는 동안 유명무실하게 피렌체를 다스린 허세들 중 하나에 지나지 않았다.

아마 그랬기 때문에 교황이 피렌체 내부에 사보나롤라의 반대파를 그처럼 쉽게 일으키고, 그를 제거할 만한 세력을 쥘 수 있었을 것이다. 명목상으로는 국가의 통치 단체를 구성하고 있었으나 더 유능한 사보나롤라라는 인물에 의해 뒷전으로 밀려나 있었던 로렌초의 심복들은 이런 처사에 분개하고 그에 대한 질시를 키우고 있었기 때문에 그를 제거하려는 교황에게 쉽게 도구가 된 것이다.

소 로렌초와 조반니는 사보나롤라에게 얼마 전 사촌 피에트로에 대해 취했던 것과 똑같은 행동을 취하여 산 마르코 수도원의 그 수도원장에 대한 반감을 조장하고 교황이 그를 제거하기 위해 사용하던 파벌을 이끎으로써 이익을 얻으려고 했다. 사보나롤라의 투옥과 죽음으로 이어진 산 마르코 수도원 공격도 다 그들의 사주에 의한 것인 듯하다.[1] 이렇게 해서 이 두 형제는 피렌체 역사에서 가장 치욕스런 사건들 중 하나에 악명높게 연루되기에 이르렀다. 더구나 그들은 배후에 숨은 채 실제 집행자들보다 더 악한 사주자들의 역할을 맡았기 때문에 더 비난을 받아 마땅하다.

1498년 동생 조반니가 죽자 로렌초는 동생의 카스텔로 영지(피렌체에서 약 5km 떨어진)를 가로챘다. 실은 동생이 남긴 생후 몇 개월의 아기에게 돌아갈 몫이었는데도 말이다. 그는 그 토지를 이 아기의 대리인으로서 소유하는 척했지만, 아기의 어머니 카테리나 스포르차가 연루된 교황과의 심각한 어려운 관계를 내다보고서 그것을 넘겨줄 의사를 조금도 비치지 않았다.

로렌초가 조카와 제수 카테리나 스포르차에게 보인 행동은 비열한 시기심을 채우기 위해 자기 가문의 장자 계열을 추방할 때 드러낸 행동과, 사보나롤라 제거를 위해 교황의 도구가 되었을 때 보인 행동과 똑같이 비열한 것이었

---

1) 당시에 포를리에서 피사로 가고 있던 로렌초의 동생 조반니가 산 마르코 공격을 사주한 장본인으로 언급되는 점으로 봐서, 그가 이 사건에 형과 함께 가담한 듯하다.

다. 그러나 그는 결국 벌을 받고 말았다. 카테리나 스포르차가 뜻밖에 감옥에서 풀려나 피렌체에 정착하게 되자, 로렌초는 대단히 역겨우면서도 어쩔 수 없이 그녀의 아들에 대한 후견권과 카스텔로 저택을 그녀에게 넘겨주어야 했다. 그는 이전에 그 소년의 유산 중 상당 부분을 가로챘기 때문에 이 일이 탄로날까봐 전전긍긍했다. 그가 그것을 막아보려고 채택한 전략은 그의 성격의 어떠함을 잘 드러낸다. 그 뒤에 벌어진 소송에서 그가 저지른 행동이 백일하에 드러났다. 이로 인한 수치심과 자기 목적을 달성하지 못한 데 대한 자괴심으로 인해 그는 몸져 누운 뒤 다시는 일어나지 못했다. 그가 서른네 살이었던 1507년의 일이다.

조반니와는 달리 소 로렌초는 예술을 크게 후원한 것 같지 않다. 전하는 바로는 단테의 「신곡」을 그린 보티첼리의 삽화들이 그의 주문으로 이루어졌다고 한다. 바사리는 미켈란젤로의 초기 작품 중 하나인 "어린 성 요한"이 그의 주문으로 이루어졌다고 한다. 그러나 그는 메디치가의 양 계열을 통틀어 남자로서 초상화를 남기지 않은 유일한 사람이라는 점에서 두드러진다. 그가 만약 조금이라도 예술을 후원했다면 이런 경우가 발생했을 리 없다. 그는 세미라미데 다피아노(Semiramide d'Appiano)와 결혼하여 세 아들과 두 딸을 남겼다.

---

소(小) 로렌초의 장남 소(小) 피에르 프란체스코는 아버지보다 더 보잘것없는 인물이었다. 그에 관해 기록으로 남은 것이란 아버지가 조반니 '포폴라노'와 카테리나 스포르차의 아들인 소년 조반니에게서 유산을 가로챌 때 곁에서 적극 도왔다는 것이 전부이다. 피에르 프란체스코는 예술 소품들, 특히 도예(陶藝)에 무척 관심이 있었다. 그는 아버지로부터 카파졸로 영지를 물려받았고, 그 곳에 카파졸로 공장을 세웠는데, 이 공장은 곧 유명하게 되었다. 여기서 제작된 카파졸로 제품들은 파엔차에서 제작된 제품들보다 우수하다고 평가되었다. 그는 마리아 소데리니와 결혼했고, 로렌치노(1515년 출생), 마달레나, 라우도미아의 아버지였다. 아들 로렌치노가 아직 소년일 때 죽었다.

# 제22장

# 조반니 '포폴라노'와
# 카테리나 스포르차

**조반니** 1467년 출생, 1498년 죽음.

대 피에르 프란체스코의 차남 조반니는 당대 피렌체에서 가장 준수하고 세련된 남성이었다고 한다. 그는 파치가 음모 때 열한살이었으며, 청소년 시절 내내 위대한 자 로렌초의 탁월한 통치가 펼쳐지는 속에서 살았고, 열아홉 살에 그의 딸 마리아와 약혼했으나, 마리아가 죽는 바람에 결혼이 성사되지 못했다. 1492년 위대한 자 로렌초가 죽을 때 조반니는 스물다섯 살이었다. 다음 해에 당당한 위세를 갖추고서 이사벨라 데스트의 딸 세례식에 참석하러 만투아 궁전을 방문했다. 형 로렌초와 함께 가문의 장자 계열을 추방하는 데 적극 앞장선 뒤에, 프랑스 왕 샤를 8세를 섬겼고, 그에게 연봉 2천 크라운이 지급되는 직위를 받았다. 그러나 1496년 피렌체 공화국에 의해 폴리(강력한 여백작 카테리나 스포르차가 있던 곳)의 대사로 임명되는 바람에 그 직위에 오래 머물지 못했다.

폴리에서 조반니는 곧 큰 인기를 얻었고, 얼마 지나지 않아 폴리의 여백작(그녀는 정치적 지위 때문에 재혼하는 게 절대적으로 필요했다)은 준수하고 세련된 피렌체 대사에게 큰 호감을 표시했기 때문에 항간에는 여백작이 그와 결혼하려 한다는 말이 나돌기 시작했다. 그럼에도 불구하고 대다수 사람들은 그렇게 지체 높은 여성이 자기보다 지위가 훨씬 낮고 일개 시민에 불과한 남자와 결혼할 리 만무하다고 생각했다. 물론 위대한 자 로렌초 치하에서 그 가문이 상당한 지위를 얻은 것은 사실이지만, 그가 죽고 메디치가 장자 계열이 추방됨으로써 그들의 중요성은 모두 사라진 뒤였다. 장래의 교황 레오 10세는 이 무렵 추방된 가문과 함께 방랑 생활을 하고 있었고, 그 가문이 훗날 이룩한 모든 발전도 당시는 꿈조차 꿀 수 없는 일이었다. 그러나 결국 조반니의 다양한 매력에 이끌려 폴리와 이몰라의 여백작 카테리나 스포르차는 피렌체인들이 조반니 '포폴라니'라고 부르는 조반니 데 메디치와 결혼했다. 당시 그의 나이는 서른 살, 여백작의 나이는 서른다섯 살이었다. 당시까지의 메디치가 역사에서 이만큼 격상된 결혼은 없었다.[1]

조반니는 예술을 퍽 사랑했고, 세련된 취향을 가진데다 재력이 있었기 때문에 자신의 예술적 취향을 마음껏 충족시킬 수 있었다. 1494년 메디치 궁전 약탈 사건으로 피렌체에는 예술품들로 가득했다. 그것을 훔쳐간 자들이 처벌이 두려워 감히 내다팔지 못하고 있었기 때문이다. 조반니는 장자 계열의 것인 이 예술품들을 수거하여 자신의 카스텔로 저택을 장식했다. 여러 예술가들 중에서 그가 특별히 후원한 예술가들은 보티첼리와 리피였다. 1496년 보티첼리가 현재 우피치 미술관에 소장된 자신의 대표작 중 하나인 "동방 박사들의 경배"를 그의 의뢰를 받아 그렸다는 것은 앞에서 이미 언급했다. 그리고 익명의 저자는 보티첼리가 그의 카스텔로 저택에 다양한 아름다운 그림들을 그려주었다고 전한다. 그 그림들이 구체적으로 어떤 작품들인지는 알 수 없지만, 문제의 저자가 사용한 용어는 그 작품들이 프레스코들이었음을 암시한다.

조반니는 결혼한 뒤 일년 남짓밖에 더 살지 못했다. 1498년 의붓아들 오타비아노 리아리오(Ottaviano Riario)의 보호자겸 안내자로서 군대를 끌고 피사까지 대동했다가 거기서 병에 걸려 눕게 되었는데, 차도가 없자 바뇨에 있는 산 피에트로 온천으로 갔다가 그곳에서 병세가 더 악화되어 1498년 9월 14일에

---

1) 줄리아노(네무르의 공작)가 프랑스 왕의 이모와 결혼한 것은 그뒤로부터 18년 뒤의 일이다.

서른한 살의 나이로 생을 마감했다. 그의 아내 카테리나는 그가 죽기 불과 몇 시간 전에 그 곳에 도착했다. 그는 생후 5개월밖에 안 된 아들을 두고 세상을 떠났는데, 이 아기가 훗날의 유명한 조반니 델레 반데 네레이다.

**카테리나 스포르차** 1462년 출생, 1509년 죽음

  I. 지롤라모 리아리오, 1477년 결혼

  II. 자코모 페오, 1489년 결혼,

  III. 조반니 데 메디치, 1497년 결혼

뒤에 오는 모든 메디치가 사람들의 조상이 된 카테리나 스포르차는 당시 사람들에게 나이에 걸맞지 않은 불가사의한 여성, 초인적인 능력과 용기와 결단을 소유한 여성으로 간주되었다. 메디치가에 시집오기 전 그녀의 역사는 자세히 살펴볼 가치가 있다. 맨 처음 시집간 곳이 메디치가의 철천지 원수 가문이었으므로 그녀의 이야기는 그 위대한 자 로렌초, 불행자 피에트로, 그리고 '대공위 시대'의 메디치가 역사를 측면에서 설명해 주기 때문이다.

스포르차가는 같은 시대에 존재하던 페라라의 에스테가와는 달리 역사가 길지도 출중하지도 않았다. 카테리나의 증조부 무치오 아텐돌로(Muzio Attendolo, 그가 '스포르차'라는 이름을 얻었다)는 농부의 아들로서 일개 사병이었으나 출세 가도를 달려 저명한 지휘관이 되었고 나폴리 왕의 미망인과 결혼했다. 그의 아들 프란체스코 스포르차도 그와 비슷한 유명한 용병대 지휘관이었다가 1441년 비앙카 마리아 비스콘티와 결혼했고, 1450년 국부 코시모의 도움으로 밀라노 공작이 되었다. 장남 갈레아초 스포르차(카테리나의 아버지)[2]가 1466년 아버지를 계승했고, 2년 뒤 사보이의 선량한 여성 보나(Bona)와 결혼했다. '이탈리아의 성모'라 불린 보나는 그의 여형제이자 프랑수아 1세 어머니인 사보이의 루이제와 성격이 사뭇 달랐다.

카테리나 스포르차는 할머니인 공작 비앙카 마리아 비스콘티 슬하에서 자

---

2) 카테리나는 서녀였다.

랐다. 할머니는 젊었을 때 할아버지 프란체스코 스포르차가 전쟁을 벌일 때 그의 유능한 조언자와 조력자로 활약했고, 경우에 따라서는 직접 전장에 나가 병사들을 용감히 지휘했을 뿐 아니라, 백성들로부터 억압받는 자들의 수호성인이자 보호자로 추앙을 받았다. 반목과 오류와 곤궁이 있는 곳이면 어디나 가서 중재하고 위로하던 여성이었다. 카테리나가 통치란 어떠해야 하는가를 맨 처음 본 것이 바로 할머니 밑에서였다. 그러나 할머니는 1470년에 죽었고, 그 뒤로 카테리나는 계모 여공작 보나 밑에서 자랐다.

카테리나는 당대의 관습에 따라 대단히 치밀한 교육을 받았다. 앞에서도 언급했지만, 바로 전 세대(루크레치아 토르나부오니의 세대)에 이탈리아의 규수들은 집에만 틀어박혀 살던 궁전의 관습을 깨고 스스로의 역량으로 명성을 얻기 시작했다. 이런 추세는 카테리나의 시대에 접어들면서 더욱 두드러졌다. 그 시대의 규수들은 오늘날의 표준에서 생각할 때 불가능할 것이라고 생각할 정도의 기량을 닦았다. 공부를 마친 이들은 고전학, 라틴어와 그리스어 작문에 능통했고, 국내외 현대 문학에 정통했고, 예술과 과학의 다양한 과목에 대한 지식이 있었고, 음악과 춤에 능통했으며, 남자 형제들이 무기를 다루듯이 악기를 잘 다루었으며, 말도 잘하고 사냥에도 끼었다.

체칠리아 곤차가, 이폴리타 스포르차(카테리나의 이모),[3] 카테리나 자신, 그리고 몇 년 뒤의 이사벨라 데스트, 그녀의 자매 베아트리체 데스트, 그들의 이복 자매 엘리자베타 곤차가 같은 여성들은 모두 이 시대 여성들의 다양한 기예와 폭넓은 문화를 잘 보여 준다. 이폴리타 스포르차는 열두 살에 아버지의 궁전을 방문했을 때 직접 지은 라틴어 글을 암송하여 교황 피우스 2세를 즐겁게 해주었다는 기록이 남아 있다. 체칠리아 곤차가는 여덟 살에 그리스어와 라틴어를 읽고 썼고, 카테리나 자신은 열 살에 아버지의 궁전을 방문한 추기경 리아리오를 환영하는 글을 직접 라틴어로 작성하여 암송했으며, 엘리자베타 곤차가는 베르길리우스의 시를 읊으며 직접 류트 반주를 했다. 이사벨라

---

3) 그녀가 1465년 밀라노에서 칼라브리아 공작과 결혼할 때 당시 열여섯살이던 위대한 자 로렌초도 그 결혼식에 참석했다.

데스트는 코흘리개 시절에 베르길리우스와 키케로를 읽었고, 만투아의 여후 작이 된 뒤에도 고전 문학을 탐독했다. 아울러 이 여성들은 무도회에서 밤새 도록 춤을 추고, 정교한 무대 공연에 참여하고, 사슴 사냥과 곰 사냥에 끼었 다가 큰 사고를 당하기도 했다.

당시는 "고전학이 남자에게든 여자에게든 중요한 장식품이었는데, 특히 여자에게는 더욱 매력있는 과목이었다." 이 점에서는 소년과 소녀를 교육하 는 데 아무런 차이를 두지 않았다. 카스틸리오네(Castiglione)는 "여성들에게서 오는 모든 영감"을 말한 뒤에 자신이 생각하는 이상적인 여성상을 요약하면 서, 남성들에게 전장에서, 시의회실에서, 예술과 학문의 현장에서, 도덕과 종 교의 길목에서 희망과 용기를 불어넣어 주는 여성인가에 달렸다고 덧붙인다. 바로 이런 여성들이 등장하여 큰 영향력을 얻어 자기들의 시대를 이끌고 갔 는데, 이런 영향력은 주로 그들이 받았던 고도의 교육에서 비롯되었다. 에디 부인(Mrs. Edy)은 이렇게 말한다:

"이 르네상스 시대 여성들은 그들의 지적인 역량과 정교한 문화와 세련된 취향으로 예술을 생활과 결속시켜 놓았다. 이들은 관대하고 친절한 동정과 지 식으로 빛을 찾아 투쟁하고 있던 예술가들의 영혼들을 격려하고, 불멸의 작품 들이 나오는 데 이바지했다. 과연 우리 후손들이 우리 시대에도 그만한 여성 들이 많았다고 말할지 걱정스럽다."

그러나 할 일이 산더미 같고 스트레스도 많았던 생애를 산 카테리나 스포 르차는 이런 분야에는 가끔씩 관심을 기울였을 뿐, 긴 기간 동안 그 방면을 제 쳐두지 않으면 안 되었기 때문에 라틴 시를 쓰고 예술을 장려하고 지식인들 과의 대화를 즐기는 능력보다 남자들을 지배하는 힘과 전쟁에서의 용기와 병 법을 과시할 때가 더 많았다.

1471년 카테리나가 아홉 살 때 아버지 갈레아 스포르차 공작은 앞서 언급 한 피렌체 방문을 할 때 아내 사보이의 보나와 딸 안나와 카테리나를 데리고 갔는데, 이때 카테리나는 오랜 뒤에 자기가 시집가게 된 그 메디치가를 처음으로 만났다. 이들은 메디치 궁전에서 로렌초와 그의 동생 조반니, 그리고 그들의 어머니 루크레치아 토르나부오니와 함께 머물렀다. 그때 그 식구들은 메디치 궁전에 소장된 예술품들을 보고서 크게 놀랐는데, 그 아홉 살 소녀가 스물두 살의 위대한 자 로렌초를 영웅을 숭배하듯 바라보았을 것이 틀림없다. 그녀가 비록 다시는 그를 보지 못하였어도 평생 그에 대한 큰 존경심을 품고 살았기 때문이다. 비록 6년 뒤에 메디치가를 죽도록 증오하던 가문의 일원이 되긴 했지만, 이 때의 방문에 대한 기억은 조금도 지워지지 않았고, 평생 메디치가와 피렌체에 대한 강한 애정을 느끼며 살았다.

1476년 그녀의 아버지 갈레아초 공작이 살해되고 여공작 보나가 여섯 살 난 아들 지안 갈레아초를 대신하여 밀라노를 다스리게 되었다. 카테리나는 이 무렵 아버지의 주선으로 교황 식스투스 4세의 조카 지롤라모 리아리오와 약속을 한 상태였는데, 식구들이 공작의 죽음으로 약혼이 파기될까봐 걱정하고 있었다. 그러나 걱정한 대로 되지 않아 1477년 4월에 카테리나는 열다섯의 나이에[4] 밀라노에서 신랑을 대리해서 온 사람과 결혼식을 올렸다. 이때 로마냐에 있는 이몰라라는 조그만 영지를 지참금으로 받았다. 카테리나는 화려한 행렬을 갖춰 로마로 갔다. 가는 길에 유숙한 파르마, 레지오, 모데나, 볼로냐, 그리고 이몰라와 그밖의 교황령의 도시들에서 대대적인 환영과 축제로 영접을 받았다. 카테리나는 동생 치아라(Chiara)에게 보낸 편지에서 이때 자기가 받은 영접을 설명하면서 "그들이 나를 위해 잔치를 쉬지 않았다"고 말한다. 이 편지에서 "카테리나 비체코메스"(Caterina Vicecomes)라는 서명을 사용함으로써 스포르차가가 비스콘티가라는 명칭을 계속 사용하고 있었음을 보여 준다. 이런 식으로 한 달 넘게 여행을 한 끝에 카테리나는 로마에 도착했다.

로마에서 약 12km 떨어진 곳에서 "신사가 되지 못한 전직 세관원"인 장래의 남편 지롤라모 리아리오와 그가 거느리고 온 화려한 수행원 일행의 영접을 받았다. 그들이 로마로 행렬을 벌이는 동안 추기경들, 고위 성직자들, 온

---

4) 당시에 열다섯 살이면 소녀로서는 결혼하기에 알맞은 나이였다. 델 룽고(Del Lungo) 교수는 14세 기에 관해서 말하는 과정에서 "소녀가 스무 살이나 심지어 열여덟 살에만 결혼해도 늦은 것으로 간주되었다. 열다섯 살이 '가장 아름다울 나이'였다"(*Women of Florence*, by Isidore del Lungo).

갖 고위 관료들, 그리고 마지막으로 몰레 다리에서는 교황 궁정인들과 스페인과 나폴리 대사들이 행렬에 합류했다. 이러한 영접을 받아가며 카테리나는 로마에 첫발을 내디뎠다. 열다섯 살의 신부가 말을 타고 이 저명 인사들이 모여 있는 포폴로 성문을 지나갈 때 그 아름다운 외모로 인해 여기저기서 탄성이 흘러나왔다고 한다. 그녀의 복장은 "금으로 수놓은 검정 다마스크 망토에 심홍색 공단 스커트, 그리고 검정색 수를 놓은 소매"로 이루어졌다. 그리고 그 모습은 "연정보다는 감탄을 자아내는 수려한 얼굴에 또렷하고 아름다운 이목구비, 강직하면서도 활력과 지성이 가득한 표정"이었다고 한다. 일행은 말을 타고 좁은 길을 따라 구 성 베드로 대성당으로 갔고(이 성당은 30년 뒤 율리우스 2세에 의해 철거된다), 그곳에서 교황 식스투스 4세의 주례로 결혼식이 다시 치러졌다. 결혼식이 끝난 뒤 신랑과 신부는 그들을 위해 만들어 놓은 향기 진동하는 꽃길을 따라 트라스테베레에 있는 룽가라 궁전으로 호위를 받으며 갔다(이 궁전은 오늘날은 코르시니 궁전으로 알려져 있다). 그 뒤 약 200명 가량의 하객이 참석한 가운데 성대하고 화려한 연회가 열려 다섯 시간 동안 계속되었다.

카테리나가 시집온 가문은 호감을 주는 가문이 아니었다. 식스투스 4세는 안코나 연안에서 살던 어부의 아들이었고, 가문 전체가 매우 천박했으며, 콜로나가, 오르시니가, 그리고 나머지 유서깊은 로마 귀족 가문들에게 미움을 받았다. 지롤라모 리아리오는 교황의 조카들 중 가장 저속한 인물이었으나, 교황의 후원으로 교황군 사령관이 되어 로마에서 가장 부유한 귀공자가 되었다. 그는 천박하고 교양 없고 거칠고 거만했고, 악행을 일삼아 사람들에게 미움을 받았고, 거리에 나설 때는 혼자 다니지 못하고 반드시 깡패 같은 가신들을 거느리고 다닌 겁쟁이였다. 군인 가문에서 자라난 카테리나의 눈에 그는 한심하기 짝이 없는 인물이었다. 그러나 그녀의 인생이 그러한 결론으로 불행하게 막을 내린 것은 아니다. 교황 식스투스 4세는 남들에게는 잔인하고 천박한 군주로서 행동했지만 카테리나에게는 친절하게 대했고, 따라서 카테리나는 아주 짧은 시일에 교황의 마음을 사로잡아 큰 영향력을 행사하게 되었다. 당시에 그런 지위에 올라 식스투스 4세의 궁정처럼 도덕적으로 타락한 곳에서 물들지 않을 사람이 없었겠지만, 카테리나는 분명히 물들지 않았다. 본인 자신과 가문의 자존심이 그녀를 타락하지 않도록 지켜주었다.

카테리나는 이런 환경에 둘러싸인 채 7년을 살았다. 그 중 4년은 그녀의 생애에서 가장 번성하고 화려한 시기였다. 이 7년 동안 로마에 엄청난 변화가 일어나는 것을 목격했다. 시집 올 당시에는 보잘것없고 반쯤 폐허가 된 상태였던 로마는 식스투스 4세에 의해 아름다운 도시로 변모했다. 그는 토목 사업을 전담할 부서를 세운 다음 가옥들을 허물고 도로를 넓히고 식스투스 예배당, 다양한 주요 교회당들, 그리고 지금도 로마에 현존하는 다양한 건물들을 지었다. 이 사업과 관련하여 카테리나는 보티첼리, 기를란다요, 페루지노, 만테냐, 핀투리키오, 필리피노 리피, 멜로초 다 폴리, 코시모 로셀리, 루카 시뇨렐리 등 당시의 유력한 예술가들이 로마로 소환되어 오는 것을 목격했다. 동시에 식스투스 4세는 바티칸 도서관을 건립했는데, 멜로초 다 폴리가 그린 그림이 그 기념물로 현존한다.[5] 이 그림에는 교황이 조카들이 둘러 서 있는 가운데 도서관장 플라티나(Platina)에게 도서관 설립법을 전달하는 모습이 그려져 있다. 카테리나도 이 작업에 참여했으며, 전하는 바로는 그녀가 다독가였고 당시 로마에 모여든 여러 문인들과 교류를 나누기를 즐거워했다고 한다.

카테리나가 결혼한 다음 해(1478)에 저 유명한 파치가 음모가 발생했다. 식스투스 4세와 카테리나의 남편 지롤라모가 주도한 사건이었다. 그 음모가 실패로 끝난 뒤 지롤라모는 위대한 자 로렌초를 독살할 임무를 띠고 교황 사절자격으로 피렌체에 파견되었다. 그러나 이 시도도 불발로 그쳤다. 그러자 지롤라모는 다시 특정 피렌체인들을 내세워 로렌초를 암살할 계획을 세우고 날짜를 정했다. 그러나 이번에도 음모가 발각되어 모든 관련자들이 처형되었다.[6] 사가들의 한결같은 견해는 카테리나가 이 음모에 가담하지 않았고, 사전에 그 이야기조차 듣지 못했다는 것이다.

---

5) 프레스코로 그렸으나 훗날 캔버스에 옮겨졌다.

6) 이 두 번째 음모는 교황에 의해 평화가 정착된 다음 해인 1481년 5월에 발생했다는 점에서 더욱 파렴치한 것이었다. 이것은 카르멜회의 성당에서 로렌초를 암살하려는 음모로서, 지롤라모 리아리오가 바티스타 프레스코발디에게 그 일을 시켰다. 음모가 발각되자 프레스코발디와 모든 공범들은 체포되어 바르젤로 궁전 창문 밖으로 내걸렸다.

1478년 카테리나의 첫 자녀가 태어났다. 딸이었는데, 카테리나는 그 아이에게 사랑하는 할머니의 이름을 따서 비앙카라는 이름을 지어주었다. 다음 해 맏아들을 낳아 옥타비아노라는 이름을 지어주었다. 그 뒤 2년 동안 아들과 딸을 하나씩 더 낳았다.

1480년 카테리나가 살던 작은 영지 이몰라에서 가까운 폴리에서 오르델라피가의 두 계열 사이에 분쟁이 벌어졌는데, 식스투스 4세는 오르델라피가를 그들의 영지에서 몰아낸다는 구실로 폴리를 장악하고는(그 가문은 그곳을 150년간 명예롭게 다스려왔다), 그곳을 지롤라모 리아리오에게 주었다. 이렇게 폴리를 이몰라와 연계시킨 데에는 특히 이탈리아 북부에서 로마와 나폴리로 이어지는 두 대로 중 하나가 폴리를 통과하기 때문에 정치적으로 중요한 의미가 있었다.

1481년 6월 지롤라모와 카테리나는 새로운 영지를 순방하기 위해 로마를 나섰다. 지롤라모가 그동안 부정하게 모든 막대한 재산을 잔뜩 실은 노새와 수레가 긴 행렬을 이루면서 갔다. 지롤라모는 교황이 늙어가므로 로마를 뜨는 게 좋겠다고 생각했던 것이다. 이 거대한 짐수레 행렬은 여러 날 동안 로마에서 오르테, 테르니, 스폴레토를 지나 움브리아로 들어가 거기서 다시 아펜니노 산맥을 넘어 안코나, 페사로, 리미니를 거쳐 폴리에 다다를 때까지 길고 험한 길을 가득 메우며 이어졌다. 지롤라모와 카테리나가 폴리에 입성할 때 성대한 환영 행사가 벌어졌다. 개선문들이 세워지고, 거리마다 벽걸이 융단이 내걸리고, 흰옷 입은 젊은이들이 종려가지를 흔들고, 라틴 시를 노래하는 어린이들을 가득 실은 개선 마차가 지나가고, 악사들이 음악을 연주하고, 헤아릴 수 없이 많은 종이 일제히 울렸다. 카테리나는 진주로 장식한 은 장식천을 입힌 백마를 탔다. 그 부부의 앞에는 희고 금빛 찬란한 옷을 입은 귀족 청년들이 그들에게 지붕을 받쳐들고서 도시까지 1.6km의 거리를 갔다. 그 뒤에 잔치가 열렸고, 저녁에는 무도회가 열렸는데, 이 자리에서 보석으로 장식한 옷을 입고 은과 진주들로 해가 구름을 뚫고 솟아오르는 광경을 장식한 베일을 쓰고 참석한 카테리나는 그 수려한 외모로 많은 사람들에게 경탄을 받았다.

이 부부는 9월에 베네치아를 방문했다. 명목상으로는 여행상 방문이었지만 정치적인 목적이 있었다. 1478-1480년에 피렌체와 식스투스 4세 간에 전쟁이 벌어졌을 때 페라라 공작 에콜레 데스트는 피렌체 편을 들었는데, 이제 교황은 그를 응징하기를 원했고, 그것을 위해 데스트가를 오르델라피가처럼 진멸하고 페라라를 늘 영토에 굶주려 있던 지롤라모에게 주기 위해 베네치아의 도움을 얻고자 했다. 그들은 베네치아에서 융숭한 영접을 받았으나, 베네치아인들은 자기들이 교황을 도와 페라라를 지롤라모의 손에 넘어가게 해야 할 하등의 이유가 없었다. 따라서 그와 카테리나를 잔뜩 추켜세우고 화려한 의전으로 환대한 다음 빈손으로 돌려보냈다. 지롤라모와 카테리나는 (페라라를 우회하여) 폴리로 돌아갔고, 거기서 다시 로마로 갔다.

팔메차노(Palmezzano)가 그린 카테리나의 초상화(폴리 성을 배경으로 한)는 당시 스무 살이던 그녀의 모습을 보여 주는데, 그녀가 소유한 뛰어난 용기와 결단력을 아직 과시하기 전이었다.

로마로 돌아온 뒤 지롤라모의 비행은 극에 달해 전보다 훨씬 원성을 사게 되었다. 그는 급기야 1484년 초에 교황을 사주하여 오르시니가의 도움을 받아 평소에 그 재산을 탐내던 콜로나가를 공격했다. 교황군은 콜로나가의 궁전들이 들어서 있던 지역을 샅샅이 약탈했다. 게다가 지롤라모는 극악무도한 범죄를 하나 더 저질렀다. 교황의 손에 들어간 대단히 존경받던 가문의 수장 로렌초 콜로나의 목숨을 구하기 위해서 콜로나의 어머니는 조건부로 자기들의 영지의 일부를 포기하는 데 동의했다. 그런데도 지롤라모는 교황의 엄숙한 약속을 어기고서 저열하게 로렌초 콜로나를 죽였다. 로렌초 콜로나는 산 안젤로 성에서 모진 고문을 당한 끝에 1484년 6월 30일에 세상을 떠났다. 이 죄악을 지켜본 카테리나는 남편에 대해 치를 떨고는 될 수 있는 대로 남편에게서 멀리 떨어져 지내면서 자녀들을 돌보는 데 몰두했고, 자녀들을 데리고 한동안 플라스카티로 가서 살았다. 남편의 비열함이 너무 혐오스러웠다. 그런데도 한두 번 남편에게 그런 비열한 행위들에 대해서 쓴소리를 했을 때, 남편은 불끈 화를 내고는 폭력을 휘둘렀다. 그가 죽고 난 뒤 밀라노 공사에게 "(남편이 살아 있을 때는) 죽는 사람들이 부러울 때가 많았다"고 털어놓을 정도였다.

이런 혼란 속에서 교황 식스투스가 1484년 8월 12일에 돌연히 죽었다. 로마는 즉각 무정부 상태에 빠졌고, 리아리오의 궁전(카테리나가 매우 화려하게 치장한)은 성난 군중에게 공격을 받아 약탈되었다. 지롤라모는 군대를 끌고 팔리아노에 가 있었고, 카테리나와 그의 자녀들도 그곳에 있었다. 지롤라모는 군대를 끌고 몰레 다리까지 진격하다가 멈췄으나, 카테리나는 과감하게 계속 진행하여 산 안젤로 성으로 들어간 뒤 그 성을 백작 지롤라모를 위해 차지해야겠다고 단언했다. 이때 나이 스물두 살로서 훗날 그녀를 대단히 유명하게 만든 군인 정신과 불굴의 의지를 처음으로 내비친 사례였다. 로마는 약탈에 방치된 도시처럼 돼 버려 군중이 일체의 권위에 복종하기를 거부했다. 추기경들은 카테리나에게 전령을 거듭 보내서 성을 포기하고 나오라고 당부했다. 그러나 새 교황이 선출되고 자기 남편이 영지를 확고히 되찾을 때까지 성을 지키겠다고 고집했다.

그들은 카테리나를 나오게 하려고 여러 각도에서 노력했으나 허사였다. 추기경들조차 비밀 교황 선거회로 모이기를 두려워하고 있던 상황에서 교황의 성을 지키고 있는 카테리나는 그야말로 여장부였다. 마침내 그들은 카테리나의 남편에게 어떻게 해서든 포기하고 나오게 하려고 압력을 가했다. 그러자 카테리나는 당당하게 걸어나와 남편과 함께 폴리로 갔고, 그 곳에서 두 달 뒤 셋째 아들을 낳았다.

그 뒤 3년간 폴리는 카테리나에게 결코 장미 침상이 아니었다. 사람들은 오르델라피가를 사랑했고, 지롤라모 리아리오는 그 못된 성격으로 가는 곳마다 혐오를 받았을 것이다. 따라서 폴리와 이몰라에서는 민란이 자주 발생했고, 그럴 때마다 지롤라모든 그의 아내든 서둘러 그 곳으로 가서 그것을 진압해야 했다. 이 어려운 통치 생활에서 카테리나는 제 몫을 톡톡히 해냈다. 지롤라모가 자기 지위를 지킬 수 있었던 것도 다 그녀의 유능한 지원이 있었기에 가능했다. 1487년 8월에 있었던 일인데, 그들이 이몰라에 있을 때 남편이 병들었고, 다섯째 아들이 태어나기 불과 며칠 전에[7] 저녁 늦게 급한 소식이 들어왔다. 폴리에서 민란이 발생했는데, 폭도 중 한 사람인 코드론치가 성주를 죽

7) 넷째 아들은 1485년 12월에 태어났다.

이고 성을 탈취했다는 소식이었다. 카테리나는 즉시 말을 준비하라고 명령한 뒤 25km를 달려 한밤중에 그곳에 도착한 뒤 도시에 우뚝 서 있는 성의 문쪽으로 다가가서는 코드론치를 불러내 그곳을 자기에게 넘겨줄 것을 요구했다.

그는 오만하게 대답하면서, 돌아갔다가 내일 아침에 다시 오면 그동안 생각해 보겠노라고 했다. 한밤중에 굳게 닫힌 성문 앞에서 말등에 올라앉아 있던 카테리나는 잠시 포기하지 않을 수 없어서 자기 궁전으로 돌아갔으나, 다음날 할 일을 위해 작전을 세웠다. 아침이 밝자 카테리나는 다시 성문 앞에 나타났다. 거기서 그녀와 "그녀의 아침 도시락을 든" 수행원 한 사람만 들어오도록 허락을 받았다. 카테리나는 참모들의 강한 만류를 뿌리치고 그 조건을 받아들여 자기가 믿을 수 있다고 생각한 토마소 페오를 데리고 성 안으로 들어갔다. 그 안에서 무슨 일이 벌어졌는지는 아무도 모르지만, 어쨌든 반란을 일으킨 코드론치에게 큰 영향력을 발휘하여 몇 시간 뒤에 그로부터 성을 돌려받았다. 그런 뒤 토마소 페오를 지휘관 자리에 앉히고는 코트론치를 데리고 흔쾌히 길을 나서 이몰라로 돌아왔고, 이로써 폴리를 구출했다. 이몰라로 돌아온 날 다섯째 아들을 낳아 프렌체스코 스포르차라는 이름을 붙여 주었다(1487년 8월 17일).

그로부터 몇 달 뒤인 1488년 4월에 지롤라모 리아리오는 평생 저질러온 많은 악행의 자연스런 종말을 맞아 오르시가(家)가 주도한 반란의 와중에서 폴리의 궁전에서 암살을 당했다. 카테리나는 여섯 자녀와 자매 스텔라와 함께 다른 방에서 반란자들에게 체포되었으나, 그 전에 이미 이복 형제인 밀라노 공작에게 전령을 급파하여 원군을 신속히 보내달라고 호소했다. 자녀들과 함께 치욕스럽게 군중이 운집한 길거리를 끌려다니다가 오르시가 궁전에 감금되었다. 저녁에 그곳에서 산 피에트로 요새로 옮겨진 카테리나와 여섯 자녀(그 중 두 아이는 유모의 품에 안긴 젖먹이었다)와 자매, 그리고 두 수행원은 모두 자그마한 방 하나에 감금되어 좌절과 공포 속에서 밤을 지샜다. 그중에서 머리를 꼿꼿하게 들고 있었던 사람은 카테리나뿐이었다. 반란자들은 페오에게 성을 내놓으라고 명령했으나 페오는 거부했다.

다음날 카테리나는 기지를 발휘하여 자녀들을 원수들의 수중에 남겨둔 채

성으로 도망쳤다. 원수들은 만약 항복하지 않으면 어린것들을 죽이겠다고 위협했지만, 카테리나는 죽일 테면 죽이라고 대꾸하고는 밀라노 공작이 와서 보복할 것이라고 그들을 위협했다. 그러는 동안 그 성 꼭대기에서 밤낮으로 도시에 맹폭을 가하였다. 성이 두 주일간 포위 공격을 당하던 중 마침내 밀라노에서 원군이 도착했다. 그러자 반란군 지도자들은 도망쳤고, 도시는 순순히 항복했으며, 카테리나는 당당히 도시를 접수했다. 그녀가 승리를 거두던 순간 그녀의 모습을 체렌타니(Cerrentani)는 이렇게 묘사한다:

> "지혜롭고 용감하고 당당하고 말수가 적은 데다가 얼굴은 둥글고 아름다웠다. 긴 옷자락이 붙은 황갈색 공단 드레스를 입고, 프랑스 식 큰 검정 모자를 쓰고, 남자의 혁대를 두르고, 허리에 듀캇 금화 주머니와 반월도를 찼다. 기병과 보병을 가리지 않고 그녀를 매우 무서워했다. 그렇게 무장한 그 여성은 사나운데다 잔인했기 때문이다."

생포된 반란 주모자들은 처형되었다. 오르시가 궁전은 철거되었고, 미처 도망치지 못한 그 가문의 남자들은 지롤라모를 살해한 데 대한 보복으로 모두 처형되었다. 평소에는 철저히 복수하는 스타일이 아니었으나 이번만큼은 직접 단호감과 잔인함을 드러내 책임자들을 사형으로 다스렸을 뿐 아니라 그들의 무고한 식구들마저 캄캄하고 두려운 지하 감옥에 감금했다. 반면에 밀라노에서 온 군대가 도시를 함락하거나 심지어 도시 안으로 진입하는 것조차 허용하지 않았다. 이 조치로 그 군대 내부에 하극상까지 벌어졌는데도 반란에 직면했을 때 보였던 태도 못지않은 결연한 태도로 그들을 대했다. 카테리나는 그 군대에서 선별한 소수 병력만의 호위를 받아 그 도시에 있는 자신의 궁전으로 돌아갔다. 그 군대는 비록 그녀 때문에 그 도시를 약탈할 수 있는 기회를 박탈당했는데도 그녀가 전투에서 보인 용맹을 똑똑히 지켜보았던지라 그녀를 존경하지 않을 수 없었다.

베르나르디(Bernardi)는 이렇게 말한다: "가는 길에 많은 여성들이 나와 그녀의 발 앞에 엎드렸다. 그런 상황에서 우선적으로 여성을 보호하는 데 주력한 그런 여성을 본 적이 없었기 때문이다." 카테리나는 지롤라모의 시신을 이몰라에 장사한 뒤 자기 남편의 장례를 허용하지 않은 폴리 대성당 참사회를 결코 용서하지 않을 것이라고 공언했다. 그리고 실제로 그 뒤 12년간 재위하면서 그들을 용서하지도 않았고 대성당에 들어가지도 않았다. 그러나 오르시가(家)의 재산을 몰수하지는 않았다. 그들의 재산에는 조금도 손을 대지 않았다. 그리고 얼마 뒤 그 가문의 여성들을 옥에서 풀어주었다.

카테리나는 이제 스물여섯으로서 그 나라의 절대 군주였다. 장남 옥타비안이 아직 유아였기 때문이다.[8] 다음 해(1489) 카테리나는 자신의 충직한 성주 토마소 페오의 동생 자코모 페오와 결혼하고 그를 이몰라 성주로 임명했다. 전하는 바로는 자코모 페오는 "공손하고 쾌활하며, 군사(軍事)에 능통한 준수한 청년이었다"고 한다. 국사를 카테리나가 직접 맡았기 때문에 그는 군사령관으로만 남았다. 이러한 출세로 인해 폴리에서는 자코모 페오에 대한 질시가 많았다. 이런 감정을 누그러뜨리기 위해서 안간힘을 썼지만 가라앉지 않았다. 그 부부에게는 자코모라는 이름의 아들이 하나 있었다.

1492년 카테리나는 피렌체에서 위대한 자 로렌초가 죽었다는 소식을 들었다. 로렌초는 평생 파치가의 음모와 자기 동생 조반니의 살해 때문에 지롤라모 리아리오를 적대시했고, 따라서 피렌체도 폴리와 항상 적대 관계를 유지해 왔지만, 그럼에도 불구하고 카테리나는 그와 메디치가에 대한 존경을 잃지 않았다. 항상 정계 밖에서는 피렌체와 사적인 친분을 유지하려고 애써왔기 때문에 로렌초의 죽음을 크게 애도했다. 같은 해에 식스투스 4세의 계승자 교황 인노켄티우스 8세도 죽었고, 추기경 로데리고 보르자가 교황 알렉산데르 6세가 되었는데, 카테리나는 그를 철천지 원수로 여기게 된다.

다음 2년 동안 카테리나는 어려운 정책의 망에 걸리게 되었다. 샤를 8세가 이탈리아를 침공하려고 하던 상황에서, 카테리나는 자신의 작은 나라가 두 원수, 즉 한편으로는 밀라노(그녀의 자연스러운 동맹국)와 손잡은 프랑스

---

8) 카테리나는 이 무렵에 발행된 자신의 주화에서 자신을 "카타리나 스포르티아 비체코메스"라고 일컬었다. 리아리오의 사건과 무관함을 밝히려는 의도가 그 안에 담겨 있다.

와 다른 한편으로는 로마와 나폴리와 손잡은 피렌체에 의해 폐허가 되는 것을 막기 위해 모든 능력을 다 발휘해야 하는 상황이었다. 양 진영 사이에서 항상 중립을 지키려고 노력했으나 결국에는 피렌체, 로마, 나폴리를 지지한다고 공포했다. 그러나 자신의 모르다노 성이 프랑스군에게 공격을 받아 함락되는 동안 동맹군이 자신의 수비대에 전혀 원군을 보내지 않는 것을 보고서 피렌체, 로마, 나폴리 편을 버리고 프랑스와 밀라노 편에 붙었다. 이 당시에 그녀가 이 복잡한 정치 문제를 놓고 불행자 피에트로와 주고 받은 편지들이 많이 현존한다. 1494년 샤를 8세는 이탈리아로 남하하면서 일부 병력을 그녀의 국가에 파견했으나 그들은 그녀에게 조금도 해를 끼치지 않았고 나중에 샤를 8세의 소환을 받아 토스카나로 철수했다. 그 직후 카테리나의 이복 형제 잔 갈레아초 스포르차가 죽고, 그녀의 삼촌 루도비코 스포르차가 밀라노 공작으로 자임했다.

1495년 8월에[9] 자코모 페오의 출세를 시기하던 자들이 그를 살해하려는 계획을 세웠다. 카테리나가 남편과 어린 아들들과 함께 사냥을 마치고 즐겁게 돌아오는 길에 보게리 다리에서 음모자들의 일당이 맨 뒤에서 말을 타고 오던 자코모 페오를 급습하여 칼로 찔러 죽였다. 카테리나는 성으로 피신한 뒤 가공할 복수에 착수했다. 첫 남편 — 전략상으로 결혼했고, 무척 싫어했던 — 이 살해됐을 때는 단지 단호하고 엄격한 법 집행으로 벌하는 것으로 그쳤다. 그러나 둘째 남편은 자기가 직접 선택한 첫 사랑이었다. 카테리나가 누구던가? 그의 할아버지가 난폭한 격렬함 때문에 '스포르차'라는 이름을 얻은 그 가문의 특징을 고스란히 물려받은 불 같고 강직한 여성이 아니던가? 카테리나는 자기 연인을 살해한 행위에 대해서 성난 호랑이처럼 격노하여 물불 안 가리고 스포르차가의 특성을 맹렬히 발휘했다. 살해범들과 그들의 가족들(여자와 소녀와 심지어 어린이까지도), 조금이라도 혐의가 있는 자들을 대대적으로 잡아 죽였다. 그 뒤를 이어 무차별 학살, 교수형, 고문, 추방, 파괴가 잇달

---

9) 메디치가 장자 계열이 피렌체에서 추방된 다음 해이자 '대공위 시대'라고 하는 시기가 그곳에서 시작된 해.

앗다. 자코모 페오의 살해에 대한 보복으로 남녀노소를 가리지 않고 백 명의 사람들이 다양한 재앙을 당했고, 그중 40명이 대단히 참혹한 죽음을 당했다.

"페오 암살범의 불행한 아내인 아름다운 로사리아 게티는 폴리 성으로 질 질 끌려갔고, 그녀의 두 어린 아이들은 못이 촘촘히 박힌 우물에 던져졌다 … 성의 지하 감옥은 애곡과 죽음의 처소로 변했다. 시 당국자가 죄수들을 심문 하는 방은 고문 기계의 굉음과 희생자들의 비명으로 울려퍼졌다."

과연 스포르차가의 기질은 한 번 분노하면 무섭게 폭발했다. 어려움을 극 복하는 불굴의 힘과 역경 속에서 풀 죽지 않던 정신을 내놓던 그런 특성들이 복수의 순간에는 인류가 치를 떨 만한 결과를 초래했다. 카테리나는 심지어 당시 열여섯 살난 아들 옥타비안마저 옥에 가두었다. 혹시 그 사건을 사주하 지 않았을지라도 아버지를 질시하여 그 범죄에 가담했는지 모른다고 의심했 기 때문이다. 그러한 보복에 온 이탈리아가 몸서리쳤다. 교황 알렉산데르 6 세는 웬만큼 잔인한 행위에는 익숙해져 있어서 그냥 묵인하던 인물인 데도 이 행위에 대해서는 항의를 표시했다. 그러나 카테리나는 끄떡도 하지 않았 다. 자코모 페오 살해에 연관된 모든 사람과 모든 것을 멸할 때까지는 아무 말 도 들으려 하지 않았다.

마침내 진노를 다 쏟아붓고 나자 카테리나는 다른 문제들에 관심을 돌렸 다. 당시에는 가뭄과 전염병이 백성을 크게 괴롭히고 있었기 때문에 카테리 나는 이 두 가지 난관을 극복하기 위해서 사력을 다하였다. 곡물을 사들여 오 고, 기근 구제 기금을 조성하고, 곳곳에 시약소를 설치하고, 다른 나라들에서 의사들을 고용하고 병자 간호와 그밖의 자선 목적을 위해 보호 시설들을 설 립하는 등 혼신의 힘을 기울여 일하는 동안 사별의 아픈 기억도 상당히 씻겨 내려갔다. 정치 상황에도 그녀의 능력은 절실히 요구되었다. 이탈리아에 평 화기가 지나가고 격동기가 찾아오자 그녀의 자그마한 나라는 강력한 인접국 들 틈에 끼어 멸절될 위기에 처하게 되었다. 카테리나는 삼촌이 다스리는 밀 라노와 손을 잡을지, 아니면 늘 호감을 갖고 있던 피렌체와 손을 잡을지를 놓고 고심했다. 피렌체에 대한 호감은 1496년 피렌체인들에게 조반니 '포폴라노'로 알려진 조반니 데 메디치가 피렌체 대사로서 자신에게 온 때를 계기로 한층 강해졌다.

카테리나는 무기력하고 나약한 아들 옥타비안에게 후견인을 붙여주고 싶었다. 아울러 주변의 세력가들로부터 한결같은 질시를 받고 있던 여성 통치자로서 자신이 처해 있는 불안한 상황에 도움과 조언을 해줄 사람이 있기를 내심 바라고 있었다. 그런 이유로 다시 한 번 정략 결혼의 필요를 의식하고 있었다. 항상 메디치가를 선망하고 있던 차에 순수하고 세련된 데다가 정치력도 상당히 입증해 보인 조반니라는 남성이 자기 곁에 와 있었다. 따라서 1497년 자코모 페오가 죽은 지 2년쯤 되었을 때 카테리나는 피렌체 대사와 결혼하고서 그 사실을 될 수 있는 대로 비밀에 부쳐두려고 했다. 피렌체와 일체 관계를 수립하지 말라고 항상 강조하던 삼촌인 밀라노 공작 루도비코의 진노가 두려웠기 때문이다. 마침내 밀라노 공작이 그런 결혼을 계획하고 있느냐고 정면으로 다그쳤을 때(이미 결혼이 성립한 뒤에) 카테리나는 매우 뻔뻔스럽게 그 사실을 부인하면서, 삼촌이 자기를 의논 한 마디 없이 남편을 맞아들이거나 삼촌이 허락하지 않는 자와 결혼할 여자로 생각하다니 기분이 언짢다고 말했다.[10]

그런 직후에 교황은 그녀의 아들 옥타비안과 자기의 딸 루크레치아 보르자를 결혼시키지 않겠느냐는 제안을 보냈다. 만약 동의하면 그로 인해 어떤 이익이 따라올지 눈앞에 훤히 보였다. 만약 거절하면 조만간 교황과 일전을 불사해야 한다는 것도 알았다. 그럼에도 불구하고 카테리나는 온 이탈리아가 그 죄악에 치를 떨고 있던 보르자가와 통혼한다는 것이 생각만 해도 싫었다. 따라서 그 제안을 거부하고서 아들을 떼어놓기 위해 전쟁의 근황을 살펴보고 오라는 임무를 주어 떠나보냈다. 아들이 아버지 지롤라모처럼 무기력한 기질을 그대로 지닌 채 자랄까봐 두려웠다. 그래서 그에게 군대를 붙여 베네치아와 피사에 맞서 전쟁을 벌이고 있던 피렌체를 지원하도록 보냈고, 조반니 데

---

10) 이때부터 그녀는 자신의 주화에서 자신을 "카타리나 스포르티아 메디체스"라고 부른다.

메디치에게 그와 동행하여 군대 일을 지도해 달라고 부탁했다. 이 군대는 카테리나 자신이 육성한 군대로서, 이들이 피사로 떠나고 없는 동안 이들의 근황을 한시도 빠짐없이 감시했고, 이들을 감시하기 위한 매우 세세한 지침을 담은 장문의 편지들을 보냈다.

1498년 4월 아들 루도비코가 태어났다. 루도비코라고 이름을 지은 것은 삼촌인 밀라노 공작을 유화하기 위해서였다. 그러나 다섯 달 뒤에 아이의 아버지가 죽자 그 이름을 조반니로 바꾸었고, 그 아이는 늘 그 이름으로 알려지게 되었다. 8월에 남편 조반니가 피사에서 병이 들어 폴리로 돌아왔고,[11] 거기서 아펜니노 산맥에 위치한 바뇨의 산 피에트로 온천으로 갔다. 그러나 그곳으로 간 지 사흘 뒤에 카테리나는 그로부터 병이 위독하니 즉시 와 달라는 편지를 받았다. 폴리에서 말을 타고 황급히 그 곳으로 달려갔지만, 도착했을 때는 남편이 임종 상태에 있었고, 몇 시간 뒤에 그는 아내의 품에 기댄 채 숨을 거두었다. 그의 형 로렌초가 그 곳으로 와서 시신을 피렌체로 운구해 갔다. 세 번째로 과부가 된 카테리나는 깊은 슬픔에 잠긴 채 폴리에 있는 자신의 썰렁한 궁전으로 돌아갔다.

이제 카테리나 스포르차의 주변에는 온갖 위험이 도사리고 있었다. 피렌체와 동맹을 맺은 관계로 북쪽으로는 베네치아, 남쪽으로는 교황과 충돌하게 되었다. 교황은 자신의 결혼 제안을 거부한 카테리나를 응징하고 그 나라를 자기 아들 카이사르 보르자에게 주려고 하고 있었다. 베네치아는 피렌체를 징벌하러 가는 자신의 군대에게 길을 내 줄 것을 그녀에게 요구했다. 너무 슬픔에 젖어 있으니 그 요구를 거부하지 못할 줄로 알았다. 그러나 카테리나는 베네치아의 요구를 거부하고 직접 군대를 끌고 나와 대치했다. 그리고 자신을 치러 온 베네치아의 군대를 격퇴했다. 그런 상황에서 작고한 남편의 형 소 로렌초(로렌초 '포폴라노')는 카테리나가 아들을 그런 위험에 방치해 두지 않을 것이라는 구실로 그 아들을 자기가 맡아 키우겠다고 제의했다. 그러자 카테리나는 아들만 빼고는 메디치가에게 거절할 게 하나도 없다고 대답하고는 아

---

11) 사보나롤라는 석달 전에 피렌체에서 처형되었다.

들을 계속 곁에 두었다.

한편 카테리나는 조만간 자신이 공격을 받을 것을 예상하고서 온 관심을 군사에 쏟았다. 요충지들을 요새화하고 성벽을 보수하고 부대를 신설하고, 신병기와 막대한 군수품을 보급하고, 군대를 훈련하고, 밤 늦게까지 앉아 군인들에게 줄 급여를 위한 자금 대책을 세우고, 심지어 옥타비안의 지휘로 피사에 주둔해 있던 군대의 훈련과 비용까지도 챙겼고, "이 곳으로 보낼 수 있는 모든 노새들"을 준비해 두는 등의 활동으로 자신의 무한한 에너지와 자원을 유감없이 발휘했다.

1499년 7월 피렌체는 폴리(Forli)의 입장에서 줄 것은 많고 받을 것은 적은 다양한 협정에 카테리나의 동의를 얻어내기 위해서 저 유명한 니콜로 마키아벨리를 공사로 파견했다. 그러나 마키아벨리조차 카테리나의 지략을 따를 수 없었는데, 전하는 바로는 "그 젊은 공사는 자신의 기지로 불리한 협상을 성사시키려고 애썼으나 그녀가 자기보다 한 수 위임을 깨닫고서 그만두었다"고 한다. 이 무렵 카테리나는 신변 안전을 위해서 시내에 있는 자신의 궁전을 비워둔 채 시내에 건축한 성에 들어가 살았음에 틀림없다. 토마시니(Tomasini)는 마키아벨리 전기에서 "카테리나 스포르차와 니콜로 마키아벨리의 접견이 이루어졌던, 그 오래 전에 자취를 감춘 접견실들"을 묘사한 뒤 이렇게 말한다:

"카테리나는 폭도들에게 잠시 짓밟힌 성채의 그 부분을 허물고서 난공불락이라고 하던 성벽 맨 위에 직접 웅장한 새 거처를 건축했다. 이 높은 방들의 아름다움과 빼어난 건축술을 기리기 위해서 이곳에 '파라디소'(Paradiso)라는 이름을 붙이고, 화려한 그림들을 걸었으며, 금박을 입힌 주름 무늬의 천장에는 비스콘티가의 문장을 새겨넣었다 … 이 용맹스러운 여인은 그리 멀지 않은 장래에 보르자가의 공격과 자신의 파멸을 조용히 기다리게 될 이 방들과 방어 시설들에서 공사 니콜로 마키아벨리를 접견했는데, 마키아벨리는 그녀의 아름다움과 대범한 영혼, 그리고 그 성의 튼튼함에 깊은 인상을 받았다."

1499년 내내 카테리나는 교황과 그의 동맹자인 프랑스의 새 왕 루이 12세로부터 닥쳐올 공격에 대비하느라 부산했다. 루이 12세는 카테리나의 삼촌 루도비코를 권좌에서 끌어내 외국으로 쫓아냈기 때문에 밀라노에서는 원군을 기대할 수 없었다. 피렌체 공화국도 그녀를 도울 수 없었다. 피렌체도 이 무렵 카이사르 보르자 앞에서 벌벌 떨고 있었던지라(마키아벨리를 통해 카테리나에게 각별한 우정을 과시했으면서도) 후환이 두려워 아무런 조치도 취하지 못하고 있었기 때문이다. 다른 어떤 나라도 교황과 프랑스 왕이라는 강력한 두 세력을 적으로 삼아 피렌체와 동맹을 맺으려고 하지 않았다. 교황 알렉산데르 6세는 이 "죄악의 딸"을 폐위하고 카이사르 보르자에게 그녀의 영토를 일임한다는 내용의 칙서를 발행했다. 그리고 루이 12세는 이탈리아의 국가들에게 회람 서신을 보내 자신이 교황을 위해 이몰라와 폴리의 요새들을 공격하고 탈취하기 위해서 발렌티노의 공작 카이사르 보르자에게 군대를 파견한다고 알렸다. 이렇게 되자 카이사르 보르자가 카테리나를 치기 위해 규합한 군대는 카테리나가 상대하기에는 너무 벅찬 대군이 되고 말았다. 보르자는 교황군 전체뿐 아니라 이베 델레그르(Ives d'Allegre)가 이끄는 15,000명의 프랑스 군과 4,000명의 스위스군을 거느리게 되었으니 말이다.

그러나 카테리나는 조금도 기가 죽지 않았다. 교황과 프랑스 왕의 연합 세력을 저지하기 위해서 총력을 기울여 대비했고, 자신에게는 실은 작은 나라 하나뿐이었는데도 마치 많은 강력한 동맹국들이 있는 것처럼 자신의 요새에서 활기차게 일했다. 중과부적이라는 것과 자신의 저항이 계란으로 바위 치는 격임을 잘 알고 있으면서도 자기 자녀들의 권익을 끝까지 지키기로 단단히 결심했다. 도시 둘레에서 나무란 나무는 죄다 베어냈다. 관목들은 불태워버렸다. 공원의 놀이 시설도 죄다 철거하고 나무들도 베어냈다. 그리고 사방에 요새를 건축했다. 자녀들은 피렌체로 보냈다. 산에서 흘러내리는 냇물들의 물줄기를 바꾸어 도시를 빙 돌아가며 파놓은 깊은 해자에 가득 채웠다. 조각 시간까지 아껴 군대를 훈련하고 전력을 극대화했다.

1499년 11월 카이사르 보르자의 군대는 이몰라를 향해 진격했다. 이몰라는 가공할 공격 앞에 무너져 약탈당했다. 이에 잔뜩 겁을 먹은 폴리의 시민들과 시뇨리아는 오랜 격론 끝에, 그리고 "카테리나에게 숱한 시달림을" 당한 끝에 카테리나 편에 서서 교황을 대적하는 일을 삼가고 도시를 교황에게 내어주기로 합의했다. 회의 결과를 접수한 카테리나는 란드리아니(Landriani)를 시뇨리아 의원들에게 보내 그들을 가리켜 "겁쟁이들"이라고 했다. 군대를 성 안으로 철수시키고 배수의 진을 쳤다. 다음날 카이사르 보르자가 군대를 끌고 도시로 들어왔다. 그리고는 갖은 방법을 써서 카테리나에게 항복을 권유했으나 허사였다. 카테리나는 상황이 절망스러워질수록 더 결연해졌다. 성은 격렬한 공격을 당했으나 적군의 모든 공격을 훌륭히 막아냈다. 성 꼭대기에서 쉴 새 없이 도시에 공격을 퍼부었고, 특히 카이사르 보르자가 거점으로 삼은 궁전에 집중적인 공격을 퍼부어 그를 격노하게 했다.

어느 정도 시간이 지난 뒤 보르자는 협상을 제의하면서 해자 가장자리로 다가왔다. 카테리나도 성가퀴로 나와서 그를 내려다보았다. 보르자는 카테리나에게 자신의 대 병력을 가리키면서 더 이상 싸워봐야 소용없으니 항복하라고 했다. 그러나 카테리나는 자신이 "두려움을 모르던 이의 딸로서 죽을 때까지 그분의 길을 걸을 각오가 되어 있다"고 대답했다. 그리고는 성 아래로 계속해서 공격을 퍼부었다. 보르자는 두 번째로 협상을 제의하면서 한층 강력한 어조로 항복을 권유했으나 결과는 마찬가지였다. 카테리나는 이복누이인 독일의 황후가 황제 막시밀리안을 설득하여 자기에게 원군을 보내주기를 바랐지만, 황후는 보르자를 워낙 두려워했기 때문에 나서지 않았고, 따라서 포위된 폴리 성을 도우러 오는 이는 아무도 없었다.

1499년 내내 치열한 전투가 계속되어 성이 쉴 새 없이 공격을 받았으나 번번이 공격을 막아냈다. 낮에 방어물에 손상이 생기면 밤에 반드시 보수를 했고, 카테리나의 자원은 샘처럼 마를 줄 몰랐다. 카테리나가 진취적 기상으로 방어전을 지휘하고 병력이 점차 줄어듦에 따라 사기가 떨어진 병사들을 크게 독려하는 모습을 보고서 심지어 적군들마저 존경해마지 않았는데, 특히 프랑스 군인들이 더 그러하여, 그녀 밑에서 복무하고 싶다는 말이 여기저기서 들렸다. 이 당시 카테리나는 항상 갑옷을 입고 지냈다. 그녀의 것이라고 전해지는 여성의 철갑 갑옷 한 벌이 아직까지 남아 있는데, 아마 이 전투가 벌어지는 동안 입었던 갑옷일 것이다.

"그 해의 마지막 날 밤에 카테리나는 전속 사제들과 기사들을 불러 늦도록 상의한 다음 아침 일찍 성 전체에 대해서 치밀한 점검을 펼쳤다. 카테리나는 도시와 적진과 눈덮인 허허벌판을 내려다보러 성의 주된 망루에 올라갔다가 새로운 세기가 동트는 것을 보았다. 1500년 1월 1일의 해가 솟아오르고 있었다."

나흘 뒤 성에 균열이 생겼으나 보수할 수 없는 지경이어서 적군들이 그리로 들어왔다. 그러나 카테리나는 성채로 후퇴한 뒤 여전히 난간에 섰고, 사랑하는 '파사디노'를 끝까지 지켰다. 그루넬로(Grunello)는 "그만한 정신력을 지닌 여성은 일찍이 본 적이 없다"고 썼다. 마침내 성이 적군으로 득실대되 성채는 여전히 카테리나에게 남아 있는 상황에서, 카테리나는 화약고를 폭파할 것을 명령했다. 정복당하지 않은 채 옥쇄할 각오였다. 그러나 제대로 폭파가 되지 않아 오히려 공격을 도운 꼴이 되었다. 마지막으로 카이사르 보르자는 카테리나에게 협상을 요구했고, 그러는 동안 그의 군대가 비겁하게 뒤에서 카테리나를 생포했다. 이로써 사자의 심장을 지닌 여백작의 폴리 방어전은 끝을 맺었다(1500년 1월 8일).

프랑스 지휘관 달레그르는 카테리나가 프랑스 왕의 포로라고 주장했다. 그러나 카이사르 보르자는 그녀를 내주기를 거부했고, 그녀에게 온갖 모욕적인 행위를 가한 다음 1월 23일 폴리에서 로마로 압송했다. 카이사르 보르자는 2월 26일 로마에 도착했다. 카테리나는 포르타 델 포폴로를 다시 한 번 지나가면서 23년 전 열다섯 살 때 처음으로 위세당당하게 이곳을 지나던 때를 회상했을 것이다. 카테리나는 로마에 도착하여 처음에는 그런대로 신사적인 대우를 받았으나, 곧 교황 독살 음모죄로 산 안젤로 성 지하 감옥에 갇히고 그곳에서 치욕스런 대접을 받았다. 보르자가는 카테리나가 황후의 자매인지라 감히 공개 처형은 하지 못했지만, 어쨌든 죽이기로 결심했다. 그들은 카테리나를 일년 내내 가두어 두었다.

그러나 1501년 6월 프랑스군이 이탈리아로 돌아와 그녀가 산 안젤로 성 지하 감옥 안으로 종적을 감추었다는 소식을 들었다. 프랑스 병사들은 예전에

폴리의 난공불락 요새를 함락할 때 그녀의 용맹스런 항전에 깊은 감명을 받은 바 있었던 터라 루이 12세는 그녀를 그런 처지에 방치해 둘 수 없다고 판단하고서 그녀의 석방을 정식으로 요청했다. 카이사르 보르자는 그녀가 롬바르드와 로마냐를 송두리째 전복하려고 했었노라고 주장하면서 모든 능력을 다 동원하여 그녀의 석방을 거부했다. 그러나 카테리나가 폴리에서 생포될 때 그녀를 어떻게든 보호하려고 노력했던 프랑스 군사령관 달레그르는 만약 그녀를 당장 석방하지 않으면 로마에 인접한 곳에 주둔해 있는 프랑스군이 로마를 공격하고 약탈하겠다고 맹세했다. 교황은 굴복하지 않을 수 없었다.

달레그르는 직접 말을 몰고서 산 안젤로 성으로 달려가 카테리나에게 석방 사실을 알렸다. 카테리나를 만나본 그는 그녀가 보르자의 지하 감옥에 수감된 이래로 어떤 고통을 당했는지를 알게 되었다:

> "달레그르 각하를 맞으러 일어선 그 여인은 그가 일년 반 전에 보았던 모습과는 딴판이 되어 있었다. 보르자가 처넣은 좁은 감방에서 일년 넘게 빛을 보지 못하고 지냈다. 음식이라곤 겨우 연명할 만큼만 받았다. 고통과 굶주림에 피골이 상접했고, 몸에 열이 심했고, 칠흑 같은 감방에서 지내느라 얼굴이 백지장처럼 창백했다 … 극소량의 식사가 들어올 때마다 혹시 독이 들어 있지나 않을까 공포에 떨었다. 밤마다 티베르 강에 던져질까봐 두려워했다. 이 말을 들은 달레그르는 몸서리를 쳤다. 이 여인이 정말로 폴리의 그 용맹스러운 여인이었단 말인가? 패배한 뒤에도 당당하던 모습으로 뇌리에 강하게 박혀 있던 그 여인이란 말인가? 그가 알아볼 수 없을 정도로 그녀의 모습은 변해 있었다."

이제는 카테리나의 성품 중 새로운 특성이 나오게 된다. 그녀가 쓴 편지들에 그 특성이 잘 나타난다. 그 편지들을 보면 그녀가 그 고통을 새삼스러운 것으로 여기지 않았음을 알게 된다. 그녀는 자기가 그런 고통을 받아 마땅하다고 느꼈던 것이다. 초기에 할머니 비앙카 비스콘티와 여공작 보나에게 받았던 영향이 카테리나 스포르차에게서 사라지지 않았다. 그리고 그 편지들은 카테리나가 하느님께서 자신을 잔인하게 취급한 보르자를 벌하시리라고 믿은 것과 동시에 자신도 자신이 피흘린 자들 — 못이 박힌 우물에 던져지거나 자신의 지하감옥에서 고문을 당한 자들 — 로 인해 보복을 받고 있다는 것과, 하느님이 이런 죄악을 저지른 자신을 벌하시는 게 틀림없다는 것도 믿고 있었음을 잘 보여 준다.

카테리나는 1501년 7월 13일에 석방되어 즉시 티베르 강에서 배를 타고 로마에서 오스티아로 빠져나간 다음 바닷길을 통해 피사 근처의 해안으로 가서 배를 내리고는 육로를 통해 피렌체로 갔다. 이런 루트를 택한 이유는 혹시 육로로 가게 되면 카이사르 보르자가 자신의 석방을 못마땅하게 여겨 도중에 자객을 보내 자신을 암살하리라는 것을 알았기 때문이다. 피렌체에서 카테리나는 자녀들을 다 만나고 아주버니 소 로렌초의 따뜻한 영접을 받았다. 피렌체 시민들은 공적인 축제를 벌여 그녀를 환영했다. 이 열렬한 환영이 교황의 비위를 거슬렸다. 그럼에도 한때는 적군의 간담을 서늘하게 할 정도로 호통을 치고, 거친 입심으로 폴리를 공포에 떨게 했던 이 여인은 보르자가에 의해 배신을 당하고 중상 모략을 당하고 고문을 당했으나 다시는 그 일을 분노에 휩싸인 채 언급하지 않았다. 자신이 당한 고통에 대해서는 입을 열지 않았다. 한번은 자신의 고해신부인 도미니쿠스회 수사에게 "내게 글재주만 있다면 세상이 크게 놀라 돌처럼 굳어 버릴 것입니다"라고 말했다.

카테리나는 8년 여생 동안 피렌체에 살면서 주로 전 남편의 카스텔로 저택에서 거의 은둔 생활을 했다. 여기서조차 평정을 누리지 못하고 재정 압박과 장성한 아들들의 무능력, 그리고 막내 아들의 재산을 보호하기 위해 결국 소송을 벌여서야 끝난 오랜 투쟁으로 크게 시달렸다. 1503년 교황 알렉산데르 6세가 죽었을 때 그와 카이사르 보르자에게 영토를 빼앗겼던 로마냐의 대다수 제후들은 각각 영토를 되찾고들 있었고, 따라서 카테리나는 아들 옥타비안에게도 폴리를 되찾으라고 강권했다. 그러나 게으르고 무능했던 그는 그런 노력을 할 생각이 도무지 없었다. 어머니는 그토록 유능하고 정력적이었는데도 불구하고 첫째 남편 리아리오와의 사이에서 낳은 다섯 아들이나 둘째 남편 페오와의 사이에서 낳은 아들이 그녀의 성격을 조금도 물려받지 못하고 죄다 무능력하고 활기없고 나약했다는 것은 특이한 일이다. 반면에 세 번째 남편 조반니 데 메디치와의 사이에서 낳은 아들은 카테리나의 성품을 고스란히 물려받아 메디치가와 스포르차가의 혈통이 가장 강력히 혼합된 인물이었다.

이 소년 조반니는 이제 다섯 살이었다. 카테리나는 그의 백부 소 로렌초와 로렌초의 아들 소 피에르 프란체스코의 구도로부터 그 아이를 보호하기 위해서 맹렬히 투쟁했다. 소 로렌초는 카테리나가 로마에 투옥되어 다시 살아 돌아오지 못할 줄로 여겨 죽은 동생의 유산을 상당 부분 지출해 버렸고, 따라서 그 소년을 자기들이 관리하지 않으면 이 사실이 드러날 판이었다. 그런 이유에서 카테리나에게 그를 포기하게 만들려고 여러 방면에서 시도를 했으나 여의치 않자 그의 후견권을 놓고, 그리고 카테리나의 전 남편의 카스텔로 저택의 소유권을 놓고 그녀와 법정 투쟁을 벌였다. 이 일로 카테리나의 투쟁 본능이 올올이 되살아났다. 카스텔로는 그녀에게 또 하나의 폴리가 되었다. "저들은 나를 찢어 죽이기 전에는 이 곳에서 쫓아내지 못할 것이다"라고 그녀는 주장했다. 그러나 결국에는 법정 판결이 날 때까지 그 곳을 잠시 떠나 있어야 했다. 그 곳을 떠나 있는 동안 카테리나는 23년 전에 또다른 카테리나가 인생의 황혼기가 아닌 새벽에 찾았던 무라토리회 수녀원에 임시로 거주했다. 결국 소송은 카테리나에게 유리하게 끝났지만, 로렌초가 그 소년을 훔쳐려고 했기 때문에 그를 지키기 위해서 다시 법정을 찾아가지 않으면 안 되었다. 그의 목숨이 위태롭다는 것을 감지한 그녀는 아들을 아날레나 수녀원으로 보내 그 곳에서 소녀의 옷을 입히게 하고는 1년 가량 숨어지내게 했다. 바사리가 그린 카테리나의 초상화는 이 무렵의 그녀의 모습을 보여 준다.

위에서 말한 법정 투쟁에서 패소한 것이 피렌체에서 화제가 되어 조카의 재산을 가로챘다는 이유로 동료 시민들에게 망신을 당하게 된 로렌초는 크게 낙심하여 앓아누웠다가 죽었다(1507). 그러자 카테리나는 소년 조반니(이제 아홉 살이 됨)와 함께 카스텔로 저택으로 돌아와 그녀의 여생을 아들에게 남자로서 필요한 모든 훈련을 시키면서 보냈다. 카테리나는 그 아들이 무척 마음에 들었다. 그녀가 직접 쓴 대로 그는 진짜 스포르차가 사람이었고, 여생 2년은 아들로 인해 행복하게 보냈다. 그러나 본래 강인한 체질이었으나 끔찍한 옥고를 치르는 동안 건강을 크게 해쳤다. 카스텔로에서 2년간 원기왕성한 아들과 행복한 나날을 보낸 뒤 1509년 초 건강이 급속히 악화되었다. 다리 한쪽이 특히 큰 고통을 주었다. 카테리나는 의사와 좀 더 가까이 있기 위해서 시내로 이사했다.

그러던 중 1509년 5월 28일에 폴리의 유명한 여전사 카테리나 스포르차는 마흔일곱의 나이로 눈을 감았다. 당시 메디치 궁전에서 한 길 건너 있던 라르가 거리에 위치한 집에서 죽었다. 그리고 말년의 상당 기간을 보낸 무라토리회 수녀원에 묻혔다. 그러나 얼마 전 그 수녀원이 국립 교도소로 바뀐 뒤로 그녀의 묘지는 지금 찾아볼 길이 없다. 그녀는 죽으면서 아들을 그의 가정 교사였던 야코포 살비아티(Jacopo Salviati)에게 위탁했다. 살비아티는 그의 아내 루크레치아가 위대한 자 로렌초의 딸이자 추방당해 이 당시에는 피렌체로 다시는 귀환이 허용되지 않을 것 같았던 메디치가 장손 계열 사람이었으므로 인척 관계가 있는 사람이었다.

# 제23장
# 조반니 델레 반데 네레와
# 마리아 살비아티

**조반니 델레 반데 네레** 1498년 출생, 1526년 죽음

메디치가가 배출한 유일한 군인인 조반니 델레 반데 네레(Giovanni delle Bande Nere)는 그의 짧은 생애에 맞이한 레오 10세, 클레멘스 7세, 프랑수아 1세, 카를 5세 시대에 모든 외교와 비열한 공작이 펼쳐지던 상황에서 또다른 영역에서 신선한 바람처럼 다가온다.

조반니 데 메디치와 그의 아내 카테리나 스포르차의 외아들인 그는 1498년 4월 6일 폴리에서 태어나 1년 6개월만에 어머니에 의해 (당시 공격이 암박해 있던) 폴리에서 피렌체로 보내져 삼촌 로렌초 밑에서 양육되었다. 그가 세 살 때 어머니가 로마 감옥에서 나와 피렌체로 온 데 힘입어 어머니 품으로 돌아갔다. 조반니의 맨 처음 기억은 각지고 딱딱한 인상을 주는 정원과 숲에 인접한 카스텔로 저택에서 지낸 시절의 것이었음에 틀림없다. 여덟 살 쯤에 어머니에 의해 아날레나 수녀원으로 보내져 또다른 아킬레우스(Achilles)처럼 소녀로 변장한 채 숨겨지냈다. 약 1년 뒤에 다시 어머니에게 돌아가 카스텔로 저택에서 함께 살면서 오로지 어머니에게 훈련을 받았다. 소년 시절에는 승마, 수영, 운동밖에 모르고 지냈으며, 성격이 다감하고 관대했으면서도 억세

고 고집이 셌기 때문에 다루기가 힘들었다. 어머니는 그를 볼 때마다 조상들을 보는 것 같아 무척 흐뭇했다. 그리고 아들에게 남자다운 기개와 무기, 말, 군사 훈련에 대한 애착을 심어주려고 노력을 아끼지 않았다. 아들이 비록 요람에서부터 강한 기질을 나타내 군인으로 성공할 싹수를 보이긴 했으나 힘과 용맹만으로는 훌륭한 군인이 될 수 없다는 것을 알았기에 아들이 아홉 살이 되던 해부터는 아들을 군대를 지휘하고 다스리기에 적합한 사람으로 만들겠다고 결심하고서 최고의 가정교사를 물색했다.

그러나 조반니의 어머니는 조반니가 열한 살밖에 안 되었을 때 죽었고, 조반니는 어머니의 뜻에 따라 야코포 데 살비아티의 후견을 받게 되었다. 열일곱 살 때까지 살비아티와 그의 아내 루크레치아의 보살핌을 받았다. 그를 보살피기란 쉽지 않았다. 아직 어린 소년이었는데도 어머니 말 외에는 아무 말도 들으려 하지 않았고, 따라서 어머니가 죽을 때 그 아이를 통제할 수 있는 사람은 아무도 없었다. 그러나 시간이 지나면서 루크레치아가 그에게 큰 영향력을 갖게 되었고, 그도 항상 루크레치아를 존경했다. 살비아티가는 피렌체 코르소 거리에 위치한 궁전에서 살았는데, 이 궁전은 13세기에 단테의 연인 베아트리체의 아버지 폴코 포르티나리가 살던 곳으로 유명한 궁전으로서 살비아티가가 소유하게 되면서 개축했다. 조반니는 이 곳에서 자라면서 군인이 되기에 적합한 것은 흔쾌히 받아들이되 그 목적에 도움이 될 만한 책을 빼놓고는 책을 아예 싫어했다.

교황 알렉산데르 6세의 위를 교황 율리우스 2세가 계승해 있었고, 그의 보호하에 조반니가 열네 살이었을 때 메디치가 장손 계열이 피렌체로 돌아왔다. 그때 조반니는 그들이 입성하는 모습을 지켜보고서 그것이 "근사한 장면"이었다고 쓴다. 그 뒤 피렌체 정부는 루크레치아 살비아티의 형제 줄리아노(네무르 공작)의 손에 넘어갔고, 율리우스 2세가 죽었을 때 그의 다른 형제 조반니가 교황 레오 10세가 되었다. 이러한 상황이 살비아티가의 지위를 크게 바꾸어놓았고, 그 뒤부터 카테리나 스포르차의 어린 아들은 루크레치아 살비아티가 그녀의 오빠인 교황에게 영향력을 행사하여 자신이 그토록 바라던 군인의 직위를 얻게 되기를 기대했다.

1515년 조반니가 열일곱 살 때 레오 10세는 그를 로마로 보냈다. 조반니는 로마에서 여러 번의 전투와 여러 번의 용맹스런 행위로 두각을 나타냈는데, 그 중 한 장면이 베키오 궁전에 있는 살라 디 조반니 델레 반데 네레의 벽에 묘사되어 있다. 오르시니가의 한 무리가, 불과 열 명의 병사를 데리고 뚫고 나가려는 그를 막아서서 포로로 끌고 가려고 하고 있는 그림이다. 이 당시 루크레치아 살비아티가 그에게 쓴 편지가 남아 있는데, 어머니가 아들에게 쓰는 어조로 유익한 교훈을 많이 해주고 있다. 다음 해에 열여덟 살이 되었을 때 조반니는 어릴 적부터 품어온 소원을 이루게 되었다. 교황에게 100인 기병대를 받아 지휘하게 된 것이다. 그는 피렌체 통치자가 되어 있던 교황의 조카 로렌초의 군대에 속하여 우르비노를 공격하라는 명령을 받고 출정했다.

이 원정에서 조반니는 지도자로서 값진 자질을 많이 드러낸 데 힘입어 더 큰 부대 지휘관으로 승진했다. 그는 처음부터 자기가 지휘하는 병사들로부터 과연 지휘관답다는 인정을 받았고, 아주 빠른 시간 내에 병사들에게 우상 같은 존재가 되었다. 그를 우상처럼 여긴 사람이 또 하나 있었다. 다름 아닌 감수성 예민하고 마음씨 착한 후견인의 딸 마리아 살비아티였다. 그와 함께 자란 마리아는 그의 포부를 잘 알고 있었고, 자기를 사랑하고 그처럼 빨리 명성을 얻은 이 출중한 청년 군인을 숭배했다. 따라서 조반니가 첫 원정을 마치고 돌아온 1516년 11월에 두 사람은 결혼했다. 당시 조반니의 나이는 열여덟 살을 조금 넘었고, 마리아는 열일곱 살이었다. 이 결혼으로 메디치가의 두 계열이 결합하게 되었다. 마리아의 어머니는 국부 코시모의 증손녀였고, 조반니는 코시모의 동생 로렌초의 증손자였기 때문이다.

그러나 조반니는 신혼의 단꿈에 오래 빠져 있지 않았다. 곧 자신의 군대를 이끌고 야전으로 돌아갔고, 싸울 만한 곳을 분주히 찾아다녔다. 심지어 육상 작전에만 자신을 가두지 않았다. 일단 육지에서 더 이상 싸울 곳이 없게 되자 소형 선박을 개조하여 바다에 띄운 다음 아드리아해 연안에 출몰하는 해적들을 소탕하러 나섰다. 그의 세력은 급속도로 신장되어 얼마 지나지 않아 레오 10세로부터 보병 4천 명에 기병 1백 명으로 구성된 부대의 사령관에 임명되어 페르몬 공격에 파견되는 모습을 보게 된다. 치열한 공방이 전개된 이 전투에서 조반니가 승리를 거두었다. 그가 승전보를 적어 보낸 편지가 피렌체 고문서 보관소에 소장되어 있는데, 그의 전형적인 필체인 힘있고 둥근 글씨로 적혀 있다. 한편 피렌체에 남아 살비아티 궁전에서 살고 있던 마리아는 1519년 6월 12일에 아들을 낳았다. 그 부부는 그에게 교황 레오 10세의 부탁을 받아들여 교황의 조상 국부 코시모의 이름을 따서 코시모라는 이름을 지어주었다. 전하는 바로는 조반니가 아들의 담력을 키워주기 위해 살비아티 궁전 위층에서 정원으로 뛰어내리게 한 다음 팔로 받아주었다고 한다. 하지만 이런 위험한 장난을 마리아가 어떻게 생각했는지는 알려지지 않는다.

1519년 그 해에 조반니가 스물한 살이 되었을 때 레오 10세의 조카 로렌초(우르비노 공작)가 죽었다. 그는 딸을 하나 남기고 떠난 반면에 줄리아노(네무르의 공작)에게는 적법한 상속자가 없었다. 따라서 교황 레오 10세가 죽으면 메디치가의 피렌체 통치권이 조반니가 가장 중요한 대표자가 되어 있는 차자 계열로 넘어가게 될 것이 불을 보듯 뻔하게 되었다. 그러나 조반니는 이미 사령관으로서 급속히 명성을 얻고 있었기 때문에 그런 문제를 지극히 경시했고 따라서 관심도 없었다. 당시는 이탈리아에 전쟁이 일상사가 되어 있었고, 조반니는 스물두 살 되던 해에 자신의 독자적인 부대를 지휘했다. 이 군대는 이탈리아 전역에서 명성을 얻게 되었다. 이 군대는 검은 병기를 들고 있었기 때문에 "반데 네레"(검은 무리)라고 불렸고, 조반니도 역사에서 그 이름으로 알려지게 되었다. 조반니는 이 부대를 대단히 성공적으로 지휘하여 일찌감치 "무적부대"라는 별명을 얻었고, 이탈리아에서 크게 주목받는 군 지휘관이 되었다.

1521년 그가 스물세 살 때 프랑수아 1세와 카를 5세 간의 긴 전쟁이 시작되었고, 조반니 델레 반데 네레는 이제 자신의 군사 역량을 과시할 수 있는 더 넓은 무대를 얻게 되었다. 이탈리아에서 그 거대한 두 대적간의 첫 원정은 밀라노를 차지하기 위한 전투로 표출되었다. 밀라노는 1515년 마리냐노 전투 이래로 프랑스에 귀속되어 있었다. 교황 레오 10세는 카를 5세 편을 들어 롬바르드에서 프랑스 사령관 드 로트렉(De Lautrec)을 치러온 황제군을 지원하기 위해 반데 네레의 군대가 주축을 이룬 대부대를 파견했다. 이 작전에서 조반니는 군대를 밀라노 동편을 흐르는 아다 강에 일렬로 배치한 뒤 밀라노를 급습하기 위해 전 병력을 헤엄쳐서 강을 건너게 하는 놀라운 작전을 감행했다. 그 결과 밀라노를 함락했다. 교황은 그 소식을 듣고서 좋아서 어쩔 줄 몰랐으나 한두 주 뒤에 죽고 말았다.

하드리아누스 6세의 짧은 재위 기간 동안에는 전쟁이 수그러들었다. 1523년 클레멘스 7세가 교황이 되자마자 프랑스가 다시 롬바르드를 침공해 들어왔고, 그 해와 다음 해에 이탈리아 북부에서는 전쟁이 끊이지를 않았다. 레오 10세가 죽었을 때 조반니 델레 반데 네레(당시 여섯 살이었던 사촌 로렌초를 제외하면)는 메디치가의 피렌체 통치권을 차지할 수 있는 유일한 적자(嫡子)였다. 그러나 클레멘스 7세는 어떻게 해서든 통치권이 차자 계열로 넘어가지 않게 하려고 공작을 꾸몄다. 그는 성공 가도를 달리던 이 군인을 자기 계획의 위험한 장애물로 여기고서 조반니 델레 반데 네레에게 끊임없이 전장을 대주기 위해 노력했다. 조만간 그가 전사하기를 바라고서 말이다. 조반니는 정치 문제에는 전혀 관심이 없고 오로지 자기 일에만 열중했기 때문에 교황은 그를 쉽게 이용할 수 있었다.

한편 조반니가 탁월한 군인으로서 얻은 명성은 날로 더하여 그의 이름이 저 멀리 영국에까지 퍼지게 되었다. 군인으로 첫발을 내디뎠을 때 정예 부대를 소유한 전도 유망한 지휘관이었던 그는 이제 대규모 군사 작전에는 없어서는 안 될 인물로 평가를 받고 있었다. 가련한 그의 젊은 아내 마리아는 그를 볼 기회가 없었고, 늘 그에게 집에 와서 가족을 보살피라고 하소연했다. 그녀는 교황 클레멘스의 구상을 꿰뚫어보고 있었기 때문이다. 1523년 남편에게 보낸 편지에서 그녀는 교황의 이 교활한 계획에 대한 증오심과 조반니가 조만간 목숨을 잃게 될 것이라는 확신을 보여 준다. 그러나 조반니는 활기 넘치는 야전 생활과 전쟁이라는 근사한 게임을 버리고 떠날 마음이 없었다. 그러나 군사 작전이 없는 동안 설득을 받아들여 잠시 레지오로 가서 마리아와 함께 지냈다. 마리아는 몇 달 동안 그를 차지하는 기쁨을 만끽하면서 자기와 사냥이나 다니면서 조용히 살자고 설득했다.

티치아노가 그의 초상화를 그린 때가 바로 이 때였을 것이다. 레지오에서 그의 명성에 매료된 몇몇 유명 인사들이 그의 주변에 몰려들었다. 그 중에는 피에트로 아레티노(Pietro Aretino)라는 사람이 있었는데, 그는 병영의 건강한 분위기보다 카를 5세 궁정의 유해한 분위기에 더 어울리는 사람이었지만, 그와 조반니 델레 반데 네레 사이에는 곧 돈독한 우정이 싹텄다. 그러나 레지오에서 휴식을 취한 이 기간은 오래 가지 않았고, 조반니는 곧 야전으로 돌아갔다. 그 직후 마리아는 전보다 한층 강한 어조로 쓴 편지에서 교황 클레멘스의 책략을 지적하고, 그가 안코나 공격을 준비하고 있고 조반니를 그 원정 사령관으로 파견하려는 계획을 세우고 있는데, 그 목적은 오로지 그를 끊임없이 전장에 묶어두어 결국 전사하게 하려는 것뿐이라고 일러주었다. 그러나 가련한 마리아의 자상한 훈계는 쇠귀에 경읽기였다.

1525년 초 프랑수아 1세가 롬바르드를 대대적으로 침공할 때 교황이 파견한 군대를 지휘한 조반니 델레 반데 네레는 파비아 앞에서 프랑스 왕과 합류하여 그 침공에 가담했다. 2월 24일의 전투가 벌어지기 열흘 전에 조반니는 적진을 정찰하러 나갔다가 포탄에 맞아 다리가 부러지는 중상을 입고 피아첸차로 후송되었다. 그리고 나서 시작된 전투에서 프랑스 군은 궤멸을 당했다. 프랑수아 1세는 조반니 델레 반데 네레가 그 곳에 있었다면 패전하지 않았을 것이라고 입버릇처럼 말했다. 실제로 그 전쟁에 관한 기록들을 보면 그의 말이 대체로 맞다는 인상을 받게 된다. 프랑스 군대가 당한 이 재앙으로 한동안 전쟁이 그쳤다. 한편 조반니는 부상당한 몸으로 피아첸차에 누워 있었고, 그의 군대는 교황이 그들의 사령관이 전투력을 잃은 기회를 틈타 지원금을 중단하는 바람에 매우 곤궁한 처지에 빠졌다. 이 위급한 순간에 마리아는 늘 그랬듯이 남편에 대한 충실하고 유능한 내조자임을 입증했다. 마리아는 남편에게 클레멘스가 그를 대하고 있는 이중성을 지적하면서 다시는 교황 편에 서지 말라고 호소했다:

"지금 교황 같은 사람은 다시는 없을 것입니다 … 이제는 남들이 시키는 대로 하고 살아온 생활을 그만두고 집으로 와서 당신 자신을 보살펴야 하지 않겠습니까? 마침 시간이 났으니까 말입니다. 앞날은 하느님만 아십니다. 교황 레오를 기억하세요. 그가 얼마나 갑자기 죽었습니까."

마리아는 조반니를 무사히 지켜 달라는 기도로 편지를 맺는다. 그렇게 편지를 쓰고는 몸소 로마로 가서 대범하게 교황 클레멘스를 찾아가 조반니의 병사들의 급여를 내놓으라고 요구하여 그에게 6천 듀캇을 받아냈다.

그러나 조반니로 하여금 집으로 돌아와 자기 자신을 돌보게 하지는 못했다. 그는 상처가 다 낫기도 전에 임박해 있던 새로운 원정을 준비하느라 바삐 움직였다. 마리아에게 편지하여 지난 전투에서 잃은 장비를 대체하고 신병들에게 지급할 장비를 마련하려 하니 피렌체에 말과 무기와 장비를 구입해 놓으라고 편지했다. 마리아는 그렇게 하면 그의 자금이 크게 축나는 줄을 알면서도 순순히 따랐다. 몇달 뒤 조반니는 다시 자기 군대의 진두에 섰고, 전쟁의 파도가 다시 한 번 롬바르드를 덮쳤다. 프랑수아 1세는 자유를 되찾은 뒤 1526년 카를 5세에게 대항하기 위해 프랑스, 교황, 베네치아, 피렌체로 구성된 동맹을 결성했다. 그러한 시기에 이탈리아 최고의 사령관 조반니 델레 반데 네레가 빠질 수 없었다. 그는 교황과 피렌체가 제공한 보병 전체와 1천 명의 기병대로 이루어진 군대를 지휘했다. 반면에 동맹군은 우르비노의 공작이 총지휘했다. 마침내 다양한 전투들이 벌어졌다. 그러나 우르비노 공작은 제국 사령관 부르봉의 공작에게 지휘관으로서의 기량이 현저하게 떨어져 동맹군은 퇴각하지 않을 수 없었다.

그런 뒤에 종말이 찾아왔다. 그것은 클레멘스가 바라던 종말이자 마리아가 그토록 오랜 세월 가슴 아프게 예견해 온 종말이었다. 11월에 민치오 강둑에서 나흘간 치열한 전투가 벌어졌다. 나흘째 되던 날 조반니는 적 포병이 쏜 포탄에 일찍이 파비아에서 부상을 입었던 다리를 맞았다. 만투아로 후송된 그는 비록 적이었는데도 만투아의 후작의 배려로 그의 궁전에 기거하면서 매우 명예로운 대접을 받았다. 피에트로 아레티노가 그의 곁에 있었는데, 그는 의사의 지시로 조반니에게 다리를 절단해야 한다고 통보했다. 당시로서는 끔찍한 수술이었다. 관계자들은 족히 열 사람은 그를 붙들어야 수술이 가능할 것이라고 말했지만, 조반니는 아무도 없어도 된다고 장담한 뒤, "수술하는 동안 직접 촛불을 들고 있었다. 수술은 너무나 무지막지한 방법으로 시행되어 이루 말할 수 없는 고통을 일으켰다." 그러나 결국 수술은 부질없는 짓이었다. 몇 시간 뒤 괴저병이 그의 온몸에 퍼졌기 때문이다. 그는 극한 고통에 신음했다.

그러나 그 와중에서도 가련한 마리아에게 사랑이 깃든 편지를 보냈고, 자기 병사들에게 짤막하면서도 훌륭한 고별사를 써 보냈다. 그리고는 병상에서 죽기 싫다고 하고서 직접 야전 침대에 가서 누웠다. 그러자 고통이 사라진 듯 평화롭게 잠들었고 그렇게 해서 죽었다(1526년 11월 30일). 갑옷을 입은 채로 만투아 산 프란체스코 성당에 묻혔다. 그러나 1685년 그의 유골은 피렌체로 옮겨져 가문의 묘지에 이장되었다. 그가 죽은 뒤 300년이 넘은 뒤인 1857년에 메디치가의 관들을 열었을 때 그의 시신은 여전히 검은 갑옷을 입고 한쪽 다리가 절단된 채 누워 있었다. 그의 편지들 중 상당수가 피렌체 고문서 보관소에 보관되어 있고, 그가 전장에서 발휘한 무공은 베키오 궁전에 있는 살라 디 조반니 델레 반데 네레의 프레스코 벽화들에 여전히 살아남아 있다. 그는 외아들 코시모만 남기고 죽었으며, 코시모는 아버지를 여읠 때 일곱 살이었다.

위대한 지휘관을 잃은 반데 네레 군인들은 슬픔의 나락으로 떨어졌다. 그들은 사는 날 동안 그를 위해 상복을 입고 검정 기를 들고 다녔으며, 그가 떠난 뒤에도 그가 그토록 유명하게 만든 부대의 명예를 한층 더 빛나게 만들었다. 세월이 많이 흐른 뒤에도 그들은 여전히 그를 존경하고 있다는 뚜렷한 증거를 나타냈다. 조반니의 병사들은 대부분 한때 그의 어머니의 세습 재산이었던 이몰라에서 징집된 사람들이었다. 그가 죽은 뒤 오랜 뒤에 그의 아들 코시모가 피렌체의 통치자로 있을 때 로마냐에서 코시모에 저항하는 운동이 일어났는데, 전하는 바로는 이몰라 주변에서는 조반니 델레 반데 네레의 노병들이 존경하는 지휘관의 아들을 음해하는 소리를 그냥 놔두지 않았기 때문에 발도 붙이지 못했다고 한다.

조반니 델레 반데 네레의 군인으로서의 성품에 관해서 우리는 그가 대단히 용감했고, 위험과 시련 속에서도 강직했고, 그러면서도 겸손하고 공정하고 관대하고 이타적이었다는 말을 거듭해서 듣게 된다. 그를 가장 잘 알던 이는 피에트로 아레티노였는데, 그는 그를 이렇게 묘사한다:

"그는 자기가 소유하기보다 병사들에게 나눠주는 편이었다. 피로와 고생을 참아내는 힘도 대단했다. 전장에서는 병사들과 똑같은 복장을 하여서 그의 돋보이는 용맹만으로 병사들 중에서 그를 식별할 수 있었다. 언제나 가장 먼저 말에 오르고 가장 늦게 말에서 내렸다. 사람들을 지위나 재산이 아닌 그들의 사람됨으로 평가했다. 언제나 말 이상으로 행동했지만, 자신의 큰 명성을 이용하는 법이 없었다. 병사들을 경우에 따라서 따뜻하게도 매섭게도 다스리는 등 그들을 훌륭히 장악하는 역량이 있었다. 그는 무엇보다도 게으름을 최대의 적으로 생각했다. 그의 성향이 선천적으로 고결했다는 데에는 의심할 여지가 없다. 그의 단점들은 다만 젊기 때문에 생긴 것들이며, 따라서 만약 하느님이 그를 더 오래 살게 하셨다면 모든 사람이 나와 마찬가지로 그가 선량한 사람이었음을 깨닫게 되었을 것이다. 그가 마음이 따뜻한 사람이었다는 것은 틀림없는 사실이다. 간단히 말해서 그를 시기할 사람은 많겠지만 모방할 수 있는 사람은 없다."

16세기 이탈리아가 배출한 가장 위대한 지휘관은 그렇게 해서 스물여덟의 나이에 죽었다. 그는 좀 더 오래 살았다면 이탈리아 역사가 바뀌었을 것이고 황제 카를 5세도 그 영광을 상당히 잠식당했을 만한 인물로 사람들의 입에 오르내린다.[1] 아울러 그는 가스통 드 푸아(Gaston de Foix)나 부르봉의 샤를처럼 왕과 관계를 맺고서 탁월한 업적을 이뤄낸 군인이 아니라 완전히 자기 자신의 재능만으로 그와 같은 업적을 이뤄낸 군인이라는 점에서 두드러진다. 따라서 자연히 조반니 델레 반데 네레가 최초에 백 명의 군대를 받아 지휘하던 때로부터 불과 10년 만에 이탈리아 최고의 지휘관으로 부상한 데에 그만의 무슨 독특한 방법이 있었는지 묻게 된다. 이 당시에는 군대 지도자들 중에 용맹스

---

1) 조반니 델레 반데 네레가 만약 1년만 더 살았다면 1527년에 벌어진 로마의 함락과 약탈을 막았을 것이라는 이야기가 종종 들린다. 이것은 틀림없는 사실이다. 만약 움브리아를 통해 로마로 밀려 들어오던 남루하고 훈련되지 않은 부르봉의 군대를 엄격하게 훈련된 반데 네레의 군대가 공격했더라면 부르봉이 아무리 지휘관으로서 재능을 발휘했더라도 자기 군대를 파멸에서 건지지 못했을 것이다. 만약 그랬다면 상황이 판이하게 달라져 카를 5세에 대한 클레멘스 7세의 태도도 사뭇 달라졌을 것이다.

런 자들이 많이 있었지만, 그들은 그가 거둔 그런 승리를 거두지 못했다. 따라서 그가 그런 성공을 거둔 비결은 그의 유명한 용맹성 이외의 다른 데서 찾아야 한다. 그의 역사를 연구해 보면 두 가지 행동 노선이 그러한 결과를 낳았고, 그 두 가지 다 그를 이해하는 데 비범한 통찰을 제공한다는 것을 발견하게 될 것이다.

그 중 첫째에 관해서 살펴보자면, 그는 전쟁 때 병사들을 직접 보살핀 최초의 지휘관이었다고 전해진다. 이러한 새로운 자세는 당시 많은 사람들이 예상했던 것보다 훨씬 더 큰 결과를 가져왔다. 그가 이렇게 자기 사람들을 직접 관리하고, 그들의 이해를 면밀히 보호하고, 관대하고 공정하고 사욕이 없는 터에서 용맹과 기사적 품성을 발휘함으로써 그의 병사들이 매우 엄격한 훈련에도 불구하고 달리는 이끌어 낼 수 없었던 노력을 그를 위해 아끼지 않았다는 것을 발견하게 되기 때문이다.

그러나 조반니 델레 반데 네레가 직접 개척한 새로운 노선은 실제로 평범하지 않은 독립된 정신을 요구하는 것이었기에 더욱 돋보인다.(차후의 여러 시대도 그랬지만) 당시에는 보병보다 기병을 지휘하는 게 더 고상하게 간주되었다. 그러나 조반니 델레 반데 네레는 시각이 달랐다. 전하는 바로는 그는 율리우스 카이사르 이래로 전쟁에서 주력 부대는 보병이기 때문에[2] 전쟁에서 이기려고 하는 지휘관은 (전시든 평시든) 반드시 보병을 중시해야 한다는 것을 깨달은 최초의 지휘관이었다고 한다. 군인이란 직업을 열렬히 사랑했기에 간파할 수 있었던 이런 원칙을 토대로 행동한 조반니 델레 반데 네레는 비록 기병대 지휘관으로 첫발을 내딛긴 했지만 일찌감치 병과를 보병으로 전향했고 평생 그 병과에 남았다. 그 결과 그는 "로마 군단의 시대 이래로 보병이 명성을 얻기 시작하게 만든 최초의 지휘관"이었다고 한다.

이 두 행동의 결과는 그의 보병이 여러 세기 동안 이어져 내려온 보병과는 사뭇 다르게 된 것과, 불과 스물두 살에 '천하무적'이라는 별명을 얻고, 스물여

---

2) 비록 그 시대의 전투라는 게 현대전과 비교할 때 어린애 장난이었지만, 이 전쟁 이치만큼은 더욱 강화되었다.

덟 살에는 이탈리아에서 가장 뛰어난 지휘관이 된 것으로 나타났다.

**마리아 살비아티** 1499년 출생, 1516년 결혼, 1543년 죽음.

야코포 살비아티와 그의 아내, 루크레치아 데 메디치의 딸이자 위대한 자 로렌초의 손녀인 마리아 살비아티는 비록 피렌체 역사에서 가장 어려운 시대를 살긴 했지만 당대의 가장 매력적인 여성들 가운데 한 사람이었다. 열일곱 살에 조반니 데 메디치(곧 조반니 델레 반데 네레로 알려짐)와 결혼했다. 열 살 때부터 그(당시 열한 살)와 한 가족처럼 살아온 살비아티는 그의 훌륭한 아내가 되었다. 정이 많은 여성이었다. 여성의 덕을 찾아보기 힘들던 당시에 아주 예외적으로 덕이 많았다. 건실한 상식, 지혜, 능력으로도 매우 주목할 만했다. 조반니가 큰 어려움에 처할 때마다 늘 그를 도왔고, 그가 불 같고 고집스런 성격 때문에 문제에 휘말릴 때마다 먼 거리에서 늘 그를 주시하면서 탁월한 예지를 발휘했고 그에게 확실한 조언을 보내 많은 전투에서 그의 목숨을 건져주었다. 그녀가 남편에게 보낸 편지들은 오늘날 피렌체 고문서 보관소에 많이 보존되어 있는데, 상식과 지혜와 강한 사랑이 아우러져 있는 본보기들이다. 바사리가 그린 그녀의 초상화는 바사리가 그녀를 잘 알았기 때문에 틀림없이 실물과 똑같을 것이다.

조반니가 늘상 원정에 나가 집을 떠나 있는 동안, 피렌체 코르소 거리에 자리잡은 아버지의 궁전을 떠나지 않았고, 그 곳에서 1519년 아들 코시모가 태어났다. 한 부대의 지휘관이 된 조반니는 그 뒤 3년 동안 고속 승진을 거듭했고, 고용될 때마다 지는 일이 없었으므로 큰 두각을 나타냈으며, 따라서 아내와 함께 있을 수 있는 기회가 거의 없었다. 1523년 교황 하드리아누스 6세에 이어 클레멘스 7세가 즉위했을 때 그런 상황은 더욱 심해졌다. 그녀가 소녀 시절부터 모든 꿈과 포부를 함께 나눠온 그녀의 젊은 남편은 이 무렵 이탈리아에서 가장 유명한 지휘관 중 한 사람이 되었고, 그럴수록 남편을 볼 기회가 갈수록 줄어들었다. 그러나 그렇다고 해서 한시라도 그를 생각하지 않고 지낸 적이 없으며, 그녀에 관한 이야기가 나올 때마다 남편의 안녕 외에는 다른 어떤 관심이나 흥밋거리가 없는 모습을 보여 준다. 그녀의 생애에는 슬픔이 짙게 배어 있었다. 조반니의 권리를 박탈하고 그를 결국 죽게 하려고 언제나 야전에 묶어두려던 교황 클레멘스의 술책을 빤히 알면서도 조반니에게 자신의 이익을 지키도록 할 재주가 없는 데다 항상 그의 전사 소식을 들을까봐 조바심 내며 살았기 때문이다. 그리고 조반니가 지위가 높아질수록 이탈리아 북부에는 전운이 더 짙게 깔렸기 때문에(실제로 조반니의 생애 마지막 3년 동안은 전쟁이 끊일 날이 없었다), 가정에 관심을 쏟거나 자신을 그처럼 헌신적으로 사랑하는 아내와 함께 있기란 더욱더 불가능해졌다.

마리아 살비아티는 편지들에서 자신을 있는 그대로 우리에게 보여 주며, 편지들을 통해 그녀를 알면 알수록 더욱더 호감을 갖게 된다. 고티에(M. Gautier)는 그녀를 "언제나 연인으로 남은 아내요, 이 갑옷과 칼들과 전쟁 소음과는 어울리지 않게 열정과 담력을 지니고 산 현대적 여성"이라 부른다. 그는 그녀의 편지들에서 내용을 길게 인용한 뒤에 거듭해서 "표현이 얼마나 자상하고 여성다운가!"라는 감탄을 자주 발한다. 조반니가 치르게 된 전투와 관련하여 그에게 보낸 감동적인 편지에서, 그녀는 그러한 분쟁에서 빠져나와 "이 잦은 분쟁들로 우리 모두를 파멸로 몰아넣지 말라"고 애원하고는 "눈물로 범벅이 된 얼굴로 간청하는 당신의 쓸쓸한 아내가"라고 끝을 맺었다.

동시에 그녀는 결코 유약한 여성이 아니었다. 군인인 남편에 대한 끝없는 사랑, 마음을 사로잡는 자애로움, 점잖은 힐책, 남편의 안녕에 대한 끊임없는 걱정, 지혜와 강한 상식 중에서 어느 것을 우위에 둘지 정하기가 쉽지 않다. 그녀의 많은 편지들에 담겨 있는 비애는 말로 표현하기 어려울 만큼 자애롭다. 그녀는 남편이 스물다섯 살이 되기 전 로마에 가 있는 동안 종종 자신에게 불성실했고, 자기보다 못한 여성들에게 빠져 지냈다는 것을 알고 있었다. 그녀가 그 무렵에 쓴 편지들에는 이 사실을 알고 있다는 것(그는 그 점을 밝히 말한다)과 자기를 그렇게 대한 것에 대한 부드러운 질책, 그러면서도 여전한 애정과 그의 안녕에 대한 염려와 이런저런 전쟁을 그만두라는 지각 있는 조언이 매우 잘 어우러져 독특한 감동을 일으킨다.

조반니는 자신의 거의 모든 사유 재산을 군대에 쏟아부었고, 앞에서도 말했듯이 마리아는 필요한 자금을 마련하는 게 종종 어려웠어도 남편이 필요한 자금을 대주는 데 끊임없이 힘썼다. 조반니가 말과 무기와 그밖의 군사 장비를 구입할 때 아내에게 의존했다는 것은 아내의 건실한 상식과 판단을 얼마나 잘 알고 있었는지를 보여 준다.

그러나 마침내 비보가 날아들었다. 마리아는 그토록 오랫동안 걱정하던 일이 현실로 이루어진 것이다. 남편이 중상을 입었다는 소식을 받은 것과 거의 동시에 남편이 사망했다는 소식을 연거푸 받았다. 그의 친구 피에트로 아레티노는 자신이 조반니의 시신을 직접 입관한 경위를 쓰면서, 자기도 너무 슬퍼 어찌할 바를 모르겠는데 그녀의 슬픔은 얼마나 더 크겠느냐고 말한다. 그는 만투아에서 거행된 장례식을 자세히 전한 다음 고독한 그 미망인에게 세련된 동정의 어조로 "여인들이 창문마다 고개를 내밀고서 부인의 남편이자 제 주인이었던 그의 명예로운 시신을 경외와 존경의 눈길로 바라보았습니다"라고 말한다. 마리아는 위엄과 지각이 배어 있는 답장에서 그가 원정 기간 내내 남편과 함께 있었다고 생각하니 얼마나 위안이 되었는지 모른다고 말한다.

그리고는 자기 남편의 전기를 써 달라고 부탁하면서, 그가 마지막 14년의 역사를 써 준다면 자기가 아버지의 도움을 받아 처음 14년의 역사를 쓰겠노라고 했다. 그러고서 "나와 내 가련한 코시모를 그토록 친절하게 대해준 만투아의 후작에게 안부를 전해 주십시오"라는 청으로써 편지를 맺는다. 마리아의 이런 편지들을 읽고 있노라면 그 일이 그토록 오래 전에 일어난 일이라는 생각이 전혀 들지 않고, 마치 어제 발생한 일 같은 느낌이 자꾸 든다. 종종 그렇듯이 여기서도 16세기가, 예를 들면 18세기보다 우리에게 더 가까이 느껴지는 것이다.

다음 10년 동안(1527-1537), 즉 피렌체가 교황 클레멘스에게 반란을 일으킨 3년과 그로 인해 공격을 당하던 해와 알레산드로가 공작이 되어 통치하던 기간에, 마리아 살비아티는 피렌체에서 32km 가량 떨어진 무젤로 산에 있는 트레비아의 대단히 한적한 벽촌에 들어가 살면서 아들 코시모의 교육에 열중했다. 그녀가 이 벽촌에서 나온 것은 1533년 카테리나 데 메디치의 가장 가까운 친척으로서 그녀의 결혼식에 참석하기 위해 마르세유까지 동행했을 때 딱 한 번뿐이다. 마리아가 이런 벽촌에 들어가 산 이유는 두 가지였다. 첫째, 유산이 남편의 군대에 대부분 다 들어가는 바람에 빈털터리가 되었기 때문이었고, 둘째, 장자 계열에 적법한 남자 후손이 없는 상황에서 교황 클레멘스와 알레산드로가 한결같이 몰염치한 사람들인 데다 알레산드로가 피렌체 통치자가 되는 데 장애가 될 소지가 있는 자의 존재를 곱지 않은 시선으로 바라보고 있다는 사실을 알고 항상 불안을 마음 한켠에 품은 채 살았기 때문이다.

마리아의 아들을 빼놓고는 차자 계열의 남자 대표자는 로렌치노뿐이었다. 알레산드로는 로렌치노가 아무런 영향력도 없으므로 피렌체 통치권을 주장하고 나서지 않으리라는 것을 알았다. 그러나 조반니 델레 반데 네레의 아들이라면 상황은 완전히 달라지게 될 수가 있었다. 그가 통치권을 주장하고 나서면 그의 아버지와 그 명성에 힘입어 많은 지지자들이 그의 주변에 몰려들 것이었다. 하지만 마리아는 아들을 위해서 그런 주장을 내세울 마음이 조금도 없었다. 용감한 군인이었던 남편의 죽음으로 그녀의 삶도 막을 내린 것과 다름이 없었다. 야망과 세속 명예에 연연하는 게 이제는 죽도록 혐오스러웠다. 그런 심정에서 성 도미니쿠스회 제3수도회 수녀가 되어 자선 사업에 전념했다. 그리고 아들도 피렌체과 그 정계의 눈에 띄지 않도록 은신시킨 채 사냥과 전원 생활에 정이 들도록 훈련했으며, 피렌체에 관한 것으로부터 철저히 은신시켰기 때문에 다수의 시민들은 그런 젊은이가 존재한다는 것조차 까맣게 몰랐다.

마리아가 얼마나 가난한 지경에 처했는가 하는 것은 1530년에 부유한 은행가 필리포 스트로치에게 쓴 편지에 구구절절이 나타난다. 스트로치는 스트로치가의 수장으로서 마리아의 채권자들 중 한 사람이었다. 편지는 이런 내용으로 되어 있다:

"존경하는 선생님, 저희 곧 제 아들과 저는 개인 빚뿐 아니라 세금 때문에도 가난에 내몰리고 파산하여 저희가 한숨 돌릴 수 있도록 누가 도와주지 않으면 더 이상 버틸 수 없을 만큼 절망적인 상태로 전락했습니다. 그래서 혹시 다른 채권자들이 저희를 압박하고 짓누를 때 저희에게 좀더 긍휼을 내려주시기를 간청하는 바입니다. 선생님이 저희에게 이번까지 2백 듀캇을 받아가셨으므로 금년까지는 그것으로 참아 주셨으면 합니다. 저희로서는 더 이상 어떻게 해볼 도리가 없다는 것을 제 신의를 걸고서 고백합니다. 정해 주신 만료 기일까지 선생님께 만족을 드릴 만한 모든 방법을 다 강구해 보겠습니다. 저희에게서 이런 호의를 거둬가시지 말기를 충심으로 간청드립니다. 혹시 달리 결정하시어 저희를 독촉하신다 해도 그 독촉에 응할 방법이 없습니다. 만약 가능하다면 그리고 선생님께서 저희의 빚을 더 이상 감내하시지 않으신다면 올해 안으로 2백 듀캇을 더 갚기 위해 최선을 다하겠습니다. 다만 일년만 더 유예해 주신다면 저희로서는 퍽 감사하겠습니다. 하지만 2백 듀캇으로 참아 주신다 해도 저희로서는 감지덕지할 뿐입니다. 코시모와 제가 진심으로 선생님께 안부를 전한다는 이 말로 글을 맺겠습니다.

선생님의 사촌이자 누이,

마리아 살비아티 데 메디치."

마침내 마리아가 과부가 된 지 10년만에, 그리고 그녀의 아들 코시모가 열일곱살 반이 되었을 때인 1537년 1월에 알레산드로가 돌연히 암살당했다. 그러자 그녀의 아들은 어머니와 한 마디 상의도 없이 갑자기 권력을 요구하고 나섰다. 마리아는 권력 자체도 아들의 방법도 다 마음에 들지 않았고, 아들이 걸음을 내디딘 그 길을 포기하라고 열심히 설득했다. 이러한 어머니의 태도에 아들은 몹시 화를 냈다. 게다가 몇 달 뒤 그가 자신을 억압해 온 자들에게 보인 잔인한 태도는 온유하고 고상한 어머니의 마음에 더욱 깊은 상처를 주었고, 아들을 그냥 내버려 둬서는 안 되겠다고 한결 굳게 결심하게 만들었다. 이 일로 인해 그 모자는 돌이킬 수 없을 정도로 소원해졌다. 아들은 피렌체 공작이 된 순간부터 어머니 곁에 얼씬도 하지 않았다. 어머니는 아들의 거칠고 매정한 태도에 마음 고생이 이만저만이 아니었다.

아들이 국가의 수장이 되자 마리아는 트레비아를 떠나 지난날 남편이 소년 시절에 지내던 카스텔로 저택으로 이사하여 그 곳에서 여생 6년 동안 사람과의 접촉을 거의 끊고 신앙과 선행에만 몰입하며 살았다. 언제나 슬프기만 했던 그녀의 인생에 아들의 행동은 슬픔의 마지막 한 방울이었다. 전하는 바로는 코시모는 자기 어머니에게 "심지어 어머니가 카스텔로 저택에서 병들어 누워 있을 때 사냥하러 그 인근에 갔는데도 사냥을 하루만 쉬고 병상에 누워 있는 어머니를 찾아가 보라는 주위의 권고에도 냉담할 정도로 애정이 완전히 메말랐다"고 한다. 그 일이 있고서 며칠 뒤에 온유하던 그녀가 세상을 떠났다.

마리아 살비아티는 아들이 피렌체 공작이 된 지 6년 뒤인 1543년 카스텔로에서 죽었고, 성 도미니쿠스회 제3수도회의 수녀복을 입은 채 장사되었다. 몇 년 뒤 남편의 유해가 만투아에서 이장될 때 그녀의 유해도 그녀의 첫 매장지에서 남편의 유해 곁으로 이장되었다. 1857년 메디치가의 묘가 개봉되었을 때 그녀의 시신은 손상되지 않은 채 남아 있었다. 그녀의 관에는 단지 '마리아'라는 이름만 적혀 있었다. 그녀와 조반니 델레 반데 네레는 그 위대한 가문 묘의 중앙에 나란히 누웠고, 이들의 주변에 그들의 자손들인 토스카나의 대공들과 대공 부인들, 제후들과 제후 부인들이 빙 둘러 누워 있었다.

# 제24장
# 코시모 1세

1519년 출생

(i) 재위 1537-1574년,

(ii) 토스카나 대공 즉위 1569년

1574년 죽음.

1537년 1월 5일 알레산드로가 급작스레 죽자 한동안 모든 게 큰 혼란에 빠졌다. 시뇨리아가 해산된 상태여서 공작의 죽음으로 피렌체에 아무런 정부도 없게 되었기 때문이다. 게다가 조각(組閣)을 맡길 만한 사람이 하나도 남아 있지 않았다. 교황 클레멘스 7세, 이폴리토, 그리고 이제 알레산드로마저 모두 죽었다. 메디치가 장자 계열의 남자 계승자가 한 사람도 남아 있지 않았다. 스트로치가, 귀차아르디니가, 리돌피가를 포함한 피렌체의 어떤 가문도 메디치가가 맡아온 지위를 맡을 자신이 없었다. 반면에 당시의 교황(파울 3세)도 피렌체 내정에는 별다른 관심이 없었다. 따라서 피렌체가 공화제로 복귀하지 말아야 할 이유가 없는 듯이 보였다. 게다가 요새들을 맡은 자들이 공화제에 합의한 터였기 때문에 그것이 순리인 것처럼 보였다. 그러나 그것은 채택되지 못했다. 시의회는 알레산드로 때에는 아무런 실권도 없었으나 아직 명목상으로 의원으로 남아 있던 48인을 소집했다. 그들이 당시 상황을 논의하고 있는 동안, 그리고 어떠한 분명한 결정도 내려지지 않은 상태에서 무젤로 신 지역에서 온 코시모라는 열일곱 살 난 무명의 청년이 한두 수행원을 거느리고 피렌체에 나타났다. 조반니 델레 반데 네레의 아들이었다. 로렌치노가 도피한 뒤 다시는 통치권을 주장하지 않는 상태였기 때문에 (만약 공화국 정부가 구성되지 않는다면) 이 청년이 합법적인 계승자였다. 아울러 한 가지 점에서 볼 때 그의 통치권 주장은 다른 누가 로렌치노를 위해서 제기할 수 있는 어떠한 주장보다 우월하다고 간주할 만한 점이 있었다. 이는 그의 어머니가 위대한 자 로렌초의 손녀였기 때문에 메디치가의 양 계열이 그에게서 합해졌기 때문이었다.

이 청년은 일부러 겸손한 척 행동했고, 또 지금까지 변변히 알려진 게 없으므로 국사에 유력한 부분을 맡을 것 같지도 않은 데다가, 본인 스스로도 만약 통치자로 임명되면 모든 권력을 시의회에게 넘기겠다고 공약했기 때문에, 의원들은 그를 국가 수장으로 받아들이게 되었다. 전하는 바로는 그는 "친구들에게 경멸을 당할 만큼 겸손하고 수동적인 행동을 함으로써 자신의 야심을 숨겼다"고 한다. 네 명의 지도급 의원들인 귀차아르디니, 스트로치, 발로리, 아치아유올리는 그의 꾀에 완전히 넘어가서, 그가 사격과 사냥에만 관심이 있는 보잘것없는 청년이고, 수장으로 세우더라도 허세로 남아 국정을 자기들의 손에 맡길 것이라는 생각으로 그를 수장으로 임명했다. 이로써 그가 국가의 수장으로 선출되고, 모든 권한은 시의회에게 이양된 것처럼 보였다. 이 일화를 묘사한 얕은 돋을새김을 델라 시뇨리아 광장에 있는 코시모 1세의 기마상 받침대에서 볼 수 있는데, 코시모가 짐짓 취한 겸손한 태도가 잘 묘사되어 있다.

이렇게 해서 프란체스코 귀차아르디니, 필리포 스트로치, 바치오 발로리, 니콜로 아치아유올리는 자기들의 개인적 야심을 성취하기 위해서 나라를 철권의 독재자에게 넘겨주고 말았다. 그들 중 대표였던 귀차아르디니가 그런 조치에 앞장선 데에는 코시모를 딸 리사베타와 결혼시키려는 의도와 아울러 그럴 경우 국가의 젊은 수장이 신혼의 단꿈에 젖어 지내는 동안 자신(귀치아르디니)이 피렌체의 실권을 장악하게 되지 않겠느냐는 속셈이 깔려 있었다. 하지만 그들 모두 잠시 후에는 자기들의 행동을 두고두고 후회하게 되었다. 코시모는 수장으로 선출되자마자 시의회에게 요청하여 로렌치노 계열 사람들로부터 알레산드로 살해의 책임을 물어 계승권을 박탈하는 내용의 법안을 통과시키게 했다. 이렇게 해야 자신의 지위가 흔들리지 않을 것임을 지적했다.

그러나 코시모는 국가 수장에 선출되자마자 그동안 써왔던 가면을 벗어던졌다. 모든 의원들을 해임하고, 절대 권력을 쥐었으며, 공포 정치를 단행할 변덕스런 군주로서 자신의 본색을 드러냈다. 그는 곧 피렌체에서 가장 두려운 인물이 되었다.

물론 이러한 급작스런 사태의 반전으로 투쟁이 뒤따랐다. 몇 달 가지 않아 코시모의 전제적인 행동은 많은 수의 시민들을 자발적인 망명길에 오르게 했는데, 그 중에는 필리포 스트로치와 바치오 발로리도 끼여 있었다.[1] 1537년 여름이 채 가기 전에 이들 푸오루시티는 그를 권좌에서 끌어내기 위해 군대를 모집했고, 그 목적으로 프랑스 군대로부터 상당한 병력 지원을 받아냈다. 그들의 주력 부대는 이미 군인으로 두각을 나타낸 필리포 스트로치의 장남 피에로 스트로치가 지휘하는 보병 4천 명과 기병 3백 명이었다. 한편 코시모도 군대를 가지고 있었으며, 황제의 봉신 알레산드로의 후계자로 자임함으로써 토스카나에 주둔하고 있던 황제군에게 지원을 받았다. 그의 군대는 알레산드로 비텔리가 총지휘했다. 토스카나의 운명을 결정할 그 전투는 1537년 8월 1일 프라토 근처의 몬테무를로에서 치러졌다. 이 전투에서 비텔리가 승리를 거둠으로써 코시모는 위기에서 벗어나고 정적들을 손아귀에 잡아넣게 되었다.

비텔리가 승리한 것은 순전히 우연한 사건 때문이었다. 그가 공격을 가한 부대는 사실상 적군의 전초 부대였고, 적의 주력 부대는 피에로 스트로치의 지휘하에 멀리 있는 산지에서 진을 치고 있었다. 그러나 비텔리에게 공격을 당한 전초 부대에는 필리포 스트로치와 바치오 발로리를 포함한 적 진영의 모든 주요 인사들이 들어 있었는데, 이들이 모두 생포되었다. 피에로 스트로치가 이끄는 주력 부대가, 아군이 몬테무를로에서 패했다는 것과 모든 지도자들이 생포되었다는 소식을 들었을 때는 이미 전투가 끝난 뒤여서 손을 쓰기에는 너무 늦은 때였다. 피에로 스트로치는 퇴각할 수밖에 없었다. 산타 트

---

1) 프란체스코 귀치아르디니는 그들의 대열에 합류하지는 않았지만, 염증을 느껴 피렌체를 떠나 아르체트리에 있는 자신의 저택으로 물러나 집필에 몰두했고, 거기서 자신의 유명한 역사서를 썼다.

리니타 광장에 서 있는 기둥 위에는 정의의 인물상이 세워져 있는데, 이것은 코시모에게 권좌를 얻게 해준 이 몬테무를로의 승리를 기념하기 위해서 세운 것이다.

피렌체의 모든 건물들 중에서 이를테면 영국의 런던 탑을 볼 때 받는 것과 같은 숙연한 인상을 받게 되는 것은 바르젤로 궁전의 음울한 성채이다. 그 안뜰(처형장)과 주변 감옥들에서 연출된 장면들은 참으로 끔찍했고, 지금은 병기 창고로 변모한 그 고문실(이곳에는 피렌체의 유일한 비밀 지하 감옥이 있었다)에는 참담한 비명이 울려퍼졌다. 많은 사람들이 고문을 당해 잔인하게 죽어가는 안뜰이 내려다보이는 트인 주랑(柱廊)에서는 가슴을 에는 슬픔이 사무쳤다.[2] 그 아름다운 계단을 오르거나 그 방들을 가로지르노라면 이 수많은 귀족들이 생전의 마지막 하늘을 쳐다보던 이 고색 창연한 피렌체 포데스타 요새에 배어 있는 비참한 기억들이 절절이 되살아난다. 코시모는 당시 영국과 프랑스 왕들에 조금도 못지 않은 혹독한 독재를 행했기 때문에, 바르젤로에 갇힌다는 것은 런던 탑이나 바스티유 감옥에 갇히는 것과 다름없이 치명적인 일이었던 것이다.

몬테무를로에서 생포된 포로들은 수도 많았거니와 지위도 다들 높았다. 피렌체의 지도급 가문치고 그 구성원이 그 포로 대열에 끼지 않은 가문이 없었고, 볼로냐나 파두아에 있던 피렌체 학생치고 필리포 스트로치와 바치오 발로리의 이번 반란에 가담하지 않은 학생이 없었다. 그들 중 많은 수가 매우 젊고 적지 않은 수가 코시모의 친구들이었다. 그러나 그들은 조금도 긍휼을 입지 못했다. 코시모에게는 그러한 품성이 전혀 존재하지 않았기 때문이다. 바르젤로 궁전의 감방들은 이들 지체 높은 죄수들로 가득했다. 바르젤로 감옥이 비좁게 되자 나머지 죄수들은 포르테차 감옥으로 송치되었다. 죄수들은 매일 한 무리씩 처형되었고, 그러는 동안 방들은 고문을 당하는 자들의 울부짖음이 귀가 멍할 정도로 울려퍼졌다. 한 사람도 관용을 받지 못했다. 모두가 예외없이 먼저 고문을 당한 뒤 처형되었다. 바치오 발로리와 그의 아들도 젊

---

2) 그곳에서 조르제 엘리오트는 로몰라가 자기 대부(代父)의 처형 장면을 지켜보았다고 묘사한다.

은 알비치와 함께 바르젤로 감옥에서 처형된 무리에 끼여 있었다. 아이러니 컬하게도 자신이 돈을 내어 건축한 포르테차 감옥에 갇힌 필리포 스트로치는 시체가 칼에 관통된 채 감방에서 발견되었는데, 아마 그 곳에서 처형되었거나 아니면 고문을 면하기 위해서 자살을 했던 것 같다.

클라리체 데 메디치의 남편이요, 교황들과 왕들의 친구로서 불과 7년 전에 코시모의 어머니가 코시모와 자신을 위해 빚 갚는 날짜를 연기해 달라고 간곡하게 사정하던 그 부유하고 준수하고 세련된 궁정인이자 은행가였던 필리포 스트로치는 이렇게 생을 마감했다. 코시모는 토르나부오니 거리에 있는 스트로치 궁전과 필리포 스트로치의 전 재산을 몰수했다. 70년 전에 피에로 일 고토소는 자신을 제거하기 위한 무장 반란이 일어났을 때 단 한 명의 생명도 죽이지 않은 채 반란을 진압하려고 노력했었다. 이에 반해 코시모는 어떻게 해서든 정반대의 사례를 연출하려고 노력한 듯하다. 자기 손아귀에 붙잡힌 대적들을 한 사람도 살려두지 않았기 때문이다. 마리아 살비아티가 손 써볼 도리도 없이 아들이 저지르는 이런 무자비한 행위를 공포에 질린 채 바라보고

코시모 1세의 초상. 1544년 바초 반디넬리에 의해 초상화가 그려진 뒤 1547년 니콜로 델라 카사에 의해 명각되었다.

나서 카스텔로 저택에서 철저한 은둔 생활을 한 것이 조금도 무리가 아니다.

코시모는 사실상 극히 비정상적인 인물이었다. 그가 열일곱 살까지 자라는 동안 그의 어머니도 주변에 살던 사람들도 이때 그가 돌연히 저지른 행동을 하도록 할 만한 원인을 심은 적이 없었다. 그가 피렌체 통치권을 잡을 때 가한 과감한 일격은 마리아 살비아티를 깜짝 놀라게 했는데, 그것은 다른 사람들뿐 아니라 마리아조차 처음으로 발견한

그의 성품이었다. 그가 소년 시절에 자기를 알던 모든 사람들에게 자신의 이 진짜 성격을 얼마나 감쪽같이 숨겨왔는가 하는 것은 필리포 스트로치의 경우에 잘 나타난다. 스트로치는 그와 그의 어머니가 트레비아에 살 때 그들과 친밀한 관계를 맺고 지낸 적이 있었는데도 그는 스트로치를 다른 의원들과 하

나도 다를 바 없이 취급했던 것이다. 아마 코시모처럼 한미한 처지에서 살면서 운동과 시골 생활에 묻혀 지내고 능력도 없는 것처럼 생각되던 소년이 갑자기 소년의 기질을 내던진 채 나라의 지혜롭고 유능한 사람들로부터 통치권을 빼앗고 지도급 시민들을 살육한 뒤 열정적으로 정부를 이끌어간 사례는 역사에 없을 것이다.

그러나 코시모는 그렇게 잔인하고 냉혈적인 독재자의 면모를 보이긴 했으나, 차후의 역사에서는 대단히 탁월한 능력을 발휘했다. 그 결과에 대해서 그 나라는 그에게 감사할 충분한 이유가 있었다. 어렸을 때는 성격이 차분하고 과묵하다고 알려졌는데도 토스카나를 정치적인 중심지로 올려놓고 토스카나 역사상 가장 부유하게 이끌 만한 능력을 개발했다는 것은 과연 놀라지 않을 수 없는 일이다. 토스카나는 위대한 자 로렌초의 시대가 지나간 뒤에는 소데리니, 로렌초(우르비노 공작), 파세리니, 1527-1530년의 공화국 정부, 그리고 알레산드로로 이어진 무능한 통치자들 밑에서 이탈리아에서 정치적으로 별 볼일 없는 나라였다가, 코시모 1세에 의해서 심지어 위대한 자 로렌초 때보다 더 중요하고 강대한 나라로 격상되었다. 예술과 학문을 주도하던 영광은 이미 토스카나의 것이 아니었고, 르네상스의 기쁨과 광명도 이미 사라져 버린 지 오래였으며, 이제는 한 세대 넘도록 이탈리아를 맹렬히 불태운 전쟁에 휩싸여 있었다. 그러나 정치적 영향력, 군사력, 경제적 진보 등 나머지 요인들에 관한 한 코시모 1세는 토스카나를 과거의 수준뿐 아니라 그 이상으로 끌어올렸다. 어느 정도였느냐 하면 그의 치하에서 토스카나가 이탈리아에서 감히 넘볼 나라가 없는 강대국이 되었던 것이다. 국부 코시모와 위대한 자 로렌초는 국가의 영토를 넓히는 업적을 세웠지만, 코시모 1세 치하에서 토스카나는 영토를 거의 배나 넓혔다. 아울러 법 집행 수준과 나라의 전반적인 발전 면에서도 중세의 모습에서 근세에 필요하다고 생각되던 모습으로 탈바꿈하였다. 이 모든 일을 코시모 혼자서 이루어냈다. 그는 고문들을 일체 두지 않는 것을 원칙으로 삼았고, 평생 비서 외에는 아무도 기용하지 않았으며, 아무에게도 역사에 이름을 남길 만큼 충분한 권력을 주지 않았기 때문이다. 그들은 예외없이 비천한 집안 출신으로서 언제나 피렌체가 아닌 다른 지방에서 선출되었다.

코시모는 몬테무를로 전투에서 승리를 거두고 자신을 대적하던 모든 자들을 처형함으로써 권력을 확실히 장악하자마자 자신의 지위를 점차 격상시키는 작업에 착수했다. 아직까지는 피렌체인들에 의해 국가 수장으로 선출된 사람에 지나지 않았다. 따라서 우선 황제(스페인 카를 5세)에게 자기 지위를 공식적으로 승인받기 위해 노력했다. 황제의 신하가 되겠다는 의지를 밝히고 이탈리아에서 프랑스의 이익에 저해되는 것이면 무슨 일이든 마다하지 않겠다고 천명함으로써 자신이 얻고자 한 것을 얻어냈다. 황제가 "과거에 알레산드로 공작이 지니고 행사한 모든 권한"을 코시모에게 수여한다는 허가서를 발행한 것이다. 이 허가서에는 코시모에게 공작이라는 칭호가 명백히 부여되지 않았는데도, 코시모는 그때부터 "피렌체 공작"이라는 서명을 사용했고, 황제도 그것에 별로 이의를 달지 않았다. 이것과 관련하여 최근에 재관된 베키오 궁전의 위층 방들 중에서 코시모의 방에 설치된 16세기 식 벽난로 위에 "피렌체 2대 공작 코시무스"(Cosimus Florie Dux II)라는 그의 칭호가 새겨진 것이 흥미를 끈다. 그 칭호는 그의 생애 중 이 무렵에(그가 대공의 지위를 얻어 코시모 1세가 되기 전에) 그가 자신을 "2대 공작" 곧 피렌체 2대 공작이라고 불렀다는 것을 보여 준다. 1대 공작은 알레산드로였다.

코시모가 그 다음으로 취한 조치는 자신의 지위를 강화하는 데 도움이 될 만한 결혼을 하는 것이었다. 그는 먼저 황제에게 그의 딸인 알레산드로의 젊은 미망인 마르가레트를 자기에게 달라고 집요하게 부탁했다. 그러나 카를 5세는 그 부탁을 완고히 거부하면서, 다른 한편으로는 마르가레트에게 메디치가 재산의 상당한 부분을 넘겨줄 것을 요구함으로써 코시모를 분노하게 했다. 이 첫 번째 결혼 계획이 실패로 끝나자 코시모는 눈을 다른 곳으로 돌려 1539년 빌라프랑카의 후작 겸 나폴리의 총독 돈 페드로 디 톨레도의 외동딸 엘레오노라와 약혼하는 데 성공했다. 돈 페드로는 황제의 대리 통치자들 중 가장 유능하고 신임을 받던 자로서, 1532년부터 1553년 그가 죽을 때까지 나폴리 왕국을 다스렸다.

돈 페드로는 엘레오노라 디 톨레도를 직접 호위하여 피렌체로 데려왔고, 코시모는 피렌체에서 24km 떨어진 포지오 아 카야노 저택에서 두 사람을 영

대공 코시모 1세, 1519-1574, 브론치노 작.

접했다. 나폴리 총독과 그의 수행원들은 피렌체에 머무는 동안 산타 마리아 노벨라 수도원에서 묵었고, 코시모와 엘레오노라는 수 차례의 축제가 벌어진 끝에 산 로렌초 성당에서 성대한 결혼식을 올렸다. 당시 그는 스무 살이었고 엘레오노라는 열일곱 살이었다. 엘레오노라는 매우 부유했고, 그녀의 재산은 코시모가 나폴리 총독의 사위가 됨으로써 얻은 정치적 영향력과 함께 그의 지위를 상당히 다르게 만들어 주었다. 브론치노가 베키오 궁전의 어느 방 벽에 그린 엘레오노라의 초상화는 결혼한 지 2-3년 뒤인 스무살 때의 모습이다. 이마가 시원하고 얼굴이 귀여운 여성이다.

이 때까지 코시모는 라르가 거리에 자리잡은 메디치 궁전에서 살았었다. 그는 이 곳으로 신부를 맞아들였다. 그러나 결혼 직후에 거처를 베키오 궁전으로 옮겨 2층을 거처로 삼았다. 항상 곤팔로니에레가 사용했던 이 2층 방들을 코시모는 엘레오노라를 맞아들이기 위해서 아름답게 장식했다. 이렇게 거처를 바꾸어야 할 여러 이유가 있었지만, 그 중 가장 중요한 이유는 메디치 궁전이 방어가 용이한 성이 아닌 데다 자신을 경호할 군인들이 유숙할 시설이 없었기 때문이었다. 반면에 수 세기 동안 피렌체인들에게 통치체를 연상시킨 베키오 궁전은 그에게 좀 더 안전한 거처가 되어 주었을 뿐 아니라 자신이, 그리고 오로지 자신만이 이제 국가의 전권을 갖고 있다는 사실을 강조해 주었다.[3]

페라라의 에스테가나 만투아의 곤차가 같은 주변의 다른 통치자들은 수도 중앙의 '카스텔로'에서 살았는데, 코시모가 만인 앞에 천명하고 싶었던 그런 전제 군주에게 사실상 그런 곳만큼 적합한 거처는 없었다. 그가 매일 드나들던 궁전 문 바로 앞에는 도나텔로가 제작한 "홀로페르네스를 찔러죽이는 유딧" 조각상이 서 있었다. 조각상에는 시민들이 새겨넣은 "피렌체에서 독재를 하려는 모든 자에게 주는 경고"라는 글귀가 적혀 있었다. 코시모는 이것을 그대로 남겨두었다. 그 글귀에 표시된 정서와 그가 수립한 통치 사이의 완연한 대조를 보여주는 아이러니가 아닐 수 없다. 그는 스위스 창기병들로 구성된 자신의 호위대를 그들의 근무 시간 동안에는 오르카냐의 개랑에 배치해 두었고,[4] 그런 이유에서 그곳은 항상 '창기병들의 개랑'(Loggia de' Lanzi, 란치개랑)으로 알려졌다.

베키오 궁전은 엘레오노라에게는 다소 제약되고 음산한 곳이었지만, 코시모는 장래를 대비해 다른 계획을 갖고 있었다. 자신과 엘레오노라를 위해서 훗날 자신이 기반을 확고히 다졌다고 느낄 때 입주할 더 크고 웅장한 거처를

---

3) 이 점에서 코시모 1세의 목표가 가령 위대한 자 로렌초 같은 사람들의 목표와 얼마나 달랐는지를 쉽게 알 수 있다. 그들의 원칙에 따르면 이러한 행동만큼 불쾌한 것도 없었을 것이다.

4) 그들은 람베르테스카 거리에 있는 오르카냐의 개랑(開廊) 바로 뒤로 난 소로 곁의 병영에서 살았다.

마련할 의도가 있었던 것이다. 한편 동편에 법무대신의 거처와 군사령관의 거처를 포함한 건물들을 들여 베키오 궁전을 상당히 증축했다. 그는 엘레오노라와 함께 10년간 그 곳에서 살면서 자녀 여덟 명 중 여섯을 그곳에서 낳았다.[5]

그러나 황제로부터 대여 받은 군대와 피렌체 징집군과 상관 없는 독자적인 군대를 갖기 전까지는 안심하고 지낼 수 없었다. 그것에 덧붙여 기회만 오면 토스카나의 영토를 확장할 생각을 품고 있었고, 그러려면 이러한 강한 군대가 필요했다. 따라서 스위스, 독일, 이탈리아에서 용병들을 점진적으로 모집했고(이탈리아의 경우는 토스카나 이외의 지역에서 모집했다), 곧 작지만 강한 군대를 보유할 수 있었으며, 병력을 꾸준히 늘려갔다. 피렌체의 요새를 강화하기 위해서 포르테차(the Fortezza)를 크게 증축했고, 대규모 병력을 그곳에 주둔시켰다.

위와 같은 방법을 통해서 코시모는 스물한 살 때 토스카나의 전제 군주로서의 지위를 확고히 다졌다. 피티 미술관에 소장되어 있는 브론치노가 그린 그의 초상화(브론치노의 초상화 중 대표작)는 바사리에 따르면 코시모가 마흔살 때 당시의 저자들이 그의 모습을 묘사한 바를 충실히 고증하여 그린 것이라고 한다. 그의 얼굴에서는 그가 소유한 엄청난 능력들을 조금도 엿볼 수 없다는 점과, 그가 "속을 들여다볼 수 없는 성향에" 매섭고 가차없는 분노의 힘을 갖고 있었다는 점은 그것이 그러한 평범한 표정 밑에서 타올랐다는 점에서 더욱 무서웠다.

코시모는 재위 처음 10년 동안 주로 피렌체 공작으로서 자신의 지위를 강화하는 데 주력했다. 당시 유럽 정계를 주름잡고 있던 실세는 전과 다름없이 프랑수아 1세, 카를 5세, 교황(파울 3세)이었다. 1536-1537년에 교황은 두 적대 세력을 화해시키기 위해서 노력을 아끼지 않았으나, 한동안 성과를 거두지 못했다.

그러다가 마침내 1538년 6월에는 카를과 프랑수아를 니스에 오게 했다. 두 사람은 만나려고 하지 않았으므로 교황이 직접 두 사람을 번갈아 방문함으로

---

5) 그들의 첫 자녀 마리아는 라르가 거리의 메디치 궁전에서 태어났다.

써 협상을 진행할 수밖에 없었다. 따라서 두 사람으로 하여금 4년간 전쟁을 중단하게 한 휴전에 합의하게 한 것은 주로 그의 노력의 결실인 셈이다. 그러나 4년이 지나자 그들은 다시 전쟁을 시작했고, 코시모는 둘 중 어느 한 쪽을 선택하지 않으면 안 되었다.

그는 프랑스와 동맹을 맺어온 피렌체의 전통적인 정책을 포기하고서 자신의 재위 기간 내내 성심으로 황제 진영에 몸을 던지는 대신, 프랑스가 이탈리아에서 군사 작전을 벌이는 데에 한사코 반대했다. 동시에 황제의 봉신으로 출발한 그는 점차 독립을 매수해 나갔다. 1542년에 프랑수아와 카를 사이에 전쟁이 재개되고 프랑스의 5개 부대가 각지에서 카를의 영토를 침공하자, 황제는 이 공격에 맞서기 위한 자금을 끌어모으기 위해서 주로 코시모에게서 돈을 빌렸고, 코시모는 그 대가로 피렌체와 피사에서 제국 주둔군의 철수를 얻어냈다.

그 뒤 여러 경우들에서도 동일한 과정이 반복되는 가운데, 코시모는 매번 황제가 자금을 필요로 할 때마다 같은 방향으로 한 걸음씩 더 밟아나가다가 결국에는 완전한 독립을 얻었다. 그런데도 그렇게 독립을 얻은 뒤에도 항상 친 황제, 반(反) 프랑스 정책을 고수하였기 때문에 결국 이탈리아에서 카를 5세의 버팀목이 되었다. 한편 코시모가 황제의 도움으로 수시로 영토를 확장한 데 힘입어 세력을 강화함으로써 이탈리아에 대한 카를의 안전감도 그만큼 증가했다.

1544년 프랑수아와 카를 사이에 크레피에서 처음으로 평화 조약이 체결되었다. 그리고 1545년 12월 오랫동안 거론되던 교회 공의회가 트렌트에서 개최되었다. 그러나 이 공의회는 애당초 의도했던 성격을 띠는 데 실패했다. 당시 분쟁을 벌이고 있던 두 진영 대신 한 진영만 참석했고, 영국 국교회도 독일과 프랑스의 프로테스탄트 진영도 대표단을 파견하지 않았기 때문이다. 따라서 그것은 로마 교회의 공의회로 그쳤고, 그런 정도만큼 유럽 전역의 관심을 끌지 못했다.

1546년, 아버지를 죽인 코시모에게 복수의 기회만을 노려온 스트로치가의 형제들이 루카에서 프란체스코 부를라마치(Francesco Burlamacchi)의 지원을 받아 그를 공격했다. 그러나 그 공격은 실패로 끝났다. 1547년, 거의 4분의 1세기가 넘도록 지속되어온 세 실세간의 긴 반목은 그 해 초에 두 대립자였던 헨리 8세와 프랑수아 1세가 죽음으로써 끝났다.[6] 프랑수아가 카를을 공격하기 위해 준비하고 있던 순간에 벌어진 사건이었다. 두 경쟁자가 사라지자 카를 5세의 세력은 한층 강화되었는데, 그것은 이탈리아 온 나라들과 특히 교황이 금방 피부적으로 느낄 수 있었다. 교황은 나폴리에 종교재판소를 도입하려고 했다가 카를의 반대로 뜻을 이루지 못했다(그는 1542년 로마에 종교재판소를 설치한 바 있다). 교황은 아울러 트렌트 공의회 장소를 이탈리아의 어느 도시로 옮기려고 작정하고서 이 목적을 위해서 카를을 따돌리고 프랑스와 음모를 진행시켰지만, 다른 경우에도 사사건건 그랬듯이 이번에도 코시모의 강력한 반대를 받았다. 그의 토스카나국은 급속히 이탈리아의 초강대국이 되어가고 있었던 것이다.

이 시기에 코시모는 카를 5세에게 1547년 2월 6일자로 보낸 편지에서 그에게 다음과 같은 탁월한 조언을 한다: "폐하의 권력을 사용하여 사제들의 전제를 철폐하고, 교황의 권력을 본래의 영적 영역으로 축소시키고, 그리스도께 대한 순수한 신앙을 회복하고 그 주위에 자라온 온갖 부패들을 척결하는 등 공의회를 통해서 교회를 온전히 개혁하십시오."

이탈리아에서 황제를 반대하던 모든 자들이 자연히 교황에게 지원의 손길을 바라고 있던 상황에서, "파울 3세는 젊은 공작 코시모를 황제에 반기를 들기에 가장 적합한 인물로 보았다"고 랑케(Rancke)는 말한다. 코시모 자신은 이 무렵에 쓴 편지에서 이렇게 말한다:

"많은 일에서 성공한 교황은 이제 피렌체에도 무언가를 해야겠다는 강력한 소원을 갖고 있다. 그는 이 나라를 황제와 이간시키고 싶어하지만, 이것은 그가 무덤에까지 가지고 갈 희망 사항에 불과하다."

---

6) 헨리 8세는 1월에, 프랑수아 1세는 3월에 죽었다. 루터도 같은 해에 죽었다.

1547년 그 해에 코시모는 처음부터 자신을 위협해 온 한 가지 위험을 자기 앞길에서 제거했다. 그가 선출될 때 그 가문의 로렌치노 계열의 즉위를 막기 위해 얻어 낸 법이 그에게 여전히 불안 거리로 남아 있었다. 로렌치노가 그 가문의 합법적인 우두머리이자 피렌체의 합법적 통치자라는 근거에서 코시모 자신을 권좌에서 끌어내기 위해 언제라도 선동을 일으킬 가능성이 있었기 때문이다. 따라서 코시모는 로렌치노가 죽기를 무척 바랐고, 그를 죽이려고 오래 노력해 왔지만 성공을 거두지 못했다. 로렌치노는 프랑스와 투르크와 그 밖의 여러 나라들을 떠돌아 다니다가 결국 어머니 마리아 소데리니와 함께 베네치아에 정착한 뒤 그 곳에서 코시모가 노련한 자객들을 고용하여 자신의 뒤를 쫓고 있다는 것을 알았기 때문에 늘 불안하게 살아가고 있었다. 작고 좁은 길에는 위험이 도사리고 있었으므로 집 밖에 나갈 때는 절대로 걸어서 나가지 않고 반드시 곤돌라만 이용했다. 그러나 마침내 1547년 어느 날 밤에 방심하여 좁은 길을 걷다가 코시모가 고용한 두 명의 자객을 만나 그들에게 살해되었다. 그들이 그를 어떻게 죽였는가 하는 이야기는 그들이 직접 전했기 때문에 당시의 다양한 기록에서 자세히 읽을 수 있다.

코시모가 이 행위에 대해서 내놓은 변명은 알레산드로를 살해한 벌로 그를 처단했을 뿐이라는 것이었다. 그는 평생 이 문제에 대해서 일관된 입장을 견지했다. 로렌치노의 행위가 자기 나라를 해방하기 위한 염원에서 비롯되었다는 견해는 로렌치노에 동정을 불러일으킴으로써 코시모의 피렌체 통치권 강탈을 통렬히 비난하는 여론을 조성했다. 로렌치노가 아닌 다른 사람들이라도 그와 비슷한 행동을 했을 것이라는 견해였다. 코시모가 권좌에 오르자마자 그의 가문을 분쇄하고, 그와 그의 계승자들인 대공들이 될 수 있는 대로 로렌치노의 이름을 더럽히려고 노력했던 것은 로렌치노에 대한 반감을 조성하고 할 수만 있다면 그의 행위에 대한 위와 같은 견해를 불식하기 위함이었다 (그 행위에 대한 다른 이유를 지적할 수 없었으면서도 말이다). 그 결과 로렌치노는 당대 사람들에 의한 평가 곧 '피렌체의 브루투스'보다는 온갖 욕설을 마음껏 해댈 수 있는 사람으로 우리에게 전해져 내려왔다.

1548년 코시모는 카를 5세를 위해 중요한 봉사를 하는 데 성공했다. 그 전

코시모 1세의 아내 톨레도의 엘레오노라가 매입한 피티 궁전. 1549년 이후로 토스카나 대공의 거처가 되었다.

에 시에나 공화국이 카를 5세에게 반기를 들고서 그의 대표와 스페인 주둔군을 추방하고 교황의 보호 아래 들어갔었다. 코시모는 두 진영 사이에서 중재를 신청하여 받아들여졌다. 그리고서 시에나인들을 유화하는 데 대단한 성공을 거둔 다음, 황제가 시에나의 옛 정부 형태를 존중하는 대신, 스페인 주둔군을 거느린 황제의 대표를 인정하도록 한다는 내용의 조약을 이끌어 냈다.

프랑스와 교황은 모두 황제를 공격할 준비를 하고 있었고, 황제는 이탈리아에서 전쟁을 치르기 위해 세력을 강화하고 있었다. 그 조치의 일환으로 황제는 코시모에게 포르토페라요 항구와 엘바 섬의 주변 구역을 맡겼고, 코시모는 단시일 내에 포르토페라요를 지중해에서 가장 막강한 해군 기지로 만들었다. 아울러 한동안 피옴비노를 차지하도록 허락받아 황제를 도와 피사 인근의 해안선을 방어하고 해안선을 따라 그 지역으로 출입할 수 있는 다양한 교두보를 확보했다. 1549년 교황 파울 3세가 죽었다. 그의 계승자 율리우스 3세는 황제에게 좀 더 유화적인 정책을 취했기 때문에 이탈리아에 평화를 조성하는 데 기여했다.

코시모는 결혼한 지 10년만에 통치 기반을 확고히 다진 데 힘입어 베키오 궁전과는 종류가 다른 거처를 차지할 수 있다고 느꼈다. 그리고 이러한 변화가 좀 더 바람직했다. 왜냐하면 그와 엘레오노라는 이제 자녀가 일곱인데다 그 중 맏이 아홉살밖에 안 되었기 때문이다. 따라서 1550년 코시모는 같은 이름의 조상을 모방하여 가문을 위해 새로운 궁정을 건축하는 작업에 착수했다. 이곳이 오늘날 피렌체의 왕궁이다. 이 궁전은 피티 궁전으로 알려져 왔지만,[7] (아래의 경우만 빼놓고는) 완전히 메디치가에 의해 건축되었고 200년 동안 그들의 고향이었다.

이 목적을 실행하기 위해서 코시모는 엘레오노라의 자금을 가지고 보볼리 산의 북서쪽 기슭이자 아르노 강의 남쪽 지대에 펼쳐져 있는 토지와 산 자락에 있는 궁전을 매입했다. 이 궁전은 80년 전에 루카 피티에 의해 착공되었으나, 그 가문은 그것을 완공할 만한 자금이 없었다. 이 궁전은 코시모가 매입할 당시에는 현 건물의 작은 중앙부와 1층에 중앙부를 두르고 있는 세 개의 중앙 아치, 그리고 그 위에 난 일곱 개의 창으로만 구성되었다. 1층 꼭대기까지만 건축되었고 아직 지붕은 덮이지 않아서(심지어 코시모 1세의 재위 때에도) 절반밖에 완성되지 않은 건물이었다. 이 작은 중앙부를 빼놓고 오늘날 우리가 보는 것과 같은 궁전의 나머지 전체는 메디치가에 의해 건축되었다. 코시모는 자신의 유능한 건축가 아마나티(Ammanati)의 지원을 받아 이 중앙부를 지붕까지 완공했지만, 측면으로 확장하지는 않았다. 이 사실만으로도 현재의 중앙의 안뜰은 그의 시대에도 존재하지 않았다는 것을 충분히 알 수 있다. 그 토지와 그 위에 들어선 미완의 건물은 부오나코르소 피티(Buonaccorso Pitti)가 금화 9,000두캇에 코시모에게 매각했다.

일반적으로는 피티 궁전이 백년 전 브루넬레스키가 루카 피티를 위해 작성한 설계도에 따라 건축되었다고 진술된다. 하지만 이 진술은 (궁전 나머지 부분의 경우 당연히 부정확할 뿐 아니라) 코시모 때에 공작의 궁전으로 쓰이

---

7) '피티 궁전'은 현대에 붙은 이름이다. 그 궁전은 물론 메디치가 시대에는 이 이름으로 불리지 않았다. 그들의 시대에 그 궁전은 공작 궁, 대공 궁, 혹은 훗날(코시모 3세와 잔 가스토네 때)에는 왕궁으로 불렸다.

고 전체 건물의 6분의 1에도 못 미치는 상대적으로 작은 부분에 대해서도 그 릇되다. 브루넬레스키의 설계도는 그 이전에 유실되어서 부오나코르소가 그 건물을 매각할 때 코시모에게 그 설계도를 건네줄 수 없었기 때문이다. 설혹 그것이 있었다 할지라도 1440년에 보통 시민 가문이 들어가 살도록 설계된 건물이 백년 뒤 피렌체 공작의 거처와 그의 궁전에 적합하지는 않았을 것이 다. 그랬을지라도 코시모의 궁전은 완공되었을 때, 현재의 궁전 중 정면에 자 리잡고 있는 비교적 작은 부분으로만 이루어졌다.

이렇게 해서 코시모가 완공한 건물은 평범한 3층 직사각형 건물에 로마나 거리 쪽으로 창이 일곱 개 났고, 현재 궁전의 거대한 중앙 건물을 형성하고 있 는 중앙 궁전이나 양쪽의 거대한 두 날개 부분은 없었다. 따라서 코시모와 엘 레오노라 시대에 그 궁전은 중앙의 창문 일곱 개가 감싸고 있는 정면 부분만 있었다는 점을 포함하여, 오늘날 우리에게 친숙한 웅장한 건물과는 모습이 사 뭇 달랐다. 이 점은 피티 궁전과 우피치 미술관을 잇는 긴 회랑의 한쪽 어두운 모퉁이를 장식하고 있는 잘 알려지지 않은 그림으로 확증된다.

그 그림은 공작 궁전을 배경으로 공작 궁전에 사는 어느 귀부인의 모습을 묘사함으로써 코시모 1세 때 그 궁전의 규모가 어떠했는지를 여실히 보여준 다. 그 배경 때문에 그 그림에는 "피티가의 귀부인"(A lady of the Pitti family)이라 는 표제가 붙었다. 그러나 배경 자체가 그 표제를 배격한다. 배경에 묘사된 궁 전은 완공되고 지붕이 덮인 모습으로 묘사되었는데, 이 점은 그 건물이 피티 가와 관련된 것보다 이후 시기에 해당된다는 것과, 이 그림에 그려진 궁전은 코시모 1세가 완공한 건물이라는 점을 즉시 입증하기 때문이다. 따라서 그 그 림은 피티가의 귀부인을 묘사한 게 아니라 "공작 궁전의 귀부인"을 묘사한 것 이다. 1553년 초에 새 궁전에 입주할 수 있을 만큼 공사가 급진전되어 코시모 와 엘레오노라는 일곱 자녀와 함께 그리로 이사할 수 있었다.[8]

---

8) 여덟번째 자녀(피에트로)는 4년 뒤에 태어났다.

피사에 식물원을 세우고 [9] 피렌체에 자르디노 보타니코 데 셈플리치 정원을 세우는 등 정교하게 설계된 정원을 무척 좋아하던 코시모는 트리볼로 (Tribolo)와 부온탈렌티(Buontalenti)의 도움을 받아 새 궁전 뒤에 보볼리 산 등성이까지 뻗으면서 광활한 지대를 포괄하는 거대한 정원을 설계하느라 시간 가는 줄 몰랐다. 좁은 베키오 궁전에 갇혀 지내던 엘레오노라와 자녀들에게는 그것이 엄청난 변화였을 것이다. 이 아름다운 정원에 들어서서 사이프러스, 털가시나무, 소나무 숲으로 길게 나 있는 길을 따라 거닐거나, 장미와 진달래 군락지 사이로 난 그늘진 소로를 따라가 보거나, 궁전 뒤가 내려다 보이는 노천 극장 계단 좌석에 앉아 보면 이곳에서 뛰놀게 될 여러 가문의 어린이들 중 첫 세대였던 코시모와 엘레오노라의 여덟 자녀와 그들의 얼룩진 역사가 주마등처럼 스쳐 지나간다.

꽃다운 열여섯의 나이에 죽어 가문에 처음으로 슬픔의 그림자를 드리운 마리아, 아버지를 계승한 불안정하고 활달하지 못한 프란체스코, 서른넷의 나이에 비참한 죽음을 맞은 이사벨라, 열아홉 살에 죽어 아버지의 계획에 중대한 타격을 입힌 조반니, 열다섯 살에 결혼하여 열일곱 살에 죽은 루크레치아, 어머니에게 사랑을 독차지했고 열여섯 살에 죽은 뒤 어머니도 곧 따라 죽은 아들 가르치아, 유능하고 원기 왕성하여 형 프란체스코를 계승하고 메디치가의 대를 이은 페르디난도, 여덟 살에 어머니를 여의고 불과 스물두 살 때 자신의 어린 아내를 살해했다는, 정당하거나 부당한 비난을 받은 피에트로, 그들이 다 이 정원에서 뛰놀면서 자랐다. 그들이 자라던 궁전을 보면 이 궁전이 제일 관심을 끄는 것이 이 곳에서 살다간 그 가문의 이 첫 세대와 항상 연관된다는 느낌을 떨칠 수 없다.

그러나 코시모는 자신의 새 궁전과 연계하여 정원을 설계하는 것으로 그치지 않았다. 그 곳에 요새도 두어야겠다고 작정했다. 그러므로 정원이 끝나는 보볼리 산 꼭대기에 산 조르조 성채의 성곽을 길게 둘렀다. 이곳은 벨베데레 요새라고도 불린다. 성곽의 라인과 연결되도록 하고, 산 미니아토 요새보다 시내를

---

9) 유럽에서 가장 오래된 식물원 정원.

〈엘레오노라 디 톨레도와 아들 조반니 데 메디치의 초상〉, 브론치노(1503-1572) 작

더 직접적으로 내려다볼 수 있는 높이에 건설된 이 요새는 피렌체 전역을 내려다볼 뿐 아니라 피렌체 남부를 완벽히 방어했다. 이 성채는 그의 아들 페르디난도 1세에 의해 완공되었을 때 메디치가의 강력한 요새가 되었다.

코시모는 엘레오노라 디 톨레도와 결혼한 데 힘입어 그런 사업에 힘쓸 만큼 부자가 된 직후에 고대 에트루리아 문명의 자취를 부지런히 추적했다. 에트루리아의 도시 추시(고대의 클루시움)와 아레초 등지에서 방대한 발굴 작업을 벌여 에트루리아 예술의 흔적을 찾았고, 동시에 기회가 닿는 대로 에트루리아와 이집트의 고대 유물들을 사들였다. 그의 이런 노력은 중요한 결과들을 낳았다. 토스카나의 옛 거민들의 유적을 찾는 이런 작업은 그의 후손들에 의해 지속됨으로써 대단히 가치있고 흥미로운 에트루리아인들의 예술품들과 그들의 생활 방식을 드러내 주는 물건들을 방대하게 소장하게 되었기 때문이다. 이 소장품들은 이집트의 고대 유물들과 함께 점차 축적되어 오늘날 피렌체의 에트루리아 박물관과 이집트 박물관을 이루고 있는 두 개의 전시관을 낳게 되었는데, 전자는 아마 세계에서 가장 훌륭한 에트루리아 박물관일 것이다.

코시모가 발굴 작업으로 얻은 허다한 흥미로운 에트루리아 예술품들 중에는 1541년 아레초 근처에서 발견된 빼어난 "미네르바" 조각상과 1554년 아레초 근처에서 발견된 "키메라" 조각상, 그리고 1566년 트라시메네 호수 근처에서 발견된 "웅변가"로 알려진 조각상이 있는데, 한결같이 청동상이다.[10] 이

---

10) 그리스도 탄생 3세기 전 아폴로로 숭배된 아름다운 청동상으로서 오늘날은 이돌리노라 불린다. 이것은 코시모 시대에 발견되었으나 1779년에야 비로소 수집품 목록에 끼였다.

'발굴 유물' 가운데 가장 가치있는 것은 "키메라", 즉 불을 내뿜는 괴물의 조 각상으로서, 몸은 사자이고 머리는 등에서 솟은 염소 머리이며, 꼬리는 염소 의 머리를 물어뜯는 뱀이다. 이것은 "로마의 늑대"와 동시대에 제작된 조각상 이다. 그러나 이 조각상은 피렌체에서 불길한 물건으로 간주되었기 때문에[11] 코시모는 베키오 궁전의 자기 개인 방에 보관하고 절대로 공개하지 않았다.[12]

코시모는 새 궁전으로 이사한 때부터 바사리와 브론치노의 지원을 받아[13] 지난날 조상들이 라르가 거리에 자리잡은 궁전에 수집해들였던 그런 회화 작 품들을 수집하는 데 주력했다. 1494년과 다시 1527년에 발생한 약탈로 메디 치가 장자 계열이 수집한 예술품들은 파괴되었고, 파괴되지 않은 것들은 멀 리 널리 흩어졌으며, 메디치가의 재산이었던 값진 미술품들이 프랑스와 독일 에서도 발견되었다. 그러나 일부는 여전히 피렌체에 남아 여러 가문들 사이 에 흩어져 보관되거나 다른 곳에 은닉되었다. 코시모는 이런 예술품들의 회 수 작업에 착수하여 새 궁전을 장식할 만큼 많은 수를 수거했는데, 그 중에 는 조상들의 초상화와 몇몇 입상들과 흉상들, 그리고 위대한 자 로렌초가 소 장했던 장식용 자기들 같은 물품들이 있었다. 동시에 그는 브론치노에게 (양 각 메달이나 프레스코 등에 남아 있던 자료들을 사용하여) 조반니 디 비치로 부터 시작하는 메디치가 모든 구성원들의 초상화를 그리도록 의뢰했다. 브론 치노는 세심한 노력과 장시간의 노동으로 이 작업을 수행했고, 그렇게 하여 코시모를 위해 메디치가 조상들의 초상화를 완성했는데, 그것이 오늘날 그의 대표작들에 포함되어 우피치 미술관에 소장되어 있다. 다른 방면에서 코시모 를 위해 일한 바사리는 이렇게 말한다:

　　"그(브론치노)는 동판에 그린 같은 크기의 작은 그림들에서 한쪽 계열로는 조

---

11) 벨레로폰에게 상처를 입은 사자상이므로 이것과 피렌체의 마르조코 사이에 관계가 있다고 보았 고, 피렌체에 불길하다고 보았다.

12) 이것은 현재 다른 것들과 함께 에트루리아 박물관에 소장되어 있다.

13) 조르조 바사리(1511-1576)는 화가, 조각가, 건축가들의 역사를 다룬 사가이자 자신이 화가 겸 건 축가로서, 예술에 관한 모든 문제에서 코시모의 오른팔과 같은 사람이었다. 브론치노(1502-1572) 는 코시모의 주된 화가였다.

반니 디 비치와 대(the elder) 코시모부터 프랑스 왕비(카테리나)에게로 이어지고, 다른 쪽 계열로는 대 코시모의 동생 로렌초부터 코시모 공작과 그의 자녀들로 이어지는 메디치가의 모든 위인들을 그렸다. 이 그림들은 바사리가 공작 궁전의 새 방들에 만든 화실 문 뒤에 전시되어 있다."

브론치노는 코시모 1세와 엘레오노라 디 톨레도의 빼어난 초상화 두 점으로 당대 피렌체 최고의 화가라는 명성을 얻었다.

1551년과 1553년은 카를 5세에게 괴로운 시기였다. 헝가리에서는 투르크족의 북진을 막느라 고전했고, 사보이와 로렌에서는 프랑스와 대치했고, 독일 내에서 사보이의 모리스(Maurice)가 이끄는 신흥 세력에 맞서야 했다. 이런 상황에서 그가 이탈리아로도 확산되던 전쟁에 고통이 가중되지 않은 이유는 오로지 코시모가 바로 그 시기에 토스카나를 강국으로 만들고 황제 진영을 일관되게 지지했기 때문이었다. 그럼에도 불구하고 1552년 이탈리아의 평화는 시에나 공화국의 행동으로 중대한 위기를 맞았다. 시에나 공화국은 다시금 카를 5세에게 반기를 들고서 스페인 주둔군을 몰아내고 그 대신 프랑스 주둔군을 맞아들였다. 그러나 코시모는 그 반란이 다른 나라들로 확산되는 것을 막을 수 있었고, 그런 상황에서 1553년 1월에 시에나를 진압하기 위해 나폴리에서 군대가 파견되었다. 그러나 엘레오노라의 아버지 나폴리 총독 돈 페드로 디 톨레도가 죽는 바람에 이 군대는 변변히 힘을 쓰지 못했다. 황제는 코시모의 공을 치하하기 위해서 그에게 모두가 탐내는 황금 양털 훈장(the Order of the Golden Fleece)을 수여했다.

나폴리로부터의 공격이 실패하자, 코시모는 직접 시에나 정복에 나섰다. 명목은 물론 시에나가 제국의 봉토이므로 황제를 돕는다는 것이었다. 당시 코시모는 대규모의 중무장 부대를 보유하고 있었는데, 더러는 독일과 스위스, 그리고 비 이탈리아계 용병으로 구성되었고, 더러는 오래 전 마키아벨리가 징집했다가 폐지되었으나 코시모가 다시 부활시켜 크게 충원한 토스카나 군대로 구성되었다. 아울러 코시모는 토스카나의 수많은 요새들을 중무장시키고, 강력한 수비대를 포진하고, 비토스카나 계열의 믿음직한 지휘관들을 배치했다. 그가 시에나 정벌을 위해 파견한 부대는 마리냐노의 후작 자코모 메디키노(Giacomo Medichino)가 지휘했다.

반면에 주로 프랑스 군인들로 구성된 시에나의 군대는 필리포 스트로치의 용맹한 아들인 피에로 스트로치(Piero Strozzi)라는 노련한 군인이 지휘했는데, 그는 아버지의 원수를 갚겠다는 일념으로 어디서 전쟁이 벌어지든 항상 코시모의 반대편에 서서 싸웠다. 그 전투는 시에나가 자기들의 유서깊은 공화국을 방어하기 위해 탁월한 항전을 벌였기 때문에 지리하게 계속되었다. 피에로 스트로치는 이 전투를 지휘함으로써 기존의 명성에 더 큰 명성을 보태었다. 전투는 내내 시에나의 영토에서 벌어졌고, 시에나와 피렌체 사이의 전 지역에서는 전쟁의 포화가 가실 날이 없었다. 코시모는 전쟁의 소용돌이에 휩쓸리게 된 지역의 주민들을 무자비하게 처리했고, 그들은 다시 결사 항전으로 맞섰기 때문에 전쟁은 대단히 야만적인 양상을 띠게 되었다.

마침내 1554년 8월 스트로치의 군대는 마르치아노에서 중대한 패배를 당했고, 그 결과 시에나 시가 봉쇄를 당하게 되었으며, 시민들은 몇 달간 끔찍한 공격을 감내했다. 그런 경우를 당해서 용기있는 사람이 할 수 있는 일은 다했으며, 시에나 귀부인들까지도 항전에 적극 가담했다. 이루 말할 수 없는 참화를 겪은 뒤 종국이 다가오자 피에트로 스트로치가 일단의 군대를 거느리고 몬탈치노(아직 정복당하지 않은 시에나의 부속 도시들 중 하나)를 지키기 위해 떠나고, 시에나 방어 책임은 프랑스 사령관 블레즈 드 몽틀뤽(Blaise de Montluc)에게 위임되었는데, 그는 스트로치 못지 않은 용맹스런 항전을 벌였다. 결국 40,000명의 주민들 중 6,000명만 살아남고 건물이란 건물은 죄다 소실된 뒤 시에나는 항복했다(1555년 4월). 그 마지막 정경을 트롤로프(Trollope)는 이렇게 묘사한다:

> "용감한 수비대 중 살아남은 가련한 자들은 끝까지 항전했다는 자부심을 가지고 도시 밖으로 행군해 나갔고, 사랑하는 도시가 독재자의 횡포에 시달리는 꼴을 보지 않으려는 6백 가정이 그 뒤를 따랐다. 이들은 황무지가 된 시골로 행렬을 지어 나갔다. 몬탈치노에서 시에나까지, 시에나에서 피렌체까지 이

르는 지역은 2년간 삽질 한 번 하지 못한데다 전쟁의 참화에 휩쓸린지라 살아 움직이는 것이 하나도 없었다. 몽틀뤽이 군인들과 난민들에게 말을 식량으로 내놓았는데도 그 날 많은 사람들이 굶어죽었다. 스트로치는 부온콘벤토에서 그들을 만났다. 마침내 그들은 몬탈치노에 도착했고, 시에나 난민들은 그 곳을 피난처로 삼았다. 유서깊은 공화국의 그늘이 잠시 그들의 희망만큼이나 퇴색한 회색빛 성벽에 드리웠지만, 그 그늘마저 곧 영원히 사라지게 되었다."[14]

이로써 중세 이탈리아의 위대한 공화국들 가운데 맨 마지막 공화국이 무대에서 사라졌다. 이 나라는 오랫동안 프랑스나 스페인의 지배를 받았다. 코시모는 일단 시에나를 정복한 뒤에는 모질게 대하지 않았다. 기존의 헌법을 거의 건드리지 않은 채 남겨놓았고, 정부의 관습과 전통을 보존했다. 따라서 옛날 그가 피렌체에서 집권했을 때보다 오히려 변화가 적었다. 그가 이렇게 행동한 데에는 시에나가 오랫동안 유지해온 강한 지역적 색채 때문이었다. 코시모는 그 나라를 자신의 통치하에 두게 된 직후에 자신의 친구 니콜리니(Niccolini)를 시에나의 초대 총독으로 임명하고, 리차라고 하는 돌출부에 산타 바르바라라는 강력한 요새를 건축했다(이 요새는 오늘날도 사용된다). 전쟁이 끝나자마자 코시모는 시에나를 오래 둘러보고는 위에 말한 그런 조치들을 직접 취했다. 그리고 그 조치들은 시에나인들이 크게 만족할 만큼 다양하고 세세한 것이었기에 차후에 시에나는 메디치가에 대해 한 번도 반기를 들지 않고 항상 충직한 지역으로 남았다. 아울러 세월이 흐르면서 시에나는 메디치가의 일원이 총독이 되는 것을 당연한 일로 간주하게 되었다. 그리고 코시모의 30,000명 병력 중 정예 부대 7,000명이 시에나에서 징집되었다.

40년간 유럽 역사에서 가장 두드러진 인물이었던 황제 카를 5세는 1555년 10월에 브뤼셀에서 성대하게 거행된 의식에서 황제직을 사임하고, 스페인, 나폴리, 네덜란드, 그리고 그밖의 세습 영토를 아들 펠리페 2세에게 양여하고, 황제의 직위를 헝가리와 보헤미아의 왕인 그의 동생 페르디난트에게 위임

---

14) 몬탈치노도 4년 뒤에 함락되어 코시모의 영토에 병합되었다.

했다. 그리고는 스페인 유스테 수도원으로 들어가 1558년 그곳에서 쉰여덟의 나이에 죽었다. 카를 5세가 사임한 바로 그 해에 교황 율리우스 3세가 죽고, 처음에는 마르켈루스 2세가, 한 달 뒤에는 파울 4세가 그의 지위를 계승했다.

코시모 1세는 시에나 정복과 그 뒤의 점진적인 영토 확장에 의해, 그리고 효과적인 군사 행정에 의해 토스카나의 영토를 배나 넓히고 공격력과 방어력도 배나 증가시켰지만, 그것보다 훨씬 더 중요한 것은 시 행정에 도입한 혁신들이다. 코시모는 공포 정치를 시행했다. 그의 정부는 전제적인 것이었고, 아무도 그의 명령을 감히 거역하거나 회피하지 못했다. 그러나 그는 훌륭하게 통치했다. 국가의 부서마다 무질서와 부패를 몰아내고 질서와 엄격한 기강을 뿌리내렸다. 사법 제도도 완전히 개조하여 적합한 형법을 작성하고, 그것을 엄격히 적용했다. 관료들에게는 고임금을 지불하는 대신 뇌물을 철저히 금지했고, 그것을 어기는 자들에게는 가혹한 보응을 내렸다. 경찰은 코시모에게 24시간 동안 발생한 범죄를 낱낱이 보고해야 했고, 혹시 총이나 칼에 의한 폭행 사고가 발생했을 때 범인을 즉각 체포하지 못하면 그것을 보고서에 올린 것을 후회해야 했다. 베네치아의 비밀 감옥보다 더 무서웠던 코시모의 비밀 감옥은 이런 명령에 복종하지 않은 자들이 수감되었다. 나머지 분야에서는 법 집행이 그리 공평하게 이루어지지 않았다. 평화기에조차 오늘날 독재 국가에서만큼 정의가 집행되지 않았다. 특히 시에나 전쟁으로 막대한 비용을 지불한 뒤에는 무거운 세금을 부과하지 않을 수 없었다. 하지만 코시모는 나라의 교역에 세심한 관심을 쏟아 백성이 그러한 세금을 감당할 수 있게 만들었다.

"그는 사양길에 접어들었던 비단과 모직 제조업을 부활시켰고 … 카를 5세가 이탈리아 도시들에게 리옹의 장날을 피하라고 명령했음에도 그것을 어기고서 제노바와 루카에서 활발한 교역을 벌였으며, 아울러 시칠리아와 스페인과의 활발한 능라(綾羅) 교역을 장악했다 … 과학적 영농과 과수 재배에도 선례를 남겼다. 피에트라 산타의 은광과 카라라 근처의 대리석 채석장, 그리고 아르노 강 상류의 무연탄 광에도 큰 관심을 기울였다. 폼비노의 명반과 엘바의 철에 대한 채굴권도 확보했다."

도로, 배수, 항구, 시장 등 현대 국가의 모든 기간 시설들이 코시모의 통치 하에 모든 방면에서 발전했다. 당시 인구가 모조리 빠져나가 광야와 방불하던 피사가 다시 융성한 도시로 부흥했고, 인근 소택지들의 매립으로 위생 상태도 개선되었으며, 새로운 공장들의 건립으로 경제도 번성했다. 새로운 부두들을 건설하여 항구가 다시 열렸고, 대학교가 다시 설립되었고, 토스카나인들이 다른 곳에 가서 학위를 취득하는 것이 금지되었다. 피사 식물 학교가 설립되어 훗날 큰 명성을 얻었다. 아울러 코시모는 가족들과 함께 피사에 자주 거주함으로써 그 곳을 일류 휴양지로 만들었다. 한때 주민수 700명의 한적한 어촌이었던 레그혼(리보르노)을 번잡한 항구로 만들었고, 그 곳에 대해서 훗날 코시모의 아들 페르디난도 때 많은 열매를 맺을 발전 계획을 세웠다. 시에나의 사회적·상업적 조건을 모든 방면에서 향상시켰고, 시에나의 늪지들을 매립하고 그 곳에 롬바르드에서 이주한 농업 이민들을 정착시켰다. 토스카나 전역에 이러한 방법들을 사용함으로써 국가의 경제 상태를 정치적 위상 못지않게 발전시켰다.

해군과 육군에도 다른 분야에 못지 않는 열정을 쏟아부었다. 포르토페라요를 강력한 해군 기지로 만들었고, 그 항구를 건설하기 위해 방대한 노력을 쏟아부은 것과 아울러 시칠리아와 그리스에서 뱃사람들을 끌어들였으며, 갤리선 함대를 창설했다. 이 함대는 그의 아들 페르디난도 때 투르크족을 저지하고 지중해에 출몰하는 해적들을 소탕하는 데 혁혁한 공을 세웠다. 3천 명의 정예 군인들로 구성된 그의 육군은 우수한 장비를 갖추고 있었다. 아울러 코시모는 자국의 시민군에 대해서 특별한 자부심을 갖고 있었는데, 그들을 닷새만에 동원할 수 있다고 단언했다. 토스카나 곳곳에 요새들을 건설했는데, 그의 저명한 건축가이자 기술자인 아마나티의 지원을 받아 건설한 이 요새들은 그의 방어력이 어떠했는지를 보여 주는 기념비들이다. 그 중 한 가지 예로 산 피에로 아 시에베에 솟은 산에 건설한 난공불락의 산 마르티노 요새를 들 수 있는데, 이 요새는 피렌체 북부를 방어하기 위해 코시모의 지시로 건설되었다.

두 세기 뒤에 오스트리아 대공 피에트로 레오폴도(Pietro Leopoldo, 1765-1790)는 이 곳에서 수비대와 군사 장비를 철수할 때 이곳을 파괴하지 말고 "16세기 군사 시설의 기념물로" 보존하도록 지시했다. 이 요새는 사방 1.6km로서 건축물의 내구성이 대단히 탁월했다. 산자락의 3면에 시에베 강 물결이 넘실대는 산의 돌출부에 건설되었고, 워낙 높은 지대라서 무젤로 평원 전체를 다 내려다볼 수 있었다. 요새의 중앙에는 수비대를 위한 상당한 부피의 식수 저장고가 있었다. 혹시 이 저장고의 물이 고갈되더라도 군인들이 적군의 눈에 띄지 않은 채 산 한복판으로 깊이 파고내려간 계단을 통해서 시에베 강까지 말을 끌고 내려가 물을 길어 오를 수 있었다. 산 깊은 곳에는 방대한 지하 공간이 있어서 탄약고와 병기고, 그리고 온갖 병기를 제작할 수 있는 주물 작업장, 식량 창고가 자리잡고 있었기 때문에 아무리 가공할 적군의 공격을 받더라도 견딜 만했다. 성채들과 성벽들은 대단히 두텁고 견고했다. 그리고 외벽에는 총구들과 포구들과 아울러 곳곳에 메디치가의 문장이 새겨져 있다. 성벽 내부에는 병력이 자유롭게 이동할 수 있는 널찍한 공간이 있었는데, 이곳은 오늘날 경작지로 사용된다. 이 요새는 코시모 1세가 착공하고 그의 아들 페르디난도 1세가 건축가 부온탈렌티(Buontalenti)의 지원을 받아 완공했다.

함대도 육군도 요새도 교역 확대도 시정 개선도 코시모의 정력을 다 흡수하지는 못했다. 메디치가는 토스카나의 풍경에까지 흔적을 남겼다. 토스카나 산들의 완만한 경사, 연둣빛 잎들로 토스카나의 풍경을 특히 아름답게 하는 올리브 과수원이 저 멀리 광활하게 펼쳐진 그 경사면들을 보고 감탄하는 사람들 중에 오늘날 그 나라 농업의 큰 부분을 차지하고 있는 이 거대한 산업[15] 이 국가의 농업 경제를 부흥시키기 위한 일환으로 이 농장을 도입한 코시모 1세 덕분이라는 사실을 아는 사람은 거의 없다. 이런 것들은 왕들과 성들과 황금 양털 훈장이 사라진 지 오랜 후에도 그대로 남았다.

코시모는 이 다양한 조치들에 힘입어 토스카나를 잘 정비된 근대 국가이자 이탈리아를 주도하는 국가로 변모시켜 갔다. 이런 조치들은 만약 그가 모

---

15) 올리브 나무는 '문명의 나무'라 불렸다. 그 나무에서 열매를 거두기 위해서는 18년을 재배해야 하기 때문이다.

든 적대 세력을 응징하고 독립을 요구하는 사람을 모두 무참히 진압하는 일과 맞물리지만 않았다면 그의 통치를 대단히 훌륭하게 만들어 주었을 것이다. 그가 자신의 한계들을 어느 정도 자각하고 있었다는 것을 관찰할 수 있다. 그는 전제 군주이긴 했으나, 때로는 그의 훌륭한 조상 위대한 자 로렌초의 몸에 배었던 온후한 성품과, 격식을 벗어던지는 태도를 보이려고 노력했다. 그러나 그 역할은 그의 성격에 맞지 않았다. 따라서 그를 로렌초처럼 기탄 없는 인물로 이해하려고 하다가는 오로지 공포 정치를 시행하고 공화제적인 방식은 가차없이 탄압하는 자에게 걸맞는 냉정하고 경직된 태도에 빠져든 그의 모습을 발견하게 된다.

국가 산업을 성공적으로 증진시킨 코시모의 숱한 노력들 중에서 그 때까지 플랑드르에만 한정되어 왔던 벽걸이 융단 제조업(아라초)을 도입한 것보다 더 중요한 결과를 내놓은 것은 없었다. 다른 모든 산업을 능가하는 이 분야의 공장을 어떻게 해서든 세우려고 애쓰던 그는 피렌체 벽걸이 융단 공장을 세운 뒤 이례적으로 높은 급여를 책정하여 두 명의 플랑드르인 니콜라스 카르처(Nicholas Karcher)와 얀 반 더 루스트(Jean Van der Roost)를 고용했다. 이들에게 제공한 것은 연봉 금화 6백 스쿠도와 숙소, 그리고 본업 이외에 허용된 사적 수수료였다. 그 대가로 그들은 자기들의 노동 비법을 고정된 숫자의 피렌체인들에게 가르쳐 주고 항상 견본으로 벽걸이 융단 스물네 장을 제작해야 했다. 메디치가를 위해 제작된 제품의 가격은 모두 개별적으로 지불되었다. 이런 조치는 코시모가 예상했던 것보다 훨씬 큰 결과들을 가져다주었다. 피렌체 벽걸이 융단 공장은 단기간에 큰 명성을 얻었고, 그 제품은 플랑드르 산에 비해 조금도 손색이 없는 것으로 평가받았으며, 심지어 다양한 디자인과 색깔의 조화로 플랑드르 산을 능가하는 것으로 평가받았다. 이 공장은 거의 2백 년 동안 성장 가도를 달렸으나, 메디치가가 무대에서 사라지면서 종말을 고했다. 1737년 메디치가의 마지막 대공이 죽으면서 그 공장도 문을 닫았던 것이다. 전하는 바로는 "그것은 메디치가와 함께 번성하고 메디치가와 함께 몰락했다"고 한다.

이 공장이 제조한 벽걸이 융단 중에서 124점을 항상 메디치가가 구입했고,

이렇게 구입한 제품의 일부는 안나 마리아 루도비카(Anna Maria Ludovica)가 유증한 국가의 선물에 포함되었다. 융단들은 당시에는 메디치가의 여러 궁전들과 저택들에 흩어져 있었지만, 오늘날은 아라치 미술관에 한데 수집되어 있다(메디치가가 소유했던 플랑드르 산과 고블랭 산 벽걸이 융단들과 함께). 실제로 플랑드르 산과 고블랭 산을 피렌체 산과 비교해 보면 피렌체 산이 월등하다는 것을 알 수 있다. 피렌체 산은 대단히 풍성하고, 비단과 모직을 엮은 금과 은 실로 짰고, 특히 가장자리의 디자인은 예술적으로 매우 수준이 높다.

코시모는 백성을 즐겁게 하기 위해 고대 로마 방식을 본따 전차 경주를 도입했다. 이 경주는 산타 마리아 노벨라 광장에서 열렸는데, 오늘날도 그 대리석 결승점을 볼 수 있다. 원래는 목재로 되어 있었지만, 페르디난도 1세가 대리석으로 만들어(현재의 모습대로) 잔 다 볼로냐가 만든 청동 거북상들 위에 두게 했다.

1557년 코시모의 가족은 새 궁전으로 이주한 지 4년 뒤에 처음으로 상(喪)

폰테 산타 트리니타는 1567~1569년에 바르톨로메오 아마나티에 의해 재건되었다. 다리 너머로는 폰테 베키오와 델라 시뇨리아 궁전(당시에는 베키오 궁전으로 알려짐)의 탑을 볼 수 있다.

을 당했다. 맏딸 마리아가 열여섯의 나이에 죽은 것인데, 브론치노가 그녀의 열 살쯤의 모습을 그린 유명한 초상화가 우피치 미술관에 소장되어 있다. 다음 세기에 가서 이 맏딸의 사인(死因)이 그녀의 아버지가 소량의 독약을 오랫동안 먹인 데 있다는 주장이 제기되었다. 교황 파울 4세와 함께 딸을 교황의 조카 타브리아노와 결혼시키기로 계약을 맺은 코시모가 딸이 궁전의 시종과 사랑에 빠진 것을 발견하고는 죽였다는 것이다. 하지만 오늘날 어떠한 사가도 이 설을 신뢰하지 않는다. 이 설이 제기된 것은 마리아가 죽은 지 50년이 지난 후였다. 더욱이 당시의 공문서들은 페라라의 공작 에르콜레와 밀접한 정치 관계를 맺기 위해 부단히 노력하던 코시모가 그 설대로 마리아를 교황의 조카와 결혼시키기로 약정한 게 아니라 공작 에르콜레의 맏아들 알폰소 데스트와 결혼시키기로 약정했음을 보여 준다. 따라서 만약 그 설대로 코시모가 그런 범죄를 저질렀다면 그는 모든 방면에서 공고히 하려고 노력하던 동맹을 깨뜨리고 밀접한 관계를 맺기 위해 노력한 페라라 공작에 대해 스스로 원수가 된 셈이다.

1558년 아르노 강의 대 범람으로 피렌체가 막중한 피해를 입게 되었다. 그 홍수로 폰테 산타 트리니타, 폰테 알라 카라야, 그리고 폰테 아 루바콘테 등 교량들 위에 있던 모든 가옥들이 유실되었고, 모든 교량들 중에서 오직 폰테 베키오(1334년 타데오 가디가 건설한)만 손상을 입지 않은 채 남았다. 피렌체는 삽시간에 진흙과 폐허의 바다가 되었고, 도시의 일부 지역들은 6m 이상 물에 잠겼다. 이 홍수가 끝난 뒤에 코시모는 유실된 두 개의 교량을 대체하기 위해 두 개의 훌륭한 교량을 건설했는데, 그 중에서 새로운 폰테 산타 트리니타가 특히 두드러졌다. 이 아름다운 교량은 그 비율과 탁월한 공사와 선의 대칭에서 당시 토스카나에서 어떤 수준의 교량을 건설할 수 있었는지를 여실히 보여 준다.[16] 그것이 보는 이의 눈을 즐겁게 주는 이유는 전문 용어로 '현수선' (懸垂線, catenary)으로 알려진 교량의 곡선이 양쪽 끝에서 쇠사슬을 묶어 늘어 놓은 것과 같은, 타원형도 아니고 다른 어떤 기하학적 형태도 아닌 독특한 형태

---

16) 그 건축가는 아마나티였다.

를 이루고 있다는 점도 포함된다.

1558년 6월 필리포 스트로치의 세 아들 중 장남 피에로 스트로치가 티온빌레를 탈취하기 위한 전투에서 죽었다. 그는 생애의 상당 기간을 코시모와 전쟁을 벌이고 아버지의 죽음에 복수하려고 노력하는 데 보냈으며, 그 덕분에 당대의 가장 노련한 장군들 중 한 사람이 되었다. 많은 세월을 프랑스에서 지내면서 카테리나 데 메디치에게 고귀한 대접을 받았고, 그녀에 의해 자기 목숨을 노리는 코시모로부터 보호를 받았다. 코시모는 항상 그를 암살하려고 시도했지만,[17] 그는 동일한 방법으로 응징하지 않았다. 스트로치가 죽자 코시모는 예의를 갖추어 말하기를, 스트로치는 자기에게 대해서 경우에서 어긋나게 행동한 적이 없었고, "이탈리아가 좋은 신사 한 분을 잃었다"고 했다. 코시모처럼 철천지 원수로부터 나온 찬사치고는 작지 않은 찬사였다. 같은 해에 코시모는 당시 열여섯 살이던 자기 딸 이사벨라를 브라치아노의 제후 파올로 조르다노 오르시니(Paolo Giordano Orsini)와 결혼시키고, 당시 열다섯 살이던 딸 루크레치아를 페라라 공작 에콜레 2세의 장남 알폰소(Alfonso)와 결혼시켰다.[18] 일찍 죽는 바람에 이런 동맹을 맺지 못했던 언니 마리아 대신에 그와 결혼시킨 것이다. 그 해 11월에 메리 튜더(Mary Tudor)가 죽고 그의 동생 엘리자베스가 영국 여왕이 되었다.

1559년은 유럽에 중요한 해였다. 2월에(앙리 2세가 파리에서 벌어진 마상 대회에서 졸지에 죽기 네 달 전에) 앙리 2세와 엘리자베스 여왕 사이에 카토캉브레지 조약이 체결되어 프랑스, 스페인, 영국이 벌여오던 전쟁에 종지부를 찍고 샤를 8세의 침공으로 시작되어 60년이 넘도록 지속된 프랑스와 스페인 사이의 해묵은 이탈리아 패권 전쟁도 막을 내렸다. 그 전쟁은 스페인의 완승으로 끝났다. 그리고 그 최종 결과는 이탈리아의 최고 강대국 토스카나가

---

17) 이것은 코시모가 오라디니에게 보낸 편지에 극명하게 나타난다. 이 편지에서 코시모는 오라디니에게 피에로 스트로치를 암살하라고 지시하면서, 자객을 두어 명 붙여 주겠고 자기(코시모)가 경비를 대겠다고 말한다.

18) 알폰소 자신은 아버지가 죽은 다음 해에 페라라의 공작이 되었다.

프랑스를 적대시하고 스페인 편을 든 사실이 비록 전부는 아닐지라도 큰 원인으로 작용했다. 위의 조약으로 프랑스는 공식적으로 이탈리아에서 철수하고, 그 나라에 대한 모든 기득권을 포기했다. 이로써 시에나와 몬탈치노가 확고히 코시모의 수중에 들어갔고, 23년 전에 프랑스에게 정복당했던 사보이 공국은 합법적인 공작 에마누엘 필리베르트(Emmanuel Philibert)에게 돌아가고 이탈리아와 프랑스 사이의 독립 완충국으로 결정되었다. 스페인은 예전처럼 이탈리아 북부와 남부를 차지했으며, 코시모는 중부를 차지했다.

이렇게 해서 이탈리아에 깃든 평화는 반 세기가 넘도록 지속되었다. 6월에 펠리페 2세가 앙리 2세의 딸 프랑스의 엘리자베스와 결혼했다.[19] 앙리 2세는 결혼식이 치러지고 나서 며칠 뒤에 죽어 아들 프랑수아 2세가 왕위를 계승했다. 7월에 펠리페 2세는 네덜란드를 떠났고, 여생 39년 동안 다시는 그 나라를 방문하지 않았다. 떠나기 전에 이복 누이 파르마의 마르가레트(Margaret)를 총독으로 임명했고, 헨트에서 마지막 황금 양털 훈장 수여식을 가졌다. 재위 4년간 이탈리아에서 항상 전쟁의 원인을 제공한 교황 파울 4세가 8월에 죽었고, 피우스 4세가 그를 계승했다.

새 교황은 비천한 가문 출신으로서 원명이 조반니 안젤로 메디치(혹은 메디치노)였으나 피렌체 메디치가와는 아무런 상관이 없다.[20] 그럼에도 불구하고 교황이 되자 메디치가의 문장을 채택했고, 코시모도 이 교황과의 친분을 통해서 확실한 이득을 챙길 것을 내다보고서 별다른 이의를 제기하지 않았다. 당시에 코시모는 얼마 전부터 은밀히 키워온 계획을 은밀히 실행에 옮기고 있었기 때문이다. 전하는 바로는 코시모는 "대단히 총명하고, 속내를 조금도 표출하지 않고, 극단적으로 신중하고, 끈기와 결단력과 인내가 대단했다"고 한다. 코시모가 이러한 특성들을 가지고서 당시에 추진하고 있던 계획이란 다름 아

---

19) 펠리페 2세가 치른 네 번의 결혼은 다음과 같다:
   (i) 포르투갈의 마리아 (1543년).
   (ii) 영국의 메리 (1554년).
   (iii) 프랑스의 엘리자베스 (1559년).
   (iv) 오스트리아의 안나 (1570년).
20) 그의 아버지는 밀라노에서 작은 상점을 운영했다.

닌 클레멘스 7세가 품었던 궁극적인 꿈을 실현하는 것이었다.

그는 공작이었으므로 이론상으로는 황제의 대리인에 지나지 않았다. 하지만 대공이 되면 명실상부한 군주가 될 것이었다. 그런데 정식 채널인 황제를 통해 가지고서는 자신이 목표로 세운 왕관을 얻기를 기대할 수 없었다. 페르디난트 1세는 (죽은 그의 형 카를 5세와 마찬가지로) 불과 몇 년 전만 해도 무명의 청년이던 자의 머리에 왕관을 씌워 달라는 제의를 조금이라도 숙고해 줄 것 같지 않았다. 그에게 피렌체 군주와 황제의 신하가 되도록 허락해 준 것만 해도 감지덕지한 일로 여기고 있었으니 말이다. 그러나 1537년부터 권부에서 밀려난 장래의 황제들은 그렇게 반대하지 않을 가능성이 있었다. 그러는 동안에 또다른 채널인 교황을 통해서 탐나는 그 지위를 얻을 수 있는 가능성이 있었다. 이 계획을 실현하기 위해서는 로마의 막대한 영향력이 대단히 중요했다. 이 영향력을 입기 위해서 코시모는 인내심을 가지고 가능한 모든 수단을 다 동원했다. 물론 자신의 궁극적인 목표를 조금도 입 밖에 내지 않았지만 말이다. 그는 곧 피우스 4세를 좌우할 수 있는 상태를 확보했다.

1560년 그가 로마를 방문했을 때 교황에게 성대한 영접을 받았는데, 그가 이탈리아에서 다른 군주와는 비교할 수 없이 중요한 군주임을 자각한 교황은 그를 왕이나 혹은 사실상 왕과 다를 바 없는 대공으로 만들고 싶어했다고 전해진다. 그러나 코시모는 그 제의를 정치 현실과 무관한 단순한 정치적 감언으로 일축했다. 그것이 은밀히 추진해 온 일이었으나, 극히 조심스럽게 추진해왔던 터라 유럽 나라들이 방금 평화에 들어가고 페르디난트 1세가 황제로 있는 상황에서는 아직 그런 단계를 밟을 때가 아니라고 직감했던 것이다. 프랑스와 스페인이 다시 적대 관계에 돌입하고, 영국이 그 중 한 편에 서서 전쟁에 개입하고, 유약한 황제가 페르디난트 1세를 계승하고, 자녀 중 하나를 그 가문과 결혼시키게 되는 상황이 온다면 그때는 말로 비판을 받는 것 이상의 반발을 받을 위험이 없이 그 단계를 과감하게 밟을 수 있다고 판단했다.

더욱이 그의 친족 카테리나 (코시모를 미워하고 여러 경우에 그를 방해한) 가 1560년부터 프랑스의 실세가 되었으므로, 코시모는 그녀가 비록 독일과는 별다른 문제를 겪지 않을지라도 스페인과 영국 양국과 어려운 관계에 들어갈 것을 예상했다. 그 때가 되면 그녀가 자신의 구도에 적극 반대할 수 없을 것이므로 그 때가 올 때까지 기다리는 것이 유리했다.[21] 그렇게 기다리는 동안 그는 로마에 영향력을 구축하는 데 큰 성공을 거두었기 때문에 세 명의 교황이 사실상 그의 지배를 받았다.

한편 코시모는 자기 가문의 위상을 더욱 공고히 하기 위한 조치들을 취했다. 그 가문은 이미 그의 딸들의 결혼으로 크게 강화되어 있었다. 딸들 가운데 하나는 당시에 페라라 여공작이 되어 있었고, 또 하나는 브라치아노의 여제후 곧 로마에서 가장 강력한 제후의 부인이 되어 있었다. 1560년 코시모는 피우스 4세에 대한 영향력에 힘입어 당시 열일곱 살이던 둘째 아들 조반니를 추기경으로 만드는 데 성공했다.[22] 이로써 위대한 자 로렌초가 교황 레오 10세가 된 다른 조반니를 내세워 성공적으로 밟은 과정을 답습했다. 코시모는 총애하던 아들 조반니도 비슷한 성공을 거두기를 바랐다. 그가 추기경이 되면 자신이 각별한 이유를 가지고 있던 로마에서의 영향력을 강화하는 데도 큰 도움이 될 것이었다.

1561년에는 산토 스테파노회(the Order of Santo Stefano)라는 토스카나 기사회(the Tuscan Order of Knighthood)를 설립했는데, 훗날 이 단체는 토스카나에서 큰 명성을 얻어 지원자들로 문전 성시를 이루었다. 이 단체는 일종의 해군 수도회로서, 그 주된 목적은 (i) 지중해에 출몰하는 해적을 소탕하고, (ii) 해적들과 투르크족에게 붙잡혀간 그리스도교인들을 해방시키고, (iii) 그리스도 교 신앙을 전파하는 것이었다. 공작이 직접 총장이 되었고, 그 수도회가 귀족들만

---

21) 카테리나와 코시모는 각각 위대한 자 로렌초를 공동의 고조부로 두었다. 그 가계는 이러하다:

위대한 자 로렌초

| 피에트로 | | 루크레치아 |
|---|---|---|
| 로렌초 | | 마리아 |
| 카테리나 | | 코시모 |

22) 코시모와 엘레오노라의 여덟 자녀의 출생 연도는 다음과 같다:
마리아(1540년), 프란체스코(1541년), 이사벨라(1542년), 조반니(1543년), 루크레치아(1544년), 가르치아(1547년), 페르디난드(1549년), 피에트로(1554년).

가입할 수 있고 또 토스카나 제1의 수도회로 격상되었기 때문에 기사들은 공작과 그의 왕조를 보호하기 위한 일종의 항구적인 호위대가 되었다. 산토 스테파노의 기사들은 해군 수도회였으므로 피사에 수도원 본부와 교회를 두었고, 교회당에다 투르크족과 바르바리족 해적들에게 빼앗은 무어족 깃발들과 전쟁에서 노획한 투르크족 갤리선의 이물 장식물들을 내걸었다. 이 기사들은 레판토 전투에서 큰 명성을 얻었다(1571). 이 수도회의 십자가는 몰타 기사단의 십자가와 모양이 비슷했으나, 흰색이 아니라 붉은색이라는 점에서 달랐다.[23]

같은 해인 1561년 이미 세 딸 중 하나를 잃은 적이 있는 코시모와 엘레오노라는 페라라에서 페라라의 공작 부인인 딸 루크레치아의 사망 소식을 들었다. 당시 그녀의 나이 열일곱 살이었다. 훗날 그녀가 불륜 때문에 남편에게 독살되었다는 주장이 제기되었으나, 그 주장은 가장 권위있는 전문가에 의해 사실무근이자 피렌체의 푸오루시티에 의해 날조된 것으로 간주된다.

그러던 중 코시모에게는 가문에 내적인 두려운 재앙이 엄습했다. 1562년 10월에 그는 그로세토와 마레마 습지대, 그리고 레그혼을 거쳐 피사로 가기 위해 길을 나섰다. 그 지역들에서 시작시켜 놓은 다양한 군사 및 기술 작업들을 직접 둘러볼 생각이었다. 길을 나설 때 아내 엘레오노라(그녀는 일년 넘게 폐 출혈에 시달렸고, 의사들에게 따뜻한 지방의 해안가로 가서 겨울을 지내라는 권유를 받았다)와 세 아들 조반니, 가르치아, 페르디난도를 데리고 갔다. 그 해에는 토스카나의 상당 지역에 악성 말라리아가 돌았고 마레마 습지대에서는 더욱 기승을 부렸는데, 그런 이유에서 의사들은 코시모에게 어린 아들들을 데리고 가지 말라고 권유했다. 그러나 아들들은 그런 여행길에 수렵을 한 번 해보고 싶어서 아버지를 졸라 의사들의 조언을 무시하도록 했다. 그 여행은 비참하게 끝났다. 한 달 새에 엘레오노라, 조반니, 가르치아가 모두 말라리아 열병에 걸려 죽은 것이다. 조반니는 레그혼에 도착하여 죽었고, 가르치아와 그의 어머니는 피사에 도착한 지 3주 뒤에 죽었다.

코시모 같은 사람을 둘러싸고 그런 사고가 발생했으니 비참한 살인 사건

---

23) 그 수도회는 1859년에 해체되었다.

이라는 설이 제기되지 않을 리 만무하다. 그런 이유에서 대단히 그럴 듯한 설을 하나 소개하고자 한다. 이 세 사람의 죽음에 관한 진짜 이야기를 전하기 위해서 말이다. 그 설에 따르면, 레그혼에서 두 형제가 서로 싸우다가 가르치아가 형 조반니를 칼로 찔렀고, 조반니는 그로 인해 사흘 뒤에 죽었으며, 코시모는 사랑하던 아들이 이렇게 죽자 대노하여 칼을 빼어 직접 가르치아를 죽였으며, 엘레오노라는 중복된 살인을 겪고 나서 슬픔과 공포에 휩싸인 채 죽었다는 것이다.

이 설(오늘날까지 계속 제기되는)은 당대의 다양한 사가들에 의해 진술되었다. 당대의 사가들은 메디치가의 사적 문서들을 열람할 수 없었기 때문에 그들 스스로도 종종 미덥지 않은 정보에 의존할 수밖에 없었다. 그리고 그들 중 여럿은 이 설을 소개하면서도 그 사실성을 의심한다. 그들이 확신을 갖지 못한 주된 이유는 그 주제를 아무리 깊이 규명하더라도 그 설을 맨처음 발설한 장본인을 찾아낼 수 없었기 때문이다. 게다가 아무리 조사해 봐도 그 설이 토스카나에서 유래하지 않고, 그 다양한 설의 한결같은 진원지가 피렌체 망명객들의 주요 거점이던 로마라는 사실이 드러난다. 이 곳에서 편지와 인편으로 베네치아와 프랑스, 그리고 무엇보다도 트렌트 공의회에 모인 대규모 성직자들에게 전파된 이 설은 곧 토스카나 바깥 지역에서 공통된 견해가 되었고, 유럽 전역에서 코시모의 적대국에 의해 정설로 받아들여졌다.

그러나 이 사건에 관한 설들이 모두 동시에 등장한 것은 아니다. 누군지는 모르나 로마에서 그 설을 퍼뜨린 자들은 조금씩 퍼뜨렸다. 11월 20일에 조반니가 죽었을 때는 그가 동생 가르치아에게 살해되었다는 소문이 퍼졌다. 3주 뒤에 가르치아가 죽었을 때는 조반니가 부상당한 뒤 그에 대한 응징으로 동생에게 부상을 입혔고, 가르치아는 그래서 죽었다는 소문이 퍼졌다. 그 설은 50년간 그런 내용으로 남아 있었다. 그러나 50년 이상이 지난 뒤에 그 설의 이 첫 부분에 살이 붙어 가르치아가 앞에서 말한 그런 이유 때문에 죽은 게 아니라 조반니의 죽음에 대노한 코시모가 직접 둘째 아들을 죽였고, 엘레오노라도 그것을 보고 공포에 질려 죽었다는 내용으로 변질되었다. 그러기 전 50년 동안에는 이탈리아를 아무리 뒤져봐도 그런 내용을 심지어 암시라도 하는 편지나 문서나 역사 자료가 단 한 줄도 없다. 이 부가된 내용은 이야기를 대단히 극적으로 만들었기 때문에 훨씬 더 쉽게 퍼졌다. 하지만 코시모가 죽은 지 오랜 뒤에 유포되었다는 점에서 코시모 본인보다는 그의 가문을 겨냥했을 소지가 크다. 이 설은 급속히 퍼져 보편적 신념이 되었다.

오늘날 국가 고문서들은 과거의 사가들이 열람할 수 없었던 정보를 제공해 준다. 그 문서들에 대한 최근의 조사 결과 그 설의 두 부분을 완전히 일축하고 그 진실성을 의심한 사가들이 옳았음을 입증하는 다량의 증거가 나왔다. 이 증거에는 코시모가 장남 프란체스코(당시 스페인에 가 있던)에게 가족이 이 불행한 여행 기간에 당한 사건들을 적어 보낸 두 통의 편지가 포함되어 있다. 1562년 11월 20일자로 되어 있는 첫 번째 편지에서 그는 아들에게 말하기를, 15일에 조반니가 로시냐노에서 말라리아 열병에 걸려 즉각 레그혼으로 후송했으나 병세가 악화되어 편지를 쓴 그 날짜에 그곳에서 죽었고, 가르치아와 페르디난도도 열병에 걸렸지만 병세가 심하지 않아서 자신이 다음 날 피사로 데려갈 생각이며, 거기서 회복되었으면 좋겠다고 한다. 그리고 이 악성 말라리아가 가족이 지나가고 있던 그 지역에서 유난히 기승을 부렸다고 한다. 그 뒤에 12월 18일자로 장남에게 편지를 보냈는데, 아내가 죽은 그 날에 슬픔에 잠긴 채 쓴 이 편지에서 코시모는 프랑수아에게, 피사에 도착한 뒤 가르치아의 열병이 더 심해졌고, 스무하루를 몹시 앓다가 12월 12일에 죽었으며, 아이 어머니도 병약한 몸을 이끌고 아들을 간호하는 데 진력하느라 탈진하여 엿새 뒤에 세상을 떠났다고 기록하며, 아이와 어머니의 임종 순간을 자세히 기록한다.

이 편지들은 이미 언급한 국가 고문서 보관소에 소장된 다른 문서들과 함께 오랫동안 역사 사실처럼 신뢰를 얻어온 그 설이 완전히 꾸며낸 이야기임을 완벽하게 입증한다. 발설자가 없다는 사실만으로도 진지하게 받아들일 만한 설이 못 된다. 그것은 사실상 코시모가 권좌를 차지한 방법에 기원을 둔 일련의 설들 가운데 하나였다. 몬테무를로 시절부터 코시모와 피렌체의 수많은 가문들, 즉 코시모의 집권 과정에서 벌어진 전투에서 가까운 친족이 그의 손에 무자비하게 처형되는 일을 당하고 망명해서 살던 수많은 피렌체인들 사이에 전쟁이 끊이지 않았다. 그 전쟁에서 잔인하고 복수심에 불탄 코시모는 기회가 닿는 대로 원수들을 잡아 죽였고, 망명객들은 비록 복수심은 마찬가지로 뜨거웠으나 가난에 허덕이고 자원도 변변치 않았기 때문에 암살을 시도하고, 진흙을 많이 던지다 보면 그 중 더러는 가서 맞는다는 원칙에 입각하여 이런 유의 설들을 끊임없이 유포시키는 방법으로 대응했다.

「케임브리지 현대사」(The Cambridge Modern History)는 다음과 같은 말로써 그 설을 일축한다:

> "1562년 가을에 그(코시모)는 마레마에서 며칠 새에 아내와 두 아들 가르치아와 조반니를 잃었다. 일년 전에는 무척 사랑하던 딸 루크레치아가 페라라의 알폰소 2세와 결혼한 직후에 죽었다. 이러한 자연적 불행들이 한 세기 뒤에 가서 험담꾼들과 피렌체 망명객들에 의해서 간음과 독살과 형제 살해와 자녀 살해라는 극적인 비극들로 왜곡되어 군주 가문의 역사로 전해 내려왔다."

그러나 그 사건은 액면 그대로만 가지고도 대단히 비극적인 사건이었다. 들뜬 마음으로 여행길에 나선 다섯 식구 중에서 살아 돌아온 사람은 코시모와 어린 아들 페르디난도뿐이었다. 코시모는 한 달 새에 23년간 벗과 조언자가 되어준 헌신적인 아내와 두 아들을 잃었다. 그 중 한 아들은 얼마 전에 추기경이 되었기 때문에 코시모가 큰 기대를 걸고 있었고, 두 아들 모두 상당한 장점들을 갖고 있었다. 시신 세 구는 피렌체로 운송되어 산 로렌초 성당에 묻혔는데, 조반니의 장례는 그의 어머니와 동생의 시신을 합장하기 위해 무덤을 다시 개봉할 때까지 연기되었다. 오늘날 이 가족묘의 한쪽 구석에는 코시모와 엘레오노라, 조반니, 가르치아의 시신이 나란히 누워 있는데, 그 중 코시모를 뺀 세 사람의 묘비에는 사망일이 각각 다음과 같이 적혀 있다: 조반니, 1562년 11월 20일; 가르치아, 1562년 12월 12일; 엘레오노라, 1562년 12월 18일.

브론치노가 가련한 가르치아 — 그를 알던 사람들에게 좋은 성품으로 알려졌으나, 열여섯 살에 죽고, 그 뒤에 여러 세기 동안 자기 아버지에 대한 정치적 적개심 때문에 크게 모욕을 당한 — 를 그린 초상화는 그 가족이 그처럼 재앙으로 끝난 여행을 위해 피렌체를 떠나기 불과 몇 달 전에 그린 것임에 틀림 없다. 다섯 아들 중에서 그가 어머니에게 가장 총애를 받던 아들이었다. "그녀는 그를 눈동자처럼 사랑했다"고 어떤 연대기 저자는 말한다.

이러한 가족들의 죽음은 코시모에게 심각한 타격을 입혔다. 이 사건을 겪은 뒤부터 그는 전보다 더 어둡고 우울하고 고집불통이 되었다. 이제 남은 자녀는 스물두 살인 프랑수아, 스물한 살인 이사벨라, 열네 살인 페르디난도, 여덟살짜리 꼬마 피에트로, 이렇게 넷밖에 없었다. 이사벨라는 소식을 들은 뒤곧 로마에서 돌아와 친정 식구 부양을 떠맡았는데, 그녀의 남편 오르시니는 자기가 로마에 남아 있는 동안 아내가 피렌체로 가서 살도록 동의해 주었다.

메디치가가 맞이한 유일한 스페인계 여성인 엘레오노라 디 톨레도 ─ 그 가문이 외국에서 맞이한 여성들은 그녀를 빼놓고는 모두 프랑스나 오스트리아계였다 ─ 는 그 가문의 역사에서 그녀가 실제로 받은 지위보다 훨씬 더 유력한 지위를 차지할 가치가 있다. 1539-1549년에 코시모가 권력의 기반을 다질 때 그녀가 발휘한 역할은 제대로 주목을 받지 못했다. 하지만 엘레오노라 디 톨레도는 그 가문의 제2설립자로 간주돼야 옳다. 코시모가 약관의 나이에 재산도 가문도 친구도, 그가 장악한 취약한 권좌를 뒷받침할 영향력도 없을 때 그녀가 그에게 제공해 준 지원은 지대한 것이었기 때문이다. 만약 그녀의 지원이 없었다면 그는 얼마 못 가서 권좌를 잃었을 것이고 목숨마저 부지하지 못했을 것이다. 코시모가 과연 어떻게 그처럼 한미(寒微)한 상태에서 그렇게 빠른 시간 안에 그렇게 확고히 권력 기반을 다졌는지 많은 사람들이 궁금해해왔지만, 그 비결은 엘레오노라 디 톨레도에게 있다.

코시모는 세월이 흐르면서 건실한 재정 정책과 평생 도모한 개인 사업에 힘입어 스스로 부자가 되었지만, 이러한 수입의 기반을 다지는 데는 시간이 걸렸고, 통치를 시작할 때는 그런 사업을 시작하고 스스로를 보호하기 위해 군사력을 유지하기 위해서는 자금이 절실히 필요했다. 그렇게 절실한 자금을 엘레오노라가 즉시 충당해 주었던 것이다. 코시모는 자기를 받쳐 줄 친구도 영향력도 없었지만, 엘레오노라는 외동딸이라는 이점 때문에 그에게 아버지의 막강한 지원을 받게 해 주었다. 이탈리아 남부 전체를 다스리던 통치자였던 그녀의 아버지는 항상 교황이 코시모를 괴롭히지 못하도록 바람막이가 되어주었다. 무엇보다도 엘레오노라는 코시모 같은 기질을 지닌 사람에게 썩 잘 어울리는 아내가 될 만한 성품을 가지고 있었다. 그녀는 남편의 어둡고 우울한 성격을 어떻게 다룰지, 한 번 화가 나면 불같이 타오르는 남편을 어떻게 가라앉힐 수 있는지를 알고 있었다. 항상 남편에게 헌신했으며, 23년 결혼 생활을 하는 동안 남편에게 영향력을 잃어본 적이 없었다. 코시모의 호의를 받아낼 수 있는 유일한 통로였다. 그리고 평생 코시모의 예민한 조언자였다. 비록 피렌체에 오기 전까지 나폴리에 있는 아버지의 총독 궁전에서 훨씬 화려한 생활이 몸에 배어 있었지만, 코시모가 10년 뒤에 더 적합한 거처를 마련해줄 수 있을 만큼 형편이 좋아질 때까지 음산한 베키오 궁전에서 불평 한 마디 없이 지냈다. 마지막으로 그녀의 자애로운 성품은 그녀가 마흔 살에 죽어 코시모의 곁을 떠났을 때 그의 성격이 현저히 누그러져 있었던 사실이 여실히 입증해 준다. 브론치노가 그린 엘레오노라의 근사한 초상화에는 그녀 곁에 어린 아들 페르디난도가 있다. 우피치 미술관에 소장되어 있는 이 초상화는 브론치노의 여러 초상화들 중 가장 빼어난 작품이다. 무슨 이유에서인지 이 초상화에 묘사된 그녀의 표정에는 슬픔이 깃들어 있다. 배경에 쓸쓸한 늪지와 저 멀리 보이는 어둡고 황량한 산들이 연출해 내는 밤의 정경이 그녀의 이러한 표정과 잘 일치한다. 이 그림은 1553년, 그러니까 그녀가 서른한 살이고 페르디난도가 네 살 때 그렸음에 틀림없다. 엘레오노라는 흰 공단으로 만든 장중한 드레스를 입고 있다. 드레스에는 매우 탁월한 모양으로, 짙은 검정 레이스가 온통 수놓아 있고, 머리에는 진주들을 엮은 금띠를 둘렀고, 목에는 큰 진주들로 엮어 많은 목걸이를 둘렀으며, 허리에는 진주들로 만든 커다란 장식술을 둘렀다. 이 드레스는 후대에 중요한 역사를 갖게 되었다. 엘레오노라는 훗날 대대로 이 가문의 관습이 된 방식으로 장례되었는데, 그녀의 때부터 메디치가의 모든 사람들은 생시에 착용했던 가장 화려한 의상을 차려입고 각종 보석으로 치장한 채 장례되었던 것이다. 엘레오노라는 이 초상화의 모습 그대로 차려 입은 채 장례되었다.

1857년 국가로부터 메디치가의 모든 관을 개봉하여 조사하도록 허가가 났을 때, 메디치가가 사라진 뒤 제대로 관리되지 않았던 까닭에 19세기 초반에 보석을 노린 도둑들에 의해 도굴되어 묘들이 상당히 어지럽혀져 있었다. 조사가 이루어졌을 때 엘레오노라의 관은 외부든 내부든 아무런 이름이나 비명(碑銘)도 없이 발견된 몇몇 관들 중 하나였다. 그러나 그녀의 유해는 브론치노의 유명한 초상화를 통해 많은 사람들에게 친숙히 알려진 이 드레스 때문에 금방 식별되었다. 관들에 대한 정식 조사 보고서는 그녀의 관에 대해서 이렇게 진술한다: "그 시신은 조각상들의 갤러리에 소장되어 있는 브론치노의 초상화에 묘사된 그대로 보디스와 스커트 위에 '레이스'로 잔뜩 장식된 흰 공단 드레스로, 그리고 아울러 머리에 두른 금띠로 뚜렷이 확증되었다. 이 드레스 속에는 심홍빛 벨벳 속치마가 있었다. 발에도 심홍빛 벨벳 신발을 신고 있었다."

그러나 목에 두른 진주 목걸이와 진주 장식술을 단 허리띠는 도둑 맞고 없었다. 코시모는 가정에 닥친 큰 시련에도 불구하고 처음부터 작정한 목표에서 한눈팔지 않았다. 이 목표를 달성하기 위해서는 아들 하나를 로마에서 항상 자신의 이익을 대변해 줄 추기경으로 세워둘 필요가 절실했다. 따라서 그는 아내와 아들들의 장례가 끝난 지 한 달 내에 피우스 4세로부터 넷째 아들 페르디난도를 죽은 조반니 대신 추기경으로 삼겠다는 확약을 받았다. 당시 페르디난도는 열네 살밖에 안 되었는데도 말이다.

1563년 12월에 18년을 끌어온 트렌트 공의회가 회기를 마치고 해산했다. 교황 피우스 4세(스스로 메디치가의 일원이 된 교황)는 이 공의회가 그의 이름으로 새 신조를 작성했고, 이 신조가 로마 교회에 속한 모든 교회들에 의해서 세 가지 고대 신조들에 덧붙여 채택된 사실로 인해 항구적인 업적을 남겼다. 트렌트 공의회는 개최된 중요한 목적에 관해서는 아무것도 얻은 게 없었다. 그리스도교 세계를 재통일하려는 시도를 포기한 채(주교들은 이 공의회가 모이기 여러 해 전부터 그 목표를 달성하기 위해서 무척 애를 썼다), 교황 하드리아누스 4세가 질병의 원인으로 적확히 진단한 악을 처리하거나 그가 유일한 치유제로 지적한 "교회 수장의 절대 권력 제한"이라는 치유제를 적용하려는 노력을 조금도 하지 않았다. 피사, 콘스탄스, 바젤에서 열린 공의회들조차 시도했던 그런 노력을 말이다. 정반대로 이 공의회는 교황청을 13세기에 섰던 기반 위에 재수립하는 데 온통 관심을 기울였다. 따라서 두 진영을 통일시키는 대신 차이를 더욱 가속화했다.

그럼에도 불구하고 황제 페르디난트 1세는 화해를 이끌어 낼 수 있다는 희망을 포기하지 않았다. 공의회가 이렇게 성과 없이 끝나 해산하자마자, 황제는(2년 전 프랑스에서 카테리나 데 메치디가 보였던 본을 어느 정도 따서) 대단히 박식한 벨기에 신학자 게오르기우스 카산데르(George Cassander)에게 재통합이라는 주제로 새로운 협의회를 소집하기 위한 기반을 마련하기 위해 양진영 사이의 쟁점들을 담은 진술서를 작성하도록 부탁했다. 카산데르는 "가톨릭과 프로테스탄트 사이에 쟁점이 되어 있는 신앙 조항들에 관한 소고"라는 매우 유능하고 방대한 논문으로 그 일을 훌륭히 해냈고, 이 논문은 제때에 출판되었다. 그러나 황제가 죽는 바람에 그가 추진하던 일은 더 이상 진척되지 않았다.

1564년 황제 페르디난트 1세가 죽고 그의 아들 막시밀리안 2세가 위를 계승했다. 코시모는 그와 밀접한 관계를 수립하기를 희망했는데, 이 점에서 그는 성공을 거두어 1565년 1월에 장남 프란체스코를 황제 막시밀리안의 누이이자 황제 페르디난트 1세의 딸이자 황제 카를 5세의 조카인 오스트리아의 대공비(大公妃) 요안나와 결혼시켰다. 이것은 메디치가가 그토록 여러 세대 동안 기어올라온 사다리에서 한 단계 더 올라간 것으로서, 그들이 여태껏 올라보지 못한 가장 격상된 결혼이었다. 코시모는 훗날 자신이 더 이상 피렌체 공작이 아니라 왕으로서의 권리를 주장할 때가 올 때 이 결혼이 실질적인 도움이 되리라고 희망을 가질 만한 충분한 이유가 있었다. 그러나 프란체스코와 요안나의 관계가 행복해질 조짐이 보이지 않았다. 프란체스코는 결혼 전 일년 넘게 아름다운 베네치아 여성 비앙카 카펠로를 뜨겁게 연모했던 반면에, 대공비 요안나는 외모가 평범한데다 매너도 무뚝뚝할 뿐 아니라, 그 결혼이 자기 품위를 손상시킨 결혼이라는 속마음을 서슴없이 표출했다.

백방으로 며느리의 위신을 세워 주려고 노력한 코시모는 며느리를 좀 더 명예롭게 할 수 있는 방법이라면 조금도 마다하지 않았다. 베키오 궁전을 프란체스코와 요안나의 거처로 넘겨주었고, 피렌체 시뇨리아의 오래된 성을 바사리에게 의뢰하여 대공인 며느리의 거처로 알맞게 아름답게 장식하도록 했다. 자신이 엘레오노라와 거하던 스위트룸의 인테리어를 완전히 개조했다. 안뜰 현관 홀 둘레에는 프레스코로 오스트리아 도시들을 그려넣어 요안나에게 친숙한 볼거리를 제공하게 했다.

안뜰의 육중한 기둥들은 금 바탕에 치장 벽토를 입혀 장식했는데, 금은 일찌감치 사라졌지만 기둥들은 오늘날도 그대로 남아 있다. 궁전 중앙에는 "돌고래와 노는 소년"이란 표제가 붙은 베로키오의 아름다운 분수대를 설치했다. 이것은 원래 위대한 자 로렌초가 카레지 저택에 설치하도록 제작한 것이다. 코시모는 보볼리 산에서부터 베키오 다리 위로 상수관을 설치하여 이 분수대에 특별히 맑은 물을 공급했다. 대공비 요안나는 1565년 1월에 피렌체에 도착했고, 결혼식은 산 로렌초 성당에서 치러졌다. 결혼식이 끝난 뒤부터 일주일 간의 공식 축제가 성대하게 벌어졌다.

코시모는 아들을 황제의 누이와 결혼시키면서 이러한 준비 외에도 오늘날도 여전히 피렌체의 큰 볼거리로 남아 있는 또다른 공사를 벌였다. 호메로스가 헥토르의 궁전과 프리암의 궁전의 연결을 묘사한 단락을 모방하여(아울러 민란이 일어날 때 가문의 도피로로 삼기 위해) 코시모는 엄폐된 긴 복도를 만들어 자신의 궁전과 자기 아들이 살게 될 베키오 궁전을 연결했다. 그러기 위해서 바사리에게 유명한 파사지오를 건설하도록 지시했다. 이것은 총 길이가 거의 800m나 되는 긴 주랑(柱廊)으로서, 베키오 궁전에서 시작하여 혼잡한 도심을 뚫고 지나가 우피치 곧 관공서(코시모가 1561년에 건축함)로 알려진 건물을 지나 베키오 다리 위의 가옥들과 상점들을 지나 공작 궁전으로 연결되었다. 이 공사는 대단히 신속히 이루어졌음에 틀림없다. 계약 일자는 1565년 3월 12일로 서명되어 있는데, 라피니(Lapini)의 말에 의하면 그 통로가 11월에 완공되었다고 하기 때문이다. 이 공사 계약서에는 오늘날 피렌체를 아는 사람들의 흥미를 끄는 몇 가지 세부 내용이 실려 있다:

"산 피에로 스케라조 성당에서 벽에 문장이 붙은 쪽으로 난 도로[24] 위에 아치를 세우고, 시뇨르 트라야노 보바 씨의 가옥에 아치를 또 하나 세운다. 룽가르노 거리를 따라 베키오 다리까지 아치들과 벽기둥들로 복도를 만들고, 거기서 상기 다리의 상점들과 가옥들 위로 해서 루바콘테 다리 쪽으로 잇고, 돌 까치발을 사용하여 마테오 마넬리의 집 탑에서 방향을 튼다. 이 탑에서부터 바르디 거리로 연결하는 아치를 또 하나 세우고, 마넬리가(the Manelli)의 가옥 맞은편에 있는 '파르테 겔파'(the Parte Guelfa)의 탑 위에 얹는다. 그 다음에는 대로변 가옥들의 좁은 뒷골목 위로 복도를 이어가 산타 펠리치타 성당의 현관 위를 통과하게 하고, 거기다 로지아(한쪽이 트인 주랑)를 만든다.[25] 거기서부터 산타 펠리치타의 봉쇄 구역을 따라 길게 늘어선 외벽 기둥들로 복도를 지탱하게 하고, 거기서부터 점차 피티 궁전 정원으로 복도를 내려앉게 한다. 이 복도와 부속물들에는 지붕을 씌우고, 천정에 회반죽을 입히고, 수성 페인트를 칠하고, 위대하고 탁월한 거장 조르조 바사리가 수시로 지시하는 주문, 디자인, 양식에 따라 완공한다."

이 계약서에서 복도를 마넬리 궁전 외곽에 까치발을 설치하여 그 곳을 감싸고 돌아가게끔 지시하는 문장이 흥미롭다. 그 궁전은 다리 끝에 서 있으며, 여러 세대 동안 마넬리가가 주인으로 살아왔다. 궁전의 위치상 코시모의 새 복도가 그곳을 관통해야만 하게끔 되었을 것이다.

멜리니(Mellini)는 이렇게 말한다: "따라서 코시모는 이 궁전의 주인들에게 사람을 보내 그 곳을 관통하는 복도를 내도록 허용할 용의가 없는지 물었다. 그러나 그들은 만약 그것이 자기들의 궁전을 관통한다면 궁전을 훼손하게 될 것임을 지적하면서 완강히 반대했다. 그러자 그(코시모)는 오늘날 우리가 보는 대로 석재 까치발을 달아 복도를 그 가옥의 외곽에서 급하게 꺾어 지나가게 했다. 하지만 누구나 자기 집에 대해서 마음대로 할 수 있는 것이라고 말하고

---

24) 현재의 나나 거리.
25) 이 개랑(開廊)은 성당의 서쪽 문으로 열려서 가문 사람들이 이 성당에서 거행되는 미사에 참석할 때 통로로 사용했다.

지나감으로써 그들에게 악감을 품지 않았다." 그때까지 베키오 다리에는 정육점들이 늘어서 있었다. 하지만 코시모는 파사지오를 만들자마자 그들에게 철시(撤市)를 명령하고 피렌체의 모든 보석상들에게 이 구역을 차지하라고 지시했다. 이때부터 이곳은 보석상가 구역이 되었다.

코시모는 장남이 결혼한 뒤부터 그에게 집안 문제에 대해 전권을 부여했고, 자신은 외교 문제를 전담했다. 같은 해(1565)에 교황 피우스 4세가 죽고 그의 자리를, 새 종교를 무자비하게 탄압한 엄격하고 연로한 종교재판관 피우스 5세(미셸레 기슬리에리)가 계승했다. 그러한 교황에 대해서 어떻게 행동하는 것이 코시모가 항상 유지하려고 노력한 바티칸에 대한 지배적인 영향력을 유지하는 데 가장 도움이 되는지 예상하기 어렵지 않았다. 프랑스, 스페인, 독일의 정세를 감안할 때 자신이 그토록 오랫동안 준비해 온 단계를 밟을 수 있는 때가 다가오고 있음을 직감했기 때문에 그것은 더 절실한 과제였다.

새 교황의 성격은 곧 이탈리아 전역에서 피부적으로 느껴졌다. 프로테스탄트 신앙이 뿌리를 내린 곳에 대해서 대대적인 척결 작업이 시작되었다. 이러한 상황은, 오랫동안 메디치가의 확고한 친구였으며 다양한 역량을 사용하여 코시모에게 큰 유익을 끼친 사람을 위험에 빠뜨렸다. 카르네세키는 클레멘스 7세의 교황좌대서기(Protonotary Apostolic)를 지내고 심지어 클레멘스보다 오히려 그가 교황이라는 말을 들을 정도로 교황에게 지대한 영향력을 행사한 피렌체의 좋은 가문 사람이었다. 클레멘스가 죽고 몇 년 뒤에 그는 발데스(Valdes)의 감화와 가르침을 받아 프로테스탄트 교도가 되었고, 얼마 되지 않아 이탈리아의 지도급 프로테스탄트 인사가 되었다.

몇 년간 프랑스에서 지낸 뒤 이탈리아로 돌아왔으나, 1557년 교황 파울 4세에게 '치유 불가능한 이단'으로 선고를 받고 살기 위해서 도피해야만 했다. 프랑스로 가서 카테리나 데 메디치의 보호를 받았다. 파울 4세가 죽자 피렌체로 돌아왔고, 피우스 4세의 재위 기간 동안 시달리지 않은 채 그 곳에서 살았으며, 코시모에게 각별히 신임을 받는 친구이자 조언자였다. 그러나 교황 피우스 5세가 선출되자 카르네세키의 처지는 당장 위태로워졌다. 게다가 그는 얼마 전에 황제에게 영향력을 행사하여 독일 중앙에서 진정한 의미의 에

큐메니컬 공의회를 소집하게 하고 교황도 직접 참석하게 해 달라고 코시모에게 탄원했기 때문에 처지가 더 위태롭게 되었다. 교황 피우스 5세는 만약 카르네세키의 주장대로 코시모의 영향력이 행사될 경우 나타날 결과를 우려하여 이 친구이자 조언자를 코시모 곁에서 제거하고 싶어했고, 어떻게든 그를 체포하여 종교재판소로 넘기려고 했다.

반면에 카테리나 데 메디치는 코시모에게 자기가 했던 대로 카르네세키를 보호하고 그를 넘겨 달라는 교황의 요구를 거부해 달라고 청원하는 편지를 보냈다. 그러나 코시모가 어떤 사람이던가? 그는 평생 자기 계획에 걸리적거리는 사람은 누구든 무자비하게 희생시킨 사람이었다. 그의 생각은 어떻게 해서든 교황의 호의만 입으면 된다는 쪽으로 기울어져 있었는데다, 카르네세키의 목숨이 꽤 좋은 값을 쳐서 받을 만한 흥정거리라는 것을 잘 알고 있었다. 그러므로 그의 생애에서 마지막 수치로서, 그는 1566년 7월 자신의 이 신실한 지지자와 그의 가문을 교황에게 넘겨주었다. 1567년 10월 카르네세키는 종교재판소에 의해 로마에서 화형을 당했다. 그리고 나서 2년 뒤에 코시모는 그 대가를 받았다. "카르네세키는 이탈리아의 본격적인 종교개혁자들 중 마지막 인물로서, 그의 죽음으로 한때 그 나라에 무섭게 타올랐던 그 나라의 개혁 정신은 완전히 꺼졌다."

1569년, 프랑스에서 자르낙 전투와 몽콩투르 전투가 벌어지고 카테리나 데 메디치의 번민이 절정에 달한 그 해에, 코시모는 그 시점을 오랫동안 품어온 단계를 밟을 수 있는 마지막 좋은 기회로 간주했다. 프랑스는 나라 이 끝에서 저 끝까지 내전으로 불타고 있었고, 스페인은 네덜란드와 전쟁을 벌이는 동시에 다른 한편으로는 프랑스의 내전에 개입해 있었고, 영국은 프랑스 및 스페인과 동시에 전쟁을 벌이고 있었으며, 독일 황제 막시밀리안도 손에 비슷한 고민거리를 잔뜩 들고 있었다. 따라서 코시모가 왕으로 등극한다 한들 누구 하나 적극적으로 방해할 소지가 적었다. 그러므로 "교황 피우스 5세에 대한 코시모의 절대적인 영향력과 그가 교황청에 파견한 여러 우수한 관료들 덕분에" 그 교황은 코시모 1세를 '토스카나 대공'으로 세우는 대칙서를 발행했다.

이렇게 함으로써 교황은 물론 황제의 대권을 행사한 셈이었지만, 코시모는 시간이 지나면 황제도 그것을 기정 사실로 묵인할 것이라고 믿었다. 교황의 행동은 일반적인 관점에서 볼 때도 부당하지 않았다. 코시모는 토스카나를 다른 절대 군주들이 다스리는 나라들에 비해 손색이 없을 만큼 강력하고 중요한 지위로 끌어올렸던 것이다. 1570년 2월, 코시모는 로마에서 치러진 성대한 의식에서 교황에게 왕관을 받았다. 스페인과 독일은 코시모의 새로운 지위를 인정하기를 거부했다. 그러나 프랑스와 영국은 인정했다. 그리고 그 뒤 몇 년 동안 유럽의 다른 강대국들도 하나 둘씩 그의 지위를 인정했다.

새 왕관의 형태는 독특한 것으로서, 교황의 대칙서에 그 형태가 자세히 명시되었다. 대칙서는 토스카나의 왕관을 (프랑스와 스페인, 그리고 그밖의 나라들의 왕관과는 달리) "피렌체의 백합과 함께 동방 왕들의 왕관처럼 빛나게" 제작하도록 명시했다. 이 왕관은 붓꽃 잎사귀들을 상징할 의도로 깃들을 바깥으로 뾰족하게 휘어져 올라가게 했다. 왕관 정면 중앙에는 크고 붉은 피렌체의 백합이 있었고, 이로써 피렌체 고대 공화국의 문장을 왕관의 주된 보석으로 만들었다. 홀(笏)도 독특했다. 홀의 머리에 메디치가의 구(palle)를 얹고, 그 위에 피렌체의 백합을 얹게 했다.

이 행사를 기념하기 위해 그려진 코시모의 초상화에는 그가 대공의 의복을 입고, 머리에는 새 왕관을 쓰고, 손에는 홀을 쥐고 있는 모습을 하고 있다.

이렇게 하여 메디치가는 권력의 절정에 올랐으며, 메디치가 일원의 머리에 마침내 왕관이 얹혀졌다. 피렌체의 보잘것없는 은행가였던 조반니 디 비치의 이름이 알려진 지 170년 뒤에 그의 후손인 가문의 수장이 유럽 군주들의 반열에 오른 것이다. 묘하게도 클레멘스 7세가 오래 전에 꿈꾸었던 운명이 그의 의도와는 사뭇 다른 방식으로 실현되었다. 그의 의도와는 달리 장자 계열의 자손이 아닌, 그가 메디치가의 영예를 잇지 않게 하려고 무던히 애썼고, 마침내 고베르놀로의 전장에서 제거했다고 생각한 조반니 델레 반데 네레의 아들의 머리 위에 왕관이 씌워진 것이다.

코시모의 생애 중 나머지 4년은 그의 성격이 크게 나빠진 점에서만 두드러진다. 엘레오노라가 죽은 뒤부터 나빠지기 시작한 그의 성격은 해가 갈수록 점차 더 나빠지다가 이 마지막 4년에는 더욱 형편없어졌다. 그는 국정을 무능력한 아들 프란체스코에게 도맡긴 채 새로 얻은 아내와 주로 카스텔로 저택에서 두문불출하며 지냈다. 1571년에 재혼하여 맞아들인 카밀라 마르텔리(Camilla Martelli)라고 하는 후처는 계층이 그와 전혀 다른 사람으로서,[26] 귀천상혼(貴賤相婚, 처자가 지위와 재산을 상속할 수 없는 결혼)상의 아내로 취급되었다. 코시모의 아들들은 이 결혼에 큰 모욕감을 느꼈고, 따라서 카밀라를 아버지의 실질적인 아내로 인정하지를 않았다. 이 결혼과 그 밖에 그가 그녀의 친족들과 벌인 불명예스러운 다툼은 그의 말년을 평안이나 품위와 거리가 멀게 만들었다. 그는 1574년 4월 21일 쉰다섯의 나이에 삼십칠 년의 통치를 마감하고 카스텔로 저택에서 죽었다.

묘비에 '에트루리아 제1의 대공'(Magnus Dux Etruriae Primus)이라는 비명이 새겨진 코시모는 산토 스테파노 수도회 총장의 정복을 입고 보석 박힌 면류관과 홀과 황금 양털 훈장을 지닌 채 산 로렌초 성당에 엄장되었다. 메디치가는 왕관에 관한 한 비용을 아끼지 않았다. 그들은 아무리 보석들로 장식된 왕관일지라도 선조들이 썼던 것은 쓰기를 거부했다. 따라서 메디치가의 대공들은 저마다 각자의 왕관을 쓰고, 자신의 보석 박힌 홀을 곁에 낀 채 묻혔고, 후임자를 위해서 전혀 새로운 왕관과 홀이 제작되었다. 그 결과 19세기 초반에 메디치가의 묘들이 도굴될 때 도굴꾼들은 주로 대공들의 묘만 골라서 도굴했다. 그러나 지하 묘지가 워낙 캄캄한데다 그 곳으로 옮겨진 관들이 일정한 체계 없이 여기저기 흩어져 쌓여 있었기 때문에, 도굴꾼들은 일곱 명의 메디치가 대공들의 관 중에서 다섯 개의 관만 찾아낼 수 있었으며, 코시모 3세와 잔 가스토네의 관들은 곁에 아무런 표지가 없었던지라 발견되지 않았다. 그러나 1857년 국가의 허락으로 그 관들이 개봉될 때 왕관과 홀이 발견된 관은 이 두 개뿐이었으며, 코시모 1세의 관이 유난히 많이 털렸다.

"그 시신은 산토 스테파노 수도회의 정복을 입고 있었고, 정복 밑에는 붉

---

26) 그녀는 세르비 거리에서 비천한 환경에서 산 안토니오 마르텔리의 딸이었다.

은 색의 이중 공단 속옷을, 그리고 발에는 같은 색의 긴양말이 입혀져 있었다. 그의 칼은 유난히 컸고, 금박입힌 칼자루 속에 감춰진 벨벳 안감에는 작은 단도 한 자루와 끝이 바늘처럼 예리한 여러 개의 작은 양날 단검들이 마치 바늘집에 꽂힌 바늘처럼 안감에 꽂혀 있었다. 도굴되어 훼손된 관에는 마땅히 그 속에 있어야 하는 금관, 홀, 그리고 그 밖의 장신구들이 사라지고 없었다."[27]

코시모 1세의 특징은 무자비한 흉악성이었다. 그의 본성에는 관대함이나 후덕함이나 측은지심이 움직이는 법이 없었다. 마치 기계처럼 미량의 동정이나 미량의 가책도 없이 적의(敵意)를 발산했다. 그의 뜻에 복종하지 않거나 계획을 방해하는 자들에게는 즉각적이고 무자비한 죽음이 따랐다. 그들 뒤에는 바르젤로 궁전의 문이 닫혔고, 뜰에 설치된 교수대가 그들의 종말을 목격했다. 혹시 피렌체를 도피할지라도 자객에 의해서 반드시 암살당했다. 이러한 특징과 아울러 또 하나의 특징이 있었는데, 그것은 비열한 성격이었다. 이탈리아에서 가장 용맹스러웠던 군 지휘관의 아들인 그에게 잔인한 성격에 따라 붙기 십상인 비겁함이 있었다는 것만큼 그것을 잘 보여 주는 점도 없었다. 그는 직접 전투에 참여하는 일이 없이 다른 사람들을 대신 보내 자기를 위해 목숨을 걸도록 했다. 그리고 항상 호위병을 거느리고 다녔다. 평소에 잔인한 짓을 일삼았으니 극히 경계하는 것이 당연했다.

그러나 성격이 잔인하고 비열했다고 해서 그가 나라를 위해서 이룩해 놓은 대업을 과소평가해서는 안 된다. 토스카나를 생각할 때 흔히는 그 나라가 18세기 초에 출범했다고 간주하여 코시모 1세가 16세기에 이룩한 부강한 왕국을 잊어버리기 쉽다. 조반니 델레 반데 네레와 마리아 살비아티의 이 아들이 1537년의 과감한 쿠데타로 장악한 작고 무질서하고 보잘것없는 국가 — 수도는 1530년의 긴 공격으로 반쯤 폐허가 되고, 좁은 영토가 전쟁으로 초토화되고, 알레산드로의 5년 통치로 온 나라가 크게 퇴보했다 — 를 초대 대공인 코시모가 후계자들에게 물려준 크고 부강한 왕국과 비교한다는 것은 새삼스러

---

27) '메디치가 영묘에 설치된 묘들을 조사한 뒤 작성한 공식 보고서'(1857).

운 일이다. 그가 토스카나를 맡았을 당시에 그 나라는 작고 천시되고, 외세에 종속되고, 군대도 상업도 농업도 자원도 변변치 않고, 도시들은 파괴되고, 시골은 황폐하게 되고, 사람들은 가난에 찌든 그런 나라였다.

하지만 그는 강한 군대와 신예 함대, 융성한 공장들, 폭넓은 상업, 견고한 법, 모범적인 공공 사업, 체계잡힌 행정, 그리고 근면한 백성이 있는 크고 독립된 국가를 남기고 떠났다. 그는 그의 시대에 가장 강력했던 교황에 효과적으로 저항했고, 나머지 세 교황도 차례로 지배했다. 토스카나가 밀라노처럼 스페인의 속주로 되는 것을 막았고, 그 나라를 이탈리아를 주도하는 나라로 만들었다. 그렇게 작은 나라가 30년이라는 짧은 세월에 당대의 대다수 군주국들과 조금도 뒤질 것 없는 강하고 중요한 지위에 올라선 예는 아마 없을 것이다.

코시모 1세는 이렇게 그가 맡은 것과 남긴 것을 비교해야만 올바로 평가할 수 있다. 그는 능력 면에서 일찍이 피렌체를 당대의 모든 경쟁국들의 우위에 서게 하고, 이탈리아의 예술과 학문의 수도로 만든 메디치가 조상들에게 조금도 뒤지지 않았다. 이러한 능력뿐 아니라 관대하고 숭고하고, 흔쾌히 용서하고 적에게 자비를 베풀고, 품행이 단정하고 백성을 동정하는 품성들을 아울러 겸비했더라면 좋았을 것이다. 그러나 그는 이런 품성들과 거리가 멀었고, 그의 통치는 철권을 휘두른 전제 군주의 통치였다.

피렌체에 전제 정치를 끌어들인 것은 피렌체인들의 의도적인 행위였다. 알레산드로가 죽었을 때 피렌체는 만약 시민들이 원하기만 했으면 얼마든지 과거의 공화제로 돌아갈 수 있었을 것이다. 하지만 어떠한 방향에서도 방해나 압력이 없었는데도 자의로 전제 군주의 통치에 예속되었다.

그러나 그는 전제 군주이긴 했으나 전제에 따르는 폐해가 백성의 다수에게 다 미친 것은 아니었다. 그리고 그의 공평한 법집행, 강력한 정부, 유능한 행정, 건실한 경제법, 나라의 경제적 번영에 힘입어 코시모 1세는 토스카나 주민들의 생활 여건을 그들이 일찍이 누려보지 못할 만큼 월등하게 만들었다.

# 제25장
# 프란체스코 1세

1541년 출생, 1574-1587년 재위, 1587년 죽음.

탄탄대로를 걸어오던 메디치가에 멀리서 조종(弔鐘)이 울려왔다. 처음에는 희미하게 들려오던 그 소리는 그 찬란한 영화 속에서도 들을 수 있었다. 그토록 오랜 세월 동안 얻고자 하던 왕관을 처음에는 줄리오(클레멘스 7세 교황)가, 다음에는 코시모가 쓴 바로 그 날부터 이 가문은 능력 면에서나 품성 면에서 모두 내리막길에 접어들었다. 오늘날 그 가문 문장의 구(palle)에 얹혀 있는 왕관은 영화가 사라져 간다는 신호에 지나지 않았다. 우리는 지금까지 메디치가가 170년 동안 꾸준히 영화의 정점을 향해 올라간 것을 보았다. 하지만 다음 170년 동안은 몰락을 향해 꾸준히 내리막길을 내려오는 것을 보게 된다. 이렇게 내려오는 과정에는 몇 번 휴지기가 있었지만, 전반적인 경향은 동일했다. 코시모의 장남 프란체스코 1세와 함께 그 쇠퇴는 시작되었다.

그 쇠퇴 과정은 그가 실질적으로 권좌에 오르기 5년 전부터 시작되었다. 코시모는 대공의 지위를 얻은 때부터 국정을 송두리째 프란체스코에게 넘겨준 뒤, 아들의 부주의한 통치가 국가 행정에 중대한 해를 끼칠 씨앗을 뿌리고 있다는 사실을 노골적으로 등한시한 채 부도덕한 생활에 빠져들었다. 그 자연스런 결과는 급속도로 실현되어 코시모가 죽은 지 2년만에 실정과 부패가 국가의 모든 부서에 만연해 있었다. 치안 행정의 체계가 흐트러지고 법정이 심각히 부패하여서 곧 범죄가 무성하게 자라났다. 그리고 프란체스코의 13년 통치는 악정과 사회적 부도덕의 끊임없는 기록이 되었다. 따라서 토스카나는 좋은 정부가 들어섰다면 당대의 전반적인 경향을 피할 수 있었겠지만, 악한 정부가 들어서는 바람에 그런 경향들을 피하지 못했다.

그 시기에는 극도의 잔인함이 인류를 뒤덮은 듯하다. 종교 전쟁과 박해가 격동시켜 놓은 독한 열정으로 유럽에서 인간 생명에 대한 모든 배려가 송두리째 사라진 듯했다. 사람들은 고문과 죽음에 친숙해지면서 갈수록 광포해져만 갔다. 프랑스든 스페인이든 영국이든 네덜란드든 독일이든 살인과 고문이 보편의 일상사가 되면서 사납고 무자비하며 공의를 무시하는 것이 시대의 지배적인 특성이 되었다. 프란체스코 1세 치하의 토스카나도 예외가 아니었고, 다만 아직 전쟁의 참화에 시달림으로써 더욱 열악해지지 않았다는 점이 다행스러울 뿐이었다. 이탈리아는 비록 시대의 전반적인 도덕적 부패를 면치 못했으나 (카토캉브레지 조약으로 이루어진 평화에 힘입어) 거의 모든 나라들이 그 시대의 전쟁을 맹수들의 싸움으로 바꾸어 놓은 듯한 투쟁으로 찢기는 동안 구경꾼의 입장에 설 수 있었다.

이러한 상황에서 빚어진 한 가지 결과는 사형 판결을 받은 사람들을 암살하는 문제에 관한 시각이었다. 코시모 1세와 프란체스코 1세 같은 군주들은 자기들이 고용한 자객들을 마치 사형 집행인들처럼 부렸다. 그러한 군주들은 사형 언도를 받은 사람을 이런 방식으로 죽이는 것과 정식으로 처형하는 것의 차이를 조금도 의식하지 않은 듯하다. 사형수들은 다른 나라로 도망쳐도 안전하지 못했다. 자객들이 모든 나라들을 헤집고 다니면서 그들을 추격했기 때문이다. 그러므로 살인과 참극이 다반사였다. 그러는 동안 그런 종류의 사건은 하나하나가 사람들의 상상 속에서는 네 배나 증가했다.

프란체스코 1세는 권좌를 계승할 때 서른세 살이었다. 파올로 베로네세 (Paolo Veronese)가 그려 피티 궁전에 걸려 있는 그의 훌륭한 초상화는 그가 서른 다섯 살 쯤 되었을 때의 모습을 담고 있다. 황금 양털 훈장을 달고 있고, 망토

대공 프란체스코 1세의 스튜디오. 바사리가 건축했고, 피렌체 후기의 그림들로 채워졌다.
아치의 원형 초상화는 어머니 톨레도의 엘레오노라(브론치노 그림).

에는 산토 스테파노 수도회의 십자가가 그려져 있다. 그는 성격이 아버지 코시모를 빼닮았고 뛰어난 정신적 재능들이 있었지만, 아버지가 주로 토스카나의 부국강병에 관심이 있었던 데 반해 그는 주로 과학에 관심이 있었다. 이러한 차이가 그 나라의 운명을 판이하게 바꾸어 놓았다. 프란체스코는 좋아하는 그 일에 푹 빠져 국사를 좀처럼 돌아보지 않았고, 그 결과 나라의 형편이 앞에서 말한 그런 상태로 전락했다. 동시에 그는 상류 계층들에 대한 아버지의 독재적 성향을 그대로 물려받았다. 이러한 성향이 행정의 전반적인 부패와 수준 이하의 재정 정책과 맞물리면서 그에 대한 증오가 자라게 되었는데, 그 정도는 아버지가 받았던 수준을 훨씬 넘어섰다. 이런 과도한 증오가 머리 좋은 사람들이 만들어 낼 수 있었던 프란체스코에 대한 온갖 범죄설이 자라는 데 비옥한 토양이 되었다.

그가 휘두른 소소한 전횡 가운데 하나는 아버지의 후처 카밀라 마르텔리를 대한 태도였다. 프란체스코는 권좌에 오르자마자 당시 이탈리아 법에 따라 온 가족의 생살여탈권을 쥔 가문의 수장으로서 카밀라를 죽을 때까지 수녀원에 유폐시켰다. 그가 곡물에 부과한 높은 세금은 그의 아버지가 마레마 습지대의 황무지를 개간하기 위해서 이주시킨 농업 정착촌들에게 특히 더 피해를 입혔다. 정착촌들은 무거운 세금을 이기지 못해 하나 둘씩 자리를 떴고, 결국 이 땅은 다시 황무지가 되었다. 반면에 프란체스코는 아버지가 세웠던 레그혼 개발 계획을 그대로 이어갔다. 하지만 이 공사의 주된 단계들은 차후에 그의 동생 페르디난도에 의해 이루어졌고, 완공은 페르디난도의 재위 때 이루어졌다.

1428년 국부 코시모 때부터 1575년 프란체스코 1세 때까지 각 세대마다 가문의 새로운 수장은 피렌체의 유력한 가문들 중 한두 가문이 주도한 공격을 받아야 했다. 프란체스코는 그런 공격을 받았을 때 아버지가 1537년에 발휘했던 것보다는 덜 엄격하게 대처하긴 했지만, 그럼에도 불구하고 그의 대처 방식에 모진 구석이 있었기 때문에 그는 그 일로 인해 큰 악평을 받게 되었다. 재위 첫해에 자신을 암살하려는 광범위한 음모를 발견했다. 그것은 푸치가, 리돌피가, 카포니가, 마키아벨리가의 다양한 구성원들이 꾸민 음모였다. 프란체스코가 그 음모를 발견했을 때 당사자들은 그것이 일찌감치 폐기된 계획이라고 주장했다. 그리고 과연 그 말이 사실이었던 것 같다. 그럼에도 불구하고 그는 가장 가혹한 형벌로 다스렸다. 그 음모에 가담했으나 애써 도망치지 않은 모든 사람들이 체포되어 처형되었다. 그 음모를 사전에 알고 있었다고 판결받은 다른 많은 사람들도 처벌을 받았다. 그리고 그들에 대해서 재산 몰수가 잇따라 피렌체의 유력한 가문들 중 상당수가 빈털터리로 전락했다. 이러한 행동으로 피렌체의 유력 계층에는 프란체스코에 대한 증오가 사라지지 않았다. 새로 출범한 정권에 상서롭지 못한 출발이었다.

토스카나의 군주가 왕이 되자 궁정의 의식도 그에 걸맞게 바뀌었다. 프란체스코는 아마 아내 대공비 요안나의 비위를 맞추기 위해서 아버지보다 궁정 의식을 더욱 장중하게 유지한 듯하다. 아버지 대에는 궁정이 거의 스페인 식으로 유지되었지만, 프란체스코는 세세한 부분까지 자신의 형태로 바꾸었다.

"여러 신사들이 두 군(群)으로 나뉘어 궁정의 다양한 부서에서 근무했다. 이탈리아와 독일의 유력한 가문들에서 차출된 수습 기사들이 궁정에서 기숙하면서 당대 최고 수준의 궁전 중 예절과 부패상을 배웠지만, 인문학과 과학, 무기 사용법, 승마, 그리고 신사로서 필요한 다양한 기예를 소홀히 하지 않았다."

1576년 황제 막시밀리안 2세(프란체스코의 이복 형제)는 7년 전에 교황이 취했던 행동을 조금도 거론하지 않은 채 프란체스코에게 대공의 지위를 정식으로 수여했을 뿐 아니라 토스카나를 대공작령으로 승격시켰다. 이것은 교황이 할 수 없었던 일이었다. 몇 달 뒤 막시밀리안 2세가 죽고, 그의 장남 루돌프 2세(Rudolph II)가 황제직을 계승했다.

프란체스코 재위 2년째이던 1576년 그 해 여름에 불과 한 주 사이에 공작 궁전을 두 번씩이나 장례의 검은 보로 덮는 끔찍한 사건이 벌어졌다. 당시 메디치가는 프란체스코와 그의 아내 요안나와 자녀들, 막내 동생 피에트로(2년 전에 어머니와 이름이 같은 엘레오노라 디 톨레도인 이종 사촌과 결혼함), 그의 누이 이사벨라로 이루어졌다. 이사벨라는 아버지 코시모가 죽은 뒤에도 줄곧 피렌체에서 살았다. 브라치아노의 제후인 남편의 행동이 도무지 마음에 들지 않아 전에 살던 로마의 오르시니 궁전으로 돌아가고 싶은 생각이 들지 않았던 것이다.

코시모와 엘레오노라의 여덟 자녀 중 막내 피에트로는 여덟 살에 어머니와 사별했고 형제들에게 미움을 받았으며 화를 잘 내고 질투가 강하고 방탕하게 자라면서 괜찮은 구석이 조금도 없이 이제 스물두 살이 되었다. 그의 젊은 아내 엘레오노라는 이 당시에 스무 살 가량 되었는데, 열다섯 살에 피렌체에 시집올 때 아름답고 천진무구한 어린 소녀가 그와 결혼하게 된 것을 모든 사람들이 애석하게 생각했다. 서로 잘 어울리지 않는 이 젊은 부부는 라르가 거리에 위치한 메디치 궁전에서 살았다. 악한 생활을 탐닉해 온 피에트로는 결혼 생활을 혐오했고, 처음부터 엘레오노라를 될 수 있는 대로 모질게 대했다. 어린 아내를 방치해 두어 동정의 대상이 되게 한 채 추잡한 주연을 일삼아 심지어 전반적으로 타락해 있던 당시 사회에조차 물의를 일으켰다.

그 자연스런 결과가 뒤따랐다. 남편에게 무시된 채 방치된 엘레오노라는 같은 또래의 상냥하고 준수한 청년 베르나르디노 안티노리(Bernardino Antinori)와 사랑에 빠졌다. 얼마 후 피에트로의 친구가 베르나르디노와 말다툼을 벌이다 스트로치 궁전 남쪽 면을 지나는 좁은 골목에서 그를 공격했다. 베르나르디노는 목숨을 지키기 위해서 자기를 공격한 자를 죽였다. 그리고는 즉시 자수하여 자신의 궁전에 죄수로 연금된 뒤 대공의 호의를 기다리고 있었다. 그 소식을 전해들은 엘레오노라는 그가 죽게될까봐 걱정이 되어 남의 이목을 생각지도 않은 채 미친 듯이 말을 몰고 안티노리의 궁전으로 달려갔다.[1] 혹시 창문을 통해서라도 그를 보고 말이라도 건넬까 싶어서였다. 그러나 그를 볼 수 없었다. 베르나르디노는 엘바로 유배되었다. 그는 그 곳에서 믿을 만한 사람을 통해 엘레오노라에게 편지를 보냈지만, 일련의 사건들이 터지는 바람

---

1) 토르나부오니 거리가 끝나는 지점(산 가에타노 성당 거의 맞은 편)에 있는 궁전. 지금은 하스카르드(Messrs. Haskard) 은행이 서 있다.

에 그 편지가 프란체스코의 손에 들어가고 말았다. 프란체스코는 즉각 베르나르디노에게 사형을 언도했다. 피렌체로 다시 압송된 베르나르디노는 바르젤로 궁전에 감금되었고, 한 시간의 여유를 얻은 뒤 6월 20일에 처형되었다.

엘레오노라도 곧 같은 운명에 처해졌다. 7월 11일 그녀는 피에트로로부터 네 살배기 아들 코시모를 피렌체에 놔둔 채 카파졸로 저택에 와서 자신을 만나라는 전갈을 받았다(그 곳은 피렌체에서 파엔차 가도를 타고 약 24km쯤 가면 나오는 곳이다). 최악의 상황을 내다본 그녀는 비탄의 눈물을 흘리면서 어린 아들을 몇 번이고 끌어안다가 "슬픔과 두려움에 휩싸인 채" 카파졸로로 길을 나섰다. 그 곳에 도착했을 때는 저녁이었다. 피에트로는 그녀와 함께 저녁식사를 한 다음 칼을 꺼내 찔러 죽였다.[2] 그리고는 곧 시신을 관에 넣고 그날 밤으로 피렌체로 가지고 가서 산 로렌초 성당 신 성구실에 매장했다. 그녀의 시신은 32년 뒤 1608년 가문의 묘를 새로 공사하던 중에 발견되었다. 프란체스코 세티마니는 자신의 일기에서 이렇게 적는다:

> "이 이야기[3]를 제공한 저자는 1608년에 엘레오노라 부인의 시신을 신 성구실에서 발굴하여 지하 묘지로 옮길 때 자신이 직접 보았는데,[4] 시신이 조금도 부패되거나 상처 자국도 없어서 마치 살아 있는 사람처럼 아름다웠고,[5] 모두 흰 옷을 입은 채 잠자고 있는 듯이 보였다."

엘레오노라의 어린 아들 코시모는 어머니가 죽은 뒤 몇 달 뒤에 죽어 가문 묘 한켠에 묻혔다.

엘레오노라의 살해에 관한 이 이야기는 항상 정설로 믿어졌으며, 가문의 묘에 그녀의 기억을 회상시키는 기념비 하나 없다는 사실로 어느 정도 입증

---

2) 이렇게 아내를 살해한 일은 프란체스코의 지시로 이루어졌다고 주장되었다.

3) 베르나르디노 안티노리와 엘레오노라의 죽음을 가리킴.

4) 당시 공사 중이던 영묘 지하묘지이거나, 아니면 그보다 좀 더 가능성이 큰 인접한 산 로렌초 성당의 지하묘지.

5) 이 점은 성급히 매장을 하지 않고 시신을 염할 시간을 충분히 가졌음을 보여 준다.

된다. 동시에 그 이야기가 다음 세대에 가서야 비로소 밝혀졌고, 따라서 어떤 식으로든 입증할 길이 없다는 점을 기억해야 한다. 따라서 그 이야기를 의심의 여지가 없는 사실로 받아들인다면 피에트로와 프란체스코 두 사람 다 대단히 부당하게 평가할 소지가 있다. 그녀가 죽었을 때 공식 사인은 심장병으로 발표되었다. 아울러 저자가 32년 뒤에 그녀의 시신이 거의 완벽한 상태로 보존되었다고 묘사하면서, 아무런 상처 자국도 발견하지 못했다는 점을 눈여겨볼 만하다. 만약 그가 전하는 대로 그녀가 칼에 찔려 죽었다고 한다면 그것은 이례적인 일이다. 아무튼 이 사건이 발생한 뒤 피에트로는 프란체스코의 지시로 스페인 궁전으로 가서 여생을 거의 대부분 그곳에서 보냈다. 그곳에서도 피렌체에서 그랬듯이 많은 사람들에게 미움을 받았고, 따라서 토스카나 측에는 항상 가시와 같은 존재였다.

프란체스코의 제수가 이렇게 갑작스럽게 죽은 지 닷새 뒤에 그의 누이 이사벨라와 관련하여 두 번째로 두려운 사건이 발생했다. 이 경우에는 메디치가의 일원이 가해자가 아니라 희생자였다.

이사벨라는 코시모 1세와 엘레오노라 디 톨레도의 세 딸 중에서 가장 아름다운 여성이었다. 명철하고 세련된 데다 친절했고, 전하는 바로는 그 가문에서 비앙카 카펠로(Bianca Capello)에게 친절을 베푼 유일한 사람이었다고 한다.

"그녀는 재치와 아름다움과 재능으로 당대의 어떤 여성보다 돋보였으며, 남편말고는 모든 사람의 마음을 사로잡았다. 프랑스어, 스페인어, 라틴어를 유창하게 구사했고, 음성이 무척 아름다운 뛰어난 음악가였으며, 타고난 즉흥시인이었던 이사벨라는 주변 모든 사람의 영혼이자 메디치가의 가장 아름다운 별이었다."

그러나 오르시니가라는 큰 가문을 파멸로 몰아넣은 저 유명한 4중 비극에 첫 번째 희생자로서 연루된 것이 그녀의 운명이었다. 당시 그녀의 나이 서른넷이었고, 로마에서 가장 강력한 가문의 수장이자 브라치아노의 영주 파올로 조르다노 오르시니(Paolo Giordano Orsini)와 결혼한 지 18년이 되었다. 그 가문은 대대로 교황들을 마음대로 쥐락펴락했고, 왕들과 연혼을 했고, 이탈리아 전역에 성채와 영지를 보유하고 있었다. 이사벨라의 생애를 마감하게 한 비극은 비토리아 아코람보니(Vittoria Accoramboni)와 관련된 사건으로서, 이 사건에 연루되어 목숨을 잃은 네 사람은 프란체스코 페레티(Francesco Peretti, 비토리아의 남편), 비토리아 자신, 파올로 조르다노 오르시니, 그리고 이사벨라 데 메디치였다.

젊고 아름답고 허영심이 강한 야심이 가득한 비토리아 아코람보니는 오르시니의 마음을 사로잡았다. 무위도식하고 쾌락을 탐하고 더 이상 젊지도 않았던 그는 아내를 피렌체로 보낸 뒤 전혀 신경을 써주지 않은 채 로마에서 혼자 살았다. 브라치아노의 여제후가 되고 싶은 야심에 뜨겁게 타오른 비토리아는 자신에게 빠진 오르시니에게 단도직입적으로 자기 남편과 오르시니의 아내를 죽이고 자기와 결혼해 달라고 말했다. 오르시니는 자기 가문의 수장으로서 가문 구성원들을 살리고 죽일 수 있는 절대 권력을 갖고 있었으므로 망설이지 않고 그녀의 말을 이행하는 데 착수하여, 먼저 이사벨라를 죽인 다음 기회가 오자 비슷한 방법으로 페레티를 제거했다.

이사벨라는 죽기 전에 자신에게 닥친 위험을 어느 정도 직감하고서 카테리나 데 메디치에게 도피처를 제공해 달라는 내용의 편지를 썼다. 이탈리아에서는 오르시니가의 권력이 구석구석 미치고 있었으므로 숨을 곳이 없었기 때문이다. 카테리나는 그렇게 하겠다고 답장을 보낸 뒤 그녀를 맞이할 준비를 했다. 그러나 너무 늦었다. 이미 며칠 전에 젊은 엘레오노라의 죽음 소식을 듣고 공포에 질려 있던 이사벨라는 7월 16일에 남편이 이상하게도 불쑥 피렌체에 나타나자 마음이 더욱 편치 않은 상태에서 남편의 요구로 엠폴리 근처에 있는 그들의 체레토 귀디 저택으로 따라갔다. 마음이 너무 불안했던 그녀는 함께 데려간 친구 루크레치아 프레스코발디(Lucrezia Frescobaldi)에게 도중에 그런 심정을 털어놓았다. 저녁 식사를 마치고 숙소로 돌아갔을 때 남편 오르시니는 입맞추는 척하면서 갑자기 그녀의 아름다운 목에 올가미를 걸었고, 격한 몸싸움 끝에 목졸라 죽였다. 그는 이 범죄를 위해 치밀하게 준비를 했다. 침실 천장에 구멍을 뚫고 윗방에 네 명을 대기시켜 놓은 다음 구멍을 통해 올가미를 엮은 밧줄을 내려보내 놓고 그것을 결정적인 순간이 올 때까지 커튼 뒤에 숨겨놓았다. 방의 조명을 일부러 어둡게 해놓았기 때문에 이사벨라는 그 사실을 전혀 눈치 채지 못했고, 덕분에 오르시니는 그 비열한 목적을 성공적으로 이룰 수 있었다.[6] 오르시니는 그녀가 머리를 감던 도중 뇌졸중으로 죽었다고 발표했다. 얼마 뒤에 페레티가 암살당했다. 오르시니는 일부 병력을 페레티가 살고 있는 로마의 네그로니 저택으로 보내 그를 체포해 죽이라고 지시했는데, 페레티는 비토리아의 꾀에 넘어가 그들의 손에 넘겨져 살해되었다.

그 결과는 잘 알려져 있다. 교황 그레고리우스 8세[7]는 "이 두 사람이 어떻게 해서 무슨 이유로 죽게 되었는지를 짐작하고는" 오르시니에게 과부 비토리아와의 결혼을 승낙해 주지 않았다. 오르시니는 교황을 무시하고서 그를 비웃는 듯이 결혼을 해 버렸다. 그러자 교황은 페레티 살해범을 체포하도록 군대를 보냈으나, 오르시니의 가신들이 그들을 두들겨 팬 뒤 쫓아보냈다. 그러다가 비토리아는 체포되어 산 안젤로 성에 유폐되었다가 도피했다. 4년간 투쟁이 계속되는 동안 오르시니와 비토리아는 교황의 관할권 밖에 있는 브라치아노에서 살았다. 그러다가 그레고리우스 8세가 죽었다(1585). 그러자 두 사람은 로마로 돌아와 후임 교황이 선출되기 전에 결혼을 했는데, 결혼식은 오르시니 성채 안에 있는 작은 가문 성당에서 서둘러 치러졌다.

그러나 불과 몇 시간만에 추기경 몬탈토(Montalto)가 새 교황으로 선출되었다는 통보를 받은 그들은 까무러칠 만큼 놀랐다. 그는 프란체스코 페레티의 삼촌이었던 것이다. 그들은 조카의 살해범을 반드시 잡아 처단하겠다고 단단히 벼르는 식스투스 5세와 상대해야 했다. 오르시니는 베네치아로 도망쳐 망명을 신청했고, 그 뒤 남은 전 재산을 파두아로 도망친 비토리아에게 물려준다는 유언을 남기고는 가문이 파멸된 데 낙심한 채 생애를 마쳤다. 그러나 오르시니의 가장 가까운 친족 루도비코 오르시니는 재산이 비토리아에게 상속된 데 분노하여 그 발표가 난 지 6주 뒤에 복면을 한 일당을 데리고 한밤중에

---

6) 천정에 난 구멍과 밧줄이 범죄 경위를 말해주는 그 방은 여전히 크레토 귀디 저택에 가면 볼 수 있다.

7) 달력을 개혁한 교황. 새 달력(누락된 열흘을 포함시킨)은 1582년 1월부터 정식으로 사용되었다.

그녀의 집을 급습하여 그녀의 심장을 찔러 죽였다. 그러나 베네치아는 그러한 사적 전쟁 행위를 허용하지 않았기 때문에 한 주 뒤에 루도비코 오르시니 자신도 체포되어 처형되었다. 이렇게 해서 위세 당당했던 오르시니가는 풍비박산 났고, 그 뒤로 다시는 과거의 권세를 되찾지 못했다.

1578년 프란체스코의 첫 번째 아내 오스트리아의 요안나가 서른한 살의 나이에 죽었다. 결혼한 지 13년이 되었으나 행복한 생활과는 거리가 멀었다. 외모도 평범하고 성격이 차갑고 매력도 없고 오스트리아인으로서 자부심만 대단했기 때문에 남편에게도 사랑을 받지 못했고, 토스카나인들에게도 인기가 없었다. 토스카나의 초대 대공비[8]였던 그녀는 노골적으로 토스카나 군주와 백성을 업신여겼다. 프란체스코는 그녀에게 조금도 애정을 보이지 않았고, 기나긴 결혼 생활 동안 결혼 전에 사랑하던 비앙카 카펠로에게 마음을 쏟았으며, 요안나가 죽은 뒤 그녀와 결혼했다. 요안나는 오빠인 황제 막시밀리안에게 남편의 행위에 대해서 기회가 있을 때마다 불평했기 때문에 부부 관계가 더 순탄하지 못했다.

요안나에게는 엘레오노라(1565년 출생), 로몰라(1566년 출생), 이사벨라(1567년 출생), 안나(1569년 출생), 마리아(1573년 출생), 필리포(1577년 출생), 이렇게 여섯 자녀가 있었다. 그러나 이중 엘레오노라와 마리아 둘만 유아기를 지나도록 살아남았고, 로몰라와 이사벨라는 어머니보다 먼저 죽었다. 우피치 미술관에 소장된 요안나의 초상화 두 점에는 독특한 점이 있다. 두 그림 다 요안나는 어린 아들 필리포를 데리고 있다. 필리포는 어머니를 잃을 때 불과 생후 열달밖에 안 되었지만,[9] 그런데도 그 중 한 점에서는 두 살쯤 된 아이로 등장하고, 다른 한 점에서는 네 살쯤 된 아이로 등장한다. 그러므로 그녀의 이 초상화들이 그녀가 죽은 지 여러 해 뒤에(그리고 프란체스코가 다른 여자와 결혼한 뒤에) 그려지

---

8) 엘레오노라 디 톨레도는 대공비인 적이 없었다. 그녀의 남편이 대공이 된 것은 그녀가 죽은 뒤였기 때문이다.

9) 영묘에 마련된 묘들에 새겨진 연대를 보면 필리포가 1577년 6월에 태어났고 그의 어머니가 1578년 4월에 죽었음을 알 수 있다.

지 않았다면 — 이것은 가능성이 희박한 추론이다 — 아이의 모습은 훗날 그림 원본에 첨가되었을 것이다. 물론 그가 다섯 살에 죽었기 때문에 무슨 목적으로 그렇게 했는지는 분명치 않지만 말이다. 오스트리아의 요안나는 산 로렌초 성당에 묻혔다. 1857년 메디치가의 관들이 개봉될 때 그녀의 시신은 방부제 처리에 의해 너무 잘 보존되었기 때문에 얼굴색조차 변하지 않은 등 방금 장사지낸 것처럼 보였다.

요안나가 죽은 다음 해에 프란체스코는 15년간 변치 않고 사랑을 나눈 비앙카 카펠로와 결혼했다. 그리고 나서 보낸 재위 마지막 9년은 정치 문제든 집안 문제든 큰 사건 없이 조용히 보냈고, 그런 여건에서 그는 그토록 좋아하던 자연과학 과목들에 더욱 관심을 쏟았다. 그는 하루 일과의 상당 시간을 실험실에서 보냈다. 좀처럼 실험에서 눈을 떼지 않기 때문에 종종 실험실의 용광로 앞에 서서 대신들에게 국정 보고를 들었다. 바위에 붙은 수정을 용해하는 법을 처음으로 발견한 사람이 그였다. 그는 이 재료를 써서 그릇을 만드는 기술과 취향으로 명성을 얻었는데, 우피치 미술관 보석실에 가면 그가 만든 여러 점의 그릇들을 볼 수 있다. 또한 그는 최초로 중국의 자기(磁器)를 모방하여 자기 공장을 세웠고, 오늘날까지 남아 있는 피렌체 자기 공장을 세워 큰 명성을 얻었다.

프란체스코는 메디치가 사람답게 예술과 문학에도 취미가 있었다. 예술가들을 후하게 지원했고, 특히 당대의 지도적 조각가 조반니 다 볼로냐(Giovanni da Bologna, 1524-1608)를 후원했다. 그 조각가가 오늘날 바르젤로 궁전 박물관에 소장된 유명한 "머큐리" 조각상을 제작한 것은 프란체스코를 위해서였다. 또한 오늘날 로지아 데 란치에 세워져 있는 "사비니 사람들의 납치"라는 조각상과, 보볼리 정원 꼭대기에 자리잡고 있고 프란체스코의 첫 아내 오스트리아의 요안나를 묘사한 것이라고 전해지는 "풍족" 조각상도 프란체스코를 위해 제작한 것이다. 문학을 증진하려던 그의 소원은 1582년 유명한 아카데미아 델라 크루스카(the Accademia della Crusca)의 설립으로 결실을 맺었다. 오늘날도 존재하는 이곳은 이탈리아어의 순화를 위해 프란체스코 그라치니(Francesco Grazzini)와 레오나르도 살비아타(Leonardo Salviata)의 후원을 받아 설립했으며,

'크루스카'(겨)라는 학교명은 알곡에서 겨를 걸러내는 것을 암시한다.

그러나 프란체스코가 행한 일 중에서 그것보다 더 중요한 결과를 끼친 일이 있었다. 그는 오늘날 우리가 우피치 미술관으로 알고 있는 건물을 회화 전시관으로 개조하고, 가문이 소장하고 있던 몇몇 회화 작품을 전시한 최초의 인물이었다. 애당초 코시모가 이 건물을 지을 때는 1층은 다양한 국가 부처 사무실로 사용하고, 2층에는 여러 작업실을 두어 재능 있는 예술가들이 조각을 하고, 그림을 그리고, 세공 탁자를 제작하고, 조각상들을 위한 모형을 만들고, 본질을 추출하여 다른 많은 하위 예술 분야들에 적용하게 했다.[10] 2층 위에는 한쪽이 트인 주랑을 두어 베키오 궁전에서 공작 궁전으로 이어지는 파사지오의 일부로 삼았다. 프란체스코는 이 주랑을 유리창으로 에워싸도록 지시하고, 건축가이자 조각가인 부온탈렌티(Buontalenti)에게 그 작업을 맡겼으며, 여러 저택들에 흩어져 있던 가문의 그림들을 상당수 그 곳으로 옮겨왔다. 부온탈렌티는 프란체스코의 조각상을 만들어(로마의 기사 복장을 한 모습으로) 베키오 궁전을 마주보는 미술관 남쪽 끝의 현관에 두었다. 이렇게 해서 훗날 메디치가의 여러 세대가 피렌체의 위대한 재산으로 만든 작업이 시작되었다. 피렌체가 근사한 미술관의 토대를 놓는 동안 영국과 스페인은 해전을 벌였고, 프랑스에서는 참혹한 내전이 벌어졌으며, 네덜란드는 전쟁과 만행으로 피바다가 되었다. 이렇게 누린 평화에 힘입어 독재자 프란체스코 1세의 치하에서도 비교적 행복한 세월을 보냈다.

1582년에 프란체스코는 다섯살인 외아들 필리포를 잃었다. 후처에게는 자녀가 없었기 때문에 이것은 그에게 중대한 손실이었다. 따라서 그가 죽으면 왕위는 자연히 형제 간에 더 이상 잃을 애정도 없었던 동생 페르디난도에게로 넘어갈 판이었다. 1583년 프란체스코는 이제 열여덟 살이 된 맏딸 엘레오노라를 만투아의 공작 빈첸초 곤차가(Vincenzo Gonzaga)에게 시집을 보냈다. 피티 미술관에 소장된 풀초네(Pulzone)가 그린 엘레오노라의 초상화는 그녀가 상당한 미모를 지니고 있었음을 보여 준다. 그녀의 옷은 유명한 메디치가의 깃을

---

10) 여기서 코시모를 위해서 사역한 사람들 가운데는 벤베누토 첼리니가 있었다.

전형적으로 보여 주는 예라는 점에서 특기할 만하다. 깃의 가장자리에는 작은 진주들이 둘려져 있다. 그 해에 프란체스코의 딸 안나가 열네 살의 나이에 죽었다. 이처럼 여섯 명의 자녀 중 네 명이 유아기에 죽었고, 딸 하나는 결혼했으므로 이제 그에게 남은 것은 아직 열 살밖에 되지 않은 딸 마리아 하나뿐이었다.

프란체스코 1세는 아버지 코시모처럼 개인 사업을 계속하여 막대한 재산을 모았다. 그가 죽고난 뒤 그가 벨베데레 성채에 모아놓은 방대한 양의 보물이 발견되었다. 그는 1587년 10월 마흔여섯 살에 포지오 아 카야노 저택에서 죽었고, 그의 아내 비앙카도 같은 시기에 죽었다. 그 뒤 동생 페르디난도가 왕위를 계승했다.


**비앙카 카펠로** 1543년 출생, 1579년 대공비가 됨, 1587년 죽음.

비앙카 카펠로의 낭만적인 역사와 빼어난 미모는 이탈리아인들에게 큰 인상을 심어주었다. 그녀를 주제로 한 그림들이 많이 남아 있고, 다양한 형태를 띤 그녀의 이야기가 그 시대의 연대기에 일제히 소개된다. 그녀의 아름다움에 쏟아진 찬사가 많았던 만큼 그녀의 이름에 쏟아진 비판도 그에 못지않게 많았다. 이 비판의 일정 부분은 틀림없이 받아 마땅하지만, 그 중 상당 부분은 매우 부당한 비판이었다. 프란체스코는 24년간 일관된 애정을 가지고 그녀를 사랑했고, 다른 사람에게는 조금도 한눈을 팔지 않았다. 그러한 프란체스코에게 형성된 깊은 증오는 그가 조금이라도 관심을 보인 사람에게, 따라서 누구보다도 비앙카 카펠로에게 돌아갔다. 그것말고도 그녀는 베네치아인이었다. 100년이 넘게 베네치아는 피렌체의 원수요 경쟁국이었다. 거의 모든 전쟁에서 두 나라는 서로 적국이 되었다. 피렌체의 모든 원수는 그 나라의 진노에서 도피하여 베네치아에서 피난처를 찾았다. 예술 분야에서조차 두 나라는 경쟁국이었다. 어떠한 베네치아인도 피렌체에서 환영 받을 것을 기대하지 않는 게 좋았다.

마지막으로, 프란체스코를 이어 대공이 된 그의 동생 페르디난도는 평생 비앙카를 무척 미워했다. 그리고 그의 비위를 맞추고 싶어하던 자들은 그녀가 죽은 뒤에 그녀를 헐뜯는 이야기를 꾸며내는 데서 그 방법을 쉽게 찾았다. 이 세 가지 요인이 한데 결합하여 피렌체인들은 비앙카가 성격상 도무지 불가능한 범죄를 그녀에게 전가했다. 프란체스코의 온갖 독재에 고통하던 자들이 그 고통의 짐을 그녀의 어깨에 떠메웠다. 그들은 프란체스코를 미워하면 할수록 그의 행동의 동기를 그가 그처럼 헌신한 그 베네치아 여인에게로 돌렸다.

비앙카 카펠로는 베네치아 귀족들 중에서 자부심이 강하고 유명하기로 손꼽히는 귀족 바르톨로메오 카펠로(Bartolommeo Capello)의 딸로서, 당시 베네치아 귀족 가문의 화려하고 사치스러운 분위기 속에서 자랐다. 아름다운 외모를 떠나서라도 이 선천적이고 교육으로 터득하지 않은 매력으로 그러한 특성을 때때로 현저하게 드러내곤 했다. 게다가 외모까지 아름다웠다. 이렇게 미모와 매력을 겸비한 여성을 뿌리칠 수 있는 사람은 없었을 것이다.

> "행동 하나하나에 우아함과 요염함이 묻어났다. 침울하든 명랑하든, 말없이 있든 말을 하든, 가만히 있든 움직이든 언제나 매력이 넘쳐 흘렀다. 이목구비가 특별히 균형 잡히지 않았는데도 여성의 다양한 아름다움을 집약해서 지니고 있었다."[11]

티치아노(Titian)가 그녀의 초상화를 그리고 싶어했던 것도 무리가 아니다. 특히 그녀는 다른 매력들 외에도 베네치아에서나 볼 수 있는 아름다운 적갈색 머리를 갖고 있었다. 예술가라면 다 그려보고 싶어함직한 외모였다. 티치아노가 그린 스물한 살난 그녀의 초상화는 그가 남긴 초상화 중에서 아름답기로 손꼽히는 작품이다.

비앙카는 열일곱 살 때인 1560년경에 자기보다 한두 살 위인 청년과 사랑에 빠졌다. 피에로 부오나벤투라라고 하는 피렌체 사람이었다. 귀족은 아니지만 좋은 가문에서 태어났으나, 당시에는 가세가 기울어 있었고, 그는 베네치아의 좁은 거리들 중 카펠로 궁전 바로 맞은 편에 있는 거리에 자리잡은 살

---

11) Napier.

비아티 은행의 직원이었다. 비앙카의 가문은 그녀에게 그 결혼을 허락하느니 차라리 죽여 버리려고 했고, 따라서 두 사람은 비밀리에 결혼했다. 그러나 우발적인 사건으로 결혼이 탄로날 위기에 처하게 되자 두 사람은 즉시 상황을 파악하고는 목숨을 건지기 위해서 도망쳤다. 피에로는 어린 아내를 급히 곤돌라에 태우고는 바닷길로 도망쳐서 결국 피렌체에 닿았는데, 그 곳에서는 그의 부모가 매우 가난하게 살고 있었다.[12] 온 베네치아가 그 자존심 강한 귀족정에 가해진 모욕에 경악을 금치 못했다. 카펠로가는 세도가 대단했고, 온 베네치아 귀족들이 이 무모하고 무례한 행위에 응징을 맹세했다. 그의 목에는 2,000두캇의 현상금이 걸렸고, 그의 삼촌 잠바티스타 부오나벤투라(Giambattista Buonaventura)는 투옥되어 감옥에서 죽었다.

한편 피렌체로 간 비앙카는 하루하루 생활이 순탄치 않았다. 피에로의 어머니는 침상에 누워 일어나지 못하는 환자였다. 아버지는 식솔로 덧붙은 이 두 사람을 부양할 수 없어서 하나밖에 없던 하인을 내보내야만 했다. 베네치아 귀족 집안에서 호의호식하며 자라난 딸이 하인의 일을 도맡느라 식모처럼 되었다. 그런 중에도 피에로는 언제 죽을지 몰라 두렵고, 비앙카는 아버지의 진노한 손아귀에 붙잡히는 게 무서워서 두 사람은 죄수처럼 집안에만 갇혀 지냈다. 비앙카는 이런 상황에서도 불평 한 마디 하지 않고 잘 견뎠는데, 그것은 피에로에 대한 사랑이 얼마나 컸는지 — 하지만 피에로는 비앙카의 그런 노력에 비하면 참으로 무가치한 인간이었다 — 그리고 성품이 선천적으로 얼마나 착했는지를 잘 보여 주었다.

비앙카는 경멸을 당했고, 고되게 일했고, 모든 사람에게 손가락질을 받았고, 베네치아의 귀족 사회로부터 저주를 받았지만, 피에로가 자신에게 진실되게 남아 있는 한에는 괘념치 않았다. 이 가난한 시절에 펠레그리나 부오나벤투라(Pellegrina Buonaventura)라는 딸을 낳았는데, 이 아이가 장차 울리세 벤티볼리오(Ulisse Bentivoglio)와 결혼하게 된다.

피렌체 공작의 장남인 프란체스코는 스물두 살이던 1563년 어느 날에 산

---

12) 그 집은 남쪽 면에서 성당을 바라보는 산 마르코 광장에 있었다.

마르코 광장을 지나가다가 우연히 어느 집 창문에서 비앙카를 쳐다보고는 즉시 그녀를 연모하게 되었다. 당시 스무 살이던 그녀는 아름다움이 절정에 달해 있었다. 곧 그녀는 꾀임에 넘어가 프란체스코의 스페인어 가정교사의 아내 후작 부인 몬트라고네(Montragone)의 집에서 그를 만나게 되었다. 몬트라고네는 산 마르코 광장 서쪽에 자리잡은 카시노라고 하는 집에서 살고 있었다.

"개인 방에 있다가 전혀 예상치 않게 왕자가 갑자기 들어오자 깜짝 놀란 그녀는 무릎을 꿇고서 자신은 모든 것을 다 잃고 남은 것은 명예밖에 없다고 말하면서, 부디 자제력을 발휘하여 자신을 보호해 달라고 간청했다. 그는 한동안 그 간청을 들어 주어 그녀를 혼자 내버려 두었다."[13]

그러나 그는 곧 그녀를 따라다니기 시작했다. 피에로가 죽을까봐 조바심내는 것조차 그에게 도움이 되었다. 풀이 죽고 초라하게 돼 버린 피에로는 아내와 가난에 찌든 생활에 염증이 났던지라 그런 상황에서 아내를 조금도 보호하지 못한 채 프란체스코가 궁전에 자기를 위해 마련한 관직을 선뜻 받았고, 그의 주선으로 거처를 공작 궁전에서 가까운 마조 거리의 어느 궁전으로 옮겼다. 이렇게 해서 출세하게 되자 우쭐해져서 교만하고 방탕한 생활을 하여 많은 사람들에게 혐오를 받았고, 얼마 못가서 어느 날 저녁에 폰테 산타 트리니타 근처의 마조 거리 모퉁이에서 그에게 모욕을 받았던 리치가 사람에게 살해되었다.

프란체스코는 평생 비앙카의 헌신적인 연인으로 남았다. 비앙카가 스물한 살 때인 1564년 12월에 오스트리아의 대공비 요안나와 결혼한 뒤에도 비앙카에 대한 사랑에는 변함이 없었다. 실험실에서 일하지 않을 때에는 대부분의 시간을 마조 거리에 있는 비앙카의 집에서 보냈다. 대공비 요안나는 남편이 자기보다 지위가 한참 낮은 여성에게 빠져 자기에게는 소홀히 하는 것에 격분하여 황제인 오빠에게 끊임없이 하소연했으나 아무런 소용이 없었다.

---

13) Trollope.

1578년 4월 그녀가 죽었을 때 프란체스코는 당시 서른다섯 살이 된 비앙카와 결혼했다.

처음에는 오스트리아의 요안나가 죽은 지 얼마 되지 않았기 때문에 베키오 궁전의 작은 예배당에서 은밀히 결혼식을 올렸지만, 다음 해에는 산 로렌초 성당에서 매우 성대하게 다시 한 번 올렸다. 그런데 이상하게 들릴지 모르지만 베네치아에서도 이 결혼을 축하하는 행사가 거창하게 벌어졌다. 비앙카의 이름조차 경멸했던 베네치아가 이제는 그 이름을 명예롭게 떠받들고, 때 맞춰 피렌체에서 파견된 대사 일행을 정중한 의전(儀典)과 거창한 인사말로 환영했을 뿐 아니라 비앙카의 명예를 드높이는 법령을 공포하기까지 했다. 아드리아해에 연한 그 도시는 "헤아릴 수 없이 많은 조명으로 밤에도 대낮처럼 밝았다." 그 뒤 베네치아에서 장중한 대사 일행이 피렌체를 방문하여 비앙카에게 "새로운 지위에 따른 특전들을" 부여했다. 비앙카는 또다른 점에서도 프란체스코의 전 부인과 달랐다. 허세와 높은 지위에 따르는 의식의 정도에 관심이 없었던 것이다.

그러나 프란체스코는 이번 기회에 자신이 고안할 수 있는 모든 종류의 영예를 그녀에게 다 보여주려고 작정했다. 마상 대회들, 황소 싸움, 무도회들, 희가극, 연회들, 그리고 대중을 위한 다양한 행사를 열었고, 마지막으로 1579년 10월 12일에는 베키오 궁전의 넓은 홀에서 성대한 의식을 열었다. 이 의식에서 비앙카는 먼저 베네치아 대사로부터 "베네치아의 참되고 독특한 딸"이라는 찬사를 들은 다음, 남편 프란체스코와 나란히 앉아 토스카나 왕관을 받았다.

그 뒤 대공과 새로운 대공비가 앞장서고 온 회중이 조용히 뒤따라 대성당으로 갔고, 거기서 대미사를 올림으로써 의식을 종결지었다. 프란체스코는 이 결혼식에 300,000두캇을 지불했는데, 이것은 옛 공화국의 일년 정규 세입과 맞먹는 금액이었다.

비앙카 카펠로는 9년 동안 대공비로 지냈다. 그 지위에 있으면서도 예전과 다름없는 태도를 견지했다. 신분이 갑자기 크게 높아졌다고 해서 우쭐해하는 일도 없었으며, 근사하고 위엄있게 보이려고 하는 일도 없었고, 자신에 대해

뒷공론이 난무하는 피렌체를 떠나 될 수 있는 대로 시골 별장으로 가서 전원 생활을 하기를 좋아했다.[14] 프란체스코의 폭정에 대한 비난이 고스란히 그녀에게 쌓였기 때문에 조금 나쁜 일만 생겨도 그것을 그녀의 탓으로 돌리기 일쑤였다. 1582년 프란체스코의 외아들 필리포가 죽었을 때 그녀가 아들을 독살했다는 소문이 퍼진 것은 새삼 말할 필요도 없다. 그 이야기는 유사한 다른 이야기들과 마찬가지로 그녀의 사후에 대대로 전승되었다. 만약 비앙카가 그런 죄를 저질렀다면 프란체스코가 틀림없이 그것을 발견했을 것이고 그녀에 대한 모든 애정을 잃었으리라는 점이나, 평생 비앙카를 지배한 한 가지 소원이 그를 기쁘게 해주는 것이었다는 점은 무시한 채 말이다.

그러나 토스카나인들은 비앙카 카펠로를 미워하고 그녀에 대한 모든 이야기를 그대로 받아들일 만한 또다른 이유가 있었다. 그들은 비앙카가 마녀라고 믿었고, 다들 그렇게 불렀다. 그런 암시는 페르디난도가 흘렸을 개연성이 없지 않다. 그러나 비앙카가 알고 있었던 유일한 마술이란 "마음을 사로잡는 비법"뿐이었고, 이 면에서 그녀를 능가할 여성이 없었다. 그녀가 저지른 한 가지 큰 과오를 부각시키지 않는다면, 그녀가 이러한 강한 흡인력을 소유하고 있었으면서도 그녀의 사후에 퍼진 그녀에 대한 온갖 험담들 중에서 그녀가 프란체스코 이외의 다른 사람과 불륜을 범했다는 이야기가 전무하다는 점은 주목할 만하다. 그것은 당시의 상황을 감안할 때 대단히 중요한 사실이다. 또한 주목할 만한 점은 저자들이 한결같이 그녀의 재능을 상당히 인정할 뿐 아니라 다양한 좋은 품성도 인정한다는 점이다. 피티 미술관에는 브론치노가 그녀의 서른 살 때의 모습을 그린 초상화가 걸려 있는데, 그 표정이 대단히 선량하다. 브론치노는 그녀를 잘 알았고, 따라서 초상화의 모습이 실물과 거의 같을 것이다. 브론치노는 그 직후에 죽었기 때문에 이것이 그가 남긴 마지막 초상화임에 틀림없다.

로마에 살면서 프란체스코와 사이가 좋지 않았던 비앙카의 시숙 페르디난

---

14) 그녀의 그림이 많은데도 다른 대공 부인들처럼 궁정 드레스를 입은 모습이나 토스카나의 대공 곁에 선 모습이 담긴 그림은 한 점도 없다는 게 주목할 만하다.

도가 그녀에게 품고 있던 감정이 그녀의 운명을 결정짓는 큰 요인으로 작용했다. 피렌체인들이 일어나는 범죄마다 비앙카의 소행으로 돌리거나 프란체스코가 자행했다고 생각하던 경향을 '그녀의 철천지 원수' 페르디난도는 한층 더 강하게 지니고 있었다. 그는 기회가 있을 때마다 프란체스코에게 그녀와 관계를 갖고 사는 것을 거듭 항의했고, 그녀를 토스카나에서 쫓아내려고 노력했다. 그가 비앙카에게 느낀 혐오는 거의 병적이었다. 그녀가 죽은 뒤 그 시신을 장사지내기를 거부한 일이나, 그녀의 문장(紋章)을 지우게 한 일이나, 틈만 나면 그녀를 헐뜯은 일은 모두 오랜 세월 동안 키워온 그녀에 대한 혐오가 얼마나 깊었는지를 잘 보여 주는 사례들이다. 그가 대공이 되자 해바라기성 작가들이 그에게 빌붙어 비앙카에게 대한 기억에 될 수 있는 대로 먹칠을 하고, 스캔들을 좋아하던 세대가 그녀를 비방하기 위해 고안해 낼 수 있던 모든 이야기를 꾸며 전수했다. 비앙카 카펠로의 역사를 전해 내려오는 많은 이야기들의 실제 기원은 바로 그런 것이다. 비앙카의 실제 모습은 꾸밈이 없고 퍽 자연스러운 여성이었다. 많은 과오를 범하긴 했지만, 뒷공론을 즐기는 사람들(베네치아에 해가 되는 것이면 무엇이든 믿으려 하던)이 확신을 가지고 주장한 살인과 독살은 범하지 않았다.

비앙카는 대공 부인이 되고나서 남동생 비토리오 카펠로(Vittorio Capello)를 피렌체로 불렀고, 그는 프란체스코의 마음에 들어 거의 그의 유일한 조언자가 되었다. 이것이 페르디난도를 한층 더 화나게 했다. 얼마 뒤 그는 형을 압박하여 비토리오 카펠로를 베네치아로 돌려보내게 하려고 애썼다. 비앙카가 또렷하고 굵은 친필로 남동생에게 보낸 편지가 피렌체 고문서 보관소에 여러 통 소장되어 있는데, 그 편지들은 그녀의 인격과 높은 교육 수준을 잘 보여 준다. 비앙카는 여러 경우에 시숙 페르디난도에게 선량한 태도를 보이고, 두 형제를 화해시키려고 항상 노력하고, 그 상냥함으로 한동안 그렇게 하는 데 성공하기도 했다고 전해진다. 이렇게 노력하는 과정에서 페르디난도에게 여러 번 상당한 액수의 돈을 페르디난도에게 주어 그의 자금난을 덜어주라고 설득했다. 페르디난도는 그리스 예술품을 수집하는 막대한 비용이 드는 취향 때문에 늘 자금난에 허덕였다.

1587년[15] 마침내 파국이 찾아왔다. 프란체스코와 비앙카가 다른 곳에 비해 자주 애용하던 포지오 아 카야노의 저택에서 함께 죽은 것이다. 이 저택은 다른 많은 이야기들로도 유명하지만, 무엇보다도 24년간 서로에게 헌신한 이 두 사람이 함께 생을 마감한 장소로 가장 큰 흥미를 끈다.

포지오 아 카야노 저택[16]은 위대한 자 로렌초에 의해 건축된 날부터 가문의 수장들에 의해서 대대로 크게 증축되고 개선되었다. 이 저택의 대연회실은 레오 10세의 후원하에 국부 코시모와 위대한 자 로렌초의 행적을 묘사한 프레스코들로 장식되었다. 안드레아 델 사르토(Andrea del Sarto), 폰토르모(Pontormo), 프란차비조(Franciabigio), 알로리(Allori)가 프레스코 제작에 차례로 참여했다. 만찬실의 천장과 벽은 토스카나의 정원에 앉아 있는 착각이 들게끔 장식되었다. 접견실에는 가문의 유력 인사들의 초상화들이 걸렸다. 옴브로네 강이 휘돌아 흐르는 넓은 공원은 사냥하기에 좋은 곳이었다. 잘 단장된 정원들은 보는 이들에게 늘 즐거움을 주었다. 널찍한 테라스에 서면 토스카나의 풍경이 특별히 아름답게 다가온다.

포지오 아 카야노는 비앙카 카텔로가 즐겨 찾던 거처였다. 그 곳에서 프란체스코와 함께 여러 날을 거하면서 공원에서 사냥도 하고 시골로 말을 타고 나가 야외에서 할 수 있는 놀이들을 즐겼다. 1587년 10월 그 아름다운 계절을 맞이하여 틀에 박힌 궁정을 벗어나 다시 한 번 대자연을 만끽하기 위해서 그 곳으로 갔다. 그러나 그 곳에 간 이유가 또 한 가지 있었다. 모든 저자들이 인정하듯이, 비앙카는 페르디난도를 달래고 두 형제 사이에 난 균열을 치유하기 위해서 항상 노력했는데, 그때도 마침 그 노력이 다시 한 번 결실을 맺었다. 그 화해를 공고히 하기 위해서 프란체스코와 비앙카는 로마에 있던 페르디난도에게 포지오 아 카야노에 가서 함께 즐기자고 청하였다.

따라서 페르디난도는 피렌체에 도착하여 공작 궁전에서 프란체스코와 비

---

15) 스코틀랜드 여왕 메리가 처형된 해.
16) 이곳은 현재 이탈리아 왕의 저택이다.

앙카에게 여러 모양으로 환대를 받고 그들을 따라 피렌체 대주교와 함께 포지오 아 카야노로 갔다. 그곳에서 화기애애하게 며칠을 보내는 동안 공작 부인과 대주교는 오랜 세월을 반목하며 살아온 두 형제의 우의를 더욱 돈독히 해주기 위해서 각자 최선을 다했다. 그러나 이 행복한 순간은 슬프게 막을 내리고 말았다. 10월 8일 일행이 모두 사냥을 하러 나섰다. 그날 하루종일 뙤약볕에 쐬인 공작은 공원 안에 있는 작은 호수가에 앉았다가 심한 오한이 들었고, 얼마 뒤 온 몸에 열이 올라 불덩이처럼 뜨겁게 달아올랐다. 그는 화학 실험실에서 직접 만든 약으로 치료하겠다고 고집하다가 병세가 점차 악화되어 중병으로 발전했다. 병에 걸린 지 아흐레째 되던 날은 병세가 더욱 악화되었다. 평소 같았으면 자상하게 간병해 주었을 비앙카도 10월 13일에 비슷한 병에 걸리는 바람에 그럴 수 없었기에 병세가 더욱 심해졌다. 프란체스코는 급속히 위독하게 되었고, 마흔여덟 시간을 크게 고통스러워하다가 10월 19일에 숨을 거두었다.

한편 비앙카는 같은 시기에 앓아 누운 뒤 남편에 대한 염려에 사로잡혀 간호하는 사람이 귀찮을 정도로 수시로 남편의 안부를 물었다. 그녀는 평소부터 "자기와 남편이 불과 몇 시간 간격으로 죽을 것이다"고 입버릇처럼 말하곤 했다. 그 말이 사실로 입증되었다. 엿새를 앓던 그녀는 죽음을 예감하고서, 하지만 남편이 이미 죽었다는 사실을 까맣게 모른 채 고해 신부 프라 마란타(Fra Maranta)에게 눈물을 흘리면서 남편에게 작별의 말을 전해 달라고 부탁했다: "저의 작별 인사를 내 주인 프란체스코 데 메디치에게 전하시고, 제가 그분께 항상 가장 신실하고 사랑했노라고 말씀해 주세요. 제 병은 그분 때문에 이렇게 위중하게 되었노라고 일러 주세요. 그리고 혹시라도 제가 가슴 아프게 해드린 일이 있으면 용서해 달라고 대신 청해 주세요."

혹시라도 대공의 방(비앙카가 누워 있던 방의 바로 옆 방)에서 그의 죽음을 알아차리게 할 만한 소리가 들릴까봐 그의 시신은 저택 1층 방으로 옮겨졌다. 그러나 복도에서 들리는 평소와 다른 발걸음 소리, 당황하고 눈물이 고인 시종들의 얼굴, 그리고 페르디난도와 대주교가 서둘러 피렌체로 떠나느라 밖에서 들려온 마차와 말들의 시끄러운 소음에서 비앙카는 퍼뜩 프란체스코가 죽었다는 것을 직감했다. 그리고는 한동안 잠잠히 누워 있다가 뜻 모를 말을 되뇌이더니 한숨을 깊이 내쉬고는 "내 주인과 함께 죽겠다던 내 소원대로 되는구나" 하고 나직히 말했다. 그 뒤에는 더욱 위독해져서 말조차 할 수 없었고, 그리고는 곧 숨을 거두었다. 남편이 죽은 지 열한 시간 뒤였다.

물론 상황이 이쯤 되고 보니 페르디난도가 두 사람을 독살했을 것이라는 의혹이 이는 게 불가피했다. 형이 죽은 덕분에 왕권을 차지하게 된 데다 금상첨화로 그토록 증오하던 비앙카마저 죽었으니 어느 모로 보나 그의 짓이 틀림없어 보였다. 그는 즉시 두 시신에 대해 부검을 지시했고, 의사들은 독살의 흔적이 없다고 보고했다. 그러나 그런 부검 결과가 신뢰를 얻을 리가 없었다. 따라서 프란체스코와 비앙카는 페르디난도에게 독살되었다는 것이 보편적인 설이 되었다. 그러나 이 설과 나란히 또다른 설이 퍼져 있었다. 비앙카는 하도 오랫동안 욕을 먹어왔기 때문에 이번에도 비록 매우 어렵긴 하지만 그 죄책을 그녀에게 지우려는 시도가 있었다. 따라서 비앙카가 페르디난도를 독살하려고 독을 묻힌 작은 파이를 준비해 두었는데, 뜻밖에도 그것을 프란체스코가 먹게 되었고, 그것을 본 비앙카는 그가 죽은 뒤에 혼자 살 생각을 아예 하지 않은 채 자기도 그것을 먹었다는 유명한 이야기가 전해 내려왔다. 사실 가능성이 거의 없는 이야기인데도 널리 유포되었다.[17]

그러나 이 사건에 대한 설명(G. E. 살티니(Saltini) 선생의 끈기있는 조사로 최근에 국가 고문서 보관소에 의해 발굴된 자료로 드러난)은 프란체스코가 병에 걸려 누워 있을 때 비앙카는 자신도 나흘이나 병으로 누워 있는 바람에 그의 곁에도 가지 못했음을 분명히 보여 준다. 따라서 오늘날은 비앙카가 철저히 결백할 뿐 아니라(이것은 거의 자명하다) 페르디난도도 결백했던 게 틀림없다고 간주된다. 오늘날 사가들은 한결같이 그것이 독살이 아니었고, 프란체스코와 비앙카는 의사들의 부검 결과대로 비앙카는 2년간 앓아온 수종(水腫)으로, 프란체스코는 자가 치료를 위해 엉터리 약을 복용한 이유로 자연사했

---

17) 그러나 이 이야기는 만인에게 인정을 받았던 비앙카의 프란체스코에 대한 사랑이 사실 그대로였음을 여실히 보여준다.

다고 확신한다. 더욱이 페르디난도가 대공이 되어 22년간 재위하며 쌓은 역사는 그가 그런 유의 죄악을 범할 수 있는 사람이 아님을 분명히 보여 준다.

그러나 페르디난도는 비앙카에 대한 지나친 증오에 사로잡혀 매우 단견적인 행동을 했다. 그녀를 정중히 장사지내는 것을 허용하지 않았을 뿐 아니라, 그녀를 기억하게 할 만한 물건은 죄다 없애라고 지시했다. 메디치가의 방패에서 그녀의 문장을 지우고, 오스트리아의 문장을 대신 그려넣게 했으며, 그녀의 이름을 부득이 언급해야 할 때는 대공 부인이란 칭호를 사용하지 못하게 했다. 이러한 행동으로 페르디난도는 그가 스스로 의혹을 받고 싶어했다는 평가를 받고, 사람들의 마음에 그가 그 죄를 저지른 장본인이라는 확신을 심어줄 수 있는 최선의 방법을 사용한 셈이다.

두 시신은 피렌체로 운구되었다. 프란체스코의 시신은 염을 하여 대공의 지위에 걸맞는 장례식을 치른 뒤 산 로렌초 성당에 묻혔다. 그러나 건축가 부온탈렌티가 페르디난도에게 대공 부인의 시신을 어디다 묻어야 할지를 물었을 때 그는 "아무데나 묻으시오. 우리는 그녀를 우리 사람으로 치지 않소"라고 대답했다. 그녀의 시신은 따라서 평범한 수의에 싸여 별 다른 의식도 없이 아무도 모르는 곳에 묻혔다. 그러므로 메디치가의 가문 묘지에는 토스카나의 대공 부인들이 다 누워 있는데, 두 번째 대공 부인만 거기서 빠져 있다. 지하 묘지에 프란체스코 1세 곁에는 9년 동안 대공 부인으로 있었고, 그가 평생 사랑한 혹은 평생 사랑을 받은 유일한 여성인 둘째 아내가 누워 있지 않고, 4년간 대공 부인으로 있었고 그가 무척 싫어했던 첫째 부인이 누워 있다. 그러나 비앙카에게는 자기 시신이 아무리 외진 곳에 누워 있든 하등 문제가 아니었다. 그녀에 대한 기억은 그것을 말살하려고 한 페르디난도의 집요한 노력에도 불구하고 계속 살아남아 있고, 그녀에 대해 마음껏 유포된 비방도 사실이 아님이 입증되었기 때문이다.

비앙카 카펠라는 죽을 때 마흔네 살이었다. 그녀에 대한 모든 정당한 비판을 다 끌어모은다 하더라도, 비앙카는 형을 계승하여 대공이 된 시숙의 비정상적인 증오 때문에 후대에 전승된 왜곡된 이미지보다는 좀 더 나은 평가를 받을 자격이 있는 여성이었다. 그녀가 저지른 과오는 딱 한 가지였다: "소녀

티를 벗지 못한 나이에 거짓되고 비열하고 이기적인 남자의 따뜻하고 예민한 태도에 넘어가 좌절과 위험에 내팽개쳐지고, 한 번도 겪어보지 못한 시련과 고생을 당하고, 위엄있고 세련된 집안에서 자라나 찢어지게 가난한 집에 들어가 허드렛일이나 하던 상황에서 젊은 왕자의 구애를 받고, 멀리서 권좌가 희미하게 손짓하자 마침내 유혹에 넘어갔으나, 그녀의 원수들이 묘사해 온 대로 되지는 않았다. 불륜이 만연한 시대에 그녀는 적어도 대공에게만큼은 정절을 지켰으며, 혹시 어떠한 고생이 따랐을지라도 남편에게 충실했을 것이다."[18]

비앙카 카펠로는 사실상 평생 사랑에 의해 지배를 받은 여성이다. 그녀의 인품의 진면목은 사랑하는 사람을 위해서 베네치아 귀족의 딸에게 보장된 모든 위험과 호화로운 생활을 버린 소녀의 모습에서, 그리고 "자기 주인과 함께 죽기를 바라던," 그리고 남편이 죽은 사실을 알았을 때 더 살 의욕을 잃어버린 아내의 모습에서 볼 수 있다.

---

18) Napier.

# 제26장

# 페르디난도 1세

1549년 출생, 1587-1609년 재위, 1609년 죽음.

코시모 1세와 엘레오노라 디 톨레도의 넷째 아들 페르디난도는 어머니와 형들 조반니와 가르치아가 죽은 해인 열네 살 때 추기경이 되었고, 스물다섯 살 때 아버지가 죽어 형이 권좌를 계승했다. 그는 매사에 형과 사뭇 달랐다. 한 쪽이 무슨 제의를 하면 다른 쪽이 틀림없이 반대했다. 얼마 후 그들은 따로 떨어져 살았다. 형의 13년 재위 기간 내내 로마에서 살았고, 그곳의 바티칸 궁전에서 실력자가 되었다. 추기경이었으나 성직은 한 번도 맡지 않았다. 강직하고 거만하고 대담하고 독립성이 강하고 교황청 내에서 강력한 파벌의 우두머리였으므로 어떠한 교황도 두려워하지 않았다. 한 번은 바티칸 궁전에서 무기와 갑옷을 착용하는 문제를 놓고 심지어 포악하고 전제적인 식스투스 5세 앞에서도 굴복하지 않고 버텼다.

또 한 번은 대담성과 기지로 친구인 추기경 파르네세(Farnese)의 목숨을 구한 적도 있다. 파르네세는 식스투스 5세에게 사형 판결을 받고 사형 집행일까지 확정되었다. 그러나 페르디난도는 바티칸 궁전의 모든 시계를 한 시간 앞당겨 놓은 다음 대담하게 교황 앞에 나가 파르네세를 사면해 달라고 간청했다. 아니 실은 강요했다고 말하는 게 옳을 것이다. 그러자 교황은 파르네세의 처형 시간이 한 시간이나 지나간 줄로 생각하고서 그의 간청을 받아들이지 않을 수 없었다. 그런 뒤 페르디난도는 교황에게 받은 권위를 가지고 사형 집행을 중지시켰고, 그렇게 해서 친구의 목숨을 구했다.

로마에서 페르디난도는 두 가지 면에서 명성을 얻었다. 교회 행정에 큰 능력을 발휘했고, 특히 거대한 선교 부서인 포교 성성(布敎聖省, the Propaganda)을 설립하여 이름을 날렸다. 또한 고전 예술품들의 수집 가로서 더욱 큰 명성을 얻었다. 당시 로마는 교황 율리우스 2세, 레오 10세, 클레멘스 7세, 피우스 2세가 발굴하여 바티칸 궁전에 수집해 놓은 고전 시대의 조각들이 예술에 전혀 관심이 없는 후임 교황

코시모 1세의 아들, 대공 페르디난도 1세, 1549-1609, 풀초네 작

들에 의해 뿔뿔이 흩어지고 없던 그런 상태에 있었다.[1] 그리고 페르디난도의 때에는 교황들이 아직 그런 분야에 다시 관심을 갖기 시작하지 않던 때였다.

반면에 페르디난도는 조상들로부터 동일한 취향을 물려받아 기회가 닿는 대로 그런 물품들을 닥치는 대로 사들였고, 당시 로마에서 가장 중요한 수집 가가 되었다. 로마에 유명한 메디치 저택을 세운 그는 그 곳에다 가치를 값으로 따질 수 없는 그리스 로마의 조각품들을 허다하게 수집해 놓았다. 그 가운데는 "비너스 데 메디치"(티블리에 위치한 하드리아누스의 저택에서 발견), "니오베와 그녀의 자녀들"(1583년 산 파올로 문에서 발견), 춤추는 "목신", "레슬링하는 사람들", "칼을 가는 사람들", "아폴리노", 그리고 고전 시대의 많은 조각상들, 로마 황제들의 흉상들, 그밖의 고대의 작품들이 있었는데, 모두 훗날 그와 그의 계승 자들에 의해 단계적으로 피렌체로 이전되었으며, 오늘날은 우피치 미술관의 계단들과 기둥들 사이에 전시되어 있다.

이런 식으로 페르디난도는 대공이 되기 전에 사재를 털어 현재 피렌체

---

1) 특히 바티칸의 예술 소장품들을 의도적으로 제거한 피우스 5세(1565-1572)가 더욱 그러했다.

에 있는 최고의 예술품 여섯 점을 사들였다. 당시에 알려진 최고의 작품들인 "아폴로 벨베데레", "라오콘", "헤라클레스의 나체 흉상"을 제외하고 말이다. "비너스"(이 작품은 페르디난도가 구매한 직후부터 그의 가문명이 붙어다닌다)에 관해서는 오로지 전 시대가 반대 방향에서 과오를 범했다는 이유 때문에 그 탁월함을 폄하한다는 건 지나치게 시류를 따르는 일이다. 이 조각상은 한 번 가서 봐가지고는 제대로 이해할 수 없다고 한다. 바이런(Byron)이 이 조각상에 관해서 한 말이 언제나 사실로 남는다. "아폴리노"에 관해서 셸리(Shelley)는 그것이 "꿈속에조차 출몰하는 영(靈)과 같다"고 말했다.

페르디난도는 형 프란체스코가 죽을 때 서른여덟 살이었다. 형이 아들을 남기지 않고 떠났기 때문에 페르디난도는 추기경직(그리고 차기 교황직이라는 좋은 전망도 함께)을 사임하고서 형을 계승하여 토스카나의 대공이 되었다. 그가 비앙카 카펠로에게 보인 행동은 그의 인격의 진면목으로 보기보다 오히려 그 구체적인 점에 대한 편집증으로 보는 게 옳다. 그가 대공으로서 22년이란 긴 세월 동안 취한 모든 행동은 그가 어떤 사람에게도 꼬투리를 잡히지 않을 만큼 고결한 삶을 살았음을 잘 보여 준다. 메디치가는 그에 앞서 대공이 두 명 있었고 그 뒤에 네 명이 있었지만, 그는 그들보다 우월했다. 업적만 보자면 물론 그의 업적도 크긴 하되 조상 코시모의 업적과는 비교가 되지 않았지만, 고결한 인품과 모범적인 행동은 타의 추종을 불허했다.

페르디난도는 권좌에 오르자마자 친 스페인 정책을 골격으로 한 기존의 대외 정책을 전면 수정하여 프랑스와 관계를 수립하고 그로써 토스카나의 옛 대외 정책으로 귀환했다. 그는 프란체스코와는 달리 항상 카테리나 데 메디치와 우호적인 관계를 맺었고, 1587년이 다 가기 전에 카테리나와 협상 테이블을 마련하여 그녀가 무척 사랑하던 당시 스물두 살이던 손녀 로렌의 크리스틴(Christine)을 자신의 배우자로 삼기로 합의했다. 그러나 이 합의는 먼저 크리스틴의 아버지 로렌의 공작의 급작스런 죽음으로 인해, 다음에는 프랑스의 혼미한 정국으로 인해 잠시 지연되었다. 아울러 그 결혼은 그리 상서롭게 보이지도 않았다. 프랑스 궁정에는 신랑감이 형과 형수의 살해범이라는 소문이 무성하게 나돌았다. 게다가 당시 프랑스의 형편상 크리스틴이 결혼을 위해 길을 나서는 것이 안전하지 못하다고들 생각했다. 그만큼 정국이 불안하던 때였다.

스페인의 막강한 무적함대가 영국을 치기 위해서 떠나려던 참이었고, 그 작전의 일환으로 프랑스의 항구들을 접수할 계획을 세워놓고 있었다. 프랑스에 내전이 격해지고 있는 상황에서 동맹(the League) 군대가 파리를 점령하자 왕(앙리 3세)은 삼부회 위원들과 함께 블루아로 피신할 수밖에 없었다. 페르디난도는 크리스틴을 피렌체까지 호위해 오기 위해 오라초 루첼라이(Orazio Rucellai)를 단장으로 한 사절단을 파견했지만, 그들은 크리스틴이 안전하게 여행할 수 있게 된 1589년 3월까지 블루아에서 기다릴 수밖에 없었다. 1588년 7월 스페인의 무적함대가 영국을 침공했다가 두 주만에 궤멸당했다. 그러는 동안 카테리나는 임종할 기미가 완연했고, 따라서 크리스틴은 카테리나 곁을 떠날 수 없었다. 12월에 블루아에서 기즈의 공작이 살해되자 궁정은 온통 혼란과 공포의 도가니로 빠져들었다. 1589년 1월 5일 카테리나 데 메디치가 죽었고, 죽는 과정에서 크리스틴이 내내 그녀 곁에 있었다.

그 해 3월에 크리스틴은 울적한 기분으로 블루아를 떠났다. 모든 이들이 좋아하던 사람을 떠나보낼 일을 앞두고 온 궁정이 애석해했고 크리스틴 자신도 막상 프랑스에 작별을 고하자니 너무 슬펐다. 블루아에서 먼 길을 떠나는 크리스틴을 위해 화려한 기마대가 동행했다. 떠날 때 큰 애정을 보인 앙리 3세도 직접 배웅길에 나섰다. 마르세유에서 크리스틴과 호위대는 그 곳에서 여러 달 그녀를 기다리고 있던 함대를 만나 배편으로 제때에 피렌체에 도착했다.

피렌체에서 한 달간 대단히 성대하게 결혼 축제가 벌어졌다.

"피렌체는 보통 사람들이 모여사는 차분한 거주지라기보다 동화 같은 도시였다. 궁전 안뜰에는 투르크 풍의 요새가 흉내낼 수 없는 강렬한 힘으로 솟아 있었다. 거창한 마상 대회가 열렸고, 그 뒤에는 화려한 연회가 잇따랐다. 그러나 하객들이 한참 마시고 나자 궁전 안뜰이 모조 바다로 바뀌어 있었고, 실전과 방불한 해전이 벌어져 천둥 같은 함포 소리에 궁전 벽들이 뒤흔들렸다."

로렌의 크리스틴은 페르디난도에게 대단히 좋은 아내였다. 어머니가 죽은 뒤 할머니 카테리나 데 메디치에게 입양되어 내내 그 슬하에서 자랐고, 피렌체에 도착했을 당시 "무척 우아하고 활발했다"고 한다. 남편 페르디난도 1세보다 27년을 더 살았고, 아들 코시모 2세보다 16년을 더 살았으며, 코시모 2세에 의해 그의 아들 페르디난도 2세가 성년이 될 때까지의 긴 기간 동안 토스카나의 섭정이 되었다. 이로써 왕 3대의 재위 기간에 해당하는 50년이란 긴 세월을 피렌체의 실세로 활약했다. 능력은 대단하지 않았으나 대단히 선량한 여성이었고, 토스카나 궁정을 완전히 개혁했다. 그 후로는 코시모 1세와 프란체스코 1세 때 궁정 분위기상 가능했던 음울한 범죄 이야기들이 날조될 여지가 없어졌다. 로렌의 크리스틴은 몸소 궁정의 풍토를 이렇게 쇄신하고 아들 코시모 2세를 훌륭하게 양육하여 그렇게 쇄신된 풍토를 영구히 정착시킨 이 한 가지 큰 일만 가지고도 극찬을 받을 만하다. 크리스틴은 그외에도 또 한 가지 일을 성취했다. 이 점에서 자신의 역량을 남김없이 발휘함으로써 자기를 사랑했고 자기도 사랑했고 자신을 그렇게 키워준 장본인에게 충분한 보답을 했기 때문이다. 카테리나 데 메디치에게는 자기가 직접 교육한 손녀가 이루어 놓은 결과만큼 자신의 인품을 잘 입증해 줄 수 있는 게 없었던 것이다.

우피치 미술관에는 결혼한 지 한두 해 뒤 크리스틴의 모습을 그린 초상화

로렌의 크리스틴의 초상

가 걸려 있다. 여기서 크리스틴은 궁정 드레스를 입고 옆에 면류관을 들고 있다. 면류관은 크고 보석이 잔뜩 박혀 있으며 피렌체의 백합 밑에 두 인물상이 방패를 떠받치고 있다. 드레스는 모양이 독특하여 소매 아랫 부분은 분리할 수 있게 되어 있었고, 큰 단추들로 윗 부분 혹은 망토에 고착되었다. 이런 모양의 드레스는 우피치 미술관에 소장된 당시 귀부인들의 초상화 여러 점에서도 볼 수 있다. 같은 시기에 제작된 다른 초상화에서 크리스틴은 같

은 모양의 드레스를 입고 옆에 면류관을 들고 있는데, 피렌체 백합 문양만 그려진 작고 가벼운 면류관이다. 메디치가의 경우는 대공뿐 아니라 대공 부인도 자신의 면류관과 함께 매장되었고, 후임 대공 부인을 위해서는 새로운 면류관이 제작되었다. 대공 부인들마다 초상화에는 자신의 면류관을 곁에 들고 있는데, 항상 보석이 잔뜩 박혀 있고 초상화마다 면류관의 모양이 다르다.

페르디난도 1세는 22년간 토스카나를 다스렸다. 그가 권좌에 오르면서 채택한 문장(紋章)과 좌우명 — 벌 떼와 **마예스타테 탄톰**(Majestate tantum)이라는 좌우명[2](그는 이것으로 자신의 통치가 벌들이 꿀을 모으듯 백성이 재산을 모을 수 있도록 공의롭고 온건할 것임을 뜻하려 했다) — 을 채택했는데, 그 정신을 성실하게 이행했다. 건실한 결혼 생활로 궁정의 질서와 도덕성을 바로잡았고, 다양한 개혁으로 토스카나를 프란체스코 1세 때 전락했던 무질서한 상태에서 건져냈다. 그는 자기 아버지의 모든 행위와 견해를 대단히 존경했다. 그러나 추기경으로서 보인 대범한 정신을 대공 시절에는 계속해서 발휘하지 못하여 예수회(1543년 교황 파울 3세에게 승인을 받은 뒤 불과 40년만에 교황청을 철저히 장악한 수도회) 앞에서 종종 위축되었다.

통치를 시작하면서 자기를 반대했던 모든 인사들을 사면했고, 피렌체인들에게 내렸던 거주 제한 구역들을 모두 해제했다. 법정에 침투한 부패를 뿌리 뽑았고, 여러 차례에 걸친 현명한 재정 개혁으로 교역을 지원했으며, 국가의 안녕을 위해서 국정과 제반 조치들을 꼼꼼히 챙겼다. 이 목적으로 수행한 여러 다른 유용한 사업들 중에서 특히 여러 세대에 걸친 공사에도 진척을 보이지 않던 치아나 계곡(the Val di Chiana)의 배수 공사를 한동안 성공시켰다.[3] 평야들을 더욱 개간했고, 나빌리오 운하를 이용하여 피사와 리보르노 사이에 수로를 개통하고 그 수로로 아르노 강의 일부 수량이 들어가게 했다.

그러나 페르디난도의 가장 큰 업적은 리보르노를 건설한 일이다. 위에 언

---

2) "오로지 위엄만으로."
3) 그러나 이 공사의 난관이 완전히 극복된 것은 2백 년 뒤 오스트리아 대공 피에트로 레오폴도 때였다.

급한 독특한 방법으로 그 항구를 건설한 사람은 바로 그였기 때문이다. 그의 아버지 코시모가 이미 이 작은 어촌을 중요한 항구로 개조하려는 작업에 착수했지만, 본격적으로 진행시킬 시간이 없었다. 프란체스코가 잘한 일이 한 가지 있다면 그것은 아버지의 계획을 이어받아 이 공사를 진행시킨 일이었다. 이렇게 해서 그의 재위 때 공사가 일정 부분 진척되긴 했지만, 페르디난도가 권좌에 오를 때는 아직 훨씬 더 많은 부분이 손대지 않은 채 남아 있었다. 페르디난도는 이 공사를 최고의 현안으로 삼는 등 열의를 가지고 임했다. 항구들을 설계했다가 파헤치고, 요새들을 계획했다가 파기하고, 새 항구로 교역을 끌어들이기 위해서 강력한 규제 조치들을 발표했다. 그러나 이러한 노력만 가지고는 다른 경우들을 능가하는 깜짝 놀랄 만한 결과를 거두지 못했을 것이다. 페르디난도는 그런 노력에서 한 단계 더 나아가 당대의 통념을 훌쩍 뛰어넘는 조치를 취했다. 법령을 발행하여(그는 레그혼의 이탈리어 명칭인 리보르노에서 착안하여 법령에 리보르니나라는 칭호를 붙였다) 새 항구에는 관용을 실행한다고 공포하였고, 그로써 박해받는 모든 종교, 모든 민족의 난민들에게 도피처가 되게 했다.

프랑스와 스페인에서 도망친 프로테스탄트 교도들, 영국에서 도망친 로마 가톨릭 교도들, 네덜란드에서 알바(Alva)의 학정에서 도망친 플랑드르인들, 모든 나라들에서 박해받던 유대인들이 리보르노에 와서 한결같이 환영과 보호를 받았고, 그 곳을 피난처로 삼았다. 페르디난도는 유대인들에게는 토스카나인들의 박해에서 보호하는 특별 면허장을 주었다. 이러한 관대한 정책의 결과 리보르노는 크게 도약하여 페르디난도의 22년 재위가 다 끝나기 전에 보잘것없는 어촌에서 이탈리아에서 제노바에 버금가는 상업 중심지가 되었다. 몽테스키외(Montesquieu)는 이 업적에 관해 말하면서 리보르노를 "메디치 왕조의 걸작"이라고 부른다. 그러나 메디치가는 전후 역사를 통틀어 이것보다 훨씬 더 중요한 업적들을 제시할 수 있었다.

페르디난도는 토스카나 해군을 크게 증강했다. 산토 스테파노의 기사들이 이끈 토스카나 해군은 지중해에서 투르크족을 격파하고 해상 무역에 가공할 장애 세력이던 바르바리 해적들을 소탕함으로써 큰 명성을 얻었다. 페르디난도의 재위 말엽인 1607년에 산토 스테파노의 기사들이 지휘하는 갤리선 전함들이 해적들의 소굴인 바르바리 해안의 보나를 공격하기 위해 파견되었다. 바르바리인들은 그 곳을 지키기 위해 완강히 저항했으나, 기사들은 보기드문 용맹을 발휘하여 그 곳을 함락했다. 다음 해 그 전함들은 그보다 훨씬 더 강력한 투르크 함대를 공격하여 선박 9척을 나포하고 포로 700명을 생포하고 2,000,000듀캇에 해당하는 귀금속들을 노획하는 등 완승을 거둠으로써 훨씬 더 값진 승리를 거두었다. 이 승리는 오랫동안 펼쳐져 온 비슷한 해전들을 종결짓는 최종적인 승리로서, 토스카나 함대를 지중해의 맹주로 만들어 놓았다.

우피치 미술관의 살라 델 바로초(the Sala del Baroccio)에 가면 피에트라 두라(Pietra dura, 피렌체 모자이크)로 제작된 식탁을 볼 수 있다. 이 식탁은 페르디난도를 위해 제작된 것으로서, 그 중앙에는 만국의 선박들이 정박해 있는 리보르노 항구의 청금석 모형이 붙어 있다. 선박들 중에는 두 척의 투르크 전함을 나포하여 항구로 들어오는 여섯 척의 갤리선으로 이루어진 피렌체 소함대의 모습을 볼 수 있다.

대외 정책에서 페르디난도는 결혼으로 시작시킨 프랑스와의 밀접한 관계를 계속해서 돈독히 했다. 로렌의 크리스틴이 블루아를 떠난 지 6달 뒤에 앙리 3세가 암살당했고, 그 사건으로 인해 프랑스에서는 4년간의 전쟁이 뒤따랐는데, 이 전쟁에서 나바르의 앙리(앙리 4세)가 스페인의 지원을 받는 가톨릭 동맹(the League)에 맞서 저항했다. 페르디난도는 앙리 4세를 지지하고 재정 지원을 했으며, 스페인과 가톨릭 동맹의 반대에도 아랑곳하지 않았다. 스페인과 가톨릭 동맹은 프로테스탄트 교도가 프랑스 왕이 될 것을 크게 우려하여 무슨 대가를 치르든 그것을 막으려고 사생결단을 하고 싸웠다. 마침내 앙리 4세를 프랑스 왕좌에 앉힌 이가 사실상 페르디난도였다. 이 무렵 토스카나 대공의 수입은 프랑스의 전체 수입보다 더 크지는 않더라도 거의 맞먹었다. 그리고 페르디난도가 앙리에게 대준 전비(戰費)는 실로 막대했다. 정화(正貨)를 잔뜩 실은 거대한 마차 행렬이 대규모 기병과 보병의 호위를 받아가며 피렌체에서 프랑스의 앙리에게로 끊임없이 보내졌다.

전쟁이 4년간 지속되던 상황에서 페르디난도는 앙리가 프로테스탄트 교도 신분으로는 절대로 왕권을 차지할 수 없다는 것을 알고서 그에게 로마 가톨릭 신앙을 받아들이도록 강권했다. 원만한 사태 해결을 위해서 앙리를 대신하여 교황과 협상을 벌였고, 결국 1593년에 앙리는 프로테스탄트 신앙을 포기했다. 그것은 교황 클레멘스 8세도 인정했듯이 페르디난도의 집요한 노력의 결과였다.[4] 마침내 1594년 3월에 앙리는 파리를 접수했다. 그 뒤 1598년 스페인의 펠리페 2세가 죽었고, 그의 죽음은 페르디난도와 프랑스의 우호 관계가 더욱 공고히 되는 계기가 되었다. 다음 해에 페르디난도는 앙리 4세와 더욱 긴밀한 관계로 맺어준 결혼을 주선할 수 있었다.

페르디난도의 조카이자 프란체스코의 둘째 딸 마리아는 아버지와 계모가 죽고 삼촌이 권좌에 오를 때 열네 살의 소녀였다. 삼촌이 내준 집에서 살아온 그녀는 이제 스물여섯 살로서 대공 부인 크리스틴과 같은 나이였다. 그러는 동안 여러 번 혼담이 오갔으나 이런저런 이유로 모두 무산되었다. 그러나 마침내 앙리 4세와 발루아의 마르그리트가 합의 이혼을 하자 페르디난도는 마리아를 앙리 4세와 정혼하게 했다. 그렇게 해서 메디치가 사람을 두 번째로 프랑스 왕권에 앉힌 이 결혼은 1600년 10월 피렌체에서 대리 결혼으로 치러졌다. 그리고 며칠 뒤 마리아는 프랑스를 향해 길을 나섰고, 대공 부인이 마르세유까지 직접 동행했다. 마리아는 막대한 지참금을 소유하고 갔다. 카테리나 데 메디치의 지참금도 많았지만, 마리아의 지참금은 그보다 더 어마어마했다. 쉴리(Sully)는 프랑스로 시집온 역대 왕비들 중 마리아만큼 거액의 지참금을 가져온 왕비는 없었다고 말했다.

마리아는 프랑스 왕비가 되어(그녀는 프랑스에서는 언제나 마리 드 메디시스라고 불렸다) 전임 왕비와는 사뭇 다른 대조를 보여 주었다. 금발에 크림처럼 흰 피부색 — 루벤스(Rubens)를 감동시킨 아름다움 — 은 앙리 4세가 그

---

4) 교황 식스투스 5세는 1590년에 죽었다. 그뒤로 다음 교황들의 짧은 재위가 잇따랐다. 우르바누스 7세(1590), 그레고리우스 14세(1590-1591), 인노켄티우스 9세(1591-1592), 클레멘스 8세(1592-1605).

녀의 머리가 얼마나 텅 비었는지를 마침내 발견하기 전까지는 그를 사로잡았다. 성품이 좋았고 부도덕한 시대에 도덕적인 여성이었지만, 메디치가의 대다수 사람들과는 달리 유머, 재치, 지성을 찾아볼 수 없었고, 이 점에서는 언니인 만투아의 공작 부인 엘레오노라보다 크게 못했다. 앙리 4세는 그녀의 단점들이 고스란히 나타날 만한 빌미를 주었다. 불륜을 밥먹듯 저질렀고, 마리는 남편의 그런 소행에 대해서 한 번도 순하게 넘어가는 법이 없었다. 앙리는 그 문제를 다른 시각에서 보았다. 쉴리에게 쓴 편지에서 "우리 부부의 사소한 불화는 스물네 시간을 넘겨서는 안 됩니다"라고 쓰고는 마리가 화가 나면 닷새를 끈다고 불평했다. 마리는 앙리의 서자들이 왕자들과 공주들과 함께 교육을 받는 것에 반대했고, 서자들 중 하나에게 "내 아들아"라고 부르도록 앙리에게 강요를 받았다.

상황이 이랬기 때문에 프랑스 궁정은 불화가 끊일 날이 없었다. 허구헌날 다툼과 반목과 싸움이 벌어졌고, 그럴 때마다 앙리의 대재상 쉴리 공(公)이 부부 싸움을 말리도록 집무실에서 호출을 받았다. 물론 명분상 마리가 절대로 옳았지만, 그녀는 싸움을 이기는 가장 좋은 방법을 채택하지 않았다. 일단 쉴리가 들어오면 그녀는 분노가 머리끝까지 치밀어 올라 왕을 후려칠 기세였고, 대재상이 황급히 달려들어 그녀의 팔을 가로막고서 "마마, 정신 나가셨습니까? 왕이 마음만 먹으면 당장이라도 마마의 목을 베실 수 있다는 것을 모르십니까?" 하고 외치곤 했다. 그러나 마리도 나름대로 좋은 성품을 갖고 있었다. 리슐리외는 이렇게 쓴다:

> "왕이 아주 상냥하게 웃는 낯으로 왕비를 대해 주기 전에는 폭풍이 가라앉는 법이 없었다. 그러기에 왕이 죽은 뒤 나는 왕비가 왕이 살아 계실 때 함께 살았던 기억을 즐겁게 회고하는 말을 종종 들었다."

우피치 미술관에는 마리가 결혼한 지 얼마 되지 않아 그린 초상화가 걸려 있다. 그 그림에서 그녀가 입고 있는 드레스는 매우 화려하다. 마리아 데 메디치(마리 드 메디시스)는 다른 어떤 여성보다 드레스에 많은 돈을 들였을 것이다.

그녀의 옷장을 꽉 채운 의상들, 매일 어떤 옷을 입을지 고른 비싼 재질로 만든 수많은 의상들에 관한 세세한 기록이 그녀의 생애 기록들을 잔뜩 메운다. 그 중에서 그녀가 즐겨 입던 의상이 세 벌 있었는데, "비둘기색 바탕에 금빛 옷 감을 댄 드레스, 금과 은으로 수놓은 드레스, 그리고 백합 문장을 수놓은 파란 벨벳 드레스"가 그것이었다. 그 그림에서 그녀가 입고 있는 옷은 세 번째 드 레스이다. 가슴 옷은 재질이 흰담비 털가죽이고, 알이 굵은 진주들과 자수정 들이 자수정 한 개를 진주 네 개가 두르고 있는 형태로 가슴 옷을 덮고 있고, 한복판에는 매우 큰 진주 세 개가 달려 있는 큰 자수정 십자가가 붙어 있다. 소매도 마찬가지로 진주와 자수정으로 덮여 있다. 스커트는 금으로 백합 문 양이 잔뜩 수놓아 있다. 면류관도 자수정들과 진주로 덮여 있다.

페르디난도 1세의 초상

페르디난도 1세는 국가 발전과 해군의 정비, 그리고 리보르노 건설에 못지 않게 예술 증진을 위해서도 적극 노력했다. 로 마에 있는 메디치 저택에서 그가 그 곳에 수집해 둔 적지 않은 그리스와 로마의 조 각품들을 단계적으로 피렌체로 옮겼고, 그 작품들을 정부 청사로 쓰던 우피치 궁 전의 윗층에 새로 낸 방들에 보관했다. 하 지만 그가 로마에 수집해 둔 몇몇 주요 예 술품들("비너스"와 "레슬링하는 사람들" 을 포함한)은 그가 죽고 나서 70년 뒤 코 시모 3세에 의해 피렌체로 옮겨졌고, "니 오베"와 "아폴리노"는 300년 뒤에야 비로소 옮겨졌다. 페르디난도는 로마에 서 옮겨온 다양한 조각품들을 보관하기 위해서 부온탈렌티에게 이 미술관에 여러 개의 방을 신축하도록 의뢰했다. 그렇게 해서 제작된 방들 중에는 트리 뷰나(the Tribuna)로 불리는 특히 더 아름다운 방이 있는데, 이 방은 금박 입힌 석고에 부착한 나전(螺鈿) 천장에 고풍스런 물결무늬 명주로 입힌 벽, 색채 대리석을 깐 바닥으로 이루어져 있다. 이로써 우피치 미술관은 오랫동안 그 곳에 소장된 그림들보다 조각품들로 더 명성을 얻었고, 그런 이유에서 최근까지 '조각품 갤러리'라고 불렸다.

동시에 페르디난도는 프란체스코가 시작해 놓은 작업을 계속 이어가서 이 방들에 그림들을 추가로 수집했다. 오늘날 우피치 미술관에 소장된 많은 그림들이 이 곳을 안식처로 삼기 전까지 얼마나 많은 부침을 겪었는지를 잘 보여 주는 사례가 있다. 그것은 보티첼리가 그린 "유딧"이라는 작고 아름다운 그림이다. 피에로 일 고토소를 위해 제작된 이 그림은 원래는 메디치 궁전의 예술품 전시관에 걸도록 의뢰되었다. 1494년 그 궁전이 약탈될 때 다른 물품들과 함께 도둑질당한 이 그림은 90년 동안 사라졌다가 — 그동안 아마 이 사람 손에서 저 사람 손으로 옮겨다녔을 것이다 — 마침내 리돌포 싱가티(Ridolfo Singatti)의 손에 들어갔고, 그가 프란체스코의 아내 비앙카 카펠로에게 선물로 준 데 힘입어 다시 한 번 메디치가의 소유가 되었으며, 비앙카가 죽은 뒤 페르디난도가 우피치 궁전에 보관하였다.

그것보다 한층 더 우여곡절을 겪은 것은 피티 미술관의 보물로 손꼽히는 라파엘로의 "대공의 성모"(Madonna del Gran Duca)였다. 1505년에 제작된 이 그림은 오늘날 피렌체에 남아 있는 그의 그림 중 가장 높은 평가를 받는 작품으로서, 200년 동안 시야에서 사라진 채 개인의 손을 전전하다가 마침내 어느 가난한 과부의 손에 들어갔고, 그 과부는 그림의 가치를 전혀 모른 채 그림 수집상에게 불과 열두 크라운에 팔아넘겼다.

그러나 페르디난도 1세가 피렌체에서 시작한 가장 중요한 작업은 1604년에 착공한 산 로렌초 성당에 붙은 가문의 영묘일 것이다.[5] 그 터는 성당 바로 뒤로 성가대석에 이어지도록 잡았고, 성가대석에서 문을 열면 직접 영묘로 들어가게 했다. 이 출입구는 오랫동안 폐쇄되었다.

이 거대한 역사의 초석을 놓는 일에는 성대한 의식이 따랐고, 그 과정이 당대의 피렌체 시민 프란체스코 세티마니(Francesco Settimanni)의 일기에 잘 묘

---

5) 영국 여왕 엘리자베스가 죽은 다음 해.

사되어 있다:

"산 로렌초 성당 곁의 부지에 근사한 예배당을 짓기로 결정하신 존엄하신 대공께서 1604년 4월 6일 우리 구주의 지극히 거룩한 수난일인 성 금요일 두 시 반에 대신들을 모두 대동하고서 그 곳에 오셨다. 대공께서는 왕자인 장남 코시모에게 기초를 놓을 터를 한삽 파도록 금삽을 건네주셨고, 손수 그 흙을 담을 작은 금바구니를 들고 계셨다. 흙을 한 삽 파올리면서 기초 공사가 시작되었다. 이 의식은 대공이 '여기가 우리의 종지(終止)가 될 것이다'라고 크게 외치심으로써 끝났다."

페르디난도가 새 건물이 들어설 마돈나 광장의 모퉁이에 서서 여러 명의 아들들과 딸들, 그리고 궁정인들에게 둘러싸여 영묘의 초석을 놓는 의식을 마감하는 연설을 할 때 마치 자기 가문의 과거 역사를 뒤돌아보는 것처럼 분명하게 얼마나 먼 미래를 내다보았는가 하는 점을 생각하면 놀라움을 금치 못하게 된다. 그는 더러는 구 성구실에, 더러는 신 성구실에, 더러는 그가 공사하고 있던 영묘에 자리잡고 있는 가문 묘의 긴 목록이, 바로 그가 섰던 자리에 가문의 마지막 쓸쓸한 자손의 묘가 들어서는 것을 끝으로 네 대만에 끝나리라고는 전혀 생각하지 않았을 것이다.

온갖 귀금속들을 사용하여 실내를 될 수 있는 대로 웅장하고 화려하게 장식하도록 계획된 이 거대한 건축물의 공사는 백 년이 넘게 걸렸으며, 오늘날도 번성을 누리고 있는 한 가지 독특하고 중요한 업종에서 비롯된 피렌체의 다양한 예술적 기예를 요구했다. 페르디난도 1세가 착공한 이 영묘 공사는 그의 후손 네 대의 재위 기간 내내 계속되었고, 그 중 마지막 후손이 죽을 때까지도 완공되지 않았다. 오늘날 완공된 그 건물의 형태는 돔이 얹혀 있는 거대한 8각형 예배당으로서, 내벽에 화려한 대리석들을 입혔고, 예배당 둘레에는 메디치가 일곱 대공의 석관이 자리잡고 있다. 석관들은 윤기나게 표면을 처리한 동양의 화강암으로 되어 있으며(벽 장식만큼이나 정교한 기술이 발휘되었다), 각 석관 위에 마련된 벽감에는 왕복을 입고 왕관을 쓰고 홀을 든 그 석관의 주인공인 대공의 거대한 청동상이 서 있다. 그리고 석관마다 동양의 화강암에 보석 박힌 안석을 두었고, 안석에 보석 박힌 금 왕관을 올려놓았다. 각 기념비를 떠받치고 있는 널찍한 반암 석판에는 그것의 주인공이 되는 대공의 이름과 칭호들이 새겨져 있다. 벽에는 삥 돌아가며 세공 대리석 라피스 라줄리(lapis-lazuli)와 그밖의 귀석(貴石)들을 입혔고, 이 실내 장식에는 이 영묘를 꾸미기 위해서 특별히 도입된 향상된 기교가 사용되었다. 돔은 페르시아산 라피스 라줄리의 결과 완벽히 일치하도록 의도되었고, 그렇게만 됐다면 벽의 색조와 자재와 완벽한 조화를 이루었을 것이다.

그러나 메디치가의 마지막 후손이 죽은 뒤 이 방법은 비용 문제로 포기되고, 돔에는 그냥 프레스코들을 그려넣는 것으로 그쳤다. 벽의 하단부에는 삥 돌아가며 메디치가가 다스린 다양한 영토들 — 하나씩 토스카나에 병합된 — 의 문장(紋章) 덧옷들이 장식되었다. 이들 다양한 영토들을 상징하는 문장 덧옷은 열 여섯 개였다 — 피렌체, 피에솔레, 아레초, 코르토나, 피스토이아, 피사, 보르고 산 세폴크로, 볼테라, 시에나, 몬테 풀치아노, 몬탈치노, 그로세토, 마사, 피엔차, 치우시, 스바니아. 이 문장 덧옷들은 라피스 라줄리, 진주모, 벽옥, 마노, 옥수(玉髓) 등의 귀석들로 제작되었고, 당시 알려진 최고 품질의 상감(象嵌) 작품이었다.[6] 건물 전체에 약 1,000,000파운드가 들어간 것으로 추산된다.

영묘를 폄하하고 그것을 신 성구실과 비교하면서, 후자를 예술의 좌소로, 전자를 멋없이 웅장하기만 한 예로 평가하는 것이 유행이다. 그러나 그것은 단견이며 정황들에 무지한 데서 나온 발상이다. 이 건축물을 공사할 때 페르디난도는 가문의 전승을 이어받아 자기 시대 피렌체인들의 예술적 재능들을 지원했다. 그들의 재능은 회화와 조각이 퇴조하면서 이제는 소 예술품들의 방향으로, 특히 돌 상감 장식 쪽으로 흘러갔다. 당시에는 이런 방향에 대해서만 피렌체인들의 예술적 재능을 후원할 수 있었다. 만약 돔의 내부 장식이 요란스런 색채와 부조화스런 프레스코들로 덮이지 않고 본래의 구도대로 완

---

6) Intarsiatura, intarsia, 혹은 intarsio는 상감(象嵌) 작품을 가리킨다.

공되었다면 그 건물의 장점은 훨씬 더 높이 평가되었을 것이다. 하지만 현재
의 모습으로도 메디치가와 그들의 장대한 구상을 기리는 탁월한 기념비로 남
아 있다. 한편 이 건축물은 대리석과 귀석들을 다루는 모든 예술 분야에 상당
한 자극을 주었다.

이 건축물은 피에트라 두라(pietra dura, 피렌체 모자이크) 예술에서 과거에 시도
되었던 어떤 것보다 뛰어난 기교를 필요로 했다. 페르디난도는 '왕립 피에트
라 두라 제조소'를 설립하여 이 공사를 준비했다.[7] 이 제조소는 영묘의 내벽
공사에 필요한 모든 재료를 만들기 위해 가동되었고, 그렇게 하는 과정에서
향후 대대로 피렌체의 가장 우수한 소 예술품 중 하나가 되어온 피에트라 두
라 산업이 생기게 되었다.

15세기에 건축, 조각, 회화 분야에서 발생했던 대대적인 변화가 이제는 제
4의 예술이라고 할 만한 음악에서 발생한 비슷한 르네상스로 이어졌다. 그리
고 이번에도 피렌체가 그것을 주도했다. 음악 애호가들이 오페라 발생의 근원
으로 돌리는 것이 피렌체요, 페르디난도 1세가 음악의 이 새 출발에 가한 자극
이다. 이 새로운 운동에서 음악은 두 세기 전에 다른 예술들이 밟았던 것과 똑
같은 과정을 밟았다. 르네상스 사상이란 언제나 고전 사상의 부활이지만 그
것에 새롭고 독창적인 옷을 입히는 것인 까닭이다. 페르디난도의 재위 초기에
기존 음악 형식에 불만을 느낀 소수의 열렬한 음악 애호가들이 기존의 연극에
자기들이 그리스의 방식이라고 믿은 노선에 따라 개혁을 일으킬 목적으로 협
회를 결성했다. 이 협회가 표방한 목적은 당시의 관습대로 연극 도중에 산발
적으로 간주곡을 삽입하는 대신에, 연극과 음악을 한데 합쳐 음악을 연극의
필수 부분으로 삼고 그로써 그리스인들이 그랬던 것처럼 연극을 처음부터 끝
까지 노래로 진행할 수는 없는지를 확인하려는 것이었다. 아울러 그렇게 음악
과 연극을 결합시킴으로써 연극을 해석할 음악 양식에 도달하려는 것이었다.

이 협회를 이룬 주요 인사들에는 바르디가 사람, 코르시가 사람, 스트로치

---

7) 이것은 여전히 존재한다. 계단에 그 설립자 페르디난도 1세의 흉상이 있다.

가 사람 등 피렌체의 유서깊은 가문 사람들과, 야코포 페리(Jacopo Peri), 에밀리오 카발리에리(Emilio Cavalieri), 빈첸치오 갈릴레오(Vincenzio Galileo), 시인 오타비오 리누치니(Ottavio Rinuccini) 같은 사람들이었다. 이들은 초창기에 바르디 거리에 자리잡은 바르디 궁전에서 모임을 가졌다. 현대 오페라의 매혹적인 무대효과와 음악적 아름다움을 생각할 때 그 탄생지가 피렌체에서 가장 좁은 거리에 자리잡은 이 어둡고 음울한 낡은 성이었다니 참 이상하다.

많은 노력 끝에 탄생한 최초의 연속 악극이 오페라 "다프네"(Daphne)로서, 음악은 야코포 코르시(Jacopo Corsi)와 야코포 페리가 맡았고, 대사는 시인 오타비오 리누치니가 맡았다. 이 오페라는 1597년에 페르디난도 1세와 온 궁정인들이 참석한 가운데 우피치 궁전의 대연회실(오늘날 국가 고문서 보관소가 들어서 있는)에서 초연되었다. 공연이 끝난 뒤 다양한 부분이 개선되어 두번째 오페라 "유리디체"(Euridice)가 공연되었다. 오르페오와 유리디체의 이야기를 소재로 한 이 오페라는 1600년에 마리 데 메디치의 결혼을 기념하는 축제의 일환으로 페리가 음악을, 리누치니가 대사를 맡아 먼젓번과 같은 장소에서 같은 청중을 대상으로 초연되었다.[8] 그 뒤 다른 오페라들이 잇따랐고, 마침내 종교개혁자들의 사역이 몬테베르디(Monteverde)의 "아리아드네"(Ariadne)라는 오페라로 칭송되었다. 그는 이 작품을 1607년에 만투아에서 발표했고, 1608년에는 "오르페오"(Orfeo)를 발표했는데(두 작품 다 대사는 리누치니가 맡았다), 이것은 가극에서 일어난 혁명을 완성한 역작으로서, 몬테베르디를 250년 뒤 바그너(Wagner)가 차지했던 것과 똑같은 지위를 17세기 초에 차지하게 해주었다.

1600년 1월에 태풍으로 대성당 꼭대기에 서 있던 거대한 청동 볼과 십자가가 넘어졌다. 그것은 1471년 베로키오가 큰 어려움을 극복하고서 그 지점에 제작해 놓은 것이었다. 그것은 넘어지면서 대성당 지붕에 큰 손상을 입혔고, 볼은 세르비 거리로 굴러 떨어졌다. 페르디난도는 새로운 볼과 십자가를 제작하게 했는데, 1602년에 그 자리에 세워져 오늘날 대성당 꼭대기를 장식하

---

8) 이 오페라들에서 피렌체인들은 그뒤로 늘 채택되어온 기보법, 소절 구분법, 오페라 음악에 반주 화음을 넣는 법도 창안했다.

고 있는 그것은 300년의 풍상에도 끄떡없이 서 있다.

페르디난도는 코시모가 착공한 산 조르조 요새도 완공했고, 그 위에 올라서면 사방에 펼쳐진 아름다운 파노라마가 보이는 것에서 착안하여 그 요새에 벨베데레(the Belvedere)라는 이름을 붙였다. 그 요새 건축가 부온탈렌티에게 지하 방을 만들도록 지시했고, 부온탈렌티는 자신과 대공만 열 수 있는 비밀 자물쇠를 고안했다. 그 뒤로 메디치가의 보물이 항상 이 곳에 보관되었다. 페르디난도는 막대한 양의 보물을 소유했다. 당시에 기록된 일기에는 그가 그 곳의 관리를 맡긴 베르나르도 부오나르모티(Bernardo Buonarmoti)에게 5백만 개가 넘는 금화, 7천 스페인 달러, 그리고 막대한 양의 보석을 보여 주었다고 적혀 있다.

페르디난도는 메디치가가 여러 대를 기거해온 가문의 저택들인 카레지, 카파졸로, 포지오 아 카야노, 카스텔로 외에 페트라야 저택을 덧붙였다. 이 저택은 살루타티가(the Salutati)로부터 매입했다. 이 저택을 완전히 수리했는데, 아름다운 중앙 건물은 볼테라노(Volterrano)와 그밖의 예술가들에게 의뢰하여 클레멘스 7세가 카를 5세에게 황제관을 씌워주는 모습과 코시모 1세가 시에나에 입성하는 모습, 산토 스테파노회 창설 모습, 그리고 가문의 역사에 나오는 그밖의 일화들을 묘사한 프레스코들로 장식하게 했다.

아울러 잔 다 볼로냐(Gian da Bologna)에게 의뢰하여 아버지 코시모 1세의 기마상을 제작하게 하고 그것을 시뇨리아 광장에 세워 두었다. 기마상을 떠받치는 대(臺)에는 코시모의 생애에서 가장 중요한 세 가지 사건을 묘사한 청동 얕은 돋을새김이 새겨져 있다. 그 사건은 이러하다:(i) 48인 시의회에 의해 통치권을 받은 일;(ii) 시에나를 정복하여 토스카나에 병합하면서 그 도시에 당당히 입성한 일;(iii) 피우스 5세에게 대공의 작위를 받은 일.

아버지의 조각상을 완성하고 설치한 뒤 잔 다 볼로냐에게 그것과 비슷한 자신의 기마상을 의뢰했는데, 그 기마상은 오늘날 아눈치아타 광장에 서 있다. 이 조각상은 로버트 브라우닝(Robert Browning)의 시 "입상과 흉상"(The Statue and the Bust)에서 찬사를 받았다는 점에서 뿐 아니라 다른 이유들에서도 큰 흥미를 끈다. 이것은 페르디난도의 함대가 투르크 함대와의 해전에서 승리한 뒤

노획한 청동 대포들을 녹여 만들었고, 그 대(臺)에는 그의 개인 문장인 벌 떼와 "마예스타테 탄툼"이라는 좌우명이 새겨져 있다. 그가 탄 말은 거의 파리로 갈 뻔했고, 그 도시에 있는 유명한 조각상의 기원이 되었다.

1605년 마리아 데 메디치는 파리에 남편 앙리 4세의 기마상을 선사하여 신설된 다리의 두 부분 중앙의 열린 터에 세워두고 싶어했다. 프랑스에는 그런 역량을 지닌 조각가가 없었으므로 마리아는 숙부 페르디난도에게 편지를 써서 잔 다 볼로냐를 보내 그것을 제작하게 하도록 요청했다. 그와 함께 또 한 가지 요청을 덧붙였다. 잔 다 볼로냐는 여든한 살의 노인이어서 작업에 오랜 시일이 걸릴 것이었으므로 숙부에게 숙부의 조각상을 얹을 그 청동 마상을 보내서 그것을 본떠 만들 수 있도록 해 달라고 했다. 그러나 페르디난도는 이 요청을 냉정하게 거절했다. 잔 다 볼로냐가 또다른 청동 마상을 완성하지 못한 채 죽을 가능성도 크지만 마리아도 그렇게 되지 말라는 법이 없었기 때문이다.

그러나 그는 자기 마상을 만들 때 사용한 주물을 가져다 사용하면 어떻겠느냐고 제의했다. 마리아는 그렇게 하겠다고 대답했다. 잔 다 볼로냐가 죽는 바람에 조각상(마상과 앙리 4세의 상)은 9년 뒤에야 비로소 완성되긴 했지만 말이다. 주물을 리보르노에서 르아브르를 거쳐 파리로 운송하는 일은 무척 힘들었지만, 르아브르 근처에서 실수로 바다에 빠뜨린 뒤 바다 밑바닥에서 다시 건져 올리고 나서 파리로 가져간 다음 1614년 신설된 다리에 설치했다. 마리아가 크게 기뻐했던 것은 물론이다. (페르디난도의 조각상을 태운 말의 복제품인) 그 말 안쪽에는 송아지 가죽에, 토스카나 대공 페르디난도가 잔 다 볼로냐에게 이 조각상을 제작하도록 지시했고, 피에트로 타카(Pietro Tacca)가 앙리 4세에 대한 따스한 기억을 가지고 완성했다는 글귀가 적혀 있다.

잔 다 볼로냐는 오래 전에 프란체스코 1세를 위해서 전 세계에 유명한 조각상을 제작했었다. 페르디난도 1세를 위해서는 "메디치가의 천재성"(Genius of the Medici)이란 작품을 제작했다. 이 작품은 잘생긴 소년이 한 손에 메디치가의 구(ball)들 중 하나를 들고, 다른 쪽 팔로는 천궁도에서 코시모 1세가 태어날 때의 마갈궁전 (염소 자리)을 상징하는 작은 염소를 끌어안고 있는 모습으로 되어 있다. 그 조각가가 제작한 "머큐리"(Mercury)는 퍼킨스(Perkins)의 말대로 "날개에 의존하여 지구 전역의 박물관들과 가옥들을 찾아가지만", 그가 남긴 이 또다른 탁월한 작품 — 메디치가와 관련된 점에서 큰 흥미를 끄는 — 은 지금까지 사실상 알려지지 않았다. 그전까지 궁전의 뒷뜰에서 사람의 눈길에서 벗어나 숨어 있던 이 아름다운 조각상이 빛을 보게 된 것은 피티 미술관 관장 코르니쉬(Signor Cornish)가 과거의 자료들을 철저히 뒤진 덕택이다.

1605년에 교황 클레멘스 8세가 죽고 레오 11세(알레산드로 데 메디치)가 그를 계승했다. 그는 조반니 디 비치의 자손이 아니었으므로 이 가문에 속하지 않았다. 그러나 조반니 디 비치의 종조부의 후손이라는 먼 인척 관계를 갖고 있었다. 그는 불과 한 달 재위하다가 죽어 파울 5세(1605–1621년 재위)에게 자리를 물려주었다.

페르디난도와 크리스틴은 아버지를 계승한 코시모 2세, 프란체스코, 카를로, 로렌초, 엘레오노라, 카테리나, 마달레나, 클라우디아, 이렇게 슬하에 여덟 명의 자녀를 두었다. 이들은 아버지가 죽을 때 모두 어려서, 장남 코시모가 열아홉 살이었고, 막내 클라우디아가 다섯 살이었다.

페르디난도는 마지막 여섯 달을 장남의 결혼 주선에 다 들였다. 오스트리아의 대공 카를(Charles)의 딸인 여 대공 마리아 마달레나(Maria Maddalena)를 며느리로 맞이하고자 했는데, 마리아 마달레나의 언니 마르가레트가 이미 스페인의 펠리페 2세와 결혼했고, 오빠 페르디난도가 곧 황제 페르디난도 2세가 될 예정이었기 때문에 매우 격상된 결혼이었다. 여 대공이 피렌체로 왔고, 그녀와 코시모는 1608년 6월 산 로렌초 성당에서 성대한 결혼식을 올렸다. 그녀가 도착하기 전에 페르디난도는 성벽의 일부를 헐고 그녀를 맞이하기 위해 새 대문을 만들었으며, 그녀가 도착했을 때 페르디난도는 그녀에게 토스카나의 면류관을 주었고, "온 도시는 위엄으로 가득찼다."

이 상서로운 사건을 끝으로 페르디난도는 눈을 감았다. 1609년 2월 7일에 예순의 나이에 가문을 대단히 번성한 상태로 끌어올리고, 방금 장남을 곧 황제가 될 사람의 누이와 결혼시키고, 나머지 일곱 자녀도 잘 자라고 있고, 막대한 재산을 벨베데레 요새에 보관해 놓은 상태에서 죽었다. 피렌체가 대공의 장례를 위해서 배운 모든 장엄한 의식과 함께 장사되어 산 로렌초 성당 신 성구실에 묻혔다. 그가 준공한 영묘가 완공을 앞두고 있었고, 그것이 완공된 뒤에 그의 유골은 결국 그리로 이장되었다. 그 영묘의 지하 묘지에는 최근에 그의 주요 업적을 기리는 흥미로운 기념비가 들어섰다. 1906년 3월 3일 리보르노 건설 300주년을 맞이하여 피렌체 시의 골동품 협회가 영묘를 방문했을 때 그 협회의 회장이 리보르노를 대표하여 설립자 페르디난도 1세의 정력과 능력에 대해서 감사를 전하는 감동적인 연설을 한 뒤에 그의 묘비 위의 벽에 위의 날짜를 적은 아름다운 청동 화관을 걸어 놓았다. 이렇게 리보르노는 메디치가에 대한 기억을 감사하는 심정으로 여전히 간직하고 있다.

페르디난도 1세로 인해서 과거에 이 가문의 역사에 큰 영향을 미쳤던 정서와 관련해 주목할 만한 변화가 일기 시작했다. 이 변화는 그 가문의 역사가 끝난 뒤에 그들에 관해서 훨씬 더 큰 영향을 끼치게 될 것이었다.

메디치가 역사를 다루는 다른 나라의 저자들은 한결같이 메디치가가 막을 내린 오랜 뒤에도 그들에 대한 독한 반감이 여전히 존재한다는 사실과, 그들이 그토록 위대하게 만든 그 도시에서 빛을 보지 못한다는 사실을 놓고 고개를 갸우뚱한다. 아무리 정치적 반감이 컸을지라도 그 정도의 결과를 낼 만했을까 하는 의구심이 든다. 그들을 요구했던 상황이 여러 세대를 거치면서 완전히 사라진 터에 그런 정서가 전과 다름없이 그대로 남아 있다는 건 불가능한 일이기 때문이다. 그러나 이 문제를 이해하게 하는 실마리는 다른 방향에 있다.

훌륭한 특성을 많이 갖고 있는 피렌체인들은 이 현상의 진정한 원인인 한 가지 특성을 갖고 있다. 그것은 북구 인종들은 거의 이해할 수 없는 강한 질투이다. 피렌체 역사가 흘러온 모든 역사에서 그런 특성을 볼 수 있다. 13세기와 14세기에 피렌체를 거듭 분열시킨 피비린내 나는 격렬한 투쟁들도 실제로는 바로 그것 때문에 발생했다. 15세기와 16세기에 메디치가가 150년에 걸쳐 여덟 번이나 연속해서 난폭한 공격을 당한 것도 다 그것 때문이었다. [9] 이번에도

---

9) 국부 코시모 때부터 프란체스코 1세 때까지. 즉, 1433, 1466, 1470, 1478, 1494, 1527, 1537, 1575년과 세 번 추방된 기간.

많은 저자들을 갸우뚱하게 만든 이상한 사실을 발생하게 한 것도 그것이었다.

피렌체의 하층민들은 역사 대대로 메디치가에 대해서 호감을 가지고 있었고, 그런 호감을 가질 만한 충분한 이유가 있었다. 오늘날까지도 그들은 그 가문에 대한 좋은 기억을 지니고 있다. 그러나 애당초 메디치가와 동렬에 있었다가 세월이 흐르면서 그들에게 추월당한 피렌체의 모든 가문들은 그렇지 못했다. 그런 차이가 생긴 원인은 너무나 탁월한 지적 재능 때문이었고, 따라서 그것에 증오심을 품을 만한 하등의 이유가 없었다. 그럼에도 불구하고 그렇게 추월당한 가문들은 강한 적개심을 품었고, 그런 태도를 굳이 감추려고 하지 않았다.

그것만이 전부가 아니었다. 전제 군주정이 공화정으로 대체되면 이전의 영화를 잃은 데 원한을 품을 가문은 하나뿐이다. 그러나 공화정이 전제 군주정으로 대체되면 그런 심정을 품을 가문이 허다하게 많아진다. 게다가 그 가문들은 한결같이 유력한 가문들이다. 기독교 시대가 열린 뒤로는 전자의 경우는 역사에서 자주 발생했다. 그러나 후자의 경우는 딱 두 번밖에 일어나지 않았다. 하나는 로마이고, 다른 하나는 피렌체이다. 그러나 아우구스투스(Augustus)가 독재의 외양을 가급적 피하려고 했고,[10] 로마의 귀족 가문들을 국정에서 배제하지 않은 데 반해, 코시모 1세가 밟은 노선은 아무리 상황이 불가피했을지라도 아우구스투스가 걸은 노선과 정반대였다. 앞에서 살펴본 대로 그는 기회가 있을 때마다 자신이 유일의 권력을 행사하고, 시의회 없이 통치하고, 관료들을 항상 비 피렌체인들 사이에서 선출했다. 여러 세기에 걸쳐 곤팔로니에레를 포함하여 국가의 고위 관직을 차지해 온 피렌체의 유서깊은 가문들 중에서 코시모 정권에 비서로나마 한 사람이라도 등용시킨 가문은 없었다. 그러한 상황에서 강렬한 적개심이 일어나리라는 것은 쉽게 예상할 수 있는 일이다. 당사자들은 그런 정서를 감히 표출하지는 못했지만 그럴수록 안으로 더욱 깊이 새겼다. 차라리 '자유'를 빼앗아가 내전을 겪었더라면 그것은 시간이 지나면서 용서를 받을 수 있었을 것이다. 그러나 피렌체의 유력한

---

10) B.C. 28년부터 A.D. 14년까지.

가문들이 몇 세대에 걸쳐 지녀온 모든 권력과 중요성을 한순간에 앗아간 일은 용서를 받을 수 없었다. 그것은 치유할 수 없는 상처였다. 메디치가는 다른 가문들과 다를 바 없이 무흠하지 않았다. 그러나 그들이 혹시 천사들이었을지라도 공화정이 군주정으로 바뀌었다는 단순한 사실로 인한 적개심만으로도 그들에게 가해진 모든 비판들이 일어나기에 충분했다.

그러므로 메디치가가 황제들과 교황들의 지원을 받아 왕가가 됨으로써 공공연한 공격이 더 이상 성공할 가능성이 사라지자, 이 다른 가문들은 겉으로는 어쩔 수 없이 복종하면서도 속으로는 이 가문이 성취한 고지에 강한 질투심을 쌓아갔고, 그 질투심을 더 이상 노골적인 공격으로 표출하지 못하고 메디치가의 명예에 먹칠을 하는 범죄 이야기들을 은밀히 유포함으로써 표출했다.

이러한 배경에서 페르디난도 1세 때부터 시작하여 이런 성격을 지닌 다양한 설들이 발생하여 "역사로 간주되었고", 모든 시대 모든 나라에서 뒷공론을 좋아하는 사람들에게 좋은 안줏거리가 되었으며, 메디치가에 대한 일반적인 견해가 형성되는 데 큰 역할을 했다. 이런 방식으로 그가 죽은 뒤 여러 해 뒤에 코시모 1세에 대해서 그가 자기 딸을 독살하고 자기 손으로 아들 중 하나를 죽였다는 설과, 그의 아들들에 대해서 두 아들이 서로를 죽였다는 설, 또 다른 아들이 자기 형수를 죽이도록 지시했다는 설, 다섯째 아들이 자기 형을 독살하고 누이의 살해를 사주했다는 설이 조작되어 유포되었다. 이렇게 독기를 띤 질투심은 코시모의 다섯 아들 전부를 동생 살인범, 누이 살인범, 아내 살인범으로 몰아넣으려고 했다. 그러나 이 모든 설들이 다 사실이라 하더라도 앞에서도 한 번 언급하고 넘어갔듯이 15, 16, 17세기의 지배 가문들 중에서 메디치가의 열세 세대만큼 살인 혐의를 적게 받은 가문들은 희소하다는 것이 엄연한 사실이다. 그러므로 일반적으로 그들에게 전가된 성격이 유행하게 된 것은 그들의 범죄가 유별났기 때문은 아니다. 이것은 그 진정한 근원을 발견할 수 있는 출처를 입증한다.

마침내 메디치가가 사라졌을 때 오랫동안 쌓여온 질투가, 이를테면 그 가문이 생기기 이전부터 존재하던 '자유'를 그 가문이 앗아갔다고 비판하고, 그들을 저해하는 설들을 거듭 유포시키고, 모든 방법을 동원하여 그들의 기억을 지워 버리려고 노력하는 방식으로 그 가문에 대한 항구적인 비방으로 결실했다.[11] 초기 역사에서 칼로 공격을 받은 메디치가는 가문의 역사가 끝난 뒤에, 그래서 자기들의 기억을 변호할 사람이 한 사람도 남아 있지 않게 되었을 때는 한층 더 예리한 펜으로 공격을 받았다. 전제 군주정을 공화정으로 바꾼 경우가 아니고 공화정을 전제 군주정으로 바꾼 경우에 일반적으로 걷게 되는 역사가 그런 것이다.

「케임브리지 근대사」(The Cambridge Modern History)가 출판된 이래로는 역사 지식을 갖고 있다고 자부하는 사람이 더 이상 이런 터무니 없는 범죄설들을 사실 무근한 이야기들 이상의 것들로 다룰 수 없게 되었다. 하지만 그 설들은 피렌체의 다른 유력한 가문들이 자기들보다 월등했던 한 가문에게 품었던 질투가 얼마나 컸었는지, 그 질투가 사라지지 않고 그 가문의 마지막 후손의 관이 덮인 뒤에 얼마나 더 강렬히 타올랐는지를 잘 보여 준다. 그러나 더 나은 시대가 동튼 이래로는 지나간 시대의 이런 방법들을 배척할 만한 때가 왔다. 이제는 그 방법들 자체가 배격된다. 그러나 그 효과는 여전히 살아남아 있어서, 메디치를 저해하는 이런 설들이 아무리 역사에 의해 거짓으로 단죄를 받을지라도, 구태여 그런 설들을 창안하지 않아도 그런 방법을 철저히 도외시하지 못하는 세대에 의해서 여전히 되풀이 되는 한, 계속해서 발휘될 것이다.

---

11) 두드러진 예들을 소개하자면 이러하다. 즉, 메디치가가 건축한 첫 번째 궁전에는 리카르디 궁전이란 이름이 붙었고, 두 번째 궁전에는 피티 궁전이란 이름이 붙었고, 그들이 설립한 중요한 도서관에는 라우렌티우스 도서관이란 이름이 붙었고, 그들이 설립하여 국가에 기증한 위대한 미술관들에는 우피치 혹은 피티 미술관이란 이름이 붙었고, 문이나 벽에 그들의 이름이 전혀 새겨져 있지 않으며, 위대한 자 로렌초(피렌체인 중에서 유럽에서 가장 두각을 나타낸 인물)의 묘에는 심지어 묘비조차 없다. 그들이 이름이 붙은 궁전이나 미술관이나 공공 건물이 하나도 없다. 외국 관광객이 피렌체에 와서 그 모든 것을 보고 메디치가가 그것들과 하나도 관계가 없는 줄로 알고 돌아갈 가능성이 얼마든지 있다.

# 제27장
# 코시모 2세

1590년 출생, 1609-1620년 재위, 1620년 죽음.

페르디난도 1세와 로렌의 크리스틴의 장남 코시모 2세는 열아홉 살에 아버지를 계승하여 대공이 되었다. 그는 어머니에게 좋은 성품을 물려받은 데다 어릴 적부터 우수한 교육을 받은 데 힘입어 원만한 인격을 소유하게 되었고, 다툼과 압제를 싫어하는 관용, 우호적인 성품, 사교적 기질로 모든 사람에게 호감을 받았다.

이 점에서 그의 아내 마리아 마델레나는 그를 능가했다. 이 젊고 원만한 부부 밑에서 궁정은 전에 누리지 못한 호감을 누렸다. 당시의 대표적인 초상화 화가는 수스터만스(Sustermans)였는데, 피렌체 코르시니 미술관에 소장된 그의 코시모와 마리아 마달레나의 초상화들은 코시모가 재위를 시작할 당시 이 젊은 부부의 모습이 어떠했는지를 알게 해준다.

코시모 2세와 더불어 이 가문은 새로운 국면으로 접어든다. 젊음과 화창함과 쾌활함과 활력에 문화적 취향과 막대한 재산의 후한 지불, 놀라운 과학적 발견에 대한 따뜻한 관심이 주조를 이룬다.

그가 열아홉 살이고 아내 마리아 마달레나가 그의 큰 여동생 엘레오노라와 마찬가지로 열여덟 살일 때 여동생 카테리나는 열여섯 살이었고 동생 프란체스코는 열다섯 살, 동생 카를로는 열네 살이었다.[1] 그들 모두가 교양이 있고 세련되고 생각이 젊었다. 이 젊은이의 무리가 같은 또래의 다른 젊은이들과 함께 항상 즐기고, 걱정이 없고, 사교성 있는 태도로 단시간 내에 궁정을 생기와 활력으로 가득 채웠다. 페르디난도 1세의 이런 아들들과 딸들을 보노라면 마음이 유쾌해진다. 코시모는 동생들인 프란체스코, 카를로, 로렌초와 함께 평생 좋은 인격과 훌륭한 역량을 드러내며 살았다. 아울러 그들의 누이들인 엘레오노라, 카테리나, 마달레나, 클라우디아에 대해서도 이전 세대의 명예를 더럽힌 그런 추문들을 듣지 못한다. 엘레오노라와 마달레나는 자기들을 과시할 기회가 없었지만, 카테리나와 클라우디아는 각각 자신의 영역에서 좋은 성품과 탁월한 역량을 과시했다.

이 새로운 조건들이 빚어낸 한 가지 효과는 코시모가 이제 대공의 궁전을 크게 확장하고 외관을 수리하기로 작정한 것이었다. 그 규모를 전보다 세 배나 늘리면서 전면의 창을 일곱 개에서 열세 개로 늘렸고, 정면에서 건물 뒷쪽으로 큰 날개(3층)를 두 개 세웠으며, 큰 중앙 뜰을 1층과 같은 높이로 뒤쪽에 테라스를 내어 마감했다.[2] 필요한 돌을 모두 현장에서 다듬는 등 공사가 신속히 진행되었고, 건물 뒤에 증축한 날개 건물들에 필요한 공간을 마련하기 위해서 궁전을 떠받치고 있는 견고한 바위를 잘라내야 했다. 이러한 대대적인 증축은 코시모가 가구와 내부 장식에 들인 값진 물품들과 함께 대공의 궁전을 이전보다 훨씬 더 웅장하게 만들었다.

코시모 2세는 이것으로 만족하지 않고 아내 마리아 마달레나를 위해서 그녀가 유난히 좋아하던 산 비탈 — 도시의 남부 외곽을 두르고 있는 아르체트리 산에서 비탈져 내려오는 — 에 대궐 같은 포지오 임페리알레 저택(그녀가 황제 가문 출신임을 암시하여 그녀의 위신을 높이기 위해 그렇게 불렀다)을 건축했다. 그 저택에 정말로 왕궁과 같은 도로를 냈다. 길이가 1.6km나 되

---

1) 쌍둥이 자매 로렌초와 마달레나는 아홉 살이었고, 그들의 동생 클라우디아는 다섯 살이었다.
2) 테라스에 있는 아름다운 분수(그 가장자리에는 대리석 큐피드 상들이 우아한 자태로 서 있다)는 코시모 2세가 궁전을 증축할 때 제작되긴 했지만 원래 코시모 1세의 건축가 아마나티가 설계해 놓은 것이다. 분수를 흐르는 물소리는 테라스 밑의 시원하고 그늘진 뜰에서 들으면 정겹기 그지없다.

고 길 양쪽에는 정원을 길게 내고 무성한 편백나무를 두 줄기로 낸 이 도로는 로마나 문에서 그 곳까지 올라와 있었다. 그 건물은 그 뒤에 이탈리아 왕이 처녀들을 위한 국립 대학으로 기증했지만, 접견실들은 옛 모습 그대로 남아 있어서 코시모와 마리아 마달레나가 즐겨 찾던 시절을 다양하게 회상하게 한다. 메디치가의 이 후세대들은 각각 자신이 즐겨 거하는 저택을 갖고 있었고, 그래서 특별히 그들의 이름과 연관된 채 남아 있다. 코시모 1세는 카스텔

코시모 2세의 초상

로 저택, 프란체스코 1세는 포지오 아 카야노 저택, 페르디난도 1세는 페트라야 저택을 애용했다. 하지만 포지오 임페리알레는 오랫동안 여러 사람들에게 사랑을 받아서, 비단 코시모 2세와 마리아 마달레나가 즐겨 찾은 저택이었을 뿐 아니라, 페르디난도 2세와 메디치가의 그의 세대도 즐겨 찾은 저택이었다. 더욱이 이 저택과 관련된 중요한 사실은 이 건물을 피렌체에서 가장 흥미로운 건물들 중 하나로 만든다.

그러나 코시모 2세는 대공 궁전 증축과 포지오 임페리알레 저택 건축, 그리고 사회적 여흥보다 세계에 더 중요한 다른 문제들에 몰입했다. 그의 재위는 반드시 항상 인식되지 못한 사실, 즉 피렌체가 학문과 예술에서 세계를 주도했을 뿐 아니라 과학에서도 주도했다는 사실을 과시하기 시작했다. 이 사실은 그의 아들 페르디난도 2세의 재위 때 한층 더 과시되기에 이른다. 피렌체의 월계관들에 추가된 이 새로운 월계관은 코시모가 권좌에 오르자마자 자신의 재위를 통틀어 가장 중요한 것으로 입증된 조치를 취함으로써 시작되었다. 그것은 그의 아버지가 리보르노를 건설한 것보다 훨씬 더 중요한 것으로서, 그 자신의 이름뿐 아니라 피렌체에도 항구적인 명성을 안겨다 주었다. 그것은 18년 전에 질투어린 증오심 때문에 피사를 떠날 수밖에 없었던 위대한 갈릴레오(Galileo)를 박해에서 보호하고 그를 불러들임으로써 자기 나라를 명예

롭게 한 일이다. 갈릴레오는 1564년 피사에서 태어나 스물세 살에 피사 대학교 수학 교수가 되었다. 이곳에서 최초로 위대한 발견을 했고, 그것을 토대로 진자(振子)를 발명했다. 피렌체 과학 박물관 관장을 지낸 빈첸초 안티노리 씨(Signor Vincenzo Antinori)는 갈릴레오에 관해서 이렇게 언급한다:

> "이미 알려진 바와 같이 그 진자는 피사에서 활동한 우리 철학자의 첫 발견의 결과였다. 그것은 그의 천재성에 불을 붙인 불꽃이었고, 그는 그것을 도구로 삼아 자기가 품고 있던 개념들을 시험했으며, 그것이 횃불이 되어 그를 여러 가지 발견의 길로 인도했다. 진자는 공기 저항을 입증함으로써 그가 중력의 법칙을 확증하는 데 기여했다. 아울러 소리 파장의 교차에 의해서 그의 음악 이론을 예시해 주었다. 고정된 중앙에 매달린 진자는 그에게 지구가 달과 함께 태양 주위를 공전하는 것을 암시해 주었다. 그가 영광스러운 경력을 행복하게 시작하는 데 발판이 된 두 가지 놀라운 발견들 — 진자의 등시(等時) 운동과 중력 — 이 끝까지 그를 사로잡았다는 것은 좀 특이한 일이다."

그러나 1592년 스물여덟 살 때 갈릴레오는 자신의 명성과 능력을 시기한 자들이 예수회원들(제수이트; 그의 새 이론들에 반대하던)의 지원을 받아 꾸민 음모 때문에 교수직을 사임하고 파두아로 물러가 살았다. 그곳에서 18년간 수학을 가르쳐 생계를 유지했으며, 코시모도 어렸을 때 한동안 그의 생도였다.

코시모는 대공이 된 직후에 당시 마흔여섯 살이던 갈릴레오를 토스카나로 불러들인 뒤(1610년) 피렌체에 정착하게 하고 아르체트리에 있는 저택(그가 포지오 임페리알레의 새 저택을 짓고 있던 데서 멀지 않았다)을 그에게 주었으며, 그를 위해 연봉 1,000스쿠도의 "대공의 수석 수학자"라는 직위를 신설했다.[3] 갈릴레오는 23년간 이 지위에 있으면서 피렌체와 로마의 원수들이 꾸미는 음모들로부터 토스카나 대공에게 직접 보호를 받아가며 자유롭게 학문 연

---

3) 오늘날의 액수로 연봉 2,000 영국 파운드에 해당함.

구에 몰두했다. 이 기간 동안 그는 자신의 모든 과학적 발견을 이룩했다. 후대의 역사는 만약 코시모 2세의 보호가 없었더라면 갈릴레오는 이런 발견들을 하지 못했으리라는 것을 보여 준다. 예수회는 결국 1633년에 그의 입을 다물게 하는 데 성공했지만 1610년에는 코시모의 장벽에 부닥쳐 뜻을 이루지 못했던 것이다.

코시모가 취한 위와 같은 행동은 아주 신속히 놀라운 결과를 냈다. 갈릴레오는 피렌체에 정착한 직후에 망원경을 발명했고,[4] 코시모의 재위 원년에 망원경을 이용하여 인간이 우주에서 차지하고 있는 자신의 자리에 대해 알아 왔던 지식에 혁명을 일으키게 될 위대한 발견들을 하기 시작했다. 유명한 천문학자 존 허셀 경(Sir John Herschel)은 이렇게 말한다:

"갈릴레오가 망원경을 발명하고 나서 그것으로 최초로 하늘을 보고, 산과 계곡과 달을 보았을 때 어떤 느낌에 부닥쳤을지 상상하기 어렵다. 망원경으로 본 달은 또 하나의 지구였다. 지구는 또 하나의 행성이었다. 모든 게 동일한 법칙에 종속되었다. 자연의 단순함과 장엄함을 이보다 더 잘 보여주는 게 어디 있었겠는가! 그러나 마침내 그것을 위로 치켜들었을 때 다시 한 번 넋을 잃게 되었다. 이번에는 항성들을 발견했기 때문이다. 기대했던 것만큼 확대되지는 않았을지라도 대단히 크게 보였다. 그가 그 순간 얼마나 쾌재를 불렀겠는가!"

다음 2-3년 동안 갈릴레오가 발견한 이런 것들과 그밖의 위대한 천문학적 현상들이 처음으로 다른 사람들에게 발표된 곳이 이곳 포지오 임페리알레의 저택임에 틀림없었다는 것을 알고 나면 은근히 새로운 관심이 솟아난다. 왜냐하면 갈릴레오는 자기가 이런 발견들을 할 수 있도록 배려해 준 이에게, 비록 대공이면서도 그 문제에 자기만큼 예리한 관심을 가져준 이에게 당연히 그 사실들을 처음으로 알렸을 것이기 때문이다. 밤새 별들 사이에 거하던 그

---

4) 갈릴레오가 발명한 망원경은 다른 기구들과 함께 오늘날 피렌체 자연과학 박물관에 보관되어 있다. 그는 이것과 진자 외에도 온도계, 수압계, 나침반을 발명했고, 비중의 법칙을 발견했으며, 최초의 경험주의 철학자였다.

가 날이 밝으면 코시모에게 새로운 발견 내용을 알리기 위해 흥분된 표정으로 서둘러 내려갔을 모습이 눈에 선하다. 아울러 아르체트리 산 언덕에 자리잡은 대공의 저택에 모인 무리들이 갈릴레오가 발표했을 그 깜짝 놀랄 만한 진리들, 지금까지 인류가 그 문제들에 관해 믿어온 모든 내용을 완전히 뒤집고, 지구가 우주의 중심이 아니라 단지 태양계에 위치한 작은 행성일 뿐임을 입증한 그 진리들을 처음으로 들었을 때 그들의 놀라움도 대단히 컸으리라.

아르체트리에 자리잡은 갈릴레오의 유명한 탑, "밤이 이슥하도록 그 주인이 별들의 비밀을 해석하던" 그 탑은 남쪽 산지에서 피렌체를 내려다보는 곳에 자리잡고 있다. 그 때로부터 인류에게 밝혀진 모든 것을 항상 일깨워 주려는 듯이 말이다.

> "찬란하구나,
> 싱그런 포도나무로 옛부터 칭송을 받아온
> 너 햇살 가득한 아르체트리 언덕이여,
> 내게는 대 천문학자가 살던 곳이라 더 친근하다.
> 신성하구나,
> 그 저택이여(과연 보석이라 부름직하다),
> 신성한 초원이여,
> 그가 별을 관찰하는 동안
> 편백나무들이 달빛에 긴 그늘을 드리워 주었다."

이렇게 해서 학문과 예술에서 세계를 이끌어 왔던 피렌체는 이제 그 분야에 대한 주도권이 손아귀에서 다 빠져나간 그 시점에서 그 이마에 새로운 주도권의 면류관을 얹게 되었고, 그 때까지 세계의 지성들에게 주된 관심사였던 과학이라는 새로운 지식의 분과에 새로운 길을 보여 주었다. 메디치가가 과거에도 그랬듯이 이번에도 이러한 새로운 주도권과 밀접히 연관되었다는 것은 적합한 일이다. 또한 피렌체가 이렇게 새로운 명성의 길을 밟아 나가는 데 그들이 관련된 사실은 항구적인 기록으로 남았다. 그 때까지 알려지지 않은 별들 중에서 코시모의 재위 원년에 갈릴레오가 자신이 발명한 망원경으로 최초로 발견한 것은 목성의 위성들이다. 그는 그러한 관찰을 할 수 있게 해준 이에게 감사의 뜻을 표하기 위해서 그 위성들에 '메디치가의 별들'(Stellae Medicae)이라는 이름을 붙였다. 이로써 목성의 위성들은 과학자들 사이에 메디치가가 근대 과학 최초의 위대한 발견들을 가능하게 한 기념물로서 영원히 남아 있다. 리보르노 건설을 페르디난도 1세의 '걸작'이라고 한다면, 갈릴레오가 이런 위대한 과학의 발견들을 할 수 있도록 해준 코시모 2세의 행동은 그보다 훨씬 더 훌륭한 걸작이라 아니할 수 없다.

1610년 코시모는 사촌 마리아 데 메디치를 위로하기 위해 프랑스에 조문 사절단을 파견했다. 마리아는 남편 앙리 4세가 국가 의식에 참석하러 가던 도중 마차에서 칼에 찔려 죽는 바람에 졸지에 홀몸이 되었던 것이다. 마리아는 당시 아홉 살이던 장남 루이가 성년이 될 때까지 프랑스 섭정 여왕이 되었다. 코시모는 사절들 편으로 마리아의 아홉 살 난 아들이 그녀만큼 통치 능력을 갖고 있다는 의견을 표시했다. 마리아는 이런 메시지를 전한 코시모의 사절들을 냉대했다. 자신이 섭정 여왕으로 장엄한 대관식을 치를 일에만 골몰해 있었으므로 사절들이 루이에게 통치자 운운하는 것을 항상 가로막았다. 마리아의 자녀들에는 프랑스의 루이 13세, 오를레앙의 공작 가스통(Gaston), 스페인의 펠리페 4세와 결혼한 엘리자베스, 영국의 찰스 1세와 결혼한 헨리에타 마리아, 사보이 공작과 결혼한 크리스틴이 있었고, 언니 엘레오노라의 딸 엘레오노라는 황제 페르디난도 2세와 결혼했다.

이로써 조반니 디 비치의 11대손에 이르러 메디치가는 프랑스, 스페인, 영국, 독일이라는 유럽의 네 강대국의 권좌를 차지하게 된다. 마리아의 나중 역사는 슬프게 끝난다. 섭정 여왕이었지만 재상 콘치니(Concini)에게 완전히 제압을 당했고, 왕국의 모든 관직은 피렌체에서 데려간 정부(情夫) 레오노라 갈레가이(Leonora Gallegai)가 제 마음대로 임명했다. 1617년 마리아의 아들 루이 13세는 어머니에게서 모든 권력을 박탈하고 블루아 성에 연금시켰으며, 결국 프랑스에서 추방했다. 추기경 리슐리외(Richelieu)의 조언을 받은 그는 마리아가 피렌체로 돌아가기 전에는 그녀에게 생활비를 지원하기를 거부했다. 그러나 마리는 프랑스 섭정 여왕의 몸으로 토스카나 궁전의 일개 식솔이 되는 게 자존심이 허락하지 않았고, 리슐리외의 제의를 완강히 거절했다.

그래서 네덜란드로 간 그녀는 생계 대책이 전무했던 까닭에 호된 고생을 하다가 1636년에 사위 찰스 1세와 딸 헨리에타 마리아를 만나러 영국에 갔으나 냉대를 당한 뒤 극빈자가 되어 앤트워프로 갔다. 그녀의 자녀들은 한결같이 어머니에게 생활비를 줄 뜻이 없거나 줄 능력이 없었다. 앤트워프에서 당국자들의 요청으로 그 곳을 떠난 마리아는 쾰른으로 이사했고, 그 곳에서 자신이 프랑스 여왕이었을 때 자주 고용한 적이 있는 화가 루벤스의 도움으로 살 집을 얻었다. 그 곳에서 모진 고생을 하다가 1642년 극빈 상태로 죽었다. 그녀가 살던 집은 건초더미 창고였다고 전해진다.

코시모 2세는 메디치가의 마지막 은행가였다. 그는 권좌에 오른 직후에 개인 사업을 정리하고 가문의 은행과 여러 나라 수도에서 영업하고 있던 그 지점들을 폐쇄했다. 그러한 개인 사업이 군주의 품위를 손상할 뿐 아니라 국가의 교역에도 장애가 된다고 판단했기 때문이다. 그 조치로 가문의 수입이 현저히 줄어들었지만, 워낙 재산이 많았던지라 별로 중요시되지 않았다.

1614년 코시모는 스물네 살이 되고 재위한 지 4년이 되었을 때 중병에 걸려 인생이 완전히 뒤바뀌게 되었다. 악성 열병 때문이었는데, 이때부터 그는 만성적인 환자가 되었다. 이런 만성 질환 때문에 국정에 관심을 쏟지 못했고, 그것이 국가에 영향을 주어 침체 일로를 걷게 했다. 코시모가 유럽이 평화로울 때, 그리고 토스카나가 유례없는 대풍을 맞이할 때 재위하는 행운이 따르지 않았다면 훨씬 더 심각한 결과가 초래되었을 것이다. 아울러 코시모는 온건하고 관용적인 성품 때문에 유약한 통치로 인한 좋지 못한 결과들에도 불구하고 백성에게 존경과 사랑을 받았다. 그리고 아주 조용히 살 수밖에 없는 처지가 되었으면서도 우울하게 칩거하지 않고 백성들을 위한 오락과 축제에 꾸준히 관심을 기울였다. 정작 자신은 그 행사에 참여할 수 없었으면서도 말이다. 또한 조상에게 물려받은 열정을 가지고 예술과 문학을 후원했고, 가문의 소장품 목록에 귀중한 각종 품목들을 추가했다.

코시모가 재위하는 동안에는 이렇다 할 정치적 사건이 없었다. 그는 자신의 해군에 큰 관심을 쏟았고, 기회가 닿는 대로 그 전력과 효율성을 증강하고 제고하는 데 힘썼다. 새로운 선박을 건조하는 일에 당시에 리보르노에 망명해 온 조선 전문가 로버트 더들리 경(Sir. Robert Dudley)에게 많은 도움을 받았다.[5] 그는 코시모를 위해서 다양한 신형 전함 설계도를 그려주었다. 그러나 결국에는 지중해의 해전에서는 노에 의해 추진되는 갤리선이 다른 어떤 형태의 전함보다 우월하다고 판단하여 갤리선을 계속 주력 전함으로 채택했다. 코시모는 투르크족과 전투를 벌이던 이슬람교의 드루즈파를 지원하기 위해서 산토 스테파노의 기사들이 이끄는 자신의 함대를 파견했고, 이 작전으로 그들은 더욱 큰 명성을 얻었다. 코시모가 다른 나라와 갈등을 겪은 것은 단 한 차례로서, 그 갈등은 매우 심각한 결과를 초래할 뻔했다.

1617년 루이 13세가 어머니의 권력을 박탈하고 대재상 콘치니의 암살을 사주한 뒤 콘치니의 재산을 자신이 총애하던 드 뤼네(De Luynes)에게 넘겨주었다. 코시모는 콘치니의 아들의 편을 들었고, 프랑스 궁정이 취한 그의 재산 몰수 조치를 인정하기를 거부했으며, 살해된 자의 아들에게 그 재산을 상속하게 하도록 요구했다. 이렇게 해서 두 나라 사이에는 악감정이 조성되고 상호 보복이 잇따랐는데, 이러한 상황은 로렌의 공작이 중재에 나서서 간신히 가라앉았다. 코시모가 죽기 1년 전에 발생한 삼십년 전쟁은 토스카나에는 아무런 영향도 미치지 않았다. 토스카나는 당시 유럽의 정계에서 갈수록 위상이 추락하고 있었기 때문이다.

1614년 코시모가 중병에 걸린 바로 그 해에 여덟 명의 자녀들 중에서 처음으로 죽는 자녀가 생겼다. 군인의 길을 택해 육군 사령관으로 지명되었던 프란체스코가 스무살이 되던 그 해 12월에 피사에서 죽은 것이다. 우피치 미술관에 소장된 그의 초상화에서 그는 아주 화려한 옷을 입고 있다. 주름 칼라가 달린 쇠미늘 갑옷 상의에 붉은 색과 금색으로 짙게 수를 놓은 당시 유행하던

---

5) 레스터 후작이 먼젓번 메이 롭사르트와의 결혼으로 낳은 아들.

안감을 두껍게 받친 유난히 넓은 허리춤옷, 그리고 긴 진홍색 스타킹을 착용하고 있다. 손에는 육군 사령관직을 상징하는 지휘봉을 들고 있다. 그가 곁의 탁자에서 대공의 동생들과 아들들이 쓰던 것과 같은, 피렌체 백합이 대여섯 번 반복되어 새겨져 있는 보석 박힌 면류관을 받고 있는 모습이 호기심을 자아낸다. 이런 모습이 등장하는 것은 이번이 처음이다.

3년 뒤인 1617년 12월에 코시모의 여동생 엘레오노라가 스물여섯의 나이에 죽었다. 엘레오노라는 스페인의 펠리페 3세와 약혼했었지만 펠리페가 약혼을 파기했고 엘레오노라는 그로 인해 너무 상심한 결과 죽었다고 한다. 우피치 미술관에 소장된 그녀의 초상화에서 그녀는 보석 박힌 면류관을 쓰고, 높은 주름 깃을 착용하고, 아주 길고 넓은 소매가 달린 아름다운 드레스를 입고 있으나, 다만 가득 부풀린 스커트가 키를 아주 작아보이게 만든다. 그 해 초에 당시 스물네 살이던 코시모의 둘째 여동생 카테리나가 만투아의 공작 페르디난도 곤차가(Ferdinand Gonzaga)와 결혼했다. 그러나 1626년에 과부가 되어 토스카나로 돌아온 뒤 시에나 총독이 되었다가 1629년에 그곳에서 천연두에 걸려 죽었다. 당시 나이 서른여섯이었고, 경건한 생활로 명성이 자자했다. 카테리나와 동생 클라우디아의 초상화, 그리고 피티 미술관에 있는 다른 남매들의 초상화들은 코시모의 초상화에서 볼 수 있는 똑같은 독특한 코와 입(매력적이지는 않지만 중후한 인품을 드러내는)을 갖고 있는 등 남매들이 한결같이 닮은 모습을 하고 있다. 그들의 어머니 로렌의 크리스틴에게 물려받은 특징임에 틀림없다. 눈여겨볼 것은 이 특징이 코시모의 자녀들인 페르디난도 2세와 그의 네 형제와 누이들인 마르게리타와 안나의 초상화들에서 볼 수 있는 대로 세 번째 대에 가서도 다시 나타난다는 점이다.

코시모의 둘째 동생 카를로는 추기경이 된 뒤 바티칸 궁전에서 중요한 지위에 올랐으며, 일흔 살까지 살았다. 셋째 동생 로렌초는 스무 살 때 아버지 코시모를 여읜 뒤 마흔여덟 살까지 살았다. 로렌초의 쌍둥이 누이 마달레나는 스무 살에 오빠 코시모가 죽고나서 몇 달 뒤에 수녀가 되어 크로체타 수녀원에 들어갔다. 막내딸 클라우디아는 1620년 오빠 코시모가 죽던 해에 열여섯 살의 나이로 우르비노 공작의 외아들 페데리고 델라 로베레(Federigo della

Rovere)와 결혼했다. 페데리고는 클라우디아보다 두 살 아래의 쓸모없는 소년이었다. 그가 무분별한 생활로 열여덟 살에 죽는 바람에 클라우디아는 딸 아기 하나를 데리고 피렌체로 돌아왔는데, 그 아기가 연로한 우르비노 공작의 유일한 상속녀였다.

1619년 코시모의 사돈이자 마리아 마달레나의 오빠가 황제 페르디난도 2세가 되었다.[6] 이 무렵 코시모는 건강이 급격히 나빠져서 더 이상 살지 못할 게 분명해지자, 자기가 죽은 뒤 어머니 크리스틴과 아내 마리아 마달레나를 당시 열 살이었던 장남이 클 때까지 토스카나의 공동 섭정으로 임명한다는 유서를 남겼다. 코시모는 1620년 2월 28일 서른의 나이에 11년의 통치를 마감하고 백성들의 큰 애도 속에 세상을 떠났다. 아들 다섯과 딸 셋 해서 여덟 자녀를 남겼다. 대단히 장엄한 장례식에 이어 완공을 눈앞에 두고 있던 영묘 곁에 붙은 신 성구실에 묻혔고, 두 세대 뒤에 그리로 이장되었다.

이상하게도 코시모 2세와 그의 아들 페르디난도 2세의 재위 기간 산정에 오류가 있어 왔다. 실제로는 전자가 11년, 후자가 50년을 재위했는데, 항상 전자가 12년, 후자가 49년 재위한 것으로 진술되어 온 것이다. 이것은 1621년 2월 28일로 진술된 코시모 2세의 사망 일자 때문에 생긴 오류이다. 심지어 네이피어(Napier)조차 같은 오류를 범하여 코시모 2세가 12년을, 페르디난도가 49년을 재위했다고 진술한다. 그러나 이것이 오류라는 사실은 1857년 관들을 조사한 결과 코시모 2세의 관에 들어있던 납판과 관 속에서 발견된 두 개의 금 양각 메달에 1620년 2월 28일로 적혀 있었다는 보고에 의해 명확히 입증된다. 궁금한 것은 네이피어 같은 사가가 그런 점에 대해서 어떻게 오류를 범할 수 있었을까 하는 점이다. 그러나 네이피어의 사기는 1847년에, 그러니까 관이 개봉되어 진실이 드러나기 전에 씌었다는 데서 그 설명을 찾을 수 있다.

---

6) 막시밀리안 2세의 아들 황제 루돌프 2세는 1612년에 죽었고, 그 위를 그의 동생 마티아스가 계승했다. 마티아스는 1619년에 죽었다. 페르디난도 2세는 그들의 친사촌으로서, 막시밀리안 2세의 형제 대공 카를의 아들이었다.

# 제28장

# 페르디난도 2세

1610년 탄생, 1620-1670년 재위, 1670년 죽음.

페르디난도 2세의 50년 재위는 한때 위대했던 그 가문이 이제 완연하게 접어든 쇠퇴의 길로 많이 들어선 기간이다. 이 쇠퇴의 양상은 처음에는 더디게 진행되었지만 이제는 가속화했다. 재위 초의 쇠퇴가 점점 더 골이 깊어져 간 것이 페르디난도 2세 재위의 기조이다. 물론 그동안 가문의 전성기에 버금가는 많은 업적도 남겼지만 말이다.

코시모 2세의 유언에는 아들이 어릴 동안 국정이 효과적으로 수행되도록 하기 위한 매우 절박한 대비책들이 포함되었다. 두 대공 부인인 어머니와 아내를 공동 섭정으로 세웠으면서도 그들이 이름이 거명된 네 명의 대신으로 구성된 위원회에 지원을 받도록 해 두었다. 이 네 명의 위원의 연봉은 2,000크라운으로 제한했다. 외국인은 관직과 심지어 궁정의 가사일조차 맡지 못하게 했다. 어떤 나라든 피렌체에 상주 대사를 체류시키지 못하게 했고, 따라서 프랑스, 스페인, 오스트리아의 대사들의 상주를 금했다. 섭정들의 개인 사업을 철저히 금했다. 그리고 무엇보다도 코시모의 보물 창고를 개봉하지 못하도록 금했다. 다만 공주의 결혼 지참금을 줄 때나 국가에 재난이 발생할 때 백성을 지원할 때만 개봉하도록 했다. 이 규정들을 어길 시에는 자기 자녀들의 후견인의 지위를 박탈하도록 했다. 그러나 이 규정들은 비록 세심하게 마련되긴 했으나 그런 대비책들이 얼마나 쉽게 무시될 수 있는지 보여 주는 구실밖에 하지 못했다.

대공 부인 크리스틴은 이제 쉰여섯 살이었고, 며느리인 대공 부인 마리아 마달레나는 서른 살이었다. 두 사람 다 뛰어난 여성이었다. 그러나 통치의 재능은 없었다. 재정 능력은 더 없었다. 다만 겉치레와 사치를 매우 좋아했다. 그들이 통치를 맡은 이 기간만큼 궁정이 화려한 외장(外裝)을 과시한 적이 없었다. 행사 때마다 화려한 복장을 차려입은 수많은 수행원들을 대동했고, 위엄 있게 보이게 하는 장신구는 모두 착용했으며, 어린 대공의 중요성을 부각시키기 위해서 될 수 있는 대로 화려하게 보이는 것을 지상 과제처럼 여기는 듯한 인상을 주었다. 하는 일마다 대단히 사치스럽게 했고, 닥치는 문제마다 돈을 아끼지 않았다. 뿐만 아니라 궁정을 주도한 대공비 크리스틴은 고집이 워낙 세서 주변에 모여든 많은 성직자들에게 쉽게 이용을 당했고, 때문에 그들은 짧은 기간 내에 토스카나의 국정을 확고히 장악했다. 아울러 크리스틴은 로마에서 내린 모든 지시는 그것이 나라에 아무리 해롭고 가문의 장래에 위험을 초래할지라도 굽신거리는 태도로 모두 받아들였다.

그런 상황에서 예상할 수 있는 결과란 뻔했다. 코시모의 유언에 적힌 규정들이 무시되었다. 그가 남긴, 그리고 국가의 비상 사태 때 외에는 건드리지 말라고 신신당부한 막대한 보물이 두 대공비의 8년 섭정 기간 동안 탕진되었다. 행정력이 부족한 데다 성직자들의 위세에 눌림으로써 국정 전반에 걸쳐 부패와 실정이 만연했다. 이런 상황에서 국가는 점차 가난과 무질서의 늪으로 빠져들어갔다. 이익을 챙긴 사람들은 허다한 성직자들과 이른바 '회심자들'로서, 이들은 사제의 추천을 받아 섭정 정부로부터 연금을 받았다. 수스터만스(Sustermans, 그가 이런 결과를 초래한 장본인이다)가 그린 대공비 크리스틴의 초상화는 그녀가 검정 드레스를 입고, 남편 페르디난도 1세가 죽은 뒤부터 늘 착용한 과부의 모자와 큰 검정 베일을 착용하고 있는 모습을 보여 준다. 손에는 남편이 좋아하던 작은 금속 상자를 들고 있고, 반지는 끼지 않았으며, 큰 금십자가 외에는 장신구를 착용하지 않고 있다.

대공비 마리아 마달레나는 어쩔 수 없이 섭정 정부에서 2인자의 역할밖에 할 수 없었다. 코시모가 그녀를 섭정에 앉힌 이유는 주로 모양새를 살리기 위한 것이었을 것이다. 권력이 주로 그녀의 시어머니에게 집중되리라는 것은 불을 보듯 뻔한 일이었기 때문이다. 남편과 사별하면서 모두 열 살 아래인 여덟 명의 어린 자녀들을 떠맡게 된 마달레나는 자녀들을 양육하는 동안 국정에 참여해야 할 뿐 아니라 집안 일도 도맡아야 했다. 그녀의 자녀들은 장남 페르디난도, 마리아 크리스티나(1610년에 태어난 페르디난도의 쌍둥이), 조반니 카를로(1611년 출생), 마르게리타(1612년 출생), 마티아스(1613년 출생), 프란체스코(1614년), 안나(1616년), 레오폴드(1617년)였다. 이들을 키우는 과정에서 대공비 마리아 마달레나는 상당한 식견을 드러냈다. 아들들에게 모두 높은 수준의 교육을 시켜 훗날 그들이 저마다 그 효과를 뚜렷이 나타냈기 때문이다. 아울러 궁정에 성직자의 입김이 대단히 강했는데도 자녀들을 모두 조용히 갈릴레오에게 보내 과학을 배우도록 한 사실은 그녀의 마음이 넓은 방침을 보여 준다. 마리아 마달레나의 초상화는 그녀가 섭정의 복장을 하고 면류관을 옆에 들고 있는 모습을 보여 주는데, 면류관은 매우 크고 시어머니의 면류관과 다소 다르다.

코시모 2세의 장남 페르디난도는 성격이 좋은 소년이었다. 점잖고 따뜻했으며, 자라면서 이탈리아에 평화를 정착하기 위해 끊임없이 노력하여 중재자로서 명성을 얻었다. 그러나 치명적인 결점이 하나 있었다. 성격이 강하지 못했던 것이다. 할머니가 성직자들에게 둘러싸여 지낸 탓에, 어릴 때부터 그를 짓누른 성직자들의 영향력이 그의 이런 결점을 갈수록 크게 만들었다. 피티 미술관에 소장된 그의 초상화는 그가 열네 살 때 수스터만스가 그린 것이다. 이 그림에서 그는 갑옷을 입고 있지만 군인의 티는 조금도 나타나지 않는다. 1623년 그가 열세 살 때 젊은 고모 클라우디아가 열아홉 살의 나이에 과부가 되어 젖먹이 딸을 데리고 피렌체로 돌아왔다. 아기 이름이 비토리아 델라 로베레(Vittoria della Rovere)였는데, 페르디난도는 우르비노 공국을 병합하기 위해서 곧 이 아기와 약혼했다(비토리아의 할아버지 우르비노의 공작이 죽으면 그 나라는 그녀의 유산이 될 것이었다). 이 약혼식 때 작성된 문서에는 비토리아의 지참금이 토스카나에 병합될 우르비노의 공국이라는 점이 특별히 명시되었다.

그러나 몇 달 뒤에 교황 그레고리우스 15세(1621년에 교황 파울 5세를 계승한)가 죽고 우르바누스 8세(1623-1644년 재위)가 후임 교황이 되었는데, 그는 자기 가문인 바르베리니가를 부유하게 하는 데 주로 관심이 있었다. 우르바누스 8세는 교황이 된 직후에 당시 여든 살에 건강도 좋지 못했던 우르비노 공작 프란체스코 마리아 델라 로베레 2세가 죽으면 우르비노 공국은 교회의 재산이 된다고 주장하고 나섰다. 그가 죽으면 그 공국은 '빈 영지'가 될 것이고, 따라서 교회령에 귀속된다는 주장이었다. 우르비노 공국이 할아버지의 유일한 상속녀인 아기 비토리아 델라 로베레에게 속했을 뿐 아니라, 혹시 그녀가 여자 아이라는 이유에서 상속에서 배제된다 하더라도 소년 페르디난도에게 양도될 것이었기 때문에 교황의 그러한 주장은 대단히 부당한 것이었다. 로렌의 크리스틴이 페르디난도 1세와 약혼할 때 카테리나 데 메디치는 크리스틴에게 6,000,000크라운을 지참금으로 주고, 피렌체에 있는 메디치가의 재산에서 카테리나 자신에게 속한 모든 권리를 양도하고, 아울러 우르비노 공국에 대한 자신의 권리까지도 양도했다. 그 권리는 심지어 하드리아누스 6세가 그 공국을 프란체스코 마리아 델라 로베레 1세에게 돌려 주었을 때조차 폐기되지 않았다. 따라서 페르디난도 2세는 두 가지 근거에서 우르비노의 소유권을 주장했다.

첫째, 그 공국이 공작의 외아들이 남긴 유일한 딸인 자신의 약혼녀 비토리아의 합법적인 재산인데다, 역대 우르비노 공작들이 자기들의 세습 공국이 그러한 서임 대칙서에 좌우되는 것을 인정하지 않았으므로, 계승자를 남자로만 국한하는 교황청의 '서임 대칙서'(bull of investiture)에 의해서 그녀의 소유권이 배제되어서는 안 된다고 주장했다.

둘째, 만약 비토리아의 소유권이 인정을 받지 못한다면 페르디난도 자신이 로렌초(우르비노의 공작)의 딸 카테리나 데 메디치에게 물려받은 권리로서 우르비노의 소유권을 내세우겠다고 주장했다. 비록 우르비노 공국이 하드리아누스 6세에 의해 프란체스코 마리아 델라 로베레에게 넘어갔을지라도 메디치가는 우르비노가 이렇게 양도된 것을 한 번도 승인한 적이 없었으며, 이 점은 교황 클레멘스 7세가 언제나 자신의 친척 카테리나를 '우르비노의 여공작'이라고 불렀던 사실과 카테리나가 결혼 문서에도 그렇게 표현되어 있다는 사실로 입증된다고 주장했다. 더욱이 이 사실은 당시에 어쨌든 상속권이 남자에게만 국한된다는 규정이 없었다는 것도 입증해 주었다. 따라서 페르디난도 2세는 비토리아의 상속권이 인정을 받지 못할 것을 예상하고서 카테리나 데 메디치의 유언이 자신을 우르비노의 합법적인 공작으로 만들어 주었다고 주장했다.

그럼에도 불구하고 교황의 군대는 80대의 공작이 숨을 거두는 순간 공작령을 차지하기 위해서 우르비노로 진군했다. 교황이 양보하려고 했던 것은 비토리아에게 공작의 동산(動産)을 상속하도록 한 것이 고작이었다.

1625년[1] 페르디난도가 열다섯 살일 때 당시 스물한 살이던 고모 클라우디아가 재혼을 했는데, 이번 결혼은 더 조건이 좋았다. 결혼 상대는 그녀의 사돈 마리아 마달레나의 오빠이자 황제 페르디난도 2세의 친형제인 티롤의 대공 레오폴트 5세(Leopold)로서, 결혼식은 인스브루크에서 거행되었다. 그때부터 클라우디아는 암라스 성에서 살았다. 인스브루크가 내려다보이는 산등성이에 소나무 숲이 우거지고 폭포가 있는 곳에 자리잡은 아름다운 곳이었다. 방들이 좁고 지역이 외져서 토스카나 대공의 웅장한 궁전과는 사뭇 달랐다. 클라우디아는 비토리아를 인스브루크로 데려가지 않았다. 이미 페르디난도와 약혼했기 때문에 피렌체에 남겨두고 크로체타 수녀원에 들어가 있던 친언니 마달레나에게 양육을 부탁했고, 비토리아는 그 곳에서 열네 살이 될 때까지 자랐다. 클라우디아는 재혼하여 아들 둘과 딸 둘을 낳았다. 1632년에 남편 레오폴트가 죽자 어린 아들을 대신하여 티롤의 섭정으로 임명되었고, 그 나라 역사에서 가장 어려운 시기에 그 나라를 잘 다스림으로써 대단히 유능한 여성임을 드러냈다. 1632년부터 1646년까지 섭정을 지내면서 티롤의 행정과 재원을 크게 향상시켰을 뿐 아니라 지혜롭고 철저한 경계로 독일 제국

---

1) 그 해에 영국에서는 찰스 1세가 아버지 제임스 1세를 계승했다.

의 모든 나라들이 휘말린 삼십년 전쟁에 티롤이 휘말리는 것을 면하게 했다.

인스브루크 박물관에 가면 그녀가 권좌에 앉아 국가의 비상 사태 때 란드 스탁에서 열린 회의를 주재하고 있는 모습을 묘사한 대형 그림을 볼 수 있다. 그녀의 장남 페르디난트 카를은 친사촌 안나 데 메디치와 결혼했다. 우피치 미술관에 소장된 수스터만스가 그린 클라우디아의 멋진 초상화는 그녀의 서른 살 때 모습을 그린 것이다. 그녀의 복장에는 당시에 크게 유행하던 과도한 장식이 없다. 또한 높은 '메디치가'의 깃도 달지 않고 평범한 작은 깃만 달고 있다. 우피치 미술관과 피티 미술관 사이에 나 있는 회랑에는 그녀의 남편인 대공 레오폴트의 준수한 초상화가 걸려 있는데, 잔뜩 수놓은 노란 가죽 겉옷에 넓적다리까지 올라온 길고 노란 가죽 부츠를 신었고, 칼을 차기 위해 허리에 넓은 띠를 둘렀으며, 옆구리에는 푸르고 흰 타조 깃털로 짠 큰 깃이 달린 투구를 끼고 있다. 이 투구는 높이가 1m나 되었기 때문에 말을 타고 쓸 때는 대단히 부자연스러웠음에 틀림없다.

1627년 당시 열일곱 살이던 페르디난도는 통치를 시작하기 전에 세상 문물을 익히기 위해서 여행길에 나섰다. 처음에 간 곳이 로마였다. 그 곳에는 가세가 잔뜩 무르익은 바르베리니가가 장악하고 있었다. 자부심이 보통 강한 게 아닌데다 우르비노 건으로 메디치가로부터 받은 적대 행위 때문에 그 가문 사람을 혐오한 그들은 그를 몹시 모욕적으로 대했다. 따라서 그는 삼촌인 황제 페르디난트 2세를 만나기 위해 빈(Wien)으로 갔다. 워낙 평화를 사랑했던 그는 그 곳에서 만투아 공국의 계승권을 놓고 벌어진 분쟁을 해결하기 위해 노력했으나 성과를 거두지 못했다. 1628년 고향으로 돌아와 정부를 인수했다. 그러나 어머니와 할머니에 대한 정 때문에 그들의 권한을 완전히 박탈하지는 못했다. 따라서 두 사람은 계속해서 정부에 막강한 영향력을 행사했다. 그가 돌아온 직후에 당시 열일곱 살이던 그의 둘째 누이 마르게리타가 파르마의 공작 에두아르도 파르네세(Eduardo Farnese)와 결혼했다. 이 결혼으로 파르마와 토스카나가 동맹국이 된 데 힘입어 우르바누스 8세 때문에 분쟁이 쉴 날이 없었던 이탈리아 정계에서 토스카나의 위상이 크게 강화되었다. 이 결혼은 그 뒤 두 세대에게도 상당히 중요한 결과를 끼쳤다. 코시모 3세가 손자가 없어서 토스카나의 권좌가 비게 될 위기에 몰렸을 때 코시모의 딸이 죽은 뒤 파르마가에 속한 마르게리타의 후손들을 권좌의 합법적 계승자들로 주장할 수 있었기 때문이다.

다음 해에 만투아의 계승권을 놓고 분쟁이 벌어지자, 프랑스의 실권을 장악한 재상 리슐리외가 프랑스 군대를 알프스 너머 수사(Susa)로 파견하여 그곳을 장악하게 했다. 당시에 오스트리아 군대는 만투아를 점령하고 있었다. 그러나 그 분쟁은 토스카나로까지 번지지 않았다. 물론 토스카나는 군사력을 총동원하고 전시 체제를 유지하지 않을 수 없었지만 말이다. 그 뒤 얼마 안 가서 피렌체에는 전염병이 돌아 여러 달 기승을 부리면서 온 도시를 비참한 지경으로 몰아넣었다. 이 재난 때 페르디난도가 취한 조치는 메디치가의 조상들을 연상시킬 만한 훌륭한 것이었다. 그는 돈과 양식을 후하게 풀어 가난한 자들에게 배급해 주었다. 그들에게 배급한 모직과 비단 값만 해도 150,000듀캇에 이르렀다. 그때의 정황을 직접 목격한 론디넬리(Rondinelli)는 그 조치가 매우 지혜롭게 시행되어서 "단순히 기부금으로 그치지 않고 유용한 노동과 밭일로 이어지게 했다"고 말한다. 빈민 구호소가 조직되고 검역소가 설치되었다. 궁정은 벨베데레의 성채로 이주했는데, 고관들이 살게 된 이곳은 산 자락에 있는 대공 궁전보다 공기가 훨씬 신선했다. 그러나 페르디난도와 그의 젊은 형제들인 조반니 카를로, 마티아스, 프란체스코는 "백성이 죽어가고 있는 마당에 이 은신처에 머무는 것을 점잖게 나무란 뒤 매일 시내로 들어가 직접 구제와 방역 작업을 지휘했다."

전염병은 세 달이나 기승을 부렸고, 그동안 시 내외에서 1만2천 명의 백성이 죽었다. 페르디난도는 보건부를 세우고 이 부서를 통해서 위생과 관련한 많은 규제 조치들을 단행했다. 아울러 시내에 무수히 설립되어 있는 수도원들과 수녀원들의 허다한 입주자들에게 위생법을 준수하고 회복기에 접어든 환자들을 받아들여 도와주도록 강요했다. 그러나 페르디난도의 건실한 위생법을 사제들은 불경하다는 이유로 비판했다. 교황은 보건부를 규탄할 것과, 그 곳에 몸담은 자들에게 엄격한 고행을 부과할 것을 요구했다. 고집 불통인

할머니의 압력을 도무지 거역할 수 없었던 페르디난도는 본인과 일반 대중의 분개에도 불구하고 이런 인위적인 요구에 순응하지 않을 수 없었다. 그 결과 보건부는 모든 면에서 옳고 바람직했던 조치들을 채택했다는 이유로 고행을 부과받았다.

1631년 이탈리아를 덮고 있던 전운(戰雲)이 독일로 이동하자, 리슐리외는 스웨덴의 유명한 왕 구스타부스 아돌푸스(Gustavus Adolphus)를 전쟁에 끌어들였고, 구스타부스는 단시일 내에 승리를 거두었다. 페르디난도의 두 형제 마티아스와 프란체스코(당시 각각 열여덟 살과 열일곱 살이던)는 알프스 이북에서 발생하고 있던 큰 사건들에 어떻게 하든 참여하고 싶었다. 그리고 대공비 마리아 마달레나도 오빠인 황제를 무척 만나고 싶어했다. 우르비노 대공이 죽을 때 교황이 그 나라를 차지하지 못하게 할 방법이 없는지 문의하고 싶어서였다. 마달레나는 황제를 만나러 가는 길에 두 아들 마티아스와 프란체스코를 데리고 갔다. 그러나 불행하게도 그녀는 가는 도중에 병에 걸려 11월 파사우에서 죽었고, 그 시신은 두 아들에 의해 피렌체로 운구되어 산 로렌초 성당에 묻혔다.

이렇게 해서 명예로운 기록의 당사자가 될 만한 이 가문의 또다른 구성원이 사라졌다. 지체 높은 가문에서 자라나 정숙하고 재치있고 성격과 태도가 매력이 있었던 마리아 마달레나는 피렌체로 시집올 때 밝고 쾌활하고 생동감 넘쳐서 궁정 생활에서 온갖 추문을 몰아내는 데 기여했고, 세련된 시누이들과 함께 대공의 궁정과 자신의 포지오 임페리알레 저택을 즐겁고 안락한 사교의 중심지로 만들었다. 남편이 건강을 잃었을 때도 궁정의 사교 모임을 그대로 유지하고 싶어서 홀로 그 짐을 지고, 남편에게 이로운 조언을 아끼지 않고, 환자인 남편의 생활을 모든 면에서 평온하게 만들어 주는 등 좋은 내조자임을 입증했다. 마지막으로 남편이 죽어 젊은 여성의 몸으로 섭정으로 국정을 떠맡게 되고 동시에 코흘리개 아이들을 줄줄이 거느린 대식구의 가장이 되었을 때도 주변의 편협한 경향들을 무릅쓰고 자녀들을 건전한 상식과 용기로 양육하는 데 남다른 재능을 보였다. 비록 행정과 재무에는 능력이 모자랐지만 다른 분야에서는 칭송을 받을 만하게 활동했다. 다섯 아들 하나하나가 훗날 장성한 뒤에 어렸을 때 어머니에게 받은 좋은 교육과 탁 트인 관용 정신을 그대로 드러내 보였다.

아들 프란체스코는 특별한 재능을 입증할 기회를 얻지 못하고 일찍 죽었지만, 나머지 네 아들은 좋은 인품으로 뿐 아니라 뛰어난 재능으로도 크게 부각되었다. 그녀의 딸 마리아 크리스티나는 스물두 살에 죽었지만, 다른 두 딸인 마르게리타와 안나는 성년이 되어 훌륭한 인품과 탁월한 능력을 보여 주었다. 마리아 마달레나는 마흔 살에 죽었다. 그때 아들 페르디난도와 그의 누이 마리아 크리스티나가 스물한 살이었고, 아들들은 조반니 카를로, 마티아스, 프란체스코, 레오폴드가 각각 스물 살, 열여덟 살, 열일곱 살, 열네 살이었으며, 딸 마르게리타와 안나는 각각 열아홉 살과 열다섯 살이었다.

보볼리 정원에 들어가 그녀의 기억이 곳곳에 배어 있는 담쟁이덩굴로 덮인 긴 정자에 앉으면(오늘날은 텅 비어 있고 황량하게 방치되어 있다) 어김없이 지난날의 정경이 아련히 떠오른다. 마리아가 시집오고 나서 그녀와 시누이들이 유쾌한 젊은이들과 함께 이곳에 모여 와자지껄 떠들었을 테고, 나중에 섭정으로 지낼 때 화려한 복장을 한 수행원들이 그녀를 따라 이 곳에 와 장관을 연출했을 테고, 그녀의 어린 아들과 딸들, 그리고 허다한 그들의 동무들이 그녀의 말년에 이곳에서 시간 가는 줄 모르고 놀았을 테니, 마리아 마달레나 시절에는 이 곳이 지금과 얼마나 달랐을까 하는 생각을 지워버릴 수 없다.

어머니의 장례가 끝나자 마티아스와 프란체스코는 다시 북쪽으로 진행할 채비를 갖추었고, 구스타부스 아돌푸스가 알프스를 넘어 이탈리아로 남진할 기미를 보이자, 이 두 형제는 1632년에 토스카나 정부로부터 지원받은 자금과 무기와 두 개 부대를 이끌고 구스타부스를 저지하고 독일에 가서 명장 발렌슈타인(Wallenstein)에게 전술을 배우기 위해서 피렌체를 떠났다. 그러나 1632년 11월에 루첸 전투에서 구스타부스 아돌푸스가 전사함에 따라 전세가 완전히 뒤바뀌었고, 리슐리외의 코는 한동안 납작해졌다. 그 해 8월에 페르디난도의 쌍둥이 누이 마리아 크리스티나가 스물둘의 나이로 메디치가의 이 세대가 즐겨 지낸 포지오 임페리알레 저택에서 생을 마감했다.

한편 우르비노의 공작 프란체스코 델라 로베레 2세가 마침내 여든둘의 나이에 죽었다. 숨이 그의 육신을 채 떠나기도 전에 교황군은 즉시 우르비노를 점령했다. 한편 황제 페르디난트 2세는 독일에서 벌어지고 있던 전쟁에 여념이 없었던지라 조카를 위해 개입하여 교황군의 우르비노 점령을 저지하는 데 신경을 쓰지 못했다. 전쟁 중이 아니었다면 상황은 사뭇 달라졌을 것이다. 페르디난도는 외부의 지원이 없이는 교황을 물리칠 수 없다고 판단한 데다 교황에게 도전하는 것을 신성모독으로 여긴 할머니의 완강한 반대에 부닥쳐 자신과 자신의 장래 아내의 유산이 도둑질당하는 것을 말없이 지켜볼 수밖에 없었다. 그 일로 바르베리니가와 메디치가 사이에는 큰 악감정이 생겼다. 코시모 2세의 동생 로렌초는 스페인의 펠리페 4세로 하여금 교황의 행위를 반대하도록 갖은 노력을 다하였지만,[2] 모멸감만 곱씹은 채 되돌아오지 않을 수 없었다.

그 사건의 결과는 교황 우르바누스 8세가 재위 기간 내내 메디치가에 대해서 적개심을 삭이지 못한 채 기회가 있을 때마다 그들을 저해하고, 토스카나에 있는 모든 사제와 수사를 정부의 원수로 만들고, 사제의 영향력이 극도로 커진 그 나라의 국정 수행에 끊임없이 어려움을 일으키는 것으로 나타났다. 한편 토스카나는 이 우르비노 건에 대해서 유약함을 보인 탓에 유럽 정계에서 영향력을 송두리째 상실했다. 그것은 스물두 살의 젊은이가 대처하기에는 어려운 상황이었다. 코시모 1세였다면 그 상황을 당당히 대처하여 온갖 난관들을 이겨냈겠지만(그리고 그 과정에서 틀림없이 많은 피를 흘렸을 것이다) 페르디난도 2세는 그릇이 원래 그만큼 강하지 못했다.

그 뒤 얼마 되지 않아 우르바누스 8세는 페르디난도에게 앙갚음을 할 방법을 발견했고, 그것은 결국 페르디난도의 재위에 항구적인 오점을 남겨 주었다. 갈릴레오는 코시모 2세의 재위 원년에 중요한 업적들을 쌓은 이래 1609-1632년에 세상을 깜짝 놀라게 할 만한 천문학적 발견들을 숱하게 했고, 그 과정에서 모든 수단을 동원하여 자신의 입을 다물게 하려고 한 예수회와 끊임

---

2) 펠리페 4세는 1621년 아버지 펠리페 3세를 계승했었다.

없이 갈등을 겪어야 했다. 1611년[3] 그는 로마를 방문하여 교황 파울 5세에게 자신의 다양한 발견들을 보고했고, 그에게 융숭한 대접을 받았다. 피렌체로 돌아와 천문학적 불가사의들을 갈수록 더 많이 출판해내던 그는 1616년 파울 5세에게 로마로 소환되었고, 그 곳에서 지구가 태양의 주위를 공전한다는 그의 진술이 종교재판소에게 단죄를 당했다. 그는 표면상으로 자기 이론이 가짜라는 조서에 동의하고,[4] 이 이론을 다시는 유포하지 않겠다고 약속했다.

그 뒤 17년간(1616-1633) 갈릴레오는 신학자들에게 여전히 공격을 받긴 했지만 그래도 대공의 우산 아래서 다소 평화롭게 살다가 1624년에 다시 로마로 가서 새 교황 우르바누스 8세에게 명예로운 대접을 받았다. 그러나 1630년에 다시 로마로 갔을 때는 자신의 저서들을 순전히 수학 저서로 만들고 교리서로 만들지 말라는 '주의'를 받았고, 이 주의하에 저서들을 출판하도록 허락 받았다. 1632년 그는 「대화」(Dialogues)를 출판했다. 그러나 이 무렵에는 우르비노 사건이 터져 있었기 때문에 교황은 토스카나 대공에게 분개했고, 대공은 무력함을 그대로 표출했다. 그런 상황에서 1633년에 갈릴레오는 1616년에 한 약속을 파기한 혐의로 로마의 종교재판소로부터 자신의 저서들의 내용에 대해서 답변하라는 소환을 받았다. 태양이 고정되고 지구가 태양 주위를 돈다고 주장함으로써 교황이 성경에 분명히 위배된다고 선언한 교리를 주장했다는 것이 소환의 이유였다. 갈릴레오가 소환당한 이유는 두 가지였다고 한다. 순수 철학을 극도로 혐오한 예수회의 강렬한 증오가 첫째 이유이고, 갈릴레오에게 20년간 특별한 후원을 제공해 온 메디치가에 대한 교황의 증오가 둘째 이유였다고 한다.

갈릴레오는 자신의 와병을 호소했는데도 로마에서 파견된 종교재판관들이 그를 로마로 호송해 오라는 지시를 받아가지고 그를 찾아왔다. 페르디난도 2세와 그의 할머니, 그리고 대공 부인 크리스틴은 이 전횡적인 조치에 조금이라도 반대했다가 교회 당국으로부터 단죄를 받을까봐 두려워서 멀찌감치 떨

---

3) 갈릴레오가 토성의 환(環)을 발견한 것이 바로 이 해였다.
4) 갈릴레오는 무릎을 꿇고 있다가 일어나서 친구에게 귓속말로 "에푸르 시 무오베"(그래도 지구는 돈다)고 말했다고 한다.

어져 관망했다. 병약한 칠십 노구를 이끌고 로마에 간 갈릴레오는 종교재판소 당국에 의해 고문의 위협을 당했다. 그의 이론들은 정식으로 단죄되었고, 그는 무릎을 꿇고 자신의 이른바 오류를 철회해야 했고, 특히 지구가 돈다는 자신의 이론이 거짓임을 발표해야 했으며, 그에 대한 교황의 뜻이 알려질 때까지 수감되었다. 페르디난도 2세는 교황이 갈릴레오를 그렇게 대하도록 내버려 두었다는 이유로 많은 독설을 받았다. 페르디난도의 유약성에 대해서는 할 말이 없으나, 그 건에 관해 그에게 쏟아진 비난은 지나친 감이 없지 않다. 그가 특히 종교와 관련된 문제에는 여전히 할머니인 대공비 크리스틴의 손아귀에 잡혀 있었다는 것과, 어릴 때부터 교황의 명령을 거역하는 것을 그 어떤 행위로도 만회할 수 없는 대죄로 배웠다는 것을 충분히 인식하지 못한 비난이다. 그가 훗날 이런 종류의 문제 앞에서 교황의 단죄에 당당히 버티고 설 수 있게 되었을 때는 틀림없이 그런 성격을 고쳤음에 틀림없다.

갈릴레오가 그렇게 자신의 사상을 철회하자, 종교재판소는 그의 '오류들'에 대해 종신형을 선고했지만, 교황은 산타 트리니타 알 몬테 거리로 은퇴하여 거하는 것으로 감형해 주었다. 얼마 후에 그는 피렌체로 이사하도록 허락을 받아 대공의 감시하에 작은 집에서 살다가 여전히 종교재판소의 죄수 신분이었으면서도 아르체트리에 있는 자신의 저택으로 거처를 옮겨 방문객을 일절 받지 않은 채 은둔 생활을 했다. 1634년 그는 그 모든 시련 속에서도 유일한 위로가 되어 준 외동딸 수녀 마리아 첼레스테(Maria Celeste)를 잃었다. 1637년 종교재판소로부터 집을 코스타 산 조르조로 이사하도록 허락받았으나, 그 도시를 벗어나지 않는다는 조건이 따라붙었다. 그 곳에서 페르디난도는 소년 시절에 한때 자신의 은사였던 그 노인을 찾아가 그가 받은 부당한 대접에 대해서 그를 위로했다. 갈릴레오는 그 뒤에 곧 시력을 잃게 되었고, 1638년 밀턴(Milton)이 그를 방문했을 때는 한때 미치도록 관측했던 천체의 경이로운 현상을 더 이상 볼 수 없게 되었다. 그는 다시 아르체트리로 돌아가 사랑하던 딸에 대한 기억을 잔뜩 가슴에 품은 채 과학에 자신의 남은 정력을 다 쏟아부었다. 그는 딸에 관해서 이렇게 쓴다: "그 아이가, 나를, 나를 끊임없이 부른다. 그동안 나는 현재의 감옥이 존귀하고 영원한 곳으로 바뀔 순간을 기다리고 있다." 그러나 "나는 한 번도 신앙과 교회에 대한 존경, 그리고 내 양심을 버린 적이 없다"는 말에 잘 배어 있듯이, 그는 그 두 가지 생각으로 위안을 받았다. 그는 1642년 1월 아르체트리에서 자신의 인생을 망쳐 놓은 자들을 조금도 증오하지 않은 채 눈을 감았다.[5]

페르디난도는 어떻게든 그의 기념비를 세우고 싶었지만, 예수회의 반대가 완강했던지라 평소 그의 기질대로 별다른 대응을 하지 않은 채 그를 산타 크로체 성당에 있는 메디치가 예배당에 장사지내 주는 것으로 만족했다. 그러나 예수회가 갈릴레오의 기억에 남긴 이런 부당한 행위가 메디치가가 사라지기 전에 그 가문에 의해 바로잡혀진 일을 기록하는 것은 즐거운 일이다. 그 가문의 통치가 막을 내리기 전 마지막 해는 마침내 갈릴레오에게 합당한 명예를 부여하여 1737년에 산타 크로체 성당 신랑에 멋진 그의 기념비를 세우고 그의 유골을 메디치가 예배당에서 그리로 옮긴 일로 두드러진다. 스탠리(Dean Stanley)는 산타 크로체 성당이 이탈리아에서 명소가 된 것은 갈릴레오와 미켈란젤로가 그 곳에 묻혔기 때문이라고 말한다.[6]

반면에 바이런(Byron)은 유골로써 산타 크로체 성당을 영광스럽게 만드는 이들을 열거하면서 갈릴레오에 대해서는 다음과 같이 특별히 언급한다:

"산타 크로체의 신성한 경내에는
그 곳을 더 신성하게 만드는 유골들,
그 자체가 불멸인 유해들이 누워 있다.
거기는 온통 과거뿐, 하지만 그것은 숭엄한 인물들의 편린들.
안젤로와 알피에리의 유골들, 별처럼 총총하되 우수가 잔뜩
깃든 갈릴레오의 유골들,
이들은 혼돈으로 돌아가 영면하고 있다."

---

5) 갈릴레오의 위대한 후계자 뉴턴은 갈릴레오가 죽던 해에 태어났다.
6) "사상으로 사는 모든 사람의 고향"인 피렌체가 그 성소를 지닌 도시가 되는 것은 적절한 일이다.

1633년(갈릴레오가 로마에 소환된 해) 피렌체에 다시 전염병이 발생했다. 이번에는 보건부 같은 것도 없었다. 과거의 체험 때문에 그런 종류의 행동에 쐐기를 박았다. 때문에 이성적인 위생 조치 대신에 미신이 기승을 부렸다. 그 때 시행된 종교 의식들은 유치하고 저급한 점에서 과거의 관행을 능가했다. "마돈나 델 임프루네타" 조각상을 피렌체로 가져와 거리마다 행렬을 벌였으며, "행렬을 따르는 군중들의 접촉으로 전염병은 한층 더 맹렬하게 번졌다." 그래서 피렌체는 다시 여러 달 동안 죽음의 도시가 되었다.

1634년 비토리아 델라 로베레가 이제 열네 살이 되어 페르디난도와 그녀의 결혼식이 거행되었다. 크로체타 수녀원에서 격리된 채 자라난 비토리아는 자연히 성격이 경박한 데다 세상 물정을 전혀 몰랐으며, "교회와 관련된 모든 것에 깊은 경외심"을 갖고 있었다. 그러므로 예수회와 그밖의 수도회들이 온 나라를 꽉 장악하고 있음으로 해서 온갖 난관에 부닥쳐 있던 페르디난도에게 그리 큰 도움이 되지 못했으리라는 것은 쉽게 짐작할 수 있다. 그녀는 우르비노 공작의 동산(動産)을 지참금으로 가져왔고 그 덕분에 메디치가가 이미 소유한 회화 작품들에 상당수 작품이 추가되었다. 우피치 미술관에는 피에로 델라 프란체스카가 그린 우르비노의 공작 페데리고 디 몬테펠트로(Federigo di Montefeltro)와 공작 부인의 초상화와, 라파엘로가 그린 교황 율리우스 2세의 초상화, 티치아노가 그린 프란체스코 델라 로베레 1세와 엘레오노라 곤차가의

〈비스듬히 누운 비너스(우르비노의 비너스)〉, 티치아노, 1538년

초상화, 그리고 티치아노가 그린 "비스듬히 누운 비너스"라는 제목의 그림 두 점, 바로치오가 그린 프란체스코 델라 로베레 2세의 초상화가 소장되어 있고, 피티 미술관에는 추케리(Zuccheri)가 그린 귀도발도 델라

로베레 2세(Guidobaldo della Rovere II. 비토리아의 할아버지)의 초상화, 티치아노가 그린 "막달렌"(Magdalen), 티치아노가 그린 "라 벨라"(La Bella), 세바스티안 델 폼보(Sebastian del Piombo)가 그린 "성 아가사"(St. Agatha), 그리고 그밖에 덜 알려진 화가들의 많은 그림들이 소장되어 있다. 이것들이 다 비토리아의 지참금의 일부였고, 이런 그림들 외에도 마욜리카 도자기들과 우르비노 자기들도 끼여 있었는데, 이것들은 오늘날 바르젤로 박물관의 소장품 일부를 이루고 있다.

이 결혼 직후에 페르디난도의 사내다운 동생 프란체스코가 스무 살의 젊은 나이에 라티스본 앞에 진을 치고 있던 황제군의 막사에서 전염병에 걸려 모든 이들이 애석해하는 가운데 죽었다. 포지오 아 카야노 저택의 한 방에는 수스터만스가 그린 그의 초상화가 걸려 있다. 그가 열여덟 살 때의 모습을 그린 초상화이다. 그는 갑옷을 입고 있지만, 당시에는 갑옷이 장식용으로나 쓰였기 때문에 비교하려면 그의 조상 조반니 델레 반데 네레의 갑옷과 비교해야 한다. 넓은 레이스 달린 깃, 레이스 달린 소매, 과거처럼 허리에 두르지 않고 어깨에 두른 장식띠, 이 모든 것이 같은 이야기를 해준다.

1636년 페르디난도는 온 나라를 예수회에 굴복시키면서 겪은 숱한 굴욕과 그로써 국가가 무질서에 빠진 것을 치욕스럽게 여기고서 대공 부인 크리스틴의 권위에서 벗어나 독자적으로 나라를 다스리기로 결단했는데, 그러던 차에 그 해 12월 그녀가 일흔둘의 나이로 죽었다. 한 가문의 어머니로서 그리고 사회 활동에는 뛰어났으나 통치에는 전혀 무능한 여성이었다. 그로써 코시모 2세가 유언에 명시한 조항은 16년의 재위 동안 국정에 한 번도 반영되지 못했다. 그녀가 죽을 때 토스카나는 심지어 로마보다 성직자들의 강력한 지배를 받고 있었다. 온갖 부류 온갖 수준의 성직자들이 온 나라에 들끓었다. 말단 공직조차 그들의 입김이 미치지 않는 곳이 없었다. 그들은 대공의 관리들을 무례하게 대하면서, 자기들은 어떠한 법도 준수하지 않고 어떠한 세금도 내지 않되, 다만 교황의 권위에만 복종한다고 말했다. 그 나라의 토지 재산은 거의 다 수도회들이 차지했고, 따라서 세금이 걷히지 않았다. 피렌체 시에만도 수녀의 수가 4천 명이 넘었다. 세금이 백성의 일부분에게만 부과되었기 때문에 그들은 무거운 세금에 허덕였다. 상업과 농업이 쇠퇴 일로를 거듭하고 있었고, 방종과 범죄와 광포가 기승을 부렸다(그런데도 강한 정부가 없었기 때문에 제대로 처벌을 받지 않았다). 종교재판소는 산타 크로체 성당의 봉쇄구역에 음산한 법정을 두고 있었는데, 그 곳은 피렌체에서 가장 무서운 곳이었다. 예수회 당국자들의 마음에 들지 않는 자들은 조만간 그 곳으로 불려갔다. 고문과 몰수와 형벌이 '성무'(聖務)라는 미명하에 피렌체인들에게 다반사가 되었다. 무시무시한 아우토 다 페(종교재판소의 사형 선고)의 참혹한 집행식이 한때 로렌초와 줄리아노의 마상 대회로 화사한 기쁨이 넘쳐나던 산타 크로체 광장에 음울한 기운을 드리웠다.

대공 페르디난도 2세(1610~1670), 수스터만스 작

페르디난도가 독자적으로 통치권을 행사하게 되었을 때에도 처음에는 그런 점에서는 큰 변화가 없었다. 산타 크로체 성당 대만찬장에서 공주, 귀족들, 정부의 모든 대신들과 고관들 앞에서 판돌포 리카솔리(Pandolfo Ricasoli)의 유명한 재판이 열린 것은 1641년이었다. 대성당 참사회원으로서 학식과 명망이 높았던 그가 중대한 불륜 죄로 고소를 당했던 것이다(그것이 사실인지 거짓인지는 확인할 길이 없다). 그와 그의 공범으로 지목된 파우스티나 마이나르디(Faustina Mainardi)는 먼저 산타 크로체 광장에서 "불꽃과 귀신들이 그려진 옷을 입고" 참회를 한 뒤에 산타 크로체의 지하

감옥에서 산 채로 벽 속에 봉해 넣는 형을 언도받았고, 잠시 후 그 형이 집행되었다.[7] 페르디난도는 그 고소가 단지 상대방 성직자 측의 증오 때문에 제기된 것이 아닌가 하는 강한 의구심을 품었던 게 분명하다. 그는 고소를 제기한 성직자를 불러다 놓고 너무 지나친 행위에 대해서 질책한 다음 그를 로마로 추방했다. 그러나 바로 그가 얼마 뒤 피렌체 종교재판소 소장이라는 높은 지위에 승진한 채 돌아왔다. 이러한 모욕은 교황 우르바누스 8세가 우르비노를 차지할 때 메디치가로부터 반대를 받은 일에 대해서 페르디난도에게 앙갚음을 하려고 궁리한 많은 행위 중 하나였다.

그러나 페르디난도는 오랫동안 예수회의 전횡을 제대로 저지하지 못했지만, 다른 방면들에서는 점차 국가의 상태를 향상시켰는데, 특히 형제들이 나이가 들면서 국정에 참여하며 그를 지원하기 시작했기 때문에 더욱 그러했다. 더욱이 우르바누스 8세가 교황으로 있는 동안에는 국정을 만족스럽게 수행하기 어렵다는 사실을 깨달은 그는 자신의 능력을 더 잘 사용할 수 있는 다른 문제들로 관심을 돌렸다. 메디치가는 이제 페르디난도와 비토리아(그는 이때 서른 살이었고 그녀는 열아홉 살이었다), 이제 스물아홉 살이 된 왕자 조반니 카를로,[8] 스물일곱 살이 된 왕자 마티아스, 스물네 살이 된 공주 안나, 스물세 살이 된 왕자 레오폴드로 구성되었다. 여동생 한 명과 남동생 한 명은 죽었고, 셋째 여동생(마르게리타)은 파르마의 여공작이었다. 그의 어린 아내 비토리아의 영향하에 궁정의 화려함은 계속해서 증가했고, 1640년에 페르디난도는 대공의 궁전을 증축하기로 결심했다. 페르디난도가 이번에 다시 단행한 증축으로 궁전은 규모가 배로 늘어났다. 코시모 2세가 증축했을 때 3층 높이에 로마나 거리로 향한 정면에 13개의 창이 난 큰 정방형 건물 한 채가 덧붙었었다. 여기에 페르디난도는 궁전 전면을 양쪽으로 연장하는 방식으로 두 개의 거대한 날개를 덧붙였고(2층 높이로), 그로써 정면을 현재와 같이 23개의 창 만큼의

---

7) 이 유명한 재판을 회상하게 하는 우울한 증거가 이 참사회원 판돌포 리카솔리의 초상화에 담겨 있다. 초상화에는 마귀가 그의 귀에 대고 속삭이는 모습이 그려져 있는데, 이 모습은 재판이 끝난 뒤에 첨가된 것이다.

8) '왕자'와 '공주'라는 칭호는 이때쯤에는 벌써 그 가문의 젊은 사람들에게 사용되고 있었다.

길이로 늘렸으며, 아울러 안뜰 두 곳 둘레에도 건물들을 새로 지었다. 동쪽 끝에는 궁전 끝과 파사지오를 연결하는 회랑을 건축했다.

이 증축으로 1층에 둘러서 있던 정부 청사는 60개의 방을 지닌 거대한 규모로 탈바꿈하였다. 개인 방들은 주로 위층에 자리잡았다. 증축이 완료되자 페르디난도는 1층 전체를 피에로 베레티니 다 코르토나(Piero Berretini da Cortona), 치로 페리(Ciro Ferri), 그리고 그밖의 미술가들에게 의뢰하여 천장화들로 화려하게 장식했다. 그 무렵 갈릴레오가 발견한 천문학적 사실들을 이 천장 장식에 담았는데, 방 하나를 행성 하나(혹은 프로메테우스, 일리아드, 플로라 따위의 주제들)에 배정했고, 코르토나의 화려한 천장화들은 그 배정에 맞게 이루어졌다.

이렇게 오늘날의 규모로 증축된 토스카나 대공의 궁전은 외국의 군주들이 세월을 두고 모방하려고 애쓴 전형이 되었다.[9] 하지만 같은 결과를 낸 사례는 없었다. 퍼거슨(Fergusson)은 「건축사」(History of Architecture)에서 이렇게 말한다:

"정면은 길이 138m에 중앙을 3층으로 올렸고, 각 층은 12m씩 올렸으며, 중앙에서부터 약 8m씩 간격을 두고 대형 창문들을 냈다. 이런 규모라면 벽돌 건물이라도 웅장한 인상을 줄 것이다. 그러나 정면을 온통 질박하게 처리하고, 배내기를 단순하면서도 굵은 선으로 둘렀으니 유럽에서 웅장하기로 이 건물을 따라갈 궁전이 없다."

1430년 메디치가가 라르가 거리에 세운 궁전은 15세기에 존재하던 다른 모든 궁전을 능가했다. 그러나 아홉 세대 뒤에 그들이 보볼리 산 기슭에 세운 궁전은 17세기에 유럽에 존재하던 모든 왕궁을 능가했다. 그 규모가 어떠했는가는 중앙 안뜰(3면에 궁전 중앙 건물이 둘러선)이 토르나부오니 거리에 있는 스트로치 궁전의 규모와 똑같다는 사실에서 대충 짐작할 수 있다. 더러는 스트로치 궁전을 메디치 궁전의 중앙 안뜰에 넣으면 송두리째 들어간다

---

9) 예를 들면 뮌헨에 있는 왕궁과 파리에 있는 룩셈부르크 궁전.

고 자랑할 수 있기 위해 의도적으로 증축을 했다고 한다.[10] 그러나 그런 의도가 있었든 없었든 간에 그 사실은 이 안뜰 둘레에 건축된 궁전의 규모를 이해하는 데 도움이 된다.

그 궁전은 자연석 위에 직접 건축되었다. 실제로 안뜰 두 곳 중 한 곳은 바닥이 평평한 암반으로 되어 있고, 포장된 인상을 주기 위해 그 위에 선을 새겨 넣었다. 그리고 같은 뜰에 (1층 방들의 일부 외벽에) 격자 무늬 장식이 되어 있는데, 그것을 자세히 들여다보면 원석이 사실상 이 방들의 외벽 일부를 이루고 있다는 것을 알 수 있다. 그런 기초에 세워졌으니 궁전이 그렇게 견고한 인상을 주는 것도 조금도 무리가 아니다.

건물을 정면에서 바라보면 그 규모와 형태를 정확히 알 수 없다. 페르디난도 2세가 증축한 2층 건물들이 본관의 중앙 뒷뜰 양쪽으로 수직을 이루며 거대한 날개를 이루고 있기 때문이다. 궁전의 형태가 이렇게 특이하므로 어느 지점에 서더라도 건물 전체가 한눈에 들어오지 않는다. 따라서 어느 각도에서 보더라도 실제 규모보다 퍽 작아 보인다. 걸어서 한 바퀴 둘러보거나 건물 내부를 두루 다녀봐야 비로소 그 규모를 파악할 수 있다. 건물 내부는 정면에서 보면 특히 더 작아 보인다. 왜 그러냐 하면 건물을 정면에서 바라보면 윗층의 돌출부가 중앙 건물의 옆벽을 가리는 동시에 윗층이 방 하나로 이루어졌다는 인상을 주지만 실은 50개가 넘는 방이 있기 때문이다.

궁전의 실내 배열은 메디치가 시대의 유행과 사뭇 다른 모습으로 남아 있다. 그 가문이 막을 내린 뒤에도 두 왕조가 이곳에서 살았는데도 말이다. 1층에는 대공의 예배당이 있고 궁정과 관련된 다양한 부서 사무실들이 둥근 천장의 방들로 미로를 이루고 있으며, 국가 의전용 은식기들과 희귀한 자기들, 그리고 메디치가의 값진 가보들을 보관한 세 개의 방이 있다(이 세 개의 방은 보물실로 알려져 있다).[11] 이 1층 방들 중 한 곳의 아래에는 페르디난도 2세가

---

10) 메디치가를 폄하하되 심지어 그 가문이 건축한 궁전마저 폄하하는 분위기와 일치하게, 그렇게 의도한 이가 메디치가가 아니라 루카 피티라고 주장이 지배적이다. 그러나 이 주장은 스트로치 궁전이 루카 피티가 죽은 뒤에야 비로소 건축되었다는 이야기 앞에서 빛을 잃는다.

11) 그 명칭은 돈과 보석이 보관된 창고를 가리키지 않는다. 돈과 보석은 산 조르조 요새에 보관되어 있었다.

궁전을 증축할 때 만들어 놓은 대형 풀장이 있다. 대공의 예배당은 메디치가 대공들 시대 때의 그 모습으로 남아 있다. 대단히 아름다운 값비싼 피에트라 두라로 만든 대제단은 코시모 3세가 설치한 것이다. 중앙 뒤뜰 테라스 밑에 있는 석굴(샘에서 수영하는 큐피드 상들이 있는)은 그 벽면에 비토리아 델라 로베레의 문장이 새겨져 있다. 1층으로 올라가면 기존의 정부 청사 동쪽 끝에 회화 전시실이 자리잡고 있다. 모두 16세기의 널찍한 방으로 구성된 전시실은 코르토나의 아름다운 천장화들로 장식되어 있다.

전시실이 끝나는 부분부터 시작되는 정부 청사(20개의 방) 중 나머지 방들과, 피렌체가 수도로 남아 있을 때까지 이탈리아 왕이 기거했던 열다섯 개의 방이 있다. 메디치 대공들의 시대에 그들의 어전이 있던 홀(코시모 1세가 지은 원래 궁전에 자리잡음)은 아치 지붕과 벽이 온통 프레스코들로 덮여 있다. 이 프레스코들은 페르디난도 1세 때 포체티(Pocetti)가 리보르노 건설, 페르디난도의 육해군이 투르크 족과 벌인 전투, 산토 스테파노 기사들이 보나(Bona)를 바르바리 해적들에게서 탈취한 사건, 그리고 페르디난도 1세와 거의 아버지가 남긴 그밖의 업적들을 묘사하여 그렸다.

오늘날 이 홀에는 잔 다 볼로냐가 페르디난도 1세를 위해 제작한 청동상 "메디치가의 천재성"과 파리 시(市)가 안나 마리아 루도비카에게 기증한 값진 장식이 붙은 상자가 전시되어 있다. 대공 부인 비토리아 델라 로베레가 기거하던 방들의 천장화에는 그녀의 좌우명과 가문의 문장인 떡갈나무가 묘사되어 있다. 대공 부인 오를레앙의 마르그리트 루이스(Marguerite Louise, 코시모 3세의 아내)가 기거하던 방들에는 프랑스 화가들이 그린 다양한 그림들이 있다. 또다른 방에서는 파올로 베로네세가 대공 프란체스코 1세를 위해 그린 근사한 초상화를 볼 수 있다. 그리고 다양한 방들에는 코시모 1세가 설립한 벽걸이 융단 제조소와 페르디난도 1세가 설립한 피에트라 두라 제조소에서 생산된 양질의 물품들이 전시되어 있다. 윗층으로 올라가면 오른쪽 날개에는 이탈리아 왕이 피렌체에 거할 때 쓰던 방들이 있고(개인 무도회장과 개인 만찬실을 포함하여), 왼쪽 날개에는 손님들의 숙소가 있으며, 궁전 정면의 광장을 마주보는 중앙에는 한때 토스카나 대공들이 숙소로 사용하던 개인 방들이 있다. 윗

층에 50개의 방으로 이루어진 이 근사한 숙소는 코시모 1세가 엘레오노라 디 톨레도를 위해 장식한 베키오 궁전의 방들과 동일한 문양으로 된 화려한 주름 천장을 갖고 있다. 궁전 윗층 이 부분은 코시모의 건물의 일부를 이루고 있다는 점에서 이 방들도 마찬가지로 그녀를 위해 장식되었을 가능성이 있다.

1층의 큼직한 창들을 통해 내다보이는 밖의 풍경은 대단히 아름답다. 그러나 건물의 규모와 높이, 그리고 건물에서 내다보이는 시야의 폭을 가장 잘 파악할 수 있는 곳은 윗층이다. 궁전이 워낙 높은데다 지대가 약간 올라와 있기 때문에 윗층 발코니에 올라서면 오른쪽으로 피렌체 시내가 보이고, 아르노 강 계곡들과 강을 에워싸고 있는 산들이 한눈에 들어온다. 궁전 뒷쪽의 같은 층에서도 산 조르조 요새로 비스듬히 경사져 올라간 보볼리 정원이 한눈에 들어온다. 한편 건물 주요부의 대형 창문을 통해서 뿐 아니라 양 날개 끝의 방들에서도 정원 이 부분에 자리잡은 원형 극장에서 열리는 운동과 여흥을 마치 원형 극장 계단 좌석에 앉아 있는 것만큼이나 쉽게 구경할 수 있다.

이러한 궁전이었기에 메디치가의 마지막 세 세대가 이곳에서 생활했다.

페르디난도의 재위 기간에는 소예술품, 그 중에서도 한 분야의 활동이 두드러졌다. 이 무렵 피에트로와 페르디난도 타카(잔 다 볼로냐의 후계자)를 비롯한 여러 조각가들이 활동을 했지만, 피렌체의 예술적 재능이 그 열정을 쏟아부은 주된 분야는 피렌체의 세공 예술인 피에트라 두라(모자이크) 산업이었다. 페르디난도의 할아버지 페르디난도 1세가 시작시켜 놓은 업종이다. 페르디난도 2세의 재위는 이 예술이 큰 진척을 이루어 피렌체의 특산품이 되었다는 점에서 주목할 만하다. 그러나 이 업종에는 비용이 너무 많이 들었기 때문에 대공의 지갑에서나 그 비용이 지불될 수 있었다. 상황이 그렇다 보니 예술 활동은 모두 왕립 피에트라 두라 제조소와 관련되어 이루어졌다. 제조소가 가동되면서 그 수요를 창출하기 위해 시작된 영묘 공사가 꾸준히 진행되었고, 그 과정에서 제조소가 생산할 수 있었던 최고의 제품들이 영묘 벽 하단부의 상감(象嵌, intrasiatura)에 들어갔다. 이외에도 당시에 이미 증축이 완료된 대공의 궁전에도 항상 수요가 발생했다. 세공 탁자, 상자, 그리고 그밖의 집기들이 필요했기 때문이다. 페르디난도는 이 산업에 큰 관심을 갖고서 최우선으로 지원했으며, 그의 지도하에 이 산업은 전성기를 누렸다. 그 결과 다른 나라들도 이 새로운 예술 분야에서 피렌체를 모방하려고 애썼고, 그 기술을 지니고 있는 피렌체 예술가들이 프랑스와 그밖의 나라들에서 초빙을 받았다. 이 당시에 이룩한 중요한 진전은 간색(間色)과 그림자를 만들어 낸 것이었는데, 그런 효과를 내는 데 적합한 돌들을 찾기 위해 세계의 아주 먼 지역까지도 찾아다녔다. 이 예술의 난이성을 설명하면서 발디누치(Baldinucci)는 이렇게 말한다:

> "좋은 화가라면 누구나 색채를 혼합 내지 분산하여 원색과 본질상 사뭇 다른 간색을 무수히 만들어 내려 하지만, 코메소(commesso)[12] 예술가는 이 재료를 증식시킬 수도 없고 한 색채를 다른 색채로 용해할 수도 없으며, 다만 자연 그대로의 돌을 갖다 써야 한다. 가장 밝은 색에서 가장 어두운 색까지 감지할 수 없는 단계로써 색채를 전달하기 위해서는 자연이 돌에 빚어 놓은 가장 정교한 간색(間色)들을 찾아야 하고, 단단한 보석들과 그밖의 돌들에서 발견할 수 있는 무수한 색조(色調)들을 관찰해야 한다."

그러나 제작하기는 그렇게 어려웠어도 사실상 망쳤을 경우 재생이 불가능했기 때문에 완성품의 가치가 대단히 커지게 되었다. 이 새로운 형태의 예술에서 가장 뛰어난 예술가는 프랑스인 뤼지 시리에(Luigi Sires)였다. 그는 피렌체에 정착한 뒤 페르디난도에 의해 왕립 제조소의 소장으로 임명되었다.

페르디난도와 비토리아의 첫 아들 코시모는 1639년에 태어났으나 한두 주밖에 살지 못했다. 또다른 자녀인 딸은 1641년에 태어났으나 그 아이도 얼마 살지 못했다.[13] 그러나 1642년에 또다른 아들이 태어났는데, 다시 코시모라는

---

12) 이 탁월한 모자이크에 붙은 명칭.
13) 그녀의 비석에는 라틴어로 다음과 같은 글이 새겨져 있다: "(이 비문을 읽는) 여러분은 내 이름을 묻지 마세요. 나는 토스카나 대공 페르디난도 2세의 어린 딸로서, 이 세상에 들어와 제때에 세례를 받은 다음 기쁘게 천상으로 갔습니다."

이름이 붙은 이 아들은 아버지를 계승할 수 있을 만큼 오래 살았다. 그 아이를 낳은 뒤 페르디난도는 아직 출가하지 않은 여동생 안나 공주를 친사촌이자 그녀의 아주머니 클라우디아의 맏아들 페르디난트 카를에게 시집보냈다. 당시 카를의 나이 열여섯 살, 안나의 나이 스물여섯 살이었다. 안나가 스물여섯 살 때 수스터만스가 그린 그녀의 초상화를 보면 그녀는 오빠 페르디난도를 꼭 빼닮았다. 페르디난트 카를과 안나는 티롤의 산지보다 토스카나의 화려한 궁전을 더 좋아했고, 따라서 인스브루크보다 피렌체에 와 있을 때가 더 많았다. 이들에게는 클라우디아 펠리치타스(Claudia Felicitas)라는 딸이 있었는데, 피렌체에서 낳은 이 딸은 훗날 황제 레오폴트 1세와 결혼하게 된다.

다음 2년 동안, 그러니까 알프스 이북에서 30년 전쟁이 격렬하게 벌어지고 있었고,[14] 영국이 찰스 1세와 의회 사이에 벌어진 내전에 휘말려 가는 동안, 교황 우르바누스 8세는 자기 가문인 바르베리니가를 위해 될 수 있는 대로 많은 영토를 확보하기 위해서 이탈리아에 끊임없는 혼란을 일으켰다. 그런 목적으로 카스트로와 론칠리오네를 파르마 공작에게서 빼앗으려고 하자, 파르마 공작은 군대를 끌고 토스카나를 관통하여 교황의 영토로 진군해 들어갔고, 교황은 이 공격에 크게 당황했다. 페르디난도도 처남을 지원하고 자기 나라를 지키기 위해서 전쟁에 개입했지만, 그의 군사력은 보잘것없었던지라 토스카나의 위신을 전혀 세우지 못했다. 사실상 그 나라의 상황은 군사력이 국정만큼이나 난맥상을 이루고 있었다. 무수한 성직자들이 국정 전반에 주도권을 행사하면서 손대는 일마다 그르쳐 놓으면서도 교황의 권위 외에는 그 누구의 권위도 인정하지 않았다. 그 교황의 목적이 무엇이었는가? 그것은 그 나라의 군주를 어찌하든지 저해하고 군대를 제대로 가동할 수 없는 상황을 만드는 데 있었다.

이런 식으로 성직자들이 국정을 좌우하는 가운데 법정들은 부패하고 전횡을 일삼았다. 독점과 특권과 면세가 판을 쳤고, 법이 제멋대로 적용되는 바람에 농업이 위축되고 상업이 존폐의 위기를 맞이했다. 백성들은 전반적으로

---

14) 황제 페르디난트 2세는 1637년에 죽었고, 그 위를 페르디난트 3세(1637-1658)가 계승했다.

가난에 시달렸다. 그런 상황에서도 페르디난도의 통치를 종식시키려는 음모가 발생하지 않은 것이 신기한 일이다. 옛날 같았으면 벌써 그런 반란을 일으키고도 남았을 유서깊은 가문들의 이름들 — 카포니, 루첼라이, 아치아욜리, 리돌피 등 — 이 거듭해서 나오는데도, 페르디난도에게 반기를 들 생각을 한 사람은 없는 듯하다.

그의 관리들은 무력했고, 그의 군대는 오합지졸이었고, 스페인과 프랑스가 그를 지독히 냉대했으며, 교황은 그를 적대시했다. 따라서 한 가지 고려를 제외한다면 그의 권위에 도전하는 반란을 일으키기가 퍽 쉬웠을 것이다. 그러나 가난한 계층 사람들이 그에 대해서 갖고 있던 애정이 워낙 두터웠던 까닭에 실제로 그러한 반란을 일으키기가 용이하지 않았다. 그의 선량함, 너그러움, 평화로움, 태평스러움이 그들에게 큰 호평을 받았던 것이다. 비록 국정은 혼미한 상태에 빠져 있었고, 오만하고 독재적인 사제들과 수사들 밑에서 고통이 이만저만이 아니었지만 그런데도 백성은 페르디난도를 좋아했다. 그런 불리한 상황에서도 백성에게 여전히 사랑을 받았던 점으로 미루어 좋은 점이 그만큼 많았던 군주였음에 틀림없다.

1644년에 마침내 교황 우르바누스 8세가 죽었다. 그로써 토스카나는 21년간 이루 말할 수 없는 시련을 안겨 준 그의 손아귀에서 벗어났다. 인노켄티우스 10세(1644-1655)가 그를 계승했는데, 이 새 교황은 페르디난도에게 전혀 다른 태도를 취하여 그를 무척 우호적으로 대했다. 토스카나는 교황이 바뀐 효과를 금방 느끼게 되었다. 그토록 오랜 세월 온 나라를 신음하게 한 성직자들의 독재 때문에 빚어진 온갖 악들에 종지부가 찍히게 된 것이다. 새 교황의 이런 우호적인 태도가 빚어낸 한 가지 결과는 페르디난도의 큰 동생 조반니 카를로 왕자가 그 교황에 의해 추기경으로 임명된 것이다.

1648년 삼십년 전쟁이 끝났다. 그리고 그 해에 코시모 2세의 셋째 남동생이자 페르디난도의 삼촌인 로렌초가 마흔여덟의 나이로 죽었다. 그는 부분적으로는 자신의 과오 때문에, 그리고 부분적으로는 환경 때문에 인생을 망쳤다. 훌륭한 재능들을 갖고 있었고 그 재능들을 나라를 위해 쓰고 싶어했으나,

이런저런 이유로 그러지를 못했다. 스무 살 때 형 코시모 2세가 죽고 하나 남은 형 카를로가 추기경이 되어 로마로 가서 살자, 로렌초는 국정의 일부에라도 참여하고 싶었지만, 두 대공 부인이 그것을 허락하지 않았다. 그들에게 박대를 당한 그는 스페인 군대에 들어가 지휘관이 되려고 했으나, 이 점에서도 쓴 맛을 보고 말았다. 우르비노 사건이 발생했을 때 스페인에 대해서 조카의 입장을 워낙 집요하게 두둔했기 때문에 스페인 궁정의 눈 밖에 났고, 따라서 한때 그에게 약속된 군대 지휘관 직을 거절당한 것이다. 이런 좌절들을 겪으면서 그의 인생은 글 쓰기와 온갖 기행들을 오락가락하며 부초처럼 표류했다. 지식인들을 좋아한 그는 주변에 지식인들을 불러모아 일종의 아카데미를 만들었고, 훗날 이들을 중심으로 두 단체를 만들고서 그 이름을 각각 '흥분'과 '냉정'으로 지었는데, 페르골라 거리에 거점을 마련한 후자는 결국 그 이름을 그대로 이어받은 유명한 극장이 되었다. 그의 다른 독특한 점들 중에는 항상 다양한 약을 복용하는 습관이 있었는데, 결국 죽을 때도 약으로 잘못 알고 건네진 독약을 먹고 죽었다.

이듬해(1649)에 온 유럽은 영국인들이 그들의 왕 찰스 1세를 처형했다는 소문에 몸서리쳤다. 그러나 그 사건은 오랫동안 영국과 상업 내지 정치적 관계를 단절해 왔던, 그리고 이탈리아 밖에서 발생한 사건들에 그다지 관심을 쏟지 않은 토스카나에는 이렇다 할 격동을 일으키지 못했다.

페르디난도 2세는 이제 사십줄에 접어들었다. 수스터만스가 그린 그의 준수한 초상화(마흔 살 쯤에 그린)는 비록 갑옷과 그밖의 장신구들을 통해 무서운 인상을 주려고 애쓴 흔적이 보이지만, 그것은 앞에서 언급한 대로 친절하고 선량하고 여린 그의 진짜 성격을 감추려는 의도에서 나온 것이 틀림없다. 갑옷 위에 큰 겉옷과 산토 스테파노회 총장의 십자가를 걸치고 있다.

비토리아 델라 로베레(수스터만스가 그린 그의 초상화는 그녀가 스물다섯 살쯤에 그린 것이다)는 페르디난도에게 지독히 어울리지 않는 아내였고, 내내 그에게 실망을 끼친 여성이었다. 그가 열두 살 소년 때 그녀와 약혼한 유일한 이유였던 우르비노 공국을 지참금으로 그에게 전해 주지도 않았고, 무일푼 신부의 처지를 벌충할 만한 성품을 드러내지도 않았다. 어리석고 허영심 많고 무식하고 천

대공 부인 비토리아 델라 로베레. 돌치 작. 그녀는 페르디난도 2세의 아내이자 코시모 3세의 어머니였다.

박했다. 크로체타 수녀원에서 세상 물정 모른 채 교육을 받은 결과 사제들에게 휘둘렸고, 페르디난도와 그의 동생들이 지녔던 종교에 대한 관용 정신이 조금도 없었기 때문에 항상 가정에서 불화의 씨앗이었다. 성격도 못돼서 결혼한 지 얼마 안 되어 그녀가 일으킨 불화가 크게 발전하여 여러 해 동안 궁전의 다른 부분에서 살면서 완전히 별거했고, 국가 행사에 참석할 때를 제외하고는 서로 만나지도 않았다. 물론 이러한 불편한 관계는 1659년 서로 화해함으로써 약 17년만에 끝나긴 했지만 말이다.

그러나 비토리아 델라 로베레가 그 가문의 운명에 가장 항구적으로 끼친 해악은 아들 코시모에게 그녀가 고집한 교육에서 비롯되었다. 코시모는 어릴 때부터 어머니 슬하에서 국가 통치자보다는 수사가 되기에 적합한 교육을 받으며 컸던 것이다. 그것이 코시모 본인과 토스카나에 재앙을 가져왔다. 그녀가 평생 남편을 어떻게 움켜쥐고 살았는지, 남편의 최선의 노력을 얼마나 저해하고 나라의 기반을 붕괴시키던 사제들의 지배에 얼마나 대대적으로 물꼬를 터주었는지, 그리고 반 세기 넘게 토스카나를 다스릴 자기 아들을 얼마나 그릇된 방식으로 훈련시켰는지, 그토록 오랫동안 실권을 쥐고 있으면서 악한 영향력을 행사했는지를 생각할 때, 줄리오 데 메디치가 가문의 이전 세대들을 파멸로 몰고한 장본인이었다면, 비토리아 델라 로베레는 마지막 세 세대를 파멸로 몰고 간 장본인이었다고 해도 조금도 무리가 아니다. 가문을 그렇게 볼품없이 쇠퇴와 몰락의 길로 잡아끌고간 장본인이다.

비토리아는 다양한 모습으로 자신의 초상화를 남기기를 즐겼기 때문에 그녀의 초상화는 꽤 여러 점 남아 있다. 피티 박물관에 걸려 있는 수스터만스의 초상화는 신녀(神女)의 모습으로 그린 것으로서 현존하는 그녀의 초상화 중에서 가장 뛰어나다. 역시 피티 박물관에 소장된 또다른 초상화에서는 성(聖) 가족의 무리에 끼여 있는 성모의 모습을 하고 있다. 우피치 미술관에 소장된 또 다른 초상화에서는 막달라 마리아의 모습을 하고 있다. 비토리아 델라 로베레는 궁정 생활을 극도로 호화롭게 유지했다. 피렌체의 유력한 가문들에서 뽑은 규수들을 궁정으로 불러들여 살게 했는데, 피티 미술관과 우피치 미술관 사이에 난 긴 주랑에 그들의 다양한 초상화들이 걸려 있다. 비토리아는 남편보다 23년을 더 살았으므로 그 유해한 영향력이 다음 대공의 재위 중 거의 절반이나 더 행사된 셈이다.

한편 피렌체에서 울려퍼진 소리가 저 멀리 인도의 아그라(Agra)까지 가서 닿았다. 작고 기울어가던 토스카나라는 작은 나라의 대단찮은 궁정에서 울려퍼진 소리가 2억 인구[15]를 지닌, 그래서 규모가 유럽과 맞먹는 대제국인 무굴 제국의 장엄하고 화려한 궁정에까지 가서 닿은 것이다. 그러나 한때 문학과 예술로 유럽을 이끌던 피렌체는 쇠퇴 일로를 걷고 있던 때조차 여전히 이처럼 멀리 떨어진 지역에까지 영향력을 행사하여서 그 이름을 인도의 궁전들에 지워지지 않는 글자로 각인해 놓을 수 있었다.

아그라 궁전과 델리 궁전의 적막감 감도는 긴 대리석 홀들에 서 있을 때만큼 영광이 일몰처럼 기울어 사라지는 모습이 저 깊은 속에서 비애감을 끓어오르게 하는 것도 없다. 그 홀들에 서면 오마르 카얌(Omar Khayyam)의 글귀에 담긴 정신이 온 몸을 휘감는다:

> "궁전 기둥은 하늘에 닿도록 서 있고
> 왕들은 그 문지방 앞에 우뚝 서 있다.
> 그리고 그 곳에서 나는 외로운 산비둘기를 본다.
> '구구구, 구구구' 하고 우는 ….

그러나 그것에는 이것 말고도 또다른 게 있다. 자세히 들여다보면 서양이 동양에 영향을 끼친 초기의 희미한 흔적이 눈에 들어온다. 그것은 (알렉산드

---

15) 오늘날의 인도 인구는 약 8억 5천만 명이다.

로스 대왕 시대 이래로) 동양의 취향을 좀 더 완벽하게 표현하도록 이끌어 준 서양 사람의 손과 두뇌가 인도에 처음으로 남긴 흔적이다. 그 흔적은 청금석, 황옥, 벽옥, 루비, 터키옥에 글자로 새겨져 있다. 그 글자를 새긴 것은 피렌 체인의 손이다.

공작새 보좌가 자리잡고 있는 델리 궁전의 디완이암에 서면 그 처마장식을 삥 돌아가며 금빛 글자로 새겨진 유명한 비명(碑銘)이 보인다.

"지상에 엘리지움(낙원)이 있다면
이 곳이 그 곳이라네, 이 곳이 그 곳이라네."

같은 궁전의 아름다운 디완이카스에 가보면 정교한 대리석 격자 창들을 통해서 줌나 강의 푸른 물결이 내려다 보인다. 아그라 궁전의 디완이카스나 카스 마할이나 사만 부리를 둘러보며 천천히 거닐거나 강둑의 한적한 정원에 앉아 앞에 솟아 있는 '대리석에 담긴 꿈' 타지 왕관을 볼 때, 사방이 장식된 사라센 풍의 희고 아름다운 대리석 건물을 볼 때,[16] 그 건물의 둥근 아치와 기둥, 현관, 창문, 벽옥과 마노와 홍옥수와 혈옥수와 청금석과 루비와 터키옥과 그 밖의 귀금속들 — 원래는 오래 전에 약탈을 일삼던 마라타족, 자트족, 파탄족 이 칼과 단검으로 대리석에서 캐낸 원석들이었으나, 후대에 영국의 정복자들 이 가져가고 대신 모조품으로 대체해 놓은 — 로 정교하게 장식한 꽃무늬 격 자창들을 볼 때, 훗날 피렌체 메디치가의 상감 탁자들이나 그 가문의 영묘에 서 비슷한 작품을 볼 때, 피렌체가 저 멀리 인도에서 이 기교를 모방해 갔구 나 하는 생각을 하기 쉽다. 그러나 그렇지 않다. 둘은 서로 별개의 것이다. 하 지만 "무눕 부트카리"(순결한 흰 대리석에 귀석들로 무늬를 새겨넣은 인도의 세공품)는 서방 에서 영향을 받기 오래 전에 이미 존재했고, 원래는 페르시아에서 유래하여

---

16) 이 건축을 묘사하는 데는 사라센어밖에는 쓸 수 있는 말이 없다. 건축 양식은 사라센 인도 양식 과 매우 흡사하지만, 사라센 투르크족이 발전시킨 양식과는 전혀 상관이 없다. 이것은 우리가 무 갈족으로 알고 있는 챠가타이 투르크족이 전적으로 발전시킨 것이다. 따라서 가장 좋은 명칭은 '사라센 인도 양식'이다.

델리와 아그라의 이 궁전들에서 볼 수 있는 대로 피렌체에서 영감을 받은 디자인들로 개선되었다.

무굴 제국의 제5대 황제이자 위대한 건축의 황제인 '크고 위대한 악바르(Akbar)[17]의 손자인 샤제한(Shahjehan)'이 아버지 제한기르(Jehangir)를 계승한 때가 1627년이다. 이 때부터 그는 처음에는 델리에서, 그 뒤에는 아그라에서 아름다운 건물들을 건축하기 시작했는데, 이러한 사업으로 그는 50년 재위 동안 무굴 제국 건축을 전성기에 올려 놓았다. 1629년 사랑하는 아내 우르주문드 바누(Urjummund Banu. 유명한 누르 마할Nur Mahal의 조카딸)가 죽자, 샤제한은 그녀를 위해서 다른 어떤 여인이 묻혔던 것보다 더 화려한 묘를 만들기로 작정했다. 이 작정을 얼마나 제대로 실행했는가 하는 것은 세상이 다 아는 바이다. 그 점은 다음 글에 잘 나타난다:

> "타지(the Taj, 타지마할)는 흰 모슬린 웃옷과 다이아몬드 모자 장식을 황제의 성장(盛裝)으로 간주하는 동방인들의 정서와 완벽한 조화를 이룬다"(Kenne).

버나드 테일러(Bernard Taylor)는 이렇게 말한다:

> "이 건축물은 너무 밝고 너무 가볍고 마치 안개와 꿈으로 엮은 인상을 주면서 아울러 그 거대한 대리석 돔이 은 거품처럼 하늘로 솟아 오르는 듯하므로 그것을 만져 보고 그 위로 올라가 보면 꿈인지 생시인지 의심이 든다."

세공 예술에서 피렌체의 **피에트라 두라** 예술의 영향을 감지하게 하는 최초의 변화를 볼 수 있는 곳이 바로 타지이다.[18] 이 변화는 델피와 아그라의 궁전들을 장식한 세공 예술에서 한층 더 발전하게 된다. 1648년 페르디난도는 피렌체에 일으킨 새로운 산업을 한층 더 완벽하게 만들기 위한 노력의 일

---

17) 무어족.

18) 타지마할을 건축한 사람은 에사 에펜디(Eesa Effendi)라고 하는 터키인이었다.

환으로 왕립 공장의 감독으로 일하던 프랑스 사람 오스탱 드 보르도(Austin de Bordeaux)와 여러 숙련공들을 황제 샤제한에게 보내 인도에서만 얻을 수 있는 종류의 규토를 얻어오게 했다.[19] 이 피렌체인들은 대 무굴 제국의 궁전에 머무는 동안 델리와 아그라에서 진행되던 세공 장식 작업을 보고서 좀 더 정교한 꽃 무늬 디자인을 일러 주었다. 오스탱 드 보르도는 피렌체로 돌아오지 않고 황제 샤제한 밑에서 평생 그 분야의 작업을 맡아 행했는데, 주로 델피 궁전의 장식과 공작새 보좌 제작에 기용되었다.[20] 이때부터 델피와 아그라의 세공 예술은 피렌체의 피에트라 두라에 대해 언급했던 것과 유사한 면을 보인다. 따라서 토스카나는 이렇게 쇠퇴해 가는 중에도 자체의 좁은 울타리를 크게 벗어나 다른 나라들에 영향을 끼칠 힘이 건재함을 보여 주었고, 인도 예술의 걸작 중 하나에 자신의 흔적을 남겼다.

페르디난도 2세가 수행해 낸 업무 중 훌륭한 것 한 가지는 재위 중반에 세 형제를 국정에 기용하기 위해 채택한 계획이었다. 한 명은 군사를, 다른 한 명은 재정을, 또다른 한 명은 정치를 맡게 하고 각각에게 전권을 부여했다. 형제들은 각각 맡은 분야에서 제 역할을 잘 수행함으로써 백성의 인기를 얻었을 뿐 아니라 나라에도 많은 유익을 끼쳤다. 마티아스 왕자는 육군을 지휘하면서 모든 군 업무를 통괄했다. 그는 훌륭한 군인이었고 삼십년 전쟁이 벌어지고 있는 동안 독일에 가서 직접 많은 것을 보고 온 것을 토대로 토스카나 군대를 지휘하여 큰 명성을 얻었다. 그는 이 직위 외에도 시에나 총독이 되어 큰 인기를 얻었으며, 피렌체보다 그 곳에 가 있는 경우가 더 많았다. 피티 미술관에 소장된, 수스터만스의 초상화는 마흔네 살에 끝난 그의 인생 말년의 모습을 담고 있다. 갑옷에 푸른빛 스카프를 두르고 있고, 당시의 유행대로 크고 흰 깃을 달고 있으며, 손에는 육군 총사령관의 지위를 상징하는 지

---

19) 페르디난드는 인도에 파견된 아우구스티누스회 수사들을 통해 무굴 제국 황제와 의사소통을 했을 것이다.

20) 오스탱 드 보르도(Austin de Bordeaux)는 결국 황제 샤제한에 대한 그의 영향력을 시기하는 자들에게 델리에서 독살당했다.

휘봉을 들고 있다.

추기경 조반니 카를로는 재정을 맡아 훌륭하게 수행했다. 인노켄티우스 10세에 의해 추기경으로 서품된 뒤 몇 년 간은 로마에서 상주했으나, 다양한 능력을 발휘하며 교황을 섬기다가, 1654년 로마 가톨릭으로 개종하고서 권좌를 버리고 로마에 영주하러 오던 구스타부스 아돌푸스의 딸 스웨덴의 크리스티나 왕비를 영접하도록 파견되었다. 그러나 이듬해 인노켄티우스 10세가 죽고 그 뒤를 알렉산데르 7세가 계승했는데, 이 새 교황은 "젊은 고위 성직자들의 단체와 크리스티나의 매력적인 점들이 모든 정파를 만족시키는 것"[21]을 발견하고는 나이 지긋한 추기경을 여왕 크리스티나의 신앙 고문으로 임명하는 게 바람직하다고 생각하고서 페르디난도에게 조반니 카를로를 피렌체로 소환해 줄 것을 요청했다. 조반니가 그런 직무를 맡기에는 너무 젊고 미남이었기 때문이다. 조반니 카를로는 동생 레오폴드와 마찬가지로 그림과 그 밖의 예술품들을 광적으로 수집했고, 페르디난도가 과학과 문학 혹은 예술의 증진을 위해서 취한 모든 행동을 예리하게 지원했다. 루카 미술관에 보관된 수스터만스의 빼어난 초상화에서 그는 추기경 복장을 하고 있으며 서른세 살쯤 된 모습이다. 그 시대 영국의 기사들을 연상시키는 길고 곱슬곱슬한 머리를 갖고 있다.

그러나 다섯 형제들 중에서 가장 유능했던 사람은 막대 레오폴드 왕자였다.[22] 그는 정치 분야를 맡았으나 예술과 과학에 재능과 열정이 남달랐던지라 그 면에 주로 관심을 두고서 행동했다. 역량과 열정으로 피렌체의 명성에 그처럼 중요하고도 항구적인 족적을 남긴 이 유능한 인물이 거의 망각되어 왔다는 것이 참 이상하다. 그를 아는 사람들도 대부분은 우피치 미술관에 각종 화가들의 초상화들을 수집하기 시작한 인물로만 알고 있다. 그가 '치멘토'(Cimento)라고 하는 유명한 과학 협회를 설립했을 뿐 아니라 그 협회가 왕성한 활동을 벌일 때 그것을 주도한 중요한 사역은 제대로 평가를 받지 못하고,

---

21) Napier.
22) 그는 페르디난도 2세의 재위가 끝나고 3년 뒤에야 비로소 추기경이 되었다.

그의 이름이 그 협회와 관련하여 언급되는 경우조차 희박하다. 그가 문학을 지원한 값진 활동도 마찬가지로 주목을 받지 못했다. 무엇보다도 세계가 피렌체의 자랑거리인 위대한 회화 갤러리들인 우피치 미술관과 피티 미술관을 갖게 된 것이 레오폴드 덕분이다. 이 업적만으로도 그의 이름은 지금까지 가라앉아 온 무명의 지위에서 벗어날 충분한 가치가 있다. 그는 15세기에 문학과 예술에 많은 업적을 남긴 그 가문의 조상들의 명예를 잇기에 합당한 사람이었다. 그리고 거의 3세기 동안 주목을 받아온 그 예외적인 능력을 보여 준 그 가문의 마지막 인물이었다.

레오폴드는 유럽 전역의 대표적인 과학자들과 미술 교수들과 편지를 주고받았다. 예술과 문학에 관한 비평적 취향과 지식이 탁월했다. 과학에서는 갈릴레오의 주된 제자였을 뿐 아니라 그 분야에 대한 역량과 열정 때문에 자연스럽게 갈릴레오의 연구들에 영향을 받고 그가 출범시킨 과학적 탐구를 더욱 진척시키려고 애쓴 무리의 지도자가 되었다. 레오폴드는 멋진 초상화에서 추기경 복장을 하고 있는데, 그가 추기경이 된 것은 1667년이었으므로 그 그림은 그가 쉰 살 쯤에 그린 것이다. 유럽 전역에 흩어져 있던 수많은 글벗들로부터 항상 받은 예술이나 과학에 관한 편지들 중 한 통을 쥐고 있다.

당대 유럽에서 가장 교양있는 군주로 명성을 얻은 페르디난도는 동생들인 조반니 카를로와 레오폴드 못지 않게 과학과 문학과 예술에 예리한 관심을 갖고 살았다. 이 세 명의 메디치가 형제들은 이 분야에 대한 열정과 자기들의 지위와 재산에 힘입어 이 분야에 형성한 영향력 때문에 당시 피렌체에서 과학과 문학과 예술에 종사하던 모든 사람들을 주도했다.

재위 초반에 심각한 저해가 되었던 성직자들의 지배에서 페르디난도가 점차 벗어난 것은 1642년 갈릴레오가 죽을 때쯤의 일로서, 이 무렵부터 갈릴레오가 뿌린 씨앗 덕택에 머지않아 큰 결실을 하게 될 운동을 페르디난도가 시작하는 모습을 보게 된다. 페르디난도와 그의 형제들은 모두 갈릴레오에게 배운 학생들로서, 그의 가르침뿐 아니라 그의 학설을 단죄하는 데 쓰인 궤변들에도 큰 인상을 받았던지라, 스콜라 철학 이론에 반대하여 사실 관찰에서 진리를 추론하고 경험 지식의 힘으로 오류를 배척하는 체계를 몹시 시작하고 싶어했다. 이 방향에서 내디딘 첫 걸음으로, 그리고 성직자들이 행사한 사상에 대한 독재와 그들이 주장하던 거짓 철학에 대한 예비 공격의 일환으로, 페르디난도는 서른두 살 때, 그러니까 갈릴레오가 죽을 무렵에 궁전에서 철학 좌담회를 결성했다. 대공의 궁전에서 모임을 가진 이 단체는 저 유명한 에반젤리스타 토리첼리 다 모딜리아나(Evangelista Torricelli da Modigliana), 니콜로 아지운티(Niccolo Aggiunti), 파미아노 미켈리니(Famiano Michelini), 비비아니(Viviani),[23] 마르실리(Marsili), 울리바(Uliva), 그리고 저명한 내과의사이자 철학자이자 시인인 프란체스코 레디(Francesco Redi) 같은 지식인들이 포함된 당대의 가장 유능한 문인들과 과학자들을 회원으로 두었다. 이 단체를 구성한 사람들의 탁월한 재능에 힘입어 이 '궁전 철학회'는 문학과 과학에 관심이 있는 모든 이들로부터 폭넓은 존경을 얻었다.

그러나 이것은 웅비를 내딛기 위한 첫 걸음에 지나지 않았다. 1657년 페르디난도가 마흔일곱 살일 때 그의 후원하에 재능 있는 동생인 왕자 레오폴드가 아카데미아 델 치멘토(실험 아카데미)를 결성했다. 이것이 유럽에서 결성된 최초의 자연과학 실험 학회로서, 훗날 영국과 프랑스와 그밖의 나라들에 세워진 모든 학회들의 전형이 되었다. 이 새 아카데미는 1657년 6월 16일에 대공의 궁전에서 첫 모임을 가졌다. 이 모임을 주재한 이는 당시 마흔 살이던 왕자 레오폴드 데 메디치였다. 실로 피티 궁전은 위대한 미술관으로서 모든 예술가들에게 존경을 받고 있듯이, 과학계에서 이렇게 중요한 사건을 일으킨 건물로서 모든 과학자들에게 그에 못지않은 존경을 받아 마땅하다. 영국의 왕립 학회는 1663년 이후에야 설립되었고, 피렌체 과학 아카데미는 1666년 이후에야 설립되었다. 따라서 피렌체는 과거에 문학과 예술을 주도했듯이 이점에 대해서도 주도했다. 그리고 메디치가가 문학과 예술에 발휘한 지도력이 아무리 컸을지라도 과학에 발휘한 지도력만큼 직접적이지는 못했다. 왕자 레오폴드는 갈릴레오의 근실한 학생인 동시에 자신의 과학적 역량 때문에 새로

---

23) 갈릴레오는 단죄를 당한 뒤에 일정 기간 동안 제자를 한 명만 가르치도록 허용되었는데, 그가 죽을 당시 그 제자는 스무살 가량 된 비비아니(Viviani)였다.

운 학회에 의해서 회장으로서 그 학회를 이끌어갈 주요 인물로 선출되었다.

그리고 그는 그 직위를 매우 훌륭히 수행해 냈다. 그 학회는 첫번 모임 때 어떤 특정한 철학파나 과학 체계도 채택하지 않고, "순전히 실험에 의한 사실들에 비추어 자연을 조사하는 것"을 목표로 삼고, 모든 재능 있는 사람들에게 학회의 문호를 개방하며, 실험 과제를 선별하는 특권을 회장에게 일임한다는 내용의 정관을 결정했다. 그리고 '시도하고 또 시도하기'(Provando e Riprovando)를 좌우명으로 채택했다. 마갈로티(Magalotti)가 서기로 선출되었다. 현재의 국립 도서관(우피치 건물 내에 소재)의 현관 벽에는 이 유명한 학회의 초창기 구성원들이었던 저명 인사들의 초상화들이 걸려 있다.

순전히 귀납적 과학을 추진하는 것과, 갈릴레오가 시작시키고 베이컨이 주창하게 될 그 새로운 철학의 진척을 표방한 학회는 이렇게 해서 생겼다. 페르디난도는 새 학회의 일에 큰 관심을 가지고서 여러 가지 실험들을 고안했는데, 무엇보다도 온도 측정의 목적으로 갈릴레오의 온도측정기에 쓰인 공기 대신에 액체의 팽창을 사용하도록 제안한 것이 대표적인 예다. 이 학회가 수행한 여러 가지 실험 결과들은 훗날 서기 마갈로티에 의해 상세히 기록되어 1667년 "치멘토 아카데미가 수행한 자연 과학 실험들의 결과"(Saggi di naturali esperienze fatte nell' Accademia del Cimento)라는 제목으로 피렌체에서 출판되었다. 그리고 이 책의 라틴어 번역본은 폰 무쉔브로크(Von Musschenbrock)에 의해서 라이든에서 출판되었다. 이 학회가 이루어낸 세 가지 결과에 대해서 이 시대의 어느 과학자는 "이 실험들 중 상당수는 과학사에서 고전의 지위를 차지한다"고 평가한다.

그러나 레오폴드는 과학적 학식으로 그런 학회의 회장에 적합한 데 그치지 않았다. 인격도 워낙 출중했던지라 성격이 천차만별인 그런 사람들이 모인 단체를 아주 원활하게 이끌어 갔다. 과학자로서는 아무리 재능이 뛰어날지라도 시기와 질투, 허영과 자만에서는 필부(匹夫)들보다 그리 나을 것 없는 그런 사람들이 모인 단체를 말이다. 이 방면에서 그의 재능은 상당한 칭송을 받았다. 그 새 학회는 10년간 열정적이고 화려한 경력을 이어갔다. 그러다가 형 조반니 카를로가 죽고 그 대신에 추기경이 되는 바람에 레오폴드는 학회장 직을 사임하지 않을 수 없었다. 모든 회원들을 공동의 목표를 위해 공조하게 만드는 방법을 알았던 지도자가 사라졌을 때 곧 나타난 결과는 과학뿐 아니라 이 방면에서도 그의 재능이 얼마나 탁월했는지를 환연히 보여 주었다. 설립 10년만에 온 유럽에 명성을 떨친 치멘토 학회가 급작스럽고도 극적으로 해체된 것이다. 네이피어(Napier)는 레오폴드가 학회장 직을 사임하자마자 발생한 일을 이렇게 전한다: "서로 내가 잘났다고 하는 기질이 터져나와 충돌하는 바람에 단체가 풍비박산 났다. 하지만 그렇게 풍비박산 난 편린들조차 여전히 밝고 고귀했던지라 외국 나라들로부터 적극적인 초빙을 받았고, 그렇게 해서 간 나라들에서 좀 더 지속적인 단체들을 설립하는 데 초석들이 되었다."

그것은 모든 피렌체 역사의 축소판이었다. 피렌체인들 중에서 유일하게 불화를 봉합하고 상충되는 기질들을 한데 끌어모아 조화롭게 일하도록 하는 특별한 재능을 소유한 이 특별한 가문, 250년간, 그리고 여기서 마지막으로 과시된 이 훌륭한 덕성을 소유한 이 가문의 지도력이 없었다면 피렌체인들의 면류관이요 꽃인 그 재능과 천재성은 서로 치고받는 그런 기질 때문에 영원히 빛을 보지 못했을 것이다. 메디치가 이외의 어떠한 가문도 피렌체라는 배를 동족상잔이라는 암초에 걸려 난파하지 않고 항구까지 안전히 조종할 수 없었다.

페르디난도와 그의 동생들인 조반니 카를로와 레오폴드는 과학 못지않게 문학에서도 적극적인 활동을 벌였다. 그들의 열정적인 노력에 힘입어 오늘날도 우피치 궁전 국립 도서관의 주요부를 이루고 1만4천 부의 필사본과 2십만 권이 넘는 인쇄본을 소장하고 있는 '팔라틴 도서관'(즉, 궁전 도서관)이 서게 되었다. 이 도서관의 보물과 같은 장서들은 비록 기존에 국부 코시모가 설립한 메디치 도서관의 장서들만큼 방대하지는 않지만 그래도 상당량에 이른다. 3백 부가 넘는 갈릴레오와 그 시대 저명 인사들의 편지와 논문이 이 도서관에 소장되어 있다. 좀 더 구체적으로 예를 들자면, 그의 유명한 저서 「강연과 수학적 증명」(Discourses and Mathematical Demonstrations)과 교황 우르바누스 8세의 진노를 사게 한 그의 저서 「대화」(The Dialogues), 그리고 그가 아낀 제자 비비아니

(Viviani)에게 받은 흥미로운 편지(갈릴레오가 시계에 진자의 원칙을 적용한 최초의 인물임을 입증하는)가 다 그곳에 소장되어 있다.

채식(彩飾)된 책들 중에는 한때 황제 오토 3세(983-1002 재위)의 소유이자 안에 그의 이름이 기록되어 있는 미사경본과, 매우 흥미로운 에나멜 양각 메달이 붙은 또다른 미사경본이 있다. 사보나롤라가 여백에 주석을 달아 놓은 성경도 있는데, 여백에 적힌 주석이 워낙 깨알 같아서 돋보기가 있어야 읽을 수 있다. 기베르티의 스크랩북에는 그 자신과 그 시대 다른 예술가들의 기록과 스케치가 실려 있다. 그 도서관에는 보카치오, 폴리치아노, 마키아벨리, 미켈란젤로, 타소, 알피에리, 레디, 그리고 그밖의 여러 유명 인사들의 친필 편지들도 소장되어 있다. 페트라르카의 저서들의 귀중한 필사본들도 있고, 단테의 「신곡」도 있는데, 단테가 죽은 뒤 불과 50년 뒤에 필사된 「신곡」의 이 사본에는 매우 진기한 세밀화들로 이루어진 삽화들과 단테 자신의 측면 초상화가 실려 있다. 「선집」(Anthologia)의 사본은 1499년에 그려진 매우 아름다운 세밀화들과 작은 양각 메달들로 구성된 권두화(卷頭畵)를 갖고 있다.

유스티니아누스 법전의 사본은 레오 10세가 원본을 로마로 가져가자 시뇨리아의 지시로 제작되었는데, 보카르디니가 그린 매우 아름다운 채식들이 실려 있다. 두 권으로 된 성 히에로니무스의 라틴어 성경은 첫 쪽에 그의 세밀화가 실려 있고, 여백에는 사슴이 있는 풍경들을 그린 작고 아름다운 그림들이 실려 있다. 레이몬드 룰리(Raymond Lulli)의 연금술과 마술에 관한 희귀한 저서는 배경에 마음을 사로잡는 풍경과 함께 아름다운 삽화들을 싣고 있다. 또다른 진귀한 책은 「성모의 기적들」(Miracles of the Madonna)이라는 대단히 희귀한 포르투갈의 책으로서 동방의 인상을 주는 삽화들을 싣고 있다.

1488년에 인쇄된 아름다운 히브리어 성경 사본은 그 언어로 인쇄된 최초의 판본이다. 또다른 희귀본인 1493년에 인쇄된 벨린치오니(Bellincioni)의 시(詩)들에는 여백에 비평적인 아카데미아 델라 크루스카(Accademia della Crusca)가 여백에 써놓은 주해들이 실려 있다. 14세기의 부패한 종교 상황을 묘사한 라틴어 시 「콘베네볼레」(Convenevole)는 교회에 대한 검열 탓에 어디서든 발견되는 즉시 곧 폐기되었기 때문에 대단히 희귀하게 된 책으로서, 천사들이 황제당이 포진한 성곽 총안(銃眼) 뒤에, 백성이 광장 뒤에, 교황당은 그들의 성곽 총안 뒤에 묘사되어 있다. 또 한 권의 유명한 책은 세르비우스(Servius)가 쓴 「베르길 리우스의 세 작품 해설」(In tria Vergilii Opera Expositio)로서, 피렌체에서 최초로 인 쇄된 책이다(1477). 피렌체의 금세공업자 체니니(Cennini)가 독일로 가서 인쇄소 를 견학하고서 자신의 독특한 활자를 고안하여 인쇄했고, 표지에 자신의 발 명을 기념해 놓았다.

최초로 인쇄된 호메로스의 사본은 송아지 가죽에 인쇄되었고 편집자 베 르나르도 네를리(Bernardo Nerli)가 1488년 불행자 피에트로의 결혼식 때 그에 게 선물한 책으로서, 그 안에 피에트로의 열일곱살 때 모습을 담은 초상화의 축소도가 실려 있다. 이동식 활자로 인쇄한 초창기 사본들 가운데는 두란도 (Durando)의 「공식적 신학 해설」(Rationale Divinorum Officiorum)이 있다. 교회의 다 양한 의식들의 기원을 설명한 이 책은 48판을 발행했다. 크리스토포로 란디 노(Cristoforo Landino)가 쓴 주석들이 붙고 그가 1481년에 시뇨리아에 기증한 이 「신곡」의 사본에는 뛰어난 세밀화들이 있는데, 그 중에는 단테 자신의 초상화 도 실려 있다. 이상의 내용은 페르디난도와 그의 두 동생이 만든 훌륭한 도서 관에 어떤 희귀하고 흥미로운 저서들이 있는지 살짝 맛을 보여 준다.

그러나 페르디난도 2세의 재위를 돋보이게 하는 가장 중요한 기념비는 예 술 분야에 있다. 프란체스코 1세와 페르디난도 1세는 가문의 그림들을 우피치 궁전 사무실들에 만든 방들에 보관하기 시작했다. 그러나 아직까지는 전시실 이 회랑의 동쪽 부분의 통로 몇 군데로만 이루어졌으므로 본격적인 회화 갤 러리라고 할 만한 것이 없었다.

그러나 페르디난도 2세의 재위 말기에는 왕자 레오폴드의 제안으로 두 동 생 조반니 카를로와 레오폴드 — 이들은 가문의 공통 재산이었던 그림들과 무관하게 각각 방대한 분량의 그림들과 그밖의 다수의 예술품들을 소장했 다 — 는 자신의 소장품들을 다 내놓아 피티 미술관과 우피치 미술관을 조성 했는데, 조반니 카를로가 소장하고 있던 예술품들은 주로 대공 궁전의 미술관(피티 미술관)을 조성했고,[24] 레오폴드가 소장하고 있던 예술품들은 우피치 미술관을 조성했다. 동시에 페르디난도는 동생들이 내놓은 이 예술품들에다 자신이 가문의 수장으로 물려받은 그림들과 아내 비토리아 델라 로베레와 함께 우르비노에서 구한 그림들을 덧붙였다.

이렇게 해서 모인 방대한 분량의 그림들을 보관하기 위해서는 거대한 대공의 궁전조차 충분하지 않았고, 따라서 우피치 궁전의 사무실들 위로 미술관을 크게 증축할 필요가 생기게 되었다. 증축은 거의 세 배로 이루어졌고, 회랑은 서쪽 면을 따라서 확장되었으며, 그 면으로 방들이 새로 덧붙었다. 페르디난도는 다른 예술품들과 아울러 오늘날 보석실에 전시되어 있는 보석들과 희귀한 꽃병들 같은 값진 소장품들을 내놓았다. 그 보석실도 그 때 그런 용도로 만들어졌다. 레오폴드는 이 두 미술관 설립을 맨 처음 제안하고 그림을 가장 많이 기증했을 뿐 아니라(이미 그 가문의 재산이 된 그림들을 빼놓고), 우피치 미술관을 조성하는 데 필요한 모든 작업을 지휘했다. 동시에 여러 나라의 화가들의 초상화를 수집하기 시작했는데, 그렇게 해서 수집된 작품들이 오늘날 미술관의 4층 전시실을 채우고 있다. 그는 초기 거장들의 초상화를 빠짐없이 손에 넣었다. 그 중에는 로마의 성 누가 아카데미에서 얻은 것들도 있고(그중에는 라파엘로의 초상화도 있다), 오랫동안 이탈리아 전역을 뒤지면서 얻은 것들도 있다. 거기다 당대의 대표적 화가들의 초상화도 기증했다.[25] 그가 우피치 미술관에 기증한 또다른 중요한 품목은 그 곳에서 볼 수 있는 값진 소묘들로서, 그가 그 작품들을 수집하는 데 여러 해가 걸렸다. 베네치아 실에 전시된 그림들 대부분은 그가 당시 베네치아에 정착해 살던 피렌체의 상인 파올로 델 세라(Paolo del Sera)를 통해서 구입한 것들이다.

페르디난도와 그의 두 동생이 취한 위와 같은 행동이 오늘날 우리가 알고 있는 피티 미술관과 우피치 미술관이 조성된 진정한 경위이다. 왕자 레오폴

---

24) 피티 미술관에 대한 공식 명칭은 여전히 '갈레리아 팔라티나'(궁전 갤러리)이며, 이 명칭은 여러 문들 위에서 볼 수 있다.

25) 그 이래로 화가들은 이 미술관에 자기들의 초상화를 보내달라고 부탁 받는 것을 영광으로 생각했고, 따라서 소장품들은 꾸준히 늘어났다.

드의 예술 소장품의 분량은 동생인 추기경 조반니 카를로가 소장한 분량보다 훨씬 많았지만, 그는 우피치 미술관에만 기증하지 않았고, 따라서 피티 미술관에서도 그가 기증한 많은 작품들을 볼 수 있다. 그 중 주목할 만한 것은 그가 유럽 각지를 여행하면서 그린 중요한 역사적 위인들의 세밀화를 모은 흥미로운 소장품인데, 오늘날 피티 궁전의 '주랑'(柱廊) 안에 전시되어 있다. 레오폴드는 이 세밀화들을 무척 아낀 나머지 어디를 가든 지니고 다녔다. 그밖에 그가 기증한 다른 품목들 중에는 작은 제단을 감싸는 데 쓰는 값진 스티포 곧 흑단 캐비넷이 있는데, 값진 대리석으로 세공한 문과 서랍들이 많이 달려 있고, 투명한 돌들에 진기하고 아름다운 문양들이 새겨져 있다. 여러 방들 가운데 한 곳의 중앙에 자리잡고 있는 이것은 그가 추기경이 된 뒤에 궁전에서 미사를 집전할 때 종종 사용했다.

우피치 미술관과 피티 미술관은 이렇게 해서 설립되었다. 그 과정은 메디치가가 심지어 쇠락의 길에 접어들었을 때조차 개인 소장품들을 가지고 유럽에서 가장 중요한 두 회화 갤러리를 설립할 만큼 예술 분야에서 독보적인 지위를 차지했던 사실을 잘 보여 준다. 그러나 이 두 미술관은 아직은 공적인 미술관들이 아니었고, 다만 메디치가의 사적인 회화 갤러리들이었다. 그것이 토스카나의 재산이 되기 위해서는 그 가문의 한 세대가 더 지나가야 했다.

페르디난도의 재위 마지막 10년 동안 레오폴드 데 메디치가 주로 몰두한 것이 바로 이 중요한 사업이었다. 언제나 좋은 평판밖에 듣지 못하고, 언제나 자선 사업이나 과학과 문학과 예술에 중요한 사업에 몰두하는 모습을 보여 주는 정말로 위대한 이 인물이 자신의 숱한 노력들 중에서 마지막이자 가장 위대한 그 미술관 조성으로 인해 찬사를 받는 것은 매우 적절한 일이다. 그의 조각상은 회화의 거장들의 초상화들을 보관하고 있는 우피치 미술관의 방에 적절하게 배치되어 있다. 거기서 그는 자신이 수집한 초상화 화가들의 작품들에 둘러싸인 채 앉아 있다. 그의 주위에는 벨리니, 페루지노, 레오나르도 다 빈치, 필리피노 리피, 미켈란젤로, 조르조네, 티치아노, 라파엘로, 안드레아 델 사르토, 구에르치노, 틴토레토, 벨라스케스, 렘브란트, 반 다이크, 그리고 '그 영광스러운 무리'에 낀 그밖의 사람들의 초상화들이 걸려 있다.

1649-1660년에 영국에서는 자유공화국이 들어섰는데, 피티 미술관에는 그 시기를 기억하게 하는 흥미로운 작품이 걸려 있다. 발도파 프로테스탄트 교도들에 대한 박해가 한창 진행될 때,[26] 올리버 크롬웰(Oliver Cromwell)은 교황 알렉산데르 7세에게 전갈을 보내 만약 이 잔인한 행위를 즉각 중지하지 않으면 영국 함대를 티베르 강에 파견하여 응징하겠다고 경고했다. 전갈을 받은 교황은 즉시 사보이 공작에게 박해를 중단하라는 지시를 내렸다. 크롬웰의 이같은 행위에 크게 매료된 페르디난도는 피터 렐리 경(Sir Peter Lely)을 시켜 그의 초상화를 그리도록 허락해 줄 것을 요청했다. 이에 대해 크롬웰은 동의를 한 다음 그것을 몸소 페르디난도에게 선사하겠다는 말을 덧붙였다. 적절한 시간이 지난 뒤 피터 렐리 경이 그리고 올리버 크롬웰이 페르디난도에게 선사하는 크롬웰의 초상화가 피렌체에 도착하여 페르디난도의 다른 그림들과 함께 그 가문의 미술관에 전시되었는데, 이 그림은 오늘날도 걸려 있다.

페르디난도는 재위 기간 동안 나라의 농업과 무역 증진을 위해 다양한 실험을 벌였는데, 그 중 하나는 비록 그가 기대한 결과는 거두지 못했지만 여전히 남아 있는 것으로서, 상당한 관심을 자아낸다. 그것은 말보다 더 강인하고 값싼 낙타를 토스카나에 도입하려고 시도한 일이었다. 그는 인도에서 낙타들을 수입해 와 토스카나의 다양한 지역에서 시험적으로 사용해 보았다. 그러나 불행하게도 그 나라의 기후와 여러 조건들이 낙타에게 맞지 않는다는 것을 발견했다. 오직 한 지역에서만 낙타를 계속해서 사용하고 있는데, 그 곳은 피사에서 약 5km 떨어진 산 로소레에 있는 대공의 공원으로서, 이곳에 가면 주로 목재 운반에 쓰이는 2백 마리 가량의 낙타를 볼 수 있다.

1660년[27](영국에서 찰스 2세가 왕권을 되찾은 해)에 페르디난도와 비토리아 사이에 둘째 아들이 태어났다. 장남 코시모 3세를 낳은 지 18년만의 일이었다. 그에

---

26) 밀턴의 유명한 시(詩)가 나오게 한 박해.
27) 바로 전 해에 페르디난도는 라르가 거리에 있는 메디치 궁전을 리카르디가에게 매각했다.

게는 프란체스코 마리아라는 이름이 붙여졌다. 그 무렵에는 수도원 방식의 교육이 안고 있는 폐단이 장남 코시모에게 강하게 나타났고, 페르디난도 자신도 그것을 떨쳐 버리려는 간헐적인 노력으로 그 폐단을 익히 알고 있음을 드러냈는데도 불구하고, 그는 아내가 둘째 아들에게도 동일한 방식의 교육을 시키는 것을 그냥 내버려 두었다. 아마 오랜 불화의 세월을 보내다가 불과 얼마 전에야 비로소 얻은 가정의 평화를 다시 깨뜨리기가 두려워 묵인했을 것이다. 프란체스코 마리아의 경우에는 그 교육의 효과가 상대적으로 덜 중요했다. 왜냐하면 그는 군주가 될 것도 아니었던 데다가 처음부터 성직자가 되도록 교육을 받았기 때문이다.

1661년에 페르디난도의 장남 코시모가 이제 열아홉 살이 되자 부모는 그의 결혼을 주선하게 되었다. 그는 자신이 받은 양육의 성격 그대로 어둡고 사귐성 없는 청년이 되었다. 편협하고 미신적이고 소심하고 어색하고 대인 관계를 기피하고 과학이나 철학에 관계된 것은 무엇이든 불경하게 여겨 기피하고, 유쾌한 것을 적대시하고, 음악과 예술과 시와 지식인들과의 대화를 혐오하고, 남자다운 운동을 싫어하고, 음울하고 화를 잘 내고, 다만 수사(修士)들의 사회에 들어가야만 비로소 편안함을 느꼈다. 페르디난도는 아들의 이런 성격이 결혼하면 고쳐지겠지 하고 생각했다. 하지만 그런 청년에게 맞는 배필을 고른다는 건 당연히 어려운 일이었다. 그런데 실제로 온 유럽을 다 뒤진다 할지라도 실제로 선택된 배필보다 그에게 더 맞지 않는 여성은 찾을 수 없었을 것이다.

공주 오를레앙의 마르그리트 루이스(Marguerite Louise)는 오를레앙의 공작 가스통(Gaston)의 딸로서 당시에 열여섯 살이었다. 루이 14세(1643년 루이 13세를 계승함)의 친사촌이기도 했으며, 프랑스의 장래 여왕으로 양육을 받았다. 활달하고 아름답고 총명하고 대단히 교양있고 프랑스인 특유의 장난기가 가득했으며, 대화에 능하고 승마와 사냥을 좋아했고, 무겁고 우울한 것은 딱 질색이었다. 간단히 말해서 모든 점에서 코시모와 정반대였다. 무엇보다도 중요한 것은 루이 14세가 그녀의 결혼을 계획할 당시에 그녀가 젊은 왕자 로렌의 샤를을 깊이 사랑하고 그와 결혼하게 되기를 고대했다는 점이다. 미망인인 그녀의 어머니 오를레앙의 공작 부인도 샤를을 사위로 맞아들이기를 바랐으므로 딸을 토스카나의 왕자 코시모에게 주기를 반대했다. 그러나 공작 가스통이 그녀의 자녀들을 왕의 위탁하에 둔 상태에서 추기경 마자랭(Mazarin)이 왕의 권위를 내세워 그 결혼을 추진했기 때문에,[28] 그 불행한 소녀는 이 결혼을 받아들이든지 수녀가 되든지 택일해야만 했다.

1661년 4월 루브르 궁전 예배당에서 대리 신랑이 참석한 가운데 결혼식을 올린 그녀는 마르세유로 가서 왕자 마티아스를 만나 그의 호위를 받으며 리보르노로 간 다음 거기서 피렌체로 갔다. 리보르노에서 피렌체로 가는 동안에는 부와 취향이 동원할 수 있는 모든 것을 다 동원하여 화려한 행렬을 벌였다. 그러나 마르그리트의 마음은 저 멀리 프랑스에 남아 있었던지라 이탈리아의 모든 게 싫었다. 피렌체에서 그녀는 대대적인 축제로 환영을 받았고, 궁전은 환상적인 무대로 바뀌었으며, 그녀를 기쁘게 하기 위해 모든 방법이 다 동원되었다. 그러나 그 모든 게 다 허사였다. 수사 같고 매력도 없는 코시모를 보는 순간 저절로 혐오감이 들었기 때문에 그 어떤 것을 봐도 즐겁지가 않았다. 좌절과 우울에 사로잡힌 그녀는 자신을 즐겁게 해주려는 제의에 대해서 한결같이 빈정대는 태도로 대했다.

결혼식 직후에 왕자 로렌의 샤를이 피렌체를 방문했는데 그것이 사태를 더욱 악화시켜 그가 떠난 뒤 마르그리트 루이스는 더 이상 피렌체와 토스카나 궁전과 이탈리아에 관한 모든 것에 대해 혐오감을 더 이상 감추려고 하지 않았다. 이탈리아어를 배우기를 거부했고, 프랑스 왕에게 차라리 수녀원에 들어가겠으니 더 이상 토스카나에 남아 있지 않게 해 달라고 다급히 요청했다. 그녀를 달래려는 시아버지의 노력도, 루이 14세의 위협도, 사태를 완화하려던 대신들의 노력도 그녀의 마음을 돌려놓지 못했다.

피렌체에는 아직도 잔인한 취급을 받은 해맑은 프랑스 공주 마르그리트 루이스의 이 고통을 생각나게 하는 흥미로운 유물이 하나 남아 있다. 얼마 전

---

28) 추기경 마자랭은 그 결혼이 성사된 뒤에, 그러나 결혼식이 거행되기 전에 죽었다. 하지만 마르그리트 루이스와 그녀의 어머니는 처음부터 그 결혼을 바랐기 때문에 마자랭이 죽었어도 결혼이 파기되지 않았다.

에 고고학 박물관의 주화 전시실에서 페르디난도 2세의 반신상이 새겨져 있는 은화 두 닢이 속이 텅 빈 채 사실상 상자로 되어 있는 것이 발견되었다. 그중 하나에는 왕자 로렌의 샤를의 젊을 때 모습이 소화상(小畵像)으로 들어 있었는데, 아마 마르그리트 루이스가 아무도 몰래 그 모습을 간직하기 위해 이런 식으로 숨겨둔 것으로 믿어진다. 그것이 그동안 없어졌던 것도 다 그런 이유 때문이었다.

1663년 1월 추기경 조반니 카를로가 쉰둘의 나이로 죽었다. 그의 죽음은 가문과 나라에 모두 큰 손실로 여겨졌다. 그의 국정 수행 능력과 다양한 재능과 화통한 성격 때문이었다. 다음 해에 프랑스와 교황 알렉산데르 7세 사이에 불화가 터져 토스카나가 전쟁에 휩싸일 위기에 몰렸다. 양쪽 군대가 접경에 군대를 집결시켰다. 그러나 그 불화는 결국 피사에서 열린 회의에서 가라앉았는데, 그 회의를 주재한 장본인이 항상 중재자로서 최선을 다한 페르디난도였다.

그러나 토스카나의 대외 정책은 왕자 코시모와 그의 어린 아내 사이의 갈등으로 잔뜩 먹구름에 가렸다. 두 사람의 갈등이 토스카나의 궁전을 완전히 뒤엎어 놓았던 것이다. 전혀 맞지 않는 이 부부 사이에 1663년 8월에 아들이 태어났지만(그에게 페르디난도라는 이름을 지어 주었다), 불화와 격동은 여전했다. 한 번은 마르그리트 루이스가 죽을 생각으로 식음을 전폐하고 아무와도 말을 하지 않았다. 또다른 때는 궁정과 연관된 사람만 만나면 입에 담기 힘든 조롱을 퍼부어 대는 바람에 그녀의 걸직한 입심에 망신을 당할까봐 아무도 가까이 접근하지 못했다. 루이 14세는 교황청 대사 크레퀴(Crecquy)에게 로마에서 돌아오는 길에 피렌체에 들러 공주 마르그리트 루이스의 마음을 달래보도록 지시했다. 그러나 며칠 못 가서 "그는 낙심한 채 노력을 포기하고 그것보다 덜 골치아픈 국정으로 돌아갔다." 두 번째 특사가 프랑스에서 왔으나 결과는 마찬가지였다. 그 뒤 공주의 가정교사였던 데팡트(Deffant) 부인이 같은 임무를 띠고 파견되었다. 공주에게 사용할 논리들에 대해서 루이 14세로부터 받은 상세한 지침들로 단단히 무장한 채 파리를 떠나 힘겨운 여행 끝에 피렌체에 도착했다.

그러나 어려서 밝고 쾌활하고 고귀한 것은 무엇이든 존경하도록 배웠고, 이런 이상들을 두루 갖춘 남성을 사랑했으나 어둡고 경박한 코시모와 결혼하는 운명에 내던져진 젊은 프랑스 공주에게 앞 사람들과 하나도 다를 바 없는 조소를 받았다. 프랑스 왕의 협박 편지들과 프랑스 대사들의 주장들과 옛 가정교사의 설득력 있는 권고들과, 심지어 교황의 권위조차 마르그리트 루이스로 하여금 자신의 운명을 견디도록 하지 못한 점에서는 다 마찬가지였다. 마침내 더 이상 궁정 생활을 참아내지 못한 공주는 포지오 아 카야노로 물러간 뒤 코시모에게 만약 감히 그 곳으로 오면 미사경본을 그의 머리에 집어던질 것이라는 전갈을 보냈다. 그러나 얼마 후 이곳으로 물러난 자신의 행위를 후회한 그녀는 곧 궁정에 다시 모습을 드러내고는 시아버지의 팔로 달려가 안긴 뒤 자신의 잘못을 시인했다. 그래서 한동안 궁정은 작은 평화를 맛보았다.

1666년 6월 페르디난도의 삼촌이자 코시모 2세의 형제들 중 마지막 인물인 추기경 카를로 데 메디치가 일흔한 살의 나이로 죽었다. 그는 평생을 거의 로마에서 살았고, 추기경회의 부제를 지냈으며, 오랫동안 바티칸에서 상당히 중요한 인물이었다. 그의 시신은 피렌체로 운구되어 산 로렌초 성당에 묻혔다. 다음 해 교황 알렉산데르 7세가 죽고 그의 자리를 클레멘스 9세(1667-1670)가 물려받았다. 메디치가의 두 추기경은 새 교황이 이제 쉰 살인 왕자 레오폴드를 형 조반니 카를로 대신 추기경으로 임명하기 전 4년 동안 다 죽었다. 그 해(1667)에 군인으로 성공한 페르디난도의 동생 마티아스가 쉰넷의 나이에 시에나에서 죽었다. 그 곳은 그가 여러 해 총독을 지내면서 무척 좋아하던 도시였다. 그는 결혼하지 않았으며, 따라서 자녀를 남기지 않고 죽은 페르디난도의 동생들 중 셋째였다. 그의 시신은 피렌체로 운구되어 산 로렌초 성당 신 성구실에 묻힌 채 가문의 영묘가 이장하기에 충분할 만큼 완공될 때까지 그곳에서 기다렸다.

왕자 레오폴드가 추기경이 되고 왕자 마티아스가 죽은 그 해에 공주 마르그리트 루이스와 수사 기질이 있고 화를 잘 내는 청년 사이에 다시 갈등이 생겨서 정식 별거로 발전했다. 피사에 있는 가문의 궁전으로 보내진 마르그리트 루이스는 그 곳에서 코시모에 의해 죄수처럼 갇힌 채 외부 세계와 의사 소통을 차단당했다. 마르그리트는 자신의 상황이 이전보다 훨씬 더 참아낼 수 없게끔 되었고, 프랑스의 친족들로부터 아무런 도움도 받을 수 없다는 사실을 알고는 집시들의 틈에 끼어 지긋지긋한 코시모에게서 도망치려는 생각을 품었다. 그러던 어느 날 밤 피사 궁전의 창문에서 도망칠 만반의 준비를 해놓았다가 발각되었다. 따라서 그런 식으로는 도망칠 수 없게 되었다. 그러다가 얼마 못 가서 둘째 아이를 출산했는데, 안나 마리아 루도비카라는 딸이었다.

마르그리트 루이스의 엉뚱한 계획과 무절제한 행동은 지나치다 싶을 정도로 자주 사람들의 조롱거리가 되어왔다. 그녀의 그러한 행동은 한때 밝고 총명하고 세련되었던 소녀가 루이 14세와 추기경 마자랭의 잔인한 정책에 희생되어 능력과 지식과 다른 모든 자질 면에서 자기보다 훨씬 못한 남자와 억지로 결혼함으로써 얼마나 깊은 좌절에 빠졌는지를 잘 보여 준다. 그녀의 엉뚱한 행동은 종종 우스꽝스럽긴 하지만 그렇게 볼 게 아니라 오히려 깊이 동정해야 옳을 것이다. 능력 면에서 조금도 모자랄 게 없던 여인이 얼마나 좌절이 깊었으면 그런 행동을 하게 되었겠는가.

마르그리트 루이스가 코시모에게 품은 혐오감이 워낙 깊다는 것을 안 페르디난도는 코시모처럼 편협한 사람을 통을 좀 넓히는 최고의 방법이 여행이라고 판단하고서 1667년에 매우 현명하게 그를 여러 나라를 두루 여행하도록 보냈다. 어쨌든 그렇게 함으로써 마르그리트 루이스로서는 상당 기간 그를 마주하는 부담을 덜 수 있었다. 실제로 그의 부재 중에 그녀가 그러한 엉뚱한 행동을 했다는 소리를 듣지 못한다. 이 여행에서 코시모는 독일과 네덜란드와 스페인과 포르투갈을 방문했다. 포르투갈에서 영국으로 가려고 나섰다가 풍랑을 만나 아일랜드로 떠밀려 갔는데, 그곳에서 "그는 백성의 비참한 생활상을 보고 깜짝 놀랐다. 그들은 토스카나 백성보다 훨씬 더 가난하고 비참했다." 코시모는 아일랜드에서 런던으로 여행했고, 그 곳에서 프랑스를 경유하여 1669년 피렌체로 돌아왔다. 여행을 나선 지 2년 뒤였다. 그동안 페르디난도는 건강을 잃었고, 아들이 돌아온 뒤 몇 달밖에 살지 못했다. 1670년 5월,

제5대 대공이 예순의 나이로 타계했다. 그의 50년 통치 끝에 토스카나는 이미 내리막길을 한참 내려온 상태였다. 정계를 좀 폭넓게 바라보자면 이탈리아의 평화를 유지하려고 한 페르디난도의 진지하고 성공적인 노력은 그의 재위에서 가장 돋보이는 점이었다. 그는 가문의 영묘의 완공을 눈앞에 두고 있던 산 로렌초 성당 신 성구실에 임시로 마련된 묘에 성대한 의식과 함께 묻혔다.

---

페르디난도 2세는 어떤 지위든 권력에 관계된 지위에 앉은 사람이 저지를 수 있는 최대의 죄악이 유약함이라는 사실과, 통치자로서는 부도덕도 심지어 포악도 이것만큼 큰 해악을 끼치는 것도 없다는 사실을 역력히 예증한다. 그가 여러 가지 훌륭한 자질을 갖고 있었다는 것은 그의 인생 매 순간순간마다 잘 나타난다. 친절하고 관대한 성향, 비이기적 태도, 선을 행하려는 의욕, 평화에 대한 사랑, 종교에 대한 존중, 훌륭한 역량들, 그리고 과학과 예술에 쏟은 정열, 이 모든 게 다 명확하다. 그러나 이런 장점들을 다 합해도 유약함이라는 한 가지 단점이 벌충되지 않았다. 코시모 1세는 숱한 살인과 포악한 압제와 권모술수로 토스카나를 다수 백성을 위해 행복하고 잘사는 나라로 만들었다. 반면에 페르디난도 2세는 선량하고 항상 옳게 행하려고 애썼지만 나라를 유럽에서 가장 낮게 전락하고 무질서한 나라로 만들었다. 이런 정반대 결과들은 오로지 전자가 강력한 군주였고 후자가 유약한 군주였다는 사실 하나에 뿌리를 두고 있다. 그러나 페르디난도의 유약함이 끼쳐놓은 영향은 다음 세대에 가서야 비로소 본격적으로 나타났다.

제29장

# 코시모 3세

1642년 출생, 1670-1723년 재위, 1723년 죽음.

이 가문이 300년에 가까운 세월에 이룩한 수많은 화려한 업적을 지켜본 사람들에게는 이제 시작된 급속한 추락을 지켜본다는 것이 무척 가슴 아픈 일이다. 강등에서 강등으로 이어지는 가파른 내리막길로 메디치가는 굴러 떨어졌다. 그들의 전차 바퀴에 끼어 토스카나도 그들과 운명을 함께했다. 만약 위대한 자 로렌초가 피렌체에 다시 설 수 있었다면 자신의 연설을 바꾸어 "국가는 가문과 함께 간다."라고 말했을 것이다. 그 둘은 함께 일어나서 함께 쓰러졌다. 모든 역량의 소멸, 모든 고귀하고 관대한 정조(情操)의 소멸, 모든 인격의 힘의 소멸, 이것이 코시모 3세의 53년 재위에 펼쳐질 정황이다. 유럽 다른 지역들에서는 엄청난 일들이 진행되고 있었다. 대 튀렌(Turenne)의 승리, 말보로 ─ 블렌하임, 라미이, 우데나르데, 말플라케 ─ 의 승리가 진행되고, 다른 나라들에 과학과 문학과 예술이 확산되는 동안 토스카나는 그 대열에 조금도 끼지 못한 채 퇴보와 몰락으로만 내달았다.

코시모는 스물여덟 살에 권좌에 올랐다. 그의 성격이 어떻다 하는 것은 이미 언급했다. 그는 여러 나라를 두루 여행했지만 이렇다 할 개선을 보이지 않았고, 여행에서 거둔 유일한 성과라는 게 고작 허세를 무한정 사랑하게 된 것

뿐이었다. 그가 여행에서 돌아온 뒤 그의 궁
전은 화려함과 사치스러움에서 과거 그 나라
의 모든 군주를 훨씬 능가했다. 처음 3년 동
안은 그런 대로 나라가 평온하게 유지되었
다. 대공과 그의 아내 마르그리트 루이스도
한동안 평화롭게 지냈다. 코시모가 삼촌 레
오폴드의 견해를 존중했으므로 국정이 순리
와 관용 쪽으로 운영될 조짐이 있었다. 그러
는 동안 1671년에 둘째 아들 조반니 가스토
네(Giovanni Gastone)가 태어나 가문을 더욱 확

대공 세자 코시모, 훗날의 코시모 3세,
1642–1723, 수스터만스 작.

고한 기반 위에 올려놓게 되었다고 다들 반가워했다.

그러나 이런 만족스런 상황은 오래 가지 않았다. 코시모가 사제들의 영향
에 종속되었을 뿐 아니라 어리석은 그의 어머니 비토리아 델라 로베레가 사
사건건 국정과 집안일에 간섭했다. 한동안 이런 상황을 참고 지내던 대공 부
인 마르그리트 루이스가 1674년에 마침내 국정에 자신을 참여시켜 줄 것을
요구하고 나섰다. 이 요구가 거절당하자 포지오 아 카야노로 짐을 싸들고 간
다음 거기서 코시모에게 "당신이 내 인생을 불행하게 만들므로 나도 당신의
인생을 불행하게 만듭니다"라는 편지를 써 보내면서, 최종 결별과 프랑스로
의 귀국을 허락해 달라고 요구했다. 그녀에 대해서 형성되어 있던 강한 지지
여론을 잘 알고 있던 코시모는 이 요구를 받아들이지 않을 수 없었다. 이렇게
하여 마침내 13년간 감옥처럼 지긋지긋한 나라를 떠날 수 있게 된 마르그리
트 루이스는 훨훨 날 듯한 기분으로 토스카나를 떠나 프랑스로 가서 파리 근
처 몽마르트르 수녀원에 거처를 잡았다. 그녀가 떠난 뒤 곧이어 1675년에 코
시모의 삼촌 추기경 레오폴드가 쉰여덟의 나이로 죽었다. 그가 죽으면서 토
스카나의 궁정을 움직였던 모든 능력과 상식도 함께 떠났다.

그렇게 해서 중요한 자리가 비게 되자 대비 비토리아가 막강한 영향력을
휘두르게 되었다. 그리고 그렇게 영향력을 휘두르는 곳마다 각종 어리석은
조치가 뒤따랐다는 건 불을 보듯 뻔한 일이었다. 페르디난도 2세의 대신들

이 그녀가 고른 다른 사람들로 대체되었다. 그렇게 대체된 사람들은 마갈로티(Magalotti)가 학교로 도로 보내질까봐 무서워하는 어린이들과 비교할 만큼 역량도 기백도 없는 자들이었다. "신학이 정치가의 행동 지침이 되었다." 얼마 못 가서 토스카나와 그 군주에 대한 경멸이 다른 나라들에 파다하게 퍼지기 시작했다. 국내에서도 형편없는 자문에 의한 조치들이 꼬리를 물고 단행되었다.

한편 마르그리트 루이스는 프랑스 궁전에서 큰 인기를 누렸는데, 그녀가 코시모와 토스카나 궁정에 대해서 생생하게 쏟아내는 재담과 조롱이 루이 14세를 즐겁게 했다. 이 소식을 들은 코시모는 격노했다. 원래 못된 성격이 분노로 달아올라 미칠 지경에 이르렀다. 그는 결별 허용을 취소하겠다고 위협했으나 루이 14세가 가로막고 나섰다. 코시모는 프랑스 군주를 워낙 두려워했기 때문에 그의 뜻을 감히 거스를 수 없었다.

반 세기가 넘는 코시모 3세의 긴 역사는 허영심 많고 유약하고 전제적이고 두뇌가 텅 비고 미신과 편협에 사로잡힌 군주가 일으킬 수 있는 모든 악으로 얼룩진 역사이다. 그 기록을 읽자면 똑같이 악하고 똑같이 어리석은 행위가 끝없이 이어지는 동안 격분한 백성의 형편이 갈수록 비참해지기 때문에 금방 지루해진다. 코시모는 자기가 곧 법이었다. 탐욕에 눈이 멀어 백성에게 과중한 세금을 부과했고, 워낙 속이 좁아 백성이 저지른 범죄에 과도한 형량을 적용했고, 유약하면서도 전제적인 기질로 지나치게 잔인하여 분노를 자아냈다. 이런 조치들이 종교에 대한 일관되게 그릇된 견해로 말미암은 조치들과 맞물려 그를 갈수록 더 어리석고 미신적인 사람으로 만들었으며, 자기 백성을 아시아의 폭군 밑에 사는 사람들보다 못한 처지로 전락시켰다. 범죄와 가난과 잔인한 형벌과 사제들의 잦은 국정 간섭이 백성의 형편을 더 내려갈 데가 없는 비참한 지경으로 전락시켰다.[1] 코시모는 총칼을 사용하여 백성을 도덕으로 무장시키는 것을 자신의 사명으로 여겼고, 그러한 과정에서 백성에게

---

1) 코시모가 백성들에게 가장 혐오를 받은 조치들 가운데 하나는 백성에게 공포를 심어 주기 위해서 거리에서 군중이 보는 가운데 시범 케이스로 처형하는 것이었다.

이루 말할 수 없는 고통을 주었다. 도덕성을 거스른 지극히 사소한 죄나 혐의에 대해서 지극히 가혹한 형벌을 가하는 일이 하루도 거르지 않고 발생했다. "쇠사슬과 채찍이 항상 필요했다."

도미니쿠스회 수사들이 정기적으로 집집마다 찾아가 시시콜콜한 가정 문제까지 다 조사하고, 왕의 권위로 결혼과 이혼 혹은 투옥을 명령했고, 가정이 행복을 누릴 가능성을 모조리 말살했다. "위선이 전염병처럼 번졌다. 사제들과 위선이 도처에 만연했다." 성직자들은 소녀들에게 결혼 지참금을, 이른바 '회심자들'의 무리에게 연금을 주도록 권고했고, 잔인할 만큼 무거운 세금을 부과했고, 상업이나 농업을 전혀 염두에 두지 않은 법을 제정했고, 사소한 범법에 대해 과도한 형벌을 가했다. 이런저런 조치들에 진저리가 난 많은 백성이 나라를 등지고 떠났다. 남은 자들도 게으르고 거짓되고 편협한 사람들이 되었다. 이처럼 코시모가 어릴 적에 쌓은 훈련과 습관과 성향이 고상하고 지적인 백성을 도덕적으로 매우 비속한 상태로 전락시켰고 경제적으로도 예전에 볼 수 없는 파탄에 떨어지게 했다.

코시모에게 가장 나쁜 특징을 꼽으라면 아들들을 미워한 것을 꼽을 수 있다. 그는 항상 형편없는 방법으로 아들들을 윽박질렀다. 두 아들 모두 좋은 성품과 재능을 갖고 있었지만, 아버지에게 그런 취급을 받는 과정에서 차례로 빗나가게 되었다. 이것이 결국에는 그 가문에 가장 큰 재앙을 가져다주었다. 낭비와 인색을 겸비한 그는 아들들이 관심을 갖고 있던 자신의 돈주머니를 항상 꽉 움켜쥐었고, 아들들에게 자기 말을 듣게 하는 데 그것을 방편으로 써먹었다.

세자 페르디난도는 비비아니(Viviani), 레디(Redi), 노리스(Noris), 로렌치니(Lorenzini) 형제, 그리고 그밖의 저명한 인사들을 교사로 두었고, 언제든 왕위에 오르기만 하면 아버지와 전혀 다른 통치를 시행할 만한 충분한 재능과 지성을 갖고 있었다. 이 젊은 왕자는 1680년 그러니까 열일곱 살 되던 해에 대비 비토리아의 우행들을 그냥 봐 넘길 수 없다는 사실을 발견하고서 갈수록 그녀의 권위에 반항했다. 코시모는 그에게 프랑스에 가 있는 어머니와 서신 왕래를 하지 못하도록 엄격히 금했다. 그녀는 파리에서 여전히 코시모를 비방하면서, 혹시 코시모가 그 못된 성격 때문에 죽게 되면 곧장 피렌체로 가서 "궁정에서 위선자들과 위선을 말끔히 몰아내고", 대비 비토리아에 의해 승진된 모든 아첨꾼들을 해임하며, 올바른 통치와 상식을 회복시킬 것이라고 공개적으로 떠들고 다녔다.

페르디난도는 그 불화에서 아버지의 금령을 어기고서 어머니와 편지를 주고받는 등 어머니 편을 들었고, 교사들인 로렌치니 형제들이 자신을 지원했다는 이유로 종신형을 선고 받고 볼테라의 지하 감옥에 감금되었을 때 아버지의 권위를 일거에 떨쳐 버리고는 궁정의 수도원 분위기 일소를 목표로 삼은 유복한 젊은이들의 우두머리가 되었다. 이들은 음악과 예술과 문학을 좋아했고, 모든 위선과 가식을 비판했다. 이 단체는 엄청난 지지를 받아 코시모와 그의 어머니의 총애를 받던 성직자들의 지배에 염증을 느낀 피렌체 주요 가문의 젊은이들이 앞다투어 가입했다. 이 단체는 곧 코시모의 동생 프란체스코 마리아—그는 조카 페르디난도보다 불과 세 살 위였다—의 가입으로 한층 더 힘을 얻었다. 프란체스코 마리아는 삼촌 레오폴드가 죽자 쉰 살에 추기경에 임명되었으나 교회 정치에는 아무런 관심도 없었다. 이로써 메디치가는 두 파벌로 나뉘어 한 편에는 완고한 코시모와 그보다 더 완고한 그의 어머니 비토리아가 섰고, 다른 한 편에는 그의 동생 프란체스코 마리아와 장남 페르디난도, 그리고 멀리서 이들을 지켜보면서 격려를 보내던 마르그리트 루이스가 섰다.

그러나 왕자 페르디난도를 주축으로 위선과 수도원 풍의 생활에 반기를 든 젊은이들은 곧 단순히 음악과 미술과 문학을 애호하는 데서 한 걸음 더 나아가 쾌락과 방종으로 빠져들었다. 그것이 그들의 선량한 의도를 물거품으로 만들고 코시모에게 철퇴를 맞을 빌미를 주게 되었다. 당시까지는 개인의 습관 하나하나까지 세밀히 조사하는 엄격한 가정 조사단이 탁발 수사들에 의해 조직되어 운영되고 있었는데, 이것이 정식 감찰과 박해 제도로 발전하여 조금이라도 흥겹고 기쁜 기색만 보이면 제재를 가하였고, 위장과 위선을 반대하는 자들 스스로도 교회의 압제를 면하기 위해 그런 방법을 사용하게끔 만들었다. 상층민이든 하층민이든 이 제도에 종속되어 꼼짝도 못했다. 동시에 수사들이

교구 사제들 위에 군림하면서 사람들을 항상 '행렬과 전도와 고행'에 참여하도록 했다. 고소 횟수가 증가했고, 반면에 가상적인 범죄에 대한 사죄를 성직자들에게 막대한 금액을 지불해야만 겨우 얻어낼 수 있었다.

이런 상황에 염증을 느낀 스물두 살의 왕자 페르디난도는 세상 문물을 익히기 위해 여행을 하고 싶었으나 코시모에게 허락을 받는 데 꼬박 2년이나 기다려야 했다. 그는 바바리아의 공주 비올란테 베아트리체(Violante Beatrice)와 약혼한 뒤인 1687년에 간신히 북 이탈리아를 여행하도록 허락을 받았다. 1688년 11월 그는 돌아와 결혼을 했는데, 결혼식은 대단히 장엄했다. 포르타 산 갈로 부근 쯤에 성벽을 헐어 만든 특별한 문을 통해 보석들로 잔뜩 치장한 마차를 탄 공주는 그 결혼식을 위해 건축한 예배당으로 갔다. 그 곳에서 코시모가 그녀에게 세자비의 면류관을 씌워 주었고, 그 뒤 궁전까지 대단히 화려한 행렬이 이어졌다. 그런 뒤 대성당에서 결혼식이 거행되었다.[2]

왕자 페르디난도는 토스카나에 더 나은 세상이 올 날을 학수고대하던 모든 사람들의 희망이었다. 진취적이고 역량이 뛰어나고 미술과 과학을 좋아하던 그의 주위에는 지식인들과 교양인들이 몰려들었고, 궁전에 만연해 있던 위선적인 분위기를 싫어하던 피렌체 사회의 모든 사람들의 이목이 쏠렸다. 그러나 그의 아버지는 이런 밝은 전망들을 짓밟으려고 애썼다. 페르디난도는 유약하고 우유부단한 아버지와는 달리 열정적이고 결단력이 있었으며, 모든 역량을 동원하여 유익한 목적을 이루려고 했고, 국정에 참여하고 싶어했다. 그러나 코시모는 허락하지 않았다. 나라를 파멸로 이끌고 가는 정부의 한심한 꼬락서니가 답답하기 짝이 없는 데도 매일 오류와 우행을 구경이나 할 수밖에 없고, 게다가 자기를 미워하던 아버지에게 수시로 괴롭힘을 받던 페르디난도는 점차 방탕한 생활에 빠져들어가 사십이 되기도 전에 건강을 크게 해쳐 불과 몇 년 뒤에 죽게 되었다. 불행하게도 그는 아버지가 자기를 위해 선택해 준 아내 비올란테 공주를 돌아보지 않았다. 모든 점에서 그의 사랑을 받

---

2) 이 결혼식 때 가수들의 수를 늘이기 위한 공간을 마련할 목적으로 루카 델라 로비아와 도나텔로의 부조(浮彫) 작품들을 오르간석에서 치웠는데, 그뒤로 다시 원래 자리로 갖다 놓지 않았다.

을 만하고 피렌체의 모든 계층 사람들에게 사랑을 받은 여성이었는데도 말이다. 하지만 그녀는 그가 자기에게 소홀한 것을 나무라지 않고 마지막 순간까지 그를 사랑했다.

코시모의 재위 초기에 우피치 미술관의 예술 소장품에는 다양하고도 중요한 품목들이 첨가되었다. 코시모는 무절제하게 먹고 마시는 생활로 자주 병에 걸렸는데, 그의 주치의인 저명한 레디(Redi)[3]는 그에게 규칙적으로 걷는 운동을 하라고 처방해 주었다. 그리고 왕자 페르디난도가 자기 주위에 모은 교양인들 중 한 명인 파올로 팔코니에리(Paolo Falconieri)는 이 운동을 우피치 미술관에서 해야 한다고 권고하면서, 운동 도중에 시각을 즐겁게 하기 위해서는 가문에 속한 최고의 조각품들을 가져다 그 궁전을 꾸미는 게 바람직하다고 말했다. 그 권고를 고맙게 받아들인 코시모는 그때까지 보볼리 정원에 비치되었던 많은 조각상들을 그 미술관으로 옮기게 했고, 로마에 있는 메디치 저택에서도 페르디난도 1세가 모아두었던 나머지 조각품들을 대부분 가져오게 했다. 그 중에는 "메디치가의 비너스", "레슬링하는 사람들", "칼 가는 사람들", 그리고 오늘날 우피치 미술관(당시에는 조각 갤러리라고 불림)에서 볼 수 있는 여러 점의 고전 시대 흉상들과 그 외 작품들이 들어 있었다. 대공의 산책로가 되었던 궁전과 우피치 미술관 사이에 난 긴 회랑도 수많은 그림들로 장식되었는데, 그 중에는 15-16세기 유럽의 유력 인사들의 초상화들이 있었다. 무려 6백 점이 넘는 이 막대한 소장품들은 예술적 가치는 떨어지지만 역사적 관점에서는 큰 가치가 있다.

코시모는 가문의 영묘와 관련하여 중요한 조치를 취했다. 1604년 그의 증조부 페르디난도 1세에 의해 착공된 이래 지금까지 가문의 여러 사람들이 완공될 날을 기다리며 임시로 신 성구실에 묻혀 있었다. 밀리오레(Migliore)는 1684년에 신 성구실을 묘사하면서 이렇게 말한다:

---

3) 프란체스코 레디는 당대 최고의 내과의사, 자연사 저자, 시인으로서 유명한 인물이었다. 그는 세균학과, 예방 접종으로 다양한 질병들에서 면역을 얻는 방법에 대한 현대의 많은 발견들에 전조가 되었다.

"이 예배당은 대공들과 왕자들의 시신을 묻어두는 역할도 한다. 바닥에 안 치되어 있는 이들의 관들은 성당 성가대석 바로 뒤에 공사되고 있던 영묘로 이장될 날을 기다리며 그들의 지위와 공적에 합당한 근사한 찬사 대신에 짧은 표지만 되어 있다."

그는 구 성구실에 마리아 살비아티, 코시모 1세, 그리고 그들의 아들들인 조반니와 가르치아의 시신이 묻혔다고도 진술한다. 따라서 신 성구실에는 이런 식으로 그 가문의 열여덟 명이 묻혀 있었던 셈이다. 자세히 열거하자면 다음과 같다: 프란체스코 1세와 그의 아내 요안나, 이들의 두 자녀 안나와 필리포; 페르디난도 1세와 그의 아내 크리스틴, 그리고 이들의 자녀 중 프란체스코, 카를로, 로렌초, 엘레오노라, 카테리나 등 5명; 코시모 2세와 마리아 마달레나, 그리고 이들의 자녀 중 마리아 크리스티나, 조반니 카를로, 마티아스, 레오폴드 등 4명; 페르디난도 2세. 그러나 1685년에는 영묘가 비록 여전히 절반밖에 완공되지 않았지만 이들을 모두 이장할 만큼은 되었다. 따라서 코시모는 위에 열거한 모든 이의 시신을 임시 거처에서 영묘로 이장했다. 동시에 조반니 델레 반데 네레의 유해도 만투아에서 옮겨왔다. 이렇게 해서 모두가 지하에 안치되었는데, 조반니 델레 반데 네레와 그의 아내 마리아 살비아티가 한가운데 자리잡고 그의 모든 자손들이 그의 둘레에 자리잡았다.

코시모의 재위가 중반으로 접어들기 전에 그의 어리석은 통치 방식이 심각한 어려움들을 일으키기 시작했다. 유럽이 혼란의 와중에 처해 있던 상황에서 [4] 나라가 적절한 방어 태세를 갖출 필요가 절실했다. 그러나 수도원에서 교육을 받은 코시모의 모든 대신들은 모든 군사적 필요를 무시했고, 그 목적으로 돈을 지불하기를 거부했다. 막대한 자금이 종교 행사와 봉헌 예물과 수녀원

---

4) 당시에 루이 14세는 유럽의 정계를 좌우했는데, 그가 재위할 때 발생한 주요 사건들은 다음과 같다: 네덜란드와의 전쟁(1672), 튀렌에서 거둔 승리들(1674-1675), 님베겐 평화조약(1678), 룩셈부르크 점령(1682), 낭트 칙령 폐지(1685), 팔라틴 백작령 약탈(1688), 뢱상부르 장군의 승전(1690-1693), 리스비크 평화조약(1697), 스페인 왕위 계승 전쟁(1701), 벵돔과 빌라르의 승진(1702-1703), 블렝하임 전투(1704), 라밀리 전투(1706), 우데나르드 전투(1708), 말플라케 전투(1709), 위트레흐트 평화조약(1714), 루이 14세의 죽음(1715).

설립 따위의 일에 지불되었고, 코시모와 그의 어머니 주위에 몰려 있던 수사들과 모든 가정을 샅샅이 감시하던 감찰관들에게 자금이 후하게 제공되었다. 이렇게 국방은 방치해 둔 채 이런 목적들에 비정상적으로 돈을 쏟아부으니 여기저기서 원성이 쏟아지는 것이 당연했다. 이렇게 넘나간 정책을 강하게 질타하는 여론이 형성되었다. 아버지의 행동을 공개적으로 단죄한 왕자 페르디난도가 이런 여론을 주도하고 대중의 지지에 뒷받침을 받았다. 이러한 분위기가 코시모로 하여금 끊임없이 혁명을 두려워하게 만들었다.

1691년 당시 스물네 살로서 코시모가 세 자녀 중 그나마 조금이라도 애정을 보인 유일한 자녀이던 공주 안나 마리아 루도비카가 팔츠 선제후 빌헬름(William)과 결혼했다. 동시에 코시모는 황제에게 '전하'(Royal Highness)라는 칭호를 받도록 허락받았다.[5] 그러나 나라의 꼴이 말이 아니었기 때문에 이런 영예들에 만족하고 앉아 있을 수가 없었다. 백성이 들고 일어나 왕궁을 에워싸고서 빵을 달라고 요구했다. 농민들이 살 길을 찾아 뿔뿔이 고향을 떠났기 때문에 시골에는 사람을 만나보기 힘들었다. 다른 수단으로는 해결할 수 없었던 생계를 해결하기 위해 나라 곳곳에 포악한 화적 떼들이 출몰했다. 토스카나는 총체적 무정부 상태로 전락하는 듯했다. 그러나 다행히도 1693년 대비 비토리아가 거의 60년 간 줄곧 가문의 불화와 나라의 파멸에 원인을 제공해 오던 삶을 마감하고 피사에서 일흔둘의 나이로 죽었다. 이렇게 국정을 올바로 수행할 수 없게 만든 방법들로 코시모를 끌고 들어간 실세가 사라지자 나라가 겪고 있던 고통이 다소나마 완화되었다.

잔(조반니) 가스토네로 알려진 코시모의 둘째 아들은 이 당시에 스물두 살이었다. 외모가 준수하고 고등 교육을 받았으며 당대의 가장 교양 있는 왕자로서 명성을 얻은 그는 특히 과학과 골동품 연구와 식물학에 몰두했다. 그가 여러 나라 언어들 중 심지어 영어까지 알았던 것은 그의 비범한 능력을 말해주

---

5) 그뒤로는 토스카나 왕관의 모양이 과거의 대공들이 썼던 왕관과 달라졌다.

는 특별한 증거로 간주되었다. 그러나 그는 형 페르디난도와는 달리 자신의 가정교사였던 저명한 추기경 노리스(Noris)와 벗하여 한적한 곳에 물러나 연구에 몰두하기를 좋아했다.[6] 따라서 성향이 적극적이던 형에게 경시를 당했다. 아버지 코시모는 그를 몹시 싫어했고, 항상 제 고집대로 행동하는 성향 때문에 용돈을 거의 주지 않고 매사에 그를 무시했다. 따라서 잔 가스토네는 궁정에서 따돌림을 받았고, 사람들과 어울려 방탕한 생활을 할 경제적 여력도 없었다. 그러나 평화로이 연구에 몰두할 수 있는 한에는 그렇게 사회 생활로부터 고립되어 지내는 것이 싫지만은 않았다. 그는 성격이 좋았고 전원 생활을 좋아했고 야심 같은 게 없었고 지식인 추기경 한 사람 외에는 다른 벗이 필요 없었으며 언제까지든 이런 생활을 하는 것 외에 다른 소원이 없었다.

그러나 지각없는 방식으로 이미 한 아들을 무모하고 방탕한 길로 내몬 전력이 있는 코시모는 이번에도 나머지 아들에게도 똑같은 일을 저질렀다. 잔 가스토네에게는 결혼을 하고 북적거리는 사회에서 살도록 권유하는 것이 틀림없이 바람직한 일이 아니었다. 그러나 코시모는 이런 목적을 이루는 데 최악의 방법을 사용했다. 메디치가의 가지를 독일에 접목시키려는 야심에 불타오른 코시모는 잔 가스토네가 스물네 살 때 팔츠 선제후 부인인 딸을 통해서, 죽은 작세라우엔부르크(Saxe - Lauenburg)의 공작의 딸이자 팔츠 백작 노이베르크의 펠리페의 미망인인 작세라우엔부르크의 안나와 결혼하도록 주선했다. 안나는 "육중하고 고집이 황소같고 인간적 매력이라곤 전혀 없는 여성"이었다.[7] 거칠고 지성적이지 못했으며, 야외 운동(잔 가스토네가 혐오하던)에만 관심이 있어서 "공주라기보다 보헤미아 농부에 더 가까웠고", 보헤미아 산지의 외딴 곳에 자리잡은 작은 마을 라이히슈타트라는 세습 재산을 지상에서 유일하게 살 만한 곳으로 간주했다. 잔 가스토네는 그런 여성을 자신의 배필로 선택하려는 데 완강히 반대했다. 자기와 같은 취향을 가진 남자에게는 어울릴 것 같지 않은 여성이었기 때문이다. 그러나 코시모는 아들의 항의에도

---

6) 훗날 바티칸 도서관장.
7) 토스카나 궁정에 파견된 영국 대사 호레이스 만(Horace Mann)의 편지들.

아랑곳 없이 그를 데리고 로레토로 가서 거액의 봉헌 예물을 드린 뒤 그를 뒤셀도르프(팔츠 선제후의 궁전이 있는)로 보냈고, 1697년 7월에 그 곳에서 결혼식이 거행되었다. 그 뒤 잔 가스토네와 그가 전혀 관심도 없는 배우자는 장래에 그의 거처가 될 한적한 보헤미아 마을로 갔다.

그 곳에 도착한 잔 가스토네는 마을 한복판에 있는 작고 초라한 성에서 살게 된 자신의 신세를 한탄했다. 지식인 사회가 없는 곳에서 자기보다 한참 열등한 아내와 함께 연중 절반이나 눈에 덮이는, 그래서 사냥 말고는 할 일이 없는 나라에서 살아야 할 생각을 하니 막막했다. 아내는 말들과 개들밖에는 안중에 없었고, 대부분의 시간을 "마구간에서 잡담을 나누는 데" 보냈다. 변덕스럽고 히스테리가 심하고 거만하고 생각이 얕고 갑자기 화를 내거나 울음을 터뜨리기 일쑤였다. 그녀의 전 남편은 3년간 그녀의 성격과 태도를 겪은 뒤 술꾼이 되었었다. 잔 가스토네는 아버지에게 그녀가 "소작농에 지나지 않는다"고 편지를 쓴다. 그런 상황에 던져져 순간순간마다 자신의 취향을 거스르는 거칠고 추한 아내에게 휘둘려 살던 그는 마침내 일 년을 버티다가 어머니와 함께 살기 위해서 파리로 도망쳤다. 그 곳에서 그는 코시모의 강요로 죽어도 가기 싫은 보헤미아 집으로 되돌아갔다. 그러나 그 곳에서 오래지 않아 시작된 그의 존재의 다양한 고통들이 그의 속에 우울증을 심어 놓았다.

"그럼에도 불구하고 때때로 잔 가스토네의 예리하고 재치있는 토스카나의 정신은 자신이 처한 음울한 상황조차 익살스럽게 대하도록 만들었다." 그가 아버지에게 보낸 편지들을 보면 자신의 불행한 처지를 상당한 유머로 받아 넘기는 모습이 심심치 않게 나타난다. 어느 정도 세월이 흐른 뒤 그는 아내에게 프라하로 함께 가서 겨울을 나자고 설득했으나 그녀는 끝내 라이히슈타트에 남아 있겠다고 고집했고, 그 문제를 끄집어 낼 때마다 화를 냈다. 자신이 살을 섞은 천박하고 투박한 여인과 항상 다퉈야 하는 현실과 주변 환경에 염증을 느낀 그는 혼자 프라하로 떠나 그곳에서 하층민과 섞여 살면서 방탕하게 지냈다. 그 뒤로는 라이히슈타트에 있는 때보다 프라하에 있는 때가 더 많았다.

그 무렵 코시모는 (그의 잘못은 의도적인 악의보다는 허영과 무지에서 비롯되었다) 자신의 실수를 깨닫기 시작했다. 장남의 건강이 심상치 않으므로 머지않아 잔 가스토네가 대공의 권좌를 물려받게 될 것을 안 그는 그를 토스카나로 불러들이고 싶어했다. 그러나 잔 가스토네가 솔선해서 그렇게 할 것을 기대하지 않았기 때문에 작세라우엔부르크의 안나를 설득하여 잠시만이라도 토스카나에 와 주도록 설득하는 데 모든 노력을 기울였다. 그 일을 성사시키기 위해서 모든 힘을 다 동원했으나, 그 줄다리기는 8년이나 성과 없이 계속되었다. 코시모가 안나에게 보낸 다급한 편지도, 친척 팔츠 선제후의 권위도(그는 이 문제로 직접 라이히슈타트를 방문했다), 심지어 교황의 명령도 작세라우엔부르크의 안나를 라이히슈타트에서 떠나게 하지 못했다. 결국 1708년 코시모는 그것이 불가능한 노력이라고 판단하고서 잔 가스토네에게 그녀를 남겨둔 채 피렌체로 돌아오라고 편지를 보냈다. 잔 가스토네는 아버지의 말대로 했고, 따라서 그 뒤부터 그 부부는 떨어져 살았다.

1705년 왕자 페르디난도의 건강이 급격히 나빠지기 시작했다. 그와 공주 비올란테 사이에 자녀가 없었고, 잔 가스토네와 그의 아내 안나 사이에도 자녀가 없었으므로 토스카나에서는 계승권 문제가 가장 중요한 국정 현안이 되었다. 그러므로 코시모는 1709년에 이제 쉰 살이 된 동생 프란체스코 마리아에게 추기경직을 사임하고 구아스텔라 공작의 어린 딸 엘레오노라 곤차가(Eleonora Gonzaga)와 결혼하라고 촉구했다. 그러나 두 사람은 결혼식까지 치렀음에도 불구하고 곧 별거했고, 프란체스코는 다음 해에 자녀를 남기지 못한 채 죽었다.

메디치가가 세 대에 걸쳐 대가족을 유지했는데도 그렇게 대를 끊고 말았다는 것은 참으로 놀라운 일이다. 코시모 1세는 자녀가 여덟이었고(아들 다섯에 딸 셋), 다음 대에 페르디난도 1세도 자녀가 여덟이었으며(아들 넷에 딸 넷), 다음 대에 코시모 2세도 자녀가 여덟이었다(아들 다섯에 딸 셋). 그런데도 이런저런 이유에서 자손들이 끊어져 코시모 1세로부터 다섯 대만에 가문은 완전히 종식되고 말았다.

거의 20년 동안 프랑스, 스페인, 오스트리아 사이의 전쟁이 토스카나의 독립을 위협했다. 그 나라는 코시모 1세의 성직자 관료들의 지배하에서 이미 어느 나라든 군대를 끌고 그 영토로 들어오기만 하면 쉽게 먹이가 될 처지로 전락해 있었다. 코시모 1세와 페르디난도 1세 때 지녔던 국력은 이미 다 사라졌다. 요새들은 방치되어 황폐하게 되었고, 군수물자도 구닥다리가 되었다. 함대도 사라진 지 오래였다. 육군도 병력과 무기와 장비가 부족한 오합지졸이었다. 코시모는 세 나라가 전쟁을 벌이는 틈새에서 흔히 약소국이 기대는 방법, 즉 전세에 따라 처음에는 이쪽에 붙었다가 다음에는 저쪽에 붙는 방법을 사용하여 토스카나의 독립을 겨우 유지하고 있을 뿐이었다. 그 세 나라의 군대가 롬바르드를 수시로 침공했으므로 만약 그 나라들이 이탈리아 중앙의 국가를 완충 지대로 결정하는 일이 없었더라면 토스카나도 유린을 당하는 신세를 면하지 못했을 것이다.

이런 상황이 이제는 코시모의 세 자녀에게 자녀가 한 명도 없음으로 해서 토스카나의 권좌를 이어받을 메디치가 후손이 하나도 남지 않을 날이 머지 않은 사실로 더욱 절박해졌다. 그러므로 강대국들이 탐욕스런 눈빛으로 이탈리아에서 가장 중요한 국가를 바라보고 있는 와중에서 이제는 정치 투쟁이 시작되었다. 권좌가 비게 될 때를 상정하고서 토스카나의 주인 자리를 꿰차기 위해 30년간 투쟁이 벌어지는 동안 "유럽의 군주들은 배를 파선시킨 사람들처럼 점점 침몰해 가는 메디치가의 최후 순간을 지켜 보고 있었다."[8] 그러는 동안 코시모는 그런 문제가 쟁점으로 떠오르는 것에 격렬히 항의하면서, 자기 아들들이 죽은 뒤 권좌를 누구에게 물려줄 것인지를 결정하는 건 자신의 권리라고 천명했다. 혹시 그것이 인정되지 않을지라도 코시모 1세가 대공 지위를 신설하기 전에 존재했던 지위는 여전히 유효하며, 누구에게 통치를 받겠다고 말할 수 있는 권리는 토스카나인들에게 있다고 주장했다.

1712년 위트레흐트 회의가 열렸다. 이 회의에는 유럽의 거의 모든 나라들이 참석했고, 각 나라가 그 회의로 타결될 가능성이 있는 총체적 평화에 대해 일정 지분을 요구할 권리를 갖고 있었다. 이 회의에서 강대국들은 코시모의 둘째 아들이 죽을 경우 토스카나의 차기 통치자를 지명할 권한이 코시모에게 있음을 사실상 인정했다. 비록 그것으로 문제가 최종적으로 해결되지는

---

8) Napier.

않았지만, 혹시 코시모의 딸인 선제후 부인 안나 마리아 루도비카가 둘째 아들보다 오래 살 경우 그녀를 둘째 아들의 계승자로 지명하리라는 것은 상식이 되었다. 황제 카를 6세는 그녀와 코시모에게 이러한 계획을 기꺼이 승인하겠다는 의사를 전했다.

1713년 코시모가 일흔한 살일 때 그의 장남 페르디난도 왕자가 쉰의 나이로 죽었다. 토스카나에서는 그의 죽음을 크게 애도했는데, 유능하고 선량한 인물을 잃어서 애석했기 때문이기도 했고(그런 면 때문에 그는 말년의 무절제한 생활을 용서받았다), 나라를 파멸로 몰고 간 정부의 어리석은 통치 방식을 일관되게 반대했기 때문이기도 했지만, 그가 집권하면 모든 게 변할 것이라는 소망을 저마다 품고 있었기 때문이기도 했다.

코시모의 장남이 죽자 피렌체 상원이 열려 왕자 조반니(짠) 가스토네가 죽으면 그의 누이 선제후 부인 안나 마리아 루도비카가 권좌를 계승하기로 결정한 법안을 통과시켰고, 이 법은 대공에게 승인을 받았다. 이 법이 정식으로 공포되고 유럽의 여러 왕실에 전달되었으며, 그것이 공포된 직후에 토스카나에서는 정부 주도로 축제가 벌어졌다. 오스트리아는 그 법이 토스카나를 부르봉 왕조에게 넘겨주려는 코시모의 궁극적 의도를 드러낸다고 주장하면서 동의하기를 거부했다. 그러나 코시모는 주로 영국과 네덜란드에 의존했다. 이 두 나라는 그 문제에 대해서 오스트리아를 견제할 태세를 취하고 있었고, 특히 조지 1세(George I)는 어떤 한 외국 나라가 이탈리아를 장악하는 것을 극구 반대했기 때문이다. 프랑스도 그 법에 반대하지 않았다. 다만 루이 14세는 그 법의 불완전성을 지적하면서, 정치적 상식과 토스카나 국내법상 결국 코시모 2세의 딸 마르그리트 데 메디치를 통해서 난 파르마의 공주 엘리자베스가 계승자가 되어야 한다고 주장했다. 마지막으로 스페인의 펠리페 5세는 때가 오면 토스카나에 대한 스페인의 권리를 주장하기 위한 사전 포석으로서 공주 엘리자베스를 즉각 결혼시킴으로써 훨씬 더 확실한 수순을 밟았다. 한편 위트레흐트 평화조약(1714)은 강대국들의 이렇다 할 반대 없이 선제후 부인 안나 마리아 루도비카를 그의 형제 조반니 가스토네의 사후 토스카나의 합법적 계승자로 간주했다.

1715년 루이 14세가 죽었고, 그의 죽음은 유럽 정계에 중요한 변화를 일으켰다. 1716년 이제 쉰 살이 된 선제후 부인 안나 마리아 루도비카가 미망인이 되어 뒤셀도르프에서 피렌체로 돌아왔고, 돌아온 즉시 궁정에서 제일 중요한 인물이 되었다. 그녀가 도착하자 페르디난도의 미망인 비올란테가 시에나로 물러가 그 곳의 총독이 되었다.

루이 14세의 죽음으로 유럽은 세력 판도에 변화가 생겨 1718년 영국, 네덜란드, 프랑스, 오스트리아의 4중 동맹이 결성되었다. 이 강대국들은 런던에서 협상을 벌여 토스카나 대공에게 자문을 구하지도 않은 채 코시모의 아들 잔 가스토네가 죽으면 토스카나를 스페인 여왕 파르마의 엘리자베스의 장남 스페인의 돈 카를로스(Don Carlos)에게 넘긴다고 결정했다. 이것은 부르봉 왕가가 토스카나를 차지할 기회를 얻은 데 대해 오스트리아를 유화하기 위한 조치였다. 이렇게 토스카나 국내법을 깔아뭉개고 코시모가 총애하는 자녀를 계승권에서 배제시킴으로써 토스카나를 희생시킨 이 조약은 은밀히 체결되었으나 언제까지나 비밀로 남아 있을 수 없었다. 이것이 알려졌을 때 피렌체인들과 대공은 크게 분노했다. 백성은 코시모를 싫어했지만 그 순간만큼은 자기들의 나라를 그런 식으로 취급한 네 강대국에 대한 분노 때문에 그런 감정이 자취를 감추었다.

코시모는 관련 국가들에게 사절을 보내 강력히 항의했다. 그러나 네 나라 모두 그 조약의 다른 조항들에 의해 이런저런 식으로 이익을 챙겼기 때문에 그것을 취소할 생각이 조금도 없었다. 코시모는 그 나라들로부터 그 조약을 순순히 받아들이지 않으면 외국 군대들이 토스카나로 파견되어 런던 조약에 따라 그 곳을 점령할 것이라는 통보를 받았다. 이렇게 해서 코시모는 자신이 모욕을 당했고, 자기 나라가 팔렸으며, 토스카나의 독립이 끝장났다는 사실을 알게 되었다.

그러나 바로 그 순간에 코시모는 비록 일흔여섯의 노인이었지만 자신이 걸어온 여정과는 사뭇 다른 열정과 활기를 발휘했다. 토스카나 전역에서 군대를 일으키고, 요새들을 정비하고, 군 장비를 현대화하고, 요새 항구들인 포르토 페라요와 리보르노를 강화하는 등 외세의 침략을 저지하기 위한 준비에 만전을 기했다. 토스카나가 독립 국가로서 멸망하려면 싸우다 죽어야 한다는 결의가 깔려 있었다. 아울러 코시모는 강대국들에게 보내는 공식 성명서를 작성했는데, 그 내용은 이와 같다.

"메디치가의 어떠한 계승자도 피렌체 상원이 대표하는 백성의 승인을 얻지 못하면 토스카나 자유 독립국에서 인정을 받을 수 없다. 따라서 어떠한 세력도 그 기관에 의해 선출되고 백성의 환호를 받은 선제후 부인 안나를 배제할 권리가 없다. 무력에 의하지 않고는 자유 국가를 봉건적 주권자에 굴복하게 만들 수 없다. 그것은 이 나라의 본질과 제도에 전혀 맞지 않는 일이다. 또한 다른 나라를 괴롭히지 않은 채 자체의 평화를 보존하기 위해서만 애써온 중립국에 군대를 주둔시킨다는 것도 온당하지 않은 일이다." 이 무렵 영국과 네덜란드는 전쟁을 벌이고 있었다. 그리고 코시모의 단호한 태도가 몇몇 다른 국가들에 은밀히 지지를 받고 있다는 견해가 존재했다. 따라서 국제 정세가 새로운 전기를 맞게 되면 그 문제가 다시 쟁점이 될 소지가 있었다. 코시모의 항의는 결국 비중있게 취급되었다.

1720년 다시 평화가 조성되어 캉브레에서 회담이 열렸다. 이 회담에서 토스카나 왕위 계승권 문제가 새롭게 논의되었는데, 코시모의 대사 코르시니(Corsini)는 이 자리에서 대단한 수완을 발휘했다. 우선 지난번 조약이 토스카나에 얼마나 부당한 것이었는지를 명쾌하게 역설했고, 그 나라의 권좌가 오스트리아의 손에 들어가면 틀림없이 매우 전제적인 성격을 띠게 될 것임을 주장했다. 아울러 어떤 경우든 왕자 조반니 가스토네가 죽은 뒤 토스카나의 통치권을 그의 누이 선제후 부인 안나 마리아 루도비카에게 넘기는 것을 승인하지 않는다면 그것은 대단히 부당한 처사라고 주장했다. 안나는 인격과 능력 면에서 그 나라를 잘 다스릴 자격이 충분히 있기 때문이라고 했다.

캉브레 회담에서 1721-1722년에 이 문제가 내내 논의되고 있는 동안 강대국들 사이에서는 협상과 음모와 비밀 조약이 지루하게 진행되었다. 그러는 동안 코시모는 이제 나이로 인한 한계에 부닥치게 되었다. 나라의 독립을 위해 이처럼 오랫동안 외교적 투쟁을 벌이느라 지칠 대로 지친 데다가 여든을 지척에 둔 나이로 인해 기력이 쇠한 그는 국정을 유능한 딸에게 일임했다. 잔 가스토네는 오로지 은거(隱居)에만 관심이 있었기 때문에 그녀가 어떻게 하든 간섭할 생각이 없었다. 안나는 외국과의 모든 협상을 주도했고, 내치(內治)에 유능함을 보였고, 가혹한 코시모의 법 체제를 완화했고, 공중의 유익을 위한 사업에 힘썼다. 이러한 행동으로 널리 칭송을 받았고, 그녀가 형제보다 오래 살아 권좌를 계승했으면 하는 것이 모든 이의 소원이 되었다. 따라서 다른 나라들로 하여금 피렌체 상원의 법령을 받아들이도록 설득하던 그녀의 노력은 토스카나 백성에게 열렬한 지지를 받았다. 1721년 9월에 대공 부인 마르그리트 루이스가 파리에서 일흔여섯의 나이로 죽자 안나는 어머니가 젊었을 때 겪었던 슬픔이 피렌체인들의 기억에 되살아났다. 피렌체인들은 당시에 그 공주를 무척 안되게 생각했는데, 이제 그 때의 기억 때문에 그녀의 딸에게 더욱 호의를 갖게 되었다.

1723년 캉브레에서 이루어지던 논의를 통해서 유럽의 주요 국가들 사이에 다른 어떤 협정이 체결되든 간에 그들이 토스카나에 대한 부당한 태도를 확고히 고수하고 있다는 사실을 읽어낸 코시모는 코르시니에게 최후의 엄중한 항의를 제기하도록 지시했다. 자신의 계승자의 권리를 주장하고 점점 더 노골적으로 드러나는 강대국들의 부당한 행위를 부각시키기 위함이었다. 이것이 코시모가 살아서 취한 마지막 공적 행위였다. 코시모 3세는 1723년 10월 31일 정부를 아들 잔 가스토네에게 넘겨준 뒤 눈을 감았다.[9] 그는 53년간 재위하는 동안 최선을 다한다고 했지만 남긴 것은 악과, 국가를 비참한 지경으로 전락시킨 것밖에 없었다.

코시모 3세는 개인의 능력으로는 흠잡을 데 없는 사람이 군주의 지위에 올라 얼마나 유해한 인물이 될 수 있는지를 현저히 보여 주는 예다. 사적인 영역에서 그쳤다면 그는 매우 평범한 사람으로서 아마 크게 존경을 받고 살았을 것이다. 그런 경우에는 그의 인격에 내재된 중요한 결함들이 발전할 기회를

---

9) 아래 층 지하 묘지가 전반적으로 캄캄한 데다 그의 관이 외관에 아무런 표지도 없었기 때문에 도굴꾼들이 그것을 찾아내지 못했고, 그래서 1857년 관을 개봉했을 때 그 안에는 보석 왕관과 홀이 그대로 남아 있었다.

얻지 못했을 것이기 때문이다. 그러나 권좌에 앉자 지혜의 결핍과 허영과 유약과 고집과 독선이 한데 합쳐져 군주로서는 최악의 표본을 제시하게 만들었다. 그의 치하에 유쾌하고 즐겁던 토스카나가 눈물 골짜기가 되었다. 그는 아들들을 미워했는데, 그 이유는 아들들 하나하나가 서로 다른 분야에서 자기보다 유능했기 때문이었음에 틀림없다. 그는 이러한 태도로 인해 대단히 편협한 전제 정치로 그들의 인생을 파멸로 몰아넣었다.

마지막으로, 코시모 3세는 메디치가에서 군주로서의 행위로 빈민 계층으로 하여금 군주에게서 등을 돌리게 한 최초의 인물이었고, 그로써 언제나 가문의 강한 보루가 되어 왔던 특징을 헌신짝처럼 내던졌다. 이 모든 것이 다 페르디난도 2세가 너무 우유부단하여 장남을 어리석고 무능한 어머니 슬하에서 교육을 받도록 내버려 둔 데서 생긴 결과였다. 그로 인해 반 세기 동안 악이 끊이지 않았는데, 그 규모가 너무 광범위했고 그 결과가 너무 통탄스러웠다.

# 제30장
# 조반니 가스토네

1671년 출생, 1723-1737년 재위, 1737년 죽음.

메디치가의 남은 세월을 놓고 미적거려서는 안 된다. 그들의 해가 급히 지고 어둠이 내리 깔리고 있기 때문이다. 그들은 코시모 3세가 끼쳐놓은 해악을 만회하고 원상을 회복할 수 없었다. 메디치가의 마지막 대공의 14년 재위 이야기는 그리 오래 머물고 싶은 마음이 들지 않는다.

잔(조반니) 가스토네는 1723년 권좌에 오를 때 쉰두 살이었다. 그는 대공이라는 직위를 꼭 한 번 해보고 싶은 직위로 생각하지 않고 오히려 피할 수만 있다면 피하려고 한 부담스런 짐으로 여겼다. 항상 아버지의 제재로 국정에서 배제된 채 지내는 동안 은거에 익숙해져 있었는데, 대공의 직위는 그런 생활을 크게 침해했기 때문이다.

그럼에도 불구하고 잔 가스토네는 자기 나라를 무겁게 짓누른 수많은 부패들을 개혁하는 데 상당한 끈기를 과시했다. 아버지 주변에 몰려 있던 스파이들과 위선자들과 아첨꾼들을 일거에 몰아냈다. 국고에 상당한 부담을 주던 유대인들, 투르크인들, 이단 가톨릭 교도들, 이단 프로테스탄트 교도들, 그밖의 이른바 '개종자들'에게 지불하던 연금('신조 연금'이라 부름)을 단번에 폐지했다. 그리고 비슷한 조치들로 세금을 크게 경감했다. 오랫동안 시민들

**738** · 메디치 가문 이야기

의 가정 생활을 검열해 오던 정보 기관을 해체했다. 감옥 문을 활짝 열고 죄수들(대부분 교회 관련 범죄로 투옥된)을 석방했다. 형 집행을 정지했고, 추방자들에게 귀환을 허락했다. 할아버지 페르디난도 2세를 본받아 백성과 자유롭게 뒤섞여 살았다. 사회 사업에 지원을 받기 위해서 미망인이 된 형수 비올란테 베아트리체를 궁정 구제 담당관으로 세웠다(그의 아내 작세라우엔부르크의 안나는 토스카나에서 살기를 거부했고, 변덕스러운 누이인 선제후 부인은 그가 싫어했기 때문이다). 왕궁은 활기를 되찾았다. 왕궁 주변에 오랫동안 짙게 깔렸던 종교적 구름이 말끔히 걷혔다. 궁정 회랑과 경내에 득실거리던 검은 옷을 입은 수사들 대신에 피렌체의 젊고 아름다운 사람들이 다시 한 번 모여들었다.

비올란테는 잔 가스토네의 재위를 화사하게 장식한 꽃이었다. 인품과 붙임성과 분별력은 가스토네에게 과분할 정도로 컸다. 그녀는 단기간 내에 사회 문제에 뿐 아니라 국정에까지도 실세가 되었다. 그것은 격에 맞는 결과로서 최고의 효과를 내었다. 모든 사람들이 그녀를 좋아했다. 여러 방면에 재능이 뛰어났던 비올란테는 문학과 모든 형태의 재능을 열정적으로 후원했고, 빈민과 압제받는 자들에게 꾸준히 동정을 베풀어 가는 곳마다

대공 잔 가스토네, 1671-1737

뜨거운 환대를 받았고, "지식인들에게 뿐 아니라 소외된 자들에게까지도 사랑을 받았다." 여러 덕성들이 널리 알려져 교황 베네딕투스 13세(1724-1730 재위)가 황금 장미를 수여할 정도였다. 이런 각별한 영예가 부적합하다고 생각한 사람을 찾아볼 수 없었다.

잔 가스토네의 사후에 누가 토스카나의 소유자가 될 것인가를 놓고 유럽 실세들 간에 벌어진 음모는 여전히 계속되었다. 그들과 대치할 힘이 자신에게 없다고 느낀 가스토네는 권좌가 다른 사람에게 넘어갈 때 자기 가문에게 속한 방대한 사유 재산을 자기 누이가 물려받도록 안전 장치를 해두고, 가문

의 사유 재산으로 매입한 국가의 토지든 그밖의 재산이 그녀에게 돌아가도록 확보해 두는 데 주로 관심을 기울였다. 전자에는 값진 가구들과 헤아릴 수 없이 많은 예술품들로 꽉 찬 그들의 다양한 궁전들과 저택들이 포함되었다. 이것들 모두가 이론의 여지 없이 그 가문의 사유 재산이었다. 반면에 후자에는 각종 대포들과 항구들, 요새들, 몬트레몰리 시와 그 주변 지역이 포함되었다. 가문의 사유 재산을 누이가 상속하도록 인정을 받음으로써 잔 가스토네는 이런 노력에 상당한 성공을 거두었다. 하지만 가문의 사유 재산을 들여 매입한 국가의 소유물들에 대한 보상 문제는 향후에 결정하도록 보류되었다. 결국 이 분야에서는 메디치가가 아무런 보상을 받지 못했지만 말이다.

1724–1731년 토스카나 계승권을 둘러싸고 유럽의 강대국들 사이에서는 논의와 협상이 끊이지를 않았다. 오스트리아는 이 문제의 해결을 볼 때까지 다른 문제는 거들떠보지도 않고 있었고, 스페인은 모든 방면에서 잔 가스토네에게 돈 카를로스를 계승자로 받아들이도록 강요하되 그 뜻을 관철시키기 위해서 군대 파견까지도 불사할 생각이었으나, 다만 오스트리아가 가로막고 나설까봐 염려했다. 그러는 동안 토스카나 백성의 생활 형편은 꾸준히 향상되었다. 잔 가스토네가 세금을 줄이고, 사형 제도를 폐지하고, 백성 사이에 미움을 조장하는 가정 감시 체제를 철폐하고, 백성의 위무(慰撫)에 힘쓴 데 힘입어 우울과 괴로움이 잔뜩 깔려 있던 나라에 쾌활과 웃음이 번져갔다. 상업과 농업이 되살아나기 시작했다. 아울러 비올란테는 자신의 밝은 성격을 사방에 퍼뜨렸고, 백성들 가운데 행복을 일으킬 수 있는 일은 무엇이든 가리지 않고 적극 힘썼다.

아울러 정치 면에서 토스카나에 짙게 드리웠던 암울한 전망도 백성의 시야를 완전히 가리지는 않았다. 그 무렵 피렌체는 단순하고 밝은 유희에 열광적으로 참여하곤 했는데, 이것이 정치 상황에서 비롯된 칙칙한 분위기를 해소하는 데 적지 않게 도움이 되었다. 특히 연례 카니발이 열릴 때는 꽃과 색종이로 뒤덮인 마차들이 긴 행렬을 벌였을 뿐 아니라, 가면 무도회, 가장 행렬, 그리고 그밖에 모든 계층이 참여하는 다양한 행사가 줄을 이었다. 카니발 기간에는 극장과 거리에서 가면을 쓰는 것이 허용되었고, 이런 행동을 규제하려 들면 백성에게 격렬한 항의를 받았다. 그러한 사뭇 다른 면모로 우리에게 알려진 우피치 주랑(柱廊)에서는 이런 가면 무도회가 열리기 전 오후에 특별히 활기 넘치고 재미있는 장면이 연출되었음에 틀림없다. 가면 무도회는 저녁에 열렸고, 그 날 오후에는 무도회의 흥을 미리 돋구기 위해서 이 주랑 밑에서 가면과 가장복을 입은 사람들이 행렬을 벌이는 게 관습이었기 때문이다. 이 행렬에는 모든 계층이 다 참여했고, 심지어 대공도 그들 틈에 섞이는 때가 종종 있었다.

그러나 잔 가스토네가 죽는 즉시 한 발이라도 앞서 토스카나에 진주할 생각으로 그가 죽을 날을 손꼽아 기다리던 열국들에 의해 모든 것에 불안한 그림자가 드리워 있었다. 1728년 그가 가벼운 병에 걸리자 스페인과 오스트리아는 즉각 그것을 죽을 병으로 해석했다. 그 결과 토스카나인들에게 잔 가스토네가 숨을 거두면 오스트리아가 지명하는 계승자를 인정하라는 황제의 칙령이 발표되었다. 대공은 그러한 내정 간섭에 항의했으나 그의 항의는 일축되었다. 다음 해에 그가 넘어져 발목이 탈골되자 그의 사망설이 다시 퍼졌다. 스페인은 토스카나를 점령하기 위해 함대와 육군을 소집했고, 오스트리아는 원수(元首) 다운(Daun)이 이끄는 3만 병력을 롬바르드에 파견하고 토스카나 대공을 지원하겠다고 제의했다. 그러나 잔 가스토네는 어떻게 해서든 토스카나가 전쟁으로 유린되는 것을 막겠다고 결심했다. 그래서 그 제의를 거절하고 스페인과 협상을 벌였다. 가스토네는 돈 카를로스를 자신의 계승자로 삼기로 동의하고, 그 대가로 스페인은 선제후 부인 안나 마리아 루도비카를 대공비라는 직함으로 내각에 참여시키기로 동의함으로써 일단 위기 상황이 지나갔다.

온 유럽이 전쟁 준비로 부산한 동안 교황 베네딕투스 13세가 죽음으로써 협상이 새로운 차원에서 줄을 이었다. 오스트리아는 밀라노를 차지하도록 허락해 달라고 요구한 반면에, 스페인 함대는 리보르노를 탈취하겠다고 위협했다. 잔 가스토네는 여전히 외국의 경쟁국들이 토스카나의 일부를 점령하는 것에 반대했으나, 세력 경쟁을 벌이는 강대국들을 저지할 힘이 없었기 때문에 그들에게 항의하는 데도 지치기 시작했다. 그러다가 1731년 비올란테가 온 나라의 애도 속에 죽자 그는 좌절에서 다시는 일어나지 못했다. 그는 아버지의 생시에 몸에 익은 악습을 다 버리지 못했고, 이것이 이제 그를 꽉 움켜

쥐었다. 결국 그는 국정을 완전히 대신들에게 맡겼다. 그가 총애한 악명 높은 대신 줄리아노 다미(Guiliano Dami)가 가문의 수장이자 임명권자이자 그를 만날 수 있는 유일한 통로가 되었다. 가스토네는 대중의 시야에서 멀찍이 물러나 아주 저급한 생활로 빠져들었다. 나쁜 친구들과만 어울려 주색잡기에 몰입했고, "그 여파에서 회복하느라 하루의 절반은 침대에서 보냈다."

그러는 동안 스페인과 오스트리아는 저마다 토스카나를 군사력으로 장악하기 위한 수순을 밟았다. 스페인과 영국 함대가 리보르노를 탈취했고, 3만 명의 스페인 육군이 상륙하여 토스카나의 각지에 주둔했다. 그러자 황제 카를 6세가 오스트리아의 5만 병력을 폰트레몰리를 통해 토스카나로 진입시켰다. 토스카나에서 꼭 두 나라 군대가 충돌할 상황이었으나, 돈 카를로스가 나폴리를 공격하기 위해 스페인 군대를 끌고 빠져나가고, 오스트리아도 마침 포 강 유역에서 패배를 당했다. 황제의 의도는 토스카나를 차지하게 되면 그 나라를 자기 딸인 유명한 마리아 테레지아(Maria Theresa)에게 주려는 것이었다. 반면에 피렌체인들은 오스트리아인이 자기들의 군주가 된다는 발상을 혐오했고, 혹시 자국인 중에 군주가 나오지 않을 경우 오스트리아인보다 스페인인이 군주가 되기를 훨씬 더 바랐다. 프랑스는 밀라노와 사보이와 관련하여 무엇이 자국에게 최고로 이익이 되겠는가 하는 데만 관심이 있었고, 영국와 네덜란드는 토스카나에 어떤 결과가 미치든 평화만 조성되기를 바랐다.

마침내 1735년 10월에 오스트리아, 프랑스, 영국, 네덜란드가 유럽의 평화를 모색하기 위해서 모여 황제의 딸 마리아 테레지아를 토스카나 대공으로 삼기로 합의했다. 그러기 위해서 마리아 테레지아가 로렌의 공작 프랑수아와 결혼해야 하고, 프랑수아가 토스카나를 받는 대가로 로렌을 프랑스에게 넘겨주어야 한다는 의무 규정이 마련되었다. 이렇게 하면 토스카나는 로렌 대신에 오스트리아 가문의 속지(屬地)가 되는 셈이었다. 스페인은 처음에는 동의하기를 거부하다가, 롬바르드와 나폴리에서 거듭 패배를 맛본 뒤 결국 다른 곳을 대가로 받는 조건으로 그 안에 동의했다. 그래서 1736년 5개국 간의 합의안이 빈(Wien) 평화조약 때 재가되었다.

피렌체인들은 자기 나라가 유럽 나라들에 의해 그렇게 교묘히 팔린 것과,

그렇게 오스트리아 군주에게 모든 것을 넘겨주고 난 뒤에는 혹독한 독재에 처하게 될 것이라는 이유로 격렬히 반대했다.[1] 잔 가스토네는 런던, 파리, 빈에 급히 항의 사절단을 파견했지만 아무런 소용도 없었다. 그는 강대국들에게 '단순한 매물' 쯤으로 간주되었던 것이다. 무절제한 생활로 심신이 약해진 그는 자기 나라와 가문이 처한 운명과 누적된 불행을 견디지 못하고 깊은 좌절의 늪으로 빠져 들어갔고, 국정은 대신들이 마음대로 주무르도록 그들에게 맡겼다. 1736년 2월 12일 로렌의 공작 프랑수아가 마리아 테레지아와 결혼하고,[2] 잔 가스토네의 죽음으로 메디치가의 영토에 군주 자리가 비게 되면 곧 로렌 공국을 포기하고 그리로 가겠다고 공식 발표했다. 이 조치는 프랑스와 오스트리아에게 뒷받침을 받았다.

1737년 1월 위에 언급한 합의에 따라 토스카나 곳곳에 주둔해 있던 스페인 군대가 철수하고 오스트리아 군대가 진입했다. 1737년 2월 5일 대공에게 충성을 맹세한 장군 브라이트비츠(Braitwitz)가 피렌체를, 장군 바흐텐돈크(Wachtendonk)가 리보르노를 각각 위수 지역으로 맡았다. 그러나 잔 가스토네는 이미 여러 가지 질병이 누적되어 죽어가고 있었다. 마지막 순간에 과학에 대한 애정이 발동하여 산타 크로체 성당에 갈릴레오 기념비를 세우고, 그의 유해를 그 성당에 붙은 메디치가 예배당에서 그리로 이장했다. 메디치가 첫 사람이 처음으로 취한 공적 행동이 예술의 탄생일에 중요한 역할을 수행한 것이었다면, 메디치가의 마지막 대공이 마지막으로 취한 공적 행동은 과학을 기리는 데 적절한 기념비를 세운 것이었다.

1737년 7월 9일, 잔 가스토네는 예순여섯의 나이로 숨을 거두었다. 그의 통치 원칙들에 큰 혜택을 입은 반면 그의 악습은 먼 소문으로 희미하게 들었을 뿐인 백성은 자기 나라 출신인 토스카나의 마지막 군주를 떠나보내면서 그의 죽음을 진심으로 애도했다.

---

1) 이러한 예상은 차후의 사건들에 의해 어긋났다. 오스트리아인의 토스카나 통치는 예상과 달리 자애롭고 유익했다.
2) 이 결혼으로 프랑수아는 9년 뒤 황제가 되었다.

# 제31장
# 안나 마리아 루도비카
## ('메디치가의 마지막 사람')

1667년 출생, 1743년 죽음.

선제후 부인 안나 마리아 루도비카는 남동생 잔 가스토네가 죽을 때 일흔 살이었다. 스물네 살에 라인 강 서부 팔츠의 선제후에게 시집간 뒤 남편이 죽을 때까지 스물여섯 해 동안 중요한 지위를 맡다가 과부가 되어 아버지 코시모와 함께 살기 위해 돌아왔다. 돌아와 지내는 동안 비범한 능력을 과시했다. 아버지가 죽은 뒤 동생이 14년을 재위하는 동안 동생과 그다지 관계가 좋지 않아서 다소 물러나 살았고, 동생이 재위 말년에 무기력한 군주로 전락한 것을 수치스럽게 생각했다. 오빠와 동생보다 더 큰 열정과 강인한 인격을 타고 났던지라 아버지가 자신에게 국정을 맡긴 처음 몇 년 동안은 나라를 잘 다스렸다. 비록 아버지가 굳혀 놓은 통치 스타일 때문에 상당한 장애를 겪긴 했지만 말이다.

국정을 만족스럽게 수행한 결과 토스카나인들에게 장래의 군주로서 열렬한 기대를 받았고, 피렌체 상원이 동생이 죽을 때 자신을 차기 대공으로 임명하기로 정하는 법령이 통과되는 것을 지켜보았다. 아울러 그 법령이 유럽의 강대국들에게 무참히 짓밟히고, 자신과 유서깊은 자신의 가문이 모욕을 당하고, 나라의 독립이 유린되는 것도 지켜보았다. 이제 마지막 단계로, 나라가 유린되고 외국 군주가 토스카나를 통치하는 것을 지켜보게 될 기로에 서 있었다. 게다가 어떤 새 정부가 들어서든 자신을 의회 각료로 임명하고 대공비의 지위와 칭호를 부여하겠다는 약속마저 흐지부지되어가고 있었다.

공주 안나 마리아 데 메디치, 팔츠 여 선제후,
1667-1743, 두벤(Douven) 작

선제후 안나 같은 자존심 강한 여성으로서는 만약 오스트리아인 대공이 자기 조부의 증조부가 일으킨 권좌에 직접 와서 앉았다면 견디기 어려웠을 것이다. 그 권좌는 그동안 시행된 통치의 방식에 의해 거듭해서 열악하게 되었다.

잔 가스토네가 죽자 새 대공 프랑수아 2세가 피렌체에 와서 정식으로 그 나라를 소유했지만, 한두 달 뒤에 빈으로 돌아갔고, 그 뒤로 토스카나 정부는 항구적으로 크라옹(Craon) 왕자라는 칭호를 받은 보뵈

(M. de Beauveu)라는 대리인에 의해 운영되었다.[1] 그와 그의 아내는 모두 비천한 가문 출신으로서 몸가짐도 형편 없었다. 그런데도 부왕의 지위를 차지하고서 왕궁에서 살면서 궁전을 3류급으로 유지했다. 그 주된 특징은 바로 천박성이었다. 새 행정부의 모든 직위는 신속히 로렌 사람들로 채워졌고, 그러한 정황을 볼 때마다 토스카나인들은 자기들이 이제 외국인의 통치를 받게 되었다는 사실을 절감했다. 이 절박한 구직자 집단이 드러낸 천박함과 부패와 저급함은 토스카나에 최초로 파견된 영국 대사의 편지에 생생히 묘사되어 있다.[2] 그

---

1) 토스카나는 다음 28년 동안 오스트리아의 일개 속주로 이런 식으로 계속 지배를 받았다. 그러다가 1765년에 여제 마리아 테레지아의 셋째 아들 피에트로 레오폴도가 열여덟의 나이에 토스카나 대공이 되어 직접 정부를 이끌었다.

2) 호레이스 만은 잔 가스토네가 죽은 지 4년 뒤인 1741년에 토스카나 궁전에 초대 영국 대사로 파견되었다. 그가 호레이스 월폴에게 보낸 방대한 분량의 편지(그는 피렌체에 도착한 직후부터 편지를 썼다)는 메디치가 대공들 치하의 사회, 정치 상황들을 잘 보여주는 최고의 증거이다.

편지를 보면 행정상의 부패에 관한 한 그 나라가 그러한 변화로 아무것도 얻은 게 없다는 것이 여실히 드러난다.

이런 왕실이 궁전을 차지하고 살면서 코시모 3세와 잔 가스토네의 가장 열악한 시절에조차 구경하지 못한 철저한 권위의 쇠퇴가 시작되었다. 호레이스 만(Horace Mann)은 새 체제가 장엄한 행사 때조차 격에 맞는 의식을 거행할 수 없었다고 언급한다: "그들은 더 중요한 일들에 두각을 나타내기 위해 궁정 행사에 권력의 무게를 실은 메디치가의 예를 잊은 듯하다." 뿐만 아니라 예술과 관련한 이들의 무지와 무관심도 대단했다. 이런 점은 피렌체인들을 특히 격분하게 하는 동시에 종종 창피스러운 결과를 냈다. 메디치가의 모든 후손들이 소유했던 이런 자질의 결핍을 면면히 드러냈지만, 그 중에서도 궁전에 그림들을 배열한 방식만큼 더 명확히 드러낸 예도 없다. 그들은 이 그림들을 배열하는 새로운 원칙을 정했는데, 그 중 중요한 두 가지 원칙은 첫째가 액자 도금 상태의 선명도였고, 둘째가 그림에 실린 인물들의 위치였다. 인물들이 보좌에 대해 등을 돌리지 않게끔 배열해야 했다.

새 정부가 이러했으므로 선제후 부인 안나(내리막길에 접어든 순간조차 여전히 빛나던 가문의 후손)가 그 무리들에 섞이지 않고 초연히 지냈다는 것은 조금도 이상한 일이 아니다. 궁정 별채에서 지내면서 새 공작의 대리인과 그 아내와 전혀 인연을 맺지 않고 살았다.

> "그녀는 은퇴한 채 지냈다. 그러나 그것은 당당한 은퇴였다. 코시모의 그 연로한 딸은 예술적 취향과 창의력으로 제공할 수 있고 돈으로 구입할 수 있는 모든 것 — 보석, 귀금속, 값진 의상 — 을 닥치는 대로 수집했다."

더욱이 우피치 미술관에다 그림들을 계속해서 공급했다. 어렸을 때 종조부 추기경 레오폴드를 보면서 그가 품고 있던 뜨거운 이상을 흡수한 그녀는 오늘날 우피치 미술관에 소장된 플랑드르와 독일 학파의 거의 모든 그림들을 사들여 그곳에 보관했다.

메디치가의 이 딸이 자선 사업에 내놓은 기금은 워낙 고액이어서 영국 대사의 입을 한참 벌어지게 만들었다: "매달 1,000시퀸(베네치아 금화)을 냈고, 때로는 더 많은 금액을 냈다." 3시퀸이 1영국 파운드에 해당하므로 그것은 연간 4,000파운드에 해당하는 금액인데, 오늘날 화폐 가치로는 그보다 훨씬 더 큰 액수이다. 그 금액을 훨씬 초과해서 내는 경우가 많았다고 그 대사는 전한다. 그녀가 죽었을 때 가난한 사람들이 진심으로 슬퍼한 것이 조금도 이상한 일이 아니다. 그녀는 지난날 몸에 익은 상태를 계속해서 유지했다. 1740년에 그녀를 만난 시인 그레이(Gray)는 그녀가 자신을 "크고 검은 차양 밑에 서서 깎듯한 예절로" 자신을 맞아 주었으며, "교회밖에는 다른 데를 가는 법이 없었고, 교회에 갈 때는 호위병들과 팔두 마차를 탔다"고 전한다.

이처럼 안나 마리아 루도비카는 모든 면에서 가문의 이름을 유지한 셈이다. 그 가문의 이름이 다른 사람들에게 얼마나 많은 비판을 받았든 간에 그녀를 통해서는 전혀 비판을 받지 않았다. 그리고 통치 능력, 여러 예술 분야에 대한 후원, 빈민에 대한 후한 구제, 적절한 품위 유지 면에서 역사상 최고의 가문의 후예다웠다.

그러나 안나는 가문의 영묘 완공에 주로 시간과 돈을 들였다. 이 작업은 코시모 3세와 잔 가스토네의 재위 시기에 다소 지체되었지만, 안나 마리아 루도비카가 얼마 남지 않은 자신의 생애 동안 상당한 정력과 수입의 상당 부분을 그 작업에 쏟아부었다. 그녀의 건강은 쇠해가고 있었다. 자기가 살 날이 이제 얼마 남지 않았다는 것을 알았다. 그래서 이 일에 더욱 박차를 가하여 "매주 1,000크라운"이라는 큰 돈을 쏟아부었다. 그리고 그 건물을 원래 설계대로 완공하도록 고정 비용을 충당하도록 막대한 자금을 유언으로 마련해 두었다. 메디치가에서 마지막으로 홀로 남은 이 외롭고 무자한 여인이 실망과 슬픔과 병약 중에서도 죽어 조상들 곁에 가기 전에 조상들의 영묘를 완공하느라 쉴 새 없이 애쓰는 모습을 그려보면 애처롭기도 하고 아름답기도 하다.

그러나 안나 마리아 루도비카는 이것보다 더 주목할 만한 일을 했다. 당시의 상황에서 그녀가 행한 일은 메디치가가 그들의 역사를 통해서 해낸 일 못지않게 훌륭한 것이었다. 이 행위로 오랫동안 검은 구름과 뚫기 힘든 암흑에 파묻혀 온 메디치가의 태양은 서산을 넘어가면서 마지막 그 찬란한 광선으로 환히 빛났다. 그녀는 새 왕조를 싫어했다. 자신의 가문이 토스카나의 권좌를 적임자로 판단한 자에게 주도록 허락받지 못함으로써 가혹한 대접을 받았다고 느꼈다. 자신에 대해서는 동생을 계승하여 대공이 되는 것을 허락받지 못함으로써 훨씬 더 가혹한 대접을 받았다고 느꼈다. 자기 가문이 건축했고 자기 가문이 200년간 고향으로 삼아온 궁전을 천박한 자들이 차지하고서 드러내는 행위를 볼 때마다 그런 분한 감정이 매일 새롭게 되살아났다. 그러나 그녀는 토스카나를 사랑했다. 자기 가문이 그 나라와 오랫동안 명예로운 관계를 맺어온 사실을 예리하게 자각했다. 자기 아버지와 오빠가 어떤 사람이었든 간에 자신과 함께 가문의 역사가 끝나는 그 순간까지 그 명예로운 관계를 유지하기 위해 힘쓰겠다고 결심했다. 그 결과 자신의 이름이 피렌체에서 영원히 존경을 받을 훌륭한 선물을 남기게 되었다.

세상에서 가장 위대한 예술품 소장소의 마지막 외로운 주인 안나 마리아 루도비카는 헤아릴 수 없이 많은 그림들과 조각들과 청동제품들과 희귀한 보석들과 그밖의 예술품들 — 초창기 작품들은 코시모, 피에로, 로렌초를 위해 제작되었고, 맨 나중 작품들은 그녀가 직접 소장품 목록에 추가했다 — 에 둘러싸인 우피치 미술관과 피티 미술관의 긴 주랑(柱廊)을 거닐면서 먼 조상들에 대한 기억과 복잡한 감정에 사로잡혔을 것이고, 이 위대한 유산을 어떻게 처리해야 할지에 관해서 생각했을 것이다.

토스카나의 권좌를 외국 왕자에게 넘겨주기로 결정한 강대국들의 회담은 메디치가의 방대한 사유 재산은 건드리지 않았는데, 그 재산에는 헤아릴 수 없이 많은 예술품들과 그들의 궁전들과 저택들과 미술관들과 관련하여 산재해 있는 그밖의 귀중품들이 포함되어 있었다. 안나는 동생이 죽을 때 이 모든 재산을 물려받았다. 그런데 이제 이 귀중한 보물들을 토스카나 정부에게, 즉 새 대공과 그의 후계자들에게 영원히 기증하면서, 그 중 한 점이라도 피렌체에서 옮기지 말 것과, 모든 나라 민중의 유익을 위해 쓰일 것을 조건으로 내걸었다.

이 귀중한 선물을 돈으로 환산하면 아마 계산이 불가능할 것이다. 그 대략

을 소개하자면 다음과 같다:

(1) 우피치 미술관, 왕궁, 로마의 메디치 저택, 그리고 그 가문에 속한 다른 저택들에 소장된, 오늘날 우피치 미술관과 피티 미술관을 이루고 있는 그림들과 조각들.

(2) 오늘날 우피치 미술관 보석실을 채우고 있는 희귀 보석들과 그밖의 예술품들.

(3) 오늘날 바르젤로 박물관을 이루고 있는 카메오 세공품들과 그밖의 유사한 물품들. 그리고 유럽에서 가장 오래된 위대한 자 로렌초의 동전들과 양각 메달들.

(4) 오늘날 바르젤로 박물관에 소장되어 있는 도나텔로, 베로키오, 미노 다 피에솔레, 그리고 그밖의 저명한 조각가들의 조각상들과 흉상들.

(5) 오늘날 바르젤로 박물관에 있는 방대한 청동제품 소장품들.

(6) 미켈란젤로의 걸작들이 있는 신 성구실.

(7) 왕궁 도서관과 산 로렌초 성당의 메디치가 도서관에 있는 모든 물품들.

(8) 오늘날 이집트 박물관과 에트루리아 박물관의 주요 부분을 구성하고 있는 방대하고 중요한 이집트와 에트루리아 골동품들. 에트루리아의 골동품들은 특히 더 가치가 있다.

(9) 오늘날 바르젤로 박물관에 소장된 마욜리카 도자기, 우르비노 도자기, 파엔차 도자기, 희귀한 갑옷들, 진귀하고 가치 있는 무기들.

(10) 오늘날 우피치 미술관과 피티 미술관에 소장된 피에트라 두라의 값진 식탁들, 캐비넷들, 그밖의 귀중한 가구들.

(11) 오늘날 피티 궁전 왕의 거실들에 보관된 상감 탁자들, 값진 캐비넷들, 벽걸이 융단들, 그리고 그밖의 유사한 물품들.

(12) 금과 은으로 장식된 금 후식 그릇들, 진귀한 도자기, 값진 접시, 홀장 (笏杖), 상아와 호박으로 만든 십자가상, 클레멘스 7세가 사용한 새 깃털 세공 장식의 교황관, 흑금(黑金) 상감 작품들, 벤베누토 첼리니(Benvenuto Cellini)가 제작한 준수한 받침달린 잔들과 병들, 그리고 그밖의 메디치가 가보들. 이 모든

것이 오늘날 피티 궁전의 보석실에 있다.

(13) 피티 궁전에 있는 대공 예배당의 성 유물함과 그밖의 장식들.

(14) 국가 행사 때 입는 값진 의복들이 있는 메디치가의 큰 옷장.


포지오 임페리알레에서, 카스텔로에서, 페트라야에서, 카파졸로에서, 포지오 아 카야노에서, 로마의 메디치 저택에서, 메디치가가 산 적이 있는 모든 거처에서 여러 해를 두고 이 거대한 예술품들이 루도비카의 증여에 의해 피렌체의 미술관들과 박물관들에 쏟아져 들어왔다. 이 증여에 힘입어 이 보물들이 다른 데로 흩어지거나 빈과 로마 같은 곳으로 이전되지 않고 피렌체에 남아 있을 수 있었다. 메디치가는 사라졌으나 그들의 업적은 살아 있다. 그리고 그들이 남긴 모든 것들 중에서 그들의 마지막 행위인 증여를 통해서 온 세계가 즐기는 것과, 오래 전 그 가문의 설립자가 그들로 하여금 그들의 나라에 기증하도록 심어 놓은, 심지어 부당과 좌절감 속에서 고통을 당할 때조차 그렇게 하도록 심어 놓은 그 가문의 전통과 원칙들을 능가하는 것은 없다.

오늘날의 어느 이탈리아 저자는 이 행위에 대해서 이렇게 말한다:

> "이 행위로 공주 안나 마리아는 그 나라에 가장 중요한 예술품들을 헤아릴 수 없이 확보해 줌으로써 이탈리아에게 영원히 쇠하지 않는 칭호를 얻어 주었다. 그것은 실로 그녀의 조상들이 저지른 많은 과오들을 상쇄하고 덮을 가치가 있는 행위였다."

이 증여(과거에 메디치가가 내놓은 다른 모든 것들과 더불어)가 피렌체에게 무엇을 뜻하는지는 오늘날 공장도 항구도 없으면서도 그처럼 번성한 도시가 되어 있는 그 도시를 살펴보면 금방 알 수 있다. 그 번성은 전적으로 다른 나라들에서 관광객들을 끌어들이는 피렌체의 능력에 달려 있다. 그 능력이 없다면 이탈리아 제2의 도시인 피렌체는 단번에 과거의 경쟁 도시인 루카와 같은 수준으로 전락하고 말 것이다. 그리고 메디치가가 피렌체에 증여한 모든 것을 제거해 낸다면 다른 나라들에서 밀려드는 그 모든 관광객들의 발길이 뚝 그치고 말 것이다. 그 도시에 있는 세 개의 대성당들 자체만으로 그만한 규모의 관광객들을 끌어모을 턱이 없다. 심지어 산 마르크 성당조차 빛이 바랠 것이다. 따라서 안나 마리아 루도비카는 자기 행위가 어떤 결과를 초래할지 까맣게 몰랐지만, 자기 가문의 이름으로 증여한 이 작별 선물로써 피렌체의 장래의 번영을 보장하는 최선의 일을 해놓은 셈이다. 그럼에도 불구하고 그녀의 행동으로 그렇게 부자가 된 그 도시에서는 그녀의 이름이 거의 잊혀져 있다. 거리를 아무리 뒤져봐도 그녀의 조각상 하나 발견할 수 없다. 그녀가 그토록 많은 예술품으로 가득 채우고, 그 예술품들이 다른 도시들로 유출되지 못하도록 지킨 어떤 미술관이나 박물관도 정문이나 어떤 흉상이나 그림에 그녀의 이름을 기록해 두고 있지 않다. 그리고 예술에 관심이 있는 수천 수만의 사람들이 계절마다 피렌체를 둘러보고 가거나 심지어 그 곳에서 장기 체류를 하고 가면서도 그녀의 이름을 들어본 적도 없이 그렇게 그 곳을 떠난다.

이 증여에 포함된 항목들 중에서 마지막 항목인 메디치가 옷장은 항구적으로 보관되지 못했다. 약 30년 뒤 대공 피에트로 레오폴도(Pietro Leopoldo. 오스트리아 대공들 중 토스카나에 주재한 최초의 대공) 때 이 옷장은 파손되어 매각되었다. 메디치가의 대공들 시대에 오늘날 우리가 피티 궁전으로 알고 있는 곳에서 얼마나 격조 높은 생활이 이루어졌는가 하는 것은 이 매각에 관한 구체적인 내용을 살펴보면 금방 알 수 있다. 값진 물품이 너무 많았기 때문에 10년 동안 매달 계속해서 매각이 이루어졌다. 네이피어(Napier)는 이렇게 말한다:

> "오랫동안 쓰이지 않고 화려한 자태만 뽐내던 메디치가의 고색창연한 옷장은 매우 검소한 레오폴드의 손에 남아나지 않았다 … 토스카나 전역에 걸쳐 메디치가의 거처가 있던 곳에는 반드시 독특한 그들의 옷장이 있었다. 크고 화려한 예술품의 보고인 피렌체와 무관한 이 옷장들이 이제 모두 공매에 부쳐졌다. 벨벳, 다마스크 천, 금 자수, 육중한 은으로 만든 의자와 거울 액자, 금 능라, 화려한 레이스, 술 장식, 값진 직물, 이런 것들이 다 공매에 부쳐지거나 풀무불에 던져졌다. 온통 아름다운 진주와 그밖의 보석을 뒤섞어 수놓은 잔 가스토네의 화려한 침대는 조각조각 분해되었고, 메디치가의 취향과 원대함

의 상징인 보석과 귀금속으로 만든 여러 정교한 물품들이 모두 분해되거나 그렇지 않으면 5십만 크라운의 가격에 매각되었다."

안나 마리아 루도비카는 자기 나라에 외국인 군주가 군림한 데서 비롯된 일상적인 치욕을 무한정 견디지 않아도 되었다. 1742년 그 군주가 즉위한 지 5년 뒤에 그녀의 건강이 쇠약해지기 시작했다. 그녀는 수종(水腫)으로 무척 고생했으며, 더 이상 오래 살지 못할 것이라고 느꼈다. 자신이 착용하고 있는 보석들과 옷장들에 보관된 물품들과 자기 방들에 있는 가구와 도자기와 접시와 2,000,000파운드에 달하는 현금을 포함하여 아직도 처분할 개인 재산이 상당한 액수에 이르렀던 그녀는 3년 전에 만들어 놓은 유언에 다양한 추가 목록을 덧붙였다. 자기 재산의 일부를 누가 됐든 최근친자에게 물려주고 싶어서 조반니 디 비치의 자손들로 이루어진 역사적 메디치가뿐 아니라 가문의 방계 계열까지도 보여 주는 족보를 작성했다. 이 족보를 통해서 조반니 디 비치의 할아버지 살베스트로까지 약 450년을 거슬러 올라간 그녀는 살베스트로의 동생 조벤코(Giovenco)의 후손 피에트로 파올로 데 메디치(Pietro Paolo de' Medici)라는 사람이 자기에게 가장 가까운 근족이라는 사실을 알아냈다. 물론 역사적 메디치가의 후손은 아니었지만 말이다. 그러자 유언장에 그를 자신의 상속자로 발표하는 구절을 덧붙인 뒤 그에게 재산의 일부를 주었다. 이 최종적인 유언 처리를 완료하고 나서 불과 몇 달을 더 못 살았다. 1743년 2월 18일 조반니 디 비치의 마지막 후손 안나 마리아 루도비카는 이렇게 해서 일흔여섯의 나이에 세상을 떠났고, 그가 세운 길고 파란만장한 역사를 남긴 가문도 사라졌다.

안나 마리아 루도비카가 남긴 유언의 골격과 첨가 내용은 영국 대사 호레이스 만이 아래와 같이 상세히 전한다:

(1) 그녀의 모든 궁정인들과 하인들에게 평생 급여를 지불한다.
(2) 네 명의 유언 집행인들에게 연금을 지불한다.
(3) 위의 연금과 급여를 지불하기 위해 산타 마리아 누오바 은행에 그에 상당한 금액을 예치한다.

(4) 후작 리눈치니(Rinuncini. 수석 유언 집행인)에게 우르비노 공국에 있는 그녀의 토지와 그녀의 접견실에 있는 값진 가구들을 물려준다.

(5) 도자기는 절반은 젊은 리눈치니에게, 절반은 코로니(Coroni)에게 물려준다.

(6) 후작 구아다니(Guadagni)와 시리스토리(Siristory), 바르디(Bardi. 그녀의 또다른 세 명의 유언 집행인)에게 연금 외에 매우 값진 은 선물을 준다.

(7) 우구치오니(Uguccioni) 부인과 그녀의 의복 담당관에게 다른 모든 물품들 중에서도 벨벳 능라와 린네르 등 10,000크라운에 해당하는 한 방에 들어 있는 모든 물품과 금 변기를 준다.

(8) 모든 시녀들에게 선물을 주고, 결혼할 때 일상적으로 주었던 축하금을 준다.

(9) 오스트리아 대공에게 자기가 착용하고 있던 모든 보석을 준다. 단 "그 보석들을 토스카나 국가에 귀속시켜 차기 대공들에게 물려주게 한다. 그 가치를 오늘날 화폐로 환산하면 500,000파운드에 달한다. 이것 외에 대공에게는 수천 가지 물품이 상속되었다."

(10) 그녀의 '근족'(퓨 프로시모 아냐토) 피에트로 파올로 데 메디치에게 30,000크라운을 준다. 다른 연금 수령자들이 죽을 경우 그 연금은 총액이 100,000크라운에 달할 때까지 그와 그의 상속자에게 준다. 150,000크라운에 상당한 보석들과 식기들을 준다.

(11) 헝가리 여왕(마리아 테레지아)과 왕자 샤를과 독일의 여러 왕자들에게 보석을 선물한다.

(12) 잘츠바흐의 왕자(팔츠 선제후)에게도 거액을 준다. 1739년 10월 7일자로 첨가된 내용은 유언에 따라 연금을 받는 유산 상속자들이 죽을 때 "그들의 죽음으로 주인이 없어진 재산은 유산 집행인들에 의해 안전한 유가증권에 투자하고, 그 이자는 산 로렌초 성당 성가대석 뒤에 자리잡은 대공의 영묘를 완공하는 데 지불한다."[3]

---

3) 그러나 이것은 돔의 내부 장식에 관한 한 이루어지지 않았다.

2월 22일 밤에 그 우울한 장엄을 한껏 고조시킬 수 있는 모든 방법이 다 동원된 채 성대한 장례식이 거행되었다. 구름 같은 인파가 저마다 횃불을 든 채 장례 행렬이 지나는 거리를 대낮처럼 비추었다.[4] 왕궁을 떠난 장례 행렬은 천천히 마조 거리를 내려가 산타 트리니타 다리를 건너 토르나부오니 거리를 지나 산 로렌초 성당 뒤편의 영묘로 향했다. "시신은, 활짝 열리고 위에 지붕을 단 일종의 마차에 실려 운구되었다." 이 장례식은 자신의 권리대로 토스카나의 대공비로 죽기를 바란 그녀를 위해 오스트리아 대공이 지시하여 이루어졌다. 이렇게 해서 장엄하고 엄숙한 분위기 속에서 그녀가 도와준 많은 가난한 자들의 애도를 받으며 가문의 영예를 끝까지 지킨 안나 마리아 루도비카는 더 이상 묻힐 사람이 없는 영묘에 들어가 조상들 곁에 누웠다. 그의 묘비에는 "메디치 왕족의 마지막 인물"이라는 비명이 새겨져 있다.

---

4) 만(Mann)은 횃불의 수가 너무 많아서 그 설치비가 12,000크라운에 달했다고 말한다.

# 제32장

# 산 로렌초 성당과 메디치가의 묘들

이렇게 해서 메디치가의 기나긴 이야기는 끝을 맺는다. 끝을 맺되 시작한 곳에서 끝을 맺는다. 그 곳이 바로 그들이 짓고 유증한 '유서 깊은 산 로렌초 성당'이다. 이 곳에는 343년의 파란만장한 그들의 역사가 구 성구실의 조반니 디 비치의 묘와 성가대 뒷편에 있는 영묘 지하까지 실타래처럼 길게 늘어져 있다. 그들은 이 성당에서 아기 적에 세례를 받고 장성하여 결혼하고 수를 다하여 묻혔다. 가문 전통에 따라 모두 결국에는 산 로렌초 성당에 묻혀야 했던 것이다. 이곳에서 비극과 슬픔의 검은 실타래와 사랑과 행복의 푸른 실타래와 한껏 충족된 야망의 금빛 실타래가 한데 뒤엉켜 이 가문의 긴 로망을 훌륭한 융단으로 이루어 낸다.

산 로렌초 성당이 개축되자마자 코시모가 아끼던 아들 조반니가 죽었을 때 이 곳에서 가문 최초로 성대한 장례식이 거행되고, 곧이어 코시모 자신의 장례식이 뒤따른다(1464). 4년 뒤 이곳에서 젊은 로렌초가 클라리체 오르시니와 성대한 결혼식을 올리고, 그 때 온 시내가 며칠을 잔치와 기쁨으로 들뜬 채 보낸다. 몇 년 뒤 산 로렌초 성당에서는 사뭇 다른 정경을 보게 된다. 장엄 미사 도중에 시민들이 사랑하던 줄리아노가 살해되었을 때 신랑(身廊) 한복판에 크고 검은 관대(棺臺)가 놓이고 큰 촛대들이 주위를 두르고, 장엄한 음악과 흐느끼는 군중이 피렌체 시 전체의 슬픔을 대변해 주었다(1478).

그 뒤 다른 정경들이 등장한다. 메디치가가 추방을 당하고, 그 성당은 위대한 설교가 사보나롤라의 설교를 들으러 모인 구름 떼 같은 군중으로 발 디딜 틈조차 없이 들어찬다. 그는 북쪽 측랑(側廊)에 마련된 무늬를 아로새긴 검정 대리석 연단에 서서 감동적인 설교를 한다(1496). 메디치가가 돌아오고 나서 4년 뒤에 줄리아노(네무르의 공작)의 장례식이 거행되는데, 그는 가문에서 처음으로 당시 그 성당에 증축된 신 성구실에 묻힌다(1516).

그리고 3년 뒤 그의 조카 로렌초(우르비노의 공작)의 장엄한 장례식이 뒤따른다. 그 뒤 피렌체가 자유를 쟁취하려고 벌인 투쟁이 끝난 뒤 알레산드로가 공작으로 즉위하는데, 그의 재위 기간에 산 로렌초 성당에서 또 하나의 인상적인 정경을 보게 된다. 그것은 알레산드로와 카를 5세의 딸 마르가레트의 결혼식이다. 피렌체를 일인 독재 체제에 두려는 구도의 마지막 단계였던 이 결혼식을 군중은 언짢고 풀 죽은 시선으로 쳐다본다(1536). 여섯 달 뒤 산 로렌초 성당에서는 또 한 번의 장례식이 거행된다. 그러나 이 장례식은 과거의 장례식들과 사뭇 다르다. 살인 사건을 시민들이 까맣게 모르고 있는 동안 밤에 될 수 있는 대로 불을 켜지 않고 조용하고 은밀하게 혐오스런 알레산드로의 시신을 몇몇 고용된 하인들이 서둘러 산 로렌초 성당으로 운구한다. 신 성구실에 있는 로렌초(우르비노의 공작)의 석관 뚜껑을 함부로 열고 의식도 갖추지 않은 채 시신을 그 안에 넣은 뒤 뚜껑을 다시 닫은 몇몇 하인들은 들어올 때와 마찬가지로 숨을 죽인 채 서둘러 빠져나간다(1537).

2년 뒤에는 공작 코시모와 엘레오노라 디 톨레도가 그녀의 아버지 나폴리의 총독과 그가 수행한 수많은 스페인 귀족들이 참석한 가운데 결혼식을 올린다. 23년 뒤 산 로렌초 성당은 코시모가 한 달 새에 아내 엘레오노라와 두 아들 조반니와 가르치아를 묻는 두 번의 슬픈 장례식을 목도한다(1562). 그 뒤 메디치가 수장이 대공이 되고나서 산 로렌초 성당은 긴 행렬을 이루는 화려한 결혼과 애절한 장례식을 목도한다. 코시모의 아들 프란체스코와 황제의 누이인 대공비 요안나의 결혼으로 시작된 이 행렬은 산 로렌초 성당이 마지막으로 메디치가의 마지막 사람의 장례를 목도한 안나 마리아 루도비카의 장

산 로렌초 성당의 신 성구실 내부

례식으로 끝난다.

회색빛 피에트라 세레나(조용한 돌) 원주들이 늘어선 평범하고 수수한 양식으로 된 이 성당은 그 자태가 평화롭기 그지없다. 구 성구실(남쪽 수랑袖廊 끝에 있음)에는 조반니 디 비치와 그의 아내 피카르다, 그리고 그의 두 손자 피에로 일 고토소와 조반니가 누워 있다. 교회 대제단 정면에는 국부 코시모가 누워 있다. 북쪽 수랑 끝에는 신 성구실이 있다.

> "죽은 이들의 그 방…
> 이곳에는 밤과 낮의 거대한 형상이
> 돌로 변하여 영원히 안식하고 있다!"

이 곳에는 메디치가의 많은 사람들이 각기 다른 시기에 묻혔고, 지금도 여전히 위대한 자 로렌초, 그의 동생 줄리아노, 로렌초의 아들 줄리아노(네무르의 공작), 로렌초의 손자 로렌초(우르비노의 공작)의 시신들이 잠자고 있다. 그 뒤 피에트로(몬테 카시노에 묻힘), 교황 레오 10세와 클레멘스 7세(로마에 묻힘), 카테리나(프랑스에 묻힘)가 다른 지역에 묻힘으로써 잠시 공백이 생긴다. 마지막으로 성가대석 뒤편의 영묘에 조반니 델레 반데 네레와 그의 아내 마리아가 묻히고, 서른 두 명의 나머지 가문 사람들이 묻힌다.[1]

구 성구실과 신 성구실에는 모든 시신이 석관에 안장되어 있지만, 영묘에는 모두가 지하 묘지에 안장되어 있으며,[2] 영묘 윗 부분의 석관들은 기념비 역할을 할 뿐이다. 산 로렌초 성당은 높이 돋은 지대에 서 있고, 영묘 바닥도 성당의 지대와 같은 평면에 자리잡고 있기 때문에, 영묘 지하 묘지가 지상으로 올라와 있는 효과를 낸다. 피아차 마돈나(성모의 광장)와 영묘 지하 묘지의 바닥 높이가 서로 같아서 지금은 광장에서 그리로 직접 들어가는 입구가 나 있다. 원래는 피아차 마돈나에서 들어가는 입구가 건축되지 않았기 때문에 지하 묘지에는 영묘 1층에서 계단으로 내려가야만 들어갈 수 있었다. 그러므로 이곳은 그 안에 보관된 보석들을 훔치려고 하는 도굴꾼들로부터 관들을 안전히 지키기가 쉬운 곳이었다. 이 지하 묘지에 안치된 관들은 (각각의 묘비로 표시된 지점에) 백년 동안 고스란히 보존되었다.

그러나 1791년 오스트리아 대공 페르디난트 3세가 그 시신들을 이 자리에서 다른 데로 옮기기로 작정했다. 오스트리아 대공들을 위한 장례 예배당이 산 로렌초 성당의 지하 묘지 일부에 건축되어 있었다. 그 곳에 좀 더 쉽게 들어가기 위해서 이 대공은 피아차 마돈나에서 메디치가 영묘 지하 묘지로 들어가는 입구를 만들었다. 그 곳을 통해서 그 뒷편에 있는 장례 예배당으로 갈 수 있도록 말이다.[3] 이렇게 영묘 지하 묘지에 문을 내자니 자연히 메디치가의 관들을 다른 곳으로 옮기지 않을 수 없었다. 관들이 안치되어 있는 상층 묘지 바로 밑(실제로 지하)에 규모와 형태가 똑같은 또다른 묘지가 있었는데, 대공 페르디난트 3세는 메디치가의 관들을 이 곳으로 옮겼다.

---

1) 이 건물의 진입로를 크게 개선한 새로운 배치로 영묘와 신 성구실로 들어가는 입구는 과거처럼 마돈나 광장에서 지하 묘지로 들어가는 대신 산 로렌초 성당 봉쇄구역을 통하게 되었다.
2) 제단에서 가장 멀리 떨어진 지하 묘지 아치에는 메디치가 문장과 페르디난도 1세라는 이름, 그리고 영묘 착공 연도인 1604년이 새겨져 있다.
3) 지하 묘지 끝의 작은 문은 오스트리아 대공들의 영안실 예배당으로 들어가는 통로로 열려 있다.

1791년 관들을 이 하층 묘지로 옮기는 동안이었는지, 아니면 그 뒤 60년 동안(하층으로 옮긴 뒤 허술한 경비 때문에)이었는지 분명치 않지만, 도굴꾼들이 관들에 접근하여 보석들을 훔쳐갔고, 그러느라 관들을 온통 헤쳐 놓았다.[4]

1856년 이런 상태를 정리하기 위해서 관들을 개봉하여 하나하나 면밀히 조사하고 원래의 상태로 재배치하기 위한 정식 기관이 설치되었다. 조사가 시작되기 전에 교황 피우스 9세가 영묘를 방문하여 지하 묘지에서 의식을 집전한 뒤 시신들을 조사하도록 승인하고 죽은 자들에게 예우를 지켜 조사를 진행하도록 지시했다. 조사는 1857년 정부가 설치한 위원회가 집행했다. 49개의 관을 차례로 개봉해 가면서 조사하는 과정에서 시신의 상태와 입고 있는 옷과 장신구들을 하나도 빠짐없이 보고서에 기록했다. 그 보고서는 추기경들의 시신은 도굴꾼들이 하나도 건드리지 않았음을 보여 준다. 그러나 다른 모든 이들의 시신은 착용하고 있던 보석을 모두 도둑맞았다. 조사가 끝나고 관들이 다시 봉합되고 묘비의 순서에 준하여 원래 상층에 배열되어 있던 상태대로 하층에 다시 배열했다. 조사가 끝난 뒤 하층 묘지에 나 있던 입구를 막아 버렸다.

이로써 상층 묘지에 있는 묘비들이 각각 그것에 해당하는 관들 위에 있게 되었다. 중앙에는 검은 갑옷을 입은 채 장사된 조반니 델레 반데 네레가 누워 있고, 그의 옆에는 그의 아내 마리아 살비아티가 누워 있다. 그들 둘레에는 지하 묘지의 여러 기둥 사이 구역과 그 외 부분들에 그 부부의 여섯 세대의 후손들이 누워 있다.[5] 그 중 마지막 후손인 안나 마리아 루도비카가 중앙 기둥들 중 하나의 곁에서 자고 있다. 처음 네 대공들은 각각 아내와 자녀들 중 두 명과 함께 기둥 사이에 누워 있다. 마찬가지로 영묘 윗 부분에도 대공들의 기념비가 아래에 자신의 관이 자리잡고 있는 바로 그 지점에 서 있다.

---

4) 이 사건은 프랑스가 토스카나를 점령하던 기간(1801–1814)에 발생했다고 한다. 이렇게 메디치가의 관들이 약탈된 사건은 이 기간에 발생했을 가능성이 가장 크다.

5) 여러 경우에 묘비에 적힌 글귀를 그 역사와 관련지어 연구해 보면 그 내용이 대단히 연민을 자아낸다.

세 개의 묘지, 즉 남쪽 수랑 끝에 있는 구 성구실[6]과 북쪽 수랑 끝에 있는 신 성구실, 그리고 성가대석에 붙은 영묘는 메디치가가 거쳐온 단계들을 표시해 준다. 초창기에 이들은 신중하고 부지런한 사업가들로서, 재산을 알뜰하고도 후하게 사용하여 폭정에 대항하여 가난한 계층을 단호하게 변호했다. 다음 단계에서는 통찰력과 능력을 갖춘 정치가들로 등장하여 무거운 국정의 짐을 어깨에 떠받친 채 주변 경쟁국들을 제치고 자기 나라의 권력과 부를 꾸준히 증가시켰고, 그러면서 문학 증진과 예술 장려에 노력과 재산을 쏟아부었다. 마지막 단계에서는 왕관을 쓰고 자기들에 의해 이탈리아에서 가장 중요한 나라가 된 그 나라를 다스리는 모습으로 나타난다. 그리고 매 단계마다 (가문의 문을 닫을 때까지) 비슷한 여건에 처해 있던 모든 동시대인들 위에 비류없이 우뚝 서 있는 그들의 모습을 보게 된다.

해악을 끼친 군주도 있었지만, 그것을 다른 모든 것을 가릴 정도로 그림의 전면에 두어서는 안 된다. 코시모 3세 이전에 메디치가의 다른 많은 군주가 토스카나를 다스렸다. 그 한 군주의 해로운 통치를 다른 군주의 선한 통치 이상으로 부각시켜서도 안 된다. 코시모 3세가 끼친 해악은 오래 전에 사라졌다. 하지만 코시모 1세, 페르디난도 1세, 코시모 2세, 페르디난도 2세(국부 코시모와 위대한 자 로렌초는 말할 것도 없고)가 토스카나에 끼친 유익은 항구적으로 남아 있다.

마지막으로, 그들은 과연 위대하다고 할 만한 가문이었다. 비범한 능력으로도 위대했고, 호방한 정신으로도 위대했고, 관대한 성격으로도 위대했고, 문학과 예술에 대한 비류없는 사랑으로도 위대했고, 고갈될 줄 몰랐던 정력과 생명력과 다재다능함으로도 위대했고, 무엇보다도 불화를 가라앉히고 다른 사람들이 이루어 낼 수 없었던 격렬한 정치적 분쟁을 진정시키는 독특한 재능으로도 위대했다. 그들의 업적과 그들의 성공 비결에 관해서 이리어트 (Yriarte)는 이렇게 말한다:

---

6) 산 로렌초 성당은 동쪽을 향하도록 건축되지 않았다. 성가대석과 대제단이 서쪽 끝에 있다.

"메디치가가 소유한 지배력과 다양한 능력과 진취적 정신은 피렌체 고문서 보관서에 소장되어 있는 그들의 편지들에서 엿볼 수 있다. 그들은 전쟁, 외교, 국내 정치, 대외 정책, 문학, 예술 등 아무리 상충된 문제라도 쉽게 다루었다 … 그들이 성공을 한 데에는 그 가문이 타고난 것처럼 보이는 원대하고 관대하고 고결한 정신에 힘입은 바 크다."

그 가문의 역사 전체를 놓고 볼 때 그들은 토스카나의 영광을 고스란히 비쳐주는 존재들로 서 있다.

메디치가는 어쨌든간에 철저한 피렌체인들로서 피렌체를 어느 누구도 흉내 낼 수 없이 뜨겁게 사랑했다. 그들은 대공을 배출했을 때, 먼 나라에서 다스리고 국가의 잉여 세입을 받고 돈을 판 데 써버리고 피렌체의 복지에는 전혀 관심도 없는 다른 대공들과는 사뭇 다른 통치를 펼쳤다. 오히려 피렌체와 철저히 하나가 되었기 때문에 그 가문의 역사와 피렌체 역사를 떼려야 뗄 수 없게 만들었다. 그들은 피렌체의 영광을 자기들의 영광으로 생각했다. 무수한 방법으로 피렌체의 영광을 드높였다. 피렌체에게 영광이 될 것에 철저히 몰두했기 때문에 피렌체는 그 가문을 드높일 때 바로 자신을 드높이게 된다.

피렌체에서 그들의 기억을 지운다는 건 불가능하다. 그 가문의 초창기 사람들이 채택한 '셈페르'(항상)라는 좌우명은 너무나도 적절했다. 그 도시에 들어갈 때마다 그들의 추억들이 아련히 다가온다. 초창기에 그들의 집이었던 메디치 궁전은 과거에 '온 세계 왕자들의 호텔'이었을 때와 다름없이 여전히 장엄하고 엄숙하게 서 있다. 카스텔로 저택은 마리아 살비아티와 그녀의 용감한 군인 남편에 관해서 말해 준다.

장중한 '정의(正義)의 기둥'이 서 있는 산타 트리니타 광장과, 낯선 '파사조'가 있는 베키오 다리와, 폭이 넓은 산타 트리니타 다리는 무자비하되 유능했던 군주 코시모 1세를 기억하게 한다.

보볼리 정원은 엘레오노라 디 톨레도와 그녀의 건강한 자녀들을 생생하게 기억하게 한다. 가문의 후세대 사람들의 집이던 웅장한 피티 궁전은 아름다운 이사벨라가 춤추고 노래하면서 모든 사회 행사들을 치렀던 때처럼 여전히 토스카나의 궁전으로 남아 있다. 거대한 영묘는 페르디난도 1세와 그의 예언적인 연설을 생각나게 한다. 포지오 임페리알레와 아르노 강 위로 길게 난 회랑에 걸린 그림들은 마리아 마달레나와 그녀의 세련된 시누이들인 엘레오노라, 카테리나, 클라우디아, 그리고 그녀의 쾌활한 딸 마리아 크리스티나, 마르게리타, 안나를 생각하게 한다.

우피치 미술관과 피티 미술관에 들어서면 세 명의 재능있는 형제들인 페르디난도 2세, 조반니 카를로, 레오폴드의 유품들이 반긴다. 관광객들로 북적대는 박물관들과 미술관들 도처에서 그림들과 조각들과 청동제품들과 보석들과 그릇들과 상감 탁자들과 값진 캐비닛들과 그밖의 예술품들을 헤아릴 수 없이 많이 보게 된다. 이 예술품 하나하나는 이 가문의 어느 누군가가 관심 있는 눈길로 꼼꼼히 검사한 뒤에 매입한 것들이다.

그 가문의 대가 끊기는 웅장한 영묘에 들어서면 공교하게 다듬어진 거대한 반암(斑岩) 기념비들이 둘러 서 있어서 그 가문의 긴 역사와, 그 가문이 그 나라와 유럽에 기증한 유산과 피렌체에 마지막 유산으로 기증한 온 세계에 귀중한 많은 물품들을 생각할 때,[7] 메디치가가 과연 어떤 가문이었고 어떤 일을 했는지를 이해하게 되며, 그들이 과연 평범한 사람들이 아니었고, 그들의 업적이 '화장터의 불에도 타지 않고' 묘와 기념비가 삭아 먼지로 변할지라도 길이 남을 만한 것임을 느끼게 된다.

---

7) 오늘날 피렌체의 위상과 페라라, 만투아, 파르마, 그리고 과거에 피렌체와 경쟁했던 다른 도시들의 위상을 비교해 보면 극명하게 드러난다.

# ✺ 글을 맺으며

어떤 사람이 그들의 역사가 참으로 장엄하다고 느끼고서 이렇게 말했다: "메디치가를 대리석과 반암으로 된 그들의 묘에서 편히 쉬게 해야 한다. 그들은 어느 왕과 제후와 황제보다 세상을 빛내는 데 더 큰 일을 해 냈기 때문이다"(알렉상드르 뒤마)[1]. 그러나 그들은 그것보다 더 큰 일을 해 냈다. 그들에 대해서 "세상의 덧없는 영광"이라고 해서는 안 된다. 그들 시대의 다른 군주들은 자기 개인의 영광에 관한 기억밖에 남긴 게 없고, 그 영광마저 온데간데 없어져 버렸지만, 메디치가는 한층 항구적인 어떤 것을 남겼다.

그들은 모두 사라지고 지금은 없다. 우리가 지금까지 살펴본 메디치가의 이 모든 사람들도, 그들과 얽혀 역사를 이뤄온 사람들도 지금은 다 가고 없다. 밝고 아름다운 햇살과 같은 피코 델라 미란돌라, 순교 개혁자 사보나롤라, 파멸한 슬픈 군인 부르봉, 세 명의 세력 경쟁자 카를, 프랑수아, 앙리, 예술 분야에서 이름을 떨친 그 모든 '영광스러운 무리', 이 모든 이들의 꿈과 소망과 비행과 슬픔이 지금은 그들과 함께 무덤에 묻혀 있다. 더러는 순전히 이기적인 목표를 내걸고 실은 하나도 위대하지 않은 그 목표를 위해 힘썼으나 사람들에게 조소를 당하는 이름 외에는 아무것도 남기지 못한 채 떠났다.

---

1) Alexandre Dumas.

더러는(예술가든 학자든 군주든) 좀 더 고상한 목표를 추구한 끝에 인류에게 복된 이런저런 업적들을 남겼고, 그래서 그들의 기억이 명예로운 대접을 받는다. 그 이름이 사라져 버린 모든 사람들 중에서 어쨌든 예술의 대가는 여전히 인류에게 유익의 원천이 되고, 가장 고상한 형태의 기쁨을 주고, 시시하고 하찮은 모든 것을 떨치고 위로 상승하게 하는 작품들을 남기고 떠났다. 우리가 여전히 이 작품들을 소유하고 있는 것은 대부분 메디치가 덕분이다. 이 사실보다 더 위대한 것은 그들이 다른 분야에서 이뤄낸 업적, 즉 학문의 소생이다. 이것이 지식을 멀리 널리 전파했고, 인류에게 헤아릴 수 없이 많은 유익을 끼쳤다. 이것이 메디치가가 지니고 있는 영광이다. 이 영광은 영원히 사라지지 않을 것이다.

# 장자 계열 코시모의 족보

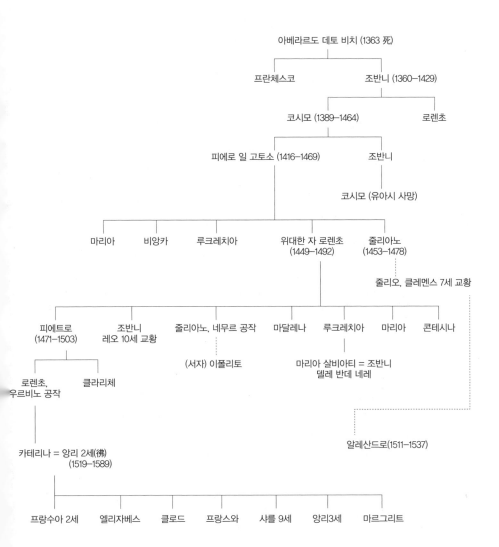

아베라르도 데토 비치 (1363 死)

프란체스코    조반니 (1360-1429)

코시모 (1389-1464)    로렌초

피에로 일 고토소 (1416-1469)    조반니

코시모 (유아시 사망)

마리아    비앙카    루크레치아    위대한 자 로렌초 (1449-1492)    줄리아노 (1453-1478)

줄리오, 클레멘스 7세 교황

피에트로 (1471-1503)    조반니 레오 10세 교황    줄리아노, 네무르 공작    마달레나    루크레치아    마리아    콘테시나

(서자) 이폴리토    마리아 살비아티 = 조반니 델레 반데 네레

로렌초, 우르비노 공작    클라리체

알레산드로(1511-1537)

카테리나 = 앙리 2세(佛) (1519-1589)

프랑수아 2세    엘리자베스    클로드    프랑스와    샤를 9세    앙리3세    마르그리트

# 차자 계열 로렌초의 족보

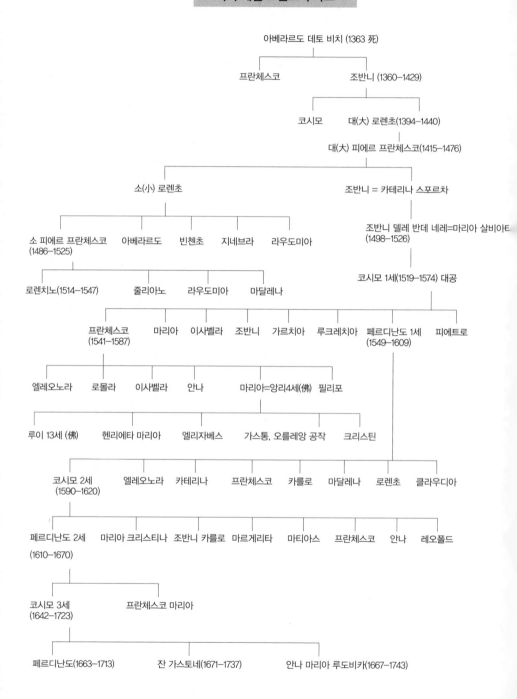

아베라르도 데토 비치 (1363 死)

프란체스코     조반니 (1360-1429)

코시모    대(大) 로렌초(1394-1440)

대(大) 피에르 프란체스코(1415-1476)

소(小) 로렌초      조반니 = 카테리나 스포르차

조반니 델레 반데 네레=마리아 살비아토 (1498-1526)

소 피에르 프란체스코 (1486-1525)   아베라르도   빈첸초   지네브라   라우도미아

코시모 1세(1519-1574) 대공

로렌치노(1514-1547)   줄리아노   라우도미아   마달레나

프란체스코 (1541-1587)   마리아   이사벨라   조반니   가르치아   루크레치아   페르디난도 1세 (1549-1609)   피에트로

엘레오노라   로몰라   이사벨라   안나   마리아=앙리4세(佛)   필리포

루이 13세 (佛)   헨리에타 마리아   엘리자베스   가스통, 오를레앙 공작   크리스틴

코시모 2세 (1590-1620)   엘레오노라   카테리나   프란체스코   카를로   마달레나   로렌초   클라우디아

페르디난도 2세 (1610-1670)   마리아 크리스티나   조반니 카를로   마르게리타   마티아스   프란체스코   안나   레오폴드

코시모 3세 (1642-1723)    프란체스코 마리아

페르디난도(1663-1713)    잔 가스토네(1671-1737)    안나 마리아 루도비카(1667-1743)

현대지성 클래식 14

# 메디치 가문 이야기

**1판 1쇄 발행** 1997년 12월 10일
**2판 1쇄 발행** 2017년 10월 20일
**2판 7쇄 발행** 2023년 12월 29일

**지은이** G.F. 영
**옮긴이** 이길상
**발행인** 박명곤  **CEO** 박지성  **CFO** 김영은
**기획편집1팀** 채대광, 김준원, 이승미, 이상지
**기획편집2팀** 박일귀, 이은빈, 강민형, 이지은
**디자인팀** 구경표, 구혜민, 임지선
**마케팅팀** 임우열, 김은지, 이호, 최고은

**펴낸곳** (주)현대지성
**출판등록** 제406-2014-000124호
**전화** 070-7791-2136  **팩스** 0303-3444-2136
**주소** 서울시 강서구 마곡중앙6로 40, 장흥빌딩 10층
**홈페이지** www.hdjisung.com  **이메일** support@hdjisung.com
**제작처** 영신사

**"Curious and Creative people make Inspiring Contents"**
현대지성은 여러분의 의견 하나하나를 소중히 받고 있습니다.
원고 투고, 오탈자 제보, 제휴 제안은 support@hdjisung.com으로 보내 주세요.

현대지성 홈페이지

현대지성 클래식 살펴보기